INvestigate

Are you under pressure to improve your performance?

As a neutral agency broker Instinet can reduce your transaction costs through best execution and the application of advanced trading technology in over 30 equity markets world-wide.

Instinet is the world's largest agency broker.

Are you **IN** or are you out?

Handbuch
Portfoliomanagement

Jochen M. Kleeberg/ Heinz Rehkugler

Handbuch Portfoliomanagement

• UHLENBRUCH Verlag, Bad Soden/Ts.

Die Deutsche Bibliothek – CIP Einheitsaufnahme

Handbuch Portfoliomanagement /
Jochen M. Kleeberg/Heinz Rehkugler.
– Bad Soden/Ts. : Uhlenbruch, 1998
  ISBN 3-9804400-8-7

Dieses Werk einschließlich aller seiner Teile ist urheberrechtlich geschützt. Jede Verwertung außerhalb der engen Grenzen des Urhebergesetzes ist ohne schriftliche Zustimmung des Verlages unzulässig und strafbar. Dies gilt insbesondere für Vervielfältigungen, Übersetzungen, Mikroverfilmungen und die Einspeicherung und Verarbeitung in elektronischen Systemen.

ISBN 3-9804400-8-7

© UHLENBRUCH Verlag, Bad Soden/Ts. 1998
Printed in Germany

Inhalt

I. Grundlagen des Portfoliomanagements

Grundlagen des Portfoliomanagements 3
Prof. Dr. H. Rehkugler

II. Kundenorientierte Ansätze im Portfoliomanagement

Analyse der Ziele privater Kapitalanleger 35
Andreas Schmidt-von Rhein

Analyse des Verhaltens privater Anleger 71
Andreas Oehler

Empirische Untersuchungen zum Verhalten institutioneller Investoren 111
Andreas Oehler

Kundenorientierung als modernes Konzept des Depotmanagements 127
Heinz Rehkugler/ Roland Füss

III. Methodische Ansätze des Portfoliomanagments

Praktische Bedeutung und professioneller Einsatz von Benchmarkportfolios.. 165
Stefan Günther

Das Rahmenwerk des aktiven Portfoliomanagement....................... 191
Thomas Ebertz/ Bernhard Scherer

Dynamische Absicherung von Aktienportfolios – Constant Proportion
Portfolio Insurance 215
Thomas Bossert/ Christian Burzin

Innovative Ansätze im Asset-Liability-Management 239
Jürg Nager

IV. Prognose von Renditen

Erwartete Renditen am deutschen Aktienmarkt 267
Manfred Steiner/ Martin Wallmeier

Aktienkursprognosen auf der Basis von Jahresabschlußdaten 297
G. Geoffrey Booth/ Otto Loistl

Kointegration und Fehlerkorrektur zur Finanzmarktprognose 315
Heinz Rehkugler/ Dirk Jandura

Renditeprognose mit Neuronalen Netzen 349
Thorsten Poddig/ Claus Huber

V. Prognose und Steuerung des Investmentrisikos

Der Risikobegriff im Investmentmanagement 387
Hans-Jörg Frantzmann

Anwendung und Test des Single-Index-Modells am deutschen Aktienmarkt . 403
Thorsten Poddig/ Ralph Grothmann/ Tim Schäfer

Alternative Verfahren zur Ermittlung und zum Einsatz von Betafaktoren 435
von Bernd Rudolph/ Peter Zimmermann

Quantifizierung und Steuerung des Währungsrisikos 459
Günter Grimm

Volatilitätsprognosen 489
Thilo Goodall-Rathert

Prognose von DAX-Verteilungsfunktionen mit Neuronalen Netzen 519
Wolfgang Gerke/ Susanne Baun

VI. Portfoliooptimierung

Methoden zum Tracking von Marktindizes 543
Niklas F. Wagner

Verfeinerung von Alpha- und Timingprognosen für die relative
Portfoliooptimierung 567
Jochen M. Kleeberg/ Christian Schlenger

Portfoliooptimierung mit der Ausfallvarianz 591
Andreas Schmidt-von Rhein

VII. Modernes Bondmanagement

Aktives Management nationaler Rentenportfolios........................ 629
Hans-Peter Rathjens

Ein Mehrfaktorenmodell zur Analyse des Risikos deutscher Rentenportfolios... 653
Jens Langewand/ Frank Nielsen

Faktorbasierte Szenario-Strategien am deutschen Rentenmarkt 673
Helmut Paulus/ Andreas Sauer/ Bernhard Walther

Visualisierung der Zinssensitivität von Rentenportfolios 695
Matthias Kaltenbacher/ Herold C. Rohweder

Der Einsatz von Futures im Bondmanagement
Absicherungsstrategien unter Berücksichtigung
eines portfoliotheoretischen Hedging-Ansatzes 717
Frieder Meyer-Bullerdiek

Modernes Risikomanagement komplexer Rentenportfolios 743
Rudi Zagst

Der Einsatz von Wertpapierleihe, Repo- und Sell/Buy-Back-Geschäften
im Handel und Portfoliomanagement von festverzinslichen Wertpapieren ... 775
Andreas Bohn

VIII. Modernes Aktien-Portfoliomanagement

Stock Picking mit dem Dividend Discount Model 795
Peter J. Mathis/ Sven B. Thießen

Style Management am deutschen Aktienmarkt: Value, Growth und Size 821
Thomas Kieselstein/ Andreas Sauer

Internationale Minimum-Varianz-Strategien 843
Jochen M. Kleeberg

Ein konditioniertes Multifaktorenmodell für das Management internationaler
Aktienanlagen 863
Peter Oertmann

Transaktionskostenmanagement – Ein vergessener Erfolgsfaktor
im Wertpapiermanagement? 891
Karl Georg Bayer/ Margrit Bayer

Diversifikationseffekte internationaler Branchenportfolios 913
Markus Rudolf/ Heinz Zimmermann

IX. Performance-Messung und Leistungsbeurteilung

Moderne Verfahren der Performancemessung 933
Carsten Wittrock

Sachgerechte Attribution der Performance............................... 973
Hans G. Pieper

Angemessene Entlohnung von Portfoliomanagern 993
Gitta Raulin

Erfolgsfördernde Vergütungsformen bei Portfoliomanagementmandaten ... 1019
Peter Reichling

Stichwortregister 1045

Autorenverzeichnis 1055

Vorwort der Herausgeber

Ein Portfoliomanagement, das sich von Gerüchten und Marktstimmungen leiten läßt, ist heute nicht mehr gefragt. Vielmehr werden Lösungen gesucht, die ein klar umrissenes, theoretisch fundiertes und in sich schlüssiges Managementkonzept praktisch umsetzen. Durch die zunehmende Technologisierung und voranschreitende Verbreitung des kapitalmarkttheoretischen Know-hows sind heute die notwendigen Voraussetzungen für ein strukturiertes Management von Wertpapierportfolios gegeben. Ein solcher professioneller Ansatz ist erforderlich, um in einem Umfeld steigender Wettbewerbsintensität und sich zunehmend liberalisierender Finanzmärkte als Asset Manager erfolgreich bestehen zu können.

Das vorliegende „Handbuch Portfoliomanagement" bietet eine praxisorientierte Gesamtschau eines solchen strukturierten Wertpapiermanagements. Mehr als 50 Autoren aus Forschung und Praxis liefern einen Einblick in den „state of the art" und in die neuen Konzepte des Asset Managements. Die Beiträge sind bewußt so verfaßt, daß Sie genügend „Tiefgang" aufweisen, gleichzeitig aber trotzdem gut les- und nachvollziehbar sind.

Das Handbuch gibt Antworten und offeriert konzeptionelle Problemlösungen auf Fragen, die Portfoliomanager, Vermögensverwalter, Treasurer, Researcher und ambitionierte Privatanleger heute beschäftigen. Wir verbinden mit dem Werk die Hoffnung, daß es auch in Forschung und Lehre auf großes Interesse stoßen wird, denn gerade dort wird das Gedankengut der Modernen Portfoliotheorie stetig weiterentwickelt und dem Nachwuchs vermittelt.

Das „Handbuch Portfoliomanagement" gliedert sich in neun Teile. Der erste Teil liefert zunächst einen Überblick über die Grundlagen des Portfoliomanagements. Anschließend wird im zweiten Teil, ausgehend von dem Zielsystem des Kapitalanlegers, eine Analyse seines Anlegerverhaltens angestellt, um darauf aufbauend einen kundenorientierten Ansatz für das Depotmanagement anzubieten.

Der dritte Teil bietet einen Überblick über die methodischen Ansätze des Portfoliomanagements. Nach einer Analyse des praktischen Einsatzes von Benchmarkportfolios werden die Ansatzpunkte des aktiven Portfoliomanagements vorgestellt. Die dynamische Absicherung von Aktienportfolios und das Asset-Liability-Management sind zwei strukturierte Anlagekonzepte, deren Darstellung diesen Teil abrunden.

Der vierte Teil wendet sich dem wohl schwierigsten Bereich des Portfoliomanagements zu, der Prognose zukünftiger Renditen. Dabei werden einerseits fundamentale Ansätze zur Prognose von Aktienrenditen beschrieben, anderseits quantitative Verfahren zur Renditeprognose von Asset-Klassen aufgezeigt.

Der fünfte Teil beschäftigt sich mit der Streuung der Renditen, also dem Risiko der Wertpapieranlage. Nach einem Überblick über die praktische Steuerung von Investment-Risiken im Portfoliomanagement werden moderne Verfahren zur Prognose von Aktien-Betas und des Währungsrisikos vorgeführt. Auch in diesem Kapitel werden die Anwendungsmöglichkeiten anspruchsvoller ökonometrischer Verfahren – diesmal zur Prognose der Volatilität – aufgezeigt.

Der sechste Teil betrachtet mit der Portfoliooptimierung moderne und leistungsfähige Verfahren zur Konstruktion von Wertpapierportfolios. Nach einem Überblick über die Methoden zum Indextracking wird der Frage nachgegangen, wie Renditeschätzer aufbereitet werden sollten, damit mit Hilfe der Optimierung sinnvolle Portfolios generiert werden können. Weiter wird untersucht, wie die im Wertpapiermanagement oft vernachlässigten Transaktionskosten sachgerecht im Managementprozeß berücksichtigt werden können. Der Teil schließt mit einem innovativen Ansatz, der eine Portfoliooptimierung auf der Grundlage der Ausfallvarianz ermöglicht.

Der siebte Teil wendet sich den Ansätzen eines modernen Bondmanagements zu. Nach einem Überblick über das aktive Management deutscher Bondportfolios wird ein Mehr-Faktoren-Ansatz beschrieben, auf dessen Grundlage eine Risikosteuerung, eine Szenariobildung und eine Visualisierung der Zinssensitivität von nationalen Bondportfolios vorgenommen wird. Die beiden folgenden Beiträge beschäftigen sich mit dem Einsatz von Derivaten im Bond-Management und der Steuerung komplexer Rentenportfolios. Ein Beitrag über das Trading einzelner Bonds zur Verbesserung der Performance rundet diesen Themenkomplex ab.

Der achte Teil beschäftigt sich mit den modernen Ansätzen des Portfoliomanagements im Aktienbereich. Value-Investing und Style-Investing beschreiben zwei Möglichkeiten, im Rahmen eines vereinten Europas einen bewertungsorientierten und länderübergreifenden Managementansatz zu implementieren. Es folgen zwei internationale Anlagekonzepte: Minimum-Varianz-Strategien, die – zumindest empirisch – weniger Risiko und mehr Rendite als die Benchmark bieten, und die Portfoliosteuerung auf der Basis eines mehrstufigen, neu entwickelten Bewertungsmodells. Der Teil schließt mit einer Analyse des Diversifikationspotentials von Branchen – eine Fragestellung, der gerade mit Blick auf den europäischen Integrationsprozeß eine große Bedeutung zukommt.

Der neunte und letzte Teil setzt sich mit der Messung des Anlageerfolges auseinander. Dabei stehen zwei Aspekte im Vordergrund: einerseits die Messung und Attribution der Performance, andererseits die Entlohnung von Fondsmanagern und die erfolgsabhängige Vergütung von Asset-Management-Mandaten.

Als Herausgeber des Werkes möchten wir allen mitwirkenden Autoren für ihre spontane Bereitschaft zur Mitarbeit danken. Besonderer Dank gebührt Herrn Roland Füss und Herrn Holger Deifuß für formale Korrekturen und die unermüdliche Feinabstimmung und Formatierung der Beiträge. Ebenso gilt unser Dank den Mitarbeitern des Uhlenbruch Verlages für die professionelle Zusammenarbeit.

Der Uhlenbruch Verlag hat sich als Spezialist für Weiterbildung und Fachliteratur im Bereich Asset Management etabliert. Damit verbinden wir die Hoffnung, daß das Werk in Forschung und Praxis die Aufmerksamkeit erfährt, die es verdient.

Bad Soden/Ts. und Freiburg i. Br. im April 1998,

Dr. Jochen M. Kleeberg   Prof. Dr. Heinz Rehkugler

Teil I

Grundlagen des Portfoliomanagements

Grundlagen des Portfoliomanagements

von Heinz Rehkugler

Inhalt

1. Portfoliomanagement als Prozeß
2. Anlegeranalyse
3. Renditegenerierungsprozesse und Finanzmarktprognosen
4. Asset Allocation
5. Performanceanalyse
6. Portfoliorevision

1. Portfoliomanagement als Prozeß

Das von MARKOWITZ in den 50er Jahren entwickelte normative Modell der Portfolio Selection[1] hat Theorie und Praxis des Portfoliomanagements entscheidend geprägt. An die Stelle intuitiver und individueller Wertpapierauswahl trat die konsequente Bewertung von Kapitalanlagen anhand der erwarteten Rendite und des Risikos, diese erwartete Rendite zu verfehlen (Streuungsrisiko) sowie die gezielte Bildung von (Wertpapier-)Portefeuilles zur möglichst weitgehenden „Vernichtung" des unsystematischen wertpapierspezifischen Risikos. Unter Berücksichtigung der anlegerspezifischen Risikoneigung kann daraus modellhaft eine optimale Mischung von Kapitalanlagen errechnet werden.

In den letzten vierzig Jahren hat die Moderne Portfoliotheorie (MPT) zahlreiche Weiterentwicklungen erfahren,[2] die

- die praktische Anwendbarkeit des Modells fördern sollen,
- den Veränderungen an den Finanzmärkten und bei den Rahmenbedingungen Rechnung tragen,
- eine kapitalmarkttheoretische Fundierung und eine realitätsnähere Abbildung der Präferenzen und Verhaltensweisen der Finanzmarktakteure und der Renditegenerierungsprozesse anstreben.

Die hohen Informations- und Datenverarbeitungsanforderungen des Markowitz-Modells (vor allem zur Schätzung der Kovarianzen) motivierten zu Modellvereinfachungen, z.B. durch das Marktmodell. Die sprunghaften Verbesserungen in der Informationstechnologie haben die Möglichkeiten und die Geschwindigkeit der Beschaffung von relevanten Kapitalmarktinformationen und ihrer Verarbeitung nicht nur für institutionelle, sondern auch für private Anleger erheblich gesteigert. Dies hat auch die Möglichkeit empirischer Tests theoretischer Modelle deutlich verbessert.

Die geradezu stürmische Entwicklung der Kapitalmarkttheorie konzentrierte sich anfangs auf die Konstruktion von Gleichgewichtsmodellen zur Ableitung „fairer" Preise und Renditen für risikobehaftete Finanztitel. Eine zentrale Hypothese dieser Modelle ist die Informationseffizienz des Marktes, die ein aktives Portfoliomanagement, d.h. eine gezielte Auswahl von Wertpapieren aufgrund von Prognosen nutzlos erscheinen läßt. Jüngere Forschungen zielen dagegen gerade verstärkt auf Nachweise der partiellen Ineffizienz der Informationsverarbeitung in den Marktpreisen und damit auf deren prinzipielle Ausbeutbarkeit durch Prognosen.[3] Ebenso stellen sie die Verhaltensprämissen der klassischen Kapitalmarktmodelle in Frage und versuchen z.B., das Risikoverständnis der Anleger durch das Ausfallrisiko angemessener abzubilden als durch das Streuungsrisiko.

---

[1] Vgl. v.a. Markowitz (1952) und (1959).
[2] Ähnlich Farrell (1997), S. 4 ff.
[3] Die Entwicklung neuer linearer und nichtlinearer Analysetools (z.B. Neuronale Netze, Chaostheoretische Ansätze) war dabei sehr hilfreich.

Neue Herausforderungen brachte die Entwicklung an den Finanzmärkten. Die anzulegenden Geldvermögen der privaten Haushalte sind national wie international sehr stark gestiegen. Das dafür zur Verfügung stehende Anlageuniversum dehnte sich horizontal und vertikal erheblich aus. Zahlreiche neue Finanzprodukte, vor allem die Derivate, erweiterten das Anlagespektrum, schufen aber gleichzeitig neue Unübersichtlichkeiten für die Anleger. Die Globalisierung der Finanzmärkte, gefördert durch die Deregulierungen an den nationalen Märkten, die Informationstechnologie und die zunehmende Verflechtung der internationalen Wirtschaftsbeziehungen macht eine Ausdehnung des Anlagehorizonts auf internationale Wertpapiermärkte und -produkte unumgänglich, will man effiziente Portefeuilles bilden. Dies bringt zusätzliche Chancen der Renditesteigerung und Risikominderung, aber auch neue Anforderungen an die Informationsbeschaffung sowie -verarbeitung, darüber hinaus zusätzliche (Währungs-) Risiken. Auch die Finanzmarkttheorie hat diesen Globalisierungstendenzen Rechnung getragen und die klassischen Gleichgewichtsmodelle (CAPM, APT) um internationale Varianten erweitert.[4]

Ein großer Teil der Anleger verzichtet auf ein eigenständiges Portfoliomanagement und überträgt diese Aufgabe (z.B. durch Kauf von Fondsanteilen, durch Inanspruchnahme eines Fondsshops oder durch Beteiligung an einem Depotmanagementkonzept) einem Vermögensverwalter (Portfoliomanager). Dies gilt grundsätzlich auch für institutionelle Anleger. Durch die Delegation entstehen zusätzliche Probleme der Auswahl des „Agenten", der Formulierung der gewünschten Anlagephilosophie und der Messung, Attribution und Vergütung des Anlageerfolgs.

Damit ist deutlich geworden, daß Portfoliomanagement mehr ist als ein einfacher und einmaliger Akt der Asset Allocation, also der Auswahl und Kombination von Anlageformen zur Maximierung des Anlegernutzens. Vielmehr ist das Portfoliomanagement als ein komplexer, kontinuierlicher, systematischer Prozeß zu verstehen, der alle mit der Kapitalanlageentscheidung verbundenen Teilaufgaben und Fragestellungen umfaßt.[5] Abbildung 1 macht die einzelnen idealtypischen Phasen und Teilaufgaben deutlich.

Entsprechend dem typischen Ablauf eines Entscheidungsprozesses werden die Phasen der Planung, der Realisierung und der Kontrolle unterschieden. In der *Planungsphase* sind alle für die vorzubereitende Anlageentscheidung wesentlichen Informationen aufzubereiten. Dies betrifft zum einen die Ziele und Beschränkungen des Anlegers, die Gegenstand der *Anlegeranalyse* sind. Dadurch wird auch schon das gewünschte Anlagespektrum eingegrenzt.

Zum andern sind über die *Finanzanalyse* die in Frage kommenden Assetklassen und einzelnen Wertpapiere bezüglich der Ziele des Anlegers zu bewerten, also insbesondere die erwarteten Renditen und Risiken abzuschätzen. Vorgehensweise und Ergebnis hängen dabei stark von dem zugrunde gelegten Modell der Renditegenerierung und der Güte des verwendeten Prognosemodells ab.

---

4 Vgl. z.B. Levy/ Sarnat (1970), Solnik (1974), Stulz (1981) oder Solnik (1983).
5 Vgl. z.B. Maginn/ Tuttle (1990), S. 1-2 ff., Radcliffe (1994), S. 646 ff. und Schmidt-von Rhein (1996), S. 13.

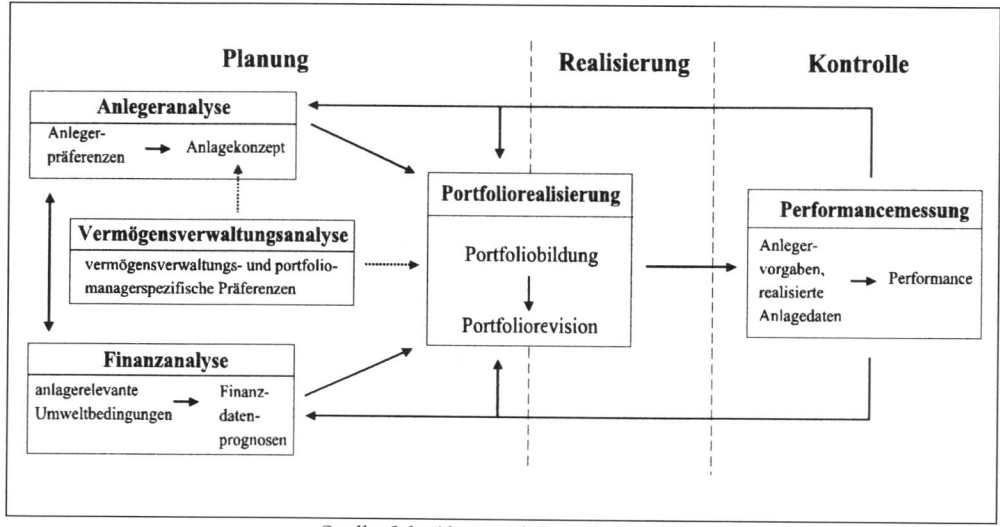

Quelle: Schmidt-von Rhein (1996), S. 14.

Abb. 1: Der Prozeß des Portfoliomanagements[6]

Die *Vermögensverwaltungsanalyse* dient dazu, die generelle Eignung der ins Auge gefaßten Vermögensverwalter zu prüfen und deren zusätzliche Präferenzen und Beschränkungen zu berücksichtigen.

Ausgehend von den Resultaten der Planungsphase, die den weiteren Prozeß wesentlich determinieren, wird in der *Realisierungsphase* die adäquate Anlagepolitik formuliert und dann in konkrete Anlageentscheidungen umgesetzt. Hier ist der Platz für Verfahren der Portfoliooptimierung.

In der *Kontrollphase* geht es darum, den erzielten Anlageerfolg zu messen, mit der angestrebten Zielerfüllung zu vergleichen und Abweichungen auf ihre Ursachen zu untersuchen, insbesondere die Leistung des Portfoliomanagers zuzuordnen. Die Resultate dieser Performancemessung und -attribution können Anpassungen in allen Teilschritten des Portfoliomanagementprozesses, also bei den Zielvorgaben, den Methoden der Finanzanalyse, der Auswahl der Vermögensverwalter und der Portfoliorealisierung, auslösen.

Die weitere Darstellung wird sich an diesem Phasenkonzept orientieren und die Aspekte noch etwas vertiefen. Gegenstand des zweiten Kapitels ist daher die Anlegeranalyse. Im dritten Kapitel werden die theoretischen Konzepte des Wertpapiermanagements und die denkbaren Verfahren zur Bewertung von Finanztiteln und zur Prognose von Finanzmarktentwicklungen vorgestellt, während Kapitel 4 sich mit den Ebenen, Methoden und praktischen Problemen der Asset Allocation befaßt. Kurze Betrachtungen zur Performanceanalyse (fünftes Kapitel) und zur Portfoliorevision (sechstes Kapitel) runden den Überblick über die Grundlagen des Portfoliomanagements ab.

---

[6] Ähnlich ist die Darstellung bei Maginn/ Tuttle (1990) S. 1-4.

2. Anlegeranalyse

Der Analyse der Ziele und Anlagebeschränkungen der privaten wie der institutionellen Kapitalanleger sowie ihrer Verhaltensweisen kommt im Prozeß des Portfoliomanagements große Bedeutung zu, setzt sie doch den Rahmen für die anzustrebenden Zustände und die zulässige Auswahl aus dem Anlageuniversum. In krassem Gegensatz dazu steht ihre weitgehend stiefmütterliche Behandlung in den meisten Standardbüchern zum Portfoliomanagement.[7]

Die Ziele privater Kapitalanleger werden wesentlich durch die Anlagemotive bestimmt. Verständlicherweise löst das Motiv, sich durch Kapitalanlagen gegen unerwünschte künftige (Einkommens-)Situationen abzusichern (Vorsorgesparen), andere Anlageziele aus als das Sparen für einen konkreten Konsumzweck oder das allgemeine Vermögenssparen. Als die wichtigsten Ziele privater Anleger werden in der Literatur,[8] gestützt auf empirische Untersuchungen, Rentabilität, Sicherheit und Liquidierbarkeit einer Kapitalanlage genannt. Dieses sog. *magische Dreieck* der Kapitalanlageziele wird von SCHMIDT-VON RHEIN mit dem Ziel der Verwaltbarkeit zum magischen Viereck erweitert.[9]

Auf diesem Abstraktionsniveau ist aber die Analyse der Anlegerziele noch nicht sehr fruchtbar für das Portfoliomanagement. Daher ist es wichtig,

- die Ziele zu operationalisieren und
- sie so exakt zu beschreiben und zu erfassen, daß für den einzelnen Anleger(typ) spezifische, seinem Zielsystem entsprechende Anlagekombinationen und -strategien formuliert werden können.

Für die *Rendite* ist dies noch recht einfach möglich, indem man sich z.B. auf die nominale Nettoperiodenrendite (= nach Steuern und Transaktionskosten), in Inlandswährung und – im Mehrperiodenfall – als geometrisches Mittel berechnet, konzentriert.

Die *Liquidierbarkeit*, verstanden als Möglichkeit zur Umwandlung der Kapitalanlage in liquide Mittel, auch und gerade zu vorher nicht bekannten Zeitpunkten vor Ablauf vertraglicher Bindungsfristen, bereitet insofern Schwierigkeiten der Operationalisierung, als sie eine Zeit- und eine Kostenkomponente aufweist, die sich zumindest partiell kompensieren. So lassen sich z.B. Anlagen, für die kein voll funktionsfähiger Sekundärmarkt existiert, häufig nur unter Inkaufnahme von mehr oder weniger großen Preisabschlägen schnell veräußern. Es müssen also Vorzeitigkeits- und/oder Großmengenkosten hingenommen werden, die tendenziell umso höher ausfallen, je schneller die Liquidisierung erfolgen soll. Alternativ dazu sind Kosten für die Finanzierung des benötigten Betrages bis zum Gelingen der Liquidisierung anzusetzen. Der subjektive Wunsch nach hoher Liquidierbarkeit der Anlagen korrespondiert oft nicht mit dem objektiven Bedarf, „jederzeit" die Mittel verfügbar zu halten.

---

[7] Siehe z.B. Farrell (1997), Steiner/ Bruns (1996), Grinold/ Kahn (1995), Radcliffe (1994), Sharpe/ Alexander (1990), Levy/ Sarnat (1984); anders verhält es sich dagegen bei Kaiser (1990) und Ambachtsheer et al. (1990).
[8] Vgl. für Deutschland v.a. Ruda (1988).
[9] Vgl. Schmidt-von Rhein (1996), S. 185 und seinen Beitrag in diesem Band.

Das Ziel der *Verwaltbarkeit* von Kapitalanlagen stellt auf den (finanziellen, zeitlichen oder intellektuellen) Aufwand ab, den der Anleger zur Beschaffung von Informationen über die Anlage (z.B. Bewertungsmodelle für ihren „fairen" Preis, ihre Renditepotentiale und Risiken) und zu ihrer laufenden Beobachtung und Betreuung zu tragen hat. Wie die Liquidisierbarkeit läßt sich die Verwaltbarkeit zu großen Teilen über die dadurch ausgelösten zusätzlichen Kosten operationalisieren. Mit dieser Vereinfachung werden beide Ziele über das Renditeziel mittelbar mit erfaßt.

Ein besonderes Problem wirft die Operationalisierung des *Risikos* auf.[10] Allgemein – wie auch in den meisten kapitalmarkttheoretischen Modellen – wird das Risiko einer Kapitalanlage über statistische Parameter erfaßt. Das dabei hauptsächlich benutzte zweiseitige Risikomaß ist die Varianz der Streuung um den Erwartungswert (bzw. die Standardabweichung als deren Wurzel). Zusätzlich können, je nach dem unterstellten Verteilungstyp, die höheren Verteilungsmomente „Schiefe" und „Wölbung" herangezogen werden. Zunehmend wird aber in Frage gestellt, ob dieser schwankungsorientierte „symmetrische" Risikobegriff tatsächlich dem Risikoverständnis der Anleger entspricht, oder ob nicht vielmehr eine an der Gefahr, eine vom Anleger gesetzte Mindestrendite zu verfehlen (*Ausfallrisiko, Downside Risk*), orientierte Messung des Kapitalanlagerisikos die Vorstellungen der Anleger adäquater abbildet. Die Höhe des Ausfallrisikos hängt dann von der vom Anleger geforderten Mindestrendite ab, die sich z.B. am nominalen oder realen Erhalt der Kapitalbasis oder am Zins risikoloser Anlagen orientieren kann. Es wird analog zu den symmetrischen Risikomaßen mit den sog. Lower Partial Moments einer Verteilung gemessen.

Die Beziehung der beiden zentralen Ziele „Rendite" und „Risiko" zueinander kommt in der *Risikonutzenfunktion* zum Ausdruck. Allgemein wird, durch empirische Untersuchungen gestützt, dem Anleger Risikoscheu unterstellt. Die Krümmung der Risikonutzenfunktion zeigt dann an, durch welche Kombination von Rendite und Risiko das jeweils gleiche Nutzenniveau erreicht wird, d.h. um wieviel die erzielbare Rendite wachsen muß, um einen Anstieg des Risikos in einem bestimmten Ausmaß zu kompensieren. Ihr Verlauf kann durch Abfragen näherungsweise bestimmt werden, um die Anleger wenigstens typisieren zu können.

Neben die grundlegenden Anlegerziele treten als Beschränkungen des Portfoliomanagements zusätzliche Präferenzen. Sie können sich z.B. auf die Auswahl der zulässigen Anlageformen und ihr gewünschtes minimales oder maximales Gewicht im Gesamtportefeuille beziehen, die Anlagedauer oder bestimmte Zeitpunkte der Portfoliorevision vorgeben oder gewünschte Einlagen- bzw. Entnahmevolumina und -zeitpunkte festlegen.

Solche Eingrenzungen des zulässigen Rahmens der Portfoliogestaltung sind nicht nur bei privaten Anlegern zu finden. Gerade institutionelle Anleger sind entweder aufgrund gesetzlicher Vorschriften gehalten,[11] bestimmte Restriktionen des Anlagespektrums zu beachten oder definieren aufgrund ihrer geplanten Geschäftsentwicklung, insbesondere der Liquiditätszu- und abflüsse, zusätzliche Vorgaben

---

[10] Vgl. Schmidt-von Rhein (1996), S. 159 ff.
[11] Vgl. dazu Schwebler (1991).

für die Verwalter einzelner Teile ihres Vermögens.[12] So gesteuerte Teilportfolios können Bestandteil eines umfassenden, integrativen Asset-Liability-Managements, etwa von Versicherungen, sein.[13]

Zur Anlegeranalyse im weiteren Sinne zählt auch die Untersuchung des Verhaltens der privaten und institutionellen Anleger. Zahlreiche empirische Arbeiten[14] belegen (was den Praktiker allerdings keineswegs überrascht), daß die Kapitalanlage nicht notwendig dem in theoretischen Modellen meist unterstellten Bild des rationalen Entscheidungsträgers folgt, sondern daß aus den Umweltbedingungen sowie der persönlichen Disposition (Motivation, Kognition, Emotion) und Situation erwachsende Einflußfaktoren das Kapitalanlageverhalten mitbestimmen. Dies gilt auch für institutionelle Investoren. So sprechen z.B. starke Anzeichen für ein Herding-Verhalten von Investmentmanagern.

Vielfach festgestellte und beschriebene Kapitalmarktanomalien, also Abweichungen der Preisentwicklung an Kapitalmärkten von den auf der Basis theoretischer Modelle erwarteten Preisen, sind häufig auf die nicht adäquate Modellierung des Anlegerverhaltens zurückzuführen.

3. Renditegenerierungsprozesse und Finanzmarktprognosen

Um die Attraktivität einzelner Märkte und Wertpapiere und damit die Sinnhaftigkeit ihrer Berücksichtigung im Portfolio beurteilen zu können, bedarf es eines theoretischen Modells des zugrundeliegenden Preisbildungs- bzw. Renditegenerierungsprozesses. Die Fachwelt ist sich allerdings keineswegs einig, welches Modell den empirischen Preisbildungsprozeß adäquat beschreibt. Im folgenden werden zuerst die portfoliotheoretischen Basismodelle skizziert. Je nach Wahl des Modells resultiert eine unterschiedliche Einschätzung der Angemessenheit von Preisen, der Sinnhaftigkeit von Finanzmarktprognosen generell sowie der passenden Strukturen von Prognosemodellen.

Markowitz-Modell[15]

Das Basismodell der Portfolio Selection von MARKOWITZ zeigt, wie bei Vorliegen von Schätzungen der erwarteten Renditen und Risiken (gemessen als Standardabweichung) optimale Portfolios für die Anleger entsprechend ihrer Risikopräferenz zu

---

[12] Vgl. Ambachtsheer et al. (1990).
[13] Vgl. dazu den Beitrag von NAGER in diesem Band.
[14] Vgl. zur Übersicht Oehler (1994), Bitz/ Oehler (1993), Menkhoff/ Röckemann (1994) sowie die Beiträge von OEHLER in diesem Band.
[15] Ausführlicher z.B. bei Elton/ Gruber (1995), S. 46 ff.

bilden sind. Es macht sich die Erkenntnis zunutze, daß die erwartete Rendite eines Portfolios $E(R_P)$ dem mit den Wertpapieranteilen x_i gewogenen arithmetischen Mittel der erwarteten Einzelrenditen $E(R_i)$ entspricht:

(1) $E(R_P) = \sum x_i E(R_i)$.

Das Risiko der einzelnen Wertpapiere dagegen kann durch eine Wertpapiermischung partiell vernichtet werden:

(2) $\sigma_P^2 = \sum x_i^2 \sigma_i^2 + \sum_{i \neq j} \sum x_i x_j \sigma_{ij}$.

Wie Gleichung (2) erkennen läßt, bestimmen die Kovarianzen σ_{ij} zwischen den Renditen der Wertpapiere, in welchem Ausmaß sich durch Diversifikation der Kapitalanlage Risiko vernichten läßt. Im Grenzfall einer perfekt negativen Korrelation läßt sich ein völlig risikoloses Portfolio als Kombination riskanter Anlagen konstruieren. Die Efficient Frontier beschreibt die Kombinationen von Wertpapieren, die jeweils bei gegebenem Risiko die höchste Rendite (bzw. bei gegebener Rendite das geringste Risiko) aufweisen. Der Tangentialpunkt der anlegerspezifischen Risikonutzenfunktion mit der Efficient Frontier bestimmt, wie Abbildung 2 zeigt, das optimale Portfolio.

Das Markowitz-Modell enthält keine explizite Aussage über den Prozess der Renditegenerierung der einzelnen Wertpapiere. Seine Anwendung auf reale Finanzmärkte verursacht wegen der Vielzahl der zu berücksichtigenden Inputs (Einzelrenditen, Einzelvarianzen, Kovarianzen zwischen allen Wertpapieren) einen enormen Datenverarbeitungsaufwand. Noch problematischer ist es, daß für diese große Zahl an Inputdaten auch Prognosewerte zu schätzen sind. Dies bringt zum einen hohen Aufwand und zum andern hohe Risiken der Fehlprognose mit sich.

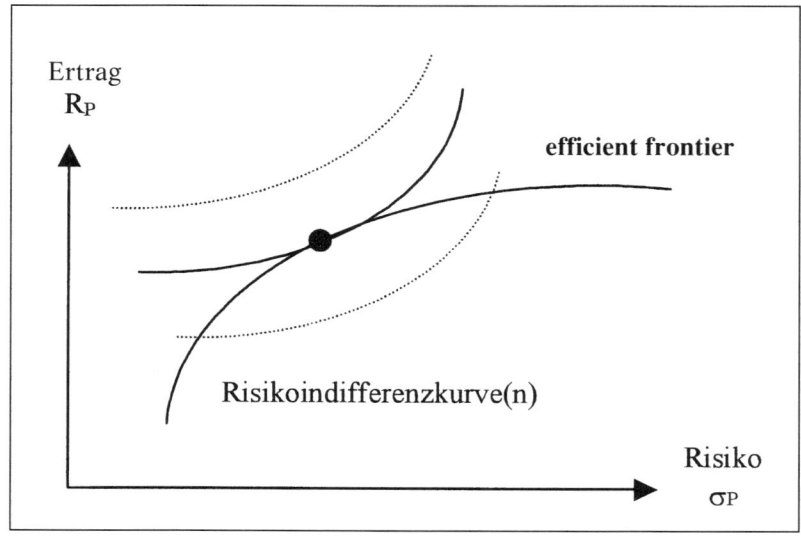

Abb. 2: Markowitz-Modell: optimale Portfolios

Single-Index-Modell

SHARPE (1963) hat mit seinem Single-Index-Modell einen eleganten Weg aufgezeigt, wie die Anforderungen des Portfoliomodells drastisch reduziert werden können. Er unterstellt, daß der partielle Gleichlauf von Wertpapieren sich auf gemeinsame (fundamentale) Faktoren zurückführen läßt, die mit einem einzigen Index erfaßt werden können. Meist wird dazu der (nationale) Aktienindex mit der Rendite R_M herangezogen. β_i mißt dann die erwartete relative Veränderung der Wertpapierrendite R_i bei einer Veränderung von R_M. Daneben wirken auch unternehmensspezifische Faktoren auf die erzielbare Rendite ein. Diese marktunabhängige Komponente läßt sich weiter in eine durchschnittliche titelspezifische Größe α_i und einen Residual- oder Störterm e_i mit dem Erwartungswert 0 trennen.

Als erwartete Rendite R_i eines Wertpapiers ergibt sich dann

(3) $R_i = \alpha_i + \beta_i R_M + e_i$.

Zur Bewertung eines Wertpapiers und zur Entscheidung über seine Aufnahme in ein Portfolio sind also Schätzungen der Marktrendite, des titelspezifischen Renditebeitrags und der Stärke der Korrelation mit dem Markt nötig. Für die Betas werden dabei historische Werte (ermittelt über Regressionen), Adjustierungstechniken oder fundamentale Schätzungen vorgeschlagen.[16] Empirisch erweist sich die vereinfachend oft gesetzte Annahme der zeitlichen Invarianz der Alphas und Betas als problematisch.[17]

Multi-Index-Modelle

Theoretische Erwägungen und die mitunter schwache empirische Erklärungskraft des Single-Index-Modells legten die Entwicklung von Modellen mit reichhaltigeren Renditegenerierungsprozessen nahe. Dies kann einfach durch Hinzunahme weiterer systematischer Einflußfaktoren geschehen. Formal wird die erwartete Rendite R_i eines Wertpapiers dann beschrieben als

(4) $R_i = \alpha_i + \beta_{i1} I_1 + \beta_{i2} I_2 + ... + \beta_{iN} I_N + e_i$,

mit N systematischen Einflußfaktoren I und jeweiligen wertpapierspezifischen Betas für diese Faktoren. Offen bleibt, welche Größen als systematische Einflußfaktoren identifiziert und in das Modell einbezogen werden. CONNOR (1995) unterscheidet drei Typen von Faktormodellen.[18] Typ 1 benutzt beobachtbare *makroökonomische Variablen* wie Wachstumsraten (z.B. der Industrieproduktion), den Konjunkturzyklus, die Inflationsrate, nationale und internationale Zinssätze, Zinsspreads und

---

[16] Vgl. dazu Elton/ Gruber (1995), S. 137 ff.
[17] Vgl. z.B. Loos (1997).
[18] Eine ähnliche Einteilung wählen Grinold/ Kahn (1995), S. 47 ff. und Steiner/ Nowak (1994), S. 351.

Veränderungen der Währungsrelationen. Typ 2 entsprechen Modelle, die auf unternehmensspezifischen *fundamentalen Faktoren* wie z.B. der Branche, der Unternehmensgröße (gemessen als Marktkapitalisierung), der Dividendenrendite, der Book-to-Market-Ratio oder dem Kurs-Gewinn-Verhältnis basieren. Während hier z.B. FAMA/ FRENCH (1996) mit drei Faktoren auskommen, enthält das Modell von BARRA[19] eine erheblich größere Zahl von Faktoren. Mit Typ 3 sind statistische Faktormodelle angesprochen, die – meist unter Einsatz der Faktorenanalyse – Einflußgrößen extrahieren. Ihr Nachteil besteht darin, daß die auf rein statistischem Weg gefundenen Faktoren ökonomisch schwierig zu interpretieren und daher auch einer Prognose nicht leicht zugänglich sind. Auch bei Mehrfaktorenmodellen kann nicht von einer Stabilität der Faktorsensitivitäten ausgegangen werden. Ebenso sind die pro Risikoeinheit vom Markt gezahlten Prämien nicht zeitinvariant. Damit ist eine Aufgabe von Prognosemodellen die Abschätzung von deren Veränderung.[20]

Kapitalmarkt(gleichgewichts)modelle

Den normativen Single und Multi-Index-Modellen entsprechen auf deskriptiver Ebene das Capital Asset Pricing Model (CAPM) und die Arbitrage Pricing Theory (APT).

Dem von SHARPE, LINTNER und MOSSIN[21] entwickelten CAPM als klassischem Modell des Kapitalmarktgleichgewichts kommt nach wie vor große Bedeutung zu. Wird zusätzlich zu den Annahmen des Modells der Portfolio Selection unterstellt, daß eine Möglichkeit der Kapitalaufnahme und -anlage zu einem risikolosen Zins existiert, und daß alle Anleger homogene Erwartungen bezüglich der Renditen und Risiken der Wertpapiere besitzen, dann läßt sich daraus ableiten, daß alle Anleger das gleiche Wertpapierportfolio halten, und ihre Risikoabneigung nur im Umfang der Zumischung risikoloser Anlagen (oder der zusätzlichen Aufnahme zu diesem Zins) zum Ausdruck kommt. Die Menge aller effizienten Portfolios liegt jetzt auf der in Abbildung 3 dargestellten Kapitalmarktlinie. Für das vom Anleger übernommene systematische Risiko kann er eine zum Umfang des Risikos proportionale Risikoprämie erwarten, die in der Steigung der Kapitalmarktlinie zum Ausdruck kommt. Für das Marktportfolio mit dem Risiko s_M entspricht diese der Differenz zwischen der Marktrendite für Aktien R_M und dem risikolosen Zins R_F.

Als zu erwartende Gleichgewichtsrendite $E(R_i)$ des einzelnen Wertpapiers ergibt sich daraus:

(5a) $\quad E(R_i) = R_F + \left(\dfrac{E(R_M) - R_F}{\sigma^2_M} \right) \sigma_{R_i, R_M}$

$\quad$ Wenn $\dfrac{\sigma_{R_i, R_M}}{\sigma^2_M} = \beta_i$,

(5b) $\quad E(R_i) = R_F + \beta_i \left(E(R_M) - R_F \right)$.

---

[19] Vgl. Kleeberg (1995), S. 70 ff., Albrecht et al. (1996), S. 9 f.
[20] Vgl. dazu Oertmann (1997), insbes. S. 219 ff.
[21] Vgl. Sharpe (1964), S. 425 ff., Lintner (1965), S. 13 ff. und Mossin (1965), S. 768 ff.

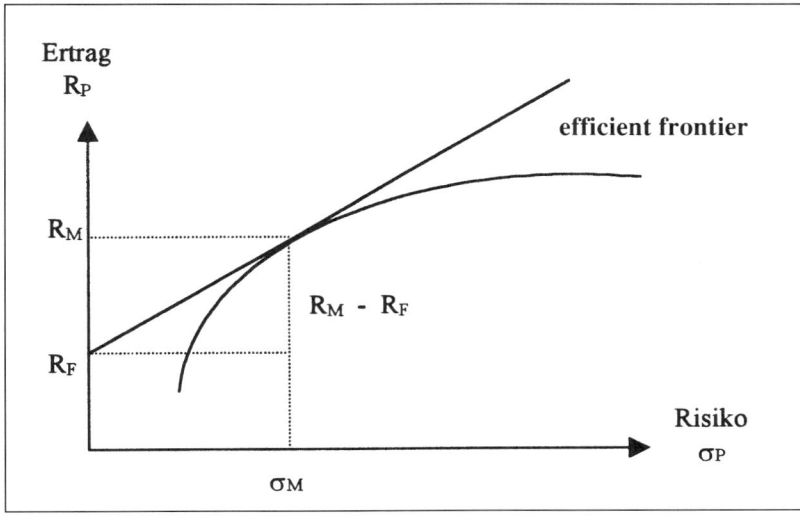

Abb. 3: Kapitalmarktlinie im CAPM

Analog zum Single-Index-Modell hängt also die zu erwartende Rendite nicht vom gesamten wertpapierspezifischen Risiko, sondern nur vom systematischen Risiko ab, d.h. vom Ausmaß der Schwankung mit dem Marktindex und damit vom Beitrag zum Gesamtrisiko des Portfolios. Die Wertpapierlinie (Security market line) in Abbildung 4 gibt die Gleichgewichtsrendite in Abhängigkeit vom systematischen Risiko des jeweiligen Wertpapiers wieder.

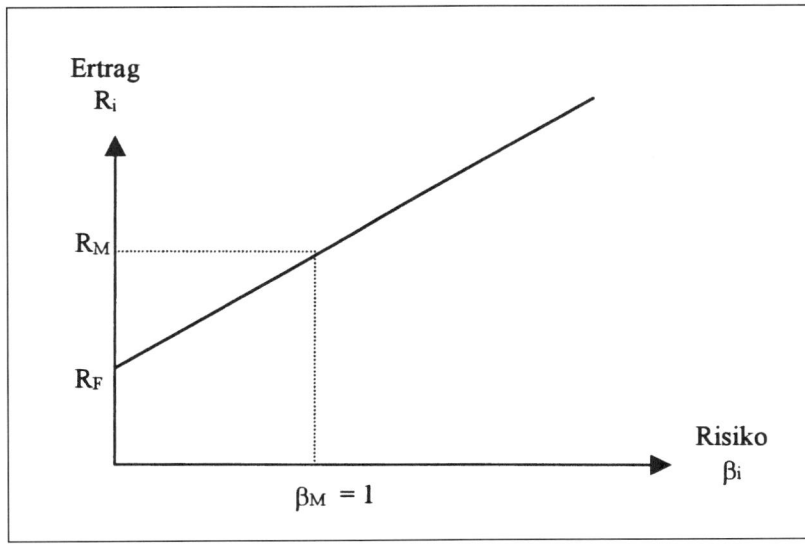

Abb. 4: Wertpapierlinie im CAPM

Die von Ross (1976) entwickelte APT bildet das deskriptive Gegenstück zu den Multi-Index-Modellen. Sie entspricht in ihrer formalen Struktur der Gleichung (4) und zeigt auf, daß unter bestimmten Bedingungen eine arbitragefreie Bewertung von Wertpapieren auf der Basis einer begrenzten Zahl gemeinsamer Faktoren resultiert.[22]

Vergleich der Erklärungskraft traditioneller Ansätze

Konkurrieren mehrere Modellansätze zur Beschreibung des Renditegenerierungsprozesses, muß empirisch geklärt werden, welchem die größte Erklärungskraft für die reale Entwicklung der Renditen zukommt. Leider bieten die empirischen Befunde ein völlig diffuses Bild, so daß kein eindeutiges Urteil möglich ist. Einige Indizien sprechen für eine Überlegenheit der Multifaktormodelle. Andererseits ist der vernichtenden Kritik an der empirischen Relevanz des CAPM für den US-Aktienmarkt durch FAMA/ FRENCH (1992) und ihrem angeblich erheblich bessere Erklärungen liefernden Dreifaktorenmodell[23] von vielen Seiten widersprochen worden.[24] Innerhalb der Multi-Index-Modelle sieht CONNOR (1995) eine deutliche Überlegenheit der Erklärungskraft der fundamentalen Ansätze. Die Befunde von ELTON/ GRUBER (1995) zum Vergleich von Single und Multi-Index-Modellen lassen keinen eindeutigen Schluß zu. Vor allem zeigt sich, daß die Resultate stark vom verwendeten Datenmaterial und – bei den Multi-Index-Modellen – von der Auswahl der Faktoren abhängen.

Nichtlineare dynamische Modelle

Die jüngere finanzmarkttheoretische Forschung ist von Versuchen geprägt, nichtlineare Erklärungsmodelle zu entwickeln, die den linearen (Gleichgewichts-)Modellen überlegen sind und verschiedene empirische Phänomene der Renditeverteilung (z.B. leptokurtische Verteilung, Heteroskedastizität, Volatility Clustering, Noah Effekt, Long Memory-Effekt)[25] zu erfassen vermögen. PODDIG[26] unterscheidet hierbei stochastische und deterministische nichtlineare Renditegenerierungsprozesse. Besonders die Chaostheorie wird von einigen für fruchtbar gehalten, Finanzmarktprozesse zu erklären;[27] fundierte Nachweise von einem chaotischen Verhalten der Finanzmärkte sind aber bislang kaum zu finden.[28] Einen interessanten, gleichwohl ebenfalls empirisch schwer zu stützenden Ansatz bietet die Theorie kohärenter

---

[22] Vgl. zur Übersicht Elton/ Gruber (1995), S. 368 ff., Steiner/ Nowak (1995) und Sauer (1994), S. 13 ff.
[23] Vgl. Fama/ French (1996a).
[24] Vgl. z.B. Chan/ Lakonishok (1993), Black (1993), Roll/ Ross (1994), Pettengill et al. (1995) und Grundy/ Malkiel (1996); die Gegenposition wird von Fama/ French (1996b) bezogen.
[25] Vgl. dazu z.B. Peters (1994).
[26] Vgl. Poddig (1996), S. 29 ff.
[27] Vgl. vor allem Peters (1991) und (1994).
[28] Eher ablehnend für Wechselkurse Stein (1997).

Märkte von VAGA (1990). Es handelt sich um ein dynamisches Modell, das von einer variierenden Wahrscheinlichkeitsdichte der Renditen ausgeht. Sie wird davon bestimmt, wie die Marktteilnehmer jeweils Informationen in Handlungen und Preise umsetzen. Hierfür sind vereinfachend zwei Parameter, nämlich die fundamentale Marktsituation und das Gruppenverhalten der Marktteilnehmer, maßgebend. Je nach Zusammenspiel der beiden Faktoren entstehen die Marktzustände „effizienter Markt", „chaotischer Markt" oder „kohärenter Markt". Bei dynamischen Modellen spielen also sowohl autoregressive Prozesse als auch fundamentale Faktoren eine Rolle.

Informationseffizienz und Sinnhaftigkeit von Prognosen

„Active management is forecasting."[29] Die gezielte Auswahl von Teilmärkten und einzelnen Finanztiteln macht also nur Sinn, wenn durch die Güte der Rendite- und Volatilitätsprognosen systematisch, d.h. nachhaltig und nicht auf Zufall basierend, eine über der Marktrendite liegende Verzinsung erwartet werden kann. Dies setzt voraus,[30] daß

- die Entwicklung der Renditen *Gesetzmäßigkeiten* aufweist (Zeitstabilitätshypothese) und
- diese Gesetzmäßigkeiten *erkenn-* und *ausbeutbar* sind.

Die Frage der Gesetzmäßigkeit wird je nach dem zugrunde gelegten Modell der Renditegenerierung anders beantwortet werden. Ob erkannte Gesetzmäßigkeiten ausbeutbar sind, hängt vor allem von der Informationseffizienz der Finanzmärkte ab. Sind sämtliche für die Kursbildung verfügbaren und relevanten Informationen bereits in den Kursen verarbeitet, dann sind keine systematischen Extragewinne durch Informationsauswertung möglich. Nach der Art der berücksichtigten Information werden seit FAMA (1970) drei Varianten der Informationseffizienz unterschieden.[31]

Die schwache Form besagt, daß alle Informationen über vergangene Kursentwicklungen im aktuellen Kurs verarbeitet sind. Finden zusätzlich auch alle öffentlich verfügbaren Informationen ihren sofortigen Niederschlag in den Kursen, liegt Effizienz in der halbstrengen oder halbschwachen Form vor. In der strengen Form reflektieren die Kurse alle denkbaren bewertungsrelevanten Informationen, also auch Insiderwissen.

Die Sinnhaftigkeit von Prognosen ist mit der Gültigkeit der Effizienzthese verknüpft. Gilt die strenge Form, dann ist jede Prognose sinnlos. Bei halbstrenger Informationseffizienz können Prognosen auf fundamentaler und technischer Basis ohne Insiderkenntnisse keinen Nutzen bringen. Gilt nur die schwache Form, erlaubt die Auswertung fundamentaler Daten Zusatzgewinne, nicht aber die Analyse der historischen Kursreihe.

---

[29] Grinold/ Kahn (1995), S. 7.
[30] Vgl. Rehkugler (1995), S. 384.
[31] Vgl. zusätzlich Fama (1991) und Krämer (1995).

Die Kapitalmarkt(gleichgewichts)modelle unterstellen die Gültigkeit der Effizienzthese. Die anderen beschriebenen Renditegenerierungsprozesse kommen ohne diese Annahme aus bzw. unterstellen implizit ineffiziente Märkte. Die zahlreichen empirischen Tests zur Gültigkeit der These der Informationseffizienz zeichnen kein klares Bild.[32] Damit kann ex ante nicht über die Fruchtbarkeit von Finanzmarktprognosen generell und die Vorteilhaftigkeit unterschiedlicher Verfahren entschieden werden.

Prognosemodelle

Der unterstellte Renditegenerierungsprozeß und die Annahme über die zutreffende Stufe der Markteffizienz bestimmen vernünftigerweise die Auswahl des eingesetzten Prognosemodells. Denn sie grenzen einerseits die – entsprechend den jeweils gesetzten Prämissen – überhaupt sinnvollen Verfahren ein und geben andererseits die modellspezifischen erklärenden Faktoren für die zu prognostizierende Größe an.

Prognosemodelle lassen sich nach mehreren Kriterien klassifizieren. Die Art der verwendeten Inputdaten führt zur Unterscheidung in *Zeitreihenmodelle*, die nur die Historie der Kursreihe selbst auswerten, und *fundamentale Modelle*, die die für einen Finanztitel oder Markt wertbestimmenden ökonomischen Faktoren zu bestimmen versuchen. Zunehmend werden auch gemischte Modelle eingesetzt, die beide Datentypen verwenden.

Nach der Zahl der einbezogenen erklärenden Variablen lassen sich *univariate* und *multivariate Modelle* unterscheiden. Die Datenverknüpfung kann dabei *linear* oder *nichtlinear* erfolgen.

Unbedingte Prognosemodelle beziehen als unabhängige Variable realisierte Größen ein, die zeitverzögert auf die zu erklärende Größe wirken. Bei *bedingten* Prognosen müssen die unabhängigen Variablen selbst erst geschätzt werden, da sie mit dem gleichen Zeitindex in das Modell eingehen wie die zu erklärende Größe.

Bei den Zeitreihenanalysen[33] dominieren in der Praxis wohl immer noch unterschiedlichste Ansätze der Charttechnik und der technischen Indikatoren. Diesen oft eher intuitiven und theoretisch kaum fundierten Verfahren stehen mathematisch-statistisch anspruchsvolle ARIMA-Modelle und Spektralanalysen gegenüber, die nach verwertbaren Zyklen in der Kursreihe suchen. Neuere Ansätze der Zeitreihenanalyse bilden die linearen ARCH-Modelle (autoregressive conditional heteroskedastic process) sowie – als nichtlineare Erklärungsversuche – die TAR-Modelle (threshold autoregressive model) sowie die schon erwähnten chaostheoretischen Modelle.

---

[32] Vgl. Fama (1991), Elton/ Gruber (1995), S. 406 ff.; zum grundsätzlichen Problem der Testbarkeit der These vgl. Schneider (1992), S. 541 ff.; zur Abhängigkeit des Tests vom zugrunde gelegten Preisbildungsmodell vgl. Poddig (1996), S. 41 ff.
[33] Für einen Überblick vgl. Poddig (1996), S. 51 ff.

Die klassischen fundamentalen Verfahren sind die (multiple) Regression und die Diskriminanzanalyse. Hierbei wird versucht, aus einer möglichst großen Zahl historischer Daten ein Set von ökonomischen Faktoren zu extrahieren, das die beobachtete Renditeentwicklung möglichst gut erklärt. Die so gefundene Gleichung wird durch Einsetzen der aktuell geltenden Werte für die erklärenden Faktoren zur Kursprognose genutzt.

Neuere ökonometrische Modelle versuchen, auch dynamische Anpassungsprozesse für die Prognose nutzbar zu machen. So ist die Grundidee der Kointegrations- und Fehlerkorrekturmodelle,[34] daß der langfristigen Kursentwicklung ein Gleichgewichtsmodell zugrunde liegt. Wenn dies empirisch zutrifft, werden bei Kursabweichungen von diesem Gleichgewicht systemimmanente Kräfte eine Rückkehr zum Gleichgewicht hin induzieren. Die Abweichung vom langfristigen Gleichgewicht (Fehlerkorrekturterm) wird daher im Prognosemodell explizit berücksichtigt. Dies kann durch Einsatz der klassischen linearen Modelle, aber auch mit Hilfe eines Neuronalen Netzes geschehen. Neuronale Netze sind grundsätzlich geeignet, beliebige nichtlineare Beziehungen zwischen (fundamentalen und technischen) Inputdaten und der Kursentwicklung zu entdecken. Wegen ihrer Lösungsmächtigkeit finden sie zunehmend Einsatz in der Finanz(markt)prognose.[35]

Welche Verfahren sich in der Praxis der Finanzmarktresearch durchsetzen, wird vorrangig von der Prognosegüte, aber auch von ihrer Einfachheit, Verständlichkeit und Nachvollziehbarkeit für den Anwender abhängen. Viele Analysten und Trader „schwören" auf ihr eigenes Modell, oft ohne dessen Leistungsfähigkeit gegen Alternativen systematisch getestet zu haben. Tendenziell läßt sich trotz vieler widersprüchlicher Resultate aus empirischen Tests sagen, daß für Aktien- wie für Zins- und Währungsprognosen mit kurzem und mit längerem Prognosehorizont formalisierte Prognoseverfahren Übergewinne bringen können. Neuronale Netze liefern dabei meist etwas bessere Ergebnisse als lineare ökonometrische Verfahren und Zeitreihenanalysen. Den empirischen Beobachtungen und theoretischen Modellen zur Globalisierung der Finanzmärkte zufolge erweisen sich Modelle, die die Renditegenerierung (vorrangig) über gemeinsame internationale Faktoren zu beschreiben versuchen, als erfolgreicher als auf nationale Faktoren beschränkte Modelle.[36] Die Prognosegüte ist aber jeweils stark vom Prognosehorizont, von der Qualität der verfügbaren Daten und vor allem von der Qualifikation und Erfahrung der Modellentwickler und Anwender abhängig.

---

[34] Vgl. hierzu den Beitrag von REHKUGLER/ JANDURA in diesem Band.
[35] Zur Arbeitsweise und zu Typen Neuronaler Netze sowie ihrem Einsatz für Finanzmarktprognosen vgl. den Sammelband von Rehkugler/ Zimmermann (1994) und die Übersicht bei Rehkugler/ Kerling (1995).
[36] Vgl. z.B. Poddig/ Rehkugler (1996), Poddig (1996), insbes. S. 485 ff. und Oertmann (1997), S. 169 ff.

4. Asset Allocation

Die praktische Umsetzung der Bewertung der Vermögenstitel und der erwarteten Renditen und Risiken in ein konkretes, den Anlegerpräferenzen entsprechendes Portfolio ist kein trivialer Schritt. Vielmehr birgt die Asset Allocation,[37] deren Ziel die möglichst effiziente Aufteilung der anzulegenden Mittel auf die Anlageobjekte ist, eine Vielzahl von Problemen und Teilaktivitäten in sich. Die ungeheure Komplexität der zu lösenden Fragestellung, allein schon aufgrund der Vielfalt der prinzipiell verfügbaren Anlagetitel und der über sie benötigten Informationen, zwingt einerseits zu Vereinfachungen und Aggregationen und legt andererseits eine hierarchische Strukturierung des Entscheidungsprozesses nahe, wie sie in Abbildung 5 wiedergegeben ist.

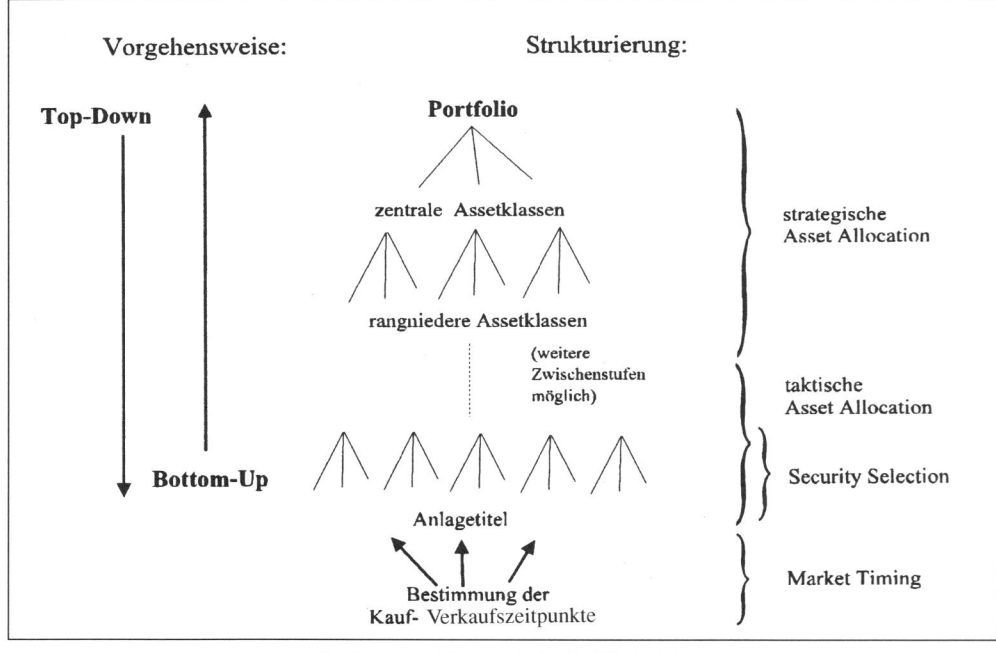

Quelle: Schmidt-von Rhein (1996), S. 27.

Abb. 5: Hierarchische Struktur der Asset Allocation

Häufig werden allerdings die Ebenen der Asset Allocation mit deren Methoden vermischt. Mit den Ebenen sind der Aggregationsgrad der Anlageobjekte und der zeitliche Anlagehorizont angesprochen. Die *strategische Asset Allocation* steckt den Rah-

---

[37] Zu einer weiteren Begriffsfassung vgl. z.B. Sharpe (1990), S. 7 ff. und Steiner/ Bruns (1996), S. 49 ff., die die Anleger- und Wertpapieranalyse bzw. -prognose als Teilelemente des Asset Allocation-Prozesses verstehen.

men der zentralen Assetklassen ab, deren Rendite/Risikoprofil den Zielvorgaben und Präferenzen eines Investors (oder einer Anlegergruppe) entspricht, und gibt deren Gewichtung vor. Als denkbare Assetklassen sind dabei grundsätzlich alle verfügbaren Anlageformen zu berücksichtigen. Häufig erfolgt aber eine Einschränkung auf standardisierte, an Börsen gehandelte Anlageformen wie Aktien, Renten, Geldmarktanlagen, Derivate, Edelmetalle, Fonds etc. Im angelsächsischen Raum spielen dabei auch Anlagen in Immobilien (Real Estate) eine große Rolle, während diese in deutschen Untersuchungen oft vernachlässigt werden. Für die Berücksichtigung der einzelnen Assetklassen im Portfolio ist deren Beitrag zur Reduzierung des Portfoliorisikos entscheidend. Dies gilt in analoger Weise für die Länderallokation. Der Diversifikationseffekt eines internationalen Investments ist unbestritten, so daß die Forderung nach einem globalen, verschiedene Assetklassen und Länder umfassenden Portfoliomanagement verständlich ist. Die erzielbare Verschiebung der Efficient Frontier durch Assetklassen- und Länderdiversifikation und die dadurch zu erreichende Verbesserung der Rendite-/Risikoposition macht Abbildung 6 deutlich.

Aufgabe der *taktischen Asset Allocation* ist die weitere Zerlegung der Assetklassen bis zur konkreten Auswahl einzelner Titel und der Bestimmung der Kauf- und Verkaufszeitpunkte.

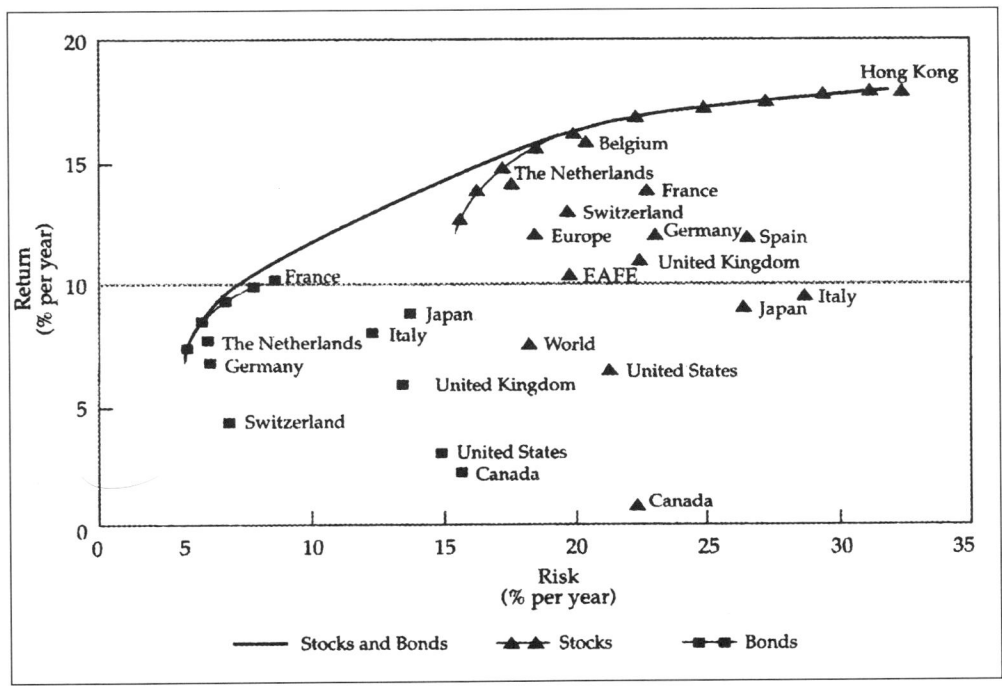

DM-Basis; Zeitraum 1985 – 94; Quelle: Solnik (1996), S. 63.

Abb. 6: Wirkung internationaler Diversifikation auf die Effizienzlinie

Wie beschrieben, verläuft der Prozeß der Portfoliobildung *Top-Down*, d.h. von der Auswahl der Assetklassen zur Wahl der Einzeltitel. In der Praxis der Kapitalanlage, sei es bei Privatanlegern oder Fondsmanagern, läßt sich oft auch eine *Bottom-Up-Vorgehensweise* beobachten. Dabei werden einzelne Anlagen aufgrund analytischer oder intuitiver Überlegungen ausgewählt, was zu unsystematisch gebildeten, d.h. globale Rendite/ Risikostrukturen und Diversifikationseffekte nicht beachtenden Gesamtportfolios führt.[38]

Die Vorgehensweisen sind Ausdruck unterschiedlicher Anlagepolitik oder Methoden der Asset Allocation. Die Policy Allocation beschreibt die Aufteilung des Anlagebetrags in Assetklassen, so wie sie den Präferenzen des Investors und seinen Anlagebeschränkungen entspricht. Damit definiert sie die langfristige Anlagepolitik und bildet zugleich für den Vermögensverwalter die Benchmark für davon abweichende konkrete Gestaltungen des Portfolios.

Ob der Portfoliomanager den ihm verbleibenden Handlungsspielraum durch aktive Asset Allocation ausschöpft, oder ob er eine passive Anlagepolitik verfolgt, hängt davon ab,

- ob ihm die Rahmenvorgaben überhaupt (nennenswerten) Spielraum belassen; bei sog. dedicated Portfolios ist oft die Struktur der zulässigen Assetklassen und Laufzeiten aufgrund von festgelegten Liquiditätsflüssen so festgezurrt, daß fast nur ein passives Management möglich ist und
- ob er an die Sinnhaftigkeit einer aktiven Strategie glaubt.

Die moderne Finanzmarkttheorie legt eher einen Verzicht auf aktives Portfoliomanagement nahe: „Modern financial economics, with its theories of market efficiency, inspired the move over the past decade away form active management – trying to beat the market – to passive management – trying to match the market."[39] Auf effizienten Märkten lassen sich dauerhaft keine risikoadjustierten Überrenditen erzielen.

Passives Portfoliomanagement bedeutet also den Verzicht auf eine gezielte Auswahl von Assetklassen bzw. Finanzmärkten und Einzeltiteln, weil keine systematischen Übergewinne durch Einsatz von Prognosen oder bestimmten Investmentstrategien erwartet werden. Der beste Weg besteht dann darin, innerhalb des zulässigen Rahmens möglichst breit zu streuen, d.h. die vorgegebene Benchmark möglichst genau nachzubilden. Dies geschieht in der Regel, da Marktindizes häufig als Benchmarks dienen, durch die Konstruktion von Indexportfolios. Im Grenzfall erfolgt eine vollständige Replizierung des Index durch den Kauf aller Indexwerte mit den ihnen entsprechenden Gewichten. Aus praktischen Erwägungen (Transaktionskosten, Unteilbarkeiten etc.) wird aber oft auf ein exaktes Tracking verzichtet, und der jeweilige Index nur annähernd mit weniger Werten abgebildet. Der Tracking Error, gemessen als Standardabweichung der Differenz zwischen Portfolio- und Benchmarkrendite, bringt die Güte des Gleichlaufs zum Ausdruck und zeigt das Risiko auf, das durch die nicht exakte Abbildung der Benchmark entsteht.

---

[38] Vgl. Auckenthaler (1994), S. 94.
[39] Grinold/ Kahn (1995), S. 1.

Aktives Portfoliomanagement will „den Markt schlagen", d.h. systematisch höhere risikoadjustierte Renditen erzielen als die Benchmark. Dies setzt leistungsfähige, d.h. einen qualitativen oder zeitlichen Informationsvorsprung vor den übrigen Marktteilnehmern versprechende Prognosemethoden und die effiziente Umsetzung der Prognosen in Portfolioentscheidungen voraus. Der durch aktives Management zusätzlich erzielte risikoadjustierte Ertrag wird durch die Information Ratio (IR) gemessen:

$$(6) \quad IR = \frac{aktive\ annualisierte\ Rendite}{aktives\ annualisiertes\ Risiko\ (Tracking\ Error)}$$

Nach dem „Fundamental Law of Active Management" von GRINOLD[40] wirken dabei die Qualität und die Zahl der Prognosen in folgender Form zusammen:

$$(7) \quad IR = IC \times \sqrt{BR}\ .$$

BR (Breath) steht für die Zahl der unabhängig durchgeführten Prognosen in einer Periode. Der Infomation Coefficient IC (auch Skill-Faktor genannt) mißt die Güte der Prognosen durch die Korrelation zwischen den prognostizierten und den eingetretenen Renditen. Mit der Zahl der Prognosen steigt also (bei gleicher Prognosegüte) der daraus erzielbare Zusatzgewinn.

Denkbare Prognoseverfahren sind schon weiter oben angesprochen worden. Neben aufwendigen und anspruchsvollen quantitativen Verfahren finden in der Praxis noch recht häufig einfache, oft nur auf einem einzigen technischen Indikator oder fundamentalen Faktor (sog. Enterprise Multiples wie Dividendenrendite, Kurs-Gewinn-Verhältnis (KGV), Book-to-Market etc.) basierende Bewertungs- und Prognoseverfahren Anwendung. Ihre konsequente Umsetzung in das Portfoliomanagement führt dann zur Unterscheidung sog. Investmentstile.[41]

Als typische Investmentstile werden dabei meist Growth- und Value-Konzepte unterschieden. Growth-Manager präferieren Unternehmen mit der Erwartung eines hohen nachhaltigen Gewinnwachstums in der Hoffnung, daß der Aktienmarkt dieses Gewinnwachstum auch in Zukunft durch überdurchschnittliche Renditen entgelten wird. Sie setzen also auf relative Stärke. Value-Manager dagegen suchen vorwiegend unterbewertete Aktien (mit meist niedrigem KGV, hohem Book-to-Market und hoher Dividendenrendite), in der Erwartung, daß der Markt bei der niedrigen Bewertung überreagiert hat und zum Gleichgewicht zurückkehrt. Unter welchen Bedingungen sich welche Strategie bewährt, kann nur empirisch überprüft werden.[42] Daß und wie auf der Basis solcher fundamentaler Überlegungen und Einflußfaktoren systematisch Übergewinne zu erzielen sind, zeigen die Untersuchungen von PAULUS (1997).

Die Prognose der Entwicklung kursrelevanter Einflußfaktoren führt über das jeweils verwendete Prognosemodell zu einer Über- oder Untergewichtung einzelner

---

[40] Vgl. Grinold (1989) sowie Grinold/ Kahn (1995), S. 117 ff.
[41] Vgl. z.B. Farrell (1997), S. 307 ff. und Paulus (1997).
[42] Vgl. zur Diskussion um die Überreaktionsthese z.B. Ferri/ Min (1996), Dreman/ Berry (1995), Meyer (1995), Chopra et al. (1992) und DeBondt/ Thaler (1985).

Assetklassen, Länder und Finanztitel gegenüber dem Benchmarkportfolio. Die Anpassung kann dabei intuitiv oder über den Einsatz von Portfolio Optimizern erfolgen, die die nutzenmaximalen Gewichte für die auszuwählenden Anlagen berechnen.

Neben reinen Datengenerierungs- und Berechnungsproblemen sind einige weitere Probleme bei der Umsetzung der Modelloutputs in konkrete Portfolios zu bewältigen. So ist schon auf die praktischen Schwierigkeiten des Nachbaus von Indices hingewiesen worden. Der anzulegende Betrag und die beim Nachbau anfallenden Transaktionskosten machen es zum Teil unmöglich oder unökonomisch, bestimmte, theoretisch optimale Anlagekombinationen zu realisieren. Wie insbesondere KLEEBERG (1993 bzw. 1995) gezeigt hat, kann man andererseits von der Tatsache profitieren, daß die meisten Aktienindices keine effizienten Portfolios darstellen, und sie z.B. durch ein effizientes, auf ein Multifaktorenmodell gestütztes Minimumvarianzportfolio outperformen.[43]

Eine andere Umsetzungsschwierigkeit wird durch die Eigenheit der Portfolio Optimizer ausgelöst, sehr sensitiv auf veränderte Rendite-/Risikoschätzungen zu reagieren und oft Portfolios mit nur sehr wenigen Titeln als optimale Anlagekombination vorzugeben. Diese bergen dann sehr hohe Risiken für das Verfehlen der angestrebten Rendite-/Risikoposition, wenn die ihnen zugrundeliegenden Prognosen nicht eintreffen. Ein leistungsfähiges Modell zur Bewältigung dieses Problems bei globaler Asset Allocation haben BLACK/LITTERMAN entwickelt.[44]

Ein Sonderproblem bei internationaler Asset Allocation ist bislang nicht angesprochen worden: das Währungsrisiko. Länderdiversifikation fördert auf der einen Seite die Reduzierung systematischer Risiken, auf der anderen Seite bringt sie zusätzliche Risiken der Volatilität der Fremdwährungen mit sich. Bei der Messung dieses zusätzlichen Währungsrisikos ist zu berücksichtigen, daß sich die Risiken der Auslandsanlage, getrennt in das Streuungsrisiko der Rendite in Fremdwährung und in das Streuungsrisiko der Fremdwährung, in aller Regel nicht aufaddieren. Vielmehr ist sogar oft eine gegenläufige Entwicklung (also eine negative Korrelation) der beiden Risikokomponenten zu beobachten, so daß das Gesamtrisiko entsprechend kleiner ausfällt.

Eine naheliegende Strategie besteht darin, das Währungsrisiko durch Absicherungsmaßnahmen zu beseitigen, also durch Hedging (Devisentermingeschäfte oder Währungsfutures) abgesicherte Fremdwährungspositionen zu halten. Die Vorschläge aus Theorie und Praxis[45] reichen auf der strategischen Ebene von voller Absicherung bis zu vollem Verzicht auf Absicherung, da langfristig die internationalen Paritätsrelationen[46] gelten. Auf der Ebene der taktischen Asset Allocation wird dagegen zunehmend ein aktives Währungsmanagement favorisiert. Liegen als brauchbar bewertete Prognosen für die Entwicklung der Wechselkurse vor, so bietet es sich an, die Wechselkursschwankungen als Chance zu begreifen und aktiv Währungspositionen einzugehen. Die Fremdwährungen werden damit zu einer eigenständigen

---

[43] Siehe dazu die kritischen Anmerkungen bei Rohweder (1993) bzw. (1995).
[44] Vgl. Black/Litterman (1992) und Kahn et al. (1996).
[45] Vgl. zur Übersicht Solnik (1996), S. 63 ff. und den Beitrag von GRIMM in diesem Band.
[46] Vgl. dazu Poddig (1996), S. 244 ff.

Kategorie von Assets, die völlig getrennt von den zugrundeliegenden Eigen- und Fremdkapitaltiteln gehalten werden und zur Gestaltung effizienterer Portfolios beitragen können. Die Güte der Wechselkursprognosen bestimmt den Erfolg dieser Strategie des Currency Overlaying.[47]

Der Gedanke der Absicherung des Portfolioertrags gegen Risiken führt zur Portfolio Insurance. Im Gegensatz zur Diversifikation, die unsystematische Risiken vernichten soll, wird mit der Portfolio Insurance die Reduzierung des systematischen Risikos beabsichtigt. Während Verlustrisiken möglichst auszuschalten bzw. auf ein vorgegebenes Niveau (Floor) zu beschränken sind, sollen die Chancen für die Teilnahme an künftigen positiven Marktentwicklungen erhalten bleiben. Für den Aufbau solcher asymmetrischen Positionen werden verschiedene statische und dynamische Strategien vorgeschlagen.[48] Statische Strategien behalten die ursprüngliche Portfolioaufteilung bei, während dynamische Strategien eine laufende Anpassung des Portfolios an die Marktbedingungen erfordern. Neben der einfachen Stop Loss-Strategie spielen bei den statischen Strategien vor allem Varianten des Einsatzes von Optionen (Protective Put, Long Call mit Festgeldanlage) eine Rolle. Als dynamische Absicherungsstrategien werden synthetische (also aus dem Leerverkauf von Aktien und einer Geldmarktanlage duplizierte) Puts, die Constant Mix-Strategie (das Portfolio wird immer so zwischen Aktien und Geldanlage umgeschichtet, daß sich jeweils ein konstantes Verhältnis des Portfoliowerts ergibt) sowie die Constant-Proportion-Portfolio Insurance (CPPI) vorgeschlagen. Bei letzterer wird immer ein konstanter Satz der Differenz zwischen Portfoliowert und Floor in Aktien angelegt. Im Gegensatz zur Constant-Mix-Strategie, die antizyklisch wirkt, werden hier prozyklisch immer im steigenden Markt Aktien gekauft und im fallenden Markt verkauft. Zu beachten ist, daß die Portfolio Insurance keinen „Free Lunch" bietet. Die erreichbaren Sicherungsvorteile der Insurance-Strategien sind gegen die Nachteile höherer Transaktionskosten und entgangener Gewinne abzuwägen.

Auch für das Management von Anleiheportfolios (Bond-Management) sind zunehmend ausgefeilte Strategien der Wertsicherung unter Beachtung der Duration und Konvexität der Rentenpapiere und unter Einsatz von Derivaten wie Zinsfutures, Optionen und Swapgeschäften entwickelt worden.[49]

5. Performanceanalyse

Verständlicherweise möchte der Investor überprüfen, welchen Erfolg seine Kapitalanlage tatsächlich erbracht hat, und wessen Entscheidungen oder welche Umstände für ein Abweichen der realisierten von der erwarteten Zielerreichung ursächlich waren. Aufgabe der Performanceanalyse ist es daher,

---

[47] Vgl. dazu Clarke/ Kritzman (1996) und Jorion (1994).
[48] Für einen Überblick vgl. Steiner/ Bruns (1996), S. 325 ff. sowie Garz et al. (1997), S. 243 ff.
[49] Vgl. dazu z.B. den Beitrag von ZAGST in diesem Band.

- den Anlageerfolg genau zu messen und ihn mit der angestrebten Zielerfüllung zu vergleichen (Performancemessung) und
- die erzielte Performance (bzw. die Abweichungen von der angestrebten Zielerfüllung) nach ihren Ursachen aufzuschlüsseln (Performanceattribution), insbesondere um die Leistungsfähigkeit und den Erfolgsbeitrag des Anlegers bzw. des für den Investor tätigen Portfoliomanagers bzw. Vermögensverwalters beurteilen zu können.

Die Güte und Aussagefähigkeit der Performanceanalyse hängt von den verfügbaren Daten ab. Somit muß sich die externe Performanceanalyse aus der Sicht privater oder institutioneller Anleger, die die Vermögensverwaltung einem Fremdmanagement (z.B. einem Fonds oder dem Depotmanagement einer Bank) übertragen haben, auf die veröffentlichten Anteilspreise und/oder auf periodische Angaben über den Wert des Portfolios und seine Zusammensetzung beschränken. Eine Kapitalanlagegesellschaft dagegen kann interne Analysen anstellen, die auf detaillierten Daten der Anlageentscheidungen und Portfolioumschichtungen der einzelnen Fondsmanager basieren.

Die adäquate Vergleichsgröße für die Beurteilung des erzielten Portfolioergebnisses stellt die vom Anleger der Asset Allocation gesetzte Benchmark dar. Dagegen verstoßen aber verschiedene, häufig verwendete Performancemaße.

Die Praxis begnügt sich oft mit einer eindimensionalen Performancemessung, die sich auf die Messung der erzielten Rendite und den Vergleich mit erwarteten Renditen oder Renditen anderer Anlagen beschränkt. Für die Beurteilung von Fonds wird dabei insbeondere die zeitgewichtete Rendite nach der *BVI-Methode*[50] herangezogen. Mehrdimensionale Performancemessungen berücksichtigen neben der Renditeentwicklung auch die Erreichung der anderen Anlegerziele, insbesondere des Risikos; sie bringen in einer Kennzahl also ein Maß für die risikoadjustierte Rendite zum Ausdruck.

Die *Reward-to-Variability-Ratio* von SHARPE[51] (SM) setzt die zusätzlich, d.h. über den risikolosen Zins hinaus, erzielte Rendite (R_P-R_F) zum Gesamtrisiko des Portfolios (gemessen als Standardabweichung σ_P) in Beziehung:

$$(8) \quad SM_P = \frac{R_P - R_F}{\sigma_P} \ .$$

Der errechnete Wert läßt sich dann mit der am jeweiligen Finanzmarkt gezahlten Risikoprämie vergleichen. Höhere Werte zeigen eine bessere risikoadjustierte Performance des Portfolios gegenüber der Benchmark an.

Ein ähnliches, auf das Ausfallrisiko beschränktes Maß stellt die *Sortino-Ratio* (SR_P) oder *Reward-to-Shortfall-Ratio* dar.[52] Sie bezieht die Differenz zwischen erzielter Rendite und geforderter Mindestrendite auf die Ausfallstandardabweichung.

---

[50] Vgl. dazu z.B. Roßbach (1991), S. 28 f. und Steiner/ Bruns (1996), S. 497 ff.
[51] Vgl. Sharpe (1966), S. 119 ff.
[52] Vgl. dazu Sortino/ Price (1994).

Die Kritik an diesen Maßen richtet sich vor allem gegen die Berücksichtigung des Gesamtrisikos, da die Portfoliobildung doch gerade auf die Beseitigung des unsystematischen Risikos angelegt ist. Das *Treynor-Maß* (TM$_P$), die *Reward-to-Volatility-Ratio*,[53] beseitigt diese Schwäche und setzt die Überrendite über den risikolosen Zins zum Beta des Portfolios β$_P$ in Beziehung:

(9) $\quad TM_P = \dfrac{R_P - R_F}{\beta_P}$.

Ebenfalls am systematischen Risiko setzt das *Jensen-Maß* (JM$_P$), auch *Jensen-Alpha* oder *Differential Return* genannt,[54] an. JENSEN mißt die absolute Differenz zwischen der erzielten Risikoprämie (R$_P$ – R$_F$) und der erwarteten Risikoprämie β$_P$(R$_M$-R$_F$):

(10) $\quad JM_P = (R_P - R_F) - \beta_P (R_M - R_F)$.

Ein positives Jensen-Alpha besagt also, daß es dem Portfoliomanager gelungen ist, eine Anlagenkombination zu finden, die über der Wertpapierlinie des CAPM liegt.

Auch diese beiden Maße sind kritisch zu sehen. Die Vernachlässigung des unsystematischen Risikos macht nämlich nur dann Sinn, wenn das Portfolio tatsächlich breit diversifiziert ist. Beim Jensen-Maß kann dem dadurch Rechnung getragen werden, daß es durch die portfoliospezifische Volatilität dividiert wird (*Treynor/Black-Maß* oder *Appraisal Ratio*).[55] Ein weiterer Kritikpunkt ist, daß die Maße an die Gültigkeit des CAPM gebunden sind. Andere, vor allem auf Multifaktorenmodellen basierende Performancemaße versuchen, diese Schwächen zu vermeiden.

Zielsetzung der Performanceattribution ist es, den Gesamtanlageerfolg weiter in dessen Erfolgsquellen „Timing" und „Selektivität" aufzuspalten. Die oben angesprochenen Maße erfassen ausschießlich die *Selektivität*. *Timing* bringt die Fähigkeit des Portfoliomanagers zum Ausdruck, die Entwicklung von Marktphasen bzw., bei Mehrfaktorenmodellen, von einzelnen Faktoren frühzeitig zu erkennen und das Portfolio so umzustrukturieren, daß die von der erwarteten Entwicklung besonders profitierenden Assetklassen und Einzeltitel übergewichtet werden.

Die Zahl der Varianten der inzwischen entwickelten Methoden zur Messung der Gesamtperformance und ihrer Trennung in Timing und Selektivität (bzw. generell die Trennung der Erfolge nach dem Managementstil) ist kaum mehr übersehbar.[56] Eine externe Performanceanalyse muß dabei, welcher ausgefeilten Methodik sie sich auch immer bedient, eine mehr oder weniger grobe Annäherung an die „wahre" Erfolgsattribution bleiben, da sie die zwischen den Beobachtungspunkten vorgenommenen Portfolioumschichtungen und damit die richtigen Portfoliogewichte nicht berücksichtigen kann. Nur eine interne Performanceanalyse unter Einbeziehung der laufenden Portfoliogewichte liefert präzisere Ergebnisse.

---

[53] Vgl. Treynor (1965).
[54] Vgl. Jensen (1968).
[55] Vgl. Treynor/ Black (1973).
[56] Zur Übersicht vgl. Wittrock (1995), insbes. S. 72 ff.

Läßt sich die Leistung des Portfoliomanagers messen, so kann sie auch zur Grundlage seiner Entlohnung gemacht werden. Um Agency-Probleme zwischen dem Anleger und dem Portfoliomanager möglichst auszuschließen, erscheint anstelle der heute noch oft vereinbarten Fixgebühr eine erfolgsabhängige Management Fee vorteilhaft.[57]

6. Portfoliorevision

Portfolios können immer nur auf der Basis der aktuell geltenden Bedingungen (Ziele, Restriktionen, Rendite- und Risikoschätzungen) optimiert werden. Der Anleger bzw. Vermögensverwalter wird daher sinnvollerweise laufend, in regelmäßigen Abständen und/oder als ad hoc-Reaktion auf veränderte Bedingungen, insbesondere auf Ergebnisse der Performancemessung, überwachen, ob

- sich die Ziele des Anlegers und seine Präferenzen/ Anlagerestriktionen geändert haben,
- sich die Verhältnisse an den Finanzmärkten geändert haben, und deshalb die Prognosen der Renditen und Risiken zu korrigieren sind,
- die benutzten Bewertungs-, Prognose-, Asset Allocation- und Performanceanalysemodelle angemessen sind,
- die gewählten Wege der Vermögensverwaltung (Eigen- oder Fremdverwaltung, Auswahl der Vermögensverwalter, Entlohnungsmodell) sich als zweckmäßig erwiesen haben.

Resultat eines solch umfassenden *Portfoliomonitoring* ist die Feststellung eines Anpassungsbedarfs bei allen Teilschritten des Portfoliomanagements. Ob dann tatsächlich Anpassungen vorgenommen werden, ist, abgesehen von psychologischen Faktoren, abhängig

- vom Umfang der Abweichung der aktuellen von der gewünschten Lösung,
- von den wahrgenommenen Alternativen und den mit ihnen verbundenen Zielwirkungen,
- von den einmaligen und laufenden Umstellungskosten,
- vom Grad der Unsicherheit über die damit erreichbare Nutzensteigerung.

Im engeren Sinn meint *Portfoliorevision* nur die Umschichtung des Portfolios aufgrund geänderter Anlagepolitik und/oder geänderter Kapitalmarktverhältnisse. Ein reines *Rebalancing* konzentriert sich darauf, im Laufe der Zeit durch unterschiedliche Wertveränderungen von Finanztiteln und Assetklassen eingetretene Abweichungen der Portfoliozusammensetzung von der Benchmark wieder zu korrigieren

---

[57] Zu denkbaren Entlohnungsfunktionen und den dabei auftretenden Problemen vgl. Kritzman (1987), Zimmermann et.al. (1996), S. 131 ff., Raulin (1996) und ihren Beitrag in diesem Band sowie den Beitrag von REICHLING.

(also den Tracking Error zu reduzieren). Bei einem Upgrading dagegen werden neue anlagerelevante Informationen, insbesondere veränderte Rendite/Risikoprognosen zum Anlaß für Portfolioumstrukturierungen auf der Basis passiver oder aktiver Strategien genommen. Hier werden insbesondere die Transaktionskosten bremsend wirken.

Portfoliomanagement ist damit ein kontinuierlicher, sich ständig an neue Bedingungen anpassender Prozeß der möglichst anlegerzielkonformen Kombination von Kapitalanlagen. Angesichts der immer größeren Volumina des auf die Finanzmärkte drängenden Anlagekapitals gilt es, diesen Prozeß auf allen Stufen möglichst effizient und rational unter Einsatz der leistungsfähigsten Analyse- und Optimierungsverfahren zu gestalten.

Literaturverzeichnis

Albrecht, P./ Maurer, R./ Mayser, J. (Albrecht et al., 1996): Multi-Faktorenmodelle: Grundlagen und Einsatz im Management von Aktienportefeuilles, in: *Zeitschrift für betriebswirtschaftliche Forschung*, 48. Jg.,1996, S. 3-29.

Ambachtsheer, K. P./ Maginn, J. L./ Vawter, J. (Ambachtsheer et al., 1990): Determination of Portfolio Policies: Institutional Investors, in: Maginn, J. L./ Tuttle, D. L. (eds.), *Managing Investment Portfolios – A Dynamic Process*, 2nd ed., Boston/ New York 1990, S. 4-1 – 4-77.

Auckenthaler, Ch. (Auckenthaler, 1994): *Theorie und Praxis des modernen Portfolio-Managements*, 2. Aufl., Bern et al. 1994.

Bitz, M./ Oehler, A. (Bitz/ Oehler, 1993): Überlegungen zu einer verhaltenswissenschaftlich fundierten Kapitalmarktforschung (Teil I und II), in: *Kredit und Kapital*, 26. Jg., 1993, S. 246-273 und 375-416.

Black, F. (Black, 1993): Beta and Return, in: *Journal of Portfolio Management*, Vol. 20, 1993, S. 8-18.

Chan, L./ Lakonishok, J. (Chan/ Lakonishok, 1993): Are Reports of Beta‚s Death Premature?, in: *Journal of Portfolio Management*, Vol. 19, 1993, S. 51-62.

Chopra, N./ Lakonishok, J./ Ritter, J. R. (Chopra et al., 1992): Measuring Abnormal Performance, in: *Journal of Financial Economics*, Vol. 31, 1992, S. 235-268.

Clarke, R. G./ Kritzman, M. P. (Clarke/ Kritzman, 1996): *Currency Management: Concepts und Practices*, Charlottesville 1996.

Connor, G. (Connor, 1995): The Three Types of Factor Models: A Comparison of Their Explanatory Power, in: *Financial Analysts Journal*, Vol. 51, 1995, May-June, S. 42-46.

DeBondt, W. F. M./ Thaler, R. M. (DeBondt/ Thaler, 1985): Does the Stock Market Overreact?, in: *Journal of Finance*, Vol. 40, 1985, S. 793-805

Dreman, D. N./ Berry, M. A. (Dreman/ Berry, 1995): Overreaction, Underreaction, and the Low-P/E-Effect, in: *Financial Analysts Journal*, 1995, July-August, S. 21-30.

Elton, E. J./ Gruber, M. J. (Elton/ Gruber, 1995): *Modern Portfolio Theory and Investment Analysis*, 5th ed., New York et al. 1995.

Fama, E. F. (Fama, 1970): Efficient Capital Markets: A Review of Theory and Empirical Work, in: *Journal of Finance*, Vol. 25, 1970, S. 383-417.

Fama, E. F. (Fama, 1991): Efficient Capital Markets II, in: *Journal of Finance*, Vol. 46, 1991, S. 1575-1617.

Fama, E. F./ French, K. R. (Fama/ French, 1992): The Cross-Section of Expected Stock Returns, in: *Journal of Finance*, Vol. 47, 1992, S. 427-465

Fama, E. F./ French, K. R. (Fama/ French, 1996a): Multifactor Explanations of Asset Pricing Anomalies, in: *Journal of Finance*, Vol. 51, 1996, S. 55-84.

Fama, E. F./ French, K. R. (Fama/ French, 1996b): The CAPM is Wanted, Dead or Alive, in: *Journal of Finance*, Vol. 51, 1996, S. 1947-1958.

Farrell, J. L. (Farrell, 1997): *Portfolio Management – Theory and Application*, 2nd ed., New York et al. 1997.

Ferri, M. G./ Min, Ch. (Ferri/ Min, 1996): Evidence that the Stock Market Overreacts und Adjusts, in: *Journal of Portfolio Management*, Vol. 23, 1996, S. 71-76.

Garz, H./ Günther, S./ Moriabadi, C. (Garz et al., 1997): *Portfolio-Management – Theorie und Anwendung*, Frankfurt am Main 1997.

Grinold, R. C. (Grinold, 1989): The Fundamental Law of Active Management, in: *Journal of Portfolio Management*, Vol. 16, 1989, S. 30-37.

Grinold, R. C./ Kahn, R. N. (Grinold/ Kahn, 1995): *Active Portfolio Management: Quantitative Theory and Applications*, Chicago et al. 1995.

Grundy, K./ Malkiel, B. G. (Grundy/ Malkiel, 1996): Reports of Beta's Death Have Been Greatly Exaggerated, in: *Journal of Portfolio Management*, Vol. 23, 1996, S. 36-44.

Jensen, M. C. (Jensen, 1968): The Performance of Mutual Funds in the Period 1945-1964, in: *Journal of Finance*, Vol. 23, 1968, S. 389-416.

Jorion, P. (Jorion, 1994): Mean/Variance Analysis of Currency Overlays, in: *Financial Analysts Journal*, Vol. 50, 1994, May-June, S. 48-56.

Kahn, R. N./ Roulet, J./ Tajbakhsh, S. (Kahn et al., 1996): Three Steps to Global Asset Allocation, in: *Journal of Portfolio Management*, Vol. 23, 1996, S. 23-31.

Kaiser, R.W. (Kaiser, 1990): Investor Objectives and Constraints: Determination of Portfolio Policies, in: Maginn, J. L./ Tuttle, D. L. (eds.), *Managing Investment Portfolios – A Dynamic Process*, Boston/ New York 1990, S. 3-1 – 3-46.

Kleeberg, J. M. (Kleeberg, 1993): Risikominimale Strategie am Aktienmarkt, in: *Die Bank*, o. Jg., 1993, H. 3, S. 160-164

Kleeberg, J. M. (Kleeberg, 1995): *Der Anlageerfolg des Minimum-Varianz-Portfolios*, Bad Soden/ Taunus 1995.

Krämer, W. (Krämer, 1995): Kapitalmarkteffizienz, in: Gerke, W./ Steiner, M. (Hrsg.), *Handwörterbuch des Bank- und Finanzwesens*, 2. Aufl., Stuttgart 1995, Sp. 1135-1143.

Kritzman, M. (Kritzman, 1987): Incentive Fees: Some Problems and Some Solutions, in: *Financial Analysts Journal*, Vol. 43, 1987, S. 21-26.

Levy, H./ Sarnat, M. (Levy/ Sarnat, 1979): International Diversification of Investment Portfolios, in: *American Economic Review*, Vol. 60, 1970, S. 668-675.

Levy, H./ Sarnat, M. (Levy/ Sarnat, 1984): *Portfolio and Investment Selection: Theory and Practice*, New York et al. 1984.

Lintner, J. (Lintner, 1965): The Valuation of Risk Assets and the Selection of Risky

Investments in Stock Portfolios and Capital Budgets, in: *Review of Economics and Statistics*, Vol. 47, 1965, S. 13-37.

Loos, G.(Loos, 1997): *Zeitvariable Beta-Faktoren am deutschen Aktienmarkt*, Wiesbaden 1997.

Maginn, J. L./ Tuttle, D. L. (Maginn/ Tuttle, 1990): The Portfolio Management Process and its Dynamics, in: Maginn, J. L./ Tuttle, D. L. (eds.), *Managing Investment Portfolios – A Dynamic Process*, 2nd ed., Boston/ New York 1990, S. 1-1 – 1-11.

Markowitz, H. M. (Markowitz, 1952): Portfolio Selection, in: *Journal of Finance*, Vol. 7, 1952, S. 77-91.

Markowitz, H. M. (Markowitz, 1959): *Portfolio Selction – Efficient Diversification of Investments*, New York et al. 1959.

Menkhoff, L./ Röckemann, Ch. (Menkhoff/ Röckemann, 1994): Noise Trading an Aktienmärkten, in: *Zeitschrift für Betriebswirtschaft*, 64. Jg., 1994, Nr. 3, S. 277-295.

Meyer, B. (Meyer, 1995): Die langfristige Performance von „Gewinner"- und „Verlierer"-Aktien am deutschen Aktienmarkt, in: *Finanzmarkt und Portfolio Management*, 9. Jg., 1995, Nr. 5, S. 61-80.

Mossin, J. (Mossin, 1996): Equilibrium in a Capital Asset Market, in: *Econometrica*, Vol. 34, 1966, S. 768-783.

Oehler, A. (Oehler, 1995): *Die Erklärung des Verhaltens privater Anleger*, Stuttgart 1995.

Oertmann, P. (Oertmann, 1997): *Global Risk Premia on International Investments*, Wiesbaden 1997.

Paulus, H. (Paulus, 1997): *Style-Investing auf europäischen Aktienmärkten*, Bad Soden/ Taunus 1997.

Peters, E. E. (Peters, 1991): *Chaos and Order in the Capital Markets*, New York et al. 1991.

Peters, E. E. (Peters, 1994): *Fractal Market Analysis: Applying Chaos Theory to Investment and Economics*, New York et al. 1994.

Pettengrill, G. N./ Sundaram, S./ Mathur, I. (Pettengrill et al., 1995): The Conditional Relation between Beta and Returns, in: *Journal of Financial and Quantitative Analysis*, Vol. 30, 1995, S. 101-116.

Poddig, Th. (Poddig, 1996): *Analyse und Prognose von Finanzmärkten*, Bad Soden/ Taunus 1996.

Poddig, Th./ Rehkugler, H. (Poddig/ Rehkugler, 1996): A „World" Model of Integrated Financial Markets Using Artificial Neural Networks, in: *Neurocomputing*, Vol. 10, 1996, S. 251-273.

Radcliffe, R. C. (Radcliffe, 1994): *Investment: Concepts, Analysis, Strategy*, 4th ed., New York 1994.

Raulin, G. (Raulin, 1996): *Leistungsorientierte Entlohnung von Portfoliomanagern*, Bad Soden/ Taunus 1996.

Rehkugler, H. (Rehkugler, 1995): Kurs- und Renditeprognose-Systeme, in: Cramer, J.-E./ Rudolph, B. (Hrsg.), *Handbuch der Anlageberatung und Vermögensverwaltung*, Frankfurt 1995, S. 384-393.

Rehkugler, H./ Zimmermann, H. G. (Hrsg.) (Rehkugler/ Zimmermann, 1994): *Neuronale Netze in der Ökonomie*, München 1994.

Rehkugler, H./ Kerling, M. (Rehkugler/ Kerling, 1995): Einsatz Neuronaler Netze für Analyse- und Prognose-Zwecke, in: *Betriebswirtschaftliche Forschung und Praxis*, o. Jg., 1995, H. 3, S. 306-324.

Rohweder, H. C. (Rohweder, 1993): Risikominimale Anlagestrategie ohne positive Überrenditen, in: *Die Bank*, o. Jg., 1993, H. 9, S. 546-549.

Rohweder, H. C. (Rohweder, 1995): Minimum Variance Investing – Des Kaisers neue Kleider?, in: *Finanzmarkt und Portfolio Management*, 9. Jg., 1995, Nr. 1, S. 111-126.

Roll, R./ Ross, S. A. (Roll/ Ross, 1994): On the Cross-Sectional Relation between Expected Returns und Betas, in: *Journal of Finance*, Vol. 49, 1994, S. 101-121.

Ross, S. A. (Ross, 1976): The Arbitrage Theory of Capital Asset Pricing, in: *Journal of Economic Theory*, Vol 13, 1976, S. 341-360.

Roßbach, P. (Roßbach, 1991): *Methoden und Probleme der Performance-Messung von Aktienportefeuilles*, Frankfurt 1991.

Ruda, W. (Ruda, 1988): *Ziele privater Kapitalanleger*, Wiesbaden 1988.

Sauer, A. (Sauer, 1994): *Faktormodelle und Bewertung am deutschen Aktienmarkt*, Frankfurt 1994.

Schmidt-von Rhein, A. (Schmidt-von Rhein, 1996): *Die Moderne Portfoliotheorie im praktischen Wertpapiermanagement*, Bad Soden/ Taunus 1996.

Schneider, D. (Schneider, 1992): *Investition, Finanzierung und Besteuerung*, 7. Aufl., Wiesbaden 1992.

Schwebler, R. (Schwebler, 1991): Vermögensanlage und Anlagevorschriften der Versicherungsunternehmen, in: Schwebler, R. (Hrsg.), *Vermögensanlagepraxis in der Versicherungswirtschaft*, 2. Aufl., Karlsruhe 1991, S. 19-89.

Sharpe, W. F. (Sharpe, 1963): A Simplified Model for Portfolio Analysis, in: *Management Science*, Vol. 9, 1963, S. 277-293.

Sharpe, W. F. (Sharpe, 1964): Capital Asset Prices: A Theory of Market Equilibrium under Conditions of Risk, in: *Journal of Finance*, Vol. 19, 1964, S. 425-442.

Sharpe, W. F. (Sharpe, 1966): Mutual Funds Performance, in: *Journal of Business*, Vol. 39, 1966, S. 119-138.

Sharpe, W. F. (Sharpe, 1990): Asset Allocation, in: Maginn, J. L./ Tuttle, D. L. (eds.), *Managing Investment Portfolios – A Dynamic Process*, Boston/ New York 1990, S. 7-1 – 7-71.

Sharpe, W. F./ Alexander, G. J. (Sharpe/ Alexander, 1990): *Investments*, 4th ed., Englewood Cliffs 1990.

Solnik, B. (Solnik, 1974): An Equilibrium Model of the International Capital Market, in: *Journal of Economic Theory*, Vol. 8, 1974, S. 500-524.

Solnik, B. (Solnik, 1983): International Arbitrage Pricing Theory, in: *Journal of Finance*, Vol. 38, 1983, S. 449-457.

Solnik, B. (Solnik, 1996): Global Asset Allocation and Currency Management, in: AIMR (ed.), *Global Portfolio Management*, Charlottesville 1996, S. 58-68.

Sortino, F. A./ Price, L. N. (Sortino/ Price, 1994): Performance Measurement in a Downside Risk Framework, in: *Journal of Investing*, Vol. 3, 1994, S. 59-64.

Stein, M. E. (Stein, 1997): *Deterministisches Chaos im Wechselkursverhalten: Eine Anwendung verschiedener Testverfahren*, Diss. Freiburg 1997.

Steiner, M./ Bruns, Ch. (Steiner/ Bruns, 1996): *Wertpapiermanagement*, 5. Aufl., Stuttgart 1996.

Steiner, M./ Nowak, Th. (Steiner/ Nowak, 1994): Zur Bestimmung von Risikofaktoren am deutschen Aktienmarkt auf Basis der Arbitrage Pricing Theory, in: *Die Betriebswirtschaft*, 54. Jg., 1994, Nr. 3, S. 347-362.

Stulz, R. (Stulz, 1981): A Model of International Asset Pricing, in: *Journal of Financial Economics*, Vol. 9, 1981, S. 383-406.

Treynor, J. L. (Treynor, 1965): How to Rate Management of Investment Funds, in: *Harvard Busines Review*, Vol. 43, 1965, S. 63-75.

Treynor, J. L./ Black, F. (Terynor/ Black, 1973): How to Use Security Analysis to Improve Portfolio Selection, in: *Journal of Business*, Vol. 46, 1973, S. 66-86.

Vaga, T. (Vaga, 1990): The Coherent Market Hypothesis, in: *Financial Analysts Journal*, Vol. 46, 1990, November-December, S. 36-49.

Wittrock, C. (Wittrock, 1995): *Messung und Analyse der Performance von Wertpapierportfolios*, Bad Soden/ Tanus 1995.

V&R *Value & Risk GmbH*

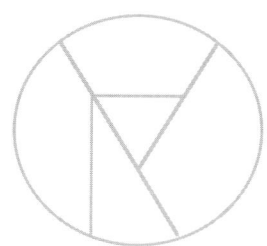

Consulting und Engineering spezialisiert auf

Zum Nutzen Ihrer Kunden.

- Konzepte
- Modelle
- Methoden
- Komponenten
- Systeme

für eine integrierte Bewertung und Simulation aller Finanzinstrumente.

Kaiser-Friedrich-Promenade 61, D-61348 Bad Homburg
Tel: +49/6172/679060, Fax: +49/6172/679073
Internetadresse: http://www.valuerisk.com

Teil II

Kundenorientierte Ansätze im Portfoliomanagement

Analyse der Ziele privater Kapitalanleger

von Andreas Schmidt-von Rhein

1. Die Ziele privater Kapitalanlage: nur Rendite und Volatilität?
2. Die Ermittlung relevanter Anlegerziele
3. Das Liquidierbarkeitsziel
4. Das Verwaltbarkeitsziel
5. Das Sicherheitsziel und das Problem unterschiedlicher Risikoverständnisse
6. Ein Konzept zur Risikooperationalisierung
7. Das Magische Zielviereck der Kapitalanlage
8. Fazit

1. Die Ziele privater Kapitalanlage: nur Rendite und Volatilität?

In der Literatur herrscht breite Übereinstimmung über die Bedeutung der Anlegerziele und -bedingungen für den Portfoliomanagementprozeß. Eine umfassende Analyse der Anlegerinteressen legt dem Portfoliomanager (und auch dem Anleger selbst) die grundsätzliche Anlagephilosophie und -strategie offen, ist die Voraussetzung für die Bildung einer Anlegerbenchmark, grenzt den Handlungsspielraum des Portfoliomanagers ab und bildet die Basis für eine anlegeradäquate Performancemessung. Die Anlegeranalyse setzt somit die Eckpfeiler für den Portfoliomanagementprozeß. Ihr kommt daher eine zentrale Rolle zu, wobei in Literatur und Praxis einheitlich den Anlegerzielen die größte Bedeutung beigemessen wird.

Schon frühzeitig fand in Theorie und Praxis eine Konzentration auf die drei wichtigsten Anlegerziele Rentabilität, Sicherheit und Liquidierbarkeit statt. Sie werden zusammenfassend als „magisches Zieldreieck" bezeichnet,[1] wobei „magisch" die Unmöglichkeit einer gleichzeitigen Zieloptimierung aller drei Ziele ausdrücken soll. In aller Regel wird das Zieldreieck weiter auf das Zielpaar Rentabilität und Sicherheit reduziert. Der finanzierungstheoretische Grund dafür ist, daß viele der gängigen Bewertungs- oder Portfoliomodelle als neoklassische Modelle vollkommene Märkte unterstellen, die Liquidierbarkeitsprobleme definitionsgemäß ausschließen. In der Investmentpraxis wird das Liquidierbarkeitsziel üblicherweise dann vernachlässigt, wenn sich die Kapitalanlage im Rahmen börsengehandelter Wertpapiere bewegt, die faktisch börsentäglich liquidierbar sind.[2]

Ein weiterer Schritt in der Vereinfachung des Anlegerzielsystems besteht in der Operationalisierung des Sicherheitsziels. Vor allem durch die Modelle der Modernen Portfoliotheorie hat sich durchgesetzt, den Risikobegriff des Anlegers mit der Schwankungsintensität künftiger Wertpapierrenditen, gemessen als Varianz bzw. Standardabweichung, gleichzusetzen.

Die Reduzierung der Ziele privater Kapitalanleger auf die Messung von Renditeerwartungswert und Renditevolatilität ist der Kerngehalt zahlreicher, auch aktueller Anlagekonzepte. Ein Beispiel dafür ist die seit einigen Jahren von den Banken angebotene Fonds-Vermögensverwaltung, die sich als standardisiertes Investmentprodukt an das Privatkundensegment mit Anlagebeträgen unter ca. 100.000-200.000 DM richtet.[3] Die (meist drei) Anlegertypen werden dort regelmäßig nach ihrer Rendite-/ Risikoeinstellung unterschieden und je nach Typ einem Standarddepot zugeordnet, das durch seine Portfoliostruktur eine entsprechende Rendite-/Volatilitätserwartung ausdrückt.[4]

---
[1] Vgl. z.B. Altrogge (1991), S. 98 sowie Straub (1974), S. 38 ff.
[2] Beispiele dafür, daß die Vernachlässigung der Liquidierbarkeit in diesem Zusammenhang nur eine vereinfachende Annahme ist, sind z.B. ausgesetzte Kursnotierungen oder geringe Marktliquidität, was sich in fehlenden Kontraktpartnern, erzwungener Orderstückelung bzw. Preisabschlägen bei unüblichen Transaktionsvolumina ausdrückt.
[3] Vgl. Rehkugler et al. (1996), S. 25 sowie den Beitrag „Kundenorientierung als modernes Konzept des Depotmanagements" in diesem Band.
[4] Üblich ist die Unterscheidung „konservativ/ ertragsorientiert" (niedrige Rendite, niedrige Volatilität), „ausgewogen/ wachstumsorientiert" (mittlere Rendite und Volatilität) und „chancenorientiert/ risikoorientiert" (hohe Rendite und Volatilität).

Wenn auch diese „zweiparametrische Standardisierung" von Anlegern vor dem Hintergrund kostengünstiger, einheitlicher Investmentprodukte und deren hoher „Reproduktionsfähigkeit"[5] für ein bestimmtes Kundensegment gerechtfertigt sein mag, so ist sie doch von der Idee wirklich anlegergerechter Investmentkonzepte weit entfernt. Angesichts eines zunehmenden Wettbewerbs der Finanzdienstleister um Anlagegelder ist es nicht nur für den Bereich individueller Vermögensverwaltung sinnvoll, den engen Rendite/Volatilitäts-Blickwinkel aufzugeben und eine breitere Basis zu suchen. Dazu ist nach den für Privatanleger relevanten Zielen und deren Operationalisierungsmöglichkeiten zu fragen.

2. Die Ermittlung relevanter Anlegerziele

Die Ermittlung wichtiger Ziele privater Kapitalanleger war in der Literatur bereits Gegenstand mehrerer, vor allem empirischer Untersuchungen. Besonders bekannt geworden ist die Befragungsserie „Soll und Haben" des Spiegel-Verlags, die seit 1980 ungefähr in 5-Jahresabständen regelmäßig u.a. nach dem Anlageverhalten der deutschen Bevölkerung fragt. Mit dieser Befragungsreihe gut vergleichbar sind auch zwei ältere Untersuchungen von ADIG-Investment (1974) und vom EMNID-Institut (1976), womit insgesamt auch die zeitliche Entwicklung des Anlegerverhaltens der letzten zwei Jahrzehnte empirisch dokumentiert wird.

Schließlich wertete RUDA (1988) die analytische Literatur zu Anlegerzielen umfassend aus und befragte in einer empirischen Untersuchung Anlageberater detailliert zur Bedeutung von Anlegerzielen. Tabelle 1 faßt die wesentlichen Befragungsergebnisse zusammen.

Zunächst sind aus den aufgeführten „Anforderungen an die Kapitalanlage" die Anlegerziele zu ermitteln. Allgemein beschreiben Ziele einen künftigen Zustand, der als erstrebenswert angesehen wird,[6] während Motive innere Beweggründe des Verhaltens, also eine potentielle Verhaltensbereitschaft darstellen, die als Gefühl, Wunsch oder Affekt erlebt werden kann.[7] Eine Abgrenzung zwischen Zielen und Motiven kann derart vorgenommen werden, daß sich Anlegerziele auf erstrebenswerte Eigenschaften von Anlageobjekten während der Anlagedauer beziehen, die der Befriedigung zugrundeliegender Bedürfnisse (Anlegermotive) dienen. Das Verhältnis „Motiv-Ziel" läßt sich somit als hierarchische Beziehung verstehen, bei der die Anlegermotive als Beweggründe ein zielgerichtetes Verhalten des Anlegers auslösen und steuern.[8]

Auf dieser Basis können die in Tabelle 1 genannten Anforderungen an die Kapitalanlage nach Anlegerzielen, Anlegermotiven (M), Sparverhalten (S) oder als nicht kategorisierbar (- -) unterschieden werden.

---

5 Drewes/ Böhm (1993), S. 191.
6 Vgl. Heinen (1976), S. 45.
7 Vgl. Fank (1992), S. 18.
8 Zur genaueren Beziehung zwischen Motiven und Zielen vgl. Schmidt-von Rhein (1996), S. 82 ff.

	Anforderungen an die Kapitalanlage	analytische Literatur nach RUDA (1988)	empirische Literatur (ADIG, EMNID, SPIEGEL[9])		empirische Untersuchung RUDA (1988)	
Status*	Bezeichnung	Rang nach Anzahl der Nennungen	Rang**	durchschnittl. Häufigkeit in %	Rang	Punkte
1	Sicherheit	1	1	62.0	1	1551
2	(Ausschüttungs-) Rendite	2	2	46.8	6	759
3	Liquidierbarkeit	3	4	40.0	3	1000
2	langfristiges Kapitalwachstum	4	5	39.8	4	963
4	Informations- und Arbeitsaufwand, keine Aktivitätsbelastung	11	6	35.5	13	77
--	gute Vertrautheit	-	3	41.6	14	46
--	stete Informiertheit	-	7	25.4	18	7
2	kurzfristige Gewinnerzielung	-	8	24.7	8	594

Nicht in allen empirischen Untersuchungen befragt bzw. nur analytisch beschrieben:						
5	Mitsprache	5	-	-	17	11
4	Verwaltbarkeit	6	-	-	-	-
M, 6	Prestige	6	-	-	16	16
2	steuerliche Vorteilhaftigkeit	8	-	34.6	7	720
M	Gruppenanpassungsverhalten	8	-	-	-	-
M	Spieltrieb	8	-	-	-	-
7	kleine Stückelung	11	-	34.0	19	6
--	Verlaß auf Fachleute nicht erforderlich	-	-	19.0	-	-

(Fortsetzung von Tabelle 1 auf der nächste Seite)

---

[9] Vgl. ADIG (1974), S. 94; EMNID (1976), Tabelle 11; Spiegel (1980), S. 49; Spiegel (1985), S.37; Spiegel (1989), S. 54; Spiegel (1996), S. 79.

Analyse der Ziele privater Kapitalanleger 39

Status*	Bezeichnung	Rang nach Anzahl der Nennungen	Rang**	durchschnittl. Häufigkeit in %	Rang	Punkte
--	Verlaß auf Fachleute nicht erforderlich	-	-	19.0	-	-
M, 8	Spekulation	-	-	5.3	-	-
1,2	reale Geldwerterhaltung	-	-	43.3	11	334
2	gleichbleibende Ausschüttung	-	-	22.2	-	-
--	durch Bank empfohlen	-	-	26.7	-	-
--	Teilnahme am Wirtschaftswachstum	-	-	13.8	-	-
2	staatl. Förderung / Prämien	-	-	32.8	-	-
1,2	nominale Geldwerterhaltung, keine Kursverluste	-	-	32.0	12	112
2	Rendite	-	-	-	2	1382
S	Altersvorsorge	-	-	-	5	816
S	Notrücklage	-	-	-	9	584
S	Anschaffungen	-	-	-	10	504
--	ohne Ziel	-	-	-	15	22

* Legende: - = nicht ermittelt, M = Anlegermotiv, S = Sparverhalten, — = weder M, S noch Anlegerziel
** nur den in allen empirischen Untersuchungen erfragten Anforderungen wurden Ränge zugeordnet

Tab. 1: Relevanz der Anlegerziele in der analytischen und empirischen Literatur

Beispielsweise stellt das Kriterium „Notrücklage" eine spezielle Verhaltensweise des Sicherheitssparens dar und ist auf das Absicherungsmotiv zurückzuführen. Es ist aber kein Anlegerziel im Sinne einer anlageobjektbezogenen Eigenschaft. Andererseits sind z.B. „gute Vertrautheit" und „stete Informiertheit" Zielvorstellungen, die den Anleger, nicht aber das Anlageobjekt betreffen. Sie sind deshalb weder Motive noch Sparverhalten noch Anlegerziele im hier verstandenen Sinne. „Gruppenanpassungsverhalten" und „Spieltrieb" gelten wegen ihres Beweggrundcharakters zwar als Anlegermotive, sind aber aufgrund ihres fehlenden Bezugs zu Anlageobjekteigenschaften keinesfalls Anlegerziele. Dagegen haben „Spekulation" und „Prestige" ambivalenten Charakter. Sie stellen sowohl Motive als auch Anforderungen an Eigenschaften von Anlageobjekten dar.

Diejenigen Anforderungen, die Anlegerziele oder -teilziele darstellen, sind in Tabelle 1 grau unterlegt. Unterzieht man diese einer Zielverdichtung, so lassen sich acht Anforderungen unterscheiden, die als Anlegerziele eingestuft werden können:

- **Sicherheit**
  (mit den Teilzielen: reale und nominale Geldwerterhaltung, keine Kursverluste),
- **Rentabilität**
  (mit den Teilzielen: Ausschüttungsrendite, langfristiges Kapitalwachstum, kurzfristige Gewinnerzielung, steuerliche Vorteilhaftigkeit, reale und nominale Geldwerterhaltung, gleichbleibende Ausschüttung, staatl. Förderung und Prämien),
- **Liquidierbarkeit,**
- **Verwaltbarkeit**
  (mit den Teilzielen: Informations- und Arbeitsaufwandsminimierung, keine Aktivitätsbelastung),
- **Kleine Stückelung,**
- **Mitsprache,**
- **Prestige,**
- **Spekulation.**

Rentabilität

Das Rentabilitätsziel drückt das Streben nach einer Wertsteigerung der Kapitalanlage aus. Motivationstheoretisch läßt sich das Ziel z.B. auf das Konsummotiv zurückführen, dem der Wunsch nach realer Werterhaltung bzw. realer Wertsteigerung entspringt. Da die Kapitalanlage eine Verlagerung heutiger in künftige Konsummöglichkeiten bewirkt, muß der Mindestanspruch des Anlegers sein, durch das Investment ökonomisch nicht schlechter als bei dessen Unterlassung gestellt zu werden. Wäre die Kapitalanlage nicht zumindest kaufkrafterhaltend (reale Werterhaltung), wäre rein ökonomisch statt dessen der sofortige Konsum vorzuziehen. Das Streben nach realer Wertsteigerung geht über diesen Mindestanspruch hinaus, indem es von der Kapitalanlage eine Steigerung der Konsummöglichkeiten verlangt.[10]

Die Möglichkeit einer realen Wertsteigerung bei Kapitalanlagen hängt aber wiederum stark von der Art und Intensität der anderen Zielsetzungen des Anlegers ab.

Sicherheit

Neben dem Rentabilitätsziel ist das Sicherheitsziel das zweite zentrale Anlegerziel in Investmenttheorie und -praxis und entspringt dem grundlegenden Absicherungsbedürfnis des Menschen. Da zum Anlagezeitpunkt unsicher ist, inwiefern die beabsichtigte Kapitalanlage die für den Anleger relevanten Ziele erfüllen wird, entspricht das Absicherungsmotiv dem Bedürfnis, die Gefahr des Eintritts „unerwünschter" Zielergebnisse und damit die Gefahr einer verringerten Bedürfnisbefriedigung möglichst gering zu halten. Das Sicherheitsziel läßt sich als Streben nach größtmöglicher Sicherheit über das Eintreten künftiger, als positiv empfundener (weil bedürfnisbefriedigungssteigernder) Zustände oder, anders formuliert, als Risikovermeidungsziel verstehen, indem die Erkennung, Einschätzung und Vermeidung zukünftiger, unerwünschter Zustände angestrebt wird.

---

[10] Unterstellt wird dabei, daß wachsender Konsum stets zu einem positiven Grenznutzen führt.

Der Wunsch nach Sicherheit ist also niemals Selbstzweck, sondern bezieht sich stets auf die anderen relevanten Anlegerziele, deren Erfüllung unsicher ist. Der genaue Zielinhalt und Umfang des Sicherheitsziels richtet sich deshalb nach Art und Anzahl der anderen Ziele, die der Anleger im Einzelfall verfolgt.[11]

Liquidierbarkeit

Unter der Liquidierbarkeit einer Kapitalanlage ist deren möglichst schnelle und kostengünstige Umwandlung in Geld zu verstehen.[12] Als perfekt liquidierbar gilt demnach eine jederzeit und kostenfrei liquidierbare Kapitalanlage. Dahinter steht die „ ...Dispositionsfreiheit, eine einmal getroffene und durchgeführte Anlageentscheidung revidieren zu können."[13] Diese Dispositionsfreiheit dient dazu, unerwarteten (ungeplanten) Kapitalbedarf abdecken zu können, der z.B. dem Ausgleich von Zahlungsdefiziten aus anderen Lebensbereichen oder der Wahrnehmung außergewöhnlicher Anlagechancen (Spekulationsmotiv) dienen kann.

Von der Liquidierbarkeit strikt zu trennen ist der Begriff der Liquidität. Soweit der künftige Bedarf liquider Mittel bereits zum Zeitpunkt der Anlageentscheidung bekannt und damit planbar ist, handelt es sich um den Wunsch nach Sicherung von Liquidität, dem durch eine fristgerechte Planung der Zahlungsströme aus der Kapitalanlage (Liquiditätsplan) entsprochen werden kann. Die Liquidität stellt somit eine dem Anleger, nicht aber eine dem Anlageobjekt zuzurechnende Eigenschaft dar[14] und ist daher kein Anlegerziel im hier verstandenen Sinne.[15]

Verwaltbarkeit

Nach dem Rationalprinzip zeichnet sich ein „vernünftig" Handelnder dadurch aus, daß er einen bestimmten Zweck mit dem geringstmöglichen Mitteleinsatz zu erreichen versucht.[16] Interpretiert man die anderen Anlegerziele als Handlungszwecke und den Mitteleinsatz als den dafür zu erbringenden Aufwand, so kann die Aufwandsminimierung durchaus als ökonomisch erstrebenswerter Gegenstand eigenen Wollens neben anderen Anlegerzielen betrachtet werden;[17] der erforderliche

---

[11] Im Zusammenhang mit dem magischen Viereck vgl. Kapitel 7.
[12] Vgl. z.B. Ruda (1988), S. 98; Steiner/ Bruns (1994), S. 64 und Straub (1974), S. 43.
[13] Poschadel (1981), S. 30.
[14] In diesem Sinne argumentiert auch Krümmel (1980), S. 47.
[15] Entgegen der eindeutigen begrifflichen Trennbarkeit von Liquidität und Liquidierbarkeit wird in der Anlegerzielliteratur Liquidierbarkeit oft auch als Liquidität bezeichnet. Vgl. etwa Steiner/ Bruns (1994), S. 64; Straub (1974), S. 43 oder Thiele (1977), S. 33.
[16] Vgl. Heinen (1976), S. 49 f. Das Wirtschaftlichkeitsstreben kann als Umsetzung des „allgemeinen" Rationalprinzips im ökonomischen Kontext verstanden werden. Vgl. zum Begriff des Wirtschaftlichkeitsprinzips Heinen (1976), S. 67 ff.
[17] Ähnlich auch Rehkugler/ Schindel (1990), S. 45: „Die Suche und Verarbeitung von Informationen „kosten" Zeit und Geld. Dieser Aspekt ist bei der Auswahl von Zielen als Grundlage für Entscheidungsmodelle zu beachten."

„Aufwand" wirkt dann mindernd auf die Bedürfnisbefriedigung. Dieser Aufwand wird hier unter dem Begriff „Verwaltbarkeit" zusammengefaßt.

Das Verwaltbarkeitsziel beurteilt die Anlageobjekte also nach dem Aufwand, der dem Anleger durch die Anlage in dieses Investment entsteht. Dieser Aufwand läßt sich grob wie folgt umreißen:

- Erforderlich ist ein Informationsaufwand, um ein Anlageobjekt überhaupt hinsichtlich der Anlegerziele und weiterer Anlegerpräferenzen einschätzen zu können. Es ist offensichtlich, daß die Höhe des Informationsaufwands von Art und Anzahl der anderen Anlegerziele abhängt. Dieser Informationsaufwand umfaßt die Informationsbeschaffung und -verarbeitung. Der Anleger muß z.B. Fundamentaldaten beschaffen und auswerten, um die Rentabilität einer Aktie einzuschätzen, oder er benötigt Angaben über die Restlaufzeit, Kündigungsmöglichkeiten und Tilgungsmodalitäten einer Anleihe, um sie auf Verträglichkeit mit seinem Anlagehorizont zu prüfen. Der Informationsaufwand entsteht nicht nur einmal, sondern regelmäßig beim Überprüfen und Umschichten der Kapitalanlage.
- Durch den Besitz des Anlageobjekts kann zusätzlich ein organisatorisch verursachter Verwaltungsaufwand entstehen, z.B. in Form von Depotpostengebühren oder Versicherungskosten.

Wichtig ist die Beschränkung der Verwaltbarkeit auf denjenigen Aufwand, der durch den *Besitz* des Anlageobjekts entsteht. Der Informationsaufwand vor Erwerb des Anlageobjekts ist dagegen ein den Anlegerzielen vorgelagertes Problem. Er betrifft vor allem den zu betreibenden Aufwand, ein Anlageobjekt überhaupt als Anlagemöglichkeit zu identifizieren und hinsichtlich anderer Anlegerziele und Anlegerpräferenzen *vor* der Kaufentscheidung zu bewerten. Die Identifizierung und Abgrenzung grundsätzlich zulässiger Anlagemöglichkeiten einer Kapitalanlage ist aber die Aufgabe bei der Festlegung des Anlageuniversums[18] im Rahmen der Anlegeranalyse, die Bewertung der Anlagealternativen dagegen ein Bestandteil der Finanzanalyse.

Kleine Stückelung

Hinter dem Kriterium „kleine Stückelung" steht der Wunsch, ein Anlageobjekt in möglichst kleinen Einheiten, d.h. mit möglichst geringen Anlagebeträgen handeln zu können. Dieses Ziel einer möglichst großen Verfügbarkeit oder Handelbarkeit bezieht sich grundsätzlich auf Erwerb und Veräußerung der Kapitalanlage. Allerdings wird die Veräußerbarkeit bereits durch das Liquidierbarkeitsziel abgedeckt. Somit könnte das Kriterium der kleinen Stückelung im Sinne der Erwerbbarkeit eines Wertpapiers verstanden und z.B. mit der Zielgröße „Mindeststückelung" überprüft werden. Erwerbbarkeit wäre somit als Eigenschaft von Anlageobjekten meßbar. Da sie sich aber ausschließlich auf ein Stadium vor dem Besitz der Kapitalanlage bezieht, stellt die Erwerbbarkeit kein Anlegerziel im hier definierten Sinne dar,

---

[18] Vgl. zur Festlegung des Anlageuniversums Schmidt-von Rhein (1996), S. 198 f.

sondern wird statt dessen bereits implizit bei der Festlegung des Anlageuniversums berücksichtigt.[19]

Die bisher untersuchten Ziele waren rein ökonomischer Art, d.h. sie zielten auf die Beeinflussung der Vermögenssituation des Anlegers ab. Bei den folgenden drei Zielen handelt es sich zumindest teilweise um nichtökonomische Ziele. Sie haben zudem ambivalenten Charakter, da sie gleichzeitig Motiv und Ziel einer Kapitalanlage sein können.

Mitsprache

Das Streben nach Mitsprache oder Einflußnahme entspringt einem Machtmotiv, das wiederum als Bestandteil des Selbstachtungs- und/oder Prestigemotivs betrachtet werden kann. Es wird als substantielles Handlungsmotiv angesehen[20]. Das Mitspracheziel als eine mögliche Zielform des Machtmotivs hat daher einen eigenständigen Charakter, der durch ökonomische Ziele nicht (vollständig) erklärt werden kann. Andererseits offenbart sich hier das grundsätzliche Problem nichtökonomischer Ziele: Voraussetzung für eine quantitative Messung von Anlegerzielen ist eine klare Abgrenzung des Zielinhalts. Der Abstraktionsgrad und die Komplexität vieler der dahinterstehenden, nichtökonomischen Motive verhindern jedoch eine ausreichend eindeutige und abgrenzbare Zielinhaltsdefinition. Die Abbildung des komplexen Phänomens[21] „Macht" durch das Mitspracheziel ist sicherlich zu restriktiv, da es nur die Machtposition aus dem Besitz eines Anlageobjekts gegenüber dem Kapitalnehmer (Wertpapieremittenten) betrachtet. Zusätzliche Befriedigung von Machtbedürfnissen aus dem Besitz eines Anlageobjektes könnte beispielsweise aber auch durch ein Streben nach Marktmacht gegenüber anderen Marktteilnehmern erzielt werden.

Prestige

Das Prestigeziel mißt die gesellschaftliche Wertschätzung, die mit dem Besitz einer Kapitalanlage verbunden ist. Der Prestigewert eines Anlageobjekts resultiert aus der gesellschaftlichen Bewertung der charakteristischen Anlageobjekteigenschaften, die mit einem bestimmten Anlegerbild assoziiert werden. Das Anlegerbild rechnet dem Anleger bestimmte Fachkenntnisse, Fähigkeiten, Charakterzüge, finanzielle Eigenschaften usw. zu. Zurückzuführen ist das Prestigeziel auf das Prestigemotiv, das die Bedürfnisse des Individuums nach bestimmter sozialer Positionierung im

---

[19] Dies ist für liquide Anlagemärkte mit einer ständig gegebenen Erwerbbarkeit unproblematisch. Für weniger oder nicht liquide Märkte, z.B. bei nicht-börsengehandelten Anlageobjekten, kann dieses Kriterium dagegen als sehr starke Restriktion bei der Zusammenstellung des Anlageuniversums wirken.
[20] Vgl. zur Machtmotivation Heckhausen (1989), S. 361 ff.
[21] Vgl. zu den Erscheinungsformen von Machtverhalten Heckhausen (1989), S. 363 ff. Die Komplexität betont auch Heinen (1976), S.79f.

Wertesystem der Gesellschaft, also nach einem bestimmten sozialen Status, beschreibt.[22] Wie auch beim Machtstreben stellt sich aber für das Prestigeziel das Problem einer präzisen, allgemeingültigen Zielinhaltsdefinition. Viel mehr noch als der Machtbegriff ist die inhaltliche Ausgestaltung des Prestigebegriffs vom zugrundeliegenden gesellschaftlichen Wertesystem abhängig.[23]

Spekulation

Die Spekulation als Gegenstand eigenständigen Strebens läßt sich sowohl als ökonomisches wie auch als nichtökonomisches Anlegerziel erklären.

Beim ökonomischen Spekulationsziel besteht ein enger inhaltlicher Zusammenhang mit dem Sicherheitsziel. Beide beziehen sich auf andere Anlegerziele (Bezugsziele), wie z.B. Rentabilität oder Liquidierbarkeit. Während mit dem Sicherheitsziel die Vermeidung unerwünschter Zielzustände angestrebt wird, zielt das Spekulationsziel gerade auf die Erreichung besonders erwünschter Zielzustände ab. Da ein Zielzustand entweder nur erwünscht oder unerwünscht sein kann, betreffen beide Ziele notwendigerweise unterschiedliche Zielzustände, sind also überschneidungsfrei. Deswegen sind sie aber nicht unbedingt auch komplementär, müssen also nicht alle möglichen Zielzustände abdecken. Hält man z.B. bei einer Anlage in Aktie A eine Rendite von -8%, -2%, 5% oder 25% für möglich, und empfindet man beispielsweise die Renditen von -8% und -2% als unerwünschte Zielergebnisse (= „Risiko"), so müssen deswegen die beiden anderen Renditemöglichkeiten von 5% und 25% nicht automatisch als spekulativ angesehen werden. Spekulation zielt nur auf besondere Chancensituationen ab, wie sie hier z.B. die Renditemöglichkeit von 25% darstellen könnte. Sicherheits- und Spekulationsziel müssen deshalb disjunkt, nicht aber komplementär sein.

Trotzdem ist der zusätzliche Informationsgehalt eines Spekulationsziels aus analytischer Sicht vermutlich eher gering. Das Sicherheitsziel grenzt bereits die Menge potentiell bedürfnisbefriedigungssteigernder Zustände ab, und das Bezugsziel (Rentabilitäts-, Liquidierbarkeits-, Verwaltbarkeitsziel) ergänzt diese Information um den erwarteten Zielwert.

Im Gegensatz zum ökonomischen Spekulationsziel basiert das nichtökonomische Spekulationsziel auf einem Eigennutzen des Spekulierens, der durch ein Spekulationsmotiv, eine „Spekulationslust" verursacht wird. Dieses Spekulationsbedürfnis ist mit dem Spieltrieb eng verwandt.[24] Spekulations- bzw. Spieltrieb lassen sich über das Selbstachtungs- oder Prestigemotiv begründen. Den Anleger könnte z.B. der Kompetenz- bzw. Geltungsnutzen motivieren, der ihm bei einer er-

---

[22] Zu einer ausführlicheren Charakterisierung des Prestigemotivs für Unternehmer vgl. Kreikebaum (1961), S. 41 ff., dessen Grundideen auch auf Privatanleger übertragbar sind.
[23] Innerhalb der Gesellschaft können die Wertvorstellungen zudem erheblich je nach Bezugsgruppe (z.B. Gesellschaftsschicht) differieren. Der konkrete Prestigebegriff eines Anlegers ist deshalb von den Wertvorstellungen der für ihn relevanten Bezugsgruppe abhängig.
[24] Nach FANK führen „Spiellust" und „Risikolust" (Spekulation) beim Geldumgang zu einem ähnlichen Verhalten (z.B. hinsichtlich Risikosuche, Alterssicherung) und zu ähnlichen Einstellungen (z.B. hinsichtlich Investieren, Spekulieren). Vgl. Fank (1992), S. 44 f.

folgreichen Spekulation zufällt. Eine exakte Zielinhaltsbestimmung des nichtökonomischen Spekulationsziels ist jedoch problematisch; im Vergleich zum ökonomischen Spekulationsziel ist es nämlich nicht nur ergebnis-, sondern auch handlungsorientiert. Aus den Anlageobjekteigenschaften kann nur eine unvollständige Messung des Spekulationsstrebens resultieren, da die ebenfalls bedürfnisbefriedigenden eigenen Handlungen, Reaktionen der Marktteilnehmer etc. nicht berücksichtigt werden. Das nichtökonomische Spekulationsstreben kann deshalb mit dem hier verwendeten Anlegerzielbegriff nur teilweise erfaßt werden.

Zum Problem der Anwendbarkeit von Anlegerzielen

Die Beschreibungen zu den Anlegerzielen zeigen, daß sich alle Ziele mit grundlegenden Anlegermotiven begründen lassen und deshalb eine Allgemeingültigkeit zumindest in der Hinsicht beanspruchen können, daß ein privater Anleger die Relevanz der einzelnen Ziele vor einer Anlageentscheidung für sich prüfen sollte. Für eine solche Prüfung müssen jedoch zwei Voraussetzungen erfüllt sein:

- eine klare Definition und Abgrenzung des Zielinhalts;
- eine inhaltlich adäquate Erfassung des Zielinhalts durch eine empirisch beobachtbare Zielgröße (Zielmaßstab).

Eine exakte Festlegung des Zielinhalts bereitet insbesondere bei den nichtökonomischen Anlegerzielen Schwierigkeiten.[25] Ohne eine präzise Festlegung des Zielinhalts ist aber die Bestimmung eines angemessenen Zielmaßstabs kaum möglich.[26]

Erst durch die Messung eines Anlegerziels mit einer empirisch beobachtbaren Zielgröße wird ein Anlegerziel operational,[27] indem es die Umsetzbarkeit in Handlungen und die Überprüfbarkeit der Zielerreichung erlaubt.[28] Die Festlegung eines angemessenen Zielmaßstabs ist deshalb ein zentraler Schritt bei der Anlegerzielanalyse; daß hier beim derzeitigen Forschungsstand z.T. noch erhebliche Probleme bestehen, wird in den folgenden Abschnitten anhand der vier wichtigsten Anlegerziele gezeigt.

Von den acht untersuchten Anlegerzielen müssen die drei nichtökonomischen Ziele von der weiteren Zielanalyse ausgeschlossen werden, da deren Zielinhalte an dieser Stelle nicht abschließend geklärt werden können. Dies berührt aber keineswegs die grundsätzliche Relevanz dieser Ziele. Auch das Kriterium der kleinen Stückelung entfällt, da es letztlich kein Anlegerziel, sondern ein Auswahlkriterium

---

[25] Dies gilt auch für die nicht angesprochenen nichtökonomischen Ziele, wie z.B. ethische oder ökologische Anlegerziele.
[26] Äußerst problematisch ist auch eine hilfsweise Messung über ökonomische Größen (z.B. monetäre Bewertung), die zu erheblichen Verzerrungen führen kann. Ähnlich auch Heinen (1976), S. 60 und S. 114.
[27] Neben dem Zielmaßstab sind bei der Zieloperationalisierung noch weitere Zieleigenschaften zu bestimmen, wobei dem Zielmaßstab allerdings eine zentrale Bedeutung zukommt. Vgl. dazu die Formalstruktur der Anlegerziele bei Schmidt-von Rhein (1996), S. 118ff.
[28] Vgl. Heinen (1976), S. 115.

bei der Festlegung des Anlageuniversums darstellt. Schließlich wird das ökonomische Spekulationsziel nur am Rande weiterverfolgt.

Als Kern verbleiben für die folgende Analyse damit die vier Anlegerziele Rentabilität, Sicherheit, Liquidierbarkeit und Verwaltbarkeit, die als zentrale Anlegerziele bezeichnet werden sollen. Auf eine Diskussion des Rentabilitätsziels wird im folgenden allerdings verzichtet, da mit der Rendite bereits eine allgemein anerkannte Zielgröße existiert.[29]

3. Das Liquidierbarkeitsziel

Im Gegensatz zum Rentabilitätsziel fehlen für das Liquidierbarkeits- und das Verwaltbarkeitsziel bisher allgemein anerkannte Zielmaßstäbe. Dies dürfte einerseits an dem in der Literatur teils uneinheitlichen, teils unklaren Begriffsverständnis liegen, andererseits aber auch am Fehlen einer direkten beobachtbaren Meßgröße wie der Rendite. Die gebräuchlichsten Begriffsverständnisse systematisiert Abbildung 1:

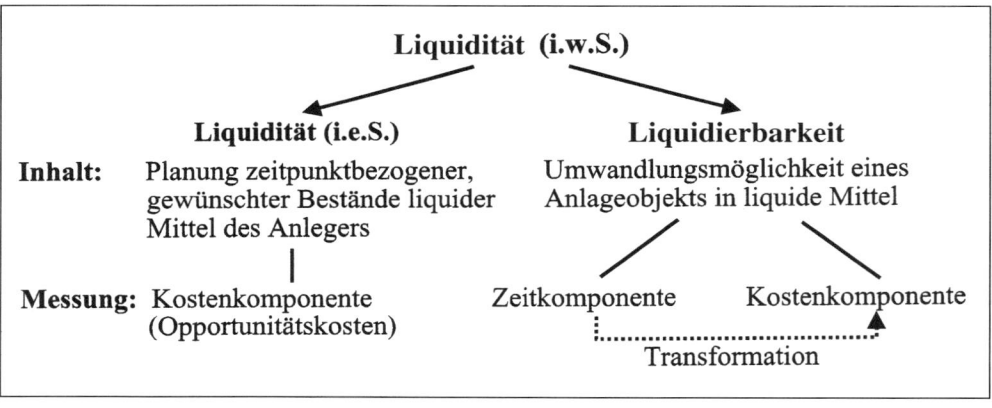

Abb. 1: Unterschiedliche Liquiditätsbegriffe im Kapitalanlagezusammenhang

Das Liquidierbarkeitsziel ist umso besser erfüllt, je schneller und kostengünstiger der Anleger die Kapitalanlage bei Bedarf auflösen kann.[30] Liquidierbarkeit weist also zwei Dimensionen auf:

---

[29] Davon unberührt bleibt, daß sich die konkrete Form der Renditeberechnung nach dem gewünschten Umfang und Zweck richtet. Zu den Varianten der Renditeberechnung vgl. Schmidt-von Rhein (1996), S. 125 ff.
[30] Vgl. in diesem Sinne auch Amihud/ Mendelson (1991), S. 235; Ruda (1988), S. 98 und Steiner/ Bruns (1994), S. 64.

- **Zeitkomponente**
  Die Zeitkomponente mißt den Zeitraum zwischen dem Auftreten des Liquidierungswunsches und dem darauf folgenden frühestmöglichen Liquidierungszeitpunkt. Besteht die Möglichkeit einer vorzeitigen Auflösung über einen Sekundärmarkt, so beginnt der Liquidierungszeitraum in dem Moment, in dem der Anleger am Markt seine verbindliche Liquidierungsabsicht äußert, z.B. über einen Verkaufsauftrag. Mit dem Zufluß liquider Mittel aus der Auflösung der Kapitalanlage endet der Liquidierungszeitraum. Während börsengehandelte Anlageobjekte meist in sehr kurzer Zeit[31] liquidiert werden können und die Zeitkomponente hier eine geringe Rolle spielt, können für Anlageobjekte an anderen, nicht hochorganisierten Kapitalmärkten (wie z.B. dem Immobilienmarkt) sehr lange Liquidierungszeiträume auftreten.

- **Kostenkomponente**
  Bei einem gegebenen Liquidierungszeitraum stellt sich die Frage, ob bei der Liquidierung ein dem tatsächlichen Wert „angemessener Preis" erzielt werden kann. Bei einer Liquidierung zum Fälligkeitszeitpunkt darf prinzipiell die Erzielung eines angemessenen Preises erwartet werden, während die vorzeitige Auflösung grundsätzlich durch einen Preisabschlag entschädigt wird, der einen Erlös unter dem eigentlichen Wert der Anlage verursacht. Im Extremfall einer sofortigen Liquidierbarkeit kann dieser Kostenfaktor nach SCHMIDT als Kosten sofortigen Abschlusses bezeichnet werden, d.h. als eine „Differenz zwischen Abschlußkurs und gegenwärtigem Gleichgewichtskurs p_E, die ausreicht, um Händler oder andere Anleger auf der Stelle als Kontrahenten zu mobilisieren."[32]

Die Kostenkomponente und die Zeitkomponente sind interdependente Größen, da sich Liquidierungszeit grundsätzlich in Liquidierungskosten transformieren läßt. Ein Beispiel dafür sind die zu zahlenden Vorschußzinsen bei vorzeitiger Auflösung von Spareinlagen.[33] Je schneller (vorzeitiger) eine Anlage allgemein liquidiert werden soll, umso höher ist in aller Regel der zu zahlende Preisabschlag, um einen kaufwilligen Kontrahenten zu finden. Die Kosten der Liquidierung steigen (sinken) mit zunehmend (abnehmend) vorzeitiger Liquidierung.

Die wichtigen Einflußgrößen und die Kostenarten einer Liquidierung zeigt Abbildung 2. Die Einflußgruppen verursachen vier Kostenarten, die zusammen die Gesamtkosten bei der Liquidierung einer Anlage ergeben.[34] Die Vorzeitigkeitskosten VK entstehen aufgrund der vorzeitigen Liquidierung des Anlageobjekts und können im Spezialfall der sofortigen Liquidierung auch als Sofortigkeitskosten[35] SK bezeichnet werden. Das Volumen der zu liquidierenden Kapitalanlage kann einen

---

[31] Das bedeutet nicht automatisch sofortige bzw. börsentägliche Liquidierbarkeit. Vgl. FN 2.
[32] Schmidt, H. (1988), S. 24. Vgl. auch Schmidt, H. (1977), S. 393.
[33] Auch in anderen Lebensbereichen finden sich zahlreiche Beispiele für die Grundsätzlichkeit dieser Regel, z.B. bei Preisabschläge für Räumungsverkäufe, Schlußverkäufe, Subskriptionen etc.
[34] Vgl. zu den Kostenarten auch Amihud/ Mendelson (1991), S. 235.
[35] Der Begriff „Sofortigkeitskosten" wird hier in Anlehnung an SCHMIDT verwendet, der von „Sofortigkeitszuschlag" und „-abschlag" spricht. Vgl. Schmidt, H. (1988), S. 25.

derart großen Einfluß auf die Liquidierungskosten ausüben,[36] daß dieser Einflußfaktor in Form von Großmengenkosten GK separat gemessen wird. Bei einem üblichen Transaktionsvolumen werden diese Kosten vernachlässigbar gering sein; bei unüblichen Großmengen[37] können aber erhebliche Zusatzkosten entstehen.

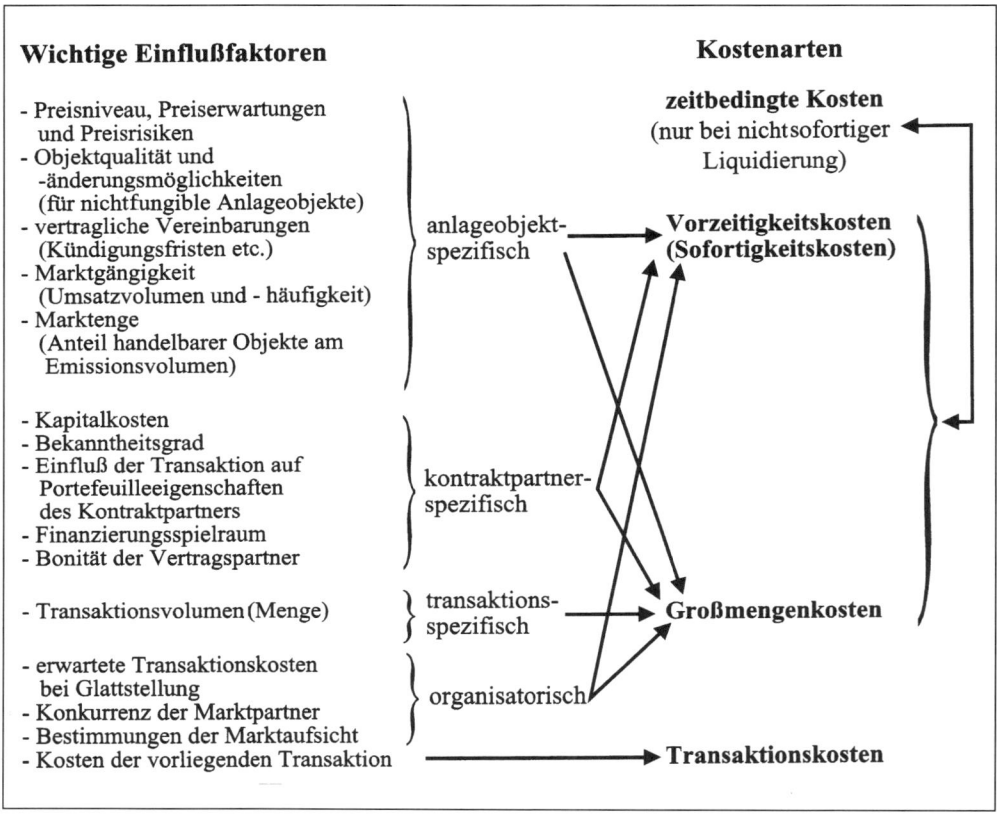

Abb. 2: Bestandteile der Liquidierungskosten und ihre Einflußfaktoren

Als dritte Kostengröße rechnen AMIHUD/ MENDELSON den Liquidierungskosten die Transaktionskosten TAK zu, die dem Anleger aus der Durchführung der Transak-

---

[36] SCHNEIDER präzisiert deshalb auch den Liquidierbarkeitsbegriff durch folgende Fragestellung: „Zu welchem *Preis* ist innerhalb welchen *Zeitraums* welche *Kapitalanlagemenge* in Bargeld umzuwandeln? Die Frage nach der Liquidität [d.h. Liquidierbarkeit, Anm. d.Verf.] einer Kapitalanlage verlangt als Antwort die Messung einer Art dynamischer Preis-Absatz-Elastizität von Kapitalanlagen." [Schneider (1983), S. 23, Kursivschrift im Original]. Genau dieser Forderung wird durch die Berücksichtigung von Großmengenkosten entsprochen.

[37] Zwar können auch bei unüblichen Kleinmengen Zusatzkosten entstehen, die aus höheren Bearbeitungskosten für die Transaktion resultieren. Da Transaktionskosten jedoch als eigenständige Kostengröße isoliert werden, wird hier nicht der Vorgehensweise von SCHMIDT gefolgt, der Kleinmengen- und Großmengenkosten unterscheidet. Vgl. Schmidt, H. (1977), S. 394 ff.

tion entstehen, und die Gebühren, Kommissionen, Provisionen und transaktionsbedingte Steuern umfassen.[38] Bei nichtsofortiger Liquidierung fallen schließlich zeitbedingte Kosten ZK an, z.B. in Form von Such- oder Zeitverzögerungskosten.[39] Zeitbedingte Kosten stellen somit „Strafkosten" für nichtsofortige Liquidierung dar.

Bei der Messung der Liquidierbarkeit interessieren jedoch nicht die insgesamt anfallenden Kosten einer Liquidierung. Entscheidend ist vielmehr, wie sich die Liquidierungskosten bei einer *vorzeitigen* Liquidierung während des Anlagezeitraums gegenüber den Liquidierungskosten bei einer *planmäßigen* Liquidierung (zum Ende des Anlagezeitraums[40]) ändern. Dieser Differenzbetrag ergibt die Liquidierbarkeitskosten. Gleichung (1) faßt die Berechnung der Liquidierbarkeitskosten L zusammen:

(1) $L = \Delta VK + \Delta GK + \Delta TAK + \Delta ZK,$

mit: L = Liquidierbarkeitskosten;
ΔVK = Differenz der Vorzeitigkeitskosten durch vorzeitige Liquidierung während des Anlagehorizonts;
ΔGK = Differenz der Großmengenkosten durch vorzeitige Liquidierung während des Anlagehorizonts;
ΔTAK = Differenz der Transaktionskosten durch vorzeitige Liquidierung während des Anlagehorizonts;
ΔZK = Differenz der zeitbedingten Kosten durch vorzeitige Liquidierung während des Anlagehorizonts (mit $\Delta ZK = 0$ für $VK = SK$).

Da ex ante der Zeitpunkt einer möglichen vorzeitigen Liquidierung unbekannt ist, ist genau genommen eine Durchschnittsbildung erwarteter Liquidierungskosten für unterschiedliche, vorzeitige Liquidierungszeitpunkte vorzunehmen und den Kosten einer planmäßigen Liquidierung gegenüberzustellen.

Die Berechnung nach (1) erklärt auch, warum Liquidierbarkeitskostenüberlegungen bei börsengehandelten Wertpapieren oft keine Rolle spielen:[41] Die Kosten einer vorzeitigen Liquidierung während des Anlagezeitraums werden als (relativ) konstant eingeschätzt, der Differenzbetrag ist somit (nahezu) gleich null.

Während die Liquidierbarkeitskosten analytisch beschrieben werden können, gestaltet sich deren empirische Messung erheblich schwieriger. Nicht nur die Höhe, auch die Meßbarkeit von Liquidierbarkeitskosten an sich sind vom Organisationsgrad des Marktes abhängig, an dem das zu beurteilende Asset gehandelt wird. So lassen sich die Vorzeitigkeits- und Großmengenkosten auf Basis der bid-ask spread ermitteln, die je nach Wertpapierhandelssystem unterschiedlich zu messen ist.[42]

---

[38] Vgl. Amihud/Mendelson (1991), S. 235.
[39] Vgl. dazu auch Amihud/Mendelson (1991), S. 235, die von „search and delay costs" sprechen.
[40] Angenommen wird, daß laufzeitbegrenzte Anlageobjekte nicht bereits vor Ende des Anlagezeitraums fällig werden.
[41] Dies gilt zumindest für handelsübliche Transaktionsvolumina. Die Großmengenkosten können in Abhängigkeit von der aktuellen Marktliquidität dagegen erheblich variieren.
[42] Als Basisgröße dient im Market-Maker-System die realisierte spread, im Auktionshandel die implizite spread. Vgl. dazu genauer Schmidt-von Rhein (1996), S. 151 f.

Generell problematisch ist die Messung zeitbedingter Kosten, wenn Anlageobjekte nicht sofort liquidierbar sind. Kritisch ist auch die Durchschnittsbildung von Liquidierungskosten zu unterschiedlichen, vorzeitigen Liquidierungszeitpunkten, die zu erheblichen Verzerrungen in der Kostenmessung führen kann.

4. Das Verwaltbarkeitsziel

Die Verwaltbarkeit eines Anlageobjekts ist derjenige Informations- und Verwaltungsaufwand, den das Anlageobjekt während seiner Haltedauer beim Anleger verursacht, um es hinsichtlich aller anderen Anlegerziele und Anlegerpräferenzen beurteilen zu können (vgl. Kapitel 2). Entscheidend ist dabei nur der dem Anlageobjekt innewohnende, zu erwartende Aufwand, nicht der vom Anleger tatsächlich betriebene und damit individuell beeinflußbare Aufwand.

Wie auch bei der Liquidierbarkeit beinhaltet die Verwaltbarkeit eine Zeit- und eine Kostenkomponente. Auch eine Transformation von Zeit in Kosten ist, analog zur Liquidierbarkeit, denkbar, indem z.B. Kapitalanlagedienstleistungen nicht eigenerstellt, sondern fremdbezogen werden. Dem Preis des Fremdbezugs der Dienstleistung (z.B. der Finanzanalyse) steht eine Zeitersparnis gegenüber.

Im Falle einer reinen Eigenverwaltung wird die Zeitkomponente nicht durch den Fremdbezug von Dienstleistungen reduziert. Die Verwaltbarkeitskosten V müssen deshalb neben den tatsächlichen Ausgaben eine monetäre Bewertung der zeitlichen Komponente beinhalten, die mangels tatsächlicher Zahlungsabflüsse größtenteils Opportunitätskostencharakter hat. Einen möglichen Ansatz beschreibt (2):

$$(2) \quad V = (t \, o) + \sum_{i=1}^{n} K_i ,$$

mit: t = Anzahl benötigter, aufzuwendender Zeiteinheiten;
o = anlegerindividueller Kostensatz pro Zeiteinheit, der alternativ erzielbar gewesen wäre (Opportunitätskostensatz);
K_i = der Verwaltbarkeit direkt zurechenbare Kostengröße i.

Die monetäre Bewertung des erforderlichen Zeitaufwands entspricht t o, der Summenterm addiert alle anlageobjektbedingten, als Geldabflüsse direkt zurechenbaren Kosten K_i, so z.B. Depotpostengebühren für verbriefte Wertpapiere wie Aktien, Renten oder Optionsscheine. Die in (2) einfließenden Kostengrößen können auch grob als administrative Kosten zusammengefaßt werden, die z.B. aus der Verwaltung, der Infrastruktur (Hardware, Software, Datenbanken) oder dem Management des Portfolios (Research, Performance, Personal) entstehen.[43] Sie fallen allerdings nur dann unter die Verwaltbarkeitskosten, wenn sie erstens den Anlageobjekten di-

---

[43] Vgl. zur Systematisierung und Beschreibung administrativer Kosten Gügi (1995), S. 126 und S. 131.

rekt zugerechnet werden können, zweitens durch den Besitz des Anlageobjektes entstehen und drittens einen dem Anlageobjekt innewohnenden Aufwand darstellen.

Die empirische Messung von Verwaltbarkeitskosten ist allerdings noch schwieriger als die Messung von Liquidierbarkeitskosten. Zum einen fehlt eine marktlich objektive Datengrundlage wie die bid-ask spread bei den Liquidierbarkeitskosten. Gemäß dem Ansatz in (2) enthalten die Verwaltbarkeitskosten mit dem Opportunitätskostensatz o zudem eine anlegerindividuelle Komponente. Weiterhin hängt der konkrete Umfang des Verwaltbarkeitskostenbegriffes von den anderen vom Anleger verfolgten Zielen und Präferenzen ab. Probleme in der praktischen Umsetzung bereitet schließlich auch die präzise Abgrenzung des „mit dem Besitz eines Assets verbundenen Aufwands" vom anlegerindividuellen Gesamtaufwand.

5. Das Sicherheitsziel und das Problem unterschiedlicher Risikoverständnisse

Trotz der herausragenden Bedeutung, die dem Sicherheitsziel in empirischen Untersuchungen regelmäßig bescheinigt wird,[44] herrscht sowohl bei Anlegern als auch in der Fachliteratur wenig Klarheit und Einverständnis darüber, was unter „Risiko" im Kapitalanlagezusammenhang präzise zu verstehen ist, und wie es geeigneterweise quantifiziert werden sollte. Aus diesen Gründen soll der Risikodiskussion hier breiter Raum geschenkt werden. Im Mittelpunkt steht die Entwicklung eines Risikooperationalisierungskonzepts, das unterschiedliche Risikoverständnisse herleitet und mit Hilfe statistischer Risikomaße sachgerecht quantifiziert.

Risikobegriff

Der Begriff des Risikos läßt sich in Verbindung mit dem Anlegerziel „Sicherheit" durch fünf Merkmale beschreiben:[45]

- **(1) bedürfnisbefriedigungsorientierter Risikobegriff**
  Das Sicherheitsstreben ist als Folge des Absicherungsmotivs gegen die Gefahr künftiger, bedürfnisbefriedigungsmindernder Zustände gerichtet.[46] Nur in dieser allgemeinen Form sollte Risiko im Kapitalanlagekontext verstanden werden, wenn es z.B. mit dem Begriff „Verlustgefahr" umschrieben wird. Die Verlustgefahr besteht in einer Gefahr verminderter Bedürfnisbefriedigung. Die zentrale Frage für die Risikooperationalisierung ist deshalb, *welche* Zustände mindernde Wirkung ausüben, und *wie* sie in die Risikomessung einfließen sollen.

---

[44] Vgl. Tabelle 1 in Kapitel 2.
[45] Vgl. Schmidt-von Rhein (1996), S. 159 ff.
[46] Vgl. Kapitel 2.

- **(2) ergebnisorientierter Risikobegriff**
  Risiko als Zielgröße soll die Wirkung unerwünschter Zustände auf Eigenschaften von Anlageobjekten beschreiben. Die Risikoeinschätzung bezieht sich damit weder auf das Verhalten des Anlegers[47] noch auf die Risikoursachen, wie z.B. Bonitäts-, Markt-, Geldwert-, Währungs- oder politische Risiken.[48]

- **(3) anlegerzielbezogener Risikobegriff**
  Sicherheit bzw. Risiko bezieht sich statt dessen immer auf die Erfüllung bzw. Gefahr des Verfehlens anderer, für den Anleger relevanter Anlegerziele. Diese werden im folgenden als Bezugsziele bezeichnet. Auf dieser Basis ist nun eine Einzelrisiko- oder eine Gesamtrisikobetrachtung möglich: Bei der Einzelrisikobetrachtung wird zu jedem Bezugsziel (z.B. Rentabilität, Liquidierbarkeit) ein eigenständiges Sicherheits"teilziel" gebildet („Sicherheit der Rentabilität", „Sicherheit der Liquidierbarkeit"). Für jedes Teilziel ist dann ein eigenes Risikomaß erforderlich, mit dem das Risiko der Zielgröße des Bezugsziels (Renditerisiko, Liquidierbarkeitskostenrisiko) gemessen wird. Die Alternative zur Einzelrisikobetrachtung ist ein einziges, alle anderen Zielgrößen abdeckendes Sicherheitsziel. Dies entspricht dem in Literatur und Praxis üblichen Vorgehen.[49] Die Möglichkeit getrennter Einzelrisikodefinitionen bietet jedoch entscheidende Vorteile. Zum einen zerlegt sie ein mehr oder weniger als „diffus" empfundenes Gesamtrisiko in einzelne Bestandteile, die getrennt zu behandeln sind. Vor allem aber erlaubt sie dem Anleger einen präziseren und differenzierteren[50] Ausdruck seiner Risikoeinstellung auf Basis der auch inhaltlich besser definierbaren Einzelrisikoziele.[51] Somit kann der Anleger eine individuelle Gewichtung separater Sicherheitsziele explizit vornehmen, was bei der Gesamtrisikobetrachtung nicht möglich ist.

- **(4) zweidimensionaler Risikobegriff**
  Das Risiko als Zielgröße des Sicherheitsziels soll das erwartete Ausmaß einer Verlustgefahr messen. Dazu müssen zwei Komponenten in die Risikoberechnung einfließen: Die Quantitätsdimension berücksichtigt Art und Umfang potentieller Verluste; die Intensitätsdimension drückt aus, wie groß die Gefahr (Wahrscheinlichkeit) ist, daß tatsächlich ein Verlust hinzunehmen ist.[52]

---

[47] Ein solches verhaltensorientiertes Risikoverständnis (risikobehaftetes Verhalten) ist z.B. in der Verhaltenstheorie oder Persönlichkeitsforschung üblich. Vgl. dazu Fank (1992), S. 28 f.
[48] Vgl. dazu u.a. Straub (1974), S. 47 ff. oder Thiele (1977), S. 32 f.
[49] Vgl. zur analytischen Literatur z.B. Ruda (1988), S.17 ff.; demnach wird stets nur ein Sicherheitsziel beschrieben. Vgl. Kupsch (1973), S. 30, der bei mehreren Zielen einen allgemeinen Risikobegriff favorisiert, um Zielgewichtungsprobleme mehrerer zielbezogener Risikodefinitionen zu vermeiden. Analog wird in empirischen Untersuchungen verfahren, die regelmäßig nur nach einem Sicherheitsziel fragen. Vgl. etwa Ruda (1988), S. 22 ff.
[50] So wäre es z.B. denkbar, daß ein Anleger risikoavers gegenüber dem Renditerisiko, aber risikoneutral gegenüber dem Verwaltbarkeitskostenrisiko ist.
[51] Die Verwendung von Einzelrisikozielen würde auch einen erheblichen Teil der Begriffsunsicherheit beseitigen, der mangels näherer Definition der Begriffe „Sicherheit" oder „Risiko" regelmäßig in den empirischen Anlegerzieluntersuchungen entsteht.
[52] Vgl. dazu Kupsch (1973), S. 30 f. Die beiden Dimensionen drücken deutlich die ergebnisorientierte Sichtweise des Risikos aus.

- **(5) Risikoarten**
  Die Ungewißheit darüber, welche Zielzustände bezüglich der relevanten Anlegerziele eintreten, und inwiefern die Zielvorstellungen erfüllt werden, läßt sich in ein entscheidungs- und ein informationslogisches Risiko zerlegen. Das informationslogische Risiko (Schätzrisiko) beschreibt die Ungewißheit darüber, ob die unter dem gegebenem Informationsstand getroffenen Prognosen (über mögliche, künftige Zielzustände und deren Wahrscheinlichkeiten) verläßlich sind.[53] Werden die Zielgrößen durch Zufallsvariablen abgebildet, mißt das Schätzrisiko die zum Zeitpunkt der Kapitalanlageentscheidung bestehende Abweichung der subjektiv geschätzten Wahrscheinlichkeitsverteilungen der Zielgrößen (Rendite, Liquidierbarkeits- und Verwaltbarkeitskosten) gegenüber den bei vollständiger Informationssuche sich ergebenden Wahrscheinlichkeitsverteilungen. Prinzipiell kann das Schätzrisiko durch Verbesserung des Informationsstandes gesenkt werden. Als vom Anleger steuerbare Größe ist das Schätzrisiko aber grundsätzlich keine anlageobjektimmanente Eigenschaft. Das entscheidungslogische Risiko geht dagegen von einem gegebenem Informationsstand aus und mißt Umfang und Intensität des zu erwartenden Risikos. Das nachfolgende Konzept zur Risikooperationalisierung beschränkt sich auf diese Risikokomponente.

6. Ein Konzept zur Risikooperationalisierung

Den Ansatzpunkt für eine anlegergerechte Risikooperationalisierung bildet der Anleger mit seinem individuellen Risikoempfinden, für das ein passendes Risikomaß zu finden und das dann auf die verschiedenen Anlagemöglichkeiten anzuwenden ist. Die Zielrichtung einer anlegerorientierten Sichtweise ist daher eine adäquate Umsetzung individueller Risikoverständnisse in operationale Risikomaße (siehe die durchgezogenen Pfeile in Abbildung 3).

Zumindest in der Literatur wird aber oftmals, speziell bei der Messung des Renditerisikos, genau entgegengesetzt argumentiert. So wird anhand einer für eine bestimmte Kapitalanlage prognostizierten Form der Renditewahrscheinlichkeitsverteilung abgeleitet, in welcher Form die Risikomessung erfolgen sollte, und damit dem Anleger implizit ein ganz bestimmtes Risikoverständnis unterstellt (siehe die gestrichelten Pfeile in Abbildung 3). Hintergrund dieser Vorgehensweise ist, daß durch den/die Risikoparameter möglichst die gesamte Renditewahrscheinlichkeitsverteilung abgebildet werden soll, damit keine Prognoseinformationen verlorengehen.[54] Daß aber die Annahme, die gesamte Wahrscheinlichkeitsverteilung sei für

---

[53] Zu einer genaueren Beschreibung vgl. Schmidt-von Rhein (1996), S. 164 f.
[54] So lautet z.B. die gängige Begründung für den Einsatz alternativer Risikomaße zur Varianz, daß nur im Falle normalverteilter bzw. log-normalverteilter Renditen der Erwartungswert und die Varianz die Renditeverteilung vollständig abbilden. Dagegen ist beim Einsatz derivativer Instrumente wie

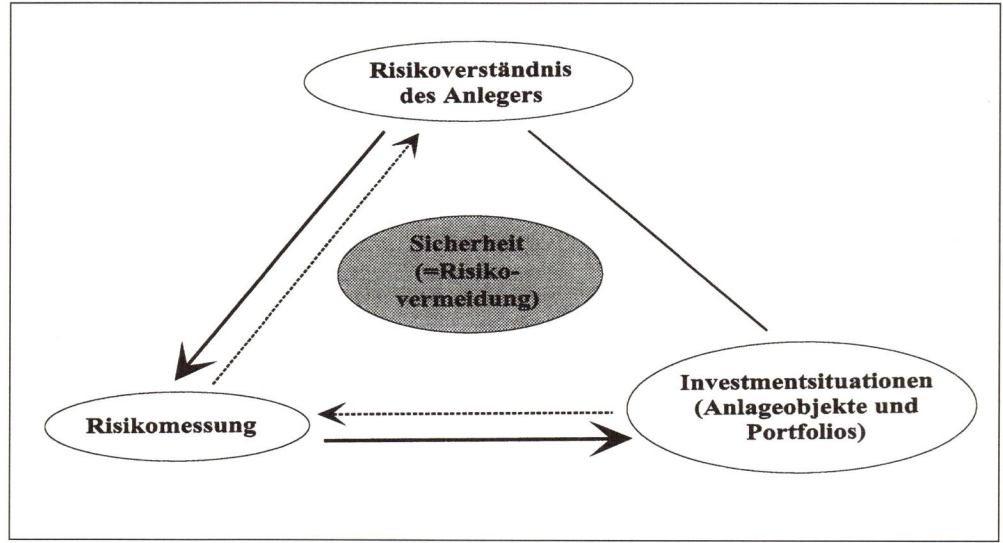

Abb. 3: Systematisierung des Problemfeldes „Risiko"

die Risikoberechnung relevant, nicht unbedingt dem Risikoverständnis des Anlegers entsprechen muß, sondern, wie noch zu zeigen sein wird, im Gegenteil einen sehr speziellen Risikobegriff unterstellt, wird dabei übersehen.

Zugunsten einer straffen Darstellung wird Risiko im folgenden nur auf das Renditeziel bezogen, wie es im Investmentbereich derzeit auch allgemein üblich ist.[55] Risiko kann dann allgemein als Gefahr des Eintritts einer unerwünschten Rendite aus der Renditewahrscheinlichkeitsverteilung verstanden werden. Welche Renditen als unerwünscht gelten, und wie die „Gefahr" zu quantifizieren ist, hängt vom individuellen Risikoverständnis ab.

Risikotypen

Um unterschiedliche Risikoverständnisse zu typisieren, eignet sich ein Rückgriff auf die betriebswirtschaftliche Zieltheorie. Dort bestimmt allgemein die Art des Zielstrebens, in welchen Fällen ein angestrebtes Ziel erfüllt wird oder unerfüllt bleibt. Aus denjenigen Fällen, die nicht zur Zielerfüllung führen, berechnet sich das „Risi-

---

Futures oder Optionen, die zu systematischen Abweichungen von der Normalverteilung führen, die Messung über höhere Momente (Schiefe, Wölbung) und/oder Ausfallrisikomaße erforderlich.

[55] Daß dies an sich bereits eine ganz erhebliche Einschränkung des Risikobegriffs bedeutet, sei hier nur beiläufig angemerkt. Vgl. dazu auch das magische Viereck in Kapitel 7 sowie die Ausführungen bei Schmidt-von Rhein (1996), S. 159 ff.

ko". Angewendet auf das Renditeziel als angestrebtes Ziel und die Renditewahrscheinlichkeitsverteilung als mögliche Fälle werden in Abbildung 4 vier Hauptarten des Renditezielstrebens unterschieden.

Beim Punktziel wird ein ganz bestimmter Renditewert angestrebt, z.B. der Erwartungswert µ. Risiko entspricht dann der Gefahr einer Abweichung von diesem Wert. Es wird also die gesamte Wahrscheinlichkeitsverteilung als risikobehaftet empfunden, und zwar in zunehmendem Maße mit wachsendem Abstand vom Zielwert, wie die Pfeile in Abbildung 4 verdeutlichen.

Bei den anderen drei Zieltypen gilt dagegen nur ein Teil der Wahrscheinlichkeitsverteilung als risikobehaftet. Ein anspruchsniveauzielorientierter Anleger fordert eine Mindestrendite τ_{min} und betrachtet Risiko folglich als Gefahr, eine geringere Rendite als τ_{min} zu erreichen. Beim Intervallziel wird ein bestimmter Renditebereich $[\tau_{min}; \tau_{max}]$ mit dem Risiko angestrebt, eine Rendite außerhalb dieses Bereichs zu realisieren. Mit dem Optimierungsziel strebt der Anleger ausschließlich nach der besten, der maximalen Rendite r_{max}, weshalb jede Unterschreitung von r_{max} einen Risikofall darstellt.

Zu betonen ist, daß τ_{min} unabhängig von dem mit dem Rentabilitätsziel subjektiv erwarteten Renditewert (z.B. μ_i) gewählt werden kann. So kann der Anleger beispielsweise aus einer Anlage eine Rendite von 5% p.a. erwarten, Risiko aber gleichzeitig als Gefahr verstehen, eine negative Rendite ($\tau_{min}=0$) zu erzielen.

Im Investmentbereich spielen der „schwankungsrisikoorientierte" und der „ausfallrisikoorientierte" Zieltyp mit Abstand die größte Rolle, weshalb im folgenden die Frage einer adäquaten Risikomessung auf diese beiden Risikotypen beschränkt wird.[56] Zusätzlich soll noch ein Mischtyp betrachtet werden, der zwar grundsätzlich Schwankungsrisiken vermeiden will (Typ I), innerhalb der Schwankungen aber besondere Abneigung gegen Ausfallrisiken (Typ II) zeigt.

Operationalisierung der Risikoverständnisse

Aufgabe bei der Quantifizierung des Risikos ist es nun, den für den jeweiligen Risikotyp unerwünschten, also risikobehafteten Teil der Wahrscheinlichkeitsverteilung durch statistische Verteilungsparameter möglichst exakt zu messen. Während für Typ I ein zweiseitiges Streuungsmaß erforderlich ist, spielen für Typ II nur die Unterschreitungen der Mindestrendite τ_{min} eine Rolle, die mit einseitigen, ausfallorientierten Streuungsmaßen zu erfassen sind.

Für Typ I ist es plausibel, die zu erwartende Rendite µ als Zielrendite anzusetzen. Schwankungen um µ werden dann grundsätzlich durch das zweite oder die höheren Momente einer Wahrscheinlichkeitsverteilung gemessen. Auch die mittlere absolute Abweichung kann als Streuungsmaß dienen. Für Typ II bieten sich dagegen die Lower Partial Moments (LPM) an. Sie messen die Renditestreuung analog zu den Momenten, beziehen allerdings nur die Renditen unterhalb von τ_{min} in die Risi-

---

[56] Zur Risikoquantifizierung der Typen III und IV sowie zu Unterfällen der Typen II-IV vgl. Schmidt-von Rhein (1996), S.167 f.

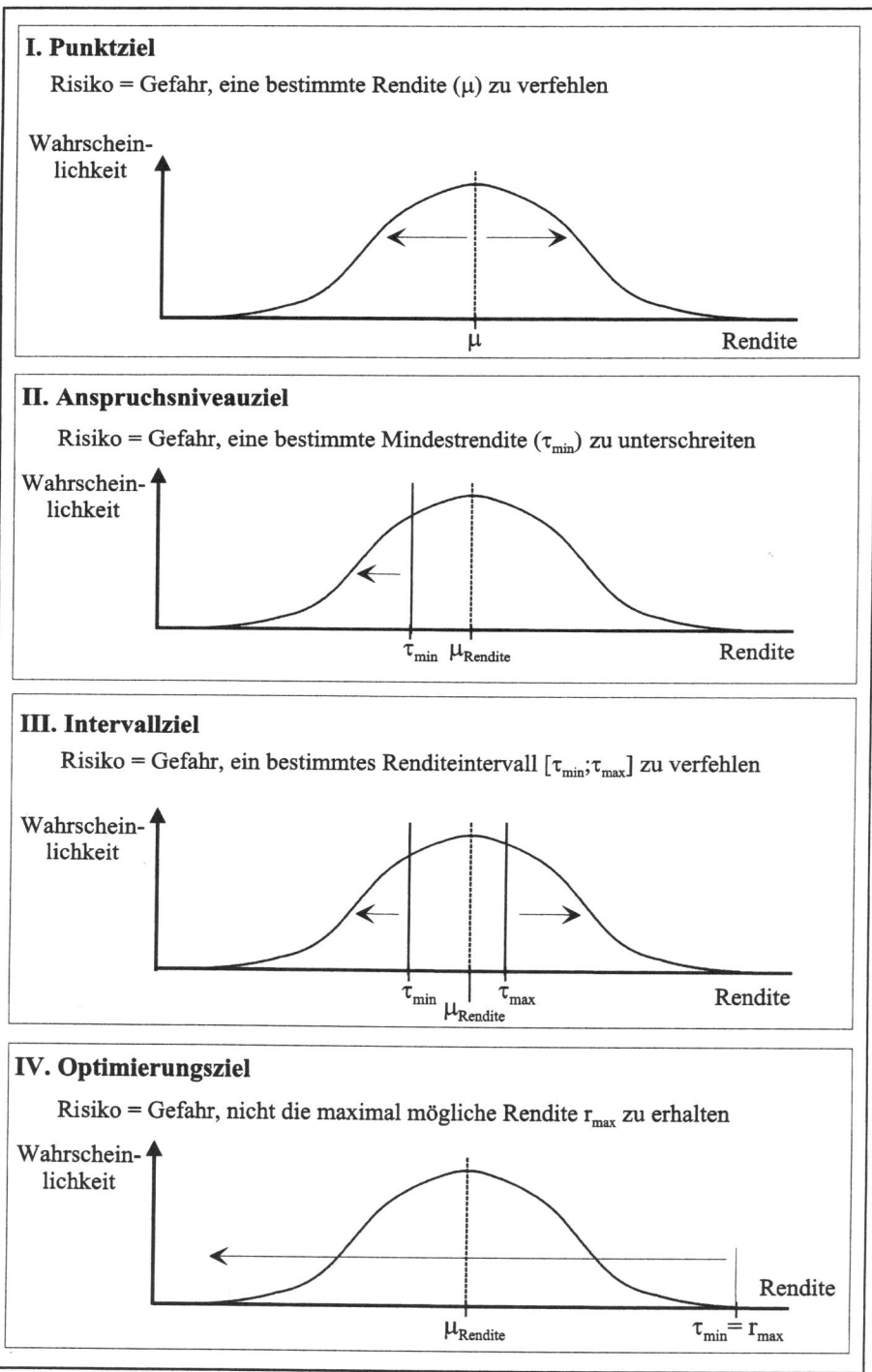

Abb. 4: Typisierung von Risikoverständnissen bezogen auf das Renditeziel

koberechnung mit ein. Die sich aus den Momenten und LPM ergebenden Risikomaße faßt Tabelle 2 in ex ante-Notation zusammen.

Grad n	TYP I zweiseitige, momentbasierte Risikomaße		TYP II einseitige, ausfallorientierte Risikomaße (Lower Partial Moments)	
	Formel	Bezeichnung	Formel	Bezeichnung
0	$P(r_z \neq \tau) = \sum_{z=1}^{Z} (r_z - \tau)^0 p_z$ $= 1 - P(r_z = \tau)$	Abweichungswahrscheinlichkeit ($P(r_z \neq \tau)$)	$LPM_0 = \sum_{z=1}^{Z} (\tau - r_z)^0 p_z$ $= P(r_z < \tau)$ für alle z mit $r_z < \tau$	Ausfallwahrscheinlichkeit (LPM_0)
1	$mad = \sum_{z=1}^{Z} |r_z - \mu| p_z$	mittlere absolute Abweichung (mad)	$LPM_1 = \sum_{z=1}^{Z} (\tau - r_z) p_z$ für alle z mit $r_z < \tau$	mittleres Ausfallrisiko (LPM_1)
2	$\sigma^2 = \sum_{z=1}^{Z} (r_z - \mu)^2 p_z$	Varianz (σ^2)	$LPM_2 = \sum_{z=1}^{Z} (\tau - r_z)^2 p_z$ für alle z mit $r_z < \tau$	Ausfallvarianz (LPM_2)[57]
3	$\varphi = \dfrac{\sum_{z=1}^{Z} (r_z - \mu)^3 p_z}{\sigma^3}$	Schiefe (φ)	$LPM_3 = \sum_{z=1}^{Z} (\tau - r_z)^3 p_z$ für alle z mit $r_z < \tau$	Ausfallschiefe (LPM_3)
4	$\varpi = \dfrac{\sum_{z=1}^{Z} (r_z - \mu)^4 p_z}{\sigma^4} - 3$	Wölbung (ϖ)	$LPM_4 = \sum_{z=1}^{Z} (\tau - r_z)^4 p_z$ für alle z mit $r_z < \tau$	Ausfallwölbung (LPM_4)

Tab. 2: Momente und Lower Partial Moments

Für die Risikomessung bei einem schwankungs- bzw. ausfallrisikoorientierten Anleger kommt aber nicht jedes Risikomaß aus Tabelle 2 in Frage. Ein geeignetes Risikomaß muß folgende Bedingungen erfüllen:

---

[57] Die ebenfalls übliche Bezeichnung „Semivarianz" suggeriert, daß diese mit $\tau=\mu_1$ die „halbe Varianz" mißt, was aber nicht notwendigerweise der Fall ist. Deshalb wird im folgenden der Begriff „Ausfallvarianz" vorgezogen.

- Risikomaße müssen sowohl die Wahrscheinlichkeit des Eintritts von Risikofällen (Intensitätsdimension des Risikos) als auch den zu erwartenden Risikoumfang (Quantitätsdimension) berücksichtigen. Die Risikomaße vom Grade n=0 aus Tabelle 2 sind deshalb nicht als (alleinige) Risikomaße geeignet, da sie nur die Intensitätsdimension erfassen.
- Die Risikoabneigung eines Anlegers drückt sich auch in der Wahl des Exponenten n (n≥1) aus.[58] Je risikoaverser der Anleger ist, umso mehr wird er große Abstände vom gewünschten Wert „bestrafen" wollen, indem er sie bei der Risikomessung höher gewichtet, d.h. einen höheren Exponenten wählt. Nur mit n>1 werden aber große Abstände mehr als kleine „bestraft", so daß sich mad und LPM_1 nur bedingt als Risikomaße eignen.

Bei der Schiefe besteht zusätzlich das Problem, daß wegen des ungeraden Exponenten positive und negative Abweichungen saldiert werden. Die Schiefe weist damit einen Mischcharakter zwischen dem schwankungsorientierten und dem ausfallorientierten Risikotyp auf. Andererseits ist die Schiefe z.B. bei symmetrischen Verteilungen gleich null, obwohl die Verteilung weder aus Sicht des Schwankungs- noch des Ausfallrisikos risikofrei ist.

Auch die Schiefe eignet sich deshalb nicht als alleiniges Risikomaß. Die somit für Typ I als alleinige Risikomaße verbleibenden Größen sind in Tabelle 2 dunkelgrau, die für Typ II hellgrau unterlegt. Die endgültige Wahl eines Risikomaßes aus den verbleibenden Möglichkeiten muß zwar nach dem Grad der individuellen Risikoabneigung erfolgen, dennoch liegt unabhängig davon eine Wahl der Varianz für Typ I bzw. der Ausfallvarianz für Typ II aus zwei Gründen nahe:

- Die Varianz ist das in Theorie und Praxis dominierende und „vertrauteste" Risikomaß. Die Ausfallvarianz ist von den verschiedenen LPM am besten mit der Varianz vergleichbar, weil sie ebenfalls mit n=2 die Renditeabstände quadriert und diese im gleichen Ausmaß wie die Varianz „bestraft".
- Mit n=2 werden Risikomaße gewählt, die gleichzeitig Risikoaversion implizieren und im Gegensatz zu höheren Exponenten relativ wenig anfällig gegenüber Datenausreißern bei empirischen Untersuchungen sind.

Tabelle 3 faßt die bisherigen Ergebnisse zusammen.

Risikotyp	Risikomessung	(bedingt) geeignete Risikoparameter
I	zweiseitig	- (mittlere absolute Abweichung) *oder* - **Varianz** *oder* - Wölbung
II	einseitig, ausfallorientiert	- (mittleres Ausfallrisiko) *oder* - **Ausfallvarianz** *oder* - Ausfallschiefe *oder* - Ausfallwölbung

Tab. 3: Risikoparameter für schwankungs- und ausfallorientierte Risikotypen

---

[58] Vgl. dazu FISHBURNS a,t-model in Kapitel 3 des Beitrags „Portfoliooptimierung mit der Ausfallvarianz" in diesem Band.

Zur Operationalisierung des Mischverständnisses aus Schwankungs- und Ausfallrisiko sind mindestens zwei Risikomaße erforderlich, die jeweils ein Risikoteilverständnis abbilden. Die Varianten in Tabelle 4 bauen auf der Varianz als Maß für die Schwankungsrisikokomponente auf und stellen nur einen Teil der Kombinationsmöglichkeiten mit ausfallorientierten Risikomaßen dar. So können in Kombination mit der Varianz z.B. LPM_0 oder φ als ausfallorientierte Komponente Verwendung finden.

schwankungs-risikoorientierte Komponente	ausfallrisiko-orientierte Komponente	Risikomischverständnis
σ^2, ϖ	φ	(approximative) Abbildung der Wahrscheinlichkeitsverteilung
σ^2	φ	durchschnittliches Schwankungsrisiko um den Bezugswert mit der Information, nach welcher Seite und wie ausgeprägt eine Abweichung zu erwarten ist
σ^2	LPM_0	durchschnittliches Schwankungsrisiko um den Bezugswert mit Betonung der Unterschreitungswahrscheinlichkeit

Tab. 4: Risikoverständnisse des Mischtyps und ihre Operationalisierungen

Präzisierung des Downside Risk-Verständnisses

Der ausfallrisikoorientierte Anlegertyp (Typ II) umfaßt grundsätzlich eine Vielzahl im Detail unterschiedlicher Risikoverständnisse, die sich im Rahmen des LPM-Konzeptes operationalisieren lassen. Auf Basis der allgemeinen LPM-Gleichung

$$(3) \quad LPM_{n,\tau} = \sum_{z=1}^{Z} (\tau - r_z)^n p_z \qquad \text{für alle z mit } r_z < \tau$$

$$= \sum_{z=1}^{Z} \max[0, (\tau - r_z)]^n p_z$$

sind für eine exakte Bestimmung des Risikomaßes zwei Schritte erforderlich:
1. Wahl des Exponenten n zur Bestimmung des LPM,
2. Wahl der Mindestrendite τ.

Wie bereits angesprochen, bringt der Anleger mit der Wahl des Exponenten n aus ökonomischer Sicht die Intensität seiner Risikoabneigung zum Ausdruck. Mit zunehmendem n ($n \geq 1$) werden große Unterschreitungen der Mindestrendite (also große Risiken) gegenüber kleinen Risiken höher gewichtet. Die Stärke der Risikoabneigung nimmt mit wachsendem n zu. Der Exponent n muß dabei keineswegs ganzzahlig gewählt, sondern kann auch durch Dezimalzahlen feiner abgestuft werden.

Neben dieser methodischen Begründung läßt sich auch empirisch zeigen, daß eine sorgfältige Festlegung des richtigen LPM von Bedeutung ist. Die Beurteilung, ob es sich um „risikoarme" oder „risikoreichere" Investments handelt, hängt u.a. auch von der Wahl des LPM ab. Dies soll am Beispiel von Marktindizes gezeigt werden.

Exemplarisch wurde für Aktienmarktindizes verschiedener Länder aus der Sicht eines deutschen Anlegers untersucht,[59] inwiefern die Risikobeurteilung der Märkte in Abhängigkeit vom gewählten Exponenten n wechselt. Dazu wurden aus Monatsrenditen die LPM mit steigendem n für den Bereich [0,1;4] berechnet ($\tau = 0\%$) und zur Vergleichbarkeit untereinander durch die n-te Wurzel auf eine einheitliche Risikodimension bezogen.

Für die Kurvenverläufe der Aktienmärkte in Abbildung 5 liegen offensichtlich ähnliche Verteilungseigenschaften vor, die zu relativ gleichförmig verlaufenden

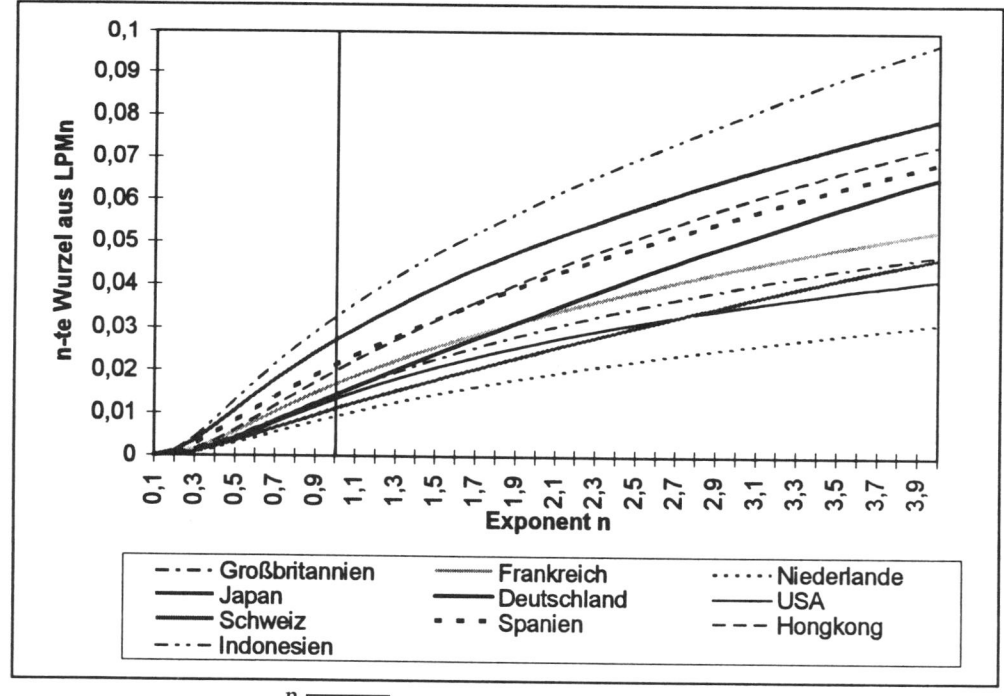

Abb. 5: $\sqrt[n]{LPM_{n,0}}$ -Verläufe für Aktienmarkt-Länderindizes (Monatsrenditen, 01/88 - 12/96)

---

[59] Der Untersuchungszeitraum betrug neun Jahre (01/88 – 12/96). Datenbasis: Monatsrenditen in DM der MSCI Performance Indices. Datenquelle: Datastream.

Kurven führen. Allerdings zeigen die Kurvenverläufe für den deutschen und den schweizerischen Aktienmarkt, daß diese Märkte je nach Wahl von n zu unterschiedlichen Risikoeinstufungen im Verhältnis zu den anderen Märkten führen. Außerdem ist zu beobachten, daß mit wachsendem n die Risikoabstände zwischen den Märkten immer weiter auseinanderdriften. Dies ist auf die zunehmende Abhängigkeit der LPM von extremen Renditeschwankungen bei höheren n zurückzuführen.

Für die konkrete Wahl des Exponenten n läßt sich wegen der Abhängigkeit von der persönlichen Risikoabneigung keine allgemeingültige Empfehlung geben. Als Hilfestellung können aber die bereits genannten Hinweise zur Auswahl eines geeigneten Downside Risk-Maßes dienen:

- $n \geq 1$: Mit n=1 werden kleine und große Renditeunterschreitungen gleichartig „bestraft", n > 1 impliziert eine größere Abneigung gegen große Renditeunterschreitungen (nichtlineares Risikoempfinden).
- Falls keine gegenteiligen Informationen vorliegen, ist n=2 aus Gründen der Vergleichbarkeit mit der Varianz und einer relativen Unempfindlichkeit gegenüber Ausreißern bei der empirischen Anwendung eine geeignete Approximation.

Nach Festlegung des Exponenten ist im zweiten Schritt durch die Wahl der Mindestrendite τ das LPM endgültig zu bestimmen. Hier sind drei Fälle möglich:

Fall 1: renditeverteilungsabhängige Mindestrendite $\tau=\mu$

Als Mindestrendite wird der Renditeerwartungswert des Assets gefordert.[60] τ kann somit für jedes Asset unterschiedlich sein. Daraus folgt für Formel (3):

$$(4) \quad LPM_{n,\tau=\mu} = \sum_{z=1}^{Z} (\mu - r_z)^n p_z \qquad \text{für alle z mit } r_z < \mu.$$

Fall 2: zeitpunktabhängige Mindestrendite $\tau=r_{Bz}$

Die Mindestrendite τ orientiert sich an einer risikobehafteten Benchmarkrendite (=Risikobenchmark), die Benchmarkrendite hängt vom Umweltzustand z (bei historischer Renditebetrachtung von der Vergangenheitsperiode t) ab:

$$(5) \quad LPM_{n,\tau=r_{Bz}} = \sum_{z=1}^{Z} (r_{B_z} - r_z)^n p_z \qquad \text{für alle z mit } r_z < r_{B_z}.$$

Fall 3: renditeverteilungs- und zustandsunabhängige Mindestrendite $\tau=r=const.$

τ ist eine Konstante, die für alle Assets und alle Umweltzustände bzw. Vergangenheitsperioden identisch ist, wie z.B. bei einer absoluten Renditeforderung („5% p.a."). Somit gilt:

---

[60] Bei ex post-Berechnungen werden statt dessen der arithmetische oder geometrische Mittelwert der Rendite herangezogen. Alternativ zum Erwartungswert bzw. Mittelwert wäre grundsätzlich auch die Verwendung des Medians vorstellbar.

$$\text{(6)} \quad \text{LPM}_{n,\tau=r} = \sum_{z=1}^{Z} (r - r_z)^n p_z \qquad \text{für alle z mit } r_z < r.$$

Die Frage, welcher Typ von Mindestrendite relevant ist, und welche Mindestrendite konkret innerhalb des jeweiligen Typs zu wählen ist, kann wiederum nur anlegerindividuell beantwortet werden. Als Anhaltspunkte können aber Mindestrenditen dienen, die durch ein ökonomisches Zielkalkül plausibel zu begründen sind. Einige Vorschläge dazu enthält Tabelle 5.

Üblicherweise werden in der Literatur die Bezugspunkte $\tau=0\%$, $\tau=$ Inflationsrate i und $\tau=r_F$ genannt. Dabei können zustandsvariable Größen, wie z.B. die Inflationsrate i, unterschiedlich behandelt werden. Bei einer Verwendung als Risikobenchmark werden die Renditen zustands-/zeitgenau berücksichtigt (Fall 2), während bei Bildung des Erwartungs- bzw. Mittelwerts ein konstantes τ berechnet (Fall 3) und somit der Risikocharakter der Bezugsgröße eliminiert wird.

Der Wahl des risikofreien Zinses r_F sowie der Wahl einer Risikobenchmark liegen Opportunitätskostenüberlegungen zugrunde.[61] Die riskante Wertpapieranlage soll mindestens die Rendite der durch sie verdrängten Anlagealternative erzielen. Dieser in der Investitionstheorie gängige Ansatz einer Mindestrenditeforderung, deren Höhe sich nach den verfügbaren Handlungsalternativen richtet, wird lediglich auf den vorliegenden Kontext der LPM-Berechnung übertragen. Als Mindestanspruchsrendite bietet sich dabei r_F an, weil (aus ex ante-Sicht) auf deren Realisierung „mit Sicherheit" verzichtet wird, sie also in jedem Fall entstehende Opportunitätskosten darstellt.

Fall	Mindestrendite τ	ökonomisches Zielkalkül
(1)	Erwartungswert der Rendite μ	Sicherung der erwarteten Vermögensmehrung
(2)	Risikobenchmark r_z, r_t	Erzielung zu erwartender Opportunitätskosten
(3)	0%	nominelle Kapitalerhaltung
(2),(3)	Inflationsrate i	reale Kapitalerhaltung
(2),(3)	risikofreier (schwankungsfreier) Zins r_F	Erzielung der (Mindest-) Opportunitätskosten

Tab. 5: Ökonomisch plausible Mindestrenditeforderungen τ

---

[61] Zu r_F vgl. auch Bawa/ Lindenberg (1977), S. 192; Hogan/ Warren (1972), S. 1881 sowie Hogan/ Warren (1974), S. 2.

Einer Risikobenchmark als Mindestrendite liegt ebenfalls der Opportunitätskostengedanke zugrunde. Während aber bei der Wahl von r_F als Mindestrendite die mit Sicherheit eintretenden Opportunitätskosten angesetzt werden, bezieht sich die Risikobenchmark auf die Opportunitätskosten einer Alternativanlage, die regelmäßig mit den unterschiedlichen Umweltzuständen (bzw. im Zeitablauf) schwanken können. Eine plausible Risikobenchmark wäre beispielsweise die Rendite eines Marktindex oder -indexmixes, der das Anlageuniversum abdeckt.[62] Die Ausfallvarianzberechnung drückt dann ein marktbezogenes Risikoverständnis aus, bei dem Risiko als Gefahr einer Underperformance gegenüber dem Markt gemessen wird. Als weitere Risikobenchmarks könnten z.B. Branchenrenditen oder Renditen zur Deckung von Verzinsungsansprüchen aus Zahlungsverpflichtungen dienen.[63]

7. Das magische Zielviereck der Kapitalanlage

In diesem Kapitel werden die diskutierten Anlegerziele nicht mehr isoliert, sondern als Zielsystem betrachtet. Im Zielsystem rücken vor allem die Beziehungen zwischen den Zielen in den Vordergrund, die nach Art und Richtung der Zielbeziehung unterschieden werden.[64] So ist es üblich, grundsätzlich drei Arten paarweiser Zielbeziehungen zu unterscheiden:[65]

- die *Zielkonkurrenz*
  Die Erfüllung eines Ziels beeinträchtigt den Realisationsgrad eines anderen Ziels.

- die *Zielkomplementarität*
  Die Erfüllung eines Ziels steigert den Realisationsgrad eines anderen Ziels.

- die *Zielneutralität*
  Die Erfüllung eines Ziels beeinflußt den Realisationsgrad eines anderen Ziels nicht.

Bezüglich der Zielbeziehungsrichtung unterscheidet man symmetrische und asymmetrische Zielbeziehungen, je nachdem, ob eine Zielbeziehung wechselseitig oder nur einseitig vorliegt.[66]

---

[62] Ähnlich auch Sortino/ Price (1994), S. 62 oder Balzer (1994), S. 52.
[63] Vgl. ausführlicher Balzer (1994), S. 51 f.
[64] Daneben hat ein Zielsystem folgende allgemeine Anforderungen zu erfüllen, wenn es (wie hier) normative Aussagekraft besitzen soll: Vollständigkeit und Einfachheit des Zielsystems, Operationalität, Koordinationsadäquanz, Redundanzfreiheit und Unabhängigkeit der Ziele. Vgl. ausführlicher zu diesen Anforderungen sowie zu ihrer Erfüllung im Falle des magischen Zielvierecks der Kapitalanlage Schmidt-von Rhein (1996), S. 182 ff. und S. 189.
[65] Vgl. ausführlich z.B. Bamberg/ Coenenberg (1991), S. 46 f. und Heinen (1976), S. 90 ff. Es lassen sich auch Unterfälle formulieren, wie z.B. bei Gäfgen (1974), S. 119 ff., der konkurrierende Zielbeziehungen nach „extrem", „streng" und „variabel"-konkurrierend unterscheidet und so insgesamt acht Unterfälle definiert.
[66] Vgl. Heinen (1976), S. 91.

Es ist denkbar, daß eine Zielbeziehung zwischen zwei Zielen nicht für den gesamten Zielwertebereich gleicher Art ist, sondern wechselt. Es sollte deshalb stets der Zielwertebereich angegeben werden, für den der Zielbeziehungstyp gilt.[67] Für die Zielbeziehung Rendite-Risiko ist beispielsweise vorstellbar, daß das steigende Risiko eines Assets bis zu einem gewissen Grad renditeerhöhend wirkt (Zielkonkurrenz), ab einem bestimmten, sehr hohen Risikoniveau aber zu keiner Renditesteigerung mehr führt (Zielneutralität).

Aus diesem Grund konzentrieren sich die folgenden Überlegungen auf die *grundlegend* vermuteten und begründbaren Anlegerzielbeziehungen. Nur diese können dem Anleger eine allgemeingültige Orientierungshilfe bieten. Die analytischen Überlegungen werden um empirische Befunde ergänzt, sofern diese vorliegen.

Abbildung 6 faßt das Anlegerzielsystem mit den Zielbeziehungen zusammen.[68] Das Sicherheitsziel setzt sich im vorliegenden Fall aus drei Teilzielen zusammen, die das Risiko der drei anderen Zielgrößen (Rendite, Liquidierbarkeits- und Verwaltbarkeitskosten) messen.

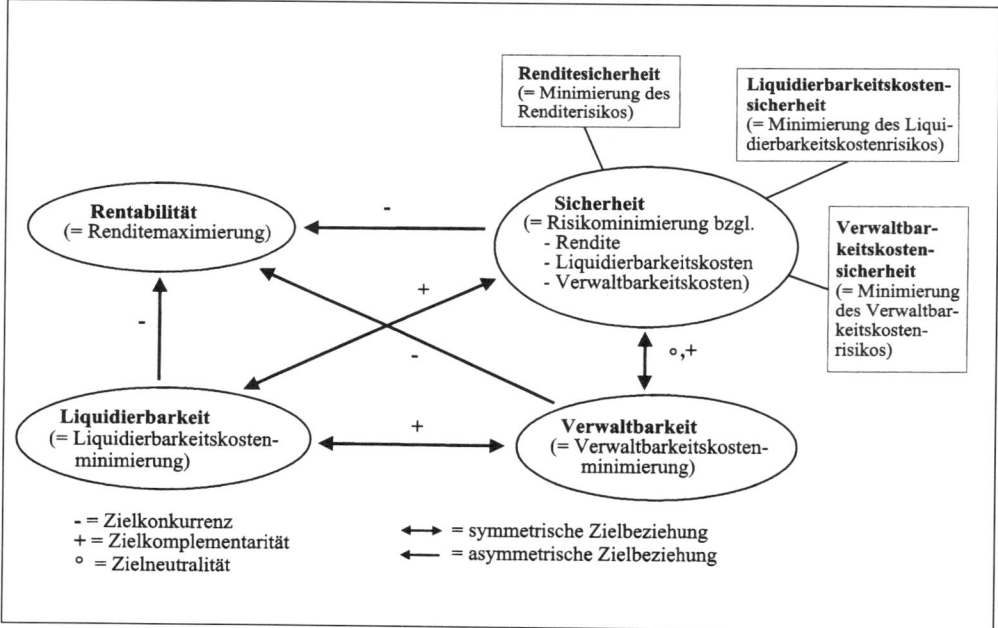

Abb. 6: Grundsätzliche Zielbeziehungen im praktisch-normativen Anlegerzielsystem[69]

---

[67] Vgl. Bamberg/ Coenenberg (1991), S. 47 sowie Gäfgen (1974), S. 124 f.
[68] Der Einfachheit halber werden in der folgenden Diskussion die Ziele als Optimierungsziele verstanden, was aber die inhaltliche Argumentation nicht beeinflußt. Zur Frage, ob Anleger eher eine Zieloptimierung oder die Erfüllung von Anspruchniveaus anstreben, vgl. Schmidt-von Rhein (1996), S. 121 ff.
[69] Für alle nicht in Abbildung 6 beschriebenen Zielbeziehungsrichtungen konnten keine eindeutigen Zielbeziehungen abgeleitet werden.

Rentabilität steht grundsätzlich in Zielkonkurrenz zu den anderen drei Anlegerzielen, da die Rendite den Grad erwarteter Bedürfnisbefriedigung aus der Kapitalanlage mißt, während Risiko, Liquidierbarkeits- und Verwaltbarkeitskosten die zu erwartenden Minderungen der Bedürfnisbefriedigung erfassen und somit Kostengrößen darstellen. Folglich wird auch im Gegensatz zur Renditemaximierung die Minimierung der drei anderen Zielgrößen angestrebt. Eine gleichzeitige Minimierung bzw. Maximierung aller vier Ziele ist aufgrund ihrer konkurrierenden Zielbeziehungen nicht möglich, so daß man hier von einem „magischen Viereck" sprechen kann.

Unterstellt man, daß die vier Anlegerziele am Markt bewertungsrelevant sind,[70] so ist zu erwarten, daß mangelnde Liquidierbarkeit, Verwaltbarkeit und Sicherheit eines Assets preislich zu einem Risiko-, Liquidierbarkeitskosten- und Verwaltbarkeitskostenabschlag führen und dadurch die Rendite erhöhen.[71] Dabei sind die Zielbeziehungen des Rentabilitätsziels asymmetrischer Natur. Während jede Kostengröße zu einer Renditeerhöhung führt, kann nicht umgekehrt aus einer Renditeänderung *zwingend* die Änderung einer *bestimmten* Kostengröße geschlossen werden.

Unstrittig und empirisch am besten abgesichert ist unter den Renditezielbeziehungen die Zielkonkurrenz zwischen Rendite und Renditerisiko, auf der auch die gesamte Kapitalmarkttheorie aufbaut: Das eingegangene Renditerisiko wird durch Risikoprämien entgolten.[72] Weniger stark ausgeprägt ist dagegen die Zielkonkurrenz zwischen Rendite und Verwaltbarkeit, da bei (börsengehandelten) Wertpapieren die ihnen innewohnenden Verwaltbarkeitskosten relativ gering sind.[73] Die Beziehung zwischen Rentabilität und Liquidierbarkeit formuliert STRAUB folgendermaßen: „Ist eine Anlageform liquide, so ist dies für den Anleger ein Vorteil, der sich in einem niedrigeren Preis für das Zurverfügungstellen von Geld niederschlägt. Je höher die Liquidität [i.S.v. Liquidierbarkeit, Anm. d. Verf.], desto geringer die Rendite."[74] Die empirische Überprüfung dieser These ist jedoch schwierig, da sie die Quantifizierung der Liquidierbarkeit erfordert. Erst aus neuerer Zeit liegen dazu empirische Untersuchungen vor, die die analytisch vermutete Zielkonkurrenz empirisch grundsätzlich bestätigen.[75]

---

[70] Das setzt voraus, daß sich die Marktteilnehmer bewußt oder unbewußt im Sinne dieses praktisch-normativen Zielsystems verhalten. Davon kann mit Blick auf die Relevanz dieser Ziele in den analytischen und empirischen Untersuchungen (vgl. Tabelle 1 in Kapitel 2) ausgegangen werden.

[71] Adelt et al. (1994), S. 270 bestätigen diese Zielkonkurrenz durch empirisch beobachtetes Anlegerverhalten. Der empirische Nachweis der aus diesem Verhalten resultierenden Prämien ist allerdings problematisch, da er die isolierte Meßbarkeit einzelner Renditeeinflüsse voraussetzt.

[72] Zu Risikoprämien vgl. z.B. Elton/ Gruber (1991), S. 524 f. Empirische Risikoprämien am Beispiel von Aktienrisikoprämien (gegenüber Renten) beschreiben ausführlich Conen/ Hartmann (1995), S. 368 ff.

[73] Bei Wertpapieren, für die keine organisierten, liquiden Märkte existieren, und für nicht standardisierte, inhaltlich unterscheidbare Anlageobjekte (z.B. Immobilien) kann dagegen die Zielkonkurrenz sehr deutlich zu Tage treten. Zur Zielbeziehung Rentabilität-Verwaltbarkeit sind dem Verfasser keine empirischen Untersuchungen bekannt.

[74] Straub (1974), S. 46. In diesem Zitat kommt deutlich die asymmetrische Zielbeziehung zum Ausdruck.

[75] Vgl. für amerikanische Aktien Amihud/ Mendelson (1986a) und (1986b) sowie für amerikanische Aktien und Renten Amihud/ Mendelson (1991). Die Liquidierungskosten wurden über die quoted bid-ask spread im Market Maker-Handelssystem gemessen.

Die restlichen Zielbeziehungen im Anlegerzielsystem betreffen Kostengrößen und sind vermutlich alle symmetrisch-komplementärer Art. Das bedeutet, daß bei Erhöhung einer Kostengröße auch die zielverbundene Kostengröße steigt und umgekehrt. Die Liquidierbarkeitskosten werden komplementär durch Risiko und Verwaltbarkeitskosten beeinflußt. So führt beispielsweise ein erhöhtes Kurs-, und damit auch ein erhöhtes Renditerisiko, zu höheren Bestandshaltekosten für den Kontraktpartner des Anlegers, weshalb der Anleger mit höheren Liquidierbarkeitskosten rechnen muß.[76] Empirisch wird diese Vermutung von IVERSEN für die DAX-Werte zwar nur schwach, aber trotzdem positiv bestätigt.[77] Über die Bestandshaltekosten ist auch begründbar, daß eine Erhöhung der Verwaltbarkeitskosten höhere Liquidierbarkeitskosten für den Anleger bewirkt, weil sich der objektimmanente (mit dem Besitz des Anlageobjektes verbundene) Aufwand auch für den Marktpartner erhöht. Umgekehrt dürfte die Erwartung einer verbesserten Liquidierbarkeit, angezeigt durch niedrigere Liquidierbarkeitskosten, sowohl einen verringerten Verwaltbarkeitsaufwand als auch ein verringertes Risiko, z.B. bzgl. der Höhe künftiger Liquidierbarkeitskosten, bewirken. Die Wirkung veränderter Liquidierbarkeit auf die Sicherheit ist aber vermutlich relativ schwach einzustufen.[78]

Für die verbleibende Zielbeziehung Sicherheit/ Verwaltbarkeit ist es wesentlich schwieriger, den grundsätzlichen Zielbeziehungstyp zu bestimmen. Tendenziell ist die Zielbeziehung vermutlich ebenfalls symmetrisch-komplementärer Art, nur ist sie es nicht zwingend. Eine Risikoänderung *muß nicht* automatisch zu einer Verwaltbarkeitsänderung und umgekehrt führen. Erklärung dafür ist die inhaltliche Definition beider Ziele. Die Verwaltbarkeit umfaßt nur den einem Anlageobjekt innewohnenden Informations- und Verwaltungsaufwand. Ein erhöhter Aufwand zur Einschätzung eines Anlageobjekts bezüglich seiner Rendite-, Risiko- und Liquidierbarkeitseigenschaften muß nicht zwingend zu einer bestimmten Risikoänderung führen, wohl aber zu einer höheren Rendite als „Aufwandsentschädigung" des Marktes. Umgekehrt muß z.B. ein erhöhtes Renditerisiko keine Auswirkung auf die Verwaltbarkeit haben. Gerade zu den nicht renditebezogenen Zielbeziehungen fehlen noch weitgehend empirische Untersuchungen, die mehr Klarheit schaffen könnten. Allerdings ist zu betonen, daß der Zielinhalt von Sicherheits- und Verwaltbarkeitszielen immer von den konkret betrachteten Anlegerzielen und damit vom vorliegenden Anlegerzielsystem abhängt. Unterschiedliche Zielsysteme können dann möglicherweise zu unterschiedlichen Aussagen über Zielbeziehungen führen.

---

[76] Argumentationbasis ist die Theorie der Bestandshaltekosten. Iversen präzisiert diese Überlegungen mit dem Einfluß von Kursrisiken auf die durch Market Maker gestellten spreads. Vgl. Iversen (1994), S. 30 ff. und S. 57. Eine analog durch Änderung des Liquidierbarkeitskosten- und Verwaltbarkeitskostenrisikos eintretende Wirkung wäre ebenso plausibel; hierzu sind dem Verfasser aber noch keine theoretischen Vorüberlegungen bekannt.

[77] Vgl. zu den Ergebnissen für den Parkett- und Computerhandel genauer Iversen (1994), S. 134 f. und S. 193 ff.

[78] „Zwischen Sicherheit und Liquidität [i.S.v. Liquidierbarkeit, Anm. d.Verf.] besteht – wenn überhaupt – nur ein sehr lockerer Zusammenhang. ... weniger liquide Anlagen haben gewissermaßen als Nebenwirkung eine verminderte Sicherheit zur Folge."[Straub (1974), S. 46].

8. Fazit

Rentabilität, Sicherheit, Liquidierbarkeit und Verwaltbarkeit sind die vier Anlegerziele, die sowohl aus analytischen Überlegungen abgeleitet werden können als auch durch empirische Befragungen als praktisch bedeutsam bestätigt werden. Die Bedeutung und Gewichtung dieser vier Ziele sollte deshalb jeder Kapitalanleger grundsätzlich bei seiner Anlageentscheidung für sich selber prüfen. Zur Messung der Ziele dienen die Zielgrößen Rendite, Risiko, Liquidierbarkeits- und Verwaltbarkeitskosten.

An dieser Stelle beginnen allerdings die Anwendungsprobleme. Nur für das Rentabilitätsziel gibt es zur Zeit eine allgemein anerkannte Zielinhaltsdefinition und Zielgröße. Das Sicherheitsziel wird üblicherweise auf den eigentlich viel zu engen Begriff des Renditerisikos begrenzt, zu dem wiederum eine Vielzahl unterschiedlicher Risikomaße existiert. „Sicherheit" sollte dagegen als Summe von Teilsicherheitszielen betrachtet werden, wobei jedes Teilziel das Risiko der Zielgröße eines anderen Anlegerziels (Rendite, Liquidierbarkeit usw.) mißt. Die dafür benötigten Risikomaße können unterschiedlich sein und müssen nach dem individuellen Risikoverständnis des Anlegers festgelegt werden. Eine Hilfestellung dafür soll das in Kapitel 6 vorgestellte Konzept der Risikooperationalisierung bieten.

Die Liquidierbarkeit wird zwar von einem mehrheitlichen Verständnis als Umwandlungsmöglichkeit eines Assets in liquide Mittel verstanden, allerdings ist die praktische Messung der Liquidierbarkeitskosten aufwendig und bereitet teilweise auch Meßprobleme. Die größten Hindernisse bestehen aber bei der Zielinhaltsdefinition und der Meßbarkeit des Verwaltbarkeitsziels, weil der Zielinhalt von den anderen verfolgten Anlegerzielen abhängt, und die Messung individuell festzulegender Opportunitätskosten erfordern würde.

Für den Anleger, der bei einer Anlageentscheidung diese vier Ziele im Zusammenhang betrachten sollte, ist es wichtig, in welcher Form sich die Ziele grundsätzlich gegenseitig beeinflussen. Aus diesem Grund wurde im vorherigen Kapitel das Zielsystem als „magisches Viereck der Kapitalanlage" vorgestellt und untersucht. Analytisch lassen sich die Zielbeziehungen weitestgehend klären. Empirische Überprüfungen stehen dagegen, auch wegen der Meßbarkeitsprobleme bei den Einzelzielen, noch weitgehend aus.

Nach dem derzeitigen Stand der Forschung sind noch eine Reihe wichtiger Probleme zu lösen, bevor das heute gängige Rendite/Renditerisiko-Fragemuster durch ein erweitertes und anwendungsreifes Anlegerzielsystem abgelöst werden kann. Vorbedingung dafür ist eine analytische Beschreibung und Operationalisierung der relevanten Anlegerziele, auf die sich auch der vorliegende Beitrag konzentrierte. Der nächste Schritt sollte sich dann mit der empirischen Umsetzbarkeit des Anlegerzielsystems beschäftigen, um so zu einem wirklich anlegerzielgerechten Portfoliomanagement zu gelangen.

Literaturverzeichnis

Adelt, P. J./ Müller, H./ Wiswede, G. (Adelt et al., 1994): Ausprägung und Prognose der Spar- und Anlagementalität, in: *Sparkasse*, 111. Jg., 1994, Nr. 6, S. 263-273.

ADIG-Investment (Hrsg.) (ADIG, 1974): *Status und Chancen von Investment*, München/ Frankfurt 1974.

Altrogge, G. (Altrogge, 1991): *Investition*, 2. Aufl., München/ Wien 1991.

Amihud, Y./ Mendelson, H. (Amihud/ Mendelson, 1986a): Liquidity and Stock Returns, in: *Financial Analysts Journal*, Vol. 42, 1986, May-June, S. 43-47.

Amihud, Y./ Mendelson, H. (Amihud/ Mendelson, 1986b): Asset Pricing and the Bid-Ask Spread, in: *Journal of Financial Economics*, Vol. 17, 1986, S. 223-249.

Amihud, Y./ Mendelson, H. (Amihud/ Mendelson, 1991): Liquidity and Asset Prices, in: *Finanzmarkt und Portfolio Management*, 5. Jg., 1991, Nr. 3, S. 235-240.

Balzer, L. A. (Balzer, 1994): Measuring Investment Risk: A Review, in: *Journal of Investing*, Vol. 3, 1994, Fall, S. 47-58.

Bamberg, G./ Coenenberg, A. G. (Bamberg/ Coenenberg, 1991): *Betriebswirtschaftliche Entscheidungslehre*, 6. Aufl., München 1991.

Bawa, V. S./ Lindenberg, E. B. (Bawa/ Lindenberg, 1977): Capital Market Equilibrium in a Mean-Lower Partial Moment Framework, in: *Journal of Financial Economics*, Vol. 5, 1977, S. 189-200.

Conen, R./ Hartmann, S. (Conen/ Hartmann, 1995): Asset Allocation-Entscheidungen im Investmentprozeß, in: Cramer, J.-E./ Rudolph, B. (Hrsg.), *Handbuch für Anlageberatung und Vermögensverwaltung*, Frankfurt am Main 1995, S. 365-383.

Drewes, W./ Böhm, S. (Drewes/ Böhm, 1993): Effiziente Vermögensverwaltung durch standardisiertes Management-Depot, in: *Sparkasse*, 110. Jg., 1993, Nr. 4, S. 190-192.

Elton, E. J./ Gruber, M. J. (Elton/ Gruber, 1991): *Modern Portfolio Theory and Investment Analysis*, 4th ed., New York 1991.

EMNID Institut (EMNID, 1976): *Geldverhalten und Geldbewußtsein der Bevölkerung*, o.O., 1976, zitiert nach: Ruda, W., Ziele privater Kapitalanleger, Wiesbaden 1988.

Fank, M. (Fank, 1992): *Strukturanalyse zum Umgang mit Geld aus verhaltenstheoretischer Sicht*, Frankfurt et al. 1992.

Gäfgen, G. (Gäfgen, 1974): *Theorie der wirtschaftlichen Entscheidung*, 3. Aufl., Tübingen 1974.

Gügi, P. (Gügi, 1995): *Einsatz der Portfoliooptimierung im Asset Allocation-Prozeß - Theorie und Umsetzung in die Praxis*, Bern et al. 1995.

Heckhausen, H. (Heckhausen, 1989): *Motivation und Handeln*, 2. Aufl., Berlin et al. 1989.

Heinen, E. (Heinen, 1976): *Grundlagen betriebswirtschaftlicher Entscheidungen*, 3. Aufl., Wiesbaden 1976.

Hogan, W. W./ Warren, J. M. (Hogan/ Warren, 1972): Computation of the Efficient Boundary in the E-S Portfolio Selection Model, in: *Journal of Financial and Quantitative Analysis*, Vol. 7, 1972, September, S. 1881-1896.

Hogan, W. W./ Warren, J. M. (Hogan/ Warren, 1974): Toward the Development of an Equilibrium Capital-Market Model based on Semivariance, in: *Journal of Financial and Quantitative Analysis*, Vol. 9, 1974, January, S. 1-11.

Iversen, P. (Iversen, 1994): *Geld-Brief-Spannen deutscher Standardwerte*, Wiesbaden 1994.

Kreikebaum, H. (Kreikebaum, 1961): *Das Prestigeelement im Investitionsverhalten*, Berlin 1961.

Krümmel, H.-J. (Krümmel, 1980): Liquidität, in: Albers, W. et al. (Hrsg.), *Handwörterbuch der Wirtschaftswissenschaften* (HdWW); zugleich Neuauflage des Handwörterbuches der Sozialwissenschaften, ungekürzte Studienausg., Bd. 5, Stuttgart et al. 1980, S. 47-54.

Kupsch, P. (Kupsch, 1973): *Das Risiko im Entscheidungsprozeß*, Wiesbaden 1973.

Poschadel, B. (Poschadel, 1981): *Rentabilität und Risiko als Kriterien für die Bewertung der Managementleistung deutscher Investmentgesellschaften*, Berlin 1981.

Rehkugler, H./ Schindel, V. (Rehkugler/ Schindel, 1990): *Entscheidungstheorie*, 5. Aufl., München 1990.

Rehkugler, H./ Schmidt-von Rhein, A./ Füss, R. (Rehkugler et al., 1996): Depotmanagement: Standardisierte Vermögensverwaltung für den Privatkunden - Eine analytische und empirische Studie zu aktuellen Konzepten deutscher Banken, Universität Freiburg (Hrsg.), Freiburger Betriebswirtschaftliche Diskussionsbeiträge Nr. 15/96, Freiburg 1996.

Ruda, W. (Ruda, 1988): *Ziele privater Kapitalanleger*, Wiesbaden 1988.

Schmidt, H. (Schmidt, H., 1977): Bericht über die Untersuchung „Vorteile und Nachteile eines integrierten Zirkulationsmarktes für Wertpapiere gegenüber einem gespaltenen Effektenmarkt", Brüssel 1977.

Schmidt, H. (Schmidt, H., 1988): *Wertpapierbörsen*, München 1988.

Schmidt-von Rhein, A. (Schmidt-von Rhein, 1996): *Die Moderne Portfoliotheorie im praktischen Wertpapiermanagement*, Bad Soden/ Taunus 1996.

Schneider, D. (Schneider, 1983): Kapitalanlagevorschriften und Verbraucherschutz, in: Gessner, P./ Schneider, D./ Zink, A. (Hrsg.), *Zeitschrift für betriebswirtschaftliche Forschung* - Sonderheft 16, 1983, S. 5-30.

Sortino, F. A./ Price, L. N. (Sortino/ Price, 1994): Performance Measurement in a Downside Risk Framework, in: *Journal of Investing*, Vol. 3, 1994, Fall, S. 59-64.

Spiegel-Verlag (Hrsg.) (Spiegel, 1980): *Soll und Haben*, Hamburg 1980.

Spiegel-Verlag (Hrsg.) (Spiegel, 1985): *Soll und Haben 2*, Hamburg 1985.

Spiegel-Verlag (Hrsg.) (Spiegel, 1989): *Soll und Haben 3*, Hamburg 1989.

Spiegel-Verlag (Hrsg.) (Spiegel, 1996): *Soll und Haben 4*, Hamburg 1996.

Steiner, M./ Bruns, C. (Steiner/ Bruns, 1994): *Wertpapiermanagement*, 2. Aufl., Stuttgart 1994.

Straub, R. (Straub, 1974): Das magische Dreieck der Wertpapieranlage, in: Verlag Moderne Industrie (Hrsg.), *Handbuch der Wertpapieranlage*, Zürich 1974, S. 38-57.

Thiele, W. (Thiele, 1977): *Private Vermögensbildung*, Köln 1977.

INDIVIDUELL

Banking Consult - steht für Individualität, Zuverlässigkeit, Diskretion, Sensibilität und fachliche Kompetenz.

Unsere Berater verfügen über exzellente Verbindungen zum in- und ausländischen Personalmarkt des Banken- und Finanzdienstleistungsbereiches. Durch langjährige Praxis im Bankensektor sind wir kompetente und zuverlässige Gesprächspartner bei der Rekrutierung von Vorständen, Führungskräften und Spezialisten.

Nutzen Sie unser spezielles Branchenwissen und unsere Erfahrung.

BANKING CONSULT
Personalberatung

Banking Consult * Luisenstraße 6 * 61231 Bad Nauheim
Telefon: 0 60 32 - 40 41 * Fax: 0 60 32 - 33 23 0
Nutzen Sie unsere Karriere-Börse unter 0 60 32 - 91 35 21
Internet: http://home.t-online.de/home/BankingConsult

Analyse des Verhaltens privater Anleger

von Andreas Oehler

1. Einführung
2. Institutionelle und private Anleger
3. Wesentliche Einflußfaktoren des Verhaltens privater Anleger – eine Systematisierung
4. Ausgewählte empirische Befunde zu personenbezogenen Determinanten privaten Anlageverhaltens
5. Umwelteinflüsse auf das Verhalten privater Anleger
6. Ausblick

1. Einführung[1]

Der aktuelle Stand der Finanzwirtschaft wird seit den sechziger Jahren in Kernbereichen durch die Gedankenwelt des sogenannten Kapitalmarktmodells der „Urväter" SHARPE, LINTNER und MOSSIN geprägt, die auf grundlegende Arbeiten von MARKOWITZ zurückgreifen konnten. Deren Modell trifft auf der Basis bestimmter Annahmen Aussagen darüber, wodurch Gleichgewichtskurse risikobehafteter Wertpapiere – unter expliziter Berücksichtigung der Portefeuillediversifikation – bestimmt werden. In dieser idealisierten Welt strukturieren *alle Anleger* den durch den Grad ihrer Risikoaversion bestimmten Anteil riskanter Titel ihres Gesamtvermögens in Form des sogenannten Marktportefeuilles genau gleich.

Der Blick in die Originalquellen zeigt, daß das Kapitalmarktmodell ursprünglich weder mit normativem noch mit direktem empirisch deskriptivem Anspruch formuliert worden ist. Die Autoren dürften eher ein Gefüge von „if so"-Aussagen intendiert haben, die die Eigenschaften eines idealisierten Finanzmarktes im Gleichgewicht aufzeigen, falls sich *die Akteure* und die Rahmenbedingungen den Modellprämissen entsprechend verhalten. In der Folgezeit wurden darauf aufbauend

- nicht nur Ansätze entwickelt, die das Verhalten der Modellakteure zum normativen Leitbild vernünftigen Marktverhaltens stilisierten,
- sondern auch vielfach der Versuch unternommen, die Modellergebnisse im Sinne einer positiven Theorie als Beschreibung der in realen Finanzmärkten anzutreffenden ökonomischen Realität zu interpretieren oder
- unter Verzicht auf differenzierende Annahmen über das Verhalten einzelner Marktakteure der Weg gewählt, nur noch die aus der Überlagerung der Einzelentscheidungen resultierenden marktmäßigen Gesamtergebnisse im Sinne eines „as if"-Ansatzes zu betrachten, wobei dann offen bleibt, aufgrund welcher konzeptionellen Grundlage die „unsichtbare Hand" ggf. völlig chaotisch verlaufende Einzelentscheidungen in ein den Rationalitätsanforderungen gerecht werdendes Marktergebnis transformiert. Vielleicht gerade deswegen sind die beiden letztgenannten Forschungsrichtungen in den vergangenen drei Jahrzehnten intensiv bemüht gewesen, eine kaum noch zu übersehende Vielzahl unterschiedlichster empirischer Tests auf Gültigkeit ihrer Modellergebnisse im Wettstreit mit einer großen Variationsbreite methodischer Schwierigkeiten zu initiieren.

Es nimmt daher nicht Wunder, daß sich spätestens seit der Mitte der achtziger Jahre ein Teil der finanzierungstheoretischen Kreativität vom Alleinvertretungsanspruch des Kapitalmarktmodells löst und in einem ganzen Bündel unterschiedlicher theoretischer Ansätze, die heute üblicherweise unter dem Begriff der „Neueren Finanzierungstheorie" zusammengefaßt werden, alternative Forschungsgebiete erschließt. Dabei wird in einem Teil dieser Ansätze und bezogen auf Finanzmärkte in

---

[1] Der Autor dankt Univ.-Prof. Dr. Michael Bitz und Matthias Unser für wertvolle Kommentare und Hinweise zu einer früheren Fassung einiger Teile dieses Beitrages. Der Deutschen Forschungsgemeinschaft, der FernUniversität Hagen und der Universität Bamberg sei für die finanzielle Unterstützung in diversen Teilprojekten im Themenbereich des Artikels gedankt.

bewußter Gegenposition zur Analyse gleichgewichtstheoretischer Gesamtmarktzusammenhänge das *Verhalten einzelner Gruppen von Marktakteuren in den Vordergrund der Untersuchung* gestellt. Ein *Finanzmarkt* beginnt *als Institution* zu existieren, die Vorstellung vom Ideal eines walrasianischen Auktionsmarktes als anonymem Ort der Begegnung von Angebot und Nachfrage wird zunehmend revidiert. Der *Perspektivenwechsel vom Kapitalmarktmodell zum Markt als Institution* wird fast gleichzeitig von führenden finanzierungstheoretischen Vertretern des anglo-amerikanischen und des deutschen Sprachraums vollzogen.[2]

In Studien zur empirischen Kapitalmarktforschung[3] können in der Regel nur die öffentlichen Informationen sowie Marktpreise und Umsätze berücksichtigt werden. Auch *in den angesprochenen Kapitalmarktmodellen der neo-klassischen Finanzierungstheorie werden die (kognitiven) Merkmale der Marktteilnehmer, deren individuelle Verhaltensweisen und die Aggregation dieser zum Marktergebnis* unter Berücksichtigung der Marktorganisation *meist gar nicht oder nur rudimentär abgebildet*. Diese in Abbildung 1 auf der linken Seite dargestellte verkürzte Sicht des Marktgeschehens mindert den deskriptiven Gehalt solcher Modelle (keine Erklärung der Preise und ggf. Umsätze aus dem Marktgeschehen heraus); kausale Erklärungen zu realen Phänomenen sind auf dieser Basis kaum möglich. *Selbst bei empirischer Bestätigung der Modelle bliebe die Frage unbeantwortet, warum bestimmte Verhaltensweisen zu bestimmten Folgewirkungen führen*. Gerade dieses kausale Verstehen der Wirkungszusammenhänge in einem Finanzmarkt stellt aber eine wichtige Voraussetzung für Gestaltungsentscheidun-

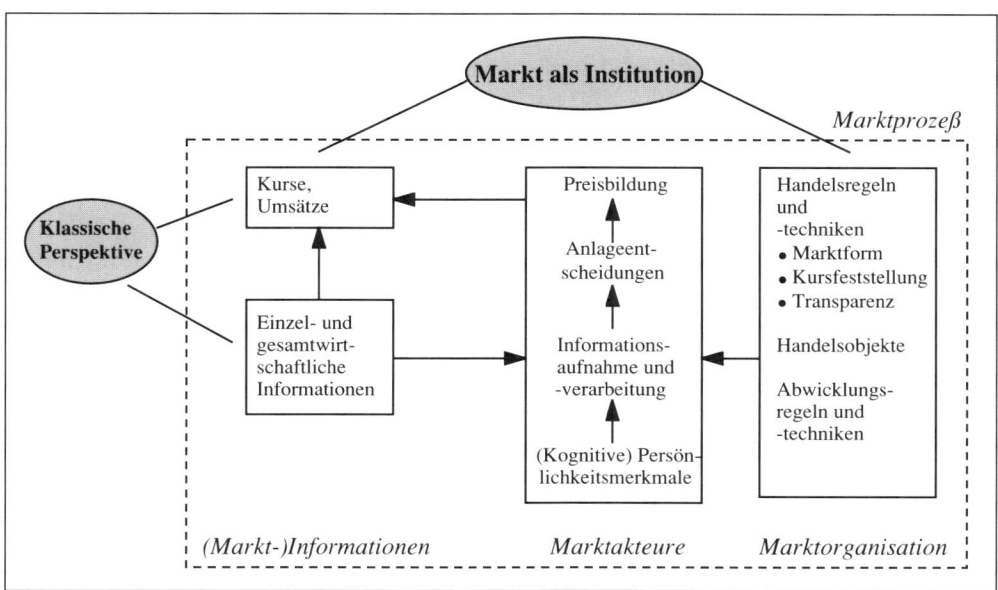

Abb. 1: Marktorganisation, Marktakteure und Marktinformationen als Elemente des Marktprozesses

---

[2] Beispielhaft sei auf die grundlegende Arbeit von Cohen et al. (1986) (und später Schwartz (1991), Stoll (1992a)) und auf die Erörterung in Schneider (1985) sowie die implizite Thematisierung in Franke (1987) hingewiesen.

[3] Vgl. für einen Überblick Möller (1995) und Keller (1992).

gen für Finanzmärkte dar, wie sie z.B. bei Fragen der geeigneten Marktorganisation zu treffen sind.

Der *Finanzmarkt als Institution*, der wichtiger Gegenstand der neuen Forschungsrichtungen der Marktmikrostruktur-Ansätze und der Behavioral Finance ist, besitzt nun charakterisierbare Strukturmerkmale (vgl. Abbildung 1). Hierzu zählen unter anderem[4]

die *Marktorganisation* mit
- Handelsregeln und -techniken, wie
  - Marktform (Auktionsmarkt oder Market Maker-System (dealership market)),
  - Kursfeststellung (Handel zu Gesamtkursen (batch trading) oder Handel zu Einzelkursen (continuous trading)),
  - Markttransparenz (offenes oder geschlossenes Orderbuch bzw. public orderflow, sealed-bid oder oral auction),
- Handelsobjekten (incl. Tiefe und Breite des Marktes),
- Abwicklungsregeln und -technik,
- Marktzutrittsregeln und
- Handelsort;

die *Marktteilnehmer* mit ihren
- Risikopräferenzen,
- Zielsetzungen,
- sonstigen kognitiven Faktoren (wie Wissen, Kompetenz, Erfahrung, subjektive Kontrollüberzeugung) und
- Vermögens – und Einkommensverteilungen;

die *(Markt-)Informationen*, wie
- gesamt- und einzelwirtschaftliche Informationen,
- Marktkurse und
- Umsätze.

Drei zentrale Fragestellungen prägen die jüngere und jüngste Literatur der Marktmikrostruktur-Ansätze bzw. der Behavioral Finance:

- Der *Preisbildungsprozeß an Finanzmärkten* und seine Abhängigkeit von den Handelsregeln als Teil der Marktorganisationscharakteristika.

- Die *ökonomische Analyse des Insiderhandelns*, in Abhängigkeit von
  - Insidertyp (Unternehmensinsider, Marktinsider) und
  - Marktorganisation, insbesondere Handelsregeln.

- Der Zusammenhang zwischen den *(Persönlichkeits-)Merkmalen der Marktakteure (-gruppen)* einerseits und nach Kurs-, Umsatz- und Portfeuillebildung andererseits, der bisher eher vernachlässigt worden ist. *Daher fokussiert der Beitrag auf das Verhalten der Marktakteure und seine Determinanten.*

---

[4] Vgl. für einen Überblick z.B. Smith 1989, Pagano/ Röell (1990a) und (1990b), Schwartz (1991), Röell (1992).

Die weiteren Ausführungen sind wie folgt aufgebaut:

Einer kurzen Abgrenzung institutioneller und privater Investoren (Kapitel 2) folgt eine Systematisierung und ausführliche Erörterung möglicher Determinanten privaten Anlageverhaltens (Kapitel 3 bis 5). Diese Abschnitte bauen auf einer umfangreichen *Befragung* auf, die sich unter anderem auf

- *motivationale und kognitive Faktoren* der Teilnehmer wie Zielsetzungen, Handlungsstrategien, Informationsnutzung, empfundene Kontrolle ihrer Entscheidungssituationen und Risikopräferenzen;
- *sozio-demographische Merkmale* und
- *sozio-ökonomische Merkmale* wie Einkommen und Vermögen

bezieht. Grundsätzlich stehen zur Analyse des Verhaltens aber auch die Methoden des Experiments, der Beobachtung und der Inhaltsanalyse zur Verfügung. Die diesbezüglichen experimentellen Arbeiten in einem Finanzmarktkontext, z.B. zur Strukturierung von Portefeuilles, zur Orderstellung und zu kurzfristigen Anlagestrategien, können im Rahmen dieses Aufsatzes keine Berücksichtigung finden.[5]

Der sich anschließende zweite Beitrag des Autors widmet sich einigen Aspekten des Verhaltens institutioneller Investoren. Diese Forschungsrichtung steht allerdings erst am Anfang einer umfangreichen und intensiven Analyse.

2. Institutionelle und private Anleger

Bevor mit der Analyse des Verhaltens privater Anleger in Kapitel 3 begonnen werden kann, sind diese grundsätzlich von institutionellen Anlegern abzugrenzen, gleichwohl einige der Ergebnisse der Kapitel 4 und 5 zu privatem Anlageverhalten im Prinzip auch für Institutionelle zutreffen können. Die nachfolgende Texttabelle unterscheidet private und institutionelle Anleger wie folgt in einer idealtypischen Abgrenzung (Tabelle 1):

---

[5] Vgl. dazu Oehler (1991), (1992a), (1992b), (1994), (1995), (1996a), (1996b); vgl. auch Bitz/ Oehler (1993a) und (1993b).

Kriterien	Private Anleger	Institutionelle Anleger
Rechtlicher Status	Natürliche Personen	Juristische Personen
Spezielle gesetzliche Restriktionen		Kreditwesengesetz (KWG), Gesetz über Kapitalanlagegesellschaften (KAGG), Wertpapierhandelsgesetz (WpHG)
Informationsverhalten	Geringe Informationsmenge aus kleiner Zahl von Quellen; keine professionelle, d.h. ausschließliche (berufliche) Beschäftigung mit Informationssuche und -verarbeitung; geringerer ökonomischer Bildungsgrad	Große Informationsmenge aus größerer Vielfalt von Quellen; professionelle Informationssuche und -verarbeitung, d.h. Personen als Angestellte, die sich fast ausschließlich damit beschäftigen
Entscheidungsfindung	Einzel- und Partnerentscheidung; ggf. Mitwirkung von Finanzdienstleistern (Bankverbindung)	Bilaterale Entscheidungen sowie Einzel- und Gruppenentscheidungen
Zielorientierung	Eher implizit; häufiger emotionale, nicht zielgerichtete Entscheidungen	Eher explizit; weitgehend rationale, d.h. zielgerichtete Entscheidungen (rational im Sinne einer begrenzten (subjektiven) Rationalität, nicht im Sinne einer objektiven Rationalität)
Eigentum der anzulegenden Finanzmittel	Anlage eigener Mittel	Überwiegend Anlage fremder Mittel
Volumen der anzulegenden Mittel	Eher geringe Beträge	Hohe Anlagebeträge (und Bestände)
Entscheidungshäufigkeit und -intensität	Eher unregelmäßige und weniger häufige Entscheidungen	Ständige und regelmäßige Entscheidungen
Erscheinungsformen	Private Haushalte, Einzelpersonen	Kreditinstitute Versicherungen Pensionskassen Kapitalanlagegesellschaften Sonstige (Sozialversicherungsverträger, öffentliche Haushalte, Vermögensverwaltungsgesellschaften, Zentralbank, Wirtschaftsunternehmen, Stiftungen, Verbände, Kirchen)

Tab. 1: Idealtypische Abgrenzung privater und institutioneller Anleger und realtypische Erscheinungsformen (Enumeration)

Die Darstellung zeigt, daß für die Gruppe der institutionellen Anleger zum Teil weitergehende Überlegungen, z.B. hinsichtlich des Zustandekommens von Gruppenentscheidungen in komplexen Entscheidungsprozessen, zu beachten sind. Phänomene wie „risky shift" oder „cautious shift" und die teilweise umfangreicheren Informationsaufnahme-, Informationsverarbeitungs- und Zielbildungsprozesse bedürfen einer differenzierten Analyse.

3. Wesentliche Einflußfaktoren des Verhaltens privater Anleger – eine Systematisierung

Begriffsklärung: Anlageentscheidung und Anlageverhalten

Eine *einzelne Anlageentscheidung* läßt sich als eine (bewußte) Auswahl unter verschiedenen Anlageformen (und ihren Unterarten) definieren. Das Verhalten privater Anleger umfaßt eine Vielzahl solcher Entscheidungen in der Zeit.

Der *Auswahlvorgang* in Anlageentscheidungen läßt sich idealtypisch als zweistufiger Prozeß verstehen:

- Zunächst fällt die Entscheidung über die Anlageform selbst und
- anschließend wird innerhalb jeder Anlageform zwischen verschiedenen Unterarten gewählt.

Die beiden Entscheidungsphasen können sich sowohl auf die *Neuanlage* finanzieller Mittel als auch auf eine *Umschichtung* vorhandener Anlagen beziehen. Im ersten Fall wird eine Entscheidung über den Anteil des Neuanlagevolumens am verfügbaren Einkommen in Wechselwirkung mit Konsumentscheidungen im Rahmen der Budgetaufteilung vorgeschaltet sein. Eine solche Interdependenz wird in der Regel auch dann zu vermuten sein, wenn bestimmte Anlageformen unter der Motivation gewählt werden, eine spätere Konsumrealisation vorzunehmen.

Typen von Anlageentscheidungen

Die *Komplexität und Vielfalt* der *in der Realität* beobachtbaren Anlageentscheidungen erschweren es, die wesentlichen Aspekte des Anlegerverhaltens zu erkennen. Daher erscheint es plausibel, vereinfachend verschiedene *Typen von Anlageentscheidungen* zu unterscheiden:

- *Primäre oder erstmalige Anlageentscheidungen* werden nur selten getroffen und erfordern einen umfangreichen Informationssuche- und Informationsverarbeitungsprozeß aufgrund der Neuartigkeit der Entscheidungssituation und besonders des Entscheidungsobjektes (z.B. *erstmaliger Abschluß* einer Lebensversicherung oder erstmaliger Erwerb von Aktien).

Im Sinne des oben genannten Zwei-Phasen-Schemas wird sich der Auswahlvorgang bei primären Entscheidungen auf Entscheidungen der ersten Phase, der Entscheidung für eine Anlageform, beschränken.
Auslöser solcher primärer Anlageentscheidungen können die Veränderung von Rahmenbedingungen (z.B. Einkommen, Familiengröße) oder erkannte Differenzen zwischen Zielsetzung und Realisation bei vorhandenen Anlageformen sein.

- *Sekundäre Anlageentscheidungen* stellen im wesentlichen *Auswahl*vorgänge über *Unterarten* von Anlageformen (z.B. Auswahl von Aktien des DAX oder einer Branche) oder *Wiederholungen* von primären Anlagentscheidungen zu anderen Zeitpunkten dar.
Für solche Entscheidungen existieren grundlegende Kriterien, die zum überwiegenden Teil aus den primären Entscheidungen resultieren.

- Als *tertiäre Anlageentscheidungen* werden Entscheidungen verstanden, bei denen weder ein vollständiger noch ein eingeschränkter Entscheidungsprozeß stattfindet, sondern in kurz- und mittelfristiger Perspektive *quasi-automatische Anlagen* vorgenommen werden, weil durch die sekundären Entscheidungen ein fester Rahmen vorgegeben worden ist (z.B. bei kontraktuellen Anlageformen wie Raten- und Prämiensparplänen, Kapitallebensversicherungen, Bausparverträgen oder vertraglich fixiertem Restsparen in Verbindung mit Girokonten).

Die Charakterisierung der primären, sekundären und tertiären Anlageentscheidungen läßt sich mit weiteren konzeptionellen Überlegungen aus der psychologischen und der marketingorientierten Literatur vervollständigen:

- Entscheider weisen bei primären Anlageentscheidungen ein hohes Maß an Interesse im Sinne einer aktiven Beschäftigung und gedanklichen Auseinandersetzung mit der Entscheidungssituation auf (sogenanntes „*high-involvement*").
Einige Autoren argumentieren allerdings, daß erst ein „high-involvement" zu extensiven Entscheidungen führt. Dieser Überlegung wird hier nicht gefolgt, da zur Charakterisierung der primären Anlageentscheidungen die Problemerkenntnis (der Auslöser) hinzugerechnet wird und damit ein durch die Problemerkenntnis bedingtes „involvement" Bestandteil und Kennzeichen der primären Entscheidung selbst ist.

- Primäre Anlageentscheidungen werden typischerweise unter geringerem *Zeitdruck* getroffen als sekundäre, da die Auslöser eher grundlegenden Charakter haben (Veränderung von Rahmenbedingungen, vgl. oben) und die Wahl der Anlageformen unter mittel- bis langfristigen Entscheidungshorizonten erfolgt (z.B. Erstanlage in eine Lebensversicherung).
Sekundäre Anlageentscheidungen (Wahl zwischen Unterarten von Anlageformen) unterliegen dagegen eher einem hohen Zeitdruck, z.B. durch die Nähe zum Tagesgeschehen der Finanzmärkte oder durch die Wahl zwischen befristeten Angeboten verschiedener Finanzintermediäre.

Typen von Anlageformen

Das *Privatvermögen* von Anlegern läßt sich grob in zwei Fraktionen unterteilen:

- das *Geldvermögen* und
- das *Sachvermögen* (Gebrauchsvermögen und Immobilien).

In Anlehnung an die Systematik der Deutschen Bundesbank werden zum Geldvermögen

- die Vermögensanlage in *Wertpapieren* und
- die Vermögensanlage bei *Banken und Versicherungen* sowie
- *börsenmäßige Wertpapiertermingeschäfte*

gerechnet.[6]

Innerhalb der Anlageformen des Geldvermögens weisen die Anlagen bei Bausparkassen und Lebensversicherungen im Vergleich zu Anlagen bei Universalbanken jeweils typische *Besonderheiten* auf:

- Mit der *Geldanlage bei Bausparkassen* erwirbt ein Anleger, nachdem er bestimmte Sparleistungen erbracht hat, über den Zins- und Rückzahlungsanspruch hinaus den Anspruch, ein Darlehen zu bei Vertragsschluß festgelegten und in der Regel sehr günstigen Konditionen zu erhalten. Die Geldanlage stellt also nur einen Aspekt bei der Wahl einer solchen Anlageform dar, das später mögliche Darlehen für *wohnungswirtschaftliche Zwecke* hat mindestens gleichrangige Bedeutung.
- Die *Geldanlage bei Lebensversicherungsunternehmen*[7] ist dadurch charakterisiert, daß ein Anleger nach Ablauf einer vereinbarten Frist einen Rückzahlungsanspruch auf einen bestimmten Teil der geleisteten Einzahlungen zuzüglich Zinsen und Zinseszinsen hat und darüber hinaus, unabhängig von den erbrachten Anlageleistungen, im Todesfall die Begünstigten eine fest vereinbarte Summe in einem Betrag oder wiederkehrend ggf. einschließlich eines Teils der erbrachten Einzahlungen, nebst Zinsen und Zinseszinsen erhalten. Die Geldanlage stellt also auch hier nur einen Aspekt bei der Wahl dieser Anlageform dar. Dem vorfälligen *Risikoschutz* unter dem Motiv der Hinterbliebenenversorgung (Vorsorge für die Familie) kommt eine hohe Bedeutung bei der Wahl dieser Anlageform zu.

Die Besonderheiten der Geldanlage bei Bausparkassen und Lebensversicherungsunternehmen werden zum Anlaß genommen, in den folgenden Ausführungen *zwei Ausprägungen des Geldvermögens* zu differenzieren:

---

[6] Sichteinlagen und Bargeld bleiben außer Ansatz, da sie als Form der Vermögensanlage kaum von Interesse sind. Sie stellen vielmehr Puffer- und Transaktionsbestände dar.

[7] Lebensversicherung auf den Todes- und Erlebensfall mit einmaliger oder wiederkehrender Leistung. Grundsätzlich sind hierzu auch vergleichbare Ausgestaltungsformen staatlicher (gesetzliche Rentenversicherung) oder privatrechtlicher Institutionen (Pensionskassen) einzubeziehen; die Systematik der Deutschen Bundesbank weist die Ansprüche aus betrieblichen Pensionszusagen unter sonstigen Forderungen beim Geldvermögen privater Haushalte aus.

- Das *Geldvermögen im engeren Sinne* umfaßt die eingangs genannten Anlageformen, ohne die Anlage bei Bausparkassen und Lebensversicherungsunternehmen. Diese Definition wird den folgenden Ausführungen und den eigenen empirischen Untersuchungen im weiteren Beitrag zugrundeliegen.
- Das *Geldvermögen im weiteren Sinne* entspricht der eingangs getroffenen Definition.

Einflußfaktoren (Struktur)

Es werden zwei Hauptgruppen von Einflußfaktoren differenziert:
- die *Person* des Anlegers und
- die *Umwelt* des Anlegers.

Die Determinantengruppe *„Person des Anlegers"* umfaßt alle Faktoren, die unmittelbar auf ein Individuum bezogen sind (*persönliche Merkmale*):

- die persönliche *Disposition*
  - emotionale,
  - motivationale und
  - kognitive

  Faktoren.

- die persönliche *Situation*
  - Alter,
  - Geschlecht,
  - Einkommen,
  - Vermögen,
  - Bildung und
  - Beruf

  (Lebensphase)

Die andere Faktorengruppe der *„Umwelt"* schließt alle Determinanten mit ein, die entweder von außen auf einen Anleger einwirken oder in Kombination mit seinen persönlichen Merkmalen wirksam werden und damit mehr als nur die einzelne Person betreffen (z.B. Partner, Familie):

- die *externen Informationen*
  - gesamtwirtschaftliche und
  - einzelwirtschaftliche

  Informationen.

- das soziale *Umfeld*
  - Einfluß von Kultur und Subkultur,
  - der Einfluß von Bezugsgruppen, besonders der Familie.

Die beiden Determinantengruppen „Person" und „Umwelt" können um situative Faktoren ergänzt werden. Hierbei handelt es sich um *zeit- und ortspezifische Einflußgrößen*.

Nicht nur zwischen den beiden Hauptgruppen von Einflußfaktoren (z.B. zwischen der persönlichen Situation und dem sozialen Umfeld oder zwischen den externen Informationen und den kognitiven Faktoren) bestehen wechselseitige Beziehungen, sondern auch das vergangene Verhalten determiniert via personen- und umweltbezogener Einflußgrößen das zukünftige Anlageverhalten (Rückkopplungsprozesse).

Prozeß und/oder Ergebnis?

Abbildung 2 dokumentiert den weiteren Untersuchungsschwerpunkt für das Verhalten privater Anleger. Im Unterschied zu den meisten verwandten Untersuchungen (vgl. unten) wird in diesem Beitrag nicht nur das Ergebnis des Anlageentscheidungsprozesses analysiert, sondern auch einzelne Einflußfaktoren und Prozeßvariable, insbesondere die motivationalen und kognitiven Prozesse, mit einbezogen. Die weiteren theoretischen als auch empirischen Ausführungen fokussieren auf die in Abbildung 2 fett gedruckten Teilbereiche.

Verwandte Untersuchungen

Empirische Untersuchungen zum Verhalten individueller Anleger, die gleichzeitig mehrere der erörterten Einflußfaktoren berücksichtigen, existieren im Schrifttum kaum. Die meisten der im folgenden zitierten Arbeiten beziehen sich auf einzelne Aspekte des Anlageverhaltens.

- Einige – meist ältere – anglo-amerikanische Studien setzen sich schwerpunktmäßig mit Zielsetzungen, Anlagestrategien und den verwendeten Informationsquellen privater Investoren auseinander. Als Einflußfaktoren des Anlageverhaltens und der Zielbildung werden in der Regel einige wenige sozio-demographische Daten wie Alter, Geschlecht oder Familienstand und – seltener – das Einkommen oder Vermögen einbezogen. Variablen der persönlichen Disposition oder der Umwelt des Anlegers bleiben weitgehend unberücksichtigt.
  - Am bekanntesten ist in diesem Zusammenhang die WHARTON SURVEY, deren Ergebnisse von BLUME/ FRIEND[8] interpretiert und aufbereitet sind. Auf die Frage, wieviele Aktientitel die Anleger in ihrem Depot haben, kommt die WHARTON SURVEY von 1975 zu dem Ergebnis, daß ein Depot einer in Aktien anlegenden Familie im Durchschnitt weniger als vier verschiedene Titel enthält.[9] FAMA führt ebenfalls für den U.S.-amerikanischen Aktienmarkt an, daß schon bei 15 Titeln der Diversifikationseffekt deutlich zum Tragen kommt.[10]
  - Ferner ist auf die Untersuchungen von BAKER/ HASLEM[11] hinzuweisen, die sich insbesondere mit den sozio-demographischen Charakteristika von privaten Anlegern beschäftigen und versuchen, entscheidungsrelevante Kriterien der privaten Anleger zu extrahieren.
  - Schließlich analysierte eine Autorengruppe um LEASE, LEWELLEN und SCHLARBAUM das private Anlegerverhalten, indem sie eine Befragung ausgewählter Kunden eines U.S.-Brokers durchführten und gleichzeitig die realen

---

[8] Vgl. Blume/ Friend (1975) und (1978); vgl. auch Friend (1977). Vgl. auch die ähnlich aufgebaute Untersuchung von Schott (1973).
[9] Vgl. Blume/ Friend (1975), S. 585-603.
[10] Vgl. Fama (1976), S. 252 ff.
[11] Vgl. Baker/ Haslem (1974a), (1974b); vgl. auch Baker/ Haslem (1973) sowie Baker et al. (1977).

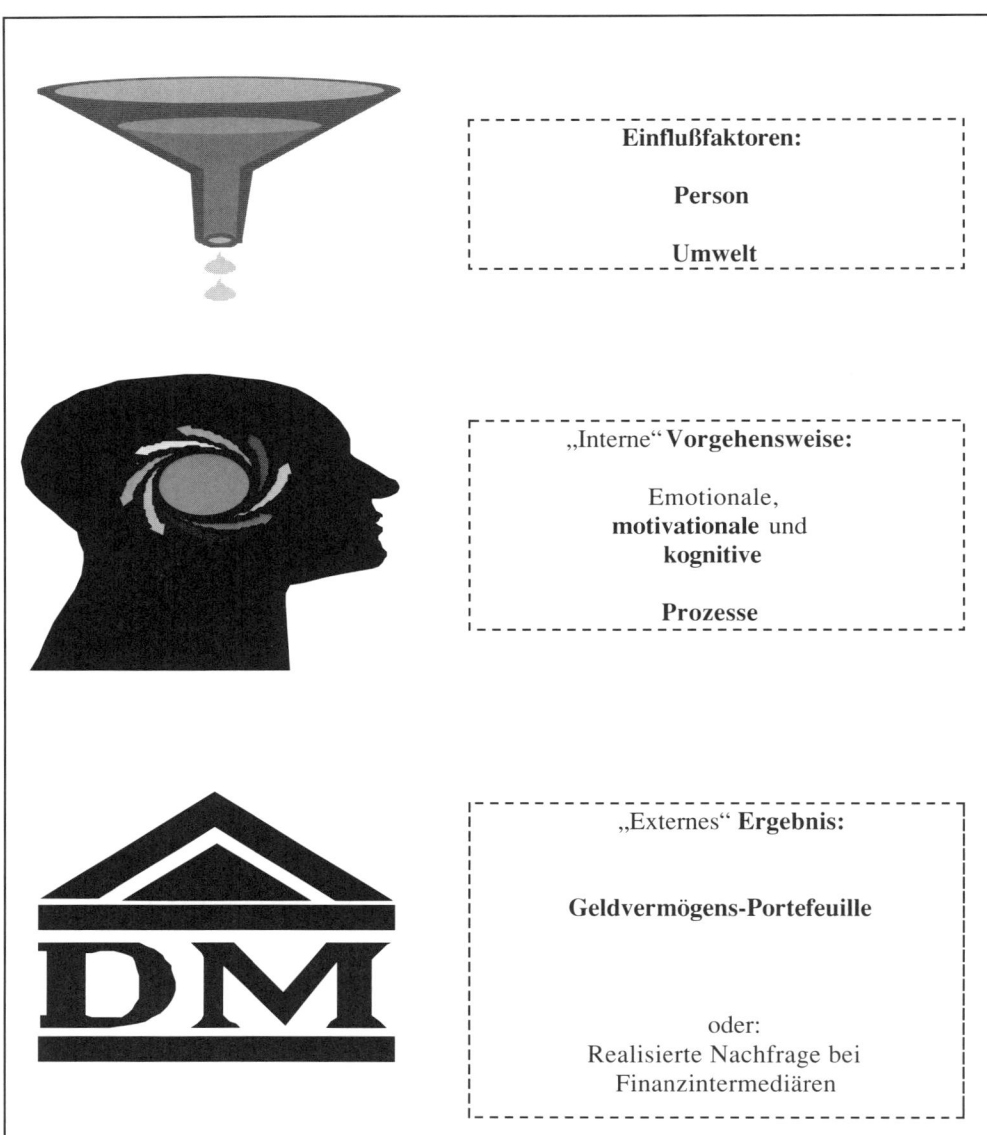

Abb. 2: Anlageprozeß und Anlageergebnis

Anlageentscheidungen dieser Kunden rückwirkend in einem Zeitraum von sieben Jahren verfolgten.[12]

- Für den deutschen Sprachraum liegen ebenfalls nur wenige Forschungsarbeiten vor, die das Verhalten privater Anleger empirisch untersuchen.
  - Einige Studien beziehen sich auf die Aktionärsstruktur börsennotierter Aktiengesellschaften[13] oder nur auf sehr grobe Segmente von Anlegern.[14]
  - Eine wirtschaftspsychologische Forschungsgruppe setzt sich mit Meßinstrumenten zur Sparmentalität auseinander.[15]
  - Eine grobe Analyse privaten Anlegerverhaltens für die Bundesrepublik (alte Länder) kann eingeschränkt mit den Daten der Untersuchung des SPIEGEL-VERLAGES durchgeführt werden. Diese Untersuchung berücksichtigt nicht nur Wertpapiere, sondern auch andere Anlageformen, ohne daß jedoch Portefeuillestrukturen analysierbar sind.[16] Diese wie auch die weniger umfassende Studie der STERN-ANZEIGENABTEILUNG[17] ist allerdings in der Art der Fragestellung und Auswertung stärker auf die Nutzung der Untersuchungsergebnisse für den Verkauf von und die Werbung für Finanzdienstleistungen ausgerichtet. Eine ähnliche Funktion erfüllen auch die Analysen des BUNDESVERBANDES DER VOLKS- UND RAIFFEISENBANKEN (BVR).[18]
  - Grundsätzlich stehen als Ergänzung der zitierten Arbeiten die Statistiken der Deutschen Bundesbank[19] und des Statistischen Bundesamtes[20] zur Verfügung.

Eigene Erhebung

Im ersten und zu Anfang des zweiten Quartals 1992 wurde eine schriftliche Befragung mit 823 Studenten der FernUniversität Hagen durchgeführt.[21] Zur Erhebung wurde eine Zufallsstichprobe von N = 4.100 (Umfang orientiert an den finanziellen Ressourcen) aus der Grundgesamtheit aller Kursbeleger des Lehrgebietes „Bank- und Finanzwirtschaft" der FernUniversität Hagen gezogen. Der Rücklauf im angegebenen Zeitraum betrug 1.057 Fragebögen (26%), von denen 823 Erhebungsbögen soweit vollständig ausgefüllt waren, daß sie in der Auswertung berücksichtigt werden konnten (verwertbarer Rücklauf: 20%).

---

[12] Vgl. Lease (1974), Lease et al. (1974) und (1976), Lewellen et al. (1977) und (1979), Cohn et al. (1975).
[13] Vgl. Iber (1987), Leverkus (1969).
[14] Vgl. die Auswertung der Daten der Deutschen Bundesbank bei Oehler/ Mesel (1990), S. 560-565.
[15] Allerdings scheint in diesen Untersuchungen teilweise die Aufarbeitung des ökonomischen Backgrounds der Fragestellungen zu fehlen. Vgl. Adelt et al. (1993) und Müller (1992).
[16] Vgl. Spiegel-Verlag (1989) und Updates.
[17] Vgl. Stern-Anzeigenabteilung (1989) und Updates.
[18] Vgl. BVR (1987) und (1993).
[19] Vgl. Deutsche Bundesbank (1987), (1992) sowie (1993).
[20] Vgl. Euler (1990) und (1991).
[21] Der Autor dankt der FernUniversität Hagen und der Deutschen Forschungsgemeinschaft für die finanzielle und der FernUniversität Hagen, Versand, für die technische Unterstützung.

Die Erhebungsgesamtheit der Befragung unterscheidet sich in einigen Merkmalen wesentlich von Studentenpopulationen an Präsenzuniversitäten, die häufig für vergleichbare Untersuchungen herangezogen werden. Zum Zeitpunkt der Befragung übten über 80% aller Teilnehmer eine Vollzeitbeschäftigung aus. 10% der Teilnehmer waren selbständig oder freiberuflich tätig, 5% arbeiteten als Hausfrau oder Hausmann, alle anderen Berufstätigen waren abhängig beschäftigt (65% als Angestellte, 18% als Beamte, 2% als Arbeiter). Das persönliche Monatsnettoeinkommen der Probanden liegt im Durchschnitt bei ca. 3.000 DM,[22] das persönliche Geldvermögen im engeren Sinne beträgt durchschnittlich ca. 43.200 DM.[23] Die Probanden weisen zudem einen im Vergleich zum Bundesdurchschnitt höheren Aktienanteil im Geldvermögen-Portefeuille (im engeren Sinne) von 14% statt 6% auf (vgl. Tabelle 2). Die Personen der Erhebungsgesamtheit können als geeignet für die Untersuchung des Verhaltens privater Anleger bezeichnet werden, da sie aufgrund ihrer Einkommens- und Vermögenssituation sowie ihrer ökonomischen Bildung Erfahrungen mit verschiedenartigen Geldanlageaktivitäten erwarten lassen.

Anlageformen	Geldvermögen-Portefeuille i.e.S.	
	Eigene Erhebung	Bundesrepublik[a]
Sparformen	36 %	45 %
Festgeld	17 %	14 %
Festverzinsliche	23 %	25 %
Aktien	14 %	06 %
Fondsanteile[b]	10 %	10 %

[a] Alte Länder; Quelle: Deutsche Bundesbank 1993 und eigene Berechnungen.
[b] Im Erhebungsbogen wurde das Engagement in Fondsanteilen getrennt nach Aktien-, Renten- und gemischten Fonds erfragt und erst später zusammengefaßt.

Tab. 2: Die Struktur des Geldvermögens i.e.S. der Teilnehmer der Befragung im Vergleich zum Bundesdurchschnitt

---

[22] Es wurde nach einer Einordnung in Einkommensklassen (persönliches monatliches Nettoeinkommen) gefragt. Der Durchschnitt errechnet sich aus den Klassenmitten.
[23] Der Durchschnitt errechnet sich aus den von den Probanden angegebenen DM-Werten ihrer Vermögensanlagen, hier bezogen auf die Definition des Geldvermögens im engeren Sinne (vgl. oben). Der vergleichbare Bundesdurchschnitt liegt bei ca. 31.200 DM. In die Berechnung des Geldvermögens einbezogen wurden Sparformen, Termineinlagen, Festverzinsliche, Aktien und Fonds-Anteile; für die Ermittlung des vergleichbaren Bundesdurchschnitts wurden Zahlen der Deutschen Bundesbank für das Jahr 1992 zugrundegelegt. Vgl. Deutsche Bundesbank (1993).

Im Vergleich zur Gesamtheit der Bevölkerung unterscheidet sich die Erhebungsgesamtheit der Befragung in einigen Merkmalen. So ist festzustellen, daß die Probanden hinsichtlich des Geschlechts (statt 48% im Bundesdurchschnitt ein Anteil von 75% Männern), des Alters (überproportional viele jüngere Anleger; Durchschnitt: 29 Jahre) sowie der Bildung (universitätsbedingt fast nur Personen mit Abitur oder höheren Abschlüssen) nicht als repräsentativ für die Gesamtbevölkerung bezeichnet werden können.[24]

Ein wesentlicher Bestandteil der Erhebung war die Erfassung der realen Geldvermögens-Portefeuilles (Bestandsgrößen) der Teilnehmer (vgl. Tabelle 2). Nach Literaturrecherchen und einigen Voruntersuchungen fiel die Entscheidung zugunsten einer Abfrage der absoluten DM-Werte der einzelnen Anlageformen. Diese Vorgehensweise ermöglicht, im Vergleich zu einer Erhebung von (meist nur grob geschätzten) Prozentanteilen relativ unverzerrte Informationen über die Portefeuillestruktur zu gewinnen, wenn gleichzeitig Kontrollfragen, z.B. zum Besitz einzelner Anlageformen oder zur Höhe des Nettovermögens, in kategorisierter Form gestellt werden. In der Literatur wird eine solche Erhebung finanzieller Größen häufig mit dem Argument abgelehnt, daß dann die Anzahl der Verweigerer gegenüber solchen Fragen oder gegenüber dem ganzen Erhebungsinstrument zu groß werden würden.[25] Dieses Verhalten der Befragten konnte in der eigenen Erhebung nicht beobachtet werden; der Anteil der „missings" liegt bei der Frage nach der Höhe des Engagements in einzelne Anlageformen nicht höher als bei anderen Fragen des Fragebogens.

Eine Datenschutzzusage im Anschreiben an die Teilnehmer war bei der Erhebung dieser sensiblen Daten ebenso unerläßlich wie selbstverständlich. Auf eine besondere Betonung des Datenschutzes wurde verzichtet, da eine zu deutliche Thematisierung der Vertraulichkeit die Befragten von der Beantwortung abschrecken kann, wie eine neuere empirische Untersuchung zeigt.[26] Die Abfrage sozio-demographischer Angaben erfolgte in Anlehnung an den „Demographischen Standard", den das Zentrum für Umfragen, Methoden und Analysen (ZUMA) federführend entwickelt hat.[27]

Die Probanden der eigenen Untersuchungen erscheinen noch unter einem anderen Aspekt für diese Form der Untersuchung (schriftliche Befragung) geeignet zu sein: Aufgrund der Methodik des Fernstudiums sind die Teilnehmer mit der Bearbeitung umfangreicher schriftlicher Aufgabenstellungen gut vertraut.

---

[24] Für Angaben zu den Soziodemographica der FernStudenten im Fachbereich „Wirtschaftswissenschaft" vgl. z.B. die Untersuchung der Absolventen in Bartels (1993).
[25] Vgl. Hoffmeyer-Zlotnik (1993).
[26] Vgl. Hippler et al. (1990).
[27] Vgl. Hoffmeyer-Zlotnik/ Ehling (1991), Ehling et al. (1992).

4. Ausgewählte empirische Befunde zu personenbezogenen Determinanten privaten Anlageverhaltens

Emotionale und motivationale Faktoren

In der verhaltenswissenschaftlichen und besonders in der marketingorientierten Literatur werden emotionale, motivationale und kognitive Faktoren menschlichen Verhaltens unterschieden.[28] Emotionen und Motive werden (von manchen Autoren zusammen mit Einstellungen) als aktivierende intrapersonale Variable bezeichnet, zu den kognitiven Prozessen zählen die bereits angesprochene Wahrnehmung und Verarbeitung sowie die Speicherung von Informationen (einschließlich Lernen und Problemlösen/ Entscheiden).

Unter einem Motiv versteht man den Beweggrund, der ein bestimmtes Verhalten hervorrufen kann. Motive werden sowohl als Antriebe eines Verhaltens als auch als Bedürfnisse bezeichnet. Sie haben (psychisch) aktivierende Funktion und tragen zu einer Zielorientierung menschlichen Verhaltens bei.[29] Motive werden in zwei Kategorien unterteilt:[30]

- Primäre Motive sind biogene, nichterlernte Bedürfnisse, die mit der Existenz eines Individuums in unmittelbarer Verbindung stehen.
- Sekundäre Motive sind erlernte Bedürfnisse, die mit der Befriedigung primärer Bedürfnisse direkt oder indirekt verbunden sind (z.B. Gelderwerb, Vorsorge).

Für die hier vorliegenden Untersuchungen zum Anlegerverhalten sind zwar vor allem die sekundären Motive relevant, allerdings können primäre Bedürfnisse, wie ein allgemeines Sicherheitsstreben, die Leistungsmotivation und andere,[31] solche sekundären und anlagespezifischen Motive überlagern.

Die möglichen sekundären Motive privater Anleger lassen sich in drei Hauptgruppen differenzieren, die auch der eigenen empirischen Erhebung zugrunde gelegt werden.[32] In Abgrenzung dazu werden die bei den kognitiven Faktoren (vgl.

---

[28] Vgl. zum folgenden Abschnitt Oehler (1990a), S. 41 ff. und 66 ff. sowie Oehler (1991a), S. 33 ff.
[29] Vgl. Thomae (1965).
[30] Eine umfassende Einbeziehung nicht nur der aktivierenden Komponenten, sondern auch der kognitiven Komponenten der Motivation, so wie sie die kognitiv-theoretische Sicht der Motivationsforschung fordert, führt zu einer weitgehenden Deckungsgleichheit der Begriffe „Einstellung" und „Motivation". Daran ist zu kritisieren, daß die durch eine faktische Gleichsetzung der beiden Begriffe hervorgerufene hauptsächliche Betrachtung der Zielorientierung menschlichen Verhaltens vor allem kognitive Motivationskomponenten, nicht aber mehr die unbewußten Antriebe, die aktivierenden Komponenten, abbildet. Für die hypothetischen Konstrukte „Motiv" bzw. „Motivation" und „Einstellung" läßt sich daher für diesen Beitrag zusammenfassend festhalten, daß erst mit einer strukturierten kognitiven Beurteilung eines Objektes eine Haltung als Einstellung definiert ist.
[31] Vgl. Oehler (1990a), S. 91 und die dort zitierte Literatur; vgl. auch Raffée et al. (1982), S. 500: „need for safety", „need for consistency", „need for cognitive clarity", „achievement motivation".
[32] Vgl. hierzu die Keynessche Unterscheidung (Keynes (1936), S. 165 ff.); KEYNES nimmt jedoch eine Dreiteilung in „Transaktions-", „Vorsichts-" und „Spekulationsmotiv" vor, um die Beweggründe für die von ihm definierte Liquiditätspräferenz zu charakterisieren. Die folgende Systematik orientiert sich zwar an der begrifflichen Systematik von KEYNES, verwendet diese jedoch in einem erwei-

unten) erörterten Ziele von Anlegern als eine Konkretisierung solcher Motive verstanden:[33]

- das Vorsorgemotiv,
- das Konsummotiv und
- das Spekulationsmotiv.

Zum *Vorsorgemotiv* sollen Motive wie

- Rücklagen für Notfälle (Krankheiten, Unfälle),
- eigene Altersvorsorge,
- Vorsorge für die Familie bzw. die Kinder (z.B. Ausbildung, ggf. auch mit Konsumanteil)
- Vorsorge gegen Arbeitslosigkeit

gezählt werden.

Zum *Konsummotiv* gehören Motive wie

- Ansparen für große Reisen oder Urlaub,
- Rücklagen für große Anschaffungen (Auto, Immobilien).[34]

Zum *Spekulationsmotiv* sind Motive wie

- das Bedürfnis nach einer Mehrung des Vermögens oder
- das Bedürfnis nach einer Erhöhung des zukünftigen laufenden Einkommens

gezählt werden.[35]

Eine nicht-repräsentative neue Studie, die die Vermögensanlage von Bankkunden in Aktien, Optionen und Optionsscheine untersucht, beschäftigt sich unter anderem mit den „Motiven für Börsengeschäfte".[36] Die drei am häufigsten genannten Motive, „schneller als herkömmlich Geld verdienen" (65% der Befragten), „Herausforderung und Spiellust" (43%) und „Spaß" (33%), deuten auf die Existenz des Spekulationsmotivs hin. Auch die Antworten auf die Frage nach den Gesichtspunkten, nach denen das aktuelle Depot zusammengestellt worden ist, weisen in die gleiche Richtung: Fast 60% der Befragten nannten „kurzfristige Gewinnmitnahme" als wesentlichen Aspekt.

---

terten Zusammenhang. Vgl. hierzu auch den Überblick bei Veldhoven/ Groenland (1993) und Furnham (1985).

[33] Vgl. hierzu z.B. auch Hauschildt (1977), S. 9, der unter „Zielen" Aussagen mit normativem Charakter versteht, die einen vom Entscheider gewünschten und angestrebten zukünftigen Zustand der Realität beschreiben. *In der Literatur zum Anlegerverhalten werden allerdings die Begriffe „Motiv" und „Ziel" häufig undefiniert nebeneinander verwendet.*

[34] Der Begriff der Rücklagen ist natürlich nicht mit dem gleichlautenden Bilanzbegriff identisch.

[35] Dabei kann eine konkrete Vorstellung darüber, was mit dem erhöhten Vermögen oder Einkommen geschehen soll, fehlen. Szallies (1990), S. 132, verwendet statt Spekulationsmotiv etwas unglücklich den Begriff des Geldanlagemotivs, das als „übergeordnetes Motiv" mißverstanden werden kann.

[36] Vgl. Jüttemann et al. (1996).

Empirische Ergebnisse

In der eigenen Erhebung konnte ein deutlicher *Zusammenhang zwischen den unterschiedenen Motivgruppen und dem jeweiligen Anlageverhalten* aufgedeckt werden.[37] Für das Motiv der Einkommenserzielung sowie zweier Motive der Vorsorge zeigen die nachfolgenden Abbildungen 3 bis 5 den Zusammenhang zur Struktur des Geldvermögen-Portefeuilles auf (Maßstab ist das Vergleichsportefeuille in der mittleren Spalte der Tabelle 2). In der jeweiligen Graphik werden diejenigen Befragten dargestellt, die die einzelnen Motive für wichtig oder sehr wichtig erachten.

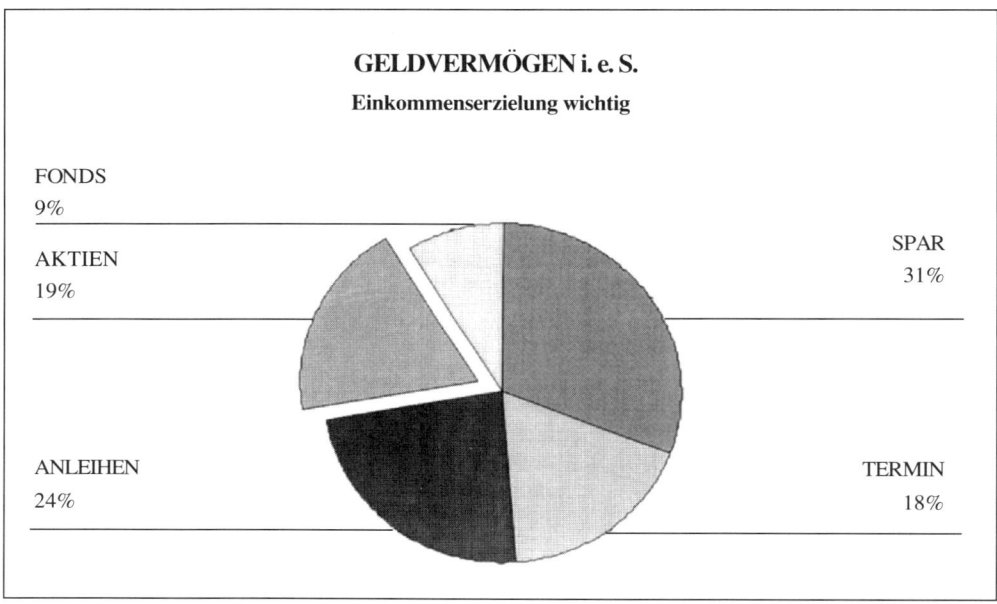

Abb. 3: Motiv der Einkommenserzielung und Geldvermögen-Portefeuille

Anleger, die das Einkommensmotiv für besonders wichtig erachten (vgl. Abbildung 3), halten einen überdurchschnittlichen Anteil Aktien in ihrem Geldvermögen-Portefeuille. Sparformen sind im Vergleich zum Durchschnitt aller Befragten unterrepräsentiert. Private Investoren, die die eigene Vorsorge für wesentlich erachten, legen ihren Anlageschwerpunkt überproportional auf Sparformen (vgl. Abbildung 4). Beim verwandten Motiv der Familien-Vorsorge dagegen werden Wertpapiere stärker bevorzugt (vgl. Abbildung 5). Dieser Unterschied kann u.a. durch eine mehrstufige Vorgehensweise eines Anlegers erklärt werden, der zunächst eine Grundabsicherung vollzieht (eigene Vorsorge) und anschließend auf dieser Basis einen veränderten Risiko-Rendite-Tradeoff anstrebt (Familien-Vorsorge).

---

[37] Zu Details der Erhebung und der Auswertung vgl. Oehler (1995), S. 154-157.

Analyse des Verhaltens privater Anleger 89

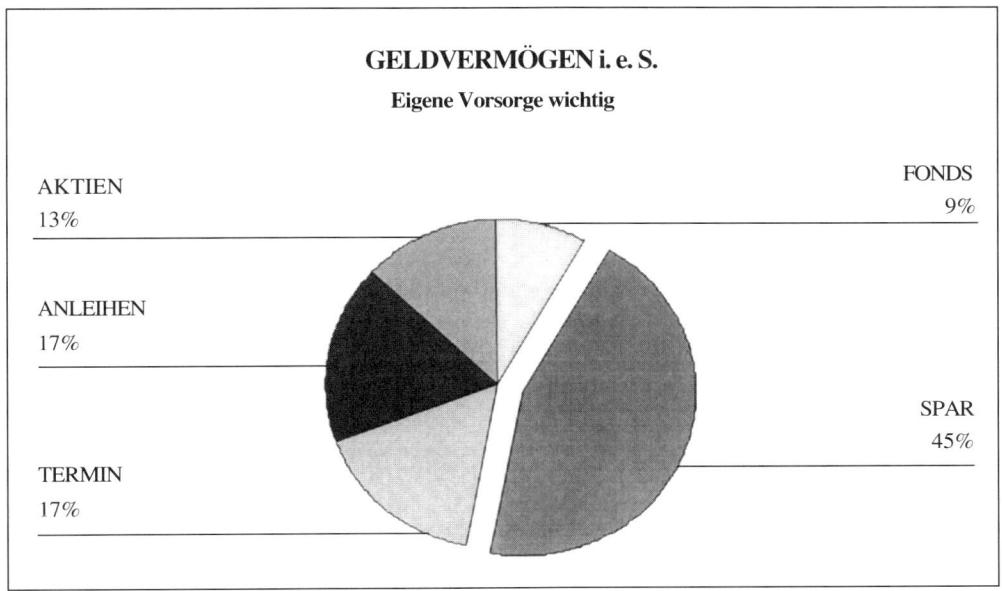

Abb. 4: Motiv der Eigenvorsorge und Geldvermögen-Portefeuille

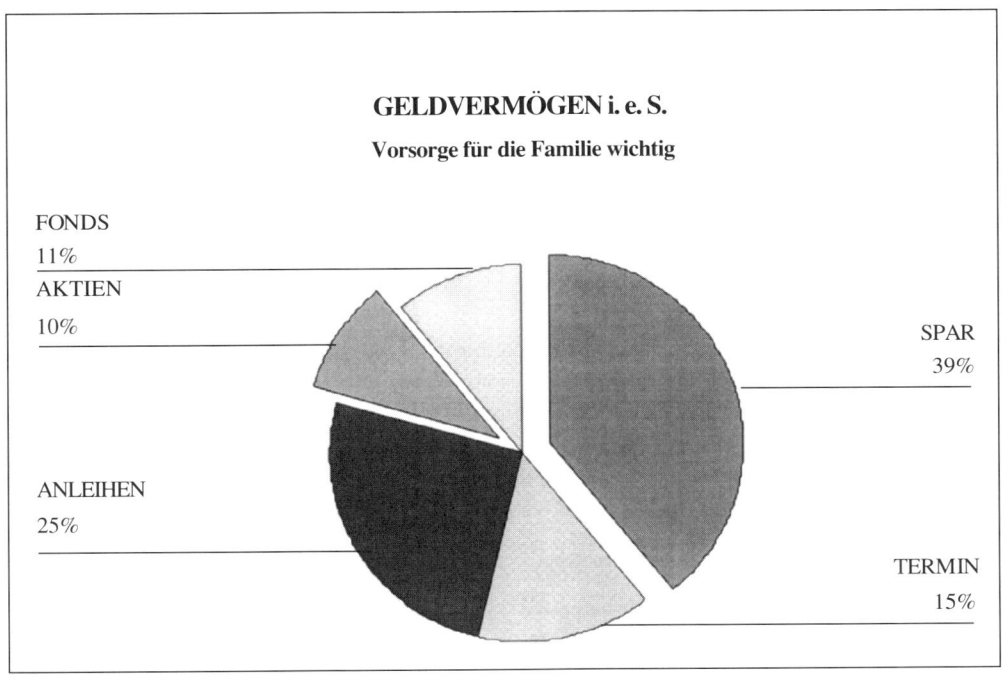

Abb. 5: Motiv der Familienvorsorge und Geldvermögen-Portefeuille

Kognitive Faktoren

Zusätzlich zu der bereits erörterten Einflußgröße des „involvement" (Engagement, Interesse) lassen sich die folgenden kognitiven Faktoren des privaten Anlageverhaltens differenzieren:

- Der *Informationsstand* eines Anlegers einschließlich der Erlebnisse und Erfahrungen (Ergebnisse von Lernprozessen), die *Informationshäufigkeit* und die bei der Informationsaufnahme genutzten *Informationsquellen* (Informationsverhalten);[38]
- das *Ausmaß subjektiver Kontrollüberzeugung* als Grad der Überzeugung, Anlageentscheidungen „im Griff" zu haben und – damit zusammenhängend – die *Bereitschaft zur Delegation* von Anlageentscheidungen (Nutzung von Problemlösungen Dritter);
- die Ziele, die mit Anlageentscheidungen verfolgt werden;
- die Einstellungen und besonders die Risikoeinstellung.

Im weiteren Beitrag wird nur eine Auswahl von Untersuchungsergebnissen zu den genannten Variablen erörtert und mit Daten unterlegt.

Subjektive Kontrollüberzeugung

Dem Kontrollkonzept wird in der Literatur eine große Bedeutung für Anlageentscheidungen, insbesondere bezüglich Wertpapierbörsen, beigemessen.[39] Mit der subjektiven Kontrollüberzeugung wird dabei das Phänomen beschrieben, daß ein Anleger glaubt, seine spezifische Anlagesituation und die daraus resultierenden Ergebnisse bewältigen zu können, sie „im Griff" zu haben.[40] Je stärker die Überzeugung ausgeprägt ist, Kontrolle ausüben zu können, desto mehr fühlt sich ein Individuum kompetent und vertraut seinen eigenen Entscheidungen (subjektive Kompetenz).[41] HEATH und TVERSKY, die das Entscheidungsverhalten mit Lotterien unter Ambiguität untersuchen, stellen dazu fest: „ [...] people prefer to bet in a context where they consider themselves knowledgeable or competent than in a context where there feel ignorant or uninformed."[42]

---

[38] Diese Größen schaffen eine wesentliche Voraussetzung für die Berücksichtigung potentieller Anlagealternativen (subjektive Bekanntheit). Der in diesem Zusammenhang in der Literatur gebrauchte Begriff der „objektiven Kompetenz" (vgl. z.B. Adelt et al. (1993), S. 22) (teilweise als Abgrenzung zur weiter unten angesprochenen subjektiven Kontrollüberzeugung verwendet) erscheint irreführend: Zum einen bezeichnet der Begriff der Kompetenz eher die Fähigkeit zum Umgang mit Wissen (Informationsstand) als ein Synonym zu „Wissen", zum anderen läßt sich aufgrund der Informationswahrnehmungsprozesse eines Anlegers und seines Beurteilers/ Beobachters kaum Objektivität erreichen.
[39] Vgl. Bungard/ Schultz-Gambard (1990), Frey/ Stahlberg (1990).
[40] Vgl. hierzu auch Fischer (1991), S. 27 am Beispiel von Aktionären; vgl. auch Oehler (1991b), S. 605. Vgl. ferner die Hinweise zum Zusammenhang zwischen Anlageverhalten und subjektiver Kontrollüberzeugung bei Maital et al. (1986), S. 279/80 und Schachter et al. (1985), S. 340-341.
[41] Vgl. hierzu auch Kuhlmann (1987) sowie Ostlund (1971) und (1973).
[42] Heath/ Tversky (1991), S. 7.

Die Handlungskontrolle ist als fundamentales Grundbedürfnis[43] eines Individuums einzuschätzen. Ein wahrgenommener Kontrollverlust der relevanten Umwelt führt daher zur Verletzung eines zentralen Wertes.[44] Außer in den genannten grundlegenden Arbeiten wird vor allem in einer Analyse von OESTERREICH (1981) das Konstrukt der Handlungskontrolle spezifiziert. Dieser geht von einem anthropologisch bedingten Streben aus, Kontrolle über die Umwelt zu erhalten und zu erweitern. Dadurch wird auch die bereits erörterte Kontroll- oder Handhabungskompetenz ausgebildet, also das subjektive Wissen um erfolgreiche Problemlösungsstrategien.

In inhaltlicher Verbindung zur subjektiven Kontrollüberzeugung steht die Bereitschaft zur Delegation von Anlageentscheidungen an Dritte (z.B. Berater von Finanzintermediären). Intuitiv wäre anzunehmen, daß mit steigender subjektiver Kompetenz die Bereitschaft sinkt, Anlageentscheidungen oder Teile des Entscheidungsprozesses an Dritte zu übertragen. Dieser Annahme ist allerdings entgegenzuhalten, daß zum einen die Delegation das notwendige Vertrauen[45] in die Entscheidungsqualität des Delegierten voraussetzt und zum anderen eine ausgeprägte Zeitknappheit auch Anleger mit hoher subjektiver Kontrollüberzeugung zur Delegation veranlassen kann. Tatsächlich kommt eine neuere Untersuchung zu dem Ergebnis, daß die Delegationsbereitschaft eine eigenständige Größe der kognitiven Faktoren darstellt, mithin der intuitiv angenommene Zusammenhang nicht nachzuweisen ist.[46] Die eigenen empirischen Befunde stellen dagegen einen grundsätzlichen Zusammenhang zwischen den beiden Einflußfaktoren fest: Bei der Mehrzahl der Anleger mit höherer subjektiver Kontrollüberzeugung liegt die Delegationsbereitschaft niedriger.[47]

---

[43] Vgl. zu diesen Ausführungen und zu den folgenden Absätzen Oehler (1991a), S. 35-36. Vgl. die grundlegenden Arbeiten von Langer (1975), Langer/ Roth (1975) und Wortman (1975); vgl. auch den Überblick bei Wortman (1976). Zur Verwendung des Kontrollkonzeptes in betriebswirtschaftlichen Fragestellungen, insbesondere im Zusammenhang mit Risikoverhalten, vgl. von Engelhardt (1981), S. 378 ff. Es handelt sich bei der Zuordnung der Determinante der subjektiven Kontrollüberzeugung zu den kognitiven Faktoren um einen Grenzfall der Einteilung in motivationale und kognitive Faktoren des Anlageverhaltens. Das Kontrollmotiv, d.h. das Streben von Individuen, Ereignisse und Zustände ihres kognitiven Feldes zu kontrollieren, ist zunächst eher den motivationalen Einflußgrößen zuzurechnen. Die aus dem Kontrollmotiv abgeleitete kognizierte Kontrolle (einschließlich der illusionären Kontrolle) weist allerdings weitgehend kognitiven Charakter auf. Daher wird das gesamte Phänomen unter den kognitiven Faktoren subsumiert.
[44] Vgl. Wortman (1976).
[45] Vgl. hierzu z.B. Bitz/ Oehler (1993b), S. 385-387.
[46] Allerdings lassen sich in der Quelle zu dieser Aussage keine konkreten Daten finden; vgl. Adelt et al. (1993), S. 25.
[47] Eine Minderheit dieser Anlegergruppe ist allerdings – unter anderem wohl aus den genannten Gründen – bereit, Anlageentscheidungen zu delegieren.

Empirische Ergebnisse

Selbst bei einer eher konservativen Interpretation der nur indirekt vorgenommenen Messung des Einflusses der subjektiven Kontrollüberzeugung[48] sowie der Delegationsbereitschaft privater Anleger läßt sich konstatieren, daß Anleger mit hoher subjektiver Kontrollüberzeugung deutlich höhere Anteile an Aktien im Geldvermögen-Portefeuille aufweisen und tendenziell weniger oft Anlageentscheidungen an Finanzintermediäre delegieren (Abbildungen 6 und 7).

Gleichzeitig konnte eruiert werden, daß diese Personen eher weniger Beratung von Intermediären in Anspruch nehmen (Abbildungen 8 bis 10). Abbildung 8 zeigt zunächst die Antwort aller Befragten als Referenz. Die Abbildungen 9 und 10 dokumentieren jeweils die Ergebnisse derjenigen Befragten, für die eine hohe bzw. niedrige subjektive Kompetenz ermittelt wurde. Das Resultat wirft z.B. die Frage auf, ob dieses Ergebnis eher auf eine zurückhaltende Beratung von Kreditinstituten bei der Aktienanlage oder auf ein tendenziell distanziertes Verhältnis der Aktionäre gegenüber der Wertpapierberatung der Finanzintermediäre zurückzuführen ist.

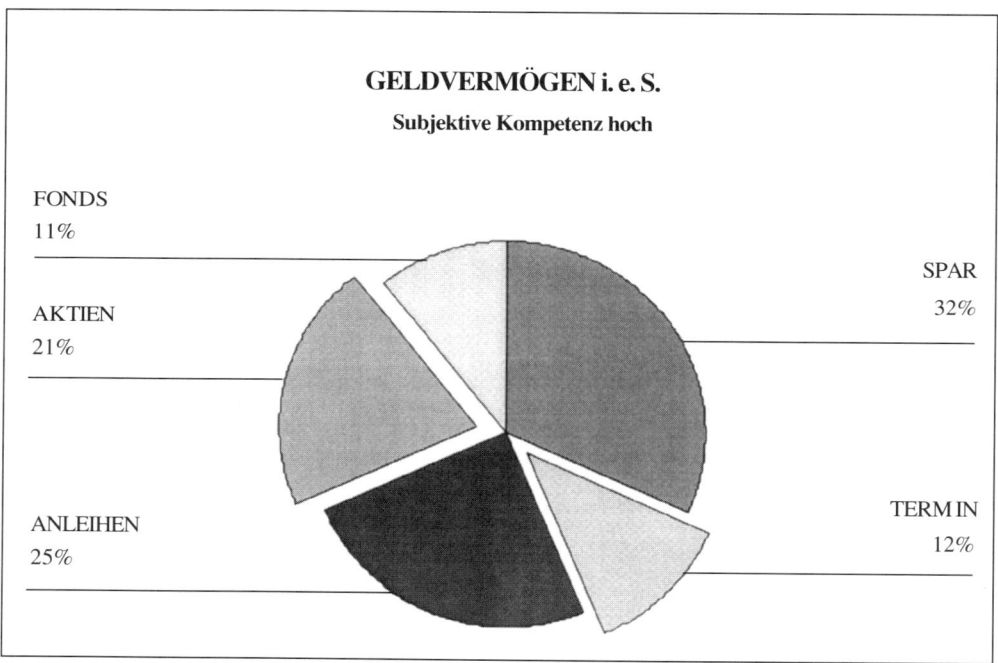

Abb. 6: Hohe subjektive Kompetenz und Geldvermögen-Portefeuille

---

[48] Vgl. zu Details der Operationalisierung und Auswertung Oehler (1995), S. 160-164.

Analyse des Verhaltens privater Anleger 93

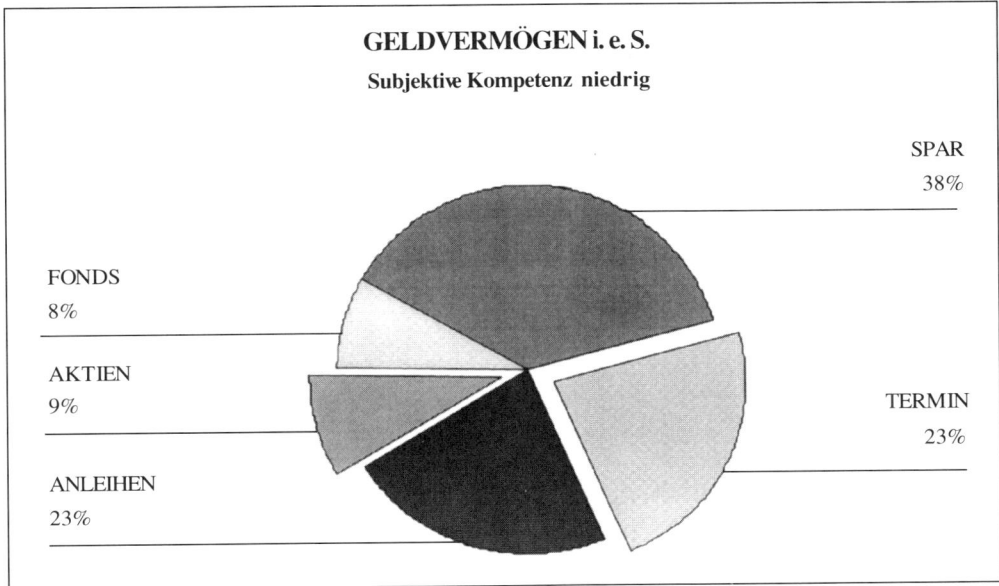

Abb. 7: Niedrige subjektive Kompetenz und Geldvermögen-Portefeuille

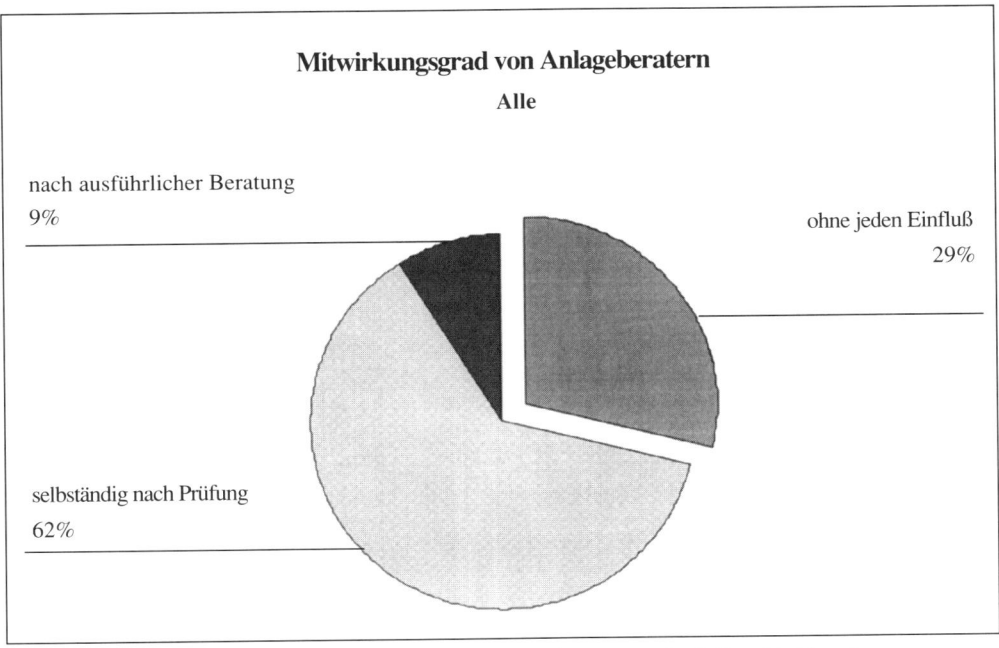

Abb. 8: Mitwirkungsgrad von Anlageberatern bei der Geldanlage und Geldvermögen-Portefeuille

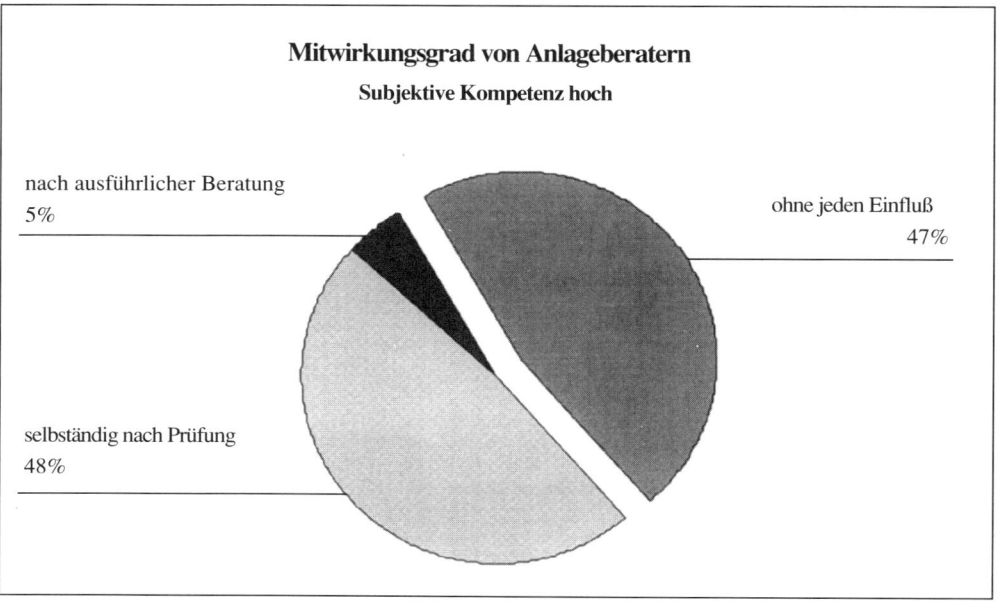

Abb. 9: Mitwirkungsgrad von Anlageberatern bei der Geldanlage bei hoher subjektiver Kompetenz der Anleger und Geldvermögen-Portefeuille

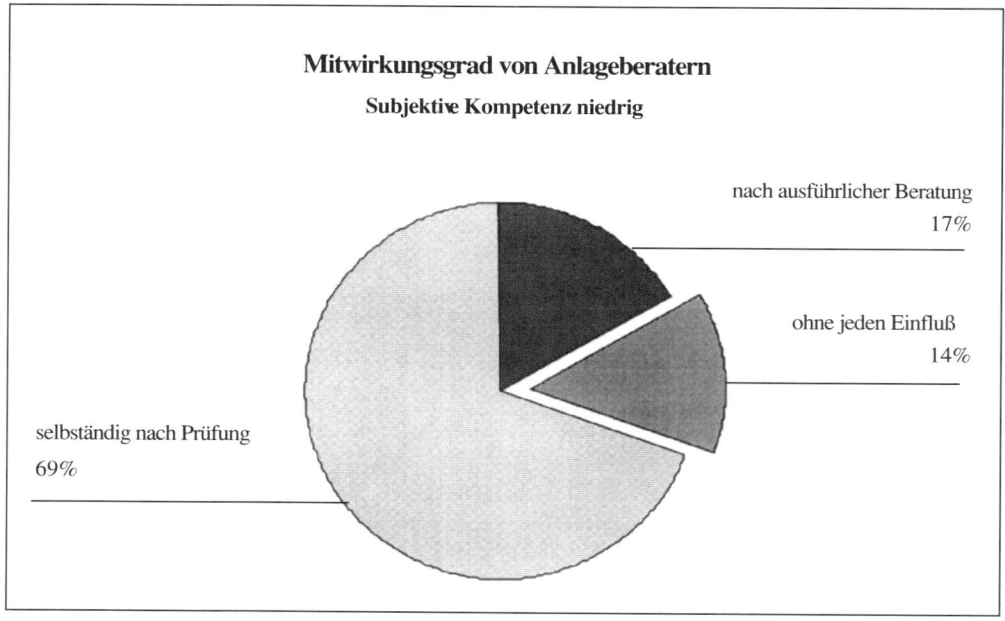

Abb. 10: Mitwirkungsgrad von Anlageberatern bei der Geldanlage bei niedriger subjektiver Kompetenz der Anleger und Geldvermögen-Portefeuille

Ziele privater Anleger

Ziele wurden bei der Erörterung motivationaler Faktoren des Anlageverhaltens als deren Konkretisierung verstanden und in Anlehnung an HAUSCHILDT[49] als Aussagen eines Entscheiders gekennzeichnet, die einen zukünftig anzustrebenden Zustand der Realität beschreiben. Diese Charakterisierung läßt sich weiter in verschiedene Zieldimensionen differenzieren:[50]

- Das *Zielobjekt* stellt den Teilbereich der Realität dar, auf den sich das Streben des Entscheiders konkret richtet (Anlage von Finanzmitteln, Anlageformen).
- Die *Zielvariablen* kennzeichnen die Eigenschaften der Zielobjekte, welche für die Überlegungen eines Entscheiders relevant sind. Die Werte der Zielvariable zeigen den mit der betrachteten Handlungsalternative verbundenen Realisierungsgrad des jeweiligen Ziels an.[51] In Anlehnung an BITZ[52] lassen sich zwei Kategorien von Zielvariablen unterscheiden:
  - *Originäre Zielvariable* beziehen sich unmittelbar auf diejenigen Eigenschaften von Zielobjekten, an denen der Entscheider „letztendlich den Erfolg seines Handelns mißt"[53] (z.B. Größen wie Umsatz oder Gewinn).
  - *Subsidiäre Zielvariable* umfassen dagegen jene Zieleigenschaften, die sich aus der Unsicherheitssituation eines Entscheiders ergeben und die ihm zur Kennzeichnung dieser als besonders wichtig erscheinen. BITZ charakterisiert diese Zielvariablen als „ ... weitgehend nur subjektiv begründbare Einstellung des Entscheidungsträgers gegenüber dem Phänomen der Unsicherheit"[54] (z.B. aus der Unsicherheit über das Eintreffen eines Gewinns: Gewinn- oder Verlustwahrscheinlichkeit).
- Der *Zielmaßstab* stellt die Vorschrift dar, die konkretisiert, wie eine Zielvariable zu quantifizieren ist.[55]
- Die *Zielfunktion* kennzeichnet den Beitrag zur Zielerreichung, den ein Entscheider anstrebt. BITZ spricht sinngemäß vom Optimierungskriterium und unterscheidet die Extremierung (Minimierung, Maximierung), die Fixierung (Erreichen eines genau bestimmten Anspruchsniveaus) sowie die Satisfizierung (Unterschreiten oder Überschreiten eines bestimmten Anspruchsniveaus).[56]
- Der *zeitliche Bezug* der Ziele schließlich bestimmt den Geltungsbereich der Ziele und gibt die zeitliche Begrenzung der Zielerreichung an. Ferner kann diese Zieldimension auch eine Ordnungsrelation für Teilziele (kurz-, mittel-, langfristig; nah, fern) enthalten.

---

[49] Vgl. Hauschildt (1980), Sp. 2419.
[50] Im Schrifttum findet sich auch der Begriff „Zielelemente"; die folgende Differenzierung geht auf die Überlegungen von Hauschildt (1980), Sp. 2419 f. und Hamel (1974), S. 34-38 zurück; vgl. auch Heinen (1976), S. 59 ff. und 87 ff. Vgl. zu weiteren Aspekten eines Zielsystems wie „Zielkonflikte", „Zieldominanz" und „Zielkompromiß" bei Bitz (1981), S. 25 ff. und Hauschildt (1980), Sp. 2420 ff.
[51] Vgl. Bitz (1977), S. 78.
[52] Vgl. Bitz (1977), S. 77-81 und 283 ff., Bitz (1981), S. 34-35.
[53] Bitz (1981), S. 34.
[54] Bitz (1981), S. 34.
[55] Quantifizierung im Sinne einer Operationalisierung, nicht unbedingt in Form einer numerischen Größe.
[56] Bitz (1981), S. 35.

Analysiert man die Beiträge zum Zielsystem privater Anleger im wissenschaftlichen und im praxisorientierten Schrifttum, dann lassen sich die dort genannten Ziele zunächst auf das sogenannte „magische Dreieck" der Anlage reduzieren, das aus den Begriffen „Rentabilitäts-", „Sicherheits-" und „Liquidierbarkeitsstreben" gebildet wird.[57] In Untersuchungen, die sich mit den Zielen privater Anleger beschäftigen, überwiegt die weitgehend undefinierte Verwendung der drei genannten „Eckpunkte" des Dreiecks, auch werden Termini wie „Liquidität" und „Liquidierbarkeit" implizit oder explizit gleichgesetzt.[58] Darüberhinaus wird zuweilen nicht zwischen Motiven, Zielen und Einstellungen (vgl. oben) differenziert.[59]

Die Definition der drei Begriffe des sogenannten „magischen Dreieckes" für diese Arbeit rekurriert auf die beschriebenen Zieldimensionen. Danach läßt sich das Rentabilitätsstreben als originäre Zielvariable charakterisieren, die eine angemessene oder maximale (vgl. Zielfunktion) positive Verzinsung der angelegten Finanzmittel bezeichnet. Diese Definition schließt sowohl eine laufende (potentielle) Entnahme als auch einen (potentiellen) Wertzuwachs mit ein. Sicherheitsstreben und Liquidierbarkeitsstreben lassen sich dagegen als subsidiäre Zielvariable des Rentabilitätsstrebens auffassen. Das Sicherheitsstreben hebt die Unsicherheit über das Ausmaß der Rentabilität als wichtiges Moment der unsicheren Anlagesituation hervor, das Liquidierbarkeitsstreben betont die Unsicherheit über die Halteperiode von Anlageformen und damit das Problem, angelegte Finanzmittel als Zahlungsmittel verwenden zu wollen oder sie in bestimmten Zeiträumen in solche zu transferieren.

Diese drei Zielvariablen können um eine weitere originäre Zielvariable ergänzt werden, die sich mit dem Begriff des Einfachheitsstrebens bezeichnen läßt. Diese Zielvariable umfaßt sowohl das Streben nach einem möglichst geringen Komplexitätsgrad einer Alternative als auch das Verlangen, den laufenden geistigen und physischen Aufwand zur Betreuung einer Anlagealternative gering zu halten. Grundsätzlich kann erwogen werden, diese zweite originäre Zielvariable mit der des Rentabilitätsstrebens zusammenzufassen, indem versucht wird, die Handhabung der Komplexität und der laufenden Verwaltung einer Alternative in quantitative Größen zu transformieren. Einige theoretische und empirische Befunde deuten allerdings darauf hin, daß private Anleger eine solche quantitative Betrachtung nicht vornehmen (können oder wollen)[60] und das Einfachheitsstreben als separate Zielvariable verstehen.[61]

---

[57] Vgl. den Überblick über diese Literatur bei Bitz/ Oehler (1993b), S. 394-395 und Ruda (1988), S. 17-19, 63-67 und S. 96-99.

[58] Zum Begriff der Liquidität vgl. Stützel (1959), S. 622-629.

[59] Vgl. z.B. die Studien von Müller (1992), S. 18 und Adelt et al. (1993), S. 26, die sowohl „Renditestreben" als „Motivation" als auch „Renditeorientierung" als „Einstellungsdimension" bezeichnen.

[60] Vgl. z.B. Thiele (1977): „Informations- und sonstiger Arbeitsaufwand", Wielens (1978): „Verwaltbarkeit der Anlage", Lohr (1980): „leichte Verwaltbarkeit" sowie ADIG (1974): „Geldanlagen, um die man sich nicht kümmern muß", EMNID (1976): „Geldanlage, um die man sich wenig kümmern muß", Spiegel-Verlag (1989): „Geldanlage, um die man sich nur wenig kümmern muß".

[61] Auf diese Weise könnte man zu einem sogenannten „magischen Viereck" gelangen, ein Begriff der jedoch schon anders belegt ist: Mathes (1993) subsumiert hierunter die Begriffe „Rendite", „Risiko", „Anlagehorizont" und „Timing".
Eine weitergehende Ausweitung des Kataloges originärer Zielvariablen z.B. um die Zielvariable „Streben nach Anlage der Finanzmittel in ökologisch sinnvolle Projekte" erscheint grundsätzlich denkbar, wird hier jedoch nicht weiter verfolgt; vgl. Anand/ Cowton (1993).

Empirische Ergebnisse

Die eigene Befragung privater Anleger konzentrierte sich auf die definierten Zieleigenschaften, die originären Zielvariablen „Rendite-" und „Einfachheitsstreben" sowie die beiden subsidiären Zielvariablen „Sicherheits-" und „Liquidierbarkeitsstreben". Die Operationalisierung erfolgte in Anlehnung an die in der Literatur gebräuchliche Fragestellung nach den Anforderungen an eine ideale Geldanlage, die vom Autor bereits in einer früheren Expertenbefragung getestet werden konnte.[62] Die Zielvariablen wurden getrennt für die einzelnen Anlageformen des Geldvermögens erhoben und danach ungewichtet zusammengefaßt.

Als Ergebnis der Auswertungen läßt sich festhalten, daß bei den originären Zielvariablen das Renditestreben deutlich häufiger als das Einfachheitsstreben und bei den subsidiären Zielvariablen das Liquidierbarkeitsstreben deutlich häufiger als das Sicherheitsstreben genannt wird. Diese Resultate entsprechen annähernd den Ergebnissen der Expertenbefragungen in den beiden zitierten Quellen.

Der in der Studie von RUDA postulierte Zusammenhang zwischen der Höhe des Einkommens und den Zielvariablen (z.B. je niedriger (höher) das Einkommen, desto stärker (geringer) das Sicherheitsstreben)[63] kann in den eigenen Befragungsergebnissen nicht gefunden werden.

Risikoeinstellung

Eine Analyse der theoretischen und empirischen Ergebnisse im Schrifttum zu Einstellungen, die das Anlageverhalten betreffen (könnten), führt zu dem Ergebnis, daß Einstellungen zum Sparen und zum Konsum, zur Daseinsorientierung und zu Kredit und Verschuldung unterschieden werden.[64] Alle drei Kategorien von Einstellungen, die in der Literatur auch mit den Begriffen der Spar-, Konsum- und Verschuldungsmentalität belegt sind, lassen nur einen sehr losen Zusammenhang zu Anlageentscheidungen erkennen. Die Aussagen, die mit diesen Konstrukten zur Erklärung des privaten Anlageverhaltens getroffen werden, bleiben sehr allgemein. (z.B.: „Die generelle Einstellung zum Sparen impliziert Normen und Werthaltungen zu Sparsamkeit und Konsumverzicht. Anzunehmen ist, daß das „aufs Spiel setzen" von Erspartem in Konflikt steht zu einer solchen allgemeinen Sparmentalität"[65]).

In der entscheidungs- und finanzierungstheoretischen Literatur wurde mit der sogenannten Risikoeinstellung (besonders in der Ausprägung der Risikoaversion) ein Konstrukt entwickelt, welches als Einflußfaktor für die Entscheidung zwischen Anlagealternativen betrachtet werden kann.[66] Die theoretische Basis hierfür stellt

---

62 Vgl. Oehler (1990b), S. 496; vgl. auch Ruda (1988), S. 222-235.
63 Vgl. Ruda (1988), S. 220 und 232.
64 Vgl. z.B. Adelt et al. (1993), S. 16 f., ADIG (1974), Grunwald (1981), Lellek (1984), Priolo/ Bretschneider (1988), Thiesing (1988) und Fank (1992).
65 Müller (1992), S. 17; die zitierte Studie beschäftigt sich mit einer nicht genau definierten „Risikobereitschaft privater Geldanleger".
66 Für einen Überblick vgl. Bitz (1981), S. 153 ff.; zu weiteren Konstrukten, die sich auch mit der Risikoeinstellung auseinandersetzen, vgl. die Erörterung bei Oehler (1991a), S. 10 ff.

die Risikonutzentheorie (Bernoulli-Prinzip) dar. ARROW und PRATT leiten die Definition der Risikoaversion unmittelbar aus der Risikonutzenfunktion eines Entscheiders ab. Es werden die absolute und die relative Risikoaversion differenziert:[67]

- *absolute Risikoaversion*: $R_A(Y) = - U''(Y) / U'(Y)$,
- *relative Risikoaversion*: $R_R(Y) = - Y*U''(Y) / U'(Y)$,

mit Y = Vermögen eines Investors, U(Y) = Nutzenfunktion in Abhängigkeit des Vermögens, U'(Y) = Grenznutzen des Vermögens, U''(Y) = Substitutionsrate des Grenznutzens in Relation zum Vermögen (zweite Ableitung der Nutzenfunktion).

Auf dieser definitorischen Basis lassen sich in der Literatur im wesentlichen zwei Auffassungen unterscheiden. Während weitgehend Konsens darüber besteht, daß die Mehrzahl der Entscheider einer abnehmenden absoluten Risikoaversion unterliegen, divergieren die Überlegungen hinsichtlich der relativen Risikoaversion. Aufbauend auf der Erörterung von ARROW wird für die vorliegende Studie die absolute Risikoaversion als Relation zwischen Vermögen und absolutem Betrag, der in riskante Anlageformen investiert wird, definiert. Relative Risikoaversion bezeichnet die Relation zwischen Vermögen und prozentualem Anteil, der in riskante Anlageformen angelegt wird:

- ARROW, PRATT und einige Autoren nachfolgender Arbeiten wie SIEGEL/ HOBAN oder SZPIRO formulieren für die Mehrheit der Entscheider eine *zunehmende* relative Risikoaversion.[68]
- Die Untersuchungen von COHN ET AL. und anderer Autoren wie MACCRIMMON/ WEHRUNG oder MORIN/ SUAREZ führen zum Ergebnis einer *abnehmenden* relativen Risikoaversion für die Mehrzahl von Entscheidern. Das gleiche Resultat erhält LEVY in einer neuen, experimentellen Studie.[69]
- Auch die verbleibende Möglichkeit einer *konstanten* relativen Risikoaversion soll nicht unerwähnt bleiben. MACCRIMMON/ WEHRUNG ordnen hier die Studien von BLUME und FRIEND ein.[70] Eine genaue Durchsicht der Veröffentlichungen zeigt jedoch, daß BLUME und FRIEND die konstante relative Risikoaversion auf der Basis des Einkommens und nicht des Vermögens ermitteln. Zudem zeigt eine selbst durchgeführte Sekundäranalyse weiterer Daten von BLUME/ FRIEND, daß eine abnehmende relative Risikoaversion in Relation zum Vermögen für die Mehrheit der Subjekte vorliegt.

Die zuerst genannte und u.a. von den „Urvätern" ARROW und PRATT vertretene Auffassung einer *zunehmenden* relativen Risikoaversion fügt sich in die Sichtweise der neo-klassischen Finanzierungstheorie: „The quadratic utility function has always

---

[67] Vgl. Arrow (1971), S. 92-96, Pratt (1964), S. 122 ff.
[68] Vgl. Arrow (1971), S. 96 ff., Pratt (1964), S. 134-135, Siegel/ Hoban (1982), Szpiro (1983).
[69] Vgl. Cohn et al. (1975), Lampman (1962), MacCrimmon/ Wehrung (1986), Morin/ Suarez (1983), Projector/ Weiss (1966). Vgl. auch Euler (1990), der Daten aus der Einkommens- und Verbrauchsstichprobe des Statistischen Bundesamtes von 1988 vorlegt; eigene Berechnungen mit diesen Daten lassen den Schluß auf eine abnehmende relative Risikoaversion im Durchschnitt der Erhebung zu. Vgl. Levy (1994).
[70] Vgl. MacCrimmon/ Wehrung (1986), S. 254, Blume/ Friend (1975) und (1978), Friend/ Blume (1975).

had a special place in mean variance analysis because the assumption of a quadratic utility function leads to mean variance analysis being optimum."[71] Ähnliches läßt sich für logarithmische Nutzenfunktionen konstatieren, die eine konstante relative Risikoaversion zur Konsequenz haben. ELTON/ GRUBER kommentieren diesen „Zwang zur steigenden relativen Risikoaversion" eindeutig: „The justification for this, however, is often one of *convenience rather than belief* about descriptive accuracy."[72] Dabei gibt es durchaus Nutzenfunktionen, die eine abnehmende absolute *und* relative Risikoaversion in der obigen Definition zur Konsequenz haben. Hierzu gehören z.B. Funktionen des Typs

$$-e^{\alpha Y^{-\beta}}$$

mit α, β> 0.

Empirische Ergebnisse[73]

Die auf den Ansatz von ARROW und PRATT rekurrierenden empirischen Studien weisen vor allem bezüglich der Frage der abnehmenden oder zunehmenden relativen Risikoaversion Divergenzen auf. Ausgehend von der Definition des Geldvermögens i.e.S. werden die Formen der Vermögensanlage in Wertpapiere als risikobehaftet, die Formen der Anlage bei Banken als risikolos angenommen. Mit dieser idealtypischen Einteilung wird natürlich nicht in Frage gestellt, daß es in der Realität einerseits keine völlig risikofreien Anlageformen gibt und andererseits z.B. kurzlaufende Staatstitel als Wertpapiere praktisch nicht zu den risikoreichen Anlageformen zu zählen sind.[74]

In einem ersten Auswertungsschritt kann anhand einer Analyse der Korrelationskoeffizienten nach Pearson eine *abnehmende* absolute und relative Risikoaversion festgestellt werden (Tabelle 3).[75]

---

[71] Elton/ Gruber (1991), S. 200.
[72] Elton/ Gruber (1991), S. 199, Hervorhebung vom Verf.
[73] Vgl. hierzu ausführlich in Oehler (1996b).
[74] Vgl. Cohn et al. (1975), MacCrimmon/ Wehrung (1986), S. 254-255. Im Falle einer feineren Differenzierung verschieden risikoreicher Anlageformen wäre zusätzlich über die beiden allgemeinen Risikoaversionsmaße von ARROW und PRATT hinaus stärker differenzierende Maße erforderlich: Vgl. Cass/ Stiglitz (1972), Finkelshtain/ Chalfant (1993) und Ross (1981).
[75] Vgl. z.B. Hartung/ Elpelt (1986), S. 144 ff. und zu den hier verwendeten 2-seitigen t-Tests S. 153 ff. Allerdings handelt es sich, durch die Anlage der Erhebung begründet, um Querschnittsdaten. Eine intra-personale Untersuchung anhand einer Längsschnittstudie ist dem Autor nicht bekannt; eine solche Untersuchung konnte aus zeitlichen und ökonomischen Gründen nicht durchgeführt werden, sie wäre aber strenggenommen notwendig gewesen, um die Risikoeinstellung eines Individuums zu ermitteln (die relative Risikoaversion bezieht sich auf die Vermögensänderung *eines* Individuums im Zeitablauf); vgl. Oehler (1996b), S. 11.

Anlageformen	Korrelationskoeffizienten zum Geldvermögen i.e.S.	
	mit absolutem Betrag	mit relativem Anteil
Sparformen	0.42***	-0.20***
Festgeld	0.39***	0.03
Festverzinsliche	0.84***	0.14***
Aktien	0.83***	0.09***
Fonds-Anteile[b]	0.60***	-0.02

t-Tests (2-seitig): *** = Signifikanzniveau α=0,01.

Tab. 3: Korrelationskoeffizienten zwischen dem Geldvermögen i.e.S. und den einzelnen Anlageformen nach absolutem Betrag und relativem Anteil

Betrachtet man die positiven Korrelationskoeffizienten der linken Spalte der Tabelle 3 für die Wertpapierformen, dann zeigt sich erwartungsgemäß eine *abnehmende absolute Risikoaversion* (zunehmender absoluter Betrag, der mit steigendem Vermögen in Wertpapiere investiert wird). Gleichzeitig zeigt sich in der Ausprägung der Korrelationskoeffizienten der rechten Spalte der Tabelle 3, daß die *relative Risikoaversion ebenfalls abnimmt*: Die Koeffizienten der relativen Anteile der risikobehafteten Wertpapieranlagen sind signifikant positiv, der Koeffizient für die risikoarmen Sparformen signifikant negativ. Der relative Anteil an Formen der Wertpapieranlage nimmt also mit steigendem Geldvermögen zu, der der Sparformen dagegen ab.

In einem zweiten Analyseschritt kann das Ergebnis der abnehmenden relativen Risikoaversion auch an der Portefeuillestruktur des Geldvermögens in Abhängigkeit von der Höhe des Geldvermögens demonstriert werden (Tabelle 4).

Die Daten der Tabelle 4 zeigen, daß mit steigendem Geldvermögen der relative Anteil der Sparformen deutlich abnimmt (von 52% auf 14%) und der prozentuale Anteil der Vermögensanlage in Wertpapiere stark ansteigt (von 28% auf 53%).[76]

---

[76] Zu einem vergleichbaren Ergebnis gelangt man, wenn man eine repräsentative Umfrage der Stiftung Warentest (vgl. o.V. (1991)) näher analysiert. Auf die Frage nach der Anlageform für einen Lottogewinn in Höhe von TDM 100 gaben 21% Sparformen, 22% Festgeld, 43% Renten, 9% Aktien und 5% Fondsanteile an (eigene Berechnungen). Vergleicht man die Strukturveränderung zwischen dieser *zusätzlichen* Vermögenskomponente und dem Bundesdurchschnitt (rechte Spalte in Tabelle 2), dann zeigt sich eine deutliche Veränderung zugunsten eher riskanter Anlageformen.

	Anteile am Geldvermögen-Portefeuille in % nach TDM-Klassen des Geldvermögens						
Anlageformen	<20	20≤ <40	40≤ <60	60≤ <80	80≤ <100	≥100	Alle
Sparformen	52	27	18	17	20	14	36
Festgeld	11	21	27	28	23	24	17
Festverzinsliche	16	29	34	25	33	35	23
Aktien	12	13	15	19	21	18	14
Fonds-Anteile	10	10	06	11	03	09	10

a   Die Gruppengrößen (Anzahl der Befragten in den sechs Spalten) betragen 327, 155, 84, 40, 19 und 50 Teilnehmer, 148 Fälle wurden aus der Auswertung ausgeschlossen, da sie in einer der Variablen ein „missing" aufwiesen („listwise deletion"). Differenzen in den Summen durch Runden der Zahlen.

Tab. 4: Höhe des Geldvermögens i.e.S. und Portefeuillestruktur

5. Umwelteinflüsse auf das Verhalten privater Anleger

Entsprechend der oben kurz erörterten Systematik der Einflußfaktoren und Prozeßvariablen des Anlageverhaltens privater Investoren zählen zu den Umwelteinflüssen die einzel- und gesamtwirtschaftlichen Informationen sowie das soziale Umfeld im weitesten Sinne. Aus Platzgründen fokussiert der weitere Beitrag *nur* auf das *Wirtschaftsklima* als gesamtwirtschaftlicher Einflußgröße und betrachtet Variable des sozialen Umfeldes wie die Lebensphase als Bündel von Variablen der persönlichen Situation in Relation zu (Ehe-) Partnerentscheidungen oder den Zusammenhang zwischen den Ein- und Mehrfachbankverbindungen und privaten Anlageentscheidungen an dieser Stelle nicht.[77]

Wirtschaftsklima

Mit den unter deskriptivem Anspruch begründeten Zweifeln am Modell des homo oeconomicus als Wirtschaftssubjekt, das mit unendlicher Reaktionsgeschwindigkeit auf der Grundlage vollständiger Informationen jederzeit im Sinne objektiver Rationalität seinen Nutzen maximiert, rücken – ursprünglich in der Wirtschaftspsychologie entwickelte – Überlegungen in den Vordergrund, die davon ausgehen, daß Verhaltensweisen von Individuen situationsabhängig und damit inter- und intrapersonal unterschiedlich ausfallen können. Diese Sichtweise wurde wesentlich durch die Arbeiten von Katona seit Beginn der sechziger Jahre initiiert und gefördert.[78]

---

[77] Vgl. für eine ausführliche Erörterung Oehler (1995), S. 80-86 und 178-188.
[78] Vgl. Katona (1960) und (1975) sowie Strümpel/ Katona (1983).

Die Überlegungen von Katona haben in der Folge unter anderem zur Entwicklung von Meßkonzepten geführt, mit denen die Wirkungen des Einflusses gesamtwirtschaftlicher Rahmenbedingungen (z.B. Arbeitsmarktlage, Inflationsentwicklung) auf das individuelle Verhalten abgeschätzt werden können. Die Vielzahl möglicher Faktoren, deren Operationalisierung problematisch ist, und die existierenden, überwiegend komplexen Wechselwirkungen haben zur Folge, daß auf eine direkte Messung der Wirkung auf das Verhalten der Wirtschaftssubjekte zugunsten einer indirekten (indikatoriellen) Messung[79] über die entstandenen und veränderten Erwartungen der Individuen weitgehend verzichtet wird. Unter Erwartungen werden im Kontext dieser Arbeit subjektive Vorstellungen eines Entscheiders über zukünftige Zustände unter Berücksichtigung eines zeitlichen Vorgangs und der eigenen Erfahrungen verstanden.

Empirische Ergebnisse[80]

In der Auswertung der eigenen empirischen Erhebung stand zunächst die Relation zwischen der Einschätzung der Wirtschaftslage der Bundesrepublik Deutschland (alte Länder) in den vergangenen und den zukünftigen 12 Monaten und der zukünftigen Geldanlage im Vordergrund. Zusammenfassend läßt sich anhand der Ergebnisse konstatieren, daß

- mit zunehmender positiver Einschätzung der Wirtschaftslage auch eher die Geldanlagemöglichkeit aussichtsreich beurteilt wird und
- Anleger mit hohen Anlagebeträgen eher eine zukünftige Geldanlage für möglich halten als solche mit niedrigen Anlagebeträgen.

Offenbar steht bei den Befragten die Einschätzung im Vordergrund, im Zuge einer schlechteren wirtschaftlichen Entwicklung durch geringere Einkommen(ssteigerungen) weniger wahrscheinlich Geld für Nicht-Konsum übrig zu behalten. Außerdem treffen die Ergebnisse der Befragung keine Aussage über den Anteil der Geldanlagen, die unter Vorsorgemotiven vorgenommen werden. Die Resultate stellen erwartungsgemäß die Einschätzung der Anleger fest, daß die Chance, Geld anlegen zu können, im Zuge einer besseren wirtschaftlichen Entwicklung, z.B. aufgrund möglicher Einkommenssteigerungen und/oder durch geringere Preissteigerungen bei Konsumgütern, größer sind als unter dem Regime einer schlechteren Wirtschaftslage.

Auch das zweite Ergebnis erscheint plausibel: Wirtschaftssubjekte, die höhere Anlagebeträge aufbringen konnten, erwarten aufgrund ihres mutmaßlich damit verbundenen wirtschaftlichen Status (Nettoeinkommen, auch aus Anlagevermögen) eher, daß ihnen die Möglichkeit zur Geldanlage grundsätzlich erhalten bleibt, als individuelle Anleger, denen schon in der jüngsten Vergangenheit keine größeren Beträge zur Anlage zur Verfügung standen.

---

[79] Vgl. zum indirekten Messen die Erörterung bei Oehler (1990a), S. 63 ff.
[80] Vgl. für eine ausführliche Erörterung der Erhebung und der Auswertung Oehler (1995), S. 70-73 und 172-178.

Abschließend soll noch eine andere Fragestellung analysiert werden, die in den bisher bekannten Forschungsarbeiten zum Einflußfaktor der wirtschaftlichen Rahmenbedingungen auf das Anlageverhalten nicht systematisch untersucht worden ist, nämlich: welche Portefeuillestrukturen des Geldvermögens halten individuelle Investoren, die zukünftig eine positive oder eine negative Entwicklung der Wirtschaftslage erwarten. Die Befragung berücksichtigt die drei Indikatoren für die Beurteilung der zukünftigen Wirtschaftslage: Einschätzung der ökonomischen Situation in den nächsten 12 Monaten insgesamt, Erwartung über die Preisentwicklung und Einschätzung der Geldanlagemöglichkeit.

- Die zum Einfluß dieses „Wirtschaftsklimas" eruierten Befunde zeigen einige interessante und bezüglich einiger Aspekte bislang in dieser Form noch nicht erhobene Zusammenhänge auf. Hierzu gehören z.B. die Ergebnisse zur Relation zwischen den hinsichtlich der zukünftigen Wirtschaftsentwicklung gehegten Erwartungen und der Portefeuillestruktur und dabei speziell dem Aktienanteil am Geldvermögen-Portefeuille.
- Ausgehend von diesen empirischen Ergebnissen liegt es nahe, eine detailliertere Forschung zu initiieren, die sich z.B. mit dem Befund auseinandersetzen könnte, daß die Inflationserwartung in einem positiven Zusammenhang mit den Portefeuilleanteilen an Aktien, hingegen in einer negativen Relation zu Sparformen steht. Ein solches Anlageverhalten entspricht durchaus rationalen (theoriekonformen) Verhaltensanforderungen und deutet auf die Einschätzung von Anlegern hin, Aktien als eher „inflationsresistent" zu beurteilen. Dieses Resultat erscheint auch vor dem Hintergrund der häufig gestellten Forderung einer breiten Streuung des Aktienbesitzes in der Bevölkerung als sozialpolitisches Ziel interessant.

6. Ausblick

Die in der schriftlichen Befragung gewonnenen empirischen Befunde zum *Verhalten privater Anleger* ermöglichen in Verbindung mit den theoretischen Überlegungen eine erste grundsätzliche Erklärungsstruktur. Das aufgezeigte Geflecht von Determinanten, die maßgeblichen Einfluß auf das Anlageverhalten ausüben, kann derzeit noch nicht als geschlossenes Konzept formuliert werden. Allerdings erscheint die weitere Erforschung des Zusammenhangs der extrahierten Variablen mit dem Verhalten privater Anleger aussichtsreich, um zunächst ein vollständiges deskriptives Modell zu entwickeln. In letzter Konsequenz kann diese Vorgehensweise zu einem einzelwirtschaftlich orientierten und verhaltenswissenschaftlich fundierten Modell des privaten Anlageverhaltens mit präskriptiven Charakter führen, das es u.a. erlaubt, Aussagen abzuleiten, welche Verhaltensweisen als rational, d.h. zielbezogen, und welche als nicht rational zu bezeichnen sind.

Literaturverzeichnis

Adelt, P./ Müller, H./ Wiswede, G. (Adelt et al., 1993): Ergebnisse des Forschungsprojektes „Entwicklung eines Meßinstruments zur Erfassung von Sparmentalität", in: *Mitteilungen der Gesellschaft zur Förderung der wissenschaftlichen Forschung über das Spar- und Girowesen*, 1993, Nr. 36, April, S. 11-44.

ADIG-Investment (Hrsg.) (ADIG, 1974): *Status und Chancen von Investment*, München/ Frankfurt am Main 1974.

Anand, P./ Cowton, C. J. (Anand/ Cowton, 1993): The ethical investor: Exploring Dimensions of Investment Behaviour, in: *Journal of Economic Psychology*, Vol. 14, 1993, S. 377-385.

Arrow, K. J. (Arrow, 1971): *Essays in the Theory of Risk-Bearing*, Amsterdam 1971.

Baker, H. K./ Hargrove, M. B./ Haslem, J. A. (Baker et al., 1977): An Empirical Analysis of the Risk-Return Preferences of Individual Investors, in: *Journal of Financial and Quantitative Analysis*, Vol. 11, 1977, S. 377-389.

Baker, H. K./ Haslem, J. A. (Baker/ Haslem, 1973): Information Needs of Individual Investors, in: *Journal of Accountancy*, 1973, S. 64-69.

Baker, H. K./ Haslem, J. A. (Baker/ Haslem, 1974a): The Impact of Investor Socioeconomic Characteristics on Risk and Return Preferences, in: *Journal of Business Research*, Vol. 15, 1974, S. 469-476.

Baker, H. K./ Haslem, J. A. (Baker/ Haslem, 1974b): Toward the Development of Client-Specified Valuation Models, in: *Journal of Finance*, Vol. 29, 1974, S. 1255-1263.

Bartels, J. (Bartels, 1993): Absolventen des Fachbereichs Wirtschaftswissenschaft, Ergebnisse einer Repräsentativbefragung, Fernuniversität Hagen, Hagen 1993.

Bitz, M. (Bitz, 1977): *Die Strukturierung ökonomischer Entscheidungsmodelle*, Wiesbaden 1977.

Bitz, M. (Bitz, 1981): *Entscheidungstheorie*, München 1981.

Bitz, M./ Oehler, A. (Bitz/ Oehler, 1993a): Überlegungen zu einer verhaltenswissenschaftlich fundierten Kapitalmarktforschung, Teil I, in: *Kredit und Kapital*, 26. Jg., 1993, S. 246-273.

Bitz, M./ Oehler, A. (Bitz/ Oehler, 1993b): Überlegungen zu einer verhaltenswissenschaftlich fundierten Kapitalmarktforschung, Teil II, in: *Kredit und Kapital*, 26. Jg., 1993, S. 375-416.

Blume, M. E./ Friend, I. (Blume/ Friend, 1975): The Asset Structure of Individual Portfolios and Some Implications for Utility Functions, in: *Journal of Finance*, Vol. 30, 1975, S. 585-603.

Blume, M. E./ Friend, I. (Blume/ Friend, 1978): *The Changing Role of the Individual Investor*, New York et al. 1978.

Bungard, W./ Schultz-Gambard, J. (Bungard/ Schultz-Gambard, 1990): Überlegungen zum Verhalten von Börsenakteuren; in: Maas, P./ Weibler, J. (Hrsg.), *Börse und Psychologie*, Köln 1990, S. 140-161.

Bundesverband der Volks- und Raiffeisenbanken (Hrsg.) (BVR, 1987): Anlegerverhalten und Anlagemotive; in: *Volkswirtschaft special*, 1987, Nr. 15.

Bundesverband der Volks- und Raiffeisenbanken (Hrsg.) (BVR, 1992): Anlegerverhalten und Anlagemotive; in: *Volkswirtschaft special*, 1992, Nr. 8.

Camerer, C. (Camerer, 1989): An Experimental Test of Several Generalized Utility Theories, in: *Journal of Risk and Uncertainty*, Vol. 2, 1989, S. 61-104.

Cass, D./ Stiglitz, J. E. (Cass/ Stiglitz, 1970): The Structure of Investor Preferences and Asset Returns, in: *Journal of Economic Theory*, Vol. 2, 1970, S. 122-160.

Cohen, K. J. et al. (Cohen et al., 1986): *Microstructure of Securities Markets*, Englewood Cliffs 1986.

Cohn, R. A. et al. (Cohn et al., 1975): Individual Investor Risk Aversion and Investment Portfolio Composition, in: *Journal of Finance*, Vol. 30, 1975, S. 605-620.

Deutsche Bundesbank (Deutsche Bundesbank, 1987): *Die Entwicklung der Wertpapierdepots im Jahre 1986*, Frankfurt am Main 1987.

Deutsche Bundesbank (Deutsche Bundesbank, 1992): Die Entwicklung des Geld- und Sachvermögens westdeutscher privater Haushalte in den letzten zwanzig Jahren, in: *Monatsberichte*, April, Frankfurt am Main, S. 14-20.

Deutsche Bundesbank (Deutsche Bundesbank, 1993): Zur Vermögenssituation der privaten Haushalte in Deutschland, in: *Monatsberichte*, Oktober, Frankfurt am Main, S. 19-32.

Eckes, T./ Six, B. (Eckes/ Six, 1994): Fakten und Fiktionen in der Einstellungs-Verhaltens-Forschung: Eine Meta-Analyse, in: *Zeitschrift für Sozialpsychologie*, 1994, S. 253-271.

Ehling, M./ von der Heyde, C./ Hoffmeyer-Zlotnik, J. H. P./ Quitt, H. (Ehling et al., 1992): Eine deutsche Standarddemographie; in: *ZUMA-Nachrichten*, 1992, Nr. 31, S. 29-46.

Elton, E. J./ Gruber, M. J. (Elton/ Gruber, 1991): *Modern Portfolio Theory and Investment Analysis*, 4th ed., New York 1991.

EMNID-Institut (EMNID, 1976): *Geldverhalten und Geldbewußtsein in der Bevölkerung*, Bielefeld 1976.

Euler, M. (Euler, 1990): Geldvermögen und Schulden privater Haushalte Ende 1988, in: *Wirtschaft und Statistik*, 1990, S. 798-808.

Euler, M. (Euler, 1991): Das Geldvermögen privater Haushalte in der Bundesrepublik im Jahre 1988, in: *Sparkasse*, 108. Jg., 1991, S. 150-158.

Fama, E.F. (Fama, 1976): *Foundations of Finance*, New York 1976.

Fank, M. (Fank, 1992): *Strukturanalyse zum Umgang mit Geld aus verhaltenstheoretischer Sicht*, Frankfurt et al. 1992.

Finkelshtain, I./ Chalfant, J. A. (Finkelshtain/ Chalfant, 1993): Portfolio Choice in the Presence of other Risks, in: *Management Science*, Vol. 39, 1993, S. 925-936.

Fischer, L. (Fischer, 1991): Der Typus des Aktionärs, in: *ZA-Information*, 1991, Nr. 28, S. 20-38.

Franke, G. (Franke, 1987): Organisation und Regulierung internationaler Finanzmärkte, in: Schneider, D. (Hrsg.), *Kapitalmarkt und Finanzierung*, Berlin 1987, S. 429-444.

Frey, D./ Stahlberg, D. (Frey/ Stahlberg, 1990): Erwartungsbildung und Erwartungsveränderungen bei Börsenakteuren, in: Maas, P./ Weibler, J. (Hrsg.), *Börse und Psychologie*, Köln 1990, S. 102-139.

Friend, I. (Friend, 1977): The Demand for Risky Assets, in: Levy, H./ Sarnat, M. (eds.), *Financial Decisions under Uncertainty*, New York et al. 1977, S. 65-82.

Friend, I./ Blume, M.E. (Friend/ Blume, 1975): The Demand for Risky Assets, in: *American Economic Review*, Vol. 65, 1975, S. 900-922.

Furnham, A. (Furnham, 1985): Why Do People Save? Attitudes to, and Habits of, Saving Money in Britain, in: *Journal of Applied Social Psychology*, 1985, S. 354-373.

Grunwald, J.-G. (Grunwald, 1981): Eine Analyse der privaten Kapitalanlage; in: *Wirtschaftswissenschaftliches Studium*, 10. Jg., 1981, S. 1-8.

Hamel, W. (Hamel, 1974): *Zieländerungen im Entscheidungsprozeß*, Tübingen 1974.

Harrison, W. (Harrison, 1986): An Experimental Test for Risk Aversion, in: *Economics Letters*, Vol. 21, 1986, S. 7-11.

Hartung, J./ Elpelt, B. (Hartung/ Elpelt, 1986): *Multivariate Statistik*, 2. Aufl., München/ Wien 1986.

Hauschildt, J. (Hauschildt, 1977): *Entscheidungsziele*, Tübingen 1977.

Hauschildt, J. (Hauschildt, 1980): Zielsysteme, in: Grochla, E. (Hrsg.), *Handwörterbuch der Organisation*, 2. Aufl., Stuttgart 1980, Sp. 2419-2430.

Heath, C./ Tversky, A. (Heath/ Tversky, 1991): Preference and Belief: Ambiguity and Competence in Choice under Uncertainty, in: *Journal of Risk and Uncertainty*, Vol. 8, 1991, S. 5-28.

Heinen, E. (Heinen, 1976): *Grundlagen betriebswirtschaftlicher Entscheidungen. Das Zielsystem der Unternehmung*, 3. Aufl., Wiesbaden 1976.

Hippler, H.-J./ Schwarz, N./ Singer, E. (Hippler et al., 1990): Der Einfluß von Datenschutzzusagen auf die Teilnahmeberitschaft an Umfragen, in: *ZUMA-Nachrichten*, 1990, Nr. 27, S. 54-67.

Hoffmeyer-Zlotnik, J. H. P. (Hoffmeyer-Zlotnik, 1993): Operationalisierung von „Beruf" als zentrale Variable zur Messung von sozio-ökonomischem Status, in: *ZUMA-Nachrichten*, 1993, 17. Mai, S. 135-141.

Hoffmeyer-Zlotnik, J. H. P./ Ehling, M. (Hoffmeyer-Zlotnik/ Ehling, 1991): Demographische Standards für Deutschland. Ein Instrumentenentwurf, in: *ZUMA-NAchrichten*, 1991, Nr. 28, S. 29-40.

Iber, B. (Iber, 1987): *Entwicklung der Aktionärsstruktur deutscher börsennotierter Aktiengesellschaften*, Kiel 1987.

Jüttemann, G./ Appel, S./ Marks, F. (Jüttemann et al., 1996): Der Einfluß von Informationen auf die Kauf- und Verkaufsentscheidungen von Kleinanlegern im Hinblick auf Aktien, Optionsscheine und Optionen, Forschungsbericht Nr. 3, Technische Universität Berlin, Berlin 1996.

Keeney, R. L./ Raiffa, H. (Keeney/ Raiffa, 1976): *Decisions with Multiple Objectives*, New York et al. 1976.

Keller, E. (Keller, 1992): *Entscheidungswirkungen von Bankbilanzen am Aktienmarkt*, Heidelberg 1992.

Keynes, J. M. (Keynes, 1936): *The General Theory of Employment, Interest and Money*, London 1936.

Krelle, W. (Krelle, 1968): *Präferenz- und Entscheidungstheorie*, Tübingen 1968.

Kuhlmann, E. (Kuhlmann, 1987): Kaufrisiko, in: Hoyos, C. et al. (Hrsg.), *Wirtschaftspsychologie in Grundbegriffen*, München/ Weinheim 1987, S. 522-533.

Lampman, R. (Lampman, 1962): *Share of the Top Wealth-Holders in National Wealth 1922 – 1956*, Princeton 1962.

Langer, E. J. (Langer, 1975): The Illusion of Control, in: *Journal of Personality and Social Psychology*, 1975, S. 311-328.

Langer, E. J./ Roth, J. (Langer/ Roth, 1975): Heads I Win, Tails It's Chance: The Illusion of Control as a Function of the Sequence of Outcomes in a Purely Chance Task, in: *Journal of Personality and Social Psychology*, 1975, S. 951-955.

Lease, R. C. (Lease, 1974): The Individual Investor, in: *Journal of Finance*, Vol. 29, 1974, S. 413-433.

Lease, R. C./ Lewellen, W. G./ Schlarbaum, G. G. (Lease et al., 1974): The Individual Investor, in *Journal of Finance*, Vol. 29, 1974, S. 413-433.

Lease, R. C./ Lewellen, W. G./ Schlarbaum, G. G. (Lease et al., 1976): Market Segmentation, in: *Financial Analysts Journal*, Vol. 42, 1976, S. 53-60.

Lellek, H. U. (Lellek, 1984): Feststellungen zur Struktur und zum Verhalten privater Geldanleger, in: *Sparkasse*, 101. Jg., 1984, S. 298-310.

Leverkus, J. C. (Leverkus, 1969): *Das Verhalten der Kleinaktionäre in seiner Bedeutung für die Eigentumspolitik*, Berlin 1969.

Levy, H. (Levy, 1994): Absolute and Relative Risk Aversion: An Experimental Study, in: *Journal of Risk and Uncertainty*, Vol. 8, 1994, S. 289-307.

Lewellen, W. C./ Lease, R. C / Schlarbaum, G. G. (Lewellen et al., 1977): Patterns of Investment Strategy, in: *Journal of Business*, Vol. 49, 1977, S. 296-333.

Lewellen, W. C./ Lease, R.C./ Schlarbaum, G. G. (Lewellen et al., 1979): Investment Performance and Investor Behavior, in: *Journal of Financial and Quantitative Analysis*, Vol. 14, 1979, S. 233-257.

Lohr, R. (Lohr, 1980): *Geld anlegen – sicher und rentabel*, Stuttgart 1980.

MacCrimmon, K. R./ Wehrung, D. A. (MacCrimmon/ Wehrung, 1986): *Taking Risks*, New York/ London 1986.

Maital, S./ Filer, R./ Simon, J. (Maital et al., 1986): What do People bring to the Stock Market (besides money)?, in: Gilad, B./ Kaish, S. (eds.), *Handbook of Behavioral Economics*, Vol. B, London et al. 1986, S. 273-308.

March, J. G. (March, 1988): Variable Risk Preferences and Adaptive Aspirations, in: *Journal of Economic Behavior and Organization*, Vol. 9, 1988, S. 5-24.

Mathes, M. (Mathes, 1993): Aktienfonds: Durchbruch noch nicht erreicht. Das magische Viereck der Aktienanlage transparent machen; in: *Börsen-Zeitung*, Beilage vom 5. Juni 1993, S. 22.

Möller, H. P. (Möller, 1995): Kapitalmarktforschung, empirische, in: Gerke, W./ Steiner, M. (Hrsg.), *Handwörterbuch des Bank- und Finanzwesens*, 2. Aufl., Stuttgart 1995, Sp. 1143-1154.

Morin, R.-A./ Suarez, F. (Morin/ Suarez, 1983): Risk Aversion Revisited, in: *Journal of Finance*, Vol. 38, 1983, S. 1201-1216.

Müller, H. (Müller, 1992): Zur Risikobereitschaft privater Geldanleger, Vortragsmanuskript, September, Köln 1992.

o.V. (o.V., 1991): Fataler Trend zum Sparkonto, in: *Finanztest*, 1. Jg., 1991, S. 8.

Oehler, A. (Oehler, 1990a): *Die Akzeptanz der technikgestützten Selbstbedienung im Privatkundengeschäft von Universalbanken*, Stuttgart 1990.

Oehler, A. (Oehler, 1990b): Das Anlageverhalten von Privatkunden – die Sicht der Anlageberater, in: *Sparkasse*, 107. Jg., 1990, S. 493-497.

Oehler, A. (Oehler, 1991a): Anlageverhalten als Entscheidungsprozeß – die

Anwendung des Informationsverabeitungsansatzes und des Problemhandhabungsansatzes zur Erklärung von Anlegerverhalten, Diskussionspapier Nr. 164, Diskussionsbeiträge des Fachbereich Wirtschaftswissenschaft der Fernuniversität Hagen, Hagen 1991.

Oehler, A. (Oehler, 1991b): „Anomalien" im Anlegerverhalten, in: *Die Bank*, o. Jg., 1991, S. 600-607.

Oehler, A. (Oehler, 1992a): „Anomalien", „Irrationalitäten" oder „Biases" der Erwartungsnutzentheorie und ihre Relevanz für Finanzmärkte, in: *Zeitschrift für Bankrecht und Bankwirtschaft*, 4. Jg., 1992, S. 97-124.

Oehler, A. (Oehler, 1992b): Empirisch-experimentelle Analyse des Verhaltens privater Anleger im Kapitalmarktzusammenhang auf der Basis einer verhaltenswissenschaftlich fundierten Kapitalmarktforschung, Diskussionsbeiträge Nr. 194, Hagen 1992.

Oehler, A. (Oehler, 1994): Verhaltensmuster individueller Anleger, in: *Zeitschrift für betriebswirtschaftliche Forschung*, 46. Jg., 1994, S. 939-958.

Oehler, A. (Oehler, 1995): *Die Erklärung des Verhaltens privater Anleger – Theoretischer Ansatz und empirische Analysen*, Stuttgart 1995.

Oehler, A. (Oehler, 1996a): Private Investor Behavior in Germany: An Empirical Survey and Experimental Results, in: Schmidt, R. (ed.), *Empirical Capital Market Research in Germany*, Berlin 1996.

Oehler, A. (Oehler, 1996b): Abnehmende oder zunehmende relative Risikoaversion?; in: *BAFIFO — Bank- und Finanzwirtschaftliche Forschung*, Nr. 3, Diskussionsbeiträge des Lehrstuhl für BWL, insbes. Finanzwirtschaft, Universität Bamberg, Februar, Bamberg 1996.

Oehler, A./ Mesel, K. (Oehler/ Mesel, 1990): Kleinanleger als stabilisierender Faktor für die deutschen Wertpapiermärkte, in: *Die Bank*, o. Jg., 1990, S. 560-564.

Ostlund, L. E. (Ostlund, 1971): The Interactions of Self-Confidence Variables in the Context of Innovative Behavior, in: Allvine, F. C. (ed.), *Combined Proceedings of the 1971 Spring and Fall Conference of the American Marketing Association*, New York 1971, S. 351-357.

Ostlund, L. E. (Ostlund, 1973): Product Specific Self-Confidence Related to Buying Intentions; in: Howard, J. A./ Ostlund, L. E. (eds.), *Buyer Behavior*, New York 1973, S. 434-442.

Paese, P. W./ Bieser, M./ Tubbs, M. E. (Paese et al., 1993): Framing Effects and Choice Shifts in Group Decision Making, in: *Organizational Behavior and Human Decision Processes*, Vol. 56, 1993, S. 149-165.

Pagano, M./ Röell, A. (Pagano/ Röell, 1990a): Trading Systems in European Stock Exchanges: Current Performance and Policy Problems, in: *Economic Policy*, Vol. 10, 1990, S. 65-115.

Pagano, M./ Röell, A. (Pagano/ Röell, 1990b): Auction Markets, Dealership Markets and Execution Risk, CEPR Working Paper No. 8, London 1990.

Pratt, J. W. (Pratt, 1964): Risk Aversion in the Small and in the Large, in: *Econometrica*, Vol. 32, 1964, S. 122-136.

Priolo, E./ Bretschneider, R. (Hrsg.) (Priolo/ Bretschneider, 1988): *Barrieren gegen den Wertpapierkauf*, Bankwissenschaftliche Schriftenreihe, Bd. 68, Wien 1988.

Projector, D. S./ Weiss, G. S. (Projector/ Weiss, 1966): *Survey of Financial Characteristics of Consumers*, Washington 1966.

Raffée, H./ Grabicke, K./ Hefner, M./ Schätzle, T./ Schöler, M. (Raffée et al., 1982): Consumer Information Requirements and Information Acquisition with Regard to Decision Making Processes in the Private Household, in: Irle, M. (ed.), *Studies in Decision Making*, Berlin/ New York 1982, S. 489-547.

Rietz, T. A. (Rietz, 1992): Controlling Risk Preferences: Some Results for Experimental Sealed Bid Auctions, Working Paper No. 71, Northwestern University, Evanston/ Illinois 1992.

Rietz, T. A. (Rietz, 1993): Implementing and Testing Risk-Preference-Induction Mechanisms in Experimental Sealed-Bid Auctions, in: *Journal of Risk and Uncertainty*, Vol. 7, 1993, S. 199-213.

Robson, A. J. (Robson, 1992): Status, the Distribution of Wealth, Private and Social Attitudes to Risk, in: *Econometrica*, Vol. 60, 1992, S. 837-857.

Röell, A. (Röell, 1992): Comparing the Performance of Stock Exchange Trading Systems, in: Fingleton, J./ Schoemaker, D. (eds.), *The Internationalisation of Capital Markets and the Regulatory Response*, London 1992, S. 167-172.

Ross, S. A. (Ross, 1981): Some Stronger Measures of Risk Aversion in the Small and in the Large with Applications, in: *Econometrica*, Vol. 49, 1981, S. 621-638.

Ruda, W. (Ruda, 1988): *Ziele privater Kapitalanleger*, Wiesbaden 1988.

Safra, Z./ Segal, U./ Spivak, A. (Safra et al., 1990): The Becker-De Groot-Marschak Mechanism and Nonexpected Utility: A Testable Approach, in: *Journal of Risk and Uncertainty*, Vol. 3, 1990, S. 177-190.

Savage, L. J. (Savage, 1954): *The Foundations of Statistics*, New York 1954.

Schachter, S./ Hood, D. C./ Gerin, W./ Andreassen, P./ Rennert, M. (Schachter et al., 1985): Some Causes and Consequences of Dependence and Independence in the Stock Market, in: *Journal of Economic Behavior and Organization*, Vol. 17, 1985, S. 339-357.

Schneider, D. (Schneider, 1985): *Allgemeine Betriebswirtschaftslehre*, 2. Aufl., München 1985.

Schott, F. H. (Schott, 1973): Consumer Financial Management and Financial Institution Response – A Two-Decade-Perspective, in: Sheldon, E. B. (ed.), *Family Economic Behavior*, Philadelphia/ Toronto 1973, S. 311-362.

Schwartz, R. A. (Schwartz, 1991): *Reshaping the Equity Markets*, New York 1991.

Siegel, F. W./ Hoban, J. P. (Siegel/ Hoban, 1982): Relative Risk Aversion Revisited, in: *Review of Economics and Statistics*, 1982, S. 481-487.

Slovic, P. (Slovic, 1972): Psychological Study of Human Judgment: Implications for Investment Decision Making, in: *Journal of Finance*, Vol. 27, 1972, S. 779-799.

Smith, V. L. (Smith, 1989): Theory, Experiment and Economics, in: *Journal of Economic Perspectives*, Vol. 3, 1989, S. 151-169.

Spiegel-Verlag (Spiegel-Verlag, 1989): *Soll und Haben 3*, Hamburg 1989.

Stern-Anzeigenabteilung (Stern-Anzeigenabteilung, 1989): *Markenprofile 3*, Hamburg 1989.

Stoll, H. R. (Stoll, 1992): Principles of Trading Market Structure, in: *Journal of Financial Services Research*, Vol. 6, 1992, S. 75-107.

Stützel, W. (Stützel, 1959): Liquidität, in: Beckerath, E. von et al. (Hrsg.), *Handwörterbuch der Sozialwissenschaften*, Bd. 6, Stuttgart et al. 1959, S. 622-629.

Szallies, R. (Szallies, 1990): Verbraucherverhalten und Finanzdienstleistungsmarkt in den 90er Jahren, in: *Finanzierung Leasing Factoring*, 1990, H. 4, S. 127-133.

Szpiro, G. G. (Szpiro, 1983): The Hypotheses of Absolute and Relative Risk Aversion: An Empirical Study Using Cross-Section Data, in: *Geneva Papers on Risk and Insurance*, 1983, S. 336-349.

Thiele, W. (Thiele, 1977): *Private Vermögensbildung*, Köln 1977.

Thiesing, E.-O. (Thiesing, 1988): Marktsegmentierung bei Privatkunden auf der Basis von Einstellungen; in: *bank und markt*, 1988, H. 2, S. 23-26.

Thomae, H. (Hrsg.) (Thomae, 1965): *Die Motivation menschlichen Handelns*, Köln et al. 1965.

Veldhoven, G. M. van/ Groenland, E. A. G. (Veldhoven/ Groenland, 1993): Exploring Saving Behaviour: A Framework and a Research Agenda, in: *Journal of Economic Psychology*, Vol. 14, 1993, S. 507-522.

Wielens, H. (Wielens, 1978): Die gesamtvermögensbezogene Anlagestrategie zur Werterhaltung des Vermögens und die daraus zu ziehenden Konsequenzen für die Organisation der Anlageberatung im Universalbanksystem; in: *Nachrichten aus dem Institut für Kreditwesen und der bankbetrieblichen Forschungsstelle*, 1978, H. 16, S. 111.

Wortman, C.B. (Wortman, 1975): Some Determinants of Perceived Control, in: *Journal of Personality and Social Psychology*, 1975, S. 282-294.

Wortman, C. B. (Wortman, 1976): Causal Attributions and Personal Control, in: Harvey, J. H. et al. (eds.), *New Directions in Attribution Research*, Hillsdale 1976, S. 23-43.

Zeghal, D. (Zeghal, 1984): Firm Size and the Informational Content of Financial Statements, in: *Journal of Financial and Quantitative Analysis*, Vol. 19, 1984, S. 299-310.

Empirische Untersuchungen zum Verhalten institutioneller Investoren

von Andreas Oehler

1. Einführung
2. Gleichgerichtetes Verhalten deutscher Aktienfonds?
3. Mögliche Gründe für gleichgerichtetes Verhalten
4. Empirische Untersuchung
5. Ausblick

1. Einführung[1]

Vor dem Hintergrund einer eher oligopolistischen Marktstruktur von Finanzmärkten, in denen einzelne oder mehrere Akteure durch ihre Verhaltensweisen das Marktergebnis beeinflussen können, erlangt die Analyse der Informations- und Entscheidungsprozesse der Marktakteure, wie z.B. der institutionellen Anleger, besondere Bedeutung, da diese durch ihre Marktmacht einen deutlichen Einfluß auf die Preisgestaltung ausüben können. Damit rücken Probleme der individuellen und kollektiven Erwartungsbildung und Entscheidungsprozesse sowie der damit verbundenen Untersuchung der Eigenschaften der Marktakteure, der Informationsverteilung und der Marktinstitutionen in den Mittelpunkt des Interesses der neueren Finanzmarktforschung. In diesem Untersuchungsfeld steht der folgende Beitrag, der sich mit dem *Verhalten institutioneller Investoren*[2] *am Beispiel von deutschen Aktienfonds* auseinandersetzt.

Die bisherige Literaturbefunde zur Frage, ob institutionelle Investoren gleichgerichtetes Verhalten oder überhaupt bestimmte Verhaltensmuster aufweisen, sind ambivalent. So interpretieren JEGADEESH/ TITMAN[3] die Resultate der Performanceanalyse von Investmentfonds von GRINBLATT/TITMAN[4] sowie die Vorhersagegenauigkeit der Value Line Rankings[5] als deutliches Zeichen dafür, daß Fonds als institutionelle Anleger die Strategien der relativen Stärke erfolgreich nutzen.

LAKONISHOK/ SHLEIFER/ VISHNY finden schwache Hinweise für ein trendkonformes Verhalten von Fonds. Ihre Ergebnisse gelten besonders für das Verhalten bezüglich Aktien kleinerer Unternehmen.[6] Insgesamt stellen die drei Autoren fest, daß ein gleichgerichtetes Verhalten der Fonds nicht zu beobachten ist.

Die Resultate der letztgenannten Studie können, zusammen mit den Ergebnissen von CHOPRA/LAKONISHOK/ RITTER,[7] ein konsistentes Bild für die Preisbewegungen bei Aktien kleinerer Unternehmen geben: Während individuelle Investoren eher ein trendkonträres Verhalten zeigen (langfristige „return reversals" nach „overreaction"), bilden die institutionellen Anleger in Gestalt der Fonds die „Gegenseite", indem sie sich – auch langfristig – trendkonform verhalten („positive feedback trading").

Diesen Ergebnissen widersprechen zwei andere Befunde in der Literatur. DE BONDT/ THALER[8] gelangen in einer Analyse der Prognosequalität von Wertpapier-

---

[1] Der Autor dankt Erik Theissen, Matthias Unser, Ass.-Prof. Ivo Welch, Teilnehmern eines Workshops an der FernUniversität Hagen sowie des EFA Annual Meetings, Milan 1995, für wertvolle Kommentare und Hinweise zu einer früheren Fassung einiger Teile dieses Beitrages. Jutta Schmidt und Volker Läger sei für die technische, der Universität Bamberg für die finanzielle Unterstützung gedankt.
[2] Vgl. die Abgrenzung zwischen institutionellen und privaten Investoren im voranstehenden Beitrag in Tabelle 1.
[3] Vgl. Jegadeesh/ Titman (1993).
[4] Vgl. Grinblatt/ Titman (1989).
[5] Vgl. Copeland/ Mayers (1982) und Stickel (1985).
[6] Vgl. Lakonishok et al. (1992), S. 40- 42.
[7] Vgl. Chopra et al. (1992).
[8] Vgl. De Bondt/ Thaler (1990).

analysten zu dem Ergebnis: „The same pattern of overreaction found in the predictions of naive undergraduates is replicated in the predictions of stock market professionals."[9] LAKONISHOK/ SHLEIFER/ THALER/ VISHNY kommen in einer früheren Arbeit zum „Window Dressing" von Fondsmanagern zu der allgemeinen Schlußfolgerung, daß die typische Anlagestrategie von Investmentfonds darin bestehe, Verlierer zu kaufen und extreme Gewinner und Verlierer zu verkaufen.[10] Diese Verhaltensweise entspräche einer eingeschränkten „contrarian strategy", die tendenziell durch Berichtspflichten und damit verbundene Beurteilungen beeinflußt wird (Verkauf extremer Verlierer , Gewinner).

2. Gleichgerichtetes Verhalten deutscher Aktienfonds?

Es ist eine weit verbreitete Auffassung, daß das Verhalten institutioneller Investoren wie Banken, Versicherungen und Investmentfonds potentiell Aktienkurse beeinflußt. Dieser Preiseinfluß kann direkt auf das hohe Volumen von Kauf- und Verkaufsorders zurückgeführt werden[11] oder indirekt durch das Bekanntwerden der Existenz und Durchführung großer Orders am Markt. Ein konkreter Preiseinfluß hat aber nicht nur die notwendige Bedingung hoher Handelsvolumina einzelner Fonds zur Grundlage, sondern er erfordert auch die hinreichende Bedingung eines Anlageverhaltens in die gleiche Richtung (sogenanntes „Herding").

Die folgenden Ausführungen beziehen sich auf den deutschen Aktienmarkt. Hierzu ist es interessant, zunächst den Einfluß verschiedener Gruppen von Investoren anhand von Daten der Deutschen Bundesbank abzuschätzen (Bestandsdaten). Die nachfolgende Abbildung 1 gibt die relativen Anteile von sechs Investorengruppen am Marktwert aller gehandelten Wertpapiere wieder, die in Wertpapierdepots geführt werden. Investmentfonds haben potentiell eine stärkere Marktposition, als die angegebenen 14% Marktanteil andeuten, da die Vorhersage ihrer Analysten das Verhalten nahestehender Banken und Versicherungen, aber auch von Privatanlegern beeinflussen dürfte. Ferner dürfte die Intensität der Depotumschichtung – und daraus folgend das Volumen und die Zahl der Orders – deutlich höher als bei den Privaten liegen.

---

[9] De Bondt/ Thaler (1990), S. 57.
[10] Vgl. Lakonishok et al. (1991), S. 231.
[11] Vgl. die Untersuchungen von Kraus/ Stoll (1972), Harris/ Gurel (1986), Holthausen et al. (1987) und Chan/ Lakonishok (1993).

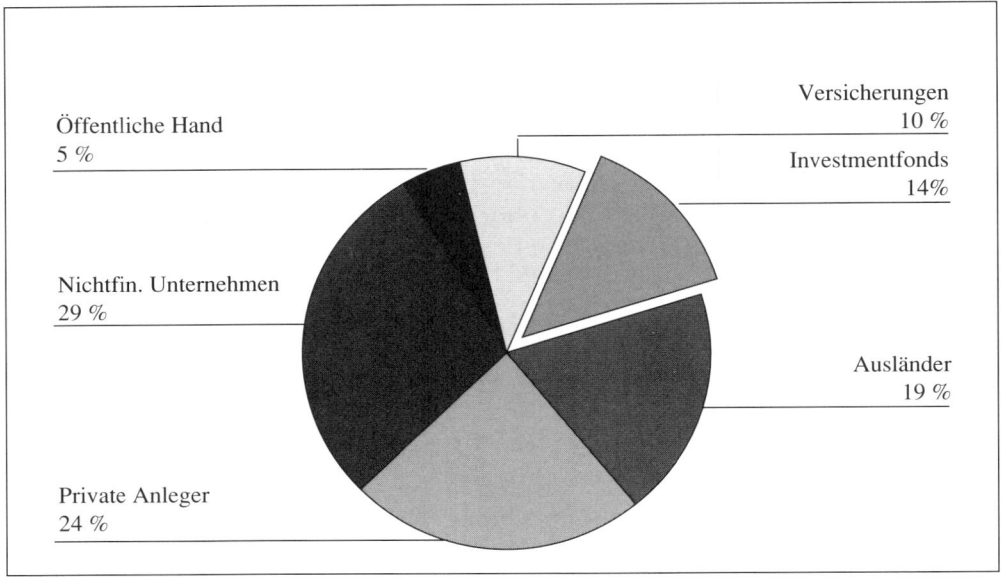

Quelle: Deutsche Bundesbank (1994); Wertpapiere, die in Depots verwahrt werden und im amtlichen Handel und geregelten Markt notiert sind.

Abb. 1: Die Bedeutung institutioneller Investoren am deutschen Aktienmarkt (Marktwert: 821,1 Mrd. DM)

Investmentfonds ist es nach dem Kapitalanlagegesellschaftengesetz (KAGG) erlaubt, in die beiden Segmente des amtlichen Handels und des geregelten Marktes der deutschen Börsen zu investieren. 1994 waren im amtlichen Handel 519 und im geregelten Markt 171 heimische Werte notiert. Der geregelte Markt repräsentiert aber nur 3% der Marktkapitalisierung beider Segmente.

Nachdem im folgenden Abschnitt kurz einige Gründe genannt werden, die Fondsmanager zu gleichgerichtetem Verhalten veranlassen können, sowie einige verwandte Untersuchungen angesprochen werden, gibt der übernächste Abschnitt einen Einblick in die verwendeten Daten und Maße sowie die wichtigsten Ergebnisse. Abschließend folgt eine kurze Diskussion der Ergebnisse.

3. Mögliche Gründe für gleichgerichtetes Verhalten

Die weiteren Ausführungen konzentrieren sich auf das Verhalten in deutsche Aktien anlegender Investmentfonds (Publikumsfonds), deren Verhalten grundsätzlich auch auf andere Investoren übertragen werden kann. Investmentfonds als institutionelle Investoren zeigen potentiell eine größere Ähnlichkeit in ihrem Anlageverhalten (und üben damit potentiell einen höheren Einfluß auf Aktienkurse aus) als Privatinvestoren. Hierfür können folgende Argumente angeführt werden:

- Analysten und Fondsmanager versuchen, Informationen über die Qualität der Anlageentscheidungen ihrer Konkurrenten für ihre eigene Vorgehensweise nutzbar zu machen. Sie zeigen gleichgerichtetes Verhalten als Ergebnis.[12] Die in der einschlägigen Literatur vorzufindenden Hypothesen und auch die vom Verfasser durchgeführten Interviews mit Praktikern führen zu der Annahme, daß Fondsmanager deutlich mehr über das Verhalten ihrer Kollegen und Konkurrenten wissen als private Anleger in vergleichbarer Situation. Dies wird durch die geographische Konzentration der Finanzdienstleistungsindustrie und ihrer Entscheider verstärkt.
- Der Druck zur Ergebnispräsentation der Fondsmanager gegenüber ihren Vorgesetzten und Anlegern und der damit verbundene Performancewettbewerb zwischen den Fondsverantwortlichen führt tendenziell zu einer Anpassung des Verhaltens der Fondsmanager einzelner Fonds an die Vorgehensweise der Fondsmanager mit den jeweils besten Ergebnissen.[13]
- Analysten und Fondsmanager nutzen häufig dieselben Informationsquellen wie ihre Konkurrenten und bewerten die relevanten Informationen in ähnlicher Art und Weise aufgrund verwandter EDV-Systeme, besuchter Ausbildungseinrichtungen und absolvierter Berufswege.

Die Untersuchung von LAKONISHOK/ SHLEIFER/ VISHNY aus dem Jahre 1992 (abgekürzt als LSV) verwendet die Portefeuille-Bestände zum Quartalsende von Pensionsfonds in den USA. Die Autoren finden keine signifikanten Ergebnisse zum gleichgerichteten Verhalten, zur Preisdestabilisierung oder zu einem simultanen Positiv-Feedback-Trading, mit Ausnahme des Verhaltens bei Aktien kleiner Unternehmen.

Allerdings wird das von LSV verwendete Maß für gleichgerichtetes Anlageverhalten um das durchschnittliche Volumen der Netto-Zu- bzw. -Abflüsse einer Periode bereinigt. Auf diese Weise betrachten die Autoren lediglich ein sogenanntes „Excess"-Netto-Kauf- oder -Verkaufsverhalten in einer Aktie in einer Periode.

Diese Vorgehensweise kann jedoch nicht überzeugen, da sich das Anlageverhalten und damit ein potentieller Preiseinfluß auf die gesamten einem Fonds in einer Periode zufließenden oder entzogenen Mittel bezieht. Grundsätzlich besteht keine Verpflichtung, zufließende Mittel sofort anzulegen. Darüber hinaus besteht für

---

[12] Vgl. Shiller/ Pound (1989), Trueman (1994) sowie die Modelle von Banerjee (1992) und Welch (1992).
[13] Vgl. Scharfstein/ Stein (1990) und Devenow/ Welch (1995) sowie die empirische Studie zum „Window Dressing" von Lakonishok et al. (1991).

Fondsmanager keine zwanghafte Notwendigkeit, zufließende Mittel in die selben Aktien zu investieren (und vice versa für die Desinvestition). Dies gilt im Prinzip auch für den im Vergleich zum amerikanischen Markt engeren deutschen Markt.

Für die eingangs aufgeworfene Frage des möglichen Preiseinflusses durch das Verhalten institutioneller Investoren, hier Investmentfonds, ist es unerheblich, ob es sich um ein „Excess-Herding" (also Gleichrichtung nach Adjustierung für Zu- und Abflüsse) oder „nur" um ein „normales Herding" handelt. Die verwandte Untersuchung von LSV fokussiert lediglich auf die „Excess"-Komponente.

4. Empirische Untersuchung

Als Daten stehen Halbjahres-Portefeuillebestände von 28 überwiegend in deutsche Aktien investierenden Publikumsfonds zur Verfügung, die einen Marktanteil von ca. 91% repräsentieren. Die Halbjahresperioden berücksichtigen die Jahre 1988 bis 1993 und beziehen u.a. die fünf größten deutschen Investmentgesellschaften mit ein.

Grundsätzlich war es erforderlich, zwei Gruppen von Publikumsfonds zu bilden, da die Rechnungsjahre der Publikumsfonds nicht immer dem Kalenderjahr entsprechen. Die halbjährlichen Rechnungslegungszeitpunkte liegen dementsprechend im März und September bzw. im Juni und Dezember eines Jahres. Da die spätere Datenauswertung zeigt, daß die Ergebnisse der beiden Gruppen kaum voneinander abweichen, werden in der Präsentation der Ergebnisse lediglich die Maßzahlen der letztgenannten Gruppe (mit den Zeitpunkten Ende Juni und Ende Dezember) weiter betrachtet.

Der Anteil aktiver Fondsmanager in einer Periode variiert von Quartal zu Quartal und liegt ca. bei einem Drittel aller Fondsmanager der Grundgesamtheit (aktive Fondsmanager sind diejenigen Fondsverantwortlichen, die im Vergleich zweier Berichtsperioden Nettobestandsveränderungen verursacht haben). Diese aktiven Fondsmanager verändern ihre Bestände in ca. einem Drittel aller 530 von den untersuchten Fonds überhaupt gehaltenen Aktiengattungen (690 Aktiengattungen waren insgesamt verfügbar, vgl. oben). Das Aktivitätsniveau in einer Aktie in einer Periode lag im Durchschnitt bei fünf Fondsmanagern oder höher.

Meßgrößen zum gleichgerichteten Verhalten

Die durchgeführte Analyse des „Herding" der untersuchten Investmentfonds rekurriert auf zwei Maße. Ein Koeffizient berücksichtigt die *Anzahl* der Fondsmanager, und die zweite Maßzahl bezieht das *Volumen der Nettokäufe und -verkäufe* mit ein. Beide Maße berücksichtigen beide Typen des gleichgerichteten Verhaltens, das „Excess-" und das „normale Herding". Das sogenannte normale gleichgerichtete Verhalten (s.o.) wird *nicht* eliminiert. Um das im Maß der LSV-Studie[14] auftretende Interpretationsproblem zu vermeiden, wird im Zähler die Differenz der Nettokäufe und -verkäufe einer Aktie berechnet (wird diese Differenz nicht gebildet, dann nimmt die Kennzahl sowohl im Falle des *nicht* gleichgerichteten Verhaltens als auch im Fall, daß alle Fonds Netto-Verkäufer sind, den Wert Null an).

- Die Kennzahl für das „Herding" mit der *Anzahl der Fondsmanager* in einer Aktie in einem halben Jahr wird definiert als

    (1) $HF(i) = |(BF(i) - SF(i)) / (BF(i) + SF(i))|$,

    mit BF(i) als Anzahl der Fondsmanager, die Nettokäufer einer Aktie i in einer Periode sind und SF(i) analog für die Nettoverkäufer.

- Die Kennzahl für das „Herding" anhand der *Volumina* der Nettokäufe und -verkäufe (Anzahl in Stück) in einer Aktie i in einer Berichtsperiode wird definiert als

    (2) $HV(i) = |(BV(i) - SV(i)) / (BV(i) + SV(i))|$;

dabei ist BV(i) das Volumen, das von den Nettokäufern einer Aktie i in der Berichtsperiode gehandelt wird, und SV(i) analog für Nettoverkäufer. Aufgrund der verfügbaren Daten wird das Volumen hier in der Anzahl der Stücke ausgedrückt. Für die Analyse des gleichgerichteten Verhaltens ergibt sich kein Unterschied, ob die Anzahl der Stücke oder das DM-Volumen verwendet wird.

Die *Absolutwerte* der beiden Kennzahlen für einzelne Aktiengattungen werden berechnet, um kompensatorische Effekte der Kennzahlen bei der Zusammenfassung von zwei oder mehr Aktiengattungen zu vermeiden. Eine solche Zusammenfassung (Durchschnittsbildung) ist z.B. für Gruppen von Aktien (z.B. Branchen) sinnvoll. Der Wertebereich der Kennzahlen wird aufgrund der Berechnung der Absolutwerte auf das Intervall 0 bis 1 limitiert, und es ist eine Unterscheidung zwischen Kauf- oder Verkaufs-"Herding" nicht mehr möglich. Dieser Informationsverlust ist jedoch tragbar, da sich der Hauptzweck der Studie auf die Abschätzung der Gleichrichtung des Verhaltens der Investmentfonds und nicht speziell auf dessen Richtung (Kauf oder Verkauf) konzentriert.[15]

---

[14] Das LSV-Maß für „Herding" in einer Aktie in einer Periode, H(i), ist definiert als $H(i) = |B(i)/(B(i)+S(i))-p(t)| - AF(i)$, wobei B(i) die Anzahl der Fondsmanager ist, die ihre Bestände in einer Aktie in einer Periode erhöhen (Netto-Käufer), S(i) ist die Anzahl der Fondsmanger, die ihre Bestände in einer Aktie in einer Periode verringern (Netto-Verkäufer), p(t) ist der erwartete Anteil der kaufenden Fondsmanager an allen aktiven Fondsmanagern einer Periode und AF(i) ist ein Bereinigungsfaktor.

[15] Die Berechnung der Absolutwerte der beiden Kennzahlen läßt es notwendig erscheinen, eine Grenze für die beiden Maße zu definieren. Unter der Null-Hypothese des nicht gleichgerichteten Verhaltens liegt der zu erwartende Wert für beide Kennzahlen über 0. Die Kauf- und Verkaufstransaktionen der Fonds folgen einer Binominal-Verteilung mit den Werten 1 für die Fonds, die Nettokäufer sind, und 0 entsprechend für Nettoverkäufer. Unter dieser Annahme ist es möglich, die Wahrscheinlichkeit zu berechnen, daß das Volumen X auf ein Nettokauf- bzw. Nettoverkaufsvolumen zurückzuführen ist, falls das gehandelte Volumen der aktiven Fonds in einer Periode N entspricht (analog auch für die Kennzahl HF mit der Anzahl der Manager). Die Benchmark für das erste Halbjahr 1993 liegt z.B. bei 0,022, die Benchmarks für die jeweiligen anderen Perioden bewegen sich in ähnlicher Höhe. Das heißt, unter der Null-Hypothese des nicht gleichgerichteten Verhaltens liegt der Wert der Kennzahlen HV und HF nahe bei 0.

Ergebnisse

Die Dokumentation der Ergebnisse beschränkt sich weitgehend auf die Kennzahl HV, da ein potentieller Preiseinfluß ein entsprechend hohes gleichgerichtetes Volumen voraussetzt (s.o., weniger die Anzahl der aktiven Manager).

Der Durchschnittswert für HV liegt ca. bei 0.8 für jede Periode (vgl. Tabelle 1). Der Durchschnittswert für HF liegt leicht darunter (vgl. Tabelle 2). Gleichzeitig zeigt HV eine größere Streuung. Beide Tabellen deuten ein deutlich gleichgerichtetes Verhalten an („Herding").

Koeffizient	Periode (von...bis) HV										
	0188 0688	0788 1288	0189 0689	0789 1289	0190 0690	0790 1290	0191 0691	0791 1291	0192 0692	0792 1292	0193 0693
μ	0.83	0.83	0.78	0.78	0.81	0.85	0.82	0.82	0.81	0.82	0.83
σ	0.31	0.25	0.30	0.32	0.28	0.27	0.29	0.30	0.29	0.30	0.29
VC	0.37	0.30	0.38	0.41	0.35	0.32	0.35	0.36	0.36	0.36	0.35
MAD-m	0.25	0.21	0.26	0.28	0.24	0.21	0.23	0.24	0.24	0.24	0.24
R	0.99	0.87	0.97	1.00	0.94	1.00	1.00	1.00	1.00	1.00	0.97
ME	1.00	1.00	1.00	1.00	1.00	1.00	1.00	1.00	1.00	1.00	1.00
MAD-ME	0.17	0.17	0.22	0.22	0.20	0.15	0.18	0.18	0.19	0.18	0.17

μ = arith. Mittel; s = Standardabweichung; VC = s / μ; MAD-μ = mittlere absolute Abweichung vom arith. Mittel; R = Spanne; ME = Median; MAD-ME = mittlere absolute Abweichung vom Median

Tab. 1: Deskriptive Statistik für die Kennzahl HV in den untersuchten Berichtszeiträumen

Koeffizient	Periode (von...bis) HF										
	0188 0688	0788 1288	0189 0689	0789 1289	0190 0690	0790 1290	0191 0691	0791 1291	0192 0692	0792 1292	0193 0693
μ	0.80	0.67	0.70	0.68	0.70	0.78	0.73	0.73	0.70	0.69	0.76
σ	0.33	0.40	0.37	0.40	0.39	0.36	0.39	0.38	0.39	0.40	0.35
VC	0.41	0.60	0.53	0.59	0.56	0.46	0.53	0.52	0.56	0.58	0.46
MAD-m	0.28	0.38	0.33	0.37	0.36	0.31	0.35	0.34	0.35	0.37	0.31
R	1.00	1.00	1.00	1.00	1.00	1.00	1.00	1.00	1.00	1.00	1.00
ME	1.00	1.00	1.00	1.00	1.00	1.00	1.00	1.00	1.00	1.00	1.00
MAD-ME	0.20	0.33	0.30	0.31	0.29	0.23	0.27	0.27	0.30	0.31	0.27

μ = arith. Mittel; s = Standardabweichung; VC = s / μ; MAD-μ = mittlere absolute Abweichung vom arith. Mittel; R = Spanne; ME = Median; MAD-ME = mittlere absolute Abweichung vom Median

Tab. 2: Deskriptive Statistik für die Kennzahl HF in den einzelnen Berichtsperioden

Repliziert man das Meßverfahren nach LSV für die hier untersuchten deutschen Investmentfonds, so läßt sich ein Wert von 0.029 ermitteln (bei LSV 0.027). Der Vergleich beider Werte mit der hier entwickelten HV-Kennzahl für deutsche Daten zeigt also ein sehr starkes „normales Herding" und ein praktisch nicht vorhandenes „Excess-Herding" der deutschen Publikumsfonds im Durchschnitt.

In Berichtsperioden mit Nettomittelzuflüssen wählen die Fondsmanager also den „gesamten Markt" und sind kaum bestrebt, die Finanzmittel vorübergehend nicht zu investieren oder nur einzelne Titel zu selektieren. Die nachfolgenden Ausführungen beschäftigen sich nun noch mit den Ausprägungen der Kennzahl HV für einzelne Gruppen von Aktien.

DAX- und Nicht-DAX-Werte

Diejenigen Aktien, die den deutschen Aktienindex repräsentieren, umfassen ca. 60 % der notierten deutschen Aktien nach Buchwert und ca. 30 % nach Börsenumsatz sowie mehr als drei Viertel des Streubesitzes.

Abbildung 2 gibt die Ergebnisse für HV für diese Gruppe von Aktien (DAX) und die restlichen Aktiengattungen wieder. Die linken Balken zeigen die Kennzahlen für die DAX-Werte und die höheren, jeweils rechts stehenden Balken repräsentieren die Nicht-DAX-Werte. Für diese Aktien liegt HV um ca. 50 % höher. Daraus ergibt sich als erstes Resultat, daß das gleichgerichtete Verhalten besonders stark bei kleineren Firmen auftritt. Eine mögliche Erklärung für dieses Ergebnis rekurriert auf die Qualität der zur Verfügung stehenden Informationen über die einzelnen Unternehmen.

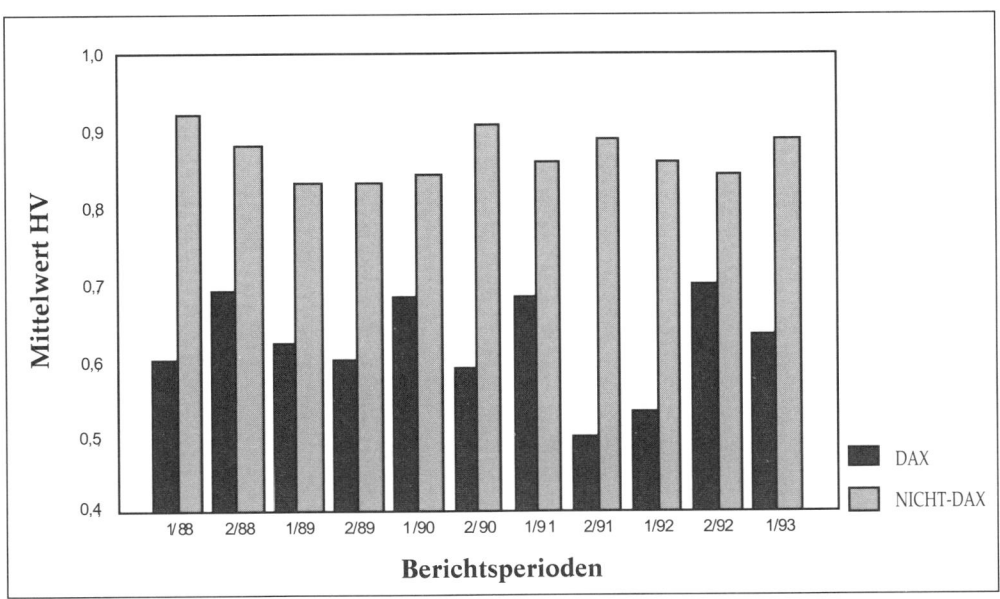

Abb. 2: Durchschnittswerte für HV auf der Basis einzelner Aktien
für die Gruppe der DAX-Werte und der Nicht-DAX-Werte

Nimmt man an, daß für Nicht-DAX-Aktien grundsätzlich weniger Informationen zur Verfügung stehen, dann könnten Fondsverantwortliche eher versucht sein, den Verhaltensweisen ihrer Konkurrenten zu folgen. Diese Überlegung korrespondiert mit dem Modell von BANERJEE (1992), welches eine solche Schlußfolgerung aus dem Verhalten der Konkurrenten als rationale Verhaltensweise bei nur sehr wenigen verfügbaren Informationen bezeichnet. Ein solches Verhalten der Fondsmanager kann durch die geringere Markttiefe der Nicht-DAX-Aktien verstärkt werden. Die Ergebnisse sind ebenso kompatibel mit dem theoretischen Ansatz von SCHARFSTEIN/STEIN (1990), die „Herdenverhalten" als ein Agency-Problem interpretieren.

Firmengröße und gleichgerichtetes Verhalten

Das vorangegangene Ergebnis gibt Anlaß, die Firmengröße noch in einem weiteren Analyseschritt aufzugreifen und dabei der Hypothese nachzugehen, daß eine negative Korrelation zwischen der Verfügbarkeit der Information und der Firmengröße besteht.[16]

Die weitere Auswertung berücksichtigt Teilgruppen von Aktien nach ihrem Buchwert und ihrem Marktwert. Die Auswertungen mit beiden Größenkriterien führen zu sehr ähnlichen Ergebnissen, daher wird die Untersuchung nur auf Basis der Marktkapitalisierung dokumentiert (Tabelle 3). Die entsprechende Gruppeneinteilung kann dem Kopf der Tabelle 3 entnommen werden. Die Darstellung beschränkt sich auf das erste Halbjahr 1993, da die Daten zu den anderen Berichtsperioden nicht stark abweichen.

Koeffizient	Firmengröße in Millionen DM (Marktkapitalisierung), HV					
	<100	<500	<2500	<5000	<10000	<=10000
µ	0.97	0.87	0.90	0.89	0.65	0.47
σ	0.08	0.27	0.24	0.27	0.33	0.24
VC	0.08	0.31	0.27	0.30	0.51	0.51
MAD - m	0.05	0.21	0.16	0.17	0.31	0.20
R	0.24	0.94	0.92	0.97	0.86	0.77
ME	1.00	1.00	1.00	1.00	0.66	0.51
MAD - ME	0.03	0.13	0.10	0.11	0.35	0.54

µ = arithm. Mittel; s = Standardabweichung; VC = s / µ; MAD-µ = mittlere absolute Abweichung vom arithm. Mittel; R = Spanne; ME = Median; MAD-ME = mittlere absolute Abweichung vom Median

Tab. 3: Deskriptive Statistik zur Kennzahl HV für die in Größenklassen (Marktkapitalisierung) eingeteilten Aktien (Basis: 1. Halbjahr 1993)

---

[16] Vgl. Zeghal (1984).

Die Ergebnisse aus Tabelle 3 geben einen noch deutlicheren Aufschluß darüber, daß das gleichgerichtete Verhalten bezüglich Aktien kleiner Unternehmen – mutmaßlich aus dem genannten Grund der beschränkten Verfügbarkeit der Informationen – deutlich ausgeprägter ist. Die Auswertung wurde weiter dahingehend differenziert, daß neben der Marktkapitalisierung und dem Buchwert die Aktiengattungen auch nach dem verfügbaren „free float" (Streubesitz) eingeteilt wurden. Die Ergebnisse zeigen nur eine schwache Evidenz für ein starkes gleichgerichtetes Verhalten in denjenigen Aktien, in denen nur ein geringer „free float" vorliegt.

Es sind keine systematischen Muster in der Verteilung der aktiven Fondsmanager und des gehandelten Volumens (in Stück) bezüglich einzelner Größenklassen zu entdecken.

Ergebnisse nach Branchen

Tabelle 4 gibt schließlich die Kennzahl HV für verschiedene Branchen wieder. Der in der rechten Hälfte der Tabelle angegebene Wert repräsentiert den Durchschnitt aller elf Berichtsperioden. Die Ergebnisse zeigen deutliche Unterschiede im „Herdenverhalten" zwischen einzelnen Branchen. Dies läßt sich mit zwei Faktoren erklären, den Größenklassen und dem Anteil des Streubesitzes. Diejenigen Unternehmen, die zu Branchen mit einem starken gleichgerichteten Verhalten der Investmentfonds gehören, weisen gleichzeitig eine geringe Firmengröße (Marktkapitalisierung) und einen geringen Streubesitz auf.

Ausgewählte Branchen	HV (Durchschnitt nach Branchen)
Glas	1.00
EDV/ Datensysteme	0.99
Brauereien/ Getränke	0.97
Konsumgüter	0.97
Verkehr/ Logistik	0.95
Hypothekenbanken	0.93
Sachversicherungen	0.91
Durchschnitt (alle)	**0.82**
Geschäftsbanken	0.72
Ernährung	0.72
Chemie	0.71
Automobil	0.65
Lebensversicherung	0.64

Tab. 4: Durchschnittliches HV für die Aktien einzelner Branchen über alle Berichtsperioden

Diskussion

Als *Gesamtergebnis* läßt sich festhalten, daß die untersuchen Daten auf ein deutliches „Herding" der Investmentfonds hindeuten. Um diesem Ergebnis eine höhere Aussagekraft zu verleihen, wird – bezogen auf die DAX-Aktien und die Aktien kleinerer Unternehmen – eine ergänzende Analyse vorgenommen.

Die bisherigen Auswertungen gingen von der Annahme aus (basierend auf zahlreichen Interviews des Verfassers), daß ein Fondsmanager grundsätzlich für einen Fonds selbst verantwortlich ist, unabhängig davon, welcher Gesellschaft dieser Fonds gehört. Hebt man diese Annahme auf, dann erfordert dies eine Zusammenfassung der Nettobestandsveränderungen für die Kapitalanlagegesellschaften, zu denen die einzelnen Fonds gehören. Diese ergänzende Analyse zeigt, daß der Wert der Kennzahl HV (bezogen auf Kapitalanlagegesellschaften) leicht höher (ca. 5 %) liegt als der vergleichbare Wert für einzelne Fonds (Fondsmanager, vgl. Tabelle 3). Dies bedeutet, daß – zumindest rechnerisch – eine Kompensation von Kauf- und Verkaufsaktivitäten innerhalb einer Kapitalanlagegesellschaft stattfindet (man rufe sich noch einmal die Berechnung der Kennzahlen in Erinnerung). Dieses Ergebnis ist konsistent mit der Annahme, daß jeder Fondsmanager im Durchschnitt für einen Fonds verantwortlich zeichnet.

5. Ausblick

Die gesamte Forschungsrichtung einer systematischen Analyse des Verhaltens institutioneller Investoren steht erst am Anfang. Ein unlängst begonnenes Projekt des Autors beschäftigt sich daher mit den *Informations- und Entscheidungsprozessen der Institutionellen*, die zu einzelnen Anlageentscheidungen und ihren Änderungen führen. Im Vordergrund steht die Untersuchung der Struktur sowie wesentlicher Einflußfaktoren im Rahmen einer qualitativen Vorgehensweise.

In einer ganzen Kette von Untersuchungseinheiten verschiedener Art („vor Ort" mit Beobachtung und Interviews, telefonische Interviews, schriftliche Analysen) konnten bereits einige der größten Anbieter von Aktien- und Rentenfonds und eine Geschäftsbank intensiv analysiert werden. Die Vorgehensweise erstreckte sich auf mehrere Analyseebenen: Ein Fokus lag auf einer Informations- und Kommunikationsanalyse, die, gestützt auf schriftliche Unterlagen und mündliche Erläuterungen, die formale und informale Struktur der Informations- und Entscheidungsprozesse des institutionellen Investors verdeutlichte. Besondere Berücksichtigung erfuhr die Problematik, nicht nur eine formale Organigrammanalyse durchzuführen, sondern u.a. in Einzelinterviews und durch Beobachtung auch zu erheben, welche Einzelstrukturen tatsächlich „gelebt" werden und welche informalen Prozesse „gewachsen" sind.

Das als eher explorativ zu charakterisierende Forschungsprojekt verfolgt u.a. die folgenden wesentlichen Hauptfragen:

- Welche Organisationsstruktur weisen die Informations- und Entscheidungsprozesse auf verschiedenen hierarchischen Ebenen auf?
- Welche Informationen fragen welche Entscheidungsträger auf welcher hierarchischen Ebene ab, und entspricht die Art und Menge der angeforderten Informationen einer bestimmten Vorgabe?
- Führt die Kombination aus individuellem aktivem Wissen und den Erfahrungen eines Entscheidungsträgers, kombiniert mit dem aus Informationsquellen erzeugten, aktivierbaren Wissen zu dauerhaften Vorstellungen über Funktionsmechanismen von Finanzmärkten, insbesondere von solchen, in denen der jeweilige Entscheidungsträger unmittelbar aktiv ist?
- Wie variabel sind solche „mentalen Modelle" einzelner Entscheidungsträger im Zeitablauf, und welche Faktoren im einzelnen beeinflussen das Zustandekommen und die Varianz solcher „mentalen Modelle"?
- Bilden die Entscheidungsträger verschiedener Hierarchieebenen alleine oder in Gruppen auf der Basis der von den Backup-Facilities zur Verfügung gestellten Informationen, insbesondere Prognosen, weitergehende sog. „Mini-Szenarios", die spezifische Erwartungen z.B. über die Entwicklung einzelner Wertpapiere abbilden?
- Welche Auswirkungen haben rechtliche, insbesondere gesetzliche Beschränkungen auf die Informations- und Entscheidungsprozesse der einzelnen Hierarchieebenen (z.B. Auswirkungen der Rechenschaftslegung und der Vorschriften des KAGG)?
- Welche Zeithorizonte und Zeitpräferenzen sind in den formalisierten Informations- und Entscheidungsprozessen den einzelnen Entscheidungsträgern vorgegeben, bzw. welche Varianz in den Zeithorizonten besteht für die einzelnen Entscheidungsträger?
- Lassen sich, insbesondere in Routineentscheidungsprozessen, kognitive Vereinfachungen in Form von sog. Heuristiken (Daumenregeln) im Rahmen der Informationsaufnahme und -verarbeitung sowie in der Beurteilung erkennen, und inwieweit sind solche Daumenregeln, den betroffenen Entscheidungsträgern gegenwärtig?
- Welche weiteren Situationsbedingungen, z.B. der zeitliche und finanzielle Spielraum für Entscheidungen oder die Arbeit alleine oder in Gruppen, sind in den Informations- und Entscheidungsprozessen maßgeblich?

Literaturverzeichnis

Banerjee, A.V. (Banerjee, 1992): A simple model of herd behavior, in: *Quarterly Journal of Economics*, Vol. 3, 1992, S. 797-817.

Chan, L. K. C. / Lakonishok, J. (Chan/ Lakonishok, 1993): Institutional trades and intraday stock price behavior, in: *Journal of Financial Economics*, Vol. 33, 1993, S. 173-199.

Chopra, N./ Lakonishok, J./ Ritter, J. R. (Chopra et al., 1992): Measuring Abnormal Performance, in: *Journal of Financial Economics*, Vol. 32, 1992, S. 235-268.

Copeland, T./ Mayers, D. (Copeland/ Mayers, 1982): The Value Line Enigma (1965 – 1978): A Case Study of Performance Evaluation Issues, in: *Journal of Financial Economics*, Vol. 22, 1982, S. 289 – 321.

De Bondt, W. F. M./ Thaler, R. H. (De Bondt/ Thaler, 1990): Do Security Analysts Overact?, in: *American Economic Review*, Vol. 80, 1990, S. 52-57.

Deutsche Bundesbank (Deutsche Bundesbank, 1995): *Die Entwicklung der Wertpapierdepots im Jahre 1994*, Frankfurt am Main 1995.

Devenow, A./ Welch, I. (Devenow/ Welch, 1995): Rational herding in financial economics, LBS-IFA Working paper 218-1995, London 1995.

Grinblatt, M./ Titman, S. (Grinblatt/ Titman, 1989): Mutual Fund Performance, in: *Journal of Business*, Vol. 61, 1989, S. 394-415.

Grinblatt, M./ Titman, S./ Wermers, R. (Grinblatt et al., 1994): Momentum investment strategies, portfolio performance and herding: A study of mutual fund behavior, Working Paper, UCLA, Los Angeles 1994.

Harris, L./ Gurel, E. (Harris/ Gurel, 1986): Price and volume effects associated with changes in the S&P 500 list: new evidence for the existence of price pressures, in: *Journal of Finance*, Vol. 41, 1986, S. 815-829.

Holthausen, R./ Leftwich, R./ Mayers, D. (Holthausen et al., 1987): The effect of large block transactions on security prices: A cross-sectional analysis, in: *Journal of Financial Economics*, Vol. 19, 1987, S. 237-268.

Jegadeesh, N./ Titman, S. (Jegadeesh/Titman, 1993): Returns to Buying Winners and Selling Losers: Implications for Stock Market Efficiency, in: *Journal of Finance*, Vol. 48, 1993, S. 65-91.

Kraus, A./ Stoll, H.R. (Kraus/ Stoll, 1972): Price impact of block trading on the New York Stock Exchange, in: *Journal of Finance*, Vol. 27, 1972, S. 569-588.

Lakonishok, J./ Shleifer, A./ Thaler, R./ Vishny, R. (Lakonishok et al., 1991): Window dressing by pension fund managers, in: *American Economic Review*, Papers and Proceedings, Vol. 81, 1991, S. 227-231.

Lakonishok, J./ Shleifer, A./ Vishny, R. (Lakonishok, 1992): The impact of institutional trading on stock prices, in: *Journal of Financial Economics* Vol. 32, 1992, S. 23-43.

Scharfstein, D. S./ Stein, J. C. (Scharfstein/ Stein, 1990): Herd behavior and investment, in: *American Economic Review*, Vol. 80, 1990, S. 465-479.

Shiller, R. J./ Pound, J. (Shiller/ Pound, 1989): Survey evidence on diffusion of interest and information among investors, in: *Journal of Economic Behavior and Organizations*, Vol. 12, 1989, S. 47-66.

Stickel, S. (Stickel, 1985): The Effect of Value Line Investment Survey Rank Changes on Common Stock Prices, in: *Journal of Financial Economics*, Vol. 25, 1985, S. 121-144.

Trueman, B. (Trueman, 1994): Analyst forecasts and herding behavior, in: *Review of Financial Studies*, Vol. 7, 1994, S. 97-124.

Welch, I. (Welch, 1992): Sequential Sales, Learning, and Cascades, in: *Journal of Finance*, Vol. 47, 1992, S. 695-732.

Zeghal, D. (Zeghal, 1984): Firm Size and the Informational Content of Financial Statements, in: *Journal of Financial and Quantitative Analysis*, Vol. 19, 1984, S. 299-310.

Kundenorientierung als modernes Konzept des Depotmanagements

von Heinz Rehkugler/ Roland Füss

1. Depotmanagement: eine spezielle Form standardisierter Vermögensverwaltung
2. Konzeption der Befragung
3. Verhalten privater Kapitalanleger
4. Anlegertypisierung und Anlagekonzepte im Depotmanagement
5. Ergebnissse der empirischen Studie
6. Schlußbetrachtung

1. Depotmanagement: eine spezielle Form standardisierter Vermögensverwaltung

Unter dem Gesichtspunkt von Kosten-/Ertragsverhältnissen sind Privatanleger mit geringem Anlagekapital (Kleinanleger)[1] eine problematische Klientel für Banken. Die bisher für den Kunden noch kostenlose Anlageberatung ist zeit- und personalaufwendig und daher kostenintensiv. Ein Geschäftsabschluß in Form einer Wertpapiertransaktion nach einem Beratungsgespräch ist keineswegs sicher. Selbst wenn er erfolgt, ist aus Bankensicht nur mit relativ geringen Provisionseinnahmen bei gleichzeitig relativ hohen Fixkosten zu rechnen.[2] Dieses Kostenproblem stellt sich mit jedem Beratungsbedarf des Kleinanlegers erneut. Wegen der geringen Wirtschaftlichkeit achten die Anlageberater auch auf kurze Beratungszeiten,[3] um einen möglichst großen Teil der Beratungszeit der Betreuung von lukrativeren vermögenden Privatkunden zu widmen.

Mit der drastischen Erhöhung der Mindesttransaktionskostenpauschalen und Depotgebühren ab Ende der 80er Jahre wurde zwar versucht, dieser Kostenentwicklung entgegenzusteuern, die Ursachen wurden damit aber nicht angegangen. Erst in der ersten Hälfte der 90er Jahre entwickelten die Banken kundenfreundlichere Lösungsvorschläge. Sie führten bisher zu hauptsächlich zwei Strategien:

- Verzicht des Kunden auf Anlageberatungsdienstleistung gegen eine erhebliche Senkung der Transaktionskosten und Depotgebühren. Dies ist das Konzept der Direktbanken, die i.d.R. als Bankentöchter das Mengengeschäft im Wertpapieranlagebereich von der Konzernmutter übernehmen sollen.
- Erhebliche Kostenersparnisse in der Anlageberatung durch standardisierte Umschichtungs„empfehlungen", die den Kunden von den beratungs- und verwaltungsintensiven Direktanlagen zu Investmentfonds führen sollen. Nachdem der Anleger mit einem Investmentfonds letztlich ein „Management seiner Anlagegelder" kauft, könnte man als konsequenteste Form dieses Vorgehens auch auffassen, wenn er das Anlagekapital direkt einem (bankeigenen) Management zum standardisierten Anlagemanagement anvertraut. Diese Überlegung führt direkt zur Form des Depotmanagements.

Das Konzept des Depotmanagements ist dem der Investmentfonds sehr ähnlich: Der Anleger wählt eines von mehreren angebotenen, bankeigenen Standarddepots und erwirbt daran Depotanteile. Deren Wert wird wie bei den Investmentfondsanteilen als anteiliger Prozentsatz des Depotvermögens ermittelt. Der Anleger nimmt somit auch anteilsgemäß an der Wertentwicklung des Gesamtdepots teil. Auf das Management des Depots selbst hat er keinerlei Einfluß.

---

[1] So haben z.B. bei den Sparkassen ca. 95% aller Depots einen Depotwert unter 100.000 DM. Vgl. Müller (1993), S. 179.
[2] Die Beratungsqualität ist stark von der Kompetenz des Personals und den verwendeten Sachmitteln abhängig, die wiederum enorme Kosten verursachen. So ist in den letzten Jahren zwar die Anzahl der Depots und Orders im Wertpapiergeschäft ständig gewachsen, ein großer Teil dieser Depots und Orders lag jedoch unterhalb der Erlösschwelle. Vgl. Drewes/Böhm (1993), S. 190.

Aus Anlegersicht ist der wichtigste Unterschied zu den Publikumsfonds, daß jedes Standarddepot für einen bestimmten Anlegertyp konzipiert ist und für alle Anleger dieses Typs einheitlich verwaltet wird, während die Publikumsfonds eher marktorientiert (Inland, Ausland, Europa etc.) und/oder anlageformorientiert (Aktien-, Renten-, Geldmarktfonds etc.) ausgerichtet sind. Die durch einen Anlegertyp unterstellten Anlegerziele und -präferenzen geben also die grundsätzliche Ausrichtung des Managementstils für ein Standarddepot vor. Eine sorgfältige Anlegeranalyse und -typisierung hat in diesem Bereich deshalb besondere Bedeutung.

Der Vorteil dieses Konzepts für die Banken ist zweifelsohne eine erhebliche Kostenreduktion. Durch die „Reproduktionsfähigkeit" eines solchen Produkts wird der „break-even-point"[4] der Beratungstätigkeit schneller als bei individueller, streng anlegerspezifischer Depotberatung bzw. -verwaltung erreicht. Dabei *müssen* die Finanzanalyse und das Anlagemanagement wegen des Größendegressionseffektes bei den Standarddepots keineswegs standardisiert erfolgen. Für den Anleger soll das Depotmanagement die Vorteile einer typgerechten, diversifizierten Anlagemöglichkeit bieten, die von einem professionellen Management verwaltet wird und börsentäglich in kleiner Stückelung erwerbbar bzw. liquidierbar ist.

Mit der folgenden empirischen Studie soll überprüft werden, ob diese potentiellen Vorteile des Depotmanagements für den Privatanleger durch die heute angebotenen Depotmanagementkonzepte auch tatsächlich nutzbar sind. Genauer wird folgenden Fragestellungen nachgegangen:

- Führt die standardisierte Vermögensverwaltung in Form des Depotmanagements grundsätzlich zu anleger*typ*gerechten Kapitalanlagen?
- Sind aus Sicht privater Kapitalanleger bestimmte der derzeit angebotenen Depotmanagementkonzepte zu bevorzugen, oder gibt es keine grundlegenden Unterschiede?

Vor dem Hintergrund dieser Fragestellungen führten wir im Oktober und November 1995 eine Befragung unter dreizehn in Freiburg ansässigen Banken durch, deren Ergebnisse im weiteren wiedergegeben werden.

Dabei sollte die breite Auswahl der Kreditinstitute sowohl eine weitgehende Erfassung der aktuellen Produktangebote in der standardisierten Vermögensverwaltung als auch die Einbindung von unterschiedlichen, bankspezifischen Kunden gerade für den Fragenkatalog zur Anlegeranalyse ermöglichen.[5]

---

3 Zu dem auch daraus folgenden Problem der Qualität von Anlageberatungen vgl. die Untersuchung bei Rehkugler et al. (1992), S. 316 ff.
4 Vgl. Drewes/ Böhm (1993), S. 191.
5 Dazu zählten sechs Großbanken, eine Privatbank, eine Sparkasse und fünf Banken aus dem genossenschaftlichen Verbund. Da es sich beim Depotmanagement um standardisierte Produkte handelt, die von allen Niederlassungen eines Bankhauses in gleicher Form vertrieben werden, ist die lokale Begrenzung der ausgewählten Banken auf deren Freiburger Filialen unproblematisch.

2. Konzeption der Befragung

Zentraler Anspruch des Depotmanagements ist also, dem Anleger eine anleger*typ*gerechte Vermögensverwaltung zu bieten, wobei die Standardisierung in der Bildung von Anlegertypen und in der einheitlichen Behandlung aller Anleger eines Anlegertyps besteht. Den Schwerpunkt der Untersuchung bildeten deshalb Fragen zur Anlegertypisierung und deren Umsetzung in Anlagebedingungen für die Standarddepots.

Die Befragung selbst wurde als standardisiertes Interview auf der Basis eines Fragebogens mit einem Wertpapier- oder Vermögensberater der jeweiligen Bank durchgeführt. Der ausgefüllte Fragebogen wurde nach Möglichkeit um Informationen aus Verkaufsprospekten und Auszügen zur aktuellen Asset Allocation der Standarddepots der Banken ergänzt.

Insgesamt wurden sieben Fragen an die Anlageberater gerichtet, mit denen Motive und Ziele ihrer privaten Anlagekundschaft und die Depotmanagementkonzepte ihres Instituts abgefragt werden sollten.

Mit dem *ersten Themenblock* sollte zunächst ganz allgemein nach praxisrelevanten Anlegermotiven und -zielen gefragt werden, die später im Depotmanagement den Kern der Anlegertypisierung bilden könnten (*Frage 1*). Ein häufiges Problem bisheriger empirischer Befragungen war, daß die zentralen Anlegerziele begrifflich nicht genau definiert wurden, die Befragten also unterschiedliche Inhalte mit diesen Zielen verbinden konnten. Die Anlageberater wurden deshalb auch nach ihrem Verständnis des Risiko- und Liquidierbarkeitsbegriffs gefragt (*Frage 2*).

Das Ziel des *zweiten Fragenblocks* bestand darin, die bankenabhängige Anlegertypisierung und ihre Umsetzung in ein Depotmanagementkonzept zu überprüfen. Zunächst interessierten die angesprochenen Kundenzielgruppen. Diese lassen sich grob durch die gewünschte Vermögensklasse (*Frage 3*) und die von Bankenseite definierten Anlegertypen umreißen (*Frage 4*). Mit der bankspezifischen Anlegertypisierung läßt sich auch überprüfen, ob sich die vorher vom Anlageberater als praxisrelevant betrachteten Anlegermotive und -ziele (Fragen 1 und 2) in den Typdefinitionen wiederfinden. Mit *Frage 5* als Schwerpunkt der Befragung sollten dann die genauen Anlagekonzepte (Anlagephilosophie, konkrete Anlagerestriktionen) der Standarddepots erfaßt werden. Im Zusammenhang mit den Anlegertypen (Frage 4) konnte somit geprüft werden, ob grundsätzlich ein anlegertypgerechtes Depotmanagement zu erwarten ist.

Der *dritte Fragenblock* (*Fragen 6, 7*) ergänzt bei der Beschreibung der Depotmanagementkonzepte den inhaltlich orientierten zweiten Fragenblock um Implementierungsaspekte.[6]

---

[6] Zum Fragebogen und zu einer erweiterten Auswertung vgl. Rehkugler et al. (1996), S. 46 ff.

3. Verhalten privater Kapitalanleger[7]

Im Mittelpunkt des Anlegerverhaltens stehen die Anlegerziele. Sie steuern beim Entscheidungsprozeß des Kapitalanlegers die Bewertung der Anlagealternativen und die Auswahl der zu realisierenden Kapitalanlage. Auf seiten des Depotmanagements dienen sie der Anlegertypisierung, auf die die Standarddepots zugeschnitten werden.

Gleichzeitig sind die Anlegerziele Ausdruck der dahinterstehenden Anlegermotive. Unter Motiven versteht man innere Beweggründe des Verhaltens, also eine potentielle Verhaltensbereitschaft, die als Gefühl, Wunsch oder Affekt erlebt werden kann.[8] Ziele dagegen beschreiben einen künftigen Zustand, der als erstrebenswert angesehen wird.[9] Das Verhältnis Motiv-Ziel läßt sich daher als hierarchische Beziehung verstehen, bei der die Anlegermotive als Beweggründe einen zielgerichteten Kapitalanlageprozeß auslösen und steuern.

Grundlegende *Anlegermotive* lassen sich mit Hilfe der Motivationstheorie identifizieren. Mit ihnen lassen sich vor allem folgende, in Tabelle 1 aufgeführten, (Anleger-)Motive begründen:

---

[7] Die analytischen Begründungen in diesem Abschnitt müssen aus Platzgründen knapp gehalten werden. Für eine ausführliche Darstellung vgl. deshalb Schmidt-von Rhein (1996), S. 81 ff. und S. 101 ff. sowie den entsprechenden Beitrag von SCHMIDT-VON RHEIN in diesem Band.

[8] Vgl. Fank (1992), S. 18. Sie sind strikt zu trennen von äußeren Einflüssen der Umwelt, wie z.B. Befehle oder Bitten. Vgl. dazu Hirscher (1990), S. 12.

[9] Vgl. Heinen (1976), S. 45. Nach REHKUGLER/SCHINDEL sollen diese Zielzustände „ ...durch bestimmte Entscheidungen bzw. Handlungen hergestellt werden ..." [Rehkugler/ Schindel (1990), S. 43].

Motiv	Kurzbeschreibung
Konsummotiv	Sparen bzw. Tätigung einer Kapitalanlage zur Schaffung zukünftiger Konsummöglichkeiten durch heutigen Konsumverzicht. Hierbei unterscheidet man das *Zwecksparen* als gezieltes Sparen für einen bestimmten Konsumzweck und das allgemeinere *Vermögenssparen*.
Absicherungsmotiv	Menschliches Sicherheitsbedürfnis zum Schutz vor unerwünschten künftigen Umweltzuständen. Das *Vorsorgesparen* resultiert aus der zielgerichteten Absicherung gegen eine bestimmte Gefahrenquelle, während eine Absicherung gegen Notfälle allgemein als *Sicherheitssparen* bezeichnet wird.
Sozialmotiv	Materielle Möglichkeit, das Bedürfnis nach Liebe, Kontakt oder Zugehörigkeit zumindest teilweise über die Teilhabe anderer am eigenen finanziellen Wohlstand zu befriedigen. Das Sparverhalten läßt sich als *Verzichtsparen* beschreiben mit dem Ziel, später tatsächlich einen Akt des Verzichts z.B. durch Schenkung oder Erbschaft durchzuführen.
Selbstachtungsmotiv	Motivation einer Kapitalanlage durch den Wunsch nach Akzeptanz seiner selbst. Meßkriterien für die Motiverfüllung sind z.B. „Erfolg", „Kompetenz" oder „Beherrschbarkeit".
Prestigemotiv	Bedürfnisse des Individuums nach bestimmter sozialer Positionierung im Wertesystem der Gesellschaft bzw. nach einem bestimmten sozialen Status.
Handlungskontrollmotiv	Wunsch, erfolgreiches Verhalten auf kontrollierbare Faktoren zurückführen zu können.
Leistungsmotiv	Bedürfnis, etwas Schwieriges zustande zu bringen, mit anderen zu konkurrieren und sie zu übertreffen, Hindernisse zu überwinden und einen hohen Leistungsstandard zu erreichen.
Spekulationsmotiv	Bedürfnis nach Chancenwahrnehmung i.S.d. Nutzung besonders erwünschter, „günstiger" Umweltzustände.
Machtmotiv	Substantielles Handlungsmotiv, das sich als „ ... Verlangen ... , andere Wirtschaftssubjekte zu beeinflussen, zu kontrollieren oder zu beherrschen",[10] versteht.

Tab. 1: Anlegermotive

---

[10] Heinen (1976), S. 79. Im gleichen Sinne unter Zugrundelegung eines sozialen Konfliktes auch Heckhausen (1989), S. 361.

Als weitere, selbsterklärende Anlegermotive werden in der Literatur das *Unabhängigkeitsmotiv*, der *Spiel- oder Erlebnisdrang* und das *Gruppenanpassungsverhalten* genannt.[11] In Frage 1.1 wird nach der praktischen Relevanz aller genannten Motive gefragt.

Anlegerziele werden hier anlageobjektbezogen verstanden, d.h. die Zielerfüllung wird anhand von Anlageobjektmerkmalen gemessen. Bei mehreren Zielen strebt der Anleger also nach einem bestimmten „Eigenschaftsmix" seiner Kapitalanlage.

Als die mit Abstand wichtigsten Anlegerziele werden in der Literatur *Rentabilität*, *Sicherheit* und *Liquidierbarkeit* einer Kapitalanlage genannt, die zusammen das *magische Dreieck* der Kapitalanlage bilden. Die Bezeichnung „magisch" bringt zum Ausdruck, daß es sich um konkurrierende Ziele handelt, also eine maximale Erfüllung aller drei Ziele gleichzeitig nicht möglich ist. Empirische Untersuchungen bestätigen zwar regelmäßig diese drei Ziele als die wichtigsten Ziele privater Anleger. Aus den oben genannten Anlegermotiven lassen sich aber durchaus noch weitere Anlegerziele ableiten, die für den privaten Anleger eine Rolle spielen können. Sie werden in Tabelle 2 kurz umschrieben.[12]

Ziel	Kurzbeschreibung
Verwaltbarkeitsziel	Verwaltbarkeit steht für den Informations- und Verwaltungsaufwand, der mit dem Besitz einer Kapitalanlage verbunden ist. Der Informationsaufwand entsteht dadurch, daß die Anlage während der Anlagedauer hinsichtlich anderer Zielkriterien (z.B. Rendite, Risiko, Liquidierbarkeit) und anderer Anlegerpräferenzen einzuschätzen ist. Verwaltungsaufwand kann z.B. durch Depotgebühren entstehen.
Mitspracheziel	Das Streben nach Mitsprache, wie sie z.B. über das Stimmrecht bei Aktien möglich ist, entspringt dem Machtmotiv.
Prestigeziel	Als Ziel mißt Prestige die gesellschaftliche Wertschätzung, die mit dem Besitz einer bestimmten Kapitalanlage verbunden ist. Dabei assoziiert die Gesellschaft charakteristische Merkmale eines bestimmten Anlageobjekts mit speziellen Anlegereigenschaften, so daß dem Besitzer eines solchen Anlageobjekts bestimmte Fachkenntnisse, Fähigkeiten, Charakterzüge usw. zugeordnet werden.
Kleine Stückelung	Das Ziel einer kleinen Stückelung ist eine möglichst hohe Verfügbarkeit der Anlagealternativen, d.h. der Wunsch, bei Bedarf auch mit geringen Anlagebeträgen Wertpapiere kaufen zu können.
Spekulationsziel	Das Spekulationsziel bezeichnet das Streben nach Kapitalanlagen, die hinsichtlich der anderen Anlegerziele Möglichkeiten besonders günstiger Zielerreichung bieten.

Tab. 2: Anlegerziele

---
[11] Vgl. dazu Ruda (1988), S. 20. Darüber hinaus werden mittlerweile vermehrt Investmentfonds nachgefragt, die auch ethische Motive bei ihrer Anlagepolitik berücksichtigen.
[12] Vgl. zu den Anlegerzielen den ausführlichen gleichnamigen Beitrag von SCHMIDT-VON RHEIN in diesem Band.

Der Anlageberater wurde somit insgesamt zur Praxisrelevanz von acht Anlegerzielen befragt.

An den bisherigen empirischen Anlegerzieluntersuchungen fällt auf, daß in aller Regel die befragten Ziele nicht näher definiert werden. Wird beispielsweise nach der Bedeutung des Ziels „Sicherheit" gefragt, so besteht die Gefahr, daß von den Befragten unterschiedliche Sachverhalte mit diesem Begriff assoziiert werden. Eine Aggregation der unterschiedlichen Zielinhalte ist dann eigentlich nicht mehr zulässig. Beim magischen Zieldreieck besteht diese Gefahr besonders für das Sicherheits- und das Liquidierbarkeitsziel, für die es bisher keine allgemeingültigen Zielbegriffsdefinitionen gibt.

Um das Ausmaß zu prüfen, in dem in der Praxis tatsächlich unterschiedliche Sicherheits- und Liquidierbarkeitsbegriffe vorherrschen, wurde neben der praktischen Bedeutung des Sicherheits- und des Liquidierbarkeitsziels in Frage 1.2 (ohne nähere Begriffserläuterungen) separat nach dem Risiko- und Liquidierbarkeitsverständnis in Frage 2 unter Vorschlag verschiedener Begriffsdefinitionen gefragt.

Als Antworten wurden die wichtigsten in der Literatur genannten Risikobegriffe vorgeschlagen: Der *fundamentale Risikobegriff* fragt nach Risikoursachen (z.B. Inflations-, Währungs-, politisches Risiko), der *ergebnisorientierte* Begriff bezieht sich dagegen auf Wertpapiermerkmale, hier speziell auf die Rendite[13]. Üblich ist neben dem *schwankungsorientierten* Risikoverständnis (Volatilität) ein *Ausfallrisiko*begriff, der Risiko als Gefahr der Unterschreitung einer Mindestrendite versteht. Die geforderte Mindestrendite kann individuell unterschiedlich sein. Beispiele hierfür sind eine Rendite von 0% (Kapitalverlustrisiko), die Inflationsrate (Wertverlustrisiko) oder ein mit Sicherheit erzielbarer, risikofreier Zins (Opportunitätskostenrisiko).

Neben der *Liquidierbarkeit*, die sich auf die Liquidationsmöglichkeit eines Wertpapiers bezieht, sind auch verschiedene anlegerbezogene Liquiditätsbegriffe üblich. Die *Bestandsliquidität* entspricht der Bestandshaltung liquider Mittel während der Kapitalanlage. Dagegen drückt die *zeitpunktbezogene* (bzw. *endzeitpunktbezogene*) *Liquidität* den Wunsch aus, zu einem bestimmten, im voraus geplanten Zeitpunkt während der Kapitalanlage (bzw. zum Anlageende) einen im voraus bestimmten Betrag (bzw. das gesamte Anlagekapital) in liquiden Mitteln verfügbar zu haben.

Mit einer getrennten Befragung nach dem Risiko-/Liquidierbarkeitsbegriff des Anlegers und dem der Bank wurden zwei Ziele verfolgt: Erstens ist von Interesse, welchen Risiko- und Liquidierbarkeitsbegriff die Bank (nicht der Anlageberater persönlich!) in der Argumentation gegenüber dem Kunden vertritt, und inwiefern dieses Verständnis von dem des Anlegers abweicht. Zweitens sollte speziell für den Risikobegriff überprüft werden, inwiefern sich die Risikomessung und -steuerung im Depotmanagement am anlegerbezogenen und/oder bankbezogenen Risikoverständnis orientiert, und wie sie sich in den Anlagevorschriften der Standarddepots niederschlägt (vgl. Frage 5.2).

---

[13] Analog wären auch Risikobegriffe bezogen auf andere Wertpapiermerkmale (z.B. Liquidierbarkeit, Verwaltbarkeit) denkbar. Vgl. ausführlich zu dieser Risikokonzeption Schmidt-von Rhein (1996), S. 159 ff.

4. Anlegertypisierung und Anlagekonzepte im Depotmanagement

Das Herzstück eines Depotmanagementkonzepts ist die Art und Weise, wie die zahlreichen denkbaren Anlegerpräferenzen zu verschiedenen Anlegertypen knapp gebündelt und in welcher Form aus einer derartigen Typisierung Anlagevorschriften für die Struktur und den Managementstil eines Standarddepots abgeleitet werden. Diesem auch in der Theorie noch weitgehend ungelösten Problem widmet sich ausführlich der zweite Fragenblock mit den Fragen 4 und 5.

Ein Anlegertyp wird im wesentlichen durch seine persönlichen Merkmale (endogene Faktoren) bestimmt und durch äußere, umweltabhängige Einflüsse (exogene Faktoren) ergänzt. Da die Anlegertypisierung im Zusammenhang mit dem Depotmanagement als langfristige Einordnung gedacht ist, dürften als Typmerkmale eher die personenbezogenen (endogenen) als die exogenen Faktoren von Bedeutung sein. Die Anlegertypbeschreibung erfolgt aber üblicherweise nicht ursachen-, sondern ergebnisorientiert. Ein Anlegertyp wird also z.B. durch ein bestimmtes Anlegerzielsystem, einen bestimmten Anlagehorizont und die Zugehörigkeit zu einer bestimmten Vermögensklasse (Anlagebetrag) charakterisiert. Alle drei Präferenzarten sind unverzichtbare Präferenzen, d.h. ohne sie kann keine Anlageentscheidung sinnvoll getroffen werden, sie *müssen* also festgelegt werden. Frage 4.3 sollte deshalb prüfen, welche dieser Anlegerpräferenzen und welche endogenen Faktoren der Anlageberater hinsichtlich einer Typisierung des Anlegers für wichtig erachtet. Frage 4.2 erkundigte sich genauer nach den den angebotenen Standarddepots zugrundeliegenden Anlegertypen.

Im Portfoliomanagementprozeß stellt das Anlagekonzept das Ergebnis der Anlegeranalyse dar. In der Anlegeranalyse werden zunächst die Anlegerpräferenzen identifiziert und dann zu einem Anlagekonzept verdichtet, systematisiert und auf Konsistenz geprüft. Das so definierte Anlagekonzept bildet dann einen verbindlichen Handlungsrahmen für den Portfoliomanager. Die wichtigsten Bestandteile eines Anlagekonzepts zeigt Abbildung 1.

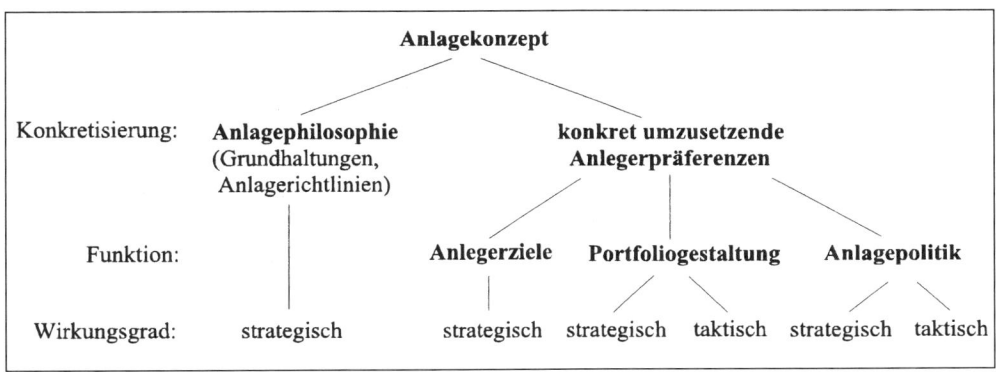

Abb. 1: Strukturierung des Anlagekonzepts[14]

---

[14] Nach Schmidt-von Rhein (1996), S. 19.

Zunächst lassen sich Anlegerpräferenzen, die dauerhafte Grundeinstellungen umfassen, von den (daraus abgeleiteten) *konkret* bei der Kapitalanlage umzusetzenden Anlegerpräferenzen unterscheiden. Die dauerhaften Grundeinstellungen (*Anlagephilosophie*) beschreiben z.B. grundsätzliche Werthaltungen, Handlungsprinzipien oder grundlegende Ausrichtungen der Kapitalanlage, wogegen die konkret umzusetzenden Anlegerpräferenzen im wesentlichen die Anlegerziele, Bedingungen zur Portfoliostrukturierung (*Portfoliogestaltung*) oder Vorschriften zum Ablauf des Managements (*Anlagepolitik*), wie z.B. Anlagestrategien, umfassen.

Wesentlicher Bestandteil eines Anlagekonzepts sollte auch die Definition eines Benchmarkportfolios (Vergleichsportfolios) sein. Es bietet dem Management Handlungsorientierung und wird als Referenzpunkt für die Performancemessung herangezogen. Die Benchmark ist vor allem Ausdruck der Anlegerpräferenzen zur Portfoliogestaltung. Sie sollte folgenden fünf Anforderungen genügen:[15]

- real erwerbbare Anlagealternative;
- risikoadjustiert schwer zu schlagen;
- kostengünstig real erwerbbar;
- bekannt, bevor das Management des Ist-Portefeuilles beginnt;
- unterliegt denselben Restriktionen wie das zu managende Portefeuille.[16]

Im Zusammenhang mit dem standardisierten Depotmanagement ist das Anlagekonzept als Ausdruck der Präferenzen eines Anlegertyps zu verstehen. Es stellt eine verbindliche Anlagerichtlinie an die Manager des entsprechenden Standarddepots dar. In welcher Form die Anlagekonzepte definiert sind, sollte Frage 5 ermitteln. Durch den Vergleich von Anlagekonzept (einschließlich Benchmark) mit dem unterstelltem Anlegertyp kann dann die Anlegeradäquanz geprüft werden.

Ein entscheidender Punkt für diese Prüfung ist die Frage, inwiefern verschiedene Anlageformen die unterschiedlichen Zielsetzungen erfüllen. RUDA (1988), der in einer breit angelegten empirischen Studie ebenfalls Anlageberater zu diesem Punkt befragte, kam für die wichtigsten Anlageformen und die wichtigsten, hier befragten Ziele zu dem in Tabelle 3 dargestellten Ergebnis. Zur besseren Übersicht wurden den von RUDA angegebenen numerischen Werten fünf Zielerfüllungsklassen von „nicht erfüllt" (•) bis „voll erfüllt" (•••••) zugeordnet. Die Zielerfüllungsgrade „voll erfüllt" sind in der Tabelle grau unterlegt.

Diese Zielerfüllungsgrade dienen bei der Auswertung der Depotmanagementkonzepte als Richtlinie dafür, ob die Anlegerziele adäquat in Bedingungen zur Portfoliogestaltung in den Anlagerichtlinien der Standarddepots umgesetzt werden.

---

[15] Zu den ersten vier Kriterien vgl. Sharpe (1992), S. 16.
[16] Vgl. z.B. Auckenthaler (1994), S. 320 und Lerbinger (1984), S. 65.

Anlegerziel	Zielerfüllungsgrade wichtiger Anlageformen					
	Aktien (Standardwerte)	Aktien (Wachstumswerte)	Aktienfonds	festverzinsliche Wertpapiere	Rentenfonds	Optionsscheine
Rentabilität						
- Ausschüttungsrendite	•••	•••	•••	•••••	•••••	••
- Wertzuwachs	••••	•••••	••••	••••	••••	••••
Sicherheit (im Sinne nominaler/realer Kapitalerhaltung)	••••	••••	••••	•••••	••••	•••
Liquidierbarkeit	•••••	•••••	•••••	•••••	•••••	•••••
Verwaltbarkeit	•••	•••	••••	••••	••••	•••

Tab. 3: Zielerfüllungsgrade von Anlageformen nach RUDA[17]

5. Ergebnissse der empirischen Studie

Zwei der beteiligten Banken konnten nur zum ersten Teil (Anlegeranalyse) Stellung nehmen, da sie zum Zeitpunkt der Befragung noch kein Depotmanagement anboten. Eine der beiden Banken sah dazu auch keinen akuten Handlungsbedarf, konnte sich aber durchaus vorstellen, in naher Zukunft ein solches Produkt zu vertreiben. Dagegen bestand aus Sicht des anderen Kreditinstituts aktuell keine Notwendigkeit, eine standardisierte Vermögensverwaltung einzuführen. Statt dessen wurden den Kunden Sparbriefe und eine begrenzte Anzahl von Publikumsfonds angeboten.

Ergebnisse zum Anlageentscheidungsprozeß

> **Frage 1.1:** Welche Beweggründe (Motive) führen die Anleger zu einer Kapitalanlage?

Die Zuordnung der Kunden in Form eines Durchschnittsanlegers zu den einzelnen Motiven befand ein Großteil der Anlageberater als äußerst schwierig, da es sich hierbei um eine „sehr abstrakte" und „pauschale" Zuordnung handele, die praktisch nur schwer durchzuführen sei.

---

[17] Vgl. Ruda (1988), S. 182.

Motive	Bedeutung*					Median[18]
	1	2	3	4	5	
Konsummotiv	1	3	3	4	2	3
Absicherungsmotiv	7	6	0	0	0	1
Sozialmotiv	0	0	5	7	1	4
Selbstachtungsmotiv	1	1	6	4	1	3
Prestigemotiv	0	2	6	2	3	3
Handlungskontrollmotiv	1	3	5	2	2	3
Leistungsmotiv	2	1	7	1	2	3
Spekulationsmotiv	3	3	4	0	3	3
Machtmotiv	0	1	3	5	4	4
Unabhängigkeitsmotiv	3	4	3	2	1	2
Spiel- oder Erlebnisdrang	0	2	5	4	2	3
Gruppenanpassungsverhalten	1	3	4	4	1	3

* Bedeutung: 1= sehr wichtig bis 5= unwichtig, n= 13 Anlageberater

Tab. 4: Bedeutung der Anlegermotive

In Tabelle 4 ist deutlich zu erkennen, daß das Absicherungsmotiv bei den Befragten mit Abstand am wichtigsten eingeschätzt wird.[19] Die einheitlich hohe Bedeutung des Absicherungsmotivs überrascht nicht allzu sehr, spielt doch gerade die Altersvorsorge nach Aussage der Anlageberater heute eine entscheidende Rolle bei Kapitalanlagen. Dagegen erstaunt die relativ geringe Einschätzung des Konsummotivs. Die Berater begründeten dies damit, daß Anleger ihre Konsumbedürfnisse meist sofort realisieren wollen und hierfür eher einen Kredit in Anspruch nehmen als kontinuierlich zu sparen. Dem Sparen zugunsten nachfolgender Generationen (Sozialmotiv) und dem Machtmotiv werden nur geringe Bedeutung beigemessen. Offensichtlich bedeutet eine Kapitalanlage jedoch für viele Anleger ein Stück Unabhängigkeit.

> **Frage 1.2: Welche aus den Anlegermotiven abgeleiteten Ziele sind für den Anleger wichtig?**

Die Ergebnisse zu den Anlegerzielen bestätigen die Resultate früherer Untersuchungen, wonach Rentabilität und Sicherheit eindeutig die wichtigsten Kriterien bei einer Anlageentscheidung darstellen (vgl. Tabelle 5)[20]. Mit dem mehrheitlich als

---

[18] Mit dem komparativen Merkmal „Bedeutung" ist statistisch eine metrische Auswertung (Mittelwerte, Varianzen und Korrelationskoeffizienten) nicht zulässig. Wegen der geringen Datenbasis und der nur fünfteiligen Skala wurde lediglich der Median als Lagemaß ordinalskalierter Variablen berechnet.

[19] Mit einem Median von 1 wird das Absicherungsmotiv von 50% der Befragten als mindestens „sehr wichtig" bezeichnet.

[20] Vgl. Ruda (1988), S. 3; ADIG (1974), S. 94; EMNID (1976), Tabelle 11; Spiegel (1980), S. 49; Spiegel (1985), S. 37 und Spiegel (1989), S. 54.

„sehr wichtig" erachteten Liquidierbarkeitsziel wird auch in dieser Befragung die empirische Bedeutung des magischen Dreiecks unterstrichen. Inwiefern aber die Bedeutung des magischen Dreiecks auf die Aggregation eigentlich unterschiedlicher Risiko- und Liquidierbarkeitsverständnisse zurückzuführen ist, wird als nächster Schritt im Zusammenhang mit Frage 2 zu klären sein. Für bedeutsam halten die Anlageberater noch das Verwaltbarkeitsziel, obwohl hier die Einzelmeinungen wesentlich weiter auseinandergehen.

Die anderen Anlegerziele sind nur von mittlerer oder untergeordneter Bedeutung.

	Bedeutung*					
Ziele	**1**	**2**	**3**	**4**	**5**	**Median**
Rentabilität	10	2	1	0	0	1
Sicherheit	10	3	0	0	0	1
Liquidierbarkeit	7	5	1	0	0	1
Verwaltbarkeit	3	4	4	2	0	2
Mitsprache	2	4	5	2	0	3
Prestige	1	2	3	4	3	4
Kleine Stückelung	0	0	3	5	5	4
Spekulation	0	1	4	7	1	4

* Bedeutung: 1= sehr wichtig bis 5= unwichtig, n= 13 Anlageberater

Tab. 5: Bedeutung der Anlegerziele

Ergänzend zu den vorgegebenen Kriterien nannten mehrere Anlageberater den steuerlichen Gesichtspunkt als ein weiteres Ziel, der in der Befragung aber als Teilziel der Rentabilität zugerechnet wurde.

Ergebnisse zu den Begriffsdefinitionen

Frage 2.1a und 2.1b:	Was versteht der *Durchschnittsanleger* unter dem Begriff *Risiko*, und wie definiert die *Bank* den Begriff *Risiko*?

Im wesentlichen entsprechen sich die Risikoverständnisse der Banken und der Durchschnittsanleger, indem beide Gruppen nach Meinung der Anlageberater unter Risiko vorrangig Varianten des Ausfallrisikos verstehen (vgl. Abbildung 2). Die Kreditinstitute subsumieren allerdings unter dem Risikobegriff deutlich stärker als die Anleger die Gefahr des Eintritts fundamentaler Risiken. Die Erklärung hierfür liegt vermutlich in der täglichen Dokumentationsflut fundamentaler Analysen zu Währungs-, Bonitäts-, Inflationsrisiken usw. in den Research Reports sowie in Tageszeitungen und Fachzeitschriften.

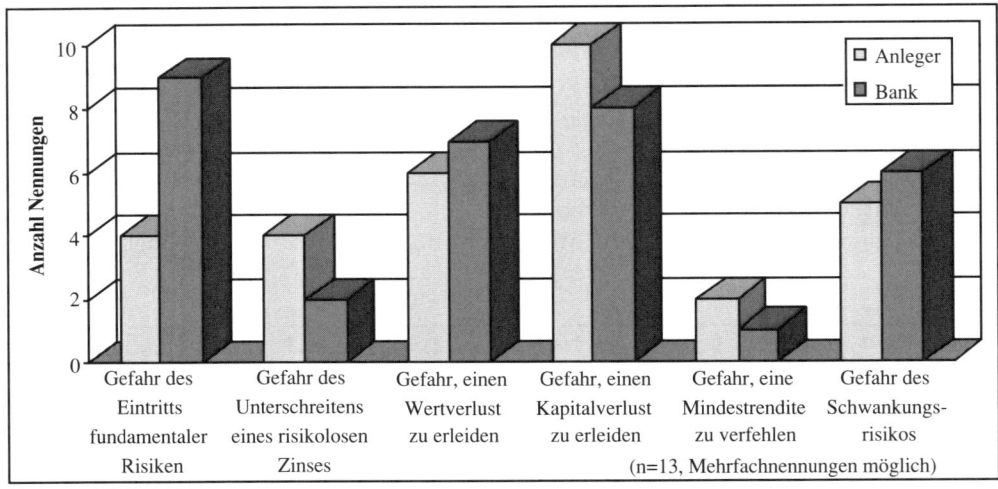

Abb. 2: **Bedeutung der Risikobegriffe**

Für den Anleger selbst steht dagegen eher der ergebnisorientierte Begriff des Ausfallrisikos im Vordergrund. Es wird nicht nur die Gefahr eines nominellen Kapitalverlustes[21] als mit Abstand wichtigster Risikobegriff eingestuft, sondern auch die Mindestrenditeforderung in Höhe einer risikolos erzielbaren Rendite (Risiko als Gefahr des Verfehlens des risikolosen Zinssatzes einer Alternativanlage) spielt eine anscheinend größere Rolle als für die Banken. Eine individuell definierte Mindestrendite scheint dagegen für beide Seiten eher die Ausnahme zu sein.

Interessant erscheint das in Abbildung 2 dargestellte Ergebnis besonders vor dem Hintergrund, daß die Anlageberater überhaupt eine deutliche Unterscheidung zwischen der Banken- und der Anlegersichtweise vornehmen. Die Anlageberater müssen sich daher der Divergenz der Risikobegriffe und damit auch der unzureichenden Einstellung auf die Anlegerbedürfnisse durchaus bewußt sein.

Schließlich wird durch die unterschiedlichen relevanten Risikoverständnisse des Anlegers die Bedeutung des Sicherheitsziels als eines der wichtigsten Anlegerziele in Tabelle 5 relativiert: Anleger streben zwar vorrangig Sicherheit an, verbinden damit jedoch im Detail sehr unterschiedliche Zielsetzungen.

> **Frage 2.2:** Wie wird dieses Risiko gemessen (z.B. Standardabweichung, Downside Risk)?

Nach der Risikobegriffsbestimmung in Frage 2.1 wurde nun gefragt, wie die genannten Risikoverständnisse operationalisiert bzw. statistisch erfaßt werden. Dabei konnte nur ein Kreditinstitut eine, bezogen auf sein selbstgenanntes Risikoverständ-

---

[21] Das ist gleichbedeutend mit einer Mindestrenditeforderung von 0%. Dagegen wird bei einem realen Kapitalerhalt eine Mindestrendite in Höhe der Inflationsrate gefordert.

nis, adäquate Antwort geben. Der Berater gab an, daß das Schwankungsrisiko bei Aktien über die Standardabweichung bzw. Volatilität, bei Renten über die Duration und bei Währungsanleihen über das Rating gemessen wird. Die Anlageberater der anderen zwölf Banken konnten nicht beschreiben, wie eine Risikooperationalisierung in ihrem Hause durchgeführt wird. Die Messung fundamentaler Risiken ist zwar für den Risikobegriff „Gefahr des Eintritts fundamentaler Risiken" angebracht, stellt jedoch, wie in Abbildung 2 gezeigt, für den Anleger nur ein untergeordnetes Risikoverständnis dar. Eine ergebnisorientierte und renditebezogene Risikomessung mit Hilfe des Schwankungsrisikos und/oder der Ausfallrisiken wird kaum durchgeführt, obwohl eine solche Operationalisierung sowohl dem Risikoverständnis des Anlegers als auch dem der Banken näher kommen würde. Dies macht deutlich, daß im front office-Bereich, vermutlich auch auf Kundenseite, noch ein enormer Aufklärungsbedarf besteht.

> **Fragen 2.3a und 2.3b:** Was versteht der *Durchschnittsanleger* unter dem Begriff *Liquidierbarkeit*, und wie definiert die *Bank* den Begriff *Liquidierbarkeit*?

Bei dem Begriff „Liquidierbarkeit" stimmen die Definitionen der Anleger und Banken nahezu überein. Am häufigsten wurden die „Veräußerbarkeit des Wertpapiers" sowie die „zeit- und bedarfsgerechte Verfügbarkeit" genannt.

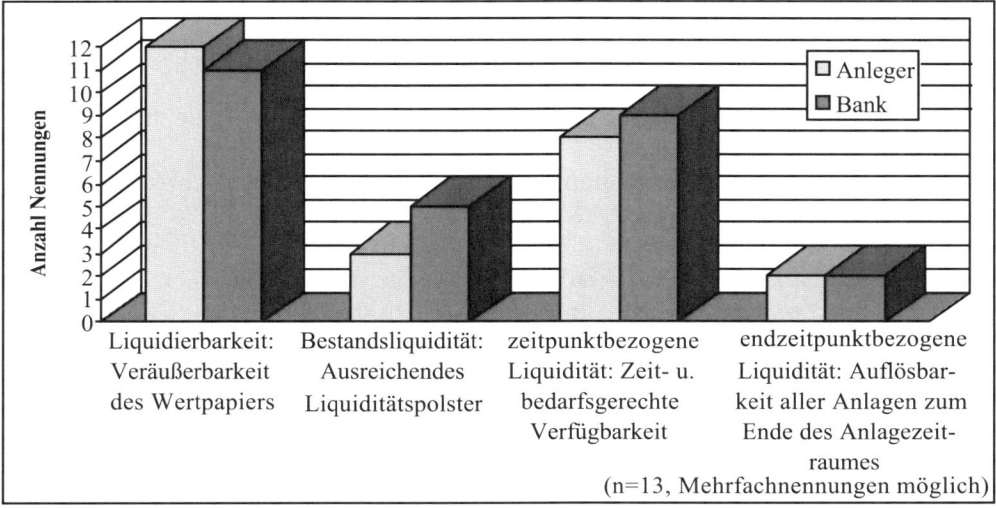

Abb. 3: Liquidierbarkeits- und Liquiditätsbegriffe

Demnach ist besonders wichtig, daß die Kapitalanlagen möglichst jederzeit veräußerbar sind (Liquidierbarkeit), und ein zum Anlagezeitpunkt bestimmbarer Betrag zu einem bestimmten Zeitpunkt während des Anlagezeitraums in liquiden Mitteln verfügbar ist (zeitpunktbezogene Liquidität). Andererseits verdeutlicht Abbildung

3, daß unter dem Anlegerziel Liquidierbarkeit auch die Liquiditätsbegriffe verstanden werden, eine saubere Begriffstrennung in der Praxis also offensichtlich nicht erfolgt.

Einige Anlageberater betonen dementsprechend auch die Wichtigkeit der beiden Begriffe „Veräußerbarkeit" und „Verfügbarkeit" als ein wesentliches Anlageentscheidungskriterium. So sei für die Beratung ein genau vordefinierter Anlagehorizont ebenso notwendig wie der Hinweis auf die Problematik vorzeitiger Liquidation.

Ergebnisse zum Depotmanagement

Von den elf befragten Bankinstituten,[22] die zum Untersuchungszeitpunkt ein Depotmanagement anboten, wurde von den Banken mit Zugehörigkeit zum genossenschaftlichen Verbund einheitlich das POINT-Depotmanagement der UNION-Investmentgesellschaft vertrieben. Die folgenden Auswertungen beziehen sich somit tatsächlich nur auf Depotmanagement-Produkte von neun unterschiedlichen Anbietern.

> **Frage 3.1: Ab welchem Mindestanlagebetrag wird eine standardisierte Vermögensverwaltung durchgeführt?**

Bei der Beantwortung dieser Frage wurde ein Zusammenhang zwischen dem Mindestanlagevolumen und der Art des Depotmanagements deutlich. Das Mindestanlagevolumen hängt anscheinend davon ab, ob im Rahmen des Depotmanagements in Direktanlagen und/oder Investmentfonds (Fondsvermögensverwaltung[23]) investiert wird.

Von den befragten Banken boten sieben (ADIG-Investment, Bayerische Vereinsbank AG, Deutsche Bank AG, DEKA-Investment, Dresdner Bank AG, Hypo-Bank AG und UNION-Investment) ausschließlich fondsbasierte Standarddepots an, während die BfG-Bank AG nur Direktanlagen vornahm, und die Commerzbank AG sowohl in Direktanlagen als auch in Fonds investierte (gemischtes Depotmanagement).

Eine fondsgebundene Strategie ist schon ab einem Betrag zwischen DM 20.000 und DM 50.000 möglich. Dagegen müssen für Standarddepots mit Direktanlagen mindestens zwischen DM 200.000 und DM 250.000 investiert werden. Bei den gemischten Standarddepots der Commerzbank, die gleichzeitig direkt und in Fonds investieren, liegt der Mindestanlagebetrag bei DM 100.000.

---

[22] Der Stichprobenumfang reduziert sich in diesem Fragenblock auf elf Kreditinstitute, da, wie eingangs erwähnt, zwei Banken zum Erhebungszeitpunkt über kein Depotmanagement verfügten.
[23] Vgl. hierzu auch die Unterscheidungsmerkmale gegenüber den Dachfonds (Funds of Funds) und Umbrellafonds als weitere Formen strukturierter Fondskonzepte bei Wittrock/Völker (1994), S. 648 ff.

Die Banken rechtfertigen diese Differenzierung mit erhöhten Transaktions- und Informationskosten bei Strategien mit Direktanlagen gegenüber reinen Fonds-Picking-Strategien. Danach erreichen Direktanlagen erst ab einer bestimmten Kontraktgröße ihren „Break-even", während Investmentfonds in kleinen Stückelungen gehandelt werden können. Zu bedenken ist aber, daß sich bei beiden Anlagestrategien durch die kumulierten Anlagegelder aller Anleger eines Typs ein Größendegressionseffekt einstellt, so daß unterschiedliche Mindestanlagebeträge für den einzelnen Anleger kaum gerechtfertigt erscheinen. Dies gilt vor allem, wenn die Transaktionskosten des Depotmanagements dem Anleger ohnehin in Form von Verwaltungsgebühren etc. indirekt weiterbelastet werden.

> **Frage 3.2: Ab welchem Mindestanlagebetrag wird anstelle einer standardisierten Vermögensverwaltung eine individuelle Vermögensverwaltung empfohlen?**

In der Literatur wird als ein wichtiges Trennkriterium zwischen standardisierter und individueller Vermögensverwaltung das Anlagevolumen hervorgehoben. Es lag daher nahe, zusätzlich nach dem „maximalen" Anlagebetrag für das Depotmanagement zu fragen, um so in Verbindung mit Frage 3.1 die von den Banken gewünschte Zielgruppe privater Anleger abgrenzen zu können. Überraschenderweise erhielten wir hier aber grundsätzlich die Auskunft, daß die Höhe der Anlagegelder für eine Zuordnung zum Depotmanagement oder zur individuellen Vermögensverwaltung nicht entscheidend sei.[24] Die Entscheidung werde vielmehr von dem Anlegertyp und seiner Strategie abhängig gemacht. Befragt nach den Erfahrungswerten eines Trennbetrages zwischen standardisierter und individueller Vermögensverwaltung wurde jedoch prinzipiell eine Grenze zwischen DM 100.000 und DM 200.000 genannt. Ein Kreditinstitut sieht eine individuelle Vermögensverwaltung sogar erst ab einem Betrag von DM 500.000 als sinnvoll an.

> **Frage 4.1: Nach welchen Kriterien entscheiden Sie, ob ein Privatkunde aus Sicht der Bank für eine standardisierte Vermögensverwaltung „geeignet" ist?**

Neben dem Anlagevolumen werden in Theorie und Praxis noch weitere Kriterien genannt, die es erlauben, die Eignung von Privatkunden für die standardisierte Vermögensverwaltung festzustellen.

Nach dem Ergebnis aus Frage 3.2 hätte man erwarten können, daß das Anlagevolumen bei dieser vertiefenden Frage als eher unwichtig eingeschätzt wird. Tabelle 6 zeigt allerdings, daß das Anlagevolumen entgegen der oben gemachten Aussagen hier nun das wichtigste Kriterium bei der Zuordnung der Anleger zur standardisierten Vermögensverwaltung darstellt.

---

[24] Folglich wäre eine individuelle Vermögensverwaltung auch schon ab den Mindestanlagebeträgen, die für das Depotmanagement gelten, möglich.

	Bedeutung*					
Eignungskriterien	1	2	3	4	5	Median
Anlagevolumen	6	3	1	1	0	1
Aufwand/Ertrag-Verhältnis für die Bank	3	5	3	0	0	2
Finanzmarktkenntnisse des Anlegers	5	2	2	0	2	2
Zeitliche Entlastung des Anlegers	5	1	1	4	0	2

* Bedeutung: 1= sehr wichtig bis 5= unwichtig, n= 11 Anlageberater

**Tab. 6: Bedeutung von Eignungskriterien
für die standardisierte Vermögensverwaltung**

Frage 4.2: Welche Anlegertypen sollen mit den von Ihrem Haus angebotenen Standarddepots gezielt angesprochen werden?

Die wesentlichen Anlegertypen werden in Abbildung 4 aufgeführt. Daraus ergibt sich eine grobe Einteilung der drei am häufigsten genannten Anlegertypen:

- *ertragsorientiert*
- *wachstumsorientiert*
- *chancenorientiert* (risikoorientiert)

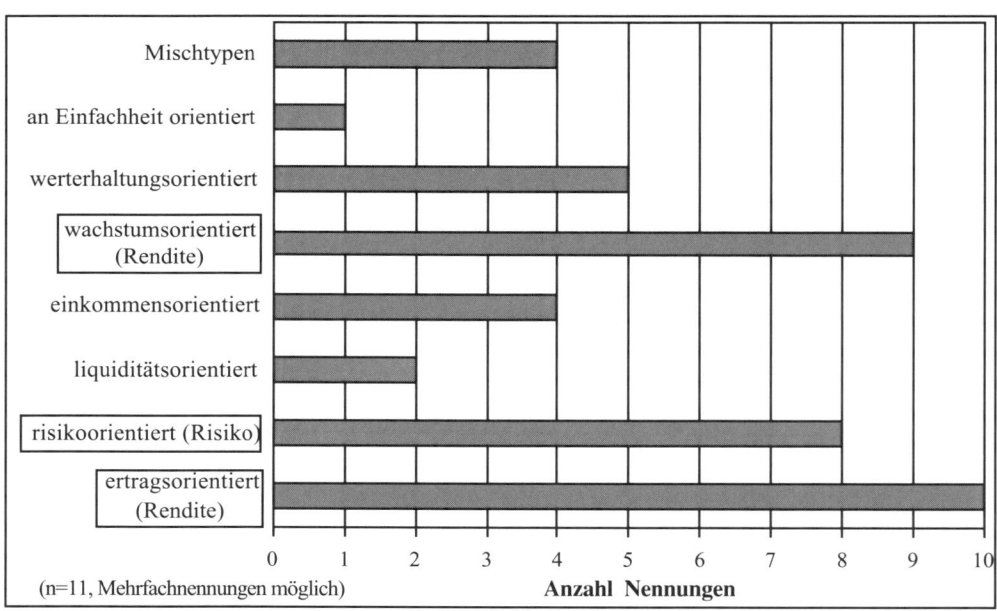

Abb. 4: Anlegertypisierung

Vergleicht man die in Tabelle 14 und 15 im Anhang exemplarisch ausgewählten Konzepte untereinander, so wird deutlich, daß bei der Anlagephilosophie unter den in Abbildung 4 aufgeführten Begriffen unterschiedliche Verständnisse vorherrschen. Die Depotmanagementprodukte werden grundsätzlich für drei Anlegertypen definiert und damit in drei Standarddepots aufgeteilt. Eine Ausnahme bildet nur die Commerzbank, die vier nach dem Rendite-Risiko-Verhältnis abgestufte Standarddepots anbietet. Sonst handelt es sich in aller Regel um ein

- *„konservatives, ertragsorientiertes" Depot*, das stetige Erträge (z.B. regelmäßige Zinszahlungen) erwirtschaftet und von einer geringen Risikobereitschaft der Anleger ausgeht;
- ein mit leicht spekulativem Charakter und damit überdurchschnittlichen Ertragserwartungen (z.B. durch Kursgewinne) bei gleichzeitig höherer Risikobereitschaft ausgestattetes *„chancenorientiertes" Depot* und
- als *Mischtyp* zwischen diesen beiden Depotstrategien ein als *„wachstumsorientiert"* bezeichnetes Depot.

Die oben aufgeführten Nennungen werden somit dieser Standarddepotbeschreibung annähernd gerecht. Allerdings werden die Begriffe nicht einheitlich verwendet, so daß es zu inhaltlichen Differenzen zwischen den verschiedenen Depotmanagementprodukten kommt. Ein Beispiel dafür ist das unterschiedliche Risikoverständnis, das mit einem Anlegertyp bei verschiedenen Banken assoziiert wird: So ist z.B. der chancenorientierte Anleger bei ADIG-Investment ausdrücklich nicht spekulativ, bei UNION-Investment ist er es sehr wohl.

In Tabelle 7 wurden die einzelnen Anlegertypumschreibungen den vordefinierten Begriffen bestmöglich zugeschrieben.[25] Dabei läßt sich ganz allgemein erkennen, daß die Anlegerziele sowie die unterschiedlichen Anlegerpräferenzen in Bezug auf die Rendite- und Risikoeinstellung in den Standarddepots berücksichtigt werden. Dem Liquidierbarkeitsaspekt wird insofern Rechnung getragen, als daß grundsätzlich eine börsentägliche Liquidierbarkeit besteht, andererseits aber in den meisten Anlagephilosophien die längerfristige Ausrichtung des Depotmanagements hervorgehoben wird.

---

[25] Dabei wurde versucht, die vier den Standarddepots (Renten-, konservatives, wachstumsorientiertes und Chancen-Management) des COMPACT Vermögens-Anlage-Systems der Commerzbank AG zugrundeliegenden Anlegertypen den vorgegebenen Kriterien zuzuordnen, um eine unnötige Ausweitung der Typenanzahl zu vermeiden. Dies gilt ebenso für die Standarddepots (konservativer, ausgewogener und wachstumsorientierter Weg) der Dresdner Bank AG. Auch die Hypo-Bank AG benennt ihre Standarddepots nicht nach den vorgegebenen Kriterien, sondern entsprechend den Risikopräferenzen ihrer Anleger mit Hypo-Classic, Hypo-System und Hypo-Dynamik.

Anleger-typ	ertrags-orientiert	rendite-orientiert	einkom-mens-orientiert	Mischtyp	wachstums-orientiert	sicher-heits-orientiert	chancen-orientiert
ADIG-Investment	konstante, attraktive Erträge				goldener Mittelweg zw. Rendite u. Risiko		fortgeschrittener Anleger, nicht spekulativ
Bayerische Vereinsbank AG		Renditeerzielung, bewußtes Risiko in Grenzen			Renditeoptimierung, bewußtes Risiko innerhalb von Grenzen		überdurchschnittliche Renditeerzielung, Risikofreudigk.
BfG-Bank AG	Sicherheit u. stetiger Ertragszuwachs	Chancen ausländ. Kapitalmärkte					Wachstumschancen in- u. ausländ. Aktienmarkt
Commerzbank AG		mittleres Rendite-Risiko-Verhältnis			gehobenes Rendite-Risiko-Verhältnis	geringes Rendite-Risiko-Verhältnis	hohes Rendite-Risiko-Verhältnis
Deutsche Bank AG			gesicherte Ertragserwartung, geringe Risikobereitschaft	ausgewogene Risikomischung	hohe Ertragserwartung durch Kursgewinne, hohe Risikobereitschaft		
Dresdner Bank AG			erhöhtes Risikobewußtsein, Ertragsdenken	gemäßigtes Risiko bew., Ertragsdenken	Risikobereitschaft, weniger Ertragsd., steuerliche Vorteile		
Hypo-Bank AG	langfrist. Wertzuwachs, niedrige Risikobereitschaft				hoher Wertzuwachs, mittlere Risikobereitschaft, steuerliche Vorteile		langfristiger Wertzuwachs, höhere Risikobereitschaft
UNION-Investment					erhöhte Erträge, kalkulierbare Wertschwankungen, steuerliche Vorteile	sichere, stetige Anlagebeträge, höchstmögl. Sicherheit	spekul. Charakter, höhere Risiken, überdurchschnittl. Erträge
DEKA-Investment	stetige Erträge				attraktive Rendite nach Steuern		attraktive Wertsteigerung bei ausgeprägter Risikobereitschaft

Tab. 7: Einteilung der Standarddepots anhand der Anlegertypisierung

Bisher wurde der Zusammenhang zwischen den aus den Zielen abgeleiteten Anlegertypen und dem Anlagehorizont bewußt vernachlässigt und davon ausgegangen, daß die Standarddepots entsprechend ihrer Anlagephilosophie ganz allgemein eher mittel- bis langfristig ausgerichtet sind. Abbildung 5 bezieht nun den Zeithorizont[26] explizit in die Zielgrößenanalyse mit ein.

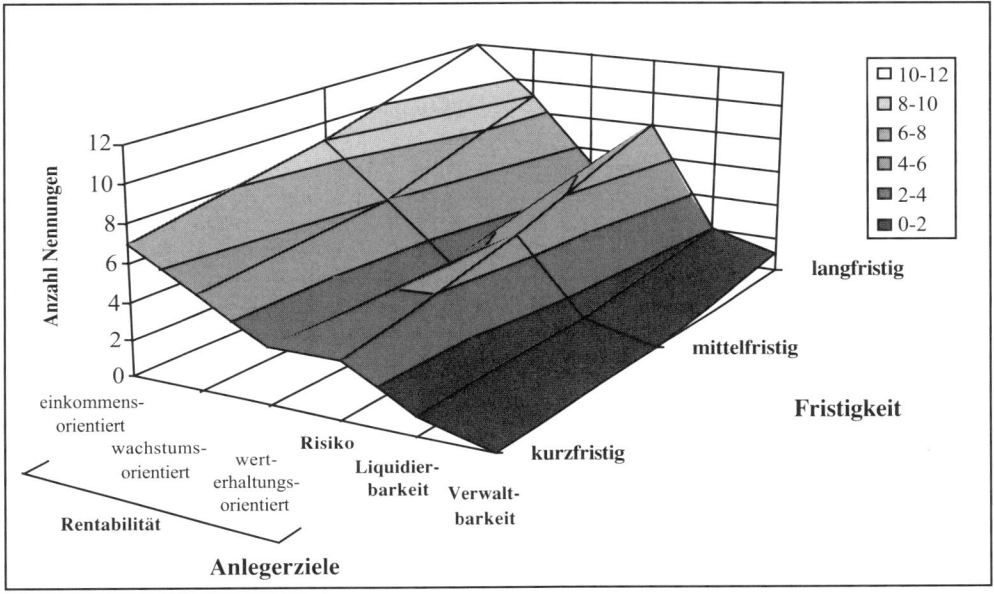

Abb. 5: Anlegerziele und ihre Fristigkeitseinstufung

Der Einfluß des Anlagehorizonts auf die Bedeutung der Anlegerziele für die Standarddepottypenbildung wird in Abbildung 5 durch den Neigungsgrad des Gebirges zur Anlegerzielachse verdeutlicht. So besteht das größte Bedeutungsgefälle zwischen einer langfristigen Einkommenserzielung (hinten oben) und dem kurzfristigen Verwaltbarkeitsziel (rechts vorne). Sichtbaren Einfluß übt der Anlagehorizont auf die Zielgrößen „Einkommensorientierung", „Wachstumsorientierung" und „Risiko" aus. Anleger von wachstumsorientierten Standarddepots orientieren sich vornehmlich an Kursgewinnen, die in der Regel erst über einen längeren Anlagehorizont erzielt werden können. Risiko kann bei bestimmten Formen der Risikomessung mit zunehmendem Anlagehorizont zeitlich diversifiziert werden.[27] Dagegen ist eine langfristige Ausrichtung bei der einkommensorientierten Strategie nicht nötig, da Zinszahlungen schon kurzfristig realisiert werden.

---

[26] Dabei wurde den Anlageberatern als „kurzfristig" ein Zeithorizont kleiner als zwei Jahre, als „mittelfristig" zwei bis fünf Jahre und als „langfristig" ein Zeitraum größer als fünf Jahre genannt.
[27] Eine zeitliche Risikodiversifikation ist möglich, wenn Risiko z.B. als Ausfallwahrscheinlichkeit oder als Streuung des Renditeerwartungswertes gemessen wird. Beide Größen sind jedoch als alleinige Risikomaße problematisch. Vgl. zur zeitlichen Risikodiversifikation Schmidt-von Rhein (1996), S. 205 ff.

Die Interdependenz zwischen Zielen und der Fristigkeit wird in den Depotmanagementkonzeptionen somit recht gut wiedergegeben. Eine langfristige Einkommensorientierung ist allerdings nicht erforderlich und dürfte nur der Bindung von Anlagegeldern dienen.

> **Frage 4.3:** Anhand welcher Kriterien beurteilen Sie die Zugehörigkeit eines Anlegers zu einem der unter Frage 4.2 genannten Anlegertypen?

Die Beurteilung der zu Frage 4.3 vorgeschlagenen Kriterien enthält Tabelle 8. Deutlich wird, daß diejenigen Kriterien, die die Anlegertypen in Tabelle 7 charakterisieren, auch von den Anlageberatern als wichtigste Typisierungsmerkmale genannt werden. Folglich werden den Anlegerzielen, der Risikomentalität und der steuerlichen Situation (und auch dem Vermögen) des Anlegers die mit Abstand größte Bedeutung beigemessen, während die meisten soziodemographischen Merkmale weniger relevant sind, obwohl diese in Fragebögen bei der Anlegeranalyse ständig erfragt werden.

	Kriterien	Anzahl Nennungen					Median	Rang
		sehr wichtig ←——→ unwichtig						
		1	2	3	4	5		
soziodemo-graphisch	Einkommen	4	5	1	1	0	2	5
	Vermögen	6	3	2	0	0	1	1
	Alter	1	1	3	4	2	4	10
	Geschlecht	0	0	1	2	8	5	12
	Familienstand	2	1	5	0	3	3	7
	Anzahl Kinder	2	1	3	2	3	3	7
	Beruf	0	3	1	2	5	4	10
	Bildungsstand	2	2	3	3	1	3	7
anlage-bezogen	Anlagedauer	4	5	2	0	0	2	5
	Anlegerziele	10	1	0	0	0	1	1
	Risikomentalität	11	0	0	0	0	1	1
	steuerliche Situation	9	1	1	0	0	1	1

Tab. 8: Bedeutung der Merkmalskriterien zur Bestimmung der Anlegertypen

Anlagedauer und Einkommen stehen sicherlich in einem indirekten Kontext zu den vier erstgenannten Kriterien, ihre Erhebung durch die Banken dient aber in erster Linie der Einschätzung zu erwartender Kapitalzuflüsse und -abflüsse vom Anlagekapital. Dagegen dürfte die Frage nach dem Bildungsstand und Beruf (tendenziell auch die Erkundung nach Finanzmarktkenntnissen) Auskunft über den Anspruch an die Verwaltbarkeit bieten. Liquidierbarkeit und Verwaltbarkeit spielen jedoch, wie weiter oben gezeigt wurde, im Rahmen der Depotmanagementkonzepte eine untergeordnete Rolle.

Als bisheriges Ergebnis kann festgehalten werden, daß den in Frage 1.2 geforderten Anlegerzielen hinsichtlich ihrer Priorität und Fristigkeit bei der Anlegertypisierung weitgehend entsprochen wird. Der Risikomentalität wird dabei absolute Priorität eingeräumt, die allerdings, wie in Tabelle 7 gezeigt wurde, für einen Anlegertyp nicht von allen „Anbietern" dieses Typs einheitlich definiert wird. Insgesamt stufen die Anlageberater als „sehr wichtige" und „wichtige" Erkennungsmerkmale für die Anlegertypzuordnung alle vier befragten anlagebezogenen Merkmale (Anlagedauer, Anlegerziele, Risikomentalität, steuerliche Situation) und die beiden finanziellen Persönlichkeitsmerkmale „Einkommen" und „Vermögen" ein.

Im nächsten Schritt wird überprüft, inwieweit diesen Anlegertypen mit ihren spezifischen Rendite-Risiko-Mentalitäten anlagestrategisch entsprochen wird.

Das Anlagekonzept

> **Frage 5.1:** Wie ist die Anlagephilosophie (Grundhaltung, Anlagerichtlinie) für die von Ihrem Haus angebotenen Standarddepots jeweils definiert (z.B.: welche Anlagephilosophie steht hinter einem ertragsorientierten Standarddepot?)?

Die einzelnen Anlagephilosophien wurden schon in Tabelle 7 kurz angesprochen. Ihre Umsetzung sei beispielhaft für die Dresdner Bank AG (Vermögensmanagement) und UNION-Investment (Point-Depotmanagement) in Tabelle 14 und 15 übersichtsweise dargestellt.

Die Anlegertypisierung erfolgt auf der Basis unterschiedlicher Risikokategorien:[28]

- *konservativ* (ertrags-, einkommens- und sicherheitsorientiert),
- *mittleres Risiko* (Mischtyp, teils wachstumsorientiert) und
- *risikofreudig*[29] (chancenorientiert, teils wachstumsorientiert).

Beim risikofreudigen Standarddepot wird verstärkt auf die Steuerfreiheit von Fonds bei Spekulationsgeschäften abgestellt. Die realisierten Kursgewinne innerhalb eines Fonds sind steuerfrei, auch wenn die Gewinnrealisierung innerhalb der sechsmonatigen Spekulationsfrist erfolgt. Folgt man einer Einteilung von DEMUTH, so stehen für die einzelnen Risikokategorien folgende Anlageinstrumente zur Verfügung:

---

[28] In der Klammer sind die jeweiligen Anlegertypen gemäß Tabelle 7 den Risikoklassen zugeordnet. Vgl. auch Demuth (1993), S. 312. Eine Ausnahme bildet hier die Commerzbank AG mit ihrem vierstufigen COMPACT-Depotmanagement.

[29] Der Begriff „Risikofreude" wird hier nicht im entscheidungstheoretischen Sinne verwendet, sondern im Vergleich zu den anderen beiden Risikokategorien als erhöhte Risikobereitschaft verstanden.

Risikostufe	Anlageinstrumente	
	auf Fondsbasis	bei Direktanlage
konservativ	– Nationale Rentenfonds, – Laufzeitfonds, – Nationale Geldmarktfonds, – Immobilienfonds	– Nationale Renten (fest- und variabelverzinsliche Wertapiere), – Termin- und Festgeldanlagen, – Nationale Währung
mittleres Risiko	– Internationale Rentenfonds, – Nationale Aktienfonds, – Internationale Aktienfonds (ausgewählt)	– Internationale Renten (Währungsanleihen), – Aktien, Blue Chips, Zerobonds (ausgewählt)
risikofreudig	– Branchenfonds, – Länderfonds, – Spezialitätenfonds (Optionsscheinfonds, OTC-Fonds)	– Nebenwerte, – Internationale Aktien, – Optionsscheine, – OTC-Werte

Tab. 9: Eignung von Anlageinstrumenten für unterschiedliche Risikokategorien[30]

Die Anlageformen sind hinsichtlich ihres Zielerfüllungsgrades aus Tabelle 3 mit den Risikostufen kompatibel.

Die Realisierung der drei Strategien erfolgt in allen Fällen mittels des Top-Down-Ansatzes, bei dem zunächst anhand der drei verschiedenen Risikotypen die Kombination der Anlagemärkte zusammengestellt und diese dann mittels Marktfonds abgebildet wird.

> **Frage 5.2:** Welche konkret umzusetzenden Anlagebedingungen haben die Standarddepots jeweils zu berücksichtigen?

Über die Definition der strategischen Asset Allocation wird nun versucht, die Risikostruktur durch den Einsatz und die Streuung bestimmter Anlageinstrumente konkret umzusetzen. Dabei können folgende Anlagebedingungen vorgegeben werden:

- **Anlageformen** (Direkt- oder Fondsanlagen, Mischanlagen),
- **Anlegerziele** (Rentabilität, Sicherheit, Liquidierbarkeit, Verwaltbarkeit etc.),
- **Zielprioritäten** (z.B. Hauptziel = Risikovermeidung, Nebenziel = hohe Liquidierbarkeit),
- **minimale/maximale Portefeuillegewichte** einzelner Anlageformen,
- **Einschluß/Ausschluß von Anlagemärkten und Anlageformen**
- sowie **sonstige Anlagebedingungen** (z.B. Liquiditätsreserven).

---

[30] Vgl. Demuth (1993), S. 312.

Es soll nun anhand eines Beispiels in Tabelle 10 überprüft werden, ob die Standarddepots tatsächlich nach ihren Anlagerestriktionen investieren, und die eingesetzten Anlageinstrumente den unterstellten Risikopräferenzen entsprechen.

Standarddepots		Portefeuillegewichtvorgaben	aktuelle Umsetzung im Standarddepot mit Fonds [31]	Portfoliostruktur der einzelnen Fonds [32]
ADIG	ertragsorientiert	1. ca. 65% nat. Geldmarkt 2. ca. 25% nat. Renten 3. ca. 10% nat. Aktien	1. 65% A.L.S.A.-DM-Cash 2. 25% ADIRENTA 3. 10% ADIG-Aktien-Deutschland	1. keine Angaben 2. 88,7% nat. Renten; 5,5% intern. Renten; 5,7% BV/F [33] 3. 99,0% nat. Aktien; 1,0% BV/F
	wachstumsorientiert	4. ca. 7,5 % nat. Geldmarkt 5. ca. 42,5 % nat. Renten 6. ca. 20% internat. Renten 7. ca. 30% nat. Aktien	4. 7,5% A.L.S.A.-DM-Cash 5. 42,5% ADIRENTA 6. 20% FONDIRENT 7. 30% ADIG-Aktien-Deutschland	4. keine Angaben 5. 88,7% nat. Renten; 5,5% intern. Renten; 5,7% BV/F 6. 23,6% nat. Renten; 11,0% DM-Auslandsanleihen; 53,1% Fremdwährungsanleihen; 12,2% BV/F 7. 99,0% nat. Aktien; 1,0% BV/F
	chancenorientiert	8. ca. 25% nat. Renten 9. ca. 25% internat. Renten 10. ca. 25% nat. Aktien 11. ca. 25% internat. Aktien	8. 25% A.L.S.A.-DM-Renten 9. 25% FONDIRENT 10. 10% ADISELECT und 15% ADIG-Aktien-Deutschland 11. 25% FONDIS	8. keine Angaben 9. 23,6% nat. Renten; 11,0% DM-Auslandsanleihen; 53,1% Fremdwährungsanleihen; 12,2% BV/F 10. 96,9% nat. Aktien; 3,1% BV/F und 99,0% nat. Aktien; 1,0% BV/F 11. 17,9% nat. Aktien; 78,9% internat. Aktien; 3,2% BV/F

Tab. 10: Portefeuillegewichte und ihre konkrete Umsetzung in den Standarddepots

In Tabelle 10 werden in der dritten Spalte die Portefeuillegewichte der einzelnen Standarddepots angegeben. Die vierte Spalte gibt Auskunft über die Depotzusammensetzung, d.h. in welche Anlageobjekte (Fonds) die Depots momentan investiert sind. Um genauer feststellen zu können, ob die Anlageinstrumente den Risikostufen aus Tabelle 9 entsprechen, wurde in Spalte 5 die Portfoliostruktur der einzelnen Fonds gegenübergestellt.

ADIG bildet die einzelnen Anlegertypen recht gut ab. Die Restriktionen sind zwar nur mit Circa-Werten belegt, die Prozentangaben werden jedoch in allen Fällen genau befolgt. So investiert das ertragsorientierte Standarddepot 65% in den na-

---

[31] Vgl. ADIG (1995), o. S. Die Zahlen der Portefeuillegewichtvorgaben sowie die Fondszusammensetzung der ADIG Investment-Standarddepots beziehen sich auf den Zeitpunkt 08/95, während die prozentualen Anteile vom 24.10.95 stammen.
[32] Die Daten wurden der BVI-Investment Statistik entnommen; vgl. BVI (1995), S. 1-13. Sie beziehen sich auf den Stichtag 31.08.1995.
[33] BV/F = Barvermögen/Forderungen oder Sonstiges.

tionalen Geldmarkt, welcher durch den A.L.S.A.-DM-Cash-Fonds repräsentiert wird, 25% in nationale Renten in Form vom ADIRENTA-Fonds und 10% in nationale Aktien über den ADIG-Aktien-Deutschland-Fonds. ADIRENTA legt die Anlagegelder seinerseits wieder zu 88,7% in nationale Rentenwerte, zu 5,5% in internationale Rentenwerte und zu 5,7% in Sonstiges an. Es handelt sich hierbei zwar nicht um einen rein nationalen Rentenfonds, die geringe Beimischung internationaler Renten und sonstiger Anlagen kann jedoch toleriert werden.

Anders verhält es sich bei dem Typ E+W („Einkommen und Wachstum") der Deutschen Bank AG. Mit der Portefeuillegewichtvorgabe „Renten, max. 50% Aktien" sind die Restriktionen so weit ausgelegt, daß eine Unterscheidung zwischen in- und ausländischem Anlagemarkt nicht stattfindet. Entsprechend großzügig kann das Portfoliomanagement bei seiner Anlagepolitik verfahren. In einigen Fällen werden sogar die Anlagerestriktionen ignoriert. So macht die Commerzbank AG bei ihrem COMPACT Vermögens-Anlage-System zwar eindeutige Intervallvorgaben, hält aber z.B. beim wachstumsorientierten Management die Mindestvorgabe von 45% Aktien nicht ein. Ebenso schreibt die Hypo-Bank AG bei ihrem Hypo-Classic-Fondsportfolio eine 10%-ige Mindestanlage in Immobilien vor. Tatsächlich wurde aber zum Zeitpunkt der Stichprobe gar nicht in diese Anlageform investiert.[34] Umgekehrt sind beim Hypo-Dynamik-Fondsportfolio Renteninvestments nicht vorgesehen. Die taktische Asset Allocation vom 15.10.1994 zeigt aber, daß dieses Depot mit 10,5% in Rentenfonds investiert war.[35]

Die Tatsache, daß alle Standarddepots der Banken nur Investmentfonds beinhalten, die von den institutszugehörigen Kapitalanlagegesellschaften[36] angeboten werden, läßt vermuten, daß es sich beim Depotmanagement nicht *nur* um anlegerorientierte Depotstrategien handelt, sondern gezielt versucht wird, die Zuflüsse bei den eigenen Investmentfonds zu steigern.

Frage 5.3: Welche Benchmark wird für die einzelnen Portfolios verwendet (z.B. absolute Performance mit 0%-Benchmark, Indexkorb, bei Aktien DAX, bei Renten RexP)?

Die Problematik der richtigen Wahl eines Vergleichsportfolios ist allgemein bekannt. Am häufigsten wird in der Praxis gegen die Kongruenz zwischen gemanagtem Portefeuille und Benchmark hinsichtlich ihrer Anlagerestriktionen und -formen verstoßen, indem die prozentualen Bandbreiten der einzelnen Assetklassen, die in bzw. mit der Benchmark vorgegeben werden, nicht immer durch das Management des Ist-Portefeuilles eingehalten werden.

---

[34] Im zweiten Quartal 1995 war das Hypo-Classic-Fondsportfolio zwar mit 3% in Immobilien investiert, lag damit aber immer noch unterhalb der minimalen Portefeuillegewichtung.
[35] Vgl. für detaillierte Untersuchungsergebnisse Rehkugler et al. (1996), S. 50 ff.

Depotmanagement	Anlageformen	Benchmark	Kurzkritik
	Typ E: – Renten – max. 30% Aktien	Typ E: – RexP	Typ E: RexP ist ein reiner Renten-Performanceindex. Wegen der Zulässigkeit von Aktieninvestments ist eine alleinige Verwendung des RexP nicht korrekt.
Deutsche Bank AG Private Fonds-Vermögensverwaltung	Typ E+W: – Renten – max. 30-60% Aktien	Typ E+W: – RexP – DAX – MSCI	Typ E+W: DAX ist ein reiner Aktien-Performanceindex für nationale Aktien. Der MSCI wird als Performanceindex nur monatlich ermittelt. Eine genauere Bezeichnung, ob etwa der MSCI-Deutschland, -Europa oder -Welt gemeint ist, fehlt. Der RexP ist nur ein nationaler Rentenindex. Es fehlt weiterhin eine konkrete Indexgewichtung zur Benchmarkfestlegung.
	Typ W: – mind. 50% Aktien	Typ W: – DAX	Typ W: Eine alleinige Anwendung des DAX wäre nur zulässig, wenn das Depot ausschließlich in nationale Aktien investiert wäre.

Tab. 11: Kritik an der Benchmark-Bestimmung am Beispiel der Deutschen Bank

Enttäuschenderweise konnten bei der Befragung gerade vier der elf befragten Anlageberater konkrete Angaben über die benutzte Benchmark machen. Das läßt vermuten, daß die Mehrzahl der Berater in den Beratungsgesprächen nur auf die absolute Performance zurückgreift.

Neben der beispielhaften Darstellung der Benchmark-Problematik anhand der Privaten Fonds-Vermögensverwaltung der Deutschen Bank in Tabelle 11 kann die gleiche Kritik bei der Dresdner Bank und der Bayerischen Vereinsbank angebracht werden. Dagegen versucht zumindest die Hypo-Bank, die Soll-Portefeuille-Strukturen durch einen Indexkorb als Benchmark abzubilden, in dem allerdings die Gewichtungen nicht richtig wiedergegeben werden. Zudem werden die Indizes durch feste prozentuale Abschläge nach unten korrigiert, um die Performance der Fondsportfolios gegenüber der Benchmark zu verbessern. Bei fünf der neun untersuchten Konzepte fehlen Angaben zur Benchmark jedoch völlig.

> **Frage 6.1: Welche der nachfolgenden Argumente halten Sie für wichtig, wenn Sie dem Kunden die Vorteile Ihres Depotmanagements gegenüber einer Anlage in Publikumsfonds erklären?**

Bei der Frage nach der Vorteilhaftigkeit des Depotmanagements gegenüber Publikumsfonds sollten die befragten Anlageberater die Relevanz der in Tabelle 12 aufgeführten Verkaufsargumente beurteilen.

Kriterien	Anzahl Nennungen sehr wichtig ⟵⟶ unwichtig					Median	Rang
	1	2	3	4	5		
Transparenz der Managementaktivitäten	5	2	1	3	0	2	1
höhere Vertrauenswürdigkeit	1	3	1	3	3	4	6
höhere Flexibilität	5	3	0	2	1	2	1
zielgerechtere Leistung	3	4	1	3	0	2	1
bessere Performance	4	5	0	2	0	2	1
größere Kompetenz der Depotmanager	4	1	1	4	1	3	5

Tab. 12: **Beurteilung der Verkaufsargumente zum Depotmanagement**

Von den Anlageberatern wurde vor allem die bessere Performance der Standarddepots gegenüber den Publikumsfonds herausgestellt. Wie jedoch im vorhergehenden Abschnitt gezeigt wurde, ist das Argument einer „besseren Performance" aufgrund der verzerrten bzw. fehlenden Benchmarkfestlegung zumindest nicht belegbar. Außerdem ergab sich bei näherer Betrachtung der Asset Allocation der Standarddepots, daß immer nur in gesellschaftseigene Publikumsfonds angelegt wird. Wieso sollten also die Standarddepots besser performen als die einzelnen Investmentfonds für sich gesehen?[37] Eine Performanceverbesserung kann allenfalls dann (risikobereinigt) unterstellt werden, wenn im Sinne eines Fondspickings durch die Streuung der Anlagegelder auf unterschiedliche (Fonds-)Portfolios ein zusätzlicher Diversifikationseffekt erzielt werden kann.

Als zweitwichtigstes Argument wurde die höhere Flexibilität in der Anlagepolitik im Vergleich zum Publikumsfondsmanagement genannt. Zwar trifft es oft zu, daß Standarddepots in ein breiteres Anlageuniversum als die marktgebundenen Publikumsfonds investieren können. Andererseits werden die Handlungsmöglichkeiten beim Management der Standarddepots gerade durch die Anlagerestriktionen und die Benchmarkvorgabe erheblich eingeschränkt. Es ist daher fraglich, ob das Argument einer höheren Flexibilität tatsächlich als Verkaufsargument geeignet ist.

„Höhere Vertrauenswürdigkeit" und „größere Kompetenz der Depotmanager" sind für die Anlageberater ein untergeordnetes Verkaufsargument. Dies wird durch die obigen Ausführungen gestützt, nach denen es sich bei der standardisierten Vermögensverwaltung nicht um ein kundennäheres, sondern oft um das selbe Management wie bei den Publikumsfonds handelt.

Daneben wirbt das Depotmanagement häufig mit der Transparenz der Anlagepolitik durch „rechtlich verbindliche Angaben in Verkaufsprospekten"[38] sowie mit

---

[36] Die von mehreren Gesellschafterbanken getragenen Investmentgesellschaften ADIG, DEKA und UNION bieten eigenständig Depotmanagement-Produkte an.
[37] Die Möglichkeit einer besseren Performance wäre u.U. bei Standarddepots gegeben, die neben Fondsanlagen auch Direktinvestments einschließen.
[38] Demuth (1993), S. 311.

dem täglichen Informationszugang der Kunden. Dies ist sicherlich ein zutreffendes Verkaufsargument, wie die Auswertung der nächsten Frage zeigen wird, so daß hier von einer spezifischen Vorteilhaftigkeit gesprochen werden kann.

> **Frage 6.2: Besteht für den Kunden die Möglichkeit, sich über die aktuelle Zusammensetzung des Musterportefeuilles zu informieren?**

In der Regel veröffentlichen die Anbieter Halbjahres- sowie Jahresberichte (Rechenschaftsberichte mit Performanceberechnungen) mit einem Jahresdepotauszug. Darüber hinaus bieten einige Banken auch vierteljährliche Wertpapierabrechnungen und Kontoauszüge sowie Vermögensaufstellungen, Informationen zur Anlagepolitik und einen jährlichen Steuerservice (steuerliche Jahresertragsaufstellung) an. Die Depotstruktur kann bei allen Anbietern sogar täglich erfragt werden, was bei Publikumsfonds nicht möglich ist. Abweichend hiervon stellt die UNION-Investment ihren Anlegern sogar einen 14-tägigen Depotstrukturauszug und ein monatliches Informationsschreiben zur Verfügung.

> **Frage 6.3: Ist die ständige Kauf- bzw. Verkaufsmöglichkeit der Depotanteile gewährleistet oder gibt es irgendwelche Restriktionen?**

Die auf der Grundlage der Fondskurse berechneten DM-Anteile können bei allen Anbietern unter Berücksichtigung der Mindestanlagebeträge jederzeit an- und verkauft werden. Ausgabeaufschläge, die sonst beim Ankauf von Investmentfonds entstehen, werden nicht berechnet.[39] Statt dessen werden je nach Anbieter und Depottyp unterschiedliche Kosten erhoben, die sich im wesentlichen aus einem einmaligen Ausgabehonorar, einem jährlichen Allokationshonorar sowie den Depotführungsgebühren zusammensetzen. Diese Kostenkomponenten werden prozentual auf die verwalteten Vermögenswerte erhoben. Daneben werden die Depotführungsgebühren häufig durch Mindest- und Höchstbeträge begrenzt. Im Einzelfall besteht auch die Möglichkeit, beim Anlagehonorar Nachlässe auszuhandeln, die dann zu Lasten der Vermittlerprovision gehen.[40] Bei den Standarddepots mit Direktanlagen wird das Allokationshonorar bzw. die Transaktionskosten prozentual vom Kurswert des Wertpapiers errechnet.

ADIG-Investment bietet ihren Kunden, die bereits über ein Depot mit einem Mindestanlagebetrag verfügen, die Möglichkeit von Folgezahlungen in Höhe von DM 5.000 oder regelmäßigen Zahlungen von mindestens DM 500. Unter den gleichen Voraussetzungen ist beim Vermögensmanagement der Dresdner Bank AG eine Aufstockung schon ab einem Betrag von DM 1.000 möglich.[41]

---

[39] Eine Ausnahme hiervon bilden die Dachfonds der Hypo-Bank AG, die einen 1%-igen Ausgabeaufschlag erheben.
[40] Dies war in der vorliegenden Untersuchung beispielsweise bei der UNION-Investment der Fall. Vgl. UNION (1994), S. 239. Die Nachlässe werden natürlich durch den Provisionsanteil für die Vermittlertätigkeit begrenzt und dürfen bei UNION nur in 0,25% Schritten gewährt werden.
[41] ADIG (1995), o. S. sowie Dresdner Bank (o. J.), o. S.

Ergebnisse zur Einführung des Depotmanagements

Frage 7.1: Seit wann wird die Dienstleistungsform des Depotmanagements in Ihrem Hause angeboten?

Bei der standardisierten Vermögensverwaltung handelt es sich um ein neueres Produkt im Investmentbereich. Von den hier untersuchten Instituten wurde die erste standardisierte Vermögensverwaltung im Januar 1993 von der Deutschen Bank eingeführt, die jüngste Einführung fand unmittelbar vor der Befragung im September 1995 bei der ADIG statt. Bedenkt man, daß die Idee „Depotmanagement" zum Zeitpunkt der Befragung gerade einmal zweieinhalb Jahre alt war, so ist es beinahe verfrüht, nach so kurzer Zeit die Akzeptanz seitens der Kunden zu erfragen.

Frage 7.2: Wie stufen Sie die Akzeptanz dieser Form der Vermögensverwaltung bei den Kunden ein?

Zu unterscheiden ist zwischen der Akzeptanz derjenigen Kunden, die bereits im Besitz eines Standarddepots sind, und potentiellen Kunden, die erst an das Produkt herangeführt werden müssen.

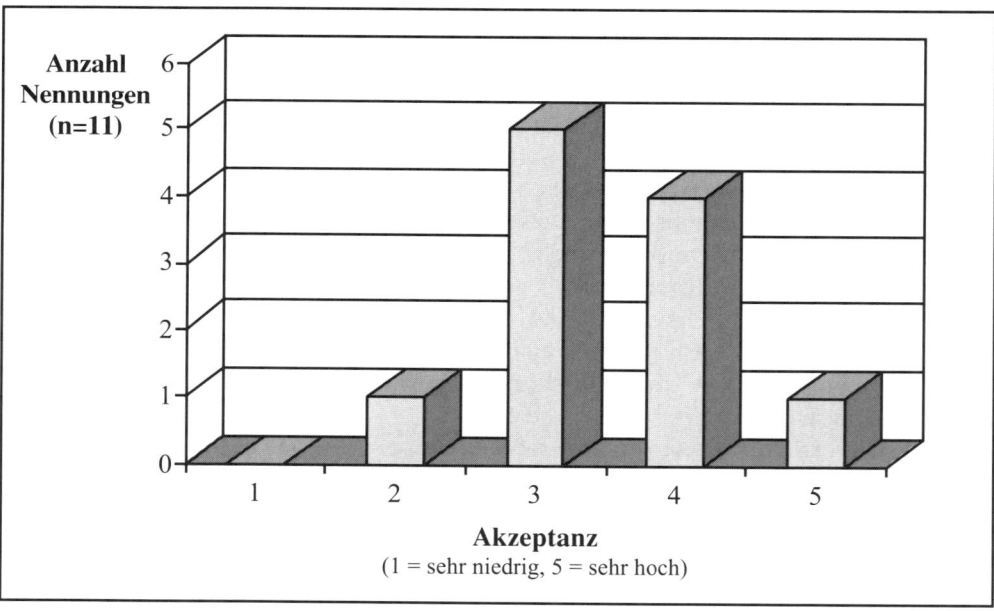

Abb. 6: Kundenakzeptanz des Depotmanagements

So wird die Akzeptanz bei Standarddepotbesitzern und bei Verkaufsgesprächen als hoch eingeschätzt, während der allgemeine Bekanntheitsgrad eher unbefriedigend erscheint.

Abbildung 6 gibt die relativ gute Akzeptanz bei bisherigen Standarddepotbesitzern aus Sicht der Anlageberater wieder.

Andererseits ist jedoch bekannt, daß das Geschäft mit den Standarddepots anfänglich eher schleppend verlief und hinter den Erwartungen der Anbieter lag. Die Anlageberater verhalten sich bei der Akquisition eher zurückhaltend, um sich bei ungünstiger Marktentwicklung nicht unnötig den Beschwerden der Kunden aussetzen zu müssen. So konnten die Anleger in einem guten Börsenjahr, wie z.B. 1993, in dem allein vier der hier dargestellten Depotmanagementprodukte eingeführt wurden, hohe Renditen erzielen, während sich die Kunden im Folgejahr angesichts verlustreicher Aktienmärkte fragten, wie die Bank ihnen ein solches Produkt überhaupt anbieten konnte. Dagegen dürfte sich das Börsenjahr 1996 wiederum positiv auf den Geschäftsverlauf mit den Standarddepots ausgewirkt haben. Es wird aber auch deutlich, daß hier noch enormer Aufklärungsbedarf in Bezug auf Chancen und Risiken einzelner Anlagen gegenüber dem Kunden besteht.

6. Schlußbetrachtung

Die Vorteile der untersuchten Depotmanagement-Strategien sind in der relativ genauen Rendite-/ Risikobeschreibung der den Depotgrundmodellen unterstellten Anlegertypen zu sehen. Das für den Anleger auch wichtige Liquidierbarkeitsziel wird bereits durch Verwendung börsengängiger Wertpapiere, das Verwaltbarkeitsziel durch die Konzeption des Depotmanagements an sich erfüllt. Die derzeit meist dreiteilige Anlegertypisierung orientiert sich an einem schwankungsbezogenen Risikoverständnis und wird in den Standarddepots hauptsächlich durch Vorgabe eines entsprechenden Aktien-/Rentenmix in den Anlagerichtlinien meist adäquat umgesetzt. Allerdings wird der genaue Risikobegriff in den Anlagekonzepten der Standarddepots selten präzisiert, obwohl die Befragung zeigte, daß eine Reihe unterschiedlicher Risikoverständnisse für den Anleger relevant sind. Zur Zeit fehlt noch weitgehend eine Erfassung und Operationalisierung der für den Anleger wichtigeren Ausfallrisiken, um das gesamte Spektrum relevanter Risikoeinstellungen ausreichend genau zu typisieren. Durch eine stärkere Feinabstimmung der Anlage- und Kurssicherungsinstrumente könnten weitere Risikoeinstellungen durch zusätzliche Anlegertypen abgebildet werden, um eine anlegergerechtere und präziser gesteuerte Vermögensverwaltung anzubieten und neues, durch die bisherige Typisierung nicht erfaßtes Anlegerpotential anzusprechen.

Der Anleger, der sich einem bestimmten Anlegertyp zuordnet, sollte bei der Wahl zwischen den einzelnen Anbietern des zugehörigen Standarddepottyps berücksichtigen, daß die Anlagephilosophien inhaltlich voneinander abweichen und vor allem die damit verbundenen Risikoumsetzungen sehr unterschiedlich ausfallen können.

Auch bei den depotüblichen Kosten gibt es weitreichende Unterschiede, die die Nettoperformance erheblich beeinflussen können und bei der Anlageentscheidung unbedingt beachtet werden müssen.

Zur vergleichenden Beurteilung der Depotmanagementkonzepte werden die zahlreichen Einzelergebnisse zu den Konzepten in Tabelle 13 verdichtet und die Depotmanagementkonzepte bewertend gegenübergestellt. Die Beurteilungskriterien werden für „erfüllt" mit (••), für „teilweise erfüllt" mit (•), für „nicht erfüllt" mit (–) sowie für „keine Angaben" mit (Ø) gekennzeichnet.

Produkte	Kriterien					
	Anleger-typisierung	Abbildung der Risiko-mentalität	Einhaltung der Anlage-restriktionen	Bench-mark-Definition	Service-leistung	günstige Kosten
ADIG - Privates Fonds-Vermögensmanagement	••	••	••	Ø	••	•
Bayerische Vereinsbank AG - Kombi-Anlage: Komfort	••	••	•	–	••	••
BfG-Bank AG - Persönliche Vermögensverwaltung	••	•	Ø	Ø	••	•
Commerzbank AG - COMPACT Vermögens-Anlage-System	••	••	••	Ø	••	•
Deutsche Bank AG - Private Fonds-Vermögensverwaltung	••	•	•	•	••	••
Dresdner Bank AG - Vermögensmanagement	••	••	Ø	–	••	••
Hypo-Bank AG - Hypo-Fondsportfolios	••	••	•	•	•	•
UNION - Point-Depotmanagement	••	••	••	Ø	••	•
DEKA - Dynamik-Depot	••	•	Ø	Ø	••	Ø

Tab. 13: Bewertung der Depotmanagementkonzepte

Während die derzeit angebotenen Depotmanagementkonzepte mit ihren Anlagephilosophien und -restriktionen durchweg nachvollziehbar sind, treten bei der Umsetzung in konkrete Portfoliostrukturen zum Teil gravierende Schwächen auf. Zum Zeitpunkt unserer Untersuchung wurden z.B. anlagestrategisch gesetzte Restriktionen nicht immer eingehalten und die Benchmark war, falls sie im Anlagekonzept überhaupt definiert wurde, meist unpräzise oder gar falsch festgelegt bzw. so konstruiert, daß sie leichter geschlagen werden kann.

Die Erfahrung aus den Befragungen zeigte auch, daß die Vermarktung des Produktes „Depotmanagement" verbessert werden kann. Auf die Vorteilhaftigkeit gegenüber Investmentfonds, mit denen die Standarddepots im Grunde konkurrieren, wird nur selten oder zu wenig eingegangen. Hier dürfte sich neben einer verbesserten Produktschulung auch eine genauere Aufklärung der Kunden über die der Depotmanagementkonzeption zugrundeliegende Risikotypisierung und eine strukturierte Vorgehensweise zur Klassifikation eines Anlegers[42] positiv auswirken.

---

[42] Z.B. über einen vom Anleger selbst durchführbaren und auswertbaren Fragebogentest, wie er z.B. mittlerweile bei UNION-Investment angeboten wird. Vgl. UNION(1996), o. S.

Bei zunehmendem Wettbewerb im Vermögensverwaltungsbereich – mittlerweile bieten fast alle namhaften Institute das Depotmanagement an, ist es nicht wenig wahrscheinlich, daß den Privatanleger bereits in kurzer Zeit bankenabhängig sich stärker unterscheidende Depotmanagementkonzepte erwarten, die innerhalb eines Konzepts vielleicht auch ein breiteres und differenzierteres Angebot an Standarddepots bereithalten.

Anhang

Kurzbeschreibung	Fondsvermögensmanagement mit bankeigenen Fonds
Mindestanlagebetrag	DM 30.000; unter Berücksichtigung des Mindestanlagebetrages sind Aufstockungen ab einem Betrag von 1.000.- DM möglich
Anlagephilosophie	Der konservative Weg: erhöhtes Risikobewußtsein, größtmögliche Sicherheit, Ertragsdenken (Zinsen, Dividenden)
	Der ausgewogene Weg: gemäßigtes Risikobewußtsein, größtmögliche Sicherheit, Ertragsdenken (Zinsen, Dividenden)
	Der wachstumsorientierte Weg: vorhandene Risikobereitschaft, weniger Ertragsdenken (Zinsen, Dividenden), mehr steuerliche Vorteile (Kursgewinne)
Anlageformen (strategische Asset Allocation)	Der konservative Weg: – mind. 10% Aktien; max. 30% Aktien – mind. 60% Renten; max. 90% Renten Der ausgewogene Weg: – mind. 25% Aktien; max. 50% Aktien – mind. 50% Renten; max. 75% Renten Der wachstumsorientierte Weg – mind. 40% Aktien; max. 75% Aktien – mind. 25% Renten; max. 60% Renten
Anlageinstrumente	nationale und internationale Aktien- und Rentenfonds
Benchmark	standardisierte Indizes: CDAX, REXP
Berichterstattung	– jederzeit Information über die Performance möglich – regelmäßig ausführliches Reporting, vierteljährliche Berichterstattung und Performanceberechnung sowie jährlicher Rechenschaftsbericht
Kosten	1% p.a. allgemeine Kosten, 1% Transaktionskosten
Einführung	03/1995

Tab. 14: Depotmanagementkonzeption der Dresdner Bank AG

Kurzbeschreibung	strategische Vermögensverwaltung auf Fondsbasis
Mindestanlagebetrag	DM 50.000
Anlagephilosophie	Sicherheitsorientierte Strategie: sichere und stetige Anlagebeträge, höchstmögliche Sicherheit, kurzfristige Verfügbarkeit Wachstumsorientierte Strategie: längerfristige Orientierung, erhöhte Ertragschancen bei entsprechender kalkulierbaren Wertschwankungen, Nutzung steuerlicher Vorteile, kurzfristige Verfügbarkeit Chancenorientierte Strategie: längerfristige Orientierung mit spekulativem Charakter, bewußtes Eingehen höherer Risiken bei überdurchschnittlichen Ertragschancen, kurzfristige Verfügbarkeit
Anlageformen (strategische Asset Allocation)	Sicherheitsorientierte Strategie: Grundstruktur: 80% Renten Deutschland, 20% Renten Welt – max. 50% Liquidität – mind. 50 % Renten Deutschland; max. 100% Renten Deutschland; max. 40% Renten Welt Wachstumsorientierte Strategie: Grundstruktur: 40% Renten Welt, 60% Aktien Welt – max. 40% Liquidität – max. 30 % Renten Deutschland; mind. 20% Renten Welt; max. 60% Renten Welt – max. 30% Aktien Deutschland; min. 40% Aktien Welt; max. 80% Aktien Welt Chancenorientierte Strategie: Grundstruktur: 100% Aktien Welt – max. 50% Liquidität – max. 40% Aktien Deutschland; mind. 50% Aktien Welt; max. 100% Aktien Welt
Anlageinstrumente	– nationale und internationale Rentenfonds – nationale und internationale Aktienfonds – nationale und internationale Geldmarktfonds
Benchmark	keine Angaben
Berichterstattung	Halbjahresbericht, zweimal jährlich individuelles Reporting, 14-tägiger Depotstrukturauszug möglich, monatliche Information
Kosten	– Sicherheitsorientierte Strategie: Anlagehonorar 2% (einmalig) – Wachstums- und Chancenorientierte Strategie: Anlagehonorar 3% (einmalig) – jährliche Depotgebühr von DM 240 p.a.
Transaktionskosten	Allokationshonorar: 0,5% des durchschnittlichen Depotvolumens p.a.
Einführung	06/1994

Tab. 15: Depotmanagementkonzeption der UNION-Investment

Literaturverzeichnis

ADIG-Investment (Hrsg.) (ADIG, 1974): *Status und Chancen von Investment*, München/ Frankfurt 1974.

ADIG-Investment (Hrsg.) (ADIG, 1995): A.S.S.A. – *Ihr privates Fonds-Vermögensmanagement – Starten Sie durch, Kundenbroschüre* von 08/95, o. O.

Auckenthaler, C. (Auckenthaler, 1994): *Theorie und Praxis des modernen Portfolio-Managements*, 2. Aufl., Bern et al. 1994.

Brunner, W. L./ Vollath, J. (Hrsg.): *Handbuch Finanzdienstleistungen*, Stuttgart 1993.

Bundesverband Deutscher Investment-Gesellschaften e.V. (BVI, 1995): *Investment-Information* vom 16. Oktober 1995, Frankfurt am Main 1995.

Demuth, M. (Demuth, 1993): Die private Vermögensverwaltung und ihre auf Fonds bezogene Anlagestrategien, in: Brunner, W.L./Vollath, J. (Hrsg.), *Handbuch Finanzdienstleistungen*, Stuttgart 1993, S. 307-320.

Dresdner Bank AG (Dresdner Bank, o. J.): *Vermögensverwaltung mit Investmentfonds. Ab jetzt sollten Sie sich einen Manager leisten.*, o. O, o. J.

Drewes, W./ Böhm S. (Drewes/ Böhm, 1993): Effiziente Vermögensverwaltung durch standardisiertes Management-Depot, in: *Sparkasse*, 110. Jg., 1993, Nr. 4, S. 190-192.

EMNID Institut (EMNID, 1976): *Geldverhalten und Geldbewußtsein der Bevölkerung*, o. O., 1976.

Fank, M. (Fank, 1992): *Strukturanalyse zum Umgang mit Geld aus verhaltenstheoretischer Sicht*, Frankfurt et al. 1992.

Heckhausen, H. (Heckhausen, 1989): *Motivation und Handeln*, 2. Aufl., Berlin et al. 1989.

Heinen, E. (Heinen, 1976): *Grundlagen betriebswirtschaftlicher Entscheidungen*, 3. Aufl., Wiesbaden 1976.

Hirscher, R. (Hirscher, 1990): *Die Wirkungen einer wachsenden Wirtschaft auf die Bedürfnisbefriedigung*, Pfaffenweiler 1990.

Lerbinger, P. (Lerbinger, 1984): *Aktienkursprognose durch Linienchart-Formationen und Trendlinien*, München 1984.

Müller, H. (Müller, 1993): Zur Risikobereitschaft privater Geldanleger, in: *Kredit und Kapital*, 29. Jg., 1993, Nr. 4, S. 179-183.

Rehkugler, H./ Schindel, V. (Rehkugler/ Schindel, 1990): *Entscheidungstheorie*, 5. Aufl., München 1990.

Rehkugler, H./ Voigt, M./ Kraus, B./ Otterbach, A. (Rehkugler et al., 1992): Die Qualität der Anlageberater, in: *Die Bank*, o. Jg., 1992, H. 6, S. 316-322.

Rehkugler, H./ Schmidt-von Rhein, A./Füss, R. (Rehkugler et al., 1996): Depotmanagement – Standardisierte Vermögensverwaltung für den Privatkunden – Eine analytische und empirische Studie zu aktuellen Konzepten deutscher Banken, Universität Freiburg im Breisgau (Hrsg.), Freiburger Betriebswirtschaftliche Diskussionsbeiträge, Nr. 15/96, Freiburg 1996.

Ruda, W. (Ruda, 1988): *Ziele privater Kapitalanleger*, Wiesbaden 1988.

Schmidt-von Rhein, A. (Schmidt-von Rhein, 1996): *Die Moderne Portfoliotheorie im praktischen Wertpapiermanagement*, Bad Soden/ Taunus 1996.

Sharpe, W. F. (Sharpe, 1992): Asset Allocation: Management Style and Performance Measurement, in: *Journal of Portfolio Management*, Vol. 19, 1992, No. 2, S. 7-19.

Spiegel-Verlag (Hrsg.) (Spiegel, 1980): *Soll und Haben*, Hamburg 1980.
Spiegel-Verlag (Hrsg.) (Spiegel, 1985): *Soll und Haben 2*, Hamburg 1985.
Spiegel-Verlag (Hrsg.) (Spiegel, 1989): *Soll und Haben 3*, Hamburg 1989.
UNION-Investment (UNION, 1994): *Beraterleitfaden – Fachwissen*, Frankfurt 1994.
UNION-Investment (UNION, 1996): *Ihr Risikoprofil bei Geldanlagen – Ein Test zur Ermittlung Ihrer persönlichen Risikobereitschaft*, Frankfurt 1996.
Wittrock, C./ Völker, M. (Wittrock/ Völker, 1994): Strukturierte Fondskonzepte, in: *Die Bank*, o. Jg., 1994, H. 11, S. 648-654.

Teil III

Methodische Ansätze des Portfoliomanagements

„Ein umfassendes Kompendium, das auf dem Tisch eines Vermögensberaters nicht fehlen sollte!"

Czerwensky intern

Handbuch für Anlageberatung und Vermögensverwaltung

Methoden und Instrumente des Portfoliomanagements

Unter Mitarbeit von 65 Fachleuten aus Wissenschaft und Praxis

herausgegeben von Prof. Dr. Jörg-E. Cramer und Prof. Dr. Bernd Rudolph. 1995.
924 Seiten mit zahlreichen Grafiken und Tabellen, Literaturhinweisen und einem ausführlichen Sachregister, Leinen, DM 330,–. ISBN 3 7819 0552 7.

Die institutionellen Geldanleger sind gefordert und herausgefordert, ihre unternehmerische Phantasie wie ihr „handwerkliches" Können. Dem will das Handbuch dienen. Es gibt einen Überblick über die verschiedenen Formen der Vermögensberatung, es will die Asset Allocation breiter Anlegergruppen ebenso charakterisieren wie die typischen Anlageinstrumente und Anlagemärkte. Rechtliche und steuerliche Spezialfragen werden aufgegriffen, aber auch das wichtige Thema Risikomanagement.

Fritz Knapp Verlag • Postfach 11 11 51
60046 Frankfurt am Main

Praktische Bedeutung und professioneller Einsatz von Benchmarkportfolios

von Stefan Günther

1. Begriff und Zweck eines Benchmarkportfolios
2. Anforderungen an eine Benchmark aus theoretischer Sicht
3. Anforderungen an eine Benchmark aus praktischer Sicht
4. Bedeutung des Anlagehorizonts für die Benchmarkfrage
5. Ermittlung des investoroptimalen Benchmarkportfolios in der Praxis
6. Einsatz von Benchmarkportfolios am deutschen Fondsmarkt

1. Begriff und Zweck eines Benchmarkportfolios

Im Wirtschaftsleben hat der Begriff der Benchmark[1] in den letzten Jahren breite Verwendung gefunden. Allgemein geht es meist um einen Maßstab mit Beispiel- oder Vorbildfunktion, eine Meßlatte zur quantitativen Ermittlung von Erfolgsausprägungen oder ein Schnittmuster zur Demonstration, wie etwas zu tun, zu organisieren oder zu strukturieren ist. In der Industrie zielt „Benchmarking" in der Regel auf eine Ausrichtung und einen Vergleich mit ausgewählten anderen Betrieben und Unternehmen, etwa dem Branchenprimus oder Weltmarktführer, ab.[2]

Bezogen auf das Portfoliomanagement gehört der *Begriff der Benchmark* keineswegs zu den traditionellen Standardbegriffen der Portfoliotheorie. Die kapitalmarkttheoretischen Veröffentlichungen etwa von MARKOWITZ oder SHARPE beziehen sich vornehmlich auf eine „absolute Welt", in der die Ertragsgrößen in Prozent je Periode als gegeben angenommen werden.[3] Die relative, vergleichende Denkweise hat sich vielmehr erst aus der Praxis des modernen Portfoliomanagements entwickelt, und zwar insbesondere aus der Problematik heraus, Anlageentscheidungen von einem Investor auf einen professionellen Vermögensverwalter zu delegieren.

Diese Delegation wirft nämlich unumgehbar zwei Probleme auf:

- das der Auftragserteilung bzw. -beschreibung durch den beauftragenden Anleger einerseits und
- das der Beurteilung der Auftragserfüllung und somit der Leistung des beauftragten Portfoliomanagers andererseits.

Eine Definition des Begriffs „Benchmarkportfolio" muß dementsprechend diese beiden Komponenten umfassen. Hiernach ist ein Benchmarkportfolio

- ein *operationalisierter Auftrag* über die gewünschte Anlagepolitik („Policy") zwischen Anleger (Auftraggeber) und Portfoliomanager (Beauftragtem) zur Erfüllung der Anlegerziele,
- der als *fairer Vergleichsmaßstab* und Meßlatte für den Anlageerfolg[4] in Einzelperioden dient.

Die Benchmark soll sowohl langfristig als Zielvorgabe dienen als auch in jeder Einzelperiode als Kompaß für den Portfoliomanager fungieren und Vergleiche mit den tatsächlich am Markt erzielbaren Ergebnissen ermöglichen. Daher wird die Benchmark in aller Regel als im Detail spezifiziertes und daher beobachtbares und meßbares Wertpapierportfolio definiert. Dazu werden oftmals Wertpapierbörsenindizes zugrunde gelegt, die hinsichtlich der langfristigen Anlageziele individuell aggregiert oder auch modifiziert werden können. Das Benchmarkportfolio weist dann als

---

[1] Der Begriff „Benchmark" soll der Überlieferung zufolge von einer Markierung an einer Werk- oder Hobelbank (bench) stammen, englische Wörterbücher bieten etwa „Festpunkt" oder „Markierungspunkt" als Übersetzung an.
[2] Siehe z.B. Camp (1994), S. 3-10 oder Watson (1993), S. 20 ff.
[3] Vgl. u.a. Markowitz (1952), S. 77-91 oder Sharpe (1964), S. 425-442.
[4] Vgl. Garz et al. (1997), S. 121. Der Benchmarkvergleich dient auch als Grundlage für erfolgsabhängige Vergütungsmodelle. Siehe hierzu den Aufsatz von REICHLING in diesem Band.

Neutral- oder Normalportfolio eine Strukturierung von Anlagemitteln auf, mit der die Anlageziele des Investors erreicht werden sollen.[5]

Eine Benchmark ist deshalb, richtig verstanden, nicht ein Werkzeug zur Standardisierung des Anlagemanagements, sondern im Gegenteil Ausdruck der Individualität des Anlegers, indem sie als *Leitlinie für* seine *individuelle Anlagepolitik* dient.[6] In der Literatur ist hierfür der Begriff der Policy Allocation oder Strategic Asset Allocation gebräuchlich.[7]

Die Benchmark ist zugleich Zielpunkt passiver Anlagestrategien (Stichwort: Indexreplizierung) und Ausgangspunkt aller aktiven, auf Mehrertrag zur Benchmark ausgerichteten Anlagestrategien. Sie ist die Position mit null (relativem) Ertrag und null (relativem) Risiko. Dem liegt die Annahme zugrunde, daß der Anleger als Eigentümer oder dessen Vertreter die volle Verantwortung für das Benchmarkergebnis als Resultat des von ihm erteilten Auftrags übernimmt. Dadurch ist die Benchmark ferner Ausdruck der *Teilung der Verantwortung* für das Schicksal der Anlagemittel sowie Bindeglied zwischen der strategischen Allocation des Anlegers und dem taktischen Management durch den beauftragten Verwalter.[8]

Um die obige *Begriffsbestimmung* weiter zu operationalisieren, ist jedoch erstens zu definieren, welche Entscheidungen der Anlagepolitik zuzurechnen sind. Hierdurch wird bestimmt, wie weit die dem Portfoliomanager vorgegebenen Instruktionen und Restriktionen reichen, und wie groß seine Handlungsfreiheit bleibt. Dies ist besonders wichtig, wenn die Benchmarkvorgabe innerhalb einer Gesamtvermögensstruktur den Zweck hat, die Kontrolle zu wahren und den einzelnen Portfoliomanager innerhalb einer Gesamtsteuerung zu disziplinieren. Zweitens ist festzulegen, wie der „Anlageerfolg" definiert und gemessen werden soll.[9]

Während die Messung des Anlageerfolgs in anderen Aufsätzen dieses Sammelbandes ausführlich behandelt wird, konzentriert sich dieser Beitrag auf die Beschreibung der Anforderungen an eine Benchmark, deren individuelle Ausgestaltung und ihre Bedeutung für den Anleger und den Portfoliomanager in der Praxis.

---

[5] Dies gilt immer unter bestimmten Annahmen zu Risiko- und Ertragsgrößen sowie hinsichtlich des relevanten Anlagehorizonts.
[6] Damit wird auch einem standardisierten „ein Produkt für alle" entgegengetreten.
[7] Vgl. Arnott/ Fabozzi (1988), S. 2 und Sharpe (1988), S. 111-118.
[8] Vgl. Luley (1992), S. 23.
[9] Vgl. Bruns/ Meyer-Bullerdieck (1996), S. 40: „Benchmark als marktorientierte Performanceziele".

2. Anforderungen an eine Benchmark aus theoretischer Sicht

Die anlagepolitischen Ziele sollten sich an den Kerngrößen „Risiko" und „Ertrag" ausrichten.[10] Eine Benchmark dient dann zur Transformation der anlagepolitischen Ziele in eine beispielhafte Marktposition und sollte

- vorab bestimmt und damit allen Beteiligten bekannt sein,
- eine real erwerbbare Anlagealternative darstellen,
- mit geringen Kosten darstellbar sein sowie
- gut diversifiziert und daher schwer zu schlagen sein.[11]

Die *ex ante-Bekanntheit und -Akzeptanz* der Benchmark ergibt sich umso zwingender, je exakter die Vorgaben des Anlegers sind. Im Fall des passiven, indexbezogenen Managements wird zwangsläufig ein in der Folge exakt zu replizierender Börsenindex festgelegt. Auch bei mit vielen Freiheiten ausgestatteten Mandaten ist jedoch für den aktiven Portfoliomanager eine vorab bekannte und laufend zu beobachtende Meßlatte wünschenswert. Dies spricht etwa gegen die in den USA verbreiteten sog. *„Peer Group-Benchmarks"*, die sich erst ex post aus den Positionierungen ähnlich gearteter Vermögensverwaltungsmandate ergeben.[12] Neben dem Risiko einer Tendenz zur prozyklischen Trendfolge hat der Portfoliomanager dabei das Problem, sich relativ zu einem noch unbekannten Vergleichsmaßstab zu positionieren.

Die *reale Erwerbbarkeit* erscheint unmittelbar zwingend, dennoch wird in der Praxis oftmals gegen diese Regel verstoßen. Sie besagt, daß der Portfoliomanager die Möglichkeit haben sollte, die Benchmarkposition als primären Auftrag des Kunden exakt einnehmen zu können. Im Falle eines passiven Managementmandats bedeutet die möglichst exakte Nachbildung des Benchmarkportfolios die unmittelbare Erfüllung des Auftrages. Der Portfoliomanager sollte aber auch im Falle des aktiven Managements nur dann von der Benchmark abweichende Positionierungen eingehen, wenn sie eine positive aktive Rendite erwarten lassen.[13] Es muß dem Manager daher möglich sein, das Portfolio „neutral", also ohne den Einbau von Allocations-"Wetten"[14] auf der Basis von Markteinschätzungen, zu positionieren.

Dies ist nicht möglich, wenn dieser Bedingung

a) mangelnde Investierbarkeit oder Replizierbarkeit,
b) Inkongruenzen zwischen Auftrag und Benchmark,

---

[10] Vgl. Sharpe/ Alexander (1990), S. 10. Zu beachten ist, daß nur unter der – üblichen, aber umstrittenen – Annahme einer Normalverteilung der Renditen eine Anlage durch den Periodenertrag und dessen Standardabweichung hinlänglich beschrieben ist.
[11] Vgl. Sharpe (1992), S. 16.
[12] Derartige Untersuchungen über die Mittelallokation in der Investmentbranche werden regelmäßig etwa von Merril Lynch, Micropal oder WM Company veröffentlicht.
[13] Zur Entscheidung über das Eingehen aktiver Positionierungen und die Berücksichtigung der Prognosesicherheit bei der Herleitung von Returns vgl. Grinold (1989), S. 30 ff.
[14] Das aus dem Bereich des Glücksspiels stammende Wort „Wette" wird hier als Übersetzung des in der Praxis gebräuchlichen Begriffs „Allocation Bet" verwendet.

c) in der Konstruktion der Benchmarkindizes liegende Gründe oder
d) rechtliche Rahmenbedingungen

entgegenstehen.

Zu a): Ein Problem tritt auf, wenn ein sehr großes Portfolio an einer Benchmark gemessen wird, die auch kleine und daher oftmals illiquide Werte umfaßt. Solche Nebenwerte können häufig nicht in der erforderlichen Größenordnung oder nur unter Hinnahme von erheblichen, auch zu Lasten des Anlegers gehenden Friktionen erworben werden. Hier ist neben der Losgrößenproblematik zugleich das *Kostenkriterium* angesprochen, wenn auch die durch die jeweilige Transaktion ausgelöste Veränderung der Marktpreise („Market Impact") mit zu den Kosten gerechnet wird.[15] Umgekehrt ist es mit einem kleinen Portfolio nicht möglich, eine sehr breite Benchmark, etwa einen Weltaktien- oder -rentenindex, vollständig zu replizieren. Es bleibt die Schlußfolgerung zu ziehen, daß die *Investierbarkeit* ein wichtiges Kriterium für die Benchmarkwahl darstellen sollte.[16]

Zu b): Das Problem der *Inkongruenz von Auftrag und Benchmark* besteht dann, wenn z.B. nur in DM-Titel investiert werden darf, das Portfolio jedoch mit einer Benchmark verglichen wird, die auch internationale Anlagen umfaßt. Deshalb sollte das für das Portfolio zur Verfügung stehende Anlageuniversum mindestens so groß sein wie das Benchmarkuniversum. Ob es darüber hinaus gehen sollte, hängt vom beabsichtigten Zweck des Mandats ab. Es ist nicht unüblich, daß ein in DM rechnender Investor dem Portfoliomanager eine DM-Benchmark vorgibt, ihm jedoch zu einem gewissen Teil die Anlage im Ausland offenläßt, falls er diese gegenüber deutschen Anlagen für besonders chancenreich hält. Ebenso wird für das Management deutscher Aktien gern der populäre DAX 30-Index als Meßlatte verwendet, aber auch die Anlage in Neben- (oder „Non-DAX"-) Werte gestattet. Dies ist aus Sicht der Portfoliotheorie insofern unproblematisch, als die breitere Streuung – wie auch bei der optionalen Internationalisierung – über einen verbesserten Diversifizierungseffekt das Risiko des Portfolios insgesamt zu verringern vermag.[17]

War das Portfolio am Ende einer Periode erfolgreicher als die Benchmark, erlaubt dies jedoch nicht notwendigerweise den Schluß auf eine überlegene Selektionsfähigkeit des Managers.[18] Die Hereinnahme von nicht in der Benchmark erfaßten Anlagen kann an sich die Überperformance erbracht haben, wenn diese in der Breite insgesamt einen höheren Periodenertrag als die Benchmark erzielt haben.

Die Beschränkung des einzelnen Portfoliomanagers auf ein genau abgegrenztes Universum ist dann besonders wichtig, wenn überschneidungsfreie Aufträge an

---

[15] Vgl. Perold (1988).
[16] Aus diesem Grund existieren von Morgan Stanley Capital International (MSCI) für einige nicht vollständig frei zugängliche Märkte sog. „Investable"-Aktienindizes.
[17] Im Gegensatz dazu würde die Hinzunahme von Aktien gegenüber einer reinen Renten-Benchmark für den größten Bereich möglicher Anlagemischungen das Portfoliorisiko erhöhen.
[18] Selektionsfähigkeit wird verstanden als die Fähigkeit, innerhalb eines Universums im Durchschnitt die erfolgreicheren Anlagen auszuwählen und dadurch aktive Überrenditen zu erzielen.

mehrere spezialisierte Manager vergeben werden sollen. Diese könnte man als „Mandats-Benchmark" im Gegensatz zur „Global-Benchmark" bezeichnen, welche hingegen die Gesamt-Allocation des Kunden betrifft oder einen Querschnitt aus dieser darstellt. Sind die Mandate nicht überschneidungsfrei definiert, kann es passieren, daß sich Risiken unkontrolliert diversifizieren bzw. kumulieren oder daß zum Beispiel der mit dem Management des Portfolios kleinerer Werte betraute „Small-Cap"-Manager einen bestimmten Wert verkauft, der gleichzeitig vom Manager des DAX-Portfolios („Large-Cap-Manager") als „Beimischung" hinzugekauft wird. Ferner kann, falls mehrere Manager eine identische Benchmarkvorgabe besitzen, letztlich ein derart hoher Diversifizierungsgrad entstehen, daß der Anleger doch nur wieder „den Markt" hält, hierfür jedoch an jeden Portfoliomanager eine Gebühr für aktives Management entrichtet.

Zu c): Vor allem für den deutschen Rentenmarkt werden zum Teil *synthetische Benchmark-Indizes* eingesetzt (REX-Index, PEX-Index, BHF-Index, Commerzbank-Rentenindex). Diese errechnen sich nicht aus einem realen Anleiheportfolio, sondern mittels unterschiedlicher Verfahren aus am Markt beobachtbaren Anleiherenditen. Außerdem unterstellen zudem der REX und der PEX die tägliche Reinvestition der Stückzinsen. Daher sind sie durch reale Wertpapiere nicht exakt abbildbar, und der Manager hat hier nicht die Möglichkeit, eine neutrale Position einzunehmen, indem er sich exakt wie die Benchmark positioniert.

Zu d) Ebenfalls können *rechtliche Restriktionen* einem exakten Erwerb des Benchmarkportfolios entgegenstehen. So stellt beispielsweise das deutsche Gesetz über Kapitalanlagegesellschaften (kurz: Kapitalanlagegesetz, KAGG) Vorschriften für die ihm unterliegenden deutschen Investmentfonds bezüglich Anlagegrenzen, Mischung und Streuung etc. auf. Ziel ist die Gewährleistung eines für den Fondsanleger besonders hohen Sicherheitsniveaus.[19] Hiernach darf der Anteil der Papiere eines Emittenten maximal bis zu 10% des Sondervermögens (Investmentfonds) betragen. Auch dies gilt nur dann, wenn die Summe aller 5% übersteigenden Anteile 40% des Sondervermögens nicht übersteigt. Diese 10%-Regel war in der Vergangenheit ein Argument gegen die Wahl des DAX 30-Index als Benchmark, da der Anteil der Allianz-Aktie 10% überstieg.[20] Ein nach dem KAGG geführter Fonds wäre auch z.B. nicht in der Lage, ein indexnahes Niederlande-Aktienportfolio abzubilden, da – etwa im FT-Niederlande-Index – die Royal Dutch-Aktie ein Gewicht von ca. einem Drittel hat.[21]

---

[19] Vgl. KAGG, § 8 ff.
[20] Das Problem löste sich zur Jahreswende 1996/97, als zum einen die Telekom-Aktie mit ca. 4,5% in den DAX aufgenommen wurde und dadurch das Gewicht aller anderen Werte reduzierte, und zum anderen die Allianz-Aktie aufgrund ihrer Underperformance zum Index an Gewicht verlor.
[21] Vgl. Goldman Sachs (1997), S. 86.

Von besonderer Wichtigkeit ist die Frage nach der *Risiko/Ertrag-Effizienz der Benchmark*. Die Asset Allocation, d.h. die Struktur nach den großen Aggregaten „Aktien", „Renten" und eventuell „Liquidität" sowie gegebenenfalls die Gewichtung der Länder bestimmt den wesentlichen Teil der Wertentwicklung.[22] Für den Fall des passiven Managements entspricht die Benchmark unmittelbar der auf Dauer beabsichtigten Portfoliostruktur. Aber auch im aktiven Management stellt die Benchmark für den Portfoliomanager die Vorgabe dar, da Abweichungen von ihr sein Risiko begründen („aktives Risiko").[23] Aus Anlegersicht läßt sich dieses Argument zusätzlich untermauern. Gibt der Anleger ein Bekenntnis zu einer Benchmark und damit zu deren Ertrags- und Risikostruktur ab, trägt er die Verantwortung für ihre Wertentwicklung. Damit besitzt die Benchmarkwahl und ihre Vorteilhaftigkeit für ihn besondere Bedeutung. Der Portfoliomanager hingegen ist in der Regel nur für die relative Abweichung (Über- oder Unterperformance) zur Benchmark verantwortlich. Tatsächlich liegt hier sogar ein *Zielkonflikt*. Je höher die μ-σ-Effizienz der Benchmark ist, desto besser ist dies für den Anleger; desto schwerer ist es jedoch für den Manager, die Benchmark zu „schlagen", also – risikoadjustiert – eine höhere Performance zu erzielen.[24] Aus diesem Grund sollte die Bestimmung einer Benchmark nicht zu stark vom Portfoliomanager determiniert werden. Vielmehr sollte ihm lediglich eine Beratungsfunktion zukommen, innerhalb derer er seinen Vorschlag transparent machen muß.

Die Existenz einer Benchmark hat erhebliche Auswirkung auf die Portfoliokonstruktion. Die Abbildungen 1a und 1b verdeutlichen den Unterschied zwischen der *Portfoliooptimierung* im absoluten Risiko- und Ertragsraum (sog. Markowitz-Optimierung) und der Optimierung mit relativen Ertrags- und Risikogrößen gegenüber einer Benchmark. In Abbildung 1a ist unterstellt, daß die Benchmark nicht Teil der angenommenen Effizienzkurve ist.[25] Der Punkt auf der Effizienzkurve senkrecht über dem Punkt der Benchmark erzielt – bei Akzeptanz der unterstellten Prognosen für Risiko und Ertrag – unter Inkaufnahme eines gleich hohen Risikos einen höheren Periodenertrag und dominiert somit die Benchmark.

Den Abbildungen liegt das folgende einfache Beispiel zugrunde (die Risikodaten stammen aus 1994-96, die Ertragszahlen sind gegriffene Werte,[26] beides aus Sicht eines DM-Investors).

---

[22] Vgl. Brinson et al. (1986), S. 39 ff.
[23] Das aktive Risiko („Tracking Error") wird dabei gemessen als Standardabweichung der Differenzen der Erträge von Benchmark und Portfolio.
[24] Vgl. zur Problematik der Benchmarkeffizienz Grinold (1992), S. 35 ff.
[25] Trotz der Annahme einer grundsätzlich langfristigen Effizienz der Benchmark ist dies für Einzelperioden realistisch. Vgl. hierzu u.a. Kleeberg (1995), S. 37-41.
[26] Die Werte wurden derart gewählt, daß sie den darzustellenden Effekt besonders hervorheben.

Aktienmarkt	Benchmarkgewicht	Ertrag % (6 Mo.)	Risiko % (6 Mo.)
Deutschland	30%	11.5%	9.58%
USA	30%	7.4%	9.87%
Japan	20%	13.2%	13.94%
Großbritannien	10%	9.6%	9.74%
Frankreich	10%	4.8%	11.10%
Ertrag der Benchmark: 9.75%		Risiko der Benchmark: 8.3%	

Es wird davon ausgegangen, daß die Währungen keinen Ertragsbeitrag liefern, gleichwohl aber Einfluß auf das Risiko ausüben. Das Benchmarkrisiko liegt unter dem des am wenigsten riskanten Assets und errechnet sich nach der Standardformel

(1) $\quad \sigma_{BM} = (\sum_{i=1}^{n} \sum_{j=1}^{n} x_i x_j \sigma_{ij})^{0,5}$.

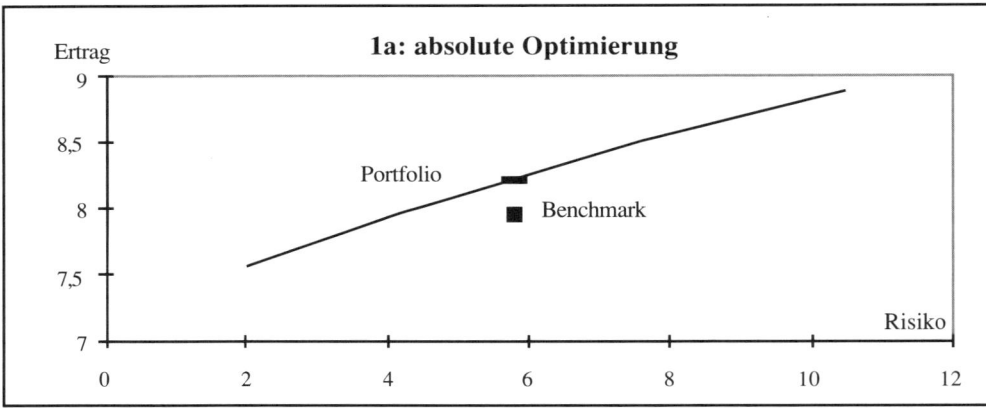

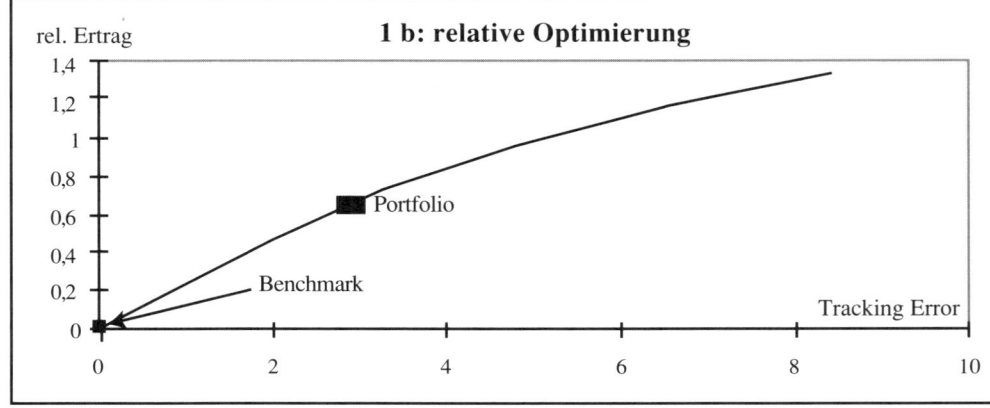

Abb. 1: Absolute und relative Optimierung

Bei einer Risikovorgabe von 8.3% errechnet ein Standard-Optimierer das Portfolio: 62.46% Deutschland, 0% USA, 31.35% Japan, 6.19% Großbritannien und 0% Frankreich. Der erwartete Ertrag lautet 11.92%, somit ergibt sich ein Mehrertrag zur Benchmark von ca. 2.2%.

Das Optimierungsproblem bei totaler Optimierung lautet:[27]

(2) Max $U_p = R_p - \lambda * \sigma_p^2$,

wobei sich in dem Term λ der Risikoaversionsgrad gegenüber der absoluten Risikohöhe σ_p^2 manifestiert. Je höher λ ist, desto stärker beeinträchtigt das Risiko den Investornutzen U.

Abbildung 1b charakterisiert die Vorgehensweise bei der Optimierung gegen eine Benchmark. Ihr liegt die Zielfunktion

(3) Max $U_{p,akt} = (R_p - R_{BM}) - \lambda * TE^2$

zugrunde.

Die Nutzenfunktion für die relative Optimierung berücksichtigt somit neben der erwarteten Überrendite des Portfolios gegenüber der Benchmark die Aversion gegenüber der Höhe des Tracking Errors. Der *Tracking Error* (TE) bezeichnet die Volatilität der Differenzen der Erträge von Portfolio und Benchmark und errechnet sich ex ante als

(4) $TE = \sqrt{(\beta_p - 1)^2 * \sigma_{BM}^2 + \sigma_{p,res}^2}$.

Der Tracking Error besteht aus einem von 1 abweichenden Betafaktor, also einer Timing-Komponente, und der Varianz der Residualrenditen, dem unsystematischen Risiko.

Die Abwägung des Tracking Errors als Ausdruck relativen Risikos gegen den relativen Ertrag zur Benchmark (R_p-R_{BM}) hat nun mehrere Konsequenzen. Zum einen führt sie dazu, daß bei gleichem Mehrertrag eine höhere Volatilität nicht grundsätzlich negativer als eine geringere Volatilität beurteilt wird. Zum anderen kann sie, gerade bei Vorgabe eines geringen aktiven Risikos, dazu führen, daß sogar Assets mit negativer absoluter Ertragserwartung dotiert werden. Dies gilt vor allem dann, wenn sie ein hohes Gewicht in der Benchmark haben, und daher durch ihre Nichtberücksichtigung das relative Risiko stark ansteigen würde. Unterhalb eines bestimmten aktiven Risikos können daher keine tatsächlich μ-σ-effizienten Portfolios ermittelt werden, sondern nur solche, die ineffizient, wenn auch „besser" als die Benchmark ausfallen.[28] Aus Sicht des Investors bekommt er in diesem Bereich für

---

[27] Es handelt sich um eine sog. Quadratische Nutzenfunktion.
[28] Das Portfolio ist dann nicht μ-σ-effizient, sondern (R_p R_{BM})-TE-effizient. Dies gilt jedoch immer ex ante und im Bewußtsein des generellen Problems, im vorhinein Portfolios zu ermitteln, die sich auch ex post noch als effizient erweisen.

seinen „Einsatz" von absoluten (Verlust-) Risiko nicht den maximalen Ertrag als Ausgleich. So ist in obigem Beispiel ein Tracking Error von mindestens 3,9% p.a. notwendig, um das oben ermittelte µ-σ-effiziente Portfolio zu generieren.

Ferner kann die relative Betrachtungsweise zu dem oftmals kritisierten Effekt des „Klebens an der Benchmark" führen, wenn der Portfoliomanager nicht ausdrücklich dazu ermutigt wird, höhere relative Risiken einzugehen. Für den Anleger entsteht dadurch möglicherweise die unbefriedigende Situation, für ein nahezu passives Management eine aktive Managementgebühr entrichten zu müssen.

Auf der anderen Seite dient der Tracking Error jedoch dazu, den Portfoliomanager in seiner Zuversicht hinsichtlich der Sicherheit seiner Prognosen zu disziplinieren und etwa das Eingehen hoher, konzentrierter Einzelwetten zu verhindern. Ein Abweichen von der für den Investor als langfristig optimal erkannten Anlagestruktur soll angesichts unsicherer Erwartungen nur dann erfolgen, wenn der Erwartungsnutzen hoch ist – und auch dann nur in kontrollierter Form und in begrenztem Umfang.

Akzeptiert man die große Bedeutung maximaler *Effizienz des Benchmarkportfolios*, leisten folgende allgemeine Regeln hierfür Hilfestellung:

- Die Benchmark für die Gesamtanlage („Global-Benchmark") sollte generell möglichst *breit und international gestreut* sein und sowohl Aktien als auch Renten beinhalten. Neben etablierten Märkten sollten aufgrund ihrer hohen Wachstums- und Ertragschancen und ihrer geringen Korrelationen zu anderen Märkten auch Schwellenmärkte (Emerging Markets) berücksichtigt werden.
Im Zusammenhang mit der Internationalisierung der Anlage ist das Problem der *Behandlung von Währungsrisiken*[29] anzusprechen. Währungsengagements bringen bei nur geringem Diversifikationseffekt ein zusätzliches Risiko, dem kein dieses rechtfertigender Ertrag gegenübersteht.[30] Zwar verliert der Währungseffekt innerhalb Europas deutlich an Bedeutung, zumindest jedoch bei den frei gegenüber der DM floatenden Währungen wie den Dollar-Währungen, dem Yen und dem britischen Pfund ist sein Einfluß jedoch nach wie vor erheblich. In diesem Fall kann eine Währungssicherung das Risikoniveau eines internationalen Portfolios senken, ohne signifikanten Einfluß auf den Portfolioertrag auszuüben. Sinnvoll sind insbesondere teilgesicherte Portfolios, die darüber hinaus bezüglich des Timings ihrer Implementierung mehrjährige Wechselkurstrends berücksichtigen.[31]

- Die *Gewichte der Benchmarkbestandteile* sollten regelmäßig in größeren Zeitabständen *rebalanciert* werden und nicht auf Dauer „driften". Dies bedeutet, daß das ursprüngliche Gewichtungsverhältnis der Benchmarkbestandteile z.B. jährlich oder quartalsweise wiederhergestellt wird, und das Portfolio dann erneut an dieser Positionierung gemessen wird. Ein Grund hierfür ist die etwa konstant zu haltende Risikostruktur, gerade bei gemischten Portfolios aus Aktien und Ren-

---

[29] Siehe zu diesem Thema den Aufsatz von GRIMM in diesem Band.
[30] Vgl. Garz et al. (1997), S. 191 f.
[31] Vgl. dazu die praxisnahe Untersuchung bei Luley (1993), S. 28-34, mit dem Verweis auf die Black-Hypothese einer effizienten 80%-Absicherung.

ten. Ließe man ein solches Portfolio, die durchschnittlich höhere Wertentwicklung der Aktien unterstellt, über lange Zeit driften, würde sich die Struktur immer stärker zugunsten der Aktien verschieben und dadurch das absolute Risikoniveau erhöhen. Hingegen führt der antizyklische Effekt der Readjustierung meist über längere Perioden zu vorteilhaften Portfolios.[32] Weil rechnerisch regelmäßig von den sich besser entwickelnden Benchmarkbestandteilen in die zurückgebliebenen umgeschichtet wird, wird es beispielsweise vermieden, daß gerade zum Ende einer kräftigen Aktien- (Renten-) Hausse und vor dem nachfolgenden Einbruch die Gewichtung in diesem Asset am höchsten ist.

Akzeptiert man diesen Gedanken auf Assetklassen-Ebene, stellt er sich ebenso auf der Länderebene. Das Gewicht des japanischen Aktienmarktes im MSCI-Weltindex war etwa zur Jahreswende 1989/1990 mit weit über 40% am höchsten, also zum (absoluten und relativen) Höchststand des Marktes bei einem Nikkei 225-Indexstand von etwa 39.000. Vom Jahresbeginn 1990 an verfiel der Index bis zum August 1992 auf 14.300, also um über 60%. Da der Markt seither zwischen 14.300 und ca. 22.500 pendelt, während alle anderen Märkte kräftig zulegen konnten, hat sich Japans Gewicht im Weltindex mittlerweile auf unter 20% verringert.

Je nach Untersuchungszeitraum weisen Indizes, die anders als nach Kapitalisierung gewichtet sind, zum Teil bessere Risiko/Ertrag-Kennzahlen auf.[33] Die geläufigste Alternative sind nach der Wirtschaftskraft[34] gewichtete Indizes, aber insbesondere auch die einfache Gleichgewichtung war in der Vergangenheit oft erfolgreich.

Als Nachteil steht dem entgegen, daß bei von der Kapitalisierung abweichenden Gewichtungsmodi exogen induzierte Umschichtungen und damit Transaktionskosten ausgelöst werden. Eine weitgehende Buy&Hold-Strategie würde sich im Zeitablauf immer mehr von einer derart konstruierten Benchmark entfernen. Ebenfalls werden möglicherweise hochentwickelte und hochliquide Märkte oder Titel kaum berücksichtigt, illiquide Märkte in ihrer Bedeutung jedoch stark angehoben.

3. Anforderungen an eine Benchmark aus praktischer Sicht

Während aus Sicht der Portfoliotheorie vor allem die Effizienz des Benchmarkportfolios und ihre Abbildbarkeit und Investierbarkeit eine Rolle spielen, gibt es für die praktische Anwendung eine Vielzahl weiterer Anforderungen.

So ist es für das aktive Portfoliomanagement unabdingbar, daß von *Benchmarkgewichten zu beiden Seiten abgewichen* werden kann, also alle Konstituenten sowohl

---

[32] Vgl. First Quadrant (1996), S. 23-30.
[33] Vgl. MSCI (1996), Section 2.
[34] Für die Bemessung der Wirtschaftskraft wird in aller Regel hier das Bruttoinlandsprodukt verwendet und etwa einmal jährlich adjustiert.

über- als auch untergewichtet werden können. Enthält die Benchmark beispielsweise 20% Aktien, und stellt dies zugleich die vereinbarte Obergrenze für das Portfoliomanagement dar, läßt sich eine positive Einschätzung zu dieser Assetklasse nicht ausdrücken. Umstritten ist die Einbeziehung von Liquidität in die Benchmark. Dagegen spricht, daß der Anleger liquide Mittel auch direkt halten könnte und hier nicht oder nicht spürbar von einem professionellen Portfoliomanager profitieren kann. Andererseits kann eine geringe Liquiditätsposition unter Umständen sowohl die Effizienz der Benchmark erhöhen als auch die Möglichkeit bieten, durch ihre Untergewichtung, also etwa Vollinvestment in Wertpapieren, die insgesamt positive Meinung zu Aktien und/oder Renten zum Ausdruck zu bringen.[35] Dafür spricht ferner, daß ein Investmentfonds aufgrund der buchtechnischen Forderungen oder der Möglichkeit jederzeit möglicher Mittelabflüsse bei Publikumsfonds fast nie zu 100% investiert sein kann und daher in steigenden Märkten einen permanenten Nachteil gegenüber dem Benchmarkportfolio aufweist.[36] Per saldo spricht dies für eine geringe Kassegewichtung in der Benchmark, etwa in der Größenordnung von 5%.

Verbunden mit der Möglichkeit, Benchmarkbestandteile im Portfolio über- oder unterzugewichten, ist die Frage nach *Größenrestriktionen der aktiven Wetten*. Diese können sich sowohl auf das Portfolio insgesamt als auch auf jedes einzelne Asset beziehen. So kann für das Portfolio insgesamt ein maximal akzeptierter Tracking Error vorgegeben werden. Dies legt die Berücksichtigung einer Sicherheitsmarge nahe, um Schätzfehlern Rechnung zu tragen. In Anlehnung an die Diskussion zu Abbildung 1 kann es anstatt einer relativen Risikobegrenzung auch sinnvoll sein, eine Bandbreite für das absolute Risiko abzustecken. So kann der Anleger dem Portfoliomanager beispielsweise vorgeben, zur Wahrung des vereinbarten Risikoniveaus das Benchmarkrisiko nicht um mehr als 1% Standardabweichung p.a. zu überschreiten oder auch zu unterschreiten. Eine weitere, ex ante einzusetzende, Hilfsgröße ist die Summe der Absolutwerte der Abweichungen, die theoretisch zwischen 0 (exakte Replikation) und 200 (vollständige Investition außerhalb des Benchmarkuniversums) liegen kann.

Gerade bezüglich der Assetklassen wird von den Anlegern in der Praxis oftmals eine Bandbreite vorgegeben. Diese kann dahingehend lauten, daß bei einer Benchmark-Aktienquote von 40% diese 20% nicht unterschreiten, aber auch 60% nicht überschreiten darf.

Neben der Begrenzung der Abweichungsrisiken ist es jedoch auch denkbar, Anreize für ein möglichst aktives Agieren des Portfoliomanagers zu schaffen und hierdurch ein nahezu passives Management („closet indexing") zu vermeiden. Die Möglichkeiten reichen hier von an die relative Performance gekoppelten Management-Vergütungen bis zum Einbau von relativen Risikomaßen als Positivfaktor in Kennzahlen zur Performanceevaluierung.[37]

---

[35] Dies setzt voraus, daß der Portfoliomanager über Timingfähigkeiten verfügt.
[36] Obwohl das KAGG Futures-Long-Positionen in einer Höhe von bis zu 20% des Fondsvolumens erlaubt, ist dies nicht in jedem Einzelfall, etwa aufgrund von Kundenwunsch oder -satzung, zur Lösung dieses Problems anwendbar.
[37] Vgl zur Vergütung des Portfoliomanagements den Aufsatz von REICHLING in diesem Band.

Über die Möglichkeit hinaus, aktive Allokations-"Wetten" einzugehen und diese zu kontrollieren, gibt es eine Reihe von Anforderungen, die an die für die Konstruktion von Benchmarks herangezogenen *Wertpapierindizes* gestellt werden können. Hierbei ist zu sehen, daß die existierenden populären Börsenindizes nicht primär unter dem Kriterium der kapitalmarkttheoretischen Effizienz konstruiert wurden. Aufgrund der in der Realität nicht gegebenen Prämissen für die Gültigkeit des CAPM ist beispielsweise ein kapitalisierungsgewichteter Index nicht grundsätzlich effizient, wenn auch in der Praxis in aller Regel schwer zu schlagen.[38]

Zu den Faktoren, die auch angesichts einer notwendigen Abwägung zwischen kapitalmarkttheoretischen Anforderungen und praktischer Handhabbarkeit von besonderer Bedeutung sind, zählen[39]

- die Repräsentativität für die Struktur des Gesamtmarktes,
- die Marktnähe durch zeitnahe Anpassungen an Veränderungen der Marktstruktur, etwa Fusionen und Konkurse von Aktiengesellschaften,
- realistische Preise, die auch für größere Transaktionen erzielbar gewesen sind (ein Problem gerade im Bereich deutscher Bankschuldverschreibungen im Falle kleinerer Emissionen),
- die zeitnahe Datenverfügbarkeit zur Performancekontrolle und Portfoliosteuerung,
- die Berücksichtigung aller anfallenden Erträge, also auch der Dividenden bei Aktien, um einen fairen Vergleich mit einem Portfolio zu ermöglichen und die
- Vergleichbarkeit und Konsistenz der Errechnung im internationalen Vergleich.

Der letzte Punkt stellt auf die oftmals äußerst *unterschiedliche Zusammensetzung und Errechnung* internationaler, populärer Indizes ab. Beispielsweise ist der DAX ein kapitalgewichteter Performanceindex, der die Unternehmen nach der Größe ihres Grundkapitals gewichtet und Dividenden einrechnet. Hingegen sind etwa der amerikanische Dow Jones und der japanische Nikkei 225-Index preisgewichtete Kursindizes, somit ohne Dividendeneinrechnung und nach dem aktuellen Marktpreis der Einzelwerte gewichtet. Führt etwa IBM einen Aktiensplit von 2 zu 1 durch, wodurch sich bei doppelter Stückzahl der Preis der IBM-Aktie halbiert, ist ihr Einfluß auf den Dow Jones-Index nach dem Split nur noch halb so hoch wie zuvor. Zur internationalen Vergleichbarkeit ist daher eine möglichst weitreichende Einheitlichkeit hinsichtlich

- des Umfanges der Marktabdeckung,
- der Einrechnung der Bestandteile der Wertentwicklung und
- der Gewichtung der Indexkonstituenten

wünschenswert.

Gerade für internationale Mandate liefern integrierte globale Konzepte wie die von J. P. Morgan, MSCI oder FT/S&P ein konsistentes und flexibles Vehikel. Dane-

---

[38] Vgl. Bruns/ Meyer-Bullerdieck (1996), S. 45. Zu Anomalien und Ineffizienzen von Marktindizes vgl. z.B. Kleeberg (1995), S. 117 f. und Hamerle/ Rösch (1996) S. 63 ff. Zu CAPM-Tests vgl. z.B. Sharpe/ Alexander (1990), S. 259ff.
[39] Vgl. für diese Aufzählung Lang (1993), S. 648 f.

ben kann für die Feinsteuerung wie auch für die Performanceanalyse die Verfügbarkeit von *Subindizes* sinnvoll sein. Diese beziehen sich in aller Regel bei Renten auf Laufzeitklassen, bei Aktien auf Branchen oder Industriesektoren oder auch auf Größenklassen (Large Cap vs. Medium/Small Cap).

Die Frage nach der *Repräsentativität* wird im Rahmen der gängigen Marktindexkonzepte oft unterschiedlich beantwortet. Während beispielsweise die Financial Times/Standard& Poors-Indizes die Aktienwerte entsprechend der Reihenfolge ihrer Marktkapitalisierung bis zum Erreichen von ca. 82% der Kapitalisierung des Gesamtmarktes berücksichtigen, ist das Vorgehen bei MSCI davon grundverschieden. In den lokalen MSCI-Indizes sollen mindestens 60% des Marktes, aber auch ca. 60% jeder am Markt vertretenen Branche abgedeckt werden. Dies führt dazu, daß aufgrund der „Überbesetzung" mancher Branchen einige schwergewichtige Titel nicht berücksichtigt werden, dagegen zahlreiche kleinere Werte aus – gemessen an der Kapitalisierung – wenig bedeutenden Branchen im Index enthalten sind.[40]

4. Bedeutung des Anlagehorizonts für die Benchmarkfrage

Für den Anleger stellen Rentabilität und Sicherheit in aller Regel die bedeutsamsten, jedoch auch konkurrierende Zielgrößen dar.[41] Während in der Portfoliotheorie Risiko und Ertrag in aller Regel als einperiodige Phänomene betrachtet werden, trifft dies für den Anleger in der Realität meist gerade nicht zu. Sein Anlagehorizont umfaßt in den meisten Fällen mehrere Jahre.

Diese *Mehrperiodigkeit des Anlagehorizonts* bringt für den an den Kapitalmärkten unter Unsicherheit investierenden Anleger zwei erhebliche *Vorteile*:[42]

- Die Ertrags- und Risikocharakteristika von Assets werden mit zunehmender Anlagedauer stabiler und verläßlicher. Es ist schwieriger, beispielsweise den Ertrag eines Aktienmarktes in einem Jahr zu prognostizieren als dessen p.a.-Ertrag der nächsten Dekade.
- Während sich der diskrete Ertrag im Zeitablauf mittels der Exponentialfunktion

    (5) $R_T = (1 + R_t)^T - 1$

    entwickelt, geschieht dies für das Risiko mittels einer Wurzelfunktion der Form

    (6) $\sigma_T = \sigma_t * \sqrt{(T/t)}$.

---

[40] Aktuell sind etwa im MSCI Deutschland-Index die DAX 30-Werte Hoechst, BMW und Commerzbank nicht enthalten.
[41] Vgl. Steiner/ Bruns (1995), S. 46.
[42] Vgl. zu den folgenden Ausführungen Garz et al. (1997), S. 144-146.

Dies bedeutet, daß das Verhältnis der Streubreite des Ertrages zum über die Zeit kumulierten Ertrag mit der Länge des Zeitintervalls immer vorteilhafter wird. Hieraus folgt, daß riskantere Anlagen, die einen höheren Periodendurchschnittsertrag aufweisen, von einem bestimmten Zeitpunkt in der Zukunft an bei einem Signifikanzniveau S (mit S < 100%) eine weniger riskante Anlage mit geringerem Periodendurchschnittsertrag dominieren. Auch die Wahrscheinlichkeit für die Unterschreitung eines Mindestertrages nimmt mit der Haltedauer ab.[43] Eine anlegerspezifische strategische Asset Allocation und damit Benchmarkwahl kann somit umso mehr Risiko und eine umso höhere Aktienquote aufweisen, je länger der Anlagehorizont des Investors ist.

Dem stehen im wesentlichen zwei Aspekte entgegen, nämlich

- exogene Restriktionen, die die Beachtung zwischenzeitlicher, kurzfristiger (beispielsweise Bilanz-) Termine verlangen, und
- endogene Anstöße, die sich aus der menschlichen Psychologie erklären.

Sind beispielsweise Versicherungsunternehmen oder Pensionskassen verpflichtet, für ihre Gesamtanlagen in jeder Einzelperiode einen Mindestertrag von z.B. 3,5% p.a. auszuweisen, verkürzt dies künstlich ihren eigentlich langen Anlagehorizont und führt insgesamt zu einer risikoärmeren, aber auch ertragsärmeren Gesamt-Asset Allocation. Für stark aktienlastig orientierte Anlagestrukturen kann dies zur Folge haben, daß der Zeithorizont in schlechten Aktienjahren durch den Anleger schlagartig auf die Zeitspanne bis zum nächsten Bilanzierungstermin verkürzt werden muß, um noch den Minimumertrag erzielen zu können. Um einen drastischen Eingriff in die Anlagepolitik eines extern vergebenen Anlagemandats zu vermeiden, sind in einer solchen Situation kompensierende Erträge vonnöten, etwa aus abschreibungssicheren Namensschuldverschreibungen oder aus im Rahmen von Spezialfonds in früheren Jahren angelegten Reserven.

Das schwerer zu greifende Moment sind die aus menschlichen Regungen herrührenden Anstöße, eine vereinbarte, sorgfältig abgewogene und an den längerfristigen Zielen des Investors orientierte Anlagepolitik zu ändern. Diese können auch zu einer Abkehr vom Benchmarkgedanken oder zu häufigen ad hoc-Änderungen der vereinbarten Benchmark führen. Solche Änderungen sind umso naheliegender, je größer die momentane Unzufriedenheit mit der Entwicklung des Portfolios ist. Die Anfälligkeit gegenüber Risikoerhöhungen ist somit in der Nähe von Markthochpunkten, gegenüber einer Risikoreduktion nahe Markttiefs am größten.[44]

---

[43] Allerdings steigt bei einer mehrperiodigen Anlage auch die absolute Verlustmöglichkeit, was in Abhängigkeit von bestimmten Annahmen, etwa zur Nutzenfunktion des Investors, für eine von der Anlagedauer unabhängige Asset Allocation spricht. Vgl. hierzu Kritzman (1995), S. 79 ff. und Siegel (1997), S. 29 ff.

[44] Besonders schwerwiegend ist dieser Effekt in bezug auf Aktienengagements, deren Mehrerträge oft hochaggregiert auf einige Zeiträume erfolgen, abgelöst von langen Perioden starker Schwankungen, aber enttäuschender Wertentwicklung. „The crucial question is not simply whether long-term returns on common stocks would exceed returns on bonds or bills *if* the investor held on ... .The crucial question is whether the investor will, in fact, hold on." Ellis (1993), S. 24.

Bei Vermögensverwaltungsmandaten von Institutionen erschwert eine zusätzliche *Agency-Problematik* das Festhalten an einer vereinbarten Benchmark. Für die handelnden Personen ist die mit den extern vergebenen Portfolios verbundene Arbeit oftmals nur ein Teil ihrer Aufgabe. Außerdem ist die zeitliche Dauer, in der sie für das entsprechende Mandat verantwortlich sind, oftmals kürzer als der Anlagehorizont des Geldes. Es liegt daher in ihrem Interesse, in erster Linie größere Schieflagen zu vermeiden, die in ihren Konsequenzen der eigenen Karriere schaden könnten.[45] Ihr persönliches Risiko/Ertrag-Verhältnis ist asymmetrisch, was im Zweifelsfall zu einer eher defensiven und risikoaversen Ausrichtung oder Umstrukturierung der Portfolios führt.

Eine wichtige Aufgabe der Benchmarkvereinbarung ist daher die *Selbstverpflichtung*, aber auch die gegenseitige Verpflichtung von Auftraggeber und Auftragnehmer, sachlich unbegründete ad hoc-Revisionen der Anlagepolitik zu vermeiden. Die Benchmark dient dabei als Disziplinierungsinstrument quasi zum Schutz des Portfolios, und zwar umso erfolgreicher, je

- klarer es insbesondere dem Anleger als Auftraggeber ist, daß eine solide und zielorientierte Benchmarkvorgabe nur dann geändert werden sollte, wenn sich die zugrundeliegenden längerfristigen Anlageziele ändern,
- expliziter der Auftrag und die Benchmark (schriftlich) vereinbart sind,
- besser das gemeinsame und gegenseitige Verständnis der Besonderheiten von Anlegersituation und Kapitalmarktumfeld ist.

Insbesondere die genaue Kenntnis des Anlegerprofils sowie der Möglichkeiten und Besonderheiten der Finanzmärkte ermöglicht eine qualifizierte und sorgfältig abgewogene langfristige Anlagepolitik, die keines kurzfristigen Richtungswechsels bedarf. Mit dieser Thematik, abgestellt auf eine Gesamt- („Global"-) Benchmark, beschäftigt sich der folgende Abschnitt.

5. Ermittlung des investoroptimalen Benchmarkportfolios in der Praxis

Ziel des auf Individualität angelegten Benchmarkgedankens ist es, jedem Anleger ein für ihn optimales Benchmarkportfolio zuzuordnen. Gelingt dies nicht, stellt dies den Sinn einer Benchmarkvereinbarung generell in Frage. Die in der Praxis oftmals anzutreffende Identität von Benchmarks für sehr verschiedene Anlegertypen oder gar Anlegergruppen läßt immerhin Zweifel aufkommen, ob das *„Matching" von Anleger- und Marktprofil* in der Mehrheit der Fälle gelingt.

---

[45] Vgl. Ellis (1993), S. 29.

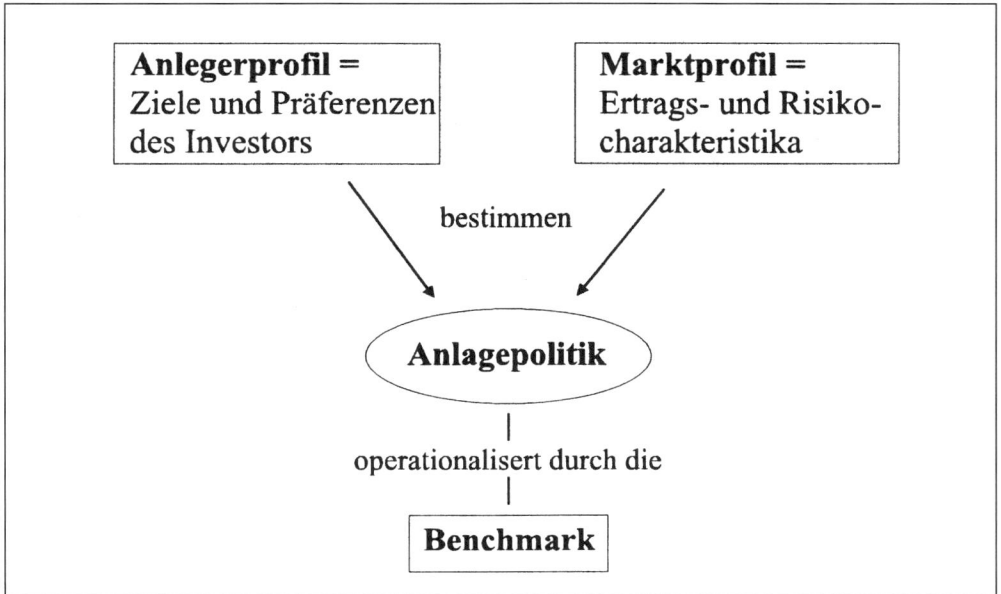

Abb. 2: Herleitung der Benchmark

Portfoliotheoretisch liegt das für den Investor *optimale Portfolio* dort, wo sich die Effizienzkurve aus den Portfolios aller verfügbaren Anlagen – bzw. unter Einbeziehung der risikolosen Anlage die Kapitalmarktlinie – und die Indifferenzkurve des Anlegers mit dem höchsten Nutzenniveau gerade berühren.[46] Für ein auf lange Sicht anlegeroptimales Neutralportfolio sind somit zum einen Voraussagen über die längerfristigen Ertrags- und Risikogrößen der involvierten Assets notwendig, zum anderen ein operationales Zielsystem des Anlegers bezüglich Risiko und Ertrag. Gefordert ist somit eine Optimierung unter Einbeziehung von Kapitalmarktkonditionen einerseits und den Anforderungen des Investors andererseits.

SCHMIDT-VON RHEIN unterscheidet folgende den Anleger betreffende Phasen:[47]

- die Phase der *Anlageproblemerkennung*, geprägt durch endogene Auslöser, die persönliche und soziale Situation des Anlegers sowie durch die relevanten (exogenen) Umweltbedingungen,
- die Phase der *Anlegerzielsystembildung*, die eine Gewichtung der Einzelziele, vor allem Rentabilität und Sicherheit, vornimmt und die Beziehung zwischen ihnen determiniert und
- schließlich die Phase der Ermittlung *weiterer Anlegerpräferenzen und anlagerelevanter Informationen*.

---

[46] Vgl. Steiner/ Bruns (1995), S. 114-119.
[47] Vgl. Schmidt-von Rhein (1996), S. 72-76.

Problematisch ist weniger die rein technische Formulierung von Ertrags- und Risikoanforderungen, etwa für eine Pensionskasse anhand von Sterbetafeln, Arbeitsverträgen und Diskontierungserwartungen.[48] Immer wenn sich Ziele mit den kapitalmarkttheoretischen Größen „Ertrag" und „Risiko" unmittelbar ausdrücken lassen, läßt sich das Problem vergleichsweise gut lösen. Kritisch können hingegen weitere Präferenzen sein, insbesondere, wenn sie das Entscheidungsfeld stark einschränken, die Definition eines Zielsystems erschweren oder sogar irrationaler Natur sind.

Entscheidend ist die Schlüsselgröße „*Risikoakzeptanz*". Da sich bei korrekter und vollständiger Erfassung der Kapitalmarktbedingungen jedem Risikoniveau der erzielbare erwartete Ertrag zuordnen läßt, bietet das akzeptable Risikoniveau einen sinnvollen Schlüssel für die Definition der Anlagepolitik.[49] Zur genaueren Beleuchtung der *Anlegersituation* ist es in der Praxis daher hilfreich, anlagerelevante Punkte z.B. mit Hilfe einer Checkliste zu hinterfragen. Hierdurch erhält nicht nur der Portfoliomanager wertvolle Informationen, auch der Anleger selbst durchläuft noch einmal einen Selbsterkenntnisprozeß. Neben direkten Zielfragen wie nach dem gewünschten Risiko- oder Ertragsniveau oder deren Austauschverhältnis können dies u.a. folgende Fragen sein:

- Wie ist die gesamte Vermögenssituation des Anlegers? Welche Rolle spielt darin diese spezifische Portfolioinvestition?
- Welche Restriktionen schränken das Entscheidungsfeld (Anlageuniversum) ein?
- Wer sind die beurteilenden Personen, und wer entscheidet über die Anlagepolitik?
- Wie lang sind der Anlagehorizont und die relevanten Performancemeßperioden? Ist mit möglichen Konsequenzen aus kurzfristigen Ereignissen für die langfristige Anlagepolitik zu rechnen?
- Was darf auf keinen Fall passieren? Was wären die emotionalen und wirtschaftlichen Folgen bei Eintritt eines „worst case"-Risikofalles?

Die für die *Langfristprognose* der Kapitalmarktbedingungen verwendeten *Risiko- und Ertragskennzahlen* sollten von kurzfristigen Einschätzungen unverzerrt sein, weshalb man in der Praxis gern zu historischen Durchschnittsgrößen greift. Diese sind jedoch im Zeitablauf instabil und unterliegen erheblichen Schwankungen in Einzelperioden. Man trifft dabei im wesentlichen auf zwei Problemfelder:

- Zum einen werden längerfristige *strukturelle Veränderungen* nicht oder nur unzulänglich erfaßt. Eine Historie, die beispielsweise die durch relativ hohe Inflationsraten geprägten 70er und 80er Jahre umfaßt, kann möglicherweise ein schlechter Wegweiser für die nominalen Ertragserwartungen der desinflationären 90er Jahre sein. Eine erste Möglichkeit zur Bereinigung wäre das generelle Abstellen auf reale Ertragsgrößen und die Verknüpfung mit langfristig in die Zukunft gerichteten Inflationserwartungen.

---

[48] Vgl. hierzu z.B. Blanco et al. (1995), S. 352-360.
[49] Dabei kann im Falle der Definition einer Mandats-Benchmark innerhalb eines größeren Gesamtportfoliokontextes anstelle des absoluten Risikos der Beta-Faktor das adäquatere Risikomaß sein.

- Zum anderen ist die *Abgrenzung des Stützzeitraumes* von besonderer Bedeutung. Hier einfach nur auf scheinbar plausible („10 Jahre") Zeiträume oder die maximal zur Verfügung stehende Datenhistorie abzustellen, ist unzureichend und kann zu stark verzerrten und unplausiblen Ergebnissen führen. Ein erster, wichtiger Schritt ist hier das Abstellen auf möglichst repräsentative Zeiträume, etwa auf mehrere abgeschlossene Konjunktur- oder Zinszyklen in den wichtigsten und marktschwersten Ländern.[50] Selbst wenn die sinnvolle Abgrenzung der Historie zu derart repräsentativen und plausiblen Daten führt, kann sich die unreflektierte Anwendung dieser Durchschnittsgrößen auf einen stark abseits vom Durchschnitt liegenden Zeitpunkt (etwa mit einem weltweiten Zinsniveau für 10jährige Staatsanleihen von 5,5% und Kurs/Gewinn-Verhältnissen der Aktien weltweit von nahe 20), als problematisch erweisen.

Im nächsten Schritt gilt es, *Anleger- und Kapitalmarktbedingungen* zusammenzuführen. Dabei erweisen sich manchmal ein mangelndes Verständnis des Anlegers bezüglich des Verhaltens der Kapitalmärkte oder unrealistische Vorstellungen hinsichtlich der Ertragsziele als Hindernis. Insbesondere ist in der Praxis ein Problem bei der Erfassung des abstrakten Risikobegriffs der Portfoliotheorie festzustellen. Eine wertvolle Vorleistung des Portfoliomanagers oder eines dritten externen Beraters ist es daher, vor allem diesen Punkt transparent zu machen und das Zusammenspiel von Ertrag, Risiko und Anlagehorizont zu verdeutlichen. Hierzu dienen beispielsweise

- die gemeinsame Analyse *historischer Wertverläufe* hypothetischer Portfolios, wobei besonderer Wert auf die Erklärung von erheblich vom Durchschnitt abweichenden Periodenerträgen gelegt werden sollte,[51]
- der Einsatz von dynamischen *Ausfallwahrscheinlichkeitsrechnungen*, die das Risiko beleuchten, einen geforderten Mindestertrag – Nullertrag, Inflationserwartung, Geldmarktertrag etc. – im Mehrperiodenfall nicht zu erreichen,[52]
- die Verwendung von *Konfidenzanalysen*, die für verschiedene Anlagemischungen die Ertragsintervalle bei bestimmten Sicherheitsniveaus in Einzelperioden wie auch im Zeitablauf darstellen,[53]
- die an mittelfristigen makroökonomischen Verläufen orientierte *Szenarioanalyse* hinsichtlich unterschiedlicher Anlagemischungen.[54]

An dieser Stelle kann sich herausstellen, daß das *Risikoprofil* des Anlegers *asymmetrisch* ist, und sich daher seine Anlagevorstellungen durch eine Aggregation von Anlagesegmenten mit annähernd normalverteilten Renditen nicht abbilden lassen.
Anstelle einer Benchmark aus standardisierten Indizes ist dann eine sogenannte „customized", also eine für den Anleger speziell erstellte Benchmarkkonstruktion

---

[50] Vgl. Garz et al. (1997), S. 139-145.
[51] Vgl. Ellis (1993), S. 57.
[52] Vgl. Bruns (1996), S. 38-42. Zum Ausfallrisiko vgl. die ausführliche Darstellung bei Schmidt-v. Rhein (1996), S. 409 ff.
[53] Vgl. Sharpe/ Alexander (1991), S. 714 ff. mit der Ableitung der Anlegerindifferenzkurve.
[54] Vgl. Ambachtsheer (1988), S. 78 f.

mit asymmetrischem Risikoprofil angebracht.[55] Hierbei kann man sich an Konstruktionen auf der Basis der Ertrag/Risiko-Profile börsengehandelter Optionen orientieren, die einen nicht zu unterschreitenden Mindestertrag oder einen Maximalverlust garantieren, dafür aber auch an Aufwärtsbewegungen der Märkte nur zum Teil partizipieren. Wichtig ist hierbei eine realistische, d.h. marktgerechte Berücksichtigung der Kosten einer derartigen Portfolio Insurance-Strategie.[56] Diese Kosten äußern sich primär darin, daß eine „downward protection" nicht ohne Einbuße an Partizipation bei steigenden Märkten zu haben ist.

6. Einsatz von Benchmarkportfolios am deutschen Fondsmarkt

Bezüglich des Einsatzes von Benchmarks am deutschen Fondsmarkt ist zwischen Spezial- und Publikumsfonds zu unterscheiden. *Spezialfonds* sind ein Vehikel ausschließlich für institutionelle Anleger und weisen meist eine gewisse Mindestgröße im höheren zweistelligen Millionenbereich auf. Sie stellen in aller Regel ein für einen (maximal 10) Anleger maßgeschneidertes Anlageprodukt dar, auf dessen Anlagepolitik und -strategie dieser unterschiedlich großen Einfluß nehmen kann. Der Kontakt zwischen Anleger und Portfoliomanager erfolgt direkt und oftmals regelmäßig. Die Benchmark wird an den individuellen Zielen des Anlegers ausgerichtet, kann aber auf Anlegerwunsch auch zwischenzeitlich verändert werden. Die Performancemessung erfolgt in der Regel nach Kosten des Fonds gegenüber einer Total Return – Benchmark.[57] Ihre Ergebnisse führen vielfach auf längere Sicht zu Konsequenzen hinsichtlich der Mandatsvergabe, z.B. zur Umverteilung von Mitteln zwischen mehreren Fondsmanagern, zur inhaltlichen Änderung von Mandaten oder sogar zum Entzug des Vermögensverwaltungsauftrags.

Je größer und kenntnisreicher der Anleger ist, desto häufiger ist eine Dotierung zahlreicher Manager nach ihren komparativen Stärken und damit die Vorgabe von speziellen Mandats-Benchmarks zu beobachten.[58] Die Gesamt-Allokation, etwa zwischen Assetklassen und Regionen, liegt hier beim Anleger selbst. Will dieser zwischenzeitlich auch kurzfristig das Risikoniveau variieren, geschieht dies meist entweder über periodische Neufestsetzungen der Aktienquote bzw. der maximalen Renten-Restlaufzeit, oder durch Vorgabe einer Mindest- oder Höchstliquiditätsquote. Hier kommt es zu Verknüpfungen der Meßperioden mit den jeweils verschiedenen Benchmarks. Für den Portfoliomanager ist dabei eine klare und verläßliche Aufgabenverteilung zwischen Kunde und Manager wichtig. Daneben sollte, gerade bei wesentlichen Änderungen, eine Übergangsfrist zur Reallokation des Portfolios zur

---

[55] Vgl. Bruns/ Meyer-Bullerdieck (1996), S. 40.
[56] Vgl. Steiner/ Bruns (1995), S. 204-223 und Garz et al. (1997), S. 253 ff.. Zum Thema „Portfolio Insurance" vgl. auch den Aufsatz von BOSSERT/ BURZIN in diesem Band.

Verfügung stehen. Ferner sollte die Berücksichtigung der durch diese Kundeneingriffe induzierten erhöhten Transaktionskosten bei der Vergleichsrechnung gewährleistet sein.

Typisch für den deutschen Markt ist jedoch die manchmal noch mangelnde Akzeptanz einer Benchmark „in guten wie in schlechten Zeiten". Während heute nahezu jeder Spezialfonds gewisse Kundenvorgaben kennt, und in der Präsentation gegenüber dem Kunden auch Vergleiche gegenüber sinnvollen Vergleichsmärkten üblich sind, scheuen manche Anleger nach wie vor die explizite Festlegung einer Benchmark. Hierin ist möglicherweise ein Problem bei der Übernahme der vollen Verantwortung für den Benchmarkertrag zu sehen. Der Prozentsatz der von den Kunden exakt definierten und akzeptierten Benchmarks dürfte sich, nach der Erfahrung des Autors, in Deutschland derzeit auf etwa 60 bis 90% belaufen. Dabei liegen hoch spezialisierte, „junge" und quantitativ orientierte Gesellschaften eher am oberen Ende, dagegen traditionelle und weniger spezialisierte Gesellschaften mit breiter und sehr heterogener Kundenstruktur am unteren Ende.

Die Akzeptanz einer Benchmark hängt jedoch immer noch stark vom Kapitalmarktumfeld bzw. von der absoluten Höhe des Anlageergebnisses ab. Die Frage: „Angenommen, die Benchmark erzielt ein Jahresergebnis von minus 10% und Ihr Fonds ein Ergebnis von minus 8%. Ist das für Sie ein gutes Fondsergebnis?" dürfte daher erfahrungsgemäß nur von etwa der Hälfte der Benchmark-Kunden bejaht werden. Dies bringt, zumindest periodenweise, den Fondsmanager in eine schwierige Situation. Er wird möglicherweise gleichzeitig an einer Benchmark, aber auch beispielsweise am Festgeldertrag, der „Nullinie", der Konkurrenz oder der – in aller Regel risikoärmeren – Eigenanlage des Kunden gemessen.

Publikumsfonds stehen der breiten Öffentlichkeit, insbesondere dem Privatanleger offen. Sie ermöglichen schon mit sehr kleinen Beträgen und meist ohne Teilnehmerbegrenzung die Beteiligung an professionell gemanagten Portfolios. Ein direkter Kontakt zwischen Anleger und Fondsmanagement und damit eine direkte Einflußmöglichkeit besteht in aller Regel nicht, die Geschäftsabwicklung der Fondsanlage erfolgt in den meisten Fällen über die Hausbank des Anlegers.

Da es sich bei einem Publikumsfonds um ein standardisiertes Produkt für den anonymen Markt handelt, muß die Anlagepolitik als Produktspezifikation genügend transparent gemacht werden. Regelmäßig wird die Benchmark jedoch nur bei passiv geführten Index-Fonds publiziert, da hier die Nennung des abzubildenden Index unumgänglich ist. Ansonsten wird in vielen Fällen keine detaillierte Benchmark publiziert, und die Fonds werden nur einer Gruppe (z.B. „europäische Renten", „Wachstumsaktien weltweit") zugeordnet, was die exakte Beurteilung der Managementleistung erschwert. Sinnvoll erscheint hier die mittlerweile in einigen Publikationen gewählte Vorgehensweise, innerhalb der Fondsgruppen mit kombinierten Ertrag/Risiko-Maßen wie dem Sharpe-Maß eine Rangfolge unter Einbezie-

---

[57] Diese sollte Kupons oder Dividenden in tatsächlich zu vereinnahmender Höhe beinhalten, also gegebenenfalls auf Nettobasis nach vorab einbehaltenen Steuern erfolgen.
[58] Zunehmend wird hierbei auch in Deutschland die Hilfe professioneller Consultants als Intermediäre in Anspruch genommen, wie dies im angelsächsischen Raum seit langem üblich ist.

hung der langfristigen Erfolgskontinuität aufzustellen.[59] Hiermit kommt man der Funktion und dem Sinn einer Benchmark immerhin nahe.

Das Fehlen expliziter Benchmarks erschwert auch die Allokation eines sinnvoll abgestimmten Fonds-Portfolios durch den Anleger, der ohnehin angesichts eines immer vielfältigeren und spezialisierteren Angebots eine sehr schwierige Aufgabe vorfindet.[60] Schaltet er für diesen Schritt einen Bankberater oder „Fund of Funds"-Manager ein, ergibt sich für ihn ein zweistufiger Performancevergleichsprozeß. Zum einen gilt es, die Einzelfonds an realistischen Vergleichsportfolios zu messen. Zum anderen sollte der Erfolg der jeweiligen taktischen Allokation der unterschiedlichen Fonds zu einem Fonds-Portfolio mit einer langfristigen Normalposition, seiner Global-Benchmark, verglichen werden.

Generell läßt sich feststellen, daß der kundige Einsatz von sinnvoll ermittelten, individuellen Benchmarks zahlreiche Vorteile bietet. Der Portfoliomanager erhält mit der Benchmark einen klaren und verläßlichen *Auftrag*. Die *Operationalisierung von Anlagezielen* in der Benchmark ermöglicht ein zielgerichtetes Handeln des Managers. Mit Hilfe von Benchmarks kann eine Investmentgesellschaft eine personenübergreifende Steuerung und Qualitätskontrolle durchführen.[61] Der Anleger hingegen kann die *Arbeit* des von ihm beauftragten Investmentprofis auch *in Einzelperioden beurteilen*. Dies geschieht anhand von tatsächlich am Markt zu erzielenden Ergebnissen. Die Benchmark kann ferner eine wertvolle *Kommunikationsgrundlage* zwischen Kunde und Manager darstellen, die bewußt auch eine gewisse *Selbstverpflichtung* zu einer disziplinierten, langfristig orientierten Anlagepolitik beinhaltet. Gerade in schwierigen Kapitalmarktphasen liefert ihr Verständnis einen wertvollen Kompaß für die Wirren der Tagesaktualität und -volatilität.

Die in der Praxis auftauchenden Probleme haben nach Ansicht des Autors im wesentlichen zwei Ursachen. Zum einen führt eine für den *Anleger unpassende Benchmarkwahl* dazu, daß die Anlagepolitik, z.B. aufgrund eines zu hoch gewählten Risikograds, nicht durchgehalten werden kann. Oftmals entpuppt sich eine Benchmark erst in Krisenphasen als eine „Schönwetter-Benchmark". Eine Benchmark ist für einen Anleger nur dann passend, wenn er auch einen historisch abzuleitenden „Worst Case"-Fall verkraften kann. Zu wenig Gebrauch wird in diesem Zusammenhang bisher von *asymmetrischen Benchmarks* gemacht. Generell sollte aber auf die gemeinsame Erarbeitung einer verläßlichen Anlagepolitik hoher Wert gelegt werden, wozu auch ein entsprechender zeitlicher Aufwand vor Beginn des Portfoliomanagementmandats gehört.

Die zweite Kategorie von Problemen entsteht durch *mangelndes gegenseitiges Verständnis bzw. mangelnde kontinuierliche Kommunikation* zwischen Anleger und Portfoliomanager. Dies fängt bei der Einsicht in die Charakteristika und Zusammenhänge der Kapitalmärkte an, über die, wie auch über die Möglichkeiten aktiven Managements, oftmals unrealistische Vorstellungen bestehen. Insbesondere ist aber auch das Einvernehmen darüber wichtig, welche Art aktiven Managements gewünscht

---

[59] Vgl. o.V. (1995), S. 122-130.
[60] Vgl. Wittrock (1996), S. 719 ff.
[61] Vgl. Divecha/ Grinold (1989), S. 7.

wird, mit welchem *aktiven Risiko* dies geschehen soll und was dessen Konsequenzen sind. Der Abgleich des Portfolios mit der Benchmark sollte dem kundigen Anleger dann vor allem dazu dienen, festzustellen, ob die Aktivitäten des Portfoliomanagers noch in Einklang mit seinen langfristigen Zielvorstellungen stehen.[62]

Je besser das Verständnis des Anlegers über seine Anlageziele und die Konsequenzen seiner Benchmarkwahl und je enger die kontinuierliche Abstimmung über die Zielverfolgung durch den Portfoliomanager, desto erfolgreicher kann ein Benchmarkportfolio in der Praxis eingesetzt werden.

Literaturverzeichnis

Ambachtsheer, K. P. (Ambachtsheer, 1988): Integrating Business Planning with Pension Fund Planning, in: Arnott, R./ Fabozzi, F. J. (eds.), *Asset Allocation*, Chicago 1988, S.59-85.

Arnott, R./ Fabozzi, F. J. (Arnott/ Fabozzi, 1988): The Many Dimensions of the Asset Allocation Decision, in: Arnott R./ Fabozzi, F. J. (eds.), *Asset Allocation*, Chicago 1988, S. 1-6.

Barclays de Zoete Wedd (Barclays de Zoete Wedd, 1997): Global Market Digest, Quarter 1, 1997, January 1997.

Blanco, J. A./ Müller, H./ Teuscher, P. (Blanco et al., 1995): Ein „Asset Liability"-Ansatz für Pensionskassen, in: *Finanzmarkt und Portfoliomanagement*, 9. Jg., 1995, S. 352-360.

Brinson,, G. P./ Hood, L. R./ Beebower, G. L. (Brinson et al., 1986): Determinants of Portfolio Performance, in: *Financial Analysts Journal*, Vol. 42, 1986, July-August, S. 39-44.

Bruns, Ch. (Bruns, 1996): Zeithorizont und Risiko bei Aktienanlagen, in: *Die Bank*, o. Jg., 1996, H. 1, S. 38-42.

Bruns, Ch./ Meyer-Bullerdieck, F. (Bruns/ Meyer-Bullerdieck, 1996): *Professionelles Portfoliomanagement*, Stuttgart 1996.

Camp, R. C. (Camp, 1994): *Benchmarking*, München/ Wien 1994.

Divecha, A./ Grinold, R. C. (Divecha/ Grinold, 1989): Normal Portfolios: Issues for Sponsors, Managers and Consultants, in: *Financial Analysts Journal*, Vol. 45, 1989, March-April, S. 7-13.

Ellis, C. D. (Ellis, 1993): *Investment Policy*, 2nd ed., Homewood 1993.

First Quadrant (First Quadrant, 1996): *Global Tactical Asset Allocation*, in: IIR Conference, Workshop (Handout), Frankfurt am Main 1996.

Garz, H./ Günther, St./ Moriabadi, C. (Garz et al., 1997): *Portfolio-Management – Theorie und Anwendung*, Frankfurt am Main 1997.

Gesetz über Kapitalanlagegesellschaften (KAGG, 1994): Die Novellierung des Investmentrechts 1994, in: C&L Deutsche Revision, Frankfurt am Main 1994.

---

[62] Vgl. Ellis (1993), S. 69-70.

Goldman Sachs (Goldman Sachs, 1997): Inside the FT/S&P Actuaries World Indices, April 1997.

Grinold, R. C. (Grinold, 1989): The fundamental Law of Active Management, in: *Journal of Portfolio Management*, Vol. 16, 1989, Spring , S. 30-37.

Grinold, R. C. (Grinold, 1992): Are Benchmark Portfolios Efficient?, in: *Journal of Portfolio Management*, Vol. 19, 1992, Fall, S. 34-40.

Grinold, R. C. /Kahn, R. N. (Grinold/ Kahn, 1995): *Active Portfolio Management – Quantitative Theory and Applications*, Chicago 1995.

Hamerle, A./ Rösch, D. (Hamerle/ Rösch, 1996): Kapitalmarktanomalien und Rendite-Risiko-Beziehungen bei einem ineffizienten Marktindex, in: *Finanzmarkt und Portfoliomanagement*, 10. Jg., 1996, S. 61-74.

Kleeberg, J. M. (Kleeberg, 1995): *Der Anlageerfolg des Minimum-Varianz-Portfolios*, Bad Soden/ Taunus 1995.

Kritzman, M. (Kritzman, 1995): *The Portable Financial Analyst*, Chicago 1995.

Lang, A. (Lang, 1993): Performanceindizes für den deutschen Aktienmarkt, in: *Die Bank*, o. Jg., 1993, H. 11, S. 648-650.

Luley, M. (Luley, 1992): Balanced Portfolio – Ein dynamischer Anlageentscheidungsprozeß versus statische Benchmarkkonstruktion, in: *Risk & Reward*, o. Jg., 1992, Nr. 4, S. 23-26.

Luley, M. (Luley, 1993): Währungsgesicherte internationale Aktienportfolios, in: *Risk & Reward*, o. Jg., 1993, Nr. 4, S. 28-34.

Markowitz, H. M. (Markowitz, 1952): Portfolio Selection, in: *Journal of Finance*, Vol. 7, 1952, S. 77-91.

o.V. (o.V., 1995): Die besten Fondsmanager der Welt, in: *Manager Magazin*, 1995, Nr. 3, S. 122-130.

Morgan Stanley Capital International (MSCI, 1996): *Global Investing – Challenges and Issues*, February-March 1996.

Perold, A. F. (Perold, 1988): The Implementation Shortfall – Paper versus Reality, in: *Journal of Portfolio Management*, Vol. 15, 1988, Spring, S. 4-9.

Saxinger, R. (Saxinger, 1996): Aspekte einer strategischen Benchmarkwahl, in: *Die Bank*, o. Jg., 1996, H. 5, S. 302-306.

Schmidt-von Rhein, A. (Schmidt-v. Rhein, 1996): *Die Moderne Portfoliotheorie im praktischen Wertpapiermanagement*, Bad Soden/ Taunus 1996.

Sharpe, W. F. (Sharpe, 1964): Capital Asset Prices: a Theory of Market Equilibrium under Conditions of Risk, in: *Journal of Finance*, Vol. 19, 1964, S. 425-442.

Sharpe, W. F. (Sharpe, 1988): Policy Asset Mix, Tactical Asset Allocation, and Portfolio Insurance, in: Arnott, R./ Fabozzi, F. J. (eds.): *Asset Allocation*, Chicago 1988, S. 111-130.

Sharpe, W. F. (Sharpe, 1992): Asset allocation: Management style and performance measurement, in: *Journal of Portfolio Management*, Vol. 19, 1992, Winter, S. 7-19.

Sharpe, W. F./ Alexander, G. J. (Sharpe/ Alexander, 1990): *Investments*, 4th ed., Englewood Cliffs 1990.

Siegel, L. B. (Siegel, 1997): Are Stocks Risky? Two Lessons, in: *Journal of Portfolio Management*, Vol. 24, 1997, Spring, S. 29-34.

Steiner, M./ Bruns, Ch. (Steiner/ Bruns, 1995): *Wertpapiermanagement*, 4. Aufl., Stuttgart 1995.

Watson, G. H. (Watson, 1993): *Benchmarking – vom Besten lernen*, Landsberg am Lech 1993.

Wittrock, C. (Wittrock 1996): Tendenzen auf dem Fondsmarkt, in: *Die Bank*, o. Jg., 1996, H. 12, S. 719-723.

Wittrock, C. (Wittrock, 1996b): *Messung und Analyse der Performance von Wertpapierportfolios*, 2. Aufl., Bad Soden/ Taunus 1996.

Das Rahmenwerk des aktiven Portfoliomanagements

von Thomas Ebertz/ Bernhard Scherer

1. Einleitung
2. Die Theorie effizienter Märkte und die Praxis des aktiven Portfoliomanagements
3. Generierung von Prognosen
4. Portfoliokonstruktion
5. Investmentcontrolling
6. Vergütungssysteme
7. Fazit

Sal. Oppenheim jr. & Cie.

OPPENHEIM ASSET MANAGEMENT

Betreuung institutioneller Vermögen

Unter Sachsenhausen 4 • 50667 Köln • Telefon: 02 21/145-26 63 • Telefax: 02 21/145-29 75

1. Einleitung

Seit einigen Jahren zeichnet sich im aktiven Portfoliomanagement ein grundlegender Wandel ab. An die Stelle von Intuition und situativer Kreativität treten systematische Analysen und strukturierte Prozesse. Dieser Wandel dauert an und wird sich in Zukunft fortsetzen. Der vorliegende Beitrag beschreibt den gegenwärtigen Stand der Entwicklung. Dazu wird zunächst das ambivalente Verhältnis zwischen der Effizienzmarkttheorie und der Praxis des aktiven Portfoliomanagements näher beleuchtet. Anschließend werden die zentralen Elemente des modernen aktiven Managements aufgezeigt: die Generierung von Prognosen, die Portfoliokonstruktion und das Investmentcontrolling. Den Abschluß bilden Überlegungen zu anreizkompatiblen Vergütungssystemen zwischen Sponsor und Manager.

2. Die Theorie effizienter Märkte und die Praxis des aktiven Portfoliomanagements

Die Theorie effizienter Märkte basiert auf einem Grundgedanken der Wirtschaftswissenschaften, dem Wettbewerb. Der Wettbewerb zwischen den Analysten aller Wertpapierhäuser, die mit verschiedensten Methoden (technisch, fundamental etc.) nach fehlbewerteten Titeln suchen, führt dazu, daß zu jedem Zeitpunkt alle relevanten Informationen im Preis enthalten sind. Preisänderungen finden nur beim Auftreten einer neuen, bis dato unbekannten Information statt. Da diese definitionsgemäß unerwartet sein muß, treten Preisänderungen unerwartet, d.h. zufällig auf. Informationen der Vergangenheit haben so keinen Einfluß auf die heutige Kursbildung mehr. Dies bedeutet nicht, daß Portfoliomanager überflüssig sind, denn gerade sie sind es, die für die Gleichheit von Preis und Wert sorgen. Damit ist auch nicht gesagt, daß die erwartete Preisänderung null beträgt, da niemand (zumindest niemand, der risikoavers ist) ein riskantes Wertpapier kaufen würde, obgleich er eine Rendite von null erwartet. Die zu erwartende Preisänderung entspricht der erwarteten Kompensation für die Übernahme eines entlohnbaren Risikos. Was ist nun unter „alle relevanten Informationen" zu verstehen? Man unterscheidet drei Formen der Effizienzmarkthypothese (EMH).[1] Von der schwachen Form spricht man, wenn sich auf der Basis vergangener Kurse keine signifikanten Überrenditen (Mehrrenditen gegenüber der ‚Normalrendite', definiert durch ein Kapitalmarktgleichgewichtsmodell) erzielen lassen. Bei der halbstarken Form werden neben den vergangenen Kurszeitreihen alle öffentlich verfügbaren Informationen einbezogen, und bei der starken Form sind auch Insiderinformationen im Kurs enthalten.

---

[1] Vgl. Fama (1976).

Dies läßt sich auch in einen formalen Zusammenhang bringen.² Zum Zeitpunkt t bezeichne Ω_t^m die (beschränkte) Informationsmenge über die zukünftige Verteilung der Renditen einer riskanten Anlage (R_{t+n}^i), die den Marktteilnehmern kostenlos zur Verfügung steht. Man kann sich Ω_t^m als eine der drei beschriebenen Teilmengen denken. Die „vollständige", d.h. alle relevanten Informationen enthaltende Informationsmenge sei durch Ω_t gegeben. In einem informationseffizienten Markt ($\Omega_t = \Omega_t^m$) kennen die Marktteilnehmer die Wahrscheinlichkeitsverteilung $f(...)$, aus der vom „Zufallszahlengenerator Leben" gezogen wird (sie kennen das „wahre" ökonomische Modell, welches für den renditegenerierenden Prozeß verantwortlich ist), d.h., sie besitzen *rationale Erwartungen*

(1) $f(R_{t+n}^i \mid \Omega_t) = f^m(R_{t+n}^i \mid \Omega_t^m)$.

Dies bedeutet nicht, daß den Marktteilnehmern keine Prognosefehler unterlaufen. Es sagt lediglich aus, daß die Prognosefehler keine systematische Komponente enthalten. Auf der Ebene der Renditen bedeutet dies, daß sich die realisierte und die vom Investor (unter Nutzung der Informationsmenge Ω_t^m) erwartete Rendite nur durch einen Zufallsterm unterscheiden:

(2) $\varepsilon_{t+n}^i = R_{t+n}^i - E(R_{t+n}^i \mid \Omega_t^m)$.

Dieser Zufallsterm darf nicht durch seine eigene Historie (keine Autokovarianz: $Cov(\varepsilon_{t+n}^i, \varepsilon_{t-j}^i) = 0$) oder durch Informationen aus Ω_t^m (Orthogonalitätseigenschaft: $Cov(\varepsilon_{t+n}^i, Z_{t-j}) = 0$)³ prognostizierbar sein. Fügt man den rationalen Erwartungen ein *Kapitalmarktgleichgewichtsmodell*, beispielsweise das CAPM

(3) $E(R_{t+n}^i \mid \Omega_t^m) = r_f + \beta\left[E(R_{t+n}^m \mid \Omega_t^m) - r_f\right]$

hinzu, so ergibt sich die Effizienzmarkthypothese: Ex ante kann kein Marktteilnehmer erwarten, eine höhere Rendite zu verdienen als eine, die dem risikolosen Zins und einer Vergütung für das übernommene Risiko entspricht.

Die EMH stellt eine verbundene Hypothese bezüglich der Informationsverarbeitung (rationale Erwartungen) und dem Austauschverhältnis von Rendite und Risiko am Kapitalmarkt (Gleichgewichtsmodell) dar:

(4) EMH = Rationale Erwartungen + Kapitalmarktgleichgewichtsmodell.

Empirische Untersuchungen werden hierdurch erschwert. Den Befürwortern der EMH bleibt nämlich ein bequemer Rückzug. Signifikante Überrenditen (gegenüber einem Referenzmodell) sind notfalls durch die Verwendung des falschen Modells zur Risikoanpassung rationalisierbar. Findet man beispielsweise, daß ‚Value'-Aktien den Markt risikoangepaßt outperformen, so ist dies nur dann als eine Verletzung

---

² Vgl. LeRoy (1989).
³ Dabei stellt Z_{t-j} eine potentielle Einflußgröße (makroökonomisch, mikroökonomisch, technisch, ...) dar, die den Investoren bereits zum Zeitpunkt t-j bekannt gewesen ist.

der EMH zu werten, wenn das „richtige" Kapitalmarktgleichgewichtsmodell verwendet wurde. Es verbleibt die Möglichkeit, daß eine Risikovariable y existiert, die bei der Risikoanpassung nicht einbezogen wurde und mit der Eigenschaft ‚Value' (Dividendenrendite) korreliert ist.

Die EMH impliziert nicht, daß Risikoprämien nicht prognostizierbar sein dürfen. Ausgangspunkt sei das bereits angesprochene CAPM. Die erwartete Risikoprämie ergibt sich aus dem Marktpreis des Risikos (λ) multipliziert mit der erwarteten Marktvolatilität:[4]

$$E(r_{t+n}^{Markt}) = \lambda E(\sigma_{t+n}^2)$$
(5)

Die Volatilität des Marktes folge einem einfachen ARCH(1)-Modell, gegeben durch

$$\sigma_{t+n}^2 = \alpha_0 + \alpha_1 \sigma_{t+n-1}^2$$
(6)

Einsetzen liefert:

$$E(r_{t+1}^{Markt}) = \alpha_0 \lambda + \alpha_1 \lambda \sigma_t^2$$
(7)

Kombiniert man ARCH und CAPM, resultieren daraus prognostizierbare, zeitvariable Risikoprämien. Da die höhere erwartete Risikoprämie auch mit einem höheren erwarteten Risiko einhergeht, liegt keine Verletzung der EMH vor. Der Investor trägt das höhere Risiko und kann erwarten, eine höhere Risikoprämie zu erhalten. Weder CAPM noch rationale Erwartungen bilden Einschränkungen bezüglich bedingter Volatilitäten. Rationale Erwartungen machen nur Aussagen über das erste Moment einer Verteilung. Die Random Walk-Annahme ist daher zu streng, da sie keine Heteroskedastizitäten zuläßt. Obige Gleichung wird in der Praxis als Ausgangspunkt für sogenannte ‚risk based'-Strategien genommen.[5] Läßt man zusätzlich noch zeitliche Variationen im Marktpreis des Risikos zu (λ_t), so entsteht ein weiteres Rational für die Prognostizierbarkeit von Risikoprämien, ohne daß die EMH verletzt wäre. Ansätze hierfür finden sich bei HARVEY (1991), EVANS (1994) und PESARAN/ TIMMERMANN (1995).

Trifft die EMH zu, d.h., Investoren können nur eine Kompensation für die Übernahme von entlohnbaren Risiken erwarten, dann besteht die theoretisch optimale strategische Asset Allocation in der CAPM-Welt aus der Kombination eines möglichst diversifizierten Portfolios (Asset-Klassen, Länder, Branchen etc.) mit einem Anteil inländischer Geldmarktanlagen (je nach Risikoneigung). Als taktische Asset Allocation ergibt sich die Benchmarkorientierung, d.h. die Minimierung aktiver Risiken. Im Vordergrund steht die Minimierung von Transaktionskosten. Die Rolle des Managers beschränkt sich auf „handwerkliche" Tätigkeiten wie die Konstruktion eines Portfolios mit minimalem ‚Tracking Error' bzw. die Anpassung an den rechtlichen Rahmen (Steuerrecht, aufsichtsrechtliche Vorschriften aus KAGG und VAG). Der Portfoliomanager wird nicht überflüssig, aber sein Aufgabenbereich än-

---

4 Vgl. Mills (1993), S. 193.
5 Vgl. Arnott et al. (1989) sowie Macedo (1995).

dert sich. Passives Management ist in den seltensten Fällen Buy&Hold und ein sauberes Index-Tracking keineswegs trivial. Gefragt ist der Handwerker, nicht der Künstler. Eine Vielzahl der Aktivitäten einer KAG wäre eher im Bereich 'Marketing' als im Research anzusiedeln.

Zentrale Annahme der EMH ist es, daß kein Marktteilnehmer absolute oder relative Vorteile bei der Beschaffung, Auswertung und Umsetzung von Informationen besitzt. Im Gegenteil, diese Aktivitäten sind für alle kostenlos (auch im Sinne von Opportunitätskosten). Wer aber sollte diese Informationen kostenlos zur Verfügung stellen? In diesem Fall bestünde ja kein Anreiz zum Sammeln und Auswerten der Information. Dann kann sie aber auch nicht im Kurs enthalten sein. Nach GROSSMAN/STIGLITZ (1980) stellen die Überrenditen einzelner Investoren (Smart Money) eine effiziente Form der Vergütung für erfolgreiche Spekulation, d.h für die korrekte Sammlung und Auswertung von Kapitalmarktinformationen, dar. Die Preise bewegen sich wieder in Richtung der wahren inneren Werte der einzelnen Anlagen. Der Markt wird effizienter.

Es ist unrealistisch anzunehmen, daß nur Smart Money an den Märkten aktiv ist. Sind daneben noch irrationale Investoren (Noise Trader) im Markt engagiert, dann können sich die Abweichungen von Preis und Wert einer Anlage noch verstärken.[6] Ein Beispiel hierfür sind Positive Feedback Trader (PFT). Man nehme an, im Markt gebe es zwei Gruppen von Investoren: Smart Money (kennen zu jedem Zeitpunkt den wahren Wert) und Positive Feedback Trader (verhalten sich streng prozyklisch); die erwartete Rendite der Anlage sei konstant. Wäre nur Smart Money (SM) im Markt, dann verliefen die Kurse zufällig. Das Vorhandensein von PFT führt dazu, daß die Kurse nach einem Preisanstieg (als Folge einer positiven Nachricht) weiter steigen. Je höher der Anteil des PFT am Gesamtmarkt, desto länger wird sich dies fortsetzen. Die nächste negative Nachricht führt tendenziell zu einer Abfolge von gleichgerichteten Bewegungen nach unten. Renditen werden also kurzfristig positiv korreliert (Trending) und langfristig negativ korreliert (Mean Reverting) sein. Gleichzeitig sind die Renditen zu volatil, um mit Änderungen in den Fundamentaldaten konsistent zu sein (Excess Volatility). Ein so gekennzeichneter Markt wird eine Vielzahl von Möglichkeiten aufweisen, um aktive Renditen zu generieren.

Smart Money wird auch nicht auf allen Märkten in gleichem Umfang vorhanden sein. Rechtliche Restriktionen verbieten einer Vielzahl von Investoren, in bestimmte Asset-Klassen oder Märkte zu investieren. Dies gilt vor allem für hochrentierliche Anlagen wie Venture Capital, Emerging Markets oder Junk Bonds. Man kann diese Märkte als ‚underresearched' betrachten, d.h., dort wird man leichter ‚Value' finden als beispielsweise in den DAX30-Werten.

Kapitalmarktineffizienz ist also keine 0/1-Beschreibung der Realität. Sie wird immer zu einem bestimmten Grad vorhanden sein. Dem aktiven Manager werden sich auch in Zukunft Möglichkeiten bieten, seine ‚Fee' zu verdienen.

---

[6] Vgl. Shiller (1989) und DeLong et al. (1990).

3. Generierung von Prognosen[7]

Aktive Manager halten Portfolios, die vom Marktportfolio oder allgemein von der Benchmark abweichen. Diese Portfolios sollen aktive Erträge, also Mehrerträge gegenüber der Benchmark, erzielen. Dies ist aus Sicht eines einzelnen aktiven Managers nur dann möglich, wenn dieser relativ zu anderen Marktteilnehmern über Prognosefähigkeiten verfügt.[8] Hat er diese nicht, besteht für ihn kein Anlaß, von den Konsenuserwartungen[9] und damit von der Struktur der Benchmark abzuweichen. Entsprechend wird er passives Management betreiben.

Wird ein Portfolio relativ zu einer Benchmark gemanagt, so läßt sich die erwartete (Überschuß-)Rendite des Portfolios zerlegen in einen von der Benchmark abhängigen Teil und einen von der Benchmark unabhängigen (residualen) Teil:[10]

(8) $E(r_p) = \alpha_p + \beta_p E(r_b)$,

    mit: α_p = erwartete Residualrendite des Portfolios,

               β_p = Portfoliobeta

Die erwartete Rendite der Benchmark wiederum läßt sich zerlegen in die langfristige Rendite der Benchmark und kurzfristige Abweichungen von dieser langfristigen Rendite:

(9) $E(r_b) = \mu_b + \Delta\mu_b$,

    mit: μ_b = langfristige Benchmarkrendite,

               $\Delta\mu_b$ = kurzfristige Abweichung von μ_b.

Das Einsetzen der zerlegten Benchmarkrendite ergibt Aufschluß über die einzelnen Komponenten der Portfoliorendite:

---

[7] Prognosen können in verschiedener Form vorliegen: als Richtungsvorhersagen, als Niveauschätzer, ordinal oder auch kardinal skaliert. Als Input für einen Portfolio-Optimierer sind sie in Rohform ungeeignet. Sie müssen deshalb zunächst in erwartete Renditen transformiert werden. Vgl. dazu Grinold (1994) und den Beitrag von KLEEBERG/ SCHLENGER im vorliegenden Band.

[8] Für die Gesamtheit der aktiven Manager ist der Versuch, aggregiert einen aktiven Ertrag zu erwirtschaften, von vornherein zum Scheitern verurteilt. Im Gegenteil, unter Berücksichtigung von Transaktionskosten liegt sogar ein Negativsummenspiel vor.

[9] Konsenuserwartungen oder neutrale Renditen erhält man durch die inverse Optimierung der Benchmark. Sie sind ein guter Ausgangspunkt, um individuelle Renditeerwartungen zu formulieren. Gegenüber historischen Renditen haben sie den Vorteil, daß sie keinem Sample-Error unterliegen und auch nicht dadurch verzerrt sind, daß die den einzelnen Assets zugrundeliegenden Märkte sich in der Vergangenheit strukturell verändert haben.

[10] Für eine ausführliche Darstellung der Renditezerlegung vgl. Grinold/ Kahn (1995), Kap. 4.

(10) $E(r_p) = E(r_b)$ Renditebeitrag der Benchmark,

$\quad\quad +\beta_{pa}\mu_b$ Renditebeitrag aus nicht-aktivem Markt-Timing,

$\quad\quad +\beta_{pa}\Delta\mu_b$ Renditebeitrag aus aktivem Markt-Timing,

$\quad\quad +\alpha_p$ Renditebeitrag aus aktiver Allokation resp. Selektion,

mit: $\beta_{pa} = \beta_p - 1$ aktives Portfoliobeta.

Die beiden ersten Bestandteile der Portfoliorendite, der Renditebeitrag der Benchmark und der aus dem nicht-aktivem Markt-Timing,[11] sind unabhängig von den Prognosefähigkeiten des Managers. Nicht-aktives Markt-Timing bedeutet zwar, daß der Manager ein aktives Portfoliobeta ($\beta \neq 1$) einstellt. Dies hat aber nichts mit seiner Markteinschätzung zu tun, sondern allein damit, daß er generell ein höheres resp. niedrigeres aktives Risiko nehmen will. Im Gegensatz dazu impliziert aktives Markt-Timing, daß der Manager eine Meinung dazu hat, ob die Benchmark kurzfristig eine vom langfristigen Durchschnitt abweichende Performance aufweisen wird. Prognosefähigkeiten sind schließlich auch eine notwendige Voraussetzung für aktive Allokation resp. Selektion. Aktive Allokation bedeutet in diesem Zusammenhang die taktische Über- und Untergewichtung einzelner Asset-Klassen, während die Selektion auf die Auswahl von Einzelwerten innerhalb einer Asset-Klasse abstellt.

Nach dem Fundamental Law of Active Management[12] hängt der Erfolg des aktiven Managers von zwei Größen ab, nämlich von seiner Fähigkeit, zu prognostizieren und der Häufigkeit, mit der er prognostiziert. Der Erfolg – gemessen an der Information Ratio – wächst mit der Prognosegüte[13] und mit der Quadratwurzel der Anzahl der unabhängigen Prognosen:

(11) $IR = IC\sqrt{n}$,
$\quad$ mit: IC $\quad$ = Information Coefficient,
$\quad\quad\quad$ n $\quad$ = Anzahl der Prognosen p.a.

Ein Markt-Timer beobachtet i.a. nur einen oder wenige Märkte und prognostiziert entsprechend weniger häufig als ein Manager, der Allokation oder Selektion betreibt. Der Markt-Timer kann sein Prognoserisiko folglich nur in einem geringeren Ausmaß diversifizieren. Bei vergleichbarer Prognosegüte wird er deshalb eine niedrigere Information Ratio erzielen. Entsprechend macht es für einen universellen Manager ceteris paribus mehr Sinn, der taktischen Länderallokation und der Asset-Selektion einen höheren Stellenwert beizumessen als dem Markt-Timing.[14]

---

[11] Streng genommen würde man in diesem Zusammenhang besser von Benchmark-Timing sprechen. Der hier verwendete Begriff des Markt-Timing ist allerdings geläufiger.
[12] Vgl. Grinold (1989) und den Beitrag von KLEEBERG/ SCHLENGER im vorliegenden Band.
[13] Die Prognosegüte wird i.a. gemessen anhand des Korrelationskoeffizienten zwischen der prognostizierten und der realisierten Rendite, dem sog. Information Coefficient.
[14] Dies erklärt, warum die große Mehrheit der institutionellen Manager Allokation und Selektion betreibt und nicht Markt-Timing.

Timing kann als eine Fähigkeit aufgefasst werden, die am (vollkommenen) Kapitalmarkt einen Marktpreis besitzt.[15] Dieser ergibt sich aus den Marktpreisen derjenigen Kapitalmarktinstrumente, die miteinander kombiniert perfektes Timing ergeben. Dies entspricht dem Grundprinzip der modernen Kapitalmarkttheorie: Im Wert unbekannte Zahlungsströme können durch Replizierung mit gepreisten Zahlungsströmen bewertet werden (Arbitrage). Ein Portfoliomanager mit perfektem Timing ist in jeder Periode optimal investiert und erhält somit

(12) $\max(R_b, r_f)$.

Eine einfache Art, diese Zahlung zu replizieren, besteht aus Festgeldanlage und Long-Position in einem Call mit einem Ausübungspreis, der um den sicheren Zins höher ist als der gegenwärtige Wert der Benchmark (out-of-the-money-Call). Die Festgeldposition sichert zumindest den sicheren Zins. Falls die Benchmark besser als Festgeld rentiert (Call endet im Geld), nimmt der Investor in vollem Umfang an der Benchmarkentwicklung teil, da ihm der Call die Differenz zum sicheren Zins sichert. Zum gleichen Ergebnis gelangt eine Benchmarkanlage und eine Long-Put-Position mit einem Ausübungspreis, der bereits um den risikolosen Zins im Geld ist (in-the-money-Put):

(13) $\begin{aligned} r_{Timing} &= \max(R_b, r_f) = r_f + \max(R_b - r_f, 0), \\ r_{Timing} &= \max(R_b, r_f) = R_b + \max(r_f - R_b, 0). \end{aligned}$

Das Talent des Portfoliomanagers besitzt im Marktgleichgewicht einen Wert: den Preis der Differenzoption.

Was für optionierte Portfolios gilt, findet auch auf Markttimer Anwendung. Die prozentuale Optionsprämie stellt die maximale Verwaltungsvergütung (VVG) dar, die am Markt durchsetzbar ist. Timingfähigkeiten besitzen in volatilen Märkten eine höhere Bedeutung (Händlerspruch: „May you live in volatile markets?"). Ein erfolgreiches Timing erzeugt schiefe Verteilungen und geringere Volatilität (nimmt die ‚downside' heraus). Dies läßt sich auch mit einem ‚protective put' darstellen. HENRIKSSON/ MERTON (1981) haben daher die ‚characteristic line' um einen nichtlinearen Term (Put-Option) ergänzt:

(14) $r_{p,t} = \alpha_p + \beta_p r_{b,t} + \gamma_p \max[0, -r_{b,t}] + \varepsilon_{p,t}$.

Der Ausübungspreis entspricht der risikolosen Verzinsung, so daß der Put immer im Geld ist, falls die Rendite der Benchmark unter die der risikolosen Anlage fällt. Dies entspricht der Intuition, nach der sich perfektes Timing durch das Halten der Benchmark und einer Verkaufsoption replizieren läßt. Der Koeffizient γ_p mißt die Timingfähigkeit eines Portfoliomanagers. Ohne Kenntnis der Portfoliostruktur besteht immer noch die Gefahr, optionierte Portfolios mit einem Markttimer zu „ver-

---

[15] Vgl. Merton (1981), Henriksson/ Merton (1981) und Evnine/ Henriksson (1987).

wechseln". In diesem Fall wird allerdings α_p signifikant negativ sein, da dort die gezahlte Optionsprämie auftaucht, d.h., positives Timing, das künstlich durch ein optioniertes Portfolio (oder eine dynamische Wertsicherungsstrategie[16]) erzeugt wurde, wird ein negatives Alpha aufweisen. Der Grund hierfür liegt im Mittelabfluß durch Optionskauf (oder durch die Replikationskosten der dynamischen Strategie). Setzt man

$$(15) \quad \begin{aligned} r_{b,t} &= max[0, r_{b,t}] + min[0, -r_{b,t}] \\ max[0, -r_{b,t}] &= -min[0, r_{b,t}] \end{aligned}$$

in obige Gleichung ein, dann ergibt sich ein Zwei-Phasen-Modell:

$$(16) \quad \grave{O} r_{p,t} = \alpha_p + \beta_p^{BULL} \max[0, r_{b,t}] + \beta_p^{BEAR} \min[0, r_{b,t}] + \varepsilon_{p,t}$$

Geschätzt wird das systematische Risiko in unterschiedlichen Marktphasen. MERTONS Modell entspricht letztlich einer einfach geknickten characteristic line.

Würde man das systematische Risiko eines Portfolios zu jedem Zeitpunkt kennen, dann errechnete sich die Timingfähigkeit eines Portfoliomanagers nach:[17]

$$(17) \quad TM_p = \frac{1}{T} \sum \beta_{p,t}(r_{b,t} - E(r_{b,t})),$$
$$E(r_{b,t}) = \bar{r}_b.$$

Schwierigkeiten in obiger Formel bereitet die Errechnung des systematischen Risikos, da für jeden Zeitpunkt t ein separates Beta geschätzt werden müßte. Nimmt man jedoch eine Konstanz des systematischen Risikos über die jeweiligen Marktphasen an und werden positive (negative) Risikoprämien als Proxy für ‚Bull'- oder ‚Bear'-Märkte verwendet, dann erleichtert sich die Schätzung erheblich.[18] Timing impliziert, daß sich der Portfoliomanager (je nach Einschätzung der Risikoprämie) auf zwei characteristic lines bewegt:

$$(18) \quad \begin{aligned} r_{p,t} &= \alpha_{up} + \beta_{up} r_{b,t} + \varepsilon_{up,t}, \\ r_{p,t} &= \alpha_{down} + \beta_{down} r_{b,t} + \varepsilon_{down,t}. \end{aligned}$$

Erfolgreiches Timing wird sich dadurch auszeichnen, daß der Portfoliomanager in Bull-Märkten agressiver agieren wird ($\beta_{up} > \beta_{down}$). Bei der Selektivität besteht kein Grund anzunehmen, daß unterbewertete Titel in verschiedenen Marktphasen einfacher zu finden sind ($\alpha_{up} = \alpha_{down}$):

---

[16] Vgl. dazu den Aufsatz zu Wertsicherungsstrategien von BOSSERT/ BURZIN im vorliegenden Band.
[17] Vgl. Kon (1983) und Diltz/ Lockwood (1990).
[18] Vgl. Fabozzi/ Francis (1979) und Alexander/ Stover (1980).

$$r_{p,t} = \alpha_p + \beta^{BULL} D r_{b,t} + \beta^{BEAR}(1-D)r_{b,t} + \varepsilon_{p,t}$$

(19)
$$D = \begin{cases} 1 \text{ für } r_{b,t} > 0 \\ 0 \text{ sonst} \end{cases}$$

Empirisch ist die Annahme homoskedastischer Residuen in beiden Marktregimen sicher problematisch, da die Volatilität in abwärts gerichteten Märkten regelmäßig ansteigt

(20) $\quad Var(\varepsilon_{up}) < Var(\varepsilon_{down})$.

Die marktphasenabhängige Heteroskedastizität läßt sich allerdings mit Hilfe eines gewichteten OLS-Verfahrens mit zwei unterschiedlichen Residualvarianzen bereinigen.

4. Portfoliokonstruktion

Das Ziel der Portfoliokonstruktion besteht darin, die im Anlageuniversum enthaltenen und mit Ertrags- und Risikoprognosen versehenen Assets so zu gewichten, daß für den Investor ein optimaler Mix aus Ertrag und Risiko realisiert wird. Technisch geschieht dies i.a. über die Maximierung des Erwartungsnutzens oder Value Added des Portfolios. Dieser bestimmt sich aus der Rendite des Portfolios abzüglich der Kosten des Portfoliorisikos.[19] Diese wiederum richten sich nach der Risikoaversion des Investors. Je größer die Risikoaversion, um so mehr Renditeeinheiten ist der Investor bereit aufzugeben, um das Portfoliorisiko um eine Einheit zu reduzieren:

(21) $\quad E(U) = E(r_p) - \lambda Var(r_p)$,

$\quad$ mit: λ = Risikoaversion.

Analog zur Portfoliorendite läßt sich das Portfoliorisiko in einzelne Komponenten zerlegen:[20]

---

[19] Dies setzt voraus, daß der Investor durch eine quadratische Nutzenfunktion beschrieben werden kann oder die Renditen annähernd normalverteilt sind. Optimierungsansätze, die mit weniger restriktiven Annahmen auskommen, sind z.B. die ‚Safety First-Ansätze'. Vgl. dazu Elton/ Gruber (1991), Kap. 9.
[20] Vgl. Grinold/ Kahn (1995), S. 84ff.

$$
\begin{aligned}
Var(r_p) &= \beta_p^2 Var(r_b) + Var(\alpha_p) \\
&= (1 + \beta_{pa}^2) Var(r_b) + Var(\alpha_p) \\
&= Var(r_b) \qquad \text{Risiko der Benchmark,} \\
&\quad + 2\beta_{pa} Var(r_b) \quad \text{Risikobeitrag aus nicht-aktivem Markt-Timing,} \\
&\quad + \beta_{pa}^2 Var(r_b) \quad \text{Risikobeitrag aus aktivem Markt-Timing,} \\
&\quad + Var(\alpha_p) \qquad \text{Risikobeitrag aus aktiver Allokation resp. Selektion,}
\end{aligned}
\tag{22}
$$

mit: $Var(\alpha_p)$ = (quadriertes) Residualrisiko des Portfolios.

Setzt man die einzelnen Rendite- und Risikokomponenten in die Gleichung für den Erwartungsnutzen des Portfolios ein, so erhält man die entsprechende Aufteilung auf die Nutzenbeiträge:

$$
\begin{aligned}
E(U) &= E(r_b) - \lambda_T Var(r_b) & \text{Benchmark,} \\
&\quad + \beta_{pa}\mu_b - \lambda_T 2\beta_{pa} Var(r_b) & \text{nicht-aktives Markt-Timing,} \\
&\quad + \beta_{pa}\Delta\mu_b - \lambda_{bT}\beta_{pa}^2 Var(r_b) & \text{aktives Markt-Timing,} \\
&\quad + \alpha_p - \lambda_r Var(\alpha_p) & \text{aktive Allokation resp. Selektion}
\end{aligned}
\tag{23}
$$

mit: λ_{bT} = totale Risikoaversion,
λ_T = Markt-Timing-Risikoaversion,
λ_r = residuale Risikoaversion.

Der Nutzenbeitrag der Benchmark ist konstant und unabhängig von den aktiven Entscheidungen des Managers. Der Nutzenbeitrag aus nicht-aktivem Markt-Timing ist unabhängig von den Prognosefähigkeiten des Managers und damit null. Beide Nutzenkomponenten sind somit kein notwendiges Element der Zielfunktion des aktiven Managers. Entsprechend ergeben sich abhängig von dem Stil des aktiven Managers folgende Optimierungsmodi:

Modus 1: Markt-Timing

$$\text{Max } E(U) = \beta_{pa}\Delta\mu_b - \lambda_{bT}\beta_{pa}^2 Var(r_b). \tag{24}$$

Modus 2: Aktive Allokation resp. Selektion

$$\text{Max } E(U) = \alpha_p - \lambda_r Var(\alpha_p). \tag{25}$$

Modus 3: Markt-Timing und aktive Allokation resp. Selektion

$$\text{Max } E(U) = \beta_{pa}\Delta\mu_b - \lambda_{bT}\beta_{pa}^2 Var(r_b) + \alpha_p - \lambda_r Var(\alpha_p). \tag{26}$$

Wie bereits erläutert, bietet sich nach dem Fundamental Law of Active Management a priori Modus 2 an. Der aktive Manager strebt in diesem Fall nach dem optimalen Mix aus residualem Ertrag (Alpha) und residualem Risiko (Omega). Es läßt sich zeigen, daß dieser optimale Mix genau dann erreicht wird, wenn die Information Ratio den maximalen Wert annimmt.[21] Es gilt:

(27) $\quad IR = \dfrac{\alpha_p}{\sqrt{Var(\alpha_p)}}$.

Einsetzen in die Zielfunktion und Bestimmung des Maximums ergibt:

(28)
$$\text{Max } E(U) = IR\sqrt{Var(\alpha_p)} - \lambda_r Var(\alpha_p)$$
$$\dfrac{\delta E(U)}{\delta \sqrt{Var(\alpha_p)}} = IR - 2\lambda_r \sqrt{Var(\alpha_p)} = 0$$
$$\sqrt{Var(\alpha_p)}_{opt} = \dfrac{IR}{2\lambda_r}$$
$$E(U)_{opt} = IR\sqrt{Var(\alpha_p)}_{opt} - \lambda_r Var(\alpha_p)_{opt} = \dfrac{IR^2}{2\lambda_r} - \dfrac{IR^2}{4\lambda_r} = \dfrac{IR^2}{4\lambda_r}.$$

Der Manager maximiert den Erwartungsnutzen des Portfolios unabhängig von der Risikoaversion des Investors genau dann, wenn die Information Ratio den höchsten Wert aufweist.[22] Dieser Wert ist nicht davon abhängig, wie aggressiv der Manager von der Benchmark abweicht. Eine Verdopplung der aktiven Gewichte führt zwar zu einer Verdopplung des Portfolio-Alphas, gleichzeitig aber auch zu einem um den Faktor zwei erhöhten Omega. Entsprechend sind die Möglichkeiten des Managers im Alpha/Omega-Raum von einer Geraden (Efficient Frontier) begrenzt, deren Steigung der Leistungsfähigkeit des Managers, gemessen an der Information Ratio, entspricht.

Für den Investor ist bekanntermaßen der Punkt auf der Efficient Frontier optimal, bei dem die Indifferenzkurve mit dem höchsten Erwartungsnutzen tangiert wird.[23]

---

[21] Vgl. Grinold/Kahn (1995), Kap. 5.
[22] Im Umkehrschluß bedeutet dies, daß die Information Ratio ein geeigneter Erfolgsmaßstab für den aktiven Manager ist.
[23] Die Lage der Indifferenzkurven wird dabei wesentlich durch die residuale Risikoaversion des Investors bestimmt.

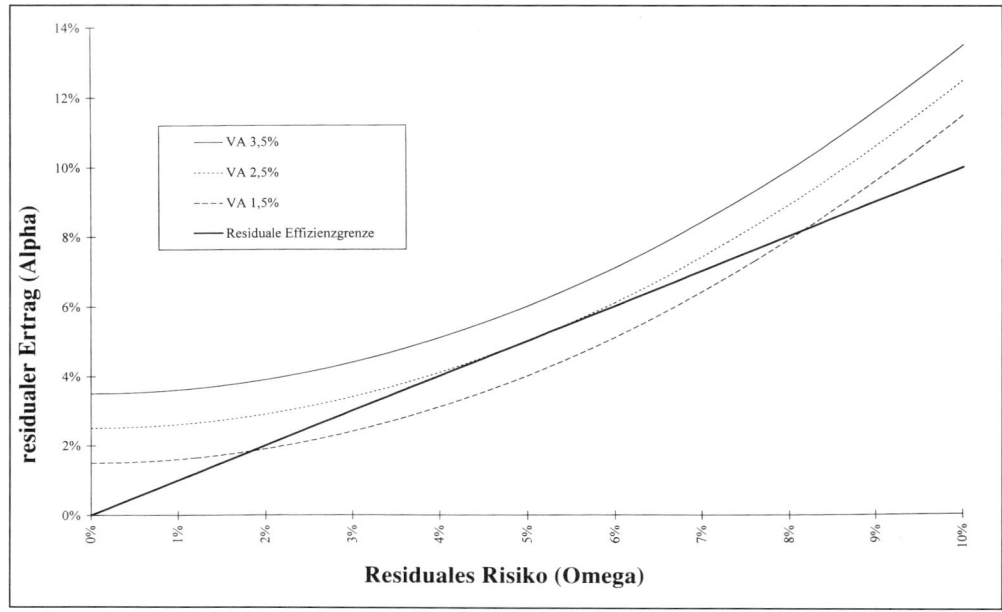

Abb. 1: Residuale Effizienzgrenze

Eine andere Möglichkeit zur Bestimmung des optimalen Portfolios besteht darin, zunächst, wie oben hergeleitet, das optimale residuale Risiko zu bestimmen und dann den entsprechenden Punkt auf der Effizienzgrenze zu lokalisieren. Dabei wird deutlich, daß das optimale residuale Risiko um so höher ausfällt, je größer die Leistungsfähigkeit des Managers und je kleiner die (residuale) Risikoaversion ist:

$$(29) \quad \sqrt{Var(\alpha_p)}_{opt} = \frac{IR}{2\lambda_r}.$$

Ein besonderes Problem der Portfoliokonstruktion über eine quadratische Optimierung besteht darin, daß der Richtigkeit der zugrundeliegenden Renditen, Varianzen und Kovarianzen vertraut wird. Der Optimierer sucht nach Assets, die die Portfoliorendite erhöhen und das Portfoliorisiko vermindern. Implizit werden dadurch die Wertpapiere favorisiert, die die geringsten Varianzen und Kovarianzen sowie die höchsten Renditeerwartungen aufweisen. Bei diesen ist das Diversifikations- resp. Ertragspotential am größten. Gleichzeitig ist die Eintrittswahrscheinlichkeit für solche Extremwerte (Ausreißer) allerdings deutlich geringer als für Durchschnittswerte. Dies führt implizit zu einer Fehlermaximierung. Die Fehlermaximierung wiederum bewirkt extreme Portfolios, eine Unterschätzung des Portfoliorisikos sowie eine Überschätzung der Portfoliorendite.

Bei der Strukturierung eines Portfolios spielen neben Rendite und Risiko natürlich auch Transaktionskosten eine wichtige Rolle. Sie reduzieren den Erwartungsnutzen des Portfolios und müssen demzufolge als Kostenbestandteil in die Zielfunktion des Managers integriert werden:

(30) $\text{Max } E(U) = E(r_p) - \lambda \sigma_p^2 - TK$,

   mit: TK = Transaktionskosten.

Transaktionskosten setzen sich nicht nur aus berechenbaren Komponenten wie Bid/ Ask-Spreads und Gebühren zusammen. Ein wichtiger Bestandteil ist auch der sog. Market Impact, der vor allem von der Marktliquidität in dem zu handelnden Asset abhängt und nur schwer quantifizierbar ist. Insofern ist die Einbeziehung von Transaktionskosten in die Optimierung keineswegs trivial. Für den Manager besteht das Problem der Transaktionskosten immer darin, soviel wie nötig und sowenig wie möglich zu handeln. Eine wichtige Faustregel in diesem Zusammenhang besagt, daß bei der Umstrukturierung eines Portfolios in der Regel 75% des zusätzlichen Erwartungsnutzens mit der Hälfte des „optimalen" Umsatzes erreichbar sind.[24]

5. Investmentcontrolling

Ausgangspunkt bei der Evaluierung eines aktiv gemanagten Portfolios sei die characteristic line (auch ex post-CAPM genannt):[25, 26]

(31) $r_p = \alpha_p + \beta r_b$.

Das Jensen-Alpha stellt das Renditedifferential zwischen der Risikoprämie des Portfolios ($r_{p,t}$) und einer Anlage gleichen (systematischen) Risikos (Benchmark) dar. Es wird in % gemessen, d.h., es besitzt eine Renditedimension. Der Diversifikationsgrad, also der Teil des Gesamtrisikos, der durch die systematische Marktkomponente erklärt wird, läßt sich mit dem R^2 aus obiger Regresssion bestimmen:

(32) $R^2 = \dfrac{\text{erklärte Varianz}}{\text{gesamte Varianz}} = \beta_p^2 \dfrac{Var(r_b)}{Var(r_p)}$.

Generell gilt: Ein Abweichen von der Benchmark (Marktportfolio) führt zu einem geringeren Diversifikationsgrad. Ein geringer Diversifikationsgrad sollte nur bei Vorliegen von privaten Informationen akzeptiert werden. Die bereits vorgestellte Information Ratio bezieht diesen trade off explizit mit ein. Sie setzt die (annualisierte) Residualrendite ins Verhältnis zum (annualisierten) Residualrisiko:

(33) $IR_p = \dfrac{\alpha_p}{\sqrt{Var(\alpha_p)}}$.

---

[24] Vgl. Grinold/ Kahn (1995), Kap. 13. Darüber hinaus macht es Sinn, die Trades in der Reihenfolge ihres Grenzbeitrags zum Erwartungsnutzen abzuarbeiten.
[25] Vgl Levy/ Sarnat (1984) und Huang/ Litzenberger (1988).
[26] Die nachfolgende Darstellung beschränkt sich auf eine CAPM orientierte Performancemessung mittels Jensen-Alpha. Für eine ausführlichere Darstellung sei auf den Beitrag von WITTROCK in diesem Band verwiesen.

Selektion und zugehöriges Risiko werden zueinander in Bezug gesetzt. Allerdings ergeben sich für den Fall eines Jensen-Alpha von null unabhängig vom Residualrisiko identische Information Ratios. Information Ratio und t-Wert des Jensen-Alpha lassen sich ineinander überführen:

(34) $\quad t - Wert_p \approx IR_p \sqrt{T}$.

Dabei stellt T die Anzahl der Beobachtungen und die Information Ratio den realisierten Value Added dar. Mit dem Tracking Error (TE) bezeichnet man die Volatilität der aktiven Rendite.

(35) $$\begin{aligned} TE^2 &= Var(r_p - r_b) = Var(\beta_p r_b + \alpha_p - r_b) = Var((\beta_p - 1) r_b + \alpha_p) \\ &= (\beta_p - 1)^2 Var(r_b) + Var(\alpha_p). \end{aligned}$$

Der TE besitzt also eine systematische und eine unsystematische Komponente. Ein geringer TE bedeutet nicht notwendigerweise „Gleichläufigkeit" mit der Benchmark, da dieser beispielsweise null betragen kann, obgleich die Benchmark systematisch ‚underperformed' wird.

Für eine sachgerechte Performancemessung muß die Benchmark einer Reihe von Anforderungen genügen:

Risikoäquivalenz. Performancedifferentiale dürfen nicht durch Risikounterschiede induziert werden. Die Risikoäquivalenz kann durch ein Kapitalmarktgleichgewichtsmodell hergestellt werden: Welche Risiken lohnen sich (CAPM: Beta) und wie werden sie entlohnt (CAPM: Wertpapiermarktlinie)?

Restriktionsäquivalenz. KAGG-Restriktionen (Ausstellergrenzen) müssen auch in der Benchmark berücksichtigt werden.

Replizierbarkeit. Die passive Benchmark muß wirklich die Anlage eines naiven uninformierten Anlegers sein, d.h., es darf kein hoher (intellektueller) Replikationsaufwand anfallen.

Performanceorientierung. Die Benchmark muß ordentliche Erträge (Coupons, Dividenden) reinvestieren.

Benchmarksicherheit. Die Benchmark muß für die Beobachtungsperiode festgeschrieben sein.

Liquiditätsäquivalenz. Die Liquidität der Benchmark muß der Mindestliquidität des Portfolios (z.B. bei Publikumsfonds) entsprechen.

Verwendung zeitsynchroner Marktpreise. Benchmarkumschichtungen dürfen nicht zu Schlußkursen, sondern nur zu „volumenrelevanten" Kursen vorgenommen werden.

Transaktionskostenäquivalenz. Die Benchmark muß mit Transaktionskosten belastet werden. Dies gilt für start up costs ebenso wie für das Tracking notwendige Umschichtungen.

Beobachtbarkeit. Als Benchmark muß nicht das (unbeobachtbare) Marktportfolio verwendet werden.[27] Die Kenntnis des Marktportfolios ist irrelevant. Es genügt, ein Portfolio zu verwenden, das die aus Sicht des Investors handelbaren Wertpapiere enthält.[28]

Das systematische Risiko eines Portfolios muß im Zeitablauf nicht konstant sein. Gerade dies aber wird für das Jensen-Alpha unterstellt. Ein Manager, der die Benchmark ‚timen' will, wird versuchen, das Portfoliobeta systematisch zu verändern. Dies führt selbst in großen Stichproben zu einer Verzerrung der geschätzten Parameter. GRINBLATT/ TITMAN (1989a) haben das Ausmaß und die Richtung des ex-ante erwarteten Schätzbias berechnet. Positives Timing (positive Kovarianz zwischen Risikoprämie der Benchmark und Portfoliobeta) kann zu einer Überschätzung des systematischen Risikos führen.

$$(36) \quad \beta_p = E(r_p) + \frac{r_b}{Var(r_b)} Cov(\beta_p, r_b)$$

Überschätzungen der systematischen Risikokomponente führen zu einer zu hohen risikoadjustierten Benchmarkrendite und damit zu einem zu geringen Alpha.

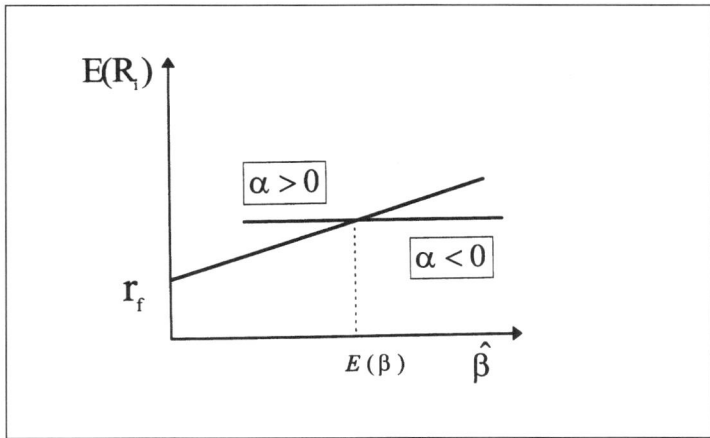

Abb. 2: Alpha- und Beta-Verzerrung

$$(37) \quad \alpha_p = \left(1 - \frac{r_b^2}{Var(r_b)^2}\right) Cov(\beta_p, r_b) \ .$$

Statt eines formalen Beweises sollen die Formeln durch einfache Beispielrechnungen erläutert werden.[29] Es wird eine Welt mit zwei Umweltzuständen angenommen. Erwartet der Portfoliomanager eine hohe (niedrige) Risikoprämie, wählt er ein Beta von 1.25 (0.4).

---

[27] Grinblatt/ Titman (1989a), S. 411.
[28] Die Kritik von Roll (1977) verliert damit ihre praktische Relevanz.
[29] In direkter Anlehnung an Reichling/ Vetter (1995).

Regime	$r_{b,t}$	$\beta_{p,t}$	$r_{p,t}$
up	10%	1,25	12,5%
down	5%	0,4	2%

Je nach gewähltem Beta ergibt sich die Risikoprämie des Portfolios (gemäß CAPM) durch Multiplikation von Portfoliobeta und Risikoprämie der Benchmark. Die Regressionsgerade zeigt ein systematisches Risiko von

$$\beta_p = \frac{12,5 - 2}{10 - 5} = 2,1$$

an, während sich das wahre (durchschnittliche) Portfoliobeta aus

$$\beta_{true} = (\beta_{up} + \beta_{down})/2 = 0,825$$

errechnet. Das Jensen-Alpha ergibt sich ebenfalls aus einer einfachen Geradengleichung:

$$12,5 = a + 2,1 \times 10$$
$$a = -8,5.$$

Der Wert von -8.5% widerspricht der konstruktionsbedingten Selektivität von null. Die Kovarianz zwischen Portfoliobeta und der Risikoprämie der Benchmark beträgt 1.06%.

$\rho(\beta_{p,t}, r_{b,t})$	$\sigma(\beta)$	$\sigma(r_b)$	$Cov(\beta_{p,t}, r_{b,t})$
1	42,50%	2,50%	1,06%

Das OLS-Alpha setzt sich aus Verzerrung und Timing zusammen.

$$Verzerrung = (\beta_{true} - \hat{\beta}) \times \bar{r}_b = (0,825 - 2,1) \times 7,5\% = -9,56\%,$$
$$Timing = Cov(\beta, r_b) = 1,06\%,$$
$$\alpha = -8,5\% = Verzerrung + Timing = -9,56\% + 1,06\%.$$

Alternativ kann der Schätzbias auch mit Hilfe der Abschätzungen von GRINBLATT/ TITMAN (1989a) vorgenommen werden:

$$\hat{\alpha}_p = \left(1 - \frac{r_b^2}{Var(r_b)^2}\right) \times Cov(\beta_p, r_b) = \left(1 - \frac{7,5^2}{2,5^2}\right) \times 1,06 = -8,5$$

$$\hat{\beta}_p - E(\beta_p) = \frac{r_b}{Var(r_b)} Cov(\beta_p, r_b) = \frac{7,5}{2,25^2} \times 1,06 = 1,275$$

In der Praxis bedeutet dies, daß nicht alle Portfolios mit Hilfe des Jensen-"Alpha" evaluiert werden können. Optionierte Portfolios scheiden auf Grund ihrer Nichtlinearität aus. Gleiches gilt für dynamische Wertsicherungsstrategien. Die Schätzverzerrungen sind auch hier das Resultat einer fehlspezifizierten Regressionsgleichung.

6. Vergütungssysteme

Das Verhältnis zwischen KAG und Kunde stellt ein klassisches ‚Principal-Agent'-Problem dar.[30] Beide besitzen unterschiedliche Nutzenfunktionen, die sie zu optimieren versuchen. Der Principal (Kunde) wird einen Kontrakt (Vergütungssystem) präferieren, der die Unsicherheiten bezüglich Einsatzfreude (wieviel private Information nutzt die KAG beim Management des Sondervermögens?), Risikofreude (werden die Risikovorstellungen des Kunden respektiert?) und Managementqualität (kann die KAG, was sie zu können vorgibt?) seitens der KAG (Agent) minimiert. Die KAG als Agent wiederum wird versuchen, die Verwaltungsvergütung (VVG) für einen bestimmten Arbeitsaufwand zu maximieren. Anders ausgedrückt: Die Anreize müssen so gesetzt werden, daß sich die KAG so verhalten will, wie sie sich verhalten soll. Principal-Agent-Situationen liegt Informationsasymmetrie zwischen beiden Parteien zugrunde. Dieses Informationsgefälle läßt sich zumindest bei Spezialfondsmandaten stark reduzieren (Erhöhung der Reportingfrequenz). Diese Reduktion ist allerdings nicht kostenlos und kann nur ex post erfolgen. Betrachtet werden soll der allgemeine Fall einer einperiodigen (z.B. jährlichen) Vergütungsfunktion. Zahlungen an die KAG lassen sich in einen performanceunabhängigen Teil (Festsatz) und einen performanceabhängigen Teil (Partizipation mal Festsatz) zerlegen:

$$VVG_{t+1} = Volumen_t \times (Festsatz + Partizipation \times Performance)$$

(38) $$VVG_{t+1} = Volumen_t \times \left(a + b \begin{cases} Floor & r < Floor \\ r & \text{für} \quad Floor \geq r \leq Cap \\ Cap & r > Cap \end{cases} \right),$$

mit: $r = R_p - \phi R_b$.

Die Basisvergütung (a) sollte die Kosten passiven Managements abdecken, da diese per definitionem vom Managementerfolg unabhängig sind. Von diesem Festsatz gehen keinerlei Anreize aus (‚lump sum payment'). Der leistungsabhängige Teil r kann in drei Varianten definiert werden, abhängig von der Ausprägung, die ø annimmt:

---

[30] Vgl. Grinblatt/ Titman (1989b), Grinold/ Rudd (1987) und Kritzman (1987).

$$\text{(39)} \quad \phi = \begin{cases} 0 & \text{Gesamtrendite} \\ \beta & \text{risikoadjustierte Rendite} \\ 1 & \text{aktive Rendite} \end{cases}.$$

Je nach Wahl des *Floors* (*Caps*) wird die KAG unbeschränkt, teilweise oder gar nicht an einer negativen (positiven) Performance des Portfolios teilhaben.

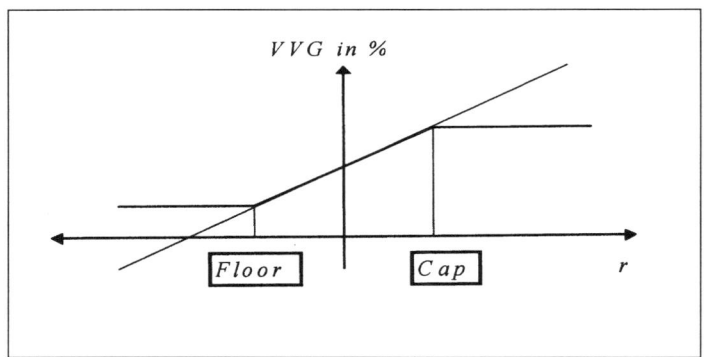

Abb. 3: **Alternative Vergütungssysteme**

Ähnlich wie bei Optionen induzieren *Cap* und *Floor* Nichtlinearitäten in der Vergütungsfunktion. Man unterscheidet daher auch symmetrische und asymmetrische Vergütungssysteme. Aus der Vielzahl möglicher Fälle sollen hier zwei untersucht werden.

a) *Volumenabhängige Vergütung*

Die Realität bezüglich der Vergütung von KAGs stellt eine prozentuale Belastung des Portfoliovermögens dar. Wächst beispielsweise das Portfoliovermögen in Folge eines günstigen Markteinflusses, dann steigt auch die Vergütung der KAG. Dies geschieht unabhängig von der Leistung, d.h. unabhängig von der aktiven Rendite des Portfoliomanagers. Für die Vergütungsfunktion gilt:

$$a = b, \phi = 0, Floor = -\infty, Cap = +\infty$$

(40) $\quad r = R_p$

$$VVG_{t+1} = Volumen_t \times (a + aR_p) = Volumen_t \times a \times (1 + R_p).$$

Trotz des (weitgehend) symmetrischen Profils kann es nie zu Zahlungen der KAG an den Mandanten kommen, da zumindest an der Nullstelle Nichtlinearität besteht. Mit anderen Worten kann nicht mehr als das Portfoliovermögen verloren werden:

(41) $\quad R_p \geq -1$.

Die KAG trägt letztlich einen Teil des Benchmarkrisikos des Investors:

(42) $\quad R_p = R_b + R_a = R_b + (R_p - R_b)$.

Je volatiler die Mandate einer KAG, desto volatiler deren Einnahmesituation. Es wird daher im Interesse einer KAG liegen, Mandate zwischen Assetklassen, Regionen, Branchen etc. zu diversifizieren. Da das Gebührenaufkommen der KAG von der aktiven Rendite des Portfolios nur teilweise abhängt, besteht nur ein geringer Anreiz zur Nutzung privater Informationen im Portfoliomanagement.

b)   Performanceabhängige Vergütung

Auch bei einer performanceabhängigen Vergütung bleiben negative (aktive) Renditen für die KAG ohne (direkte) Konsequenzen. Die Zahlungsstromstruktur entspricht der einer europäischen Differenzoption („Spread'-Option):

(43)
$$VVG_{t+1} = Volumen_t \times \left(a + b\max(0, R_p - R_b)\right)$$
$$\frac{VVG_{t+1}}{Volumen_t} = vvg = a + b\max(0, R_p - R_b)$$

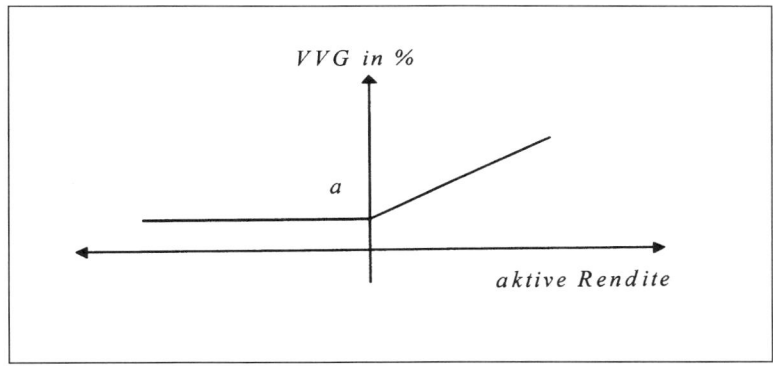

Abb. 4: Performanceabhängige Vergütung

Am Ende der Laufzeit kann die KAG den Wert des Portfolios gegen den Wert der Benchmark eintauschen. Von diesem Recht wird sie nur Gebrauch machen, wenn die Portfoliorendite die Benchmarkrendite übersteigt, d.h., wenn die Option im Geld ist. Von dieser Option besitzt die KAG genau b Einheiten. Geschrieben wurde die Option vom Mandanten (Stillhalter). De facto erhält die KAG eine Option, ohne dafür (direkt) eine Prämie zu bezahlen. Eine kostenlose Option stellt einen „free lunch" dar. Selbst wenn die KAG einen „marktgerechten" Preis für dieses Optionsrecht zahlt, kann sie den Anleger übervorteilen, indem sie den Wert der Option durch das Eingehen hoher Risiken steigert. In der Praxis wird die Grundvergütung a vom Mandanten reduziert werden, um so dem Optionscharakter des Kontraktes gerecht zu werden. Das Ausmaß der Reduktion hängt vom Wert der (einperiodigen) Austauschoption ab.

7. Fazit

Kapitalmärkte sind immer nur zu einem bestimmten Grad effizient. Entsprechend bieten sich dem aktiven Manager vielfältige Möglichkeiten, seine Fee zu verdienen. Erfolgreiches aktives Management setzt voraus, daß ein Manager im Vergleich zu anderen über überlegene Prognosefähigkeiten verfügt und daß die Prognosen konsistent und ohne Informationsverlust in Portfolios umgesetzt werden. Darüber hinaus kommt es darauf an, die für den Aufbau des Portfolios notwendigen Assets kostenminimal zu handeln, den gesamten Anlageprozeß laufend zu überwachen und nicht zuletzt eine anreizkompatible Vergütungsstruktur zwischen Sponsor und Manager zu finden.

Literaturverzeichnis

Alexander, G. J./ Stover, R. D. (Alexander/ Stover, 1980): Consistency of Mutual Fund Performance During Varying Market Conditions, in: *Journal of Economics and Business*, Vol. 30, 1980, S. 219-226.

Arnott, R. D./ Kelso, C. M./ Kiscadden, S./ Macedo, R. (Arnott et al., 1989): Forecasting Factor Returns: An Intriguing Possibility, in: *Journal of Portfolio Management*, Vol. 16, 1989, Fall, S. 28-35.

DeLong, J.B./ Shleifer, A./ Summers, L.H./ Waldmann,R. J. (DeLong et al., 1990): Noise Trader Risk in Financial Markets, in: *Journal of Political Economy*, Vol. 98, 1990, No. 4, S. 703-38.

Diltz, J. D./ Lokwood, L. J. (Diltz/ Lokwood, 1990): Model Misspecification and Bias in the Evolution of Macroforecasting Performance of Portfolio Managers, in: *Quarterly Journal of Business and Economics*, Vol. 29, 1990, S. 3-27.

Elton, E. J./ Gruber, M. J. (Elton/ Gruber, 1991): *Modern Portfolio Theory and Investment Analysis*, 4th ed., New York 1991.

Evnine, J./ Henriksson, R. D. (Evnine/ Henriksson, 1987): Asset Allocation and Options, in: *Journal of Portfolio Management*, Vol. 13, 1987, S. 56-61.

Evans, M. D. D. (Evans, 1994): Expected Returns, Time varying Risk, and Risk Premia, in: *Journal of Finance*, Vol. 49, 1994, S. 655-679.

Fama, E. F. (Fama, 1970): Efficient Capital Markets: A Review of Theory and Empirical Work, in: *Journal of Finance*, Vol. 25, 1970, No. 2, S. 383-423.

Fabozzi, F. J./ Francis, J. C. (Fabozzi/ Francis, 1979): Mutual Fund Systematic Risk for Bull and Bear Markets, in: *Journal of Finance*, Vol. 34, 1979, S. 1243-1250.

Grossman, S. J./ Stiglitz, J. E. (Grossman/ Stiglitz, 1980): The Impossibility of Informationally Efficient Markets, in: *American Economic Review*, Vol. 66, 1980, S. 246-253.

Grinblatt, M./ Titman, S. (Grinblatt/ Titman, 1989a): Portfolio Performance Evaluation: Old Issues and New Insights, in: *Review of Financial Studies*, Vol. 2, 1989, S. 393-421.

Grinblatt, M./ Titman, S. (Grinblatt/ Titman, 1989b): Adverse Risk Incentives and the Design of Performance Based Contracts, in: *Management Science*, Vol. 35, 1989, S. 807-822.

Grinold, R. C. (Grinold, 1989): The Fundamental Law of Active Management, in: *Journal of Portfolio Management*, Vol. 15, Spring, 1989, S. 30-37.

Grinold, R. C. (1994): Alpha is Volatility Times IC Times Score, in: *Journal of Portfolio Management*, Vol. 20, 1994, Summer, S. 9-16.

Grinold, R. C./ Kahn, R. N. (Grinold/ Kahn, 1995): *Active Portfolio Management*, Chicago 1995.

Grinold, R. C./ Rudd, A. (Grinold, 1987): Incentive Fees: Who Wins, Who loses?, in: *Financial Analysts Journal*, Vol. 14, 1987, S. 27-38.

Henriksson, R. D./ Merton, R. C. (Henriksson/ Merton, 1981): On Market Timing and Investment Performance; Statistical Procedures for Evaluating Forecasting Skills, in: *Journal of Business*, Vol. 54, 1981, S. 513-33.

Huang, C./ Litzenberger, R. H. (Huang/ Litzenberger, 1988): *Foundations for Financial Economics*, New York 1988.

Kon, S. J. (Kon, 1983): The Market Timing of Mutual Fund Managers, in: *Journal of Business*, Vol. 56, 1983, S. 323-346.

Kon, S. J./ Jen F. (Kon/ Jen, 1979): The Investment Performance of Mutual Funds: An Empirical Investigation of Timing, Selectivity and Market Efficiency, in: *Journal of Business*, Vol. 52, 1979, S. 263-89.

Kritzman, M. (Kritzman, 1987): Incentive Fees: Some Problems, Some Solutions, in: *Financial Analysts Journal*, Vol. 14, 1987, S. 21-26.

LeRoy, S. F. (LeRoy, 1989): Efficient Capital Markets and Martingales, in: *Journal of Economic Literature*, Vol. 27, 1989, S. 1583-1621.

Levy, H./ Sarnat, M. (Levy/ Sarnat, 1984): *Portfolio and Investment Selection: Theory and Practice*, London 1984.

Macedo, R. (Macedo, 1995): Value, Relative Strength and Volatility in Global Equity Country Selection, in: *Financial Analysts Journal*, Vol. 22, March/April, 1995, S.

Merton, R. C. (Merton, 1981): On Market Timing and Investment Performance: An Equilibrium Theory of Value for Market Forecasts, in: *Journal of Business*, Vol. 54, 1981, S. 363-406.

Mills, T.C. (Mills, 1993): *The Econometric Modelling of Financial Time Series*, Cambridge 1993.

Pesaran, M. H./ Timmermann, A. (Pesaran/ Timmermann, 1995): Predictability of Stock Returns: Robustness and Economic Significance, in: *Journal of Finance*, Vol., 1995, S. 1201-1228.

Reichling, P./ Vetter, I. (Reichling/ Vetter, 1995): Verzerrte Performance, in: *Die Bank*, o. Jg., 1995, S.676-681.

Roll, R. (Roll, 1977): A Critique of the Asset Pricing Theory Tests – Part I: On Past and Potential Testability of the Theory, in: *Journal of Financial Economics*, Vol. 4, 1977, S. 129-176.

Shiller, R. J. (Shiller, 1989): *Market Volatility*, Cambrige 1989.

Wiggins, J. B. (Wiggins, 1992): Betas in Up and Down Markets, in: *Financial Review*, Vol. 27, 1992, S. 107-123.

Zimmermann, H./ Zogg-Wetter, C. (Zimmermann/ Zogg-Wetter, 1992): Performancemessung schweizerischer Aktienfonds: Markt-Timing und Selektiviät, in: *Schweizerische Zeitschrift für Volkswirtschaft und Statistik*, 128. Jg., 1992, S. 133-160.

Dynamische Absicherung von Aktienportfolios – Constant Proportion Portfolio Insurance

von Thomas Bossert/ Christian Burzin

1. Risikomanagement und Portfolio Insurance
2. Portfolio Insurance-Strategien
3. Die Constant Proportion Portfolio Insurance (CPPI)
4. Zusammenfassung und Bewertung

1. Risikomanagement und Portfolio Insurance

Ausgangspunkt für eine systematische Vermögensanlage ist das Risikoprofil des Anlegers. In ihm manifestiert sich das individuell als optimal empfundene Austauschverhältnis zwischen Risiko und Rendite in der Vermögensanlage. Die Einflußfaktoren auf das Risikoprofil sind vielfältig. Sie reichen von subjektiven Empfindungen bis hin zu gesetzlichen Rahmenbedingungen, die eine bestimmte Risikoneigung vorschreiben.

MARKOWITZ hat gezeigt, wie man durch Diversifikation in der Lage ist, das unsystematische Risiko auf ein Mindestmaß zu beschränken und im Extrem komplett wegzudiversifizieren.[1,2] Für den Anleger eröffnet sich somit die Möglichkeit, das eingegangene systematische Risiko „kostenlos" zu reduzieren.

Die Reduktion des systematischen Risikos von Aktienportefeuilles gestaltet sich etwas komplexer. Grundsätzlich bestehen hier drei Möglichkeiten:

a) Diversifikation über die Zeit

Das gebräuchlichste Risikomaß ist die Standardabweichung. Für die Standardabweichung der Durchschnittsrendite gilt, daß diese mit zunehmendem Anlagehorizont abnimmt. Der formale Zusammenhang lautet:[3]

$$(1) \quad \sigma\left[1/n \sum_t R(t)\right] = \frac{1}{\sqrt{n}} \sigma[R] ,$$

mit: n = Anzahl der Jahre;
$R(t)$ = Rendite des Jahres t;
s = Standardabweichung der Renditen p.a.

Abbildung 1 zeigt diesen Zusammenhang empirisch für den deutschen Aktienmarkt. Mit zunehmendem Anlagehorizont verringert sich die Spanne zwischen dem besten und dem schlechtesten Anlageergebnis, da genug Zeit zur Verfügung steht, in der sich über- und unterdurchschnittliche Renditen gegenseitig kompensieren können. Während bei einem einjährigen Horizont die erzielten Werte noch zwischen 84.81% und -38.41% schwanken, liegt der minimale Wert nach 30 Jahren bei 5.68%.[4]

---

1 Vgl. Markowitz (1952).
2 Das systematische Risiko eines Portfolios ergibt sich in einem Ein-Index-Modell als $b_p^2 s_m^2$, das unsystematische Risiko als $s_p^2 - b_p^2 s_m^2$ (mit b = Beta, s^2 = Varianz, p = Portfolio und m = Markt).
3 Diese Beziehung gilt unter der Annahme, daß die Renditen R(t) unabhängig und die Volatilitäten im Zeitverlauf konstant sind.
4 Vgl. Conen/ Väth (1993).

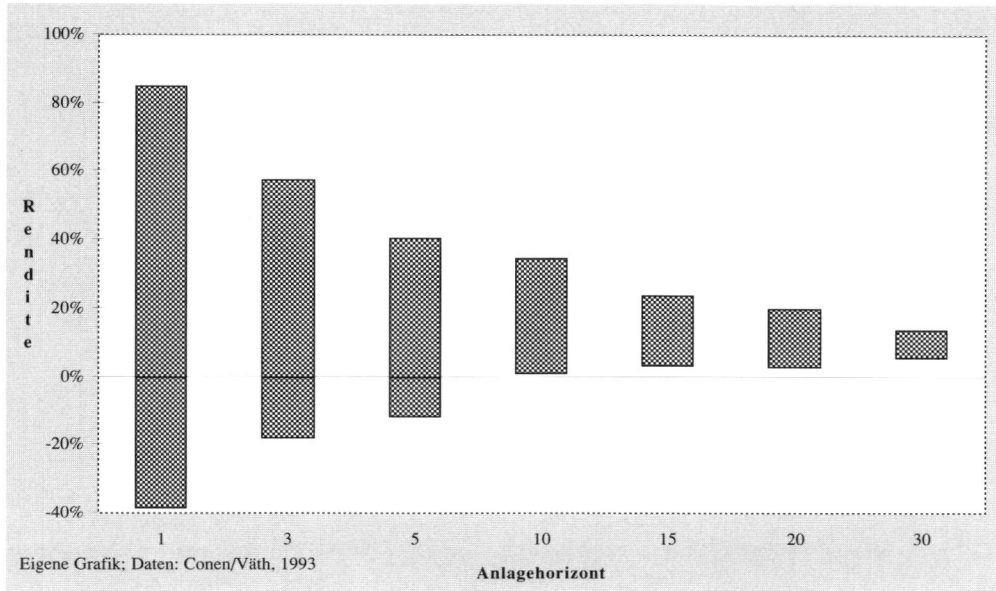

Abb. 1: Renditespannen von Aktieninvestments für verschiedene Anlagehorizonte (1876-1992)

Diese Betrachtung der Diversifikation über die Zeit ist jedoch nicht unumstritten.[5] Zwar verringert sich die Volatilität der Durchschnittsrendite, die Volatilität insgesamt nimmt jedoch mit der Wurzel des Zeithorizonts zu:

(2) $\sigma[R \ \Delta t] = \sqrt{\Delta t} \ \sigma[R]$.

Obwohl die Eintrittswahrscheinlichkeit eines Verlustes sinkt, erhöht sich somit dessen potentielles Ausmaß.

Zudem steht die Möglichkeit, den Anlagehorizont ohne weiteres zu verlängern, nicht jedem Anleger zur Verfügung. Auch haben viele Investoren, die sich selbst als Langfristinvestoren bezeichnen, de facto einen sehr kurzen Anlagehorizont. Die Gründe hierfür sind vielschichtig. In der Praxis häufig anzutreffen ist beispielsweise der Wunsch, Abschreibungen auf die gehaltenen Wertpapierbestände am Jahresende zu vermeiden.

b) Diversifikation über einzelne Wertpapiere

Bekanntermaßen besteht ein positiver Zusammenhang zwischen dem Risiko einer Anlage und dem erwarteten Ertrag. Ein höherer Ertrag kann nur durch die Übernahme eines höheren Risikos erzielt werden. Demzufolge gilt der Umkehrschluß, daß eine Risikoreduktion dadurch erreicht werden kann, daß man einen Teil des Ertrags aufgibt. Dieser Prozeß ist in Abbildung 2 skizziert.

---

5 Vgl. z.B. Samuelson (1963), Zimmermann (1991) oder Kritzman (1994).

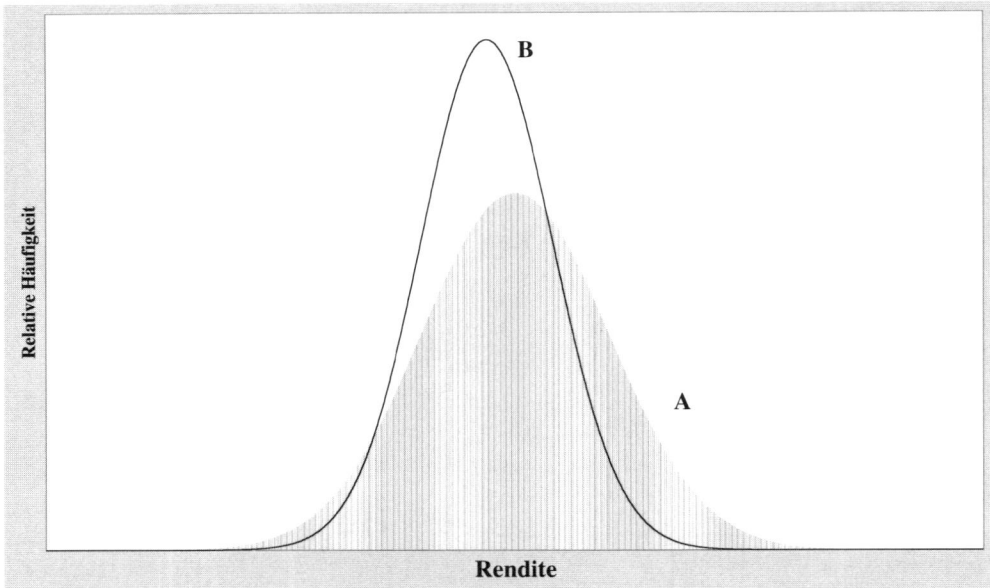

Abb. 2: Renditeverteilung eines Aktien- und eines gemischten Portfolios

Portfolio A entspricht einem vergleichsweise risikoreichen Portfolio, beispielsweise einem 100% Aktienportfolio, mit einem hohen Erwartungswert und einer hohen Standardabweichung. Unter Beachtung der zugrundeliegenden Korrelationen wird durch Beimischung einer weniger risikoreichen Anlage, z.B. von Staatsanleihen, das Risiko bei gleichzeitiger Abnahme der erwarteten Rendite reduziert (Portfolio B). Die Dichtefunktion ist jedoch weiterhin symmetrisch. Durch die Aufgabe eines Teils des Gewinnpotentials konnte die Wahrscheinlichkeit sehr hoher Kursverluste zwar verringert, aber nicht beseitigt werden. Aufgrund dieses Restrisikos sehen sich Investoren mit sehr hoher Risikoaversion gezwungen, höherrentierliche Anlagen komplett zu meiden. Dies gilt um so mehr, als das Jahr 1994 gezeigt hat, daß auch die Rentenmärkte einem nicht zu unterschätzenden Risiko unterliegen.

c) Portfolio Insurance

Die Problematik der o.g. Betrachtung liegt in der gebräuchlichen Risikodefinition als Standardabweichung der Renditen und der damit verbundenen Gleichsetzung von positiven und negativen Überraschungen als gleichermaßen unerwünscht. Vom Anleger wird in der Regel nur die Möglichkeit des Eintritts eines negativen Ereignisses als Risiko empfunden. Dies entspricht jedoch einer asymmetrischen Verteilung von Chancen und Risiken.

Gerade der deutsche Anleger gilt als besonders risikoavers. Dies zeigt beispielsweise die Tatsache, daß inländische Rentenwerte nahezu die Hälfte aller in Depots inländischer Banken gehaltenen Wertpapiere ausmachen.[6] Aus einer Allensbach-

---
[6] Vgl. Deutsche Bundesbank (1995).

Studie zur privaten Altersvorsorge geht sogar hervor, daß 74% der repräsentativ Befragten eine möglichst große Sicherheit einer hohen Rendite vorziehen, die hingegen nur 12% präferieren.[7]

Für diese Anleger bietet sich die Portfolio Insurance als Alternative zur Verringerung des Marktrisikos an. Sie ist darauf ausgerichtet, Verluste zu begrenzen oder ganz zu vermeiden und gleichzeitig an den Chancen des Marktes teilzuhaben. Anders als die Diversifikation des unsystematischen Risikos muß diese jedoch in der einen oder anderen Form erkauft werden. Abbildung 3 vergleicht eine symmetrische mit einer asymmetrischen Verteilung. Bei der asymmetrischen Verteilung sind die Verluste ab einem bestimmten Ausmaß ausgeschlossen (linker Ast der Verteilung). Im Gegenzug hat sich der Erwartungswert und die Wahrscheinlichkeit stark positiver Renditen verringert (rechter Ast der Verteilung).

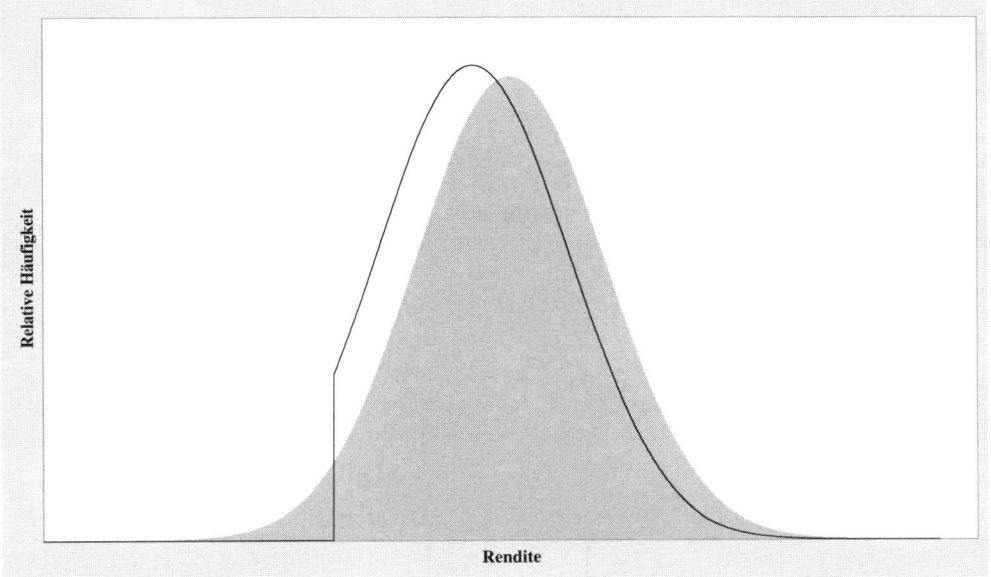

Abb. 3: Symmetrische und asymmetrische Renditeverteilung

Betrachtet man den Gewinn und Verlust einer Anlage in Abhängigkeit von der Entwicklung des riskanten Asset, so resultiert daraus ein Auszahlungsprofil, das zumindest in Teilbereichen konvex verläuft.[8] Die gestrichelte Linie in Abbildung 4 stellt ein solches Auszahlungsprofil dar. In einem fallenden Markt nimmt die Steigung dieser Linie ab und erreicht ab einem bestimmten Niveau den Wert Null, d.h. es treten ab diesem Marktniveau keine weiteren Wertverluste ein. Umgekehrt nimmt die Steigung bei aufwärts gerichteter Marktbewegung zu.

---

[7] Vgl. o.V. (1996).
[8] Eine Funktion ist konvex, falls die Verbindungsstrecke zweier Punkte ihres Graphen nirgends unterhalb des Graphen verläuft. Formell heißt eine auf einer konvexen Menge K definierte reellwertige Funktion f *konvex in K*, wenn für je 2 Punkte $x^1, x^2 \in K$ und alle reellen λ mit $0 < \lambda < 1$ gilt:
$f(\lambda * x^1 + (1-\lambda) * x^2) \leq \lambda * f(x^1) + (1-\lambda) * f(x^1)$.

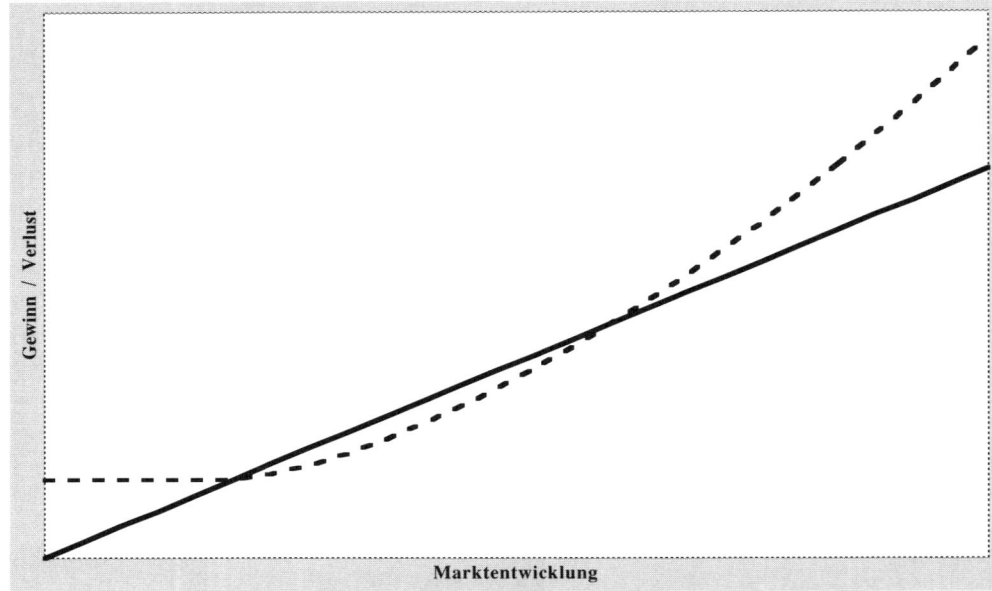

Abb. 4: Lineares und streng konvexes Auszahlungsprofil

2. Portfolio Insurance-Strategien

Es stehen eine Reihe von Möglichkeiten zur Verfügung, um ein konvexes Auszahlungsmuster zu erzeugen. Die verschiedenen Formen der Portfolio Insurance lassen sich grundsätzlich in statische und dynamische Strategien unterteilen.

Statische Strategien	Dynamische Strategien
• Stop-Loss	• Lineare Investmentregel
• Protective Put	• Dynamische Stop-Loss
• Bond Call	• Synthetischer Put
	• CPPI

Tab. 1: Kategorisierung der Portfolio Insurance Strategien

Statische Strategien

Statische Strategien sind Buy&Hold-Strategien. Sie zeichnen sich dadurch aus, daß sie die ursprüngliche Asset Allocation bis zum Ende des Anlageintervalls nicht aktiv verändern. Dabei wird die Länge diese Anlageintervalls entweder von vornherein zeitlich begrenzt (Protective Put und Bond Call) oder an einer bestimmten Kursmarke festgemacht, bei deren Erreichen das Portfolio aufgelöst wird (Stop-Loss).

Die Stop-Loss-Strategie

Die Stop-Loss-Strategie ist *die* klassische Portfolio Insurance-Strategie. Bei ihr erfolgt zunächst ein Vollinvestment in das riskante Asset. Fällt der Wert dieser Anlage unter den Barwert der festgelegten Wertuntergrenze (Floor), so wird die Position im riskanten Asset komplett aufgelöst und durch eine risikolose Anlage ersetzt, die durch ihre Zinseinnahmen dafür sorgt, daß zum Ende des Anlagehorizonts der Floor erreicht wird.

Oftmals wird die Stop-Loss-Strategie als veraltet angesehen. Dennoch ist sie in der Lage, in einem bestimmten Marktumfeld, das insbesondere durch eine vergleichsweise niedrige Volatilität gekennzeichnet ist, vergleichbare Ergebnisse wie andere Portfolio Insurance-Strategien zu erzielen.[9] Die Strategie ist pfadabhängig, d.h., daß das erzielte Ergebnis nicht nur von den Marktsituationen zum Auflegungs- und Auflösungszeitpunkt, sondern auch von der zwischenzeitlichen Entwicklung des Marktes abhängt. Dennoch kann zumindest die maximale Höhe der Transaktionskosten ex ante bestimmt werden.

Die Protective Put-Strategie

Hierbei handelt es sich ebenfalls um eine vergleichsweise einfache Absicherungsstrategie. Im Gegensatz zum Stop-Loss Konzept beruht sie jedoch auf dem Einsatz von derivativen Instrumenten. Bei der Protective Put-Strategie wird ein Aktienportfolio durch den Kauf von Put Optionen auf einen bestimmten Zeitpunkt hin abgesichert. Dabei kann durch die Wahl verschiedener Basispreise das Absicherungsniveau nahezu beliebig festgelegt werden. Da das erzielte Ergebnis lediglich von den Marktsituationen zum Auflegungs- und Auflösungszeitpunkt und nicht von der zwischenzeitlichen Entwicklung des Marktes abhängt, ist die Strategie pfadunabhängig. Somit lassen sich auch die Versicherungskosten in Höhe der Optionsprämien ex ante quantifizieren. Der maximal mögliche Verlust ist auf die Put Prämien und die Differenz zwischen Portfoliowert bei Auflegung und dem abgesicherten Niveau begrenzt. Das Gewinnpotential ist absolut unbegrenzt, relativ zu einem ungesicherten Aktienportefeuille jedoch um die Optionsprämie reduziert.

Die Bond Call-Strategie

Aus der Put-Call-Parität ergibt sich die „Schwesterstrategie" des Protective Put. Dabei wird ein Betrag in Höhe des abgezinsten Basispreises risikolos, z.B. in einen Zero Bond erster Bonität, investiert. Für das verbleibende Kapital werden Call Optionen auf einen Aktienindex erworben. Am Ende des Anlagehorizonts wird der Zero Bond fällig und garantiert die Rückzahlung des eingesetzten Betrags. Liegt zu diesem Zeitpunkt der Aktienindex über dem Basispreis der Option, hat diese einen

---

[9] Vgl. Benninga (1990).

inneren Wert und gewährt dem Investor eine Partizipation an den Kurssteigerungen. Liegt der Index unter dem Basispreis, verfällt die Option wertlos. Da auch diese Strategie pfadunabhängig ist, lassen sich die Versicherungskosten ex ante bestimmen.

Ein Vorteil dieser Strategie ist ihre hohe Flexibilität. Ein Wechsel des riskanten Asset ist jederzeit möglich, ohne daß die Absicherung davon tangiert würde. Außerdem vermeidet die Bond Call einige Problemfelder, mit denen sich die Protective Put konfrontiert sieht, wie z.B. den Tracking Error zwischen dem Aktienportfolio und dem Underlying der Option.[10] Auf der anderen Seite generiert die Bond Call-Strategie hohe Zinseinnahmen, die im Privatvermögen steuerbar sind. Daraus ergibt sich die Problematik einer möglichen Unterschreitung des Floors nach Steuern. Dennoch wird in der Praxis die statische Portfolio Insurance auf Basis eines Bond Call- oder Protective Put-Ansatzes bei der Konstruktion der Mehrzahl aller Garantiefonds verwendet.[11]

Dynamische Strategien

Im Gegensatz zu den statischen Strategien wird bei dynamischen Strategien das konvexe Auszahlungsprofil durch die kontinuierliche Umschichtung zwischen risikobehafteten und risikolosen Assets erreicht. Die Zusammensetzung des Portfolios wird dabei von den Veränderungen des Marktes bestimmt. Während der genaue Zeitpunkt und Umfang der vorzunehmenden Umschichtungen vom Kursverlauf des Marktes und der gewählten Handelsregel abhängt, ist allen dynamischen Strategien ihre prozyklische Natur gemein. Steigt der Wert des risikobehafteten Asset relativ zum Wert des risikolosen Asset, zieht dies eine Umschichtung zugunsten des risikobehafteten Asset im Portfolio nach sich. Daraus ist ersichtlich, daß dynamische Strategien in der Praxis stets pfadabhängig sind, d.h., das Ergebnis der Anlage ist nicht nur von der Marktsituation am Ende des Anlagehorizonts, sondern auch von der Wertentwicklung während der Laufzeit abhängig. Die Kosten einer solchen Absicherung sind somit ebenfalls pfadabhängig und ex ante nicht exakt zu quantifizieren. Aus Abbildung 4 geht hervor, daß eine dynamische Portfolio Insurance-Strategie ein besseres Ergebnis als eine vergleichbare Buy&Hold-Strategie erzielt, wenn das riskante Asset eine sehr gute oder sehr schlechte Performance erzielt.[12]

Dynamische Portfolio Insurance-Strategien kommen u.a. dann zum Einsatz, wenn die benötigten Optionen für eine statische Absicherung nicht in passender Form zur Verfügung stehen.[13]

---

[10] Als Tracking Error bezeichnet man die Standardabweichung der Renditedifferenzen zwischen Portfolio und Index. Zum Begriff des Tracking Error siehe den Aufsatz von Wagner in diesem Band.
[11] Qualitativ identische Ergebnisse wie für die Bond Call- und Protective Put-Strategien lassen sich durch eine Reihe von Swap-Konstruktionen erzielen.
[12] Dies gilt unter der idealtypischen Annahme, daß keine größeren Sprünge in der Marktperformance auftreten, keine Transaktionskosten anfallen und die Kreditaufnahme im Portfolio nicht eingeschränkt ist.
[13] Generell können auch statische Strategien dynamisiert werden, beispielsweise durch eine rollierende Wertsicherung.

Lineare Investmentregel

Die einfachste Art, um mittels einer dynamischen Asset Allocation ein konvexes Auszahlungsprofil zu erzeugen, besteht in der Anwendung einer linearen Investmentregel. Dabei werden die durch unterschiedliche Wertentwicklungen in einer Periode hervorgerufenen relativen Verschiebungen der Assetklassengewichte im Portfolio trendfolgend gehebelt. So könnte man z.B. die Ausgangsstruktur eines Portfolios auf 70% Aktien und 30% Renten festlegen. Fallen die Aktien nun um 10% (bei konstanten Renten), ergibt sich folgende neue Portfoliozusammensetzung:

Aktien:	70 * 0,9 =	63
Renten:	30 * 1,0 =	30
		93

Der Aktienanteil hat sich also um ca. 2% auf 68% (63/93) reduziert. Der Rentenanteil ist demzufolge um etwa 2% auf 32% gestiegen (30/93). Multipliziert man nun die Gewichtsverschiebung mit einem Faktor größer als 1 und baut darauf die neue Asset Allocation auf, ergibt sich ein prozyklisches Anlageverhalten. Wählt man als Faktor beispielsweise 3, so würde die Aktienquote aufgrund des relativ stärkeren Kursverlustes gegenüber den Renten auf 70% − 3 * 2% = 64% zurückgefahren, während die Renten ihren Anteil am Portfolio auf 30% + 3 * 2% = 36% steigern.

Dynamische Stop-Loss-Strategien

In den vergangenen Jahren wurden mehrere Ansätze entwickelt, um die „Alles-oder-nichts Natur" des einfachen Stop-Loss-Konzepts zu entschärfen.[14] So kann etwa die endgültige Einmalumschichtung vom risikobehafteten in das risikolose Asset durch mehrere Teilumschichtungen ersetzt werden. Diese Umschichtungen können nach beiden Seiten erfolgen, d.h., auch eine Erhöhung des risikobehafteten Asset ist zulässig. Durch diese Dynamisierung wird die extreme Pfadabhängigkeit der einfachen Stop-Loss-Strategie wesentlich gemildert.

Der synthetische Put

Eine verfeinerte und durch die Optionspreistheorie unterlegte prozyklische Handelsregel kommt beim synthetischen Put zur Anwendung.[15] In diesem Fall wird durch die kontinuierliche Umschichtung zwischen einer risikobehafteten Anlage (z.B. Aktien) und einem risikolosen Rententeil ein synthetischer europäischer Put auf das risikobehaftete Asset kreiert. Die Zusammensetzung orientiert sich dabei am Delta einer entsprechenden Put Option.[16] Am Ende der Anlageperiode besteht das Portfolio dann entweder gänzlich aus Aktien oder der risikolosen Anlage.

---

14 Eine ausführliche Beschreibung findet sich bei Bird et al. (1988) und Bookstaber (1985).
15 Siehe z.B. Rubinstein/ Leland (1981).
16 Entsprechend kann auch ein Long Call durch den Kauf des Basiswertes bei gleichzeitiger Kreditfinanzierung des diskontierten Basispreises synthetisiert werden, was jedoch für die Praxis von untergeordneter Bedeutung ist.

3. Die Constant Proportion Portfolio Insurance (CPPI)

Die CPPI-Parameter

Die CPPI-Strategie wurde zum ersten Mal von Black und Jones formuliert.[17] Auch sie ist optionspreistheoretisch fundiert. Für bestimmte Underlyings erzielt die Strategie den selben Pay-off wie ein amerikanischer Call mit unendlicher Laufzeit.[18] Wesentliche Elemente der CPPI-Strategie sind:

1. Der „Floor" (F) entspricht dem Mindestwert des Portfolios, der nach Möglichkeit zu keinem Zeitpunkt der Anlagephase unterschritten werden darf. Diese Portfoliountergrenze kann beliebig angepaßt werden.

2. Das „Cushion" (C) entspricht der Differenz des Vermögens (V) zum angestrebten Floor:

    (3) $C = \max\{V - F; 0\}$.

    Die Nichtnegativitätsforderung resultiert aus der angestrebten Kapitalabsicherung.

3. Der „Exposure" (E) stellt den Portfolioanteil dar, der risikobehaftet investiert wird, z.B. in Aktien. Zwischen dem Exposure und dem Cushion besteht ein linearer Zusammenhang:

    (4) $E = M * C$

4. Der „Multiplier" (M) bringt die Risikoneigung des Investors zum Ausdruck. Für den Multiplikator werden Werte größer als eins gewählt. Er hat einen wesentlichen Einfluß auf die Konvexität („Aggressivität") und das damit verbundene Risiko der Strategie. Die Differenz zwischen dem Portfoliowert und dem Exposure wird risikolos in Tagesgeld angelegt.

Um das Vorgehen der CPPI-Strategie zu verstehen, betrachte man die Kapitalmarkt- und Effizienzlinie in Abbildung 5. Punkt A stellt das risikolose Investment dar, Punkt B entspricht dem Marktportfolio. Der wesentlich höhere erwartete Ertrag des Portfolios B muß mit dem entsprechenden Risiko, d.h. der Unsicherheit, ob diese Erwartung auch tatsächlich eintritt, „erkauft" werden. Am Ende der Anlagephase ist das Auszahlungsprofil des Marktportfolios B symmetrisch, falls ihm keine Absicherungsinstrumente beigemischt worden sind. Der Inhaber eines solchen Portfolios partizipiert im vollen Umfang am Gewinn, aber auch am Verlust dieses Portfolios.

Bevorzugt nun ein Investor aufgrund seiner Risikoneigung ein risikoärmeres Portfolio C auf der Kapitalmarktlinie, so muß er einen bestimmten Prozentsatz seines Vermögens im Portfolio B investieren und den Restbetrag risikolos in A anlegen. Am Ende der Anlagephase ist das Auszahlungsprofil des Portfolios C nicht mehr punktsymmetrisch im Ursprung (Abbildung 6). Alle Mischportfolios, die in A investiert sind, weisen im Ursprung des Pay-off-Diagramms, d.h. im Falle einer 0%-igen Performance des Marktportfolios B, einen positiven Ertrag auf. Je höher jedoch die

---

[17] Vgl. Black/Jones (1987).
[18] Vgl. Black/Perold (1992).

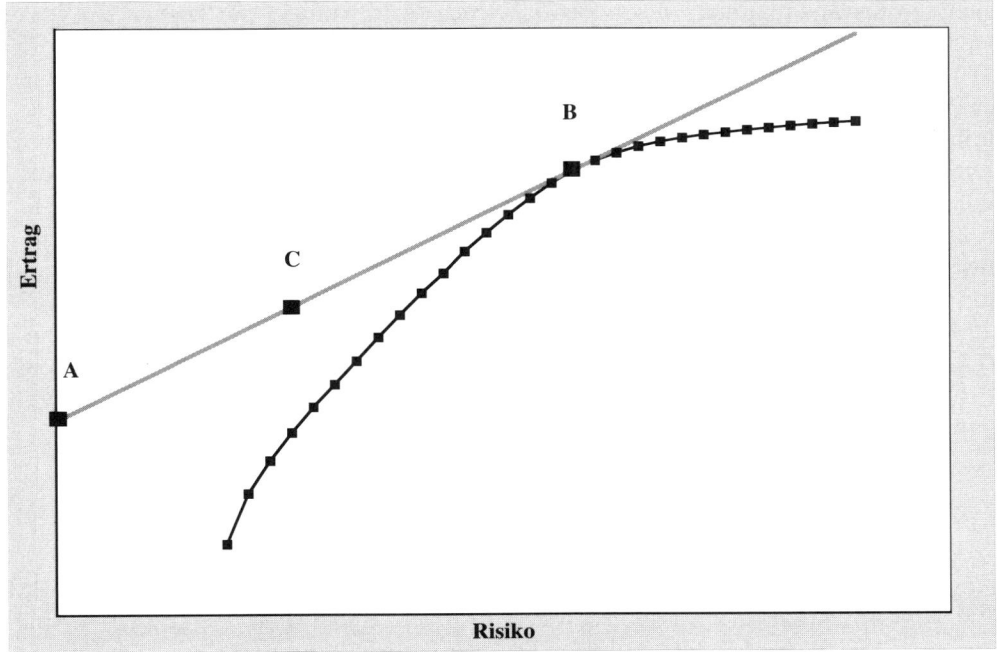

Abb. 5: Effizienz- und Kapitalmarktlinie

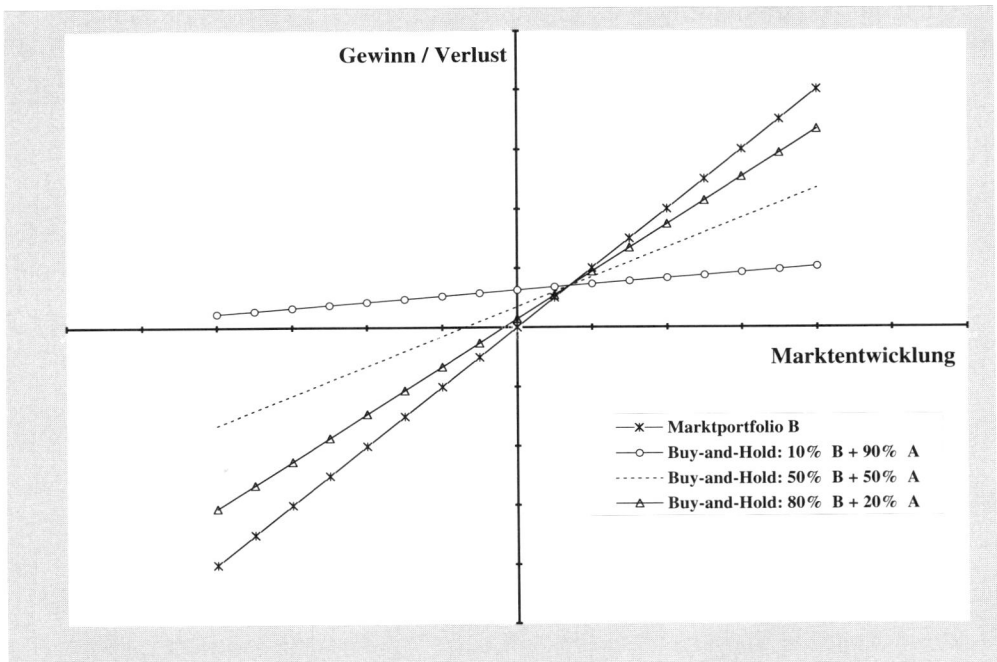

Abb. 6: Asymmetrie durch Beimischung der risikolosen Anlage

sicheren Erträge in einem Mischportfolio sind, desto weniger partizipiert der Investor an einer positiven Entwicklung des Marktportfolios B.

Um eine *asymmetrische Rendite*verteilung und ein konvexes Auszahlungsprofil zu erzeugen, ist nun allerdings eine dynamische Allokation entlang der Kapitalmarktlinie erforderlich. Die CPPI-Strategie paßt die Struktur von C dynamisch an die Entwicklung des Marktportfolios B an. Der Anteil an Portfolio B wird bei einer positiven Entwicklung dieses Portfolios sukzessive erhöht und umgekehrt bei Verlusten reduziert. Dabei erfolgt die Umstrukturierung von Portfolio C nach einem genau festgelegten Schema. Entspricht z.B. die Struktur von C je 50% in A und B, und möchte darüber hinaus der Investor die Grenze von 90% seines Vermögens (F = 90%) nicht gefährdet sehen, so folgt aus der Exposuregleichung ein Multiplier von 5 *(E/C = M = 50%/10% = 5)*. Damit sind die CPPI-Parameter festgelegt, und die Anpassungen können nun gemäß der Exposuregleichung in beliebigen Zeitabständen vorgenommen werden.

Ein Zahlenbeispiel

Angenommen, ein Investor möchte nach der oben formulierten CPPI-Strategie DM 100 Mio. in Aktien und Kasse investieren. Aufgrund der Risikoneigung des Anlegers ergebe sich eine Startstruktur von DM 50 Mio. in Aktien und Kasse. Die anfängliche Fondsstruktur soll mittels der CPPI-Parameter Floor = DM 90 Mio. (Absicherungsniveau 90%) und einem Multiplier von 5 erreicht werden. Der Floor soll über die gesamte Anlagephase konstant gehalten werden. Im ersten Zeitintervall von t_0 bis t_1 hat das Aktieninvestment eine Performance von 2.5% erzielt. Auf den Aktienanteil des CPPI-Portfolios übertragen, bedeutet dies eine Steigerung von DM 50 Mio. auf DM 51,25 Mio. Unter der Annahme, daß die Kasseposition im Portfolio keine Verzinsung einbringt, ergibt sich somit in t_1 ein Portfoliovolumen von DM 101,25 Mio. Das neu bestimmte Cushion ergibt sich aus der Gleichung:

(5) $C_{(t_1)}$ = max { 101,25 − 90; 0 } = 11,25.

Der Aktienanteil, der durch die CPPI-Anpassung in t_1 vorgesehen ist, entspricht gerade dem Exposure in t_1:

(6) $E_{(t_1)}$ = 5 * 11,25 = 56,25

Hieraus resultieren Zukäufe auf der Aktienseite von DM 5 Mio. (= 56,25 − 51,25) zu Lasten der Kasseposition, die auf DM 45 Mio. absinkt. Die Umschichtungen im weiteren Zeitverlauf sind in Tabelle 2 dargestellt.[19]

---

[19] Die Spalte E(t-1) in Tabelle 2 entspricht dem Wert des Exposure zur Zeit t vor der CPPI-Anpassung. E(t) ist die Exposureposition nach der CPPI-Anpassung zur Zeit t.

Zeit-punkt	Markt-portfolio (Index)	Performance des Markt-portfolios (%)	CPPI - Portfolio Mio. DM	F Mio. DM	C(t) Mio. DM	E(t-1) in t Mio. DM	E(t) Mio. DM	Kasse Mio. DM
t_0	100.00	0	**100**	90.00	10.00	50.00	50.00	50.00
t_1	102.50	2.50	**101.25**	90.00	11.25	51.25	56.25	45.00
t_2	106.34	3.75	**103.36**	90.00	13.36	58.36	66.80	36.56
t_3	101.56	-4.50	**100.35**	90.00	10.35	63.79	51.77	48.59
t_4	85.31	-16.00	**92.07**	90.00	2.07	43.48	10.35	81.72
t_5	89.57	5.00	**92.59**	90.00	2.59	10.87	12.94	79.65
t_6	95.84	7.00	**93.49**	90.00	3.49	13.85	17.47	76.02

Tab. 2: Zahlenbeispiel

Der Multiplier

Die Wertentwicklung des CPPI-Fondsvolumens ist in starkem Maße von der Struktur des Startportfolios und damit, bei gleichem Absicherungsniveau, vom Multiplier abhängig. Abbildung 7 illustriert diesen Zusammenhang. Hierbei wird eine Entwicklung des Aktienportfolios wie in Tabelle 2, nämlich eine Verzinsung von 0% in der Kasseposition und ein Absicherungsniveau von 90%, angenommen.

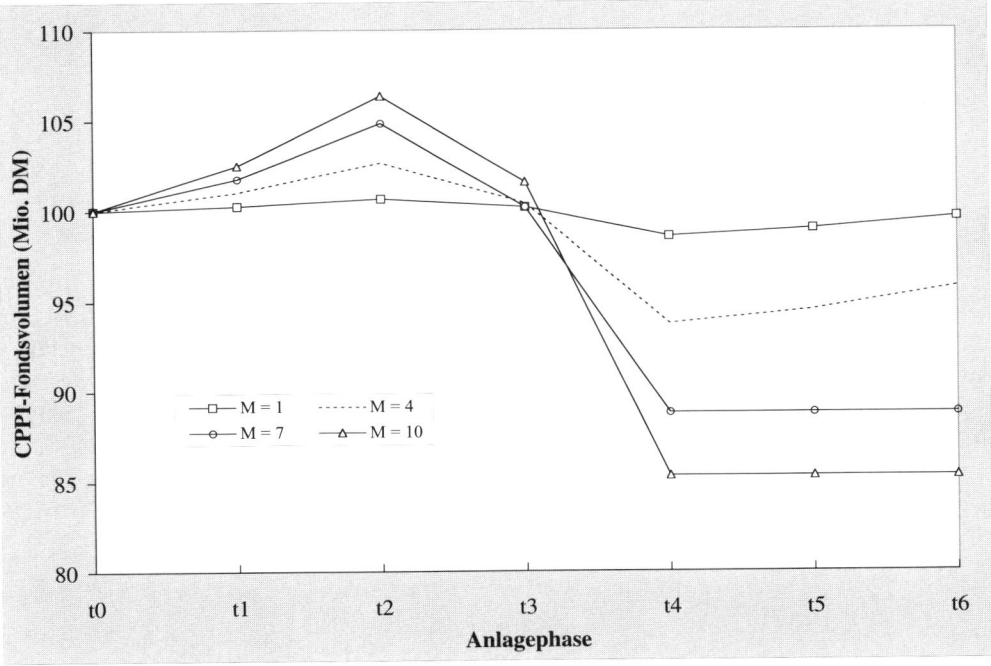

Abb. 7: Einfluß des Multiplikators auf den CPPI-Portfoliowert

In Abbildung 7 ist zu erkennen, daß das beabsichtigte Absicherungsniveau von DM 90 Mio. im Zeitintervall von t_3 bis t_4 von den Strategien M=7 und M=10 unterschritten wird. In diesem Zeitintervall weist das Marktportfolio einen Periodenreturn von -16% auf. Anschließend konnten diese Strategien an der positiven Entwicklung des Marktportfolios nicht mehr partizipieren, da ihr Cushion verbraucht war.

Folgende Ungleichungen geben Auskunft darüber, wie groß der Kurssturz des Marktportfolios in einer Anpassungsperiode höchstens sein darf, um die angestrebte Kapitalerhaltung zu gewährleisten. Betrachtet werden zwei aufeinander folgende Perioden t und (t+1). Es wird angenommen, daß in Periode t die Untergrenze des Portfoliowerts (PW) eingehalten wurde, d.h.:

$$\text{(7)} \quad PW_{(t)} > F_{(t)} = F$$
$$C_{(t)} = PW_{(t)} - F > 0$$

und somit

$$\text{(8)} \quad M * C_{(t)} > 0,$$

da $M \geq 1$. In Periode (t+1) weist das Marktportfolio eine negative Rendite $R_{(t+1)}$ auf. Der bei der CPPI-Strategie entstandene Verlust $V_{(t+1)} > 0$ hat eine Unterschreitung des Portfoliowerts $PW_{(t+1)}$ unter die festgelegte Untergrenze $F_{(t+1)} = F$ zur Folge:

$$\text{(9)} \quad PW_{(t+1)} < F$$
$$PW_{(t)} - V_{(t+1)} - F < 0$$
$$PW_{(t)} - F < V_{(t+1)}$$
$$C_{(t)} < V_{(t+1)}$$
$$C_{(t)} < E_{(t+1)} * R_{(t+1)}$$
$$C_{(t)} < M * C_{(t)} * R_{(t+1)}$$

und da $M * C_{(t)} > 0$ nach Ungleichung (8):

$$\text{(10)} \quad 1/M < R_{(t+1)}$$

Die letzte Ungleichung gibt Auskunft darüber, wie sich der Multiplikator und der maximale Crashverlust verhalten müssen, um die angestrebte Kapitalabsicherung zu gewährleisten. Hierbei gilt: *Ist der Crashverlust innerhalb eines Anpassungsintervalls größer als der Kehrwert des Multiplier, so wird das angestrebte Absicherungsniveau unterschritten.*[20]

Übertragen auf das in Tabelle 2 dargestellte Zahlenbeispiel bedeutet dies, daß in Abbildung 7 die CPPI-Varianten mit den Multiplier 7 und 10 in t_3 das Absicherungsniveau nicht halten können.

---

[20] Diese Aussage ist zu modifizieren, falls andere Varianten, z.B. solche mit einer kontinuierlich angepaßten Untergrenze, untersucht werden.

Konvexität der CPPI-Strategie

Im letzten Abschnitt wurde der Einfluß des Multiplier auf eine mögliche Verletzung der angestrebten Untergrenze erläutert. Bei positiven Trends ermöglicht jedoch ein hoch gewählter Multiplikator eine stärkere Partizipation an der Entwicklung des Marktportfolios. Dieser Sachverhalt soll an den idealtypischen Auszahlungsprofilen der CPPI-Varianten illustriert werden. Bei dieser Darstellung wird eine gleichbleibende Entwicklung des Marktportfolios unterstellt.

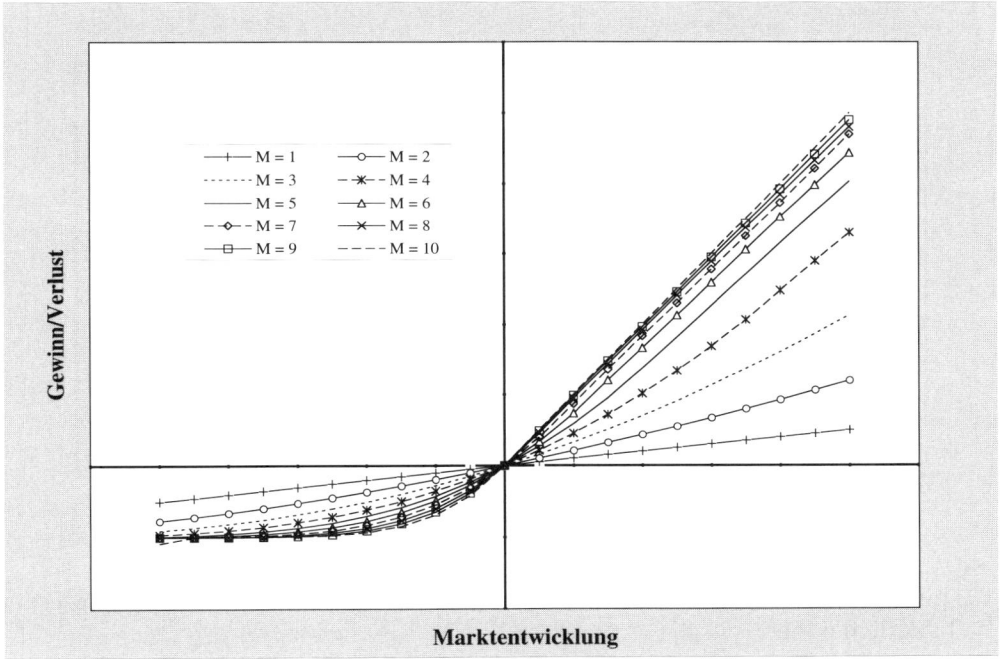

Abb. 8: Idealtypische CPPI-Auszahlungsprofile in Abhängigkeit vom Multiplier

Mit steigendem M > 1 werden erzielte Gewinne in immer größerem Umfang risikoreich angelegt. Die entsprechenden CPPI-Varianten werden immer aggressiver. Falls die Marktentwicklung die Risikofreude belohnt und eine kontinuierlich steigende Performance aufweist, bauen diese ihr Investment im Marktportfolio schneller aus und weisen somit einen größeren Gewinn auf. Auf der anderen Seite nähern sich die aggressiveren Strategien bei fallender Marktentwicklung schneller der Untergrenze (Abbildung 7).

Pfadabhängigkeit der Strategie

Die im letzten Abschnitt angenommene gleichbleibende Entwicklung des Marktportfolios ist in der Realität nicht zu beobachten. Die Renditen des Marktportfolios treten mit gewissen Schwankungen ein. Diese Schwankungen haben einen nicht unerheblichen Einfluß auf die von der CPPI-Strategie gesteuerten Portfolios. Die in der Realität beobachtbaren Auszahlungsprofile dieser Portfolios sind im wesentlichen vom Verlauf und nicht vom Endstand des Underlying (Marktportfolios) bestimmt und damit pfadabhängig.

In Tabelle 2 wurde die CPPI-Strategie anhand einer Anlagephase von sechs Perioden erläutert. Das Aktienportfolio hatte am Ende der Anlagephase eine Gesamtrendite von -4.16% erzielt. Die Aktienrenditen der Einzelperioden werden nun willkürlich geändert, mit der Vorgabe, analog zu Tabelle 2 eine Gesamtrendite von -4.16% zu erzielen.

Zeitpunkt	Marktportfolio (Index)	Performance des Marktportfolios (%)	CPPI-Portfolio Mio. DM	F Mio. DM	C(t) Mio. DM	E(t-1) in t Mio. DM	E(t) Mio. DM	Kasse Mio. DM
t_0	100.00	0	**100**	90.00	10.00	50.00	50.00	50.00
t_1	96.50	-3.50	**98.25**	90.00	8.25	48.25	41.25	57.00
t_2	92.45	-4.20	**96.52**	90.00	6.52	39.52	32.59	63.93
t_3	91.06	-1.50	**96.03**	90.00	6.03	32.10	30.14	65.89
t_4	85.60	-6.00	**94.22**	90.00	4.22	28.33	21.10	73.12
t_5	89.88	5.00	**95.28**	90.00	5.28	22.16	26.38	68.90
t_6	95.84	6.64	**97.03**	90.00	7.03	28.13	35.13	61.90

Tab. 3: Pfadabhängigkeit der CPPI-Strategie

Bei gegenüber Tabelle 2 unveränderten Parametern ist das Endvermögen in diesem Fall deutlich höher.

Historische Simulationen

Die beschriebenen CPPI-Varianten sollen nun mit Hilfe historischer Simulationen untersucht werden. Hierbei wurden folgende Annahmen getroffen:
- die Transaktionskosten betragen bei Aktienumschichtungen 0.5%,
- Aktienkäufe auf Kredit und Leerverkäufe sind nicht zugelassen,
- die CPPI-Varianten werden jährlich „neu gestartet",
- die CPPI Parameter werden über die gesamte Laufzeit konstant gehalten,
- der DAX dient als Marktportfolio,
- die risikolose Anlage wird mit dem Tagesgeldsatz verzinst,
- die Anpassungen der Strategie erfolgen wöchentlich,
- als Benchmark wurde Buy&Hold-Variante gewählt, welche sich ausschließlich nach der anfänglichen Struktur in Aktien und Kasse richtet,
- exemplarisch werden zwei unterschiedliche Zehnjahresräume untersucht.

Für die erste Simulation im Zeitraum 1980 – 1990 illustriert Abbildung 9 die Kursverläufe der Varianten CPPI(5;90%) mit M=5 und F=90% sowie CPPI(10;90%) mit M=10 und F=90%, mit den jeweiligen Benchmarks 50% Kasse + 50% Aktien dynamisch angepaßt bzw. 100% Aktien.

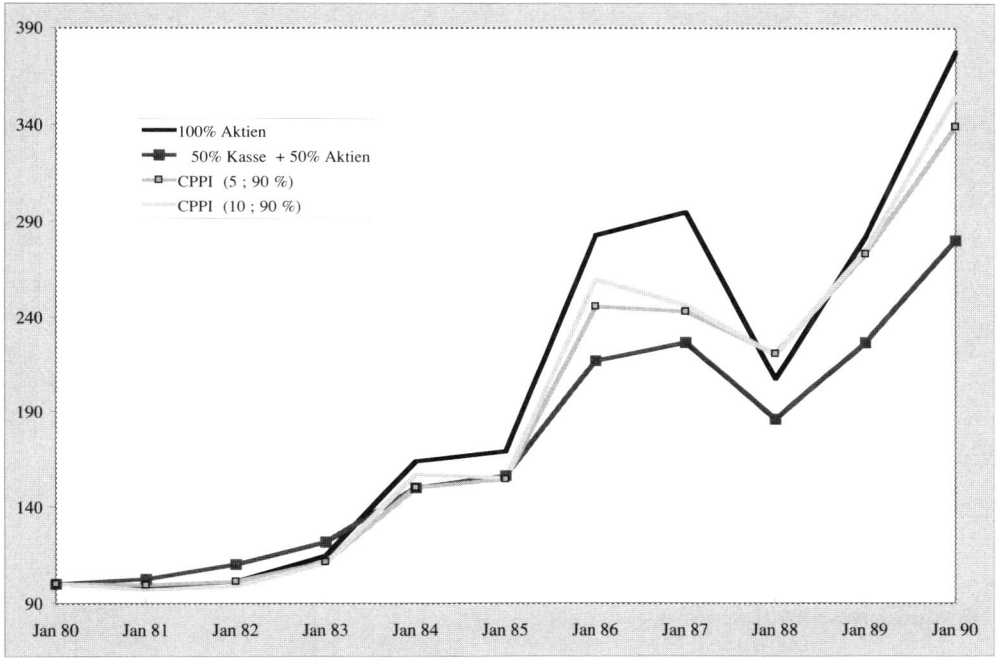

Abb. 9: CPPI-Varianten im Vergleich (1980 – 1990)

Diese Periode liefert gemischte Ergebnisse. Während die aggressivere CPPI(10;90%) über weite Strecken unterhalb des DAX verläuft, übertrifft die weniger aggressive Variante ihre Benchmark klar. Sie bleibt jedoch leicht hinter der offensiveren CPPI-Variante zurück. Werden die selben Strategien dagegen im Anlagezeitraum vom 1985 bis 1995 betrachtet, übertreffen beide CPPI-Portfolios ihre jeweiligen Benchmarks (siehe Abbildung 10). Ausschlaggebend hierfür ist die Tatsache, daß sich in dieser Betrachtungsperiode eine Absicherung gegen Kurseinbrüche mehrmals bezahlt gemacht hat: zuerst 1987, dann 1991 und schließlich 1994.

Die Ergebnisse der historischen Simulationen dürfen nicht überbewertet werden. Die Kursverläufe, die in der Vergangenheit beobachtbar waren, decken lediglich einen Bruchteil aller möglichen Verläufe ab. Zum anderen lassen sich offensichtlich spezifische Perioden herausfinden, in denen CPPI-Portfolios besser und solche, in denen sie schlechter abschneiden. Ein wesentlich repräsentativeres Bild liefert das Ergebnis einer Monte Carlo-Simulation.

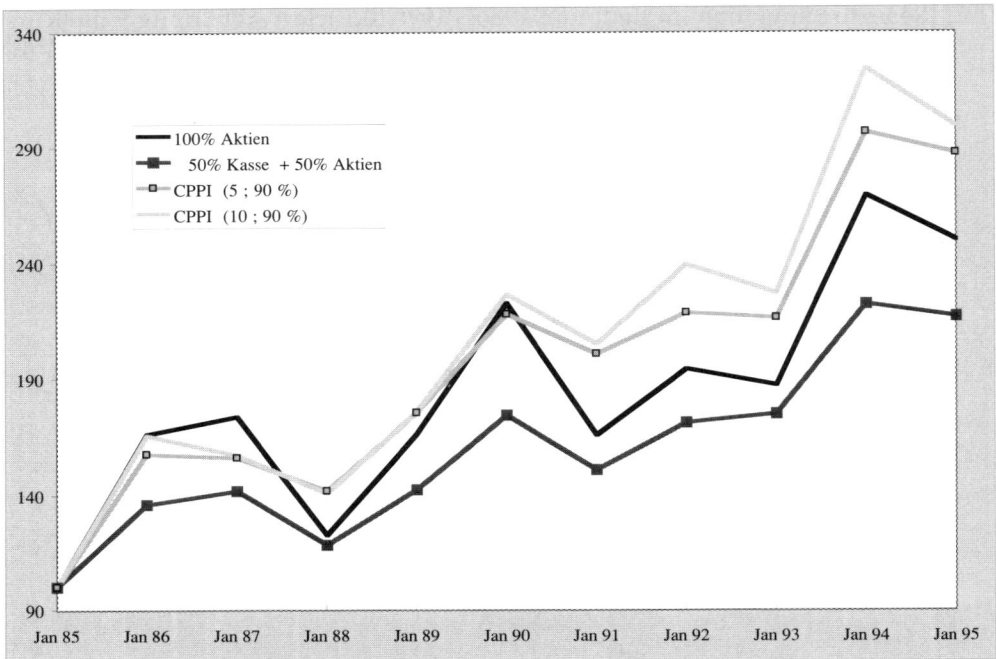

Abb. 10: CPPI-Varianten im Vergleich (1985 – 1995)

Monte Carlo-Simulationen

Monte Carlo-Simulationen basieren auf wiederholten Ziehungen aus einer bestimmten Wahrscheinlichkeitsverteilung. Die Vorteile dieser Vorgehensweise liegen darin, daß sich beliebig viele Simulationen durchführen lassen und somit Verteilungen betrachteter Strategien aufgezeigt werden können.

Für die hier durchgeführten Simulationen werden die Zeitreihen nicht völlig zufällig gesetzt, sondern mit der erwarteten Rendite von 10.4% p.a. und einer Volatilität von 23% p.a. Durchschnittswerte der Jahre 1960 – 1990 gewählt. Dabei wird eine Normalverteilung unterstellt. Die Rahmenbedingungen der Simulationen werden beibehalten. Lediglich der Tagesgeldsatz wird konstant mit 3% p.a. festgesetzt. Die betrachteten CPPI-Strategien unterscheiden sich hinsichtlich des Absicherungsniveaus und der anfänglichen Aktienquote. Jede dieser Strategien wird in 5000 Szenarien simuliert.

Tabelle 4 stellt den Mittelwert, das Minimum bzw. Maximum der Jahresrenditen sowie die Schiefe der simulierten Strategien in Abhängigkeit vom Absicherungsniveau und der anfänglichen Aktienquote dar.[21] Dabei ist ersichtlich, daß das Absicherungsniveau bis auf zwei Ausnahmen überall eingehalten werden kann. Die Ausnahmen treten bei einem Absicherungsniveau von 95% und anfänglichen Akti-

---

[21] Eine positive Schiefe drückt aus, daß der Gipfel der Verteilung rechts des Mittelwerts liegt. Je größer die Schiefe, desto weiter rechts befindet sich der Gipfel der Verteilung.

Anfängliche Aktienquote (%)		30	50	70	90	100
Absicherungsniveau (%)						
95	Mittelwert	4.22%	3.85%	3.55%	3.48%	3.49%
	Min	-2.83%	-4.23%	-4.92%	-5.24%	-5.81%
	Max	28.72%	33.75%	34.01%	40.17%	40.01%
	Schiefe	0.89	0.80	0.76	0.78	0.79
90	Mittelwert	4.77%	4.91%	4.82%	4.78%	4.76%
	Min	-2.62%	-5.73%	-7.49%	-8.36%	-8.75%
	Max	23.29%	35.04%	39.52%	43.25%	44.53%
	Schiefe	0.67	0.70	0.63	0.60	0.60
85	Mittelwert	4.90%	5.37%	5.49%	5.59%	5.65%
	Min	-2.64%	-5.83%	-8.42%	-10.23%	-10.76%
	Max	20.13%	34.11%	40.44%	44.09%	44.99%
	Schiefe	0.46	0.62	0.57	0.52	0.51

Tab. 4: Übersicht Monte Carlo-Simulationen

enquoten von 90% und 100% auf. In diesen Fällen nimmt der Multiplikator einen Wert von 18 bzw. 20 an, so daß ein Verfehlen des Absicherungsniveaus nach der im Abschnitt „Der Multiplier" geführten Diskussion nicht weiter verwundert. Die Schiefe und das generelle Einhalten des Absicherungsniveaus deuten darauf hin, daß die CPPI die gesteckten Ziele, nämlich

- Partizipation an positiven Marktentwicklungen und
- Absicherung gegen Rückschläge unter ein bestimmtes Niveau,

erfüllt.

Wie erwartet, kann keine generelle Dominanz der CPPI-Varianten gegenüber der Performance des 100%-igen Aktienportfolios festgestellt werden. Abbildung 10 illustriert diesen Sachverhalt am Beispiel einer 95%-igen Absicherung mit unterschiedlichen Multiplikatoren. Stark negative Ergebnisse werden vermieden. Dafür treten aber auch die stark positiven Ergebnisse wesentlich seltener auf und der Mittelwert sinkt unter den des reinen Aktienportfolios.

Inwieweit CPPI-Strategien in der Zukunft in der Lage sein werden, auch reine Aktienportfolios langfristig in ihrer Performance zu übertreffen, hängt von der zukünftigen Verteilung der Renditen am Aktienmarkt ab. Weisen diese eine idealtypische Normalverteilung wie in der Monte Carlo-Untersuchung auf, kann nicht mit einer Überperformance der CPPI gerechnet werden. In der Vergangenheit traten starke Rückschläge am Aktienmarkt jedoch häufiger auf, als von der Normalverteilung unterstellt. Sollte dies auch in Zukunft der Fall sein, kann die CPPI in solchen Marktphasen einen entscheidenden Performancevorteil gegenüber einem Aktienportfolio erwirtschaften, gerade so, wie es in den betrachteten historischen Simulationen der Fall war.

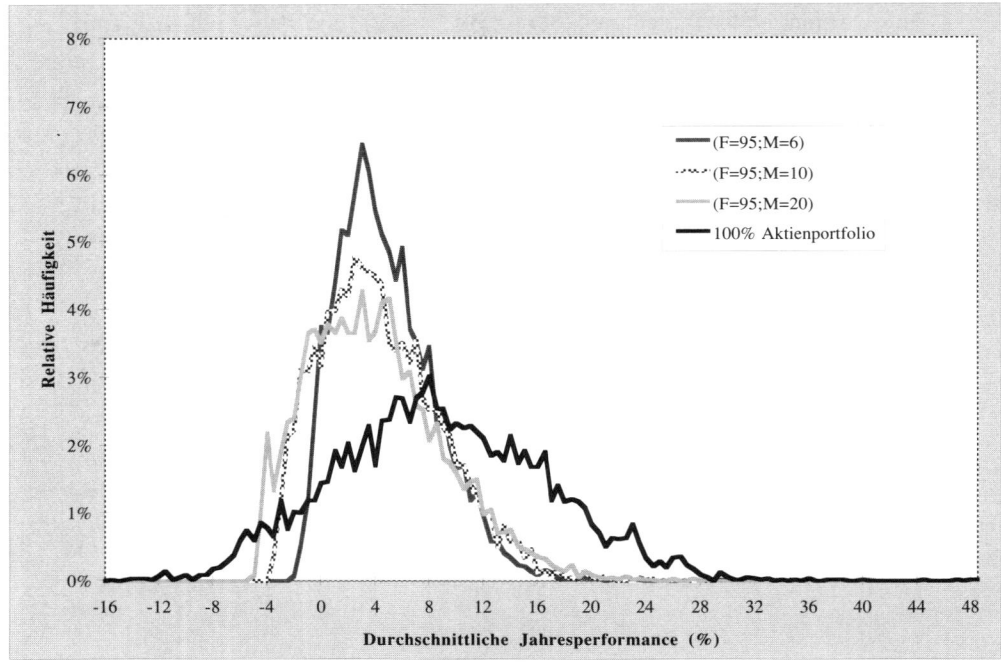

Abb. 11: Verteilung Monte Carlo-Simulation

CPPI-Strategien in der Praxis

Das anvisierte Absicherungsniveau kann in der Praxis unterschritten werden. Bei der Umsetzung der CPPI muß sowohl dem Multiplikator wie auch der Umschichtungshäufigkeit besondere Aufmerksamkeit geschenkt werden. Je häufiger die CPPI-Strategie angepaßt wird, desto höher sind trivialerweise auch die Kosten, um so genauer wird aber das Absicherungsniveau eingehalten. Wird die CPPI-Strategie laufend angepaßt, so schmälern die anfallenden Transaktionskosten die erzielte Performance erheblich. Um diese beiden gegenläufigen Effekte auszubalancieren, sind mehrere Verfahren denkbar, die die Ist-Struktur an die von der Handelsregel vorgeschriebene Soll-Struktur anpassen:[22]

1 Regelmäßige Anpassung
    1.1 Zeitlich periodisch
    1.2 Zeitlich unabhängig, z.B. festgemacht an
        1.2.1 der Veränderung des Marktes
        1.2.2 der Abweichung von der Sollstruktur
        1.2.3 der Volatilität
2 Unregelmäßige, d.h. ad hoc-Anpassung.

---

[22] Zur Anpassung des Exposure werden i.d.R. Futures eingesetzt. Neben den wesentlich niedrigeren Transaktionskosten bieten sie den Vorteil, daß aufgrund der hohen Liquidität die Geschwindigkeit der Umstrukturierung im Portfolio erhöht und dadurch das Crashrisiko vermindert werden kann.

Auch die Parameter selbst können angepaßt werden. Dabei ist jedoch unbedingt darauf zu achten, daß diese Anpassung nicht zur unstrukturierten Spekulation verkommt, da dadurch die Transparenz des Anlageprozesses zerstört wird. Insbesondere der Multiplikator ist oft das Ziel unsystematischer Änderungswünsche. Solche Eingriffe sollten jedoch nur dann erfolgen, wenn sich die Risikoneigung des Anlegers geändert hat (passiv) oder der Portfoliomanager nachweislich in der Lage ist, den Markttrend korrekt in seiner Richtung zu prognostizieren. Diese Fähigkeit kann er dann auch in einem CPPI-Portfolio erfolgbringend aktiv einsetzen.

Bezüglich des abzusichernden Betrags kann beispielsweise eine Änderung um einen festen Betrag vorgenommen werden. Dies bietet sich an, wenn der Anleger ein festes Ertragsziel über eine bestimmte Teilperiode vorgibt. Möchte er z.B. jedes Jahr 7% ohne Zinseszins verdienen, würde der abzusichernde Prozentsatz des ursprünglichen Vermögens im Zeitverlauf als $p_{(t)} = 100\%$, $p_{(t+1)} = 107\%$, $p_{(t+2)} = 114\%$ usw. festgelegt.

Wenn sich die vollständige Risikoaversion nicht auf eine absolute Größe, sondern relativ zum Vermögen bemißt und diese Relation konstant bleibt, kann der Floor entsprechend angepaßt werden. Z.T. wird diese Variante auch im Rahmen eines aktiven Ansatzes verfolgt, um Mean Reversion-Effekte in den Märkten auszunutzen. Dabei muß jedoch berücksichtigt werden, daß solche Eingriffe fundamentale Auswirkungen auf die Natur der Strategie haben können. So erhält man beispielsweise im Falle einer kontinuierlichen Anpassung des Floors eine Strategie des konstanten Mix. Im Extrem kann die konvexe Grundausrichtung der CPPI sogar derart überlagert werden, daß sie über mehr oder weniger weite Strecken ihres Auszahlungsprofils konkav wird. Wird beispielsweise der Floor in einem steigenden Aktienmarkt überproportional angehoben, resultiert daraus eine Herabsetzung des Exposure und mithin eine antizyklische Strategie.

Optimalität der CPPI

Die CPPI ist nutzenmaximierend für Investoren mit linearer Risikotoleranz und abnehmender relativer Risikoaversion, für Anleger also, deren Nutzenfunktion durch eine sogenannte HARA-Funktion (Hyperbolic Absolute Risk Aversion) repräsentiert wird.[23] Solche Anleger zeichnen sich dadurch aus, daß ihre Risikoaversion bei Unterschreiten eines bestimmten Mindestvermögens unendlich groß und bei zunehmendem Vermögen kleiner wird.

Prognoseunabhängigkeit der CPPI

Die CPPI wird oft als passive und damit prognoseunabhängige Strategie klassifiziert. Dies gilt jedoch nicht zwangsläufig. Grundsätzlich sind zwei Fälle zu unterscheiden, je nachdem, ob es sich um einen Anleger mit symmetrischer oder asymmetrischer Benchmark handelt.

---

[23] Vgl. Leland (1980).

Wird der Auftrag des Anlegers an das Portfoliomanagement in Form einer Benchmark mit asymmetrischem Risikoprofil definiert, ist die Strategie prognoseunabhängig, da sie gänzlich von dem vorgegebenen Risikoprofil des Anlegers getrieben wird und die Asset Allocation diszipliniert daran anpaßt. Dennoch können selbstverständlich beim Portfoliomanager vorhandene aktive Stärken mittels Overlay Management in die Strategie eingebracht werden. Wurden beispielsweise Stärken im Stock Picking gemessen, so kann kontrolliert von der Aktien-Teilbenchmark abgewichen werden. Dadurch lassen sich u.U. große Teile der Versicherungsprämie verdienen.

Vielfach wird die Strategie auch für Anleger eingesetzt, die eine symmetrische Benchmark haben. In einem solchen Fall handelt es sich bei der Wahl der CPPI als asymmetrische Strategie um eine aktive Entscheidung, von der Benchmark abzuweichen. Dennoch bleibt das Prognoserisiko im Vergleich zu anderen aktiven Strategien durch die Absicherungseigenschaft beschränkt. Würde man beispielsweise in einer herkömmlichen aktiven Anlagestrategie auf einen stark steigenden Aktienmarkt setzen und von einer Baisse überrascht, ergäbe sich aufgrund der symmetrischen Renditeverteilung ein beträchtliches Verlustpotential. Im Gegensatz dazu hat man durch die implizit bezahlte CPPI-Versicherungsprämie dieses Prognoserisiko teilimmunisiert. Man startet also mit einer Position im Aktienmarkt und baut diese aus, sofern sich die Annahme eines steigenden Marktes bewahrheiten sollte. Deutet sich jedoch eine Baisse an, wird das Aktienengagement kontinuierlich abgebaut, um den potentiellen Verlust, der sich aus der falschen Prognose einer Hausse ergeben könnte, zu begrenzen.

4. Zusammenfassung und Bewertung

Die Chancen, die der Aktienmarkt dem Anleger eröffnet, rücken immer mehr ins Bewußtsein der Öffentlichkeit. Gleichzeitig ist „Risiko Management" eines der derzeit meistdiskutierten Themen in der Investmentindustrie überhaupt. Die CPPI wird beiden Aspekten gerecht. Sie beteiligt sich in einem kontrollierten Rahmen an den Chancen des Aktienmarktes.[24] Gleichzeitig wird durch den strukturierten Anlageprozeß das Rückschlagsrisiko begrenzt. Dies hat einen oft unterschätzten Effekt auf die Gesamtperformance.[25]

Während PEROLD und SHARPE korrekterweise bemerken, „... [that] there is no reason to believe that any particular type of dynamic strategy is best for everyone"[26], weist die CPPI doch eine Reihe von Eigenschaften auf, die sie als Problemlösung breiter Anlegerschichten qualifiziert.

---

[24] Welche gravierenden Performancenachteile einem Investor erwachsen, der die besten Tage des Aktienmarktes verpaßt, zeigt Fidelity (1995).
[25] Vgl. Wibbelsman (1996).
[26] Perold/ Sharpe (1988), S. 25.

Ist man dann noch in der Lage, die Parameter der Strategie so einzustellen, daß sie sich dem temporären Charakter eines Trendmarktes anpaßt, kann dadurch die für die Absicherung zu entrichtende Prämie sogar überkompensiert werden. Durch entsprechendes Portfoliomanagement besteht somit die Möglichkeit, langfristig nicht nur vergleichbare Buy&Hold-Benchmarks zu schlagen, unter Umständen kann sogar die Performance einer reinen Aktienbenchmark übertroffen werden.

Literaturverzeichnis

Benninga, S. (Benninga, 1990): Comparing Portfolio Insurance Strategies, in: *Finanzmarkt und Portfolio Management*, 4. Jg., 1990, Nr. 1, S. 20-30.

Bird, R./ Dennis, D./ Tippett, M. (Bird et al., 1988): A Stop Loss Approach to Portfolio Insurance, in: *Journal of Portfolio Management*, Vol. 14, 1988, Fall, S. 35-40.

Black, F./ Jones, R. (Black/ Jones, 1987): Simplifying Portfolio Insurance, in: *Journal of Portfolio Management*, Vol. 13, 1987, Fall, S. 48-51.

Black, F./ Perold, A. (Black/ Perold, 1992): Theory of Constant Proportion Portfolio Insurance, in: *Journal of Economic, Dynamics and Control*, 1992, S. 403-426.

Bookstaber, R. M. (Bookstaber, 1985): The Use of Options in Performance Structuring, in: *Journal of Portfolio Management*, Vol. 11, 1985, Summer, S. 36-50.

Conen, R./ Väth, H. (Conen/ Väth, 1993): Risikoprämien am deutschen Kapitalmarkt, in *Die Bank*, o. Jg., 1993, H. 11, S. 642-647.

Deutsche Bundesbank (Deutsche Bundesbank, 1996): *Monatsberichte der Deutschen Bundesbank*, 48. Jg., August 1996.

Ferguson, R. (Ferguson, 1986): How to beat the S&P500 (without losing sleep), in: *Financial Analysts Journal*, Vol. 42, 1986, March-April, S. 37-46.

Fidelity Investments (Fidelity Investments, 1995): Die Problematik des „Market Timing", Fidelity, 1995.

Kritzman, M. (Kritzman, 1994): What practitioners need to know ... about time diversification, in: *Financial Analysts Journal*, Vol. 50, 1994, January-February, S. 14-18.

Leland, H. E. (Leland, 1980): Who should buy Portfolio Insurance?, in: *Journal of Finance*, Vol. 35, 1980, S. 581-596.

Markowitz, H. M. (Markowitz, 1952): Portfolio Selection, in: *Journal of Finance*, Vol. 7, 1952, March, S. 77-91.

o.V. (o.V., 1996): Das Vertrauen in die Sicherheit der Renten schwindet beträchtlich, in: *Frankfurter Allgemeine Zeitung* vom 24.10.1996.

Perold, A. F./ Sharpe, W. F. (Perold/ Sharpe, 1988): Dynamic Strategies for Asset Allocation, in: *Financial Analysts Journal*, Vol. 44, 1988, January-February, S. 16-27.

Rubinstein, M./ Leland, H. E. (Rubinstein/ Leland, 1981): Replicating Options with Positions in Stock and Cash, in: *Financial Analysts Journal*, Vol. 37, July-August 1981, S. 63-72.

Samuelson, P. (Samuelson, 1963): Risk and Uncertainty: A Fallacy of Large Numbers, in: *Scientia*, 6th series, 57th year, 1963, S. 1-6.

Wibbelsman, J. D. (Wibbelsman, 1996): An new approach to value-added returns, in: *The Journal of Investing*, 1996, Spring, S. 32-36.

Zimmermann, H. (Zimmermann, 1991): Zeithorizont, Risiko und Performance: Eine Übersicht, in: *Finanzmarkt und Portfolio Management*, 5. Jg., 1991, Nr. 2, S. 164-181.

Innovative Ansätze
im Asset-Liability-Management

von Jürg Nager

1. Einleitung und Übersicht
2. Traditionelle Mean-Variance-Ansätze im ALM
3. Die Problematik herkömmlicher Ansätze im ALM
4. Grundsätze und Ziele dynamischer ALM-Modelle
5. Stochastische Programmierung in der Praxis
6. Das SwissPACT-Modell
7. Zusammenfassung und Ausblick

The key to your career.

Graduate opportunities in SBC Switzerland, SBC Warburg Dillon Read, SBC Brinson or SBC Private Banking. Call our local SBC graduate recruitment office for a career in a challenging environment:

Zurich ++41 1 238 74 43 — London ++44 171 860 0706 — New York ++1 212 574 6389

And if you have already made your career: This would be one more reason to call us now.

1. Einleitung und Übersicht

Das im angelsächsischen Raum in den achtziger Jahren aufgekommene Asset-Liability-Management (ALM) strebt eine einheitliche und integrierende Behandlung der beiden Seiten der Bilanz einer Unternehmung (Bank) oder einer Pensionskasse an, um eine unter Berücksichtigung *aller* relevanten Ziele, Anforderungen und Restriktionen optimale Allokation zu bestimmen. Insbesondere bei Pensionskassen, auf die die Darstellung hier beschränkt werden soll, war und ist die unabhängige und zudem in der Schweiz auch nicht marktkonforme bilanztechnische Bewertung der Aktiva einerseits und der Passiva (Zahlungsverpflichtungen) andererseits verbreitet. Die getrennte Betrachtung der Assets und der Liabilities wird durch die traditionelle Arbeitsteilung zwischen dem Anlagespezialisten und dem für die alljährliche versicherungstechnische Bilanz sowie für Beitrags- und Leistungsfragen zuständigen Aktuar begünstigt. Sie führt zusammen mit der gesetzeskonformen buchhalterischen Bewertungspraxis zu suboptimalen Allokationen.[1] Entsprechend hoch wurde das Potential von mathematischen ALM-Modellen eingeschätzt, eine solide Brücke zwischen den zwei Pfeilern der Pensionskassen zu schlagen und Mehrwert zu generieren. In den letzten Jahren hatten sich die Veranstalter von Seminaren und Konferenzen zu diesem Thema jedenfalls nicht über mangelnden Zulauf beklagen können. Allerdings beruhen die meisten bis jetzt entwickelten ALM-Modelle letztlich auf der statischen Mean-Variance-Analyse von MARKOWITZ respektive geeigneten Erweiterungen derselben, die wegen ihrer vereinfachenden Annahmen den komplexen realen Zusammenhängen im allgemeinen nicht gerecht werden können. Mit einigem Recht wurde deshalb immer wieder bezweifelt, ob diese „traditionellen" Ansätze imstande sind, bei Pensionskassen echten Mehrwert im Anlageentscheidungsprozess zu schaffen.

Daneben gab es aber immer schon alternative Methoden zur Lösung des Portfolioproblems, die auf weniger einschränkenden Voraussetzungen beruhen. Unter diesen stellt die Technik der *stochastischen Programmierung über mehrere Perioden* ein sehr geeignetes Verfahren dar, um finanzielle Entscheidungen und Investitionsstrategien dynamisch zu modellieren.[2] Diese recht allgemeine Methodik erfaßt die unbestimmte Natur der Probleme direkt als stochastischen Prozess und ist im Bereich der Finanzplanung dem Ansatz von MARKOWITZ und dessen Erweiterungen in vielerlei Hinsicht konzeptionell überlegen. Beide Seiten der Bilanz können sozusagen aus einem Guß modelliert werden, was ihre Betrachtung aus einheitlicher, konsistenter Perspektive stark erleichtert. Außerdem erlaubt die Methode, eine für das Gesamtsystem aus Assets *und* Liabilities optimale dynamische Anlagestrategie

---

[1] Vgl. Wydler (1992).
[2] Die ersten Schritte über MARKOWITZ' Einperiodenansatz für bloße Assetoptimierung hinaus und hin zu dynamischen Modellen des "Financial Planning", d.h. zu Modellen, die Investitions- *und* Konsumentscheidungen (Liabilities) kombiniert und über mehrere Perioden bewältigen, gehen auf die frühen Arbeiten von Tobin (1965), Samuelson (1969) und Merton (1969) zurück. Heute reichen die Lösungsansätze von der optimalen Kontrolltheorie bis zu Modellen in kontinuierlicher Zeit. Eine Übersicht zu neueren Entwicklungen zum dynamischen Investmentproblem unter Unsicherheiten liefert etwa Dixit/ Pindyck (1994).

bei ungewisser zukünftiger Entwicklung der Rahmenbedingungen zu bestimmen. Die Anwendung der stochastischen Programmierung in der Praxis wurde jedoch lange durch den immensen Rechenaufwand behindert, der erforderlich ist, um eine hinreichende „Dichte" in den die Unsicherheiten repräsentierenden Szenarien zu erzeugen (Abbildung 1). Dieser Aufwand überstieg bisher schlicht die Grenzen der Praktikabilität. Mit der Verfügbarkeit immer leistungsfähigerer und kostengünstigerer Computer sowie der Entwicklung effizienterer Algorithmen geriet jedoch auch die stochastische Programmierung im Bereich des ALM für Pensionskassen langsam in die Reichweite praktischer Implementierungen. Dazu gehört auch, daß im Laufe der Zeit Erfahrungen in der Modellierung stochastischer Parameter in einer dynamischen Umgebung gesammelt wurden, die für eine erfolgreiche Anwendung dieses Verfahrens unabdingbar sind.

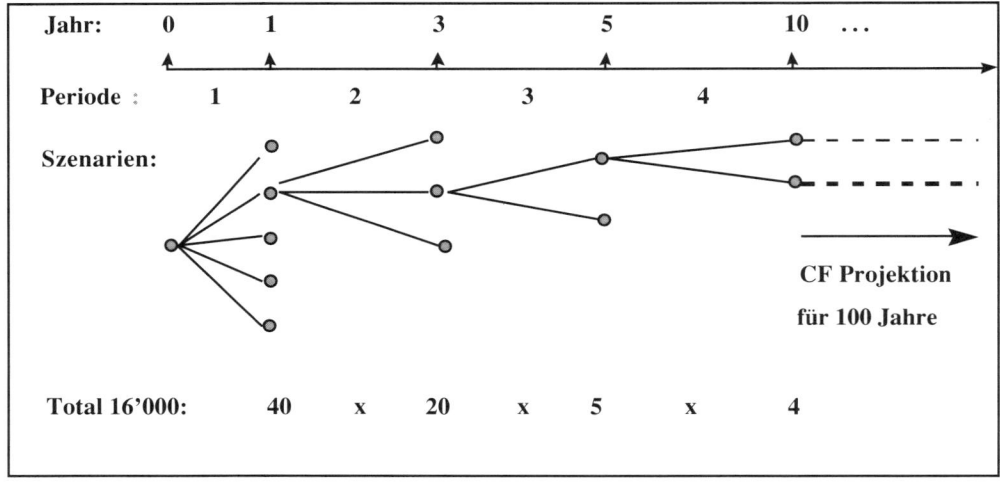

Abb. 1: Periodeneinteilung und Szenariobaum im SwissPACT-ALM-Modell

Im Abschnitt 2 werden zunächst die auf MARKOWITZ' Ansatz beruhenden „herkömmlichen" Methoden für das ALM von Pensionskassen dargestellt. Im Abschnitt 3 werden dann ihre Grenzen und Mängel diskutiert. Daraus werden in Abschnitt 4 Grundsätze und Ziele neuer, theoretisch und konzeptionell befriedigender ALM-Modelle abgeleitet. Im Anschluß daran werden stochastische Programmierungsmodelle aus der Praxis der Finanzplanung vorgestellt, die diesen Grundsätzen genügen. In Abschnitt 5 wird zuerst das spezifisch auf eine japanische Versicherungsgesellschaft zugeschnittene RUSSELL/ YASUDA-Modell skizziert. Es stand Pate bei der Entwicklung des SwissPACT-Softwaretools, das für den Schweizer Pensionskassenmarkt entwickelt wurde. Dieses Modell wird in Abschnitt 6 vorgestellt. Abschnitt 7 als letzter Teil bietet eine Zusammenfassung und einen kurzen Ausblick auf die Anwendungsmöglichkeiten der dynamischen stochastischen Programmierung im Bereich des Financial Planning für private Anleger.

2. Traditionelle Mean-Variance-Ansätze im ALM

Die Bedeutung, die den Liabilities in der Anlagestrategie von Pensionskassen zukommt, hängt stark vom Deckungsgrad[3] der betreffenden Kasse ab. Die Liabilities, d.h. der Gegenwartswert aller laufenden und erwarteten Zahlungsströme (Renten abzüglich Beitragszahlungen), bilden eine stochastisch schwankende Untergrenze („floor") für das Assetportfolio, die nicht unterschritten werden darf, wobei noch zusätzlich Liquiditätsforderungen eingehalten werden müssen. Gleichzeitig sollte das Aufwärtspotential der Märkte möglichst genützt werden, um zukünftige Beitragszahlungen reduzieren oder wenigstens tief halten zu können. Dies ist die Aufgabenstellung einer (modifizierten) Portfolioversicherung, die durch eine protektive Putposition gelöst wird. Durch das Assetportfolio und eine Putoption auf diesem Portfolio mit stochastischem Ausübungspreis, der gleich dem Wert der Liabilities ist, wird allen gestellten Anforderungen im Prinzip Genüge getan. Die Bandbreite geeigneter Anlagestrategien reicht in der Praxis von „freien" Markowitz-effizienten Portfolios, die sinnvoll für Kassen mit sehr hohem Deckungsgrad sind, bis hin zu Strategien, die äußerst stark auf die Liabilities ausgerichtet oder fixiert sind („dedicated" Portfolios) und von Kassen mit tiefem Deckungsgrad verfolgt werden (müssen). An dem einen Ende finden sich also Kassen mit großem Polster (Surplus), die Liabilities praktisch ignorieren können und sich, von gesetzlichen Bestimmungen abgesehen, uneingeschränkt auf das Ausschöpfen des Marktpotentials konzentrieren. Am anderen Ende des Spektrums befinden sich jene Kassen, deren Anlagestrategie durch die Liabilities vollständig determiniert ist. Hier bleibt für Marktprognosen und aktives Management kaum Raum. Es geht „lediglich" darum, die Liabilities möglichst gut zu bedienen und keine Risiken einzugehen.[4] Zwischen diesen beiden Extremlösungen liegt aber die besonders brennende und praxisrelevante offene Schlüsselfrage, wie Liabilities in Anlagestrategiemodellen explizit berücksichtigt werden können, wenn der Deckungsgrad weder sehr hoch noch sehr tief ist.

---

[3] Unter dem Deckungsgrad versteht man das Verhältnis der Aktiven zum Deckungskapital (oder Assets zu den Liabilities: D = A / L) ausgedrückt in Prozent. Das Schweizerische "Bundesgesetz über die berufliche Vorsorge (BVG)" verlangt von registrierten Kassen nichtöffentlicher Körperschaften jederzeit einen Deckungsgrad von mindestens 100%. Das BVG fordert und erlaubt teilweise nicht marktkonforme Bewertungen: So dürfen Obligationen höchstens zum Nennwert bilanziert werden, und Sachwerte können auch zum Anschaffungs-, Kurs- oder Ertragswert in der Bilanz eingesetzt werden, sofern dieser nicht über dem Verkehrswert liegt. Der Überschuß (Surplus) ist die Differenz zwischen Assets und Liabilities (S = A-L). Der Deckungsgrad D und der Überschuß S sind die zu maximierenden eigentlichen Zielgrößen (Surplusmanagement!), die über die finanzielle Situation einer Pensionskasse Auskunft geben. Sie sind durch D = 1 + S/L miteinander verknüpft.

[4] Da Aktien im allgemeinen nur schwach mit den Liabilities von Pensionskassen korrelieren, kommen als "dedicated" Portfolios nur Bondportfolios in Frage. Ihre Anbindung an die Liabilities kann aber immer noch unterschiedlich "eng" ausfallen. Leibowitz (1986a) und (1986b) differenziert Methoden vom exakten Cash Matching über das optimale Cash Matching und Horizont Matching bis hin zu Immunisierungsstrategien. Da diese Methoden Zinsänderungsrisiken nicht nützen, sind die Opportunitätskosten hoch. Die Anpassung der Bondduration an die Liabilityduration in der Immunisierungsstrategie läßt aber bereits wieder eine gewisse Flexibilität zu, da mehrere Portfolios mit verschiedener Konvexität, Couponhöhe und Bonität die gleiche Duration haben können. Da die Liabilityduration von Pensionskassen schnell 30 Jahre und mehr betragen kann, ist diese Methode jedoch nur in jenen Ländern (USA) umsetzbar, wo vergleichbare Durationen auch tatsächlich am Bondmarkt erhältlich sind.

Die meisten Modelle gehen dieses ALM-Problem mit Methoden aus dem Umkreis des traditionellen Mean-Variance-Ansatzes an, dessen Charakteristika hier deshalb kurz wiedergegeben werden. Das Ziel von MARKOWITZ' berühmter Mean-Variance-Analyse[5] besteht in der Maximierung des erwarteten Portfolioertrages über *eine* Anlageperiode auf gegebenem Risikoniveau. Als Risiko wird meist die Varianz oder Volatilität der Erträge verwendet. Es können aber auch andere, asymmetrische Risikomaße[6] („lower partial moments") zur Anwendung kommen. Effiziente Portfolios repräsentieren den bestmöglichen Tradeoff zwischen erwartetem Ertrag und Risiko. Die Effizienzgrenze wird als geometrischer Ort aller Portfolios definiert, deren Ertrag bei gegebenem Risiko maximal ist. Solange man nur die Assets, also die Aktiva betrachtet, ist das optimale Portfolio auf der Effizienzgrenze allein durch die (subjektive) Risikotoleranz des Investors bestimmt.

Um auch Liabilities in diesem Rahmen zu berücksichtigen, kann der Mean-Variance-Ansatz auch direkt auf die „Asset-Liability"-Rendite[7] R_{AL} angewandt werden:

(1) $R_{AL} = (S_1 - S_0)/A_0 = R_A - kR_L/D$

Der neu eingeführte Parameter k im „Surplus" $S = A - kL$ erlaubt es, die Bedeutung, die man den Liabilities zumessen will, zu steuern. Der Fall k = 1 führt auf eine volle Surplusoptimierung, während man für k = 0 die reine Assetoptimierung wiederfindet. Bei voller Surplusoptimierung (k = 1) ist nur für Kassen mit dem Deckungsgrad D = 1 die „Asset-Liability"-Rendite R_{AL} einfach durch die Differenz der Anlagerendite $R_A = (A_1 - A_0)/A_0$ und der Liability-Wachsumsrate $R_L = (L_1 - L_0)/L_0$ gegeben. Für gesunde Kassen mit D > 1 ist der Einfluß der Liabilities auf die Asset Allocation immer um den Faktor 1/D gemindert. Für den Grenzfall D>>1 ist er zu vernachlässigen. Durch die Einführung von Verbindlichkeiten erfährt die (unrestringierte) Effizienzgrenze lediglich eine Parallelverschiebung.[8, 9]

Weit häufiger wird jedoch in der Praxis die Integration der Liabilities innerhalb des herkömmlichen Mean-Variance-Ansatz versucht, indem neben der Risikotoleranz des Investors als zusätzliches Auswahlkriterium auf der Effizienzgrenze das „downside risk" herangezogen wird.[10] So wird z.B. die Ausfallwahrscheinlichkeit in einer Nebenbedingung limitiert. Dabei wird jene Vermögensrendite als Zielrendite definiert, die den Deckungsgrad der Pensionskasse über die Planungsperiode auf einen von den Kassenverantwortlichen bestimmten Wert führt. Dazu muß das Deckungskapital am Ende der Periode bekannt sein, wobei es meist gemäß den BVG-

---

[5] Vgl. Markowitz (1952) und (1959).
[6] Zum Einsatz asymmetrischer Risikomaße anstelle der Varianz vgl. King (1993), Konno/ Yamazaki (1991), Konno et al. (1993), Markowitz et al. (1993), Harlow (1991), Kaduff (1996) und Schmidt-von Rhein (1996) sowie in diesem Band den entsprechenden Beitrag von Schmidt-von Rhein.
[7] Vgl. Sharpe/ Tint (1990).
[8] Vgl. Blanco et al. (1995).
[9] Diesen Methoden haften die bekannten Nachteile der MARKOWITZ-Modellen an. Vgl. dazu Best/ Grauer (1991), Green/ Hollifield (1992) und Lummer et al. (1995).
[10] Vgl. Leibowitz et al. (1992) und (1996), Jaeger (1994) sowie Albrecht (1995).

konformen[11] versicherungstechnischen Bilanzierungsmodellen berechnet wird. Fortschrittliche Modelle schreiben es zu diesem Zweck über den gesamten Planungshorizont Jahr für Jahr fort, wobei ein bestimmtes wirtschaftliches und unternehmerisches Szenario unterstellt wird (Annahmen zur Inflations-, Reallohn- und Bestandsentwicklung). Ein erster Schritt über diese deterministische Projektion zukünftiger Entwicklungen hinaus ist die Simulation einzelner möglicher Szenarien und ihrer Auswirkungen. Die Absicht bei solchen Simulationen besteht jedoch nicht mehr darin, den Verantwortlichen eine konkrete, optimale Anlageempfehlung aufzuzeigen, sondern ihnen über Sensitivitätsanalysen lediglich Entscheidungshilfen an die Hand zu geben und Handlungsspielräume aufzuzeigen.

3. Die Problematik herkömmlicher Ansätze im ALM

Gemessen an der einleitend umschriebenen Zielsetzung des ALM zeigen die in Kapitel 2 nur grob umrissenen herkömmlichen Lösungsansätze teilweise beträchtliche *Defizite*. Die folgende Liste gibt einen Überblick über die Aspekte, die im traditionellen ALM-Rahmen zu kurz kommen oder gar nicht berücksichtigt werden. Die Punkte werden anschließend gesondert erläutert.

a) Dynamik der Anlageentscheidungen
b) Dynamik der Märkte und der Liabilities
c) Konsistente Erfassung und Berücksichtigung kurz- und langfristiger Ziele
d) Integration von Cash Flows und Transaktionskosten
e) Stochastische Projektion der Liabilities
f) Integration der Liabilities
g) Bewertung der Liabilities
h) Relevante Risikomaße

a) Dynamik der Anlageentscheidungen: In der Praxis zieht keine Kasse eine strategische Asset Allocation über einen längeren Planungshorizont von vielleicht 10 Jahren einfach als „Buy&Hold"- oder jährlich „Rebalanced"-Strategie durch, wie das die herkömmlichen Ansätze suggerieren. In Wirklichkeit wird eine *dynamische Anlagestrategie* verfolgt: Die überwachenden Verantwortlichen leiten je nach Entwicklung der nur unvollständig vorhersehbaren finanziellen Situation der Kasse periodisch Korrekturmaßnahmen ein. Entweder wird die Asset Allocation (Anlagestrategie) angepaßt, oder (seltener) die Leistungs- und Beitragspolitik verändert (Liability-Management).

Das tatsächliche dynamische Vorgehen von Pensionskassen kann augenfällig nur durch dynamische Modelle wiedergegeben werden, die den Planungshorizont in einzelne Anlageperioden unterteilen. Erst diese geben Umschichtungsempfehlungen im Zeitablauf. Im traditionellen Ansatz mit einer „Buy&Hold"-Strategie über

---
[11] BVG: Bundesgesetz über die berufliche Vorsorge in der Schweiz. Vgl. auch Fußnote 3.

die gesamte Planungsperiode ist dies nicht möglich. Auch eine jährlich wiederholte statische ALM-Analyse (ein rollierend eingesetztes statisches Modell) ist, insbesondere wenn die für Pensionskassen typisch langfristigen Ziele verfolgt werden müssen, kein Ersatz für eine umfassende dynamische Betrachtungsweise über den gesamten Planungshorizont.

Dieser Sachverhalt lässt sich veranschaulichen anhand der dynamischen Strategie der Optionsreplizierung[12] im Vergleich zur statischen Absicherungsstrategie über den Kauf und das anschließende Halten einer Option bis zum Verfall. Beim Kauf einer Option geht man eine an sich unbeabsichtigte Wette über die Entwicklung der Volatilität des Basiswertes ein. Dagegen sorgen die laufenden Anpassungen des Optionsdeltas an die reale Entwicklung des Basiswertes im „dynamic delta hedging" dafür, daß nur die *tatsächlich* bis zum Verfall realisierte Volatilität zu bezahlen ist. Damit ist die dynamische Strategie im Prinzip effizienter. Sie erreicht das Absicherungsziel ohne ökonomische Zusatzkosten (Wettrisiko). Man beachte auch, daß die Adjustierung des Deltas und damit der Positionen bei der überlegenen dynamischen Optionsreplizierung nur aus der Warte des langfristigen Ziels (Ausübungspreis bei Verfall der Option) berechnet werden können. Die Formulierung der zu verfolgenden Hedgingstrategie *allein* auf kurzfristiger (Tages-) Basis ist nicht möglich. Die Replikationsstrategie lässt sich also auch nicht in eine Folge *unabhängiger* (statischer) Einzelstrategien zerlegen. Nur in einem Rahmen, der auch die Formulierung eines übergeordneten langfristigen Zieles zuläßt, kann dieses über die kurzfristigen (Tages-) Umschichtungen mit Sicherheit erreicht werden (vgl. dazu auch Punkt c).

b) Dynamik der Märkte und Liabilities: Wenn ein *zeitlicher* Verlauf für Risiko- und Ertragsprognosen der Anlagemärkte vorliegt, und diese Struktur erfaßt sowie optimal ausgenützt werden soll, kann dies nur in einem dynamischen Modell geschehen.[13] Das selbe gilt für den zeitlichen Verlauf der Liabilities, falls also unternehmerische Pläne bezüglich der Lohnpolitik und des Auf- oder Abbaus des Mitarbeiterbestandes bekannt sind, falls Änderungen gesetzlicher oder reglementarischer Bestimmungen (Beiträge, Leistungen) anstehen, und wenn schließlich sogar Entwicklungen der demographischen Grundlagen absehbar sind. Das Deckungskapital kann zwar gemäß der gegebenen Dynamik über den ganzen Planungshorizont (deterministisch) fortgeschrieben werden; wenn aber am Schluß in der herkömmlichen Einperiodenanlageentscheidung doch nur der Periodenendwert in die Betrachtung einfließt, gehen der dynamische Aspekt und damit auch entsprechende mögliche Effizienzgewinne wieder verloren. Deshalb ist für alle diese Fälle eine Dynamik im ALM von großer Bedeutung. Nur dynamische Modelle erlauben es auch, zeitliche

---

[12] Vgl. Hull (1993) S. 300.
[13] Daß für die dynamische Anlagestrategie nicht nur die jeweiligen Prognosewerte für die unmittelbar folgende Periode relevant sind, leuchtet sofort ein, wenn Kosten (Transaktions-, Ausfallkosten) berücksichtigt werden. Aber selbst wenn keine zeitliche Struktur unterstellt wird, und die Prognosen über alle Perioden konstant gehalten werden, wird ein Mehrperiodenmodell risikoreicher und damit auch langfristig ertragreicher und effizienter als ein Einperiodenmodell investieren können, da es flexibel (szenarioangepaßt) auf den tatsächlichen Ausgang der einzelnen Perioden reagieren kann.

Abhängigkeiten wie „mean reversion" und Autokorrelationen zu modellieren. Schließlich liefert die verbreitete Berechnung des Deckungskapitals nach buchhalterischen Prinzipien nur ein *statisches* Bild bezüglich Lohnentwicklung, Inflation und Zinssatz, was zu Inkonsistenzen führen kann (vgl. Punkt g). Sie muß durch eine marktkonforme „dynamische" Bewertung ersetzt werden.

c) Konsistente Erfassung und Berücksichtigung kurz- und langfristiger Ziele: Pensionskassen haben meist mehrere Ziele (und entsprechende Risiken), die sich auf sehr unterschiedliche Zeithorizonte beziehen können: Leistungsziele wie die Rentenindexierung (Anpassung der Renten an die Teuerung), Beitragsziele, Renditeziele und Ziele, die den Deckungsgrad betreffen. Diese stehen oft in Konkurrenz zueinander. So reduziert bekanntlich das kurzfristige Ziel, jedes Jahr bilanztechnische Deckungslücken zu vermeiden, die Chance, das langfristige eigentliche Finanzierungsziel jeder Pensionskasse zu erreichen; die kurzfristig erfolgreiche Strategie weist langfristig in die falsche Richtung. Es ist entscheidend, daß der spezifische Zeithorizont jedes Zieles auch quantitativ erfaßt werden kann, um sinnvolle Tradeoffs zu ermöglichen respektive explizit werden zu lassen. Dies ist eine der wesentlichsten Voraussetzung eines ALM-Modells zur Schaffung von Mehrwert (vgl. dazu das Beispiel der Optionsreplizierung am Schluß von Punkt a). Außerdem sollten alle Ziele für die Optimierung konsistent abgewogen werden können. Jedes Ziel soll entsprechend seiner ihm zugemessenen Bedeutung „gewichtet" sein. Beides war im Rahmen herkömmlicher Modelle nur sehr bedingt möglich.

d) Integration von Cash Flows und Transaktionskosten: In einem statischen Modell ist es nicht notwendig, Cash Flows zu betrachten, die zum Beispiel auf nicht erfolgsneutrale Bestandsfluktuationen (Mutationsgewinne) u.ä. zurückzuführen sind; was mit allfälligen Cash Flows am Periodenende geschehen soll, ist irrelevant, d.h. ohne Einfluß auf die Strategie. Innerhalb eines dynamischen Modells haben sie jedoch sehr wohl ihren Stellenwert. Ihr Ausmaß und ihr zeitlicher Verlauf beeinflussen die Performance bekanntlich stark. Transaktionskosten können ebenfalls einfach berücksichtigt werden.

e) Stochastische Projektion der Liabilities: Herkömmliche ALM-Modelle stützen sich für die zukünftige Entwicklung der Cash Flows (Beitrags- und Rentenzahlungen) und damit auch für die Bestimmung des Deckungskapitals auf *deterministischen Projektionen* ab. Die tatsächlichen Unsicherheiten und Korrelationen der relevanten Parameter „Inflation", „Zinsen", „Löhne" und „Personalbestand" werden auch bei der Betrachtung verschiedener, einzelner Szenarien (Sensitivitätsanalysen) nur sehr rudimentär erfaßt. Zusätzlich werden die Schwankungen des Deckungskapitals oft durch die Praxis einer nicht marktkonformen Liabilitybewertung (Abdiskontierung zum festen „technischen" Zinssatz) geglättet. Beides täuscht ein relativ stabiles Deckungskapital vor und ist für die Risikomessung irreführend.[14] Die Assets *und* die

---

[14] Wydler (1992), S. 174 bemerkt dazu: "Während effektiv die Volatilität des auf Marktwerten beruhenden Überschusses (Surplus) das anlagespezifische Risiko der Pensionskasse repräsentieren müßte, rückt infolge des sich konstant entwickelnden Deckungskapitals das absolute Schwankungsverhalten der Vermögenswerte in den Vordergrund: aus ökonomischer Sicht wird das Risiko einer Anlagestrategie falsch definiert".

Liabilities sollten beide stochastisch modelliert und marktkonform bewertet werden.

f) Integration der Liabilities: Der Versuch, Liabilities im Rahmen der herkömmlichen Asset Allocation zu berücksichtigen, bleibt insgesamt bruchstückhaft und unbefriedigend. Die vollständige Integration der Liabilities in eine *simultane* Allokation von Assets und Liabilities ist im Rahmen traditioneller Ansätze gar nicht möglich.[15]

g) Bewertung der Liabilities: Die versicherungstechnischen, BVG-konformen[16] Bewertungsprinzipien (keine Inflation, keine Lohnerhöhungen, ein konstanter „technischer" Zinssatz von meist 4% zum Abdiskontieren der Verpflichtungen) sind nicht marktkonform. Unterstellt man also für die zukünftige Entwicklung des Deckungskapitals über einen längeren Planungshorizont ein ökonomisches Marktszenario, darf das Deckungskapital nicht gleichzeitig nach den „buchhalterischen" BVG-Prinzipien berechnet werden. Andernfalls treten Inkonsistenzen auf der Liabilityseite auf. Zum Beispiel reicht für die meisten Leistungsprimatkassen eine Anlagerendite in der Höhe des technischen Zinsfußes nicht aus, um einen konstanten Deckungsgrad von 100% aufrechtzuerhalten, obwohl die anerkannten buchhalterischen Annahmen dies suggerieren. Letztere passen außerdem nicht mit den entsprechenden (ökonomischen) Erwartungen auf der Assetseite zusammen, was einer Ungleichbehandlung von Assets und Liabilities gleichkommt. Zu den Auswirkungen der Bewertungspraxis in der Schweiz gehört eine im Vergleich zu angelsächsischen Ländern nominal- und immobilienlastige Anlagepolitik mit entsprechenden Folgen für das langfristige Finanzierungsrisiko.

h) Relevante Risikomaße: Die wahren Risiken einer Pensionskassen sind durch den (ökonomischen) Deckungsgrad ($D = A / L$) oder den Surplus ($S = A - L$) bestimmt. Davon kann nur ein Teil über die Volatilität der Anlagerenditen in der Mean-Variance-Analyse von MARKOWITZ abgebildet werden. Letztere vermag auch asymmetrische Renditeverteilungen, wie sie durch den Einsatz von Optionen entstehen, nicht angemessen zu erfassen. Die inzwischen beliebt gewordene und oft ergänzend herangezogene, dem Verständnis zugänglichere Ausfallwahrscheinlichkeit ist andererseits kein vollständiges Risikomaß, da sie das Ausmaß eines Ausfalls unberücksichtigt läßt.[17] Trotzdem ist die Risikomessung nicht zuletzt unter dem Aspekt ihrer intuitiven Verständlichkeit zu sehen. Je faßbarer das Risiko ist, desto einfacher und klarer können Entscheidungen ausfallen. Bei MARKOWITZ sind die Bedeutung und die Auswirkungen der (subjektiven) Risikotoleranz bezüglich der abstrakten Varianz für die Pensionskasse nur schwer greifbar.

Zur Remedur der aufgeführten Defizite herkömmlicher ALM-Tools muß festgehalten werden, daß die Mängel a) bis d) nur mittels dynamischer Modelle behoben werden können. Die Punkte e) und teilweise f) legen zumindest die stochastische

---

[15] Bei Leistungsprimatkassen können die Beiträge prinzipiell auch angepaßt (optimiert) werden.
[16] Vgl. Fußnote 11 (3).
[17] Lower Partial Moments von der Ordnung größer als 1 (LPM_1, LPM_2 ...) sind diesbezüglich vollständig.

Programmierung als methodischen Lösungsansatz nahe. Die aus ökonomischer Sicht falsche Bewertungspraxis (Punkt g) ist nicht auf Optimierungstools, sondern auf die gesetzlichen Rahmenbedingungen in der Schweiz und entsprechende Anreizstrukturen zurückzuführen. Schließlich ist dem unter h) beschriebenen Mangel mit dem aussagekräftigen und verständlichen Konzept der Ausfallkosten beizukommen; Ausfallkosten spiegeln die Gefahr, die droht, wenn bestimmte Ziele nicht erreicht werden.

4. Grundsätze und Ziele dynamischer ALM-Modelle

Aus den Mängeln und Grenzen herkömmlicher Ansätze im Umfeld der Mean-Variance-Analyse für die Finanzplanung von Pensionskassen leiten sich umgekehrt die wesentlichen *Grundsätze und Ansprüche* ab, denen innovative ALM-Modelle genügen sollten. Die reale Entwicklungsdynamik der Wirtschaft und Finanzmärkte sowie der Unternehmenspolitik (Liabilities) sollte modelliert und mögliche Reaktionen der Entscheidungsträger auf entsprechend veränderte Ausgangslagen berücksichtigt werden. Generell empfiehlt es sich, ein Maximum an verfügbarer relevanter Information von Anfang an in die Anlageentscheidung einfließen zu lassen. Entsprechend den periodischen Sitzungen des kassenverantwortlichen Stiftungsrates ist es angezeigt, den Planungshorizont in mehrere Anlageperioden einzuteilen, an deren Beginn jeweils Portfolioinvestitionen und andere Entscheidungen getroffen werden können. Nur durch die Unterteilung in einzelne Zeitperioden können auch kurz-, mittel- und langfristige Ziele und entsprechende Risiken differenziert und konsistent in einem einheitlichen Gesamtsystem erfaßt und abgewogen werden.

Dynamische Modelle erlauben schließlich auch die bequeme Berücksichtigung von Transaktionskosten sowie von intertemporalen Abhängigkeiten der ökonomischen Faktoren („mean reversion" und Autokorrelation). Als weiterer Grundsatz gilt, daß inhärente Unsicherheiten nicht einfach durch deterministische, nicht vorhandene Sicherheit vortäuschende Projektionen beseitigt werden sollten. Die miteinander korrelierten Assets *und* Liabilities sollten dagegen gemeinsam stochastisch modelliert werden. Die Liabilities müssen auf die gleiche Basis wie die Assets gestellt werden: Beide sollten aus ökonomischen Gründen und im Sinne einer vermehrten Transparenz konsequent zu Marktwerten bewertet werden. Zwar führt letztlich kein Weg um die gesetzlichen BVG-Anlagebestimmungen[18] herum. Ihre Einhaltung läßt sich aber bei Bedarf auch mit anderen Mitteln erreichen (außerordentliche Beiträge des Arbeitgebers, Auflösung von Reserven u.ä.). Zumindest kann eine konsequente Marktbewertung die Opportunitätskosten einer unter nichtökonomischen Voraussetzungen durchgeführten Anlagepolitik aufzeigen. Schließlich sollten die verwendeten Risikomaße vollständig, aussagekräftig und leicht verständlich sein.

---

[18] Vgl. Fußnote 11 (3).

Im Rahmen einer stochastischen Programmierung über mehrere Perioden können alle diese Anforderungen an ein innovatives ALM weitgehend erfüllt werden.[19] Dadurch wird aber die herkömmliche statische Markowitzoptimierung nicht einfach vollständig ersetzt. Das Augenmerk der dynamischen stochastischen Programmierung im ALM gilt in erster Linie der angemessenen Berücksichtigung und Integration der Liabilities in ein umfassendes, realistisches *Risikokonzept*. Sie kann und sollte deshalb auch eher als ein Instrument zur Festlegung einer kassenspezifisch adäquaten *Benchmark* denn als eigentliches taktisches Optimierungstool zur Bestimmung aktiver Portfoliogewichte angesehen werden. Die Liabilities selbst, die als Zielgröße verstanden die tatsächliche Benchmark jeder Pensionskasse darstellen, sind nicht replizierbar und darum als *Benchmark* für das Portfoliomanagement ungeeignet. Ganz in diesem Sinne beziehen sich die im SwissPACT-Modell (Abschnitt 6) berechneten Anlageempfehlungen auf recht weit gefaßte Anlagekategorien wie „Aktien Ausland" oder „Obligationen Ausland". Die Notwendigkeit, in einem zweiten Schritt die strategische Anlagestrategie auf Länderebene zu verfeinern, läßt immer noch genug Raum auf dieser untergeordneten Ebene für die kurzfristigere „taktische" eigentliche (relative) Einperiodenoptimierung mit vermehrter Beachtung der *Ertrags*prognosen. Die Wahl der Benchmark oder der strategischen Asset Allocation hat aber überragende Bedeutung: Sie erklärt im Durchschnitt über 90% der Streuung der Anlagerenditen.[20] Echten Mehrwert für Pensionskassen generieren also innovative ALM-Modelle in erster Linie dank ihrer realistischen Risikokonzeption (volle Integration der Liabilities und Wahl adäquater Zeithorizonte), die die wahre Risikofähigkeit einer Kasse erfaßt und damit zu effizienteren Anlagestrategien führt.

Die Nachteile der dynamischen stochastischen Optimierung sollen aber nicht unterschlagen werden. Die hohe Rechenintensität wurde schon einleitend als bedeutendes praktisches Hindernis erwähnt. Entsprechend aufwendig fallen Sensitivitätsanalysen aus, die das unvermeidliche Nebenprodukt jeder ALM-Studie sind. Daneben sind die Entwicklungskosten eines ALM-Tools beträchtlich und verlangen fundierte Kenntnisse in der stochastischen Modellierung und in der Erzeugung von Szenarien. An den Anwender werden ebenfalls höhere Anforderungen gestellt: Wie muß dieses High Tech-Instrument sinnvoll eingesetzt werden, um dessen Mehrwertpotential richtig auszuschöpfen?[21] Als Input sind u.a. detaillierte Prognosen für

---

[19] Bei den übrigen Methoden zur Lösung des dynamischen Investmentproblems (vgl. Fußnote 2) stellt man leider oft fest, daß der Definitionsbereich der Entscheidungsvariablen derart eingeschränkt werden muß (um explizite Lösungen finden zu können), daß diese Methoden für die Praxis eher selten relevant sind. Es werden hier deshalb nur jene, einer breiteren Anwendung zugänglichen Verfahren betrachtet, die versuchen, die Unsicherheiten durch eine beschränkte, aber hinreichend große Anzahl an Szenarien (Pfade) über mehrere Zeitperioden in den Griff zu bekommen. Die Abbildung stochastischer Prozesse mittels eines diskreten Szenariobaumes wird auch im bekannten Binomialmodell für Aktienpreise eingesetzt, um bestimmte Optionen numerisch zu bewerten; vgl. dazu Hull (1993), S. 335 ff. Für einige Zinsmodelle (Vasicek, Hull-White) kommen Trinomialbäume zum Einsatz; vgl. Hull (1993), S. 395.
[20] Vgl. Brinson et al. (1986) und (1991).
[21] Zum Beispiel verlangt die Bestimmung der Parameter zur Strafkostenfunktion in einem dynamischen ALM-Modell wie dem des SwissPACT (Abschnitt 6) einige Erfahrung mit dem Systemverhalten. Andererseits darf man sich nicht verleiten lassen, die erweiterte Gestaltungsfreiheit zur Manipulation der Lösung in eine gewünschte Richtung zu mißbrauchen.

Risiken und Erträge im Zeitablauf erforderlich, was bekanntlich bereits im statischen Fall ein schwieriges Geschäft ist.[22] Dann muß im allgemeinen auch mit einem dynamischen ALM-Tool in gewissen Abständen eine Neuberechnung vorgenommen werden. Die reale Entwicklung der stochastischen Variablen kann aber auch einmal zufällig mit einem vom System entworfenen Szenario zusammenfallen oder wenigstens in dessen „Nachbarschaft" geraten. Wenn zusätzlich die relevanten Prognosen ihre Gültigkeit bewahrt haben, und auch in anderer Hinsicht die Ausgangslage unverändert ist, kann im Prinzip die für dieses Szenario bereits berechnete Anlagestrategie für die zweite Periode übernommen werden.

5. Stochastische Programmierung in der Praxis

Anfang der neunziger Jahre wurde von der *Frank Russell Company* und der großen Japanischen Versicherungsgesellschaft *Yasuda Kasai* ein auf die spezifischen Bedürfnisse von Yasuda zugeschnittenes ALM-Modell auf der Basis der stochastischen linearen Mehrperiodenprogrammierung entwickelt,[23] das sich von Vorläufermodellen[24] dieses Typs in einigen wichtigen Punkten abhebt und zumindest in einem praktischen Sinne als Durchbruch und „state of the art" gefeiert wurde.[25] Da das Russel/ Yasuda-Modell bei der Entwicklung von SwissPACT Pate stand, wird es hier in groben Zügen kurz charakterisiert. Im Rahmen der anschließenden Darstellung von SwissPACT werden die angesprochenen Konzepte ausführlicher erläutert.

Das wichtigste Ziel des R/Y-Modell bestand darin, für eine neue und immer populärer werdende Art von Versicherungspolicen mit Sparcharakter hohe jährliche

---

[22] Soweit die stochastische Programmierung zur Festlegung einer *strategischen* Anlagestrategie oder Benchmark dient, sollten allerdings anstelle der mit größeren Unsicherheiten behafteten "dynamischen" Prognosen für alle Perioden die gleichen *konstanten* (Langfrist-) Prognosen verwendet werden. Die Dynamik auf der Liabilityseite, die ohnehin Benchmarkcharakter hat, sollte dagegen uneingeschränkt berücksichtigt werden, damit sich ihr Einfluß auf die Anlagestrategie voll entfalten kann.

[23] Vgl. Carino et al. (1994).

[24] Das von Kusy/ Ziemba (1986) entwickelte ALM-Modell für Banken kann als direkter Vorläufer des Russell/ Yasuda-Modell angesehen werden, insbesondere was die Modellierung der Liabilities anbelangt. Für Literaturangaben zu den zahlreichen Alternativen, Unsicherheiten durch stochastische Programmierung abzubilden, vgl. Carino et al. (1994), S. 32 sowie Mulvey (1994), S. 155. Entfernter verwandt sind einige Bondmodelle, welche aber neben Fixed Income-Instrumenten keine anderen Assetklassen zulassen. Es gibt auch Modelle, die "Netzwerkeigenschaften" auszunützen versuchen. Vgl. dazu Mulvey/ Vladimirou (1989) und (1992) sowie Zenios (1991). Die bei Pensionskassen üblichen allgemeinen Restriktionen für Assetklassen erschweren aber die Verwendung dieser Modellgruppe ganz beträchtlich. Die Vor- und Nachteile der miteinander konkurrierenden technischen Verfahren zur Lösung der stochastischen Mehrperiodenprogrammierung sind noch nicht erschöpfend erforscht worden; vgl. Mulvey (1994), S. 156.

[25] "The Russell/Yasuda model is the largest known asset-allocation model in existence for a major corporation [...]. It uses the latest academic theory and fully considers the constraints and uncertainties of the company to achieve their long-run goals." ZIEMBA zitiert nach Henriques (1991), S. 11. Das Russell/ Yasuda-(R/Y-)Modell erhielt 1993 den zweiten Preis im Edelman-Wettbewerb für die beste Anwendung in Management Science.

Einkommen zu generieren (also Zinszahlungen, die per Gesetz nicht aus Kapitalgewinnen gespeist werden dürfen), ohne das langfristige Ziel der Maximierung des Firmenvermögens zu opfern. Für diese zwei potentiell gegenläufigen Ziele sollte der beste Tradeoff unter Einhaltung einer Vielfalt komplexer Restriktionen erreicht werden, wobei sowohl die inhärenten Unsicherheiten als auch die Dynamik der Finanzmärkte und der für das Geschäftsumfeld relevanten ökonomischen Größen umfassend einzubeziehen waren. In der zu maximierenden Zielfunktion des R/Y-Modells wird der Surplus direkt mit den Risiken kombiniert; die Risiken werden durch ihre stückweise linearisierten (konvexen) Ausfallkosten quantifiziert. Dadurch ist es möglich, das Optimierungsproblem auf ein großes, aber lineares und separierbares Programm zu reduzieren. Im Gegensatz zu MARKOWITZ' Varianzkriterium können Manager diesem asymmetrischen Risikomaß auch eine greifbarere Bedeutung abgewinnen. Für sieben Assetklassen, sechs Zeitperioden und 256 Szenarien benötigt eine IBM RS/ 6000 Model 530-Workstation (OSL Software-Paket) weniger als 3 Stunden für die Lösung. Die vom R/Y-Model vorgeschlagenen Investitionsstrategien erzeugten in den ersten zwei Jahren ihrer Anwendung einen Mehrwert von 42 Basispunkten resp. USD 79 Mio. im Vergleich mit der bis dato verwendeten alten Methodologie.[26] Letztere bestand darin, aus Markowitz-effizienten Portfolios jenes zu bestimmen, dessen Ausfallwahrscheinlichkeiten für die beschriebenen Anforderungen den Verantwortlichen hinreichend klein erschienen. Die Anforderungen in Form von Renditezielen wurden auf der Basis einzelner simulierter und für plausibel eingeschätzter Szenarien (über eine Periode) berechnet. Das bisherige Verfahren konnte jedoch keinerlei Gewähr bieten, daß die gewählte Strategie für das dynamische Problem optimal war. Als statisches Modell vermochte es auch nicht die Zahlungsströme der Assets mit jenen der Liabilities zeitlich zu synchronisieren, da die Liabilities dynamische Elemente (u.a. ein in der Wandlung begriffenes Geschäftsumfeld) enthielten. Das bisherige Verfahren griff eindeutig zu kurz, weshalb ein auf neuartigen Konzepten aufbauendes, umfassenderes ALM-Instrument entwickelt wurde.

Die meisten Manager werden für ihre Pensionskasse kaum ein so komplexes und reichhaltiges Tool wie das R/Y-Modell benötigen. Das R/Y-Modell war jedoch die erste kommerzielle Anwendung großen Stils der Technik der stochastischen Programmierung über mehrere Perioden in diesem Bereich und kann als ein Rückgrat innovativer ALM-Modelle auf der Höhe der Zeit betrachtet werden, aus dem heraus in der Folge Adaptionen für den US- und den Schweizer Pensionskassenmarkt entstanden. Für das Softwaretool SwissPACT steuerte der Schweizerische Bankverein (SBV) insbesondere ein auf die schweizerischen Gegebenheiten angepasstes Liability-System bei, das die Cash Flows und das Deckungskapital für beliebige schweizerische Pensionskassen berechnet.

---

[26] Vgl. Carino et al. (1994), S. 47.

6. Das SwissPACT-Modell

Übersicht

SwissPACT (Swiss Pension Asset Control Technology) wurde auf der Grundlage des Russell/ Yasuda- und des SBV Liability-Modells gemeinsam von der Frank Russell Company (FRC) und dem Schweizerischen Bankverein (SBV) in den Jahren 1995/96 entwickelt, um Schweizer Pensionskassen im Hinblick auf Anlagestrategie und Risikomanagement beraten zu können. Es läßt sich flexibel an die individuellen Bedürfnisse der einzelnen Kassen anpassen und kann sowohl Leistungsprimat- (LPK), Beitragsprimatkassen (BPK) als auch spezielle BPK mit Sparkapital berücksichtigen. In der aktuellen Ausgestaltung[27] maximiert SwissPACT auf der Basis der stochastischen Programmierungstechnik über mehrere Anlageperioden von 1, 2, 2 und 5 Jahren für einen Planungshorizont von insgesamt 10 Jahren (Abbildung 1) sowie unter Einhaltung relevanter Restriktionen den Überschuß (Surplus) am Ende des Planungshorizontes abzüglich aller über die Einzelperioden kumulierten Ausfallkosten. Die Ausfallkosten beziehen sich auf Zielgrößen, die vom Anwender identifiziert und in ihrer relativen Wichtigkeit festgelegt werden. Die Ziele betreffen typischerweise den ökonomischen Deckungsgrad, die absolute Rendite pro Anlageperiode und die kumulierte Rendite über die gesamte Planungsperiode sowie die Rendite relativ zu einer Benchmark. Die Ausfallkosten werden mittels stückweise linearen (konvexen) Strafkostenfunktionen[28] berechnet, die in ihrer Form und relativen Gewichtung für jede Periode einzeln ebenfalls vom Anwender festgelegt werden müssen. Sie erlauben es, die spezifischen kurz- und langfristigen Risiken gemäß der eigenen Wahrnehmung bequem und quantitativ leicht verständlich zu erfassen. Die grundlegenden Variablen, die in SwissPACT über stochastische Prozesse modelliert werden, sind die Anlageerträge, die Zinsen und die Inflation. Dazu wird ein Szenariobaum generiert, der das Kontinuum der möglichen Zustände diskretisiert. Die von SwissPACT benötigten Eingaben betreffen die Kassenstruktur (Mitgliederbestand, Altersstruktur und dessen Entwicklung) sowie den Kassentyp (LPK, BPK), Prognosen für jede Anlageperiode (Anlageerträge, Zinsen, Inflation und Varianz-Kovarianz-Matrix), Parameter zu Autokorrelation und Mean Reversion sowie Form und Gewichtung der Strafkostenfunktionen. Die zu Beginn jeder Anlageperiode festzulegenden Entscheidungsvariablen beziehen sich auf die Aufteilung des Vermögens auf rund 10 relativ weit gefaßte Anlagekategorien. Bei LPK können bei Bedarf auch die Beiträge minimiert werden, d.h., daß die Beitragsfestsetzung als weitere Entscheidungsvariable hinzukommt; Anlageentscheidung und Beitragspolitik können in SwissPACT also simultan optimiert werden. Auch das regulatorische Umfeld, bestehend aus dem Kassenreglement, den gesetzlichen Bestimmungen und den allfällig erwünschten zusätzlichen Restriktionen kann von Fall zu Fall individu-

---

[27] Die Periodeneinteilung, die Szenariobaumstruktur, die Anzahl der Assetklassen und andere Systemvariablen sind in SwissPACT grundsätzlich frei wählbar. Einfachheitshalber wird SwissPACT hier mit einer festen Einstellung dieser Größen vorgestellt, so wie sie in der Praxis zur Zeit meistens eingesetzt wird.

[28] Vgl. Carino et al. (1994), S. 34.

ell festgelegt werden. Das stochastisch-dynamische Problem wird dank der Diskretisierung der zwei Dimensionen „Zeit" und „Zustandsraum" und dank der linearisierten Strafkostenfunktionen auf ein großes, deterministisches lineares Programm zurückgeführt, das mit IBMs OSL-Softwarepaket in vernünftiger Zeit (üblicherweise 2 bis 3 Stunden) gelöst werden kann. Als Resultat liegen Empfehlungen für die beste Anlage- und Beitragsstrategie vor, mit der die Kasse ihre Ziele unter minimalen (tragbaren) Risiken erreichen kann. Primär sind dies:

- eine Anlagestrategie für die erste Periode und erwartete Anlagestrategien für zukünftige Perioden („contingency plan", vgl. Abbildung 2),
- bei Bedarf eine Strategie für Beitragszahlungen über die Zeit,
- das erwartete Vermögen für jeden Anlagehorizont (d.h. per Periodenende),
- erwartete Ausfallkosten und Ausfallwahrscheinlichkeiten bzgl. der gesetzten Ziele,
- erwartete Käufe und Verkäufe von Anlagen zu Beginn der Perioden 2, 3 und 4.

Ein Ausschnitt aus der Fülle an Ergebnissen, die SwissPACT als dynamisches Modell liefern kann, wird in Abbildung 2 gezeigt. Die sicherlich primär interessierende, aktuelle Anlageempfehlung für die erste Anlageperiode (zu Beginn des Jahres 0) wird ergänzt durch die erwarteten, über alle Szenarien gemittelten Anlageempfehlungen zu Beginn der Folgeperioden 2, 3 und 4 (Jahre 1, 3 und 5). Daraus bestimmen sich auch die erwarteten Umschichtungen von der über die Vorperiode entwickelten Portfoliostruktur zur neuen Anlageempfehlung, die für die nachfolgende Periode gültig ist. Auch lassen sich Aussagen zur Wahrscheinlichkeitsverteilung, beispielsweise des kumulierten Ertrages, treffen. Alle Ergebnisse zur optimalen Strategie können direkt mit jenen verglichen werden, die bei einer Beibehaltung der bisher von der Kasse verfolgten Strategie erzielt würden.

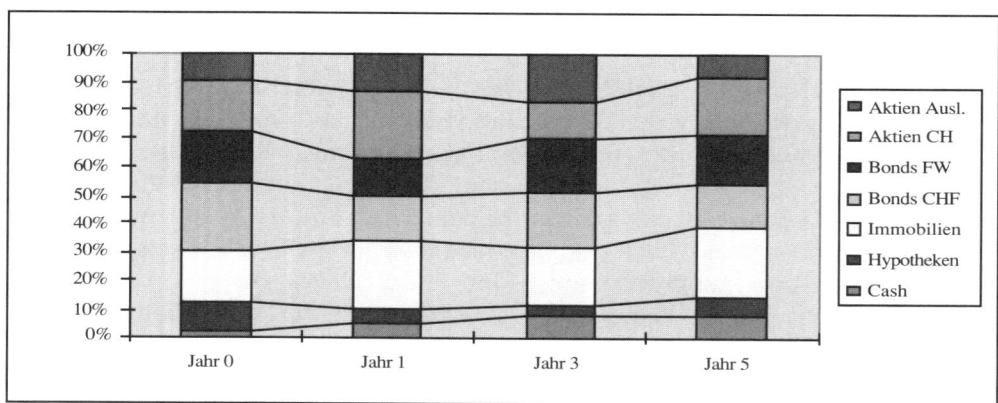

Abb. 2: Die dynamische Anlageempfehlung als typisches Ergebnis von SwissPACT

Wie müssen nun diese Ergebnisse im Vergleich zu jenen eines statischen Mean-Variance-Modells eingeschätzt werden?[29] Interne Tests ergaben, daß die dynamische Natur von SwissPACT im Vergleich zu einem einfacheren Einperiodenmodell insbesondere dann zu einer im Durchschnitt überlegenen Performance führt,

- wenn langfristige Ziele verfolgt werden, und deshalb die Möglichkeit an Bedeutung gewinnt, das Portfolio als Reaktion auf ein verändertes Umfeld umschichten zu können. SwissPACT nimmt diese Möglichkeiten vorweg und bestimmt deshalb ein Portfolio, das der unsicheren zukünftigen Entwicklung besser angepaßt ist als die Anlageempfehlung eines statischen Modells;
- wenn die Erfüllung kurz- und langfristiger Ziele einen ausgeprägten Tradeoff impliziert, so daß sich Portfoliorevisionen als Möglichkeit zu einer Umstellung von der Kurzfrist- auf die Langfriststrategie ganz natürlich anbieten;
- wenn die Transaktionskosten relativ hoch sind, so daß nichtantizipierte Neuallokationen teuer ausfallen können.

Wie bereits in Abschnitt 4 erläutert wurde, ersetzt SwissPACT aber nicht notwendig die Einperiodenmodelle MARKOWITZ'schen Zuschnitts. Wenn die Ergebnisse von SwissPACT im Sinne einer Benchmark interpretiert werden, können statische Modelle eine Ergänzung und Verfeinerung der Anlageempfehlung auf einer tiefergelegenen, detaillierteren (Länder-) Ebene und auf eine kürzere, taktische (Einperioden-) Sicht darstellen.

Szenariobaum und Periodenstruktur

SwissPACT liefert eine Anlageempfehlung über einen 10-jährigen Planungshorizont mit Zwischenempfehlungen zu Beginn der Perioden 2, 3 und 4 resp. zu Beginn der Jahre 1, 3 und 5 (Abbildung 2), in Abhängigkeit von den Ergebnissen der Vorperiode. Dank der zusätzlichen Entscheidungsmöglichkeiten im Zeitverlauf ist SwissPACT flexibler; es werden bedingte Strategien errechnet, und die Effizienz der Anlageempfehlungen auf allen Entscheidungsstufen wird erhöht. Es wird aber nicht nur die Zeit, sondern auch das Kontinuum der möglichen Zustände diskretisiert: Die Unsicherheiten in der zukünftigen Entwicklung (Wahrscheinlichkeitsverteilung) des ökonomischen Umfeldes werden mit einem „Szenariobaum" erfaßt (Abbildung 1). Ein einzelner Pfad des Baumes wird *Szenario* genannt, er repräsentiert eine spezielle, mögliche Realisierung aller stochastischen Schlüsselvariablen (Asseterträge, Zinsen und Inflation) und der daraus abgeleiteten Größen (Lohnerhöhungen) über den gesamten Zeithorizont. Alle Pfade gehen von der Baumwurzel aus, die sich auf die Gegenwart bezieht. Verschiedene Pfade können bis zu einem bestimmten Punkt einen gemeinsamen Pfad haben und erst dann voneinander abweichen. Jeder Knoten im Baum entspricht einem möglichen Zustand des ökonomischen Umfeldes zu einem bestimmten Zeitpunkt. Er ist zugleich der Punkt, an dem die Entscheidungsvariablen der Pensionskasse neu festzulegen sind, einerseits rückblickend aufgrund der erreichten Ausgangslage und andererseits mit Blick auf die verbleibenden zukünftigen Entwicklungsmöglichkeiten des Umfeldes. Die Gesamt-

---

[29] Zur Frage, wie ein fairer Vergleich der Modelle durchgeführt wird, vgl. Carino et al. (1994), S. 43 ff.

heit der Szenarien deckt den Zustandsraum ab, innerhalb dessen das Entscheidungsproblem gelöst werden muß. Deshalb sollte der Szenariobaum auch ein *repräsentatives* Spektrum der möglichen Umfeldentwicklung darstellen; die Anzahl der Szenarien darf einen kritischen Wert nicht unterschreiten. Ist sie andererseits zu groß, stößt man an die Grenzen der Computerkapazität. Mit Vorteil wird deshalb die Anzahl der Knoten und Äste so spezifiziert, daß sie mit jeder neuen Gabelung generell abnimmt.[30] SwissPACT berücksichtigt rund 16000 Szenarien und benötigt dafür Rechenzeiten von weniger als 3 Stunden auf zwei Workstations vom Typ IBM RISC System/6000. Dies sollte es dem Modell erlauben, Strategien zu entwerfen, die die realen Unsicherheiten des Umfeldes recht adäquat berücksichtigen. Die resultierende ALM-Strategie sollte dementsprechend für einen weiten Bereich der später tatsächlich eintretenden Ereignisse gut abschneiden.

Der Szenariogenerator konstruiert den Baum gemäß der spezifizierten Baumstruktur im wesentlichen mit Monte Carlo-Methoden und anschließenden Adjustierungen. Der Szenariogenerator kann aber auch speziell vom Anwender vorgegebene Szenarien mitberücksichtigen. Als Eingaben werden Ertragserwartungen und die Varianz-Kovarianz-Matrix auf jeder Entscheidungsstufe benötigt. Dies sind im Prinzip die gleichen Inputparameter wie im Mean-Variance-Modell. Nach dem Sampling, d.h. nach der Ziehung der Stichproben, werden die relativ wenigen Szenarien noch so adjustiert, daß Mittelwert und Varianz für jeden einzelnen stochastischen Prozeß genau mit den Vorgaben übereinstimmen. Dies geht auf Kosten einer Verschiebung der Korrelationen zwischen den Zufallsvariablen; ihre Absolutbeträge werden vergrößert.[31] Adjustiert man auch die Korrelationen, so werden höhere Momente verändert. Zweck dieser linearen Transformationen ist es, die Stabilität der Ergebnisse zu erhöhen. Die gleiche Ausgangslage soll trotz des Einsatzes von Zufallszahlgeneratoren immer zu recht ähnlichen Ergebnissen führen.

Stochastische Variablen und ihre Modellierung

Stochastische Prozesse beschreiben die Entwicklung von Umweltvariablen wie verschiedene Anlageerträge, Zinssätze, Inflation und Lohnerhöhungen. Dabei werden üblicherweise in SwissPACT rund 10 Anlagekategorien unterschieden. Bei den Aktien wird zwischen dem Heimmarkt Schweiz und dem Ausland, bei den Obligationen zwischen der Heimwährung CHF und der Fremdwährung (FW) differenziert. Aktien Ausland und Obligationen FW werden zudem in „hedged" und „unhedged" unterteilt, was implizit die Währungen als eine eigene Assetklasse definiert. Die restlichen Anlageklassen umfassen zum Beispiel Hypotheken an Mitarbeiter, Immobilien, Darlehen an die Firma und liquide Mittel. Die Erträge dieser Anlagekategorien werden als lognormalverteilte Zufallsvariablen modelliert. Die Zinssätze werden im wesentlichen über 3 Einjahresterminsätze (Spot 1 Jahr, Terminsatz von 9 auf 10 und von 19 auf 20 Jahre) durch spezielle, aber allgemein bekannte, periodenübergreifende Prozesse modelliert (Tabelle 1), die die wesentlichen intertemporalen Abhängigkeiten wie „mean reversion" und Autokorrelation (AR) erfassen. Die em-

---

[30] Carino et al. (1994), S. 38.
[31] Carino et al. (1994), S. 41.

pirische Bestimmung des längsten Terminsatzes von 19 auf 20 Jahre ist in der Schweiz allerdings nicht einfach. Die übrigen Werte der Zinsstruktur zwischen den drei „key rates" werden durch lineare Interpolationen berechnet. Die Modellierung der Inflation erfolgt mit einem ARMA(1,1)-Prozeß.[32] Auf der Basis all dieser grundlegenden Prozesse werden die Werte allfälliger Derivate, die Cash Flows der Pensionskasse und der ökonomische Deckungsgrad berechnet.

Assets:	**Zinsen Schweiz:**	**Inflation Schweiz:**
Aktien CH	3 Key Forward Rates:	erwartete Inflation
Bonds CHF	- Spot 1 Jahr	realisierte Inflation
Bonds FW hedged	- Forward (9, 10)	
Bonds FW unhedged	- Forward (19, 20)	
Aktien Ausl. hedged		
Aktien Ausl. unhedged	t = 1,..,19: Forward (t,t+1) ...	
Hypotheken für Mitarbeiter	... wird linear interpoliert	
Immobilien		
Darlehen an Firma	t = 19ff : Forward (t,t+1) =	
liquide Mittel	Forward (19, 20)	
Log-Normal	**Log AR(1)-Prozeß**	**ARMA(1,1)-Modell**

Tab. 1: Stochastische Variablen und ihre derzeitige Modellierung in SwissPACT

Die Ziel- und Strafkostenfunktionen

Die zu maximierende Zielfunktion ist durch den Surplus $S_T = A_T - L_T$ am Planungshorizont T[33] abzüglich im Zeitverlauf kumulierter Strafzahlungen bei Zielverfehlung gegeben. Die Strafkostenfunktion verknüpft das Ausmaß der Zielverfehlung (Ausfall) mit den Strafkosten, die die Ungelegenheit oder Unannehmlichkeit („embarrassment") des Ausfalls für die betroffene Pensionskasse mißt. Sie wird vom Anwender für jeden Risikotyp spezifisch definiert. Das Risiko als Ausfall bezüglich

---

[32] Ein ARMA-Prozeß besteht aus einer autoregressiven (AR) und einer "moving average"-(MA-) Komponente, so daß $y_t = b\, y_{t-1} + \varepsilon_t + \alpha\, \varepsilon_{t-1}$. Sowohl die AR-Komponente (y_{t-1}) als auch die MA-Komponente (ε_{t-1}) beziehen sich in diesem Falle nur auf die unmittelbare Vergangenheit, weshalb man von einem Prozeß der Ordnung (1,1) spricht.

[33] Über eine Strafkostenfunktion läßt sich beeinflussen, ob der Surplus schwergewichtig am Anfang erwirtschaftet wird (was vielleicht als attraktiver bewertet wird) oder eher am Schluß der Planungsperiode. Hier ist jedoch Vorsicht geboten. Eine hohe Bestrafung zu geringer absoluter Renditen bereits in den ersten Perioden wird das System in die weniger volatilen, "sicheren" Nominalwertanlagen zwingen. Dies hätte entsprechend negative Folgen für den Surplus am Ende, wenn Nominalwertanlagen, verbreiteten Erwartungen gemäß, tatsächlich geringere Renditen erwirtschaften.

einer bestimmten Zielvorgabe ist realistischer und intuitiv verständlicher als das traditionelle Risikomaß und erlaubt auch die korrekte quantitative Einbeziehung von Derivaten mit asymmetrischen Ertragsverteilungen. Sinnvolle Strafkostenfunktionen sind meist nichtlinear. In SwissPACT werden sie stückweise linearisiert mit zunehmenden marginalen Ausfallkosten definiert (Abbildung 3). Damit lassen sich viele nichtlineare Funktionen über einen hinreichend weiten Bereich gut approximieren, die Zielfunktion wird separierbar, und der rechentechnische Aufwand bleibt in einem erträglichen Rahmen (lineares Programm).

Dem Investor steht ein reichhaltiges Instrumentarium zur Verfügung, um seine individuellen Risikodefinitionen umzusetzen. Es können Abweichungen vom erforderlichen Deckungsgrad oder von geforderten Zielrenditen (absolut und relativ, pro Periode und kumuliert) bestraft werden. Die ursprünglich auch von MARKOWITZ in Betracht gezogene quadratische Semivarianz läßt sich zum Beispiel ebenfalls approximieren und als Strafkostenfunktion einsetzen. Mathematisch wird die vollständige Zielfunktion für Beitragsprimatkassen mit folgendem Ausdruck erfaßt:

$$(2) \quad \text{Max} \quad E\left[A_T - L_T - \frac{1}{\lambda} \sum_{t=0}^{T} (1+\gamma)^{N_T - N_t} v_t \sum_k u_k w_{kt} c_k(M_{kt}) \right],$$

mit:
$E[.]$: Erwartungswert,
A_T : Marktwert der Assets am Ende des Planungshorizontes T,
L_T : Marktwert der Liabilities am Ende des Planungshorizontes T,
λ : Gesamtrisikotoleranz,
γ : Zinssatz zur Ab- oder Aufdiskontierung der Strafen,
N_t : Jahre bis zur Stufe t,
v_t : Risikoaversion für alle Shortfalls auf Stufe t,
u_k : Risikoaversion für Shortfalls vom Typ k auf allen Stufen,
w_{kt} : Risikoaversion für Shortfalls vom Typ k auf Stufe t,
c_k : Kostenfunktion (stückweise linear) für Shortfalls vom Typ k,
M_{kt} : Ausfall (Abweichung von der Zielvorgabe) vom Typ k auf Stufe t.

Für Leistungsprimatkassen kann gleichzeitig die Minimierung der Beiträge durch einen weiteren Term

$$(3) \quad -v \sum_{t=0}^{T} (1+\theta)^{N_T - N_t} C_t ,$$

mit:
v : Aversionsparameter für Beitragszahlungen,
θ : Zinssatz zur Diskontierung der Cash Flows,
C_t : Beiträge der Mitarbeiter,

berücksichtigt werden, der der Formel (2) beigefügt wird. Dies erlaubt eine simultane Optimierung von Anlageentscheidungen und Beitragspolitik; der beste Finanzplan für die Pensionskasse, die Versicherten und die Unternehmung wird bestimmt.

Die Funktion der Strafkosten besteht darin, dafür zu sorgen, daß die in Betracht gezogenen Risiken unter Kontrolle bleiben. Über die erwarteten Ausfallkosten einer konkreten Anlageempfehlung wird das Risiko für die Pensionskasse meß- und kalkulierbar. Für Extremszenarien tief im „inakzeptablen" Bereich der Strafkostenfunktion (Abbildung 3) wächst die Strafe nur noch linear, es fehlen weitere „Knickpunkte". Das Risiko wird in diesem Bereich nicht mehr angemessen bestraft, und folglich werden Fehlallokationen möglich. Zum Beispiel könnte das System bei einer massiven Unterdeckung die Rettung in einem stark erhöhten Aktienanteil suchen, da es nur noch die Ertragschancen der Aktien wahrnimmt, aber die damit verbundenen Risiken nicht mehr korrekt erfaßt. Für Lösungen im Sinne eines „desaster recovery" eignet sich SwissPACT deshalb nicht.

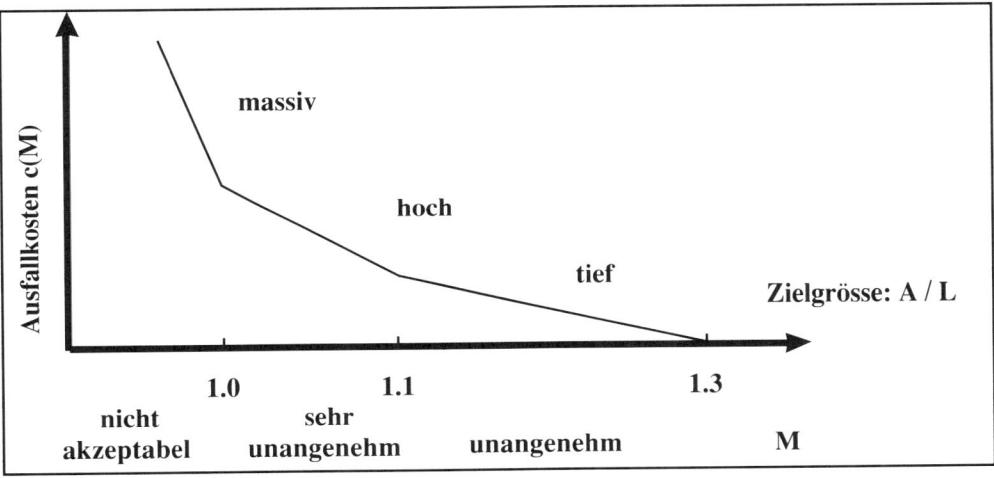

Abb. 3: Strafkostenfunktion

In Abbildung 3 ist eine Strafkostenfunktion dargestellt, die hier die Unterschreitung der Zielgröße „Deckungskapital" (D = A / L) bestraft. Der Anwender kann den Beginn und die Knickpunkte (bei D = 1.3; 1.1; 1.0) sowie den Anstieg der drei linearen Segmente in der Kostenfunktion c(M) frei wählen. Damit kann er die mit der Nichterreichung des gesetzten Ziels verbundenen Unannehmlichkeiten („embarrassment"; M) für die Kasse flexibel gemäß seiner eigenen Einschätzung bewerten: einen unangenehmen Ausfall mit tiefen Kosten, einen sehr unangenehmen Ausfall mit höheren Kosten und einen inakzeptablen Ausfall mit massiven Kosten.

Modellierung der Liabilities

Für jeden einzelnen Pfad im Szenariobaum berechnet das SBV Liability-Modell[34] die Cash Flows (Beiträge, Leistungen) auf der Basis der Zins- und Inflationskomponenten und der daraus abgeleiteten Lohnerhöhungen sowie unter Berücksichtigung des Kassentyps (LPK oder BPK) und der reglementarischen Bestimmungen. Die Cash Flows werden über die gesamte Lebenserwartung aller Kassenmitglieder, ein-

---

34 Im Russell/ Yasuda-Modell (Abschnitt 5) werden die Liabilities noch relativ grob über ein Faktormodell abgeschätzt, in SwissPACT werden sie dagegen ausnehmend sorgfältig berechnet.

schließlich derjenigen von Neumitgliedern aus der 10-jährigen Planungsperiode, in die Zukunft projiziert (fortgeschrieben). Dazu werden die üblichen empirischen Wahrscheinlichkeitstafeln auf Jahresbasis zur Sterblichkeit, Invalidität, Heirat u.ä. der Eidgenössischen Verwaltungskasse (EVK) herangezogen. Vom Startpunkt (Jahr 0) erstrecken sich die Zahlenwerte auf rund 100 Jahre. Die Zins- und Inflationsannahmen über die letzten 90 Jahre dieses Zeitraumes werden dazu unverändert gemäß ihrer Endwerte aus der vierten Anlageperiode übernommen.

Das Deckungskapital in einem bestimmten Szenario ist der Barwert der szenariospezifischen Cash Flows (Leistungen und Beiträge), wobei als Diskontierungssatz die ebenfalls szenarioabhängigen Zinssätze verwendet werden („backward induction"). Die zeitliche Entwicklung des Deckungskapitals basiert damit auf konsistenten Annahmen. Die selben Annahmen gelten auch auf der Assetseite. Zum Beispiel müssen die Erträge der Obligationen mit den Zinssatzänderungen übereinstimmen. Assets und Liabilities, beide zu Marktwerten bestimmt, werden gleichermaßen von der Entwicklung der Zinssätze und der Inflation beeinflußt. Auf diesem Wege gelingt SwissPACT die konsistente Bewertung und Integration der Assets und Liabilities.

Die Optimierung bestimmt schließlich für jeden Knoten die optimale Anlageempfehlung. Illiquide und damit nur unzulänglich stochastisch zu modellierende Assets, wie etwa Immobilien und Darlehen an die Firma, sollten in der Regel nicht optimiert, sondern in den Portfolios fix gehalten werden, zum Beispiel durch prohibitiv hohe Transaktionskosten.

Arbeitsabläufe

Die einzelnen Arbeitsschritte sind programmiertechnisch in sechs Hauptmodule eingeteilt, die die Daten teils sequentiell, teils parallel und in Wechselwirkung miteinander verarbeiten und koordinieren (vgl. die vereinfachende Darstellung in Abbildung 4):

- Das *User Interface* sammelt und organisiert die verlangten Eingabedaten. Es unterstützt den Benützer auch bei der Vorbereitung des Outputreports.
- Auf Basis der Benützereingaben erzeugt der *Matrixgenerator* eine mathematische Beschreibung des Entscheidungsproblems (lineares Programm, OSL).
- Der *Szenariogenerator* erzeugt auf der Basis von Prognosen eine repräsentative Darstellung des zu erwartenden ökonomischen multivariaten Umfeldes und dessen Unsicherheiten, mit denen die Kasse konfrontiert werden wird. Die generierten Szenarien werden in einem zweiten Schritt adjustiert (Monte Carlo-Adjustierung), so daß Mittelwert, Varianz und Korrelationen mit den vorgegebenen Werten übereinstimmen.
- Der *Cashflow Simulator* liest zunächst den Szenariobaum, die demographischen Daten der zu untersuchenden Pensionskasse am Anfang sowie die angenommenen Bewegungen im Mitarbeiterbestand über den Planungshorizont ein. Dann werden die ein- und ausfließenden Cash Flows (Renten, Beiträge) für jedes Szenario auf Jahresbasis über den 10-jährigen Planungshorizont sowie für die nachfolgenden 90 Jahre entsprechend der Lebenserwartung der Mitarbeiter berechnet. Die Berechnungen müssen für LPK und BPK verschieden durchgeführt werden.

- Der *Solver* führt die eigentliche Optimierung durch und bestimmt die beste Lösung des linearen Problems. Dazu muß er die mathematische Beschreibung des Modells aus dem Matrixgenerator zuerst in eine Form bringen, die das IBM-Softwarepaket OSL (Optimisation Subroutine Library) lösen kann. Die Submodule „Szenariokoordinator" und „Liabilitybewertung" (diskontiert Cash Flows entlang des Szenariobaums mit szenarioabhängigen Zinsen ab) wirken mit weiteren Submodulen zusammen, um Liabilities, Cash Flows und Zielsetzungen für jede Anlageperiode zu berechnen.
- Der *Reportgenerator* sammelt die Lösungsdaten, die für die Ausgabe bestimmt sind.

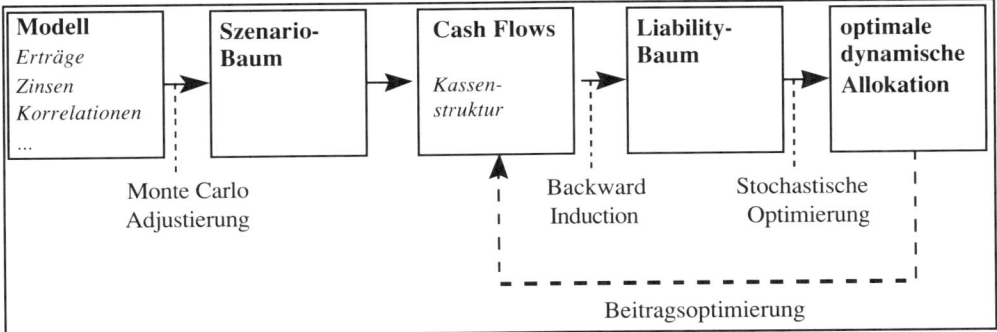

Abb. 4: Die programmiertechnischen Arbeitsabläufe in SwissPACT

7. Zusammenfassung und Ausblick

Herkömmliche Modelle im Asset-Liability-Management (ALM) beruhen auf MARKOWITZ' statischer Optimierungmethode und bestimmten begrenzten Erweiterungsmöglichkeiten derselben. Diese Methoden weisen Defizite bezüglich der eigentlichen Zielsetzung des ALM auf. Zielsetzung des ALM ist es, eine einheitliche und integrierende Betrachtung von Assets und Liabilities unter adäquater Berücksichtigung aller relevanten Risiken zu gewährleisten und auf diesem Wege echten Mehrwert zu generieren. Insbesondere die reale Dynamik des Anlageentscheidungsprozesses, die Dynamik der Anlagemärkte und Liabilities, aber auch das unabdingbare, konsistente Beurteilen und Abwägen kurz- und langfristiger Ziele in einem Gesamtsystem können gar nicht oder nur sehr rudimentär erfaßt werden. Ebensowenig können herkömmliche Modelle der stochastischen Natur der Liabilities genügen, was durch die nicht marktkonforme gesetzliche Bewertungspraxis in der Schweiz noch erschwert wird. Schließlich ist der von MARKOWITZ verwendete, relativ abstrakte symmetrische Risikobegriff der Varianz in Theorie und Praxis nicht unumstritten. Innovative Ansätze im ALM sollten all diese Mängel und Begrenzungen herkömmlicher Methoden in den Griff bekommen. Unter den alternativen Methoden zur Lösung des (dynamischen) Investmentproblems ist die *stochastische Programmierung über mehrere Perioden* diesbezüglich sehr geeignet. Der gewichtigste Nachteil dieser

Technik, nämlich der erforderliche immense Rechenaufwand, hat mit der Verfügbarkeit immer leistungsfähigerer und kostengünstigerer Computer in den letzten Jahren an Bedeutung verloren. Das SwissPACT-Modell setzt diese Methodik erstmals für den Schweizer Pensionskassenmarkt in die Praxis um. Risiken werden in diesem Modell über intuitiv verständliche und in ihrer quantitativen Auswirkung leicht faßbare Ausfallkosten bezüglich diverser Ziele (Renditeziele, Deckungsgradziele) erfaßt. Die stückweise linearisierten Ausfallkostenfunktionen werden in ihrer Form und, was weitaus wichtiger ist, auch in ihrem relativen Gewicht vom Anwender festgelegt. Letztlich ist ein großes, aber lineares Programm zu lösen (maximal 3 Stunden werden mit dem OSL-Softwarepaket benötigt). Ein typischer Planungshorizont mit 4 Anlageperioden umfaßt insgesamt 10 Jahre. Da SwissPACT die Liabilities über den Surplus und die Strafkostenfunktionen in ein umfassendes und realistisches *Risikokonzept* konsistent integriert, kann und soll die resultierende strategische Anlageempfehlung tendenziell auch im Sinne einer kassenspezifischen *Benchmark* verstanden werden. Die Anlageempfehlung bezieht sich dann auch auf relativ weit gefaßte Anlagekategorien wie „Aktien Ausland" und „Obligationen Ausland". Die taktische, eigentlich aktive (relative) Optimierung nach MARKOWITZ über einzelne Perioden (kürzere Frist) und auf detaillierterer, tieferliegender (Länder-) Ebene wird mit SwissPACT nicht einfach überflüssig. Potentiellen Mehrwert generiert SwissPACT in erster Linie dank seines realistischen Risikokonzeptes (volle Integration der Liabilities, multiple adäquate Zeithorizonte), das zu effizienteren Anlagestrategien führt.

Die neuartigen Konzepte dieses Modellansatz können grundsätzlich auch bei privaten Investoren Verwendung finden. Wie die Pensionskassen haben diese einerseits Einnahmen (Löhne, Anlageerträge, gelegentliche Erbschaften) und andererseits Zahlungsverpflichtungen (Lebensunterhalt, Steuern) sowie eine Vielzahl finanzieller Ziele (Hauskauf, Studium der Kinder, Sicherung des Lebensstandards u.ä.). Um eine maßgeschneiderte Anlagestrategie auszuarbeiten, die all diese Ziele integriert und der Risikofähigkeit und Risikotoleranz auf realistische Art und Weise Rechnung tragen kann, bietet sich die flexible Methodik des stochastischen Programmierens über mehrere Perioden an. Sie erlaubt es, Präferenzen für die einzelnen Ziele zu setzen und kommuniziert die Risiken in einer verständlichen Sprache (Fehlbetrag, um ein Ziel zu erreichen). Die optimale Anlagestrategie für ein bestehendes Vermögen und die erwarteten Einnahmen und Ausgaben lassen erkennen, mit welcher Wahrscheinlichkeit die unterschiedlichen Ziele erreicht, respektive welche Ausfälle eintreten werden. Die vergleichsweise größere Vielfalt und Heterogenität an (finanziellen) Bedürfnissen von Privatpersonen macht aber das „Human Asset-Liability-Management" komplexer. Die praktische Umsetzung der stochastischen Programmierung im Bereich des „Financial Planning" von Privatpersonen dürfte deshalb noch einige Zeit in Anspruch nehmen.

Literaturverzeichnis

Albrecht, P. (Albrecht, 1995): Asset/Liability Management: Status Quo und zukünftige Herausforderungen, Mannheimer Manuskripte zur Versicherungsbetriebslehre, Finanzmanagement und Risikotheorie, Nr. 77, 1995.

Blanco, J. A./ Müller H./ Teuscher P. (Blanco et al., 1995): Ein „Asset Liability"-Ansatz für Pensionskassen, in: *Finanzmarkt und Portfolio Management*, 9. Jg., 1995, Nr. 3, S. 352-360.

Best, M. J./ Grauer, R. R. (Best/ Grauer, 1991): On the Sensitivity of Mean-Variance Efficient Portfolios to Changes in the Asset Means: Some Analytical and Computational Results, in: *Review of Financial Studies*, Vol. 4, 1991, No. 2, S. 315-342.

Brinson, G. P./ Randolph, H. L./ Beebower G. L. (Brinson et al., 1986): Determinants of Portfolio Performance, in: *Financial Analysts Journal*, Vol. 42, 1986, July-August, S. 39-44.

Brinson, G. P./ Singer B. D./ Beebower G. L. (Brinson et al., 1991): Determinants of Portfolio Performance II: An Update, in: *Financial Analysts Journal*, Vol. 47, 1991, May-June, S. 40-48.

Carino, D. R./ Kent, T./ Myers, D. H./ Stacy, C./ Sylvanus, M./ Turner, A./ Watanabe, K./ Ziemba W. T. (Carino et al., 1994): The Russell-Yasuda Kasai Model: An Asset/ Liability Model for a Japanese Insurance Company Using Multistage Stochastic Programming", in: *Interfaces*, Vol. 24, 1994, No. 1, January-February, S. 29-49.

Dixit, A. K./ Pindyck R. S. (Dixit/ Pindyck, 1994): *Investment Under Uncertainty*, New York 1994.

Green, R. C./ Hollifield, B. (Green/ Hollifield, 1992): When Will Mean-Variance Efficient Portfolios Be Well Diversified?, in: *Journal of Finance*, Vol. 47, 1992, No. 5, December, S. 1785-1809.

Harlow, W. (Harlow, 1991): Asset Allocation in Downside-Risk Framework, in: *Financial Analysts Journal*, Vol. 47, 1991, September-October, S. 28-40.

Henriques D. B. (Henriques, 1991): A Better Way to Track Your Assets, in: *The New York Times*, Vol. 140, No. 48'556, 31 March 1991, Section 3 (Business), S. 11.

Hull, J. C. (Hull, 1993): *Options, Futures, and Other Derivative Securities*, 2nd ed., Englewood Cliffs 1993.

Jaeger, S. (Jaeger 1994): *Leistungsorientierte Anlagestrategien für Vorsorgeeinrichtungen*, (zugl. Diss. Universität St. Gallen), Bern et al. 1994.

Kaduff, J.V. (Kaduff 1996): *Shortfall-Risk-basierte Portfolio-Strategien*, (zugl. Diss. Universität St. Gallen), Bern et al. 1996.

King, A. (King, 1993): Asymmetric risk measures and tracking models for portfolio optimization under uncertainty, in: *Annals of Operations Research*, Vol. 45, 1993, S. 165-178.

Konno, H./ Yamazaki, H. (Konno/ Yamazaki, 1991): Mean-absolute deviation portfolio optimization model and its application to the Tokyo stock market, in: *Management Science*, Vol. 37, 1991, No. 5, S. 519-531.

Konno, H./ Pliska, S./ Suzuki, K. (Konno et al., 1993): Optimal portfolio with asymptotic criteria, in: *Annals of Operations Research*, Vol. 45, 1993, S. 205-220.

Kusy, M. I./ Ziemba, W. T. (Kusy/ Ziemba, 1986): A bank asset and liability management model, in: *Operations Research*, Vol. 34, 1986, No. 3, S. 356-376.

Leibowitz, M. L. (Leibowitz, 1986a): The Dedicated Bond Portfolio in Pension Funds – Part I: Motivation and Basics, in: *Financial Analysts Journal*, Vol. 42, 1986, January-February, S. 68-75.

Leibowitz, M. L. (Leibowitz, 1986b): The Dedicated Bond Portfolio in Pension Funds – Part II: Immunization, Horizon Matching and Contingent Procedures, in: *Financial Analysts Journal*, Vol. 42, 1986, March-April, S. 47-57.

Leibowitz, M. L./ Kogelman, S./ Bader, L. N. (Leibowitz et al., 1992): Asset performance and surplus control: a dual shortfall approach, in: *Journal of Portfolio Management*, Vol. 19, 1992, Winter, S. 28-37.

Leibowitz, M. L./ Bader, L. N./ Kogelman, S. (Leibowitz et al., 1996): *Return Targets and Shortfall Risks, Studies in Strategic Asset Allocation*, Chicago et al. 1996.

Lummer, S. L./ Riepe M. W./ Siegel L. B. (Lummer et al., 1995): Taming Your Optimizer: A Guide through the Pitfalls of Mean-Variance Optimization, in: Lederman J./ Klein R. A. (eds.), *Advances in Asset Allocation: Techniques for Optimizing Portfolio Management*, New York 1995.

Markowitz, H. M. (Markowitz, 1952): Portfolio Selection, in: *Journal of Finance*, Vol. 7, 1952, No. 1, March, S. 77-91.

Markowitz, H. M. (Markowitz, 1959): *Portfolio Selection: Efficient Diversification of Investments*, New York 1959.

Markowitz, H. M./ Todd, P./ Xu, G./ Yamane, Y. (Markowitz et al., 1993): Computation of mean-semi variance efficient sets by the critical line algorithm, in: *Annals of Operations Research*, Vol. 45, 1993, S. 307-318.

Merton R. C. (Merton, 1969): Lifetime portfolio selection under uncertainty, the continuous-time case, in: *Review of Economics and Statistics*, Vol. 51, 1969, S. 247-257.

Mulvey, J. M./ Vladimirou, H. (Mulvey/ Vladimirou, 1989): in Stochastic network optimization models for investment planning, in: *Annals of Operations Research*, Vol. 20, 1989, S. 187-217.

Mulvey, J. M./ Vladimirou, H. (Mulvey/ Vladimirou, 1992): Stochastic network programming for financial planning problems, in: *Management Science*, Vol. 38, 1992, No. 11, S. 1642-1664.

Mulvey, J. M. (Mulvey, 1994): Financial Planning via Multistage Stochastic Programs, in: Birge, J.R./ Murty, K. G. (eds), *Mathematical Programming State of the Art 1994*.

Samuelson P. A. (Samuelson, 1969): Lifetime portfolio selection by dynamic stochastic programming, in: *Review of Economics and Statistics*, Vol. 51, 1969, S. 239-246.

Schmidt-von Rhein, A. (Schmidt-von Rhein, 1996): *Die Moderne Portfoliotheorie im praktischen Wertpapiermanagement*, Bad Soden/ Taunus 1996.

Sharpe, W. F./ Tint, L. G. (Sharpe/ Tint, 1990): Liabilities – a new approach, in: *Journal of Portfolio Management*, Vol. 17, 1990, Winter, S. 5-10.

Tobin, J. (Tobin, 1965): The Theory of Portfolio Selection, in: Hahn, F. H./ Brechling, F. P. R. (eds.), *The Theory of Interest Rates*, Macmillan 1965.

Wydler, D. (Wydler, 1992): Einige grundsätzliche Gedanken zu Schweizer Pensionskassen, in: Finanzmarkt und Portfolio Management, 6. Jg., 1992, Nr. 2, S. 169-178.

Zenios, S. A. (Zenios, 1991): Massively parallel computations for financial planning under uncertainty, in: Mesirov, J. (ed.), *Very Large Scale Computing in the 21st Century*, Philadelphia/ Pennsylvania 1991, S. 273-294.

Teil IV

Prognose von Renditen

W E G W E I S E N D

Die Schweizer Bank hilft Ihnen, Entscheidungen zu treffen. Egal, ob im Bereich Private Banking, Investment Banking, Finanzgeschäfte, Börsen und Märkte oder bei Management-Angelegenheiten. Lesen Sie wertvolle Informationen, die Ihnen bei Ihrer Karriere förderlich und für den Erfolg im Bankgeschäft unentbehrlich sind.

Ihre Schweizer Bank können Sie anfordern über Telefon 01/288 35 45, Fax 01/288 35 77, oder Sie schicken den Coupon an die Schweizer Bank, c/o HandelsZeitung Fachverlag AG, Seestrasse 37, 8027 Zürich, Schweiz.

Ja, ich entscheide mich für die Schweizer Bank. Darum bestelle ich:

☐ ein 6monatiges Test-Abo
 zu Fr. 32.– (inkl. 2% MWSt)
 Nachbarländer Fr. 34.–

☐ ein Jahres-Abonnement, 12 Ausgaben
 zu Fr. 98.– (inkl. 2% MWSt),
 Nachbarländer Fr. 122.–

Name

Vorname

Firma

Funktion

Strasse

PLZ/Ort

Telefon

Erwartete Renditen am deutschen Aktienmarkt

von Manfred Steiner/ Martin Wallmeier

1. Problemstellung
2. Kapitalmarkttheoretische Bewertungsmodelle
3. Schätzverfahren für erwartete Renditen
4. Fundamentale Einflußgrößen erwarteter Renditen: Literaturüberblick
5. Erklärungsansätze
6. Bewertungsrelevanz ausgewählter Kennzahlen am deutschen Aktienmarkt: eine eigene empirische Untersuchung
7. Rationale versus irrationale Aktienbewertung
8. Folgerungen für das Portfoliomanagement

1. Problemstellung

Der Abbau technischer und informationsbedingter Zugangsbarrieren zu ausländischen Finanzmärkten hat in den letzten Jahren die Kapitalmobilität drastisch erhöht. Durch die zunehmende Bedeutung institutioneller Investoren, die ihre Anlagestrategien konsequent unter Rendite-Risiko-Gesichtspunkten optimieren, verschärft sich der Wettbewerb um internationale Kapitalressourcen. In der Folge sehen sich immer mehr Unternehmen gezwungen, dem Leitbild einer aktionärsorientierten Unternehmenssteuerung zu folgen.[1] Handeln Vorstände und Geschäftsführer von Kapitalgesellschaften nicht im Interesse der Anteilseigner, müssen sie u.U. den Verlust ihres Arbeitsplatzes befürchten oder mit Sanktionen in Form von ungünstigen Bedingungen für die Kapitalaufnahme rechnen. Die Steigerung des „Shareholder Value", der dem Marktwert des Eigenkapitals entspricht, rückt an die Spitze des Zielsystems unternehmerischen Handelns. Daraus ergibt sich für die Unternehmenssteuerung eine im Prinzip einfache Entscheidungsregel: Investitionen und Desinvestitionen sind immer dann durchzuführen, wenn sie den Kurswert der umlaufenden Aktien erhöhen. Um diese Regel anwenden zu können, muß das Management die Renditeerwartungen der Kapitalgeber kennen. Sie fließen als Kapitalkosten in die Investitionsrechnung ein.

Aus Anlegersicht sind erwartete Renditen für die Portfoliooptimierung relevant. Simulationsstudien zeigen, daß die erwarteten Renditen die Portfoliostruktur stärker beeinflussen als andere Eingabegrößen, wie die Streuungen und die Korrelationen der Aktienrenditen.[2] Daher erfordert die Schätzung der Erwartungswerte besondere Sorgfalt. Versteht man einen Aktienkauf als eine langfristig angelegte Investition, so entspricht die erwartete Aktienrendite dem internen Zinssatz einer Zahlungsreihe, an deren Beginn eine Auszahlung in Höhe des Kurswerts der Aktien steht und die in den Folgejahren die erwarteten, den Aktionären zurechenbaren Cash Flows des Unternehmens enthält. Diese erwartete Rendite kann aus der Sicht individueller Anleger von der geforderten, das heißt der unter Risikogesichtspunkten für notwendig erachteten Rendite, abweichen. Solche Abweichungen treten immer dann auf, wenn ein Anleger eine andere Cash Flow-Entwicklung erwartet oder das Anlagerisiko anders einschätzt als die Mehrzahl der übrigen Marktteilnehmer. Die zu erwartende Rendite hängt deshalb in der Realität nicht nur vom gegenwärtigen Kurs und den (wahren) Wahrscheinlichkeitsverteilungen der zukünftigen Cash Flows ab, sondern außerdem davon, mit welchen Cash Flows „der Markt" rechnet. Mögliche Fehleinschätzungen der maßgeblichen Akteure erschweren die Kapitalkostenschätzung, weil unklar ist, ob hohe realisierte Renditen auf eine unerwartet günstige Cash Flow-Entwicklung oder ein hohes Aktienrisiko zurückzuführen sind. Dieses Grundproblem empirischer Kapitalkostenuntersuchungen wird in den gängigen Kapitalmarktmodellen durch die Annahme vollständiger Informationen und homogener Erwartungen ausgeklammert. Im Gleichgewicht stimmen dann erwartete und geforderte Rendite überein.

---

[1] Vgl. z.B. Bühner (1996) oder AK Finanzierung (1996).
[2] Vgl. Chopra/ Ziemba (1993).

2. Kapitalmarkttheoretische Bewertungsmodelle

Das Mitte der sechziger Jahre entwickelte Capital Asset Pricing Model (CAPM) nimmt nach wie vor eine zentrale Stellung innerhalb der Kapitalmarkttheorie ein und wird deshalb häufig als „das Kapitalmarktmodell" bezeichnet.[3] Das CAPM ist ein statisches, einperiodiges Gleichgewichtsmodell eines vollkommenen Kapitalmarkts bei Unsicherheit.[4] Es herrscht „vollständige Gewißheit über die Ungewißheit"[5], weil vorausgesetzt wird, daß die Erwartungswerte, Varianzen und Kovarianzen der Renditen aller Wertpapiere bekannt sind (homogene Informationen) und alle Anlageentscheidungen allein aufgrund dieser Daten getroffen werden. Existiert eine risikolose Verzinsung, zu der unbeschränkt Kapital angelegt und aufgenommen werden kann, so gilt das bekannte Separationstheorem von TOBIN. Im Marktgleichgewicht besteht der folgende formale Zusammenhang (Wertpapierlinie):

$$(1) \quad E(R_i) = R_f + \left[E(R_M) - R_f\right] \cdot \beta_i \quad \text{mit} \quad \beta_i = \frac{Cov(R_i, R_M)}{Var(R_M)}; \quad (i = 1,\ldots,n)$$

mit $E(R_i)$ als erwartete Rendite der Aktie i, R_f als risikoloser Zinssatz und $E(R_M)$ als erwartete Rendite des Marktportfolios, das alle n gehandelten Aktien entsprechend ihrer relativen Kapitalanteile am Gesamtmarkt enthält. Unterschiede zwischen den erwarteten Renditen zweier Aktien gehen nach diesem Modell auf unterschiedliche Betas zurück, die anzeigen, welchen Beitrag die einzelnen Aktien zum Risiko des Marktportfolios leisten.

Zu einem anderen, aber nicht unbedingt widersprüchlichen Ergebnis gelangt die von ROSS als Alternative zum CAPM entwickelte Arbitrage Pricing Theory (APT).[6] Dieser Ansatz versucht, die „black box", der im CAPM die Varianz-Kovarianz-Matrix der Aktienrenditen entspringt, aufzubrechen, um die im Beta komprimiert erfaßten Risikoquellen explizit auszuweisen.[7] Den Ausgangspunkt des Modells bilden zwei Prämissen: Aktienrenditen werden durch ein lineares Mehrfaktorenmodell erzeugt, und Aktienmärkte sind arbitragefrei. Hieraus folgt unter einigen weiteren Annahmen das zentrale Ergebnis der APT: Die erwartete Rendite einer beliebigen Aktie i entspricht approximativ einem absoluten Term zuzüglich K Risikoprämien, deren Höhe davon abhängt, wie sensitiv die Rendite der betrachteten Aktie auf die gemeinsamen Risikoquellen (Faktoren) reagiert. Formal ausgedrückt:

$$(2) \quad E(R_i) \approx \lambda_0 + \sum_{k=1}^{K} b_{ik} \lambda_k; \quad (i = 1,\ldots,n)$$

mit λ_k als aktienunabhängiger, konstanter Marktpreis für die Übernahme einer Risikoeinheit des Faktors k sowie b_{ik} als Sensitivität der Rendite der Aktie i gegenüber Faktor k.

---

[3] In der Originalversion wurde das CAPM unabhängig voneinander von Sharpe (1964), Lintner (1965) und Mossin (1966) entwickelt.
[4] Ansätze einer intertemporalen Gleichgewichtsanalyse werden hier nicht näher behandelt, vgl. dazu grundlegend Merton (1973) und Fama (1977).
[5] Schneider (1992), S. 446.
[6] Vgl. Ross (1976) sowie (1977).
[7] Vgl. Roll/ Ross (1980), S. 1077.

Eine entscheidende Schwäche der APT ist in der Unbestimmtheit ihrer Aussagen zu sehen. Unerklärt bleiben sowohl Anzahl und Art der gemeinsamen Faktoren als auch die Höhe der Risikoprämien λ_k. Um letztere zu bestimmen, reicht die Arbitragefreiheitsannahme, aus der sich allenfalls eine Renditestruktur in Form einer relativen Bewertung ergeben kann, nicht aus. Erst zusätzliche Annahmen über die Präferenzen der Marktteilnehmer ermöglichen genaue Aussagen über die Höhe der erwarteten Renditen im Gleichgewicht. Außerdem gilt die Bewertungsgleichung (2) nur näherungsweise, ohne den Bewertungsfehler bei einzelnen Aktien a priori eingrenzen zu können. Ein Teil der angesprochenen Probleme wird in verschiedenen Ansätzen einer „Gleichgewichts-APT" durch die Einführung neuer Prämissen gelöst.[8] Diese Modellvarianten verknüpfen Elemente des CAPM mit der APT, so daß inzwischen die Konturen der Theorien verschwimmen.

Keinesfalls läßt sich eine Interpretation aufrechterhalten, derzufolge das „Einfaktormodell" CAPM einen Spezialfall der APT darstellt.[9] Zwar geht die APT-Gleichung dem Anschein nach in die Wertpapierlinie über, wenn die Rendite des Marktportfolios als einziger Faktor im Rahmen der APT fungiert. Allerdings besitzt das Marktportfolio im CAPM einen gänzlich anderen Charakter als die Faktoren der APT: Während letztere exogen vorgegebene Variablen darstellen, wird die Rendite des Marktportfolios modellendogen simultan mit den erwarteten Renditen be-

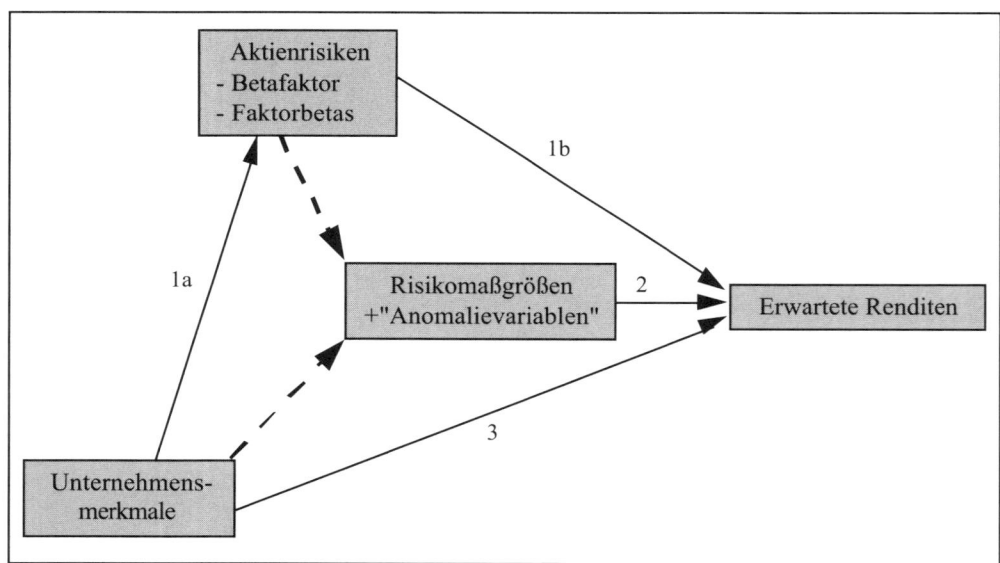

Abb. 1: Vorgehensweisen zur Analyse des Zusammenhangs zwischen Unternehmensmerkmalen und erwarteten Renditen

---

[8] Vgl. Dybvig (1983); Grinblatt/ Titman (1983); Connor (1984); Wei (1988); Chen/ Ingersoll (1983) und Cragg/ Malkiel (1982).
[9] Vgl. ebenso Steiner/ Nowak (1994), S. 350.

stimmt.[10] Somit suggeriert nur die verkürzte Schreibweise des CAPM die Interpretation als Spezialfall der APT.[11]

Für einige Anwendungen wäre es vorteilhaft, das bewertungsrelevante Risiko und damit die Kapitalkosten als Funktion einfacher, quantifizierbarer Unternehmensmerkmale auszudrücken. Dabei kann es sich um Bilanzkennzahlen, kombinierte Kennzahlen aus Jahresabschluß- und Börsendaten sowie Attribute wie die Mitarbeiterzahl handeln. All diese Angaben werden hier unter dem Begriff 'Fundamentaldaten' zusammengefaßt. Die Kenntnis der konkreten Risikodeterminanten verspricht eine genauere Risikosteuerung und eröffnet die Möglichkeit, Kapitalkosten für nicht börsengehandelte Unternehmen und Geschäftsbereiche eines diversifizierten Konzerns zu schätzen. Ausgehend vom CAPM bietet es sich an, die relevante Risikomaßgröße, nämlich das Beta, fundamental zu erklären (Linie 1a in Abbildung 1). Die Verbindung der Fundamentaldaten zu den erwarteten Renditen kommt indirekt zustande, sofern das Beta, wie vom CAPM postuliert, die Kapitalkosten bestimmt (1b in Abbildung 1). Bestätigt sich das Modell jedoch in der Realität nicht, weil neben dem Beta andere Variablen zur Erklärung der Renditeerwartungen benötigt werden („Anomalievariablen", 2 in Abbildung 1), wird die Verbindungslinie von den Unternehmensmerkmalen über die Betas zu den erwarteten Renditen durchbrochen.

Eine Erklärung für den Bewertungseinfluß mehrerer Variablen neben dem Beta könnte die APT liefern. Angenommen, die Faktorsensitivitäten b_{ik} der APT hängen linear von vorgegebenen Unternehmenskennzahlen $X_{i1},..., X_{im}$ ab, so gilt:

(3) $\quad b_{ik} = c_{0k} + c_{1k}X_{i1} + c_{2k}X_{i2} + ... + c_{mk}X_{im};\ (i = 1,...,n;\ k = 1,...,K)$.

Die aktienunabhängigen, konstanten Parameter $c_{1k},..., c_{mk}$ zeigen an, welchen Einfluß eine Veränderung einer Unternehmenskennzahl um eine Einheit c.p. auf die Renditesensitivität gegenüber Faktor k ausübt.

Aufgrund dieses Zusammenhangs läßt sich die Bewertungsgleichung (2) der APT wie folgt umformen:

(4) $\quad E(R_i) = \underbrace{\left[\lambda_0 + \sum_{k=1}^{K}\lambda_k c_{0k}\right]}_{\text{konstant}} + \sum_{j=1}^{m}\underbrace{\left(\sum_{k=1}^{K}\lambda_k c_{jk}\right)}_{\text{konstant}}X_{ij};\ (i = 1,...,n)$.

Gleichung (4) dient als Rechtfertigung dafür, den Zusammenhang zwischen Fundamentaldaten und erwarteten Renditen ohne den „Umweg" über die Risikomaßgrößen direkt zu testen (3 in Abbildung 1). Ein solches Vorgehen empfiehlt sich,

---

[10] Vgl. bereits Ross (1977), S. 194, zur Bewertungsgleichung des CAPM: „This is a simultaneous equilibrium system and it would, for example, be antithetical to its spirit to impute to it any directional causality as in a statement such as, 'the risk primium is determined by covariance with the market.'"
[11] Vgl. ausführlich Wallmeier (1997), S. 60-65. Siehe im Gegensatz zu vielen späteren Quellen bereits Ross (1977), S. 206: „On purely theoretical grounds, then, it cannot be asserted that mean variance theory is a special case of arbitrage theory. In evaluating the theories on such grounds the argument must turn on the a priori appeal of their respective major assumptions."

wenn die gemeinsamen Risikofaktoren nicht genau identifiziert werden können und deshalb keine zuverlässigen Daten über die Faktorbetas zur Verfügung stehen. Es müßten Kennzahlen ausgewählt werden, die gemeinsam die für das Aktienrisiko wesentlichen Eigenschaften des Unternehmens möglichst genau und vollständig abbilden. Ein Unternehmen wird dabei vereinfachend als ein Bündel quantifizierbarer Merkmale beschrieben, von denen der Anwender annimmt, daß sie die Sensitivität der Aktienrendite auf die nicht näher bekannten gemeinsamen Faktoren determinieren.[12] Für den Zusammenhang 3 aus Abbildung 1 finden sich vereinzelt die Begriffe „mikroökonomische APT" oder „APT mit vorgegebenen Faktorbetas". Auf diese Weise werden Renditeanomalien gemäß Linie 2 in Abbildung 1 neu interpretiert, wie LEHMANN mit kritischem Unterton feststellt: „What are called anomalies in the CAPM have recently become 'prespecified betas' in APT implementations."[13] In Abschnitt 6 wird u.a. der Frage nachgegangen, ob die empirischen Ergebnisse in Deutschland eher auf „echte", durch irrationales Marktverhalten bedingte Anomalien hindeuten oder im Rahmen der APT theoriekonform erklärt werden können.

3. Schätzverfahren für erwartete Renditen

Die meisten Verfahren zur Kapitalkostenschätzung sind ursprünglich für die Überprüfung des CAPM entwickelt worden. Sie kombinieren Zeitreihen- und Querschnittsbeobachtungen, um durch eine möglichst breite Datenbasis die Zuverlässigkeit der Schätzungen zu erhöhen. Die Analyse zielt darauf ab, systematische Einflußgrößen der erwarteten Aktienrenditen nachzuweisen und die zugehörigen Risikoprämien zu ermitteln. Wie eingangs erwähnt, ist an unvollkommenen Kapitalmärkten mit teilweise irrational handelnden Akteuren nicht unbedingt nur das Aktienrisiko für die Höhe der erwarteten Renditen ausschlaggebend. Deshalb wird im folgenden statt von „Risikoprämien" neutral von „Faktorprämien" gesprochen, wenn nicht ohne weiteres zu entscheiden ist, ob ein Renditeeinfluß auf bepreiste Risiken oder auf Marktunvollkommenheiten zurückgeht.

Die frühen empirischen Studien zum CAPM beruhen überwiegend auf einer an der Wertpapierlinie orientierten Regressionsanalyse.[14] Die Ex-ante-Formulierung des CAPM wird in eine Ex-post-Form mit historisch geschätzten Betas und durchschnittlichen anstelle erwarteter Renditen übertragen. Neben dem Beta können weitere Kennzahlen als erklärende Variablen hinzugenommen werden, um eine konkrete Gegenhypothese zum CAPM zu überprüfen. Jede Aktie liefert eine Beobachtung für eine Regressionsanalyse aufgrund des Formalzusammenhangs[15]

---

[12] Vgl. zu Faktormodellen mit mikroökonomischen Variablen grundlegend Rosenberg (1974) und Rosenberg/ Marathe (1976).
[13] Lehmann (1992), S. 758.
[14] Vgl. z.B. Lintner (1965) und Miller/ Scholes (1972).
[15] Das Symbol ~ kennzeichnet stochastische Variablen.

(5) $\tilde{R}_i = \gamma_0 + \gamma_1 \phi_{i1} + \gamma_2 \phi_{i2} + \ldots + \gamma_P \phi_{iP} + \tilde{\varepsilon}_i;$ (i = 1,...,n),

mit:
- $\tilde{R}_i$ = zufallsabhängige Durschnittsrendite der Aktie i,
- $\gamma_0, \gamma_1, \ldots, \gamma_P$ = Faktorprämien (Regressionsparameter),
- $\phi_{i1}, \ldots, \phi_{iP}$ = Kennzahlen für Unternehmen i (Regressoren),
- $\tilde{\varepsilon}_i$ = zufallsabhängiger Störterm.

Das (Standard-)CAPM postuliert, daß die Parameter γ_0 und γ_1 dem risikolosen Zinssatz bzw. der durchschnittlichen Marktüberschußrendite[16] entsprechen, sofern sich hinter ϕ_{i1} das geschätzte Beta der Aktie i verbirgt. Die übrigen Kennzahlen müßten sich als irrelevant erweisen ($\gamma_p=0$ für p=2,...,P). Anderenfalls läge, gemessen am CAPM, eine Renditeanomalie vor. Diese Methode läßt sich analog auf die APT anwenden, indem für die erklärenden Variablen die Faktorbetas eingesetzt werden.

Das Hauptproblem des beschriebenen Verfahrens besteht darin, daß durch die Mittelung der Renditen Informationen über die Schwankungen der Faktorprämien verlorengehen. Ermittelt wird nur die *durchschnittliche* Marktprämie für das Betarisiko; über das Ausmaß der *Schwankung* dieser Marktprämie kann hingegen eine einzige Querschnittsregression keinen Aufschluß geben. Damit bleibt bei der Beurteilung der Schätzgenauigkeit der Faktorprämien eine wesentliche Einflußgröße unberücksichtigt. Die Standardfehler werden tendenziell unterschätzt, so daß überhöhte Teststatistiken entstehen.[17]

Ein ähnliches Problem tritt beim „Pooling"-Verfahren auf, für das die Kombination von Zeitreihen- und Querschnittsbeobachtungen in der Regressionsgleichung

(6) $\tilde{R}_{it} = \gamma_0 + \gamma_1 \phi_{i1t} + \gamma_2 \phi_{i2t} + \ldots + \gamma_P \phi_{iPt} + \tilde{\varepsilon}_{it}$ (i=1,...,n; t=1,...,T)

charakteristisch ist. Der Index t bezeichnet in Gleichung (6) die Teilperioden (z.B. Monate) und ϕ_{ipt} die Ausprägung der erklärenden Variablen p für die Aktie i am Beginn der Periode t. Die Faktorprämien γ_p werden aus einer einzigen Regression mit nT Beobachtungen geschätzt, was implizit eine über die Teilperioden hinweg konstante Beziehung zwischen Kennzahlen und Renditen voraussetzt. Diese Prämisse ist verletzt, wenn zu den erklärenden Variablen das Beta laut CAPM oder die Faktorsensitivitäten der APT gehören. Es stellen sich dann in den Teilperioden unterschiedliche Markt- und Faktorrenditen ein, so daß periodenspezifische Regressionskoeffizienten geschätzt werden müßten.

Genau dies leistet eine von FAMA/MACBETH in die Kapitalmarktforschung eingeführte Methode, die auf einer Abfolge von Querschnittsregressionen basiert.[18] In jeder Periode t des Untersuchungszeitraums wird mittels Regressionsanalyse die Gleichung

---

[16] Unter der Überschußrendite wird die Gesamtrendite abzüglich des risikolosen Zinssatzes verstanden.
[17] Vgl. Black et al. (1972), S. 91-98.
[18] Vgl. Fama/ MacBeth (1973).

(7) $\tilde{R}_{it} = \gamma_{0t} + \gamma_{1t}\phi_{i1t} + \gamma_{2t}\phi_{i2t} + \ldots + \gamma_{Pt}\phi_{iPt} + \tilde{\varepsilon}_{it}$ (i = 1,2,…,n)

geschätzt.[19] Man erhält eine Zeitreihe monatlicher oder jährlicher Regressionskoeffizienten,[20] deren Mittelwerte

(8) $\bar{\hat{\gamma}}_p = \dfrac{1}{T}\sum_{t=1}^{T}\hat{\gamma}_{pt}$ (p = 0,1,…,P)

Aufschluß darüber geben sollen, ob der Erwartungswert der Faktorprämien in der Grundgesamtheit von null abweicht. Die Teststatistik

(9) $t_{\bar{\hat{\gamma}}_p} = \dfrac{\bar{\hat{\gamma}}_p \cdot \sqrt{T}}{s_{\hat{\gamma}_p}}$ mit: $s_{\bar{\hat{\gamma}}_p} = \sqrt{\dfrac{1}{T-1}\cdot\sum_{t=1}^{T}\left(\hat{\gamma}_{pt} - \bar{\hat{\gamma}}_p\right)^2}$

besitzt eine Studentverteilung mit T-1 Freiheitsgraden, wenn $\hat{\gamma}_p$ normalverteilt ist (Einstichproben-t-Test).[21] Bei beliebiger Verteilung von $\hat{\gamma}_p$ und einem Stichprobenumfang größer als 30 ist die Teststatistik approximativ standardnormalverteilt (approximativer Gaußtest).[22] Das Fama/MacBeth-Verfahren hat sich aufgrund seiner Vorteile gegenüber den zuerst beschriebenen Testmethoden im Schrifttum weitgehend durchgesetzt[23] und wird auch für die empirische Untersuchung dieses Beitrags herangezogen.

4. Fundamentale Einflußgrößen erwarteter Renditen: Literaturüberblick

Unter der Voraussetzung der Gültigkeit des CAPM läßt sich der Zusammenhang von Unternehmensdaten und erwarteten Renditen auf dem Wege der fundamentalen Betaschätzung analysieren. Die erste, am US-Aktienmarkt hierzu durchgeführte empirische Untersuchung von BEAVER/ KETTLER/ SCHOLES war insofern richtungsweisend, als die eingesetzte Methode (Querschnittsanalyse) und die verwendeten Kennzahlen in vielen späteren Arbeiten in modifizierter Form übernommen wur-

---

[19] Wenn die Störvariablen der Gleichungen vom Typ (7) für unterschiedliche Zeitpunkte t korreliert sind, kann die Parameterschätzung durch das SUR-Verfahren verbessert werden; vgl. z.B. Kmenta (1986), S. 635 ff.
[20] Das Dach kennzeichnet geschätzte Parameter.
[21] Die Stichprobenstandardabweichung ist verzerrt und inkonsistent, wenn Faktorrenditen autokorreliert sind und Meßfehler bei der Faktorbetas auftreten; vgl. Lehmann (1992), S. 753. Lehmann (1990), S. 75-79 und Shanken (1992), S. 13-15, entwickeln Korrekturen, die zu T-konsistenten Schätzwerten für die Standardabweichung führen. In kleinen Stichproben sind die vorgeschlagenen Anpassungen jedoch problematisch; vgl. Shanken (1992), S. 23 und Lehmann (1990), S. 78.
[22] Vgl. Bamberg/ Baur (1993), S. 188.
[23] Vgl. z.B. Fama/ French (1992); Chan et al. (1991) oder Haugen/ Baker (1996).

den.[24] Trotzdem ergibt sich in den USA ein uneinheitliches Bild, das keine gesicherten Schlußfolgerungen zuläßt. Am ehesten scheinen die Unternehmensgröße, das Ausschüttungsverhalten sowie finanzielle und leistungswirtschaftliche Risikomaße das Beta zu beeinflussen.

Bei der Erklärung der Betas am deutschen Aktienmarkt haben sich signifikante Einflüsse der Unternehmensgröße und verschiedener Formen von Accounting Betas[25] herauskristallisiert.[26] Daneben erkennen einige Autoren Zusammenhänge der Betas zur Maschinenquote[27] und der Dividendenrendite.[28] Der Verschuldungsgrad tritt entgegen den theoretischen Erwartungen[29] nicht als Risikoindikator in Erscheinung.

Die statistischen Resultate geben allerdings keine Auskunft über die Kausalität der Wirkungsbeziehungen. So vermutet PFENNIG, daß sich hinter den Accounting Betas die Unternehmensgröße als eigentlicher Einflußfaktor verbirgt.[30] Für den statistischen Erklärungsgehalt der Maschinenquote scheint die Branchenstruktur des Untersuchungssamples verantwortlich zu sein. Die Unternehmen der Versorgungsindustrie, die durchgängig sehr hohe Maschinenquoten bei unterdurchschnittlichen Betas aufweisen, bewirken rechnerisch eine negative Korrelation zwischen Betas und Maschinenquoten.[31] Innerhalb der Versorger-Branche und im übrigen Sample ist dagegen kein Zusammenhang erkennbar. Die hohe Signifikanz der Unternehmensgröße bei der Betaschätzung spiegelt vermutlich in erster Linie die Probleme der Ermittlung aussagekräftiger Ertragsrisikomaße bei Nebenwerten wider.[32] Die geschätzten Betas der Nebenwerte fallen durchschnittlich sehr gering aus, obwohl kleine Unternehmen typischerweise mit hohen Ertragsrisiken assoziiert werden. Zusammenfassend ergeben die empirischen Untersuchungen am deutschen Aktienmarkt somit keine überzeugenden Anhaltspunkte für jahresabschlußbezogene Risikoindikatoren.

Nachdem die frühen amerikanischen Studien eine signifikant positive Beta-Rendite-Relation herausstellten,[33] ist die Diskussion über die Validität des CAPM durch eine Arbeit von FAMA und FRENCH[34] neu entbrannt.[35] Die Autoren konstatieren, daß

---

24 Vgl. Beaver et al. (1973). Zu den späteren Untersuchungen vgl. ausführlich Möller (1986), S. 150 ff. und Bauer (1992), S. 106 f. u. 112.
25 Accounting Betas geben an, wie stark sich die Umsatzerlöse oder der Gewinn eines Unternehmens verändern, wenn die *durchschnittlichen* Umsatzerlöse oder Gewinne *aller* Unternehmen um 1% steigen.
26 Vgl. Bauer (1992) sowie Steiner/ Bauer (1992).
27 Als Maschinenquote wird meist der Anteil der Bilanzposition „technische Anlagen und Maschinen" an der Bilanzsumme bezeichnet.
28 Vgl. Möller (1986) und Zimmermann (1997).
29 Vgl. z.B. Perridon/ Steiner (1997), S. 504.
30 Vgl. Pfennig (1993), S. 72. Dies gilt für den Fall, daß die Kovarianzmaße aus absoluten Veränderungen berechnet werden. Bei Verwendung prozentualer Veränderungen haben die Accounting Betas nur in wenigen Jahren einen signifikanten Einfluß (S. 70).
31 Vgl. die überzeugende graphische Darstellung bei Pfennig (1993), S. 81 und die Überlegungen bei Möller (1986), S. 193 f.
32 Vgl. ausführlich Beiker (1993), S. 92 ff.
33 Vgl. Black (1972); siehe auch die Zusammenfassung bei Black (1993a), S. 8 f.
34 Vgl. Fama/ French (1992); siehe auch Fama/ French (1993), (1995), (1996a), (1996b) und (1997).
35 Vgl. z.B. Keppler (1992); Grinold (1993); Jagannathan/ Wang (1993); Treynor (1993); Black (1993a); Chan/ Lakonishok (1993); Kothari et al. (1995b); Kothari/ Shanken (1995) oder Fama/ French (1996b).

die Betas im Zeitraum von 1963 bis 1990 keinen signifikanten Beitrag zur Erklärung durchschnittlicher Portfoliorenditen am US-Aktienmarkt leisten. Hingegen sind andere Variablen wie die Unternehmensgröße und das Verhältnis aus dem Buchwert und dem Marktwert des Eigenkapitals mit beachtlichen Faktorprämien verbunden. Diese kennzahlbezogenen Renditeanomalien, die in ähnlicher Form in Deutschland und in anderen Ländern zu beobachten sind, sollen im folgenden kurz skizziert werden.

Mit dem Kleinfirmeneffekt („size effect", „firm size effect") wird die Erkenntnis umschrieben, daß Aktien mit niedriger Marktkapitalisierung vor allem in den USA in der Vergangenheit im Durchschnitt höhere Renditen erzielt haben als Aktien mit hoher Marktkapitalisierung.[36] Signifikante Unterschiede bestehen sowohl zwischen den totalen als auch den risikobereinigten Renditen. Den ersten Nachweis größenbedingter Renditeunterschiede erbrachte BANZ und gab damit den Anstoß zu einer intensiven wissenschaftlichen Diskussion des Phänomens.[37] Im Zeitraum von 1926 bis 1979 überschreitet die gemäß CAPM-Beta risikobereinigte Rendite der zehn Prozent kleinsten Aktien[38] jene der zehn Prozent größten Titel um knapp 4% pro Jahr.[39] Die entsprechende Differenz der Gesamtrenditen fällt mit etwa 10% erheblich höher aus, weil die Betas amerikanischer Aktien mit zunehmender Marktkapitalisierung sinken. Obwohl die jährliche Renditedifferenz beträchtlichen Schwankungen unterliegt, ergeben sich nach dem Verfahren von FAMA/ MACBETH in allen zehnjährigen Teilperioden negative Größenprämien.[40] Die größten Unterschiede treten zwischen sehr kleinen und mittelgroßen Gesellschaften auf, während Aktien mit mittlerer und großer Marktkapitalisierung im Durchschnitt ähnliche Renditen abwerfen.

Der größte Teil der Überrenditen kleiner Aktiengesellschaften entsteht im Januar. In den übrigen Monaten ist der Kleinfirmeneffekt je nach Untersuchungszeitraum nur in abgeschwächter Form erkennbar[41] oder verschwindet ganz.[42] In den letzten Jahren scheint die Prämie für eine niedrige Marktkapitalisierung geschrumpft zu sein.[43] Möglicherweise hat die Veröffentlichung des Effekts Preisanpassungen bewirkt, die systematische Überrenditen in der Zukunft ausschließen.

Erste Bestätigungen für einen Kleinfirmeneffekt auch am deutschen Aktienmarkt finden DOMKE (1987) und SCHNITTKE (1989). Darauf aufbauend stellt BEIKER beim Vergleich der CAPM-Überrenditen von sieben Firmengrößen-Portfolios fest, daß zwischen den extremen Portfolios signifikante Unterschiede existieren, die Überrenditen aber nicht linear von der Unternehmensgröße abhängen.[44] Die Wahl der Unter-

---

[36] Ausführliche Darstellungen finden sich bei Beiker (1993), S. 23-49 und Sattler (1994), S. 84-87.
[37] Vgl. Banz (1981).
[38] Mit „kleinen Aktien" sind Aktien mit einer niedrigen Marktkapitalisierung gemeint.
[39] Vgl. Banz/ Hawanini (1987), S. 10.
[40] Vgl. Banz (1981), S. 9. Dennoch kann der Size-Effekt in den USA nicht als stationäres Phänomen angesehen werden. Die durchschnittliche Größenprämie in vierjährigen Teilzeiträumen schwankte in den letzten 70 Jahren beträchtlich, nämlich zwischen -10% und über 40%, vgl. Banz/ Hawanini (1987), S. 11.
[41] Vgl. Keim (1983) und Jaffe et al. (1989).
[42] Vgl. Keim (1990), S. 60.
[43] Vgl. Black (1993b), S. 37.
[44] Vgl. Beiker (1993), S. 321.

suchungsperiode hat erheblichen Einfluß auf die Höhe und Signifikanz der Anomalie. Schon eine kleine Verschiebung des Beobachtungszeitraums kann die Ergebnisse gravierend verändern.⁴⁵ Außerdem ist offenbar dem Untersuchungssample große Bedeutung beizumessen. So treten die fraglichen Überrenditen in den Untersuchungen von SATTLER (1994) und STEHLE (1995), deren Datenbasis nur Aktien aus dem amtlichen Handel enthält, stärker hervor als in der Arbeit von BEIKER, die auch Titel aus dem geregelten Markt und dem Freiverkehr einbezieht.

OERTMANN (1994) betont die Bedeutung der Marktsituation für das Renditeverhalten kleiner versus großer Aktiengesellschaften in Deutschland. In Phasen mit negativer Marktrendite („down markets") besitzen Nebenwerte im Durchschnitt einen spürbaren Renditevorsprung gegenüber großen Firmen, während bei positiver Marktrendite („up markets") Aktien mit hoher Marktkapitalisierung geringfügig besser abschneiden als die kleinen Gesellschaften. OERTMANN spricht von einem „Down-Market Size Effect". Allerdings sind die Ergebnisse wegen des kurzen Untersuchungszeitraums von sieben Jahren (1985-1991) vorsichtig zu interpretieren.

Seit einer US-Untersuchung von ROSENBERG/ REID/ LANSTEIN (1985) hat das Verhältnis aus bilanziellem Eigenkapital und der Marktkapitalisierung einer Aktiengesellschaft (BE/ME) in der Wertpapieranalyse große Beachtung gefunden. ROSENBERG/ REID/ LANSTEIN weisen nach, daß Aktien mit einem hohen Buchwert-Marktwert-Verhältnis hohe Renditen erreichen, wohingegen Akien mit kleiner Verhältniszahl durchschnittlich niedrige Renditen erzielen. Die mittleren Überrenditen eines Portfolios, das hohe BE/ME-Aktien stärker gewichtet als Aktien mit niedriger Kennzahl, variieren je nach Untersuchungsperiode zwischen etwa vier und fünf Prozent. Spätere Untersuchungen bekräftigen die Bewertungsrelevanz der Kennzahl BE/ME.

Je weiter sich der Marktwert des Eigenkapitals von dem in der Regel niedrigeren Buchwert entfernt, ein um so größeres Vertrauen setzen die Marktteilnehmer offenbar in das künftige Wachstum der Cash Flows. Daher kann die BE/ME-Relation als einfaches Kriterium zur Einteilung der Aktien in Wachstums- und Substanzwerte („growth" bzw. „value stocks") interpretiert werden. Hieraus erklärt sich die Bezeichnung der Überrenditen als „Value-Growth-Anomalie".

Für den deutschen Aktienmarkt existieren Untersuchungen zur Performance von Value- und Growth-Aktien von CAPAUL/ ROWLEY/ SHARPE (1993), BEIKER (1993), GEHRKE (1994), SATTLER (1994), PAULUS (1997) und WALLMEIER (1997).⁴⁶ Sie erbringen überwiegend ähnliche Ergebnisse wie die früheren Arbeiten aus den USA.⁴⁷ Demnach weisen auch in Deutschland Value- gegenüber Growth-Aktien einen signifikanten Renditevorsprung auf.

---

45 Vgl. die konkreten Angaben bei Beiker (1993), S. 322.
46 Siehe außerdem den Beitrag von KIESELSTEIN/ SAUER in diesem Band.
47 Eine bemerkenswerte Ausnahme bildet Beiker (1993), der einen signifikant *negativen* Zusammenhang zwischen BE/ME und Überrenditen findet. BEIKER behauptet (S. 448): „Insofern stimmen diese Ergebnisse mit den empirischen Untersuchungen amerikanischer Aktien von FAMA/ FRENCH überein. Auch sie stellen einen signifikanten negativen Zusammenhang zwischen den erwarteten Renditen und BE/ME fest." Da das genaue Gegenteil zutrifft, liegt die Vermutung nahe, daß BEIKER die empirischen Analysen entgegen den eigenen Angaben (vgl. S. 309, 441, 443) mit dem *Kehrwert* des Buchwert-Marktwert-Verhältnisses durchführt.

Am amerikanischen und japanischen Aktienmarkt wurden weitere Anomaliekennzahlen entdeckt, die sich darin gleichen, daß sie eine Jahresabschlußgröße ins Verhältnis zum Marktwert des Eigenkapitals setzen. Vor allem Aktien mit hohem Gewinn-Kurs-Verhältnis[48] und Cash Flow-Kurs-Verhältnis[49] haben in der Vergangenheit signifikant überdurchschnittliche Renditen erzielt, obwohl sie kein hohes systematisches Risiko beinhalten. Auch der Verschuldungsgrad[50] und das Verhältnis aus Umsatzerlösen und Marktkapitalisierung[51] korrelieren positiv mit zukünftigen, risikobereinigten Aktienrenditen.

5. Erklärungsansätze

In der Literatur werden verschiedene Erklärungsansätze für die kennzahlbezogenen Renditeanomalien genannt. Eine erste Gruppe von Erklärungen führt die empirischen Regelmäßigkeiten auf statistische Meßprobleme zurück.[52] Vor dem Hintergrund der Kritik von ROLL an empirischen Tests des CAPM könnte man argumentieren, daß ineffiziente Indizes verwendet wurden, die das wahre Marktportfolio nur unvollständig wiedergeben.[53] Daraus resultieren automatisch Abweichungen von der theoretischen Bewertungsgleichung. Allerdings begründet die Index-Verzerrung nicht, warum die Höhe der Abweichungen systematisch mit bestimmten Kennzahlen zusammenhängt.[54] Signifikante Korrelationen zwischen Kennzahlen und Bewertungsfehlern könnten zwar zufällig auftreten, würden aber mit großer Wahrscheinlichkeit bei der Wahl eines anderen Index verschwinden. Im Gegensatz dazu erscheinen die empirischen Ergebnisse robust gegenüber der Indexfestlegung.[55]

Der zweite Erklärungsansatz hält die Renditemuster für Zufallsprodukte einer aufwendigen, computergestützten Suche nach Strukturen in den Kurs- und Jahresabschlußdaten. BLACK vergleicht die seit etlichen Jahren mit großem Aufwand betriebene empirische Kapitalmarktforschung mit den Anstrengungen einer Vielzahl

---

[48] Vgl. u.a. Basu (1977); Reinganum (1981); Keim (1986); Jacobs/ Levy (1988); Jaffe et al. (1989); Keim (1990) und Lakonishok et al. (1994).
[49] Vgl. Jacobs/ Levy (1988); Lakonishok et al. (1994) und Chan et al. (1991).
[50] Vgl. Bhandari (1988).
[51] Vgl. Jacobs/ Levy (1988), S. 25 u. 28 sowie Barbee et al. (1996).
[52] In den USA wird neben den potentiellen Meßfehlern eine unzulängliche Datenbasis kritisiert, weil in die COMPUSTAT-Jahresabschlußdatenbank bevorzugt erfolgreiche Unternehmen neu aufgenommen und dabei auch Daten zurückliegender Jahre gespeichert wurden („survivorship bias").
[53] Vgl. Hamerle/ Rösch (1996), S. 65. Zur Indexwahl in empirischen Untersuchungen des CAPM vgl. Steiner/ Kleeberg (1991).
[54] Bereits Reinganum (1981), S. 38, stellt fest: „In light of Roll's criticism of empirical tests of the CAPM, one might argue the evidence only proves that the [...] market index is not on the efficient frontier. But this critique does not go to the heart of the matter, because there is no a priori reason to expect that the inefficiency should be systematically related to an E/P effect."
[55] Vgl. z.B. Kothari et al. (1995a), S. 189.

von Goldgräbern, die Berge von Erdreich umwälzen, um schließlich kleinere Funde ans Tageslicht zu befördern:

„This means that most so-called „anomalies" don't seem anomalous to me at all. They seem like nuggets from a gold mine, found by one of the thousands of miners all over the world."[56]

Von „data mining"[57] wird gesprochen, wenn ein Forscher verschiedene erklärende Variablen – möglicherweise in unterschiedlichen Perioden – ausprobiert und anschließend die erfolgreichen Testläufe veröffentlicht, ohne die vergeblichen Versuche zu erwähnen. Die herkömmlichen Testverfahren überzeichnen in diesem Fall das Signifikanzniveau der Ergebnisse.[58] Die vollständige Dokumentation des Vorgehens würde das Problem mildern, aber nicht völlig beseitigen. Denn veröffentlicht werden bevorzugt Arbeiten, die mit beeindruckenden Ergebnissen aufwarten, wie z.B. dem Nachweis von „Renditeanomalien". Berichte über den erfolglosen Versuch, Kennzahlen zur Renditeprognose einzusetzen, finden sich dagegen seltener in der Literatur. Spätere Forschungsarbeiten orientieren sich i.d.R. an früheren Studien. Die Tests werden in Kenntnis der bisherigen Ergebnisse konstruiert und womöglich so ausgerichtet, daß „signifikante" Befunde noch stärker zum Vorschein kommen. All dies läßt unter Umständen ein grob verzerrtes Bild der wahren Renditeabhängigkeiten entstehen.

Vor dem Hintergrund dieses Problems stellen 'Out-of-Sample'-Tests den wirkungsvollsten Prüfstein für die Renditeanomalien dar. Da sich der Prognosewert der Kennzahlen auch in anderen Zeiträumen,[59] in einem Sample von vorher nicht berücksichtigten Finanzunternehmen[60] sowie vor allem an Aktienmärkten außerhalb der USA[61] nachweisen läßt, findet sich keine Bestätigung für die Hypothese, die Anomalien seien primär auf „data mining" zurückzuführen. Außerdem spricht die Art der Kennzahlen dagegen, sie als Zufallsprodukte einer systematischen Datenauswertung zu qualifizieren. Es erscheint äußerst unwahrscheinlich, daß aus purem Zufall gerade jene Variablen mit Renditen korrelieren, die bereits als wesentliche Indikatoren in der Wertpapieranalyse angesehen wurden, bevor empirische Untersuchungen ihren Preiseinfluß untermauerten.[62]

Abgesehen von statistischen Meßproblemen und Zufallseinflüssen bieten sich zwei grundsätzliche Erklärungen für die Anomalien an. Zum einen könnte man die bepreisten Kennzahlen als „Proxyvariablen" für rational bepreiste Risiken verstehen, die im CAPM nicht erfaßt werden, aber möglicherweise mit der APT oder dem

---

[56] Black (1993b), S. 37. Ähnlich Grinold (1993), S. 33: „Cynics contend that these results are produced on one set of data through the collective efforts of legions of professors. Each legionnaire is equipped with one or more powerful computers, is fully aware of the results produced by the others and has an urgent need to publish. What data set could stand up to that level of scrutiny?"
[57] Synonyme sind „data snooping" (z.B. bei Lo/ MacKinlay (1990)) und „data dredging" (z.B. bei Fama (1991), S. 1593).
[58] Vgl. z.B. Merton (1987), S. 108; Lo/ MacKinlay (1990), S. 433 f.; Black (1993a), S. 9 oder (1993b), S. 37.
[59] Vgl. Davis (1994).
[60] Vgl. Barber/ Lyon (1996).
[61] Vgl. Chan et al. (1991) sowie Haugen/ Baker (1996).
[62] Vgl. die Anlagestrategien bei Graham/ Dodd (1934) und Graham et al. (1962).

Intertemporalen CAPM von MERTON vereinbar sind. Zum anderen wird vorgeschlagen, die Annahme rationalen Marktverhaltens aufzugeben und die Ursache für die Anomalien in Fehleinschätzungen der Anleger zu suchen. Diese Interpretationen lassen sich am Beispiel des Gewinn-Kurs-Verhältnisses[63] unter idealisierten Bedingungen formal verdeutlichen. Der Marktwert des Eigenkapitals ME für ein Unternehmen mit gleichförmiger Wachstumsrate g der Gewinne (G_t), einer konstanten Einbehaltungsquote e sowie konstanten risikoadjustierten Eigenkapitalkosten k_{Ek} berechnet sich nach der Gordon-Formel

$$(10) \quad ME = \frac{e \cdot G_1}{k_{EK} - g} .$$

Das Gewinn-Kurs-Verhältnis beträgt:

$$(11) \quad GKV = \frac{G_1}{ME} = \frac{k_{EK} - g}{e} .$$

An einem informationseffizienten Kapitalmarkt entspricht die erwartete Aktienrendite dem Kapitalkostensatz k_{EK}. Wenn die Wachstumsrate g und die Einbehaltungsquote e den Wert k_{EK} nicht beeinflussen, folgt aus Gleichung (11) eine gleichgerichtete Beziehung zwischen GKV und dem Kapitalkostensatz k_{EK}.[64] Dadurch liefert die Gleichung eine theoriekonforme, mit Rationalverhalten kompatible Erklärung für die hohe Durchschnittsrendite von Unternehmen mit einem hohen GKV. Die Kennzahl GKV wird gemäß dieser Interpretation zwar nicht als Ursache, aber als Indikator der Kapitalkosten angesehen. Als eigentliche Determinanten der Renditeerwartungen, von denen der Satz k_{EK} und damit auch das Gewinn-Kurs-Verhältnis ursächlich abhängen, kommen beispielsweise APT-Faktoren in Betracht.

Eine andere Interpretation von Gleichung (11) stellt die Gewinnwachstumsrate g in den Vordergrund. Im Extremfall gleicher Kapitalkostensätze und Einbehaltungsquoten für alle Unternehmen entpuppt sich das Gewinn-Kurs-Verhältnis als perfektes Abbild der vorherrschenden Gewinnerwartungen. Ein niedriges GKV impliziert eine hohe Wachstumsrate der Gewinne und umgekehrt. So gesehen deuten die Über- und Unterrenditen für Aktien mit hohem bzw. niedrigem GKV darauf hin, daß sich extreme Wachstumserwartungen oft nicht bewahrheiten. Die Anleger revidieren im Zuge späterer Gewinnbekanntgaben ihre übertrieben optimistischen oder pessimistischen Einschätzungen, so daß die Gewinn-Kurs-Verhältnisse tendenziell zum Querschnittsmittelwert zurückkehren („Overreaction"-Effekt).[65] Selbst professionellen Anlegern unterlaufen nach einer Untersuchung von DE BONDT und THALER fortlaufend systematische Fehleinschätzungen. So prognostizieren Finanzanalysten

---

[63] Vergleichbare Argumente können für das Cash Flow-Kurs-Verhältnis und das Buchwert-Marktwert-Verhältnis des Eigenkapitals vorgetragen werden, die ähnlich konstruiert sind.
[64] An unvollkommenen Kapitalmärkten beeinflußt die Ausschüttungspolitik die Renditeforderungen der Eigenkapitalgeber. Die Kapitalkosten k_{EK} hängen deshalb funktional von e ab. Vgl. dazu ausführlich z.B. Perridon/ Steiner (1997), S. 512 ff.
[65] Vgl. zu dieser Interpretation Basu (1977), S. 680. Allerdings kann eine „mean reversion"-Tendenz auch an einem effizienten Kapitalmarkt im Gleichgewicht fortbestehen, wenn ein Teil der Anleger Portfolio Insurance betreibt; vgl. Grossman/ Zhou (1996).

oft viel zu extreme Veränderungen von Unternehmensgewinnen.[66] Sie verlieren offenbar angesichts neuer Einzelinformationen die langfristigen Erfolgschancen der Unternehmen aus den Augen. Dies verleitet DE BONDT und THALER zu der kritischen Frage: „After all, are not these practitioners the very same 'smart money' that is supposed to keep markets rational?"[67].

Schließlich richtet sich ein weiterer Erklärungsversuch auf Agency-Probleme im institutionellen Portfoliomanagement. Nach verbreiteter Auffassung schrecken Fondsmanager davor zurück, in ihren Quartals- oder Jahresberichten die Struktur eines Portfolios offenzulegen, das Aktien mit hohen Wertverlusten beinhaltet.[68] JANSSON zitiert einen Fondsmanager mit den Worten: „Nobody wants to be caught showing last quarter's disasters. [...] You throw out the duds because you don't want to have to apologize for and defend a stock's presence to clients even though your investment judgment may be to hold."[69] Die Praxis, als riskant angesehene Aktien oder solche mit einer schlechten Performance vor den Berichtsterminen aus den Beständen zu entfernen, wird als „Window Dressing" bezeichnet. Kleine Titel und „Verliereraktien" werden am Jahresende abgestoßen, bevor die Fondsmanager im Januar die Portfolios wieder nach ihren Renditeerwartungen ausrichten und damit einen Nachfrageschub nach ebendiesen Aktien auslösen. Eine ähnliche Wirkung entfalten „Lock in-Strategien", bei denen Portfoliomanager einen einmal erreichten Renditevorsprung gegenüber ihrem Benchmarkindex „einfrieren", indem sie ihr Portfolio möglichst eng am Index ausrichten (passives Management). Erst mit Beginn einer neuen Beurteilungsperiode kehren sie zu aktiven Anlageentscheidungen zurück und treiben den Kurs für nicht im Index enthaltene Aktien in die Höhe. „Window Dressing" und „Lock in-Strategien" könnten somit den Januareffekt erklären, der in den USA mit der Value-Growth-Anomalie und dem Kleinfirmeneffekt eng zusammenhängt.

Einen Hauptgrund für die Value-Growth-Anomalie sieht HAUGEN, unabhängig von zwischenzeitlichen Portfolioumschichtungen, in der typischen Struktur eines Investmentfonds.[70] Selbst wenn der Fonds den Anlagegrundsätzen zufolge aktiv gemanagt wird, ähnelt der Aktienanteil oft den herkömmlichen Benchmarkportfolios. Da im S&P 500, der bevorzugten Benchmark in den USA, Growth-Aktien stärker vertreten sind als Value-Aktien, konzentriert sich auf sie das Interesse institutioneller Anleger. HAUGEN argumentiert, daß sich bei diesen Aktien das anhaltend hohe Nachfrageniveau in höheren Kursen und dauerhaft niedrigeren Renditeerwartungen niederschlage.

---

[66] Vgl. De Bondt/ Thaler (1990) und De Bondt (1991); den aktuellen Stand der Diskussion präsentiert La Porta (1996).
[67] De Bondt/ Thaler (1990), S. 57.
[68] Vgl. z.B. Lakonishok et al. (1994), S. 1576.
[69] Jansson (1983), S. 139 f.
[70] Vgl. Haugen (1995), S. 115 f.

6. Bewertungsrelevanz ausgewählter Kennzahlen am deutschen Aktienmarkt: eine eigene empirische Untersuchung

Der folgenden empirischen Untersuchung[71] liegen Börsendaten und Jahresabschlüsse aus der Deutschen Finanzdatenbank (DFDB) für insgesamt 239 deutsche Aktiengesellschaften zugrunde. Etwa drei Viertel der Gesellschaften notieren im amtlichen Handel, acht Prozent im geregelten Markt (ab 1988) bzw. im geregelten Freiverkehr (vor 1988), die übrigen 17 Prozent im (ungeregelten) Freiverkehr. Der Untersuchungszeitraum erstreckt sich von 1967 bis 1994. Die Zahl der Aktien, für die Kursinformationen zur Verfügung stehen, steigt Anfang 1974 sprunghaft von 60 auf mehr als 180 Gesellschaften an. In den achtziger Jahren liegt die Zahl der vollständigen Datensätze, bestehend aus Kursinformationen und Jahresabschlüssen, durchgängig oberhalb von 200 Aktien.

In Anlehnung an die vom US-Aktienmarkt ausgehende Anomaliediskussion wurden als potentielle Einflußgrößen erwarteter Renditen ausgewählt: das Beta, ein Indikator für die Unternehmensgröße, das Buchwert-Marktwert-Verhältnis des Eigenkapitals (BE/ME), der Verschuldungsgrad (VGRAD), das Cash Flow-Kurs-Verhältnis (CFKV) und das Gewinn-Kurs-Verhältnis (GKV). Als Maß für die Unternehmensgröße dient der Börsenwert des Eigenkapitals (ME). Das Beta wird mit Hilfe des Marktmodells aus den 52 Wochenrenditen eines Jahres ermittelt; nur wenn weniger als 45 Wochenrenditen verfügbar sind, wird geprüft, ob sich das Beta alternativ aus den Monatsrenditen der letzten fünf Jahre berechnen läßt. Stellvertretend für das nicht beobachtbare Marktportfolio wird der DAFOX herangezogen.[72] Da dieser erst seit 1974 als selbständiger Index existiert, wurde für die Zeit von 1967 bis 1974 aus der hier verwendeten Stichprobe ein eigener, kapitalgewichteter Index konstruiert.

Die aus den Jahresabschlüssen entnommenen Buchwerte des Eigen- und Fremdkapitals, das ordentliche Ergebnis[73] und der Cash Flow[74] werden terminlich um sechs Monate in die Zukunft verschoben, um sicherzustellen, daß die Informationen zu diesem Zeitpunkt als bekannt vorausgesetzt werden können. Die Division der genannten Bilanzzahlen durch den Marktwert des Eigenkapitals ebenfalls sechs Monate nach dem Bilanzstichtag führt zu den Kennzahlen BE/ME, VGRAD, GKV und CFKV. Alle Kennzahlen werden am 30. Juni eines jeden Jahres aktualisiert und bleiben in den darauffolgenden Monaten konstant. Sie werden ebenso wie die Renditen nach der „4-Sigma-Regel" um Ausreißer bereinigt, d.h. in jedem Monat bzw.

---

[71] Vgl. dazu ausführlich Wallmeier (1997).
[72] Der DAFOX (Deutscher Aktienindex für Forschungszwecke) ist ein kapitalgewichteter Index, in den alle im amtlichen Handel in Frankfurt notierten Aktien eingehen. Die Berechnung des DAFOX wurde mit Einführung des Composite DAX eingestellt.
[73] Ordentliches Ergebnis = Jahresüberschuß + außerordentliche Aufwendungen – außerordentliche Erträge.
[74] Cash Flow = Jahresüberschuß + Abschreibungen auf das Anlagevermögen + Erhöhung (- Minderung) der Pensionsrückstellungen + außerordentliche Aufwendungen – außerordentliche Erträge.

Jahr werden Beobachtungen gestrichen, die mehr als vier Standardabweichungen vom Querschnittsmittelwert entfernt liegen.[75]

Die nach dem Fama/ MacBeth-Verfahren geschätzten Regressionsparameter verschiedener Perioden sind nicht vergleichbar, wenn sich die Querschnittsverteilung einer Kennzahl im Zeitablauf verschiebt.[76] Daher werden die Kennzahlen in jedem Jahr so standardisiert, daß ihr Mittelwert null und ihre Standardabweichung eins beträgt. Dazu ist von jeder Merkmalsausprägung der Durchschnittswert dieses Jahres zu subtrahieren und die Differenz durch die Standardabweichung der Daten zu teilen:

(12) $$X_{ijt(st)} = \frac{X_{ijt} - \overline{X}_{jt}}{s_{jt}},$$

mit: $\overline{X}_{jt} = \frac{1}{n} \sum_{i=1}^{n} X_{ijt}$ und

$$s_{jt} = \sqrt{\frac{1}{n} \sum_{i=1}^{n} \left(X_{ijt} - \overline{X}_{jt} \right)^2}$$

wobei: $X_{ijt\,(st)}$ = Ausprägung der (standardisierten) Kennzahl j für Unternehmen i am Beginn der Periode t.

In Abbildung 2 sind durchschnittliche Jahresrenditen von Portfolios abgetragen, die aus der Sortierung aller Aktien nach einer der Kennzahlen entstanden sind. Die Portfolios werden Ende Juni eines jeden Jahres, beginnend 1967, neu strukturiert. Hierfür ist zunächst eine Rangfolge aller Aktien nach dem jeweiligen Sortierkriterium, z.B. dem Beta, zu erstellen, um anschließend die sortierte Liste in sechs gleich große Portfolios aufzuspalten. Die diskreten Renditen der sechs Portfolios im Folgejahr werden festgehalten, woraus für jedes Portfolio 27 Renditebeobachtungen (07/ 1967 bis 06/1994) resultieren. Die arithmetischen Mittelwerte dieser Jahresrenditen zeigt Abbildung 2 für verschiedene Sortierkriterien (Kennzahlen).[77]

---

[75] Vgl. Sachs (1972), S. 219 f.
[76] In der Untersuchung von Chan et al. (1991) für den japanischen Aktienmarkt verändern sich die Ergebnisse gravierend, wenn relative Kennzahlenwerte verwendet werden (vgl. S. 1749 f.). Die Autoren halten daher eine Standardisierung der Kennzahlen für notwendig.
[77] Das arithmetische Mittel entspricht der Rendite, die ein Anleger durch Investition eines fixen Kapitalbetrags in das betreffende Portfolio innerhalb eines Jahres durchschnittlich hätte erzielen können. Alternativ könnte das geometrische Mittel angegeben werden, welches auf der Fiktion beruht, daß ein Anleger Anfang Juli 1967 einen bestimmten Kapitalbetrag in eines der Portfolios investiert und bis Ende Juni 1994 auf Entnahmen oder Zuführungen verzichtet.

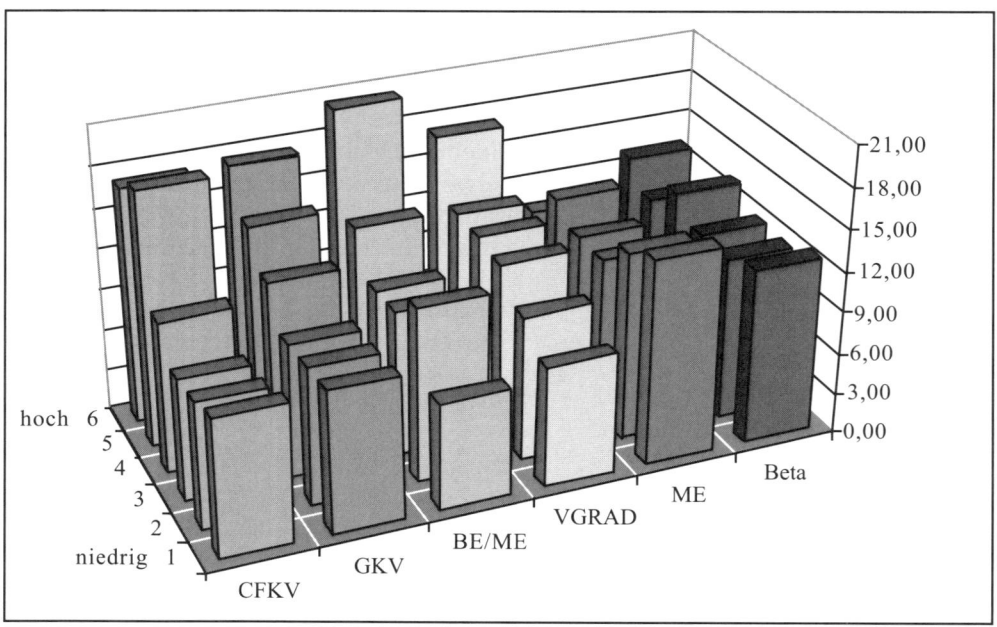

Abb. 2: **Durchschnittliche Jahresrenditen eindimensional sortierter Portfolios**
(arithmetisches Mittel, Zeitraum Juli 1967 – Juni 1994)

Anders als nach dem CAPM erwartet, sind keine Unterschiede zwischen den Durchschnittsrenditen von Aktien mit hohen Betas (Portfolio 6) und jenen mit niedrigen Betas (Portfolio 1) erkennbar. Die Unternehmensgröße scheint hingegen einen Einfluß auf erwartete Renditen auszuüben. Das Portfolio mit den kleinsten Firmen erzielt eine um 4.7% höhere jährliche Durchschnittsrendite als die Gruppe der größten Unternehmen. Ein noch stärkerer Zusammenhang besteht zwischen den verbleibenden Kennzahlen und den Portfoliorenditen. Letztere nehmen tendenziell zu, wenn in einer univariaten Betrachtung der Verschuldungsgrad oder die Kennzahlen BE/ME, GKV und CFKV steigen. In bezug auf den Verschuldungsgrad wird damit die theoretische Erwartung bestätigt, daß ein höherer „financial leverage" die Eigenkapitalkosten erhöht.

Die an verschiedenen Kapitalmärkten nachgewiesene Value-Growth-Anomalie zeigt sich in Übereinstimmung mit den Ergebnissen von GEHRKE (1994) und SATTLER (1994) eindrucksvoll auch am deutschen Aktienmarkt. Die Renditespanne zwischen den Portfolios mit den höchsten und niedrigsten BE/ME-Kennzahlen beläuft sich auf mehr als 12% per annum. Allerdings weist Portfolio 6 eine um 6% höhere Standardabweichung auf als Portfolio 1 und muß deshalb als riskanter angesehen werden.

Neu für den deutschen Aktienmarkt ist die aus Abbildung 2 erkennbare überdurchschnittliche Rendite für Aktien mit hohem Gewinn- und Cash Flow-Kurs-Verhältnis. Auch dieses Ergebnis deckt sich mit empirischen Studien für den japanischen und den US-Kapitalmarkt, allerdings mit der Modifikation, daß der U-förmige Verlauf der Durchschnittsrenditen in Abhängigkeit von diesen Kennzahlen[78] sich in Deutschland nicht wiederholt. Die Aktien mit extrem niedrigem GKV bzw. CFKV erzielen keine auffallend hohen Renditen.

Ergänzend zu dieser eher deskriptiven Analyse faßt Tabelle 1 die Ergebnisse der Zeitreihe monatlicher Querschnittsregressionen nach FAMA/ MACBETH für unterschiedliche Kombinationen der erklärenden Variablen zusammen. Als Regressand dient jeweils die stetige Aktienrendite. In den Spalten (2) bis (7) von Tabelle 1 sind die geschätzten Faktorprämien gemäß Gleichung (8) sowie darunter die in Klammern angegebenen t-Statistiken gemäß Gleichung (9) abgetragen.[79] Die letzten drei Spalten enthalten, jeweils in Prozent,

- den durchschnittlichen R^2-Wert der 324 monatlichen Regressionen,
- das durchschnittliche adjustierte Bestimmtheitsmaß sowie
- den prozentualen Anteil der Regressionen, bei denen die Hypothese, daß in der Grundgesamtheit alle Faktorprämien für die erklärenden Variablen null betragen, mit Hilfe eines F-Tests auf dem 1%-Signifikanzniveau abgelehnt wird.

Die univariaten Analysen bestätigen die bisherigen Ergebnisse: Das Cash Flow-Kurs-Verhältnis erreicht sowohl die höchste Faktorprämie als auch das höchste Signifikanzniveau. Ein ähnlich starker Zusammenhang besteht zwischen den Aktienrenditen und dem Buch- zu Marktwert-Verhältnis des Eigenkapitals. Die Hypothese einer BE/ME-Faktorprämie von null wird selbst bei konservativer, zweiseitiger Formulierung des Signifikanztests mit einer Irrtumswahrscheinlichkeit von kleiner als 1% abgelehnt. Das Gewinn-Kurs-Verhältnis erhält eine positive, auf dem 5%-Niveau signifikante Faktorprämie. Eine hohe Marktkapitalisierung wird zwar im Durchschnitt mit einer negativen Prämie belegt, ein signifikanter Kleinfirmeneffekt kann aber nicht festgestellt werden.

Die negative Beta-Prämie steht in deutlichem Widerspruch zum CAPM. Während die Hypothese einer Betaprämie von Null nicht abgelehnt werden kann, ist mit einer zu vernachlässigenden Irrtumswahrscheinlichkeit auszuschließen, daß die Prämie der durchschnittlichen Marktüberschußrendite[80] entspricht.[81] Trotzdem erklärt das Beta einen höheren Anteil der Renditeunterschiede als alle übrigen Variablen (vgl. die R^2-Werte). Dies zeigt, daß der Nutzen des Betas am deutschen Aktienmarkt in den letzten 25 Jahren nicht in seiner theoretischen Rolle als Bestimmungsgröße erwarteter Renditen lag, sondern eher in der Erklärung von Renditeschwankungen.

---

[78] Vgl. Chan et al. (1991), S. 1750 und Fama/ French (1992), S. 445.
[79] Zu den Ergebnissen in Teilperioden des gesamten Untersuchungszeitraums vgl. Wallmeier (1997), S. 227, 288 f., 352 ff.
[80] Als Überschußrendite („excess return") wird die Differenz zwischen Gesamtrendite und risikolosem Zinssatz bezeichnet.
[81] Dies ergibt sich aus einem einfachen t-Test.

Nr. (1)	GKV (2)	CFKV (3)	VGRAD (4)	BE/ME (5)	ln(ME) (6)	Beta (7)	$\bar{R}^2$ (8)	$\bar{R}^2_{adj.}$ (9)	FSIG (10)
(1)	0.0011 (1.99)						2.2	1.2	11.2
(2)		0.0022 (4.26)					2.0	1.0	7.9
(3)			0.0011 (2.11)				2.0	1.0	7,3
(4)				0.0019 (3.40)			2.6	1.6	13.4
(5)					-0.0007 (-1.16)		2.9	1.9	15.5
(6)						-0.0007 (-0.98)	3.3	2.3	21.3
(7)	0.0020 (3.56)	0.0007 (1.26)					4.0	2.0	13.4
(8)	0.0018 (3.21)		0.0015 (2.48)				4.4	2.4	16.4
(9)	0.0017 (3.00)		0.0014 (2.27)	-0.0006 (-0.91)			7.2	4.2	29.2
(10)	0.0014 (2.49)	-0.0006 (-1.02)	0.0021 (3.35)	-0.0006 (-0.88)			8.8	4.9	29.5
(11)	0.0015 (2.55)	-0.0005 (-0.89)	0.0020 (3.22)	-0.0002 (-0.37)	-0.0007 (-1.03)		11.1	6.2	34.7

Tab. 1: Geschätzte monatliche Faktorprämien für standardisierte Kennzahlen nach dem Fama/ MacBeth-Ansatz (07/67-06/94)

Durch die Aufnahme mehrerer Variablen in die Regressionsfunktion steigt das durchschnittliche Bestimmtheitsmaß deutlich auf maximal 11.1% (adjustiert 6.1%) an.[82] Die t-Werte der Kennzahlen CFKV und BE/ME sinken leicht ab, ohne aber ihre Signifikanz einzubüßen. Die in univariater Betrachtung signifikant positive Faktorprämie für den Verschuldungsgrad schlägt in den negativen Bereich um, wenn gleichzeitig die Variable BE/ME in der Regressionsfunktion enthalten ist. Diese Re-

---

[82] Von den multiplen Regressionen wurde das Gewinn-Kurs-Verhältnis ausgeschlossen, um dem Problem der Multikollinearität zu begegnen. Die Kennzahlen GKV und CFKV weisen zum einen von allen Variablenpaaren die höchste Korrelation auf, zum anderen besitzen sie aus theoretischer Sicht einen ähnlichen Aussagewert. Das Cash Flow-Kurs-Verhältnis wurde ausgewählt, weil es weniger stark als das GKV durch Bilanzpolitik beeinflußt wird.

aktion, die als Folge der Korrelation beider Kennzahlen[83] angesehen werden muß, legt den Schluß nahe, daß der Renditeeinfluß von BE/ME die Wirkung des Verschuldungsgrades dominiert.

	GKV	CFKV	VGRAD	BE/ME	ln(ME)	Beta
	Univariate Regressionen					
Januar	-0.0018 (-1.14)	-0.0005 (-0.18)	0.0079 (5.51)	0.0091 (4.71)	-0.0032 (-1.58)	0.0036 (1.37)
Februar	-0.0035 (-2.51)	0.0000 (0.00)	0.0034 (2.43)	0.0053 (4.16)	-0.0041 (-1.88)	0.0007 (0.21)
März-Nov.	0.0016 (2.49)	0.0025 (4.56)	0.0003 (0.45)	0.0011 (1.69)	-0.0005 (-0.69)	-0.0012 (-1.52)
Dezember	0.0039 (2.40)	0.0045 (2.21)	-0.0008 (-0.48)	-0.0012 (-0.64)	0.0031 (1.79)	-0.0017 (-0.81)
	Multivariate Regressionen mit fünf erklärenden Variablen					
Januar		-0.0035 (-0.98)	0.0047 (2.35)	0.0074 (3.32)	-0.0041 (-1.93)	0.0039 (1.47)
Februar		-0.0007 (-0.42)	0.0013 (0.77)	0.0042 (2.43)	-0.0043 (-2.58)	0.0017 (0.52)
März-Nov.		0.0020 (3.28)	-0.0010 (-1.65)	0.0014 (1.83)	0.0001 (0.23)	-0.0011 (-1.57)
Dezember		0.0043 (2.08)	-0.0024 (-1.29)	0.0005 (0.26)	0.0047 (2.86)	-0.0038 (-1.82)

Schattiert: signifikant mindestens auf dem 5%-Niveau (zweiseitiger t-Test)

Tab. 2: Geschätzte Faktorprämien nach Monaten (Fama/ MacBeth-Ansatz mit standardisierten Kennzahlen, 07/67-06/94)

Tabelle 2 enthält die Faktorprämien und die zugehörigen t-Werte, die sich nach dem Fama/ MacBeth-Ansatz gemäß den Gleichungen (8) und (9) ergeben, wenn nur die Regressionskoeffizienten aus den in der ersten Spalte angegebenen Monaten berücksichtigt werden. Die positiven Faktorprämien für die Variablen BE/ME und VGRAD fallen zum größten Teil im Januar und Februar an. Außerdem wird in diesen Monaten ein Überrenditeeffekt für kleine Unternehmen erkennbar, im Gegen-

---

[83] Die Korrelation im Aktienquerschnitt beträgt 0.55, wenn die Wertepaare aus allen Jahren des Zeitraums von 1967 bis 1993 herangezogen werden.

satz zum Jahresende, an dem sie im Durchschnitt geringe Aktienrenditen erzielen. Die Umkehr der Firmengrößenprämien und weniger deutlich auch der BE/ME-Prämie am Jahresende deutet darauf hin, daß kleine und vermeintlich riskante Titel bevorzugt am Jahresende abgestoßen und am Jahresanfang erworben werden. Die Beobachtungen stehen deshalb sowohl mit „Window Dressing" als auch mit „Lock in-Strategien" institutioneller Anleger im Einklang.

Die mit den Kennzahlen GKV und CFKV verbundenen Faktorprämien dürften nach den verhaltensorientierten Erklärungsansätzen nicht vorwiegend auf den Januar entfallen. Aktien mit einem hohen GKV und CFKV gelten in Anlegerkreisen verbreitet als kaufenswert, so daß seitens der Portfoliomanager keine Veranlassung bestünde, sie am Jahresende abzustoßen. Ganz im Gegenteil: Falls eine solche Aktie aus der Sicht eines Fondsmanagers attraktiv erscheint, wird er sie bevorzugt vor dem Geschäftsjahresende erwerben. Ein Indiz hierfür liefern die positiven Prämien in den Monaten März bis Dezember, wohingegen im Januar und Februar tendenziell negative Prämien festzustellen sind.

Der unterschiedliche zeitliche Verlauf der Faktorprämien für CFKV und BE/ME erklärt, warum die t-Statistiken im Vergleich zu den univariaten Analysen kaum zurückgehen, wenn beide Variablen gleichzeitig in die Regressionsfunktion aufgenommen werden (vgl. Tabelle 1).

7. Rationale versus irrationale Aktienbewertung

Die Monatsanalyse der Faktorprämien läßt zweifelhaft erscheinen, ob die APT die Bewertungseinflüsse erklären kann. Nach dieser Theorie werden Risikoprämien nur für Faktoren gewährt, die Schwankungen der Aktienrenditen im Zeitablauf verursachen. Die empirischen Ergebnisse des vorigen Abschnitts sind also nur dann mit der APT vereinbar, wenn der Grad der Renditeunsicherheit von den untersuchten Kennzahlen abhängt und darüber hinaus am Jahresanfang rapide ansteigt. Für beide Annahmen finden sich jedoch keine Anhaltspunkte, so daß die APT in Deutschland im Gegensatz zu den USA als Erklärungsmodell für die Renditeanomalien abzulehnen ist.[84]

Im Aktienquerschnitt korreliert das Buchwert-Marktwert-Verhältnis stark mit der Aktienrendite der letzten fünf Jahre. Ein Portfolio mit niedrigen BE/ME-Kennzahlen besteht überwiegend aus „Gewinner-Aktien" der Vergangenheit, während ein Portfolio am anderen Ende des BE/ME-Spektrums vornehmlich „Verlierer-Aktien" mit einer relativ schlechten historischen Performance enthält. Die positiven Faktorprämien für die BE/ME-Kennzahl können daher zu einem beachtlichen Teil auf

---

[84] Vgl. dazu ausführlich Wallmeier (1997), S. 299-301. Für den US-Aktienmarkt vgl. Fama/ French (1993), deren Mehrfaktorenmodell jedoch nach eigenem Bekunden die Ungenauigkeit der Kapitalkostenschätzung nicht wesentlich verringert, vgl. Fama/ French (1997).

die bekannte „Winner-Loser-Anomalie"[85] zurückgeführt werden. Idealtypisch durchlaufen die Aktien am Rande des BE/ME-Spektrums eine Wellenlinie. Negative oder positive Aktienrenditen schaukeln sich über eine gewisse Zeit auf, bis eine Kehrtwende eintritt, die eine gegenläufige Renditeentwicklung anstößt. Zur Erklärung dieses Phänomens wird häufig auf Überreaktionen der Marktteilnehmer verwiesen. Wenn sich über einen längeren Zeitraum hinweg gute oder schlechte Unternehmensnachrichten häufen, reagieren nach dieser These die Anleger so, als würde sich der Trend dauerhaft fortsetzen. Sie unterschätzen einerseits die Schwierigkeit, herausragende Unternehmenserfolge im Wettbewerb mit Konkurrenten zu verteidigen, andererseits die Fähigkeit, bei schlechter Ertragslage Schwächen in der Unternehmenspolitik zu beseitigen und die bestehenden Wettbewerbsvorteile zu stärken. Mißt man den unternehmerischen Erfolg einer Periode an der Gesamtkapitalrendite vor Steuern, so läßt sich das vermutete Überreaktionsverhalten mit folgenden Hypothesen beschreiben:

1. Unternehmen mit hohen BE/ME-Kennzahlen haben im Durchschnitt eine mehrjährige Phase mit durchweg niedrigen Gesamtkapitalrenditen vor Steuern durchlaufen, während Unternehmen am anderen Ende des BE/ME-Spektrums im gleichen Zeitraum kontinuierlich hohe Gesamtkapitalrenditen erzielt haben.
2. Die Gesamtkapitalrenditen gleichen sich nachfolgend innerhalb weniger Jahre einander an. Hohe Kapitalrenditen sinken, eine zuvor niedrige Rentabilität nimmt zu.

Abbildung 3 veranschaulicht den Zeitverlauf der durchschnittlichen Gesamtkapitalrenditen vor Steuern für sechs BE/ME-Portfolios, die im Zeitpunkt t gebildet werden. Die Gesamtkapitalrenditen werden bis zum sechsten Jahr vor der Portfoliobildung zurückverfolgt (t-6) und bis zum sechsten Jahr danach fortgeschrieben (t+6). Für das Symbol t wird nacheinander der 30. Juni der Jahre 1980 bis 1986 eingesetzt.[86] Für jeden dieser sieben Sortierzeitpunkte werden die Gesamtkapitalrenditen der sechs BE/ME-Portfolios in den zwölf Jahren t-6 bis t+6 ermittelt. Die Gesamtkapitalrenditen liegen damit in sieben Matrizen vor, die jeweils 72 Elemente beinhalten. Der Mittelwert gleicher Felder der sieben Matrizen wird durch die Säulen in Abbildung 3 dargestellt. Das Vorgehen gleicht einer Ereignisstudie, bei der unterschiedliche Sortierzeitpunkte das Äquivalent zu den Ereignissen bilden. Die Säulenhöhe für t-2 und Portfolio 6 läßt sich beispielhaft als Gesamtkapitalrendite interpretieren, die diejenigen Unternehmen mit den höchsten BE/ME-Kennzahlen zwei Jahre vor der Gruppierung im Durchschnitt erzielt haben.

---

[85] Vgl. Schiereck/ Weber (1995) und Meyer (1995).
[86] Dieser Zeitraum wurde ausgewählt, weil für die Untersuchung eine ausreichende Datenmenge in den sechs Jahren vor und nach der Portfoliobildung zur Verfügung stehen muß.

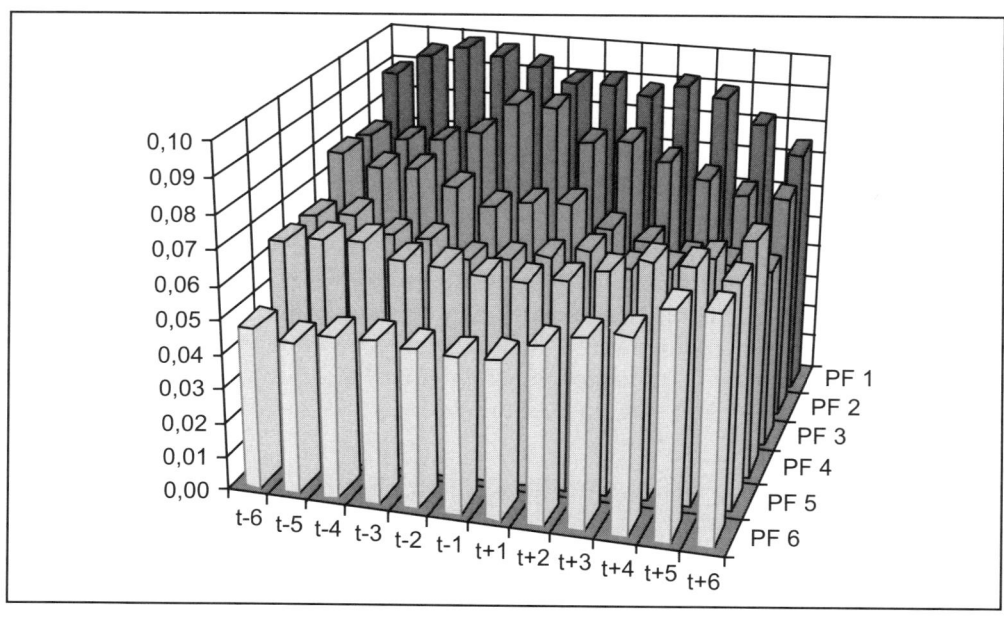

**Abb. 3: Durchschnittliche Gesamtkapitalrendite vor Steuern
für BE/ME-Portfolios sechs Jahre vor bis sechs Jahre nach Sortierung
(PF 1: Portfolio mit niedrigstem BE/ME; PF 6: höchstes BE/ME)**

Das Säulendiagramm zeigt, daß hohen Buch- zu Marktwert-Verhältnissen i.d.R. niedrige Gesamtkapitalrenditen vorangehen. Diese liegen bei Portfolio 6 (hohes BE/ME) in jedem der Jahre t-6 bis t-1 um vier bis fünf Prozent unter den Renditen für Portfolio 1 (geringes BE/ME). Nachfolgend ist bei den Portfolios 5 und 6 ein Anstieg der Gesamtkapitalrendite erkennbar, bei den Portfolios 1 und 2 hingegen ein fallender Verlauf. Bis zum sechsten Jahr nach der Portfoliobildung schrumpft die Renditedifferenz zwischen den Randportfolios auf weniger als ein Prozent zusammen. Beide oben aufgestellten Hypothesen werden damit bestätigt, so daß die Ergebnisse mit einer systematischen Überreaktion vereinbar sind. Anscheinend werden die Anleger von der schnellen Angleichung der Gesamtkapitalrenditen überrascht und müssen im nachhinein feststellen, daß die starke Differenzierung der Aktienbewertungen nicht gerechtfertigt war. Die Kursanpassungen, die sich in positiven BE/ME-Faktorprämien niederschlagen, sind nach dieser Erklärung als Korrektur der früheren Fehleinschätzungen zu verstehen.

8. Folgerungen für das Portfoliomanagement

Die empirische Analyse der Einflußgrößen erwarteter Renditen am deutschen Aktienmarkt verstärkt die bereits von anderen Autoren geäußerten Zweifel an der Zweckmäßigkeit einer Risikobereinigung nach dem CAPM. Die geschätzten Betas sind nicht in der Lage, langfristige Renditeunterschiede im Aktienquerschnitt zu erklären. Seit der Kritik von ROLL an empirischen Tests des CAPM ist bekannt, daß dieser negative Befund das Modell nicht endgültig falsifiziert.[86] Solange aber kein Index als Stellvertreter für das Marktportfolio gefunden wird, der den theoretisch erwarteten Rendite-Risiko-Zusammenhang hervorbringt, fehlt die Basis für die praktische Anwendung des Modells. Denn die Anwendungen beruhen auf den gleichen Indizes wie die empirischen Kapitalmarktuntersuchungen.[87] Auch der Versuch, die bewertungsrelevanten Kennzahlen BE/ME und CFKV als Faktorbetas der APT zu interpretieren, schlägt fehl. Die Variablen tragen nicht wesentlich zur Erklärung der Renditeschwankungen bei, so daß die Faktormodellannahme der APT nicht bestätigt wird. Die empirischen Ergebnisse stützen vielmehr die These, daß Verhaltensweisen institutioneller Anleger und systematische Fehleinschätzungen der Marktteilnehmer die kennzahlbezogenen Renditeanomalien hervorrufen.

Das eingangs aufgeworfene Problem, Kapitalkosten zur Beurteilung von Investitionsentscheidungen im Rahmen der Shareholder Value-Analyse zu schätzen, kann damit letztlich nicht zufriedenstellend gelöst werden. Die Variablen, die mit erwarteten Aktienrenditen zusammenhängen, lassen sich nicht als Risikomaßgrößen im Sinne der Kapitalmarkttheorie interpretieren. Das CAPM-Beta andererseits, das die Renditeschwankungen zu einem beachtlichen Teil erklärt, weist in empirischen Untersuchungen keinen Bezug zu erwarteten Renditen auf.

Einen Anleger wird vor allem interessieren, ob damit zu rechnen ist, daß die Anomalien in der Zukunft fortbestehen. Insbesondere der immense Renditeunterschied zwischen Value- und Growth-Aktien wirkt verlockend. Folgt man der Ansicht von HAUGEN, die Anreizstrukturen im institutionellen Portfoliomanagement seien die entscheidende und verläßliche Rahmenbedingung für die Anomalien, so winkt auch zukünftig eine „golden opportunity".[88] Auf der anderen Seite hat die Anomaliediskussion so weite Kreise gezogen, daß viele kapitalkräftige Anleger Value-Aktien übergewichten, um von Überrenditen zu profitieren. Dadurch wird eine eventuelle Unterbewertung der Titel zumindest ansatzweise korrigiert. Auch ist anzunehmen, daß Finanzanalysten und Portfoliomanager aus vergangenen Fehlern lernen und ihre Prognosetechniken revidieren. Auf dauerhafte Überreaktionen zu vertrauen, erscheint riskant und unrealistisch. Wer dieses Vertrauen nicht aufbringt, müßte wieder nach einer Gleichgewichtstheorie der Aktienbewertung suchen – und gelangt vorerst mangels Alternativen zum CAPM und zur APT.

---

[86] Vgl. Roll (1977).
[87] Vgl. Fama/ French (1996b), S. 1957.
[88] Haugen (1995), S. 7.

Literaturverzeichnis

Arbeitskreis „Finanzierung" der Schmalenbach-Gesellschaft Deutsche Gesellschaft für Betriebswirtschaft e.V. (AK Finanzierung, 1996): Wertorientierte Unternehmenssteuerung mit differenzierten Kapitalkosten, in: *Zeitschrift für betriebswirtschaftliche Forschung*, 48. Jg., 1996, S. 543-578.

Bamberg, G./ Baur, F. (Bamberg/ Baur, 1993): *Statistik*, 8. Aufl., München/ Wien 1993.

Banz, R. W. (Banz, 1981): The Relationship between Return and Market Value of Common Stocks, in: *Journal of Financial Economics*, Vol. 9, 1981, S. 3-18.

Banz, R. W./Hawawini, G. (Banz/ Hawanini, 1987): Equity Pricing and Stock Market Anomalies, in: *Finanzmarkt und Portfolio Management*, 1. Jg., 1987, Nr. 3, S. 7-15.

Barbee, W. C./ Mukherji, S./ Raines, G. A. (Barbee et al., 1996): Do Sales-Price and Debt-Equity Explain Stock Returns Better than Book-Market and Firm Size?, in: *Financial Analysts Journal*, Vol. 52, 1996, No. 2, S. 56-60.

Barber, B. M./ Lyon, J. D. (Barber/ Lyon, 1996): Firm Size, Book-to-Market Ratio, and Security Returns: A Holdout Sample of Financial Firms, Working Paper Graduate School of Management, University of California-Davis Nr. 01-96, May 1996.

Basu, S. (Basu, 1977): Investment Perfomance of Common Stocks in Relation to their Price-Earnings Ratios: A Test of the Efficient Market Hypothesis, in: *Journal of Finance*, Vol. 32, 1977, S. 663-682.

Bauer, C. (Bauer, 1992): *Das Risiko von Aktienanlagen*, Köln 1992.

Beaver, W. H./ Kettler, P./ Scholes, M. (Beaver et al., 1970): The Association between Market-Determined and Accounting-Determined Risk Measures, in: *The Accounting Review*, Vol. 45, 1970, S. 654-682.

Beiker, H. (Beiker, 1993): *Überrenditen und Risiken kleiner Aktiengesellschaften*, Köln 1993.

Bhandari, L. C. (Bhandari, 1988): Debt/Equity Ratio and Expected Common Stock Returns: Empirical Evidence, in: *Journal of Finance*, Vol. 43, 1988, S. 507-528.

Black, F. (Black, 1972): Capital Market Equilibrium with Restricted Borrowing, in: *Journal of Business*, Vol. 45, 1972, S. 444-455.

Black, F. (Black, 1993a): Beta and Return, in: *Journal of Portfolio Management*, Vol. 19, 1993, Fall, S. 8-17.

Black, F. (Black, 1993b): Estimating Expected Return, in: *Financial Analysts Journal*, Vol. 49, 1993, No. 5, S. 36-38.

Black, F./ Jensen, M. C./ Scholes, M. (Black et al., 1972): The Capital Asset Pricing Model: Some Empirical Tests, in: Jensen, M. C. (ed.), *Studies in the Theory of Capital Markets*, New York et al. 1972, S. 79-121.

Bühner, R. (Bühner, 1996): Kapitalmarktorientierte Unternehmenssteuerung, in: *Wirtschaftswissenschaftliches Studium*, 25. Jg., 1996, S. 334-338 u. S. 392-396.

Capaul, C./ Rowley, I./ Sharpe, W. F. (Capaul et al., 1993): International Value and Growth Stock Returns, in: *Financial Analysts Journal*, Vol. 49, 1993, No. 1, S. 27-36.

Chan, L. K. C./ Hamao, Y./ Lakonishok, J. (Chan et al., 1991): Fundamentals and Stock Returns in Japan, in: *Journal of Finance*, Vol. 46, 1991, S. 1739-1764.

Chan, L. K. C./ Lakonishok, J. (Chan/ Lakonishok, 1993): Are the Reports of Beta´s Death Premature? in: *Journal of Portfolio Management*, Vol. 19, 1993, Summer, S. 51-62.

Chen, N.-F./ Ingersoll, J. E. (Chen/ Ingersoll, 1983): Exact pricing in linear factor models with finitely many assets: A note, in: *Journal of Finance*, Vol. 38, 1983, S. 985-988.

Chopra, V. T./ Ziemba, W. T. (Chopra/ Ziemba, 1993): The Effect of Errors in Means, Variances, and Covariances on Optimal Portfolio Choice, in: *Journal of Portfolio Management*, Vol. 19, 1993, Winter, S. 6-11.

Connor, G. (Connor, 1984): A Unified Beta Pricing Theory, in: *Journal of Economic Theory*, Vol. 34, 1984, S. 13-31.

Cragg, J. G./ Malkiel, B. G. (Cragg/ Malkiel, 1982): *Expectations and the Structure of Share Prices*, Chicago 1982.

Davis, J. L. (Davis, 1994): The cross-section of realized stock returns: The pre-COMPUSTAT evidence, in: *Journal of Finance*, Vol. 49, 1994, S. 1579-1593.

De Bondt, W. F. M. (De Bondt, 1991): What do economists know about the stock market?, in: *Journal of Portfolio Management*, Vol. 17, 1991, Winter, S. 84-91.

De Bondt, W. F. M./ Thaler, R. H. (De Bondt/ Thaler, 1990): Do Security Analysts Overreact?, in: *American Economic Review*, Vol. 80, 1990, S. 52-57.

Domke, H.-M. (Domke, 1987): *Rendite und Risiko von Aktien kleiner Börsengesellschaften*, Frankfurt 1987.

Drukarczyk, J. (Drukarczyk, 1993): *Theorie und Politik der Finanzierung*, 2. Aufl., München 1993.

Dybvig, P. H. (Dybvig, 1983): An Explicit Bound on Individual Assets' Deviations from APT Pricing in a Finite Economy, in: *Journal of Financial Economics*, Vol. 12, 1983, S. 483-496.

Fama, E. F. (Fama, 1977): Risk-Adjusted Discount Rates and Capital Budgeting Under Uncertainty, in: *Journal of Financial Economics*, Vol. 5, 1977, S. 3-24.

Fama, E. F. (Fama, 1991): Efficient Capital Markets: II, in: *Journal of Finance*, Vol. 46, 1991, S. 1575-1617.

Fama, E. F./ French, K. R. (Fama/ French, 1992): The Cross-Section of Expected Stock Returns, in: *Journal of Finance*, Vol. 47, 1992, S. 427-465.

Fama, E. F./ French, K. R. (Fama/ French, 1993): Common risk factors in the returns on stocks and bonds, in: *Journal of Financial Economics*, Vol. 33, 1993, S. 3-56.

Fama, E. F./ French, K. R. (Fama/ French, 1995): Size and Book-to-Market Factors in Earnings and Returns, in: *Journal of Finance*, Vol. 50, 1995, S. 131-155.

Fama, E. F./ French, K. R. (Fama/ French, 1996a): Multifactor Explanations of Asset Pricing Anomalies, in: *Journal of Finance*, Vol. 51, 1996, S. 55-84.

Fama, E. F./ French, K.R. (Fama/ French, 1996b): The CAPM Is Wanted, Dead or Alive, in: *Journal of Finance*, Vol. 51, 1996, S. 1947-1958.

Fama, E. F./ French, K. R. (Fama/ French, 1997): Industry costs of equity, in: *Journal of Financial Economics*, Vol. 43, 1997, S. 153-193.

Fama, E. F./ MacBeth, J. D. (Fama/ MacBeth, 1973): Risk, Return, and Equilibrium, in: *Journal of Political Economy*, Vol. 81, 1973, S. 607-636.

Gehrke, N. (Gehrke, 1994): *Tobins q*, Wiesbaden 1994.

Graham, B./ Dodd, D. L./ Cottle, S. (Graham et al., 1962): *Security Analysis*, 4th ed., New York et al. 1962.

Grinblatt, M./ Titman, S. (Grinblatt/ Titman, 1983): Factor Pricing in a Finite Economy, in: *Journal of Financial Economics*, Vol. 12, 1983, S. 497-507.

Grinold, R. C. (Grinold, 1993): Is Beta Dead Again?, in: *Financial Analysts Journal*, Vol. 49, 1993, No. 4, S. 28-34.

Grossman, S. J./ Zhou, Z. (Grossmann/ Zhou, 1996): Equilibrium Analysis of Portfolio Insurance, in: *Journal of Finance*, Vol. 51, 1996, S. 1379-1403.

Hamerle, A./ Rösch, D. (Hamerle/ Rösch, 1996): Kapitalmarktanomalien und Rendite-Risiko-Beziehung bei einem ineffizienten Marktindex, in: *Finanzmarkt und Portfolio Management*, 10. Jg., 1996, S. 61-74.

Haugen, R. A. (Haugen, 1995): *The New Finance*, Englewood Cliffs 1995.

Haugen, R. A./ Baker, N. L. (Haugen/ Baker, 1996): Commonality in the determinants of expected stock returns, in: *Journal of Financial Economics*, Vol. 41, 1996, S. 401-439.

Jacobs, B. I./ Levy, K. N. (Jacobs/ Levy, 1988): Disentangling Equity Return Regularities: New Insights and Investment Opportunities, in: *Financial Analysts Journal*, Vol. 44, 1988, No. 3, S. 18-43.

Jaffe, J./ Keim, D. B./ Westerfield, R. (Jaffe et al., 1989): Earnings' Yields, Market Values, and Stock Returns, in: *Journal of Finance*, Vol. 44, 1989, S. 135-148.

Jagannathan, R./ Wang, Z. (Jagannathan/ Wang, 1993): The CAPM is Alive and Well, Working Paper, presented at the Fourth Annual Conference on Financial Economics and Accounting, Washington University, November 1993.

Jansson, S. (Jansson, 1983): The Fine Art of Window Dressing, in: *Institutional Investor*, 1983, December, S. 139-140.

Keim, D. B. (Keim, 1983): Size-Related Anomalies and Stock Return Seasonality, in: *Journal of Financial Economics*, Vol. 12, 1983, S. 13-32.

Keim, D. B. (Keim, 1986): The CAPM and Equity Return Regularities, in: *Financial Analysts Journal*, Vol. 42, 1986, No. 3, S. 19-34.

Keim, D. B. (Keim, 1990): A New Look at the Effects of Firm Size and E/P Ratio on Stock Returns, in: *Financial Analysts Journal*, Vol. 46, 1990, No. 2, S. 56-67.

Keppler, M. (Keppler, 1992): „Beta"-Faktoren und CAPM – ein Nachruf, in: *Die Bank*, o. Jg., 1992, S. 268-269.

Kmenta, J. (Kmenta, 1986): *Elements of Econometrics*, 2nd ed., New York 1986.

Kothari, S. P./ Shanken, J. (Kothari/ Shanken, 1995): In Defense of Beta, in: *Journal of Applied Corporate Finance*, Vol. 8, 1995, No. 1, S. 53-58.

Kothari, S. P./ Shanken, J./ Sloan, R. G. (Kothari et al., 1995a): Another Look at the Cross-section of Expected Stock Returns, in: *Journal of Finance*, Vol. 50, 1995, S. 185-224.

Kothari, S. P./ Shanken, J./ Sloan, R. G. (Kothari al., 1995b): The CAPM: Reports of My Death Have Been Greatly Exaggerated, Working Paper FR 95-21, University of Rochester, October 1995.

La Porta, R. (La Porta, 1996): Expectations and the Cross-Section of Stock Returns, in: *Journal of Finance*, Vol. 51, 1996, S. 1715-1742.

Lakonishok, J./ Shleifer, A./ Vishny, R. W. (Lakonishok et al., 1994): Contrarian Investment, Extrapolation, and Risk, in: *Journal of Finance*, Vol. 49, 1994, S. 1541-1578.

Lehmann, B. N. (Lehmann, 1990): Residual Risk Revisited, in: *Journal of Econometrics*, Vol. 45, 1990, S. 71-97.

Lehmann, B. N. (Lehmann, 1992): Empirical Testing of Asset Pricing Models, in: Newman, P./ Milgate, M./ Eatwell, J. (eds.), *The New Palgrave Dictionary of Money & Finance*, New York 1992, S. 749-759.

Lintner, J. (Lintner, 1965): The Valuation of Risky Assets and the Selection of Risky Investments in Stock Portfolios and Capital Budgets, in: *Review of Economics and Statistics*, Vol. 47, 1965, S. 13-37.

Lo, A. W./ MacKinlay, A. C. (Lo/ MacKinlay, 1990): Data-Snooping Biases in Tests of Financial Asset Pricing Models, in: *The Review of Financial Studies*, Vol. 3, 1990, S. 431-467.

Merton, R. C. (Merton, 1973): An Intertemporal Capital Asset Pricing Model, in: *Econometrica*, Vol. 41, 1973, S. 867-887.

Merton, R. C. (Merton, 1987): On the Current State of the Stock Market Rationality Hypothesis, in: Dornbusch, R./ Fischer, S./ Bossons, J. (eds.), *Macroeconomics and Finance*, 1987, S. 93-124.

Meyer, B. (Meyer, 1995): Die langfristige Performance von „Gewinner"- und „Verlierer"-Aktien am deutschen Aktienmarkt, in: *Finanzmarkt und Portfolio Management*, 9. Jg., 1995, S. 61-80.

Miller, M. H./ Scholes, M. (Miller/ Scholes, 1972): Rates of Return in Relation to Risk: A Re-examination of Some Recent Findings, in: Jensen, M. C. (ed.), *Studies in the Theory of Capital Markets*, New York et al. 1972, S. 47-77.

Möller, H. P. (Möller, 1986): *Bilanzkennzahlen und Ertragsrisiken des Kapitalmarktes*, Stuttgart 1986.

Mossin, J. (Mossin, 1966): Equilibrium in a Capital Asset Market, in: *Econometrica*, Vol. 34, 1966, S. 768-783.

Oertmann, P. (Oertmann, 1994): Firm-Size-Effekt am deutschen Aktienmarkt, in: *Zeitschrift für betriebswirtschaftliche Forschung*, 46. Jg., 1994, S. 229-259.

Paulus, H. (Paulus, 1997): *Style-Investing auf europäischen Aktienmärkten*, Bad Soden/ Taunus 1997.

Perridon, L./ Steiner, M. (Perridon/ Steiner, 1997): *Finanzwirtschaft der Unternehmung*, 9. Aufl., München 1997.

Pfennig, M. (Pfennig, 1993): Zur fundamentalen Erklärung der Beta-Faktoren am deutschen Aktienmarkt, in: Institut für Kapitalmarktforschung an der J. W. Goethe-Universität Frankfurt am Main (Hrsg.), *Beiträge zur Theorie der Finanzmärkte*, Nr. 5, Oktober, Frankfurt am Main 1993.

Reinganum, M. R. (Reinganum, 1981): Misspecification of Capital Asset Pricing. Empirical Anomalies Based on Earnings' Yields and Market Values, in: *Journal of Financial Economics*, Vol. 9, 1981, S. 19-46.

Roll, R. (Roll, 1977): A Critique of the Asset Pricing Theory's Tests, in: *Journal of Financial Economics*, Vol. 4, 1977, S. 129-176.

Roll, R./ Ross, S. A. (Roll/ Ross, 1980): An Empirical Investigation of the Arbitrage Pricing Theory, in: *Journal of Finance*, Vol. 35, 1980, S. 1073-1103.

Rosenberg, B. (Rosenberg, 1974): Extra-Market Components of Covariance in Security Returns, in: *Journal of Financial and Quantitative Analysis*, Vol. 9, 1974, S. 263-274.

Rosenberg, B./ Marathe, V. (Rosenberg/ Marathe, 1976): Common Factors in Security Returns: Microeconomic Determinants and Macroeconomic Correlates, Reprint No. 26 of the Institute of Business and Economic Research of the University of California, Berkeley, from Proceedings of the Seminar on the Analysis of Security Prices, University of Chicago, May, Chicago 1976, S. 61-115.

Rosenberg, B./ Reid, K./ Lanstein, R. (Rosenberg et al., 1985): Persuasive evidence of market inefficiency, in: *Journal of Portfolio Management*, Vol. 11, 1985, Spring, S. 9-16.

Ross, S. A. (Ross, 1976): The Arbitrage Theory of Capital Asset Pricing, in: *Journal of Economic Theory*, Vol. 13, 1976, S. 341-360.

Ross, S. A. (Ross, 1977): Return, Risk and Arbitrage, in: Friend, I./ Bicksler, J. L. (eds.), *Risk and Return in Finance*, Vol. 1, Cambridge/ Mass. 1977, S. 189-218.

Sachs, L. (Sachs, 1972): *Statistische Auswertungsmethoden*, 3. Aufl., Berlin et al. 1972.

Sattler, R. R. (Sattler, 1994): *Renditeanomalien am deutschen Aktienmarkt*, Aachen 1994.

Schiereck, D./ Weber, M. (Schiereck/ Weber, 1995): Zyklische und antizyklische Handelsstrategien am deutschen Aktienmarkt, in: *Zeitschrift für betriebswirtschaftliche Forschung*, 47. Jg., 1995, S. 3-24.

Schneider, D. (Schneider, 1992): *Investition, Finanzierung und Besteuerung*, 7. Aufl., Wiesbaden 1992.

Schnittke, J. (Schnittke, 1989): *Überrenditeeffekte am deutschen Aktienmarkt*, Köln 1989.

Shanken, J. (Shanken, 1992): On the Estimation of Beta-Pricing Models, in: *The Review of Financial Studies*, Vol. 5, 1992, S. 1-33.

Sharpe, W. F. (Sharpe, 1964): Capital Asset Prices. A Theory of Market Equilibrium under Conditions of Risk, in: *Journal of Finance*, Vol. 19, 1964, S. 425-442.

Stehle, R. (Stehle, 1995): Der „Size"-Effekt am deutschen Aktienmarkt, Discussion Paper 72/1995 des Sonderforschungsbereichs 373, Berlin 1995.

Steiner, M./ Bauer, C. (Steiner/ Bauer, 1992): Die fundamentale Analyse und Prognose des Marktrisikos deutscher Aktien, in: *Zeitschrift für betriebswirtschaftliche Forschung*, 44. Jg., 1992, S. 347-368.

Steiner, M./ Bruns, C. (Steiner/Bruns, 1996): *Wertpapiermanagement*, 5. Aufl., Stuttgart 1996.

Steiner, M./ Kleeberg, J. (Steiner/ Kleeberg, 1991): Zum Problem der Indexauswahl im Rahmen der wissenschaftlich-empirischen Anwendung des Capital Asset Pricing Model, in: *Die Betriebswirtschaft*, 51. Jg., 1991, S. 171-182.

Steiner, M./ Nowak, T. (Steiner/ Nowak, 1994): Zur Bestimmung von Risikofaktoren am deutschen Aktienmarkt auf Basis der Arbitrage Pricing Theory, in: *Die Betriebswirtschaft*, 54. Jg., 1994, S. 347-362.

Treynor, J. L. (Treynor, 1993): In Defense of the CAPM, in: *Financial Analysts Journal*, Vol. 49, 1993, No. 3, S. 11-13.

Wallmeier, M. (Wallmeier, 1997): *Prognose von Aktienrenditen und -risiken mit Mehrfaktorenmodellen*, Bad Soden/ Taunus 1997.

Wei, K.C.J. (Wei, 1988): An Asset Pricing Theory Unifying the CAPM and APT, in: *Journal of Finance*, Vol. 43, 1988, S. 881-892.

Zimmermann, P. (Zimmermann, 1997): *Schätzung und Prognose von Betawerten*, Bad Soden/ Tausnus 1997.

Aktienkursprognosen auf der Basis von Jahresabschlußdaten

von G. Geoffrey Booth/ Otto Loistl

1. Problemstellung
2. Relevante Konzepte
3. Methoden
4. Die Daten
5. Untersuchungsergebnisse
6. Weitere Untersuchungen
7. Künftige Entwicklungen

1. Problemstellung

Die Frage der Brauchbarkeit von Jahresabschlußdaten für die Prognose von Aktienkursen ist seit vielen Jahren Gegenstand der US-amerikanischen Diskussion. In Deutschland wird sie erst seit einigen Jahren untersucht. Zweifelsohne ist die Eignung dieser Daten für die Aktienkursprognose von eminenter Bedeutung für die Unternehmen, die Investoren und auch die Öffentlichkeit.

Folgende Fragen gilt es in diesem Kontext zu klären:

- Welche theoretischen Konzepte liefern a priori Erkenntnisse zur Beantwortung des o.a. Problems?
- Welche statistischen Untersuchungsmethoden lassen sich darauf aufbauend grundsätzlich einsetzen?
- Wie haben sich diese im praktischen Einsatz bewährt?
- Gibt es überhaupt empirisch verläßliche Untersuchungen?
- Welche Erkenntnisse lassen sich daraus für Anlagestrategien gewinnen?
- Sind die Ergebnisse angelsächsischer Untersuchungen auf deutsche Verhältnisse übertragbar?
- Sind die Ergebnisse der vergangenen Untersuchungen auch für die Zukunft gültig?

Diese Fragen sollen nachfolgend erläutert werden.

Die amerikanische Diskussion faßt Ball (1992) wie folgt zusammen:

Die offensichtliche Vorhersagemöglichkeit abnormaler Renditen nach einer Gewinnankündigung wurde aus mehreren Gründen eine der signifikantesten Anomalien in der Finanzmarktforschung:

1. Die Größe ist erstaunlich: Die geschätzte Rendite aus dem Handel aufgrund alter Ertragsinformationen übersteigt die normale Marktrendite.
2. Die Anomalie gibt es überall: Ertragsankündigungen gibt es jedes Quartal für jede Aktie.
3. Die Anomalie ist wissenschaftlich nicht zu leugnen. Sie wurde von Ball/ Brown (1968) nachgewiesen, ist konsistent und mit zunehmender Genauigkeit repliziert worden. Sie betrifft eines der am gründlichsten und genauesten erforschten Gebiete der empirischen Kapitalmarktforschung.
4. Aktienmärkte bestehen den Test einer Wettbewerbsökonomie nicht.
5. Diese Anomalie stellt die den am weitesten verbreiteten Aktienbewertungsmodellen zugrundeliegende Theorie in Frage.[1]

Im Gegensatz zur großen Fülle amerikanischer Untersuchungen gibt es in Deutschland erst aus jüngster Zeit einige einschlägige Arbeiten.

---

[1] Vgl. Ball (1992), S. 319.

2. Relevante Konzepte

Relevant sind die Normen und Normadressaten der Jahresabschlußaufstellung. Nach der Generalnorm des § 264 Abs. 2 HGB soll der (deutsche) Jahresabschluß ein den tatsächlichen Verhältnissen entsprechendes Bild von der Vermögens-, Finanz- und Ertragslage der Kapitalgesellschaft vermitteln. Die Gläubigerorientierung steht im Mittelpunkt. Im Unterschied hierzu zeichnen sich „IAS" und „US-GAAP" durch ihre strikte Kapitalmarktorientierung aus: Aufgabe der Rechnungslegung ist es nach diesen Prinzipien in erster Linie, den Informationsbedarf des Kapitalmarktes zu befriedigen.[2] Die wesentlichste Unternehmensinformation für den Gläubiger liefert das in den USA übliche Kredit-Rating-System.

Daraus ergibt sich eine erste Relativierung: Der Informationsrohstoff „Deutsche Jahresabschlußdaten" wird nicht im Hinblick auf die Aufgabe „Prognose des Aktienkurses" produziert.

Es bleibt weiter unten zu diskutieren, ob daraus eine grundsätzlich geringere Erklärungskraft für die Aktienkurse folgt, als sie nach den amerikanischen Rechnungslegungsprinzipien gegeben ist, und ob durch Umgliederungen des ursprünglichen Jahresabschlusses und eine sachbezogene Ergänzung dieser grundlegende Mangel wieder behoben werden kann.

Relevant sind des weiteren die grundlegenden Erkenntnisse über Aktienkursverläufe: Sollten diese einem Zufallspfad folgen, dann könnten Aktienkursverläufe nicht vorhergesagt werden, auch nicht auf der Basis von Jahresabschlußdaten. Nachdem in den 60er Jahren der Zufallsweg eine ernsthafte Erklärungshypothese darstellte, hat sie heute nicht mehr solches Gewicht, daß die Aktienkursprognose von vornherein ein aussichtsloses Unterfangen wäre.

Davon ist jedoch die Hypothese zu trennen, daß Aktienkurse wie ein faires Spiel beschrieben werden können, mit der Konsequenz, daß der beste Schätzer für den künftigen Aktienkurs der heutige Aktienkurs ist, bzw. der Erwartungswert des künftigen Aktienkurses dem heutigen Kurs entspricht. Dies heißt natürlich nicht, daß künftige Aktienkurse im einzelnen nicht von den heutigen abweichen können.

Von dieser Form des Zusammenhanges zwischen künftigen und heutigen Kursen sind sog. mean reverting-Prozesse zu unterscheiden. Bei letzteren ist eine systematische Rückkehr in der Konstruktion des stochastischen Prozesses immanent. Je weiter sich die konkrete Notiz vom Mittelwert enfernt, desto größer ist die Wahrscheinlichkeit, daß die Kursnotiz zum Mittelwert zurückkehrt. Diese Rückholkraft ist jedoch bei einem Martingal[3] nicht vorhanden.

Da die Modellierungskraft beider Konzepte nicht a priori entschieden werden kann, wird auf beide Ansätze zurückgegriffen. CHIANG/ LIN/ OKUNEV (1995) modellieren die Aktienkurse als zu den fundamentalen Werten zurückkehrend.

---

[2] Vgl. Baukmann/ Mandler (1997), S. 1.
[3] Vgl. Loistl (1994), S. 116 ff.

Einschlägig ist weiterhin das Konzept der Informationseffizienz des Kapitalmarktes, regelmäßig auch nur als Kapitalmarkteffizienz angesprochen.[4] Es systematisiert die Umsetzung verfügbarer Informationen in Preise. Man unterscheidet die starke, mittlere und schwache Effizienz, differenziert nach der Geschwindigkeit der Umsetzung von Informationen in Preise und der Verfügbarkeit von Informationen (öffentlich verfügbare versus nicht öffentlich verfügbare Informationen).

Starke Informationseffizienz liegt vor, wenn Aktienkurse sofort sämtliche Informationen, gleichgültig ob öffentlich oder nicht, verarbeiten und sofort anpassen. Nur unerwartete Ereignisse können zu Kursänderungen führen. Diese Hypothese steht hinter dem wichtigsten Untersuchungsdesign zur Analyse der Zusammenhänge von Aktienkursen vs. Jahresabschlußdaten.

Die mittlere Effizienzform besagt, daß Aktienkurse sich allmählich anpassen, und läßt die Frage nach der konkreten Umsetzung der Information in Preise unbeantwortet. Es gibt kein konkretes Informationsverarbeitungsmodell.

Diese Differenzierung der Informationseffizienz ist für die allgemeine Strukturierung wichtig und bildet auch den Ausgangspunkt für die Ableitung der Methoden. Von Bedeutung ist es, überraschende Kursänderungen, verursacht durch überraschende, unerwartete fundamentale Ereignisse, zu erfassen.

3. Methoden

Im wesentlichen kommen für die Analyse der Aktienkurse entweder das Konzept der sog. Ertragsreaktion oder sog. Event-Studies zur Anwendung. Die Identifikation der Bestimmungsfaktoren der Aktienkurszeitreihen erfolgt natürlich noch mit anderen Methoden. Regelmäßig werden die Kursdeterminanten dann jedoch aus einem auf den Markt bezogenen Dataset bestimmt. Fundamentale Einflußfaktoren, zumal konkretisiert in Jahresabschlußgrößen, können dabei nicht mehr identifiziert werden. SAUER (1994) diskutiert die Brauchbarkeit von Faktorenmodellen für den deutschen Aktienmarkt und STEINER/ NOWAK (1994) bestimmen Risikofaktoren anhand der APT. In beiden Ansätzen haben Jahresabschlußdaten keine tragende Bedeutung.

Die Methodik der Event-Study verlangt, daß der Zeitpunkt der Veröffentlichung der Daten, deren Kursbeeinflussungspotential gemessen werden soll, genau bestimmbar ist, und die Information sofort und nicht sukzessive dem Markt bekannt wurde. Da dies bei den veröffentlichten Jahresabschlüssen, wenigstens in der Vergangenheit in Deutschland, nicht der Fall war, ist die Event-Study-Technik zur Untersuchung der gestellten Frage anhand deutscher Daten kaum ergiebig.

---

[4] Vgl. dazu Fama (1970) und (1991).

Eine lesenswerte Darstellung der Event-Study-Technik mit den wichtigsten empirischen Untersuchungen in den USA liefert MACKINLAY (1997). Bei Unsicherheit über das genaue Datum, zu dem das Ereignis, dessen Kurswirkung gemessen werden soll, eintritt, schlägt MACKINLAY entsprechend der Literatur vor, daß das sog. Event-Fenster, der Zeitraum, an dem das Ereignis zu beobachten ist, von einem auf zwei Tage ausgedehnt wird.[5] Die mit dem ungenauen Veröffentlichungstermin grundsätzlich verbundenen Schwierigkeiten lassen sich damit jedoch nicht ausräumen.

Gut dokumentiert ist der Kurseffekt von Ertragsankündigungen.[6] Die Ergebnisse unterstützen die Hypothese, daß Ergebnisankündigungen für die Bewertung des Unternehmens wichtige Informationen enthalten. Aber auch in den US-amerikanischen Untersuchungen stehen die Beziehungen zwischen Jahresabschlußdaten und Aktienkursen nicht im Mittelpunkt. Ausführlich untersucht wurden z.B. die Auswirkungen von Merger/Acquisition-Ankündigungen bzw. von Kapitalerhöhungsankündigungen auf die Aktienkurse: Merger haben einen bemerkenswert positiven Effekt auf die Kurse des Übernahmekandidaten, dagegen nicht auf die des Übernehmenden.[7] Kapitalerhöhungen führen in den USA zu Kursabschlägen.

Die Ertragsreaktionskoeffizientenmethode basiert auf der modernen Finanzierungstheorie. Diese geht davon aus, daß auf gut entwickelten Kapitalmärkten die Aktienkurse alle öffentlich verfügbaren Informationen reflektieren. Preisänderungen resultieren folglich aus der Reaktion auf neue Informationen. Unerwartete neue Informationen führen zu unerwarteten Kursänderungen.

Der Zusammenhang kann wie folgt beschrieben werden:[8]

(1) $UR_t = a\ UE_t + \varepsilon_t$,

mit: UR_t = unerwartete Aktienrendite im Zeitraum t,
UE_t = unerwartete Erträge im gleichen Zeitraum,
ε_t = Störterm, der alle anderen Einflußfaktoren erfaßt;
a : mißt die Stärke des Zusammenhangs zwischen UR_t und UE_t ; Er wird im Angelsächsischen häufig als Earnings Response Coefficient (ERC) bezeichnet.

Um diese Gleichung zu operationalisieren, müssen die nicht beobachtbaren Variablen durch beobachtbare ersetzt werden.

Die beiden verschiedenen Varianten basieren auf den oben beschriebenen Hypothesen über Aktienkursverläufe, daß diese nämlich entweder als Martingal aufzufassen sind oder Mean Reverting sind.

Bei der Formulierung als Martingal wird auch für Erträge unterstellt, daß die besten Schätzungen für die künftigen Erträge die heute beobachteten sind, d.h. $E[E_t] = E_{t-1}$.

---

[5] Vgl. MacKinlay (1997), S. 14 f.
[6] Vgl. MacKinlay (1997), S. 24 ff.
[7] Vgl. z.B. die Zusammenstellung bei Bamberger (1994), S. 155 und Bästlein (1997), S. 63 ff.
[8] Vgl. Booth et al. (1997), S. 592 ff.

Die Differenz zwischen den beiden beobachteten Ertragsgrößen $E_t - E_{t-1}$ mißt daher die unerwarteten Erträge. Es gilt dann für die Aktienkursrendite:

(2) $R_t = a(E_t - E_{t-1})/P_{t-1} + \varepsilon_t$.

Die Rendite R_t ist definiert als die relative Kursänderung $(P_t - P_{t-1})/P_{t-1}$, wobei ε_t wiederum der Störterm ist.

Die andere Interpretation unterstellt, daß die Kennziffer $\frac{E}{P}$ mean reverting ist, und die Ausprägungen mithin tendenziell zu ihrem Mittelwert zurückkehren. Damit wird auch unterstellt, daß der Koeffizient E_{t-1}/P_{t-1} ein schlechter Schätzer für die künftige Renditegröße $E[E_t]/P_{t-1}$ ist, mithin wird die Martingaleigenschaft bestritten.

Der Mittelwert ist nach dieser Auffassung ein angemessener Maßstab. Schreibt man die Renditegleichung unter Berücksichtigung dieser Argumentation, dann erhält man

(3) $R_t = a_1(E_t/P_{t-1}) - a_2 K + \varepsilon_t$,

wobei K der unbedingte Erwartungswert von E_t/P_t ist.

OHLSON und SHROFF (1992) untersuchen beide Interpretationen sehr ausführlich und leiten die notwendigen Zeitreiheneigenschaften ab.

Falls man nun diese Eigenschaften nicht kennt, so ist es nur vernünftig, beide Möglichkeiten zu berücksichtigen und die Daten für sich selbst sprechen zu lassen.

Die Rendite kann daher in einem vollständigen Ansatz nach folgender Formel erklärt werden:

(4) $R_t = a_0 + a_1 E_t/P_{t-1} + a_2(E_t - E_{t-1})/P_{t-1} + \varepsilon_t$.

Dieser Ansatz bildet in den beiden aktuellen empirischen Untersuchungen von BOOTH/ BROUSSARD/ LOISTL (1996) bzw. (1997) zu diesem Thema die Grundgleichung. Die Gleichung wird auch von HARRIS/ LANG/ MÖLLER (1994) bzw. (1995) benutzt.

4. Die Daten

Beide Untersuchungen verwenden Jahresabschlußdaten von deutschen Aktiengesellschaften. HARRIS/ LANG/ MÖLLER (HLM) untersuchten 230 Aktiengesellschaften im Zeitraum von 1981 bis 1991. Die Jahresabschlußdaten stammen von Global Vantage Industrie und Handelsdatenbank.[9]

---

[9] Vgl. Harris et al. (1995), S. 1012.

BOOTH/ BROUSSARD/ LOISTL (BBL) untersuchten insgesamt 94 Aktiengesellschaften mit Daten über einen Zeitraum von 1987 bis 1992. Die aufbereiteten Jahresabschlußdaten wurden von den drei Großbanken (Deutsche Bank, Dresdner Bank, Commerzbank) zur Verfügung gestellt.[10]

Darüber hinaus untersuchten HLM und BBL auch den Erklärungsgehalt der Kennziffer „Ergebnis pro Aktie", ermittelt nach dem gemeinsam von der DVFA (Deutsche Vereinigung für Finanzanalyse und Anlageberatung) und der SG (Deutsche Gesellschaft für Betriebswirtschaft/ Schmalenbachgesellschaft) entwickelten Schema. Diese Zahl wird im folgenden wie in der Praxis üblich als DVFA-Ergebnis bezeichnet.

In Deutschland waren wegen der Gläubigerorientierung die Informationsbedürfnisse der Kapitalmarktanleger und der Finanzanalysten als ihre Interessenvertreter lange Zeit ein Anhängsel der herkömmlichen Rechnungslegung. Für die DVFA als dem Berufsverband der Asset Manager und Investment Researcher war von Beginn an die Berechnung einer Kennziffer zur Anlegerinformation ein zentrales Anliegen, um die Analyse der Jahresabschlüsse und die Kapitalmarktkommunikation effizienter zu gestalten. Sie entwickelte zunächst alleine, dann gemeinsam mit der Kommission „Externes Rechnungswesen" der SG eine Methode zur Berechnung des Ergebnisses pro Aktie, die Methodik zur Ableitung des Ergebnisses nach DVFA/ SG. Die daraus abgeleitete Kennziffer, traditionell als DVFA-Ergebnis pro Aktie bezeichnet, ist die wichtigste Investorenkennziffer. Die grundlegende Intention ist die Identifikation des nachhaltigen Ergebnisses aus dem Kerngeschäft der Unternehmung, bereinigt um Sondervorgänge und Sondereinflüsse. Die genaue Vorgehensweise beschreiben im einzelnen BUSSE V. COLBE/ BECKER/ BERNDT/ GEIGER/ HAASE/ SCHMITT/ SEEBERG (1996).

Folgende Aspekte sind bei der Interpretation der empirischen Untersuchungsergebnisse zu beachten:

Das DVFA-Ergebnis je Aktie wurde seit seiner ersten Definition mehrmals überarbeitet. Insbesondere die Kooperation mit der SG brachte eine entsprechende Anpassung. Frühere Ergebnisse sind nicht ohne weiteres mit denen nach der modifizierten Methode ermittelten vergleichbar.

Das DVFA-Ergebnis ist aus den nach dem HGB zu veröffentlichenden Zahlen nicht abzuleiten. Erst die Kenntnis weiterer unternehmensinterner Vorgänge erlaubt die adäquate Berücksichtigung betrieblicher Vorgänge in dem DVFA-Ergebnis.

Die Repräsentativität der von Dritten veröffentlichten DVFA-Ergebnisse hängt entscheidend davon ab, welche zusätzlichen Informationen zur adäquaten Einordnung unternehmensinterner Vorgänge der Ersteller des DVFA-Ergebnisses hatte. Die DVFA-Ergebnisse der Banken konnten von den Researchkontakten vermutlich profitieren.

Aus der Auslegungsaufgabe wird auch deutlich, daß DVFA-Ergebnisse für ein einzelnes Unternehmen aufgrund des individuell ausgeschöpften Auslegungsspiel-

---

[10] Vgl. Booth et al. (1997), S. 594.

raumes differieren können. Teilweise werden DVFA-Ergebnisse auch von Unternehmen eigenständig veröffentlicht. Ist das Ergebnis nicht mit der DVFA-Methodenkommission abgestimmt, dann ist nicht gesichert, daß die Berechnung tatsächlich nach der von DVFA-SG entwickelten Methodik durchgeführt wurde.

Das DVFA-Ergebnis als Investorenkennziffer wird nicht überflüssig, wenn nach IAS Rechnung gelegt und publiziert wird. Die Unternehmen brauchen das DVFA-Ergebnis jedoch dann nicht mehr selbst zu berechnen und zu publizieren, da nach IAS die für die Berechnung des DVFA-Ergebnisses benötigten Zahlen selbst publiziert werden. Jeder Kapitalmarktexperte kann die zur Berechnung des DVFA-Ergebnisses notwendigen Bereinigungen selbst vornehmen.

Von den ex-post-DVFA-Ergebnissen sind die Prognosen dieser Zahlen zu trennen, auf die hier nicht eingegangen wird.

5. Untersuchungsergebnisse

In den nachfolgend wiedergegebenen Untersuchungen von HLM (1994) bzw. (1995) und BBL (1996) bzw. (1997) wird sowohl die Erklärungskraft des Jahresüberschusses als auch die des DVFA-Ergebnisses dargestellt. Methodik und Fragestellung der von den beiden Autorenteams durchgeführten Untersuchungen stimmen überein. Da die Untersuchungen auf unterschiedlichen Stichproben und Datenbanken aufbauen, ist die Wiedergabe der Ergebnisse beider Studien von Interesse.

Wir folgen hier der Terminologie von BBL (1997).[11]

Folgende Zusammenhänge wurden untersucht:

Werden Aktienkursveränderungen durch Veränderungen der Jahresüberschüsse erklärt? (Modell E1)

Werden Aktienkursänderungen durch Veränderungen der Jahresüberschüsse und Veränderungen der DVFA-Ergebnisse erklärt? (Modell E2)

$$RET_{i\tau} = CONST + \alpha_1 PUB_{it} + \alpha_2 \Delta PUB_{it} + d_1 D88_t + d_2 D89_t + d_3 D90_t + d_4 D91_t + \varepsilon_{it} \quad \text{Modell E1}$$

$$RET_{i\tau} = CONST + \alpha_1 PUB_{it} + \alpha_2 \Delta PUB_{it} + \alpha_3 (DVF_{it} - PUB_{it}) + \alpha_4 \Delta(DVF_{it} - PUB_{it}) + d_1 D88_t + d_2 D89_t + d_3 D90_t + d_4 D91_t + \varepsilon_{it} \quad \text{Modell E2}$$

Hierbei sind:

$RET_{i\tau}$ = prozentuelle Veränderung des Aktienkurses der Unternehmung i in Periode t,

$PUB_{i\tau}$ = publizierter Jahresüberschuß der Unternehmung i in Periode t, bezogen auf den Aktienkurs zu Beginn der Periode,

---
[11] Vgl. Booth et al. (1997), S. 594 ff.

$DVF_{i\tau}$ = entsprechende DVFA-Ergebnisse pro Aktie,
$\varepsilon_{i\tau}$ = Störterm.
$D88_t \ldots D92_t$ sind binäre Dummy-Variablen für jedes Jahr.

PUB resultiert aus der Annahme, daß die publizierten Jahresabschlüsse einem mean reverting-Prozeß folgen, wohingegen ΔPUB die Annahme modelliert, daß die Jahresüberschüsse einem Martingal folgen.

Modell E2 soll die kombinierte Wirkung der publizierten Jahresüberschüsse und der DVFA-Ergebnisse wiedergeben. Das wird dadurch erreicht, daß die in den DVFA-Ergebnissen enthaltenen Informationen zusätzlich verfügbar sind. Dieser Zusammenhang kommt in der Differenz $DVF - PUB$ zum Ausdruck.

Damit wird auch dem Umstand Rechnung getragen, daß die DVFA-Methodik den veröffentlichten Jahresüberschuß als Ausgangspunkt nimmt und dann bereinigt.

Die statistischen Untersuchungen brachten für beide Gleichungen folgende Ergebnisse:[12]

	CONST	DPUB	PUB	D(DVF-PUB)	DVF-PUB	R^2	F-Statistik	F (Modellvergleich)	Stichprobengröße
Modell E1	-.200 (.000)	.211 (.459)	2.734 (0.002)			.445	48.226 (.000)		355
Modell E2	-.158 (.001)	3.347 (.000)	2.764 (.004)	5.170 (.000)	-.283 (.837)	.506	46.374 (.000)	13.524 (.000)	355

Tab. 1: Aktienrenditen, erklärt aus Jahresüberschüssen und DVFA-Ergebnissen

Die Statistiken zeigen, daß der Erklärungsgehalt der Gleichung, gemessen an R^2, von 0.445 auf 0.506 gestiegen ist. Die F-Statistik bestätigt die Signifikanz der beiden Gleichungen, und der F-Test (Modell-Vergleich) zeigt, daß die Einbeziehung des DVFA-Ergebnisses die Erklärungskraft der Gleichung signifikant erhöht.

Die entsprechende Gleichung von HLM lautet:[13]

(5) $RET_{i\tau} = CONST + \alpha_1 PUB + \alpha_2 \Delta PUB + \alpha_3 DVF + \alpha_4 \Delta DVF + \varepsilon_t$.

HLM berücksichtigen den Erklärungsgehalt des DVFA-Ergebnisses mithin in formal unterschiedlicher, materiell aber in analoger Weise zu BBL (1997).

---

[12] Vgl. Booth et al. (1997), S. 594.
[13] Harris et al. (1995), S. 1024.

Sie kommen zu folgendem Ergebnis:[14]

CONST	DPUB	PUB	DDVF	DVF	R^2	Anzahl
-0.01	7.91	1.44	-1.92	3.80	0.34	263
(-0.1)	(5.2)	(1.2)	(-1.3)	(2.4)		

Tab. 2: Zusammenhang zwischen den Renditen und Erfolgen sowie DVFA-Erfolgen je Aktie in Deutschland

HLM analysieren die Erklärungskraft von Jahresüberschuß und DVFA-Ergebnis auch in getrennten Statistiken, ebenfalls getrennt nach verschieden Datensets. Für den hier referierten Datenset „HGB 1985", vollkonsolidiert, ergibt sich für den Jahresüberschuß ein R^2 von 0.24, für das DVFA-Ergebnis hingegen ein R^2 von 0.33.[15] Bei Betrachtung aller Variablen beträgt das R^2 0.34. Das DVFA-Ergebnis hat daher einen weitaus höheren Erklärungsgehalt. Insgesamt konzedieren auch HLM angesichts der von ihnen selbst wiedergegebenen Statistiken „eine die Erklärungskraft des Modells erhöhende Wirkung der DVFA-Erfolge".[16]

Dieses Resümee bildet jedoch einen starken Kontrast zu den nur erwähnten, nicht angeführten Ergebnissen der Langzeit-Rendite-Analyse. Über einen Sieben-Jahres-Zeitraum hat nach den Worten von HLM das DVFA-Ergebnis mit einem R^2 von 0.16 einen deutlich niedrigeren als im Ein-Jahres-Zeitraum und einen deutlich niedrigeren mit R^2 von 0.43 als der Jahresüberschuß.[17]

Diese Relation ist erstaunlich. Das Argument von den bewertungsrelevanten Erfolgsbestandteilen kann nicht ganz überzeugen angesichts der Einordnung in der Literatur.[18]

In der daraufhin von BBL (1997) durchgeführten Analyse über den gesamten Zeitraum ihres Datensets erhöhte sich der Erklärungsgehalt des Jahresüberschusses, gemessen an R^2, ebenfalls, aber die Erhöhung des Erklärungsgehaltes der Gleichung durch Hinzufügen des DVFA-Ergebnisses ist weiterhin signifikant.

Zusammenfassend kann man aus beiden Studien festhalten, daß die Aktienkurse über einen Mindestzeitraum von einem Jahr durch die Jahresüberschußrendite erklärt werden können. Der Erklärungsgehalt steigt signifikant, wenn man das DVFA-Ergebnis mitberücksichtigt.

Die Langfristergebnisse von HLM mit gegenteiliger Aussage bezüglich des DVFA-Ergebnisses überraschen, werden durch Vergleichsrechnungen nicht bestätigt, die kausalen Erklärungsversuche bedürfen also einer weiteren Klärung.

---

[14] Vgl. Harris et al. (1995), S. 1024.
[15] Vgl. Harris et al. (1995), S. 1023.
[16] Harris et al. (1995), S. 1025.
[17] Vgl. Harris et al. (1995), S. 1025.
[18] Vgl. Booth et al. (1997) mit weiteren Nachweisen.

6. Weitere Untersuchungen

Auch in US-amerikanischen Untersuchungen, hier ist vor allem auf die Arbeit von EASTON/ HARRIS/ OHLSON (1992) zu verweisen, erhöht sich die Stärke des Zusammenhangs zwischen Aktienrenditen und Jahresüberschußdaten über einen längeren Zeitraum beträchtlich.

Die Aktienrendite wird gemessen als sog. total return, d.h. der Verzinsung aus Kursentwicklung und Dividendenzahlungen. Die Ertragsgröße besteht aus zwei Teilen: den über den Betrachtungszeitraum aufsummierten Erträgen und dem Zukunftswert der Dividendenreinvestition.

Beide Größen werden auf den Aktienkurs im Ausgangszeitpunkt bezogen.[19] Die aggregierten Jahresüberschüsse messen das Ergebnis der wirtschaftlichen Tätigkeit der Unternehmen in erfolgsrechnerischen Größen. Längerfristig ist die aggregierte Erfolgsgröße vergleichsweise insensitiv gegenüber der Ausübung von Wahlrechten in der Rechnungslegung. Zum Beispiel werden die über einen Zeitraum von 10 Jahren aggregierten Herstellungskosten kaum stark von der Wahl der Bewertungsmethode des Umlaufvermögens beeinflußt. Dahinter steht die generelle Idee, daß die meisten in der Untersuchungsperiode eintretenden wertsteigerungsrelevanten Ereignisse sich auch im Jahresüberschuß des gesamten Untersuchungszeitraumes niederschlagen.

Die Aggregierung der in den einzelnen Teilperioden ausgewiesenen Jahresüberschußzahlen eliminiert den Einfluß der spezifischen Ausweisperiode.

In Modifikationen entkräften die Autoren den Verdacht, daß ein Dividendeneffekt auf beiden Seiten der Gleichung den hohen Erklärungsgehalt der Langfristuntersuchung bewirken würde. Diese beiden modifizierten Modelle haben im Prinzip den gleichen Erklärungsgehalt wie das ursprüngliche Modell. Das Bestimmtheitsmaß liegt in der Ausgangsgleichung bei 63 % und bei den beiden Modifikationen bei 62 %.

Die Aussagefähigkeit wird allerdings beträchtlich reduziert, wenn der Betrachtungszeitraum reduziert wird. Bei einer 5-jährigen Periode reduziert er sich auf 38% bzw. auf 28%. Bei zweijährigen Betrachtungszeiträumen verringert sich das R^2 auf durchschnittlich 15%. EASTON/ HARRIS/ OHLSON untersuchen auch die Frage, ob Jahresüberschüsse oder Veränderungen der Jahresüberschüsse von Bedeutung sind, und kommen zu dem Schluß, daß nach den empirischen Befunden eher den Jahresüberschüssen als den Veränderungen der Jahresüberschüsse die höhere Erklärungskraft zukommt.

Wenn auch die theoretische Untermauerung der empirischen Langfristbefunde nicht gesichert ist, so kann aus den Ergebnissen doch gefolgert werden, daß der langfristige Investor Jahresüberschüsse kauft. Kurzfristig kann aus anderen Untersuchungen eher der Schluß gezogen werden, daß die Investoren Dividenden erwerben.[20]

---

[19] Vgl. Easton et al. (1992), S. 123.
[20] Vgl. Landes et al. (1989).

Bei kürzerfristigen Rentabilitätsüberlegungen wird vom „standardized unexpected earnings (SUE)"-effect gesprochen (BROWN (1997)). Gerade in der Small Cap-World ist das Konzept des Earnings Surprise ein nützliches Instrument, das in der Praxis eingesetzt wird (MOTT/ COKER (1993)).

Dieser Ausdruck geht auf LATANÉ/ JONES/ RIEKE (1974) zurück.[21] Sie fanden heraus, daß Unternehmen mit Quartalsergebnissen über einer Trendlinienprognose, d.h. mit positiven SUE, höhere Renditen aufweisen als die Untersuchungsgesamtheit. Umgekehrt waren Unternehmen mit negativem SUE unterhalb der Marktentwicklung positioniert. Des weiteren stellten die Autoren eine ausgeprägte serielle Korrelation zwischen den unerwarteten Erträgen eines Quartals und denen des folgenden fest. Demnach kann man aus den unerwarteten Ergebnissen des einen Quartals die des nächsten vorhersagen. MOTT/ COKER (1993) konnten mit ihren Untersuchungen die Aussagefähigkeit des Konzeptes für kleine und mittlere Unternehmen bestätigen.

In den 80er Jahren wurde der allgemeine SUE-Effekt vergleichsweise gut dokumentiert. BROWN (1997) stellt fest, daß der SUE-effect zu unterscheiden ist vom P/E-effect, dem size effect und, last but not least, von dem sog. value line enigma. Darunter versteht man allgemein die Tatsache, daß Unternehmen, die in dem Valueline-Ranking in die erste Gruppe eingeordnet werden, die in die Gruppen 2-5 eingeordneten Unternehmen outperformen.

Die Reaktion des Aktienmarktes hängt nach ANTHONY/ RAMESH (1992) von der Position des Unternehmens im Lebenszyklus ab. Sie untersuchen insbesondere die Hypothese, daß unerwartetes Umsatzwachstum und Investitionsausgaben am meisten in der Wachstumsphase und am wenigsten in der Stagnationsphase des Unternehmens gewertet werden und wählen die Ausschüttungsrate, das Umsatzwachstum und das Unternehmensalter als Kriterien für die Positionierung einer Unternehmung im Lebensalterzyklus. Ihre Hypothese testen sie anhand einer Regression der kumulativen abnormalen Returns gegen Jahresabschlußgrößen, Investitionsausgaben und Umsatzwachstum. In univariaten Untersuchungen sind die Response-Koeffizienten eines unerwarteten Umsatzwachstums und unerwarteter Investitionsausgaben höher für niedrigere Ausschüttungsraten bei jungen Unternehmen mit hohem Umsatzwachstum im Vergleich zu alten Unternehmen mit hoher Ausschüttungsrate und geringen Wachstumsraten. Die multivariaten Ergebnisse lassen eine monotone Abnahme sowohl hinsichtlich der Größe als auch hinsichtlich der statistischen Signifikanz erkennen. Zusammenfassend kommen die Autoren zu dem Schluß, daß die Reaktion des Aktienmarktes auf fundamentale Beurteilungskriterien eine Funktion des Lebenszyklus sei.[22]

Einen grundsätzlich anderen Ansatz wählen CHIANG/ LIN/ OKUNEV (1995), um den Zusammenhang zwischen fundamentalen Größen und Aktienkursbewegungen zu modellieren und zu testen. Sie unterstellen, daß der fundamentale Wert der Unternehmung keine konstante, sondern eine zufällige Größe ist, und modellieren ihn daher als geometrische Brown'sche Bewegung. Damit ist jedoch nicht, wie häu-

---

[21] Zitiert nach Mott/ Coker (1993).
[22] Vgl. Anthony/ Ramesh (1992), S. 204.

fig angenommen, auch bereits die Bewegung der Aktienkurse beschrieben. Die Autoren nehmen die elementare Vorstellung der fundamentalen Analyse auf, daß der Aktienkurs um den fundamentalen Wert oszilliert bzw. schwankt, und setzen diese in eine präzise mathematische Modellierung dergestalt um, daß der Aktienkurs einem mean reverting-Prozeß folgt, und der fundamentale Wert dieser Mittelwert ist, um den der Aktienkurs schwankt.

Je größer der Abstand zwischen dem fundamentalen Wert und dem aktuellen Kurs ist, desto stärker ist die Kraft, die den Aktienkurs wieder zum fundamentalen Wert hinlenkt. CHIANG/ LIN/ OKUNEV verwenden Dividendenzahlungen und Jahresüberschüsse als Maßgrößen für den fundamentalen Wert und untersuchen den Zusammenhang an den entsprechenden Werten des S&P für die Zeit von 1871-1986. Wie in den bereits dargestellten Untersuchungen nimmt der Erklärungsgehalt der Regressionsgleichung mit zunehmendem Anlagezeitraum zu. Der Erklärungsgehalt ist jedoch beträchtlich höher als bei den linearen Regressionsansätzen. Diese Aussage gilt sowohl für Jahresüberschüsse als auch Dividenden als unabhängige Variablen und in beiden Fällen sowohl für die Zusammenhänge in realen sowie in nominalen Werten.

Gemessen an den nominalen Werten zeigt R^2, welches die Stärke des Zusammenhanges mißt, folgende Entwicklung: von 0.3673 (0.3619) für den einjährigen Anlagezeitraum über 0.8630 (0.7568) für den vierjährigen Zeitraum auf 0.8266 (0.9683) für den 10jährigen Zeitraum. Die ersten Werte beschreiben den Zusammenhang anhand des R^2-Wertes jeweils für die Regressionsgleichung mit Jahresüberschüssen als den unabhängigen Variablen und die Werte in den Klammern die R^2-Ergebnisse für die Regressionsgleichung mit Dividenden als den unabhängigen Variablen. In realen Größen sind die kurzfristigen Zusammenhänge ungleich schwächer (einjähriger Anlagezeitraum R^2 = 0.0056 (0.0433), bei einem vierjährigen Zeitraum R^2 = 0.1840 (0.5104), bei einem 10jährigen Zeitraum R^2 = 0.7100 (0.8992)). Wiederum gelten die zuerst genannten Werte für die Jahresüberschußuntersuchungen, die in Klammern für die Dividendenuntersuchungen.

Diese Untersuchungen lassen zwei Schlüsse zu:

Zum einen bestätigen sie – bis auf eine Zahl – die mit steigendem Anlagezeitraum anwachsende Bedeutung der fundamentalen Kennziffern; zum anderen zeigen sie, daß die tradierten Konzepte der fundamentalen Analyse mit Erkenntnisgewinn in adäquate quantitative Modelle umgesetzt werden können.

Der häufig vorgebrachte Einwand, daß komplexere Modelle zwar die in den Testdaten liegenden Muster besser erklären könnten, bei der Überprüfung an neuen Trainingsdaten aber schlechter abschneiden würden als einfachere Methoden, daß letztere also robustere Schätzer seien, sollte von der weiteren Untersuchung dieser Konzeption nicht abhalten.

Die höhere Erklärungskraft eines nichtlinearen Ansatzes gilt auch im Falle des Earnings response coeffizient[23]. FREEMAN/ TSE verwenden keine lineare Funktion zur Transformation der unerwarteten Jahresüberschüsse in unerwartete Kursrendi-

---

[23] Freeman/ Tse (1992).

ten, sondern eine nichtlineare Form vom Typ arctan. Danach ist die Transformation extremer Veränderungen unterproportional, die Wirkung nahe bei Null liegender Veränderungen des Jahresüberschusses hingegen überproportional auf die Aktienrendite.[24] Es wird eine Querschnittanalyse durchgeführt aufgrund von Quartalsergebnissen aus den Compustat-Daten, den CRSP-Tagesrenditen über den Zeitraum, der drei Tage nach der Veröffentlichung der vorangehenden Quartalsergebnisse beginnt und zwei Tage nach der Veröffentlichung der aktuellen Quartalsergebnisse endet, und den aktuellen und gemittelten EPS-Prognosen der Analysten im letzten Monat des aktuellen Quartals. Damit ist auch eine operationale Definition der unerwarteten Renditen möglich; sie ist gleich der Summe der täglichen abnormalen Renditen für den Zeitraum, der zwei Tage nach der Bekanntgabe der letzten Quartalsergebnisse beginnt und einen Tag nach der Bekanntgabe der aktuellen Ergebnisse endet.

Der Erklärungsgehalt des nichtlinearen Modells ist mit $R^2 = 0.08$ ca. 4 mal so hoch wie der des linearen Modells mit einem durchschnittlichen Wert von 0.021.

Es liegt, wie bereits betont, eine kurzfristige Analyse über ein Quartal vor. Für solche Zeiträume sind solche niedrigen Werte für R^2 durchaus nichts Außergewöhnliches. Auch diese Untersuchung bestätigt bei allen Unterschieden im Detail die folgenden grundlegenden Zusammenhänge:

Kurzfristig sind die fundamentalen Einflüsse, gemessen an den Jahresabschlußgrößen, nur schwach meßbar, langfristig nimmt der Erklärungsgehalt zu. Nichtlineare Ansätze haben eine höhere Erklärungskraft für Testsamples; die Überprüfung anhand von Trainingssamples steht in der Regel noch aus.

PETERSON/ PETERSON (1995) stellen eine signifikant höhere Abnormal Performance um den Publikationstermin der Stock Highlights des Value Line Investment Survey fest.

HAYN (1995) zeigt, daß sich die Signifikanz der Korrelation zwischen Aktienkursrendite und Erträgen sowie der Earnings-Response-Koeffizient beinahe verdreifacht, wenn Verlustankündigungen aus der Untersuchungsgesamtheit herausgenommen werden. Zu einem ähnlichen Ergebnis kommt MARTIKAINEN (1996). Sie belegt an einer Stichprobe von an der NYSE gelisteten Firmen der Jahre 1975-1990, daß sich der Earnings-Response-Koeffizient beträchtlich verbessert, wenn man negative Ergebnisse gesondert behandelt.

Die Vorhersagekraft und damit die Kurserheblichkeit von Dividendenzahlungen ist auch nach einer Vielzahl von Untersuchungen nicht eindeutig feststellbar. GOETZMANN/ JORION (1993) konstatieren, daß es „no strong statistical evidence" gebe, daß Dividendenrenditen zur Vorhersage von Aktienkursen herangezogen werden können.

DHILLON/ JOHNSON (1994) lassen die Existenz des Informationsgehaltes der Dividendenzahlung offen. Vielmehr glauben sie, daß der Informationsgehalt der Dividendenzahlungen weniger bedeutend als bisher angenommen sein könnte.

Für deutsche Unternehmen zeigt die aktuelle Untersuchung von SCHULTE (1996), daß Jahresabschlußdaten sehr wohl Prognoserelevanz für die Aktienkursentwick-

---

[24] Vgl. Freeman/ Tse (1992), S. 190 f.

lung besitzen. Multivariate Analysen, die mehrere Kennzahlen, sowohl aus den Einzel- als auch aus den Konzernabschlüssen benutzen, trennen dabei deutlich besser als univariate Modelle. Neben Erfolgskennzahlen spielen dabei auch Stabilitäts-, Verschuldungs- und Finanzflußkennzahlen eine bedeutende Rolle.

7. Künftige Entwicklungen

In der Zukunft wird der Jahresabschluß als Determinante der Aktienkurse weiter relativiert werden. Der Trend zur sofortigen Berichterstattung von im Unternehmen aufgetretenen Ereignissen ist offensichtlich. Hierzu trägt die neue gesetzliche Pflicht zur ad hoc-Publizität ebenso wie die auch in Deutschland gestiegene Einsicht in die Bedeutung der permanenten Kommunikation mit den Investoren bei. Dieser laufende Dialog mit den Investoren führt regelmäßig dazu, daß die im Jahresabschluß publizierten Zahlen keine Überraschungen mehr enthalten, und somit die Kursentwicklung nicht mehr auf die in den veröffentlichten Jahresabschlüssen wiedergegebenen Fakten anläßlich der Veröffentlichung reagiert.[25] Sie sind bereits bei der jeweils ersten Bekanntgabe verarbeitet worden. KELLER/ MÖLLER (1993) zeigen, daß sich der Informationsgehalt des Jahresüberschusses bei einer Zwischenberichterstattung verringert.

Auch hinsichtlich der Methodik ist eine Relativierung des Earning-Response-Konzeptes zu erwarten. Künftig wird die gesetzlich verankerte, sorgfältige Handhabung bei der Veröffentlichung kursrelevanter Unternehmensnachrichten auch die Verwendung der Event-Study-Technik erlauben. Die als ad hoc-Nachrichten veröffentlichten Unternehmensmeldungen haben einen (minutengenauen) Zeitstempel und erfüllen damit die Voraussetzungen für die Durchführung von Event-Studies.

Damit wird vielleicht auch in Deutschland die Untersuchung der Kurzfristwirkungen von Unternehmensnachrichten auf die Aktienkursrendite intensiviert. Sie ergänzt den in den vorgestellten Untersuchungen bestätigten Informationsgehalt der Jahresabschlußdaten für die Entwicklung des Aktienkurses.

Von Bedeutung ist dieser letztgenannte Zusammenhang insbesondere für langfristig orientierte Anleger, die ihr Portfolio mehr nach fundamentalen Kennziffern zusammenstellen und nicht nach kurzfristigen Rendite-Risiko-Kriterien der Kapitalmarktentwicklungen.

---

[25] Vgl. dazu auch Schulte (1996), S. 265 f.

Literaturverzeichnis

Anthony, J. H./ Ramesh, K. (Anthony/ Ramesh, 1992): Association between accounting performance measures and stock prices, in: *Journal of Accounting and Economics*, Vol. 15, 1992, S. 203-227.

Bästlein, H. (Bästlein, 1997): *Zur Feindlichkeit öfffentlicher Übernahmeangebote*, Frankfurt 1997.

Ball, R. (Ball, 1992): The earnings-price anomaly, in: *Journal of Accounting and Economics*, Vol. 15, 1992, S. 319-345.

Ball, R./ Brown, P. (Ball/ Brown, 1968): An empirical evaluation of accounting numbers, *Journal of Accounting Research*, Vol. 6, 1968, 159-178.

Bamberger, B. (Bamberger, 1994): *Der Erfolg von Unternehmensaquisitionen in Deutschland*, Köln 1994.

Baukmann, D./ Mandler, U. (Baukmann/ Mandler, 1997): *International Accounting Standards. IAS und HGB im Konzernabschluß*, München 1997.

Bercel, A. (Bercel, 1994): Consensus Expectations and International Equity Returns, in: *Financial Analysts Journal*, Vol. 50, 1994, July-August, S. 76-80.

Booth, G. G./ Broussard, J. P./ Loistl, O. (Booth et al., 1996): German Stock Returns and the Information Content of DVFA Earnings, DVFA-Beiträge zur Wertpapieranalyse, Nr. 30, 2. Aufl., Dreieich 1996.

Booth, G. G./ Broussard, J. P./ Loistl, O. (Booth et al., 1997): Earnings and Stock Returns: Evidence From Germany, in: *The European Accounting Review*, Vol. 6, 1997, No. 4, S. 589-603.

Brown, L. D. (Brown, 1997): Earnings Surprise Research: Synthesis and Perspectives, in: *Financial Analysts Journal*, Vol. 53, 1997, March-April, S. 13-19.

Busse v. Colbe, W./ Becker, W./ Berndt, H./ Geiger, K. M./ Haase, H./ Schmitt, G./ Seeberg, T. (Busse v. Colbe et al., 1996): *Ergebnis nach DVFA/SG. Gemeinsame Empfehlung*, 2., erweiterte Aufl., Stuttgart 1996.

Chiang, R./ Liu, P./ Okunev, J. (Chiang et al., 1995): Modelling mean reversion of asset prices towards their fundamental value, in: *Journal of Banking & Finance*, Vol. 19, 1995, S. 1327-1340.

Dhillon, U. S./ Johnson, H. (Dhillon/ Johnson, 1994): The Effect of Dividend Changes on Stock and Bond Prices, in: *Journal of Finance*, Vol 49, 1994, S. 281-289.

Easton, P. D./ Harris, T. S. / Ohlson, J. A. (Easton et al., 1992): Aggregate accounting earnings can explain most of security returns, in: *Journal of Accounting and Economics*, Vol. 15, 1992, S. 119-142.

Fama, E.F. (Fama, 1970): Efficient Capital Markets: A Review of Theory and Empirical Work, in: *Journal of Finance*, Vol. 25, 1970, S. 383-417.

Fama, E.F. (Fama, 1991): Efficient Capital Marktes II, in: *Journal of Finance*, Vol. 46, 1991, S. 1575-1617.

Freeman, R. N./ Tse, S. Y. (Freeman/ Tse, 1992): A Nonlinear Model of Security Price Responses to Unexpected Earnings, in: *Journal of Accounting Research*, Vol. 30, 1992, S. 185-209.

Goetzmann, W. N./ Jorion, Ph. (Goetzmann/ Jorion, 1993): Testing the Predictive Power of Dividend Yields, in: *Journal of Finance*, Vol. 48, 1993, S. 663-679.

Harris, T. S./ Lang, M./ Möller, H. P. (Harris et al., 1995): Zur Relevanz der Jahresabschlußgrößen Erfolg und Eigenkapital für die Aktienbewertung in Deutschland und den USA, in: *Zeitschrift für betriebswirtschaftliche Forschung*, 47. Jg., 1995, S. 996-1027.

Harris, T. S./ Lang, M./ Möller, H. P. (Harris, 1994): The Value-Relevance of German Accounting Measures, in: *Journal of Accounting Research*, Vol. 32, 1994, S. 187-209.

Hayn, C. (Hayn, 1995): The information content of losses, in: *Journal of Accounting and Economics*, Vol. 20, 1995, S. 125-153.

Keller, E./ Möller, H. P. (Keller/ Möller, 1993): Auswirkungen der Zwischenberichterstattung auf den Informationswert von Jahresabschlüssen am Kapitalmarkt – Konzeption und Ergebnisse einer kapitalmarktorientierten empirischen Untersuchung zum Informationsgehalt der Jahresabschlüsse deutscher Aktiengesellschaften, in: Bühler, W./ Hax, H./ Schmidt, R. (Hrsg.), Empirische Kapitalmarktforschung, *Zeitschrift für betriebswirtschaftliche Forschung*, Sonderheft Nr. 31, S. 35-60.

Landes, T./ Loistl, O./ Reiß, W (Landes et al., 1989): The Determinants of the Fundamental Value Part of a Share Price, in: Loistl, O./ Landes, T. (eds.), *The Dynamic Pricing of Financial Assets*, Hamburg 1989, S. 129-163.

Latané, H. A./ Jones, C. P./ Rieke, R. D. (Latané et al., 1974): Quarterly Earnings Reports and Subsequent Holding Period Returns, in: *Journal of Business Research*, April, zitiert nach Mott, C. E./ Coker, D. P. (1993): Earnings Surprise in the Small-Cap World, in: *Journal of Portfolio Management*, Vol. 19, 1993, Fall, S. 64-75.

Loistl, O.(Loistl, 1994): *Kapitalmarkttheorie*, 3. Aufl., München 1994.

MacKinlay, A. C. (MacKinlay, 1997): Event Studies in Economics and Finance, in: *Journal of Economic Literature*, Vol. 35, 1997, March, S. 13-39.

Martikainen, M. (Martikainen, 1996): Accounting Losses and Earnings Response Coefficients, erscheint in: *Journal of Business, Finance and Accounting*.

Mott, C. E./ Coker, D. P. (Mott/ Coker, 1993): Earnings Surprise in the Small-Cap World, in: *Journal of Portfolio Management*, Vol. 19, 1993, Fall, S. 64-75.

Müller, W. (Müller, 1992): *Bilanzinformation und Aktienbewertung*, Frankfurt am Main 1992.

Ohlson, J. A./ Shroff, P. K. (Ohlson/ Shroff, 1992): Changes versus Levels in Earnings as Explanatory Variables for Returns: Some Theoretical Considerations, in: *Journal of Accounting Research*, Vol. 30, 1992, S. 210-226.

Peterson, D. R./ Peterson, P. P. (Peterson/ Peterson, 1995): Abnormal Returns and Analysts' Earnings Forecast Revisions Associated with the Publication of „Stock Highlights" by Value Line Investment Survey, in: *Journal of Financial Research*, Vol. 18, 1995, S. 465-477.

Sauer, A. (Sauer, 1994): *Faktormodelle und Bewertung am deutschen Aktienmarkt*, Frankfurt am Main 1994.

Schulte, J. (Schulte, 1996): *Rechnungslegung und Aktienkursentwicklung*, Wiesbaden 1996.

Steiner, M./ Nowak, T. (Steiner/ Nowak, 1994): Zur Bestimmung von Risikofaktoren am deutschen Aktienmarkt auf Basis der Arbitrage Pricing Theory, in: *Die Betriebswirtschaft*, 54. Jg., 1994, S. 347-362.

Kointegration und Fehlerkorrektur zur Finanzmarktprognose

von Heinz Rehkugler/ Dirk Jandura

1. Einleitung
2. Integration, Kointegration und Fehlerkorrektur
3. Zweistufiges Schätzverfahren nach ENGLE/ GRANGER (1987)
4. Ökonomische Implikationen von Kointegrationsbeziehungen
5. Analyse der internationalen Aktienmarktstruktur
6. Kointegration und Fehlerkorrektur in der Finanzmarkt-Empirie
7. Nichtlineare Fehlerkorrektur auf der Basis des Engle/ Granger-Verfahrens
8. Prognose zur Entwicklung der G5-Rentenmärkte

1. Einleitung

Quantitative Verfahrensweisen der Finanzanalyse zeichnen sich durch die systematische Aufbereitung und Verwendung relevanter Informationen aus.[1] Zentrale Annahme ist, daß eine Anzahl von Faktoren existiert, die die zu prognostizierende Größe (kausal) beeinflussen, und daß diese Wirkungszusammenhänge im Zeitablauf weitgehend konstant sind und auch für den Prognosezeitraum Gültigkeit besitzen. Da das Zusammenwirken dieser Faktoren weder theoretisch eindeutig erklärbar noch empirisch exakt beschreibbar ist, basiert die quantitative Vorgehensweise auf der gezielten Analyse von Vergangenheitsdaten: Mittels empirischer Tests werden die tatsächlichen Determinanten der Zielgröße herausgearbeitet und erkannte Gesetzmäßigkeiten und Wirkungsweisen modellmäßig abgebildet, wozu i.d.R. auf die klassischen (linearen) ökonometrischen Schätz- und Testverfahren zurückgegriffen wird.

Ökonomische Zeitreihen sind jedoch i.d.R. trendbehaftet. Um die hieraus resultierenden statistischen Probleme (z.B. das Schätzen von Scheinkorrelationen) zu vermeiden, werden die Zeitreihen gewöhnlich durch Differenzenbildung stationarisiert. Unterstellt man allerdings die Relevanz ökonomischer Gleichgewichtshypothesen, so kann vermutet werden, daß langfristig stabile Gleichgewichtsbeziehungen zwischen der Zielgröße und ihren Einflußfaktoren existieren, die sich nur im Niveau der Zeitreihen widerspiegeln. Abweichungen von einem solchen Gleichgewicht (*steady state*) werden dann das kurzfristige Verhalten der Zielgröße beeinflussen und einen Korrektureffekt zum Gleichgewicht (*feedback effect*) auslösen. Eine Differenzenbildung mit Verzicht auf die Niveaugrößen kann folglich einen erheblichen Informationsverlust bedeuten.

Mit dem Instrumentarium der *Kointegration* und *Fehlerkorrektur* wird in diesem Beitrag ein Analyseansatz vorgestellt, der eine statistische Basis zur Modellierung solcher ökonomischen Gleichgewichtskonzepte und deren kurzfristigen dynamischen Anpassungsmechanismen darstellt und in den letzten Jahren besonderes Interesse in Wissenschaft und Praxis gefunden hat. Nachfolgend werden die besonderen Eigenschaften dieses Analyseansatzes zunächst über die grundsätzliche Problematik der Zeitreiheneigenschaften bei der ökonometrischen Modellspezifikation hergeleitet. In weiteren Abschnitten werden ein gängiges Verfahren zur Schätzung von Kointegrations- und Fehlerkorrekturmodellen erläutert, deren (ökonomische) Implikationen und Einsatzmöglichkeiten anhand einer Kurzstudie herausgearbeitet und bisherige empirische Anwendungen dieses Instrumentariums dargestellt. Abschließend wird die Leistungsfähigkeit des Kointegrations- und Fehlerkorrekturansatzes am Beispiel der Prognose zur Entwicklung der G5 Rentenmärkte einer empirischen Überprüfung unterzogen und in einem umfangreichen Performancever-

---

[1] Im Gegensatz dazu werden im Rahmen der *qualitativen* Finanzanalyse subjektiv erfaßbare Sachverhalte, beliebige statistische Quellen, Erfahrungen und erlebte Verhaltensweisen zu Prognosezwecken verwendet. Dieser Prozeß läuft i.d.R. ohne Verwendung mathematischer Hilfsmittel ab und ist durch Dritte nicht nachvollziehbar.

gleich einem traditionellen linearen Regressionsmodell sowie einem nichtlinearen Fehlerkorrekturmodell gegenübergestellt.

2. Integration, Kointegration und Fehlerkorrektur

Zur Entwicklung von Renditeprognosen wird gewöhnlich eine empirisch-induktive Vorgehensweise eingeschlagen, indem der Einfluß von potentiell kursrelevanten Faktoren auf die Zielgröße mittels geeigneter Schätztechniken empirisch überprüft und quantifiziert wird. Dabei kommt i.d.R. die *(Multivariate) Lineare Regressionsanalyse (MLR)* zum Einsatz. In einem solchen Regressionsmodell wird angenommen, daß eine endogene Variable (y_t) von einer (oder mehreren) exogenen Variablen (x_t) linear abhängig ist:[2]

(1) $\quad y_t = k + \beta x_t + \varepsilon_t$.

Der exogenen Variablen x_t wird ein Regressionskoeffizient β zugeordnet, der den Beitrag dieser Variablen zur Erklärung der endogenen Variablen y_t quantifiziert, die Konstante k wird als Niveauparameter bezeichnet.

Die Anwendung der MLR setzt allerdings voraus, daß es sich bei den Modellvariablen um (schwach-)stationäre Zeitreihen[3] handelt, d.h. Mittelwert, Varianz sowie Autokovarianz sind im Zeitablauf endlich und konstant, da eine konsistente Schätzung der Regressionskoeffizienten anderenfalls nicht möglich ist, und ein solches Regressionsmodell dann schwerwiegende statistische Probleme in sich birgt. So ist mit einem autokorrelierten Restwertprozeß (e_t), mit Multikollinearität der exogenen Variablen und vor allem mit Scheinkorrelationen („*spurious regressions*")[4] zu rechnen.

In der Regel ist die Stationaritätseigenschaft bei ökonomischen Zeitreihen jedoch nicht gegeben;[5] Zeitreihen wie bspw. der deutsche Aktienindex (DAX) oder die Auftragseingänge-im verarbeitenden Gewerbe weisen ein charakteristisches Wachstumsverhalten auf (vgl. Abbildung 1), so daß die Annahme der Mittelwertkonstanz verletzt ist (=> Nichtstationarität im Mittelwert).

Von grundlegender Bedeutung für die Analyse derartiger Zeitreihen ist die Unterscheidung zwischen *deterministischem* bzw. *stochastischem* Trendverhalten:

---

2 Zur Vereinfachung wird hier und in der Folge vom bivariaten Fall ausgegangen; die Ausführungen lassen sich jedoch auch für den multivariaten Fall verallgemeinern.
3 Zur Stationaritätseigenschaft von Zeitreihen vgl. Schlittgen/ Streitberg (1994), S. 100.
4 Vgl. Granger/ Newbold (1974), Phillips (1986) sowie Granger (1991).
5 Vgl. Nelson/ Plosser (1982).

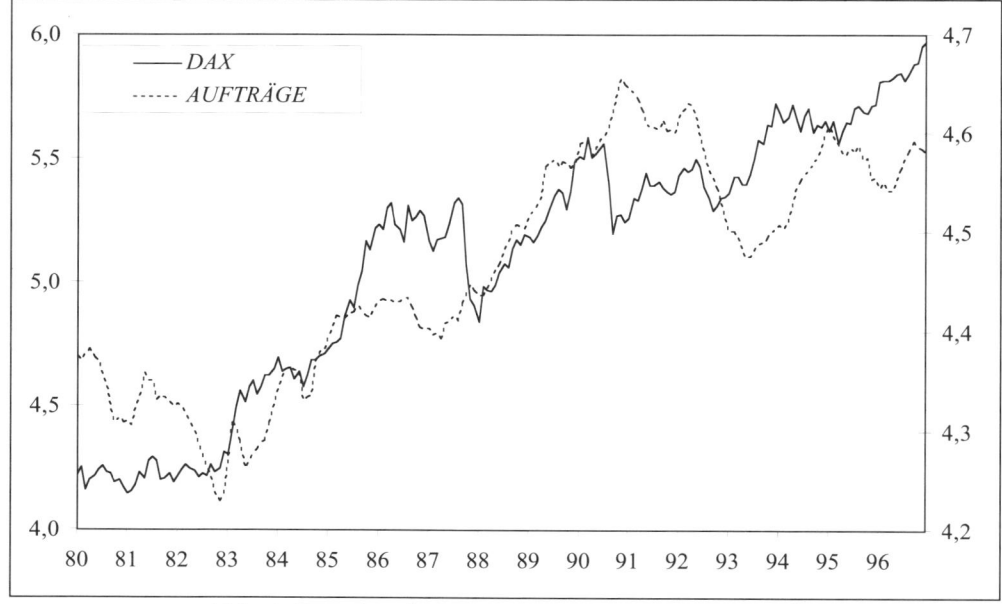

Abb. 1: Trendverhalten ökonomischer Zeitreihen[6]

Bei einem deterministischen Trendverhalten besitzt die Zeitreihe langfristig einen linearen (oder quadratischen) Trendverlauf, und Abweichungen treten nur kurzfristig bzw. zufällig auf (*trendstationärer* Prozeß):[7]

(2) $\quad y_t = k + \beta t + \varepsilon_t, \qquad$ mit $\varepsilon_t \sim$ i.i.d. $(0,\sigma^2)$.

Zur Untersuchung auf deterministische Elemente im Datengenerierungsprozeß werden Zeitreihen üblicherweise mittels t-Test auf die Signifikanz einer linearen bzw. quadratischen Trendkomponente hin getestet und anhand der Q-Teststatistik von LJUNG/ BOX (1978) wird dann überprüft, ob die geschätzten Residuen unkorreliert sind (einem White-Noise-Prozeß folgen).[8] Für den Fall eines trendstationären Prozesses kann die Nichtstationarität von y_t durch die Einbeziehung einer Trendkomponente korrekt erfaßt und die Schätzgleichung (2) somit adäquat spezifiziert werden.

Typischerweise ist jedoch die Nichtstationarität ökonomischer Zeitreihen in einem stochastischen Trendverlauf begründet, der als *Integration* (Summe) vergangener Zufallseinflüsse entsteht (*differenzenstationärer* Prozeß).[9] Das einfachste Beispiel hierfür ist der Random-Walk (vgl. Abbildung 2):

---

[6] Der deutsche Aktienindex *(DAX)* und die Auftragseingänge im verarbeitenden Gewerbe *(AUFTRÄGE)* wurden in eine Logarithmus Naturalis-Darstellung transformiert.
[7] Vgl. Nelson/ Plosser (1982), S. 141 f.
[8] Zur Vorgehensweise vgl. Gerhards (1994), S. 138 f.
[9] Vgl. Nelson/ Plosser (1982), S. 142 ff.

(3) $y_t = y_{t-1} + \varepsilon_t,$ mit $e_t \sim$ i.i.d. $(0,\sigma^2)$.

Alternativ läßt sich (3), ausgehend von einem Startwert y_0, auch schreiben als:

(4) $y_t = y_0 + \sum_{j=1}^{t} \varepsilon_j$.

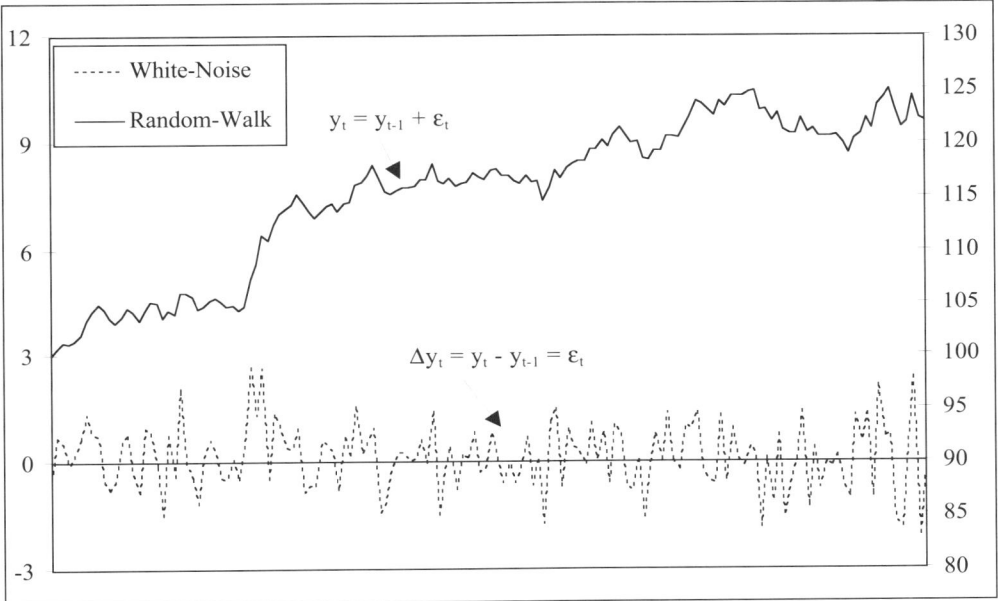

Abb. 2: Random-Walk vs. White-Noise

In Abbildung 2 sind einem (nichtstationären) Random-Walk mit $y_0 = 100$ seine (stationären) ersten Differenzen gegenübergestellt. Deutlich zu erkennen ist, daß Mittelwert und Varianz des Random-Walk im Zeitablauf wachsen, während beide Momente der ersten Differenzen konstant sind (White-Noise). Durch einfache Differenzenbildung kann in diesem Fall Stationarität erreicht werden:

(5) $\Delta y_t = y_t - y_{t-1} = \varepsilon_t$.

Allgemein läßt sich definieren:

> Nichtstationäre Zeitreihen, die sich durch d-malige Differenzenbildung in (schwach-)stationäre Prozesse überführen lassen, heißen integriert vom Grade d, kurz $I(d)$.[10]

---

[10] Vgl. Granger (1986), S. 214.

Exkurs: **Integrationstest**

Der Integrationsgrad einer Zeitreihe z_t kann anhand des Testverfahrens nach DICKEY/ FULLER[11] festgestellt werden:[12]

(6) $\quad \Delta z_t = k + (\varphi - 1) z_{t-1} + \varepsilon_t, \qquad$ mit $e_t \sim$ i.i.d. $(0, \sigma^2)$.

Auf der Basis von (6) testet der *Dickey/ Fuller-(DF-)Test* die Nullhypothese: *Die betrachtete Zeitreihe z_t folgt einem Random-Walk* ($\varphi = 1$) [vgl. (3)] gegen die Alternativhypothese: z_t *ist stationär* ($\varphi < 1$) [vgl. (5)]. Im Stationaritätsfall muß der Parameter ($\varphi - 1$) negativ und signifikant von Null verschieden sein, was anhand der Werte des t-Tests überprüft werden kann.[13] Der Dickey/ Fuller-Test setzt einen autoregressiven Prozeß erster Ordnung voraus, läßt sich jedoch grundsätzlich auch für autoregressive Prozesse höherer Ordnung durchführen [vgl. (7)] und wird dann als *Augmented-Dickey/Fuller-(ADF-)Test* bezeichnet:[14]

(7) $\quad \Delta z_t = k + (\varphi - 1) z_{t-1} + \sum_{i=1}^{n} \pi_i \Delta z_{t-i} + \varepsilon_t$.

Außer dem hier dargestellten Testverfahren nach DICKEY/ FULLER werden in der Literatur noch der Bierens-[15], der Cointegrating Regression Durbin-Watson (CRDW)-[16], der Phillips/ Perron-[17] sowie der Phillips/ Ouliaris-[18] Test genannt.[19] Neben diesen Verfahren besteht auch im Rahmen des *Maximum Likelihood*-Ansatzes nach JOHANSEN[20] die Möglichkeit, die Stationarität einer Variablen innerhalb eines VAR-Systems zu überprüfen.

Die angesprochenen statistischen Probleme im Umgang mit *differenzenstationären* Prozessen – vor allem die Schätzung von Scheinregressionen („spurious regressions") – lassen sich durch Differenzenbildung (= Stationarisierung) folglich vermeiden, so daß der Schätzansatz (1) entsprechend als *Autoregressive Distributed Lag (ADL)*-Modell in Differenzenform formuliert werden kann:

(8) $\quad \Delta y_t = \alpha_0 + \sum_{j=1}^{m} \alpha_j \Delta y_{t-j} + \sum_{k=1}^{l} \beta_k \Delta x_{t-k} + \varepsilon_t, \qquad$ mit $e_t \sim$ i.i.d. $(0, \sigma^2)$.

Ein solcher ADL-Ansatz basiert auf der intensiven Analyse der Zeitreiheneigenschaften des Datenmaterials und ermöglicht dadurch die Modellierung des kurzfristigen dynamischen Verhaltens ökonomischer Prozesse. Allerdings fehlen nun jegli-

---

[11] Zum Integrationstest vgl. Fuller (1976), Dickey/ Fuller (1979) und (1981).
[12] Zur strategischen Vorgehensweise bei Integrationstests vgl. Dickey/ Pantula (1987).
[13] Die kritischen Werte *t* folgen allerdings nicht der üblichen t-Verteilung; sie sind bei Fuller (1976), S. 373, Dickey/ Fuller (1981), S. 1062 f. sowie MacKinnon (1991), S. 275 tabelliert.
[14] Vgl. Said/ Dickey (1984).
[15] Vgl. Bierens (1989).
[16] Vgl. Sargan/ Bhargava (1983).
[17] Vgl. Phillips (1987) und Phillips/ Perron (1988).
[18] Vgl. Phillips/ Ouliaris (1989).
[19] Zur Güte von Einheitswurzeltests vgl. Kohn (1991), S. 63 f. und S. 72 ff. sowie Reimers (1991), S. 23 ff.
[20] Vgl. Johansen (1988) und (1991) sowie Johansen/ Juselius (1990); siehe auch S. 11.

che Informationen über langfristige Beziehungen, die sich eventuell im Niveau der Variablen widerspiegeln, da diese durch die Differenzenbildung eliminiert werden. Ein einfaches ADL-Modell gemäß (8) könnte folglich einen erheblichen Informationsverlust bedeuten.

Das Analyseinstrumentarium der *Kointegration* und *Fehlerkorrektur* trägt dieser Problematik Rechnung, indem langfristige Niveauinformationen und kurzfristige Zeitreihendynamik innerhalb eines Ansatzes kombiniert werden.[21] Ausgangspunkt ist dabei die Analyse des langfristigen Zusammenhangs der nichtstationären Niveaugrößen. Folgen die betrachteten Größen einem gemeinsamen langfristigen Gleichgewichtspfad, so werden sie sich zwar temporär, nicht aber dauerhaft und vor allem nicht beliebig weit davon entfernen, da sie von systemimmanenten Kräfte zurück zum Gleichgewicht geführt werden. Man spricht dann von *Kointegration*. Allgemein gilt:

> Zwei Variablen y_t, x_t heißen *kointegriert vom Grade d,b* [CI(d,b)], wenn beide integriert vom Grade d sind [I(d)], und eine Linearkombination $z_t = x_t - \gamma y_t \sim$ I(d-b) mit $b > 0$ und $\gamma \neq 0$ existiert.[22] γ wird dann als langfristiger Modellkoeffizient oder als Kointegrationsparameter bezeichnet.

Kointegration bedeutet somit, daß eine Linearkombination nichtstationärer Variablen eine Zeitreihe niedrigeren Integrationsgrades ergeben muß. Da ökonomische Variablen i.d.R. einen Integrationsgrad von eins [I(1)] aufweisen, ist bei ökonomischen Anwendungen des Kointegrationsansatzes der folgende Fall [CI(1,1)] von Interesse:

$$(9) \quad y_t - k - \gamma x_t = \varepsilon_t = I(0), \qquad \text{mit } e_t \sim \text{i.i.d. } (0,\sigma^2).$$

Kann eine solche Kointegrationsbeziehung nachgewiesen werden, so werden die Abweichungen vom langfristigen Gleichgewicht das kurzfristige Verhalten des betrachteten Prozesses beeinflussen und einen Korrekturmechanismus hin zum Gleichgewicht auslösen (vgl. Abbildung 3). Der Residualterm der Kointegrationsgleichung $(y_t - k - \gamma x_t)$ gibt diese Abweichung vom Gleichgewichtszustand an und wird demgemäß als *Fehlerkorrekturterm* oder auch *Error Correction Mechanism (ECM)* bezeichnet.

---

[21] Zu Kointegration und Fehlerkorrektur sei auf die von Engle/ Granger (1991) herausgegebene umfangreiche Aufsatzsammlung verwiesen.
[22] Vgl. Granger (1981), S. 127 f., Granger/ Weiss (1983), S. 258 sowie Engle/ Granger (1987), S. 253.

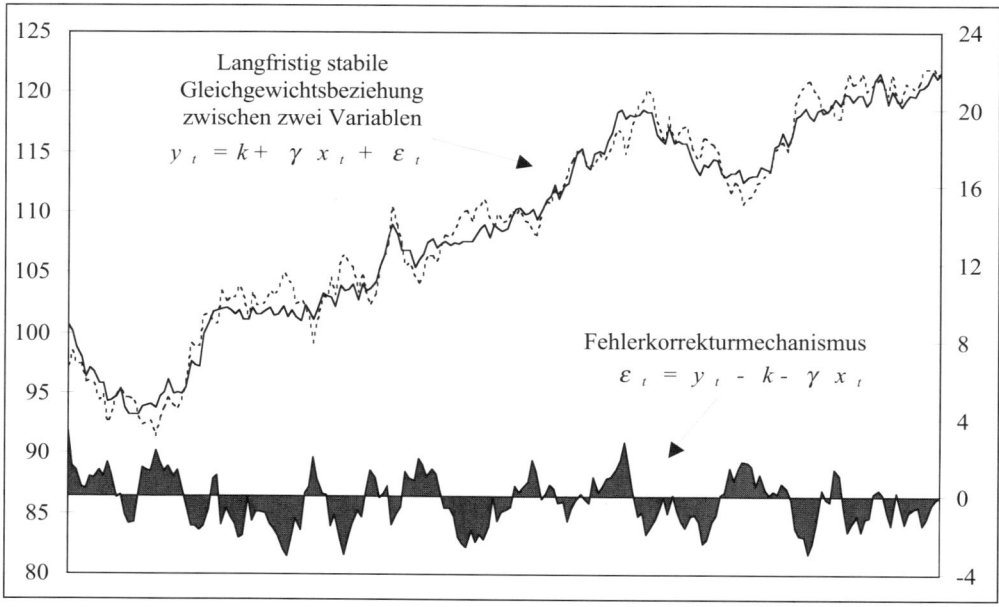

Abb. 3: Kointegration und Fehlerkorrektur

Zur Modellierung des kurzfristigen Verhaltens der Zielgröße wird deshalb in einem sogenannten *Fehlerkorrekturmodell* (10) der Fehlerkorrekturterm als zusätzliche exogene Variable in ein ADL-Modell [vgl. (8)] einbezogen. Der Fehlerkorrekturterm wird dann die Vorhersagbarkeit von zumindest einer der beiden Variablen verbessern, d.h. der Parameter λ_y und/oder λ_x muß negativ und signifikant von Null verschieden sein:[23]

$$(10) \quad \Delta y_t = \alpha_0 + \sum_{j=1}^{m} \alpha_j \Delta y_{t-j} + \sum_{k=1}^{l} \beta_k \Delta x_{t-k} - \lambda_y \left(y_{t-1} - k - \gamma x_{t-1} \right) + \varepsilon_t \; ;$$

$$(11) \quad \Delta x_t = \alpha_0 + \sum_{k=1}^{l} \beta_k \Delta x_{t-k} + \sum_{j=1}^{m} \alpha_j \Delta y_{t-j} - \lambda_x \left(x_{t-1} - k - \gamma y_{t-1} \right) + \varepsilon_t \; .$$

Während sich bei *ECM* = 0 ein Modell im langfristigen Gleichgewicht befindet, löst *ECM* ≠ 0 aufgrund des negativen Vorzeichens des Parameters λ einen Korrekturmechanismus aus. Wie ENGLE/ GRANGER (1987) entsprechend herausstellen, ist ein einfaches ADL-Modell in Differenzenform ohne Fehlerkorrekturdarstellung [vgl. (8)] folglich eine Fehlspezifikation, wenn im Niveau der Zeitreihen Kointegration nachgewiesen werden kann.[24]

---

[23] Diese Verbindung zwischen Kointegration und Fehlerkorrektur wird durch das *Granger-Repräsentationstheorem* geschaffen, das besagt, daß kointegrierte Variablen der Ordnung 1,1 immer eine *Fehlerkorrekturdarstellung* besitzen. Vgl. Engle/ Granger (1987), S. 255 f. Dieses Theorem ist damit gerade für ökonomische Problemstellungen von Interesse, da ökonomische Variablen i.d.R. einen Integrationsgrad von 1 aufweisen.

[24] Vgl. Engle/ Granger (1987), S. 259.

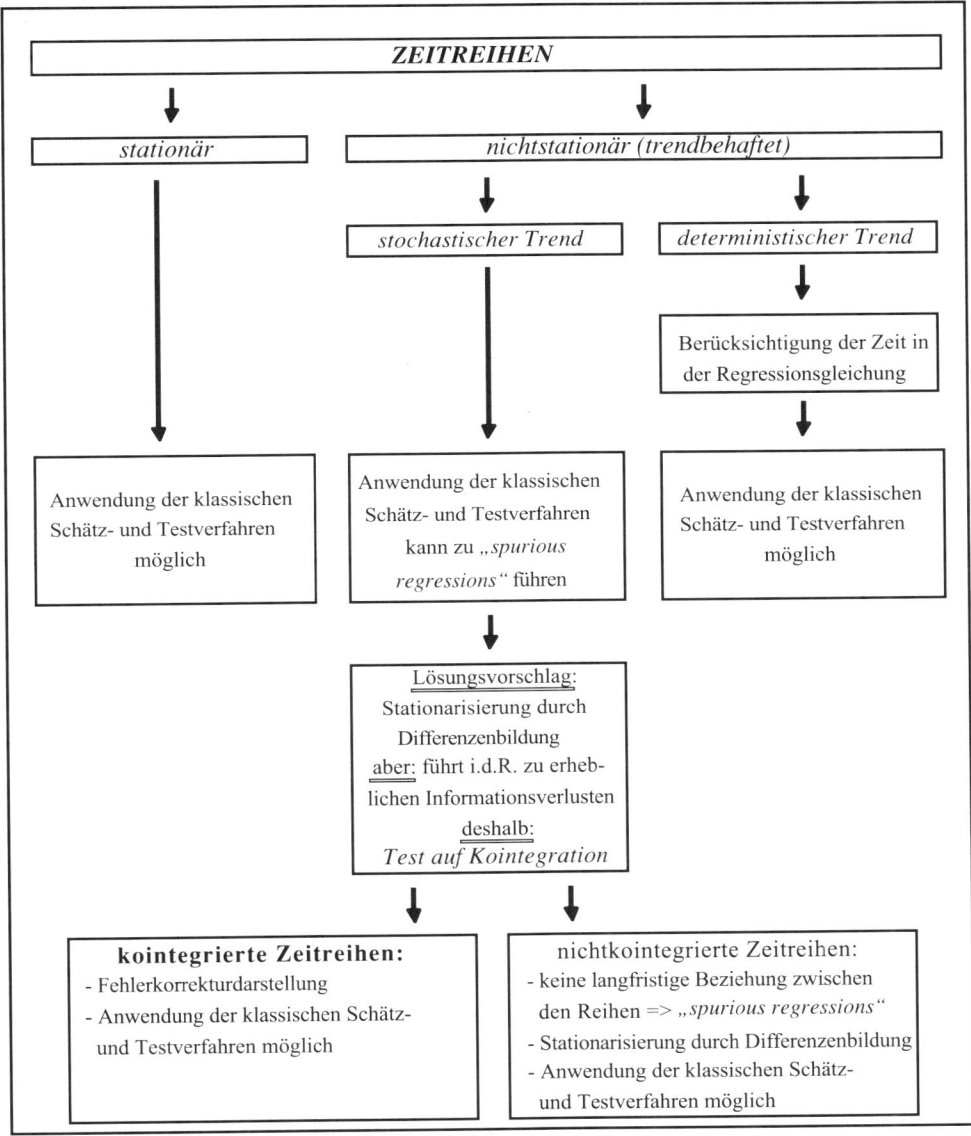

Abb. 4: Zeitreiheneigenschaften und adäquate Modellspezifikationen

Die vorangegangenen Betrachtungen haben gezeigt, daß bei der Entwicklung quantitativer Modelle mittels klassischer statistischer Verfahren den Eigenschaften der betrachteten Zeitreihen zentrale Bedeutung bei der Modellspezifikation zukommt (vgl. die Zusammenfassung in Abbildung 4). Wird die Nichtstationarität ökonomischer Zeitreihen nicht durch Tests auf Kointegration berücksichtigt, und die gegebenenfalls daraus folgende Fehlerkorrekturdarstellung nicht zur Abbildung der kurzfristigen Dynamik entsprechend genutzt, so bringt dies erhebliche Informationsverluste mit sich.

3. Zweistufiges Schätzverfahren nach ENGLE/ GRANGER (1987)

Zur Schätzung von Kointegrations- und Fehlerkorrekturmodellen schlagen ENGLE/ GRANGER ein zweistufiges Regressionsverfahren[25] vor, das auf den Ergebnissen von STOCK (1987) basiert:[26]

1. Stufe: **MLR-Schätzung der Kointegrationsgleichung**

In einem ersten Schritt werden die betrachteten Variablen auf Integration vom Grad eins [I(1)] hin untersucht, wozu der *(Augmented-)Dickey/ Fuller-(ADF-)Test* [siehe Gleichungen (6) und (7)] verwendet werden kann. Danach wird mittels MLR die langfristige Beziehung zwischen den Variablen in einer sogenannten Kointegrationsgleichung geschätzt:[27]

$$(12) \quad y_t = k + \sum_{i=1}^{n} \gamma_i x_{i,t} + \varepsilon_t .$$

Wenn die ermittelte Gleichung eine gültige Kointegrationsbeziehung darstellt, so muß der Residualterm (e_t) definitionsgemäß stationär [I(0)] sein, was wiederum mit dem *(A)DF*-Test überprüft werden kann.[28] Getestet wird die Nullhypothese, daß der Residualterm (e_t) integriert vom Grade eins [I(1)] ist, d.h. zwischen den Variablen liegt keine Kointegration vor. Für signifikante (negative) Testwerte[29] kann die Nullhypothese der Nichtkointegration abgelehnt und von einer langfristigen Gleichgewichtsbeziehung zwischen den Variablen des Kointegrationsmodells ausgegangen werden.

2. Stufe: **MLR-Schätzung des Fehlerkorrekturmodells**

Auf der zweiten Stufe wird nun das kurzfristige Verhalten der Zielgröße durch das Fehlerkorrekturmodell abgebildet [vgl. (10)]:

$$(13) \quad \Delta y_t = \alpha_0 + \sum_{j=1}^{m} \alpha_j \Delta y_{t-j} + \sum_{i=1}^{n} \sum_{k=1}^{l} \beta_{i,k} \Delta x_{i,t-k} - \lambda \left(y_{t-1} - k - \sum_{i=1}^{n} \gamma_i x_{i,t-1} \right) + \varepsilon_t .$$

---

[25] Vgl. Engle/ Granger (1987), S. 260 ff.
[26] Stock (1987) wies nach, daß in kointegrierten Systemen keine Verletzung der statistischen Annahmen vorliegt, da die Kleinste-Quadrate-Schätzer trotz der Nichtstationarität der Variablen konsistent sind und mit einer Rate von T^{-1} gegen ihre wahren Parameterwerte konvergieren *(Superkonsistenz)*. Die Verteilungen sind allerdings nicht normal und gerade in kleinen Stichproben können ausgeprägte Verzerrungen auftreten. Vgl. Stock (1987), S. 1046 ff. sowie Banerjee et al. (1986).
[27] Im Gegensatz zu den vorangegangenen Ausführungen wird hier und in der Folge auf den multivariaten Fall verallgemeinert; vgl. FN 2.
[28] Neben dem Dickey/ Fuller-Test sind auch die weiter oben erwähnten Testverfahren (vgl. S. 6) prinzipiell geeignet, auf Kointegration zu testen.
[29] Die kritischen Werte *t* für das Kointegrationsresiduum sind bei Engle/ Yoo (1987), S. 157 f., Engle/ Granger (1987), S. 269 f. sowie MacKinnon (1991), S. 275 tabelliert.

Da der Residualterm des Gleichgewichtsmodells eine stationäre Linearkombination nichtstationärer Variablen darstellt, sind nun in (13) durchweg Variablen des gleichen Integrationsgrades [$I(0)$] kombiniert, so daß (13) mittels MLR konsistent geschätzt werden kann.

Die zweistufige Vorgehensweise nach ENGLE/ GRANGER (1987) ist das in der Praxis wohl am häufigsten eingesetzte Schätzverfahren, was vor allem auf folgende Eigenschaften zurückzuführen ist:

- Auf beiden Stufen kann das gängige MLR-Verfahren zur Schätzung der Modellparameter angewendet werden, da der Schätzer des Kointegrationsvektors (super-) konsistent ist.
- Die Kointegrationsparameter werden auf der ersten Stufe separat ermittelt, so daß nicht der gesamte stochastische Prozeß spezifiziert werden muß.

Nachteilig wirkt sich jedoch die Beschränkung des Verfahrens auf die Schätzung eines Kointegrationsvektors aus, da sich so die Frage der Normierung stellt; d.h., es ist bereits a priori festzulegen, welche Variable als abhängig bzw. unabhängig anzusehen ist, was i.d.R. anhand theoretischer (ökonomischer) Vorüberlegungen bestimmt werden muß.

In einem multivariaten Modell besteht zudem die Möglichkeit der Existenz mehrerer Kointegrationsvektoren. In diesem Falle kann das (multivariate) *Maximum-Likelihood* Verfahren nach JOHANSEN[30] eingesetzt werden, das alle Kointegrationsvektoren inklusive der übrigen Parameter des Kointegrationsprozesses simultan schätzt. Mit diesem Verfahren sind außerdem Tests zur statistischen Signifikanz der Kointegrationsvektoren und von linearen Restriktionen der Kointegrationsparameter möglich.

4. Ökonomische Implikationen von Kointegrationsbeziehungen

Die bislang eher statistisch-formal gehaltenen Ausführungen seien nun aus einem ökonomischen Blickwinkel betrachtet.

Der Begriff des Gleichgewichts nimmt in der ökonomischen Theorie eine zentrale Stellung ein.[31] Der universelle *methodische* Gleichgewichtsbegriff faßt das Gleichgewicht als einen zeitlichen Ruhezustand (*steady state*) auf: Ändern sich die modellendogenen Variablen bei Konstanz der exogenen Variablen nicht, so ist ein ökonomisches System im Gleichgewicht. Definitionsgemäß ist ein gleichgewichtiger Zustand zeitlich beständig, während ein ungleichgewichtiger Zustand transitorisch ist. Von besonderem Interesse ist in diesem Zusammenhang die Reaktion eines ökono-

---

[30] Vgl. Johansen (1988) und (1991) sowie Johansen/ Juselius (1990).
[31] Zum Gleichgewichtsbegriff in der Ökonomie vgl. Felderer/ Homburg (1994), S. 12 ff.

mischen Systems auf eine äußere Störung: Von einem *stabilen* Gleichgewicht spricht man, wenn systemimmanente Kräfte eine Rückkehr zum Gleichgewicht bewirken. Bei einem *indifferenten* Gleichgewicht fehlen solche Kräfte, so daß keine Rückkehr zum Gleichgewicht eintreten wird, und bei einem *labilen* Gleichgewicht nimmt durch einen äußeren Störeinfluß die Entfernung von der Ausgangssituation sogar zu. Von Bedeutung für die ökonomische Analyse ist indes nur das stabile Gleichgewicht, da sich ein ökonomisches System anderenfalls in undefinierbaren Ungleichgewichtszuständen bewegen könnte.

In der ökonomischen Theorie wird eine ganze Reihe von Gleichgewichtsbeziehungen zwischen ökonomischen Größen postuliert, als Beispiel seien nur der Zusammenhang zwischen Wechselkurs und Güterpreisverhältnis oder zwischen Geldmenge und Volkseinkommen genannt. Sind solche Gleichgewichtshypothesen empirisch relevant, so sollte zwischen den betreffenden ökonomischen Zeitreihen eine stabile gleichgewichtige Beziehung existieren. Treten Abweichungen von einem langfristigen Gleichgewichtszustand auf, so sollten diese nur temporär sein, betragsmäßig klein ausfallen und im Zeitablauf korrigiert werden. Anderenfalls handelte es sich um ein instabiles System, das sich beliebig weit vom Gleichgewichtszustand entfernen könnte.

Diese Überlegungen zum ökonomischen Gleichgewicht passen in geradezu idealer Weise zu den Eigenschaften kointegrierter Variablen. Vereinfacht ausgedrückt folgen kointegrierte Variablen einem gemeinsamen Trend, d.h. zwischen den Variablen eines Kointegrationsmodells besteht eine langfristig stabile Gleichgewichtsbeziehung. Abweichungen von dieser Gleichgewichtsbeziehung fallen betragsmäßig deutlich geringer aus als die Niveaugrößen selbst und werden im Zeitablauf korrigiert (Fehlerkorrekturmechanismus).

Theoretische Gleichgewichtshypothesen implizieren somit eine Kointegrationsbeziehung der betrachteten ökonomischen Variablen. Der Kointegrationsansatz kann folglich als statistisches Pendant zum wirtschaftstheoretischen Gleichgewichtskonzept interpretiert werden.[32]

Gegenstand ökonomischen Interesses ist darüber hinaus auch die kausale Interpretation eines solchen gleichgewichtigen Systems: Sind zwei Variablen y_t und x_t kointegriert, so muß der Fehlerkorrekturmechanismus die Vorhersagbarkeit mindestens einer der beiden Variablen verbessern.[33] Die Existenz einer Kointegrationsbeziehung und die daraus folgende Fehlerkorrekturdarstellung ermöglichen es somit, folgende Kausalinterpretationen vorzunehmen:[34]

1. $y_t \leftarrow x_t$ (x_t verursacht y_t);
2. $y_t \rightarrow x_t$ (y_t verursacht x_t);
3. $y_t \leftrightarrow x_t$ (feedback-System);
4. $\begin{matrix} y_t & x_t \\ \uparrow & \uparrow \\ e_t & e_t \end{matrix}$ (x_t und y_t hängen nicht voneinander ab, sondern werden von einer unbekannten dritten Ursache e_t beeinflußt).

---

[32] Vgl. Matthes (1994), S. 44; kritisch hierzu Jerger (1991), S. 474.
[33] Zum Beweis vgl. Granger (1986), S. 215 ff.
[34] Im multivariaten Fall steigt die Anzahl denkbarer Interpretationen entsprechend schnell. Vgl. Jerger (1991), S. 474.

Anhand der Ergebnisse der Kointegrationstests kann nicht zwischen diesen Alternativen unterschieden werden, so daß hier ergänzende Tests vorzunehmen sind, wie bspw. der Test auf *Granger-Causality*:[35] Vereinfacht gesprochen ist eine Variable x_t zu einer Variable y_t (einseitig) *granger-kausal*, wenn vergangene Datenpunkte von x_t die Vorhersagbarkeit von y_t verbessern.[36] Dies kann durch ein *Autoregressive Distributed Lag (ADL-) Modell* überprüft werden:

(14) $\quad \Delta y_t = \alpha_1 \Delta y_{t-1} + ... + \alpha_j \Delta y_{t-j} + \beta_0 + \beta_1 \Delta x_{t-1} + ... + \beta_i \Delta x_{t-i} + \varepsilon_t$.

Aus (14) folgt, daß eine Variable x_t nicht *granger-kausal* zu y_t ist, wenn $\beta_1 = \beta_2 = ... = \beta_i = 0$. Die Gleichung (14) kann mittels linearer Regression geschätzt und obige Hypothese anhand der Werte des t- bzw. F-Tests überprüft werden.[37]

Eine weitere interessante Implikation der Kointegrationsanalyse betrifft die Möglichkeit, Markinineffizienzen nachzuweisen. Ist ein Finanzmarkt effizient im Sinne der von FAMA (1970, 1991) gegebenen Definition, so sollten in den aktuellen Kursen y_t alle relevanten Informationen verarbeitet sein. Kann jedoch Kointegration zwischen y_t und einer zweiten Variablen x_t nachgewiesen werden, so bedeutet dies, daß die Ergänzung des betrachteten Informationssets um die historischen Werte von x_t die Vorhersagbarkeit von y_t signifikant verbessert. Im Umkehrschluß heißt dies: Auf einem effizienten Markt können Kursreihen nicht kointegriert sein.[38]

Eine letzte Schlußfolgerung betrifft die Einschränkung möglicher Diversifikationseffekte zwischen kointegrierten Kursreihen.[39] Sind bspw. internationale Aktienmärkte oder einzelne Aktien innerhalb eines Marktes positiv korreliert und kointegriert, so ist der Grad ihrer unabhängigen Variabilität durch den langfristigen gemeinsamen Trend beschränkt. Die Reduzierung des langfristigen Portfoliorisikos fällt demgemäß gering aus, so daß eine Nutzung von Diversifikationseffekten zwischen positiv korrelierten, kointegrierten Märkten oder einzelnen Wertpapieren mithin nur kurzfristig möglich ist.[40]

---

[35] Zur Granger-Kausalität vgl. Granger (1969), (1980), und (1988) sowie Hansen (1992).
[36] Der Test auf Granger-Causality basiert damit im wesentlichen auf der Annahme, „ ... *that the future cannot cause the past.*" Granger (1969), S. 428.
[37] Die Möglichkeit, anhand eines Kausalitäts-Tests ökonomische Ursache-Wirkungs-Zusammenhänge zu analysieren, wird kontrovers diskutiert. Vgl. Granger (1988) und die dort zitierte Literatur.
[38] Vgl. Granger (1986), S. 218 sowie Taylor/ Tonks (1989), S. 335. Der Ansatz, den Nachweis von Marktineffizienzen über Kointegrationsanalysen zu führen, wird in der Literatur ebenfalls kontrovers diskutiert. Vgl. u.a. Crowder (1996), Engel (1996) sowie Dwyer/ Wallace (1992).
[39] Vgl. hierzu Byers/ Peel (1993), S. 239 sowie Taylor/ Tonks (1989), S. 336.
[40] Dieses Resultat bestätigt die eher intuitiven diesbezüglichen Äußerungen in den Untersuchungen von Grubel/ Fadner (1971), S. 92 und von Panton et al. (1976), S. 423 f.

5. Analyse der internationalen Aktienmarktstruktur

Zur Veranschaulichung der vorangegangenen Ausführungen wird nachfolgend eine Analyse der Struktur der internationalen Aktienmärkte durchgeführt, um zu überprüfen, (i) ob die internationalen Aktienmärkte als stochastisch trendbehaftete (integrierte) Prozesse anzusehen sind, falls dies zutrifft, (ii) ob sie gemeinsamen Trends folgen und (iii) ob einzelne Märkte Vorlaufeigenschaften gegenüber anderen besitzen (also granger-kausal sind).[41]

Betrachtet wird ein Anlageuniversum, bestehend aus den G5-Aktienmärkten [Deutschland (*BDMSCI*), Frankreich (*FRMSCI*), Japan (*JPMSCI*), England (*UKMSCI*) und den USA (*USMSCI*)] jeweils auf DM-Basis.[42] Der Untersuchungszeitraum beginnt im Januar 1980, endet im Dezember 1996 und umfaßt somit 204 Monate.

Die logarithmierten Aktienindizes wurden zunächst mittels ADF-Test auf ihren Integrationsgrad hin überprüft. Hierzu wurden zuerst die Niveaureihen (y_t) und dann die ersten Differenzen (Δy_t) verwendet. Der ADF-Test bestätigt die eingangs geäußerte Vermutung, daß alle Indizes stochastisch trendbehaftet, d.h. integriert vom Grade eins [$I(1)$] sind (vgl. Tabelle 1), da ihre ersten Differenzen durchweg als Realisationen stationärer Prozesse anzusehen sind.

I	*ADF (y_t)*	*Sign.*	*ADF (Δy_t)*	*Sign.*	*Int.grad*
BDMSCI	-0.512	–	-8.047	**	$I(1)$
FRMSCI	-1.135	–	-8.609	**	$I(1)$
JPMSCI	-1.720	–	-7.698	**	$I(1)$
UKMSCI	-1.382	–	-9.687	**	$I(1)$
USMSCI	-0.900	–	-8.992	**	$I(1)$

Tab. 1: Ergebnisse der Tests auf den Integrationsgrad[43]

Im nächsten Schritt wurden die Aktienmärkte auf bivariate Kointegration getestet, indem entsprechend dem Engle/ Granger-Verfahren jeweils ein Index auf einen anderen regressiert und das Residuum dieser Regression mittels ADF-Test auf Stationarität getestet wurde.

---

[41] Ähnliche Untersuchungen wurden durchgeführt von Chou et al. (1994), Byers/ Peel (1993), Corhay et al. (1993), Smith et al. (1993), Kasa (1992), Taylor/ Tonks (1989) sowie Dwyer/ Hafer (1988).
[42] Als Zielgrößen wurden die *Morgan Stanley Capital International (MSCI)* Performance-Indizes ausgewählt, die jeweils etwa 60% der lokalen Marktkapitalisierung berücksichtigen und länderübergreifend konsistent errechnet werden. Im Kontext dieser Untersuchung ist zudem von Bedeutung, daß an mehreren Börsen notierte Werte nur an ihrer Heimatbörse erfaßt werden. Vgl. Morgan Stanley (1992), S. 1-4.
[43] *,** stehen für eine Irrtumswahrscheinlichkeit von 10% bzw. 5%; die Testwerte wurden MacKinnon (1991), S. 275 entnommen.

Kointegration und Fehlerkorrektur zur Finanzmarktprognose 329

/	BDMSCI	FRMSCI	JPMSCI	UKMSCI	USMSCI
BDMSCI	/	**-3.169 ****	-1.581	**-3.345 ****	**-2.973 ***
FRMSCI	/	/	-1.416	**-3.541 ****	**-2.925 ***
JPMSCI	/	/	/	-1.112	-0.681
UKMSCI	/	/	/	/	-2.911 *
USMSCI	/	/	/	/	/

Tab. 2: Ergebnisse der Tests auf (bivariate) Kointegration[44]

Die Ergebnisse (vgl. Tabelle 2) zeigen jeweils paarweise Kointegration zwischen den Aktienmärkten von Deutschland, Frankreich, England und den USA an, während für den japanischen Aktienmarkt im Untersuchungszeitraum keine Kointegrationsbeziehung zu einem der anderen Märkte nachgewiesen werden konnte.[45]

Abbildung 5 zeigt die Entwicklung des französischen Aktienmarktes (FRMSCI) und die durch die Kointegrationsregression geschätzte langfristige Gleichgewichtsbeziehung mit dem deutschen Aktienmarkt. Die Kointegrationsgleichung erklärt etwa 96 % der Variabilität von FRMSCI durch die deutsche Aktienmarktentwicklung. Der Fehlerkorrekturterm oszilliert um die Null-Linie, so daß Abweichungen des französischen Aktienmarktes vom langfristigen Gleichgewicht im Zeitablauf korrigiert werden (Fehlerkorrektur-mechanismus).

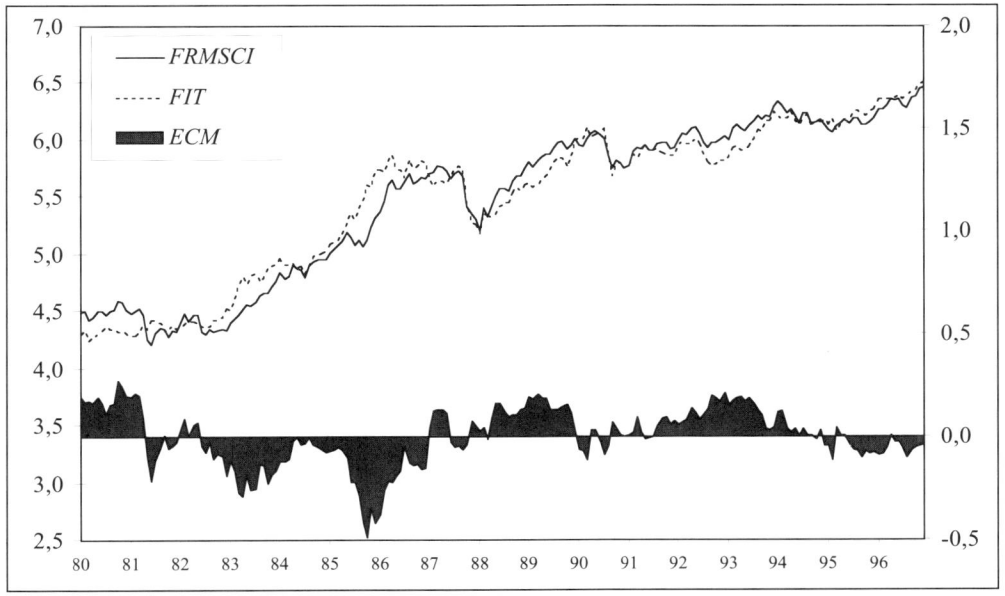

Abb. 5: Französischer Aktienmarkt und Gleichgewichtspfad

---

[44] Wiedergegeben sind die Werte des ADF-Tests für das jeweilige Residuum der Kointegrationsregression, wobei *,** eine Irrtumswahrscheinlichkeit von 10% bzw. 5% bedeuten; die Testwerte wurden Engle/ Granger (1987), S. 270 entnommen.

[45] Dieser Befund steht in Widerspruch zu den Ergebnissen der Untersuchungen von Byers/ Peel (1993) und Taylor/ Tonks (1989), die jeweils kaum empirische Evidenz für das Vorliegen paarweiser Akti-

330 Heinz Rehkugler/Dirk Jandura

Da aus den Kointegrationstests keinerlei Rückschlüsse auf kausale Interpretationen möglich sind, wurden die sechs kointegrierten Marktpaare zudem auf Granger-Kausalität getestet [siehe Gleichung (14)]. In Abbildung 6 sind die Ergebnisse des Granger-Causality-Tests grafisch wiedergegeben, wobei die Pfeile jeweils für (einseitige) granger-kausale Beeinflussung stehen.[46] Die Ergebnisse fallen gemäß den theoretischen Erwartungen und der relativen Bedeutung der einzelnen Märkte aus: Während der US-amerikanische Aktienmarkt die Entwicklung des englischen, deutschen und französischen Aktienmarktes beeinflußt, gehen vom englischen Markt Impulse in Richtung Deutschland und Frankreich. Der deutsche Aktienmarkt beeinflußt allein den französischen Markt, wohingegen der französische Markt keinerlei Vorhersagekraft für die übrigen Märkte besitzt. Als Fazit der Marktstrukturanalyse läßt sich somit festhalten:

- Zwischen den kointegrierten Aktienmärkten von Deutschland, Frankreich, England und USA sind (auf DM-Basis) langfristig nur geringe Diversifikationseffekte zu erwarten.
- Der japanische Markt scheint nur verhältnismäßig geringe Gleichlaufeigenschaften zu den übrigen betrachteten Aktienmärkten aufzuweisen und bietet somit die Möglichkeit zur langfristigen Risikodiversifikation.
- Kurzfristig sind zwischen den Aktienmärkten von Deutschland, Frankreich, England und USA Diversifikationseffekte in dem Umfang realisierbar, in dem sie jeweils vom gemeinsamen Gleichgewichtspfad abweichen.
- Die angelsächsischen Aktienmärkte weisen ebenfalls auf kurze Sicht gewisse Vorlaufeigenschaften gegenüber den kontinentaleuropäischen auf, wobei sich Impulse von den USA über England und Deutschland bis nach Frankreich fortzupflanzen scheinen.

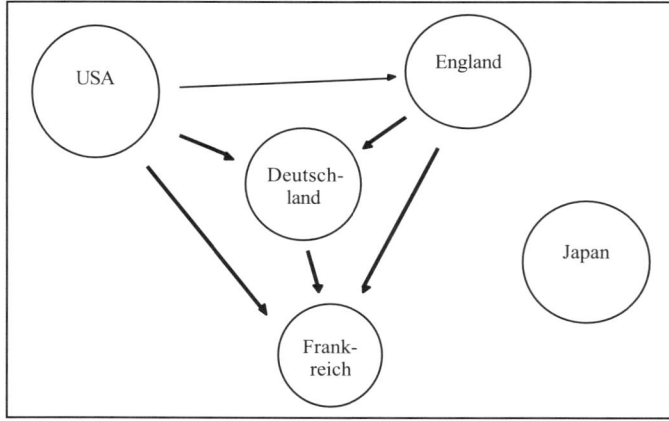

Abb. 6: G5-Aktienmärkte – Kointegration und Kausalität

---

enmarkt-Kointegration finden. Dies dürfte jedoch auf die unterschiedliche Währungsbasis bzw. die stark differierenden Zeiträume zurückzuführen sein.

[46] Ein fettgedruckter Pfeil steht für eine Irrtumswahrscheinlichkeit des Granger-Causality-Tests von 5%, ein normalgedruckter Pfeil für eine Irrtumswahrscheinlichkeit von 10%.

6. Kointegration und Fehlerkorrektur in der Finanzmarkt-Empirie

Wie die vorangegangenen Ausführungen gezeigt haben, bietet das Instrumentarium der Kointegration und Fehlerkorrektur eine ideale Basis zur ökonometrischen Spezifikation von Gleichgewichtsbeziehungen zwischen ökonomischen Variablen. Entsprechend ist in den letzten Jahren eine verstärkte Umsetzung dieses Verfahrens in empirischen Arbeiten zu beobachten. Anwendungen finden sich u.a. bei der Modellierung des Konsumverhaltens, der Lohn- oder Beschäftigungsentwicklung sowie von Geldangebot und -nachfrage. Mittlerweile werden Kointegration und Fehlerkorrektur verstärkt auch im Bereich der Finanzanalyse zur Bewertung und Prognose der Entwicklung von Aktien-, Renten- und Devisenmärkten eingesetzt. Der überwiegende Teil der Anwendungen ist hier der Investmentpraxis zuzurechnen. Tabelle 3 gibt eine Übersicht:

Autor	*Zielgröße*	*Prognose-horizont*	*Einflußgrößen*
BECHT ET AL. (1995) (Schweizerischer Bankverein)	MSCI-Schweiz	1 Monat	Gewinnerwartungen/ Zinskorb/ Default-Spread
BURGESS/ REFENES (1996)	FTSE 100 Index-Future	10 Tage	Internationale Aktienindex-Futures
GEBAUER ET AL. (1993)	Umlaufrendite 10-j. europäischer Staatsanleihen	1 Monat	Zinsen/ Inflation/ Geldmenge/ Konjunktur
GERHARDS (1994)	DM; US$; ¥; £; FF; SFR	/	Monetäre Wechselkurstheorie/ Kaufkraftparität
GRAF ET AL. (1996) (SGZ-/GBZ-/WGZ-Bank)	Umlaufrendite 10-j. Bundesanleihen	3 Monate	Zinsen/ Inflation/ US$/ Auftragseingänge
HILLMER/ GRAF (1994) (SGZ-Bank)	DAX	/	Gewinnerwartungen/ Klimaindex/ Auftragseingänge/ US-Zins
HOCKMANN (1995) (Commerzbank)	MSCI von 11 Ländern	3 Monate	Gewinnerwartungen u. Zins
JANDURA/ MATTHES (1996) (Bankhaus Metzler)	Umlaufrendite 10-j. europäischer Staatsanleihen	1 Monat	US-Zins/ Inflation
MATTHES (1994) (LB Hessen-Thüringen)	Emissionsrendite 10-j. Bankschuldverschreibungen	3 Monate	US-Zins/ Inflation
METZLER (1994) (Bankhaus Metzler)	DAX	/	Konjunktur/ Zins/ Währung
REHKUGLER/ JANDURA (1997)	MSCI der G5	1 Monat	Konjunktur/ Zins/ Währung
STEURER (1996) (Daimler Benz)	DM/US$	1 Monat	Monetäre Wechselkurstheorie/ Kaufkraftparität
STEURER/ HANN (1996) (Daimler Benz)	DM/US$	1 Monat	Monetäre Wechselkurstheorie/ Kaufkraftparität

Tab. 3: Kointegration und Fehlerkorrektur zur Finanzmarktprognose

7. Nichtlineare Fehlerkorrektur auf der Basis des Engle/Granger-Verfahrens

In der bislang dargestellten und diskutierten ursprünglichen Konzeption ist ein Fehlerkorrekturmodell auf die Modellierung linearer Beziehungen beschränkt. Es ist jedoch durchaus plausibel, daß die funktionalen Beziehungen zwischen der Zielgröße und ihren kurzfristigen Einflußgrößen, vor allem dem Fehlerkorrekturterm, nichtlinearer Art sind.[47] In der Literatur finden sich deshalb in jüngster Zeit Ansätze, Fehlerkorrekturmodelle mit dem nichtlinearen Analyse- und Prognoseinstrumentarium *Neuronaler Netzwerke (NN)* zu kombinieren.[48] Die Grundgedanken eines solchen nichtlinearen *Fehlerkorrekturmodells* sind die folgenden:[49]

- Die Relevanz ökonomischer Gleichgewichtskonzepte wird unterstellt, und damit eine langfristig stabile (Kointegrations-)Beziehung zwischen der Zielgröße und ihren fundamentalen Einflußfaktoren postuliert.
- Zur Prognose der kurzfristigen Marktentwicklung werden u.a. die Informationen des Gleichgewichtsmodells zur aktuellen fundamentalen Bewertung der Zielgröße genutzt und mittels NN nichtlinear modelliert.

Beispielhaft sind in Abbildung 7 zwei idealtypische Fehlerkorrektur-Funktionen dargestellt: Der unterstellte lineare Verlauf führt zu einer proportionalen Fehlerkor-

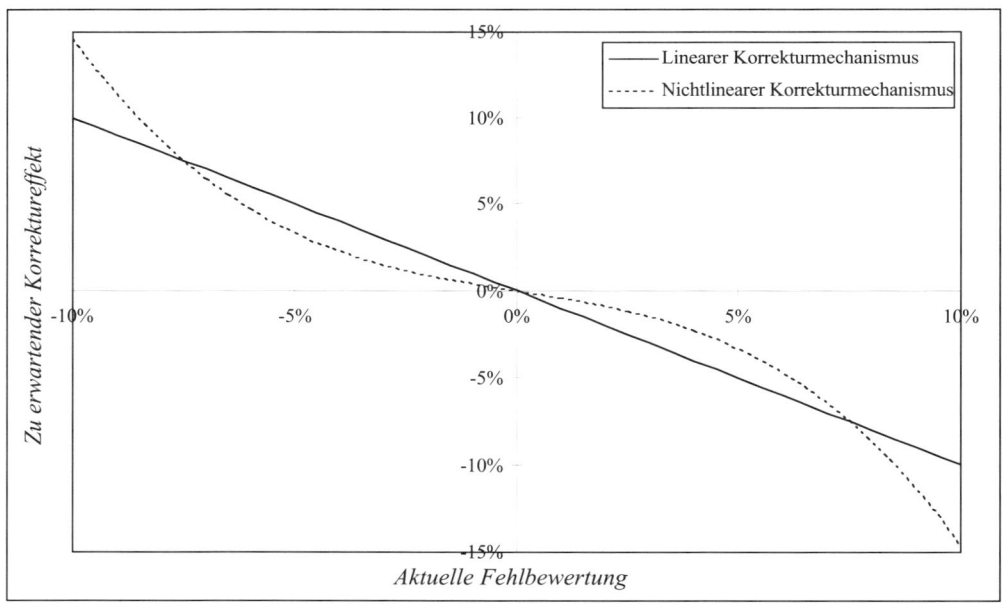

Abb. 7: Linearer vs. nichtlinearer Fehlerkorrekturmechanismus

---

[47] Vgl. Granger/Teräsvirta (1993), S. 59 f. sowie Savit (1988), S. 272.
[48] Vgl. Rehkugler/Jandura (1997), Burgess/Refenes (1996), Graf et al. (1996), Jandura/Matthes (1996), Rehkugler et al. (1996), Steurer (1996), Steurer/Hann (1996) sowie Matthes (1994).
[49] Vgl. Jandura/Matthes (1996).

rektur auch bei geringen Abweichungen vom Gleichgewicht, hingegen erfolgt durch die nichtlineare Funktion bei geringen Abweichungen vom fundamentalen Gleichgewicht nur eine unterproportionale Korrektur, während für große Abweichungen eine überproportionale Korrektur impliziert wird.

Die Umsetzung eines solchen nichtlinearen Fehlerkorrekturmodells kann auf der Basis des zweistufigen Engle/ Granger-Verfahrens (vgl. Kapitel 3.) erfolgen. Auf der ersten Stufe wird eine (lineare) Kointegrationsgleichung gemäß (12) mittels MLR geschätzt. Auf der zweiten Stufe kann durch den Einsatz von Neuronalen Netzwerken ein „beliebiger" funktionaler Zusammenhang zwischen Zielgröße, Fehlerkorrekturterm und weiteren Einflußfaktoren gemäß (15) modelliert werden:

(15) $\quad \Delta y_t = f\left(\Delta y_{t-1},...,\Delta y_{t-m}, \Delta x_{1,t-1},...,\Delta x_{n,t-l}, ECM_{t-1}\right) + \varepsilon_t$.

Im Gegensatz zum „klassischen" Fehlerkorrekturmodell [vgl. (10)], das einen linearen Zusammenhang zwischen Zielgröße und exogenen Variablen unterstellt, können durch die Struktur eines nichtlinearen Fehlerkorrekturmodells Informationen aus der fundamentalen Marktbewertung genutzt werden, ohne gleichzeitig bei der Modellierung der kurzfristigen Marktdynamik den Beschränkungen eines linearen Verfahrens zu unterliegen (vgl. Abbildung 8).

Unterstellt man nun nichtlineare Beziehungen zwischen der Zielgröße und den Einflußfaktoren, so ergibt sich die Notwendigkeit zur Spezifizierung nichlinearer Fehlerkorrekturmodelle aus den Implikationen der Kointegration selbst. Wie ENGLE/ GRANGER (1987) betonen, ist ein einfaches ADL-Modell in Differenzenform ohne Fehlerkorrekturdarstellung eine Fehlspezifikation, wenn im Niveau der Zeitreihen

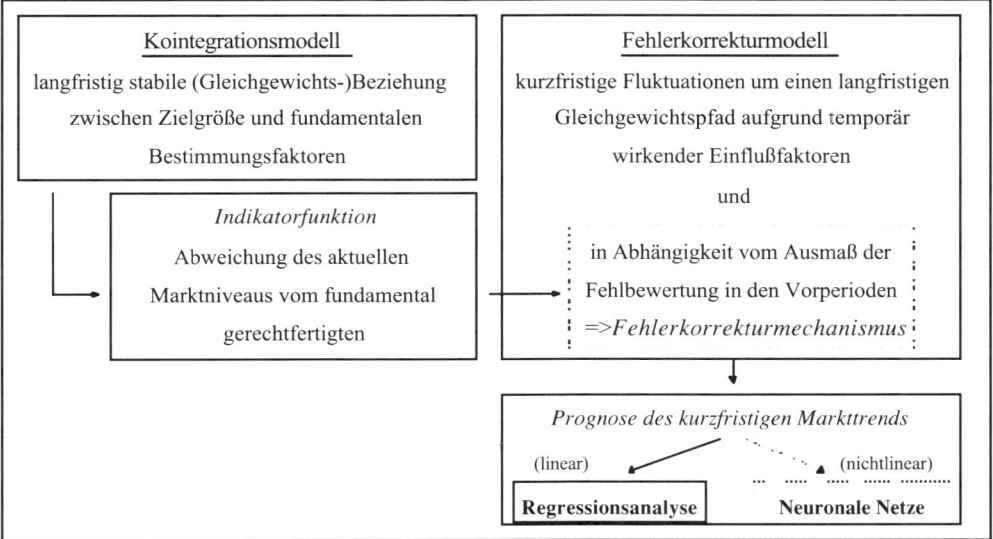

Abb. 8: Kointegration und (nicht)lineare Fehlerkorrektur

Kointegration nachgewiesen werden kann.[50] Handelt es sich also bei den Modellvariablen um nichtstationäre Zeitreihen, was bei ökonomischen Zeitreihen i.d.R. der Fall ist, so sollte ein Test auf Kointegration erfolgen und die gegebenenfalls daraus folgende Fehlerkorrekturdarstellung zur Abbildung kurzfristiger Anpassungsmechanismen verwendet werden; anderenfalls ist mit erheblichen Informationsverlusten zu rechnen. Dieser Argumentation folgend kann durch ein nichtlineares Fehlerkorrekturmodell der aus der Stationarisierung der Zeitreihen resultierende Informationsverlust auch bei der nichtlinearen Modellierung (weitgehend) vermieden werden.

8. Prognose zur Entwicklung der G5-Rentenmärkte

In der nachfolgend beschriebenen Studie wurde ein nichtlineares Fehlerkorrekturmodell einem linearen Fehlerkorrekturmodell sowie einem ADL-Modell ohne Fehlerkorrekturterm gegenübergestellt, um deren Leistungsfähigkeit am Beispiel der Prognose der G5-Zinsentwicklung zu überprüfen. Zielsetzung ist die Abgabe von Einmonatsprognosen (von Monatsultimo zu Monatsultimo) der Differenz der jeweiligen Umlaufrendite von Staatsanleihen (mit 10-jähriger Restlaufzeit) der G5 (Deutschland, Frankreich, Japan, Großbritannien und der USA) in Basispunkten.[51]

Im ersten Schritt wurde eine sehr weitreichende Auswahl potentieller Zinsdeterminanten vorgenommen, die sich an theoretischen Überlegungen und der Auswertung bislang durchgeführter ökonometrischer Zinsanalysen[52] ausrichtete. Die ausgewählten Zeitreihen wurden in die verschiedenen lokalen Währungen (DM/FF/£/¥/US$) umgerechnet und in Abhängigkeit von ihren statistischen Eigenschaften aufbereitet (z.B. logarithmiert bzw. geglättet). Auf diese Weise ergab sich eine Datenbasis (I) von 775 Zeitreihen, die sich wie folgt einteilen lassen:

- Aktien- und Rentenmärkte (Country-Spreads etc.),
- Konjunktur (BIP/ Industrieproduktion/ Auftragseingänge etc.),
- monetäre Indikatoren (Geldmengen/ Überschußliquidität etc.),
- Preisentwicklung (Rohstoffpreise/ Inflationsraten etc.),
- Wechselkurse (Cross-Rates/ Außenwerte etc.),
- Zinsen (Country-Spreads/ Term-Spreads),
- (Markt-)Technische Indikatoren (Stochastik/ Momentum/ Oszillatoren etc.).

---

[50] Vgl. Engle/ Granger (1987), S. 259.
[51] Diese Studie ist Teil eines umfangreichen Gemeinschaftsprojekts mit dem Bankhaus B. Metzler seel. Sohn & Co., Frankfurt, weshalb wichtige Details der Vorgehensweise und hinsichtlich der Ergebnisse verständlicherweise der Vertraulichkeit unterliegen.
[52] Vgl. Matthes (1994), Campbell/ Ammer (1993), Gebauer et al. (1993), Filc (1992), Heri (1988) Schober (1988) sowie Keim/ Stambaugh (1986).

Alle Zeitreihen der Datenbasis wurden mittels des (Augmented-)Dickey/ Fuller-Tests auf ihren Integrationsgrad hin überprüft, wobei sich die Zeitreihen erwartungsgemäß mehrheitlich als nichtstationäre Prozesse erwiesen. Diese nichtstationären Reihen wurden auf Kointegration zu den Zielgrößen getestet, indem Kointegrationsgleichungen separat für jeden Rentenmarkt schrittweise ermittelt wurden.[53] Der In-Sample-Zeitraum reichte dabei bis Dezember 1993, sein Beginn mußte aufgrund der Datenlage bzw. durch Strukturbrüche bedingt länderindividuell festgelegt werden. Die Modellstruktur wurde dann von Januar 1994 bis Juni 1996 konstant gehalten, um später als Basis für Pseudo-ex-ante-Prognosen dienen zu können. Die Beurteilung der geschätzten Gleichungen erfolgte jeweils mit Hilfe der üblichen statistischen Gütemaße sowie nach dem Kriterium ihrer ökonomischen Plausibilität. Zusätzlich wurde eine Analyse ihrer Zeitstabilität anhand eines Cross-Validierungszeitraumes und der rekursiven Schätzweise durchgeführt. Alle Kointegrationsgleichungen erklären einen hohen Anteil der Streuung der jeweiligen Umlaufrendite, und die Ergebnisse des ADF-Tests lassen auf gültige Kointegrationsbeziehungen schließen, d.h. die Nullhypothese der Nichtkointegration kann durchgängig mit geringer Irrtumswahrscheinlichkeit verworfen werden.

Abbildung 9 zeigt beispielhaft die Entwicklung der deutschen Umlaufrendite (*BDYLD*), den durch das Kointegrationsmodell geschätzten Gleichgewichtspfad

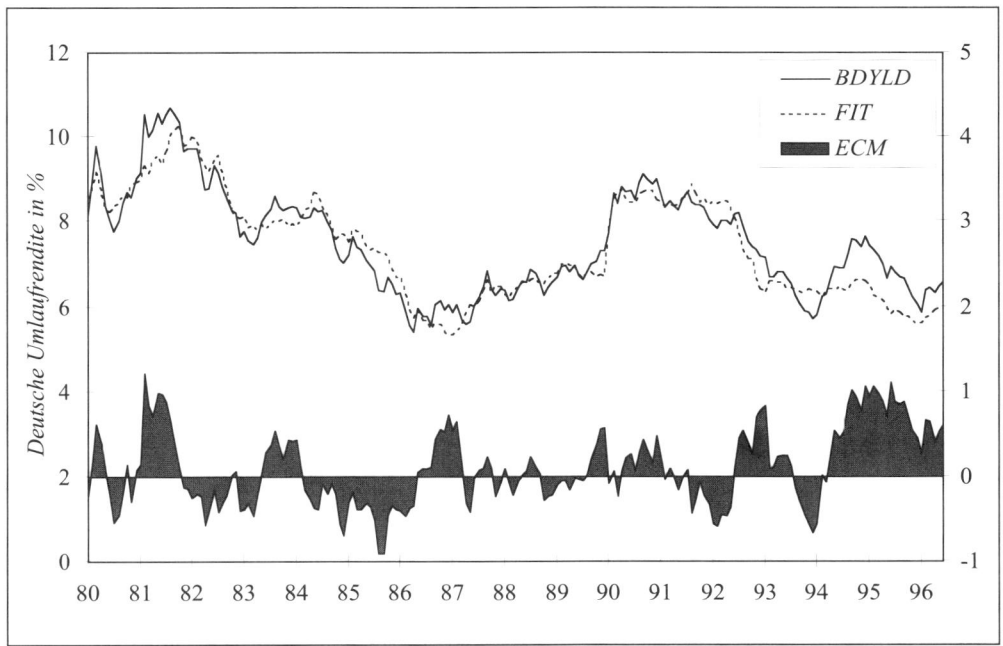

Abb. 9: Deutsche Umlaufrendite und Gleichgewichtspfad

---

[53] Detailliertere Angaben zur Vorgehensweise und Struktur der Kointegrationsgleichungen finden sich bei Jandura/ Matthes (1996), S. 202 ff.

(*FIT*) und den Fehlerkorrekturterm (*ECM*). Gut zu erkennen ist, daß der Fehlerkorrekturterm erwartungsgemäß um die Null-Linie oszilliert, und Abweichungen der deutschen Umlaufrendite vom vorgezeichneten langfristigen Gleichgewichtspfad im Zeitablauf korrigiert werden (Fehlerkorrekturmechanismus).

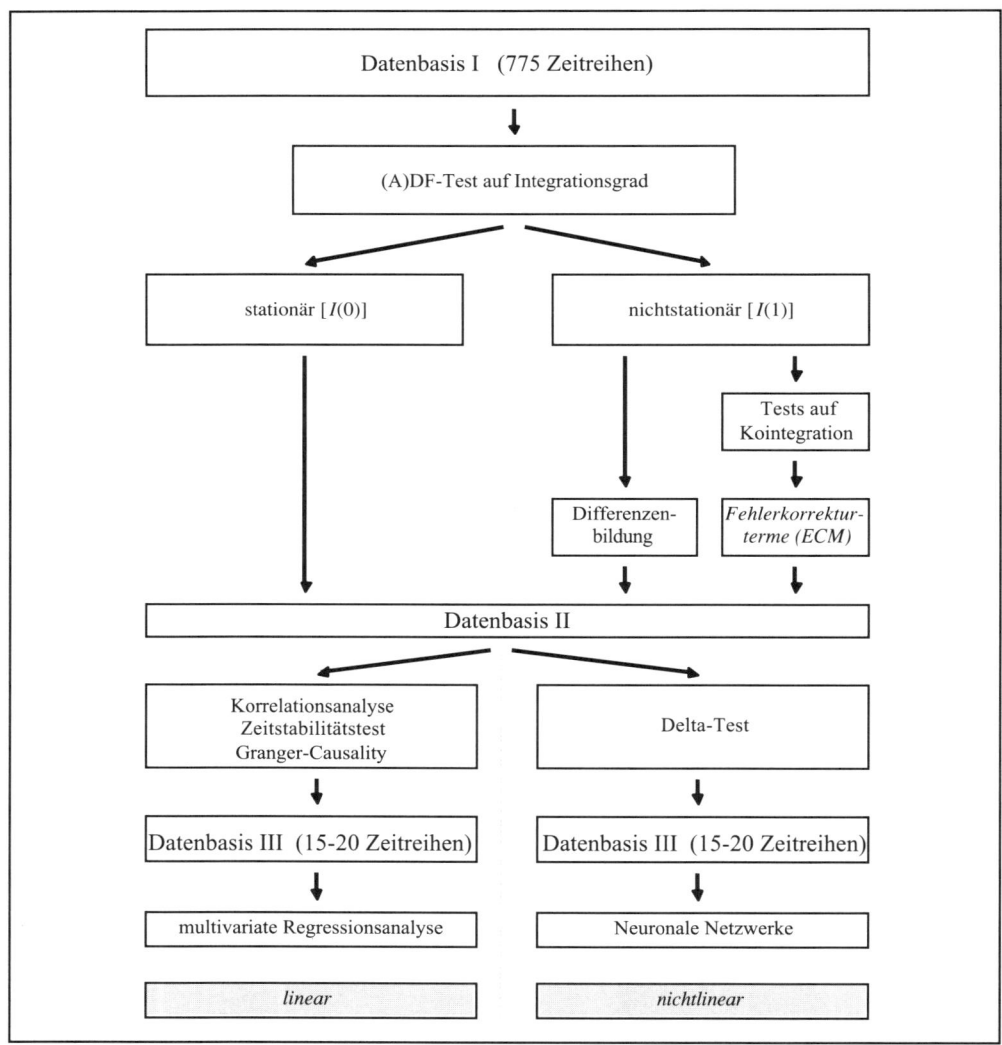

Abb. 10: Untersuchungsaufbau

Zur Entwicklung der Modelle zur Prognose der kurzfristigen Zinsentwicklung wurde eine Datenbasis (II) zusammengestellt, die nur noch stationäre Zeitreihen enthielt (die nichtstationären Variablen wurden hierzu durch Differenzenbildung stationarisiert). Um die hohe Anzahl potentieller Einflußgrößen auf einige wenige relevante Zinsdeterminanten zu reduzieren, wurden im Rahmen des (linearen) Data-Preprocessing für jede Zielgröße (Zinsveränderungen in Basispunkten) lineare Korrelationsanalysen, *univariate lineare Tests auf Zeitstabilität*[54] sowie Granger-Kausalitätstests[55] durchgeführt. Um auch nichtlineare Abhängigkeiten berücksichtigen zu können, kam zusätzlich der *Delta-Test*[56] zum Einsatz. Die durch dieses Procedere auf ca. 15 – 20 Einflußgrößen je Rentenmarkt verkleinerte Datenbasis III diente nun als Grundlage für das weitere Vorgehen. Abbildung 10 gibt eine grafische Übersicht über den Aufbau der gesamten Untersuchung.

Für jeden Rentenmarkt wurden drei Modellvarianten entwickelt:

Lin_R: ein mittels (multivariater) Regressionsanalyse geschätztes lineares Modell;

Lin_FKM: ein mittels (multivariater) Regressionsanalyse geschätztes lineares Fehlerkorrekturmodell;

Nlin_FKM: ein nichtlineares Fehlerkorrekturmodell auf NN-Basis.

Anhand eines Vergleichs der Prognoseleistung der drei Modellvarianten kann nun überprüft werden, (i) ob (gemäß Theoriepostulat) die Hinzunahme des Fehlerkorrekturterms die Prognoseleistung von *Lin_FKM* gegenüber *Lin_R* tatsächlich erhöht, und (ii) ob die Modellierung einer nichtlinearen Fehlerkorrektur (*Nlin_FKM*) die erwarteten Vorteile gegenüber der traditionellen linearen Modellierung (*Lin_FKM*) besitzt.

Die linearen Regressionsmodelle (*Lin_R* und *Lin_FKM*) wurden für jeden Rentenmarkt durch schrittweise Regressionsanalyse entwickelt. Zur Umsetzung des nichtlinearen Fehlerkorrekturmodells wurde das *Multi-Layer Perceptron (MLP)* als Netzwerktyp ausgewählt,[57] und die Netzwerkmodelle wurden jeweils mit zwei Hidden-Units ausgestattet. Um diese im Vergleich zu den linearen Regressionsmodellen deutlich höhere Zahl anpaßbarer Parameter (Freiheitsgrade) zu reduzieren, wurden die Netzwerke mittels einer zweistufigen Cross-Validierungs-Variante[58] optimiert. Als Pruning-Technik kam das Jackknife-Verfahren in Verbindung mit einem multiplen Netzwerksystem[59] zum Einsatz.[60]

---

[54] Vgl. Poddig (1996), S. 516 ff.
[55] Vgl. Gleichung (14) auf S. 13.
[56] Der Delta-Test bietet die Möglichkeit, funktionale Beziehungen sowohl linearer als auch nichtlinearer Art zwischen Variablen selbst im multivariaten Fall zu erkennen. Im Gegensatz zu zahlreichen anderen Testverfahren stellt der Delta-Test hierbei nicht auf eine konkrete funktionale Form der Beziehung zwischen Einflußfaktoren und Zielgröße ab, sondern allein auf die Stetigkeit des funktionalen Zusammenhangs. Vgl. Rehkugler et al. (1996).
[57] Das Multi-Layer Perceptron eignet sich als universeller Funktionsapproximator. Vgl. Hornik et al. (1989).
[58] Vgl. Moody/ Utans (1995), S. 287 sowie Poddig (1996), S. 187 ff.
[59] Vgl. Poddig (1994).
[60] Für eine eingehendere Beschäftigung mit Neuronalen Netzen sei auf den Beitrag „Renditeprognosen mit Neuronalen Netzen" von PODDIG/ HUBER in diesem Band verwiesen.

Abbildung 11 gibt die durchschnittliche Trefferquote der einzelnen Prognosemodelle (arithmetisches Mittel über alle fünf Länder) wieder, wobei zusätzlich die Standardabweichung berechnet wurde, die die Streuung der Trefferquote über alle fünf Länder zeigt. Gut zu erkennen ist, daß das lineare Regressionsmodell (Lin_R) von allen drei Modellen die geringste (durchschnittliche) Trefferquote mit der höchsten Streuung über alle fünf Märkte aufweist. Hingegen erzielt das nichtlineare Modell (Nlin_FKM) die beste Trefferquote mit der geringsten Streuung.

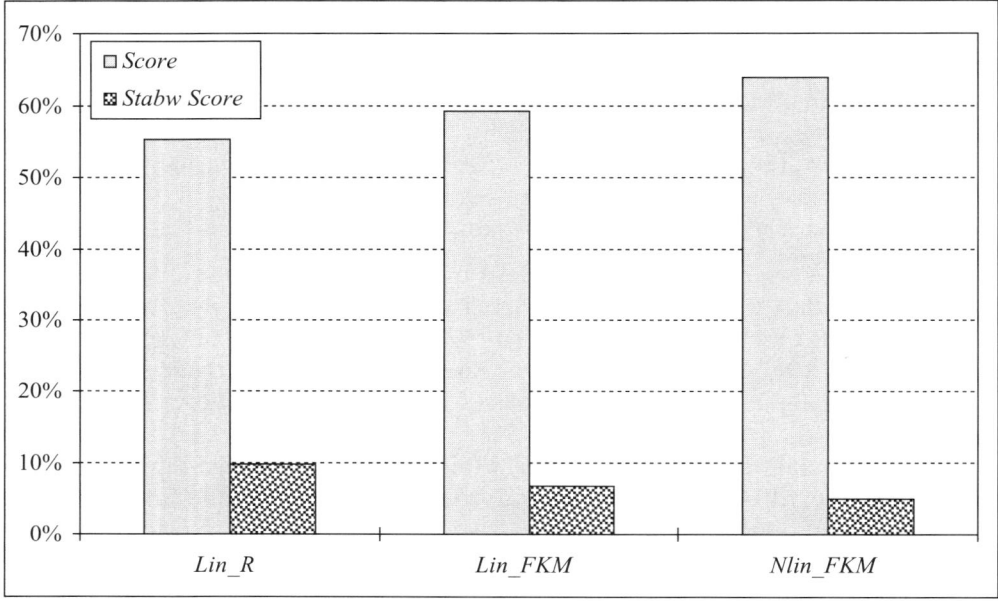

Abb. 11: Durchschnittliche (out-of-sample-)Trefferquote der Prognosemodelle

Bei der vergleichenden Beurteilung von Prognosemodellen stehen jedoch nicht so sehr die statistischen Gütemaße, sondern vielmehr die erzielbare ökonomische Performance (Rendite/Risiko-Charakteristik) im Vordergrund. Zur Performancemessung wurde deshalb auf Basis der jeweiligen Modellsignale ein Handelssystem unter folgenden Annahmen implementiert:

- Das zur Verfügung stehende Kapital wird – je nach Modellsignal (Zins fällt bzw. steigt) – entweder vollständig in den Benchmark-Returnindex[61] investiert oder vollständig desinvestiert (Kasse).
- Im Fall der Kassenhaltung wird das Kapital mit dem Geldmarktsatz verzinst.
- Die Transaktionskosten betragen 0,5 % des eingesetzten Kapitals.

Um die Aussagefähigkeit des Performancevergleichs zu steigern, wurde zusätzlich – als objektiver Referenzmaßstab – die *Buy&Hold*-Performance berechnet. Da im Kontext der Untersuchung zudem von Interesse ist, ob sich die erzielten Renditen der drei Prognosemodelle signifikant voneinander unterscheiden, wurde zu diesem Zweck ein Signifikanztest auf Gleichheit der Renditen implementiert (vgl. Anhang

A.2). Die detaillierten Ergebnisse sowie eine Erläuterung der verwendeten Performance-Maße finden sich ebenfalls im Anhang.

Betrachtet man zunächst die Performance der Prognosemodelle im Vergleich zur Benchmark anhand der Sharpe-Ratio, so wird deutlich, daß die jeweilige Benchmark (*Buy&Hold*) durchgängig vom nichtlinearen Fehlerkorrekturmodell (*Nlin_FKM*) geschlagen werden konnte. Nur in zwei Fällen – am französischen und US-amerikanischen Rentenmarkt – gelingt dies auch dem linearen Regressionsmodell (*Lin_R*), nur ein einziges Mal dem linearen Fehlerkorrekturmodell (*Lin_FKM*) am französischen Rentenmarkt. Die Ergebnisse der Tests auf Gleichheit der Renditen bekräftigen die überlegene Prognoseleistung des nichtlinearen Fehlerkorrekturmodells (*Nlin_FKM*), denn sie weisen signifikante Unterschiede zu den Renditen der Benchmark und der beiden übrigen Modelle aus. Das gegenüber der Benchmark deutlich reduzierte Risiko aller Handelsmodelle läßt sich auf die geringe Volatilität des Geldmarktsatzes in den Kassenhaltungsphasen zurückführen.

Zur Ableitung tendenzieller Aussagen sind die Ergebnisse durch Mittelwertbildung über die Rendite/Risiko-Parameter aller fünf Rentenmärkte aggregiert worden (vgl. Abbildung 12).[62] Die verdichtete Ergebnisdarstellung bestätigt die voran-

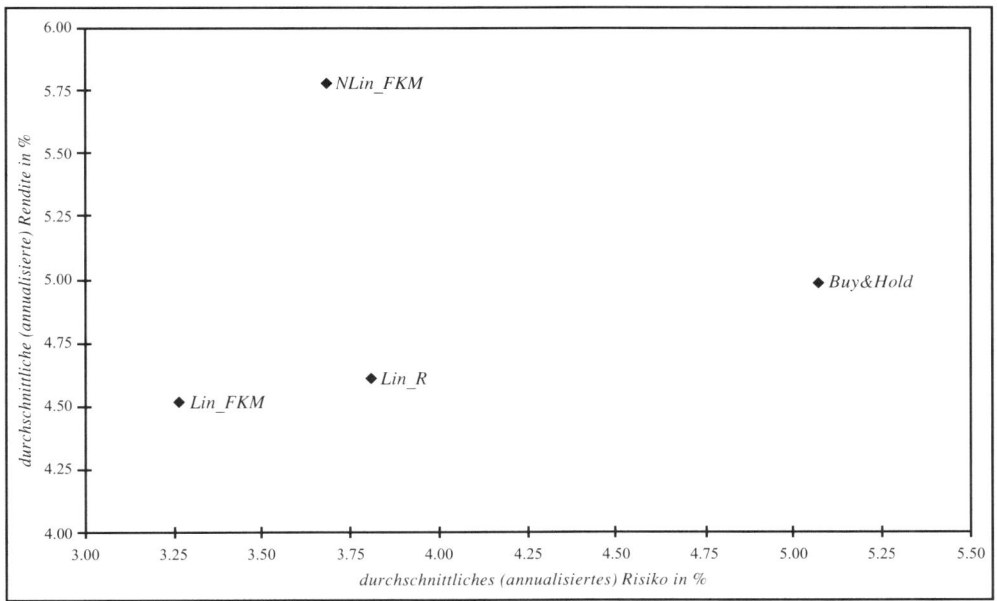

Abb. 12: Rendite/Risiko-Charakteristik der Handelsmodelle (G5-aggregiert)

---

[61] Als Benchmark wurden die *Salomon Brothers Government Bond Performance-Indizes* ausgewählt. Diese Indizes beinhalten am Inlandsmarkt in lokaler Währung emittierte Staatsanleihen mit zehnjähriger Restlaufzeit und basieren auf der Annahme reinvestierter Zinserträge. Vgl. Salomon Brothers (1992).
[62] Diese Vorgehensweise ist allerdings aufgrund der unterschiedlichen Basiswährungen problematisch.

gegangenen Analysen, denn die linearen Regressionsmodelle (*Lin_R*) und die linearen Fehlerkorrekturmodelle (*Lin_FKM*) liegen auf etwa dem gleichen Niveau, und ihre Performanceunterschiede sind statistisch nicht signifikant. Dieses verhältnismäßig schlechte Abschneiden der linearen Fehlerkorrekturmodelle ist auf einen Nachteil der Fehlerkorrekturdarstellung zurückzuführen: In Phasen anhaltender Fehlbewertung, also während eines längeren Ausbleibens des Korrektureffekts, liefert der Fehlerkorrekturterm entsprechend falsche Signale, was sich in der Performance der Modelle negativ bemerkbar macht. Diese Problematik wird offensichtlich durch die nichtlineare Modellierung entschärft, denn die nichtlinearen Fehlerkorrekturmodelle (*Nlin_FKM*) dominieren klar die übrigen Prognosemodelle. Im Vergleich zur Buy&Hold-Strategie (*Benchmark*) weisen beide linearen Modelle nur geringe Renditeunterschiede bei wesentlich reduziertem Risiko auf.

Die Ergebnisse des Performancevergleichs lassen sich folgendermaßen zusammenfassen:

- Die *Buy&Hold*-Strategie konnte von acht der insgesamt 15 Prognosemodelle geschlagen werden, wobei es sich um fünf nichtlineare und drei lineare Modelle handelt.[63]
- Der Vergleich von linearem Regressionsmodell (*Lin_R*) und linearem Fehlerkorrekturmodell (*Lin_FKM*) bestätigt nicht die a priori erwartete Überlegenheit des Fehlerkorrekturmodells, sondern beide Modelle weisen eine ähnliche risikoadjustierte Performance auf.
- Die nichtlinearen Fehlerkorrekturmodelle (*Nlin_FKM*) übertreffen deutlich die Performance der linearen (Fehlerkorrektur-) Modelle, wobei die Renditeunterschiede signifikant sind.

Wie die in diesem Beitrag vorgestellten Anwendungsbeispiele belegen, stellt der Kointegrations- und Fehlerkorrekturansatz ein vielseitig verwendbares, leistungsfähiges Analyse- und Prognoseinstrumentarium dar, das – gerade in Kombination mit Neuronalen Netzwerken – eine vielversprechende Ergänzung zu den traditionellen ökonometrischen Modellierungswerkzeuge bedeutet.

---

[63] Die ermittelten Modellparameter wurden im Prognosezeitraum konstant gehalten, und der Stützzeitraum wurde nicht sukzessive durch rekursive Schätzungen erweitert. Bei Abgabe der letzten Prognose im Juni 1996 liegt somit das Datum der letzten Modellanpassung 30 Monate zurück, was als zusätzlicher Schwierigkeitsgrad gewertet werden kann.

Anhang

A.1 Rendite/Risiko-Parameter der Handelsmodelle (Prognosezeitraum)[64]

Deutschland (in DM)

/	Benchmark	Lin_R	Lin_FKM	Nlin_FKM
Rendite	5.940	1.886	5.650	7.828
Risiko	3.973	2.928	3.722	3.036
Sharpe-Ratio	0.350	-0.909	0.296	1.080

T-Test auf Gleichheit der annualisierten Renditen

/	Benchmark	Lin_R	Lin_FKM	Nlin_FKM
Benchmark	/	**	**	**
Lin_R	/	/	**	**
Lin_FKM	/	/	/	**
Nlin_FKM	/	/	/	/

Frankreich (in FF)

/	Benchmark	Lin_R	Lin_FKM	Nlin_FKM
Rendite	5.821	6.843	7.377	5.563
Risiko	5.027	4.153	3.450	2.865
Sharpe-Ratio	0.253	0.553	0.820	0.355

T-Test auf Gleichheit der annualisierten Renditen

/	Benchmark	Lin_R	Lin_FKM	Nlin_FKM
Benchmark	/	**	**	**
Lin_R	/	/	**	**
Lin_FKM	/	/	/	**
Nlin_FKM	/	/	/	/

---

[64] Die verwendeten Performancemaße sowie der Test auf Gleichheit der annualisierten Renditen werden im Anhang A.2 erläutert.

Japan (in Yen)

/	Benchmark	Lin_R	Lin_FKM	Nlin_FKM
Rendite	5.286	4.500	3.812	5.650
Risiko	4.967	3.391	3.561	4.290
Sharpe-Ratio	0.149	-0.014	-0.207	0.257

T-Test auf Gleichheit der annualisierten Renditen

/	Benchmark	Lin_R	Lin_FKM	Nlin_FKM
Benchmark	/	**	**	**
Lin_R	/	/	**	**
Lin_FKM	/	/	/	**
Nlin_FKM	/	/	/	/

Großbritannien (in britischen Pfund)

/	Benchmark	Lin_R	Lin_FKM	Nlin_FKM
Rendite	3.900	2.391	2.068	5.473
Risiko	6.515	4.919	3.508	3.913
Sharpe-Ratio	-0.100	-0.438	-0.707	0.237

T-Test auf Gleichheit der annualisierten Renditen

/	Benchmark	Lin_R	Lin_FKM	Nlin_FKM
Benchmark	/	**	**	**
Lin_R	/	/	**	**
Lin_FKM	/	/	/	**
Nlin_FKM	/	/	/	/

USA (in US$)

/	Benchmark	Lin_R	Lin_FKM	Nlin_FKM
Rendite	3.969	7.425	3.650	4.382
Risiko	4.894	3.663	2.111	4.318
Sharpe-Ratio	-0.118	0.785	-0.425	-0.038

T-Test auf Gleichheit der annualisierten Renditen

/	Benchmark	Lin_R	Lin_FKM	Nlin_FKM
Benchmark	/	**	**	**
Lin_R	/	/	**	**
Lin_FKM	/	/	/	**
Nlin_FKM	/	/	/	/

A.2 Erläuterung der Performancemaße

Rendite

Die durchschnittliche (annualisierte) Rendite des Handelsmodells wird bestimmt als Mittelwert der Differenz der logarithmierten Kapitalstände des Handelsmodells zweier aufeinanderfolgender Zeitpunkte:

$$\text{Rendite} = \overline{R}_a = \frac{1}{Z}\sum_{z=1}^{Z}(LN(K_z) - LN(K_{z-1})) \cdot 12,$$

mit: K_z = Kapitalstand des Handelsmodells zum Zeitpunkt z,
Z = Zeitindex / Anzahl der betrachteten Monate.

Risiko (Standardabweichung)

Das Risiko wird gemessen als Standardabweichung der Einzelrenditen:

$$\text{Risiko} = \sigma(R_a) = \frac{\sqrt{\frac{1}{Z}\sum_{z=1}^{Z}\left((LN(K_z) - LN(K_{z-1})) \cdot 12 - \overline{R}_a\right)^2}}{\sqrt{12}}.$$

Sharpe-Ratio

$$\text{Sharpe-Ratio} = \frac{\overline{R}_a - R_{fa}}{\sigma(R_a)},$$

mit: R_{fa} = Durchschnittliche risikofreie Rendite (Geldmarktsatz).

Die Sharpe-Ratio ermöglicht eine integrierte Betrachtung von Rendite und Risiko, indem eine risikoadjustierte Performance gemessen wird. Ex post drückt die Sharpe-Ratio die Überschußrendite über eine risikolose Anlage pro Einheit des eingegangenen Risikos aus.

T-Test auf Gleichheit der annualisierten Renditen

Getestet wird die Nullhypothese (H_0), daß kein Unterschied zwischen den erzielten annualisierten Renditen zweier Prognosemodelle besteht. Die Prüfgröße T ist t-verteilt mit $Z-2$ Freiheitsgraden:

$$T = \frac{\overline{R}_{a,1} - \overline{R}_{a,2}}{\sqrt{\frac{\sigma^2(R_{a,1}) + \sigma^2(R_{a,2})}{Z}}},$$

mit: $\sigma^2(R_a)$ = Varianz der Einzelrenditen der Handelsmodelle.

Literaturverzeichnis

Banerjee, A./ Dolado, J. J./ Hendry, D. F./ Smith, G. W. (Banerjee et al., 1986): Exploring Equilibrium Relationships in Econometrics through Static Models. Some Monte-Carlo Evidence, in: *Oxford Bulletin of Economics and Statistics*, Vol. 48, 1986, S. 253-278.

Becht, D./ Borutta, H./ Häflinger T. (Becht et al., 1996): Das Mehrfaktorenmodell für den Aktienmarkt Schweiz: Unter- und Überbewertungen auf einen Blick erkennen ..., in: Schweizerischer Bankverein (Hrsg.), *The Global Features Collection*, Vol. 3, (1995 – 2. Quartal 1996), Basel 1996.

Bierens, H. J. (Bierens, 1989): *Testing Stationarity against the Unit Root Hypothesis*, Research Memorandum 1989-81, Vrije Univeriteit Amsterdam, Amsterdam, 1989.

Burgess, A. N./ Refenes, A. N. (Burgess/ Refenes, 1996): Modelling Non-Linear Cointegration in International Equity Index Futures, in: Refenes, A. N. et al. (eds.), *Neural Networks in Financial Engineering*, Singapore 1996, S. 50-63.

Byers, J. D./ Peel, D. A. (Byers/ Peel, 1993): Some Evidence on the Interdependence of National Stock Markets and the Gains from International Portfolio Diversification, in: *Applied Financial Economics*, Vol. 3, 1993, S. 239-242.

Campbell, J. Y./ Ammer, J. (Campbell/ Ammer, 1993): What Moves the Stock and Bond Markets ? A Variance Decomposition for Long-Term Asset Returns, in: *Journal of Finance*, Vol. 48, 1993, No. 1, March, S. 3-37.

Chou, R. Y./ Victor, K. N./ Lynn, K. (Chou et al., 1994): *Cointegration of International Stock Markets Indizes*, IMF-Working Paper 94/94, International Monetary Fund, August, Washington D. C. 1994.

Corhay, A./ Tourani Rad, A./ Urbain, J.-P. (Corhay et al., 1993): Common Stochastic Trends in European Stock Markets, in: *Economic Letters*, Vol. 42, 1993, S. 385-390.

Crowder, W. J. (Crowder, 1996): A Note on Cointegration and International Capital Market Efficiency: A Reply, in: *Journal of International Money and Finance*, Vol. 15, 1996, No. 4, S. 661-664.

Dickey, D. A./ Fuller, W. A. (Dickey/ Fuller, 1979): Distribution of the Estimators for Autoregressive Times Series with a Unit Root, in: *Journal of the American Statistical Association*, Vol. 74, 1979, S. 427-431.

Dickey, D. A./ Fuller, W. A. (Dickey/ Fuller, 1981): Likelihood Ratio Statistics for Autoregressive Time Series with a Unit Root, in: *Econometrica*, Vol. 49, 1981, No. 4, S. 1057-1072.

Dickey, D. A./ Pantula, S. G. (Dickey/ Pantula, 1987): Determining the Order of Differencing in Autoregressive Processes, in: *Journal of Business and Economic Statistics*, Vol. 5, 1987, S. 455-461.

Dwyer, G. P./ Hafer, R. F. (Dwyer/ Hafer, 1988): Are National Stock Markets Linked?, in: The Federal Reserve Bank of St. Louis (ed.), *Review*, Vol. 70, No. 6, St. Louis, 1988, S. 3-14.

Dwyer, G. P./ Wallace, M. S. (Dwyer/ Wallace, 1992): Cointegration and Market Efficiency, in: *Journal of International Money and Finance*, Vol. 11, 1992, S. 318-327.

Engel, C. (Engel, 1996): A Note on Cointegration and International Capital Market Efficiency, in: *Journal of International Money and Finance*, Vol. 15, 1996, No. 4, S. 657-660.

Engle, R. F./ Granger, C. W. J. (Engle/ Granger, 1987): Co-Integration and Error Correction: Representation, Estimation, and Testing, in: *Econometrica*, Vol. 55, 1987, No. 2, S. 251-276.

Engle, R. F./ Granger, C. W. J. (Engle/ Granger, 1991): *Long Run Economic Relationships: Readings in Cointegration*, Oxford, 1991.

Engle, R. F./ Yoo, B. S. (Engle/ Yoo, 1987): Forecasting and Testing in Co-Integrated Systems, in: *Journal of Econometrics*, Vol. 35, 1987, S. 143-159.

Fama, E. F. (Fama, 1970): Efficient Capital Markets: A Review of Theory and Empirical Work, in: *Journal of Finance*, Vol. 25, 1970, No. 2, March, S. 383-417.

Fama, E. F. (Fama, 1991): Efficient Capital Markets: II, in: *Journal of Finance*, Vol. 46, 1991, No. 5, December, S. 1575-1617.

Felderer, B./ Homburg, S. (Felderer/ Homburg, 1994): *Makroökonomik und neue Makroökonomik*, 6. verb. Aufl., Berlin 1994.

Filc, W. (Filc, 1992): *Theorie und Empirie des Kapitalmarktzinses*, Stuttgart 1992.

Fuller, W. A. (Fuller, 1976): *Introduction to Statistical Time Series*, New York 1976.

Gerhards, T. (Gerhards, 1994): *Theorie und Empirie flexibler Wechselkurse – Eine ökonometrische Untersuchung mit Methoden der Kointegration und der multivariaten Zeitreihenanalyse*, Heidelberg 1994.

Gebauer, W./ Müller, M./ Schmidt, K. J. W./ Thiel, M./ Worms, A. (Gebauer et al., 1993): *Determinants of Long-Term Interest Rates in Selected Countries – Towards a European Central Bank Policy Design*, Geld – Währung – Kapitalmarkt – Working Papers, Nr. 31, Johann Wolfgang Goethe-Universität, Frankfurt am Main, 1993.

Graf, J./ Westphal, M./ Knöppler, S./ Zagorski, P. (Graf et al., 1996): Finanzmarktprognosen mit Neuronalen Netzen – Anforderungsprofil aus der praktischen Sicht eines Anwenders, in: Bol, G./ Nakhaeizadeh, G./ Vollmer, K.-H. (Hrsg.), *Finanzmarktanalyse und -prognose mit innovativen quantitativen Verfahren*, Heidelberg 1996, S. 121-143.

Granger, C. W. J. (Granger, 1969): Investigating Causal Relations by Econometric Models and Cross Spectral Methods, in: *Econometrica*, Vol. 37, 1969, No. 3, S. 424-438.

Granger, C. W. J. (Granger, 1980): Testing for Causality – A Personal Viewpoint, in: *Journal of Economic Dynamics and Control*, Vol. 2, 1980, S. 329-352.

Granger, C. W. J. (Granger, 1981): Some Properties of Time Series Data and their Use in Econometric Model Specification, in: *Journal of Econometrics*, Vol. 16, 1981, S. 121-130.

Granger, C. W. J. (Granger, 1986): Developments in the Study of Cointegrated Economic Variables, in: *Oxford Bulletin of Economics and Statistics*, Vol. 48, 1986, No. 3, S. 213-228.

Granger, C. W. J. (Granger, 1988): Some Recent Developments in a Concept of Causality, in: *Journal of Econometrics*, Vol. 39, 1988, S. 199-211.

Granger, C. W. J. (Granger, 1991): Spurious Regressions, in: Eatwell, J./ Milgate, M./ Newman, P. (eds.), *The new Palgrave: A Dictionary of Economics*, Vol. 4, London, 1991, S. 444-445.

Granger, C. W. J./ Newbold, P. (Granger/ Newbold, 1974): Spurious Regressions in Econometrics, in: *Journal of Econometrics*, Vol. 2, 1974, S. 111-120.

Granger, C. W. J./ Teräsvirta, T. (Granger/ Teräsvirta, 1993): *Modelling Nonlinear Economic Relationships*, Oxford 1993.

Granger, C. W. J./ Weiss, A. A. (Granger/ Weiss, 1983): Time Series Analysis of Error-Correction Models, in: *Studies in Econometrics, Time Series, and Multivariate Statistics*, New York 1983, S. 255-278.

Grubel, H. G./ Fadner, K. (Grubel/ Fadner, 1971): The Interdependence of International Equity Markets, in: *Journal of Finance*, Vol. 26, 1971, March, S. 89-94.

Hansen, G. (Hansen, 1992): Kausalität in der Ökonometrie – Ein kurzer Rückblick bis 1950, in: *Allgemeines Statistisches Archiv*, 76. Jg., 1992, S. 111-120.

Heri, E. (Heri, 1988): Fundamentalanalyse der Zinsentwicklung, in: Rehm, H. (Hrsg.), *Methoden und Instrumente der Zins- und Wechselkursprognose*, Verband öffentlicher Banken, Berichte und Analysen, Bd. 9, Bonn 1988, S. 7-23.

Hillmer, M./ Graf, J. (Hillmer/ Graf, 1994): Aktienkursprognose mit statistischen Verfahren und Neuronalen Netzen: Ein Systemvergleich, in: Bol, G./ Nakhaeizadeh, G./ Vollmer, K.-H. (Hrsg.), *Finanzmarktanwendungen neuronaler Netze und ökonometrischer Verfahren*, Heidelberg 1994, S. 149-182.

Hockmann, H. J. (Hockmann, 1995): Establishing Market Expectations, in: Association for Investment Management and Research: *Global Portfolio Management*, Proceedings of the AIMR Seminar 'Exploring the Frontiers of Global Portfolio Management', 29-31 October 1995 (Frankfurt), AIMR, Charlottesville 1995, S. 15-24.

Hornik, K./ Stinchcombe, M./ White, H. (Hornik et al., 1989): Multilayer Feedforward Networks are Universal Approximators, in: *Neural Networks*, Vol. 2, 1989, S. 359-366.

Jandura, D./ Matthes, R. (Jandura/ Matthes, 1996): Fehlerkorrekturmodelle und Neuronale Netzwerke: ein kombinierter Ansatz zur Prognose der europäischen Zinsentwicklung, in: Schröder, M. (Hrsg.), *Quantitative Verfahren im Finanzmarktbereich – Methoden und Anwendungen*, Baden-Baden 1996, S. 193-220.

Jerger, J. (Jerger, 1991): Kointegrationsmodelle – Eine neue Technik zur Lösung von Regressionsproblemen, in: *Wirtschaftswissenschaftliches Studium*, 4. Jg., 1991, H. 9, September, S. 471-475.

Johansen, S. (Johansen, 1988): Statistical Analysis of Cointegration Vectors, in: *Journal of Economic Dynamics and Control*, Vol. 12, 1988, S. 231-254.

Johansen, S. (Johansen, 1991): Estimation and Hypothesis Testing of Cointegration Vectors in Gaussian Vector Autoregressive Models, in: *Econometrica*, Vol. 59, 1991, No. 6, S. 1551-1580.

Johansen, S./ Juselius, K. (Johansen/ Juselius, 1990): Maximum Likelihood Estimation and Inference on Cointegration – With Application to the Demand for Money, in: *Oxford Bulletin of Economics and Statistics*, Vol. 52, 1990, S. 169-210.

Kasa, K. (Kasa, 1992): Common Stochastic Trends in International Stock Markets, in: *Journal of Monetary Economics*, Vol. 29, 1992, S. 95-124.

Keim, D./ Stambaugh, R. (Keim/ Stambaugh, 1986): Predicting Returns in the Bond and the Stock Markets, in: *Journal of Financial Economics*, Vol. 17, 1986, S. 357-390.

Kohn, W. (Kohn, 1991): *Eine ökonometrische Analyse von Wechselkursmodellen unter Berücksichtigung nichtstationärer Zeitreihen*, Frankfurt 1991.

Ljung, G. M./ Box, G. E. P. (Ljung/ Box, 1978): On a Measure of Lack of Fit in Time Series Models, in: *Biometrika*, Vol. 65, 1978, S. 297-303.

MacKinnon, J. (MacKinnon, 1991): Critical Values for Cointegration Tests, in Engle, R.F./ Granger, C. W. J. (Hrsg.), *Long Run Economic Relationships: Readings in Cointegration*, Oxford 1991, S. 267-276.

Matthes, R. (Matthes, 1994): Zinsprognosen: Fehlerkorrekturmodelle vs. Neuronale Netze, in: Bol, G./ Nakhaeizadeh, G./ Vollmer, K.-H. (Hrsg.), *Finanzmarktanwendungen neuronaler Netze und ökonometrischer Verfahren*, Heidelberg 1994, S. 41-60.

B. Metzler seel. Sohn & Co. (Metzler, 1994): B. Metzler seel. Sohn & Co. KGaA (Hrsg.), *Research Report*, Mai 1994, Frankfurt am Main 1994.

Moody, J./ Utans, J. (Moody/ Utans, 1995): Architecture Selection Strategies for Neural Networks: Application to Corporate Bond Rating Prediction, in: Refenes, A.-P. (ed.), *Neural Networks in the Capital Markets*, Chichester 1995, S. 277-300.

Morgan Stanley (Morgan Stanley, 1992): *Morgan Stanley Capital International (MSCI) Indices 1992*, Morgan Stanley & Co. Inc., New York 1992.

Nelson, C. R./ Plosser, C. I. (Nelson/ Plosser, 1982): Trends and Random Walks in Macroeconomic Time Series. Some Evidence and Implications, in: *Journal of Monetary Economics*, Vol. 10, 1982, S. 139-162.

Panton, D. B./ Lessig, P./ Joy, O. M. (Panton et al., 1976): Comovement of International Equity Markets: A Taxonomic Approach, in: *Journal of Financial and Quantitative Analysis*, Vol. 11, 1976, September, S. 415-432.

Phillips, P. C. B. (Phillips, 1986): Understanding Spurious Regressions in Econometrics, in: *Journal of Econometrics*, Vol. 33, 1986, S. 311-340.

Phillips, P. C. B (Phillips, 1987): Time Series Regression with a Unit Root, in: *Econometrica*, Vol. 55, 1987, No. 2, S. 277-301.

Phillips, P. C. B./ Perron, P. (Phillips/ Perron, 1988): Testing for a Unit Root in Time Series Regression, in: *Biometrika*, Vol. 75, 1988, No. 2, S. 335-346.

Phillips, P. C. B./ Ouliaris, S. (Phillips/ Ouliaris, 1989): Testing for Cointegration Using Principal Components Methods, in: *Journal of Economic Dynamics and Control*, Vol. 12, 1989, S. 205-230.

Poddig, T. (Poddig, 1994): Ein Jackknife-Ansatz zur Strukturextraktion in Multilayer-Perceptrons bei kleinen Datenmengen, in: Kirn, S./ Weinhardt, Ch. (Hrsg.), *Künstliche Intelligenz in der Finanzberatung*, Wiesbaden 1994, S. 333-345.

Poddig, T. (Poddig, 1996): *Lineare und nichtlineare Analyse integrierter Finanzmärkte*, Bad Soden/ Taunus 1996.

Rehkugler, H./ Kerling, M./ Jandura, D. (Rehkugler et al., 1996): Der Delta-Test: Datenselektion und nichtlineare Finanzanalyse am Beispiel der Prognose der britischen Zinsentwicklung, internes Arbeitspapier, Vortrag auf der 7. Tagung Finanzwirtschaft, Banken und Versicherungen im Dezember 1996, Karlsruhe 1996.

Rehkugler, H./ Jandura, D. (Rehkugler/ Jandura, 1997): Prognose der G5-Aktienmärkte mit NN-gestützten Fehlerkorrekturmodellen, in: Biethahn, J./ Kuhl, J./ Leisewitz, M. C./ Nissen, V./ Tietze, M. (Hrsg.), *Softcomputing-Anwendungen im Dienstleistungsbereich -Schwerpunkt Finanzdienstleistungen-*, Tagungsband zum 3. Göttinger Symposium Softcomputing am 27. Februar 1997 an der Universität Göttingen, Göttingen 1997, S. 19-38.

Reimers, H.-E. (Reimers, 1991): *Analyse kointegrierter Variablen mittels vektorautoregressiver Modelle*, Heidelberg 1991.

Said, S. E./ Dickey, D. A. (Said/ Dickey, 1984): Testing for Unit Roots in Autoregressive-Moving Average Models of Unknown Order, in: *Biometrika*, Vol. 71, 1984, No. 3, S. 599-607.

Salomon Brothers (Salomon Brothers, 1992): Salomon Brothers World Government Bond Index, in: Salomon Brothers Inc. (ed.), *International Fixed Income Research 07/92 – International Market Indexes*, New York 1992.

Sargan, J. D./ Bhargava A. (Sargan/ Bhargava, 1983): Testing Residuals from Least Squares Regression for Being Generated by the Gaussian Random Walk, in: *Econometrica*, Vol. 51, 1983, No. 1, S. 153-174.

Savit, R. (Savit, 1988): When Random is Not Random: An Introduction to Chaos in Market Prices, in: *Journal of Futures Markets*, Vol. 8, 1988, No. 3, S. 271-289.

Schlittgen, R./ Streitberg, B. H. J. (Schlittgen/ Streitberg, 1994): *Zeitreihenanalyse*, 5. Aufl., München 1994.

Schober, J. (Schober, 1988): Zinsprognose mit Hilfe eines ökonometrischen Modells, in: Rehm, H. (Hrsg.), *Methoden und Instrumente der Zins- und Wechselkursprognose*, Verband öffentlicher Banken, Berichte und Analysen, Bd. 9, Bonn 1988, S. 23-35.

Smith, K. L./ Brocato, J./ Rogers, J. E. (Smith et al., 1993): Regularities in the Data between Major Equity Markets: Evidence from Granger Causality Tests, in: *Applied Financial Economics*, Vol. 3, 1993, S. 55-60.

Steurer, E. (Steurer, 1996): Wechselkursprognose: Fehlerkorrekturmodelle im Vergleich mit Neuronalen Netzen, in: Bol, G./ Nakhaeizadeh, G./ Vollmer, K.-H. (Hrsg.), *Finanzmarktanalyse und -prognose mit innovativen quantitativen Verfahren*, Heidelberg 1996, S. 85-120.

Steurer, E./ Hann, T. H. (Steurer/ Hann, 1996): Exchange Rate Forecasting Comparison: Neural Networks, Symbolic Machine Learning and Linear Models, in: Refenes, A.N. et al. (eds.), *Neural Networks in Financial Engineering*, Singapore 1996, S. 113-121.

Stock, J. (Stock, 1987): Asymptotic Properties of Least Squares Estimators of Cointegrating Vectors, in: *Econometrica*, Vol. 55, 1987, No. 5, S. 1035-1056.

Taylor, M. P./ Tonks, I. (Taylor/ Tonks, 1989): The Internalisation of Stock Markets and the Abolition of the U.K. Exchange Control, in: *Review of Economics and Statistics*, 1989, S. 332-336.

Renditeprognose mit Neuronalen Netzen

von Thorsten Poddig/ Claus Huber

1. Einleitung
2. Künstliche Neuronale Netze im Überblick
3. Regressionsmodelle und Perceptrons
4. Finanzanalyse und Prognose mittels Künstlicher Neuronaler Netze
5. Kommerzielle Anwendungen Neuronaler Netze zur Renditeprognose
6. Zusammenfassung und Ausblick

1. Einleitung

An den internationalen Finanzmärkten werden börsentäglich Gegenwerte von Milliarden DM aufgrund verschiedenster Motive bewegt. „Gute" Prognosen über die zukünftigen Entwicklungen von Finanztiteln sind daher von unschätzbarer Bedeutung für diese Geschäfte. Obwohl weltweit „Heerscharen" von Analysten an ökonomischen Prognosen arbeiten, sind die Ergebnisse auf diesem Gebiet bislang wenig zufriedenstellend. Hoffnungen werden dabei in zunehmendem Maße in quantitative Verfahren gesetzt.

In diesem Zusammenhang wird regelmäßig gefragt, ob Prognosen im hier beabsichtigten Sinne überhaupt erfolgreich sein können. Prognosen ergeben nur dann Sinn, wenn dadurch zusätzliche, verwertbare Informationen über die Rendite von Finanztiteln oder -märkten erzeugt werden. Nach der klassischen Definition von FAMA ist ein Markt dann als effizient zu bezeichnen, wenn der Preis für ein Gut auf diesem Markt zu jeder Zeit alle verfügbaren Informationen vollständig reflektiert: „a market in which prices always 'fully reflect' available information is called 'efficient'."[1] Je nach Grad der Effizienz von Märkten lassen sich durch technische oder fundamentale Analysen oder auch durch Insiderinformationen keine systematischen Extragewinne erzielen. Empirische Untersuchungen zur Kapitalmarkteffizienz liefern keine abschließenden, sondern sich widersprechende Resultate,[2] so daß man von Effizienz nicht zwangsläufig ausgehen muß, und die Befassung mit Prognoseverfahren nicht im vorhinein als sinnlos anzusehen ist.

Ein neuerer quantitativer Ansatz, dem in diesem Beitrag besondere Beachtung geschenkt werden soll, sind die sog. *Künstlichen Neuronalen Netze* (KNN). Nachdem in der Vergangenheit mitunter in unseriöser Weise überzogene Erwartungshaltungen hinsichtlich ihrer Leistungsfähigkeit geweckt wurden, möchte dieser Beitrag versuchen, eine realistische Darstellung ihrer Fähigkeiten und Grenzen zu präsentieren.

Verschiedene Gründe sprechen für eine intensive Auseinandersetzung mit diesem relativ jungen Instrument. So sind bestimmte Typen von KNN sog. „universelle Funktionsapproximatoren", d.h. sie erlauben, bei Vorliegen ausreichender Beobachtungsdaten jede beliebige funktionale Beziehung zwischen mehreren Einflußfaktoren und einer (oder mehreren) Zielgröße(n) zu modellieren.[3] Dieser Zusammenhang kann dabei auch hochgradig nichtlinear sein; ein Umstand, bei dem viele, bisher gängige quantitative Verfahren versagen. Ferner läßt sich zeigen, daß eine Vielzahl gängiger statistischer Verfahren, so z.B. Regressionsmodelle (lineare und logistische), ARIMA-Modelle (linear und nichtlinear) oder Diskriminanzanalysen, mit Hilfe (bestimmter Typen) von KNN nachgebildet werden können. Ihre universelle Einsatzmöglichkeit, Mächtigkeit und Flexibilität läßt sie also als d a s Werkzeug der Datenmodellierung erscheinen (und in dieser Form werden sie auch gerne „verkauft").

---

[1] Fama (1970), S. 383.
[2] Vgl. z.B. Fama (1970) und (1991).
[3] Vgl. Hornik et al. (1989).

Als universelles Werkzeug sind sie deshalb aber auch *ausgesprochen* kompliziert in der Anwendung, d.h., sie erfordern (i) spezielles Know-how, (ii) besonders sorgfältiges Arbeiten bei der Modellentwicklung, (iii) entsprechende (und damit teure) Software sowie hohe Rechnerkapazitäten. Daher sind im allgemeinen spezielle Verfahren (z.B. Regressionsmodelle) vorzuziehen, wenn es die Problemstruktur nahelegt.

In diesem Beitrag sollen Möglichkeiten und Grenzen des Einsatzes von KNN aufgezeigt sowie ein einfaches Vorgehensmodell skizziert werden, welches einen Eindruck von den notwendigen Schritten bei der Entwicklung eines KNN-basierten Prognosemodells vermittelt. Dem Praktiker soll dieser Beitrag eine Orientierung geben, was ihn beim Einsatz von KNN erwartet, mit welchem Aufwand zu rechnen ist und welche Schwierigkeiten entstehen können. Sicherlich werden diese Darstellungen nicht ausreichen können, um sofort selbst ein KNN-basiertes Prognosemodell zu entwerfen. Sie verhelfen aber hoffentlich dem Entscheidungsträger zu einer realistischen Einschätzung und geben dem Entwickler vielleicht wichtige Hinweise auf mögliche Fehlerquellen.

Dazu stehen der Trade-off zwischen Universalität und Schwerfälligkeit bei KNN, die Frage nach dem Zusammenhang zwischen bekannten Verfahren der Statistik und KNN sowie Überlegungen zur Modellentwicklung mit KNN im Mittelpunkt der folgenden Betrachtungen. In Kapitel 2 sollen KNN allgemein kurz vorgestellt und aus Platzgründen eine Eingrenzung der Betrachtung auf einen speziellen Typ vorgenommen werden. Der Zusammenhang zwischen dem hier betrachteten Typ von KNN mit dem wohl in der Finanzanalyse bekanntesten Verfahren der multivariaten Statistik, der linearen Regression, soll in Kapitel 3 herausgearbeitet werden. Die Quintessenz besteht darin, den betrachteten Typ von KNN als konsequente Weiterentwicklung und Verallgemeinerung bereits bekannter Verfahren darzustellen.

Kapitel 4 widmet sich dann konkret der Renditeprognose. Trotz ihrer beeindruckenden Fähigkeiten sollte man bei einem KNN-basierten Prognosemodell nicht darauf hoffen, daß das Netz aus gegebenen Daten „schon irgendwie" brauchbare Prognosen ableitet. Vielmehr erfordert die Anwendung Neuronaler Netze zu Prognosezwecken viele mühsame Arbeitsschritte, bei denen sehr exakt vorgegangen werden muß. Dieses Kapitel als Schwerpunkt dieses Beitrages zeigt daher die prinzipielle Vorgehensweise bei der Erstellung eines KNN-basierten Prognosemodells auf. Kapitel 5 gibt einen kurzen Überblick über kommerzielle Anwendungen von KNN im Bereich von Finanzmarktprognosen, abschließend faßt Kapitel 6 die wesentlichen Punkte zusammen und versucht einen Ausblick auf mögliche Ansatzpunkte weiterer Forschung.

2. Künstliche Neuronale Netze im Überblick

Die Beschäftigung mit KNN besitzt überwiegend ihren Ursprung in der Neurobiologie und Kognitionsforschung. Hier geht es u.a. darum, Modelle natürlicher neuronaler Netze zu entwerfen, die bei der Erforschung ihrer Funktionsweise helfen sollen. Ziel ist es, zu verstehen, wie kognitive Prozesse ablaufen. Schon seit längerer Zeit hat sich davon ein anwendungsorientierter Forschungszweig abgespalten, der nach industriellen Anwendungsmöglichkeiten dieser Modelle fragt. Durch eine rein anwendungsorientierte Fortentwicklung haben die hier eingesetzten Typen von KNN kaum noch Bezug zu ihren natürlichen Vorbildern. Sie in irgendeiner Weise mit künstlicher Intelligenz oder menschlichem „Verstehen" in Verbindung zu bringen, ist ein gern von „Verkäufern" gezielt geschürtes Mißverständnis. Es handelt sich jedoch um rein mathematische Modelle, durchaus komplex in ihrer Struktur und schwierig in der Anwendung.

D a s Netzwerkmodell gibt es nicht. Vielmehr ist eine Vielzahl unterschiedlicher Typen von KNN mit gänzlich unterschiedlichen inneren Strukturen, Arbeitsweisen und Einsatzgebieten vorhanden. Entsprechend vielfältige Systematisierungen von KNN sind denkbar, von denen in Abbildung 1 exemplarisch nur eine wiedergegeben sei.

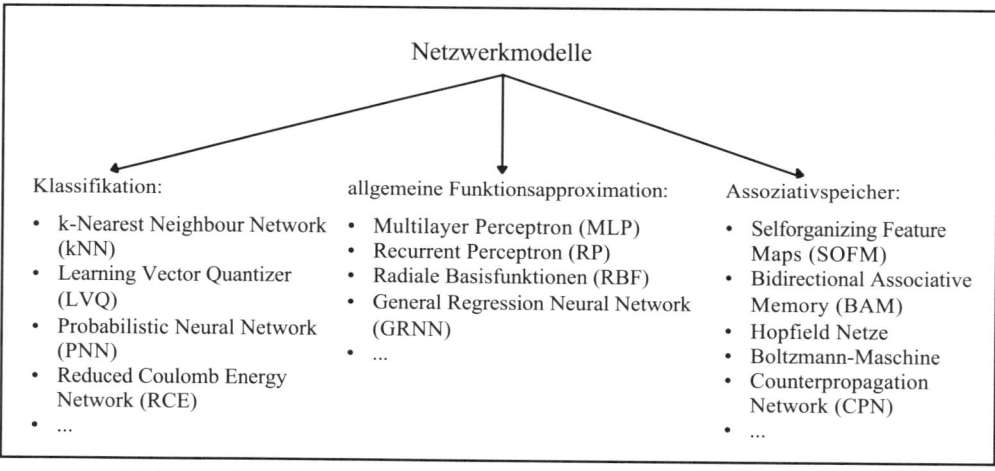

Abb. 1: Klassifikation von KNN nach dem Funktionsumfang[4]

Eine umfassende Abhandlung über KNN, wie sie nach Abbildung 1 eigentlich erforderlich wäre, ist hier gar nicht denkbar. Vielmehr müssen sich die folgenden Betrachtungen exemplarisch auf den in der Finanzanalyse am häufigsten eingesetzten Typ, das *Perceptron*, beschränken. Wenn im folgenden von „Künstlichen Neuronalen Netzen" gesprochen wird, bezieht sich dies ausdrücklich nur auf den hier be-

---

[4] Entnommen aus Rehkugler/ Kerling (1995), S. 314.

handelten Typ. Übertragungen der vorzustellenden Betrachtungen auf andere Typen sind nur eingeschränkt möglich, da diese oftmals auf gänzlich anderen Prinzipien basieren.

3. Regressionsmodelle und Perceptrons

Das lineare Regressionsmodell

Zwischen den Perceptrons und dem Regressionsmodell besteht ein enger Zusammenhang. Daher soll das Regressionsmodell zunächst in seinen Grundzügen kurz vorgestellt werden. Das lineare Regressionsmodell unterstellt einen linearen Zusammenhang zwischen den *Regressoren* x_i (auch als „unabhängige" Variablen bezeichnet) und dem *Regressand* y (entsprechend „abhängige" Variable). Allgemein läßt sich eine Regressionsgleichung wie folgt darstellen:

(1a) $\quad y = a_0 + a_1 x_1 + a_2 x_2 + ... + a_n x_n + e$

oder unter Verwendung des Summenzeichens:[5]

(1b) $\quad y = \sum_{i=0}^{n} a_i x_i + e$

oder in Matrizenschreibweise:

(1c) $\quad y = \mathbf{a}^T \mathbf{x} + e,$

wobei die a_i für die *Regressionskoeffizienten* stehen und e eine *Residualgröße* ist, die nicht durch die Regression erfaßbare Einflüsse ausdrückt. Dabei werden als wesentliche Annahmen (neben anderen) vorausgesetzt, daß (i) der Erwartungswert des Residuums $E(e)=0$ ist, (ii) das Residuum eine konstante und endliche Varianz $E(e)^2 = \sigma_e^2$ besitzt und (iii) die erklärenden Variablen x_i voneinander unabhängig sind sowie (iv) der funktionale Zusammenhang linear ist. Danach gilt für den Erwartungswert der Zielgröße $E(y)$:

(2) $\quad E(y) = E(\sum_{i=0}^{n} a_i x_i + e) = \sum_{i=0}^{n} a_i x_i + E(e) = \sum_{i=0}^{n} a_i x_i \,.$

Eine denkbare Anwendung der linearen Regressionsanalyse im Prognosebereich könnte darin bestehen, verschiedene fundamentale Einflußfaktoren und/oder tech-

---

[5] In der Gleichung 1b gilt für die Variable x_0 stets $x_0=1$. Der Regressionskoeffizient a_0 drückt dann damit das Absolutglied der linearen Gleichung nach 1a aus. Diese Vereinbarung und Schreibweise ist im Hinblick auf die folgenden Darstellungen einfacher.

nische Indikatoren zum Zeitpunkt *t* als Regressoren zu benutzen, um den Kurs eines Finanztitels oder Marktes zum Zeitpunkt *t*+1 vorherzusagen, also z.B.:

(3) $E(y_{t+1}) = \sum_{i=0}^{n} a_i x_{it}$

mit: $E(y_{t+1})$: prognostizierter Kurs (erwarteter Wert für y_{t+1}) eines Finanztitels oder Marktes in *t*+1;

x_{it} : beobachteter Wert des (vermuteten) Einflußfaktors in *t* (z.B. Wert eines technischen Indikators oder einer makroökonomischen Variable) und

a_i : Koeffizient, Ausdruck der Stärke des funktionalen Zusammenhangs zwischen dem (vermuteten) Einflußfaktor x_i und dem Zielwert y_{t+1}.

Liegen nun ausreichend Beobachtungen für die Vergangenheit vor, kann ein entsprechend (1) spezifiziertes Regressionsmodell geschätzt werden. „Schätzen" meint in diesem Zusammenhang, die Regressionskoeffizienten a_i derart zu bestimmen, daß für die beobachteten Daten (die für die Schätzung verwandt werden) die Summe der quadrierten Abweichungen zwischen den Beobachtungen y_t und den von dem Regressionsmodell vorhergesagten Werten $E(y_t)$ minimal wird (Koeffizientenschätzung nach der *Methode der Kleinsten Quadrate*). Inhaltlich bedeutet dies, die Koeffizienten so zu wählen, daß die Beobachtungsdaten möglichst „gut" vom Modell erklärt werden.[6]

Ein willkürlich gewähltes Beispiel soll die Anwendung der Regressionsanalyse illustrieren: Die Aufgabenstellung besteht darin, die Eintagesrendite des deutschen Aktienmarktes, etwa repräsentiert durch den DAX, zu prognostizieren (d.h. die Veränderungsrate des DAX von heute auf morgen). Als unabhängige Variablen werden die aktuellen Eintagesrenditen des amerikanischen Aktien- und Rentenmarktes (z.B. repräsentiert durch den S&P500 und den Salomon Brothers Bond Performance-Index (SBUS)) und des Dollar/DM-Wechselkurses (USDDM) herangezogen[7] (also deren Veränderungsrate im Bezug auf den Vortag). Das Regressionsmodell lautet dann:

$$\Delta DAX_{t+1} = a_0 + a_1 * \Delta S\&P500_t + a_2 * \Delta SBUS_t + a_3 * \Delta USDDM_t + e_{t+1}.$$

Im nächsten Schritt sind die Beobachtungen für die verwendeten Größen anhand der Vergangenheit zusammenzustellen und die Daten entsprechend aufzubereiten. Dabei werden den Eintagesrenditen der Einflußgrößen zum Zeitpunkt *t* stets die daraufhin eingetretenen Eintagesrenditen des DAX (also für den Zeitpunkt *t*+1) gegenübergestellt. Unter Verwendung eines geeigneten Statistikprogrammes werden

---

[6] Eine andere Variante der Koeffizientenschätzung nach der Maximum-Likelihood-Methode soll hier nicht angesprochen werden.

[7] Die ökonomische Sinnhaftigkeit dieses Modells soll hier nicht diskutiert werden. Es soll einzig und allein der Illustration der folgenden Vorgehensweisen dienen.

schließlich die Koeffizienten a_0 bis a_3 geschätzt. Sobald neue Beobachtungen für die verwendeten Einflußgrößen vorliegen, können diese in die obige Gleichung eingesetzt werden. Daraus ergibt sich dann die Prognose für die zukünftige Eintagesrendite.

Das Single-Layer-Perceptron

Das Single-Layer-Perceptron stellt den einfachsten Vertreter der Perceptrons dar und besteht selbst nur aus einer Verarbeitungseinheit (*Unit*). Diese Units sind die Bausteine, aus denen später komplexere Systeme aufgebaut werden. In gewisser Weise können sie als mathematisches Modell einer Nervenzelle in einem natürlichen neuronalen Netz angesehen werden. Es ist auch eine Interpretation im Sinne eines (ökonomischen) Entscheidungsmodells möglich.[8] Beide Interpretationen sind bestechend und vielleicht hilfreich für das Verständnis. Andererseits suggerieren sie eine Qualität, die in einem KNN eben nicht vorhanden ist. Hier wird bewußt auf derartige Interpretationsversuche verzichtet. In Abbildung 2 ist eine derartige Unit dargestellt, wobei hier die Verwandtschaft mit dem Regressionsmodell betont wird.

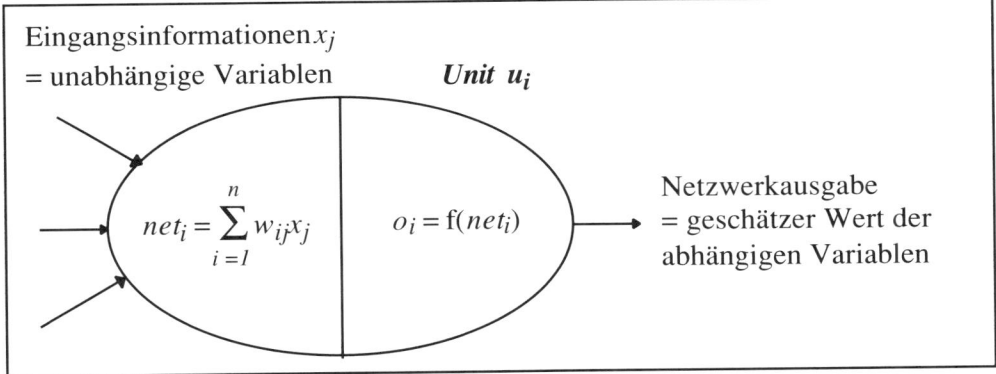

Abb. 2: Darstellung des Arbeitsweise einer Unit

Die an der Unit anliegenden Werte der Eingangsvariablen x_j (*Inputs*) werden jeder für sich mit einem individuellen Gewichtungsfaktor w_{ij} multipliziert und anschließend addiert. Die sich daraus ergebende Summe wird als *Nettoeingangssignal* (net_i) bezeichnet. Dieses wird schließlich durch eine Transferfunktion (*Outputfunktion*) geleitet, woraus sich schließlich die Ausgabe der Unit o_i ableitet. Wird für die Outputfunktion f die Identitätsfunktion (f(x)=x) eingesetzt, gilt einfach $o_i = net_i = \sum_j w_{ij} x_j$. In dieser Darstellung gilt ferner, daß ein Input (z.B. x_0) stets $x_0=1$ ist. Damit stellt das Gewicht w_{i0} das Absolutglied einer linearen Gleichung dar.

---

[8] Vgl. Zimmermann (1994), S. 3 ff.

Bei näherer Betrachtung wird sofort deutlich, daß hier im Prinzip nichts anderes als ein Regressionsmodell, lediglich mit anderen Bezeichnungen, beschrieben wurde (vgl. Abbildung 2 mit dem vorangegangenen Abschnitt). Wird für die Outputfunktion f die *Identitätsfunktion* verwendet, kann man sich die rechte Hälfte der Unit in Abbildung 2 wegdenken. Die Gewichte w_{ij} stellen dann die Regressionskoeffizienten und das Nettoeingangssignal net_i den durch die Regressionsgleichung geschätzten Wert der unabhängigen Variablen dar.

Ohne die (aus Darstellungsgründen) vereinfachende Festlegung auf die Identitätsfunktion kommt aber im allgemeinen noch als zusätzlicher Freiheitsgrad die (geeignete) Wahl der Outputfunktion hinzu. Neben der Identitätsfunktion werden häufig *S*-förmig verlaufende Funktionen (*Sigmoidfunktionen*) verwendet, mitunter auch „harte" Schwellenwertfunktionen, wie sie etwa in Abbildung 3a und 3b dargestellt sind. Erst die Verwendung dieser nichtlinearen Outputfunktionen erlaubt später komplexeren Netzwerken, hochgradig nichtlineare Funktionen approximieren zu können.

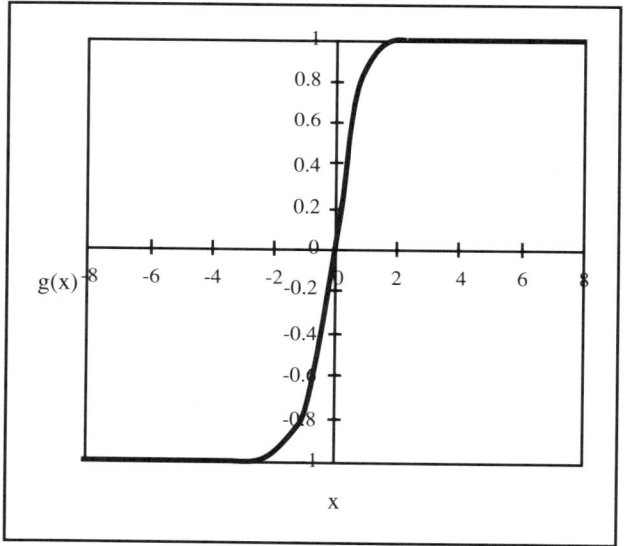

Abb. 3a: Beispiel für eine Sigmoidfunktion[9]

Es soll hier nur angedeutet werden, ohne den formalen Beweis führen zu wollen, daß bei Verwendung einer Sigmoidfunktion als Outputfunktion eine Art „logistischer Regression", bei Verwendung der harten Schwellenwertfunktion eine Art „Diskriminanzanalyse" nachgebildet werden kann; beides sind bekannte Verfahren der multivariaten Statistik. Hier deutet sich bereits die höhere Allgemeinheit des Perceptron-Modells an, welche erlaubt, verschiedene andere bekannte Verfahren der Statistik als Spezialfälle dieses Modells zu interpretieren.

---

[9] Entnommen aus Rehkugler/ Kerling (1995), S. 310.

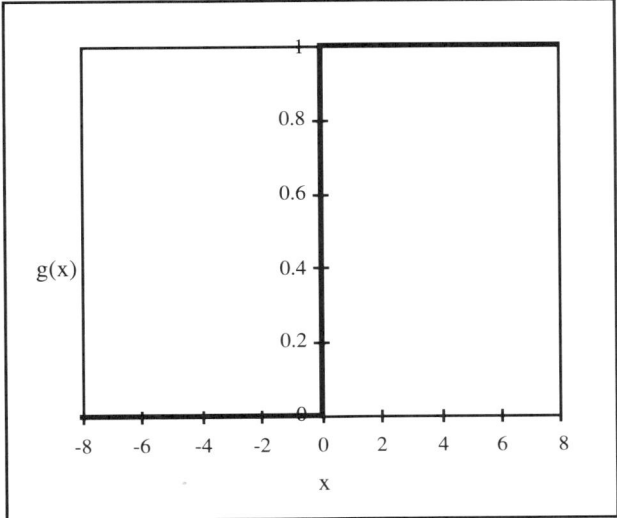

Abb. 3b: **Beispiel für eine harte Schwellenwertfunktion**

Ebenso gilt aber auch eine Art Umkehrschluß, der von unkritischen Propagandisten neuronaler Netze übersehen wird, denn dieselben Voraussetzungen und Sorgfaltsregeln wie bei den angesprochenen statistischen Verfahren sind hier zu beachten. Ferner gibt es keinen vernünftigen Grund anzunehmen, daß durch die Verwendung eines allgemeineren Modells (Perceptrons) gegenüber einem speziellen (z.B. Regressionsmodell) die Modellentwicklung einfacher wird. Höhere Allgemeinheit fordert ihren Preis in Form eines höheren Aufwandes bei der Entwicklung.

Die Betrachtungen zum Single-Layer-Perceptron mögen vielleicht akademisch interessant erscheinen, ihr praktischer Nutzwert mag jedoch unklar bleiben, da mit diesem Modell lediglich bereits bekannte und gut verstandene Verfahren nachgebildet werden können. Ihre Betrachtung als Vorstufe ist jedoch unumgänglich, wenn man die Arbeitsweise komplexerer Netzwerke verstehen will, nämlich dann, wenn die Units miteinander zu komplexeren Systemen verschaltet werden.

Das Multi-Layer-Perceptron

Die Inputs des Single-Layer-Perceptrons (oder der Unit in Abbildung 2) müssen nicht notwendigerweise die Werte exogener Eingangsvariablen sein, sondern können ebenso die Outputs anderer Units darstellen. Der folgende Schritt mag vielleicht nur konsequent erscheinen, besitzt aber weitreichende Folgen. Er besteht darin, die einzelnen Units nach Abbildung 2 miteinander zu einem netzwerkartigen Gebilde zu verknüpfen. Eine einfache Anordnung der Units könnte in einem schichtenartigen Aufbau bestehen, wie sie in Abbildung 4 dargestellt ist.

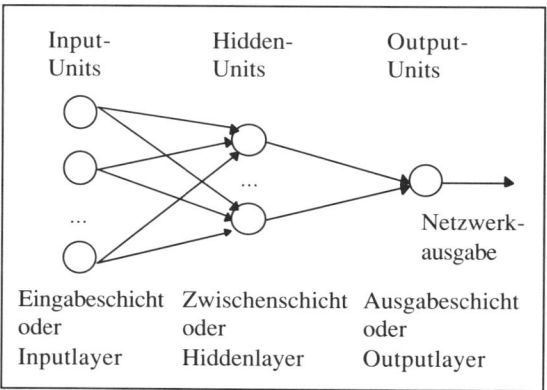

Abb. 4: Ein Multi-Layer-Perceptron

Abbildung 4 zeigt den wohl am häufigsten bei finanzanalytischen Fragestellungen eingesetzten Vertreter aller Typen von KNN, das sog. Multi-Layer-Perceptron. Inhaltlich sind hier lediglich einfache Regressionsmodelle zu einem komplexeren Gebilde kaskadiert worden. Die Informationen werden dabei in Pfeilrichtung verarbeitet. Die Werte der unabhängigen Variablen liegen am Inputlayer an. Die Units der Hiddenschicht berechnen mit ihnen ihr Nettoeingangssignal net_i (führen also zunächst mehrere, voneinander unabhängige Auswertungen einer Regressionsgleichung durch), schleusen diese durch ihre Outputfunktionen und leiten ihre daraus resultierenden Outputs an die Units der Outputschicht (in Abbildung 4 nur eine Unit, was aber nicht notwendigerweise der Fall sein muß) weiter. Diese führen die gerade beschriebenen Operationen ihrerseits nochmals durch. Ihr Output stellt dann den/die geschätzten Wert(e) für die unabhängige(n) Variable(n) dar.

Eine exaktere Beschreibung der Arbeitsweise eines dreilagigen Multi-Layer-Perceptrons geben die folgenden Gleichungen (4) bis (6).[10] Formal läßt sich die Arbeitsweise eines dreilagigen Netzwerkes in Matrizenschreibweise wie folgt beschreiben:

(4) $\quad \mathbf{h} = g(\mathbf{W}^{i \to h}\mathbf{i})$,

mit: $\mathbf{i}$: Inputvektor (d.h. Vektor der unabhängigen Variablen);
$\quad\quad \mathbf{h}$: Vektor der Outputzustände der Hidden-Units;
$\quad\quad \mathbf{W}^{i \to h}$: Gewichtsmatrix der Gewichte von Input- zu Hidden-Units;
$\quad\quad g$: Outputfunktion auf der Hiddenschicht.[11]

und

---

[10] Die Betrachtung der Gleichungen (4) bis (6) kann aber auch ohne Folgen für das weitere Verständnis übersprungen werden.
[11] Prinzipiell können die Outputfunktionen der verschiedenen Units auf dem Hiddenlayer auch von Unit zu Unit unterschiedlich sein.

(5) $\quad o = f\left(W^{h \to o} h\right)$,

mit: o : Vektor der Outputzustände der Output-Units
(d.h. geschätzte(r) Wert(e) der unabhängigen Variable(n));
$W^{h \to o}$: Gewichtsmatrix der Gewichte von Hidden- zu Output-Units;
f : Outputfunktion auf der Outputschicht.

d.h.:

(6) $\quad o = f\left(W^{h \to o} h\right) = f\left(W^{h \to o} g\left(W^{i \to h} i\right)\right)$.

Damit wird deutlich, was Abb. 4 schon intuitiv vermuten ließ, daß nämlich hier ein hochkomplexes mathematisches Konstrukt entsteht. Mit einem dreilagigen Multi-Layer-Perceptron (Sigmoidfunktion auf der Hiddenschicht und Identitätsfunktion auf der Outputschicht) sind - genügend Hidden-Units vorausgesetzt - beliebige Funktionen approximierbar[12]. Aber auch hier dürfte deutlich werden, daß der Umgang mit einem derartigen Modell wohl kaum einfacher als der mit den angesprochenen statistischen Verfahren sein kann. Im Gegenteil: Ihr Einsatz erfordert ungleich höhere Sorgfaltsprinzipien bei der Entwicklung von Prognosemodellen, was hohe Anforderungen an den Anwender dieser Werkzeuge stellt.

Das Recurrent-Perceptron

Der letzte konsequente Schritt besteht nun darin, alle Units miteinander vollständig zu vernetzen. Es ensteht damit ein rückgekoppeltes System von Units, wie es Abbildung 5 skizziert. In Analogie zu dem Regressionsmodell könnte etwa von einem „wechselseitig abhängigen System von Regressionsmodellen" gesprochen werden. Es erlaubt prinzipiell, interdependente, lineare und nichtlineare Gleichungsysteme zu modellieren, wie es z.B. im Zusammenhang mit der Analyse von integrierten Finanzmärkten besonders interessant ist. Nochmals ist aber für die weiter gestiegene Allgemeinheit des Modells und prinzipielle Leistungsfähigkeit ein noch höherer Preis in Form von Aufwand und Sorgfalt bei der Modellentwicklung zu entrichten.

---

[12] Zum Beweis vgl. Hornik et al. (1989) sowie Hornik (1991). Auf einer intuitiven Ebene läßt sich diese Aussage etwa wie folgt erklären: Betrachtet man die Sigmoidfunktion in Abbildung 3a, so wird im Argumentbereich der Funktion von ca. -2 bis +2 eine quasi lineare Abbildung vorgenommen, während außerhalb dieses Argumentbereichs nahezu keine Änderung des Funktionswertes stattfindet. Mit dem Schwellenwert kann nun dieser Bereich der quasi linearen Abbildung auf dem Argumentbereich der Funktion verschoben werden. Sind mehrere Hidden-Units mit einer derartigen Outputfunktion vorhanden und besitzen sie unterschiedliche Schwellenwerte, so nehmen sie für ganz unterschiedliche Argumentbereiche der Funktion quasi lineare Abbildungen vor. Genügend Hidden-Units vorausgesetzt, kann nun die zu approximierende Funktion stückweise (durch die verschiedenen Hidden-Units) linear abgebildet werden (stückweise lineare Approximation). Je mehr Hidden-Units vorhanden sind, umso genauer kann prinzipiell die Approximation erfolgen.

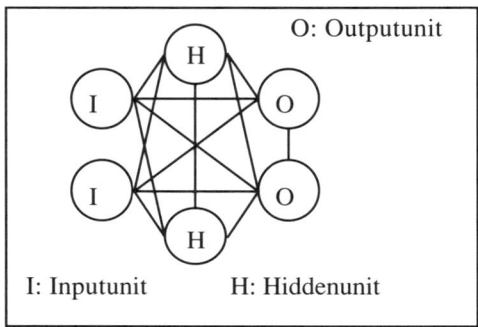

Abb. 5: Ein Recurrent-Perceptron[13]

Zusammenfassende Bemerkungen

Perceptrons bestehen aus Units, die in ihrer internen Arbeitsweise verschiedenen Varianten von Regressionsmodellen (je nach Outputfunktion) entsprechen können. Ihre eigentliche Leistungsfähigkeit kommt erst durch die Vernetzung einer Vielzahl von Units zu einem komplexeren Verbund zustande. Es werden dabei drei Typen von Units in einem Netzwerk unterschieden: Input-, Hidden- und Output-Units.[14] Die *Input-Units* leisten üblicherweise keine Informationsverarbeitung; sie dienen dem Netzwerk lediglich als Eintrittspunkte für die exogenen (unabhängigen) Variablen. Bei finanzanalytischen Anwendungen werden an ihnen z.B. die Werte fundamentaler und/oder technischer Einflußgrößen angelegt, die eine bestimmte Marktsituation beschreiben. Die Netzwerkausgabe könnte dann eine Prognose über die zukünftige Rendite eines Finanztitels oder Marktes sein (vgl. das Beispiel beim Regressionsmodell). Die *Hidden-Units* leisten den Großteil der eigentlichen Informationsverarbeitung. Sie sind innerhalb des Netzwerkes eingeschlossen und stehen in keinerlei Kontakt zur Außenwelt. Ihre Outputs geben sie an andere Hidden- oder Output-Units ab. Die *Output-Units* tragen ebenfalls einen Teil der Informationsverarbeitung und dienen weiterhin dazu, die erzielten Ergebnisse auszugeben. In der Trainingsphase eines Netzes (d.h. bei der Schätzung der Gewichtsmatrix, etwa analog zur Schätzung der Regressionskoeffizienten) wird an ihnen der zu prognostizierende Zielwert angelegt. Die *Architektur* (Vernetzungsstruktur) bestimmt nachhaltig die Leistungsfähigkeit des Netzwerkes und legt damit fest, welcher Typ von Problem überhaupt gelöst werden kann.

Eine weitere wichtige Betrachtung gilt noch der Schätzprozedur für die Werte der Gewichte innerhalb eines Netzwerkes. In Analogie entspricht dies der Koeffizientenschätzung bei einem Regressionsmodell, d.h. die „Koeffizienten" des Perceptrons sind die Verbindungsgewichte der Units untereinander. In mißverständlicher Weise wird diese Koeffizientenschätzung üblicherweise als „Lernen"

---

[13] Entnommen aus Poddig (1996) S. 109.
[14] Vgl. Rehkugler/ Kerling (1995), S. 311.

(auch „Training" oder „Trainingsphase") bezeichnet. Dies suggeriert, daß KNN im Sinne einer intelligenten Verstandesleistung „lernen" könnten, was aber keineswegs der Fall ist. Der Begriff „Koeffizientenschätzung" ist zutreffender, denn um mehr geht es hier nicht. Dabei ist ähnlich wie bei dem Regressionsmodell eine Art von „Kleinste Quadrate"-Schätzung der Verbindungsgewichte üblich. Die Verbindungsgewichte werden so geschätzt, daß der quadratische Fehler zwischen vom Netz geschätzten und beobachteten Werten der Trainingsmenge (Beobachtungsdaten) minimal wird. Verschiedene andere Varianten sind hier ebenfalls denkbar. Leider kann hier die „Kleinste Quadrate"-Schätzung der Verbindungsgewichte nicht analytisch bestimmt werden, sondern muß durch iterative Näherungsverfahren vorgenommen werden. Die Folge sind numerisch aufwendige und langsame bis sehr langsame Schätzprozeduren. Vorrangige Verwendung finden dabei Verfahren der nichtlinearen Optimierung (steepest descent, konjugierte Gradientenabstiegsverfahren u.a.). Aufgrund der Nichtlinearität der Netzwerkmodelle kann die zu minimierende Fehlerfunktion bei der Koeffizientenschätzung das Problem lokaler Minima bereiten: Die Schätzprozedur findet eine Lösung für die Gewichte des Netzwerkes, welche im Hinblick auf die Anpassung des Netzwerkes an die Trainingsdaten nur suboptimal ausfällt (d.h. es gibt noch eine bessere Lösung, die aber nicht gefunden wurde). Als Ausweg bietet sich hier zumeist nur an, die Schätzprozedur mehrfach unter variierenden Bedingungen zu wiederholen und die beste gefundene Lösung als „optimal" anzusehen. Daß dies den ohnehin erheblichen Zeitaufwand bei der Entwicklung von KNN-basierten Prognosemodellen weiter erhöht, dürfte unmittelbar einsichtig sein.

Die nachfolgende Tabelle 1 versucht die vorangegangenen Ausführungen über Analogien, Gemeinsamkeiten und Unterschiede zwischen Regressionsmodell und KNN überblicksartig zusammenzufassen.

Die Anwendung der skizzierten KNN-Modelle an dem Beispiel läßt sich wie folgt beschreiben: Die beobachteten Eintagesrenditen des amerikanischen Aktien- und Rentenmarktes, des deutschen Aktienmarktes und des Dollar/DM-Wechselkurses zum Zeitpunkt t stellen die Eingangsinformationen für das Netzwerk dar, die daraufhin eintretende Eintagesrendite des DAX zum Zeitpunkt $t+1$ soll vom Netzwerk prognostiziert werden. Wie bei dem Regressionsmodell müssen dazu zuerst die Gewichte des Netzwerkes geschätzt werden, wozu man sich der historischen Beobachtung dieser Werte bedienen könnte. Dabei werden den historisch beobachteten Eintagesrenditen der Einflußgrößen zum Zeitpunkt t stets die beobachteten, dann eingetretenen Eintagesrenditen des DAX (also für den Zeitpunkt $t+1$) gegenübergestellt. Mit Hilfe eines geeigneten Lernalgorithmus werden die Gewichte des Netzwerkes geschätzt. Danach können dann neue Beobachtungen der Einflußgrößen in das Netzwerk eingegeben und an der Output-Unit die Prognose für die DAX-Veränderung (Eintagesrendite) abgelesen werden. Dabei wird die Verwendung eines Single-Layer-Perceptrons gegenüber dem Regressionsmodell keine Verbesserung erwarten lassen, handelt es sich doch hier um einander äquivalente Verfahren. Dagegen kann die Verwendung des Multi-Layer-Perceptrons einen gewaltigen Fortschritt in der Prognosegüte bedeuten. Ist nämlich der Zusammenhang zwischen den Einflußgrößen und der zukünftig eintretenden Eintagesrendite (hochgradig) nichtlinearer Natur, muß das Regressionsmodell hier versagen.

	Regressionsmodell	KNN (am Beispiel der Abb. 4)
Gleichung	$y = \mathbf{a}^T \mathbf{x} + e$	$o = f(\mathbf{W}^{h \to o} \mathbf{h}) = f(\mathbf{W}^{h \to o} g(\mathbf{W}^{i \to h} \mathbf{i})) + e$
erklärende Variablen	Regressoren x_i	Inputneuronen i_i
erklärte Variable	Regressand y	Outputneuron o
Parameter	Regressionskoeffizienten a_i	Gewichte w_{ij}
Optimierungsansatz zur Parameterschätzung	$\frac{1}{T} \sum_{t=1}^{T} (\hat{y}_t - y_t)^2 \to$ min! T: Anzahl der Beobachtungen y_t: beobachteter Wert des Regressanden y zum Zeitpunkt t, $\hat{y}_t$: geschätzter Wert zum Zeitpunkt t.	$\frac{1}{2} \sum_{t=1}^{T} (o_t - y_t)^2 \to$ min! o_t: geschätzter Wert zum Zeitpunkt t, übrige Symbole wie links.
Optimierungsansatz	Kleinste-Quadrate-Methode	Verfahren der nichtlinearen Kleinste-Quadrate-Methode
Vorteile	• einfache und schnelle Parameterschätzung, da analytisch lösbar • garantiert globales Fehlerminimum	• keine Annahme über den funktionalen Zusammenhang, beliebige Funktionen approximierbar
Nachteile	• auf lineare Zusammenhänge beschränkt	• schwierige und zeitaufwendige Optimierung • Problem lokaler Minima

Tab. 1: Gegenüberstellung von Regressionsmodell und Perceptrons

Schließlich kann in dem Beispiel auch daran gedacht werden, ob nicht sogar eine wechselseitige Abhängigkeit der vier betrachteten Märkte untereinander besteht. In diesem Fall würde es vielleicht nicht ausreichen, die Eintagesrenditen des amerikanischen Aktien- und Rentenmarktes, des deutschen Aktienmarktes und des Dollar/DM-Kurses durch vier einzelne, voneinander unabhängige Prognosemodelle vorhersagen zu lassen, sondern man müßte ein (eventuell sogar nichtlineares) „Marktsystem" modellieren. Dazu wäre das Recurrent-Perceptron geeignet.

Diese wenigen Betrachtungen zu einem ausgewählten Typ von KNN mögen das grundsätzliche Dilemma illustrieren, vor dem der Entwickler steht, sofern er den Einsatz von KNN bei der Renditeprognose erwägt. Auf der einen Seite steht ihm ein ausgesprochen leistungsfähiges Werkzeug zur Verfügung, dessen prinzipielle Modellierungskraft der der meisten bisher bekannten Verfahren weit überlegen ist. Auf der anderen Seite steckt das Problem im Begriff „prinzipiell". Diese Leistungsfähigkeit muß erst in der konkreten Anwendung nutzbar herausgearbeitet werden, was ungleich schwieriger gegenüber dem Einsatz bisher bekannter statistischer Verfahren ist. Die folgenden Betrachtungen versuchen, eine Vorgehensskizze beim Entwurf von KNN-basierten Modellen zur Renditeprognose auszubreiten.

4. Finanzanalyse und Prognose mittels Künstlicher Neuronaler Netze

Vorüberlegungen

Vor dem Beginn des Entwurfs eines Prognosemodells für einzelne Finanztitel oder ganze Finanzmärkte sind verschiedene Vorüberlegungen notwendig, von denen hier nur einige ausgewählte angesprochen werden können. Eine erste Überlegung betrifft die Frage, ob der *Preis* (oder hier synonym der *Kurs*) oder die *Rendite* eines Finanztitels bzw. -marktes prognostiziert werden soll. Beide hängen eng miteinander zusammen und können ineinander umgerechnet werden. So gilt etwa im Falle *diskreter Renditen*:

$$(7a) \quad P_{t+1} = (1 + r^d) P_t \quad \text{bzw.} \quad (7b) \quad r^d = \frac{P_{t+1} - P_t}{P_t} ,$$

mit: P_t : Preis bzw. Kurs eines Finanztitels oder -marktes zum Zeitpunkt t;
r^d : diskrete Rendite (d.h. einmalige Verzinsung pro Zeitperiode).

Anstelle diskreter Renditen kann auch von einer stetigen Verzinsung ausgegangen werden, d.h., es wird hinsichtlich der betrachteten Zeitperiode von einem fortlaufenden Wertänderungsprozeß des Finanztitels bzw. -marktes ausgegangen, der sich in „unendlich" vielen, infinitesimalen Subperioden vollzieht. Bei Verwendung derartiger *stetiger Renditen* gilt:

$$(8a) \quad P_{t+1} = exp(r^s) \cdot P_t \quad \text{bzw.} \quad (8b) \quad r^s = \ln(P_{t+1}) - \ln(P_t) ,$$

mit: $exp(x) = e^x$: Eulersche Zahl;
r^s : stetige Rendite (d.h. laufende Verzinsung pro Zeitperiode).

Beide Renditevarianten sind ineinander überführbar:[15]

$$(9a) \quad r^d = exp(r^s) - 1 \quad \text{bzw.} \quad (9b) \quad r^s = \ln(1 + r^d) .$$

---

[15] Vgl. Schmidt-von Rhein (1996), S. 138.

Der Vorteil stetiger Renditen gegenüber diskreten besteht darin, „daß sie eher einer Normalverteilung folgen und so für statistische Verfahren und Modelle, wie sie bei Kapitalmarktuntersuchungen häufig benötigt werden, besser geeignet sind".[16] Aus den genannten Gründen wird im folgenden von einer Prognose stetiger Renditen ausgegangen.[17]

Im Beispiel würde dies bedeuten, die Zeitreihe des DAX zunächst zu logarithmieren und im nächsten Schritt aus den Logarithmen der DAX-Indexstände die Eintagesdifferenzen zu berechnen. Die so erhaltenen Eintageslogdifferenzen stellen stetige Eintagesrenditen des DAX dar.

Eine andere Grundsatzentscheidung betrifft die Frage, ob mit einem bedingten oder unbedingten Prognosemodell gearbeitet werden soll. Bei einem *bedingten Prognosemodell* beziehen sich die zu prognostizierenden Variablen und Einflußfaktoren auf denselben Zeitindex t (d.h. es liegen zeitgleiche Variablen vor):

(10) $y_t = f(x_{1t}, x_{2t}, ..., x_{nt})$.

Bedingte Prognosemodelle besitzen verschiedene Vorteile. Ökonomische Modelle sind zumeist statische Gleichgewichtsmodelle, so daß bei Verwendung eines bedingten Prognoseansatzes eine direkte Übertragbarkeit gewährleistet ist. Außerdem sind mit diesem Ansatz Szenario-Analysen möglich, es kann also gefragt werden, wie sich die Rendite eines Finanztitels oder -marktes in der Zukunft darstellt, sofern diese oder jene Werte für bestimmte Einflußfaktoren (ebenfalls in der Zukunft) eintreten werden. Dennoch besitzt ein bedingter Prognoseansatz auch gravierende Nachteile. Zunächst sind keine direkten Prognosen möglich, so daß die unabhängigen Variablen zuerst selbst zu prognostizieren sind, bevor die eigentlich interessierende Renditeprognose vorgenommen werden kann. Letztlich wird hier das Prognoseproblem nur auf die Prognose einer Vielzahl von unabhängigen Variablen verlagert, womit die Gefahr kumulierender Prognosefehler besteht und das Prognoseproblem erheblich erschwert werden kann.

Bei einem *unbedingten Prognosemodell* wirken die Einflußfaktoren zeitverzögert auf die zu prognostizierende Größe (d.h. zeitunterschiedliche Variablen mit einem Nachlauf der abhängigen Variablen):

(11) $y_{t+L} = f(x_{1t}, x_{2t}, ..., x_{nt})$,

   mit: L :   expliziter Prognoselag, $L > 0$.

Die Vorteile dieses Ansatzes bestehen darin, daß direkte Prognosen möglich sind und nicht die Gefahr kumulierender Prognosefehler besteht. Andererseits sind nun

---

[16] Schmidt-von Rhein (1996), S. 138.
[17] Die Verwendung von Renditen gegenüber Kursen besitzt weiterhin den (statistischen) Vorteil, daß im Regelfall Renditereihen integriert vom Grade Null sind, während Kursreihen den Integrationsgrad eins besitzen. Die Klärung dieses Begriffes und seiner inhaltlichen Bedeutung wird später ausführlich angesprochen.

ökonomische Gleichgewichtsmodelle nicht mehr einfach übertragbar, und auch die Möglichkeit zu Szenario-Analysen in ihrer eigentlichen Form (mit zeitgleichen Variablen) fällt fort.[18] Der letzte Nachteil ist nach Auffassung der Verfasser faktisch unbedeutend, denn auch mittels einer Szenario-Analyse muß man letztlich zu einer Renditeprognose gelangen. Sie sind also auch nur Mittel zum Zweck, so daß man gleich einen unbedingten Prognoseansatz wählen kann. Der erste Nachteil ist dagegen gravierender. Hier kann man sich rein pragmatisch mit der Verwendung ökonomischer Gleichgewichtsmodelle bei expliziter Annahme einer zeitverzögerten Wirkung behelfen. Leider wird die explizite Annahme einer zeitverzögerten Wirkung und die der Ordnung des Prognoselags L mehr oder weniger willkürlich erfolgen müssen und steht damit außerhalb der ökonomischen Theorie.

Um dieses theoretische Problem zu entschärfen, kann eine Modellierung des Erwartungsbildungsprozesses der Marktteilnehmer vorgenommen werden. Unter Verwendung eines ökonomischen Gleichgewichtsmodells und der Erwartungen der Marktteilnehmer gilt für den Erwartungswert der zu prognostizierenden ökonomischen Größe y zum Zeitpunkt $t+1$:

(12a) $\quad E(y_{t+1}) = f\big(E(x_{1t+1}), E(x_{2t+1}), \ldots, E(x_{nt+1})\big)$

bzw. in Differenzenform:

(12b) $\quad E(\Delta y_{t+1}) = f\big(E(\Delta x_{1t+1}), E(\Delta x_{2t+1}), \ldots, E(\Delta x_{nt+1})\big)$

Als einfache Erwartungsbildungsprozesse werden in der Literatur *autoregressive* (unterteilt in *extrapolative*, *adaptive* und *regressive*)[19] sowie *rationale* Erwartungen unterschieden. Für den hier verfolgten Zweck wird aus Platzgründen nur kurz auf die autoregressive Erwartungsbildung in ihrer extrapolativen Variante zurückgegriffen:

(13) $\quad E(x_{t+1}) = x_t + a*(x_t - x_{t-1})$,

mit: x_t : tatsächlich eingetretener Wert zum Zeitpunkt t;
$E(x_{t+1})$: erwarteter Wert zum Zeitpunkt $t+1$;
a : Koeffizient.

Wird nun vereinfachend $a=1$ gesetzt, folgt für den Erwartungswert einer Einflußgröße x zum Zeitpunkt $t+1$:

(14a) $\quad E(x_{t+1}) = x_t + (x_t - x_{t-1}) = x_t + \Delta x_t$

bzw. für dessen erwartete Veränderung:

---

[18] Szenario-Analysen sind auch in diesem Fall möglich. Sie besitzen dann aber eine zeitliche Lagstruktur.
[19] Vgl. Uelses (1989), S. 10 ff.

(14b) $E(\Delta x_{t+1}) = E(x_{t+1}) - x_t = \Delta x_t$.

Der bedingte Prognoseansatz nach Gleichung 12b (Differenzenmodell) kann damit in ein unbedingtes Prognosemodell überführt werden (14b eingesetzt in 12b):

(15) $E(\Delta y_{t+1}) = f(\Delta x_{1t}, \Delta x_{2t}, \ldots, \Delta x_{nt})$.

Für Lags höherer Ordnung ($L > 1$; oben wurde vereinfachend $L=1$ gesetzt) kann analog verfahren werden. Die Verwendung der Differenzengleichung (12b, 14b, 15) ergibt sich aus dem Erfordernis der Prognose *stetiger Renditen*, welche sich nach (8b) als (Log-) Differenzen ergeben.

An dem Beispiel lassen sich diese Überlegungen illustrieren. Ausgangspunkt für die Konstruktion des Regressionsmodells (s.o.) könnte die Annahme gewesen sein, daß die vier Märkte (amerikanischer Aktien- und Rentenmarkt, der deutsche Aktienmarkt und der Dollar/DM-Wechselkurs) in einer ökonomischen Gleichgewichtsbeziehung stehen, also etwa

$\Delta DAX_t = f(\Delta S\&P500_t, \Delta SBUS_t, \Delta USDDM_t)$

gilt. Dieses Gleichgewichtsmodell läßt jedoch zunächst nur die Konstruktion eines bedingten Prognosemodells zu. Geht man von einem autoregressiven Erwartungsbildungsprozeß der Marktteilnehmer in der hier beschriebenen Form aus, so schätzen die Marktteilnehmer die zukünftig, in $t+1$ eintretende Eintagesrendite der drei unabhängigen Variablen ($\Delta S\&P500_{t+1}, \Delta SBUS_{t+1}, \Delta USDDM_{t+1}$) unter Verwendung der jeweils zuletzt beobachteten Eintagesrendite. Damit ergibt sich:

$\Delta DAX_{t+1} = f(\Delta S\&P500_t, \Delta SBUS_t, \Delta USDDM_t)$.

Dieses Modell kann etwa unter Verwendung der Regressionsanalyse geschätzt werden, womit sich die Konstruktion des im Abschnitt zum Regressionsmodell eingeführten Beispiels erklärt.

Mögliche Vorgehensweise beim Entwurf eines KNN-basierten Prognosemodells

Nach den grundsätzlichen Vorüberlegungen soll in den folgenden Abschnitten eine mögliche Vorgehensweise zum Entwurf eines Prognosemodells auf der Basis von KNN skizziert werden, wobei die einzelnen Schritte oftmals nicht KNN-spezifisch sind, sondern sich ebenfalls auf die Verwendung anderer quantitativer Modelle übertragen lassen. Nach diesem Entwurf umfaßt die Entwicklung eines Prognosemodells im Regelfall fünf Schritte:

1. Analyse der Problemstruktur und Wahl des geeigneten Prognoseinstrumentes;
2. Zusammenstellung und Vorbereitung der Daten;
3. Vorselektion der relevanten Einflußgrößen;
4. Schätzung und Postprocessing des Prognosemodells;
5. Anwendung des Modells und Test gegen eine Benchmark.

Analyse der Problemstruktur:

Unter dem Punkt der Analyse der Problemstruktur sollen hier nur wenige Aspekte angesprochen werden. Eine erste Frage lautet: Existieren Strukturen in den Daten des zu prognostizierenden Finanztitels oder -marktes? Wie lassen sich diese identifizieren? Der Hintergrund dieser Fragestellung läßt sich leicht begründen. Sollte die Zeitreihe der zu prognostizierenden Renditereihe einen reinen Zufallsprozeß darstellen, ist dessen Modellierung und Prognose offensichtlich zum Scheitern verurteilt. Zunächst sollten deshalb also verschiedene Tests, ob die Zeitreihe einem Zufallsprozeß unterliegt, vorgenommen werden. Problematisch ist hier oftmals, daß statistische Tests unter vielen Umständen versagen können, also eine Zeitreihe als reinen Zufallsprozeß aussehen lassen, obwohl hinter der Zeitreihe ein klares, deterministisches Bildungsgesetz steht.[20] Neuere, nichtlineare Testverfahren wie etwa die Korrelationsdimension nach GRASSBERGER/ PROCACCIA[21], der Test nach SAVIT/ GREEN[22], der BDS-Test[23] oder der Delta-Test[24] sind hier mächtiger, aber zugleich ungleich aufwendiger. Für nähere Einzelheiten zu diesen Testverfahren sei auf die Literatur verwiesen.

Das größte Problem dieses Vortests (unabhängig davon, ob er nun mit traditionellen statistischen Tests oder neueren nichtlinearen Verfahren erfolgt) besteht darin, daß die zu prognostizierende Zeitreihe nur univariat getestet wird. So kann univariat die zu prognostizierende Zeitreihe im Lichte eines Tests wie ein „Zufallsprozeß" aussehen, sich aber bei Verwendung einer geeigneten, voranlaufenden *anderen* Zeitreihe perfekt prognostizieren lassen. Daher sind eigentlich multivariate Vortests auf Zusammenhänge erforderlich, womit aber schon Fragen der *Vorselektion der relevanten Einflußgrößen* berührt werden (siehe unten).

Im Beispiel würde also der erste Schritt darin bestehen, die zu prognostizierende Reihe der Eintagesrenditen des DAX auf einen „Zufallsprozeß" zu testen. Kann dabei die Hypothese eines Zufallsprozesses nicht verworfen werden, müßten die Vortests ausgedehnt werden. Dann wäre zu prüfen, ob sich im Zusammenhang mit anderen Zeitreihen Strukturen finden lassen. Ist auch dies nicht der Fall, muß ernsthaft überlegt werden, ob an dieser Stelle nicht lieber abgebrochen werden sollte. In der praktischen Anwendung verwerfen jedoch die neueren Tests zumeist die Hypothese eines Zufallsprozesses, oder es werden die Testergebnisse ignoriert bzw. diese Tests erst gar nicht durchgeführt. Viele Praktiker halten derartige Tests deshalb aus pragmatischen Gründen für reine Zeitverschwendung; eine Ansicht, die nicht geteilt wird, da diese Tests bereits Aufschlüsse über eventuell zu berücksichtigende Variablen geben.

In Abhängigkeit von den vorgefundenen Strukturen (z.B. linear/nichtlinear) sollte man ein Prognosemodell wählen, das auf derartige Strukturen speziell zugeschnitten ist (also „optimal" verarbeiten kann). Bei linearen Beziehungen zwischen den Daten bieten sich statistische Verfahren wie die lineare Regressionsanalyse an.

---

[20] Vgl. z.B. Poddig (1996), S. 128 ff.
[21] Vgl. Grassberger/ Procaccia (1983).
[22] Vgl. Savit/ Green (1991).
[23] Vgl. Brock et al. (1987).
[24] Vgl. Pi (1993) und Pi/ Peterson (1994).

Der Einsatz von KNN wäre in diesem Falle zwar möglich, aber nicht empfehlenswert. Im allgemeinen gilt, daß die Theorie und Techniken im Zusammenhang mit speziellen Analyseverfahren (wie z.B. die lineare Regressionsanalyse) weitaus ausgereifter und fortentwickelter sind als bei KNN.

Für (vermeintlich) vorgefundene nichtlineare Strukturen können dagegen KNN eingesetzt werden. Jedoch gibt es auch hier alternative Techniken (ARCH/GARCH-Modelle[25], TAR-Modelle[26] oder chaostheoretische Ansätze), deren Einsatz ernsthaft geprüft werden sollte.[27] Grundsätzlich kann nur die Empfehlung ausgesprochen werden, nicht ohne spezielle Veranlassung den Einsatz von KNN zu erwägen. Generell sollte das einfachste Verfahren ausgewählt werden, welches gerade noch mächtig genug ist, die vorliegende Aufgabenstellung zu bewältigen.

Zusammenstellung und Vorbereitung der Daten:

Prognosemodelle sollen die reale Welt möglichst umfassend abbilden, um damit künftige Verhaltensweisen des Systems vorherzusagen. Die Ursache-Wirkungs-Zusammenhänge in dieser Welt sind nicht genau bekannt, nur deren Realisationen, wie z.B. Zeitreihen aus Finanzmarktdaten. Diese Daten können als Momentaufnahmen der realen Welt interpretiert und für die Erfassung ihrer Strukturen in einem vereinfachenden Modell genutzt werden. Da die Daten bei unklaren kausalen Wirkungszusammenhängen der einzige Anhaltspunkt für die Erstellung eines Modells sind, kommt ihnen sehr große Bedeutung zu. Einige der Probleme, die in diesem Zusammenhang bei quantitativen Prognosemodellen auftauchen, sollen daher kurz angesprochen werden.

Ein erster zentraler Punkt betrifft die Prüfung des Integrationsgrades der verwendeten Zeitreihen. Im allgemeinen ist es auch bei Verwendung von KNN notwendig, mit schwach stationären Zeitreihen zu arbeiten. Der Begriff der *schwachen Stationarität* steht dabei in einem engen Zusammenhang zum *Integrationsgrad* einer Zeitreihe, weshalb der erste Begriff zunächst geklärt werden soll. Eine Zeitreihe $\{y_t\}_{t \in T}$ heiße (i) *mittelwertstationär*, wenn deren Mittelwert konstant ist (d.h. $\mu_t = \mu$ für alle $t \in T$), (ii) *varianzstationär*, wenn deren Varianz konstant ist (d.h. $\sigma_t^2 = \sigma^2$ für alle $t \in T$) und (iii) *kovarianzstationär*, wenn deren Kovarianzfunktion $\gamma(s,t)$ nur von der Entfernung $s-t$ zweier Zeitreihenvariablen y_s und y_t abhängt (d.h. $\gamma(s,t) = \gamma(s-t)$ für alle $s, t \in T$). Eine *schwach stationäre* Zeitreihe ist mittelwert- und kovarianzstationär, woraus gleichzeitig deren Varianzstationarität folgt.[28] Zusammenfassend fordert die Eigenschaft der schwachen Stationarität sinngemäß, daß (i) der Erwartungswert $E(y_t)$, (ii) die Varianz $Var(y_t)$ und (iii) alle Autokorrelationskoeffizienten $\rho_k(y_t)$ der Zeitreihe $\{y_t\}$ vom Zeitindex t unabhängig sind.[29] Da Kursreihen (wie z.B.

---

[25] Vgl. Engle (1982); Bollerslev (1986) und Bollerslev et al. (1992).
[26] Vgl. Tong/ Lim (1980).
[27] Angemerkt sei, daß es sich bei diesen Techniken vorrangig um zeitreihenanalytische Verfahren handelt.
[28] Vgl. Schlittgen/ Streitberg (1995), S. 100.
[29] Vgl. Bamberg/ Baur (1993), S. 221 sowie Granger/ Newbold (1986), S. 4. Der Parameter k beim Autokorrelationskoeffizienten $\rho_k(y_t)$ gibt die Entfernung zweier Zeitreihenvariablen y_t und y_s an ($k = t - s$). Der Autokorrelationskoeffizient $r_1(y_t)$ würde also den Korrelationskoeffizienten zwischen y_t und y_{t-1} bezeichnen.

Aktienkurse) in der Regel trendbehaftet sind, ist schon die erste Voraussetzung nicht erfüllt. Der Erwartungswert späterer Kurse liegt infolge des Trendeinflusses dann höher als der frühere. Abbildung 6 illustriert am Beispiel der DAX-Indexstände im Zeitraum von Februar 1989 bis März 1997 die vorgestellten Überlegungen. Der Mittelwert der DAX-Indexstände am Ende liegt deutlich höher als am Anfang des Diagramms. Schwache Stationarität liegt also nicht vor.

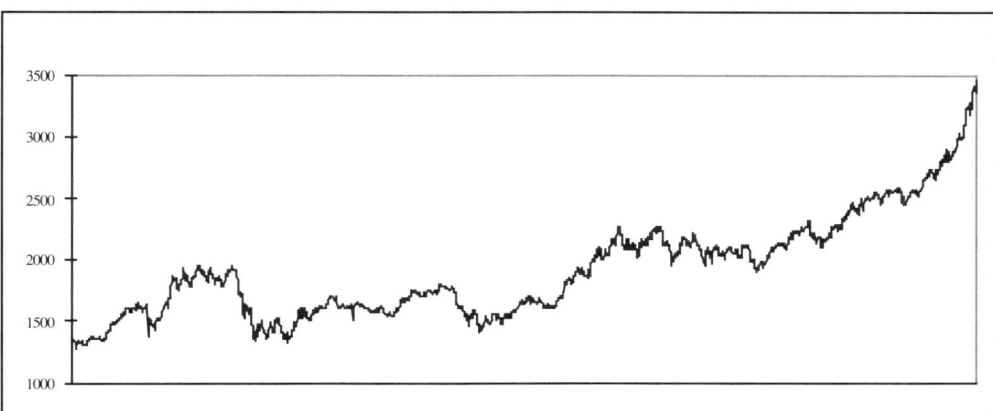

Abb. 6: DAX-Indexstände von Februar 1989 bis März 1997

Dieser Trendeinfluß läßt sich jedoch recht einfach durch Differenzenbildung beseitigen.[30] Gegebenenfalls ist diese mehrfach vorzunehmen:

(16) $\quad y'_t = y_t - y_{t-1} \qquad (d = 1)$

$\quad\quad\ \ y''_t = y'_t - y'_{t-1} \qquad (d = 2)$

usw.

Die Anzahl der notwendigen Differenzenbildungen, um aus einer originären Zeitreihe eine schwach stationäre Zeitreihe zu gewinnen, bezeichnet man als *Integrationsgrad* der Zeitreihe. Zeitreihen, die ohne vorherige Differenzenbildung schon schwach stationär sind, sind entsprechend integriert vom Grade Null. Kursreihen und viele andere Reihen makroökonomischer Variablen sind dagegen zumeist integriert vom Grade eins.[31]

Einfache Tests auf schwache Stationarität sind etwa der *Dickey-Fuller-* (DF-) oder der *Augmented Dickey-Fuller-Test* (ADF-Test).[32] Im Falle der DAX-Indexstände reicht

---

[30] Vgl. Bamberg/ Baur (1993), S. 222 f. sowie Granger/ Newbold (1986), S. 41 f.
[31] Vgl. Nelson/ Plosser (1982).
[32] Vgl. z.B. Poddig (1996), S. 91 ff.

eine einmalige (Log-) Differenzenbildung aus, um eine schwach stationäre Reihe zu bekommen. Der DAX ist also integriert vom Grade eins, seine (Log-) Differenzenreihe integriert vom Grade Null. Für die praktische Arbeit gilt grundsätzlich, daß nur schwach stationäre Reihen verwendet werden sollten, d.h. originäre bzw. Differenzen-Reihen, die nach entsprechender Vorverarbeitung den identischen Integrationsgrad Null besitzen.[33] Die Verwendung integrierter Zeitreihen vom Grade eins bereitet eine Vielzahl von Problemen (Multikollinearitäten, unzuverlässige und instabile Koeffizientenschätzungen, Scheinzusammenhänge). Bei trendbehafteten, also nichtstationären Zeitreihen, erkennt das Netz (aber auch ein Regressionsmodell) unter Umständen Beziehungen zwischen den Variablen, wo gar keine sind. Dies liegt an den im Zeitablauf bei Finanzmarktdaten ansteigenden Niveaus von abhängigen und unabhängigen Variablen, deren gemeinsamer Trend als Scheinzusammenhang erkannt wird. Diese Scheinzusammenhänge werden in der Literatur als „spurious regressions" bezeichnet.[34] Darüber hinaus sind besonders KNN aus einem weiteren Grund anfällig gegen die Verwendung trendbehafteter Zeitreihen. In der Lernphase berechnet das Netz sein Nettoeingangssignal gemäß der Formel (siehe Abbildung 2) und schleust dieses durch die Outputfunktion $o_i = f(net_i)$, die häufig einen ähnlichen Funktionsverlauf wie der hyperbolische Tangens in Abbildung 7 nimmt.

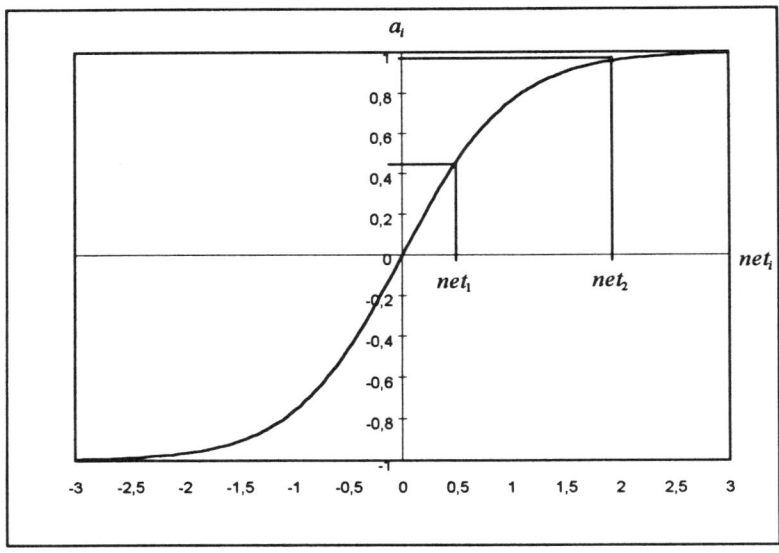

Abb. 7: Funktionsverlauf der Aktivierungsfunktion eines Neuronalen Netzes

---

[33] Ist eine originäre Zeitreihe integriert vom Grade eins, so besitzt ihre Differenzenreihe den Integrationsgrad Null.
[34] Vgl. näher Greene (1993), S. 560 ff.

Nach Abschluß der Lernphase werden mit den geschätzten Gewichten Prognosen auf unbekannten Daten durchgeführt. Bei Daten, die z.B. mit einem positiven Trend behaftet und damit nichtstationär sind, werden nun die x_j im Zeitablauf immer größer, womit net_i bei unveränderten Gewichten ebenso immer größere Werte annimmt. Mit wachsendem net_i errechnet die Outputfunktion für o_i wiederum Werte in derem asymptotischen Extrembereich nahe eins, so daß der Einfluß dieser Inputs als konstant hoch bewertet und damit keine sinnvolle Information gewonnen wird. Aus diesen Gründen dürfen nur stationäre Datenreihen mit Neuronalen Netzen bearbeitet werden; ggf. müssen nicht-stationäre Daten durch Differenzenbildung in stationäre umgewandelt werden.

Abgesehen von Sonderfällen[35] ist also die Verwendung von Zeitreihen mit einem Integrationsgrad der Ordnung 1 nicht zu empfehlen. Ebenso dürfen in einem Prognosemodell nicht Zeitreihen unterschiedlicher Integrationsgrades vermischt werden. Bei der Prognose stetiger Renditen (Log-Differenzenreihen der Kursreihen) unter Verwendung der (Log-) Differenzenreihen der (vermuteten) Einflußfaktoren ist die hier geforderte Voraussetzung zumeist automatisch gegeben. Dennoch sollte eine sorgfältige Prüfung im Vorfeld erfolgen, da dies nicht immer gilt.

Im Beispiel gilt etwa, daß die (Log-) Differenzenreihen des DAX, des S&P500, des SBUS und des USDDM integriert vom Grade Null sind.[36] Das einleitende Regressionsmodell ist in diesem Sinne korrekt spezifiziert: Es werden nur schwach stationäre Reihen verwendet, und alle Reihen des Modells besitzen denselben Integrationsgrad (keine Mischung von Reihen unterschiedlicher Integrationsgrades).

Ein anderer Problembereich sind die unterschiedlichen Skalierungen, in denen ökonomische Größen veröffentlicht werden. Da sich z.B. das Bruttoinlandsprodukt und die Zinssätze um einen Faktor von mindestens 10^{10} unterscheiden und dies zu Schwierigkeiten beim Lernprozeß des KNN führen kann, sollte man in Erwägung ziehen, die unterschiedlichen Einflußgrößen auf ein gemeinsames Niveau zu transformieren.[37] Mit der Skalierung

$$(17) \qquad x' = \frac{x - mw(x)}{s(x)}$$

erreicht man die Transformation der Datenreihe auf einen Mittelwert (mw) von Null und einer Standardabweichung (s) von eins. Das Problem der unterschiedlichen Skalierung wird zwar durch die oben vorgeschlagene Bildung von (Log-) Differenzenreihen schon erheblich entschärft, dennoch wird die Skalierung nach (17) im allgemeinen als sinnvoll angesehen.

---

[35] Kointegrationsmodelle stellen einen derartigen Sonderfall dar, auf den aber hier aus Platzgründen nicht näher eingegangen werden kann; vgl. z.B. Rehkugler/ Jandura (1997).
[36] Über den Integrationsgrad der Dollar/DM-Wechselkursreihe könnte in der Tat heftig gestritten werden. Da dieses Beispiel jedoch nur der Illustration dienen soll, wird im Zweifelsfall davon ausgegangen, daß diese Reihe integriert vom Grade eins ist, womit deren (Log-) Differenzenreihe integriert vom Grade Null ist.
[37] Vgl. Zimmermann (1994), S. 22.

Die Berechnungsgrundlage von makroökonomischen Variablen wird von Zeit zu Zeit von den jeweiligen statistischen Ämtern auf den neuesten Stand gebracht, da sich z.B. die Konsumgewohnheiten der Bevölkerung geändert haben und damit der statistische Warenkorb angepaßt werden muß. Das bedeutet, daß Indizes nach der alten Berechnungsart mit denen der neuen nicht unmittelbar vergleichbar sind, obwohl sich z.B. beide auf den gleichen Verbraucherpreisindex beziehen. Umrechnungskoeffizienten, mit denen man den Index vor und nach der Umstellung ineinander überführen kann, werden in der Regel nicht angegeben. Behelfen könnte man sich mit der Berechnung eigener Umrechnungskoeffizienten, wobei sich dabei allerdings zwangsläufig Verfälschungen in die originären Daten einschleichen.

In fast jeder Datenreihe fehlen einzelne Werte (= Missing Values). So gelten für Deutschland andere Feiertage als in anderen Ländern Europas oder den USA. Damit liegen auch Marktzinsen, Aktienkurse etc. nur für solche Tage vor, an denen die (deutsche) Börse geöffnet hat. In einem „Weltmarktdatensatz" fehlen dann die Werte deutscher Börsen (für die spezifischen Feiertage). Derartige Missing Values können die Leistungsfähigkeit eines Prognosemodells dramatisch beeinflussen. Um diese Effekte möglichst gering zu halten, könnte man entweder einen betroffenen Datensatz ganz auslassen, oder, falls dadurch die Datenbasis zu stark reduziert wird, fehlende Werte durch Mittelwerte o.ä. ersetzen. Die Behandlung von Missing Values ist problematisch, da die Datenreihe durch jede Art von Eingriff verfälscht wird. Hier gilt es genau abzuwägen, welcher Eingriff noch als am ehesten akzeptabel erscheint.[38]

Vorselektion der relevanten Einflußgrößen

Nachdem das Datenmaterial in geeigneter Weise für die Verarbeitung in einem quantitativen Modell wie dem der KNN vorbereitet wurde, geht es um die Identifikation relevanter Einflußgrößen zur Erklärung der Zielvariablen.

Auch wenn mit einem quantitativen Prognosemodell ohne Unterstellung eines theoretischen Rahmens bestehende Strukturen aus dem vorhandenen Datenmaterial extrahiert werden können, sollten die dabei genutzten „erklärenden" Variablen nicht ohne kausale Beziehung zu den zu prognostizierenden Variablen stehen. Eine mit diesem Modell getroffene Entscheidung ohne kausale Begründung und logische Interpretierbarkeit der Variablen könnte auf erhebliche Akzeptanzprobleme stoßen.

Gerade im ökonomischen Bereich existiert ein großes Beziehungsgeflecht zwischen unterschiedlichen Einflußgrößen. Um nicht schon bei der Auswahl der Variablen für das Prognosemodell evtl. relevante Größen im vorhinein auszuschließen, wird zunächst eine große Zahl verfügbarer, mit dem zu prognostizierenden Wert in Zusammenhang stehender Indikatoren zur Verwendung vorgesehen. Diese Vielzahl potentieller Einflußgrößen enthält jedoch meist redundante Information, so daß ein Teil davon sogleich von der weiteren Analyse ausgeschlossen werden kann.

Variablen, die eine hohe lineare Korrelation untereinander aufweisen, enthalten derart redundante Informationen und können außerdem die Leistungsfähigkeit des Prognosemodells negativ beeinflussen. Bei linearen Prognoseinstrumenten kann es

---

[38] Für weitere Datenvorbehandlungen sei z.B. auf Zimmermann (1994), S. 21 ff. und Poddig (1996), S. 421 ff. verwiesen.

durch linear korrelierte Variablen zur Schätzung instabiler Koeffizienten kommen. Auch bei KNN können linear korrelierte Variablen die Ergebnisse negativ beeinflussen. Da die erste Neuronenschicht eine lineare Abbildung der Inputs durchführt, gelangt mit ihnen redundante Information und damit nur zusätzliches Rauschen in das Netz.[39]

Ein statistisches Maß, mit dem lineare Korrelationen zwischen zwei Variablen gemessen werden können, ist der Korrelationskoeffizient nach BRAVAIS/ PEARSON:

(18) $r = \dfrac{s_{XY}}{s_X s_Y}$; $-1 \leq r \leq 1$,

mit: s_{XY} :   empirische Kovarianz zwischen der Variable X und Y;

s_X , s_Y :   empirische Standardabweichung von Variable X bzw. Y.

Um redundante lineare Korrelationen zu vermeiden, könnte man von Variablenpaaren, deren Korrelationskoeffizienten einen bestimmten Wert überschreiten (z.B. $|r| \geq 0{,}85$), eine Variable aus dem Datenpool entfernen.

In unserem Beispiel wäre also im Vorfeld zu überprüfen, ob die drei unabhängigen Variablen (Log-Differenzenreihen des amerikanischen Aktien- und Rentenmarktes und des Dollar/DM-Wechselkurses) untereinander korreliert sind. Dabei könnte sich vielleicht herausstellen, daß eine hohe Korrelation der Eintagesrenditen zwischen dem amerikanischen Aktien- und Rentenmarkt besteht. In diesem Falle müßte eine der beiden Einflußgrößen ausgesondert werden.

Ein methodisch ähnlicher Ansatz besteht darin, die Daten mit einer Faktorenanalyse auf gemeinsame, „hinter den Variablen stehende" Faktoren abzubilden. Dabei soll die lineare Korrelation zwischen den innerhalb eines jeweiligen Faktors abgebildeten Variablen hoch und diejenige zwischen den verschiedenen Faktoren gering sein.

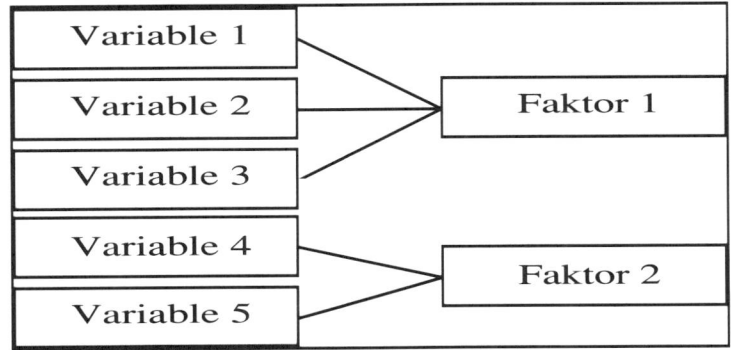

Abb. 8: Grundprinzip der Faktorenanalyse

---

[39] Vgl. Poddig (1994), S. 259.

Die Faktorenanalyse bewirkt die Reduktion der Daten und die Zusammenfassung von linear korrelierten Variablen in den Faktoren. In weiteren Schritten werden dann nicht mehr die ursprünglichen Variablen, sondern deren Faktoren (oder deren Repräsentanten) als Inputs des Prognosemodells weiterverarbeitet. Neben der Tatsache, daß die Anwendung der Faktorenanalyse teilweise stark von der subjektiven Einschätzung des Bearbeiters abhängt, gibt es dabei zahlreiche Probleme, die hier nicht angesprochen werden können.[40]

In unserem Beispiel könnte das Ergebnis der Faktorenanalyse darin bestehen, daß hinter den vermuteten drei Einflußgrößen nur zwei Faktoren stehen und damit eine Einflußgröße als überflüssig erscheint. Sicherlich ist bei anfänglich nur drei Einflußgrößen eine Faktorenanalyse unnötig; hier würde eine Korrelationsanalyse völlig ausreichen. Bei einer deutlich größeren Anzahl von vermuteten Einflußgrößen ist sie aber hilfreich.

Neben linearen Methoden zur Identifikation relevanter Einflußgrößen können auch nichtlineare Testprozeduren wie z.B. der Delta-Test[41] zur Überprüfung der Relevanz einzelner Variablen genutzt werden. Für weitere Schritte bei der Auswahl von Einflußgrößen für das Prognosemodell sei wiederum auf die Literatur verwiesen.[42] Die von Redundanzen bereinigten Datenreihen werden nun für die Schätzung des Prognosemodells bzw. bei KNN für das Training des Netzwerkes verwendet.

Schätzung und Postprocessing des Prognosemodells

Das übliche Verfahren bei der Erstellung eines quantitativen Prognosemodells besteht darin, das Modell anhand von Daten aus der Vergangenheit zu erstellen und seine Prognosetauglichkeit an neuen, dem Modell unbekannten Daten zu überprüfen. Dazu teilt man das Datenmaterial in eine Trainings- und eine Testmenge auf. So werden z.B. bei einer Datenmenge von 1000 Datensätzen die ersten 700 als Trainings- und die letzten 300 als Testmenge verwendet. Häufig läßt sich beobachten, daß das Modell für die Daten, mit denen es trainiert wurde, akzeptable Ergebnisse produziert. Werden aber die dem Modell unbekannten Testdaten abgefragt, so fällt die Prognosefähigkeit rapide ab. Dieses Phänomen ist in der Literatur als *Overfitting* bekannt. Dabei paßt sich das Prognosemodell an alle Details und Zufallsrauschen auf Kosten der Generalisierungsfähigkeit an. Übertragen auf das Lernen beim Menschen kann dies mit reinem „Auswendiglernen" verglichen werden; man prägt sich zwar Fakten ein, die hinter diesen Fakten stehenden Zusammenhänge begreift man aber nicht. Reines Auswendiglernen ist zum Zwecke der Generalisierung und Anwendung auf unbekannte Daten offensichtlich wenig geeignet.

Zum Erkennen des Overfitting wird eine Cross-Validierungsmenge (CV) aus den Daten der Trainingsmenge gebildet. Sie besteht aus einem Teil der Datensätze der Trainingsmenge (z.B. $1/10$ der Trainings-Datensätze), die aus dem gesamten Zeitraum der Trainingsmenge ausgesondert und *nicht* zum Lernen benutzt werden. Die im Trainingszeitraum vorhandenen Strukturen lassen sich damit auch in der CV-

---

[40] Vgl. Bamberg/ Baur (1993), S. 236 ff.
[41] Vgl. Pi (1993) und Pi/ Peterson (1994).

Menge wiederfinden. Ein Prognosemodell, das nur die essentiellen Informationen aus den Trainingsdaten extrahiert hat und damit generalisierungsfähig ist, müßte auf Trainings- und CV-Menge, die beide aus dem selben Datenzeitraum stammen und somit ähnliche Strukturen abbilden, auch ähnliche Fehlerwerte aufweisen.

Solange der Generalisierungsprozeß während des Trainings des KNNs anhält, werden gleichzeitig die Fehlerwerte in der Trainings- und CV-Menge sinken. Der Beginn des Overfitting und damit der Zeitpunkt des Abbruchs des Lernprozesses kündigt sich in einem Anstieg der Fehlerwerte in der CV-Menge an, während sie in der Trainingsmenge weiter fällt. Dieses Verfahren des Lernabbruches nennt man „Stopped Training".

In unserem Beispiel könnte es etwa sein, daß über die letzten fünf Jahre Tagesdaten für den DAX, den S&P500, den SBUS sowie dem USDDM vorliegen (ca. 1250 Datenpunkte bei 250 Börsentagen pro Jahr). Von diesen 1250 Datenpunkten werden nun zunächst die letzten 250 für den abschließenden Test des Prognosemodells (siehe unten bei *Anwendung und Test gegen eine Benchmark*) ausgesondert (Testmenge). Die verbleibenden 1000 Datenpunkte werden jedoch nicht vollständig zum Training des Netzwerkes (d.h. zur Schätzung der Gewichte) verwendet. So könnten z.B. 300 Datenpunkte zufällig ausgesondert werden (Cross-Validierungsmenge), wobei das Netzwerk dann nur an den verbleibenden 700 Datenpunkten trainiert (Trainingsmenge) und der Fortschritt des Lernprozesses durch ständige Auswertung des Prognosefehlers auf der Validierungsmenge überwacht wird. Das Training wird abgebrochen, sobald sich hier ein nachhaltiger Anstieg des Fehlers beobachten läßt.

Die Ursachen für Overfitting sind meist in zu groß dimensionierten Netzwerken zu finden, d.h. im Netz befinden sich irrelevante Units bzw. Gewichte. Um diese störenden Elemente auszusondern, werden sog. Pruning-Methoden angewendet, die der Ausdünnung zu großer Netze dienen.[43]

Beim *Hidden Neuron Pruning* mit Korrelationsanalyse wird eine von zwei linear hoch korrelierten und damit redundanten Hidden-Units aus dem Netzwerk entfernt. Durch das Entfernen einer Unit kann jedoch der Lernvorgang gestört werden. Daher werden beim *Hidden Neuron Merging* linear hoch korrelierte Units zusammengelegt.

Überflüssige Input-Units können mit Hilfe einer Sensitivitätsanalyse identifiziert werden. Die Bedeutung eines Inputs soll dabei an einem Anstieg des Fehlers gemessen werden, wenn dieser Input aus dem Netz entfernt würde. Das Entfernen bedeutender Inputs ließe den Netzwerkfehler stark ansteigen, während der Ausschluß störender Einflußgrößen die Performance unverändert ließe oder sie sogar verbessern kann. Kritisch ist hierbei zu sehen, daß ein eventuell irrtümlich entfernter Input nicht wieder in das Netz aufgenommen werden kann und damit größte Vorsicht bei der Anwendung dieser Methode angebracht ist.

Ein Verfahren der Ausdünnung von Netzwerkgewichten ist der von FINNOFF und ZIMMERMANN entwickelte statistische Gewichtstest (FZ-Test).[44] Der Kerngedanke

---

[42] Vgl. Zimmermann (1994), S. 21 ff.
[43] Für einen Überblick über die Behandlung zu groß dimensionierter Netzwerke vgl. Zimmermann (1994), S. 58 ff.
[44] Vgl. Finnoff/ Zimmermann (1992).

dieses Tests besteht darin, daß diejenigen Gewichte aus dem Netzwerk entfernt werden sollten, die nur ein „Rauschen" produzieren. Dabei kann es sein, daß (betragsmäßig) kleine Gewichte durchaus einen signifikanten Beitrag zur Lösung einer Aufgabenstellung leisten. Der FZ-Test geht nun nicht pauschal davon aus, daß alle kleinen Gewichte innerhalb eines KNN unbedeutend sind, sondern betrachtet zunächst die Schwankung der Gewichtsanpassung. Diejenigen Gewichte, die „Rauschen" erzeugen, weisen eine hohe Streuung (gemessen durch die Varianz bzw. Standardabweichung) der Gewichtsanpassungen auf. Solche Gewichte hingegen, die relevante Informationen besitzen, zeigen eine niedrigere Streuung. Hier wird eine Art t-Test (wie für die Koeffizienten einer Regressionsgleichung) für die geschätzten Gewichte konstruiert, indem der Wert eines Gewichtes durch eine Art „Standardfehler" dividiert wird. Dies ist jedoch nur eine Analogie; der FZ-Test ist mit dem t-Test bei der Regressionsanalyse ansonsten nicht vergleichbar.

Für unser Beispiel würde dies bedeuten, daß nach Abbruch oder Beendigung des Netzwerktrainings eine Analyse des Netzwerkes erforderlich ist. So wäre zu prüfen, ob eine Einflußgröße (vielleicht der amerikanische Rentenmarkt) unbedeutend ist (etwa mit Hilfe der Sensitivitätsanalyse) und gegebenenfalls entfernt werden kann. Vielleicht ist aber auch das Netzwerk „überdimensioniert", d.h., viele Hidden-Units weisen dasselbe Ausgabeverhalten auf. Derartige Gruppen von Hidden-Units mit (nahezu) identischem Ausgabeverhalten können zu jeweils einer Hidden-Unit „verschmolzen" werden (Hidden Neuron Merging). Ebenso können bestimmte Gewichte unnötig sein. Die Gewichte des Netzwerkes sind daher auf „Signifikanz" zu testen und bei Bedarf zu entfernen. Nach der Durchführung derartiger Operationen ist das Netzwerk erneut zu trainieren, also die Schätzprozedur zu wiederholen. Dabei läuft die hier skizzierte Entwicklungsarbeit hochgradig iterativ (und damit zeitaufwendig) ab. Bis das „optimale" Netzwerk gefunden wird, ist es ein weiter Weg.

Nachdem ein für die Prognosen geeignetes Netzwerk erarbeitet wurde, folgt als nächster Schritt beim Postprocessing ein vorläufiger Test der Leistungsfähigkeit des Modells und die Prüfung auf evtl. Fehlspezifikationen. Als Maß für die Qualität der abgegebenen Prognosen wird u.a. das Bestimmtheitsmaß verwendet. Es trifft eine Aussage darüber, welcher Anteil der Gesamtvarianz in den Daten durch das Prognosemodell erklärt werden kann:[45]

(19) $\quad R^2 = \dfrac{\sum (\hat{y}_i - \bar{y})^2}{\sum (y_i - \bar{y})^2} \; ; \; 0 \leq R^2 \leq 1$,

mit: $\hat{y}_i$: mit dem Modell geschätzte Werte;
$\underline{y}_i$: tatsächlich beobachtete Werte;
$\bar{y}$: Mittelwert der beobachteten Werte.

Eine plausible Vorgehensweise bestünde darin, ausgehend von einem Modell mit wenigen unabhängigen Variablen sukzessive neue Variablen in das Modell aufzu-

---

[45] Vgl. Bamberg/ Baur (1993), S. 45.

nehmen, solange R^2 zunimmt. Eine statistische Eigenschaft von R^2 ist, daß es auch durch Aufnahme irrelevanter, neuer, unabhängiger Variablen nicht abnehmen kann.[46] Daher ist das korrigierte Bestimmtheitsmaß ein geeigneterer Vergleichswert:

$$(20) \quad \overline{R}^2 = 1 - \frac{n-1}{n-K}(1-R^2) \; ,$$

mit: n = Anzahl der Beobachtungsdaten;
          K = Anzahl der Regressoren.

Dieses Gütemaß berücksichtigt neben der Schätzgenauigkeit des Modells auch die Anzahl der Regressoren. Falls der Erklärungsgehalt der Regressionsfunktion die Zunahme an Freiheitsgraden durch die Aufnahme neuer Variablen nicht überkompensiert, nimmt $\overline{R}^2$ ab. Ein inhaltlich ähnliches Gütemaß ist Akaikes-Informationskriterium (AIC), das sich folgendermaßen berechnet:

$$(21) \quad AIC = \ln\left(\frac{\sum(\hat{y}_i - y_i)^2}{n}\right) + \frac{2K}{n} \; .$$

Hier sollte das Modell mit denjenigen Einflußgrößen gewählt werden, bei dem AIC minimal wird. Für die Anwendung bei KNN ist jedoch weder das korrigierte Bestimmtheitsmaß noch das AIC geeignet, da es Units und Gewichte des Netzwerkes nicht berücksichtigt. Für zwei Netze mit der gleichen Zahl an Inputs und Beobachtungswerten, die identische Fehlerwerte erzeugen, aber unterschiedlich viele Gewichte auf der Zwischenschicht nutzen, würden $\overline{R}^2$ und AIC den gleichen Wert ausweisen, ohne das Netz mit der größeren Anzahl an Gewichten zu „bestrafen".[47] Daher erweitert man das Fehlermaß, das die Anpassung des Modells an die Daten messen soll, um einen Term, der die Netzwerkkomplexität erfassen soll, wie z.B.:[48]

$$(22) \quad \text{Predicted Squared Error} \quad PSE = \frac{1}{n-1}\sum(\hat{y}_i - y_i)^2 + 2\hat{\sigma}^2 \frac{Q}{n} \; ,$$

mit: $\hat{\sigma}^2$ = Schätzwert für die Varianz des Rauschens in den Daten;
          Q = Anzahl der Gewichte im Netzwerk.

Bei einem Regressionsmodell, das alle Strukturen aus dem Datenmaterial extrahiert, sollten die Residuen unkorreliert sein, da sonst das Signifikanzniveau der Regressionskoeffizienten überschätzt wird und damit das Modell fehlspezifiziert sein könnte. Mit dem Durbin-Watson-Test kann man die Hypothese überprüfen, ob lineare Autokorrelation erster Ordnung in den Residuen der Zeitreihe vorliegt (also ob e_t mit e_{t-1} korreliert):

---

[46] Vgl. Greene (1993), S. 244.
[47] Eine einfache Modifikation der beiden Maße bei der Anwendung auf KNN könnte etwa darin bestehen, anstelle der Anzahl der unabhängigen Variablen (Regressoren) die Anzahl der Gewichte eines Netzwerkes zu benutzen.
[48] Vgl. Moody/ Utans (1995), S. 289.

$$(23) \quad d = \frac{\sum_{t=2}^{T}(e_t - e_{t-1})^2}{\sum_{t=1}^{T} e_t^2} \;.$$

Bei stochastisch unkorrelierten Residuen nimmt d den Wert 2 an; Werte nahe 0 signalisieren positive und solche nahe 4 negative Autokorrelation. Derartige Strukturen in den Residuen können ein Hinweis auf Fehlspezifikation des Modells auch bei KNN sein. Nichtlineare Strukturen können z.B. mit dem BDS-Test (s.o.) erfaßt werden.

Nachdem in unserem Beispiel ein (anscheinend) geeignetes KNN-basiertes Prognosemodell für die Vorhersage der Eintagesrendite des DAX entwickelt wurde, sollte *vor* dem abschließenden Test ein Postprocessing im hier dargestellten Sinne vorgenommen werden. Die Überprüfung der Residuen (Prognosefehler des Netzwerkes) z.B. mit Hilfe des Durbin-Watson-Tests könnte signalisieren, daß das Netzwerk noch fehlspezifiziert ist und der Entwicklungsprozeß erneut aufgenommen werden muß. Sofern man alternative Netzwerkmodelle entwickelt hat, muß man sich für die anschließende Prognose letztlich für eines entscheiden. Hier können z.B. Akaikes Informationskriterium oder der Predicted Squared Error wertvolle Hinweise für die Auswahlentscheidung liefern. Es sei betont, daß die Darstellungen zum Post-Processing (wie auch alle anderen) exemplarisch zu verstehen sind und in der Literatur unzählige andere Vorschläge besprochen werden, auf die hier leider nicht eingegangen werden kann.

Ein sich nach den bisherigen Vorarbeiten als leistungsfähig erweisendes Netzwerk muß nun seine Fähigkeiten anhand realer Tests beweisen.

Anwendung des Modells und Test gegen eine Benchmark

Die Tauglichkeit eines Prognosemodells sollte oft im Vergleich zu alternativen Verfahren beurteilt werden. Interessant ist dabei, wie aufwendige Methoden (KNN) relativ zu einfacheren (naive Prognose, lineare Regressionsanalyse) abschneiden, da sich bei der Bewertung eines Prognosemodells die Frage nach den Kosten des jeweiligen Ansatzes stellen. Der Aufwand der Entwicklung eines KNN-basierten Modells mit seinen hohen Anforderungen an das Know-How der Entwickler und an die Hardware ist gegenüber statistischen oder zeitreihenanalytischen Verfahren ungleich höher. Falls die Prognoseergebnisse mit KNN nur unwesentlich besser als die herkömmlichen Ansätze abschneiden, ist der billigeren Variante der Vorzug zu geben.

Um die Güte der Prognosen des entwickelten Modells bewerten zu können, existieren in der Literatur verschiedene Maßzahlen. Wichtig ist bei der Evaluierung, diese anhand dem Modell unbekannter Daten (out-of-sample) und nicht mittels Daten aus der Trainingsmenge (in-sample) durchzuführen. Zu diesen Maßzahlen gehören prinzipiell die bereits im vorangegangenen Abschnitt beim *Postprocessing* vorgestellten Gütekriterien, nur daß sie jetzt anhand der Testmenge (out-of-sample) ermittelt werden. Neben diesen Maßzahlen (die eher bei der „Diagnose" des vorläufigen Modells Verwendung finden) werden in der Testphase mitunter weitere herangezogen, die ihrerseits prinzipiell auch schon beim Postprocessing Anwendung finden könnten. Eine Abgrenzung der Gütemaße nach deren Anwendung in der Phase des Postprocessing oder des abschließenden Tests ist damit streng genommen kaum möglich.

Der *Mean Squared Error* gibt die durchschnittliche, quadratische Entfernung zwischen prognostiziertem ($\hat{y}_i$) und tatsächlichem Wert (y_i) an:

$$(24) \quad MSE = \frac{1}{N} \sum_{i=1}^{N} (\hat{y}_i - y_i)^2 .$$

Ein aus ökonomischer Sicht leicht zu interpretierendes Gütemaß stellt die Trefferquote dar. Sie gibt den Anteil richtig vorhergesagter Kursänderungen (Kurs steigt oder Kurs fällt) an. Wie schon aus der Beschreibung der Trefferquote hervorgeht, taugt sie nur zur Beurteilung der Genauigkeit bei Richtungsprognosen (also steigt/fällt), sagt aber nichts über die Stärke der Richtungsänderung aus. Eine geringe Trefferquote bedeutet nicht zwangsläufig eine schlechte Performance des Modells, sofern die „großen Trends" richtig erkannt werden und die Fehler hauptsächlich bei unbedeutenden Kursänderungen auftreten. Dieses Manko vermeidet das Konzept der Wegstrecke, die sich nach

$$(25) \quad W = \frac{\sum signal(t) * (\text{target}(t+1) - \text{target}(t))}{\sum |\text{target}(t+1) - \text{target}(t)|}$$

berechnet.[49] Die Differenz $\text{target}(t+1) - \text{target}(t)$ stellt die sich innerhalb des Prognosehorizonts ergebende Kursänderung dar. Der Term enthält das Vorzeichen der Prognose. Bei Zulässigkeit von Short-Positionen steht im Nenner von W der maximal erzielbare Gewinn, den man bei Ausnutzung der gesamten Bandbreite der Kursdifferenzen über den Prognosezeitraum hätte erzielen können. Mit korrekter Prognose des Vorzeichens der Kursbewegung kann W damit höchstens den Wert +1 bzw., bei einem perfekten „Kontraindikatormodell", den Wert -1 annehmen. Für eine weitergehende Diskussion von Gütemaßen sei auf die Literatur verwiesen.[50]

In unserem Beispiel hatten wir fiktiv 250 Datenpunkte (Testmenge) vorab für unseren abschließenden Test ausgesondert. Nachdem das entwickelte Netzwerkmodell die letzte „Hürde" des Postprocessing genommen hat, ist nun die entscheidende Frage zu klären, wie gut es im realen Einsatz gewesen wäre. Dazu werden die skizzierten Gütemaße anhand dieser Testmenge berechnet. Außerdem sollten Benchmark-Modelle entwickelt worden sein (z.B. ein einfaches Regressionsmodell), gegenüber denen sich das Netzwerkmodell erst einmal bewähren muß. Ist dies nicht der Fall, ist der Einsatz von KNN für das Prognoseproblem entweder unnötig oder es sind Fehler in der Modellentwicklung begangen worden.

Es sei nur darauf hingewiesen, daß in dieser abschließenden Phase des Modelltests vielleicht die größte Fehlerquelle liegt. Oftmals sind nämlich die Ergebnisse dieses letzten Tests deprimierend. Diese offen darzulegen, wird sich kein Entwick-

---

[49] Vgl. Baun (1994), S. 186.
[50] Vgl. z.B. Poddig (1996), S. 429 ff.

ler gegenüber seinem Vorgesetzten oder ein „Verkäufer" gegenüber seinem Kunden erlauben können. Also wird der Prozeß der Modellentwicklung erneut aufgenommen und so lange „gegraben" (Model Mining), bis ein Modell gefunden wurde, welches auch im abschließenden Test gut aussieht. Hier kann jedoch mit ganz einfachen Überlegungen gezeigt werden, daß dabei zwangsläufig ein gutes Modell gefunden wird,[51] solange man nur hartnäckig genug arbeitet. Dieses Modell ist jedoch nur „zufällig" im Test gut. Sollte es dann in der Realität zum Einsatz kommen, wird sich dies unerbittlich rächen.

5. Kommerzielle Anwendungen Neuronaler Netze zur Renditeprognose

Die vorangegangenen Betrachtungen zur Entwicklung eines KNN-basierten Prognosesystems dürften deutlich unterstrichen haben, daß dieses mächtige Werkzeug gleichzeitig höhere Anforderungen an die Sorgfalt und vor allem an den Aufwand bei der Modellentwicklung stellt, als es bei den bisher gängigen statistischen Verfahren der Fall ist. Der pessimistische Rückschluß, wonach der Einsatz dieses Instruments bestenfalls auf den akademischen Bereich beschränkt ist, wäre jedoch verfehlt. Die folgende Tabelle gibt eine Übersicht über vier im deutschsprachigen Raum in der Literatur - wenn auch nur rudimentär - dokumentierte kommerzielle Anwendungen Neuronaler Netze.[52] Ein in der Praxis erfolgreicher Einsatz ist damit möglich, obgleich man sich im Vorfeld des Aufwandes bewußt sein sollte.

---

[51] Vgl. Hagin (1990), S. 17 ff.
[52] Für eine Übersicht akademischer Ansätze zu Finanzmarktprognosen mit KNN siehe Rehkugler/Kerling (1995), S. 318 ff.

im Einsatz bei	Zielvariable	Inputs	Prognosehorizont	Ergebnisse
Allgemeine Deutsche Direktbank[53]	DM-10-Jahres-Zins: Management des Renten-Publikumsfonds „Direkt DM Renten"	20 Zeitreihen, fundamental und technisch, zusammengesetzt aus 60 Datenreihen von 1960 bis 1995; nationale und internationale Konjunkturindikatoren	langfristig; in 3,5 Jahren nur 11 Transaktionen	Tradingergebnis nach Transaktionskosten: 1992: 14.1% 1993: 17.1% 1994: 2.2% 1.H 1995: 7.7%; Trefferquote in Trainings- und Prognosemenge 80%
WestLB[54]	USD/DM-Wechselkurs: Trading-Modell	fundamental und technisch	kurzfristiges Trading	deutliche Gewinne für den gesamten Zeitraum von 09/94 bis 01/96, auch Zeiten schlechter Performance (1.Hj. '95)
WestLB[55]	DAX-Future: Trading-Modell; implementiert unter MS-Excel	46 fundamentale Einflußgrößen, nach Transformation und Ergänzung um techn. Indikatoren insges. 236 Variablen, daraus 18 nach weiteren Analysen ausgewählt	Intra-Day	Bewertungskriterium ist Tradingerfolg auf Testdaten: (1) volatiles Netz: 31.6% (2) „solides" Netz: 34.1% (1)+(2) kombiniert: 44.2%
Sparkassensektor (Dr. Wild Finanzberatung[56])	Aktienprognosen: Prognosemodell für deutsche und andere Aktienmärkte	fundamental und technisch, Untersuchungszeitraum 30 Jahre	1 Monat	große Bewegungen erkannt, Ergebnisse „zufriedenstellend" bis „erfolgreich"; Trefferquote 67%, durchschnittl. monatl. Ertrag 1.8%

Tab. 2: Übersicht über kommerzielle Anwendungen Neuronaler Netze

---

[53] Vgl. Wild (1995), S. 780-783 sowie Wild (1994), S. 127-130.
[54] Vgl. Heitkamp (1996), S. 180-182.
[55] Vgl. Lehrbaß/ Peter (1995), S. 586-588 und Lehrbaß/ Peter (1996), S. 152-154.
[56] Vgl. Wild (1993), S. 275 ff.

6. Zusammenfassung und Ausblick

Nachdem die Euphorie über die Leistungsfähigkeit Neuronaler Netze Ende der 80er bzw. Anfang der 90er Jahre und die damit überzogenen Erwartungen verflogen sind, ist eine realistischere Betrachtungsweise dieses Analyseinstrumentes erforderlich. Dieser Beitrag sollte einen Eindruck davon vermitteln, daß für Finanzmarktprognosen mit quantitativen Verfahren und insbesondere mit KNN erheblicher Aufwand betrieben werden muß. Von Tests auf Strukturen in dem Datenmaterial über die Zusammenstellung und Vorverarbeitung zur Schätzung und Anwendung des Prognosemodells ist es ein weiter und mühsamer Weg. Dabei ist unbedingt auf methodisch exaktes Vorgehen und größte Sorgfalt zu achten, da schon kleine Fehler und Unachtsamkeiten die Ergebnisse der gesamten Arbeit an einem Prognosemodell in Frage stellen können.

Die Forschung an Neuronalen Netzen im Finanzmarktbereich, insbesondere zu Prognosezwecken, wurde in den letzten Jahren erheblich intensiviert. Dies deutet darauf hin, daß dafür in weiten Kreisen nach wie vor großes Potential vermutet wird. Gerade deshalb muß auch eine realistische Sichtweise ihrer Eigenschaften und Leistungsfähigkeit einsetzen. KNN haben nichts mit „Intelligenz" oder „Lernen" zu tun, sie nehmen dem Finanzanalysten nicht das Denken ab, und am allerwenigsten sind sie eine „money machine". KNN sind ein komplexes mathematisches Modellierungswerkzeug, welches leider mehr „Fußangeln" und „Fallstricke" für den praktischen Einsatz bereithält, als man anfänglich zu glauben geneigt ist. Es aber deswegen als praxisuntauglich zu disqualifizieren, ist ebenso verfehlt.

Das Ergebnis einer umfangreichen Studie jüngeren Datums weist in die Richtung, daß ein vielversprechender Ansatz für weitere Untersuchungen vor dem Hintergrund zusammenwachsender internationaler Finanzmärkte in der integrierten Betrachtung unterschiedlicher Assetklassen (Aktien, Zinsen, Währungen) verschiedener Länder in einem Gesamtmodell liegen könnte.[57] Dies wurde in dem Beispiel zum Einsatz des Recurrent-Perceptron schon angedeutet. Mehr Erkenntnisse darüber werden künftige Forschungsprojekte bringen.

---

[57] Vgl. Poddig (1996).

Literaturverzeichnis

Bamberg G./ Baur, F. (Bamberg/ Baur, 1993): *Statistik*, 8. Überarb. u. erw. Aufl., München 1993.

Baun, S. (Baun, 1994): Neuronale Netze in der Aktienkursprognose, in: Rehkugler, H./ Zimmermann, H. G. (HRsg.), *Neuronale Netze in der Ökonomie*, München 1994, S. 131-207.

Bollerslev, T. (Bollerslev, 1986): Generalized Autoregressive Conditional Heteroskedasiticity, in: *Journal of Econometrics*, Vol. 31, 1986, S. 307-327.

Bollerslev, T./ Chou, R. Y./ Kroner, K. F. (Bollerslev et al., 1992): ARCH modeling in finance, in: *Journal of Econometrics*, Vol. 52, 1992, S. 5-59.

Brock, W./ Dechert, W. D./ Scheinkman, J. A. (Brock et al., 1987): A Test for Independence Based on the Correlation Dimension, Working Paper, Department of Economics University of Wisconsin, University of Houston and University of Chicago 1987.

Engle R. F. (Engle, 1982): Autoregressive Conditional Heteroskedasticity with Estimates of the Variance of United Kingdom Inflation, in: *Econometrica*, Vol. 50, 1982, No. 4, S. 987-1007.

Fama, E. F. (Fama, 1970): Efficient Capital Markets: A Review of Theory and Empirical Work, in: *Journal of Finance*, Vol. 25, 1970, S. 383-417.

Fama, E. F. (Fama, 1991): Efficient Capital Markets: II, in: *Journal of Finance*, Vol. 46, 1991, S. 1575-1617.

Finnoff, W./ Zimmermann, H. G. (Finnhoff/ Zimmermann, 1992): Detecting Structure in Small Datasets by Network Fitting under Complexity Restraints, in: Siemens AG (ed.), Corporate Research and Development, ZFE IS INF 24, Otto-Hahn-Ring 6, München 1992.

Granger, C. W. J./ Newbold, P. (Granger/ Newbold, 1986): Forecasting Economic Time Series, 2nd ed., Orlando 1986.

Grassberger, P./ Procaccia, I. (Grassberger/ Procaccia, 1983): Measuring the Strangeness of Strange Attractors, in: *Physica*, 9D, 1983, S. 189-208.

Greene, W. H. (Greene, 1993): *Econometric Analysis*, 2nd ed., New York 1993.

Hagin, R. L. (Hagin, 1990): What Practitioners Need to Know About Backtesting, in: *Financial Analysts Journal*, Vol. 46, 1990, July-August, S. 17-20.

Heitkamp, D. (Heitkamp, 1996): Der Praxiseinsatz Neuronaler Netze im Devisenhandel, in: *Sparkasse*, 113. Jg., 1996, Nr. 4, S. 180-182.

Hornik K. (Hornik, 1991): Approximation Capabilities of Multilayer Feedforward Networks, in: *Neural Networks*, Vol. 4, 1991, S. 251-257.

Hornik K./ Stinchcombe M./ White, H. (Hornik et al., 1989): Multilayer Feedforward Networks are Universal Approximators, in: *Neural Networks*, Vol. 2, 1989, S. 359-366.

Lehrbaß, F. B./ Peter, M. (Lehrbaß/ Peter, 1995): DAX-Future Intraday-Trading mit künstlichen Neuronalen Netzen, in: *Sparkasse*, 112. Jg., 1995, Nr. 12, S. 586-588.

Lehrbaß, F. B./ Peter, M. (Lehrbaß/ Peter, 1996): Finanzmarktprognosen mit künstlichen Neuronalen Netzen: das Beispiel des DAX-Future-Kontraktes, in: *Zeitschrift für das gesamte Kreditwesen*, 1996, H. 4, S. 152-154.

Moody, J./ Utans, J. (Moody/ Utans, 1995): Architecture Selection Strategies for Neural Networks: Application to Corporate Bond Rating Prediction, in: Refenes, A.-P. (ed.), *Neural Networks in the Capital Markets*, Chichester 1995, S. 277-300.

Nelson, C. R.; Plosser, C. (Nelson, 1982): Trends and Random Walk in Macroeconomic Time Series: Some Evidence and Implications, in: *Journal of Monetary Economics*, Vol. 10, 1982, S. 139-162.

Pi, H. (Pi, 1993): Dependency Analysis and Neural Network Modeling of Currency Exchange Rates, in: Proceedings of the First International Workshop on Neural Networks in the Capital Markets, London 1993.

Pi, H./ Peterson, C. (Pi/ Peterson, 1994): Finding the Embedding Dimension and Variable Dependencies in Time Series, in: *Neural Computation*, Vol. 6, 1994, S. 509-520.

Poddig, T. (Poddig, 1994): Mittelfristige Zinsprognosen mittels KNN und ökonometrischer Verfahren – Eine Fallstudie über den Umgang mit kleinen Datenmengen, in: Rehkugler, H./ Zimmermann, H. G. (Hrsg.), *Neuronale Netze in der Ökonomie*, München 1994, S. 209-289.

Poddig, T. (Poddig, 1996): *Analyse und Prognose von Finanzmärkten*, Bad Soden/ Taunus 1996.

Rehkugler, H./ Kerling, M. (Rehkugler/ Kerling, 1995): Einsatz Neuronaler Netze für Analyse- und Prognosezwecke; in: *Betriebswirtschaftliche Forschung und Praxis*, 1995, H. 3, S. 306-324.

Rehkugler, H./ Jandura, D. (Rehkugler/ Kerling, 1997): Prognose der G5-Aktienmärkte mit NN-gestützten Fehlerkorrekturmodellen, in: Biethahn, J./ Kuhl, J./ Leisewitz, M.C./ Nissen, V./ Tietze, M. (Hrsg.), *Softcomputing-Anwendungen im Dienstleistungsbereich -Schwerpunkt Finanzdienstleistungen-*, Tagungsband zum 3. Göttinger Symposium Softcomputing am 27. Februar 1997 an der Universität Göttingen, Göttingen 1997, S. 19-38.

Savit, R./ Green, M. (Savit/ Green, 1991): *Time series and dependent variables*, in: *Physica*, D 50, 1991, S. 95-116.

Schlittgen, R./ Streitberg, B. H J. (Schlittgen/ Streitberg, 1995): Zeitreihenanalyse, 6., völlig überarb. u. erw. Aufl., München 1995.

Schmidt-von Rhein, A. (Schmidt-von Rhein, 1996): *Die Moderne Portfoliotheorie im praktischen Wertpapiermanagement*, Bad Soden/Taunus 1996.

Tong, H./ Lim, K. S. (Tong/ Lim, 1980): Threshold Autoregression, Limit Cycles and Cyclical Data, in: *Journal of the Royal Statistical Society*, Serie B, Vol. 42, 1980, No. 3, S. 245-292.

Uelses, K. (Uelses, 1989): *Erwartungen und Wechselkurse*, München 1989.

Wild, K.-D. (Wild, 1993): Aktienkursprognose mit einem Neuronalen Netz, in: *Sparkasse*, 110. Jg., 1993, Nr. 6, S. 275-278.

Wild, K.-D. (Wild, 1994): Zinsprognose und Rentenmanagement, in: *Sparkasse*, 111. Jg., 1994, Nr. 3, S. 127-130.

Wild, K.-D. (Wild, 1995): Neuronale Netze im Rentenmanagement, in: *Der Langfristige Kredit*, 1995, H. 23, S. 780-783.

Zimmermann, H. G. (Zimmermann, 1994): Neuronale Netze als Entscheidungskalkül, in: Rehkugler, H./ Zimmermann, H. G. (Hrsg.), *Neuronale Netze in der Ökonomie*, München 1994, S. 1-87.

Teil V

Prognose und Steuerung des Investmentrisikos

TIR Securities –
das unabhängige Research-Wertpapierhandelshaus

Hohe Kosten im Portfolio-Management?

Sie können die Kosten reduzieren mit TIR Securities!

TIR Securities ist ein auf den Handel und die Abwicklung spezialisiertes Wertpapierhandelshaus und unterstützt Finanzdienstleistungsunternehmen bei der Abwicklung ihrer weltweiten Handelsaktivitäten.

Durch Wertpapiertransaktionen mit uns, verbunden mit Ihrem effizienten Kommissions-Budget und durch den Bezug von performance-orientiertem Sekundär-Research-Material (unabhängiges Research) können Sie Kosten Ihres Portfolio-Managements reduzieren.

Sie erhalten durch TIR Securities Kontakte zu unabhängigen Research- und Portfolio Management Beratungsunternehmen. Wir vermitteln mit den Research-Kommissionsumsätzen Sekundär-Analysen, Börseninformationssysteme und Beratungsunternehmen (z.B. Bloomberg, Datastream, Frank Russel, Barra und Hoppenstedt).

Die weltweit 500 zufriedenen Kunden von TIR, nahmen in 1996 einen vermittelten Research-Wert von über 50 Mio US$ in Anspruch.

Ihr Performance-Druck vermindert sich durch unsere Dienstleistung. Sie profitieren bei der Abwicklung mit TIR Securities durch wesentlich niedrigere Kommissionskosten beim Aktienhandel und durch eine leistungsorientierte Kursgestaltung im Rentenhandel.

Ihr Gewinn :

– Niedrige Kommissionssätze für den internationalen Aktienhandel
– Ausführungen im Rentenhandel nur bei Preisverbesserung (Ausnutzung der Geld- und Briefspanne)
– Informationen und Zugang zu über 400 unabhängigen Researchfirmen mit den entsprechenden Research-Kommissionsumsätzen
– Research-Kommissionen sind jederzeit verfügbar und können für alle externen Researchleistungen verwendet werden.
– Transparenter Devisenhandel
– Monatliche Aufstellung aller Aktivitäten, die über TIR Securities gehandelt wurden
– Anonymität der Aufträge im Markt
– Kein Eigenhandel, also kein Interessenkonflikt mit Kundenaufträgen
– Keine Empfehlungen, also keine Anrufe von Effektenverkäufern

Unser globaler Handel ist der verlängerte Arm Ihrer Handelstätigkeit!

Ihr Ansprechpartner in Frankfurt ist: Nicholas S. Stalder Tel. 069 97586750, Fax 069 740414
Den Haag – Dublin – Frankfurt a/M – Genf – Hong Kong – London – Melbourne – New York – Tokyo

Der Risikobegriff im Investmentmanagement

von Hans-Jörg Frantzmann

1. Einleitung
2. Der Investmentprozeß
3. Entscheidungstheoretische Aspekte
4. Das Portfolioselektionsmodell von MARKOWITZ
5. Faktorenmodelle
6. Bewertungsmodelle
7. Abweichungsrisiko
8. Schlußbemerkungen

1. Einleitung

Der Risikobegriff ist sowohl in den Wirtschaftswissenschaften als auch in der Wirtschaftspraxis sehr vieldeutig. Im Bereich der Wertpapiermärkte und der Vermögensverwaltung hat sich in den letzten dreißig Jahren unter dem Einfluß der Modernen Portfoliotheorie die Bedeutung des Risikos von einem qualitativ-deskriptiven zu einem quantitativ-präskriptiven und zudem normativen Konzept gewandelt. Bei einer kritischen Durchsicht der an die Anlagepraxis adressierten Literatur kann man feststellen, daß „Risiko" meist in einem sehr engen Sinne als das Risiko eines Anlageinstruments oder eines Portefeuilles verstanden wird. Der Rahmen des von MARKOWITZ eingeführten Mittelwert-Varianz-Konzeptes wird dabei i.d.R. nicht verlassen.[1] Auf die Spitze getrieben wurden solche verkürzten Analysen durch den dogmatischen Streit darüber, ob die „Volatilität" (gemeint ist die Standardabweichung einer Returngröße) das „richtige" Risikomaß sei.

Im folgenden wird der Risikobegriff in eine allgemeine Darstellung des Investmentprozesses eingebettet und die gebräuchlichsten Risikomaße werden unter einem entscheidungstheoretischen Blickwinkel diskutiert.

2. Der Investmentprozeß

Eines der Standardmodelle der Wirtschaftstheorie ist die Principal-Agent-Beziehung. Sie ist durch einen expliziten oder impliziten Vertrag gekennzeichnet, in dem eine Partei (der Principal) eine andere Partei (den Agenten) mit bestimmten Aufgaben zugunsten der ersten betraut. Der Principal delegiert einen Teil seiner Entscheidungsautorität an den Agenten. Was der Agent tut oder unterläßt hat direkt oder indirekt Auswirkungen auf seine Wohlfahrt (i.e.S. auf sein Vermögen) und die des Principals. Im Rahmen dieses Prozesses fallen Kosten für die Strukturierung, die Überwachung und Durchsetzung des Vertrages zwischen beiden Parteien an. Bei der Vermögensverwaltung sind dies im wesentlichen Transaktionskosten, Informationskosten und die sogenannten Moral-Hazard-Kosten[2]. Das Instrumentarium zur Entscheidungsfindung wird in diesem Zusammenhang von den Methoden der Entscheidungstheorie gebildet.

---

[1] Ausnehmen von dieser Kritik muß man den gesamten Bereich der derivativen Instrumente. Hier hat sich die mathematisch sehr anspruchsvolle Bewertungstheorie rasant entwickelt und in unzweideutiger Weise Eingang in die Praxis der Termin- und Optionsmärkte gefunden.
[2] Siehe Arrow (1991), S. 37 f.

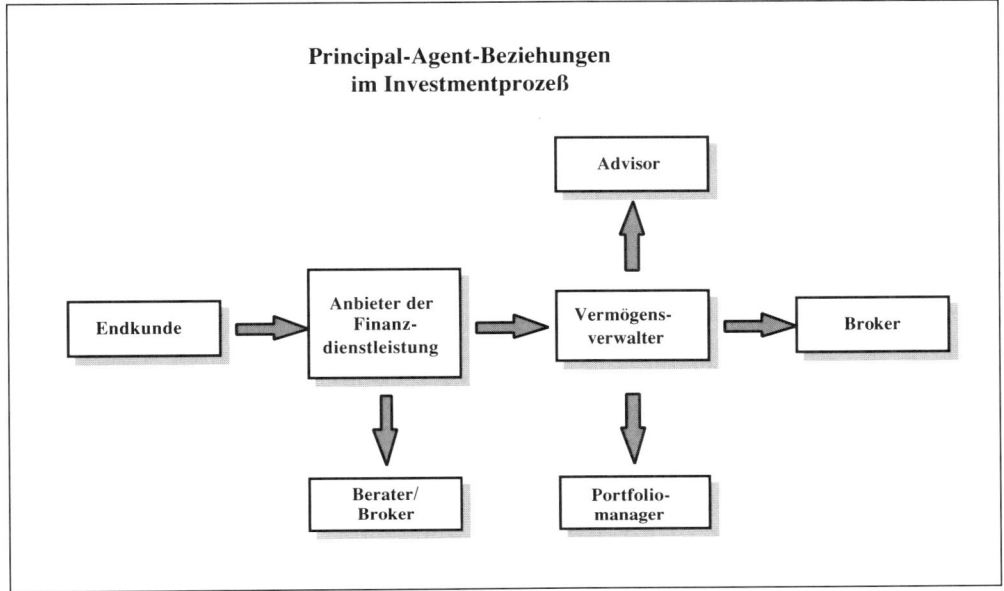

Abb. 1: Principal-Agent-Beziehungen im Investmentprozeß

Die Abbildung 1 zeigt die Hauptbeteiligten in einer Vermögensverwaltungsstruktur. Ein Endverbraucher (meist eine Privatperson, hier Kunde genannt) geht eine Geschäftsbeziehung mit dem Anbieter einer Finanzdienstleistung (Anleger) ein. Man denke beispielsweise an den Abschluß einer kapitalbildenden Lebensversicherung. Über die Absicherung des Todesfallrisikos hinaus beauftragt der Käufer der Lebensversicherung als Principal das Versicherungsunternehmen als Agenten mit Kapitalanlageentscheidungen. Der Anleger kann nun seinerseits einen (externen) Vermögensverwalter mit der Aufgabe der Kapitalanlage betrauen. Innerhalb der Gesellschaft des Vermögensverwalters findet man wiederum Principal-Agent-Beziehungen, wenn die Geschäftsführung einen Portfoliomanager mit der letztendlichen Anlage der Gelder betraut. Eine solche Beziehung kennzeichnet auch das häufig anzutreffende Verhältnis zu einem Advisor, der den Vermögensverwalter in sehr speziellen Fragestellungen (z.B. hinsichtlich Währungsstrategien) berät. Die gesamte Aufgabenkette vom Nachfrager einer Finanzdienstleistung bis zur endgültigen Anlage der von ihm zur Verfügung gestellten Gelder ist also charakterisierbar als Abfolge ineinander geschachtelter Principal-Agent-Beziehungen. Die qualitativen Aspekte dieser Strukturen (wie Produktmarketing, Relationship Management u.ä.) sind sehr wichtig, sollen aber im folgenden nicht weiter beleuchtet werden. Von Interesse sind nur die mathematisch-statistischen Aspekte der Entscheidungsfindung, die zum weiteren Verständnis des Risikobegriffes im Investmentmanagement beitragen können.

3. Entscheidungstheoretische Aspekte

Die präskriptive und die deskriptive Entscheidungstheorie unterscheiden sich dadurch, daß erstere nach rationalitätskonformen Regeln zur Bewertung von Aktionen sucht, während letztere zu ergründen versucht, wie Entscheidungen in der Wirklichkeit getroffen werden, und warum sie so und nicht anders ausgefallen sind.[3]

Die Anfänge der betriebswirtschaftlichen Entscheidungstheorie liegen in den präskriptiven Ansätzen der sogenannten „Klassischen Entscheidungsprinzipien", wie sie beispielsweise von HICKS und MARSCHAK[4] in den dreißiger Jahren für Entscheidungen unter Unsicherheit[5] diskutiert wurden. Man hatte schon früh in der ökonomischen Diskussion des Risikos vorgeschlagen, daß Präferenzfunktionen nicht von der ganzen Wahrscheinlichkeitsverteilung (w), sondern nur von einigen ihrer Verteilungsparameter ($\theta_1, \theta_2, \ldots, \theta_n$), wie dem Erwartungswert, der Streuung und den höheren Momenten (Schiefe, Kurtosis etc.), abhängen sollen.[6] Nach dem klassischen Prinzip gibt es also für die Verteilung w eine Präferenzfunktion F, die nur von den Parametern $\theta_1, \theta_2, \ldots, \theta_n$ abhängt:

(1) $\quad F(w) = F(\theta_1, \ldots, \theta_n)$.

Das klassische Prinzip umfaßt damit verschiedenste Verhaltenskriterien, die sich nur darin unterscheiden, welche Verteilungsparameter den Entscheidungen zugrunde gelegt werden.

Die einfachste Regel ist das Erwartungswertprinzip, das auch als µ-Kriterium bezeichnet wird:

(2) $\quad F(w) = F(\mu)$.

Gewählt wird dabei die Verteilung, die den höchsten Erwartungswert aufweist (beispielsweise bei Wertpapieren dasjenige mit der höchsten Renditeerwartung). Das Kriterium unterstellt dem Investor Risikoneutralität, da er indifferent zu allen Verteilungen mit dem gleichen Erwartungswert ist. Zur Rechtfertigung dieser sehr einfachen Regel könnte man anführen, daß nach dem Gesetz der großen Zahlen der Gesamtgewinn nach vielen Realisationen (d.h. Investitionsperioden) mit an Sicherheit grenzender Wahrscheinlichkeit für die Verteilung mit dem höchsten Erwartungswert am größten ist. Labor- und Glücksspielsituationen widersprechen jedoch immer wieder dem µ-Kriterium als Verhaltenshypothese.[7]

---

[3] Siehe Bamberg/ Coenenberg (1985), S. 4 ff.
[4] Vgl. Hicks (1939) und Marschak (1938).
[5] Die Situation der Unsicherheit ist dadurch gekennzeichnet, daß für das Eintreten bestimmter Ereignisse objektiv bestimmbare oder subjektive Wahrscheinlichkeitsverteilungen angegeben werden können.
[6] Vgl. Schneeweiß (1967), S. 46 f.
[7] Berühmt geworden ist in diesem Zusammenhang das sog. Petersburger Paradoxon. Der erwartete Auszahlungswert des Petersburger Spiels ist unendlich, die meisten Spieler lehnen das Spiel jedoch ab.

Eine Erweiterung stellt das Mittelwert-Varianz-Prinzip oder (μ, σ)-Kriterium dar. Danach hängt die Präferenzfunktion sowohl vom Erwartungswert der Wahrscheinlichkeitsverteilung als auch von ihrer Streuung (Standardabweichung) ab:

(3) $F(w) = F(\mu, \sigma)$.

Verschiedene Autoren haben sich in den fünfziger Jahren mit dieser Entscheidungsregel auseinandergesetzt. Weltberühmt geworden ist der Ansatz von MARKOWITZ[8] als Grundstein der Modern Portfolio Theory, der allerdings zusätzlich auf das Bernoulli-Prinzip zurückgreift. Das Mittelwert-Varianz-Prinzip ist eines der herrschenden Paradigmen der heutigen Kapitalmarkttheorie.

Weitere klassische Entscheidungsregeln beziehen zusätzlich die Schiefe einer Verteilung (drittes zentrales Moment, γ),

(4) $F(w) = F(\mu, \sigma, \gamma)$,

oder den kleinstmöglichen Wert mit ein:

(5) $F(w) = F(\mu, r_{min})$.

Für die Anlagepraxis werden gerade in jüngster Zeit Entscheidungsregeln diskutiert, die die Ruin- oder Verlustwahrscheinlichkeit einer Anlage mit einbeziehen:

(6) $F(w) = F(\mu, P_0)$.[9]

Anleger wählen danach bei gleichen Erwartungswerten die Anlageform, die die Wahrscheinlichkeit von Kapitalverlusten minimiert.

Zeitgleich mit dem Erscheinen vielfältiger Arbeiten zu den klassischen Entscheidungsregeln trieben VON NEUMANN und MORGENSTERN[10] die Entwicklung der Nutzenaxiomatik und der Theorie rationalen Verhaltens voran. Zentrale Bedeutung hat in diesem Zusammenhang das Konzept der Nutzenfunktion, die jeder Realisation der Wahrscheinlichkeitsverteilung (z.B. jedem Returnwert eines Portfolios) einen bestimmten (mathematisch faßbaren) Nutzenwert zuordnet. Nach VON NEUMANN und MORGENSTERN kann rationales Verhalten – d.h. Entscheidungen, die mit einem Rationalität definierenden Axiomsystem vereinbar sind – durch die Präferenzfunktion des Erwartungsnutzens abgebildet werden. Ist $u(x)$ die Nutzenfunktion des Entscheidungsträgers, so ist seine Präferenzfunktion der Erwartungswert von $u(x)$:

(7) $F(w) = E[u(x)]$.

---

[8] Vgl. Markowitz (1952).
[9] Schneeweiß (1967) weist darauf hin, daß für den Fall symmetrischer Verteilungen das (μ, σ)-Prinzip und das (μ, P_0)-Prinzip nach der Tschebyscheff'schen Ungleichung näherungsweise ineinander überführt werden können.
[10] Vgl. von Neumann/ Morgenstern (1947).

Synonym werden dafür die Begriffe „Bernoulli-Prinzip" oder „von Neumann/ Morgenstern-Nutzen" verwendet. Als rationales Entscheidungsprinzip hat das Erwartungsnutzenkonzept die weitere Entwicklung der Kapitalmarkttheorie entscheidend beeinflußt. Die Entwicklung verlief dabei auf zwei klar trennbaren Wegen. Einerseits wurde untersucht, welche Gestalt von Nutzenfunktionen bei beliebigen Wahrscheinlichkeitsverteilungen und andererseits welche Verteilungen bei beliebigen Nutzenfunktionen mit dem Bernoulli-Prinzip rational vereinbar sind.[11] Zentrale Bedeutung für die weitere Entwicklung der Modernen Portfoliotheorie haben dabei die quadratische Nutzenfunktion und die (logarithmische) Normalverteilung erlangt.

4. Das Portfolioselektionsmodell von MARKOWITZ

MARKOWITZ[12] leitete seine normative Theorie der Portfolioauswahl unter der Annahme des (μ, σ)-Prinzips und der quadratischen Nutzenfunktionen ab. Anleger wählen danach als (nutzen-)optimale Portfolios solche, die für einen gegebenen Renditeerwartungswert ein minimales Risiko (d.h. Renditestandardabweichung) bzw. bei gegebenem Risiko die maximale erwartete Rendite aufweisen. Die Menge aller optimalen Portfolios liegt dann in einem (σ, μ)-Koordinatensystem auf dem oberen Ast einer Parabelkurve, die als Effizienzlinie (Efficient Frontier) bezeichnet wird. Dabei ist die erwartete Rendite eines Portfolios ($\overline{R}_p$) eine Linearkombination (x_i: Anteil von Wertpapier i am Portfolio) der erwarteten Renditen der einzelnen Wertpapiere,

$$(8) \quad \overline{R}_p = \sum_{i=1}^{n} x_i \, \overline{R}_i \, ,$$

während das Portfoliorisiko (d.h. die Standardabweichung der Portefeuillerenditen) wegen der Korrelationen zwischen den Wertpapieren nicht additiv und nichtlinear ist (σ_{ij}: Kovarianz zwischen den Returns von Titel i und j):

$$(9) \quad \sigma_p = \left[\sum_{i=1}^{n} \sum_{j=1}^{n} x_i \, x_j \, \sigma_{ij} \right]^{1/2} .$$

Ausgangspunkt der MARKOWITZ'schen Analyse ist das o.g. μ-Kriterium. MARKOWITZ erkennt, daß nach dem Gesetz der großen Zahlen der tatsächliche Return eines Portfolios fast sicher mit dem erwartetem Wert gleich ist, wenn die Wertpapiere untereinander unkorreliert sind. Für die Anlagepraxis lehnt er diese Annahme jedoch ab und folgert daraus: „let us now consider the expected returns-variance of returns (E-V) rule."[13]

---

[11] Vgl. Schneeweiß (1967), S. 119 ff.
[12] Vgl. Markowitz (1952) und (1959).
[13] Markowitz (1952), S. 78.

Eine tiefergehende entscheidungstheoretische Begründung für die Auswahl des (μ, σ)-Prinzips liefert er nicht, jedoch macht der weitere Gang seiner Abhandlung und die spätere Arbeit[14] die Vorteile deutlich: Sowohl die durch die Entscheidungsregel implizierte quadratische Nutzenfunktion als auch die Normalverteilungshypothese erleichtern die mathematische Behandlung des Portfolio-Selektionsproblems ganz erheblich. Unterstützt wurde dieser Ansatz zusätzlich durch die ersten empirischen Untersuchungen über die tatsächliche Häufigkeitsverteilung der Renditen amerikanischer Aktien, die in guter Näherung als (logarithmisch) normalverteilt angesehen werden können. Erwartungswert und Varianz reichen damit zur vollständigen Charakterisierung der Renditeverteilung aus.

Entgegen der landläufigen Meinung ist also das Mittelwert-Varianz-Prinzip nicht der „physikalisch" vorgegebene, einzige Zugang zur theoretischen Behandlung des Portfolio-Selektionsproblems und der daraus folgenden Risikoanalyse- und Bewertungsansätze, sondern nur eine – in der historischen Rückschau – glücklich gewählte Annahme, die die verständliche Formulierung der Modernen Portoliotheorie sehr befördert hat. MARKOWITZ hat in verschiedenen Arbeiten immer wieder auf die Begrenztheit des Risikokonzeptes der Standardabweichung hingewiesen, zugleich aber auch die mathematische Komplexität anderer, geeigneterer Risikomaße, wie z.B. der Semistandardabweichung[15] oder der Ruinwahrscheinlichkeit, betont.[16]

Erleichtert wird die Akzeptanz dieses Ansatz durch die erkenntnistheoretischen Schlußfolgerungen SIMONS, der darauf hinwies, daß ökonomische Modelle weniger nach ihren Annahmen als vielmehr nach der empirischen Validität ihrer Schlußfolgerungen beurteilt werden sollten.[17]

Die grundlegenden Arbeiten von MARKOWITZ schufen damit das vorherrschende Paradigma der Kapitalmarkttheorie. Sie sind strikt präskriptiv/ normativ und damit als optimale Handlungsanweisung an den Anleger unter den gemachten Annahmen zu verstehen. Ein Anspruch, die tatsächlichen Investitionsentscheidungen und Risikobetrachtungen der Kapitalmarktteilnehmer in ihrer Vielfältigkeit und Komplexität zu beschreiben, kann daraus nicht abgeleitet werden.

5. Faktorenmodelle

Die praktische Anwendung der Mittelwert-Varianz-Analyse wurde Ende der fünfziger, Anfang der sechziger Jahre dadurch erschwert, daß aus einem gegebenen Datensatz der Zeitreihen von n Wertpapieren $\frac{n(n-1)}{2}$ Korrelationen zu bestim-

---

[14] Vgl. Markowitz (1959).
[15] Die Semistandardabweichung erfaßt nur die Schwankungsbreite von Returns, die kleiner als der Erwartungswert sind, und kommt damit der landläufigen Einstellung zum Risiko näher.
[16] Die Returnverteilungen von Optionen oder von Portfolios, die Optionen enthalten, sind asymmetrisch und damit mit dem auf Symmetrie fußenden Konzept der Standardabweichung nur unzulänglich zu beschreiben.
[17] Vgl. Simon (1957).

men sind. Für die Aktien des S&P-500-Index beispielsweise bedeutet dies 124.750 Schätzungen. Neben einer Reihe induktiv-statistischer Schwierigkeiten – die auch heute noch bestehen – war dies zur damaligen Zeit vor allem ein Computerproblem. Leistungsfähige Großrechner waren für die junge Disziplin der Kapitalmarktforschung schwer zugänglich, und ein typischer „Host" war etwa so leistungsfähig wie ein guter Taschenrechner heute.

MARKOWITZ hatte schon in einer Randbemerkung auf ein einfaches Regressionsmodell hingewiesen, das die Komplexität der Berechnungen deutlich reduzieren sollte. Es ist offensichtlich, daß beispielsweise die Kursveränderungen der Aktien, die einen Marktindex ausmachen, (mindestens) von einem allgemeinen Marktfaktor beeinflußt werden. MARKOWITZ nannte dies den „*underlying factor, the general prosperity of the market as expressed by some index*".[18] SHARPE griff diese Idee auf und formulierte auf dieser Grundlage das sogenannte Marktmodell[19]. Danach wird unterstellt, daß die Renditen eines Wertpapiers durch den linearen Ansatz:

(10) $\quad R_i = \alpha_i + \beta_i R_m + \varepsilon_i$

beschrieben werden können. R_i und R_m sind die Renditen des Wertpapiers bzw. des allgemeinen Faktors. ε_i ist eine wertpapierspezifische, additive Renditekomponente, und α_i und β_i sind wertpapierspezifische Parameter des Regressionsansatzes. Zur Vereinfachung wird angenommen, daß ε_i und R_m unkorreliert sind, und daß auch die wertpapierspezifischen Renditeanteile der einzelnen Wertpapiere untereinander unkorreliert sind. Gedanklich ist damit die Rendite des Wertpapiers R_i zerlegbar in einen mit dem allgemeinen Faktor vollständig korrelierten Teil ($\beta_i R_m$) und eine rein wertpapierspezifische Komponente ($\alpha_i + \varepsilon_i$).

Daraus läßt sich für die Analyse der Renditestandardabweichung eine elegante Orthogonalisierung ableiten:

(11) $\quad \sigma_i^2 = \beta_i^2 \sigma_m^2 + \sigma_{\varepsilon_i}^2$.

Der erste Teil der rechten Gleichungsseite wird gewöhnlich als Marktrisiko, der zweite als idiosynkratisches oder wertpapierspezifisches Risiko bezeichnet. Für die Kovarianz der Renditen zweier Wertpapiere folgt unter den obigen Annahmen:

(12) $\quad \sigma_{i\,j} = \beta_i\, \beta_j\, \sigma_m^2$.

Die Korrelationen zwischen den Wertpapierrenditen sind damit nur über den allgemeinen Marktfaktor bestimmt. Die Komplexität der Berechnungen sinkt damit ganz erheblich auf ($3n + 2$) Parameter.

In Ermangelung einer ökonomisch fundierten Idee davon, wie die „general prosperity" modelliert werden könnte, und auch wegen der eingeschränkten Verfüg-

---

[18] Markowitz (1959).
[19] In der Literatur findet man auch die Begriffe „Diagonal Model" oder „Single Index Model".

barkeit von Wirtschaftszeitreihen in den Anfängen der empirischen Kapitalmarktforschung reduzierten die weiteren Untersuchungen des Einindexmodells den allgemeinen Faktor auf gebräuchliche (Aktien-) Börsenindizes.[20]

Annahmegemäß sind in dem Einindexmodell die Residualrenditen beliebiger Wertpapiere nicht miteinander korreliert. Die Korrelationsmatrix sollte also nur auf den Hauptdiagonalplätzen statistisch von Null signifikante Werte aufweisen. In bahnbrechenden empirischen Untersuchungen konnte Rosenberg[21] anfangs der siebziger Jahre für den US-Aktienmarkt nachweisen, daß auch nach Berücksichtigung des Marktfaktors die Residualgrößen nochmals Korrelationsmuster aufweisen. Beispielsweise waren Branchen- und Zinseffekte festzustellen.[22] Er schlug daher eine Erweiterung des Marktmodells auf einen Mehrfaktorenansatz vor. Danach werden die Wertpapierrenditen von mehreren Faktoren getrieben, über deren inhaltliche Bestimmung zunächst keine Aussage getroffen wird:

(13) $\quad R_i = a_i + b_{i,1}\, f_1 + \cdots + b_{i,K}\, f_K + e_i$

Unterstellt man, daß einer der Faktoren als Marktindex identifiziert werden kann, so bietet das Mehrfaktorenmodell eine weitergehende Zerlegung der wertpapierspezifischen Renditekomponente des Einindexmodells in einen Teil, der systematischen Faktoren zuzuordnen ist, und in eine noch enger definierte einzeltitelspezifische Rendite:

(14) $\quad \varepsilon_i = b_{i,2}\, f_2 + \cdots + b_{i,K}\, f_K + e_i$.

Gemeinsam ist beiden Modellen die Annahme einer linear-additiven Struktur von Wertpapierrenditen.

Von großer praktischer Relevanz ist natürlich die Identifikation und empirische Validierung der Faktoren. Die Anzahl statistisch-induktiver Untersuchungen zu diesem Thema ist mittlerweile Legion (verschiedene Märkte, unterschiedliche Zeiträume, differierende Wertpapiersamples, das ganze Arsenal der Ökonometrie zur Durchführung der Tests). Eine Klassifizierung der Untersuchungen nach den gewählten Ansätzen kann wie folgt vorgenommen werden:

- Fundamentaldatenmodelle: Es wird versucht, die Faktoren aus fundamentalanalytischen Daten wie Dividendenrenditen, Kurs-Gewinn-Verhältnissen, Kurs-Cash Flow-Verhältnissen oder auch Marktdaten wie Volatilität, Marktkapitalisierung u.ä. zu bestimmen.
- Makroökonomisch fundierte Modelle: Die Bestimmung der Faktoren erfolgt aus „marktexogenen" Faktoren wie Inflation, Zinsen, Geldmenge, Rohstoffpreisen u.ä.

---

[20] Die Anwendung des Einindexmodells mit einem zeitinvarianten Betafaktor auf Rentenpapiere ist problematisch, da leicht zu zeigen ist, daß für solche Wertpapiere Beta u.a. eine Funktion der Duration und damit der Restlaufzeit ist.
[21] Siehe Rosenberg (1974).
[22] Für Ergebnisse am deutschen Aktienmarkt siehe Wallmeier (1997).

- Statistische Faktorenmodelle: Auf eine ökonomische Modellierung der Faktoren wird ganz verzichtet. Faktoren und Faktorsensitivitäten (b_{ij}) werden meist simultan mit Hilfe faktoranalytischer Verfahren geschätzt.

Unter geeigneten Annahmen über die Korrelationsstrukturen innerhalb der wertpapierspezifischen Renditen, zwischen diesen und den Faktoren kann man – analog zum Einindexmodell – eine orthogonale Zerlegung der Renditestandardabweichung in faktorengetriebene Komponenten und eine wertpapiereigene Volatilität ableiten.

6. Bewertungsmodelle

MARKOWITZ zeigte mit seinem normativen Ansatz der Portfolioselektion, wie ein Anleger das Risiko eines Portefeuilles – unter der Annahme der Standardabweichung als Risikomaß – für einen vorgegebenen Zielwert der erwarteten Rendite minimieren kann. Die Größen μ und σ wurden dabei als bekannte Populationsparameter der Renditeverteilung angenommen. Anfang der sechziger Jahre entwickelten TOBIN, SHARPE und LINTNER[23], aufbauend auf dem MARKOWITZ'schen Ansatz, eine positive Theorie zur Bestimmung „fairer" erwarteter Renditen unter der Annahme, daß alle Investoren ihre Portfoliostrukturen nach dem Mittelwert-Varianz-Kriterium bestimmen. Für den Zwei-Zeitpunkt-Fall und unter sehr restriktiven Annahmen entstand das sog. Capital Asset Pricing Modell (CAPM)[24], nach dem sich die erwartete Rendite ($\overline{R}_i$) eines Wertpapiers (bzw. Portfolios) additiv aus der Verzinsung einer risikolosen Anlage (R_f) und einer Risikoprämie ergibt. Die Risikoprämie ihrerseits ist das Produkt aus dem Betafaktor[25] des Wertpapiers (gegenüber den Renditen des Marktportfolios) und der Renditedifferenz zwischen der erwarteten Rendite des Marktportfolios und der risikolosen Verzinsung:

$$(15) \quad \overline{R}_i = R_f + \beta_i \left(\overline{R}_m - R_f \right) \ .$$

Das Marktportfolio ist eine spezielle, gedankliche Konstruktion des CAPM und stellt die Gesamtheit aller risikobehafteten Vermögensgegenstände einer Wirtschaft dar. Um eine sofortige Markträumung zu ermöglichen, wird unterstellt, daß alle „Assets" beliebig teilbar und handelbar sind. Bewertungsrelevant und vom Markt mit einer Risikoprämie versehen ist nur das systematische Risiko eines Wertpapiers. Wertpapierspezifische Risiken (σ_{ε_i}) können durch Diversifizierung beseitigt wer-

---

[23] Siehe Lintner (1965), Mossin (1966) und Sharpe (1964).
[24] Im Laufe der Zeit wurde untersucht, wie „robust" die Grundstruktur des CAPM gegenüber Veränderungen in der Annahmenliste ist. Dabei entstand – teilweise mit erheblichem mathematischen Aufwand – eine ganze Reihe von Modellderivaten, die in ihrer Grundstruktur dem Ursprungsmodell sehr ähnlich geblieben sind.
[25] Der Betafaktor ist der Quotient aus der Kovarianz der Returns des Wertpapiers und des Marktportfolios, geteilt durch die Varianz der Marktportfolioreturns.

den und gehen damit in die gleichgewichtige Wertbestimmung nicht ein. Fundamentalfaktoren (Kurs-Gewinn-Verhältnis, Dividendenrendite u.ä.) fließen in die Theorie nicht ein und sind auch nicht bewertungsrelevant. ROLL konnte nachweisen, daß die Bewertungsaussage des CAPM äquivalent zur MV-Effizienz des Marktportfolios ist; d.h. gelingt der Nachweis, daß das Marktportfolio zum gegebenen Renditeerwartungswert ein minimales Risiko aufweist, so ergibt sich mathematischzwangsläufig die linear-additive Komposition der erwarteten Rendite jedes Wertpapiers oder Portfolios.

Die Betafaktoren des Einindexmodells und des CAPM müssen klar unterschieden werden. Während der renditetreibende Faktor im Einindexmodell eine zur Wertpapierstichprobe passend gewählte Zufallsvariable (ein Marktindex, eine makroökonomische Variable o.ä) darstellt, ist die „general prosperity" im CAPM definiert als marktwertgewichtetes, MV-effizientes Portfolio aller Vermögensgegenstände.

Die beiden Modelle verfolgen aber auch selbst eine völlig unterschiedliche Zielrichtung. Das Einindexmodell ist ein Ansatz zur statistischen Varianzanalyse (und damit Risikoanalyse), während das CAPM ein Modell zur Bestimmung fairer erwarteter Renditen unter den Bedingungen des Marktgleichgewichts ist. Entwicklungsgeschichtlich und sachlogisch sind die beiden Ansätze nur sehr lose miteinander verknüpft, Ähnlichkeiten ergeben sich am ehesten durch die gemeinsame Verwendung des Begriffes „Betafaktor".[26]

Anfang der siebziger Jahre beschäftigte sich ROSS mit der Fragestellung, unter welchen – im Vergleich zum CAPM – verallgemeinernden Annahmen lineare Bewertungsmodelle ableitbar sind. Er untersuchte dabei bestimmte Renditeverteilungstypen (und return generating models) für beliebige Nutzenfunktionstypen und umgekehrt auch bestimmte Klassen von Nutzenfunktionen für beliebige Returnverteilungen der Wertpapiere. Bei Unterstellung eines linearen Mehrfaktorenmodells und unter Ausnutzung der Annahme der Arbitragefreiheit der Märkte (Law of One Price) gelang ihm die Ableitung eines linearen Bewertungsmodells für breit diversifizierte Portefeuilles.[27] Sein formal dem CAPM sehr ähnlicher Ansatz ging in die Literatur als „Arbitrage Pricing Theory" (APT) ein. Danach ergibt sich die erwartete Rendite eines Wertpapiers additiv aus der risikolosen Verzinsung[28] und den Risikoprämien, die der Markt für die Übernahme von Faktorrisiken zahlt:

(16) $\overline{R}_i = R_f + \lambda_1 b_{i,1} + \cdots + \lambda_K b_{i,K}$.

Die Größen $b_{i,j}$ sind die „Betafaktoren" oder Sensitivitäten des Wertpapiers gegenüber den Faktoren f_j, und λ_l ist die Risikoprämie für die Übernahme des jeweiligen Faktorrisikos. Das CAPM ist im Rahmen des ROSS'schen Ansatzes als Einfaktor-APT zu interpretieren, mit dem Marktportfolio als renditebestimmender Größe.

---

[26] Ein Vergleich der beiden Ansätze nimmt Markowitz (1984) vor.
[27] Siehe Ross (1976).
[28] Dies gilt nur bei der Unterstellung, daß es eine risikolose Anlagemöglichkeit gibt.

Der große Nachteil der APT besteht darin, daß die Theorie keine Aussagen zur Natur der Faktoren enthält. Ihre Bestimmung wird der empirischen Untersuchung bzw. einer mikro- oder makroökonomischen Vormodellierung überlassen. Bei einer engen Betrachtung ist deshalb die APT weniger ein Modell zur Bestimmung fairer erwarteter Renditen als vielmehr eine Weiterentwicklung der varianzanalytischen Mehrfaktorenmodelle (siehe Abschnitt 5).

7. Abweichungsrisiko

Die voranstehenden Ausführungen haben verdeutlicht, daß es eine universell gültige Risikodefinition nicht gibt. Risikomessung und Risikoanalyse sind Mittel zum Zweck der Strukturierung und Steuerung des Investmentprozesses. Das verwendete Risikomaß muß folglich passend zum Analysezweck gewählt werden.

Die anfangs vorgenommene Interpretation des Investmentmanagementprozesses im Rahmen der Principal-Agent-Theorie zeigt, daß es auf allen Stufen dieses Prozesses i.w.S. um die Gegenüberstellung einer Anforderung mit einer tatsächlich erbrachten Leistung geht. Der Anleger eines Spezialfonds beispielsweise muß mit geeigneten Maßnahmen sicherstellen, daß der von ihm beauftragte Portfoliomanager ein Anlageergebnis im Rahmen der zulässigen Returnspannweite erzielt. Unabdingbar ist damit auf allen Stufen des Investmentmanagementprozesses die Vorgabe einer Referenzgröße oder Benchmark durch den Principal, an der der Agent seine Handlungen ausrichten kann und an der er gemessen wird. Wichtig ist dann nicht die absolute und isolierte Betrachtung des Risikos der Handlungsvorgaben des Principals oder der tatsächlichen Aktionen des Agents, sondern das sich durch Differenzen zwischen den beiden Politiken ergebende Risiko. Prinzipiell könnte dieses Abweichungsrisiko für eine Vielzahl von Risikomassen modelliert werden. Sehr anschaulich und in der Anlagepraxis weit verbreitet ist wiederum der varianzanalytische Ansatz im Rahmen des Mittelwert-Varianz-Modells.

Ist $x_{i,P}$ der Anteil eines Wertpapiers an einem Portfolio und $x_{i,B}$ sein Anteil an einem geeignet definierten Benchmark- oder Referenzportefeuille, dann gilt für den erwarteten Differenzreturn des Portfolios:

$$(17) \quad \Delta \overline{R}_{P-B} = \sum_{i=1}^{n} \left(x_{i,P} - x_{i,B} \right) \left(\overline{R}_i - \overline{R}_B \right)$$

und für die Volatilität der Differenzrendite:

$$(18) \quad \sigma_\Delta = \left[\sum_{i=1}^{n} \sum_{j=1}^{n} \left(x_{i,P} - x_{i,B} \right) \left(x_{j,P} - x_{j,B} \right) \sigma_{ij} \right]^{1/2}.$$

Für diese Größe hat sich der Begriff „Tracking Error" eingebürgert. Unter den weiter oben gemachten Voraussetzungen des Einindexmodells kann man diese Größe in zwei leichter zu interpretierende Terme zerlegen:

(19) $\sigma_\Delta = \left[(\beta_P - 1)^2 \sigma_B^2 + \sigma_{\varepsilon_P}^2 \right]^{1/2}$.

Es wird sofort deutlich, aus welchen Quellen das Abweichungsrisiko gespeist wird. Weicht der Betafaktor des Portfolios vom Wert 1 ab, d.h. betreibt der Portfoliomanager Market Timing, so wird der Tracking Error gleichermaßen von über- oder unterproportionalen Renditen des Portfolios im Vergleich zur Benchmark getrieben. Der Portfoliomanager signalisiert damit seine Prognose über eine über- bzw. unterdurchschnittliche erwartete Risikoprämie des Benchmarkportfolios. Unzureichende Diversifizierung (d.h. σ_{ε_P}) ist die zweite Quelle für Abweichungsrisiken, und sie zeigt sich in einer unsystematischen Renditeschwankung des Portefeuilles gegenüber dem Referenzportfolio. Ursächlich hierfür können Über- oder Untergewichtungen von einzelnen Aktien relativ zur Benchmark, die Bevorzugung einzelner Branchen oder auch die Bevorzugung von Rentenpapieren aus im Referenzportfolio nicht vetretenen Marktsegmenten sein.

Die durch den Regressionsansatz des Einindexmodells implizierte Normalverteilung ermöglicht eine anschauliche Interpretation des Tracking Errors. Wird σ_Δ als Per-Annum-Größe geschätzt, so kann man davon ausgehen, daß auf Jahressicht die Rendite des Portfolios etwa in zwei Drittel aller Fälle um nicht mehr als den Betrag des Tracking Errors nach oben oder unten vom Return des Referenzportfolios abweicht.

Wählt der Principal als Benchmark die risikolose Verzinsung, so mutiert der Tracking Error zum absoluten Schwankungsrisiko (Standardabweichung der Renditen) des Portfolios.

Der Tracking Error ist ein gut geeignetes Mittel zur Strukturierung des Investmentmanagementprozesses. Der Principal kann durch die Vorgabe eines Abweichungsrisikos dem Agent seine Risikotoleranz signalisieren und damit die „Verwaltungskosten" der Principal-Agent-Beziehung verringern. Für den Agent seinerseits bedeutet dies eine Einschränkung des Raumes für mögliche Politiken, mit denen er die Anforderungen des Principals erfüllen oder übertreffen kann. Niedrigere Moral-Hazard-Kosten sollten die Folge sein.

Der Tracking Error bietet sich auch als Charakterisierungsmerkmal von Investmentansätzen an. Die taktische Asset Allocation – mit dem Merkmal von sehr großen Differenzen zwischen Portfolio- und Benchmark-Beta – ist unter diesem Aspekt eine höchst riskante Anlagepolitik, während Index- oder Tilted-Index-Ansätze fast risikolos sind. Der Portfoliomanager verkauft dem Anleger mit einem Investmentansatz gleichzeitig auch einen bestimmten erwarteten Tracking Error. Aggregiert man über den gesamten Markt aller tatsächlich praktizierten Anlagestile, so ergibt sich wegen der notwendigen Markträumung, daß die durchschnittliche erwartete Überrendite aus einer Tracking Error generierenden Anlagepolitik – vor Kosten – gleich Null sein muß.[29]

---

[29] Hat ein Portfoliomanager aus einer bestimmten Positionierung – beispielsweise der Übergewichtung eine Aktie – eine Überrendite erzielt, so muß es im Markt Anleger mit Untergewichtungspositionen geben, die eine kompensierende Unterrendite vorweisen, da die Summe der aktiven Gewichtungspositionen gegenüber dem Referenzportfolio per definitionem immer gleich Null sein muß.

8. Schlußbemerkungen

Die Theorie der Kapitalmärkte, und darin eingebettet die Modellierung des Risikobegriffs, hat sich in den vergangenen vierzig Jahren radikal von einer deskriptiven zu einer präskriptiven bzw. normativen Betrachtung gewandelt. Das immer noch dominierende, von Markowitz in die Diskussion eingebrachte Paradigma ist das Mittelwert-Varianz-Entscheidungsprinzip. Es herrscht jedoch heute – vor allem in der Anwenderpraxis – darüber Einigkeit, daß es das universelle, für alle praktischen Fragestellungen passende Risikomaß nicht gibt. Der Zweck bestimmt auch hier das Mittel. Bei Betrachtung des Investmentprozesses durch die Brille der Principal-Agent-Theorie kann man aber feststellen, daß in fast allen Fragestellungen eine relative Risikobetrachtung in Form eines Abweichungsrisikos die richtige ist.

Die Konzepte der Modernen Portfoliotheorie sind im Sinne der Entscheidungstheorie für den Fall der Unsicherheit entwickelt worden und sind damit probabilistischer bzw. statistischer Natur. Bei ihrer Anwendung auf Fragestellungen der täglichen Anlagepraxis spielt natürlich damit der gesamte Bereich der statistischen Schätzungen eine eminent wichtige Rolle. Die zunehmende Verfügbarkeit von Finanzmarktdaten hat folglich einen eigenen Wissenschaftsbereich, die empirische Kapitalmarktforschung, befördert, die heute aus der Unternehmenspraxis von im Investmentgeschäft tätigen Firmen überhaupt nicht mehr wegzudenken ist.

Investmentmanagement ist Risikomanagement. Die Diskussion des Risikobegriffes ist damit eine Daueraufgabe unserer Disziplin.

Literaturverzeichnis

Arrow, K. J. (Arrow, 1991): The economics of agency, in: Pratt, J. W./ Zeckhauser, R. J. (eds.), *Principals and agents: The structure of business*, Boston 1991.

Bamberg, G./ Coenenberg, A. G. (Bamberg/ Coenenberg, 1985): *Betriebswirtschaftliche Entscheidungslehre*, 4. Aufl., München 1985.

Hicks, J. R. (Hicks, 1939): *Value and capital*, Oxford 1939.

Lintner, L. (Lintner, 1965): The valuation of risk assets and the selection of risky investments in stock portfolios and capital budgets, in: *Review of Economics and Statistics*, Vol. 47, 1965, February, S. 13-37.

Marschak, J. (Marschak, 1938): Money and the theory of assets, in: *Econometrica*, Vol. 6, 1938, S. 311-325.

Markowitz, H. M. (Markowitz, 1952): Portfolio selection, in: *Journal of Finance*, Vol. 7, 1952, No. 1, March, S. 77-91.

Markowitz, H. M. (Markowitz, 1959): *Portfolio selection*, New York 1959.

Markowitz, H. M. (Markowitz, 1984): The „two beta" trap, in: *Journal of Portfolio Management*, Vol. 11, 1984, Fall, S. 12-20.

Mossin, J. (Mossin, 1966): Equilibrium in a capital asset market, in: *Econometrica*, Vol. 34, 1966, S. 768-783.

Neumann J. von/ Morgenstern O. (v. Neumann/ Morgenstern, 1947): *Theory of games and economic behavior*, 2nd ed., Princeton 1947.

Rosenberg, B. (Rosenberg, 1974): Extra-market components of covariance in security returns, in: *Journal of Financial and Quantitative Analysis*, Vol. 9, 1974, No. 2, S. 263-274.

Ross, S. (Ross, 1976): The arbitrage theory of capital asset pricing, in: *Journal of Economic Theory*, Vol. 13, 1976, December, S. 341-360.

Schneeweiß, H. (Schneeweiß, 1967): *Entscheidungskriterien bei Risiko*, Berlin et al. 1967.

Simon, H. (Simon, 1957): *Models of man: Social and rational*, New York 1957.

Sharpe, W. (Sharpe, 1964): Capital asset prices: A theory of market equilibrium under conditions of risk, in: *Journal of Finance*, Vol. 19, 1964, September, S. 425-442.

Wallmeier, M. (Wallmeier, 1997): *Prognose von Aktienrenditen und -risiken mit Mehrfaktorenmodellen*, Bad Soden/ Taunus 1997.

Anwendung und Test des Single-Index-Modells am deutschen Aktienmarkt

von Thorsten Poddig/ Ralph Grothmann/ Tim Schäfer

1. Einleitung
2. Grundlagen des Single-Index-Modells
3. Schätzung der Modellparameter
4. Der Portfolio-Selection-Algorithmus im Single-Index-Modell
5. Aufgabenstellung beim Test des Single-Index-Modells
6. Grundlegender Aufbau des Tests
7. Die Bestimmung der Länge des „optimalen" Schätzzeitraums
8. Die Verwendung alternativer Indizes
9. Test der „Performance" des Single-Index-Modells
10. Zusammenfassung und Schlußbemerkungen

1. Einleitung

Die Bestimmung optimaler Portfolios erfolgt vielfach unter Verwendung spezieller Computerprogramme, sog. „Portfolio Optimizer", hier nur kurz „Optimierer" genannt. Diese basieren häufig auf dem „Critical Line Algorithm" nach MARKOWITZ[1] oder Verfahren des Operations Research, hier speziell etwa auf Verfahren der Quadratischen Programmierung.[2] Derartige Optimierer sind im Hinblick auf zwei Aspekte recht aufwendig. Zum einen erfordern sie als Dateninput die geschätzte Kovarianzmatrix der Renditen der Anlagen des Auswahluniversums, zum anderen sind die Algorithmen mathematisch anspruchsvoll und berechnungsintensiv.

Gerade in den Anfangsjahren der Anwendung der modernen Portfoliotheorie erwiesen sich beide Aspekte als besonders problematisch für einen praktischen Einsatz. Es wurde daher versucht, Verfahren zu entwickeln, die den Schätzprozeß der Kovarianzmatrix vereinfachen. Außerdem wurde nach Optimierungsalgorithmen gesucht, die weniger komplex in der Durchführung und transparenter in der Anwendung sein sollten. Ein bekanntes Modell, welches beiden Erfordernissen Rechnung trägt, ist das sog. *Single-Index-Modell*.[3] Obwohl heute vor dem Hintergrund der gewaltig angestiegenen Computerkapazitäten die Ausführung eines Optimierers auf einem leistungsfähigen Personalcomputer kein besonderes Problem mehr bedeutet, stellt das Single-Index-Modell dennoch ein interessantes Verfahren dar. Zum einen ist das Schätzproblem der Kovarianzmatrix geblieben, zum anderen besitzt die relativ geringe Komplexität seines Optimierungsalgorithmus gewisse Vorzüge. Der Portfoliomanager ist damit in der Lage, allein unter Verwendung einer Tabellenkalkulation eine Portfoliooptimierung durchzuführen und kann das Zustandekommen der Lösung leichter nachvollziehen. Dieses vergleichsweise einfache und elegante Modell verdient daher eine nähere Betrachtung.

Der vorliegende Beitrag über die Anwendung und den Test des Single-Index-Modells am deutschen Aktienmarkt unterteilt sich in zwei thematische Hauptblöcke. Der erste Teil (Kapitel 2 bis 4) ist vorrangig darstellender Natur. Hier wird das Single-Index-Modell kurz vorgestellt, seine Eigenschaften beschrieben und der Optimierungsalgorithmus schrittweise anhand eines praktischen Beispiels erläutert. Für den praktischen Einsatz dieses Modells sind verschiedene Parameter zu bestimmen. Auf einige einfache Verfahren zu deren Schätzung und die dabei entstehenden Probleme wird hier ebenfalls eingegangen.

Die Rechtfertigung für den Einsatz eines Verfahrens (wie dem des Single-Index-Modells) kann jedoch nicht allein mit dem Verweis auf dessen Einfachheit erfolgen. Vielmehr ist zu fragen, ob es nicht nur einfach, sondern auch „gut" ist. Diese letztlich entscheidende und zentrale Frage steht im Mittelpunkt des zweiten, umfangreicheren thematischen Hauptteils (Kapitel 5 bis 9). Hier werden die Vorgehensweise und Ergebnisse einer umfangreichen empirischen Untersuchung vorgestellt, in welcher der fiktive Einsatz des Single-Index-Modells am deutschen Aktienmarkt simu-

---

[1] Vgl. dazu etwa Markowitz (1987), S. 151 ff. oder Rudolf (1994), S. 14 ff. und S. 40 ff.
[2] vgl. Elton/ Gruber (1995), S. 103 ff.
[3] Vgl. Sharpe (1963).

liert wurde. Dabei wurden vielfältige, variierende Konstellationen von Vorgehensweisen durchgespielt, die interessante Aufschlüsse über Eigenschaften, insbesondere über Stärken und Schwächen dieses Modells, offenbaren. Möglichkeiten und Grenzen dieses Modells werden dabei deutlich, so daß damit eine höhere Sensibilität für den praktischen Umgang mit diesem Instrumentarium geschaffen werden kann.

2. Grundlagen des Single-Index-Modells

Das Single-Index-Modell[4] geht von der stark vereinfachenden Annahme aus, daß sich die Rendite R_{it} eines Anlageobjektes i im Zeitablauf durch vier Komponenten erklären läßt, nämlich durch (i) eine anlagespezifische Komponente α_i, (ii) die Abhängigkeit β_i von einem renditebestimmenden Faktor (auch *Index* genannt), (iii) die Höhe der Veränderungsrate des Faktors (R_{mt}) im Zeitablauf und (iv) eine Zufallskomponente e_{it}. Diese vier Komponenten werden in einer einfachen linearen Gleichung zusammengefaßt:

(1) $\quad R_{it} = \alpha_i + \beta_i R_{mt} + e_{it}$,

mit: t = Zeitindex der Periode t.

Üblicherweise wird beim Single-Index-Modell der renditebestimmende Faktor mit einem marktbreiten (Wertpapier-) Index[5] gleichgesetzt. Bei dieser Gleichsetzung ergibt sich die Rendite einer speziellen Anlage R_{it} aus der Rendite des Marktindex R_{mt}, multipliziert mit der Sensitivität β_i, aus der anlagenspezifischen Komponente α_i und nicht näher erklärbaren Zufallseinflüssen. Dennoch ist diese Gleichsetzung nicht zwingend; bei dem Index kann es sich um einen beliebigen, aber renditebeeinflussenden Faktor handeln. Es liegt hier also ein Einfaktormodell vor, bei dem die Natur des Faktors zunächst unbestimmt und in der konkreten Anwendung festgelegt werden muß. Folgerichtig werden in Kapitel 3 auch verschiedene denkbare Faktoren eingesetzt und getestet. Für die weiteren Darstellungen dieses ersten Hauptteils wird jedoch der üblichen Gepflogenheit entsprochen und der Faktor mit dem Marktindex assoziiert.

Besondere Relevanz besitzt das β_i eines Anlageobjektes, welches auch als der sogenannte *Betafaktor* bezeichnet wird. Wie aus der Gleichung ersichtlich wird, drückt der Betafaktor die Richtung und Stärke aus, mit der die Rendite R_i eines Anlageobjektes auf die allgemeine Entwicklung der Renditen aller Anlageobjekte im Marktin-

---

[4] Die folgenden Darstellungen orientieren sich an Elton/ Gruber (1995), S. 128 ff. und S. 181 ff.; vgl. auch Elton et al. (1978) oder Kwan (1984).
[5] Dieser Index wird im folgenden kurz als Marktindex bezeichnet, ohne damit unbedingt das Marktportfolio im Sinne des Marktmodells zu meinen.

dex (kurz: „allgemeine Marktentwicklung") reagiert. So bezeichnet ein β_i von 0.8 den Umstand, daß bei einer Zunahme der allgemeinen Marktentwicklung um einen Prozentpunkt die Rendite des betreffenden Anlageobjektes um 0.8-Prozentpunkte steigt. Besitzt ein Anlageobjekt ein negatives Beta, entwickeln sich dessen Renditen entgegengesetzt zur allgemeinen Marktentwicklung. Je höher das Beta betragsmäßig ausfällt, um so stärker reagiert die Rendite eines Anlageobjektes auf die allgemeine Marktentwicklung. Für $\beta_i = 0$ ist sie von ihr völlig unabhängig, wobei jedoch in der Praxis Werte von $\beta_i < 0.2$ nur selten zu beobachten sind.

In diesem Modell wird unterstellt, daß neben der allgemeinen Marktentwicklung R_m keine anderen systematischen Einflüsse auf die Rendite eines Anlageobjektes R_i mehr bestehen. Die Gleichung (1) beinhaltet annahmegemäß abschließend und vollständig sämtliche renditebestimmenden Komponenten. Formal wird dies dadurch ausgedrückt, indem folgende drei weitere Annahmen gesetzt werden:

(2) $\quad E(e_i) = 0 \quad$ d.h. der Erwartungswert der Störgröße ist Null;

(3) $\quad E[e_i(R_m - \mu_m)] = 0$
mit: $\mu_m =$ Erwartungswert der allgemeinen Marktentwicklung $E(R_m)$; d.h. die allgemeine Marktentwicklung und die Zufallskomponente e_i sind unkorreliert;

(4) $\quad E(e_i e_j) = 0 \quad$ für alle Anlageobjekte $i, j, i \neq j$; d.h. die Störgrößen zweier Anlageobjekte i und j sind stets untereinander unkorreliert.

Schließlich wird angenommen, die Varianz der Renditen des Marktindex und die der Störgrößen seien konstant und endlich:

(5) $\quad E(R_m - \mu_m)^2 \quad = \quad \sigma_m^2,$

(6) $\quad E(e_i)^2 \quad = \quad \sigma_{ei}^2.$

Als Folgerungen aus diesen Annahmen ergeben sich recht einfache Beziehungen für den Erwartungswert der Rendite μ_i eines Anlageobjektes i, der Varianz dessen Renditen σ_i^2 und der Kovarianz der Renditen σ_{ij} je zweier Anlageobjekte i und j:

(7) $\quad \mu_i = \alpha_i + \beta_i \mu_m \quad$ d.h.: der Erwartungswert der Rendite eines Anlageobjektes ist eine lineare Funktion der allgemeinen Marktentwicklung;

(8) $\quad \sigma_i^2 = \beta_i^2 \sigma_m^2 + \sigma_{ei}^2 \quad$ d.h.: das Risiko zerfällt in einen marktabhängigen (systematischen) und einen marktunabhängigen (unsystematischen) Teil;

(9) $\quad \sigma_{ij} = \beta_i \beta_j \sigma_m^2 \quad$ d.h.: die Kovarianz der Renditen ergibt sich allein aufgrund der gemeinsamen Abhängigkeit von der allgemeinen Marktentwicklung.

Als erstes Zwischenergebnis ist zunächst festzuhalten, daß sich unter den gesetzten Annahmen die Schätzung der Kovarianzmatrix der Renditen aller betrachteten Anlagen eines Auswahluniversums vereinfacht. Folgende Überlegungen mögen dies kurz illustrieren: Umfaßt das betrachtete Auswahluniversum N Anlagemöglichkeiten, so sind ohne Rückgriff auf das Single-Index-Modell $N(N-1)/2$ Kovarianzen der Renditen zu schätzen. Zusätzlich werden noch N Schätzungen für die Renditen und Varianzen der Renditen der Anlageobjekte benötigt, so daß vor der eigentlichen Portfoliooptimierung insgesamt $2N + N(N-1)/2$ Parameter zu schätzen sind. Der Schätzaufwand wächst also quadratisch und erreicht schon für „kleine" Auswahluniversen schnell inpraktikable Größenordnungen.[6] Bei Verwendung des Single-Index-Modells entschärft sich die Schätzproblematik erheblich. Hier sind leglich N autonome „Eigenrenditen" α_i, N Betafaktoren β_i, N Varianzen der Störgrößen σ_{ei}^2 (kurz „Residualrisiken") sowie die Marktrendite μ_m und das Marktrisiko σ_m^2 zu schätzen. Dies ergibt insgesamt $3N+2$ Parameter und bedeutet eine nachhaltige Reduzierung des Schätzaufwandes, wie Tabelle 1 zeigt.

Anzahl der betrachteten Anlagen N	10	150	250
ohne Single-Index-Modell ($2N + N(N-1)/2$)	65	11.475	31.625
mit Single-Index-Modell ($3N+2$)	32	452	752

Tab. 1: **Anzahl der zu schätzenden Parameter vor der Portfoliooptimierung mit Verwendung des Single-Index-Modells**

Die besondere Bedeutung des Single-Index-Modells für den der eigentlichen Portfoliooptimierung vorgelagerten Prozeß der Parameterschätzung dürfte damit schon deutlich sein. Selbst wenn man den später vorzustellenden Optimierungsalgorithmus aus verschiedenen Gründen nicht verwenden möchte, so kann das Single-Index-Modell dennoch davon unabhängig als Werkzeug der Parameterschätzung eingesetzt werden. Es verringert dabei nicht nur den Prognoseumfang, sondern kann auch die Güte der Prognose der zukünftigen Kovarianzmatrix verbessern.[7] Wenn im folgenden auf diesen Aspekt nicht näher explizit eingegangen wird, so sollte trotzdem seine Bedeutung nicht vernachlässigt werden.

Abschließend sei noch kurz auf die Folgerungen aus dem Single-Index-Modell hingewiesen, welche die Eigenschaften der Portefeuilles bedingen. Ohne dabei auf die Ableitungen im einzelnen eingehen zu können, ergeben sich unter den o.g. Annahmen für die Rendite μ_P und das Risiko σ_P eines Portefeuilles P aus N Anlageobjekten folgende Beziehungen:

---

[6] Aufgrund der mittlerweile stark angestiegenen Berechnungskapazität heutiger Computer ist dieses Problem weniger „rechentechnischer" als vielmehr „verfahrenstechnischer" Natur.
[7] vgl. Elton/ Gruber (1995) S. 141 ff. und S. 164 ff.

(10) $\quad \mu_P = \sum_{i=1}^{N} x_i \mu_i$,

mit: $\quad x_i \quad = \quad$ Anteil des i-ten Anlageobjektes im Portefeuille P;

(11) $\quad \sigma_P = \sqrt{\sigma_P^2}$;

(12) $\quad \sigma_P^2 = \sum_{i=1}^{N} \sum_{j=1}^{N} x_i x_j \beta_i \beta_j \sigma_m^2 + \sum_{i=1}^{N} x_i^2 \sigma_{ei}^2$.

Betrachtet man die letzte Gleichung (12), so zerfällt diese in zwei Terme, wobei lediglich der zweite Term den Beitrag der *rein zufälligen* Schwankungen der Renditen zum Gesamtportfoliorisiko enthält. Nimmt man vereinfachend an, jedes Anlageobjekt werde zu gleichen Anteilen im Portfolio gehalten, läßt sich der zweite Term wie folgt schreiben:

(13) $\quad \sum_{i=1}^{N} \left(\frac{1}{N} \right)^2 \sigma_{ei}^2 = \frac{1}{N} \sum_{i=1}^{N} \frac{1}{N} \sigma_{ei}^2 = \frac{1}{N} \left(\frac{1}{N} \sum_{i=1}^{N} \sigma_{ei}^2 \right) = \frac{1}{N} \overline{\sigma}_{ei}^2.$

Der Beitrag der zufälligen Schwankungen zum gesamten Portfoliorisiko ist also die durchschnittliche (unsystematische) Schwankung der Renditen über alle Anlageobjekte, gewichtet mit dem Faktor $1/N$. Für große N konvergiert dieser Term schnell gegen Null, d.h., die Risikokomponente der rein zufälligen Schwankungen der Renditen kann allein durch Diversifikation ausgeschaltet werden. Entsprechend bezeichnet man diese Risikokomponente auch als das *unsystematische* Portfoliorisiko. Der verbleibende erste Term drückt dagegen die Schwankungen der Renditen in Abhängigkeit von der allgemeinen Marktentwicklung aus. Er kann durch keine Maßnahme reduziert werden, weshalb man hier auch vom verbleibenden *systematischen* Portfoliorisiko spricht. Durch Portfoliobildung läßt sich (auch beim Single-Index-Modell) das unsystematische Risiko weitgehend ausschalten.

3. Schätzung der Modellparameter

Unter den vorangegangenen Annahmen läßt sich ein Algorithmus angeben, der die Zusammenstellung optimaler Portfolios erlaubt. Der erste Schritt für dessen praktische Anwendung besteht darin, die wichtigsten Modellparameter zu schätzen. Aber auch für den Fall, daß das Single-Index-Modell allein als Werkzeug zur Schätzung der Kovarianzmatrix der Renditen der Anlagen im Auswahluniversum verwendet werden soll, sind die folgenden Schätzungen notwendig. Der vorangegangenen Darstellung folgend sind dies im einzelnen: (i) der Erwartungswert der Rendite der allgemeinen Marktentwicklung μ_m, (ii) die α_i-Werte und β_i-Faktoren der einzelnen Anlageobjekte und (iii) die Varianzen σ_{ei}^2 der zufälligen Renditeschwankungen der einzelnen Anlageobjekte.

Die Schätzung dieser Parameter ist der eigentlich entscheidende Schritt, der für die spätere Portfolioperformance dominierend ist. Hier sind gerade fortgeschrittene Verfahren der Finanzanalyse gefordert, um Anhaltspunkte für deren Schätzung zu liefern. Diese Problematik wird später noch besonders deutlich werden. Da hier nicht auf die Fülle möglicher Verfahren eingegangen werden kann, seien nur einfache – aber sicherlich nicht die besten – Schätzverfahren betrachtet.

Die einfachste Variante zur Bestimmung des Erwartungswerts der Rendite der allgemeinen Marktentwicklung μ_m besteht in der Ableitung aus Beobachtungen der Vergangenheit in Form einfacher Durchschnittsbildungen:

$$(14) \quad \mu_m = \frac{1}{T} \sum_{t=1}^{T} R_{mt} ,$$

mit: T = Anzahl der Beobachtungen in der Vergangenheit.

Eine einfache Variante der α_i- und β_i-Schätzung ist ebenfalls an der Beobachtung von Vergangenheitswerten orientiert. Hier werden für ein bestimmtes Anlageobjekt i alle beobachteten Wertepaare von (R_{it}, R_{mt}) einander gegenübergestellt, und das α_i bzw. das β_i über die Schätzung einer Regressionsgeraden nach der Kleinsten-Quadrate-Methode ermittelt. Die Schätzgleichungen lauten hier:

$$(15) \quad \beta_i = \frac{\sigma_{im}}{\sigma_m^2} = \frac{\sum_{t=1}^{T}\left((R_{it} - \mu_i)(R_{mt} - \mu_m)\right)}{\sum_{t=1}^{T}(R_{mt} - \mu_m)^2} ,$$

$$(16a) \quad \alpha_i = \mu_i - \beta_i \mu_m ,$$

$$(16b) \quad \text{mit: } \mu_i = \frac{1}{T} \sum_{t=1}^{T} R_{it} ;$$

T = Anzahl der Beobachtungen in der Vergangenheit.

Bei Verwendung dieses Regressionsansatzes können nun ebenfalls die σ_{ei}^2 leicht ermittelt werden:

$$(17) \quad \sigma_{ei}^2 = \frac{1}{T} \sum_{t=1}^{T} \left(R_{it} - (\alpha_i + \beta_i R_{mt})\right)^2 .$$

Ein Beispiel mit den Kursdaten, die für die in Kapitel 5 bis 9 vorzustellende Untersuchung verwendet wurden, soll die vorangegangenen Betrachtungen illustrieren. Hier ergibt sich schon die erste kleine Schwierigkeit, indem die bisherigen Betrachtungen von Renditen ausgingen, während für Anlageobjekte wie Aktien, Renten, Devisen usw. üblicherweise (tägliche) Kursnotierungen (d.h. Preise) vorliegen. Ein erster vorbereitender Schritt besteht darin, die täglichen Kurse in (Eintages-) Renditen nach (18) umzurechnen. Die Umrechnung nach (18) stellt dabei nur eine einfache

Variante dar, denn streng genommen müssen im Zähler und Nenner ebenfalls zwischenzeitlich anfallende Dividendenzahlungen mit berücksichtigt werden.[8] Für die Zwecke des Beispiels ist (18) jedoch ausreichend:

(18) $\quad R_{it} = \dfrac{K_{it} - K_{it-1}}{K_{it-1}}$,

mit: R_{it} = (Eintages-) Rendite des i-ten Wertpapieres;

K_{it} = (täglicher) Kurs des i-ten Wertpapieres zum Zeitpunkt t.

Tabelle 2 stellt nun die Kursverläufe der Allianz-Aktie und des Deutschen Aktienindex DAX für den Zeitraum vom 21.02.1996 bis 20.03.1996 (ein Börsenmonat) dar.

Datum	Dax	Eintagesrendite	Allianz	Eintagesrendite
21.02.96	2391.12		2739.00	
22.02.96	2412.00	0.00873231	2753.00	0.00511135
...	...	...	....	...
15.03.96	2458.23	0.01308062	2688.00	0.00749625
18.03.96	2463.16	0.00200551	2674.00	-0.00520833
19.03.96	2493.26	0.01222008	2728.00	0.02019447
20.03.96	2485.90	-0.00295196	2745.00	0.00623167

Tab. 2: Kurse und (Eintages-) Renditen der Allianz und des DAX
im Zeitraum vom 22.02.1996 bis 20.03.1996

Für die Aktie der Allianz am 22.02.1996 beispielsweise berechnet sich die (Eintages-) Rendite nach Gleichung (18) wie folgt:

$$R_{it} = \dfrac{K_{it} - K_{it-1}}{K_{it-1}} = \dfrac{2753.00 - 2739.00}{2739.00} = 0{,}00511135$$

Für den verwendeten Index wurde entsprechend verfahren. Die anschließende Bildung des arithmetischen Mittelwertes der so ermittelten (Eintages-) Renditen über die letzten T Beobachtungstage nach (14) für den Index bzw. (16b) für die Anlageobjekte liefert historisch basierte Schätzungen für die zukünftigen Erwartungswerte der allgemeinen Marktentwicklung und der Rendite der Anlageobjekte (ob dies

---

[8] Für detailliertere Betrachtungen vgl. Uhlir/ Steiner (1994), S. 120 ff.

gute Schätzer sind, sei zunächst dahingestellt und wird Gegenstand späterer Untersuchungen sein).

Die Schätzung der Alpha- und Betawerte sei anhand von Tabelle 2 und Abbildung 1 illustriert.

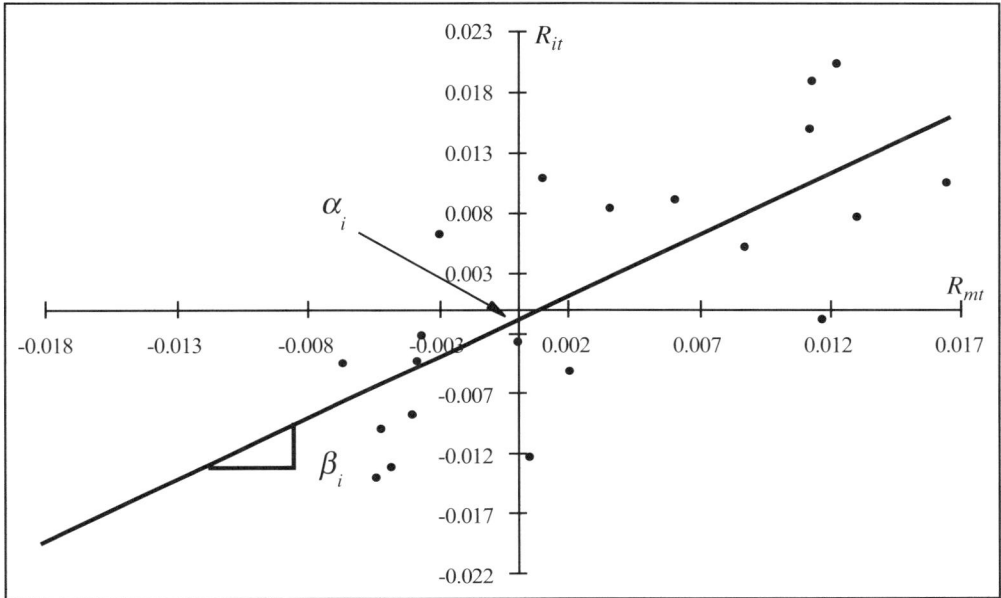

Abb. 1: Schätzung der Alpha- und Betawerte über eine Regressionsgerade am Beispiel der Aktie der Allianz AG

Abbildung 1 veranschaulicht die Bestimmung der Alpha- und Betawerte über eine Regressionsgerade: Eine Gerade wird durch die Punktwolke (Paare von R_{it} und R_{mt}) so gelegt, daß dabei die Summe der (senkrechten) quadrierten Abstände aller Punktpaare (R_{it};R_{mt}) von der Geraden minimal wird. Für das Beispiel ergibt sich hier ein Alpha von -0.00191343 und ein Beta von 1.05262211 für die Aktie der Allianz. Schließlich stellt das arithmetische Mittel aller (senkrechten) quadrierten Abstände der Punkte von der Regressionsgeraden den Schätzer für das Residualrisiko dar (vgl. Gleichung (17)); es ergibt sich hier mit $\sigma_{eAllianz}^2$ = 4.532E-05.[9]

Der Nachteil des gerade vorgestellten Verfahrens ist die reine Vergangenheitsorientierung, welche erst dann einen Sinn ergibt, wenn die Reihen der historischen Renditen Informationen über deren zukünftige Renditen enthalten.[10] Dies kann aber bei Gültigkeit der schwachen Informationseffizienz nicht der Fall sein. Daher setzen diese Verfahren implizit deren Nichtgültigkeit voraus.

---

[9] Aufgrund der oftmals sehr kleinen Werte werden diese - wenn nötig - in der Exponentialdarstellung ausgedrückt. Das Symbol E bezeichnet den Exponenten zur Basis 10; z.B. bedeutet 4.532E-05: 4.532 * 10^{-5} = 0.00004532.

[10] Vgl. Fama (1970) und (1991).

4. Der Portfolio-Selection-Algorithmus im Single-Index-Modell

Der Portfolio-Selection-Algorithmus im Single-Index-Modell verläuft in zwei Teilschritten, nämlich (i) der Bestimmung der in das Portefeuille aufzunehmenden Werte und (ii) der Bestimmung ihres Anteils am Portfolio.[11] Für ein tiefergehendes Verständnis und die ausführliche Begründung der einzelnen Schritte ist eigentlich die Darstellung der Herleitung des Algorithmus und seiner Eigenschaften (insbesondere seiner Optimalitätseigenschaft) notwendig, was aber aus Platzgründen nicht möglich ist. Im folgenden kann daher nur der „nackte" Algorithmus präsentiert und bei weitergehendem Interesse auf die Literatur verwiesen werden.[12]

Die Bestimmung der aufzunehmenden Werte

Das Kriterium für die Beurteilung einer Anlagemöglichkeit ist die Überschußrendite über den Marktzins: Je höher die Überschußrendite ausfällt, desto attraktiver ist die Anlage. Um mehrere Anlagen unterschiedlicher Risikoklassen, wie z.B. hochspekulative Aktien und risikolose Staatsanleihen, miteinander vergleichen zu können, benötigt man eine Maßzahl, die sowohl die Rendite als auch das jeweilige Risiko dieser Anlage zum Ausdruck bringt. Dazu eignet sich die risikoadjustierte Überschußrendite (RR_i):

(19) $$RR_i = \frac{\mu_i - \mu_f}{\beta_i} \ .$$

Bei der Bestimmung der in das Portfolio aufzunehmenden Anlageobjekte ist wie folgt vorzugehen: Im ersten Schritt wird für alle Kandidaten die risikoadjustierte Überschußrendite RR_i (im Angelsächsischen: *excess return to beta*) berechnet. Nachdem die RR_i für alle in Frage kommenden Anlageobjekte berechnet wurden, können sie in eine Reihenfolge gebracht werden: Derjenige Wert, der im Verhältnis zu seinem inhärenten Risiko die größte Überschußrendite erzielt, ist am attraktivsten. Der zweite Schritt besteht also darin, die Liste der (potentiellen) Anlageobjekte in *absteigender Reihenfolge* ihrer risikoadjustierten Überschußrenditen zu sortieren. Damit steht an erster Position der Liste das Anlageobjekt mit der höchsten, an letzter Position das mit der niedrigsten risikoadjustierten Überschußrendite. Im dritten Schritt ist für *jede* Position i der sortierten Liste der potentielle Cut-off-Wert C_i zu berechnen (vgl. Gleichung (20)). Die so errechneten Cut-off-Werte werden später benötigt, um zwischen „kaufwürdigen" und „nicht kaufwürdigen" Investments unterscheiden zu können.

---

[11] Vgl. Elton/Gruber (1995), S. 181 ff.
[12] Vgl. Elton/Gruber (1995), S. 200 ff.

(20) $$C_i = \frac{\sigma_m^2 \sum_{j=1}^{i} \frac{(\mu_j - \mu_f)\beta_j}{\sigma_{ej}^2}}{1 + \sigma_m^2 \sum_{j=1}^{i} \left(\frac{\beta_j^2}{\sigma_{ej}^2}\right)} \quad .$$

Anhand der potentiellen Cut-off-Werte C_i ist nun der endgültige Cut-off-Wert C^* zu bestimmen. Es ist der C_{i^*}-Wert der Position i^*, für die folgende Bedingungen eingehalten werden:

(20a) für alle Positionen $j \leq i^*$ gilt: $RR_j \geq C_{i^*}$
und
(20b) für alle Positionen $j > i^*$ gilt: $RR_j < C_{i^*}$.

Alle Kandidaten der Positionen $j = 1, ..., i^*$ sind in das Portfolio aufzunehmen. Eine ökonomische Interpretation dieses Cut-off-Wertes C^* findet sich bei ELTON/ GRUBER.[13] Da aus Platzgründen darauf nicht weiter eingegangen werden kann, ist er hier lediglich als Bestandteil des Selektionsalgorithmus zu betrachten.

Der Portfolio-Selection-Prozeß im Single-Index-Modell wird von ELTON/ GRUBER an einem anschaulichen Beispiel illustriert.[14] Die Anwendung dieses Verfahrens ist aber nicht auf „Lehrbuchbeispiele" begrenzt, sondern kann auch auf „reale" Anlageobjekte angewendet werden. Ein konkretes Beispiel soll dies zeigen. In Tabelle 3 sind die anhand der Eintagesrenditen im Zeitraum vom 26.07.1988 bis 17.04.1996 ermittelten Werte für den Erwartungswert der Rendite, das Alpha, das Beta und das Residualrisiko für 26 deutsche Standardwerte aufgeführt (entsprechend dem beschriebenen Vorgehen; dabei wurde der DAX als Index zugrunde gelegt).

---

[13] Vgl. Elton/ Gruber (1995), S. 185 ff.
[14] Vgl. Elton/ Gruber (1995), S. 184ff.

Aktienwert	μ_i (2)	β_i (3)	α_i (4)	σ_{ei}^2 (5)
Allianz	0.00057726	0.94525033	0.00013882	8.3629E-05
BASF	0.00033526	0.82651351	-4.8104E-05	0.00008315
Bayer	0.00033171	0.80210750	-4.9134E-05	7.8085E-05
BHW	0.00014049	0.82365931	-0.00024155	9.1305E-05
BMW	0.00047396	0.89089619	5.9828E-05	9.8283E-05
Bayer. Vereinsbank	0.00023129	0.87352805	-0.00017389	0.00010362
Commerzbank	0.00024847	0.87082816	-0.00015545	0.00008863
Daimler Benz	0.00017151	1.00237512	-0.00029343	9.2925E-05
Deutsche Bank	0.00022809	0.84873717	-0.00016558	0.00006555
Degussa	0.00031587	0.79214548	-5.1557E-05	0.00015692
Dresdner Bank	0.00024922	0.79000507	-0.00011721	7.5081E-05
Henkel	0.00024325	0.62810632	0.00004809	9.2273E-05
Hoechst	0.00041129	0.83928634	2.1996E-05	0.00010380
Karstadt	0.00029395	0.82213780	-8.7389E-05	0.00012997
Kaufhof	0.00021360	0.90848048	-0.00020779	0.00015105
Lufthansa	0.00046594	0.98009149	1.1334E-05	0.00026229
Linde	0.00037083	0.68799387	5.1711E-05	8.1924E-05
M.A.N.	0.00062183	1.02303092	0.00014731	0.00016302
Mannesmann	0.00076016	1.06991242	0.00026390	0.00014942
Preussag	0.00073675	-0.02444674	0.00074809	0.00023032
Siemens	0.00020734	0.83252083	-0.00017881	5.2214E-05
Schering	0.00048682	0.60719719	0.00020518	0.00012214
Thyssen	0.00053732	0.96934272	0.00008770	0.00014078
VEBA	0.00057281	0.86393170	0.00017208	7.4976E-05
VIAG	0.00076043	0.80046276	0.00038915	0.00011145
V.W.	0.00041296	1.09843295	9.6535E-05	0.00013492

Tab. 3: Geschätzte Parameter für 26 deutsche Standardwerte

Die Varianz der allgemeinen Marktentwicklung σ_m^2 kann mit Hilfe von Formel (21) errechnet werden:

(21) $\quad \sigma_m^2 = \dfrac{1}{T} \sum\limits_{t=1}^{T} (R_{mt} - \mu_m)^2$.

Man erhält in dem Beispiel die Varianz der allgemeinen Marktentwicklung (hier repräsentiert durch den DAX) mit $\sigma_m^2 = 0.0001243$. Für den risikofreien Zinssatz gilt im Beispiel $\mu_f = 3.35\%$ p.a. (Zinssatz für Einmonatsgeld per 04/96). Dies entspricht einer Tagesrendite von $\sqrt[360]{1.0335} - 1 = 0.0091535$ (bei 360 Zinstagen). Mit diesen Parametern errechnet sich etwa die risikoadjustierte Überschußrendite der Aktie der Allianz wie folgt:

$$RR_{Allianz} = \dfrac{0.00057726 - 0.000091535}{0.94525033} = 0.00051386.$$

Die Aktienwerte werden nun im zweiten Teilschritt nach der risikoadjustierten Überschußrendite absteigend in einer Liste sortiert, d.h., daß sich der Aktienwert mit dem höchsten RR_i-Wert an erster Position und der mit dem geringsten RR_i-Wert an letzter Position der Liste befindet. Dieser Vorgang garantiert, daß nur die Aktienwerte, die die größte zusätzliche Rendite (risikoadjustiert) im Vergleich zu der risikofreien Anlage liefern, in das Portfolio aufgenommen werden. Abbildung 2 stellt den Sortiervorgang schematisch dar.

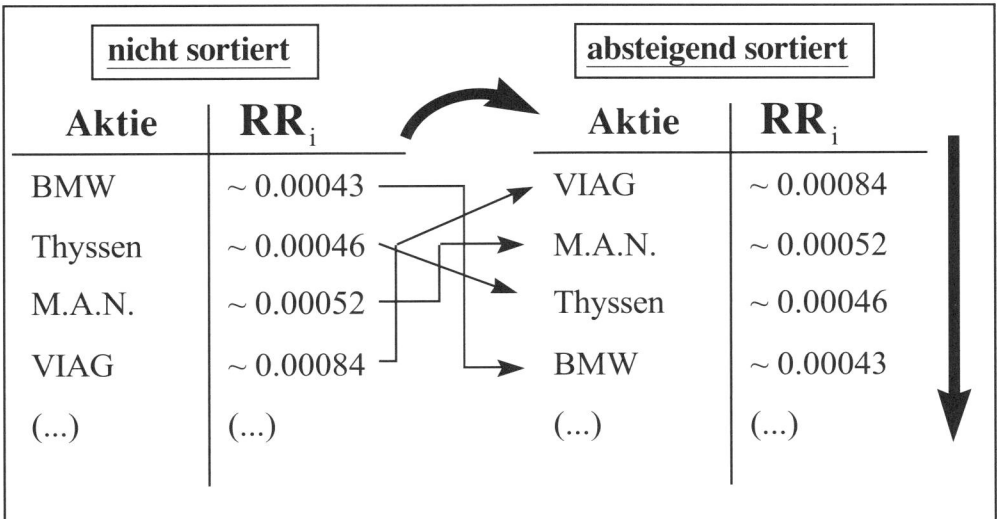

Abb. 2: Schematische Übersicht des absteigenden Sortiervorgangs nach der risikoadjustierten Überschußrendite

Der dritte Teilschritt, nämlich die Ermittlung des Cut-off-Werts C^*, wird in der Tabelle 4 vorgestellt. Sie enthält die nach ihren risikoadjustierten Überschußrenditen absteigend sortierten Aktienwerte und deren dazugehörigen, potentiellen Cut-off-Werte C_i.

Aktie	$\dfrac{\mu_i - \mu_f}{\beta_i}$	$\dfrac{(\mu_i - \mu_f)\beta_i}{\sigma_{ei}^2}$	$\dfrac{\beta_i^2}{\sigma_{ei}^2}$	$\sum_{j=1}^{i}(3)_j$	$\sum_{j=1}^{i}(4)_j$	C_i
(1)	(2)	(3)	(4)	(5)	(6)	(7)
VIAG	0.00083563	4.80407252	5749.02399	4.80407252	5749.02399	0.00034827
Schering	0.00065101	1.96505794	3018.49747	6.76913047	8767.52146	0.00040262
Mannesmann	0.00062494	4.78770623	7661.12341	11.5568367	16428.6449	0.00047221
VEBA	0.00055707	5.54561657	9954.95345	17.1024533	26383.5983	0.00049675
M.A.N.	0.00051836	3.32795354	6420.21274	20.4304068	32803.8111	0.00050015
Allianz	0.00051386	5.49006301	10684.0251	25.9204698	43487.8361	0.00050299
Thyssen	0.00045988	3.0695287	6674.64301	28.9899985	50162.4791	0.00049805
...	...	...	...	...	...	...
PREUSSAG	-0.02639264	-0.06848413	2.5948192	59.7363641	185856.189	0.00030808

Tab. 4: Liste der nach RR_i absteigend sortierten Aktienwerte und der dazugehörigen potentiellen Cut-Off-Werte C_i

Beispielsweise ermittelt sich der Cut-Off-Wert der Allianz wie folgt: Die Spalte (5) gibt die kumulierten Werte der Spalte (3) an, d.h., beginnend mit der ersten Aktie der sortierten Liste (VIAG) werden die Daten der Spalte (3) aufaddiert und im Zwischenschritt in Spalte (5) abgelegt. Somit besteht der Wert der Allianz in Spalte (5) aus dem Wert der M.A.N. aus Spalte (5) und dem Wert der Allianz aus Spalte (3). Multipliziert man den entsprechenden Wert der Spalte (5) der Allianz mit der Varianz der allgemeinen Marktentwicklung, ist der Zähler des Cut-Off-Wertes für die Allianz bestimmt. Der Nenner des Cut-Off-Wertes errechnet sich, indem man die Daten der Spalte (4) kumuliert (diese sind in Spalte (6) ausgewiesen), den entsprechenden Wert der Spalte (6) mit der Varianz der allgemeinen Marktentwicklung multipliziert und abschließend zu eins addiert.

Nach der Berechnung aller potentiellen Cut-Off-Werte C_i wird der kritische Cut-Off-Wert C^* für die sechsundzwanzig Aktienwerte ermittelt (d.h., es wird derjenige Wert gesucht, der gleichzeitig die Bedingung 20a und 20b erfüllt; s.o.). In diesem Beispiel ergibt sich für den kritischen Cut-Off-Wert C^* ein Wert von $C^* = 0.00050299$. Unser Portfolio enthält somit die Aktien von VIAG, Schering, Mannesmann, VEBA, M.A.N. und der Allianz, da für diese Listenpositionen die risikoadjustierten Überschußrenditen größer als der kritische Cut-Off-Wert und für alle anderen Listenpositionen die Werte der risikoadjustierten Überschußrenditen kleiner als der kritische Cut-Off-Wert C^* sind. Tabelle 4 verdeutlicht den kritischen Cut-Off-Wert C^* und dessen „Referenz"-RR_i-Wert durch einen Balken. Die oberhalb des Balkens stehenden Aktienwerte sind in das Portfolio aufzunehmen.

Für praktische Anwendungen ist es nicht erforderlich, alle potentiellen Cut-Off-Werte zu errechnen, da nur die Aktien in das Portfolio aufgenommen werden, deren RR_i-Werte größer als deren zugehörige Cut-Off-Werte sind. Man kann deshalb beginnen, den Cut-Off-Wert einer sich an mittlerer Position der Liste befindlichen Aktie zu bestimmen. Ist dieser größer (kleiner) als der RR_i-Wert der Aktie, wählt man eine darüber (darunter) stehende Aktie der Liste aus und wiederholt diese Prozedur bis der kritische Cut-Off-Wert C^* gefunden ist.

Die Bestimmung der Anteile im Portfolio

Die abschließende Bestimmung der Anteile, mit denen die einzelnen Anlageobjekte in das Portfolio aufzunehmen sind, gestaltet sich, gemäß den folgenden Berechnungsvorschriften, vergleichsweise einfach:

(22a) $\quad x_i = \dfrac{z_i}{\sum\limits_{j=1}^{N} z_j}$,

(22b) $\quad$ mit: $z_i = \dfrac{\beta_i}{\sigma_{ei}^2}\left(\dfrac{\mu_i - \mu_f}{\beta_i} - C^*\right)$,

N = Anzahl der aufzunehmenden Anlageobjekte.

Um beispielsweise den prozentualen Anteil der in das Portfolio aufgenommen Schering-Aktie zu bestimmen, wird zunächst deren Wert z_i bestimmt, indem man auf die bereits ermittelten Modellparameter zurückgreift und diese in Formel (22b) einsetzt:

$$z_{Schering} = \dfrac{0.60719719}{0.00012214}\left(\dfrac{0.00048682 - 0.000091535}{0.60719719} - 0.00040262\right) = 0.73582063.$$

Aus diesem Z-Wert der Schering-Aktie und der Summe aller Z-Werte ergibt sich der prozentuale Anteil der Schering-Aktie im Portfolio $x_{Schering}$ gemäß Gleichung (22a) wie folgt:

$$x_{Schering} = \dfrac{0.73582063}{4.84058361} = 0.15201073 \text{ (dies entspricht etwa 15.20 \%).}$$

Die Berechnung der übrigen Anteilswerte verläuft entsprechend. Tabelle 5 zeigt die berechneten Anteilswerte für die Aktien des Portfolios. Die Implementierung des Single-Index-Modells am Beispiel des deutschen Aktienmarktes von der Parameterberechnung bis hin zur Bestimmung der prozentualen Anteile der Aktienwerte im Portfolio ist somit abgeschlossen.

Aktie	z_i	x_i
VIAG	2.38909225	0.49355459
Schering	0.73582063	0.15201073
Mannesmann	0.87320113	0.18039170
VEBA	0.62318443	0.12874159
M.A.N.	0.09643885	0.01992298
Allianz	0.12284633	0.02537841
Summe:	4.84058361	1.00000000

Tab. 5: Anteile der Aktien im Portfolio

Abschließende Bemerkungen

Der vorgestellte Portfolio-Selection-Algorithmus basiert auf drei Annahmen (keine negativen Betas, alle Betas sind ungleich Null, keine Leerverkäufe), bei deren Verletzungen einige Modifikationen notwendig sind, die hier allerdings nur angedeutet werden können. Für den Fall etwa, daß alle Anlageobjekte ein negatives Beta besitzen, ist die Sortierfolge umzukehren. Dieser Fall dürfte aber in der Realität fast niemals auftreten. Eher, aber trotzdem selten, muß dagegen gleichzeitig mit positiven und negativen Betas gerechnet werden. Für diesen Fall ist erst mit den positiven Betas wie behandelt zu verfahren. Wird nun ein Anlageobjekt mit negativem Beta aufgenommen, muß erneut überprüft werden, ob ein zusätzliches Anlageobjekt mit positivem Beta jetzt dem Auswahlkriterium entspricht (bei Einbeziehung eines Anlageobjektes mit negativem Beta hat sich C^* verringert). Dieser Prozeß ist solange zu iterieren, bis er zum Stillstand kommt. Bei einem $\beta = 0$ ist die risikoadjustierte Überschußrendite undefiniert. Ein solches Anlageobjekt sollte dann aufgenommen werden, wenn $\mu_i > \mu_f$ gilt.

Zwischen dem Single-Index-Modell und dem *Capital Asset Pricing Model* (CAPM) besteht eine gewisse Ähnlichkeit, die oftmals zu Verwechslungen oder gar Gleichsetzungen von beiden führt. Die Ähnlichkeit beruht zunächst auf der scheinbaren Übereinstimmung des Renditegenerierungsprozesses des Single-Index-Modells (vgl. Gleichung (23)) und der Wertpapiermarktlinie *(security market line)* des CAPM, welche eine Aussage über die im Marktgleichgewicht zu erwartende Rendite μ_i eines risikobehafteten Anlageobjektes i erlaubt (vgl. Gleichung (24)):

(23) $\quad \mu_i = \alpha_i + \beta_i \mu_m$,

mit: $\beta_i = \dfrac{\sigma_{im}}{\sigma_m^2}$.

(24) $\quad \mu_i = \mu_f + \beta_i (\mu_m - \mu_f)$,

mit: $\beta_i = \dfrac{\sigma_{im}}{\sigma_m^2}$.

Sofern nun $\alpha_i = (1-\beta_i)\mu_f$ gilt, geht (23) in (24) über:

(25) $\quad \mu_i = \mu_f + \beta_i \mu_m - \beta_i \mu_f = \mu_f + \beta_i (\mu_m - \mu_f)$.

Dennoch sind beide streng auseinanderzuhalten. Das CAPM ist ein Marktgleichgewichtsmodell, welches Aussagen über die Bewertung risikobehafteter Anlagen im Marktgleichgewicht liefern möchte. Es basiert auf verschiedenen Annahmen hinsichtlich des Kapitalmarktes und der Erwartungsbildung der Marktteilnehmer und leitet daraus schließlich *als Folgerung* die Wertpapiermarktlinie ab. Die Wertpapiermarktlinie nach (24) ist also das Ergebnis oder (besser) die Implikation bestimmter Modellannahmen und Ausfluß eines Marktgleichgewichtes. Gleichung (23) stellt dagegen einen Renditegenerierungsprozeß dar und keinesfalls ein Marktgleichgewicht. Er wird per Annahme gesetzt, nicht aber als Modellimplikation hergeleitet. Single-Index-Modell und CAPM sind ihrem grundlegenden Charakter nach also sehr verschieden und sollten keinesfalls verwechselt oder vorschnell gleichgesetzt werden. Entsprechend stellt der folgende Test des Single-Index-Modells auch keine Untersuchung zur Gültigkeit des CAPM am deutschen Aktienmarkt dar.

5. Aufgabenstellung beim Test des Single-Index-Modells

Die vorangegangene Darstellung dürfte illustriert haben, daß die Anwendung des Single-Index-Modells verfahrenstechnisch recht einfach ist und kaum größere Probleme bereitet. Die Tatsache, daß ein Verfahren recht einfach und transparent in der Anwendung ist, darf jedoch allein keine ausreichende Begründung für dessen Einsatz sein. Die letztlich entscheidende Frage ist vielmehr, ob es sich hier auch um ein „gutes" Verfahren handelt. Was allerdings „gut" in diesem Kontext heißen soll, ist unklar und bedarf einer näheren Spezifikation. Als mögliche Antworten im Hinblick auf das praktische Wertpapiermanagement könnte formuliert werden, daß es sich um ein „gutes" Verfahren handelt, wenn es (i) eine höhere Rendite bei gleichem Risiko oder (ii) ein niedrigeres Risiko bei gleicher Rendite oder (iii) eine höhere Rendite bei gleichzeitig niedrigerem Risiko zu erzielen erlaubt als bei einem rein passiven Halten des Marktindex. Ist es also möglich, durch Einsatz des vorgestellten Verfahrens letztlich eine bessere Rendite/Risiko-Charakteristik zu erzielen als mit einer rein passiven Portfoliomanagementstrategie? Die Frage nach der erzielbaren „Performance" kann nur empirisch zu beantworten versucht werden. Sie war Gegenstand einer umfangreichen Untersuchung, bei der die Anwendung des Single-Index-Modells unter variierenden Konstellationen am deutschen Aktienmarkt simuliert wurde.[15] Die Vorgehensweise und einige wesentliche Ergebnisse sollen im folgenden vorgestellt werden.

---

[15] Zu anderen Tests des Single-Index-Modells vgl. z.B. Elton et al. (1978) oder Kwan (1984) sowie Gibbons (1982).

Eine Untersuchung der „Performance" dieses Verfahrens wurde eigentlich vor dem Hintergrund einer anderen Überlegung angeregt. Auf der Grundlage der historischen Kursentwicklung werden häufig „Portfoliostrategien" aufgebaut, die auf dem Konzept der *Relativen Stärke* beruhen. Eine *prozyklische* Strategie würde darin bestehen, diejenigen Wertpapiere in das Portfolio aufzunehmen, deren Renditen in der Vergangenheit relativ am höchsten im Vergleich zu denen aller anderen gehandelten Wertpapiere waren. Umgekehrt würden gerade diejenigen Wertpapiere aus dem Portfolio entfernt werden, deren Renditen in der Vergangenheit relativ am niedrigsten waren. Bei einer *antizyklischen* Strategie wird genau der entgegengesetzte Weg eingeschlagen: Hier werden im Portfolio gerade diejenigen Wertpapiere gehalten bzw. neu aufgenommen, deren Renditen in der Vergangenheit relativ am niedrigsten waren.[16] Welche Strategie anzuwenden ist, hängt von dem Zeithorizont ab. Es wurde empirisch beobachtet, daß prozyklische Strategien kurzfristig und langfristig (Halteperiode ca. eine Woche bis einen Monat, bzw. drei bis fünf Jahre), antizyklische Strategien dagegen mittelfristig (Halteperiode drei bis zwölf Monate) erfolgreich sind.[17]

Betrachtet man nun das vorgestellte Verfahren in Verbindung mit der Schätzung der Modellparameter anhand der historischen Kursentwicklung, so sind deutliche Analogien erkennbar. Bei der Sortierung der Anlagekandidaten in absteigender Reihenfolge ihrer risikoadjustierten Überschußrenditen gelangen diejenigen Anlagen bevorzugt in das zu ermittelnde Portfolio, welche in der Vergangenheit die im Vergleich höchsten Renditen aufwiesen. Zusätzlich wird jedoch beim vorgestellten Verfahren noch der Risikoaspekt mit berücksichtigt. Insofern läßt sich also die Anwendung des Single-Index-Modells mit historisch basierter Schätzung der Modellparameter als eine Art „prozyklische Relative-Stärke-Strategie" unter Berücksichtigung des Risikoaspekts interpretieren. Wenn nun einfache prozyklische Relative-Stärke-Strategien kurzfristig erfolgreich sein sollen, dann gerade ist es besonders interessant zu fragen, wie gut eine sehr viel ausgefeiltere und anspruchsvollere Relative-Stärke-Strategie (als die sich das Single-Index-Modell in Verbindung mit einer historisch basierten Parameterschätzung interpretieren läßt) abschneiden wird.

Da die folgende Untersuchung originär durch die letzte Fragestellung angeregt wurde, müssen die konkret untersuchten Aspekte und das Design der Studie vor diesem Hintergrund gesehen werden. Die erzielten Ergebnisse lassen aber trotzdem nicht nur eine Beantwortung der letzten Fragestellung zu, sondern erlauben ebenfalls interessante Rückschlüsse auf die Eigenschaften des Single-Index-Modells.

---

[16] Vgl. Poddig (1996), S. 60 f.
[17] Vgl. hierzu näher Oehler (1994), S. 940 f. und die dort angegebene Literatur.

6. Grundlegender Aufbau des Tests

Der grundlegende Aufbau des Tests der Performance wurde – wie im vorangegangenen Abschnitt ausgeführt – stark durch die Interpretation des Single-Index-Modells mit einer historisch basierten Schätzung der Modellparameter als einer kurzfristigen „prozyklischen Relative-Stärke-Strategie" geprägt. Dazu wurde ein Programm der revolvierenden Portfoliorestrukturierung getestet, das vierundfünfzig Monate umfaßt (vom 01.01.92 bis zum 17.04.1996; aus Vereinfachungsgründen wurde ein Monat hierbei mit *20* Börsentagen und ein Börsenjahr mit *240* Tagen gleichgesetzt). Innerhalb dieses Programms wurden die Portfolios monatlich neu angepaßt. Das bedeutet, daß das „Start-Portfolio" zum 01.01.1992, mit einem Schätzzeitraum für die Modellparamater von beispielsweise einem Jahr, vom 01.01.1991 bis zum 31.12.1991 berechnet wird. Dieses Portfolio wird dann einen Monat lang gehalten und erst am 01.02.1992 wieder an die Marktentwicklung angepaßt – dieser ersten Anpassung liegen dann die Daten des Parameterschätzzeitraums vom 01.02.1991 bis zum 31.01.1992 zugrunde. Das Portfolio wird nach der Generierung also im gewählten Programm dreiundfünfzig Mal angepaßt.

Das verwendete Datenmaterial umfaßte tägliche Kursnotierungen von 26 deutschen Standardwerten (vgl. Tabelle 3), die um Bezugsrechte und Kapitalmaßnahmen, nicht aber um Dividenden bereinigt waren. Die Auswahl orientierte sich an den im DAX aktuell (oder früher einmal) enthaltenen Werten, für die eine ausreichend lange Kurshistorie beschafft werden konnte. Da für manche aktuelle DAX-Werte (z.B. Telekom) keine ausreichend langen Kurshistorien verfügbar sind, repräsentiert das Auswahluniversum nach Tabelle 3 nicht exakt den DAX, dürfte aber sehr „DAX-nah" sein. Ein Defizit der verwendeten Daten besteht in den nicht vorhandenen Dividendeninformationen. Insofern besitzt bei dieser Untersuchung der DAX (der einen sog. Performanceindex darstellt, bei dem die Dividendenzahlungen im Index reinvestiert werden) einen positiven „Dividenden-Bias" gegenüber Portfolios, welche aus den hier betrachteten Aktien gebildet wurden.[18]

Für jeden Monat des Testzeitraums (01.01.92 bis 17.04.96) wurden die (auf historischer Schätzung basierenden) Erwartungswerte der Renditen und Risiken der einzelnen Aktien sowie die tatsächlich erzielte Portfoliorendite ermittelt. Für den reinen Performancevergleich wurden die tatsächlich über die 54 Monate (ein Monat entspricht 20 Börsentagen, s.o.) erzielten Portfoliorenditen gemittelt, deren Streuungen berechnet und anschließend den gemittelten Renditen und deren Streuungen von ausgewählten Benchmark-Portfolios gegenübergestellt. Die dabei erzielten Ergebnisse sind in Kapitel 9 dokumentiert.

Betrachtet man den Portfolio-Selection-Algorithmus, so wird deutlich, daß zwei Parameter (und damit die Güte ihrer Schätzung) wesentlich die Struktur des „optimalen" Portfolios und damit letztlich seine spätere Performance bestimmen, näm-

---

[18] Würde man mit Hilfe des hier verwendeten Datenmaterials den DAX nachbilden, würden darin die laufenden Dividendenzahlungen fehlen und das so gebildete DAX-Portfolio schlechter als der eigentliche DAX abschneiden. Der DAX besitzt damit einen Dividendenvorteil gegenüber allen aus dem verwendeten Datenmaterial noch zu bildenden Portfolios.

lich die erwartete zukünftige Rendite μ_i und der Betafaktor β_i eines Anlageobjektes. Eine ex post festgestellte, enttäuschende Performance der nach dem Single-Index-Modell konstruierten Portfolios kann danach auf folgende Ursachen zurück geführt werden: (i) systematische Fehlschätzungen der erwarteten zukünftigen Rendite μ_i; (ii) systematische Fehlschätzungen des geschätzten Betafaktors β_i oder (iii) Ungültigkeit des Single-Index-Modells insgesamt.

Um diese möglichen Ursachen bei der späteren Interpretation der Ergebnisse voneinander isolieren zu können, wurden einige Hilfsgrößen berechnet und in die Analyse mit einbezogen. Zunächst ergibt sich das Portfolioalpha und Portfoliobeta nach (26) und (27):

(26) $\quad \alpha_{PF} = \sum_{i=1}^{N} x_i \alpha_i$;

(27) $\quad \beta_{PF} = \sum_{i=1}^{N} x_i \beta_i$,

mit: N = Anzahl der im Portfolio enthaltenen Anlagen.

Nach dem Single-Index-Modell läßt sich danach die zukünftig erwartete Portfoliorendite μ_{PF} und das Portfoliorisiko gemäß (28) und (29) ermitteln:

(28) $\quad \mu_{PF} = \alpha_{PF} + \beta_{PF} \mu_m$;

(29) $\quad \sigma_{PF}^2 = \beta_{PF}^2 \sigma_m^2 + \sum_{i=1}^{N} x_i^2 \sigma_{ei}^2$.

Mit Hilfe der geschätzten Alpha- und Betawerte der einzelnen Anlagen und der geschätzten zukünftigen Entwicklung des Index läßt sich (bei Gültigkeit des Single-Index-Modells) somit die zukünftige Portfolioperformance berechnen. Die im folgenden mit dem Erwartungswert (A) bezeichnete Portfoliorendite ergibt sich nach (28), wobei als Schätzer für die erwartete zukünftige Entwicklung des Index μ_m der historisch beobachtete Mittelwert eingesetzt wird. Interessanter für die Analyse ist aber die im folgenden mit Erwartungswert (B) bezeichnete Portfoliorendite. Bei dieser Berechnung wird fiktiv unterstellt, die zukünftige Entwicklung des Index sei bekannt, d.h., hier wird in (28) die tatsächlich beobachtete Entwicklung des Index eines Testmonats eingesetzt. Trotzdem basieren aber auch hier die Werte für die Alpha- und Betawerte zur Ermittlung von (26) und (27) auf den historischen Schätzungen. Wenn nun

- das Single-Index-Modell eine vernünftige Annahme darstellt, und
- die historisch basierten Schätzungen der α_i- und β_i-Werte der Anlageobjekte nach dem beschrieben Verfahren gute Approximationen der zukünftigen α_i- und β_i-Werte darstellen,

dann sollte der Erwartungswert (B) der Portfoliorendite mit der tatsächlich beobachteten Portfoliorendite eines Testmonats (im Mittel weitgehend) übereinstimmen. Fallen dagegen beide regelmäßig stark auseinander, ist entweder die historisch basierte Schätzung der α_i- und β_i-Werte der Anlageobjekte unbrauchbar oder das Single-Index-Modell stellt insgesamt eine untaugliche Konstruktion dar. In diesem Fall braucht dann aber dieses Verfahren hinsichtlich seiner Performance hier nicht mehr weiter untersucht zu werden. Vor dem eigentlichen Performancetest des Single-Index-Modells sind folglich einige vorhergehende Untersuchungen notwendig, die zunächst dargestellt werden.

Analog zu den Erwartungswerten (A) und (B) der Portfoliorenditen lassen sich nach Gleichung (29) in Verbindung mit Gleichung (27) ebenfalls die erwarteten Portfoliorisiken (A) und (B) berechnen. Diese werden im weiteren Verlauf der Darstellung jedoch nebenrangig behandelt.

7. Die Bestimmung der Länge des „optimalen" Schätzzeitraums

Vor einem ersten praktischen Test des Single-Index-Modells gibt es wichtige Detailfragen zu klären, auf die die bisherigen Betrachtungen keine Antwort geben. So werden etwa die Werte der Parameter α_i und β_i weder vom Single-Index-Modell implizit vorgegeben, noch sind diese explizit bekannt. Sie sollen deshalb hier anhand vergangenheitsbezogener Daten ermittelt werden. Damit liegt aber die Vermutung nahe, daß verschiedene Schätzzeiträume und Methoden des Schätzverfahrens zur Bestimmung dieser Parameter einen unterschiedlichen Einfluß auf die ermittelten Werte haben können und daß damit auch die Zusammensetzung, d.h. die in das Portfolio aufgenommenen Aktientitel und deren Anteile, sowie die Rendite/Risiko-Charakteristik eines Portfolios Veränderungen unterliegen können. Eine kurze exemplarische Übersicht (Tabelle 6) soll die Annahme, daß unterschiedliche Schätzzeiträume einen großen Einfluß auf die Charakteristik und Struktur eines Portfolios haben, belegen; bei diesen Berechnungen wurden folgende Parameterschätzzeiträume verwendet: vier, zwei und ein Jahr(e) sowie sechs, drei und ein Monat(e).

Tabelle 6 stellt die verschiedenen Zeiträume für die Modellparameterschätzung eines Portfolios, welches am 01.01.1996 realisiert werden soll, einander gegenüber. Ein Schätzzeitraum von vier Jahren bedeutet hierbei, daß eine Schätzung der Parameter im Zeitraum vom 01.01.1992 bis zum 31.12.1995 erfolgte. Es wird ersichtlich, daß unterschiedliche Schätzzeiträume erhebliche Auswirkungen auf die Zusammensetzung und damit auf die Rendite sowie das Risiko eines Portfolios mit sich bringen.

Schätzzeitraum	Aktien im Portfolio	Anteil
4 Jahre	Mannesmann	0.200815
	VIAG	0.196467
	VEBA	0.33795
	Degussa	0.145618
	Hoechst	0.114337
	BMW	0.004813
2 Jahre	Hoechst	0.41743
	Lufthansa	0.14844
	VIAG	0.223318
	VEBA	0.210812
1 Jahr	VIAG	0.267813
	Siemens	0.732187
1/2 Jahr	Hoechst	1
1/4 Jahr	Hoechst	0.425752
	Siemens	0.574248
1 Monat	Siemens	0.665297
	Bay. Ver. Bank	0.196588
	Hoechst	0.138115

Tab. 6: Gegenüberstellung verschiedener Schätzzeiträume für die Modellparameterschätzung

Welcher Schätzzeitraum nun für die Ermittlung der Modellparameter am 01.01.1996 gewählt werden sollte, bleibt offen, da dieser weder implizit noch explizit vom Single-Index-Modell vorgegeben wird. Zur Beantwortung dieser Frage ist also zunächst eine genauere Betrachtung der benutzten Technik zur Bestimmung der Modellparameter notwendig. Die Regressionsanalyse bestimmt die modellkonstituierenden Größen 'Alpha' und 'Beta' durch die Ermittlung einer Regressionsgeraden derart, daß alle Wertepaare der Eintagesrenditen des einzelnen Anlageobjektes und der allgemeinen Marktentwicklung in der Summe den geringsten (senkrechten) quadratischen Abstand von ihr besitzen. Daraus läßt sich nun folgende Hypothese ableiten: Verwendet man für die Anpassung der Regressionsgeraden an die Wertepaare der Eintagesrenditen einen sehr langen Schätzzeitraum (z.B. > 4 Jahre), werden wahrscheinlich vereinzelte, zufällige Ausreißer der Eintagesrenditen weniger stark gewichtet. Andererseits besteht aber die Gefahr, sich möglicherweise von der aktuellen Marktentwicklung zu entfernen, da die Möglichkeit besteht, daß die Gerade nur sehr langsam die Markttendenz widerspiegelt. Eine Analogie kann etwa in einem Gleitenden Durchschnitt von 200 Tagen gesehen werden, wie er etwa in der Technischen Wertpapieranalyse verwendet wird. Auch er bildet aktuelle Entwicklungen ebenfalls nur langsam ab, wird allerdings von zufälligen kurzfristigen Bewegungen kaum berührt. Bei einem eher kurzen Schätzzeitraum von etwa sechs, drei oder einem Monat(en) reagieren die geschätzten Parameter weniger träge. In Analogie dazu sei hier etwa ein Gleitender Durchschnitt von 38 Tagen angeführt, der dem aktuellen Aktienkurs wesentlich enger folgt. Zwar bildet eine Regressionsgerade, der ein kurzer Schätzzeitraum zugrunde liegt, die derzeitige Markttendenz wahrscheinlich exakter ab, jedoch könnte die Gefahr von zu stark gewichteten Zufallsschwankungen bestehen, was erhebliche Auswirkungen auf die Modellparameter hätte. Abbildung 3 veranschaulicht das Dilemma von langen und kurzen Schätzzeiträumen.

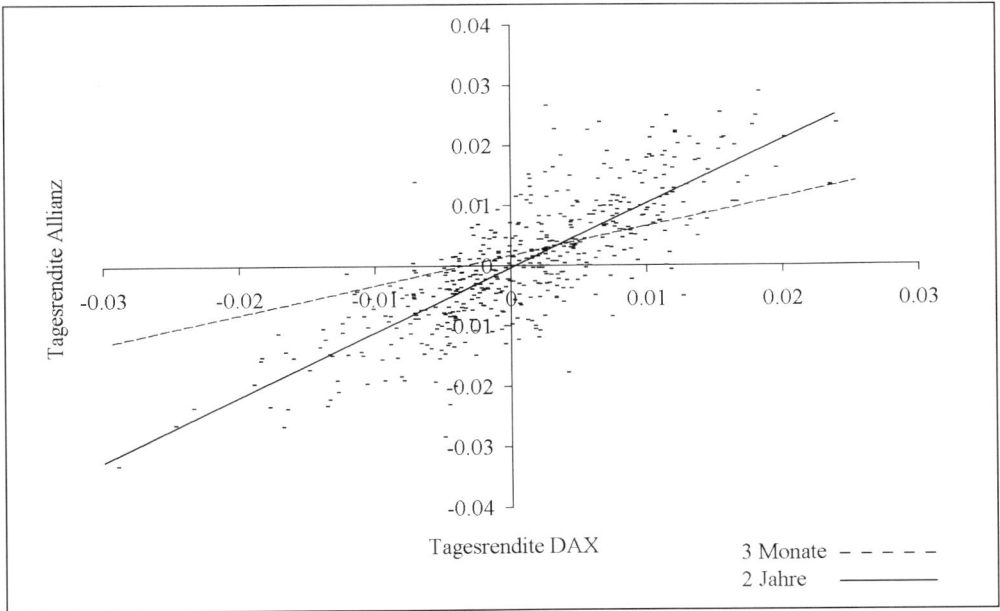

Abb. 3: Modellparameterverhalten bei verschiedenen Schätzzeiträumen

Abbildung 3 zeigt ein Diagramm, in welchem die Wertepaare der Eintagesrenditen des DAX und der Allianz-Aktie von zwei Jahren gegenübergestellt wurden. Man erkennt, daß bei einem Schätzzeitraum von zwei Jahren (durchgezogene Regressionsgerade) die zugehörigen Parameter 'Alpha' und 'Beta', verschiedene Werte im Vergleich zu den entsprechenden Modellparametern, die durch die zweite Regressionsgerade (gestrichelt eingezeichnet) ermittelt wurden, aufweisen. Hier wurde ein Schätzzeitraum von drei Monaten zugrunde gelegt. Eine Wahl zwischen beiden Parameterschätzungen kann auf dieser Datengrundlage nicht getroffen werden.

Es wird deutlich, daß die Existenz eines optimalen Schätzzeitraums vom Single-Index-Modell nicht vorgegeben wird. In der folgenden Untersuchung soll daher versucht werden, die Länge des Schätzzeitraums für die Konstruktion „optimaler" Portfolios zu bestimmen. Damit stellt sich aber unmittelbar die Frage, welches das Kriterium für einen „optimalen" Schätzzeitraum sein soll. Dazu wird auf die Gegenüberstellung von erwarteter Portfoliorendite (B) und tatsächlich eingetretener Rendite innerhalb des Testzeitraumes zurückgegriffen. Vergleicht man die Erwartungswerte der Rendite (B) mit der tatsächlichen Rendite, so manifestiert sich in einer marginalen Abweichung der Werte eine gute Schätzung der Parameter (und die Sinnhaftigkeit des Single-Index-Modells insgesamt), große Abweichungen deuten dagegen auf eine ungenaue Schätzung, eine Untauglichkeit des verwendeten Index oder des Single-Index-Modells als Ganzem hin. Daraus folgt, daß für einen optimalen Schätzzeitraum die Differenz zwischen tatsächlicher und erwarteter Rendite (B) möglichst gering sein sollte. Je genauer die vom Zeitraum abhängige Schätzung ist, desto besser sollte sich das Modell in der Praxis einsetzen lassen.

Nachdem die Vorgehensweise des Tests geklärt wurde, können nun die Ergebnisse betrachtet werden, die bei den revolvierenden Restrukturierungen der Portfolios bei einmonatiger Haltezeit errechnet wurden. Tabelle 7 bietet eine zusammenfassende Übersicht über die erzielten Ergebnisse bei variierender Länge der Parameterschätzzeiträume. Die wesentlichen Beurteilungsmaßstäbe für die Güte der Parameterschätzung sind der Korrelationskoeffizient (r) und das Bestimmtheitsmaß (r^2) zwischen erwarteter (B) und tatsächlich eingetretener Rendite sowie der Mean Square Error (MSE) und Rootet Mean Square Error (RMSE) zwischen beiden.[19] Bei einem vierjährigen Parameterschätzzeitraum ergibt sich der relativ höchste und gleichzeitig ein erstaunlich großer Korrelationskoeffizient zwischen beiden Renditen. Für diesen Zeitraum wird außerdem ein niedriger MSE erzielt, der lediglich bei einem dreimonatigen und einjährigen Schätzzeitraum noch kleiner ausfällt. Beide Gütemaße (zusammengenommen) lassen danach einen vierjährigen Schätzzeitraum als „optimal" (unter den hier getesteten) erscheinen. Abbildung 4 stellt zur Illustration des vierjährigen Schätzzeitraumes die Verläufe von erwarteter (B) und tatsächlich eingetretener Rendite graphisch gegenüber.

Schätzzeitraum	r	r^2	MSE	RMSE
4 Jahre	0.902843680	0.815126711	0.001764389	0.042004635
2 Jahre	0.869592627	0.756191337	0.001828893	0.042765558
1 Jahr	0.803657736	0.645865757	0.001670777	0.040875138
6 Monate	0.715152711	0.511443400	0.001897946	0.043565423
3 Monate	0.741591748	0.549958321	0.001761838	0.041974256

Tab. 7: Ergebnisse bei variierender Länge des Parameterschätzzeitraums

---

[19] Zur Definition und inhaltlichen Interpretation dieser Größen vgl. z.B. Poddig (1996), S. 429 ff.

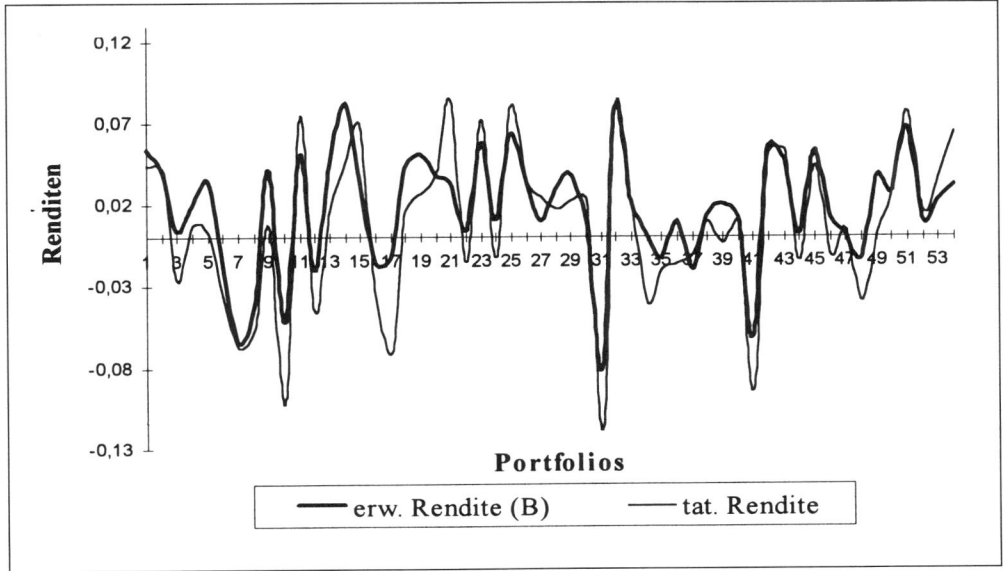

Abb. 4: Verlauf der erwarteten (B) und tatsächlichen Rendite
bei einem vierjährigen Schätzzeitraum

Die vermutete „optimale" Schätzzeit zur Determinierung der Modellparameter allgemein läßt sich zwar nicht exakt bestimmen, jedoch kann man vermuten, daß tendenziell längere Schätzzeiträume (wie z.B. vier Jahre) genauere Ergebnisse erzielen, da hier die erwarteten Renditen (B) den tatsächlich erzielten Renditen eher entsprechen als bei der Verwendung kürzerer Schätzzeiträume.

Wenn ein längerer Schätzzeitraum von zum Beispiel vier Jahren tendenziell genauere Parameterschätzungen als ein kürzerer erlaubt, so müßten Portfolios, die unter Berücksichtigung dieses Schätzzeitraumes generiert wurden, eine bessere Rendite/Risiko-Charakteristik aufweisen. Tabelle 8 vergleicht die Mittelwerte der tatsächlich erzielten Portfoliorenditen sowie deren Streuung um diesen Mittelwert miteinander und verknüpft diese durch den gebildeten Quotienten aus Rendite und Risiko.

Schätzzeiträum:	4 Jahre tat. Rendite pro Monat	2 Jahre tat. Rendite pro Monat	1 Jahr tat. Rendite pro Monat	$1/2$ Jahr tat. Rendite pro Monat	$1/4$ Jahr tat. Rendite pro Monat
Mittelwert:	0.008	0.003	0.007	0.007	0.007
Streuung:	0.047	0.048	0.044	0.047	0.043
Quotient:	0.170	0.060	0.160	0.150	0.160

Tab. 8: Gegenüberstellung der Rendite/Risiko-Charakteristiken
bei verschiedenen Schätzzeiträumen

Tabelle 8 bestätigt die anfängliche Vermutung allerdings nicht. Obwohl nach der vorangegangenen Analyse gerade für den vierjährigen Schätzzeitraum von einer guten Schätzung der zukünftigen Alpha- und Betawerte, von der Tauglichkeit des verwendeten Index und dem Single-Index-Modell als brauchbare Annahme ausgegangen werden darf, unterscheidet sich die letztlich erzielte Performance nicht signifikant von der, die bei Verwendung eines sechs- oder dreimonatigen Schätzzeitraums erzielt wurde, obwohl die gerade genannten Folgerungen bei diesen Schätzzeiträumen offensichtlich nicht zutreffen. Es stellt sich damit die Frage, wodurch schließlich dieses Ergebnis zustande gekommen ist. Nachdem die historisch basierten Schätzungen der Alpha- und Betawerte zumindest bei der Verwendung eines vierjährigen Schätzzeitraums offensichtlich nach den vorliegenden Ergebnissen nicht dafür verantwortlich sein können, muß letztlich die historisch basierte Schätzung der zukünftig erwarteten Rendite einer Anlage μ_i das Ergebnis negativ beeinflußt haben. Es ist sogar zu vermuten, daß die historisch basierte Schätzung so schlecht ausfällt, als wenn man mit zufällig geschätzten Werten gearbeitet hätte. Für diesen Fall würde man nämlich gerade das in Tabelle 8 dokumentierte Ergebnis erwarten, da sich dann die Ergebnisse nur marginal voneinander unterscheiden dürften.

Für die weitere Untersuchung steht zu vermuten, daß die historisch basierte Schätzung der zukünftig erwarteten Rendite einer Anlage μ_i die Performanceergebnisse des Single-Index-Modells völlig „zerwürfeln" und damit eine völlige Untauglichkeit dieses Modells suggerieren wird. Hier wird nochmals deutlich, warum es wichtig ist, die Effekte der (historisch basierten) Schätzung der zukünftig erwarteten Rendite einer Anlage μ_i und die der Alpha- und Betaparameter sauber voneinander zu trennen.

8. Die Verwendung alternativer Indizes

Bei der Darstellung des Single-Index-Modells wurde bereits erwähnt, daß es zwar allgemein üblich ist, den Index mit der allgemeinen Marktentwicklung, repräsentiert durch einen entsprechenden Aktienindex, gleichzusetzen, dies jedoch andererseits nicht zwingend ist. In der folgenden Teiluntersuchung soll es nun darum gehen, die Verwendung alternativer Indizes (d.h. Einflußgrößen) zu testen.

Als alternative Indizes wurden folgende Einflußfaktoren getestet: (i) der FAZ-Index, (ii) der S&P500 und der Dow Jones, (iii) der Goldpreis, (iv) der Dollarkurs sowie (v) der CRB-Futures-Index (Commodity Research Bureau Futures Index). Die Auswahl der Einflußfaktoren (Indizes) wurde dabei von folgenden Überlegungen geleitet:

a) Die Menge der dem Index zugrundeliegenden Aktien soll vergrößert werden, damit die allgemeine Marktentwicklung treffender abgebildet wird.
b) Mögliche Ausstrahlungseffekte ausländischer Märkte, die einen erheblichen Einfluß auf die inländische Marktentwicklung haben können, sollen berücksichtigt werden.

c) Da die Konzeption des Single-Index-Modells keinen aktienmarktspezifischen Index verlangt, sollen Indizes verschiedener anderer Märkte betrachtet werden, um mögliche Interdependenzen zwischen den Märkten zu prüfen.

Für jeden der gewählten Einflußfaktoren (Indizes) gilt, daß er eines dieser Auswahlkriterien erfüllt: Mit der Auswahl des FAZ-Index wird die Menge der zugrunde gelegten Aktien gemäß dem Kriterium a) im Hinblick auf die betrachteten deutschen Aktienwerte vergrößert. Der Dow Jones und der S&P 500 spiegeln die Marktentwicklung eines bedeutenden ausländischen Aktienmarktes wider, der für die Entwicklung des inländischen Aktienmarktes von Bedeutung sein dürfte. Beide Indizes wurden also nach Kriterium b) ausgewählt. CRB-Future Index, Dollarkurs und Goldpreis entsprechen Kriterium c). Der CRB-Future-Index ist ein Index für die Preisentwicklungen auf dem Rohstoffmarkt (allerdings in US-Dollar gemessen), die ebenfalls Einflüsse auf die Kursentwicklungen haben können. Auf dem deutschen Aktienmarkt werden Aktienwerte sowohl von national als auch international tätigen Unternehmen gehandelt. Gerade für die stark exportabhängigen Unternehmen ist die Entwicklung des Dollarkurses für deren Umsatzentwicklung von hoher Bedeutung. Ein hoher Dollarkurs kann zu höheren Auslandsumsätzen der deutschen Unternehmen führen und sich kurssteigernd auf die Aktie auswirken, während ein niedriger Kurs zu gegenläufigen Tendenzen führt. Aus diesen Überlegungen resultiert die Idee der Substituierung des DAX durch den amtlichen Mittelkurs des Dollars. Ein möglicher Zusammenhang von Goldpreis und Aktienkursen kann dadurch gegeben sein, daß Anleger in Krisensituationen eher dazu neigen, die vermeintlich „sichere" Anlageform 'Gold' der „unsicheren" Anlageform 'Aktien' vorzuziehen.

Zur Beurteilung der Tauglichkeit der verschiedenen Indizes wird wieder ein Vergleich der tatsächlich erzielten Rendite und des dazugehörigen Erwartungswertes der Rendite (B) der gebildeten Portfolios vorgenommen, da nur durch diesen Vergleich die Güte der Parameterschätzungen isoliert ersichtlich und von dem Effekt, resultierend aus der vermutlich schlechten Schätzung der zukünftig erwarteten Rendite einer Anlage μ_i, isoliert wird.

In der folgenden Tabelle 9 werden die Ergebnisse für die bereits in Kapitel 7 verwendeten Gütemaße hinsichtlich der Übereinstimmung von tatsächlicher Rendite mit dem jeweils zugehörigen Erwartungswert der Rendite (B) ausgewiesen, die aus der Verwendung der alternativen Indizes resultierten. Dabei sind die Ergebnisse jeweils für die Verwendung eines zweijährigen und eines vierjährigen Parameterschätzzeitraums ausgewiesen. Obwohl die Verwendung alternativer Indizes stets zu geringeren MSEs führt als die des DAX, zeigt der Korrelationskoeffizient und das Bestimmtheitsmaß an, daß lediglich bei letzterem von einem Zusammenhang zwischen erwarteter Rendite (B) und tatsächlich eingetretener Rendite gesprochen werden kann. Im Falle der Verwendung des DAX als Index weisen die erwartete Rendite (B) und die tatsächlich eingetretene Rendite der Portfolios eine nahezu gleichgerichtete Bewegung über den gesamten Zeitraum der revolvierenden Restrukturierung auf. Es kann somit auf eine hohe Qualität der Parameterschätzung geschlossen werden. Für alle anderen Indizes ist ein derartig enger Zusammenhang zwischen der tatsächlichen Rendite und dem Erwartungswert der Rendite (B) nach den vorliegenden Ergebnissen nicht zu erkennen. Dieses Ergebnis mag sicherlich nicht überraschen, vielleicht ist es aber in der hier festgestellten Deutlichkeit so nicht erwartet worden. So hätte man etwa für die Verwendung des FAZ-Index oder des Dollarkurses als Einflußfaktor (Index) wohl nicht die gleiche Stärke des Zusammenhangs wie bei der Verwendung des DAX erwartet; daß der Zusammenhang aber derart schwach ausfällt, dürfte überraschen.

Index	r 2 Jahre	r 4 Jahre	r^2 2 Jahre	r^2 4 Jahre	MSE 2 Jahre	MSE 4 Jahre	RMSE 2 Jahre	RMSE 4 Jahre
DAX	0.8696	0.9028	0.7562	0.8151	0.00183	0.00176	0.04277	0.04200
FAZ-Index	0.8297	0.8594	0.6885	0.7386	0.00211	0.00175	0.04598	0.04190
S&P 500	-0.0266	-0.0245	0.0007	0.0006	0.00109	0.00090	0.03302	0.02995
Dow Jones	0.4217	0.0969	0.1778	0.0094	0.00171	0.00108	0.04130	0.03281
Goldpreis	0.0857	0.2760	0.0073	0.0762	0.00116	0.00099	0.03412	0.03147
US-Dollar	0.0628	0.0228	0.00395	0.0005	0.00114	0.00105	0.03370	0.03241
CRB-Future	-0.0917	-	0.0084	-	0.00085	-	0.02920	-

Tab. 9: Gütemaße bei Verwendung alternativer Indizes

9. Test der „Performance" des Single-Index-Modells

Im Rahmen der Untersuchung der Leistungsfähigkeit des Single-Index-Modells wurden vielfältige weitere Fragestellungen untersucht, die hier aus Platzgründen nicht vorgestellt werden können. Der eigentlich diese Untersuchung motivierenden Fragestellung, nämlich der nach der „Performance", soll im folgenden kurz nachgegangen werden. Dabei werden hier die in Kapitel 7 mit dem Single-Index-Modell bei Verwendung des DAX als Index errechneten Portfolios verschiedenen Benchmarks gegenübergestellt, um ein Ranking der errechneten Portfolios vorzunehmen. Dabei soll die Frage beantwortet werden, ob es möglich ist, mit dem Single-Index-Modell auf Grundlage historisch basierter Parameterschätzungen systematische Gewinne erwirtschaften zu können.

Die Benchmarks, welche den ermittelten Portfolios gegenübergestellt werden, stammen aus verschiedenen Bereichen: Zum einen wird der DAX als Benchmark verwendet (d.h., er wird hier als handelbares Anlageobjekt angesehen), zum anderen wird ein Vergleich mit unsystematisch (d.h. zufällig) gebildeten Portfolios vorgenommen. Bei den unsystematisch gebildeten Portfolios werden zwei Gruppen unterschieden: Die als Gruppe I bezeichneten Portfolios wurden aus einem Auswahluniversum gebildet, welches allen hier betrachteten Aktienwerten entspricht. Bei der zweiten Gruppe handelt es sich um zufällig gebildete Branchenportfolios. Es wurden hierzu die Chemie-, die Automobil- und die Bank-Versicherungsbranche betrachtet, wobei die zugehörigen Aktienwerte der jeweiligen Branchen ebenfalls aus dem Auswahluniversum der Gruppe I stammen. Die Generierung der unsystematischen Portfolios bei beiden Gruppen erfolgte durch eine zufällige Auswahl von mindestens einer bis zu maximal acht Aktien aus dem (gruppenspezifischen) Auswahluniversum. Die ausgewählten Aktienwerte gingen dabei zu gleichen Anteilen in das Portfolio ein, d.h., daß bei einer Auswahl von zwei Aktienwerten beide Aktien einen Anteil von 50% im Portfolio hatten. Die Bestimmung der Portfoliorendite erfolgte durch die Bildung des gewichteten arithmetischen Mittels aus den Anteilswerten und den tatsächlich erzielten Monatsrenditen der jeweiligen Aktienwerte im Rahmen der revolvierenden Portfoliorestrukturierung, welche in Kapitel 6 erläutert wurde. Für jeden dieser vierundfünfzig Monate eines revolvierenden Portfoliorestrukturierungsprogramms wurden fünfzig unsystematische Portfolios gebildet. Insgesamt wurden also 54 * 50 = 2700 Portfolios für Gruppe I und 2700 für jede Branche der Gruppe II berechnet, um repräsentative Ergebnisse zu gewährleisten.

Das Benchmarking erfolgt zum einen durch eine Gegenüberstellung der mittleren, tatsächlich erzielten Renditen und des Risikos sowie zum anderen durch einen Vergleich der Rendite/Risiko-Quotienten. Die Renditen der Portfolios, die mit dem Single-Index-Modell und dem DAX als Index errechnet wurden, sind bereits in Kapitel 7 ausgewiesen worden und können somit, da es sich um den gleichen Testzeitraum handelt, übernommen werden. Die Ermittlung der mittleren Renditen für den DAX als Benchmark erfolgte analog durch die Bestimmung der vierundfünfzig tatsächlichen Monatsrenditen, aus denen das arithmetische Mittel gebildet wurde.

Die Renditen der unsystematischen Portfolios wurden in zwei Schritten errechnet. Zunächst wurde das arithmetische Mittel der fünfzig ermittelten Portfolios für jeden Monat bestimmt und im zweiten Schritt wurde wiederum das arithmetische Mittel der nun vorhandenen vierundfünfzig mittleren Monatsrenditen berechnet.

Das Risiko entspricht für alle Benchmarks der Streuung der tatsächlichen Monatsrenditen um das berechnete arithmetische Mittel. Der Rendite/Risiko-Quotient wurde für jede Benchmark bzw. jedes Portfolio aus diesen beiden, jeweils zugehörigen Daten errechnet. Der Quotient gibt den Renditezuwachs pro Risikoeinheit an und soll in diesem Zusammenhang die Beurteilung von Portfolios bzw. Benchmarks unterschiedlicher Rendite/Risiko-Charakteristik ermöglichen. Die Ergebnisse des Benchmarkings (Rendite, Risiko und Quotient) werden in Tabelle 10 zusammenfassend dargestellt.

Die Gruppe I der unsystematischen Portfolios entsprach hinsichtlich ihrer Rendite/Risiko-Charakteristik der der mit Hilfe des DAX berechneten Single-Index-Portfolios sowie auch der des DAX selbst. Es wird deutlich, daß eine rein zufällig getroffene Aktienauswahl sich von der analytisch fundiert getroffenen Auswahl des Single-Index-Modells (auf der Basis historischer Parameterschätzungen) nur marginal (unwesentlich geringeres Risiko) unterscheidet. Die wesentliche Einsicht besteht also darin, daß mit dem Single-Index-Modell auf der Basis der hier zugrunde gelegten historisch basierten Parameterschätzung keine systematischen Gewinne zu erzielen sind. Diese Vermutung war bereits in Kapitel 7 gegeben und findet hier ihre Bestätigung. Die Ursache für dieses Ergebnis muß dabei auf die schlechte historisch basierte Schätzung der zukünftig erwarteten Rendite einer Anlage μ_i zurückgeführt werden.

Portfoliotyp	Mittelwert der Renditen	Risiko	Quotient: Rendite/Risiko
unsyst. Portfolios	0.007123167	0.040878205	0.174253422
DAX	0.006364097	0.037396404	0.170179383
Chemie	0.011356390	0.018571130	0.611507720
Bank	0.003612233	0.015397236	0.234602695
Automobil	0.007978950	0.019900544	0.400941288
4 Jahre	0.007519044	0.047160699	0.159434532
2 Jahre	0.003151320	0.047665453	0.066113296
1 Jahr	0.007000708	0.044294646	0.158048623
6 Monate	0.006676480	0.046732861	0.142864786
3 Monate	0.006839610	0.043115119	0.158635991

Tab. 10: Ergebnisvergleich der verschiedenen Portfoliotypen

Ferner fällt auf, daß unter den unsystematisch gebildeten Portfolios die Gruppe der Branchenportfolios überdurchschnittlich abschneidet. Diese Portfolios weisen bei einer hohen Rendite ein sehr niedriges Risiko auf. Relativierend muß jedoch angemerkt werden, daß dieses Abschneiden ex ante nicht bekannt sein konnte, und sie daher auch keine „faire" Benchmark darstellen. Dennoch illustrieren sie das enttäuschende Abschneiden des Single-Index-Modells bei einer historisch basierten Parameterschätzung.

10. Zusammenfassung und Schlußbemerkungen

Die Implementierung des Single-Index-Modells gestaltet sich einfach und problemlos. Der Portfoliomanager aber auch ein privater Anleger können mit ihrem PC und einer der üblichen Tabellenkalkulationen das Modell problemlos anwenden, da es keine großen Rechnerkapazitäten erfordert. Da lediglich $3N+2$ Modellparameter geschätzt werden müssen, kann es allein schon vor diesem Hintergrund ein wertvolles Werkzeug darstellen, selbst wenn auf den Einsatz üblicher „Optimierer" nicht verzichtet werden sollte.

Das Single-Index-Modell liefert klare Aussagen bezüglich eines einzurichtenden optimalen Portfolios und benötigt dafür Datenmaterial, welches mit geringem Aufwand gewonnen werden kann. Weiterhin liefert der Modellparameter 'Beta' zudem noch die Information, in welchem Ausmaß die Rendite eines einzelnen Anlageobjektes von der allgemeinen Marktentwicklung (besser: dem zugrunde gelegten Einflußfaktor) abhängig ist. Er stellt also ein Maß für die Sensitivität des einzelnen Anlageobjektes zu einem Index dar.

Die Analyse des Single-Index-Modells ergab, daß das Datenmaterial mindestens vier Jahre umfassen sollte. Bei einem Zeithorizont von einem Monat (in diesem Abständen wurden in dieser Untersuchung die Portfolios restrukturiert) erwiesen sich die historisch basierten Schätzungen der Alpha- und Betaparameter als erstaunlich gut. Danach kann das Single-Index-Modell zumindest nicht als „unsinniger" oder „wirklichkeitsferner" Ansatz abgetan werden. Allerdings zeigte sich auch, daß die Substituierung des DAX durch verschiedene andere Einflußfaktoren zu enttäuschenden Ergebnissen führte. Anscheinend erlaubt nur ein Index, der sich sehr eng an dem zugrundegelegtem Auswahluniversum orientiert, gute Parameterschätzungen. Somit sind andere Indizes, obwohl sie vom Modell zugelassen werden, nicht empfehlenswert.

Die Testergebnisse des Kapitels 9 zeigten jedoch, daß trotz einer guten Parameterschätzung, also bei der Zugrundelegung eines langen Schätzzeitraums, einer kurzen Haltezeit sowie eines Index, welcher das Auswahluniversum am besten abbildet, keine systematischen Gewinne erzielt werden konnten, die über denen von unsystematsich gebildeten Zufallsportfolios lagen. Betrachtet man diese Resultate zusätzlich unter Einbeziehung von Transaktionskosten, so werden die ohnehin schon sehr geringen Gewinne extrem geschmälert, bzw. es müssen sogar Verluste hingenommen werden. Die diese Studie eigentlich motivierende Frage, ob mit dem hier vorgestellten Verfahren eine leistungsfähigere „Relative Stärke-Strategie" realisiert werden kann, muß klar verneint werden. Möchte man diese Studie als einen weiteren Test der schwachen Informationseffizienzhypothese interpretieren, so konnte diese auch nicht mittels des hier vorgestellten Verfahrens widerlegt werden.

Der Grund für dieses enttäuschende Ergebnis ist jedoch nicht originär im Single-Index-Modell selbst zu suchen. Die Analyse der Resultate zeigte deutlich, daß hierfür vielmehr die schlechte historisch basierte Schätzung der zukünftig erwarteten Rendite einer Anlage μ_i verantwortlich ist. Sofern die Schätzungen für die zukünftig erwarteten Renditen der betrachteten Anlageobjekte jedoch hinreichend gut sind, sollte das Modell nach den vorliegenden Ergebnissen eigentlich zufriedenstellende Leistungen erwarten lassen. Hier sind offensichtlich leistungsfähigere Ansätze zur Prognose der zukünftigen Rendite gefragt und erforderlich.

Darüber hinaus kann aber auch an Verbesserungen des Single-Index-Modells selbst gedacht werden. Zum Beispiel ist die Einbeziehung mehrerer Einflußfaktoren denkbar, die das Renditeverhalten der Anlageobjekte in ihrer Gesamtheit besser abbilden können, als dies ein einzelner allein vermag. Es ist also eventuell an einen Übergang zu den sogenannten Multi-Index Modellen zu denken.[20] Aber ohne eine Lösung der o.g. Prognoseproblematik werden diese vermutlich kaum einen „Quantensprung" erlauben. Es kommt – wie wohl anders kaum erwartet – letztlich darauf an, die Rendite der Anlageobjekte und den/die erklärenden Faktor(en) besser zu prognostizieren, als dies hier vorgeführt werden konnte. Dann wird der Einsatz dieser Modelle auch deutlich überzeugendere Ergebnisse erbringen.

---

[20] Vgl. z.B. Elton et al. (1979) sowie Kwan (1984) und Gibbons (1982).

Literaturverzeichnis

Elton, E. J./ Gruber, M. J./ Padberg, M. W. (Elton et al., 1978): Optimal Portfolios from Simple Ranking Devices, in: *Journal of Portfolio Management*, Vol. 4, 1978, No. 3, Spring, S. 15-19.

Elton, E. J./ Gruber, M. J./ Padberg, M. W. (Elton et al., 1979): Simple Criteria for Optimal Portfolio Selection: The Multi-Index Case, in: Elton, E. J/ Gruber, M. J. (eds.), *Portfolio Theory, 25 Years later*, Studies in the Management Sciences, Vol. 11, Amsterdam et al. 1979, S. 7-19.

Elton, E. J./ Gruber, M. J. (Elton/ Gruber, 1995): *Modern Portfolio Theory and Investment Analysis*, 5th ed., New York 1995.

Fama, E. F. (Fama, 1970): Efficient Capital Markets: A Review of Theory and Empirical Work, in: *Journal of Finance*, Vol. 25, 1970, March, S. 383-417.

Fama, E. F. (Fama, 1991): Efficient Capital Markets II, in: *Journal of Finance*, Vol. 46, 1991, No. 5, S. 1575-1617.

Gibbons, M. R. (Gibbons, 1982): Multivariate Tests of Financial Models: A new Approach, in: *The Journal of Financial Economics*, Vol. 10, 1982, S. 3-27.

Kwan, C. C. Y. (Kwan, 1984): Portfolio Analysis using Single Index, Multi Index, and Constant Correlation Models: A unified Treatment, in: *Journal of Finance*, Vol. 39, 1984, No. 5, December, S. 1469-1484.

Markowitz, H. M. (Markowitz, 1987): *Mean-Variance Analysis in Portfolio Choice and Capital Markets*, New York 1987.

Oehler, A. (Oehler, 1994): Verhaltensmuster individueller Anleger - eine experimentelle Studie, in: *Zeitschrift für betriebswirtschaftliche Forschung*, 11. Jg., 1994, S. 939-958.

Poddig, T. (Poddig, 1996): *Analyse und Prognose von Finanzmärkten*, Bad Soden/ Taunus 1996.

Rudolf, M. (Rudolf, 1994): *Algorithms for Portfolio-Optimization and Portfolio-Insurance*, Bern et a1. 1994.

Sharpe, W. F. (1963): A Simplified Model for Portfolio Analysis, in: *Management Science*, Vol. 9, 1963, S. 277-293.

Uhlir, H./ Steiner, P. (Uhlir/ Steiner, 1994): *Wertpapieranalyse*, 3. Aufl., Heidelberg 1994.

Alternative Verfahren zur Ermittlung und zum Einsatz von Betafaktoren

von Bernd Rudolph/ Peter Zimmermann

1. Problemstellung
2. Der Betafaktor im CAPM und im Marktmodell
3. Der Intervalling-Effekt bei der Schätzung historischer Betas
4. Regressionsausreißer im Marktmodell
5. Stabilität der Betawerte
6. Prognose von Betafaktoren
7. Portfoliobetas und Timing
8. Portfoliooptimierung mit Betafaktoren
9. Prognose der Aktienrenditen und der Security Market Line
10. Ausblick

1. Problemstellung

Das Ertragsrisiko eines Wertpapiers wird i.d.R. durch die Standardabweichung bzw. die Varianz seiner Rendite gemessen. Ein Teil dieses Risikos, das sog. wertpapierspezifische (idiosynkratische) Risiko, kann durch die Portfoliobildung weitgehend eliminiert werden. Dieser Diversifikationseffekt resultiert daraus, daß ein Teil der Kursbewegungen eines Wertpapiers auf unternehmensspezifischen Ereignissen (Informationen) beruht, die keinen inneren Zusammenhang mit den unternehmensspezifischen Ereignissen aufweisen, die die Kursbewegungen anderer Wertpapiere auslösen. Innerhalb eines Portfolios überschätzen folglich die Standardabweichung bzw. die Varianz das Ertragsrisiko eines Wertpapiers. Um den Risikobeitrag eines Wertpapiers innerhalb eines Portfolios zu ermitteln oder ein nach der Risikopräferenz des Investors optimales (effizientes) Portfolio zu konstruieren, benötigt man, neben den Schätzungen für die erwarteten Renditen, Schätzungen für alle Varianzen und Kovarianzen bzw. Korrelationen zwischen den Renditen aller im Portfolio enthaltenen Wertpapiere.

Die Anzahl der erforderlichen Schätzungen läßt sich erheblich verringern, wenn man unterstellt, daß die Renditen der Wertpapiere durch einen (oder mehrere) Faktor(en) generiert werden.[1] Das Gesamtrisiko läßt sich dann nämlich auf einfache Weise in das durch die Portfoliobildung nicht diversifizierbare *systematische Risiko* und das diversifizierbare wertpapierspezifische Risiko aufteilen, das in diesem Zusammenhang als *unsystematisches Risiko* bezeichnet wird. Das systematische Risiko eines Wertpapiers i beschreibt das durchschnittliche Ausmaß der Reaktion der Wertpapierrendite r_i auf Veränderungen des Marktes bzw. auf Informationen, die die Kurse aller Wertpapiere (in unterschiedlichem Ausmaß) beeinflussen. Die Kennzahl, mit der man dieses systematische Risiko eines Wertpapiers i mißt, ist das *Beta* (Betawert, Betafaktor)

$$(1) \quad \beta_i = \frac{\text{cov}[r_i, r_M]}{\text{var}[r_M]} = \text{corr}[r_i, r_M] \cdot \frac{\text{std}[r_i]}{\text{std}[r_M]} \quad ,$$

das einer Standardisierung der Kovarianz der Renditen von Wertpapier und Marktportfolio $\text{cov}[r_i, r_M]$ mit der Varianz der Marktrendite $\text{var}[r_M]$ entspricht. Da die Korrelation $\text{corr}[r_i, r_M]$ zwischen Wertpapier- und Marktrendite maximal 1 beträgt, kann Beta nie größer sein als das Verhältnis zwischen der Standardabweichung der Wertpapierrendite $\text{std}[r_i]$ und der Standardabweichung der Marktrendite $\text{std}[r_M]$. Aus (1) ist auch erkennbar, daß für $r_i = r_M$ das Beta des Marktes β_M immer gleich 1 ist.

Im folgenden Beitrag wird die Bedeutung von Betafaktoren theoretisch begründet, und es werden unterschiedliche empirische Schätz- und Prognoseverfahren sowie Anwendungsimplikationen diskutiert, die auch die empirische Bedeutung von Betafaktoren und deren Verwendung im Portfoliomanagement deutlich machen können.

---

[1] Vgl. Sharpe et al. (1995), S. 226.

2. Der Betafaktor im CAPM und im Marktmodell

Das *Capital Asset Pricing Model* (CAPM) stellt die theoretische Fundierung für den Betafaktor dar.[2] Es unterstellt, daß sich alle Anleger am Kapitalmarkt gemäß der Portfolio Selection-Theorie von MARKOWITZ verhalten. Außerdem wird angenommen, daß die Anleger homogene Erwartungen bezüglich der erwarteten Renditen und der Kovarianzmatrix haben, daß der Kapitalmarkt informationseffizient ist und sich im Gleichgewicht befindet, so daß bei allen Wertpapieren Angebot und Nachfrage zu den ermittelten Kursen ausgeglichen sind.[3] Unter diesen idealen Bedingungen gilt folgende Bewertungsgleichung für die erwartete Rendite eines Wertpapiers:

(2) $\quad E[r_i] = r_f + \beta_i \cdot \left(E[r_M] - r_f\right)$.

Diese als Wertpapiermarktgerade (*Security Market Line*; SML) bezeichnete Gleichung beschreibt den in Abbildung 1 dargestellten, positiven linearen Zusammenhang zwischen den erwarteten Renditen $E[r_i]$ der Wertpapiere i und ihren Betawerten β_i. Der Ordinatenabschnitt der SML entspricht dem risikolosen Zinssatz r_f. Die Steigung der SML wird durch die erwartete Überschußrendite des Marktes $E[r_M] - r_f$ bestimmt. Für die Abschätzung der Rendite eines Wertpapiers ist im CAPM – wie die SML zeigt – nur das systematische Risiko eines Wertpapiers, gemessen durch das Beta, relevant. Das unsystematische Risiko kann unter den Annahmen des CAPM durch Diversifikation vollständig eliminiert werden und trägt daher nicht zur erwarteten Rendite bei. Im Kapitalmarktgleichgewicht liegen alle Wertpapiere auf der SML. Ein Abweichen von der SML, wie bei den Wertpapieren A' und B' in Abbildung 1 angedeutet, ist mit dem CAPM nicht vereinbar.

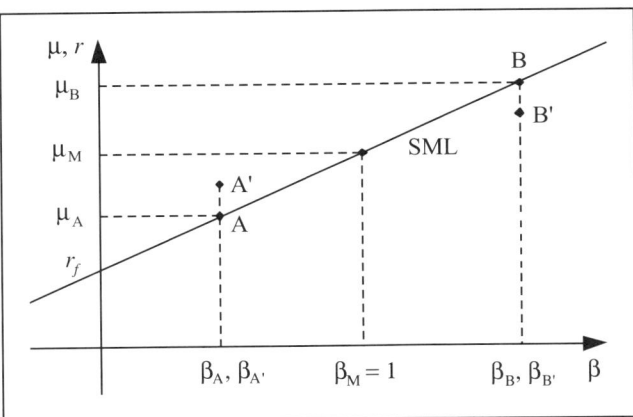

Abb. 1: Security Market Line

---

[2] Das CAPM wurde von Sharpe (1964), Lintner (1965) und Mossin (1966) unabhängig voneinander entwickelt. Zur unterschiedlichen Herleitung und Darstellung des CAPM bei diesen drei Autoren vgl. Rudolph (1979a), S. 84-125.

[3] Vgl. Rudolph (1979b), S. 1044-1047.

Streng genommen läßt sich der Betawert eines Wertpapiers anhand des CAPM nicht ermitteln, da dieses Modell auf erwarteten Renditen beruht, die am Kapitalmarkt grundsätzlich nicht beobachtbar sind. Zur Ermittlung des Betafaktors wird ersatzweise das sog. *Marktmodell*[4]

(3) $\quad r_{i,t} - r_{f,t} = \alpha_i + \beta_i \cdot (r_{M,t} - r_{f,t}) + \varepsilon_{i,t}$

herangezogen, in dem die Parameter α_i und β_i mit Hilfe einer linearen Regression der Überschußrenditen des Wertpapiers zum Zeitpunkt t gegen die Überschußrenditen des Marktes zum Zeitpunkt t als Regressionskoeffizienten geschätzt werden. Die in Abbildung 2 dargestellte Regressionsgerade, die einen Ordinatenabschnitt von α_i und eine Steigung von β_i aufweist, wird als *Characteristic Line* bezeichnet. Sie ergibt sich aus den Beobachtungen zum Zeitpunkt t, die in Abbildung 2 durch die nicht ausgefüllten Rauten dargestellt sind.[5]

Der *Störterm* (Residuum) $\varepsilon_{i,t}$, der in Abbildung 2 dem senkrechten Abstand der jeweiligen Beobachtung von der Characteristic Line entspricht, stellt einen von der Marktrendite unabhängigen, unsicheren Renditebestandteil dar. Die Störvariable hat annahmegemäß einen Erwartungswert von Null und eine im Zeitablauf konstante Varianz $\text{var}[\varepsilon_i]$, die dem *unsystematischen Risiko* des Wertpapiers entspricht. Es ist umso geringer, je dichter die Punktewolke der Beobachtungen um die Characteristic Line herum liegt. Das durch die Varianz der Rendite gemessene Gesamtrisiko einer Aktie

(4) $\quad \text{var}[r_i] = \beta_i^2 \cdot \text{var}[r_M] + \text{var}[\varepsilon_i]$

kann beim Marktmodell in zwei Komponenten aufgeteilt werden, wobei $\beta_i^2 \cdot \text{var}[r_M]$ das *systematische Risiko* des Wertpapiers und $\text{var}[\varepsilon_i]$ als Varianz des Störterms das *unsystematische Risiko* ist.[6]

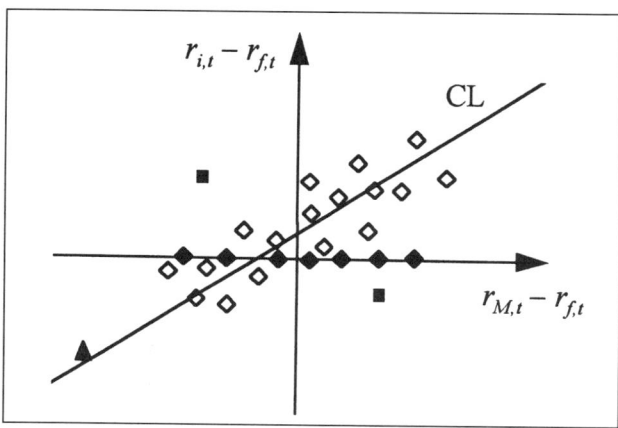

Abb. 2: Characteristic Line

---

[4] Der Begriff „market model" wurde zuerst von Fama (1968), S. 37 verwendet. Eine ausführliche Diskussion des Marktmodells findet man bei Fama (1976).
[5] Es handelt sich hier um eine vereinfachte Darstellung mit wenigen Beobachtungen. Auf die anderen Beobachtungen in Abbildung 2 wird später eingegangen.
[6] Vgl. Uhlir/ Steiner (1994), S. 171 sowie Elton/ Gruber (1995), S. 132-135.

Der in (3) angesetzte sog. *Alphafaktor* α_i eines Wertpapiers müßte bei Gültigkeit des CAPM gleich Null sein. Das Wertpapier liegt dann – wie oben beschrieben – auf der SML. Empirische Schätzungen von Alpha ergeben aber meist Werte, die von Null abweichen.[7] Dabei bedeutet ein positives Alpha eine konstante, vom systematischen Risiko des Wertpapiers unabhängige zusätzliche Rendite. Das Wertpapier ist dann im Vergleich zur SML unterbewertet, und es liegt (wie z.B. Wertpapier A' in Abbildung 1) oberhalb der SML. Umgekehrt ist ein Wertpapier mit negativem Alpha (wie z.B. Wertpapier B') überbewertet.

In der Praxis ist es schwierig zu definieren, welche Anlage risikolos ist. Meist werden Tagesgeld- oder Monatsgeldsätze am Interbankenmarkt verwendet. Unter Inflation existiert ein risikoloses Wertpapier jedoch nicht. Anstelle von (3) wird daher häufig eine andere Version des Marktmodells

(5) $\quad r_{i,t} = \alpha_i + \beta_i \cdot r_{M,t} + \varepsilon_{i,t}$

auf der Basis von sog. „total returns" zur Schätzung des Betawertes verwendet. Die Unterschiede zwischen den Betaschätzern aus der Überschußrendite-Version (3) und der Standardform (5) des Marktmodells sind normalerweise zu vernachlässigen.[8]

Das *Marktportfolio*, das theoretisch aus allen weltweit verfügbaren riskanten Anlagemöglichkeiten besteht, ist in der Realität nicht beobachtbar. Als Ersatz (Proxy) für das Marktportfolio wird meist ein nationaler Aktienindex verwendet.[9] Die Wahl zwischen verschiedenen nationalen Indizes hat meist nur einen geringen Einfluß auf die Höhe der Beta-Schätzer.[10] Allgemein läßt sich jedoch beobachten, daß bei Schätzungen mit Indizes, die eine größere Anzahl von Aktien beinhalten, die Schätzwerte geringfügig höher liegen.[11]

---

[7] Die Schätzwerte für Alpha weichen zwar meist von Null ab, allerdings sind die Alpha-Schätzer i.d.R. nicht signifikant von Null verschieden.

[8] Die mittleren absoluten Abweichungen zwischen den Betas beider Marktmodell-Versionen liegen für deutsche Aktien je nach Schätzperiode zwischen 0.001 und 0.026. In Ausnahmefällen sind bei einzelnen Aktien Differenzen bis zu 0.12 möglich. Die Wahl zwischen diskreten (prozentualen) und stetigen (logarithmierten) Renditen oder eine Inflationsbereinigung der Renditen haben ebenfalls einen sehr geringen Einfluß auf die Höhe des Betaschätzers. Vgl. Zimmermann (1997), S. 81-91.

[9] Da die Schätzung nun nicht mit der Marktrendite $r_{M,t}$ erfolgt, wird von einigen Autoren anstelle des Begriffes „Marktmodell" die Bezeichnung *Single-Index-Model* bevorzugt.

[10] Vgl. Frantzmann (1990), S. 73 und Zimmermann (1997), S. 94-97.

[11] Dies ist darauf zurückzuführen, daß breitere Indizes besser diversifiziert sind und somit eine geringere Varianz der Rendite aufweisen. Der Nenner in (1) ist daher niedriger. Die Kovarianz im Zähler verringert sich meist in geringerem Umfang als die Varianz. Vgl. Reilly/ Akhtar (1995), S. 38.

3. Der Intervalling-Effekt bei der Schätzung historischer Betas

Der Betawert einer vergangenen Schätzperiode wird mittels einer univariaten Zeitreihenregression – meist nach der gewöhnlichen *Methode der Kleinsten Quadrate*[12] (Ordinary Least Squares; OLS) – geschätzt. Neben den Schätzwerten für den Alpha- und den Betafaktor liefert die Regression auch eine Schätzung der Varianz der Residuen var[ε_i]. Aus der Varianz der Residuen kann man den sog. *Standardfehler*[13] von Beta,

$$(6) \quad \text{std}[\beta_i] = \frac{\sqrt{\text{var}[\varepsilon_i]}}{\sqrt{(T-1) \cdot \text{var}[r_M]}} \quad ,$$

ermitteln, der als Maß für die Zuverlässigkeit der Schätzung herangezogen werden kann. Bei einem Schätzwert für Beta von 1 bedeutet z.B. ein Standardfehler von 0,1, daß der tatsächliche Parameterwert von Beta mit einer Wahrscheinlichkeit von ca. 95% zwischen 0,8 und 1,2 liegt. Je niedriger der Standardfehler ist, desto schmaler ist das Konfidenzintervall und desto zuverlässiger ist der Schätzwert für Beta. Die Formel (6) für den Standardfehler macht deutlich, daß die Schätzung des Betawertes umso zuverlässiger ist, je niedriger die Residualvarianz im Zähler und je höher der Stichprobenumfang T und die Varianz der Marktrendite im Nenner sind.[14]

Die Wahl der Renditeberechnung oder die Wahl des Aktienindex als Proxy haben – wie oben erwähnt – eine recht geringe Bedeutung für die Schätzung des Betas. Dagegen variieren die Betaschätzer sehr stark mit der Veränderung des Renditeintervalls (Renditelaufzeit). In der Praxis wird die Schätzung des Marktmodells meist mit täglichen Renditen bei einer Schätzperiode von 250 Börsentagen – dies entspricht ungefähr einem Kalenderjahr – oder mit monatlichen Renditen bei fünfjährigen Schätzperioden, d.h. mit 60 Beobachtungen, durchgeführt. Vergrößert man bei konstanter Schätzperiodenlänge das Renditeintervall, so kann man den sog. *Intervalling-Effekt* beobachten.[15] Bei weniger liquiden und illiquiden Aktien erhöhen sich die Schätzwerte für Beta teilweise ganz erheblich mit dem Renditeintervall, während sie sich bei liquiden Aktien in geringerem Umfang i.d.R. verringern. Abbil-

---

[12] Vgl. Greene (1993), S. 143-164. Da die Annahmen der OLS – nicht autokorrelierte Residuen und die konstante Varianz der Residuen (Homoskedastizität) – beim Marktmodell häufig verletzt sind, sind aus ökonometrischer Sicht sog. Generalized Least Squares-Regressionsverfahren gegenüber der OLS zu bevorzugen. Allerdings sind die Unterschiede zwischen OLS- und GLS-Betas i.d.R. sehr gering, so daß sich der höhere Aufwand der GLS-Verfahren nicht lohnt. Siehe hierzu Zimmermann (1997), S. 154-159 sowie die dort angegebene Literatur.
[13] Vgl. Uhlir/ Steiner (1994), S. 178.
[14] Der Stichprobenumfang entspricht der Anzahl an Renditepaaren von Wertpapier und Index, die in die Regression eingehen. Der Stichprobenumfang sollte mindestens 30, besser aber 60 oder 100 Beobachtungen enthalten.
[15] Dieser Intervalling-Effekt wurde für verschiedene Aktienmärkte festgestellt. Siehe für die USA etwa Hawawini (1980), für Großbritannien Dimson (1979), für Belgien Corhay (1992) oder für Deutschland Frantzmann (1990) und Schlag (1994).

dung 3 zeigt dies exemplarisch für die Mannesmann-Aktie.[16] Je nachdem, mit welchem Tag eine Zeitreihe anfängt, kann man bei mehrtägigen Intervallen mehrere Betaschätzwerte ermitteln. So erhält man bei viertägigen Intervallen vier Zeitreihen viertägiger Renditen, aus denen man vier Betas schätzen kann. Dementsprechend kann man bei vierzigtägigen Renditen vierzig verschiedene Betas bestimmen. Aus Abbildung 3 ist zu erkennen, daß die Betas auf der Basis jeweils eines Intervalls mit zunehmender Renditelaufzeit erheblich voneinander abweichen können. Diese breite Streuung ist auf die Verringerung des Stichprobenumfangs und die dadurch bedingte Erhöhung des Standardfehlers (6) zurückzuführen. Aus den verschiedenen Betaschätzungen auf der Basis eines Intervalls kann man das *Durchschnittsbeta* berechnen.[17] Die in Abbildung 3 als Kreise gekennzeichneten Durchschnittsbetas der (liquiden) Mannesmann-Aktie nehmen mit wachsendem Renditeintervall zunächst ab, steigen dann aber wieder an.[18] Bei illiquiden Aktien beträgt die Differenz zwischen dem höchsten und niedrigsten Durchschnittsbeta bis zu 0.6.

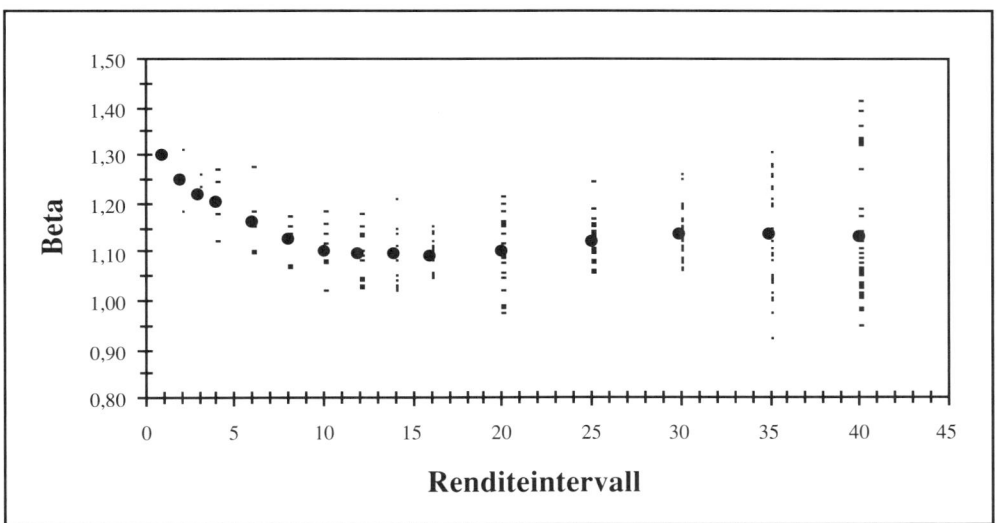

Abb. 3: Intervalling-Effekt bei den Betaschätzern der Mannesmann-Aktie

---

[16] Die Schätzungen wurden für die Periode 1986-91 durchgeführt. Als Proxy wurde der Deutsche Aktien Forschungsindex, DAFOX, der wie der CDAX als Performance-Index konstruiert ist und sämtliche an der Frankfurter Wertpapierbörse amtlich notierten Aktien enthält, verwendet.

[17] Dieser Vorschlag geht auf Corhay (1992), S. 64 zurück. Zu beachten ist, daß das Durchschnittsbeta für n-tägige Renditen aus n verschiedenen, mit n unterschiedlichen Zeitreihen geschätzten Betas errechnet wird. Eine Zusammenlegung der n Zeitreihen in einer Stichprobe würde dagegen zu einem verzerrten Schätzwert für Beta führen, da die Renditen dann eine künstlich erzeugte Autokorrelation aufweisen würden.

[18] Verwendet man den DAX, der nur liquide Aktien enthält, als Proxy, so kann man teilweise auch bei den DAX-Aktien zunächst mit dem Renditeintervall ansteigende Durchschnittsbetas beobachten.

Ursache für den Intervalling-Effekt ist die insbesondere für deutsche Aktien häufig zu verzeichnende *Illiquidität*. Illiquide Aktien werden nicht an jedem Börsentag gehandelt, so daß ihr Kurs über mehrere Börsentage hinweg unverändert bleibt, und die Aktie auf Kursbewegungen des Marktes nur verzögert reagiert. Dadurch enthält die Stichprobe bei illiquiden Aktien eine mehr oder weniger hohe Anzahl von täglichen Wertpapierrenditen mit dem Wert Null. In Abbildung 2 sind Nullrenditen als ausgefüllte Rauten auf der Abszisse eingezeichnet. Sie bewirken, daß die Betawerte wenig liquider und illiquider Aktien sehr niedrig ausfallen.[19] Teilweise erhält man bei stark illiquiden Aktien sogar negative Schätzwerte. Da die Kurse dieser illiquiden Aktien auch in die Berechnung von (breiten) Aktienindizes eingehen, sind auch liquide Aktien vom Intervalling-Effekt betroffen.[20]

Kurze, insbesondere tägliche Renditeintervalle führen sowohl bei illiquiden als auch bei liquiden Aktien zu verzerrten Schätzungen des Betafaktors. Erhöht man das Renditeintervall, so reduzieren sich die Auswirkungen von Illiquidität und Kursanpassungsverzögerungen auf die Renditen illiquider Aktien und des Aktienindex. Die Anzahl der Nullrenditen bei illiquiden Aktien nimmt ab. Das Renditeintervall kann jedoch nicht beliebig vergrößert werden, um die *Verzerrung* durch den Intervalling-Effekt zu beseitigen. Bei begrenzter Schätzperiodenlänge verringert sich mit zunehmendem Renditeintervall der Stichprobenumfang, so daß der Standardfehler (6) sich so stark erhöht, daß von einer zuverlässigen Schätzung nicht mehr die Rede sein kann. Um dies zu vermeiden, könnte man zusätzlich die Schätzperiode verlängern. Damit steigt allerdings die Wahrscheinlichkeit eines *Strukturbruches* in den Daten, der dazu führen würde, daß innerhalb der untersuchten Periode mehrere unterschiedliche Betas gelten, und man dann ebenfalls keinen zuverlässigen Schätzwert erhielte.

Ein sinnvoller Kompromiß scheint hier die Verwendung von Betas auf der Basis wöchentlicher Renditen bei mindestens einjährigen Schätzperioden zu sein. Wöchentliche Renditen kann man mit fünf verschiedenen Basistagen berechnen. Daraus ergeben sich wiederum fünf Betas, aus denen man ein Durchschnittsbeta ermitteln kann. Die Verwendung von Durchschnittsbetas ist auch im Hinblick auf die Prognose von Betas sinnvoll, da Durchschnittsbetas im Zeitablauf stabiler sind als einzelne Betas auf der Basis wöchentlicher Renditen mit nur einem Basistag.[21]

Zur Eliminierung des Intervalling-Effektes wurden eine Reihe von sog. *Korrekturverfahren* entwickelt.[22] Das *Trade to Trade-Verfahren* von MARSH (1979) verwendet für die Berechnung der Renditen nur Kurse von Tagen, an denen die Aktie gehandelt wurde. Bei einer Aktie mit unregelmäßigem Handel sind die Renditeintervalle bei diesem Verfahren daher unterschiedlich lang. Bei sehr illiquiden Aktien tritt das Problem auf, daß der Stichprobenumfang teilweise zu klein wird. In jedem Fall, ins-

---

[19] Probleme mit der Betaschätzung treten bereits auf, wenn der Anteil der Kurse, die nicht auf einem Handel beruhen, höher als 20% ist. Der Betawert liegt dann meist unter 0,5.
[20] Die Wirkungsweise des Intervalling-Effektes wurde von Scholes/ Williams (1977), Hawawini (1980) sowie von Cohen et al. (1980) und (1983b) näher analysiert.
[21] Vgl. Zimmermann (1997), S. 230.
[22] Zur Darstellung und Überprüfung der Wirksamkeit der im folgenden aufgeführten Verfahren siehe Zimmermann (1997), S. 120-153.

besondere aber bei sehr liquiden Aktien, ist die Korrekturwirkung des Verfahrens sehr gering. Das von COHEN/ HAWAWINI/ MAIER/ SCHWARTZ/ WHITCOMB (1983a) vorgeschlagene Verfahren beruht auf der Annahme, daß sich der Betafaktor einer Aktie mit zunehmendem Renditeintervall monoton steigend oder fallend einem Grenzwert nähert. Dies gilt für deutsche Aktien, wie Abbildung 3 am Beispiel von Mannesmann zeigt, jedoch nicht. Aus diesem Grund und aufgrund einer Reihe weiterer methodischer Probleme sind die mit diesem Korrekturverfahren ermittelten *asymptotischen Betas* nicht brauchbar.

Die am häufigsten angewendeten Korrekturverfahren werden aus dem herkömmlichen kontemporären Betaschätzer sowie sog. *Lead- und Lag-Betas* berechnet. Ein Lag-Beta wird aus der Regression der kontemporären Aktienrendite gegen eine zeitlich vor ihr liegende Marktrendite geschätzt, so daß die Aktienrendite gegenüber der Marktrendite ein Lag aufweist. Für Lead-Betas gilt das umgekehrte. Bei illiquiden Aktien sind die Lag-1-Betas aufgrund der Kursanpassungsverzögerungen häufig höher als die kontemporären Betas. Das von SCHOLES/ WILLIAMS (1977) entwickelte Verfahren bezieht auf der Basis täglicher Renditen einen Lag und einen Lead ein. Bei der Verallgemeinerung des *Scholes/ Williams-Verfahrens* durch COHEN/ HAWAWINI/ MAIER/ SCHWARTZ/ WHITCOMB (1983b) ist eine beliebige Anzahl von Leads und Lags zulässig. Das von DIMSON (1979) vorgeschlagene *Aggregated Coefficient-Verfahren* führt zu Beta-Schätzungen, die – bei einer identischen Kombination von Leads und Lags – nur geringfügig von den Scholes/ Williams-Betas abweichen.[23] Die Korrekturwirkung dieser Verfahren nimmt mit wachsender Anzahl von Leads und Lags zu. Allerdings verringert sich mit steigender Anzahl von Leads und Lags die Effizienz der Schätzung.[24] Dies äußert sich in einer deutlich höheren Instabilität der Scholes/ Williams- und Dimson-Schätzer im Vergleich zu Durchschnittsbetas bei längeren Renditeintervallen.[25] Keines der Korrekturverfahren kann die Verzerrung durch den Intervalling-Effekt wirksam und ohne Nebenwirkungen eliminieren. Es erscheint sinnvoller, mit wöchentlichen Durchschnittsbetas zu arbeiten.

---

23 Beim verallgemeinerten Scholes/ Williams-Verfahren werden die Lead- und Lag-Betas sowie das kontempäre Beta jeweils mit univariaten Regressionen geschätzt und anschließend addiert. Den verallgemeinerten Scholes/ Williams-Schätzer erhält man, indem diese Summe noch durch einen Term dividiert wird, der sich aus den Autokorrelationen der Index-Rendite bei verschiedenen Lags ergibt. Die Schätzung des kontemporären Betas sowie der Lead- und Lag-Betas erfolgt beim Dimson-Verfahren in einer einzigen multivariaten Regression. Die Regressionskoeffizienten (Betas) werden anschließend nur noch zum Dimson-Beta addiert – daher die Bezeichnung „Aggregated Coefficient".
24 Vgl. Dimson (1979), S. 203 f.
25 Vgl. Zimmermann (1997), S. 237.

4. Regressionsausreißer im Marktmodell

Ein bei der Schätzung des Marktmodells wenig beachtetes Problem stellt die Existenz von *Regressionsausreißern* in den Daten dar. Regressionsausreißer müssen nicht unbedingt Extremwerte in den Renditen sein. Bei einem Regressionsausreißer können sowohl Wertpapier- als auch Indexrendite „normale" Werte annehmen, die Werte liegen aber beispielsweise aufgrund von *wertpapierspezifischen Kursveränderungen*, die gegen den Markt laufen, deutlich außerhalb der Punktewolke der Beobachtungen. Zwei derartige Regressionsausreißer sind in Abbildung 2 als Quadrate eingezeichnet. Diese Beobachtungen würden jede für sich genommen gegenüber der eingezeichneten Characteristic Line zu einer Verringerung von Beta und einer Erhöhung bzw. Verringerung von Alpha führen. Obwohl die Ursachen für diese Regressionsausreißer wertpapierspezifisch sind, beeinflussen sie die Schätzung des systematischen Risikos. Die Eliminierung von Beobachtungen, die durch wertpapierspezifische Informationen bestimmt werden, führt i.d.R. zu einer Erhöhung des Erklärungsgehalts des Marktmodells, der durch das *Bestimmtheitsmaß*[26] gemessen wird.[27] Durch illiquiden Aktienhandel hervorgerufene Nullrenditen können ebenfalls Regressionsausreißer darstellen. Weitere Regressionsausreißer können im Marktmodell in *Crash-Situationen* auftreten. Sowohl Wertpapier- als auch Indexrenditen weisen dann Extremwerte auf. Reagiert das Wertpapier schwächer (stärker) als der Markt, so wird der Schätzwert für Beta vermindert (erhöht). Eine Crash-Beobachtung kann jedoch auch, wie die in Abbildung 2 mit einem Dreieck markierte Beobachtung, relativ gut zu der mit der normalen Beobachtung geschätzten Characteristic Line passen. In diesem Fall führt die durch den Extremwert erhöhte Varianz der Indexrendite zu einer Verringerung des Standardfehlers (6), so daß sich die Zuverlässigkeit der Schätzung scheinbar erhöht.

Regressionsausreißer können anhand von sog. *Regression Diagnostics*[28] erkannt werden. Sofern dies möglich ist, sollten die Ursachen (kursbeeinflussende Informationen, Crash, Datenfehler) für die Regressionsausreißer analysiert werden, bevor sie gegebenenfalls aus der Stichprobe eliminiert werden. Als Alternativen zu diesem Trimmen der Daten bieten sich verschiedene, sog. *robuste Regressionsverfahren* an, bei denen Regressionsausreißer weniger als bei der OLS-Regression oder möglichst gar nicht die Schätzung des Betawertes verzerren.[29] Als brauchbarste robuste

---

[26] Das Bestimmtheitsmaß errechnet sich als quadrierte Korrelation zwischen der Wertpapier- und der Indexrendite. Es entspricht dem Anteil des systematischen Risikos an der Varianz (Gesamtrisiko) der Wertpapierrendite.
[27] Vgl. Cornell (1990), S. 3-5 und Robin (1993), S. 371.
[28] Zu diesen Kennzahlen zählen studentisierte Residuen, Leverage, DFBETA usw. Einen Überblick hierzu findet man bei Belsley et al. (1980), S. 13-18 oder bei Judge et al. (1988), S. 892-895. Bei der Existenz mehrerer Regressionsausreißer kommt es teilweise zu einem sog. Masking-Effekt, so daß u.U. nicht alle Regressionsausreißer mit Regression Diagnostics aufgespürt werden können. Vgl. Chatterjee/ Hadi (1986), S. 386.
[29] Zur Anwendung robuster Regressionsverfahren auf das Marktmodell siehe etwa Chan/ Lakonishok (1992), Badrinath/ Chatterjee (1993) oder Zimmermann (1997), S. 173-182 sowie die dort angegebene Literatur.

Methoden für die Schätzung des Marktmodells haben sich in empirischen Untersuchungen Verfahren auf der Basis von sog. Regressionsquantilen[30] und das Reweighted Least Median of Squares-Verfahren[31] erwiesen.

Das Trimmen von Daten oder die Anwendung der genannten robusten Verfahren führen bei einer Schätzung des Marktmodells für mehrere Aktien im Durchschnitt zu einer Verringerung der Betawerte im Vergleich zu den herkömmlichen OLS-Betas.[32] Durch das Trimmen von Regressionsausreißern ergibt sich für deutsche Aktien im Durchschnitt eine Erhöhung des Bestimmtheitsmaßes um 6 bis 8 Prozentpunkte. Bei liquiden Aktien werden teilweise sogar Steigerungen von über 10 Prozentpunkten erreicht.[33] Mit getrimmten Daten ermittelte oder robust geschätzte Betas können jedoch nicht die mit dem Intervalling-Effekt verbundene Verzerrung aufheben. Außerdem weisen sie auch keine höhere Stabilität als die OLS-Betas auf.[34]

5. Stabilität der Betawerte

Bereits die ersten empirischen Untersuchungen zum Marktmodell zeigten, daß die Betafaktoren einzelner Aktien in aufeinanderfolgenden, nichtüberlappenden Schätzperioden instabil sind.[35] Die *Instabilität* ist zum Teil durch *Schätzfehler* bedingt, die selbst bei stationärem Beta-Parameter eine instabile Schätzung bewirken. Erhöht man den Stichprobenumfang, so verringern sich i.d.R. die Schätzfehler, gemessen durch den Standardfehler. Somit erhöht sich durch die Verlängerung der Schätzperiode im Durchschnitt die Stabilität der Betas.[36] Bei gegebener Schätzperiodenlänge sind Betas umso stabiler, je kürzer die Renditelaufzeit ist. Betas auf der Basis täglicher Renditen weisen eine deutlich höhere Stabilität auf als Betas auf der Grundlage von wöchentlichen Renditen. Ein weiterer Grund für die höhere Stabilität täglicher Betas ist die (in beiden aufeinanderfolgenden Perioden auftretende) Verzerrung durch den Intervalling-Effekt. Bei wöchentlichen Renditen sind die Betas liquider Aktien deutlich stabiler als die Betas weniger liquider Aktien.[37]

Die beobachtete Instabilität der Betas kann nicht alleine auf Schätzfehler zurückgeführt werden, sondern beruht auch auf *ökonomischen Ursachen*. So hängt das Beta einer Aktie theoretisch mit dem Verschuldungsgrad der Aktiengesellschaft in der

---

30 Vgl. Koenker/ Basset (1978) und Chan/ Lakonishok (1992), S. 269-276.
31 Vgl. Rousseeuw (1984), Rousseeuw/ Leroy (1987) und Badrinath/ Chatterjee (1993), S. 13-20.
32 Vgl. Badrinath/ Chatterjee (1993) und Zimmermann (1997), S.186-190.
33 Vgl. Zimmermann (1997), S. 190 f.
34 Vgl. Zimmermann (1997), S. 237 f.
35 Vgl. etwa Beaver et al. (1970), S. 677, Blume (1971), S. 7-9 oder Klemkosky/ Martin (1975), S. 1125. Die Stabilität bzw. die Prognosegüte von Beta in nicht überlappenden Schätzperioden wird üblicherweise anhand des Mean Squared Error (= mittlere quadrierte Differenz zwischen den Betas aus zwei aufeinanderfolgenden Perioden bzw. zwischen dem prognostizierten und dem tatsächlichen Beta) für eine Stichprobe aus mehreren Aktien gemessen.
36 Vgl. Alexander/ Chervany (1980), S. 128-131.
37 Vgl. Zimmermann (1997), S. 227-236.

Weise zusammen, daß das systematische Risiko einer Aktie mit der Marktwertverschuldung der Gesellschaft steigt.[38] Da sich bei Kursänderungen der Aktie auch der Marktwert des Eigenkapitals eines Unternehmens verändert, variieren auch der Verschuldungsgrad und damit das Beta der Aktie. Weitere Zusammenhänge zum systematischen Risiko lassen sich für das Geschäftsrisiko des Unternehmens, die Dividendenpolititk, die Wachstumschancen oder die Unternehmensgröße begründen.[39] Da diese Einflußfaktoren ebenfalls im Zeitablauf Veränderungen unterliegen und ihr jeweiliger Einfluß auf das systematische Risiko selbst mit den makroökonomischen oder branchenspezifischen Rahmenbedingungen variiert, ist die Hypothese unplausibel, daß das Beta einer Aktie über längere Perioden konstant bleibt.

Beim Marktmodell und bei der OLS-Regression wird angenommen, daß der Betawert innerhalb einer Schätzperiode konstant bleibt. Es lassen sich jedoch auch Modelle entwickeln und schätzen, in denen sich Beta mehrfach, im Extremfall zu jedem Zeitpunkt t, ändert. Der Betawert und ggf. auch der Alphafaktor in (3) bzw. (5) wären dann – wie die Renditen und der Störterm – mit einem Subindex t für die Zeit zu versehen. Die *zeitvariablen Betas* lassen sich beispielsweise so modellieren, daß sie zufällig um einen Mittelwert schwanken, einem autoregressiven Prozeß oder einem Random Walk folgen oder durch einen bivariaten GARCH-Prozeß generiert werden.[40] Welches dieser Modelle mit zeitvariablen Parametern gilt, ob die Beta-Parameter für die OLS-Schätzung als konstant angenommen werden können, oder ob Strukturbrüche vorliegen, muß für jede Aktie gesondert analysiert werden. Die bisherigen empirischen Untersuchungen liefern hier kein einheitliches Ergebnis für alle Aktien und Perioden. In der Praxis wird weiterhin i.d.R. mit der Annahme konstanter Betas gearbeitet, da die meisten Anwendungen des Betafaktors von einer Konstanz während der Untersuchungs- oder Planungsperiode ausgehen, und da der Rechenaufwand beim OLS-Verfahren sehr viel geringer ist als bei Schätzverfahren für zeitvariable Betas.

6. Prognose von Betafaktoren

Die Instabilität des Betafaktors macht es notwendig, nach Verfahren zu suchen, die gegenüber der sog. *naiven Prognose*, bei der das Beta der Vorperiode als Prognosewert verwendet wird, eine höhere Prognosegüte aufweisen. Die Vorhersagegenauigkeit läßt sich durch sog. *Anpassungsverfahren* verbessern. Beim *Verfahren von BLUME* (1971) wird zunächst eine Querschnittsregression

(7) $\quad \beta_{i,s} = a_s + b_s \cdot \beta_{i,s-1} + \varepsilon_{i,s}$

---

[38] Vgl. Hamada (1972), S. 440 und Rubinstein (1973), S. 177 f.
[39] Vgl. Bowman (1979) sowie den Überblick bei Zimmermann (1997), S. 262-281 und die dort angegebene Literatur.
[40] Siehe dazu etwa Collins et al. (1987), Braun et al. (1995) und Loos (1997).

der Betas der gerade abgelaufenen Periode s gegen die Betas der vorangegangenen Periode s-1 durchgeführt. Setzt man $\beta_{i,s}$ anschließend auf der rechten Seite von (7) ein, so erhält man die Prognosen für die Betas der kommenden Perioden s+1. Ein weiteres Anpassungsverfahren ist die von VASICEK (1973) vorgeschlagene *Bayes-Prognose*:[41]

$$(8) \quad \beta_{i,s+1} = \frac{\mathrm{var}[\beta_s]}{\mathrm{var}[\beta_s] + \mathrm{var}[\beta_{i,s}]} \cdot \overline{\beta}_s + \frac{\mathrm{var}[\beta_{i,s}]}{\mathrm{var}[\beta_s] + \mathrm{var}[\beta_{i,s}]} \cdot \beta_{i,s}.$$

In dieser Formel werden der Querschnittsmittelwert $\overline{\beta}_s$ der Betas aller in der Stichprobe enthaltenen Aktien und der Betawert $\beta_{i,s}$ der Aktie i unterschiedlich gewichtet. Das Mittelwertbeta $\overline{\beta}_s$ wird umso stärker gewichtet, je höher der quadrierte Standardfehler var[$\beta_{i,s}$] der Aktie im Vergleich zur Querschnittsvarianz var[$\beta_{i,s}$] aller Aktien ausfällt.[42] Damit ist die Anpassung des Prognosewertes umso stärker, je unzuverlässiger die Schätzung des Betas der Aktie ist.

Die beiden vorgestellten Anpassungsverfahren nutzen die bei Betas in aufeinanderfolgenden Perioden beobachtete *autoregressive Tendenz* aus, nach der sich die Betas in der folgenden Periode tendenziell dem Mittelwertbeta nähern.[43] Während beim Blume-Verfahren eine für alle Aktien einheitliche lineare Transformation erfolgt, hängt beim Bayes-Verfahren die Anpassung von der Zuverlässigkeit des Betaschätzers der einzelnen Aktie ab. Mit beiden Verfahren kann i.d.R. die durchschnittliche Prognosegüte gegenüber der naiven Vorhersage verbessert werden.[44]

Da für die Änderungen des systematischen Risikos ökonomische Ursachen relevant sein könnten, liegt es nahe, für die Beta-Prognose fundamentale Kennzahlen heranzuziehen und sog. *fundamentale Betas* zu ermitteln.[45] Das Verfahren basiert auf plausiblen, empirisch feststellbaren Zusammenhängen zwischen Beta und verschiedenen Unternehmenskennzahlen, z.B.

---

[41] Vgl. Vasicek (1973), S. 1236 und Elton/ Gruber (1995), S. 145.
[42] Das mittlere Beta müßte theoretisch den Wert 1 aufweisen. Bei deutschen Aktien liegt der Mittelwert der Betas je nach Periode zwischen 0.6 und 0.9 bei Verwendung wöchentlicher Renditen bzw. zwischen 0.5 und 0.75 bei täglichen Renditen. Ursache hierfür ist der hohe Anteil nichtliquider Aktien und die Verzerrung durch den Intervalling-Effekt. Anstelle der Mittelwerte des gesamten Querschnitts von Aktien könnte man auch das Beta der jeweiligen Branche einsetzen. Dies verbessert bei deutschen Aktien jedoch nicht die Prognosegüte. Vgl. Zimmermann (1997), S. 328.
[43] Dieser Effekt wurde bereits von Blume (1971) entdeckt und für die meisten Aktienmärkte bestätigt. Der Effekt kann anhand der Koeffizienten von (7) gemessen werden, die normalerweise in folgendem Bereich liegen: $0 < a_s < b_s < 1$ und $a_s + b_s \approx 1$. Dies bedeutet, daß Betas, die in der Vorperiode unter (über) dem Mittelwert liegen, im Durchschnitt in der nachfolgenden Periode einen höheren (niedrigeren) Wert annehmen. Eine ökonomische Erklärung für dieses Phänomen wurde bislang nicht gefunden. Teilweise werden anstelle geschätzter Koeffizienten, die im Zeitablauf relativ stark schwanken, konstante vorgegebene Werte für die Koeffizienten verwendet.
[44] Welches der beiden Verfahren bessere Vorhersagen liefert, wird in den empirischen Untersuchungen unterschiedlich beurteilt. Für deutsche Aktien erhält man auf der Basis wöchentlicher Renditen als Durchschnitt der mittleren absoluten Abweichung der Prognosewerte von den tatsächlichen Betawerten für die 16 einjährigen Prognoseperioden von 1976 bis 1991 bei der naiven Prognose 0.296, bei der Blume-Prognose 0.290 und bei der Bayes-Prognose 0.272. Vgl. Zimmermann (1997), S. 251-255 und 405.
[45] Vgl. Beaver et al. (1970) sowie Rosenberg/ Guy (1976a) und (1976b).

- Kennzahlen der Kapitalstruktur und der Aktivastruktur, der Dividendenrendite und der Ausschüttungsquote,
- Kennzahlen der Unternehmensgröße (Bilanzsumme, Marktwert des Eigenkapitals, Umsatz etc.),
- Wachstumskennzahlen,
- Kursattraktivitätskennzahlen (Price/Earnings-Ratio, Market to Book-Ratio),
- Variabilitätsmaßen von Erfolgskennzahlen (in Form von Elastizitäten, Varianzen oder sog. Accounting Betas).

Während für amerikanische Aktien i.d.R. erklärbare Korrelationen zwischen Beta und verschiedenen Kennzahlen zu verzeichnen sind, hat bei deutschen Aktien die Unternehmensgröße mit einer fundamental nicht begründbaren positiven Korrelation die höchste Erklärungskraft.[46] Der positive Zusammenhang ergibt sich daraus, daß die Unternehmensgröße eine Ersatzgröße für die Liquidität (Handelshäufigkeit) der Aktie ist und illiquide Aktien aufgrund des Intervalling-Effektes i.d.R. niedrige Betas besitzen. Andere fundamentale Kennzahlen weisen bei deutschen Aktien keine theoretisch begründbaren, in allen Perioden signifikanten Korrelationen zum Betafaktor auf.[47]

Trotz der fehlenden fundamentalen Zusammenhänge lassen sich auch bei deutschen Aktien mit verschiedenen Kombinationen von fundamentalen Unternehmenskennzahlen Betas zumindest in einigen Perioden im Durchschnitt besser prognostizieren als mit der naiven Prognose. Die Erhöhung der Prognosegenauigkeit gründet darauf, daß extreme Betas der Vorperiode – ähnlich wie bei den Anpassungsverfahren – in Richtung des Mittelwertbetas korrigiert werden. Daher führen fundamentale Betas auch nicht zu grundlegend besseren Prognosen als die Anpassungsverfahren.[48] Der Aufwand für die Aufbereitung von Unternehmenskennzahlen lohnt sich daher kaum.

---

[46] Unter den Annahmen des CAPM kann kein Zusammenhang zwischen dem systematischen Risiko und der Unternehmensgröße hergeleitet werden. Bei einem unvollkommenen Kapitalmarkt, der Existenz von Synergieeffekten oder monopolistischen Absatzmärkten kann man einen negativen Zusammenhang begründen.

[47] Vgl. Bauer (1992), S. 167-185, Müller (1992), S. 166-172, Pfennig (1993), S. 62-75 sowie Zimmermann (1997), S. 290-308.

[48] Die meisten Untersuchungen zu amerikanischen Aktien halten fundamentale Betas für die besten Prognosen. Vgl. etwa Rosenberg (1985), Lee et al. (1986) oder Young et al. (1987). Für deutsche Aktien stellt Bauer (1992), S. 215-224 eine Überlegenheit fundamentaler Betas gegenüber den Anpassungsverfahren fest. Die besten Prognosen erhält er aus einer Kombination von fundamentaler und Blume-Prognose. Siehe auch Steiner/ Bauer (1992), S. 364-366 und Steiner et al. (1993), S. 113 f. Die Brauchbarkeit der fundamentalen Betas wird dagegen für amerikanische Aktien von Elgers (1980), S. 400-403, und Buttars (1988), S. 55 f. sowie für deutsche Aktien von Müller (1992), S. 172-180, Rudolph/ Zimmermann (1997) und Zimmermann (1997), S. 311-316 abgelehnt. Analysiert man die Prognosegüte der Verfahren anhand der in den verschiedenen empirischen Untersuchungen angegebenen Werte für den Mean Squared Error, so sind die Unterschiede zwischen den Anpassungsverfahren und den fundamentalen Betas marginal und vom Untersuchungszeitraum, von der Zusammensetzung der Stichprobe der Aktien sowie von den Verfahren zur Schätzung historischer Betas abhängig.

Insgesamt gesehen muß die mit den derzeit zur Verfügung stehenden Prognoseverfahren erreichbare Prognosegüte, bei einer mittleren absoluten Abweichung der prognostizierten von den tatsächlichen Betas, die i.d.R. 0.2 nicht unterschreitet, immer noch als unbefriedigend eingestuft werden. Der Einsatz von Betawerten erscheint allenfalls bei liquiden Aktien unproblematisch.

7. Portfoliobetas und Timing

In den vorangegangenen Kapiteln wurden die Eigenschaften von Betafaktoren einzelner Aktien beschrieben. Bei verschiedenen Anwendungen, wie der Performancemessung, beim Index-Tracking und beim Hedging, interessiert aber das Beta des Portfolios. Die Bildung von Portfolios führt zur Ausmittelung und damit zur Reduzierung von Schätzfehlern.[49] Portfoliobetas, die über eine Regression der Portfolio-Rendite gegen die Indexrendite geschätzt werden, haben daher eine höhere Stabilität als die Betas einzelner Aktien.[50] Diese Vorgehensweise impliziert die Annahme konstanter *Gewichte der Aktien im Portfolio* über die Schätzperiode. Diese Annahme ist für das Portfoliomanagement jedoch unrealistisch. Selbst wenn der Portfoliomanager keine Transaktionen vornimmt, ändern sich die Gewichte durch die unterschiedlichen Kursänderungen der einzelnen Wertpapiere. Dies führt selbst bei konstanten Betas der Wertpapiere zu einem sich ständig verändernden Portfoliobeta.

Ein Portfoliomanager, der eine *Timing-Strategie* umsetzt, verändert gezielt das Beta seines Portfolios entsprechend den Änderungen seiner Erwartungen über die Marktentwicklung. Bei günstigen Prognosen für die Marktentwicklung wird er ein sehr hohes Portfoliobeta wählen, bei weniger günstigen oder gar negativen Erwartungen wird er ein niedriges Beta, ein Portfoliobeta von Null (Hedge) oder im Extremfall ein negatives Portfoliobeta wählen.

Die Bestimmung des historischen Portfoliobetas über eine lineare Regression der Portfoliorendite gegen die Marktrendite macht bei Timing-Strategien – ebenso wie bei anderen Portfoliostrategien, die Umschichtungen während der Schätzperiode beinhalten, und bei starken Veränderungen der Portfolio-Gewichte durch Kursänderungen – keinen Sinn mehr. Das Portfoliobeta zu einem bestimmten Zeitpunkt t,

$$(9) \quad \beta_{p,t} = \sum_{i=1}^{N} x_{i,t} \cdot \beta_i ,$$

kann man dann aus den jeweiligen Portfoliogewichten $x_{i,t}$ und den Betas der einzelnen Assets i bestimmen bzw. prognostizieren.[51]

---

[49] Bildet man Portfolios nach der Höhe des Betawertes, der Unternehmensgröße oder der Liquidität der Aktien, so verringern sich die durch den Intervalling-Effekt bedingten Schätzfehler nicht.
[50] Vgl. etwa Klemkosky/ Martin (1975) und Alexander/ Chervany (1980).
[51] Es wird hier vereinfacht angenommen, daß zumindest die Betas der Wertpapiere stabil sind.

Aus (9) wird deutlich, daß Veränderungen des Portfoliobetas durch Umschichtungen des Portfolios in Assets mit höheren bzw. niedrigeren Betas erreicht werden können.[52] Da die Betawerte von liquiden Aktien i.d.R. zwischen 0.5 und 1.5 liegen, sind die Möglichkeiten, durch Umschichtung von Aktien das Portfoliobeta zu verändern, relativ begrenzt, sofern Leerverkäufe nicht zulässig sind. Eine Reduzierung des Portfoliobetas durch Umschichten in Small Caps mit durch den Intervalling-Effekt verzerrten niedrigen Betas erscheint nicht sinnvoll. Neben der Veränderung von Renten- bzw. Kassebeständen, die Betas von Null oder wenig darüber haben, bieten sich *Index-Futures* zur Anpassung des Portfoliobetas an. Für eine Erhöhung (Verringerung) des Portfoliobetas sind Index-Futures zu kaufen (verkaufen). Die Zahl der zu kaufenden (bei einem negativen Wert die Anzahl der zu verkaufenden) Kontrakte,

$$(10) \quad \text{Zahl der Kontrakte} = \frac{\text{Wert des Portfolios}}{\text{Kontraktvolumen}} \cdot \left(\beta_{Ziel} - \beta_p\right),$$

ermittelt man aus dem Marktwert des Portfolios, dem Kontraktvolumen (= Indexstand multipliziert mit dem Kontraktmultiplikator) sowie aus dem angestrebten Portfoliobeta β_{Ziel} und dem Portfoliobeta.[53] Da bei dieser Methode das unsystematische Risiko unberücksichtigt bleibt, ist die Anwendung von (10) nur bei Portfolios sinnvoll, die eine hohe Korrelation der Renditen mit dem Index als Basisinstrument des Futures aufweisen.

8. Portfoliooptimierung mit Betafaktoren

Mit einem Einfaktormodell und, als Spezialfall, mit dem Marktmodell kann man – wie im ersten Abschnitt angedeutet – die Anzahl der zu schätzenden Parameter für die Portfolio Selection, insbesondere bei einem großen Universum an einzubeziehenden Wertpapieren, drastisch reduzieren. Die Varianzen und Kovarianzen der Wertpapiere müssen dann nicht einzeln aus den jeweiligen historischen Renditezeitreihen geschätzt bzw. prognostiziert werden, sondern können aus den Parametern des Faktormodells, d.h. β_i und $var[\varepsilon_i]$, für die Aktien sowie aus der Varianz des Faktors, der Marktrendite bzw. der Rendite eines Aktienindex berechnet werden.

---

[52] Insbesondere bei einer Absicherung in Phasen mit negativer Marktrendite erweist sich Beta als brauchbares Risikomaß. In mehreren empirischen Untersuchungen weisen Portfolios mit niedrigen Betas in Marktphasen mit negativen Renditen bzw. in Crash-Situationen geringere Kursverluste auf als Portfolios mit hohen Betas. Vgl. Chan/ Lakonishok (1993); S. 56-58, Pettengill et al. (1995), S. 109-115 und Grundy/ Malkiel (1996), S. 40-43.

[53] Genaugenommen müßte man für die Schätzung des Portfoliobetas in (10) bzw. für die Schätzung des Betas der einzelnen Aktien, aus denen sich das Portfoliobeta nach (9) ergibt, die Rendite des Index-Futures als unabhängige Variable in der Regression verwenden. Häufig wird vereinfacht die Rendite des Index als unabhängige Variable eingesetzt. Vgl. Meyer (1994), S. 161-170 und 226-230.

Die Varianz der Aktienrenditen kann man mittels (4) bestimmen. Die *Kovarianz* der Renditen der Aktien *i* und *j* ergibt sich aus

(11) $\text{cov}[r_i, r_j] = \beta_i \cdot \beta_j \cdot \text{var}[r_M]$.[54]

Mit den aus (4) und (11) ermittelten Werten für die einzelnen Aktien lassen sich auch die Korrelationen

(12) $\text{corr}[r_i, r_j] = \text{cov}[r_i, r_j] / (\text{std}[r_i] \cdot \text{std}[r_j])$

zwischen den Aktienrenditen bestimmen. Voraussetzung für die Anwendung von (4) und (11) ist die Erfüllung von zwei mit dem Index-Modell verbundenen Annahmen:

1. Die Störterme der Wertpapiere korrelieren nicht miteinander.
2. Die Störterme der Wertpapiere korrelieren nicht mit der Marktrendite.

Theoretisch kann die erste Annahme beim Marktmodell nicht für alle Wertpapiere gelten.[55] Eine empirische Analyse wird auch eine – i.d.R. nicht signifikante – Verletzung der beiden Annahmen ergeben. Die Auswirkungen der empirisch vorhandenen Korrelationen dürfte jedoch zu vernachlässigen sein.

Die Verringerung der Anzahl der zu schätzenden Parameter brachte zur Zeit der Entwicklung des Ein-Index-Modells durch SHARPE (1963) eine deutliche Reduzierung des Rechenaufwandes, spielt aber bei der heutigen Computertechnologie keine Rolle mehr.[56] Für die Bestimmung des optimalen Portfolios wird die zukünftige Kovarianz- bzw. Korrelationsmatrix benötigt. Bessere Prognosen für die Korrelationsmatrix als mit der herkömmlichen Bestimmung aus den Renditezeitreihen erhält man über die Berechnung der Korrelationen aus historischen Betas (naive Prognose). Eine weitere Verbesserung der Prognosegüte läßt sich unter Verwendung von Blume- oder Bayes-Betas erzielen.[57]

Neben der Möglichkeit, die Kovarianz- bzw. Korrelationsmatrix über die geschätzten Parameter des Marktmodells zu ermitteln, kann man bei der Existenz eines risikolosen Zinssatzes mit den Parametern der Überschußrendite-Version des Marktmodells die Gewichte der einzelnen Aktien im Portfolio relativ einfach ermitteln. Das Verfahren von Elton, Gruber und Padberg basiert auf dem Ranking der

---

[54] Zur Herleitung siehe etwa Elton/ Gruber (1995), S. 132 f.
[55] Vgl. Fama (1968), S. 39.
[56] Bei der herkömmlichen Schätzung der Kovarianzmatrix bei bspw. $n = 100$ Wertpapieren müssen $n = 100$ Varianzen und $(n^2-n)/2 = 4950$ Kovarianzen, insgesamt also 5150 Parameter geschätzt werden. Bei der Ermittlung über das Marktmodell benötigt man n Betas, n Residualvarianzen sowie eine Schätzung der Varianz der Marktrendite, zusammen also $2n + 1 = 201$ Parameterschätzungen.
[57] Vgl. Elton/ Gruber (1975), Elton et al. (1978) und Eun/ Resnick (1992), S. 653-655. Im Durchschnitt noch bessere Prognosen der Korrelationsmatrix als mit dem Marktmodell erzielt man, wenn man für alle Korrelationen einheitlich den Durchschnitt der Korrelationen der Vorperiode einsetzt. Mehrfaktorenmodelle erweisen sich gegenüber dem Marktmodell für die Korrelationsprognose nicht als überlegen.

Wertpapiere nach der erwarteten Überschußrendite eines Wertpapiers im Verhältnis zu seinem Beta $(E[r_i]-r_f)/\beta_i$.[58] Diese „excess return to beta ratio" mißt die zusätzliche Überschußrendite pro nicht diversifizierbarem Risiko. Dem Verfahren von TREYNOR und BLACK (1973) liegt die Annahme zugrunde, daß ein Portfoliomanager anhand der Alphafaktoren über- und unterbewertete Aktien erkennen kann. Die Portfoliogewichte der einzelnen Aktien i werden bei diesem Verfahren über die sog. *Appraisal Ratio* (Information Ratio) $\alpha_i/\text{var}[\varepsilon_i]$ bestimmt.[59] Unterbewertete Aktien mit positivem Alpha sind zu kaufen, während überbewertete Aktien mit negativem Alpha möglichst leer zu verkaufen sind.

9. Prognose der Aktienrenditen und der Security Market Line

Die Optimierung der Portfoliostruktur erfordert neben der Schätzung der zukünftigen Varianzen und Kovarianzen die *Prognose der Aktienrenditen*. Fehlprognosen der erwarteten Renditen haben im Vergleich zu Fehlprognosen bei Varianzen und Kovarianzen die stärksten Auswirkungen auf die Portfoliogewichte und die später erzielte tatsächliche Rendite des Portfolios.[60] Verfügt man über wie auch immer ermittelte Prognosen der erwarteten Rendite des Marktes $E[r_M]$ und des risikolosen Zinssatzes r_f sowie der Marktmodell-Parameter, so kann man über die Gleichung (2) der Security Market Line (SML) oder die Gleichungen (3) bzw. (5) des Marktmodells auch die erwartete Rendite der Aktie $E[r_i]$ ausrechnen.[61] Bei einzelnen Aktien ist die Prognosegenauigkeit für die Renditen allerdings relativ gering, unabhängig davon, welche Gleichung verwendet wird. Die Prognosegüte verbessert sich aber mit zunehmender Anzahl der im Portfolio enthaltenen Aktien. Die Wahl des Prognoseverfahrens für Beta spielt dabei keine oder allenfalls eine geringe Rolle.[62] Der Prognose von Aktienrenditen mittels der SML oder des Marktmodells kommt auch wegen der Probleme der Prognose der Marktrendite geringe Bedeutung zu.

Der umgekehrte Ansatz, d.h. die *Schätzung der Security Market Line* (2) aus erwarteten Aktienrenditen und prognostizierten Betas, wird von einer Reihe von Investmentfirmen angewendet.[63] Die erwarteten Renditen werden dabei unabhängig von Beta – meist mit dem Dividend Discount Model – bestimmt. Die prognostizierte

---

[58] Vgl. Elton et al. (1976), S. 1343-1350 und Elton/ Gruber (1995), S. 183-193.
[59] Zur Beschreibung des Verfahrens siehe etwa Bodie et al. (1996), S. 760-767.
[60] Vgl. Best/ Grauer (1991) und Chopra/ Ziemba (1993).
[61] In die Marktmodellformeln ist anstelle von $r_{M,t}$ die erwartete Rendite $E[r_M]$ einzusetzen. Da der Erwartungswert der Störvariablen $E[\varepsilon_i]$ gleich Null ist, muß dieser nicht weiter berücksichtigt werden.
[62] Vgl. Rosenberg/ McKibben (1973), S. 328-330, Pettit/ Westerfield (1974), S. 584-590, Harrington (1983), S. 71 f. und Hochman (1983), S. 142-147.
[63] Vgl. Harrington (1987), S. 214-216 und Farrell (1997), S. 178-185.

SML entspricht der mit der Regression der Renditen gegen die Betas geschätzten Regressionsgeraden. Aus der Lage der SML und der Lage der einzelnen Aktien im Vergleich zur SML kann man eine Reihe von Schlußfolgerungen ziehen. Zunächst kann man in die geschätzte Gleichung ein Beta von eins einsetzen und die erwartete Rendite des Marktes bestimmen. Ein Vergleich aufeinanderfolgender SMLs zeigt, wie sich die Attraktivität des Marktes im Zeitablauf ändert. Die (normalerweise positive) Steigung der SML zeigt die relative Attraktivität von Aktien mit hohen Betas im Vergleich zu Aktien mit niedrigen Betas. Eine flache SML dagegen signalisiert, daß ein höheres systematisches Risiko am Kapitalmarkt nur geringfügig höher entlohnt wird. Bei einer flachen SML auf niedrigem Niveau (niedrige erwartete Marktrendite) sollte das Beta des Portfolios aus Timing-Überlegungen verringert werden. Bei einem hohem Niveau und starker positiver Steigung der SML sollte das Portfoliobeta dagegen erhöht werden.

Die Rendite-Beta-Kombinationen der einzelnen Aktien werden teilweise unterhalb, teilweise über der geschätzten SML liegen. Dies steht eigentlich im Widerspruch zu den Aussagen des CAPM, denn bei einem vom CAPM unterstellten Kapitalmarktgleichgewicht müßten alle Aktien auf der SML liegen. Der Abstand der Aktie zur SML kann analog zu den Punkten A' und B' in Abbildung 1 als *prognostiziertes Alpha* interpretiert werden. Aktien mit positivem Alpha sind danach unterbewertet und sollten daher in das Portfolio aufgenommen werden. Auf diese Weise kann man eine *Stock Picking-Strategie* durchführen. Das Verfahren enthält mit der Prognose der Renditen und der Betas allerdings auch eine Reihe von Fehlerquellen, die eine Fehlbewertung einer Aktie nur vortäuschen können.

10. Ausblick

Gemessen an den vielfältigen Einsatzmöglichkeiten im Portfoliomanagement ist die Anwendung des Betakonzeptes zumindest in Deutschland in der Praxis eher zurückhaltend, wofür eine Reihe von Gründen verantwortlich sind. Erstens ist das Problem der bislang unzuverlässigen Prognose von Betafaktoren zu nennen, die die Resultate der Anwendungen von Betawerten beeinträchtigen. Die durch illiquide Aktien auftretenden Probleme des Intervalling-Effekts werden dabei häufig gar nicht wahrgenommen. Eine zweite Ursache dürfte in der, aufgrund der ungünstigen Ergebnisse empirischer Tests des CAPM, erhobenen und zuletzt durch die Untersuchung von FAMA und FRENCH (1992) wiederbelebten Kritik am Betafaktor zu suchen sein. Drittens erscheint schließlich das Marktmodell häufig zu einfach, um die Realität am Kapitalmarkt abzubilden. Multifaktorenmodelle erlauben eine verfeinerte Erfassung und Analyse von Risikokomponenten und können generell für die selben Anwendungen eingesetzt werden wie das CAPM oder das Marktmodell. Abgesehen von dem zusätzlichen Problem der Bestimmung der Anzahl und Art der relevanten Faktoren treten bei der Schätzung und Prognose von Faktorsensitivitäten jedoch ähnliche Probleme auf wie beim Betafaktor.[64] All diese Begrenzungen stellen das Betakonzept aber nicht prinzipiell in Frage, sondern warnen nur vor einer naiven Anwendung. Im Portfoliozusammenhang leisten Betawerte darüber hinaus auch dann gute Dienste, wenn eine weniger sorgfältige Anwendung des Konzeptes erfolgt.

Literaturverzeichnis

Alexander, G. J./ Chervany N. L. (Alexander/ Chervany, 1980): On the Estimation and Stability of Beta, in: *Journal of Financial and Quantitative Analysis*, Vol. 15, 1980, No. 1, S. 123-137.

Badrinath, S. G./ Chatterjee, S. (Badrinath/ Chatterjee, 1993): Systematic Risk Estimation in the Presence of Large and Many Outliers, in: *Review of Quantitative Finance and Accounting*, Vol. 3, 1993, No. 1, S. 5-27.

Bauer, Ch. (Bauer, 1992): *Das Risiko von Aktienanlagen – Die fundamentale Analyse und Schätzung von Aktienrisiken*, Köln 1992.

Beaver, W. H./ Kettler, P./ Scholes, M. (Beaver et al., 1970): The Association Between Market Determined and Accounting Determined Risk Measures, in: *Accounting Review*, Vol. 45, 1970, No. 4, S. 654- 682.

Belsley, D. A./ Kuh, E./ Welsch, R. E. (Belsley et al., 1980): *Regression Diagnostics: Identifying Influential Data and Sources of Collinearity*, New York et al. 1980.

Best, M. J./ Grauer, R. R. (Best/ Grauer, 1991): On the Sensitivity of Mean-Variance Efficient Portfolios to Changes in Asset Means: Some Analytical and Computational Results, in: *Review of Financial Studies*, Vol. 4, 1991, No. 2, S. 315-342.

Blume, M. E. (Blume, 1971): On the Assessment of Risk, in: *Journal of Finance*, Vol. 26, 1971, No. 1, S. 1-10.

Bodie, Z./ Kane, A./ Marcus, A. J. (Bodie et al., 1996): *Investments*, 3rd ed., Chicago et al. 1996.

Bowman, R. G. (Bowman, 1979): The Theoretical Relationship Between Systematic Risk and Financial (Accounting) Variables, in: *Journal of Finance*, Vol. 34, 1979, No. 3, S. 617-630.

Braun, P. A./ Nelson, D. B./ Sunier, A. M. (Braun et al., 1995): Good News, Bad News, Volatility, and Betas, in: *Journal of Finance*, Vol. 50, 1995, No. 5, S. 1575-1603.

Buttars, T. A. (Buttars, 1988): *A Disaggregate Approach to Accounting Based Measures of Systematic Risk*, Diss. University of Wisconsin, Madison 1988.

Chan, L. K. C./ Lakonishok, J. (Chan/ Lakonishok, 1992): Robust Measurement of Beta, in: *Journal of Financial and Quantitative Analysis*, Vol. 27, 1992, No. 2, S. 265-282.

---

[64] Zum Intervalling-Effekt bei der Bestimmung von Faktoren mittels Faktorenanalyse siehe Martikainnen et al. (1994) sowie Huang/ Jo (1995). Die Übertragung der in Abschnitt 6 vorgestellten Prognoseverfahren auf Faktorsensitivitäten analysieren Young et al. (1987) und (1991) sowie Müller (1992), S. 206-214.

Chan, L. K. C./ Lakonishok, J. (Chan/ Lakonishok, 1993): Are the Reports of Beta's Death Premature – Let's think twice before rushing to discard Beta, in: *Journal of Portfolio Management*, Vol. 19, 1993, No. 4, S. 51-62.

Chatterjee, S./ Hadi, A. S. (Chatterjee/ Hadi, 1986): Influential Observations, High Leverage Points, and Outliers in Linear Regression, in: *Statistical Science*, Vol. 1, 1986, No. 3, S. 379-416.

Chopra, V. K./ Ziemba, W. T. (Chopra/ Ziemba, 1993): The Effect of Errors in Means, Variances, and Covariances on Optimal Portfolio Choice, in: *Journal of Portfolio Management*, Vol. 19, 1993, No. 2, S. 6-11.

Cohen, K. J./ Hawawini, G. A./ Maier, S. F./ Schwartz, R. A./ Whitcomb, D. K. (Cohen et al., 1983a): Estimating and Adjusting for the Intervalling-Effect Bias in Beta, in: *Management Science*, Vol. 29, 1983, No. 1, S. 135-148.

Cohen, K. J./ Hawawini, G. A./ Maier, S. F. / Schwartz, R. A. / Whitcomb, D. K. (Cohen et al., 1983b): Friction in the Trading Process and the Estimation of Systematic Risk, in: *Journal of Financial Economics*, Vol. 12, 1983, No. 2, S. 263-278.

Collins, D. W./ Ledolter, J./ Rayburn, J. D. (Collins et al., 1987): Some Further Evidence on the Stochastic Properties of Systematic Risk, in: *Journal of Business*, Vol. 60, 1987, No. 3, S. 425-448.

Corhay, A. (Corhay, 1992): The Intervalling Effect Bias in Beta: A Note, in: *Journal of Banking and Finance*, Vol. 16, 1992, No. 1, S. 61-73.

Cornell, B. (Cornell, 1990): Volume and R^2: A first look, in: *Journal of Financial Research*, Vol. 13, 1990, No. 1, S. 1-6.

Dimson, E. (Dimson, 1979): Risk Measurement When Shares are Subject to Infrequent Trading, in: *Journal of Financial Economics*, Vol. 7, 1979, No. 2, S. 197-226.

Elgers, P. T. (Elgers, 1980): Accounting-Based Risk Predictions: A Re-examination, in: *Accounting Review*, Vol. 55, 1980, No. 3, S. 389-408.

Elton, E. J./ Gruber, M. J. (Elton/ Gruber, 1995): Modern Portfolio Theory and Investment Analysis, 5th ed., New York et al. 1995.

Elton, E. J./ Gruber, M. J./ Padberg, M. W. (Elton et al., 1976): Simple Criteria for Optimal Portfolio Selection, in: *Journal of Finance*, Vol. 31, 1976, No. 5, S. 1341-1357.

Elton, E. J./ Gruber, M. J./ Urich, T. (Elton et al., 1978): Are Betas Best?, in: *Journal of Finance*, Vol. 33, 1978, No. 5, S. 1375-1384.

Eun, C. S./ Resnick, B. G. (Eun/ Resnick, 1992): Forecasting the correlation structure of share prices: A test of new models, in: *Journal of Banking and Finance*, Vol. 16, 1992, No. 3, S. 643-656.

Fama, E. F. (Fama, 1968): Risk, Return and Equilibrium: Some Clarifying Comments, in: *Journal of Finance*, Vol. 23, 1968, No. 1, S. 29-40.

Fama, E. F. (Fama, 1976): *Foundations of Finance*, New York 1976.

Fama, E. F./ French, K. R. (Fama/ French, 1992): The Cross-section of Expected Stock Returns, in: *Journal of Finance*, Vol. 47, 1992, No. 2, S. 427-465.

Frankel, J. L., Jr. (Frankel, 1997): *Portfolio Management – Theory & Application*, 2nd ed., New York et al. 1997.

Frantzmann, H.-J. (Frantzmann, 1990): Zur Messung des Marktrisikos deutscher Aktien, in: *Zeitschrift für betriebswirtschaftliche Forschung*, 42. Jg., 1990, H. 1, S. 67-83.

Greene, W. H. (Greene, 1993): *Econometric Analysis*, 2nd ed., New York et al. 1993.

Grundy, K./ Malkiel, B. G. (Grundy/ Malkiel, 1996): Reports of Beta's Death Have Been Greatly Exaggerated, in: *Journal of Portfolio Management*, Vol. 22, 1996, No. 3, S. 36-44.

Hamada, R. S. (Hamada, 1972): The Effect of the Firm's Capital Structure on the Systematic Risk of Common Stocks, in: *Journal of Finance*, Vol. 27, 1972, No. 2, S. 435-458.

Harrington, D. R. (Harrington, 1983): Whose Beta Is Best?, in: *Financial Analysts Journal*, Vol. 39, 1983, No. 4, S. 67-73.

Harrington, D. R. (Harrington, 1987): *Modern Portfolio Theory, The Capital Pricing Model & Arbitrage Pricing Theory: A User's Guide*, 2nd ed., Englewood Cliffs 1987.

Hawawini, G. A. (Hawawini, 1980): Intertemporal Cross-Dependence in securities daily returns and the short-run intervalling effect on systematic risk, in: *Journal of Financial and Quantitative Analysis*, Vol. 15, 1980, No. 1, S. 139-149.

Hochman, S. (Hochman, 1983): The Beta-Coefficient: An Instrumental Variables Approach, in: *Research in Finance*, Vol. 4, 1983, S. 128-151.

Huang, R. D./ Jo, H. (Huang/ Jo, 1995): Data Frequency and the Number of Factors in Stock Returns, in: *Journal of Banking and Finance*, Vol. 19, 1995, No. 6, S. 987-1003.

Judge, G./ Griffiths, W. E./ Hill, R. C./ Lütkepohl, H./ Lee, T.-C. (Judge et al., 1988): *Introduction to the Theory and Practice of Econometrics*, 2nd ed., New York et al. 1988.

Klemkosky, R. C./ Martin, J. D. (Klemkosky/ Martin, 1975): The Adjustment of Beta Forcasts, in: *Journal of Finance*, Vol. 30, 1975, No. 4, S. 1123-1128.

Koenker, R./ Bassett, G., Jr. (Koenker/ Basset, 1978): Regression Quantiles, in: *Econometrica*, Vol. 46, 1978, No. 1, S. 33-50.

Lee, C.-F./ Newbold, P./ Finnerty, J.E./ Chu, C.C. (Lee et al., 1986): On Accounting-Based, Market-Based, and Composit-Based Beta Predictions: Methods and Implications, in: *Financial Review*, Vol. 21, 1986, No. 1, S. 51-68.

Lintner, J. (Lintner, 1965): The Valuation of Risk Assets and the Selection of Risky Investments in Stock Portfolios and Capital Budgets, in: *Review of Economics and Statistics*, Vol. 47, 1965, No. 1, S. 13-37.

Loos, G. (Loos, 1997): *Zeitvariable Beta-Faktoren am deutschen Aktienmarkt: Modellierung – Schätzung – Prognose*, Wiesbaden 1997.

Marsh, P. (Marsh, 1979): Equity Rights Issues and the Efficiency of the U.K. Stock Market, in: *Journal of Finance*, Vol. 34, 1979, No. 4, S. 839-862.

Martikainen, T./ Perttunen, J./ Yli-Olli, P./ Gunasekoran, A. (Martikainen et al., 1994): The impact of the return interval on common factors in stock returns: Evidence from a thin security market, in: *Journal of Banking and Finance*, Vol. 18, 1994, No. 4, S. 659-672.

Meyer, F. (Meyer, 1994): *Hedging mit Zins- und Aktienindex-Futures*, Köln 1994.

Mossin, J. (Mossin, 1966): Equilibrium in a Capital Asset Market, in: *Econometrica*, Vol. 34, 1966, No. 4, S. 768-783.

Müller, W. (Müller, 1992): *Bilanzinformation und Aktienbewertung*, Frankfurt am Main 1992.

Pettengill, G. N./ Sundaram, S./ Mathur, I. (Pettengill et al., 1995): The Conditional Relation between Beta and Returns, in: *Journal of Financial and Quantitative Analysis*, Vol. 30, 1995, No. 1, S. 101-116.

Pettit, R. R./ Westerfield, R. (Pettit/ Westerfield, 1974): Using the Capital Asset Pricing Model and the Market Model to Predict Security Returns, in: *Journal of Financial and Quantitative Analysis*, Vol. 9, 1974, No. 4, S. 579-605.

Pfennig, M. (Pfennig, 1993): Zur fundamentalen Erklärung der Beta-Faktoren am deutschen Aktienmarkt, Beiträge zur Theorie der Finanzmärkte Nr. 5, Institut für Kapitalmarktforschung an der J.W. Goethe-Universität, Frankfurt am Main 1993.

Reilly, F. K./ Akhtar, R. A. (Reilly/ Akhtar, 1995): The Benchmark Error Problem with Global Capital Markets, in: *Journal of Portfolio Management*, Vol. 21, 1995, No. 1, S. 33-52.

Robin, A. J. (Robin, 1993): On Improving the Performance of the Market Model, in: *Journal of Financial Research*, Vol. 16, 1993, No. 4, S. 367-376.

Rosenberg, B. (Rosenberg, 1985): Prediction of Common Stock Betas – A Ten-year-old Prediction Rule has Performed Well, in: *Journal of Portfolio Management*, Vol. 11, 1985, No. 2, S. 5-14.

Rosenberg, B./ Guy, J. (Rosenberg/ Guy, 1976a): Prediction of Beta from Investment Fundamentals, Part I, in: *Financial Analysts Journal*, Vol. 32, 1976, No. 3, S. 60-72.

Rosenberg, B./ Guy, J. (Rosenberg/ Guy, 1976b): Prediction of Beta from Investment Fundamentals, Part II, in: *Financial Analysts Journal*, Vol. 32, 1976, No. 4, S. 62-70.

Rosenberg, B./ McKibben, W. (Rosenberg/ McKibben, 1973): The Prediction of Systematic and Specific Risk in Common Stocks, in: *Journal of Financial and Quantitative Analysis*, Vol. 8, 1973, No. 2, S. 317-333.

Rousseeuw, P. J. (Rousseeuw, 1984): Least Median Squares Regression, in: *Journal of the American Statistical Association*, Vol. 79, 1984, No. 388, S. 871-880.

Rousseeuw, P. J./ Leroy, A. M. (Rousseeuw/ Leroy, 1987): *Robust Regression and Outlier Detection*, New York 1987.

Rubinstein, M. E. (Rubinstein, 1973): A Mean-Variance Synthesis of Corporate Financial Theory, in: *Journal of Finance*, Vol. 28, 1973, No. 1, S. 167-181.

Rudolph, B. (Rudolph, 1979a): *Kapitalkosten bei unsicheren Erwartungen*, Berlin et al. 1979.

Rudolph, B. (Rudolph, 1979b): Zur Theorie des Kapitalmarktes – Grundlagen, Erweiterungen und Anwendungsbereiche des Capital Asset Pricing Model (CAPM), in: *Zeitschrift für Betriebswirtschaft*, 49. Jg., 1979, Nr. 11, S. 1034-1067.

Rudolph, B./ Zimmermann, P. (Rudolph/ Zimmermann, 1997): Estimation and Prediction of Systematic Risk with Market-Based and Accounting-Based Data for German Shares, in: Bühler, W./ Hax, H./ Schmidt, R. (Hrsg.), *Empirical Research on German Capital Markets*, erscheint demnächst.

Schlag, Ch. (Schlag, 1994): Neues zum Intervalling-Effekt am deutschen Aktienmarkt, in: *Kredit und Kapital*, 27. Jg., 1994, Nr. 3, S. 437-460.

Scholes, M./ Williams, J. (Scholes/ Williams, 1977): Estimating Beta from Non-synchronous Data, in: *Journal of Financial Economics*, Vol. 5, 1977, No. 3, S. 309-327.

Sharpe, W. F. (Sharpe, 1963): A Simplified Model for Portfolio Analysis, in: *Management Science*, Vol. 9, 1963, No. 1, S. 277-293.

Sharpe, W. F. (Sharpe, 1964): Capital Asset Prices: A Theory of Market Equilibrium under Conditions of Risk, in: *Journal of Finance*, Vol. 19, 1964, No. 3, S. 425-442.

Sharpe, W. F./ Alexander, G. J./ Bailey, J. V. (Sharpe et al., 1995): *Investments*, 5th ed., Englewood Cliffs 1995.

Steiner, M./ Bauer, Ch. (Steiner/ Bauer, 1992): Die fundamentale Analyse und Prognose des Marktrisikos deutscher Aktien, in: *Zeitschrift für betriebswirtschaftliche Forschung*, 44. Jg., 1992, Nr. 4, S. 347-368.

Steiner, M./ Beiker, H./ Bauer, Ch. (Steiner et al., 1993): Theoretische Erklärungen unterschiedlicher Aktienrisiken und empirische Überprüfungen in: Empirische Kapitalmarktforschung, *Zeitschrift für betriebswirtschaftliche Forschung*, 45. Jg., 1993, Sonderheft 31, S. 99-129.

Treynor, J./ Black, F. (Treynor/ Black, 1973): How to Use Security Analysis to Improve Portfolio Selection, in: *Journal of Business*, Vol. 46, 1973, No. 1, S. 66-86.

Uhlir, H./ Steiner, H. (Uhlir/ Steiner, 1994): *Wertpapieranalyse*, 3. Aufl., Heidelberg 1994.

Vasicek, O. A. (Vasicek, 1973): A Note on Using Cross-sectional Information in Bayesian Estimation of Security Betas, in: *Journal of Finance*, Vol. 28, 1973, No. 5, S. 1233-1239.

Young, S. D./ Berry, M.A./ Harvey, D.W./ Page, J.R. (Young et al., 1987): Systematic Risk and Accounting Information under the Arbitrage Pricing Theory, in: *Financial Analysts Journal*, Vol. 43, 1987, No. 5, S. 73-76.

Young, S. D. et al. (Young et al., 1991): Macroeconomic Forces, Systematic Risk, and Financial Variables: An Empirical Investigation, in: *Journal of Financial and Quantitative Analysis*, Vol. 26, 1991, No. 4, S. 559-564.

Zimmermann, P. (Zimmermann, 1997): *Schätzung und Prognose von Betawerten – Eine Untersuchung am deutschen Aktienmarkt*, Bad Soden/ Taunus 1997.

Quantifizierung und Steuerung des Währungsrisikos

von Günter Grimm

1. Einleitung
2. Quantifizierung des Währungsrisikos
3. Ertrag/Risikoprofil ausgewählter Aktien-, Renten- und Geldmärkte
4. Währungsmanagementstrategien
5. Zusammenfassung und Ausblick

allfonds

Die innovative Antwort auf neue Herausforderungen

Die allfonds-Gruppe integriert angewandte Forschung, moderne Portfolio-Management-Techniken sowie innovative Beratungsleistungen zu einem qualitativ anspruchsvollen Gesamtkonzept. Unabhängige Marktstudien bestätigen allfonds eine Spitzenposition in ausgewählten Asset Klassen und die Stellung als einer der führenden Asset Manager in Deutschland.

„added Value" für institutionelle Anleger

Beratung im Sinne einer individuellen und ganzheitlichen Systemlösung durch Zugriff auf die Ressourcen der allfonds-Gruppe.

Die allfonds-Gruppe

allfonds *management*	Portfolio Management und Beratung
allfonds *investment*	Spezialfonds
allfonds *pcs*	Pension Consulting Services
allfonds *global*	Internationale Asset Management Produkte in Kooperation mit führenden Fondsmanagern in London und Boston
risklab *germany*	Forschung & Beratung im Finance-Bereich im Verbund mit internationalen Universitäten

Sprechen Sie uns an oder senden Sie uns ein e-mail:

allfonds-Gruppe, Postfach 11 54, 85765 Unterföhring/München
Telefon +49 89 99 224-0, E-Mail marketing@allfonds.de

1. Einleitung

Die zunehmende internationale Ausrichtung heimischer Investoren bringt es mit sich, daß neben dem Risiko des ausländischen Aktien- oder Rentenmarktes noch weitere Risiken in Form des Wechselkurses bzw. der Währung mitberücksichtigt werden müssen. Aus diesem Grund kann die Diversifikation des Anlagerisikos in ausländische Aktien- oder Rentenmärkte konterkariert werden durch das Eingehen eines Fremdwährungsrisikos. Hält beispielsweise ein heimischer Investor ausländische Aktien, so ist er auch gleichzeitig Schwankungen in der Währungsrelation beider Länder ausgesetzt. Unter bestimmten Umständen kann es daher sinnvoll sein, sich gegen diese Währungsschwankungen abzusichern.

Um zwischen dem Wechselkurs- und Währungsrisiko unterscheiden zu können, wird im zweiten Abschnitt dieses Artikels zunächst eine Abgrenzung dieser beiden Begriffe vorgenommen, wobei der jeweilige Wechselkurs als Preisnotierung, z.B. als 2 DM pro Dollar, definiert wird. Als Referenzwährung gilt die DM. Anhand von Geld-, Aktien- und Rentenmärkten[1] wird im dritten Kapitel aufgezeigt, daß es durch Diversifikation des Portfolios unter bestimmten Bedingungen möglich ist, das Währungsrisiko unter das Wechselkursrisiko zu senken. Da sich jedoch das Währungsrisiko in der Regel nicht vollständig diversifizieren läßt, stellt sich die Frage nach dem Umgang mit dem verbleibenden Risiko. Hierzu werden im vierten Abschnitt verschiedene Absicherungsstrategien vorgestellt, die sich vor allem durch den Grad der Absicherung unterscheiden. Der vorliegende Artikel schließt mit einer Zusammenfassung der Ergebnisse.

2. Quantifizierung des Währungsrisikos

In der Literatur[2] wird zwischen dem Währungsrisiko und dem Wechselkursrisiko unterschieden. Unter dem Währungsrisiko wird die Volatilität s_{FX} verstanden, die unter Berücksichtigung der entsprechenden Währungsrelation bei der Umrechnung der Rendite einer Auslandsanlage r^a in die inländische Rendite r zusätzlich entsteht. Dieses Risiko läßt sich berechnen, indem von der Volatilität der in inländische Währungseinheiten umgerechneten Rendite der Auslandsanlage die Volatilität der Auslandsanlage in ausländischer Währung subtrahiert wird. Unter dem Wechselkursrisiko wird dagegen nur die Volatilität der Wechselkursrenditen s verstanden.[3] Die folgenden Gleichungen sollen diese Zusammenhänge verdeutlichen, wobei zunächst das Währungsrisiko quantifiziert wird. Hierzu wird, ausgehend vom Zwei-

---

[1] Die verwendeten Zeitreihen stammen von Datastream. Die dort benutzten Kürzel befinden sich im Anhang.
[2] Vgl. Knight (1989), S. 41 ff. und (1991), S. 13 ff., Drummen (1992), 93 ff. und Drummen/ Zimmermann (1992), S. 82.
[3] Vgl. Drummen/ Zimmermann (1992), S. 82.

Länder- und Zwei-Aktiva-Fall, zuerst die Volatilität einer Auslandsanlage umgerechnet in die inländische Währung berechnet:[4]

(1) $(1+r) = (1+r^a) \cdot (1+s)$.

Nach Umstellen der Gleichung (1) ergibt sich:

(2) $r = r^a + s + r^a \cdot s$.

Gemäß Gleichung (2) setzt sich die Rendite einer Auslandsanlage, ausgedrückt in heimischen Währungseinheiten r, zusammen aus der Rendite der Auslandsanlage r^a, der Veränderung des Wechselkurses s sowie dem Produkt dieser beiden Renditen. Zur Vereinfachung wird letzterer Term in der Regel aufgrund seines geringen Wertes vernachlässigt, ohne daß dies zu signifikant anderen Schlußfolgerungen führt. Hieraus resultiert somit die Gleichung:[5]

(3) $r = r^a + s$.

Für die Standardabweichung als Maß für die Volatilität der Rendite der Auslandsanlage, ausgedrückt in heimischer Währung, ergibt sich:

(4) $\sigma_r = \sqrt{\sigma_{r_a}^2 + \sigma_s^2 + 2 \cdot \sigma_{r_a,s}}$.

Demnach setzt sich die Volatilität zusammen aus der Quadratwurzel der Summe der Varianz der Auslandsrendite σ_{r_a}, der Wechselkursvarianz σ_s sowie der Kovarianz der letzten beiden Größen $\sigma_{r_a,s}$ multipliziert mit Zwei. Wechselkursfluktuationen wirken somit über zwei Kanäle auf das in inländische Währungseinheiten umgerechnete Risiko einer Auslandsanlage, zum einen über die Wechselkursvarianz und zum anderen über die Kovarianz der Wechselkursrendite mit der ausländischen Rendite.[6] Durch Ersetzen der Kovarianz durch den Korrelationskoeffizienten ρ[7] und die Standardabweichungen der Auslands- und Wechselkursrendite ergibt sich für die in inländische Währung umgerechnete Volatilität der Auslandsanlage:

(5) $\sigma_r = \sqrt{\sigma_{r_a}^2 + \sigma_s^2 + 2 \cdot \rho \cdot \sigma_{r_a} \cdot \sigma_s}$.

Das Währungsrisiko σ_{FX} wird in der Literatur häufig als Differenz zwischen der in inländische Währungseinheiten umgerechneten Volatilität der Auslandsanlage und der Volatilität der Auslandsanlage in Lokalwährung definiert:[8]

(6) $\sigma_{FX} = \sigma_r - \sigma_{r_a} = \sqrt{\sigma_{r_a}^2 + \sigma_s^2 + 2 \cdot \rho \cdot \sigma_{r_a} \cdot \sigma_s} - \sigma_{r_a}$.

---

[4] In Anlehnung an Clarke/ Kritzman (1996), S. 9 ff.
[5] Vgl. Eun/ Resnick (1988), S. 199.
[6] Vgl. Eun/ Resnick (1988), S. 197.
[7] Für den Korrelationskoeffizienten r gilt die folgende Beziehung: $\rho = \sigma_{r_a,s} / \sigma_s \cdot \sigma_{r_a}$. Nach einer Umstellung läßt sich demnach die Kovarianz zwischen Wechselkurs- und Auslandsanlagenrendite ausdrücken als: Kovarianz $(r_a,s) = \rho \cdot \sigma_s \cdot \sigma_{r_a}$.

Eine andere Definition des Währungsrisikos ist die Ausdrucksweise in Varianzgrößen, wie dies in der Gleichung

(7) $\sigma_{FX}^2 = \sigma_r^2 - \sigma_{r_a}^2 = \sigma_{r_a}^2 + \sigma_s^2 + 2 \cdot \rho \cdot \sigma_{r_a} \cdot \sigma_s - \sigma_{r_a}^2 = \sigma_s^2 + 2 \cdot \rho \cdot \sigma_{r_a} \cdot \sigma_s$

geschehen ist. Wie zu sehen ist, entspricht die Quadratwurzel der Varianzgröße in Gleichung (7) nicht der Ausdrucksweise in Volatilitäten aus Gleichung (6).[9] Jedoch soll in diesem Beitrag die üblicherweise verwendete Ausdrucksweise in Volatilitäten benutzt werden. Demzufolge läßt sich das Währungsrisiko auch als zusätzliche Volatilität interpretieren, die durch die Umrechnung der Auslandsrendite in die heimische Währung entsteht.[10] Ein Zahlenbeispiel soll diesen Zusammenhang verdeutlichen.

	Rendite	Risiko[11]
US-Aktienmarkt in DM	13.39 %	16.32 %
US-Aktienmarkt in Dollar	14.72 %	11.67 %
Wechselkurs DM-Dollar	-1.32 %	10.92 %
Währungsrisiko		4.65 %

Tab. 1: Quantifizierung des Währungsrisikos am Beispiel einer Dollarinvestition im Zeitraum 01/90-12/96[12]

In der ersten Zeile der Tabelle 1 stehen die Rendite und das entsprechende Risiko der in DM als Referenzwährung umgerechneten Auslandsanlage. Darunter befinden sich die Kennzahlen für die Dollarinvestition. Zudem ist noch die Rendite und die Volatilität des Wechselkurses, welche dem Wechselkursrisiko entspricht, aufgeführt. Diese beträgt im obigen Fall 10.92 %.

Es fällt auf, daß zum einen die Rendite in DM gerechnet geringer ist als die der Auslandsanlage in Lokalwährung, und daß zum anderen das Risiko zunimmt. Das Währungsrisiko entspricht im obigen Fall 4.65 % und ergibt sich durch die Differenz zwischen dem Risiko des US-Aktienmarktes in DM und dem US-Aktienmarkt in Dollar. Es liegt damit deutlich unter dem Wechselkursrisiko.

Der Grund hierfür ist in der Risikoreduktion durch Diversifikation bei nicht perfekt korrelierten Finanzaktiva ($\rho \neq 1$) zu suchen, in unserem Beispiel bei dem ameri-

---

[8] Vgl. Solnik/ Noetzlin (1982), S. 15.
[9] Vgl. Drummen/ Zimmermann (1992), S. 98.
[10] Vgl. Drummen/ Zimmermann (1992), S. 82.
[11] Im folgenden werden jeweils die annualisierten Volatilitäten und Renditen betrachtet. Da die untersuchten Zeitreihen auf Monatswerten basieren, werden die monatlichen Volatilitäten mit dem Faktor $\sqrt{12}$ multipliziert und die annualisierte Rendite mit Hilfe der Formel $(1 + r_a)^{12} - 1$ berechnet. Vgl. Steiner/ Bruns (1994), S. 44 und S. 55.
[12] In Anlehnung an Steiner/ Bruns (1994), S. 89.

kanischen Aktienmarkt und dem DM-Dollar-Wechselkurs. Wären beide Aktiva miteinander perfekt korreliert (ρ = 1), so ergäbe sich für die Varianz der Auslandsanlage in der Referenzwährung:[13]

$$(8) \quad \sigma_r^2 = \sigma_{r_a}^2 + \sigma_s^2 + 2 \cdot \rho \cdot \sigma_{r_a} \cdot \sigma_s = \left(\sigma_{r_a} + \sigma_s\right)^2.$$

Ausgedrückt in Volatilitäten ergäbe sich:

$$(9) \quad \sigma_r = \sigma_{r_a} + \sigma_s.$$

Die Volatilitäten der Auslandsanlage und des Wechselkurses verhalten sich somit für den Fall der perfekten Korrelation additiv. Durch Auflösen der Gleichung (9) nach dem Wechselkursrisiko

$$(10) \quad \sigma_s = \sigma_r - \sigma_{r_a} = \sigma_{FX}$$

läßt sich konstatieren, daß dieses für den Spezialfall der perfekten Korrelation der Rendite der Auslandsanlage mit der Veränderung des Wechselkurses dem Währungsrisiko σ_{FX} entspricht. Ist die Korrelation zwischen beiden Aktiva jedoch kleiner eins, so kommt es zu risikomindernden Diversifikationseffekten.[14] In diesem Fall sinkt das Währungsrisiko unter das Wechselkursrisiko. Für den Extremfall einer perfekt gegenläufigen Korrelation (ρ = -1) gilt:

$$(11) \quad \sigma_r = \sigma_{r_a} - \sigma_s.$$

Auflösen nach dem Währungsrisiko ergibt:

$$(12) \quad \sigma_s = -\sigma_r + \sigma_{r_a} = -\sigma_{FX}.$$

Somit wird aus dem positiven ein negatives Währungsrisiko und damit praktisch eine „Währungschance".

Stehen die beiden Aktiva in einem vollkommen unabhängigen Verhältnis zueinander (ρ = 0), so verhalten sich nicht die Volatilitäten, sondern die Varianzen additiv. In diesem Fall gilt für die Volatilität in Referenzwährung:

$$(13) \quad \sigma_r = \sqrt{\sigma_{r_a}^2 + \sigma_s^2}.$$

Im folgenden soll derjenige Korrelationskoeffizient hergeleitet werden, bei dem kein Währungsrisiko besteht. Dies ist dann der Fall, wenn gilt:

$$(14) \quad \sigma_r = \sigma_{r_a},$$

woraus unter Berücksichtigung von Gleichung (8) folgt:

---

13 Vgl. im folgenden Drummen/ Zimmermann (1992), S. 98.
14 Vgl. Steiner/ Bruns (1994), S. 91.

(15) $\sigma_s^2 = -2 \cdot \rho \cdot \sigma_{r_a} \cdot \sigma_s$.

Die Auflösung nach dem Korrelationskoeffizienten, bei dem sich ein Währungsrisiko von Null einstellt, ergibt:

(16) $\rho = \dfrac{\sigma_s^2}{-2 \cdot \sigma_{r_a} \cdot \sigma_s} = \dfrac{\sigma_s}{-2 \cdot \sigma_{r_a}}$.

Für das obige Beispiel aus Tabelle 1 wäre das Währungsrisiko bei einem Korrelationskoeffizienten von -0.47 gleich Null. Die tatsächliche Korrelation für den betrachteten Zeitraum beträgt jedoch 0.04, so daß zwar das Währungsrisiko geringer als das Wechselkursrisiko ausfällt, sich jedoch nicht vollständig verringern läßt. Dieser in der Gleichung (16) zuvor beschriebene Zusammenhang zwischen der Höhe des Währungsrisikos und des Korrelationskoeffizienten ist in Abbildung 1 grafisch dargestellt.

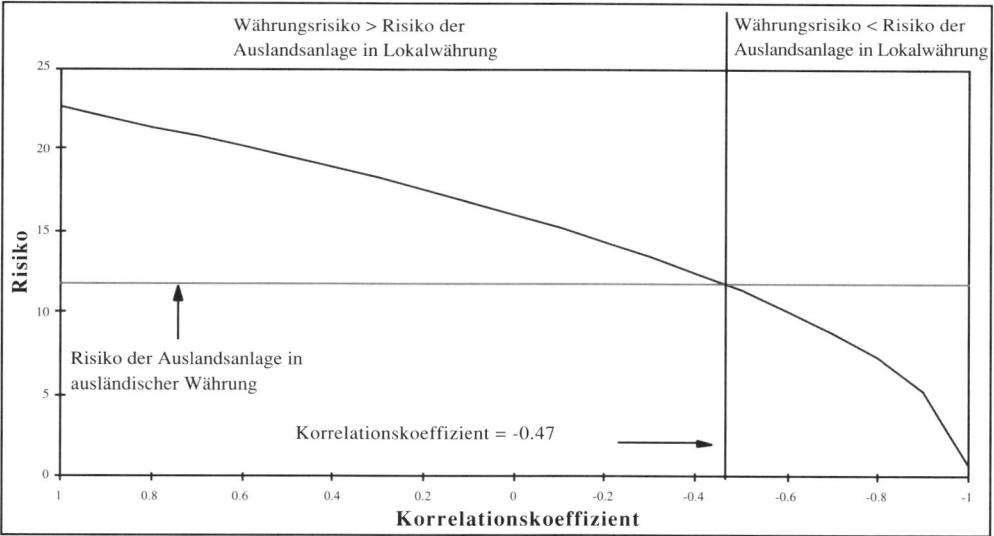

Abb. 1: **Währungsrisiko bei alternativen Korrelationskoeffizienten zwischen der Rendite der Währung und der Auslandsanlagenrendite in Lokalwährung**[15]

Wie aus Abbildung 1 zu ersehen ist, nimmt das Währungsrisiko umso mehr ab, je geringer bzw. negativer der Zusammenhang zwischen der Rendite der Währung und der betrachteten Auslandsanlagenrendite in Lokalwährung ausfällt. Durch Diversifikation in Auslandsanlagen, die gering oder sogar negativ mit der entsprechenden Währungsrelation verbunden sind, läßt sich somit das Währungsrisiko verringern oder sogar unter das Risiko der Auslandsanlage in Lokalwährung senken. Der Schnittpunkt zwischen dem Risiko der Auslandsanlage in Lokalwährung

---

[15] In Anlehnung an Steiner/ Bruns (1994), S. 92.

und dem Risiko der in inländische Währung umgerechneten Auslandsanlage bestimmt denjenigen Korrelationskoeffizienten, bei dem sich Währungs- und Wechselkursrisiko entsprechen. Für das obige Beispiel ist dies bei einem Korrelationskoeffizienten von -0.47 der Fall.

3. Ertrag/Risikoprofil ausgewählter Aktien-, Renten- und Geldmärkte

Nachdem zuvor das Wechselkurs- von dem Währungsrisiko abgegrenzt wurde, wird in der nachfolgenden Tabelle 2 die Zerlegung des Ertrages und des Risikos in die einzelnen Komponenten zunächst anhand ausgewählter Aktienmärkte dargestellt.

Aktienmarkt	r in Lokalwährung	r in DM	s vs. D	σ in Lokalwährung	σ in DM	σ_s	σ_{FX}	r/σ-Profil in DM	r/σ-Profil in Lokalwährung	ρ_{sr^*}	Reduktion des σ_s in %
(1)	(2)	(3)	(4)	(5)	(6)	(7)	(8)	(9)	(10)	(11)	(12)
D	10.81	10.81		19.37	19.37			0.56	0.56		
USA	16.66	10.86	-5.80	14.59	20.18	11.98	5.59	0.54	1.14	0.14	-53.36
J	4.95	5.44	0.49	21.54	24.68	9.59	3.14	0.22	0.23	0.13	-67.29
CH	12.64	12.20	-0.44	17.13	16.84	4.29	-0.30	0.72	0.74	-0.19	-106.88
UK	16.08	13.40	-2.67	17.61	20.24	8.37	2.62	0.66	0.91	0.10	-68.66
F	14.48	13.67	-0.81	20.69	20.75	2.30	0.06	0.66	0.70	-0.03	-97.30

Tab. 2: Aufgliederung von Ertrag und Risiko am Beispiel ausgewählter Aktienmärkte für den Zeitraum 01/85 bis 12/96

In der Tabelle sind in der zweiten (fünften) und in der dritten (sechsten) Spalte zum einen die annualisierten monatlichen Renditen (Volatilitäten) der jeweiligen Aktienmärkte in Lokalwährung und zum anderen die in die Referenzwährung umgerechneten Renditen (Volatilitäten) der Auslandsanlage aufgeführt. In der vierten (siebten) Spalte erscheint die annualisierte Wechselkursrendite (Wechselkursvolatilität). Das Währungsrisiko ist in der achten Spalte aufgelistet, welches sich aus der Differenz der Spalten sechs und fünf bilden läßt. Zudem ist in den letzten drei Spalten die Korrelation zwischen der entsprechenden Währung und dem Aktienmarkt, die Reduktion des Wechselkursrisikos in % sowie das Ertrag/Risikoprofil in der Referenz- bzw. in der Lokalwährung dargestellt. Letzere Größe ergibt sich aus dem Verhältnis der Rendite mit dem entsprechenden Risiko der betrachteten Anlage. Diese Größe wird sowohl in Lokalwährung als auch in heimischer Währung berechnet. Bei der Betrachtung des Ertrag/Risikoprofils fällt auf, daß sich der Wert bei Umrechnung in die heimische Währung zum Teil erheblich verringert, was auf das bei der Berechnung enthaltene Wechselkursrisiko zurückzuführen ist. Deutlich ist zu sehen, daß sich das Währungsrisiko zum Teil erheblich unter das Wechselkursrisiko durch Diversifikation reduzieren läßt. Für den Fall der Schweiz ergibt sich sogar ein negatives Währungsrisiko. Auch aus Ertrag/Risikoüberlegungen schneidet dieser Markt in der Referenzwährung am besten ab, wie dies Tabelle 3 zu entnehmen ist.

	Rang in Lokalwährung	Rang in Referenzwährung
D	5	4
USA	1	5
J	6	6
CH	3	1
UK	2	2
F	4	3

Tab. 3: Rangfolge der betrachteten Aktienmärkte hinsichtlich des Ertrag/Risikoprofils

Auffallend ist zudem, daß die USA von dem ersten Platz, gerechnet in Lokalwährung, auf den fünften Rang in der Referenzwährung zurückfallen. Keine Änderung ergibt sich im Falle Japans.

Der Grund für diese deutliche Reduktion des Wechselkursrisikos liegt in der relativ geringen und zum Teil sogar negativen Korrelation zwischen der Rendite der Währungsrelation und der Aktienmarktrendite in Lokalwährung. Im folgenden wird untersucht, ob diese Risikoreduktion auch bei einer Anlage in langfristigen Staatsanleihen gelingt. Hierzu sind in Tabelle 4 die zuvor beschriebenen Kennzahlen für die Anleihemärkte der ausgewählten Länder aufgeführt.

Rentenmarkt	r in Lokalwährung	r in DM	σ vs. D	σ in Lokalwährung	σ in DM	σ_s	σ_{FX}	r/σ - Profil in DM	r/σ -Profil in Lokalwährung	ρ_{sr}^a	Reduktion des σ_s in %
(1)	(2)	(3)	(4)	(5)	(6)	(7)	(8)	(9)	(10)	(11)	(12)
D	7.73	7.73		4.95	4.95			1.56	1.56		
USA	10.65	4.86	-5.80	6.88	12.49	11.98	5.61	0.39	1.55	-0.21	-53.17
J	7.78	8.27	0.49	6.68	12.24	9.59	5.57	0.68	1.16	0.10	-41.97
CH	5.74	5.29	-0.44	4.08	5.73	4.29	1.65	0.92	1.41	-0.06	-61.55
UK	11.43	8.76	-2.67	7.75	12.50	8.37	4.75	0.70	1.47	0.20	-43.25
F	11.65	10.84	-0.81	5.86	6.15	2.30	0.29	1.76	1.99	-0.07	-87.27

Tab. 4: Aufgliederung von Ertrag und Risiko am Beispiel ausgewählter Anleihemärkte für den Zeitraum 01/85 bis 12/96

Auch für den Fall einer Anlage in ausländischen Anleihemärkten läßt sich das Wechselkursrisiko deutlich reduzieren, jedoch nicht in dem Ausmaß, wie dies bei den Aktienmärkten möglich war. Bei einem Vergleich des Ertrag/Risikoprofils schneidet der französische Markt sowohl in der Lokal- als auch in der Referenzwährung am besten ab. Die USA fallen vom dritten auf den letzten Platz zurück.

	Rang in Lokalwährung	Rang in Referenzwährung
D	2	2
USA	3	6
J	6	5
CH	5	3
UK	4	4
F	1	1

Tab. 5: Rangfolge der betrachteten Anleihemärkte hinsichtlich des Ertrag/Risikoprofils

Ein Vergleich der Ertrag/Risikokennzahl für die Aktien- und Rentenmärkte, gerechnet in DM, macht deutlich, daß letztere in fünf von sechs Fällen besser abschneiden. Wesentlich geringer fällt die Reduktion des Wechselkursrisikos bei einer Anlage auf dem Geldmarkt aus, wie dies aus Tabelle 6 zu ersehen ist.

Geldmarkt	r in Lokalwährung	r in DM	σ vs. D	σ in Lokalwährung	σ in DM	σ_s	σ_{FX}	r/σ -Profil in DM	r/σ -Profil in Lokalwährung	ρ_{sr}"	Reduktion des σ, in %
(1)	(2)	(3)	(4)	(5)	(6)	(7)	(8)	(9)	(10)	(11)	(12)
D	5.99	5.99		0.58	0.58			10.29	10.29		
USA	6.27	0.48	-5.80	0.52	11.95	11.98	11.43	0.04	12.07	-0.21	-4.63
J	4.32	4.81	0.49	0.64	9.64	9.59	9.00	0.50	6.76	0.10	-6.17
CH	5.08	4.64	-0.44	0.64	4.39	4.29	3.75	1.06	7.95	-0.06	-12.71
UK	9.72	7.04	-2.67	0.86	8.35	8.37	7.49	0.84	11.36	0.20	-10.52
F	8.36	7.55	-0.81	0.67	2.36	2.30	1.69	3.20	12.56	-0.07	-26.51

Tab. 6: Aufgliederung von Ertrag und Risiko am Beispiel ausgewählter Geldmärkte für den Zeitraum 01/85 bis 12/96

Dies läßt sich mit der Dominanz des Wechselkursrisikos bei der Berechnung des Währungsrisikos in Gleichung (6) begründen, da die Volatilitäten der betrachteten Geldmärkte um ein vielfaches geringer sind als die der Wechselkurse. Grundsätzlich gilt: Je höher das Wechselkursrisiko im Vergleich zum Anlagerisiko in Lokalwährung ist, desto negativer muß die Korrelation zwischen Wechselkurs- und Auslandsanlagenrendite ausfallen, um das Währungsrisiko unter das Wechselkursrisiko drücken zu können. Deutlich wird dies bei einem Vergleich der resultierenden Währungsrisiken zwischen den Aktien- und Rentenmärkten, wobei letztere ein im

Durchschnitt höheres verbliebenes Währungsrisiko zu verzeichnen haben. Diese Tatsache läßt sich damit begründen, daß das Rentenmarktrisiko wesentlich geringer als das Aktienmarktrisiko ausfällt, und dies nicht durch eine entsprechend negative Korrelation zwischen Rentenmarkt- und Wechselkursrendite kompensiert wird.

	Rang in Lokalwährung	Rang in Referenzwährung
D	4	1
USA	2	6
J	6	5
CH	5	3
UK	3	4
F	1	2

Tab. 7: **Rangfolge der betrachteten Geldmärkte hinsichtlich des Ertrag/Risikoprofils**

Auch bei einer Betrachtung des Ertrag/Risikoprofils hinsichtlich der Geldmärkte schneiden Deutschland und Frankreich am besten ab. Abgeschlagen sind wiederum die USA. Im Vergleich zu den Rentenmärkten schneiden die Geldmärkte, gemessen am Ertrag/Risikoprofil, in vier von sechs Fällen besser ab.

In der Abbildung 2 wird am Beispiel verschiedener Anlagealternativen in den USA zum einen die Veränderung des Wechselkursrisikos des DM-Dollar-Kurses im Zeitablauf beschrieben, zum anderen sind die Währungsrisiken für Aktien, langläufige Staatsanleihen und kurzfristige Geldmarktdepositen dargestellt.

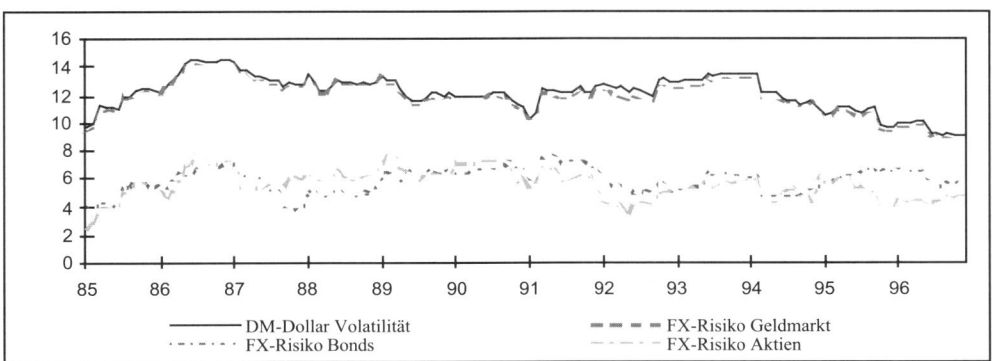

Abb. 2: **Gleitender 3-Jahresverlauf des Wechselkursrisikos und der Währungsrisiken einer Geldmarkt-, Wertpapier- und Aktienanlage in den USA**

Deutlich ist zu sehen, daß sich das Wechselkursrisiko und das Währungsrisiko von Geldmarktdepositen stark gleichgerichtet bewegen. Zudem ist der Niveauunterschied zwischen beiden Risikoarten recht gering, wofür weiter oben schon eine Begründung geliefert wurde. Hingegen läßt sich das Währungsrisiko bei einem Engagement im US-Aktien- oder Rentenmarkt deutlich reduzieren.

Wird hinsichtlich des Währungsrisikos das Anlagespektrum über den Zwei-Länder-Fall auf mehrere Länder ausgedehnt, so können im folgenden nur noch die einzelnen Varianzkomponenten betrachtet werden, da sich nur diese im Gegensatz zu den Volatilitätskomponenten addieren lassen.[16] Im Zwei-Länder- und Zwei-Aktiva-Fall bestand das Währungsrisiko, ausgedrückt in Varianzen, aus zwei Komponenten: zum einen aus der Wechselkursvarianz und zum anderen aus der Kovarianz zwischen der Rendite der Auslandsanlage und der Wechselkursrendite. Dies zeigt die nachfolgende Gleichung:

$$(17) \quad \sigma_{FX}^2 = \sigma_r^2 - \sigma_{r_a}^2 = \sigma_{r_a}^2 + \sigma_s^2 + 2 \cdot \sigma_{r_a,s} - \sigma_{r_a}^2 = \sigma_s^2 + 2 \cdot \sigma_{r_a,s} \; .$$

Für den allgemeinen Fall mit n ausländischen Anlagealternativen und den entsprechenden Währungsrelationen zur Referenzwährung läßt sich die gesamte Varianz eines international gestreuten Portfolios zerlegen in:[17]

a) n Varianzen der ausländischen Anlagealternativen (Marktvarianz),
b) n(n-1) Kovarianzen der ausländischen Anlagealternativen (Marktkovarianz),
c) n Varianzen der Währungsrelationen (Wechselkursvarianz),
d) n(n-1) Kovarianzen der Währungsrelationen (Wechselkurskovarianz),
e) 2n Kovarianzen der ausländischen Anlagealternativen mit den entsprechenden Währungsrelationen (Markt-Wechselkurskovarianz) und
f) 2n(n-1) Kovarianzen der ausländischen Anlagealternativen mit den anderen Währungsrelationen (Markt-Wechselkurskovarianz).

Für den allgemeinen Fall besteht somit das Währungsrisiko aus den Varianz- und Kovarianzkomponenten c) bis f), da diese Komponenten von Wechselkursfluktuationen beeinflußt werden. Hierbei stellt sich die Frage, welche dieser Komponenten des Währungsrisikos durch eine breitere Streuung über verschiedene Märkte und die entsprechenden Währungsrelationen reduziert werden können. Für das Währungsrisiko wird im folgenden gezeigt,[18] daß sich die Risikokomponenten, bestehend aus den Varianzen der Währungsrelationen (c) und den Kovarianzen der ausländischen Anlagealternativen, mit den entsprechenden Währungsrelationen (e) diversifizieren lassen. Nicht diversifizierbar sind dagegen die systematischen Risikobestandteile (d) und (f). Dies soll anhand der Gesamtvarianzzerlegung des Portfolios:[19]

a) 1/n   *   Marktvarianz +
b) (n-1)/n *   Marktkovarianz +
c) (1/n)   *   Wechselkursvarianz +
d) (n-1)/n *   Wechselkurskovarianz +

---

[16] Vgl. dazu Drummen/ Zimmermann (1992), S. 84.
[17] In Anlehnung an Eun/ Resnick (1988), S. 200 f. und Drummen/ Zimmermann (1992), S. 85.
[18] Vgl. Drummen (1992), S. 96 ff.
[19] Zur Herleitung vgl. Drummen/ Zimmermann (1992), S. 99.

e) 2(1/n)   *   Markt-Wechselkurskovarianz +
f) 2(n-1)   *   Markt-Wechselkurskovarianz

dargestellt werden. Die Wechselkursvarianz (c) läßt sich durch eine Streuung verringern, da mit einer steigenden Anzahl von Anlagemärkten n und den entsprechenden Währungsrelationen das Portfoliogewicht der Wechselkursvarianzen 1/n entspricht. Die Markt-Wechselkurskovarianz wird im Zuge einer Diversifikation ebenfalls kleiner, da sich ein entsprechendes Portfoliogewicht von 2(1/n) ergibt. Nicht diversifizierbar sind hingegen auch bei noch so breiter Streuung die Wechselkurskovarianz und die Markt-Wechselkurskovarianz. Zudem erhöhen (senken) hohe positive (negative) Korrelationen der Währungen untereinander sowie hohe positive (negative) Korrelationen der Währungen mit den jeweiligen Märkten das Währungsrisiko, hier ausgedrückt in Varianzen, und damit auch die Gesamtvarianz des Portfolios.

Wie sich diese Korrelationen zwischen den betrachteten Finanzaktiva in dem Untersuchungszeitraum im einzelnen darstellen, ist den nachfolgenden Tabellen zu entnehmen. In diesen sind die Korrelationen zwischen den Währungen, den Aktien und Rentenmärkten sowie die entsprechenden Korrelationen der Währungen gegenüber den Aktien- und Anleihemärkten für den Zeitraum 01/85 bis 12/96 aufgeführt.

	DM-Dollar	DM-Yen	DM-Schweizer Franken	DM-Pfund	DM-Franc
DM-Dollar	1.00	0.40	-0.12	0.31	0.35
DM-Yen		1.00	0.18	0.18	0.08
DM-Schweizer Franken			1.00	0.06	0.08
DM-Pfund				1.00	0.28
DM-Franc					1.00

Tab. 8: Korrelationsmatrix der Renditen ausgesuchter Währungen

	Aktien D	Aktien USA	Aktien J	Aktien CH	Aktien UK	Aktien F
DM-Dollar	0.18	0.14	0.04	0.30	0.25	0.17
DM-Yen	0.00	-0.03	0.13	0.06	0.13	0.13
DM-Schweizer Franken	-0.33	-0.20	0.00	-0.19	-0.15	-0.23
DM-Pfund	0.10	0.06	0.20	0.17	0.10	0.07
DM-Franc	0.04	0.12	-0.05	0.16	0.21	-0.03

Tab. 9: Korrelationsmatrix zwischen den Renditen ausgesuchter Aktienmärkte und den entsprechenden Währungsrelationen

	Renten D	Renten USA	Renten J	Renten CH	Renten UK	Renten F
DM-Dollar	-0.13	-0.21	-0.24	0.03	0.05	0.04
DM-Yen	0.10	-0.16	0.10	0.18	0.24	0.20
DM-Schweizer Franken	-0.06	-0.05	0.01	-0.06	-0.01	-0.07
DM-Pfund	-0.06	-0.13	-0.06	-0.16	0.20	0.00
DM-Franc	-0.16	-0.16	-0.20	-0.03	-0.08	-0.07

Tab. 10: Korrelationsmatrix zwischen den Renditen ausgesuchter Rentenmärkte und den entsprechenden Währungsrelationen

Auffallend sind die zum Teil recht geringen Korrelationen sowohl unter den Währungen als auch zwischen den Währungen und den Aktien- bzw. Rentenmärkten. Hier steht zu vermuten, daß sich durch Diversifikation das Risiko des Portfolios erheblich reduzieren läßt.

Währungen	0.18
Aktien	0.54
Renten	0.48
Währungen-Aktien	0.05
Währungen-Renten	-0.03

Tab. 11: Durchschnittliche Korrelationskoeffizienten

Bei Betrachtung der durchschnittlichen Korrelationskoeffizienten in Tabelle 11 fällt auf, daß die Korrelationswerte zwischen den Währungen deutlich geringer als die zwischen den einzelnen Aktien- und Rentenmärkten ausfallen. Die durchschnittlichen Korrelationen zwischen den einzelnen Währungen auf der einen und den entsprechenden Aktien- und Rentenmärkten auf der anderen Seite sind ein Hinweis darauf, daß Wechselkursfluktuationen nur relativ geringe Auswirkungen auf die Aktien- und Rentenmärkte haben, wodurch ebenfalls das Risiko mindernde Diversifikationseffekte entstehen. Zudem sind diese Korrelationen deutlich geringer als die zwischen den einzelnen Aktien- und Rentenmärkten.

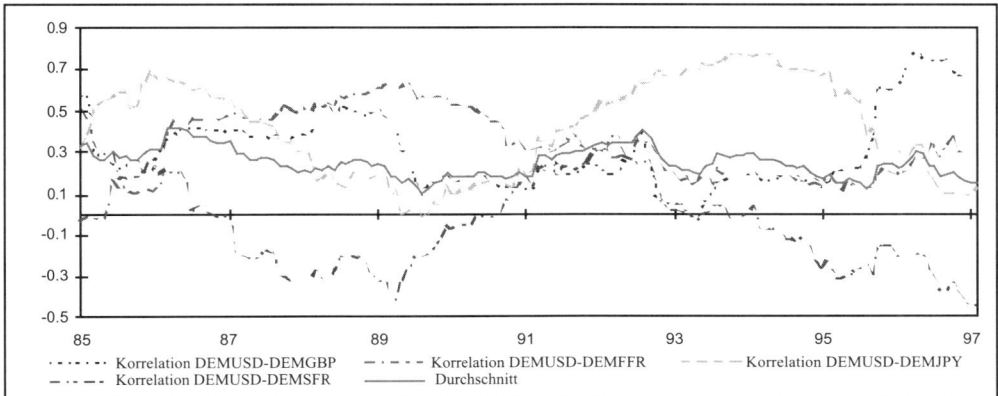

Abb. 3: Vergleich der gleitenden Währungskorrelationen

Ein Vergleich der gleitenden linearen 3-Jahreskorrelationen zwischen den betrachteten Währungspaaren macht deutlich, daß die Stärke und Richtung der Beziehung zwischen den Währungen zum Teil erheblichen Schwankungen unterliegt, wodurch das Gesamtportfoliorisiko entsprechend beeinflußt wird. Hingegen verhält sich das Mittel der einzelnen Korrelationen wesentlich weniger volatil.

Aus diesen Beobachtungen ist zu folgern, daß sich im Gegensatz zum Aktien- und Rentenmarktrisiko das diversifizierbare Währungsrisiko durch eine Streuung erheblich reduzieren läßt, wie dies die Korrelationswerte in Tabelle 11 gezeigt haben. Wie jedoch die Zerlegung der Gesamtvarianz des Portfoliorisikos bereits deutlich gemacht hat, gibt es neben den diversifizierbaren auch nicht-diversifizierbare Währungsrisiken. Die Beschäftigung mit letzteren soll daher Gegenstand des folgenden Abschnitts sein.

4. Währungsmanagementstrategien

Im vorigen Abschnitt wurde gezeigt, daß sich das Währungsrisiko durch den Diversifikationseffekt bei nicht perfekt miteinander korrelierten Finanzaktiva deutlich unter das Wechselkursrisiko senken läßt. Gegenstand dieses Abschnitts wird die Vorstellung von Strategien sein, die dazu dienen, dieses verbliebene Währungsrisiko abzusichern (Hedging). Grundsätzlich gibt es die in der nachfolgenden Abbildung dargestellten Möglichkeiten, mit dem Währungsrisiko umzugehen.[20]

---

[20] Vgl. im folgenden Clarke/ Kritzman (1996), S. 54 ff.

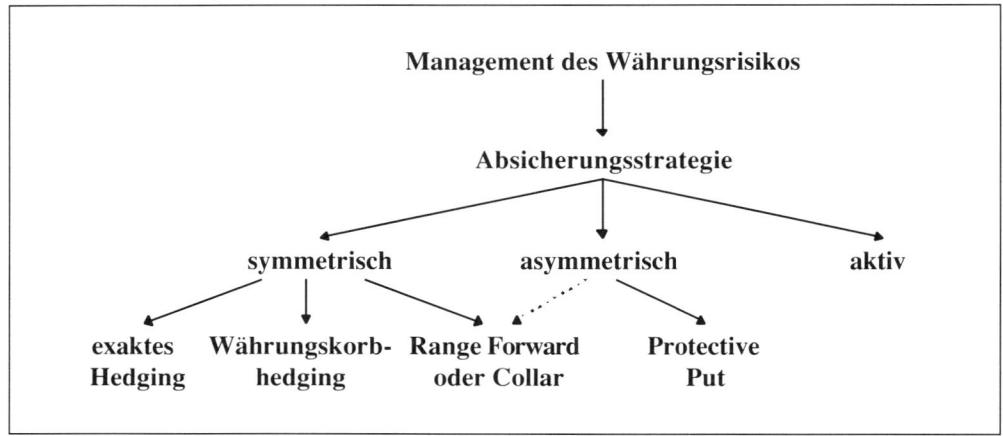

Abb. 4: Alternative Absicherungsstrategien des Währungsmanagements[21]

Unter einer symmetrischen Absicherungsstrategie wird zum einen die exakte Absicherung der entsprechenden Währung der Auslandsanlage mit Hilfe eines Devisentermingeschäftes verstanden. Hält der Investor beispielsweise amerikanische Aktien, so würde dies eine Absicherung seiner Dollarposition durch einen Verkauf per Termin bedeuten. Eine andere Möglichkeit bestünde jedoch auch darin, einen Währungskorb dergestalt zu kreieren, daß dieser der ursprünglichen Fremdwährungsposition ähnelt. Einen Sinn macht eine solche Währungskorbsicherungsstrategie dann, wenn unter Ausnutzung der Korrelationsstruktur zwischen den betrachteten Währungen die Konstruktion einer Proxy-Variablen für das ursprüngliche Währungspaar gelingt, und gleichzeitig die Kosten dieser Strategie geringer als die der exakten Absicherung sind.[22]

Bei asymmetrischen Absicherungsstrategien partizipiert der Investor an möglichen Währungsgewinnen, ist aber gleichzeitig gegen Währungsverluste abgesichert. Die Umsetzung dieser Strategie erfolgt in der Regel mit Optionen. Beim Protective Put kauft der Anleger eine Verkaufsoption, wobei der Ausübungspreis das gewünschte Absicherungsniveau des Investors widerspiegeln sollte. Fällt der tatsächliche Wechselkurs unter den Ausübungspreis, so erhält der Käufer der Verkaufsoption die Differenz zwischen den beiden Kursen. Steigt der Wechselkurs über den Ausübungspreis der Option, so verfällt zwar ihr Wert, dennoch partizipiert der Käufer an den Währungsgewinnen. Die Kosten für diese Strategie fallen in Höhe des Optionspreises an und schmälern entsprechend die gesamte Auslandsrendite. Für den Fall einer Absicherungsstrategie mit einem Collar verkauft der Investor eine Kaufoption und kauft gleichzeitig eine Verkaufsoption. Zwar partizipiert der Anleger nun nicht mehr in vollem Umfang an Währungssteigerungen, jedoch erhält er dafür als Entschädigung die Optionsprämie. Auf der anderen Seite ist er wie beim Protective Put gegen Währungsverluste abgesichert, was letztendlich wieder in eine

---

[21] In Anlehnung an Clarke/ Kritzman (1996), S. 54.
[22] Vgl. Clarke/ Kritzman (1996), S. 54.

symmetrische Absicherungsstrategie wie bei einem Termingeschäft mündet, die jedoch mit zwei asymmetrischen Optionsstrategien konstruiert wurde.

Eine andere Möglichkeit des Währungsmanagements besteht in einer aktiven Absicherungsstrategie. Hier wird die Fremdwährungsposition nicht abgesichert, wenn der Anleger Währungsgewinne erwartet. Bestehen dagegen negative Renditeerwartungen bezüglich der Währung, so wird das Engagement abgesichert. Bei einer solchen Strategie bietet sich die Integration von Prognosemodellen für die entsprechenden Währungsrelationen an. Entgegen früheren Veröffentlichungen, die zu dem Schluß kamen, Wechselkursprognosen seien mit Hilfe fundamentaler Wechselkurstheorien nicht möglich,[23] und die Wechselkurse würden eher einem Random Walk folgen, gibt es in der jüngeren Zeit zahlreiche Veröffentlichungen, die ein optimistischeres Bild zeichnen.[24]

Im folgenden soll die Absicherung der Einfachheit halber nur am Beispiel eines Devisentermingeschäfts erläutert werden. Unter Hedging wird in der Regel der Abschluß eines risikobehafteten Geschäftes verstanden, welches das Risiko der ursprünglich eingegangenen Position im Idealfall exakt kompensieren soll.[25] Dies kann beispielsweise mit Hilfe eines Devisentermingeschäftes geschehen, indem der Anleger sich so auf dem Devisenterminmarkt positioniert, daß die Wirkungsrichtung des Risikos des Devisentermingeschäftes genau entgegengesetzt zu dem Risiko der ursprünglich eingegangenen Position verläuft. Erwartet zum Beispiel ein Anleger einen Gewinn von 1000 $ aus einen Aktienengagement in einem Monat, die nicht reinvestiert werden sollen, so kann er diesen Betrag bereits zum Zeitpunkt t_0 auf dem Devisenterminmarkt per Termin zu einem im vorhinein vereinbarten Kurs verkaufen. Sinkt der Kassakurs bis zum Zeitpunkt des erwarteten Gewinns, so würde dies für den Anleger ohne eine Währungsabsicherung einen Wechselkursverlust bedeuten. Für den Fall eines entsprechend eingegangenen Devisentermingeschäftes ist der Anleger jedoch gegen diesen Währungsverlust abgesichert. Auf der anderen Seite entstehen ihm jedoch bei einem Anstieg des Wechselkurses Opportunitätskosten.[26]

Ob bei einem Devisentermingeschäft eine positive oder negative Rendite anfällt, hängt von dem Swapsatz f ab, der wie folgt definiert ist:[27]

$$(18) \quad f = \frac{T_{t,t+1} - S_t}{S_t} = i - i^a \quad .$$

Demnach entspricht der Swapsatz, der sich durch den Auf- oder Abschlag des Devisenterminkurses für die Periode t+1 im Vergleich zum Kassakurs im Zeitpunkt t ergibt, der Zinsdifferenz zwischen dem In- und Ausland. Erfolgt eine Währungsabsicherung gegenüber Ländern, deren Zinsniveau im Vergleich zum heimischen höher (niedriger) liegt, so ist der Swapsatz und damit auch die Rendite der Währungsabsicherung negativ (positiv). Diese Beziehung, die in Gleichung (18) dar-

---

[23] Vgl. Meese/ Rogoff (1983).
[24] Vgl. u.a. Grimm (1997) und Poddig (1996).
[25] Vgl. Knight (1989), S. 44.
[26] Vgl. Perold/Schulman (1988).
[27] Zur Herleitung des Swapsatzes bzw. der gedeckten Zinsparität vgl. Solnik (1996), S. 34 f.

gestellt ist, wird in der Literatur als gedeckte Zinsparität bezeichnet, deren Gültigkeit sich auch empirisch anhand der folgenden Regressionsgleichung bestätigen läßt:

(19) $f = \alpha + \beta \cdot (i - i^a) + u,$

wobei die Konstante α den Wert Null und der Koeffizient β den Wert eins annehmen sollte. Die Schätzergebnisse sind in der nachfolgenden Tabelle am Beispiel der gedeckten DM-Dollar-Zinsparität für den Zeitraum 01/85 bis 12/96 anhand von Monatsdaten dargestellt:

Zu erklärende Variable	Koeffizient des Zinsdifferentials zwischen Deutschland den USA
DM-Dollar-Swapsatz	1.021991 (SE=0.008707) (t-Wert=117.3815)
Bestimmtheitsmaß (R^2)	0.99

Tab. 12: Empirische Überprüfung der gedeckten DM-Dollar-Zinsparität

Wie zu erwarten, war die Konstante a nicht signifikant von Null verschieden und wurde daher nicht mehr aufgeführt. Gemäß der Definition des Bestimmtheitsmaßes[28] lassen sich 99% der Schwankungen des DM-Dollar-Swapsatzes durch das Zinsdifferential zwischen D und den USA erklären. Die geringen Abweichungen von der gedeckten Zinsparität werden in der Literatur mit anfallenden Transaktionskosten begründet, die den Arbitrageprozeß behindern.[29]

Für das obige Beispiel würde dies bei dem in Tabelle 13 aufgeführten Datenkranz bedeuten, daß der Anleger am 31.01.97 die 1000 $ beispielsweise per 28.02.1997 zum Terminkurs[30] von 1.63455 verkaufen könnte.

Datum	Kassakurs	1-Monats-terminkurs	i	i^a	f[31]	Zins-differenz	Betrag Kasse	Betrag Termin
31.01.1997	1.6377	1.63455	0.2517	0.4385	-0.1923	-0.1868	1637.70	1634.55
28.02.1997	1.6896	1.68657	0.2580	0.4321	-0.1793	-0.1741	1689.60	1686.57

Tab. 13: Datenkranz zur Durchführung eines Devisentermingeschäftes am Beispiel des DM-Dollar-Kurses

---

[28] Das R^2 gibt an, wieviel der Varianz der zu erklärenden Größe durch die Varianz der Schätzgröße, die das zugrundeliegende Modell liefert, erklärt wird.
[29] Vgl. Grimm (1997), S. 76 ff.
[30] Auf die Unterscheidung von Ankaufs- und Verkaufskurs soll der Einfachheit halber verzichtet werden.

In diesem Fall würde er am 28.02.97 einen Betrag von DM 1634.55 für die 1000 $ ausgezahlt bekommen. Hätte der Anleger die Position des Ursprungsgeschäftes nicht gesichert, so wären ihm in der Kasse am 28.02.97 DM 1689.60 ausgezahlt worden. Durch den in der betrachteten Periode zu beobachtenden Anstieg des DM-Dollar-Kurses sind dem Anleger somit Opportunitätskosten in Höhe von DM 55.05 entstanden, die genau der Differenz zwischen dem Umtauschbetrag zur Kasse und per Termin entsprechen.[32] Umgekehrt hätte auch ein Opportunitätsgewinn entstehen können, wenn der DM-Dollar-Kurs gesunken wäre.

Formal ausgedrückt würde dies bedeuten, daß der Anleger im Falle einer Absicherungsstrategie den ungesicherten Ertrag r_u

(20) $\quad r_u = (1 + E(r^a)) \cdot (1 + E(s)) - 1$

gegen den abgesicherten Ertrag r_h

(21) $\quad r_h = (1 + E(r^a)) \cdot (1 + f) - 1$

in DM gerechnet eintauscht, wobei f den Swapsatz repräsentiert, $E(r^a)$ dem Erwartungswertoperator für die erwartete Rendite der Auslandsanlage entspricht, und $E(s)$ den Erwartungswertoperator für die Wechselkursrendite darstellt.[33]

Weicht jedoch der erwartete Ertrag der Auslandsrendite von dem tatsächlichen ab ($r^a - E(r^a)$), so führt dies zu dem folgenden Ertrag der Auslandsanlage in der Referenzwährung:

(22) $\quad r_h = (1 + E(r^a)) \cdot (1 + f) + (r^a - E(r^a)) \cdot (1 + s) - 1 = r^a + f + r^a \cdot s + E(r^a) \cdot (f - s)$.

In der Regel werden die letzten beiden Terme jedoch aufgrund ihrer geringen Höhe vernachlässigt[34], so daß sich die Gleichung

(23) $\quad r_h = r^a + f$

ergibt. Demnach entspricht der abgesicherte Ertrag des Auslandsengagements der Rendite der Auslandsanlage zuzüglich des Swapsatzes, welcher positive oder negative Werte annehmen kann. Für die ungesicherte Auslandsanlage folgt:

(24) $\quad r_u = r^a + s$.

Ein Ertrag/Risiko-Vergleich der ungesicherten mit der gesicherten Strategie in Tabelle 14 macht deutlich, daß letztere das Risiko durch die Ausschaltung des Währungsrisikos für den erwarteten Ertrag reduziert.

---

[31] Die geringfügige Abweichung des Swapsatzes f von der Zinsdifferenz läßt sich mit Transaktionskosten begründen, die den Arbitrageprozeß nicht vollends zur Geltung kommen lassen.
[32] Vgl. Hazuka/ Huberts (1994), S. 55.
[33] In Anlehnung an Eun/ Resnick (1988), S. 202 ff.
[34] Vgl. Jorion (1989), S. 50.

	Ungesicherte Strategie	Strategie bei einmaliger Absicherung	Strategie bei rollierender Absicherung
aktueller Ertrag	$r_u = r^a + s$	$r_h = r^a + f$	$r_h = r^a + f$
Risiko	$\sigma_{r_u} = \sqrt{\sigma_{r_a}^2 + \sigma_s^2 + 2 \cdot \rho \cdot \sigma_{r_a} \cdot \sigma_s}$	$\sigma_{r_h} = \sqrt{\sigma_{r_a}^2}$	$\sigma_{r_h} = \sqrt{\sigma_{r_a}^2 + \sigma_f^2 + 2 \cdot \rho \cdot \sigma_{r_a} \cdot \sigma_f}$

Tab. 14: Ertrag/Risikoprofil der ungesicherten und der abgesicherten Strategie[35]

In diesem Fall der einmaligen Absicherung besteht für den Anleger kein Swapsatzrisiko, so daß die Volatilität der Terminprämie und die Kovarianz zwischen dem Swapsatz und der Rendite der Auslandsanlage entfällt. Für den Fall einer rollierenden Absicherung, d.h. einer beispielsweise wiederkehrenden monatlichen Absicherung, kann weiter unten gezeigt werden, daß praktisch kaum ein Unterschied zwischen dem Risiko der Auslandsanlage in Lokalwährung und dem Risiko der abgesicherten Auslandsposition besteht. Dies findet seine Begründung in der Tatsache, daß die Varianz des Swapsatzes vernachlässigbar gering ausfällt, worauf noch einzugehen sein wird.

Die Kosten der Währungsabsicherung entsprechen der Differenz zwischen dem Ertrag der abgesicherten und der ungesicherten Position, welche wiederum exakt mit dem Swapsatz übereinstimmt. Häufig ist im Zusammenhang der Währungsabsicherung mit Hilfe eines Devisentermingeschäftes auch von einem „free-lunch"[36] die Rede. Hiermit ist gemeint, daß sich durch eine Währungsabsicherung das Risiko erheblich reduzieren läßt, und zugleich sich der Ertrag nicht reduziert oder erhöht.[37] Zudem wird unterstellt, daß die Kosten der Absicherung vernachlässigbar gering sind. Wie jedoch bereits erwähnt, können zwar auf der einen Seite durch die Währungsabsicherung Währungsverluste vermieden werden, auf der anderen Seite kann jedoch auch an eventuellen Währungsgewinnen nicht partizipiert werden, wodurch Opportunitätskosten entstehen.

Wie im folgenden gezeigt wird, kann allerdings nur dann von einem „free-lunch" bei der Währungsabsicherung die Rede sein, wenn gemäß der ungedeckten Zinsparität das internationale Zinsdifferential der erwarteten Wechselkursveränderung entspricht:

(25) $\quad E(s_{t+1}) = i - i^a \quad$.[38]

Ist diese Bedingung erfüllt, so dürfte es zu keinen unerwarteten Wechselkursveränderungen u kommen, die der Differenz zwischen der tatsächlichen Wechselkursveränderung und dem Swapsatz entsprechen:

---

[35] In Anlehnung an Eun/ Resnick (1988), S. 202 ff.
[36] Vgl. Perold/ Schulman (1988).
[37] Vgl. Knight (1991), S. 137.
[38] Zur Herleitung vgl. Grimm (1997), S. 76 ff.

(26) $s_{t+1} - f = u = E(0)$.

Dies ist dann der Fall, wenn der betrachtete Markt effizient ist. Diese Bedingung ist gegeben, wenn bei der Vernachlässigung von Transaktionskosten, der Unterstellung einer rationalen Informationsverarbeitung und der Risikoneutralität der Wirtschaftssubjekte der Marktpreis alle relevanten Informationen widerspiegelt,[39] so daß der Erwartungswert des Gewinns einer Spekulation auf dem Terminmarkt Null beträgt. Dieser theoretisch postulierte Zusammenhang hält jedoch einer empirischen Überprüfung der Regressionsgleichung

(27) $s_{t+1} = \alpha + \beta \cdot (i - i^a) + u$

nicht stand, wie dies in der nachfolgenden Tabelle am Beispiel des DM-Dollar-Kurses dargestellt ist.

Zu erklärende Variable	Koeffizient β des Zinsdifferentials der Periode t
DM-Dollar-Rendite der Periode t+1	0.085997 (SE=0.094276) (t-Wert=0.912187)
Bestimmtheitsmaß (R^2)	0.005

Tab. 15: **Empirische Überprüfung der ungedeckten DM-Dollar-Zinsparität**

Sowohl der Koeffizient der Konstanten α sowie der Koeffizient β des Zinsdifferentials sind nicht signifikant, und der Erklärungsgehalt, ausgedrückt durch das Bestimmtheitsmaß, ist verschwindend gering. Dies bedeutet im Umkehrschluß, daß die unerwarteten Wechselkursveränderungen u nahezu vollständig die tatsächlichen Wechselkursschwankungen dominieren. Somit scheint das Zinsdifferential kein guter Prädiktor der zukünftigen Wechselkursveränderung zu sein.[40] Deutlich wird dies noch einmal in Abbildung 5, in welcher die realisierte monatliche Veränderung der durch das Zinsdifferential prognostizierten gegenübergestellt ist.

---

[39] Vgl. MacDonald (1988), S. 176. Auf die Unterscheidung von schwacher, halbschwacher und starker Markteffizienz soll an dieser Stelle nicht eingegangen werden. Vgl. dazu MacDonald (1988), S. 176.
[40] Vgl. dazu auch Knight (1991), S. 135.

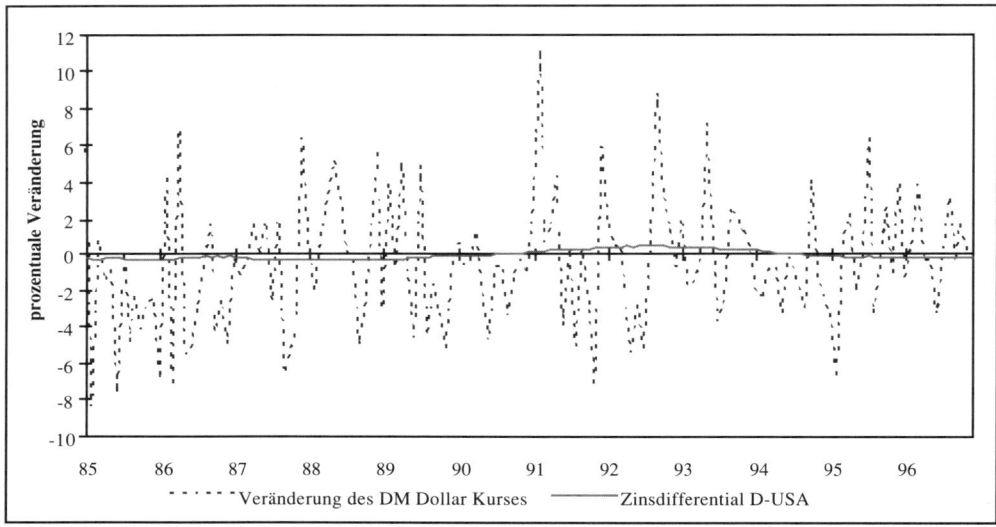

Abb. 5: Zinsdifferential als Prediktor der zukünftigen Wechselkursveränderung

Demzufolge treten sehr wohl Abweichungen von der durch die Zinsdifferenz angezeigten erwarteten Wechselkursveränderung auf, so daß es bei einer Absicherung des Währungsrisikos nicht zu einem „free-lunch" kommt, sondern im Fall einer ungesicherten Position neben Währungsverlusten unter Umständen auch Währungsgewinne entstehen können.

Im folgenden soll untersucht werden, inwieweit sich unter Ertrag/Risikogesichtspunkten die relative Vorteilhaftigkeit der untersuchten Märkte für den Fall einer Absicherungsstrategie ändert. Hierzu sind in den nachfolgenden drei Tabellen die Ertrags- und Risikokennzahlen für die rollierende gesicherte und die ungesicherte Strategie aufgeführt. Hierzu wurde der Ertrag der abgesicherten Strategie nach Gleichung (23) berechnet. Das Risiko der Absicherungsstrategie ergibt sich aus Gleichung

(28) $\sigma_{r_h} = \sqrt{\sigma_{r_a}^2 + \sigma_f^2 + 2 \cdot \rho \cdot \sigma_{r_a} \cdot \sigma_f}$.

Demzufolge ergibt sich für das Währungsrisiko bei einer rollierenden Absicherung:

(29) $\sigma_{FX} = \sigma_{r_h} - \sigma_{r_a} = \sqrt{\sigma_{r_a}^2 + \sigma_f^2 + 2 \cdot \rho \cdot \sigma_{r_a} \cdot \sigma_f} - \sigma_{r_a}$.

Quantifizierung und Steuerung des Währungsrisikos 481

Aktien-markt	r in Lokal-währung	r in DM (h)	r in DM (u)	f vs. D	σ in Lokal-währung	σ in DM (h)	σ in DM (u)	σ_s	σ_FX	r/σ - Profil in DM	r/σ - Profil in Lokal-währung	Reduktion des σ_s in %	ρ_fr
(1)	(2)	(3)	(4)	(5)	(6)	(7)	(8)	(9)	(10)	(11)	(12)	(13)	(14)
D	10.81	10.81	10.81		19.37	19.37	19.37			0.56	0.56		
USA	16.66	16.39	10.86	-0.27	14.59	14.61	20.18	11.98	0.02	1.12	1.14	-99.85	-0.02
J	4.95	6.84	5.44	1.90	21.54	21.52	24.68	9.59	-0.02	0.32	0.23	-100.22	-0.10
CH	12.64	13.56	12.20	0.92	17.13	17.16	16.84	4.29	0.03	0.79	0.74	-99.26	0.19
UK	16.08	12.45	13.40	-3.63	17.61	17.63	20.24	8.37	0.02	0.71	0.91	-99.75	-0.01
F	14.48	12.06	13.67	-2.42	20.69	20.67	20.75	2.30	-0.02	0.58	0.70	-100.96	-0.10

Tab. 16: Vergleich von Ertrag und Risiko der abgesicherten (h) und
ungesicherten (u) Strategie am Beispiel ausgewählter Aktienmärkte
für den Zeitraum 01/85 bis 12/96

Renten-markt	r in Lokal-währung	r in DM (h)	r in DM (u)	f vs. D	σ in Lokal-währung	σ in DM (h)	σ in DM (u)	σ_s	σ_FX	r/σ - Profil in DM	r/σ - Profil in Lokal-währung	Reduktion des σ_s in %	ρ_fr
(1)	(2)	(3)	(4)	(5)	(6)	(7)	(8)	(9)	(10)	(11)	(12)	(13)	(14)
D	7.73	7.73	7.73		4.95	4.95	4.95			1.56	1.56		
USA	10.65	10.38	4.86	-0.27	6.88	6.94	12.49	11.98	0.06	1.50	1.55	-99.47	0.00
J	7.78	9.68	8.27	1.90	6.68	6.70	12.24	9.59	0.03	1.44	1.16	-99.73	-0.01
CH	5.74	6.66	5.29	0.92	4.08	4.15	5.73	4.29	0.07	1.60	1.41	-98.30	0.40
UK	11.43	7.81	8.76	-3.63	7.75	7.80	12.50	8.37	0.05	1.00	1.47	-99.39	0.00
F	11.65	9.23	10.84	-2.42	5.86	5.82	6.15	2.30	-0.04	1.58	1.99	-101.61	-0.23

Tab. 17: Vergleich von Ertrag und Risiko der abgesicherten (h) und
ungesicherten (u) Strategie am Beispiel ausgewählter Rentenmärkte
für den Zeitraum 01/85 bis 12/96

Geld-markt	r in Lokal-währung	r in DM (h)	r in DM (u)	f vs. D	σ in Lokal-währung	σ in DM (h)	σ in DM (u)	σ_s	σ_FX	r/σ - Profil in DM	r/σ - Profil in Lokal-währung	Reduktion des σ_s in %	ρ_fr
(1)	(2)	(3)	(4)	(5)	(6)	(7)	(8)	(9)	(10)	(11)	(12)	(13)	(14)
D	5.99	5.99	5.99		0.58	0.58	0.58			10.29	10.29		
USA	6.27	6.00	0.48	-0.27	0.52	0.88	11.95	11.98	0.36	6.85	12.07	-97.03	-0.74
J	4.32	6.22	4.81	1.90	0.64	0.76	9.64	9.59	0.12	8.15	6.76	-98.71	-0.50
CH	5.08	6.00	4.64	0.92	0.64	0.66	4.39	4.29	0.02	9.04	7.95	-99.42	-0.32
UK	9.72	6.09	7.04	-3.63	0.86	0.98	8.35	8.37	0.12	6.23	11.36	-98.53	-0.76
F	8.36	5.94	7.55	-2.42	0.67	0.82	2.36	2.30	0.15	7.27	12.56	-93.44	-0.52

Tab. 18: Vergleich von Ertrag und Risiko der abgesicherten (h) und
ungesicherten (u) Strategie am Beispiel ausgewählter Geldmärkte
für den Zeitraum 01/85 bis 12/96[41]

Auffallend ist, daß sich durch eine Absicherungsstrategie das Wechselkursrisiko auf allen drei betrachteten Märkten nahezu komplett eliminieren läßt, so daß das verbleibende Währungsrisiko verschwindend gering ausfällt. Folglich läßt sich das in der Referenzwährung berechnete Risiko der Auslandsanlage nahezu vollständig auf das Risiko der Auslandsanlage in Lokalwährung reduzieren.

Ein Vergleich der Rangfolge bei der gesicherten und der ungesicherten Strategie hinsichtlich des Ertrag/Risikoprofils macht deutlich, daß der Ausgang des Asset Allocation-Prozesses stark von der eingeschlagenen Strategierichtung abhängt.

	Rang in Lokalwährung	Rang in Referenzwährung (h)	Rang in Referenzwährung (u)
D	5	5	4
USA	1	1	5
J	6	6	6
CH	3	2	1
UK	2	3	2
F	4	4	3

Tab. 19: Vergleich der abgesicherten mit der ungesicherten Strategie anhand der Rangfolge der betrachteten Aktienmärkte hinsichtlich des Ertrag/Risikoprofils

	Rang in Lokalwährung	Rang in Referenzwährung (h)	Rang in Referenzwährung (u)
D	2	3	2
USA	3	4	6
J	6	5	5
CH	5	1	3
UK	4	6	4
F	1	2	1

Tab. 20: Vergleich der abgesicherten mit der ungesicherten Strategie anhand der Rangfolge der betrachteten Rentenmärkte hinsichtlich des Ertrag/Risikoprofils

---

[41] Zu den Kennzahlen der ungesicherten Strategie vgl. auch die Tabellen 2, 4 und 6.

	Rang in Lokalwährung	Rang in Referenzwährung (h)	Rang in Referenzwährung (u)
D	4	1	1
USA	2	5	6
J	6	3	5
CH	5	2	3
UK	3	6	4
F	1	4	2

Tab. 21: Vergleich der abgesicherten mit der ungesicherten Strategie anhand der Rangfolge der betrachteten Geldmärkte hinsichtlich des Ertrag/Risikoprofils

In dem zuvor beschriebenen Beispiel wurde davon ausgegangen, daß der Anleger den gesamten erwarteten Ertrag absichert. Im folgenden soll der allgemeinere Fall hergeleitet werden, in dem die Höhe des abgesicherten Betrages durch die Hedge-Ratio h bestimmt wird. Die Hedge-Ratio ist in der Regel eine negative Zahl, da Terminkontrakte verkauft werden müssen, um die Absicherung zu realisieren. Zudem soll eine im Zeitablauf rollierende Absicherung der Position erfolgen. In diesem Fall muß bei der Berechnung des Risikos der abgesicherten Position auch die Variabilität des Swapsatzes berücksichtigt werden, welche in der Literatur auch als Basisrisiko[42] bezeichnet wird. Der Darstellung variierender Hedge-Ratios soll die nachfolgende Gleichung dienen:[43]

(30) $\quad r_h = r^a + s + h \cdot u = (r^a + s) + h \cdot (s - f)$.

Durch Einsetzen von H = h+1, welches somit den ungesicherten Anteil der Auslandsanlage widerspiegelt, ergibt sich:

(31) $\quad r_h = r^a + s + h \cdot u = (r^a + s) + (H - 1) \cdot (s - f)$

bzw. nach Umstellen

(32) $\quad r_h = (r^a + f) + H \cdot (s - f)$.

Die Gleichung (30) zeigt an, daß die Rendite einer Auslandsanlage zum einen aus der Summe der Rendite der Auslandsanlage und der Wechselkursrendite und zum anderen aus dem Gewinn oder Verlust aus der Währungsabsicherung besteht. Für den Fall der vollständigen Absicherung (h = -1) würde sich die Gleichung (23), bei

---

[42] Vgl. Knight (1991), S. 134.
[43] Vgl. Clarke/ Kritzman (1996), S. 10.

einer vollständig ungesicherten Auslandsanlage die Gleichung (25) ergeben. Die Differenz zwischen dem ungesicherten und dem gesicherten Ertrag entspricht folglich der Differenz zwischen der Wechselkursrendite und dem Swapsatz:

$$(33) \quad r_u - r_h = (r^a + s) - (r^a + f) = (s - f) \quad .$$

Es stellt sich nunmehr die Frage nach der „optimalen" Höhe von h bzw. H. Würde der Terminkurs einen unverzerrten Schätzer für den zukünftigen Kassakurs gemäß der ungedeckten Zinsparität abgeben, so würde eine Absicherungsstrategie von h = -1 zum einen das Risiko verringern, wie dies die obigen Beispiele gezeigt haben. Auf der anderen Seite wird die Absicherung den Ertrag nur um die Absicherungskosten schmälern, da die unerwarteten Wechselkursveränderungen u gleich Null sind. Diese Strategie wird von PEROLD/ SCHULMAN (1988) vorgeschlagen. Wie jedoch gezeigt werden konnte, nimmt u keineswegs den Wert Null an, sondern ist nahezu perfekt mit der tatsächlichen Wechselkursbewegung korreliert, wie die empirische Überprüfung der ungedeckten Zinsparitätentheorie belegt hat. Nach SOLNIK macht daher diese vollständige Absicherungsstrategie nur dann einen Sinn, wenn der Investor tatsächlich das Weltmarktportfolio hält, was jedoch selten der Fall ist.[44] Tatsächlich dürfte der Auslandsanteil in inländischen Portfolios deutlich unter den Anteilen des Weltmarktportfolios liegen. Zudem konnte gezeigt werden, daß das Eingehen von Wechselkursrisiken von Vorteil sein kann, da hierdurch Diversifikationseffekte entstehen können.

Die entgegengesetzte Strategie wäre h = 0, d.h. es fände keine Absicherung der offenen Position statt. Begründet wird diese Strategie damit, daß über einen längerfristigen Horizont, der durchaus über 20 Jahre gehen kann, der Wechselkurs seinem durch die Kaufkraftparität[45] bestimmten Fundamentalpfad folgt. Da FROOT zudem annimmt, daß das Wechselkursrisiko gering und die Absicherungskosten nicht zu vernachlässigen seien, sollte ein langfristig orientierter Investor keine Absicherung betreiben.[46] An dieser Strategie kritisiert SOLNIK (1995), daß ein Zeitraum von 20 Jahren zu lang sei, da Fondsmanager in der Regel wesentlich kürzere Zeithorizonte hätten. Zudem komme es im Zeitablauf zu erheblichen Abweichungen von dem durch die Kaufkraftparität postulierten „gleichgewichtigen" Wechselkurs, die ein Fondsmanager kaum gewillt sein dürfte auf sich zu nehmen.

Eine weitere Möglichkeit zur Bestimmung von h besteht darin, das Risiko der Fremdwährungsanlage zu minimieren.[47] Ausgehend von der bekannten Gleichung (5) – hier jedoch ausgedrückt in Varianzgrößen und unter Berücksichtigung von h bzw. H – werden deren Größen so bestimmt, daß die Varianz minimal wird:

$$(34) \quad \sigma_r^2 = \sigma_{r_a}^2 + H^2 \cdot \sigma_s^2 + 2 \cdot H \cdot \rho \cdot \sigma_{r_a} \cdot \sigma_s \quad .$$

---

[44] Vgl. Solnik (1995), S. 66.
[45] Zur Herleitung der Kaufkraftparität und deren empirischen Überprüfung sowohl mit linearen als auch mit nicht-linearen Verfahren vgl. Grimm (1997), S. 73 ff.
[46] Vgl. Froot (1993).
[47] Zur Bestimmung des varianzminimalen Hedge-Ratios bei einer Inlands- und Auslandsanlage vgl. Clarke/ Kritzman (1996), S. 58 f.

Die Bildung der ersten Ableitung der Varianz nach H und Nullsetzen ergeben:

(35) $\frac{\delta \sigma_r^2}{\delta H} = 2 \cdot H \cdot \sigma_s^2 + 2 \cdot \rho \cdot \sigma_{r_a} \cdot \sigma_s \stackrel{!}{=} 0$.

Somit folgt für das varianzminimale H:

(36) $H = -\frac{\rho \cdot \sigma_{r_a} \cdot \sigma_s}{\sigma_s^2} = -\beta$.

Der erste Term als Wert für H kann durch die Ermittlung des Regressionskoeffizienten b der Regression zwischen der Rendite der Auslandsanlage als abhängige und der Wechselkursrendite als unabhängige Variable ermittelt werden. Da h = H-1 und somit den gesicherten Teil einer Auslandsanlage widerspiegelt, ergibt sich aus der Gleichung (36) die folgende:

(37) $h = -\frac{\rho \cdot \sigma_{r_a} \cdot \sigma_s}{\sigma_s^2} = -\beta - 1$.

Als letzte Strategie kommt noch eine willkürliche in Betracht, wie sie z.B. von BLACK (1989) vorgeschlagen wird, der eine Hedge-Ratio von 0.75 empfiehlt. GASTINEAU (1995) wiederum schlägt aufgrund der Einfachheit eine Hedge-Ratio von 0.5 vor.

5. Zusammenfassung und Ausblick

Die angestellten Überlegungen haben gezeigt, daß sich das Währungsrisiko zwar unter Umständen unter das Niveau des Wechselkursrisikos reduzieren läßt, jedoch nicht ganz verschwindet. Um das verbliebene Risiko zu managen, bieten sich verschiedene Absicherungsstrategien an, die aufgezeigt wurden. Zudem werden in der Literatur verschiedene Werte für das Ausmaß der Währungsabsicherung (Hedge-Ratio) vorgeschlagen. Nach einhelliger Meinung der zitierten Autoren gibt es jedoch keine „Musterlösung" für das Währungsmanagement. Zudem wurde in diesem Artikel das Währungsmanagement nur isoliert vom Asset Allocation-Prozeß betrachtet, was in der Literatur auch als „Currency Overlay Management" bezeichnet wird. Neuere Untersuchungen zeigen jedoch, daß es von Vorteil sein kann, das Währungsmanagement in den Prozeß zur optimalen Asset Allocation zu integrieren, da zwischen den Assetklassen „Aktien", „Renten" und „Währungen" Interdependenzen bestehen, die bei dieser Form des Währungsmanagements vernachlässigt werden.[48] Zudem wurden die Ergebnisse im Zuge einer reinen ex-post Betrachtung ermittelt, die nur dann für die Zukunft ihre Gültigkeit behalten, wenn sich die Struktur des Datenumfeldes nicht ändert, was aber eher unwahrscheinlich ist. Um zu einer ex-ante-Betrachtung zu gelangen, muß der Investor folglich Annahmen oder Prognosen für das erwartete Ertrag/Risikoprofil der betrachteten Finanzaktiva so-

---

[48] Vgl. Jorion (1994), S. 48.

wie der korrespondierenden Währungsrelationen treffen. Dies gilt ebenso für die Korrelationsmatrix der zugrundeliegenden Finanzaktiva sowie die Risikoaversion des Anlegers.[49] Mit Hilfe dieser Daten und eines geeigneten Werkzeuges zur Portfoliooptimierung ist es dann möglich, ein effizientes Portfolio darzustellen.

Anhang 1: Datastream-Kürzel der verwendeten Zeitreihen

Zeitreihe	Datastream-Kürzel
DM-Dollar	DMARKER/USDOLLR
DM-Japanischer Yen	DMARKER/JAPAYEN
DM-Schweizer Franken	DMARKER/SWISSFR
DM-Britisches Pfund	DMARKER
DM-Französischer Franc	DMARKER/FRENFRA
1-Monatsterminkurs DM-Dollar	DMARK1F/USDOL1F
1-Monatsterminkurs DM-Japanischer Yen	DMARK1F/JAPYN1F
1-Monatsterminkurs DM-Schweizer Franken	DMARK1F/SWISF1F
1-Monatsterminkurs DM-Britisches Pfund	DMARK1F
1-Monatsterminkurs DM-Französischer Franc	DMARK1F/FRENF1F
1-Monatszins Deutschland	ECWGM1M
1-Monatszins USA	ECUS$1M
1-Monatszins Japan	ECJAP1M
1-Monatszins Schweiz	ECSWF1M
1-Monatszins UK	ECUK1M
1-Monatszins Frankreich	ECFFR1M
Rentenreturnindex Deutschland 10-7 Jahre	ABDGVG4(RI)
Rentenreturnindex USA 10-7 Jahre	AUSGVG4(RI)
Rentenreturnindex Japan 10-7 Jahre	AJPGVG4(RI)
Rentenreturnindex Schweiz 10-7 Jahre	ASWGVG4(RI)
Rentenreturnindex UK 10-7 Jahre	AUKGVG4(RI)
Rentenreturnindex Frankreich 10-7 Jahre	AFRGVG4(RI)
Aktienreturnindex Deutschland	TOTMKBD(RI)
Aktienreturnindex USA	TOTMKUS(RI)
Aktienreturnindex Japan	TOTMKJP(RI)
Aktienreturnindex Schweiz	TOTMKSW(RI)
Aktienreturnindex UK	TOTMKUK(RI)
Aktienreturnindex Frankreich	TOTMKFR(RI)

---

[49] Vgl. Clarke/ Kritzman (1996), S. 93

Literaturverzeichnis

Black, F. (Black , 1989): Universal Hedging, in: Kritzman, M. P./ Sherrerd, K. F. (eds.), *Managing Currency Risk*, Charlottesville 1989.

Clarke, R. G./ Kritzman, M. P. (Clarke/ Kritzman, 1996): *Currency Management: Concepts and Practices*, Charlottesville 1996.

Drummen, M. (Drummen, 1992): *Europaweit diversifizierte Aktienportfolios – Eine empirische Untersuchung unter besonderer Berücksichtigung von Anlagefonds*, Bern et al. 1992.

Drummen, M./ Zimmermann, H. (Drummen/ Zimmermann, 1992): Portfolioeffekte des Währungsrisikos, in: *Finanzmarkt und Portfolio Management*, 6. Jg., 1992, Nr. 1, S. 81-103.

Eun, C./ Resnick, B. (Eun/ Resnick, 1988): Exchange Rate Uncertainty, Forward Contracts, and International Portfolio Selection, in: *Journal of Finance*, Vol. 43, 1988, No. 1, S. 197-215.

Froot, K. A. (Froot, 1993): Currency Hedging over Long Horizons, NBER Working Paper No. 4355, 1993.

Gastineau, G. L. (Gastineau, 1995): The Currency Hedging Decision: A Search for Synthesis in Asset Allocation, in: *Financial Analyst Journal*, Vol. 51, 1995, Mai-Juni, S. 8-17.

Grimm, G. (Grimm, 1997): *Fundamentale Wechselkursprognose mit Neuronalen Netzen: traditionelle versus neuere Ansätze zur Wechselkursbestimmung*, Wiesbaden 1997.

Hazuka, T. B./ Huberts, L. C. (Hazuka/ Huberts, 1994): A Valuation Approach to Currency Hedging, in: *Financial Analysts Journal*, Vol. 50, 1994, March-April, S. 55-59.

Jorion, P. (Jorion, 1989): Asset Allocation with Hedged and Unhedged Foreign Stocks and Bonds, in: *Journal of Portfolio Management*, Vol. 16, 1989, Summer, S. 49-54.

Jorion, P. (Jorion, 1994): Mean/Variance Analysis of Currency Overlays, in: *Financial Analysts Journal*, Vol. 50, 1994, Mai-Juni, S. 48-56.

Knight, R. (Knight, 1991): Optimal Currency Hedging and International Asset Allocation: An Integration, in: *Finanzmarkt und Portfolio Management*, 5. Jg., 1991, Nr. 2, S. 130-163.

Knight, R. F. (Knight, 1989): International Asset Allocation: A Swiss Perspective , in: *Finanzmarkt und Portfolio Management*, 3. Jg., 1989, Nr. 1, S. 41-53.

Meese, R. A./ Rogoff, K. (Meese/ Rogoff, 1983): Empirical Exchange Rate Models of the Seventies – Do they fit Out of Sample?, in: *Journal of International Economics*, Vol. 14, 1983, S. 3-24.

Perold, A. F./ Schulman, E. C. (Perold/ Schulman, 1988): The Free Lunch in Currency Hedging: Implications for Investment Policy and Performance Standards, in: *Financial Analysts Journal*, Vol. 44, 1988, Mai-Juni, S. 45-50.

Poddig, T. (Poddig, 1996): *Analyse und Prognose von Finanzmärkten*, Bad Soden/ Taunus 1996.

Solnik, B. (Solnik, 1995): Global Asset Allocation and Currency Management, in: *Proceedings of the AIMR Seminar „Exploring the Frontiers of Global Portfolio Management"*, Frankfurt am Main, S. 58-69.

Solnik, B. (Solnik, 1996): *International Investments*, 3rd ed., Massachusetts 1996.

Solnik, B./ Noetzlin, B. (Solnik/ Noetzlin, 1982): Optimal International Asset Allocation – Lessons from the Past, in: *Journal of Portfolio Management*, Vol. 9, 1982, Fall, S. 11- 21.

Steiner, M./ Bruns, C. (Steiner/ Bruns, 1994): *Wertpapiermanagement*, Stuttgart 1994.

Volatilitätsprognosen

von Thilo Goodall-Rathert

1. Risiko und Volatilität
2. Systematisierung der Volatilitätsmodelle
3. Volatilitätsprognosen bei deterministischem Einfluß vergangener Renditen
4. Volatilitätsprognosen bei nichtdeterministischem Einfluß vergangener Renditen
5. Volatilitätsprognosen bei nichtstationären Renditen
6. Implizite Volatilität

1. Risiko und Volatilität

Mit der Modernen Portfoliotheorie wurde „Risiko" zu einem zentralen Begriff der Analyse von Anlagen und Anlageentscheidungen. Seit ihrer Verbreitung wird die Vorteilhaftigkeit einer Anlage nicht mehr allein anhand ihrer erwarteten Rendite, sondern anhand des Verhältnisses ihrer erwarteten Rendite zu ihrem Risiko beurteilt. Diese Relativierung der Rendite durch ihr Risiko ist Bestandteil aller Modelle der modernen Portfolio- und Finanzmarkttheorie. Bewertungen der Vorteilhaftigkeit oder des Erfolges einer Anlage oder einer Anlagestrategie sind ohne Berücksichtigung des Risikos nicht mehr denkbar.

Die Berücksichtigung des Risikos bei allen Anlageentscheidungen macht es notwendig, eine Größe zu wählen, die das Risiko quantifiziert und somit greifbar macht. MARKOWITZ (1952), dem im allgemeinen die Einführung des Risikos in die Portfoliotheorie zugesprochen wird, wählte als quantifizierende Größe des Risikos zunächst die Varianz der Wahrscheinlichkeitsverteilung der Rendite. Diese Wahl erwies sich in mehrerer Hinsicht als vorteilhaft. Die Varianz ist für theoretische Wahrscheinlichkeitsverteilungen wie für empirische Häufigkeitsverteilungen eindeutig definiert, einfach interpretierbar und zudem mathematisch leicht zu handhaben. Die Varianz von Portfoliorenditen läßt sich mit Hilfe eines einfachen Theorems aus den Varianzen der einzelnen Anlagerenditen berechnen. In diese Berechnung fließen die Kovarianzen der einzelnen Anlagen des Portfolios ein, mit deren Hilfe sich auf besonders einfache und anschauliche Weise die Trennung in systematisches und unsystematisches Risiko und die Verminderung des unsystematischen Risikos durch Diversifikation darstellen lassen.

Allerdings kann die Varianz nicht als d a s Risiko betrachtet werden. Risiko ist eine postulierte Eigenschaft einer speziellen Entscheidungssituation und nicht abschließend definierbar. Die Wahl des geeigneten Risikomaßes hängt vom gewählten theoretischen Ansatz oder der betrachteten Entscheidungssituation ab.[1] In einigen Ansätzen und Entscheidungssituationen stellt die „Volatilität" eine adäquate Interpretation und Beschreibung des Risikos dar. Kennzeichnend für diese besondere Form der Risikointerpretation ist ein zeitlicher Aspekt in der Risikoquantifizierung. Dies wird bereits bei der historischen Interpretation von Volatilität deutlich. Als historische oder empirische Volatilität werden beobachtete, also vergangene Schwankungen der Rendite um einen zentralen Wert bezeichnet.[2] Daß es sich um eine Betrachtung von Schwankungen, d.h. positiven wie negativen Abweichungen, handelt, können als Maß für die Intensität der historischen Volatilität die Stichprobenvarianz und die Stichprobenstandardabweichung der Rendite über einen bestimmten Zeitraum dienen. Die Volatilität betont aber im Gegensatz zur klassischen Risi-

---

[1] Zur Diskussion verschiedener Risikomaße siehe den Beitrag von SCHMIDT-VON RHEIN in diesem Band.
[2] Eingang in die Portfolio- und Finanzmarkttheorie mag der Begriff durch die Notwendigkeit gefunden haben, solche beobachteten Schwankungen in den Renditezeitreihen kurz beschreiben zu können. Daß dabei das Adjektiv „volatil" eine gewisse Anziehungskraft besaß, wird bei ihrer Betrachtung verständlich, vor allem wenn man sich die englische Bedeutung „sprunghaft, flatterhaft" vor Augen führt. Aber auch die lateinische Bedeutung „flüchtig" entbehrt vor allem bei der Gleichsetzung von Rendite und Gewinn nicht einer gewissen Aktualität.

kobetrachtung die Beobachtung, daß sich meist innerhalb eines solchen Zeitraumes Phasen identifizieren lassen, in denen die Renditeschwankungen eine bestimmte Intensität zu haben scheinen, bevor sie in eine Phase anderer Intensität übergehen. Solchen zeitlich unterschiedlich starken Schwankungen, meist mit dem englischen Begriff „volatility clustering" bezeichnet, gilt das Hauptaugenmerk der Volatilitätsanalyse. Mit ihr geht die Vermutung einher, daß sich das Risiko einer Investition im Zeitablauf ändert. Obwohl solche Phasen weder eindeutig abgegrenzt werden können noch in ihrer Länge einheitlich sind,[3] wird mit diesem Begriff unterstellt, daß Volatilitäten eine gewisse Beharrung zeigen, bevor sie eine andere Stärke annehmen.

Ändert sich die historische Volatilität einer Investition im Zeitablauf, entweder kontinuierlich oder in Intervallen, dann liegt der Wunsch einer Prognose der zukünftigen Volatilität nahe. Dabei können unterschiedlich hohe Schwankungen der Renditen auf zwei Arten erklärt und modelliert werden. Erstens kann die Streuung der Renditeverteilung selbst als von Periode zu Periode veränderlich modelliert werden. Zweitens aber können unterschiedlich hohe Schwankungen auch bei konstanter Streuung der Randverteilung erklärt werden. Es ist ausreichend, die Streuung der bedingten Verteilung der Rendite, bedingt auf solche Größen, denen ein Einfluß auf die nächste Realisation der Rendite unterstellt wird, als variabel in der Zeit zu modellieren. Werden z.B. zeitliche Abhängigkeiten der Renditen untereinander postuliert, dann ist die auf die zurückliegenden Realisationen bedingte Verteilung der Rendite und damit auch ihre Streuung veränderlich. Selbstverständlich ändert sich die bedingte Streuung der Renditeverteilung auch, wenn sich die unbedingte Verteilung ändert. Als Streuungsmaß wird in der Regel die Varianz bzw. die Standardabweichung der entsprechenden Wahrscheinlichkeitsverteilung der Rendite verwendet, so daß unterschiedlich hohe Schwankungen anhand von zeitlich unterschiedlichen Standardabweichungen erklärt werden. Da die Veränderung der bedingten Streuung ausreicht, ist die zukünftige Volatilität definiert als die bedingte Standardabweichung der Rendite in der nächsten Periode. Worauf diese Standardabweichung bedingt ist, bleibt zunächst erst einmal undefiniert. Die einzelnen Volatilitätsmodelle unterscheiden sich gerade auch in dieser Hinsicht. Allgemein gilt es, die zeitliche Veränderung dieser bedingten Standardabweichung zu modellieren. Da der Wert, den die bedingte Standardabweichung in der nächsten Periode annehmen wird, im allgemeinen nicht mit Sicherheit vorausgesagt werden kann, muß sie als Zufallsvariable angesehen werden. Prognosen werden möglich, indem dieser Zufallsvariable eine zeitliche Systematik unterstellt wird, die sich in der Abhängigkeit von den bedingenden Variablen ausdrückt.

Mit der Volatilität und ihrer Definition als bedingter, zeitlich variabler Standardabweichung sollen also bestimmte Aspekte des Risikos erfaßt werden. Sie ist daher auch nur in solchen Zusammenhängen anwendbar, in denen zeitlich unterschiedliche Schwankungen als Risiko betrachtet oder empfunden werden.[4] Dies gilt

---

[3] Vgl. z.B. Engle/ Mezrich (1995), die betonen: „Historical data show that some volatility clusters are short-lived, lasting only hours, while others may last a decade."

z.B. für die Theorien zur Bewertung von Finanzderivaten. Eine der wichtigsten Anwendungen für Volatilitätsprognosen liegt daher in den verschiedenen Modellen zur Bewertung von Optionen und Futures. Über diese Theorien hat die Volatilitätsprognose auch Eingang in den „value at risk"-Ansatz zur Bewertung des Risikos von Handelsportfolios gefunden. Aber auch im klassischen Portfoliomanagement, insbesondere bei der Verfolgung aktiver Portfoliostrategien, kann die Volatilität als besondere Form des Risikos verwendet werden. Dies gilt vor allem bei „market timing"-Aktivitäten, die sich nach den möglichen zukünftigen Schwankungen des Gesamtmarktes richten können.

2. Systematisierung der Volatilitätsmodelle

Die Qualität eines jeden Prognosemodells hängt entscheidend davon ab, wie genau es tatsächliche Einflüsse auf die zu prognostizierende Zufallsvariable zu erfassen in der Lage ist. Da Volatilitätsmodelle Aussagen über die Verteilung von Renditen R_t treffen, müssen sie sich an den beobachteten Renditen r_t messen lassen und festgestellte statistische Eigenschaften der Renditezeitreihen nachzeichnen können.[5] Zu diesen festgestellten Eigenschaften gehören vor allem empirische Autokorrelationen absoluter Renditen $|r_t|$ und quadrierter Renditen r_t^2 und empirische Häufigkeitsverteilungen mit hoher Kurtosis.

Die Verwendung geschätzter Autokorrelationskoeffizienten absoluter und quadrierter Renditen geht auf GRANGER/ANDERSON (1978) zurück. Da sich die Annahme, Renditen seien über die Zeit unabhängig und identisch verteilt, anhand von Beobachtungen einfacher Renditen r_t nur unbefriedigend testen ließ, machten sie Gebrauch davon, daß bei unabhängig identisch verteilten Renditen auch die absoluten und die quadrierten Renditen unabhängig und identisch verteilt sind. Sowohl in ihren Tests als auch in weiteren Untersuchungen zu den Autokorrelationskoeffizienten von Renditezeitreihen verschiedener Anlagearten wurde diese Annahme abgelehnt.[6] Die geschätzten Autokorrelationskoeffizienten absoluter und quadrierter Renditen waren für verschiedene lags signifikant von Null verschieden. Dies bedeutet, daß hohe absolute Renditen mit größerer Wahrscheinlichkeit als kleine auf hohe absolute Renditen folgen, was die bereits von FAMA (1965) geäußerte Vermutung des „Volatility clustering" bestätigt. Ob neben hoher Autokorrelation der absoluten und quadrierten Renditen zusätzlich von signifikanter Autokorrelation der einfachen Renditen ausgegangen werden muß, ist aber ebenfalls häufig getestet worden.

---

[4] Ein Beispiel für die fehlerhafte Gleichsetzung von Volatilität und Risiko allgemein findet sich bei Keppler (1990).
[5] Zufallsvariablen und Zufallsvektoren werden mit Großbuchstaben bezeichnet, ihre Realisationen mit Kleinbuchstaben.
[6] Vgl. z.B. Taylor (1986), Akgiray (1989) und für ausgewählte deutsche Aktienwerte Akgiray et al. (1989) sowie Schmitt (1994).

Die Ergebnisse dazu sind allerdings alles andere als eindeutig. SCHMITT (1994) folgert für die von ihm untersuchten deutschen Standardwerte, daß keine Autokorrelation erster Ordnung vorliegt. TAYLOR (1986) kommt zu unterschiedlichen Ergebnissen für unterschiedliche Anlagearten. Die hier vorzustellenden Volatilitätsmodelle und ihre Prognoseverfahren sind aber bei autokorrelierten Renditen immer noch gültig, wenn auch nur noch als Approximationen. Daher darf hier auf eine Unterscheidung verzichtet werden.[7]

Zahlreiche Modelle sind vorgeschlagen worden, die diese beobachteten Eigenschaften der Renditezeitreihen erklären und zur Prognose von Volatilitäten verwendet werden können. Als Beispiele seien GRANGER und MORGENSTERN (1970), PRAETZ (1972), CLARK (1973), EPPS/ EPPS (1976), ALI/ GIACOTTO (1982), ENGLE (1982), TAUCHEN/ PITTS (1983), TAYLOR (1984) und BOLLERSLEV (1986) genannt. Vor allem die Artikel von ENGLE und BOLLERSLEV, in denen ARCH- und GARCH-Modelle vorgestellt werden, haben eine fast unüberschaubare Anzahl von Weiterentwicklungen nach sich gezogen.[8] Alle Modelle, die zur Erklärung zeitlich variierender Volatilitäten geeignet sind, lassen sich aber in gemeinsamer Form darstellen als[9]

(1) $\quad R_t = \mu + C_t \cdot U_t$.

Hierbei steht R_t wiederum für die Rendite, die eine Anlage in der Periode von t-1 bis t erzielt. Sie setzt sich zusammen aus dem Erwartungswert μ der Rendite, der sich über die Zeit nicht ändert, und dem Produkt der beiden Zufallsvariablen C_t und U_t. Die Zufallsvariable U_t bestimmt, ob die Abweichung der Rendite R_t von ihrem Erwartungswert μ positiv oder negativ ist. Die Zufallsvariable C_t beeinflußt das Ausmaß dieser Abweichung. Zusammen bestimmen sie also Richtung und Höhe der Abweichung der Rendite von ihrem Erwartungswert zu jedem Zeitpunkt t. Der Zeitindex t kennzeichnet die zeitliche Differenzierung der Zufallsvariablen R_t, U_t und C_t. Die Kurzschreibweise $\{R_t\}$ kennzeichnet die Rendite als stochastischen Prozeß, der eine unendliche Folge von Zufallsvariablen $\{..., R_{t+1}, R_t, R_{t-1}, R_{t-2}, ..., R_0, R_{-1}, R_{-2}, ...\}$ darstellt.[10] Die Betrachtung als stochastischer Prozeß, bei dem Selbstabhängigkeiten über die Zeit auftreten können, verbietet im allgemeinen, eine beobachtete Datenreihe $\{r_{t-1}, r_{t-2}, r_{t-3}, ..., r_{t-T}\}$ als T unabhängige Realisationen einer Zufallsvaria-

---

[7] Die Ergebnisse eines Autokorrelationstests hängen stark von den Annahmen über den zugrundeliegenden Renditeprozeß ab. Zudem blähen zeitlich unterschiedliche Volatilitäten die geschätzte Varianz empirischer Autokorrelationskoeffizienten auf. Schätzungen von Autokorrelationskoeffizienten und Tests auf Autokorrelation verschiedener Periodenabstände könnten daher in diesem Rahmen ohnehin nicht erschöpfend dargestellt werden.

[8] Bollerslev et al. (1992) bieten einen ausführlichen Überblick über diese Weiterentwicklungen. Weitere Literaturangaben finden sich z.B. bei Taylor (1986), Dimson/ Marsh (1990) oder Brailsford/ Faff (1996).

[9] Taylor (1994), S. 185.

[10] Da die Terminologie oft nicht einheitlich ist, wird für diesen Beitrag festgelegt, daß der Begriff „stochastischer Prozeß" eine unendliche Folge zeitlich differenzierter Zufallsvariablen und der Begriff „Zeitreihenmodell" die mathematische Darstellung der Abhängigkeiten der zeitlich differenzierten Zufallsvariablen über die Zeit bezeichnet. Die Begriffe „Zeitreihe", „Datenreihe", „Beobachtungsreihe" oder „Stichprobe" bezeichnen eine Beobachtung vom Umfang T eines stochastischen Prozesses.

blen R zu interpretieren. Sie muß als eine Realisation der multivariaten Zufallsvariable $\{R_{t-1}, R_{t-2}, R_{t-3}, ..., R_{t-T}\}$ betrachtet werden. Nur unter bestimmten Annahmen können die Beobachtungen als eine Zufallsstichprobe vom Umfang T aus derselben Verteilung gelten. Solche Annahmen werden im Rahmen von Volatilitätsmodellen für die U_t getroffen.

Die Definition von U_t ist für alle Modelle sehr ähnlich. U_t bezeichnet eine Zufallsvariable mit zu jedem Zeitpunkt t konstantem Erwartungswert $E[U_t] = 0$ und konstanter Varianz $V[U_t] = 1$. Die U_t werden dabei meist zusätzlich als unabhängig verteilte Zufallsvariablen postuliert. $\{U_t\}$ wird dann als „independent white noise"-Prozeß bezeichnet, was die Betrachtung von T Realisationen als eine Zufallsstichprobe vom Umfang T erlaubt.[11] Werden die U_t nicht als unabhängig, sondern lediglich als nicht autokorreliert angenommen, wird der Begriff „white noise" verwendet. Sind die U_t nicht nur als identisch, sondern darüber hinaus auch als gemeinsam normalverteilt und nicht autokorreliert postuliert, dann ist jedes U_t aufgrund der besonderen Eigenschaften der multivariaten Normalverteilung unabhängig identisch normalverteilt.[12] Ein solcher Prozeß wird als „gaussian white noise" bezeichnet.

C_t ist die stochastische Volatilität, also die bedingte Standardabweichung der Rendite, die ebenfalls als Zufallsvariable modelliert ist. Der Wert c_t, den diese Zufallsvariable C_t annimmt, ist die eingetretene Volatilität der Rendite in der Periode t. Da die Identifizierung der bedingenden Variablen den einzelnen Modellen obliegt, kann die realisierte Volatilität c_t zunächst nur rein tautologisch definiert werden als

$$(2) \quad V(R_t \mid c_t) \equiv c_t^2 \quad \Leftrightarrow \quad \sigma_{R[t] \mid c[t]} \equiv c_t .$$

Die verkürzte Darstellung c_t wird schlicht aus Vereinfachungsgründen gewählt. Vor der Realisation ist die Volatilität eine Zufallsvariable, die zeitlich unterschiedliche Werte annehmen kann. Mit dieser zeitlichen Variation von C_t ist das Phänomen der zeitlichen Variation der Volatilität erfaßt, wenn auch noch nicht erklärt. Wonach sich die Realisation von C_t richtet und worauf die Standardabweichung der Rendite somit bedingt ist, bleibt erst einmal undefiniert. Die Prognose des zukünftigen realisierten Wertes c_{t+1} ist die Aufgabe der Volatilitätsprognose, und diese Realisation ist in den verschiedenen Voaltilitätsmodellen abhängig von unterschiedlichen Variablen.

Somit ist das erste Unterscheidungsmerkmal der Volatilitätsmodelle die Spezifikation der Variablen C_t. Mit dieser Spezifikation wird dem Begriff „bedingte Standardabweichung" erst eine Bedeutung gegeben, denn jetzt wird postuliert, welche Zufallsvariablen die zeitliche Variation von C_t hervorrufen und auf welche Zufallsvariable die Renditen damit bedingt werden. Die Volatilitätsmodelle lassen sich danach unterscheiden, ob die zeitliche Variation der Volatilität C_t durch die vergangenen Renditen hervorgerufen wird oder nicht. Im ersten Fall ist C_t eine Funktion vergangener Renditen:

---

[11] Auch hier ist die Terminologie nicht einheitlich. Taylor (1986) verwendet z.B. den Begriff „strict white noise". Die Varianz eines white noise-Prozesses muß nicht notwendigerweise gleich eins sein.
[12] Vgl. z.B. Goldberger (1991), S. 75 ff.

(3) $C_t = f(R_{t-1}, R_{t-2}, R_{t-3}, ...) = f(I_{t-1})$.

Die Variable I_{t-1} bezeichnet dabei den Vektor der Renditen früherer Perioden. Ist eine Zeitreihe vergangener Renditen bekannt, kann die bedingte Standardabweichung für die Periode t nach der Funktion

(4) $c_t = f(i_{t-1}) = f(r_{t-1}, r_{t-2}, r_{t-3}, ...)$

berechnet werden.[13] In diesen Modellen ist die Volatilität in der Periode t also keine Zufallsvariable mehr, sondern bereits zum Ende der Periode t-1 bestimmt, da sie eine deterministische Funktion vergangener Renditen ist. In der Periode t hat keine Zufallsvariable mehr Einfluß auf die Realisation von C_t. Die Prognose der Volatilität beschränkt sich demnach auf die Schätzung der Parameter der Funktion $f(r_{t-1}, r_{t-2}, r_{t-3}, ...)$ und das Einsetzen der beobachteten Werte i_t. Die Funktion kann direkt als Prognosemodell dienen, und die Schätzung ihrer Parameter kann anhand der Beobachtungen der vergangenen Renditen erfolgen. Die Rendite R_t wird damit nur von einer Variable zum Zeitpunkt t beeinflußt, nämlich von U_t. C_t ist bereits festgelegt.

Im zweiten Fall wird die Variable C_t als Funktion ihrer eigenen vergangenen Werte und einer weiteren Zufallsvariable Ψ_t modelliert, die zusätzliche Einflüsse auf die Volatilität erfassen soll, so daß

(5) $C_t = f(C_{t-1}, C_{t-2}, C_{t-3}, ..., \Psi_t) = f(J_t)$,

wobei die Variable J_t wiederum stellvertretend für den Vektor aller Variablen steht. In diesem Fall ist die bedingte Standardabweichung nicht bereits zum Ende der Periode t-1 festgelegt, da die Variable Ψ_t ihren Einfluß erst zum Zeitpunkt t einbringt. C_t ist also eine Zufallsvariable, zu deren Prognose Methoden angewendet werden müssen, die sich allgemein zur Prognose des nächsten Wertes, den eine Zufallsvariable annehmen wird, eignen. Betrachtet man allgemein die Minimierung des „mean squared error" als das Gütekriterium, das ein Prognosewert w erfüllen soll, dann fällt die Wahl auf den bedingten Erwartungswert der Zufallsvariablen als Prognosewert w. Der bedingte Erwartungswert von C_t, gegeben j_t, ist für die Prognose aber nicht verwendbar, da sowohl die vergangenen Volatilitäten als auch die Realisationen der Zufallsvariable Ψ_t nicht beobachtbar sind, ein Vektor

(6) $j_t = (c_{t-1}, c_{t-2}, c_{t-3}, ..., \varphi_t)$

also nicht verfügbar ist. Die Funktion $f(C_{t-1}, C_{t-2}, C_{t-3}, ..., \Psi_t) = f(J_t)$ kann daher nicht als Prognosemodell dienen, da sie nicht mit beobachtbaren Werten aufgefüllt werden kann und ihre Parameter nicht schätzbar sind. Die Prognose muß stets anhand beobachtbarer Realisationen erfolgen, also anhand des Vektors i_t. Damit muß ein

---

[13] Funktionsvorschriften werden in diesem Beitrag mit f() bezeichnet, auch wenn sie unterschiedlicher Form sein sollten. Auf eine Indexierung oder sonstige Unterscheidung verschiedener Funktionsvorschriften wird hier verzichtet.

Modell der Renditen entworfen werden, das mit der Funktion $f(C_{t-1}, C_{t-2}, C_{t-3},..., \Psi_t)$ in enger Verbindung steht. Die Prognose der Volatilitäten erfolgt also anhand des auf die Renditen bedingten Erwartungswertes eines geschätzten Modells, das mit dem Modell für C_t assoziiert ist.

Das zweite Unterscheidungsmerkmal der Volatilitätsmodelle besteht darin, ob die unbedingte Varianz der Rendite $V[R_t]$ als konstant oder als variabel, ob also $\{R_t\}$ als stationärer oder als nichtstationärer Prozeß postuliert wird. Bei stationären Renditen sind der Erwartungswert, die Varianz und die Kovarianzen der R_t nicht vom Zeitindex t abhängig. Im allgemeinen gilt $E[R_t] = \mu$, $V[R_t] = E\left[(R_t - \mu)^2\right] = E[C_t^2 \cdot U_t^2] = E[C_t^2]$, stochastische Unabhängigkeit zwischen C_t und U_t annehmend, und $Cov[R_t, R_{t-\tau}] = 0$ für die stationären Volatilitätsmodelle, was einen „schwach stationären" Renditeprozeß definiert. Natürlich ändert sich die bedingte Standardabweichung der Rendite, die Volatilität, entsprechend dem Zufallscharakter dieser Variablen, aber unbedingte Varianz und damit der Erwartungswert der Zufallsvariablen werden als konstant über die Zeit angenommen.

In nichtstationären Modellen geht die zeitliche Variation der bedingten Standardabweichung der Rendite einher mit einer zeitlichen Variation der unbedingten Varianz der Rendite $V(R_t)$. Mit der unbedingten Varianz ändert sich dann auch die bedingte Standardabweichung.

Die folgende Übersicht kategorisiert die Volatilitätsprognosemodelle anhand dieser beiden Merkmale.

	$C_t = f(R_{t-1}, R_{t-2},...)$	$C_t = f(C_{t-1}, C_{t-2}, ..., \Psi_t)$
$\{R_t\}$ stationär	ARCH-Modelle GARCH-Modelle	ARV-Modelle Markov-Mischungsmodelle
$\{R_t\}$ nicht stationär		ARIMA-Modelle jump variance-Modelle

Tab. 1: Systematisierung der Volatilitätsmodelle

Ein Überblick und einige empirische Vergleiche von ARCH- und jump-variance-Modellen finden sich bei TAYLOR (1986). SCHMITT (1994) vergleicht ARCH-, GARCH- und Markov-Mischungsmodelle. Ein weiterer Vergleich zwischen Modellen der ersten und der zweiten Spalte der ersten Zeile wird von TAYLOR (1994) vorgenommen. Die Modelle können prinzipiell für alle Anlagearten und Anlageperioden verwendet werden. Tägliche, wöchentliche und monatliche Renditen und ihre Volatilitäten sind modellierbar, wobei die Anzahl der verfügbaren Daten die einzige Einschränkung bei der Wahl der Periodenlänge darstellen mag. Welche Modelle für welche Anlagearten und Periodenlängen geeignet sind, kann mit Hilfe statistischer Hypothesentests ermittelt werden.

3. Volatilitätsprognosen bei deterministischem Einfluß vergangener Renditen

Die Annahme, daß die Volatilität C_t deterministisch von vergangenen Renditen abhängt, geht auf ENGLE (1982) zurück. Diese Art der Modellierung der Volatilität hat einige entscheidende Vorteile, die ihre Beliebtheit und weite Verbreitung erklären.

ARCH-Modelle

Die Vorgehensweise bei der Schätzung und Prognose der Volatilität mit Hilfe von ARCH-Modellen wird bei der Darstellung der einfachsten Variante, dem ARCH(1)-Modell, deutlich. Ein ARCH(1)-Prozeß mit konstantem Erwartungswert hat die Form[14]

$$(7) \quad R_t - \mu = \left[a_0 + a_1 (R_{t-1} - \mu)^2\right]^{1/2} \cdot U_t .$$

Vergleicht man dieses Modell mit der allgemeinen Form aller Volatilitätsmodelle, so wird deutlich, daß C_t der Wurzel des Terms in den eckigen Klammern entspricht. Da $C_t = f(R_{t-1})$ ist, läßt sich die bedingte Varianz bei beobachtetem r_{t-1} schreiben als

$$(8) \quad V[R_t \mid c_t] = V[R_t \mid r_{t-1}] = a_0 + a_1 (r_{t-1} - \mu)^2 .$$

Die Volatilität der Periode t wird also allein von der Zufallsvariablen R_{t-1} bestimmt. Kein Einfluß auf die Volatilität entsteht in der Periode t. Damit ist die Volatilität bei gegebener Beobachtung r_{t-1} keine Zufallsvariable, sondern ein Parameter, der durch die o.g. Funktion determiniert ist. Die Volatilität zum Zeitpunkt t ließe sich bei bekannten Parametern und bekanntem μ berechnen und damit beobachten. Je höher in t-1 die Abweichung der Rendite vom Erwartungswert ist, desto höher ist in t die Volatilität. Dieser Prozeß ist für alle $a_1 < 1$ stationär mit

$$(9) \quad V[R_t] = \frac{a_0}{1 - a_1}$$

und hat für alle $a_1 > 0$ eine höhere Kurtosis als die Normalverteilung.

Zur Prognose der Volatilität in der Periode t+1 müssen die Parameter a_0 und a_1 sowie der Erwartungswert μ geschätzt werden. Damit ist die Funktion vollständig bestimmt und die Volatilität der nächsten Periode nicht als Ausprägung einer Zufallsvariable, sondern als gegebener Wert schätzbar. Um eine Schätzung handelt es sich aber lediglich aufgrund der Parameterschätzungen. Für diese wird U_t meist als gaussian white noise angenommen. In diesem Fall ist die bedingte Variable $R_t \mid r_{t-1}$

---

[14] Engle (1982) verwendet eine etwas andere Form mit zwei separaten Gleichungen. Die Darstellung anhand von zwei Gleichungen ist daher üblicher.

normalverteilt, und die Parameter sind bei gegebener Datenreihe mit Hilfe der Maximum-Likelihood-Methode schätzbar. Die Schätzfunktionen lassen sich in geschlossener Form nicht angeben, aber iterative Schätzprozeduren finden sich in den meisten gebräuchlichen Softwarepaketen. Als Prognosewert dient die geschätzte Volatilitätsfunktion für die Periode t+1:

(10) $\hat{c}_{t+1} = \left[\hat{a}_0 + \hat{a}_1(r_t - \hat{\mu})^2\right]^{1/2}$.

Die allgemeine Form, das ARCH(p)-Modell, greift bei der Berechnung der bedingten Standardabweichung nicht nur auf die letzte Realisation, sondern auf die letzten p Realisationen zurück:

(11) $R_t - \mu = \left[a_0 + \sum_{k=1}^{p} a_k (R_{t-k} - \mu)^2\right]^{1/2} \cdot U_t$.

Die Volatilität ist eine lineare Funktion der letzten p quadrierten Abweichungen der Renditen vom Erwartungswert μ. Geschätzt werden müssen beim ARCH(p)-Modell p Parameter und der Erwartungswert, was wiederum mit Hilfe iterativer numerischer Verfahren möglich ist. Als Prognose für t+1 dient dann wiederum die geschätzte Funktion

(12) $\hat{c}_{t+1} = \left[\hat{a}_0 + \sum_{k=1}^{p} \hat{a}_k (r_{t-k+1} - \hat{\mu})^2\right]^{1/2}$

GARCH-Modelle

Ein Nachteil des ARCH(p)-Modells besteht darin, daß die Anzahl der zu berücksichtigenden Perioden und damit die Anzahl der zu schätzenden Parameter sehr groß sein kann. Bei der Schätzung einer großen Anzahl von Parametern und einem Test auf ihre Signifikanz zur Bestimmung der zu berücksichtigenden lag-Struktur können Datenmengen notwendig werden, die den Rahmen der vorhandenen Beobachtungen übersteigen oder so weit in die Vergangenheit zurückreichen, daß von einem stationären Renditeprozeß nicht mehr ausgegangen werden kann. Bei endlichen Datensätzen empfiehlt es sich daher, auf „sparsame Parametrisierung" zu achten, d.h. Modelle zu verwenden, die mit wenigen Parametern zu ähnlichen Aussagen kommen. Eine solche Möglichkeit stellt das von BOLLERSLEV (1986) entwickelte GARCH-Modell dar, das mit einer endlichen Anzahl von Parametern einem ARCH(∞)-Modell entspricht. Da ein GARCH(1,1)-Modell zur Modellierung der Volatilität in vielen Untersuchungen als ausreichend angesehen wurde, soll dies hier spezifiziert werden:[15]

(13) $C_t = \left[a_0 + a_1(R_{t-1} - \mu)^2 + b_1 C_{t-1}^2\right]^{1/2}$.

---

[15] Bollerslev et al. (1992) verweisen diesbezüglich auf zahlreiche Artikel. Auch deutsche Untersuchungen kommen zu demselben Ergebnis für Aktienkurse, so etwa Akgiray (1989) und Schmitt (1994).

C_t richtet sich also nicht allein nach der letzten quadrierten Abweichung der Rendite von ihrem Erwartungswert, sondern zusätzlich nach ihrem Wert in der Vorperiode. Trotz der Verwendung von C_{t-1}^2 bleibt die Volatilität aber eine Funktion von $(R_{t-1}, R_{t-2}, R_{t-3}, ...)$, wie sich durch sukzessives Einsetzen zeigen läßt. Damit sind auch die GARCH-Modelle charakterisiert durch die deterministische Abhängigkeit der Volatilität von vergangenen Renditen. Der Prozeß ist unter der Bedingung $a_1 + b_1 < 0$ stationär, und seine Parameter sind wiederum mit Hilfe iterativer numerischer Verfahren schätzbar.[16] Die Prognose der Volatilität der Periode t+1 erfolgt dann nach der geschätzten Gleichung

$$(14) \quad \hat{c}_{t+1} = \left[\hat{a}_0 + \hat{a}_1(r_t - \hat{\mu})^2 + \hat{b}_1\hat{c}_t^2\right]^{1/2},$$

wobei $\hat{c}_t^2$ sukzessive berechnet werden muß, beginnend bei der zweiten beobachteten Periode. Typisch für geschätzte Parameter ist, daß der Einfluß von $\hat{c}_t^2$ erheblich größer ist als der Einfluß von $(r_t - \hat{\mu})^2$.

Eine viel beachtete Eigenschaft der GARCH-Modelle ist, daß sich die Volatilität mit zunehmendem Abstand von der Periode der letzten Beobachtung einem festen Wert nähert. Die Volatilität der Rendite in der Periode t+k, gegeben die Beobachtungen bis zum Zeitpunkt t, sei mit $c_{t+k|t}$ bezeichnet. Aufgrund der Stationaritätseigenschaft strebt diese bedingte Standardabweichung mit zunehmendem k gegen einen festen Wert:

$$(15) \quad \lim_{k \to \infty} c_{t+k|t} = \sqrt{\bar{a}_0} = \sqrt{\frac{a_0}{1 - a_1 - b_1}}.$$

Diese Eigenschaft wird als „mean reversion" bezeichnet, denn der Grenzwert stellt die unbedingte Standardabweichung der Rendite dar, die sich als Quadratwurzel des Erwartungswertes der bedingten Varianzen berechnet. Die bedingten Varianzen streben mit zunehmendem k also gegen ihren Erwartungswert. Da zur Berechnung von $c_{t+k|t}$ keine Renditebeobachtungen für die Perioden t+1, t+2, ..., t+k, ... vorliegen und GARCH-Modelle weiter zurückliegenden Renditen geometrisch abnehmenden Einfluß zuordnen, ist bei Stationarität die Annäherung an die unbedingte Standardabweichung nicht erstaunlich. Daher ist es zumindest irreführend, in diesem Zusammenhang davon zu sprechen, die Volatilität sei „mean reverting". Volatilität ist die bedingte Standardabweichung der nächsten Periode, also z.B. der Periode t+1 bei Beobachtungen bis t. Berechnet wurde hier aber der Grenzwert der bedingten Standardabweichung mit zunehmendem Abstand von der Periode t. Dennoch wird in diesem Zusammenhang von der „term structure of volatility" gesprochen, bei der die $c_{t+k|t}$ für alle k abgetragen werden. Die Prognose der bedingten Standardabweichung k Perioden in die Zukunft kann bei bestimmten hedging-Verfahren verwendet werden[17] und berechnet sich nach

$$(16) \quad \hat{c}_{t+k|t} = \sqrt{\hat{\bar{a}}_0 + (\hat{a}_1 + \hat{b}_1)^k(\hat{c}_t^2 - \hat{\bar{a}}_0)}.$$

---

[16] Geschätzte Parameterwerte für ausgewählte deutsche Aktien finden sich bei Schmitt (1994), S. 14.
[17] Vgl. etwa Engle/ Rosenberg (1995).

Die Prognose beginnt je nach geschätzter bedingter Varianz entweder oberhalb oder unterhalb des Grenzwertes und nähert sich ihm dann geometrisch an, wobei die Rate der Annäherung durch die geschätzten Parameter bestimmt wird.[18]

Die wichtigsten Weiterentwicklungen der ARCH- und GARCH-Modelle heben die Annahme auf, daß positive wie negative Abweichungen der ($R_t - \mu$) den selben Einfluß auf die Volatilität der nächsten Perioden haben. Die Symmetrie der Einflüsse, gewährleistet durch die Quadrierung der Abweichungen, wird in ihnen aufgehoben. Begründet wird dies vor allem mit Beobachtungen, nach denen sinkende Aktienkurse zu steigenden Volatilitäten, steigende Aktienkurse hingegen zu sinkenden Volatilitäten führen. Solche Beobachtungen wurden bereits von BLACK (1976), aber auch von CHRISTIE (1982) oder FRENCH/ SCHWERT/ STAMBAUGH (1987) angeführt. Ein Modell, das diese Einflüsse explizit berücksichtigt, ist z.B. das von NELSON (1991) entworfene EGARCH-Modell.[19] In diesem Modell ist die stochastische Volatilität C_t als Exponentialfunktion definiert. Aus rein schreibtechnischen Gründen wird sie jedoch meist als logarithmierte Größe dargestellt. Für das EGARCH(1,1)-Modell lautet sie:

$$(17) \quad \ln C_t^2 = a_0 + \left[a_{1a} \frac{(R_{t-1} - \mu)}{C_{t-1}} + a_{1b} \left\{ \left| \frac{R_{t-1} - \mu}{C_{t-1}} \right| - E \left| \frac{R_{t-1} - \mu}{C_{t-1}} \right| \right\} \right] + b_1 \cdot \ln C_{t-1}^2 .$$

C_t entspricht also der Quadratwurzel einer Exponentialfunktion, deren Exponent diesem Ausdruck entspricht. Der Term in den geschwungenen Klammern unterscheidet nicht zwischen positiven und negativen Abweichungen der Renditen von ihrem Erwartungswert, da nur Absolutbeträge verwendet werden. Jedoch unterscheidet der erste Term in den eckigen Klammern die Vorzeichen. Ist der geschätzte Wert von a_{1a} signifikant kleiner als Null, so kann dies als Hinweis dafür gelten, daß mit steigenden Kursen sinkende Volatilitäten einhergehen und umgekehrt. SCHMITT (1994) schätzt für Tagesrenditen des DAX und deutscher Standardwerte tatsächlich signifikant negative Werte für a_{1a}, wenn auch nicht in allen Fällen. Dementsprechend stuft er die Anpassungsqualität des EGARCH(1,1)-Modells höher ein als die des GARCH(1,1)- oder des ARCH(1)-Modells. Prognosen werden mit Hilfe dieses Modells wiederum durch iteratives Schätzen der Parameter und Einsetzen der Schätzwerte und der Beobachtungen in die obige Funktion erstellt.

4. Volatilitätsprognosen bei nichtdeterministischem Einfluß vergangener Renditen

Die zweite Klasse der Volatilitätsmodelle unterstellt keine deterministische Abhängigkeit zwischen vergangenen Renditen und Volatilität. Die stochastische Volatilität C_t ist also keine deterministische Funktion des Vektors $I_{t-1} = (R_{t-1}, R_{t-2}, ...)$. Zwar

---

[18] Vgl. z.B. Engle/ Mezrich (1995), S. 113.
[19] Weitere Modelle stammen von Glosten et al. (1993) oder Zakoian (1994).

bestehen Einflüsse vergangener Renditen auf die Volatilität, aber diese Einflüsse sind für keine Periode als Funktion darstellbar. Stattdessen wird die Volatilität als Funktion vergangener Volatilitäten und einer weiteren Zufallsvariablen Ψ_t modelliert, die einen zusätzlichen stochastischen Einfluß auf die Volatilität in der Periode t ausübt. C_t ist also eine Funktion des Vektors J_t, der diese Zufallsvariablen enthält:

(18) $\qquad C_t = f(C_{t-1}, C_{t-2}, C_{t-3}, ..., \Psi_t) = f(J_t).$

Für die Prognose der Volatilität in der Periode t+1 hat dies zwei Konsequenzen. Erstens ist die Volatilität C_{t+1} nicht bereits am Ende der Periode t festgesetzt, wenn die vergangenen Volatilitäten bestimmt sind. Die Volatilität C_{t+1} stellt eine Zufallsvariable dar, deren Ausprägung erst am Ende der Periode t+1 festgelegt wird. Bei den ARCH- und GARCH-Modellen kann die Prognose der Volatilität in t+1 mit Hilfe einer deterministischen Funktion der Renditen erfolgen. Da dort keine Zufallseinflüsse zu berücksichtigen sind, braucht die Prognose nicht anhand des bedingten Erwartungswertes zu erfolgen, denn der Erwartungswert einer deterministischen Größe ist diese Größe selbst. Bei den jetzt darzustellenden Modellen muß dagegen auf die Methoden der Prognose des nächsten Ausgangs einer Zufallsvariablen zurückgegriffen werden. Der Prognosewert dieser Modelle ist der geschätzte bedingte Erwartungswert der Volatilität in der Periode t+1. Die zweite Konsequenz ist, daß die Volatilitäten nicht mehr beobachtbar sind, da sie nicht aus den Renditerealisationen berechnet werden können. Daher müssen Modelle verwendet werden, die einen Zusammenhang zwischen vergangenen Realisationen und zukünftiger Volatilität herstellen. Zwei verschiedene Modelle werden dargestellt, nämlich „Autoregressive random variance"-Modelle sowie Markov-Mischungsmodelle.

Autoregressive random variance-Modelle

ARV-Modelle verwenden die beobachtbaren Renditen zur Schätzung der Volatilität der nächsten Periode, obwohl der direkte Einfluß der Renditen auf die Volatilität nicht hergeleitet werden kann. Aus der allgemeinen Form der Volatilitätsmodelle ergibt sich aber ein Zusammenhang zwischen Rendite und Volatilität, der die Verwendung der Beobachtungen zur Prognose erlaubt. $R_t = \mu + C_t \cdot U_t$ wird unter Verwendung des Absolutbetrages zu:

(19) $\qquad |R_{t+1} - \mu| = C_{t+1} \cdot |U_{t+1}|$
$\qquad <=> \quad M_{t+1} = C_{t+1} \cdot |U_{t+1}|,$

da C_t als Zufallsvariable mit nur positiven Ausprägungen definiert ist. M_{t+1} ist die absolute Abweichung der Rendite von ihrem Erwartungswert. Die Prognose von C_{t+1} erfolgt nun über die Prognose von M_{t+1}. Die MSE-minimale Prognosemethode ist die Verwendung des bedingten Erwartungswertes. Da M_t eine Funktion der Rendite ist, ist die MSE-minimale Prognose von M_{t+1} auf den Vektor der beobachteten Renditen bedingt. Unter der Annahme, daß $\{U_t\}$ ein standardisierter Gaussian white noise-Prozeß und zudem unabhängig sowohl von C_t als auch von allen vergangenen Renditen ist, gilt

(20) $\quad E[M_{t+1}|I_t] = E[C_{t+1}|I_t] \cdot E[|U_{t+1}| \,|I_t] = E[C_{t+1}|I_t] \cdot \delta$,

denn U_{t+1} ist unabhängig von I_t. Bedingter und unbedingter Erwartungswert von $|U_{t+1}|$ sind somit gleich. Zwischen der Prognose der Volatilität C_{t+1} und der Prognose der absoluten Abweichung M_{t+1} besteht also ein linearer Zusammenhang. Die MSE-minimale Prognose der Volatilität ist gleich der MSE-minimalen Prognose des Absolutbetrages der Renditeabweichungen, dividiert durch δ. Der Wert von δ hängt lediglich von der Verteilungsannahme von U_t ab. Wird $\{U_t\}$ als standardisierter Gaussian white noise postuliert, gilt $\delta = \sqrt{2/\pi} \approx 0{,}798$. Zudem hängen auch die Momente der beiden Prozesse $\{C_t\}$ und $\{U_t\}$ voneinander ab, unabhängig davon, welcher Prozeß für C_t definiert wird. Sofern $\{C_t\}$ und $\{U_t\}$ unabhängig voneinander sind, gilt für die ersten und zweiten nicht-zentralen Momente sowie für die Kovarianzen:

(21) $\quad E[M_t] = \delta \cdot E[C_t]; \quad E[M_t^2] = E[C_t^2]; \quad Cov[M_t, M_{t+\tau}] = \delta^2 \cdot Cov[C_t, C_{t+\tau}]$.

Für die Autokorrelationskoeffizienten aller lags t gilt:

(22) $\quad \rho_{\tau,M} = \rho_{\tau,C} \cdot \dfrac{V[C_t]}{V[M_t]}$.

Diese Zusammenhänge zwischen den Momenten der Prozesse $\{M_t\}$ und $\{C_t\}$ lassen sich dazu verwenden, für jeden postulierten Prozeß $\{C_t\}$ den korrespondierenden Prozeß $\{M_t\}$ zu bestimmen. Die Momente des Prozesses $\{C_t\}$ können dann geschätzt werden, indem die Schätzungen der Momente des Prozesses $\{M_t\}$, die mit Hilfe der Beobachtungen $\{m_{t-1}, m_{t-2}, \ldots, m_{t-T}\}$ erhältlich sind, anhand dieser Gleichungen umgeformt werden.[20] Setzt man die erhaltenen Schätzungen der Parameter und Momente für $\{M_t\}$ in die Funktion für M_t ein, so erhält man als Prognose für M_{t+1} den geschätzten bedingten Erwartungswert $\hat{E}[M_{t+1}|i_t]$. Die Division $\hat{E}[M_{t+1}|i_t]/\delta$ ergibt dann den bedingten Erwartungswert von C_{t+1}, $\hat{E}[C_{t+1}|i_t]$, als Prognosewert für C_{t+1}. Die Herleitung dieses bedingten Erwartungswertes $\hat{E}[C_{t+1}|i_t]$ ist unabhängig davon, ob die Renditen und damit $\{C_t\}$ als stationärer oder als nichtstationärer Prozeß formuliert werden. Zudem ist sie auch bei autokorrelierten Renditen approximativ gültig. Autokorrelationen in den Renditen entsprechen im allgemeinen Modell Autokorrelationen zwischen den U_t, die aber unter vertretbaren Annahmen den Wert von $E[|U_{t+1}| \,|I_t] = \delta$ nur unwesentlich ändern.[21]

Der für C_t zu formulierende autokorrelierte Prozeß muß zum einen Autokorrelationen zwischen den quadrierten und den absoluten Renditen hervorrufen, zum anderen aber im Rahmen der sparsamen Parametrisierung mit wenigen Parametern auskommen. Der einfachste autokorrelierte Prozeß, der diese Bedingungen erfüllt,

---

[20] Auch bei den m_t handelt es sich strenggenommen um Schätzungen von Realisationen, nicht um reine Beobachtungen, da µ unbekannt ist und durch $\bar{r}$ ersetzt werden muß. Auf eine Kennzeichnung als Schätzung sei aber verzichtet.
[21] Taylor (1986), S. 100.

ist das log-AR(1)-Modell von TAYLOR (1986). In diesem Modell folgt die logarithmierte Zufallsvariable C_t einem AR(1)-Prozeß

(23) $\quad \ln C_t = \alpha + \phi(\ln C_{t-1} - \alpha) + \eta_t$,

wobei α der Erwartungswert von $\ln C_t$ und ϕ der Autokorrelationsparameter des Prozesses ist, der dem Autokorrelationskoeffizienten $\rho_{\tau=1,\ln C}$ entspricht. Angenommen werden soll, daß die logarithmierten C_t einer Normalverteilung mit Erwartungswert α und Varianz β^2 folgen, d.h. $\ln C_t \sim N(\alpha, \beta^2)$. Die Logarithmierung verhindert, daß negative Ausprägungen von C_t mit einer positiven Wahrscheinlichkeit versehen sein können. Außerdem berücksichtigt sie die empirische Rechtsschiefe geschätzter empirischer Volatilitäten. η_t ist eine unabhängig normalverteilte Zufallsvariable mit $E(\eta_t) = 0$ und $V(\eta_t) = \beta^2(1-\phi^2)$. Die Parameter dieses Prozesses sind also α, β und ϕ.

Mit $\ln C_t \sim N(\alpha, \beta^2)$ sind der Erwartungswert, die Varianz und die Kovarianz von C_t und damit auch von M_t gegeben. Für die Korrelationskoeffizienten ergibt sich:

(24) $\quad \rho_{\tau,M} = \rho_{\tau,C} \cdot \dfrac{V[C_t]}{V[M_t]} = \rho_{\tau,C} \cdot \dfrac{2(\exp\{\beta^2\} - 1)}{\pi \cdot \exp\{\beta^2\} - 2} = \rho_{\tau,C} \cdot B(\beta)$.

Da die Korrelationskoeffizienten $\rho_{\tau,C}$ für kleine β oder große ϕ ungefähr gleich dem Korrelationskoeffizienten für $\rho_{\tau,\ln C} = \phi^\tau$ sind,[22] gilt schlußendlich:

(25) $\quad \rho_{\tau,M} = \phi^\tau \cdot B(\beta)$.

Durch diese Herleitung kann das autoregressive Modell der M_t identifiziert werden, das mit dem log-AR(1)-Modell der C_t einhergeht. Die Autokorrelationskoeffizienten $\rho_{\tau,M}$ entsprechen denen eines ARMA(1,1)-Modells für M_t der Form

(26) $\quad M_t - \mu_M = \phi(M_{t-1} - \mu_M) + \varepsilon_t - \theta \varepsilon_{t-1}$,

wobei der Parameter θ numerisch so gewählt werden muß, daß

(27) $\quad B(\beta) = \dfrac{2(\exp\{\beta^2\} - 1)}{\pi \cdot \exp\{\beta^2\} - 2} = \dfrac{(1 - \phi\theta)(\phi - \theta)}{\phi(1 - 2\phi\theta + \theta^2)}$.

Der Autokorrelationsparameter ϕ ist in beiden Modellen derselbe. Die Parameter der Modelle, α, β, ϕ, und θ, können nun, da sie mit beiden Modellen in Verbindung gebracht werden können, anhand der Renditebeobachtungen geschätzt werden. Zunächst werden unter Verwendung von $\bar{r}$ als Schätzer für μ die tatsächlichen Realisationen von $\{M_t\}$ zu geschätzten Realisationen $m_t = |r_t - \bar{r}|$. Zur Vereinfachung der Darstellung sei zudem $s_t = (r_t - \bar{r})^2$ definiert.[23]

---

[22] Granger/ Newbold (1976).
[23] Auf die Verwendung einer Kennzeichnung als Schätzung sei auch bei den s_t verzichtet.

Die Schätzung der Parameter μ_M, α und β erfolgt nach

(28) $\quad \hat{\mu}_M = \overline{m} = \dfrac{1}{T}\sum\limits_{k=0}^{T}|r_{t-k} - \overline{r}|$; $\quad \hat{\beta}^2 = \ln\left(\dfrac{\delta^2 \cdot \overline{s}}{\overline{m}^2}\right)$; $\quad \hat{\alpha} = \ln\left(\dfrac{\overline{m}^2}{\delta^2 \cdot \sqrt{\overline{s}}}\right)$.

Die Schätzung von ϕ erfordert die Berechnung mehrerer empirischer Autokorrelationskoeffizienten von m_t für verschiedene lags τ und die Anwendung einer Minimierungsprozedur. Die empirischen Autokorrelationskoeffizienten $r'_{\tau,m}$ können nach den bekannten Formeln mit Hilfe von Standardsoftware berechnet werden. Anschließend muß der Ausdruck

(29) $\quad f(\phi) = T\sum\limits_{\tau=1}^{K}\left[r'_{\tau,m} - B(\hat{\beta}) \cdot \phi^{\tau}\right]^2$

über ϕ minimiert werden.[24] Bei dieser Minimierung wird

(30) $\quad B(\hat{\beta}) = \dfrac{2(\exp\{\hat{\beta}^2\} - 1)}{\pi \cdot \exp\{\hat{\beta}^2\} - 1}$

verwendet. Sie muß numerisch erfolgen.[25] Die Berechnung des Schätzwertes für den Parameter θ erfolgt schließlich nach

(31) $\quad B(\hat{\beta}) = \dfrac{2(\exp\{\hat{\beta}^2\} - 1)}{\pi \cdot \exp\{\hat{\beta}^2\} - 2} = \dfrac{(1 - \hat{\phi}\hat{\theta})(\hat{\phi} - \hat{\theta})}{\hat{\phi}(1 - 2\hat{\phi}\hat{\theta} + \hat{\theta}^2)}$.

Diese geschätzten Parameter können nun in das ARMA(1,1)-Modell eingesetzt werden, um eine Prognosefunktion für M_{t+1} zu erhalten. Aus dem bedingten Erwartungswert

(32) $\quad E[M_{t+1}|I_t] = \mu_M + \sum\limits_{k=0}^{\infty}(\phi - \theta)\theta^k(M_{t-k} - \mu_M)$

wird dann

(33) $\quad \hat{E}[M_{t+1}|i_t] = (\hat{\phi} - \hat{\theta})m_t + \hat{\theta}\hat{E}[M_t|i_t] + (1 - \hat{\phi})\overline{m}$

oder, bei Verwendung einer alternativen Formulierung,

(34) $\quad \hat{E}[M_{t+1}|i_t] = (\hat{\phi} - \hat{\theta})m_t + \hat{\theta}\hat{E}[M_t|i_t] + (1 - \hat{\phi})\overline{m}$.

Die Volatilitätsprognose bei ARV-Modellen erfolgt also über die Formulierung eines Autokorrelationsprozesses für C_t, mit dem ein autokorrelierter Prozeß $\{M_t\}$ assoziiert ist, den es zu identifizieren gilt. Der Zusammenhang zwischen diesen beiden Prozessen, der im allgemeinen Modell formuliert ist, erfährt hier eine Konkretisierung. Die Schätzung der Parameter beider Prozesse erfolgt dann durch die Schät-

---

[24] Alternative Minimierungsprozeduren zur Schätzung von β und ϕ beschreibt Taylor (1986), S. 87 f.
[25] Scott (1987) sowie Harvey et al. (1994) schlagen vor, die Parameter des log AR(1)-Prozesses aus den logarithmierten m_t zu berechnen. Dazu muß die Quasi-Likelihood-Funktion der Beobachtungen $l_t = \ln|r_t - \overline{r}|$ über diese Parameter maximiert werden.

zung der Parameter des Prozesses {M$_t$} anhand der beobachteten Renditen und die Berechnung der Parameter des Prozesses {C$_t$} anhand der linearen Zusammenhänge der Momente beider Modelle. Grundsätzlich lassen sich andere Prozesse {C$_t$} modellieren, die dann zu anderen {M$_t$}-Prozessen mit mehreren Parametern führen. Der Zusammenhang wird auch deutlich, wenn der Prozeß {M$_t$} verändert wird. Wird z.B. {M$_t$} als reiner MA(1)-Prozeß postuliert, d.h. wird $\phi = 0$ gesetzt, dann sind gleichzeitig die C$_t$ unabhängig identisch verteilt mit $E[C_t] = \exp\{\alpha + (1/2)\beta^2\}$ und $V[C_t] = \exp\{2\alpha + \beta^2\} \cdot (\exp\{\beta^2\} - 1)$. Aus den obigen Gleichungen ergibt sich zudem $\theta = 0$, und die Prognose wird zur Prognose anhand des einfachen Stichprobenmittels

(35) $$\hat{E}[M_{t+1}|i_t] = \frac{1}{T} \sum_{k=0}^{T} m_{t-k} = \overline{m} \ .$$

Obwohl {M$_t$} bei $\phi = 0$ zu einem reinen MA(1)-Prozeß wird, kann aufgrund der Zusammenhänge zwischen {C$_t$} und {M$_t$} die Prognose nicht anhand des bedingten Erwartungswertes eines allgemeinen MA(1)-Prozesses erfolgen, sondern nur anhand des unbedingten Erwartungswertes.

Markov-Mischungsmodelle

Bei den bisherigen Modellen waren für die Volatilität unendlich viele Ausprägungen möglich. C$_t$ war als stetige Zufallsvariable definiert, die einen beliebigen positiven Wert annehmen konnte. Eine weitere weit weniger beachtete Möglichkeit Perioden unterschiedlich hoher Volatilität zu modellieren, besteht in der Anwendung sogenannter Markov-Mischungsmodelle. Bei Mischungmodellen wird die Randverteilung der Rendite R$_t$ zusammengesetzt aus verschiedenen bedingten Verteilungen, die jeweils zu einem bestimmten Zeitpunkt gelten. Welche Verteilung gelten soll, hängt von einer weiteren Zufallsvariable Z$_t$ ab. Z$_t$ ist eine diskrete Zufallsvariable, die nur positive ganze Werte annimmt, die jeweils einen „Zustand" bezeichnen. Die auf den jeweiligen Zustand bedingte Rendite folgt dann unterschiedlichen Verteilungen. Die Variable Z$_t$ folgt dabei einer „Markov-Kette", d.h. es werden Wahrscheinlichkeiten dafür angegeben, daß sie vom Wert i in der Periode t-1 zum Wert j in der Periode t wechselt. Eine solche Modellierung scheint für Renditen nicht uninteressant zu sein, denn Märkte werden ohnehin fast intuitiv in unterschiedliche Zustände kategorisiert.[26] Dabei ist die Anzahl der unterschiedlichen Zustände zunächst beliebig. Sie wird allein durch die vorhandenen Datenmengen eingeschränkt. Hier soll allerdings eine Beschreibung anhand von nur zwei Zuständen erfolgen.[27]

Die Zufallsvariable Z$_t$ kann die Werte z$_t$ = {1,2} annehmen, wobei im Zustand 1 die Verteilung $R_t | z_t=1 \sim N(\mu_1, c_1^2)$ und im Zustand 2 die Verteilung $R_t | z_t=2 \sim N(\mu_2, c_2^2)$ gelten soll. Diese Verteilungen sind bedingt auf den geltenden Zustand, die Randverteilung der Rendite ist dagegen auch in diesen Modellen stationär. Eine

---

[26] Turner et al. (1989), Pagan/Schwert (1990), Van Norden/Schaller (1993), Korn (1993) sowie Schmitt (1994) wenden Markov-Mischungsmodelle auf verschiedene Aktienkurse an.
[27] Hamilton (1994), S. 677 ff., erläutert den allgemeinen Fall.

Markov-Kette wird nun anhand der Übergangswahrscheinlichkeiten definiert, mit denen die Variable Z_t von einem Zustand in den anderen wechselt. Die Übergangswahrscheinlichkeiten sind daher bedingte Wahrscheinlichkeiten

(36) $\quad P(Z_t = j \mid z_{t-1} = i) = p_{ij}$.

p_{ij} bezeichnet die Wahrscheinlichkeit eines Wechsels des Zustands von i nach j. Die Indizes lesen sich also in dieser Form von links nach rechts. Insgesamt können so im zweidimensionalen Fall vier Wahrscheinlichkeiten definiert werden, die meist in einer Matrix zusammengefaßt werden:

(37) $\quad \mathbf{P} = \begin{pmatrix} p_{11} & p_{21} \\ p_{12} & p_{22} \end{pmatrix}$.

Die Summen der Spalten müssen sich zu eins addieren, da der jeweilige Zustand entweder wechselt oder nicht. Daher brauchen nur zwei Wahrscheinlichkeiten geschätzt zu werden, die anderen beiden stellen die jeweiligen Gegenwahrscheinlichkeiten dar. Ist entweder p_{11} oder $p_{22} > 0.5$, dann verharrt Z_t mit einer gewissen Wahrscheinlichkeit für längere Zeit in einem der beiden Zustände. Mit Z_t wird auch die Rendite mit einer gewissen Wahrscheinlichkeit über einen gewissen Zeitraum aus einer der beiden Normalverteilungen stammen, womit volatility clustering auftritt. Sind dagegen beide Wahrscheinlichkeiten kleiner als 0.5, sind Zustandswechsel wahrscheinlicher. Höhere Kurtosis als bei einer Normalverteilung tritt bei Mischungsverteilungen immer auf, unabhängig von den Wahrscheinlichkeiten.

Die unbedingte Wahrscheinlichkeit, daß sich die Rendite in t in einem bestimmten Zustand befindet, läßt sich ebenfalls angeben. Sie beträgt für den Zustand 1

(38) $\quad P(Z_t = 1) = \dfrac{1 - p_{22}}{2 - p_{11} - p_{22}}$

und für den Zustand 2 entsprechend die Gegenwahrscheinlichkeit. Da die bedingte Dichtefunktion von $R_t \mid z_t = 1$ gegeben ist, läßt sich die gemeinsame Verteilung von R_t und Z_t nach dem Multiplikationssatz abhängiger Zufallsvariablen berechnen:[28]

(39) $\quad f(r_t, z_t = j) = f(r_t \mid z_t = j) \cdot P(Z_t = j)$.

Die unbedingte Dichtefunktion ergibt sich jetzt schlicht aus der Summe der $f(r_t, z_t = j)$ für die Zustände 1 und 2, denn diese Zustände schließen sich gegenseitig aus, d.h.:

(40) $\quad f(r_t; \Omega) = \sum_{j=1}^{2} f(r_t, z_t = j; \Omega)$.

---

[28] f steht wiederum für unterschiedliche Funktionen, in diesem Fall für unterschiedliche Dichtefunktionen. Auf unterschiedliche Funktionskürzel oder einen unterscheidenden Index wird auch hier verzichtet.

Diese Randverteilung ist in geschlossener Form darstellbar.[29] Der Vektor Ω steht für alle Parameter, die in dieser Dichtefunktion vorkommen, d.h. $\Omega = (\mu_1, \mu_2, c_1, c_2, p_{11}, p_{22})$. Bei gegebenen Renditebeobachtungen ist diese Dichtefunktion als Likelihood-Funktion interpretierbar. Damit können die Parameter entweder mit Hilfe numerischer Methoden oder anhand des sogenannten EM-Algorithmus geschätzt werden, sofern die Variable Z_t unabhängig identisch verteilt ist.[30] Aus diesen geschätzten Parametern läßt sich erstens die Wahrscheinlichkeit dafür berechnen, welcher Zustand in Periode t vorlag. Dies erfolgt nach der Formel

(41) $\quad P(Z_t = j | r_t; \hat{\Omega}) = \dfrac{f(r_t; z_t = j; \hat{\Omega})}{f(r_t; \hat{\Omega})}$.

Zweitens kann prognostiziert werden, welchen Wert Z_t in der Periode t+1 oder in den folgenden Perioden annehmen wird. Diese Prognose ist auch eine Prognose der Volatilität in t+1, da jeder Zustand mit einer bestimmten Volatilität verknüpft ist.

Die Prognose des Zustands in Periode t+1 erfolgt wiederum nach dem Verfahren des bedingten Erwartungswertes. Dazu muß ein binärer Zufallsvektor ξ_t definiert werden, der die Werte $(1, 0)'$ annimmt, wenn in t der Zustand 1 vorliegt, und $(0, 1)'$, wenn in t der Zustand 2 vorliegt. Das erste Element des Vektors ξ_t steht also für den ersten Zustand, das zweite Element für den zweiten Zustand. Die Ziffern 0 und 1 kennzeichnen an der entsprechenden Stelle, welcher dieser Zustände eingetreten ist. Da sich die Prognose darauf richtet, welcher Zustand eintreten wird, ist die Definition eines solchen Vektors ξ_t hilfreich. Für die Periode t+1 gilt also, daß Zustand 1 eingetreten ist, wenn $\xi_{t+1} = (1, 0)'$; Zustand 2 ist eingetreten, wenn $\xi_{t+1} = (0, 1)'$. Der bedingte Erwartungswert muß nicht für die einzelnen Zustände berechnet werden, er kann als Vektor definiert werden:

(42) $\quad E[\xi_{t+1} | z_t = 1] = \begin{pmatrix} p_{11} \\ p_{12} \end{pmatrix}$ und $E[\xi_{t+1} | z_t = 2] = \begin{pmatrix} p_{21} \\ p_{22} \end{pmatrix}$.

Der bedingte Erwartungswert, daß der Vekor ξ_{t+1} an der ersten Stelle eine 1 annimmt, daß also in der Periode t+1 der Zustand 1 eintritt, wenn in der Periode t der Zustand 1 vorlag, entspricht also schlicht der Übergangswahrscheinlichkeit p_{11}. Der Zustand tritt mit der Wahrscheinlichkeit p_{11} ein, oder er tritt mit der Wahrscheinlichkeit p_{12} nicht ein. Eintritt und Nichteintritt sind verbunden mit den Werten 1 und 0, daher beträgt der Erwartungswert für den Eintritt des Zustands 1 $1 \cdot p_{11} + 0 \cdot p_{12}$. Lag dagegen in Periode t der Zustand 2 vor, dann beträgt der bedingte Erwartungswert p_{21}. Da der erste Index für den Zustand der Periode t steht, kann allgemein geschrieben werden:

(43) $\quad E[\xi_{t+1} | z_t = j] = \begin{pmatrix} p_{j1} \\ p_{j2} \end{pmatrix} = \mathbf{P} \cdot \boldsymbol{\xi_t} = E[\xi_{t+1} | \xi_t]$.

---

[29] Siehe z.B. Hamilton (1994), S. 686.
[30] Der EM-Alogrithmus stammt von Dempster et al. (1977). Beide Verfahren sind in Hamilton (1994), S. 688 f. dargestellt.

Der tatsächliche Zustand in Periode t ist zwar unbekannt, es kann aber aus einer gegebenen Beobachtung r_t nach der oben angegebenen Wahrscheinlichkeit darauf geschlossen werden, aus welchem Zustand sie stammt. Für ξ_t wird dementsprechend $\hat{\xi}_t$ eingesetzt. Da auch die Wahrscheinlichkeiten geschätzt werden müssen, muß auch die Matrix **P** entsprechend ersetzt werden. Die Prognosegleichung für den Zustand in der Periode t+1 sowie in der Periode t+k lautet dann allgemein:

(44) $\quad \hat{E}[\xi_{t+k} | \hat{z}_t = j] = \hat{\mathbf{P}}^k \cdot \hat{\xi}_t = \hat{E}[\xi_{t+k} | \hat{\xi}_t]$.

Für eine Prognose des Zustands in der Periode t+k muß die Matrix $\hat{\mathbf{P}}$ lediglich k-mal mit sich selbst multipliziert werden. Für die Prognose des Zustandes in t+1 oder allgemein in t+k erhält man einen zweidimensionalen Vektor, der in der ersten Zeile die geschätzte bedingte Wahrscheinlichkeit für den Eintritt des Zustands 1 in der Periode t+k angibt, und in der zweiten Zeile die geschätzte bedingte Wahrscheinlichkeit für den Eintritt des Zustands 2. Beide Wahrscheinlichkeiten sind bedingt auf die Annahme des Zustands in Periode t. Da mit dem Zustand 1 die Volatilität c_1 und mit dem Zustand 2 die Volatilität c_2 verbunden ist, kann somit die Prognose der Volatilität in t+1 bzw. t+k erfolgen. Unter Verwendung des bedingten Erwartungswertes lautet diese Prognose:

(45) $\quad \hat{c}_{R(t+k)|z(t)} = \left[\begin{pmatrix} c_1^2 & c_2^2 \end{pmatrix} \cdot \hat{\mathbf{P}}^k \cdot \hat{\xi}_t \right]^{1/2}$.

Sie stellt das anhand der Eintrittswahrscheinlichkeiten gewichtete Mittel der Volatilitäten der einzelnen Zustände dar. Ob in diesem Fall die Verwendung des MSE-Kriteriums und damit die Verwendung des bedingten Erwartungswertes notwendigerweise erfolgen sollte, kann aber nicht eindeutig beantwortet werden. Auch die Verwendung der Volatilität mit der höheren Wahrscheinlichkeit scheint plausibel zu sein.

5. Volatilitätsprognosen bei nichtstationären Renditen

Die bisherigen Modelle hatten als gemeinsame Annahme, daß die Renditen einem schwach stationären Prozeß entstammen. Schwache Stationarität ist definiert durch einen konstanten Erwartungswert $E[R_t]$, eine konstante Varianz $V[R_t]$ und konstante Kovarianzen $Cov[R_t, R_{t+\tau}]$ für alle t. Diese Annahme kann für Renditeverteilungen getroffen werden, ohne auf die Modellierung stochastischer Volatilitäten verzichten zu müssen, denn stochastische Volatilitäten, d.h. zeitlich unterschiedliche bedingte Standardabweichungen, lassen sich innerhalb stationärer Modelle erklären. Ob Renditen tatsächlich einem stationären Prozeß entspringen, muß allerdings zumindest für lange Zeiträume in Frage gestellt werden. Es erscheint nicht plausibel, anzunehmen, die unbedingte Verteilung der Renditen sei über Jahre oder gar Jahrzehnte konstant. Außergewöhnliche wirtschaftliche und politische Ereignisse können durchaus mit einer Änderung der Randverteilung der Renditen verbunden sein. Die Verwendung nichtstationärer Modelle als Alternative zu den stationären kann also durchaus begründet werden.

Die erste dieser Modellklassen modelliert unterschiedliche Varianzen in unterschiedlichen Zeiträumen. HSU (1977, 1979) verwendet z.B. eine einmalige Änderung in der Varianz, die er außerordentlichen politischen Ereignissen zuspricht. Solche Ereignisse lassen die Varianz für eine gewisse Zeit auf ein höheres Niveau springen, bis das Ereignis vergessen ist, und die Varianz auf ihr altes Niveau zurückfällt. Wenn solch ein Modell angemessen sein soll, dann muß es eine unbekannte Anzahl solcher Sprünge in der Varianz enthalten. HSU (1977, 1979, 1982) beschränkt sich auf eine Veränderung, ALI/ GIACOTTO (1982) verwenden dagegen bis zu vier Sprünge. Zur Prognose können diese Modelle aber kaum verwendet werden. Da außergewöhnliche Ereignisse per definitionem selten sind, ist ihre Wahrscheinlichkeit sehr klein. Prognosen scheinen aus solchen Modellen nicht möglich zu sein, denn die meiste Zeit wird ein Modell in einem Zustand verharren, ohne daß vorhersagbar wäre, wann es in den nächsten Zustand übergeht.

Die zweite Modellklasse läßt sich wieder anhand des allgemeinen Modells $R_t = \mu + C_t \cdot U_t$ beschreiben. Bisher wurde die stochastische Volatilität C_t als stationär angenommen. Auch das verwendete log-AR(1)-Modell formuliert einen stationären Prozeß $\{C_t\}$. Da die Rendite das Produkt der Prozesse $\{C_t\}$ und $\{U_t\}$ ist, pflanzt sich Stationarität oder Instationarität der C_t auf die R_t fort, denn $\{U_t\}$ ist unabhängiger white noise. Die zweite Modellklasse formuliert dagegen $\{C_t\}$ als instationären Prozeß.

FRENCH/ SCHWERT/ STAMBAUGH (1987) haben diese Instationarität anhand geschätzter monatlicher Volatilitäten dargestellt.[31] Die Schätzung der monatlichen c_t^2 erfolgt anhand der Summe der quadrierten Tagesrenditen zuzüglich der zweifachen Summe der Produkte aufeinanderfolgender Tagesrenditen:

$$(46) \quad \hat{c}_t^2 = \sum_{k=1}^{K} r_{kt}^2 + 2 \sum_{k=1}^{K-1} r_{kt} r_{k+\textit{k},t}$$

wobei k der Index der Unterperiode von t ist und K die Anzahl der beobachteten Renditen dieser Unterperiode. Die so erzeugte Beobachtungsreihe weist positive Schiefe, hohe Autokorrelation und unterschiedliche empirische Momente für unterschiedliche Zeiträume auf. FRENCH/ SCHWERT/ STAMBAUGH folgern daraus, daß die Volatilität einem MA(3)-Prozeß folgt, der integriert vom Grade 1 ist. Integrierte Zeitreihen sind nicht stationär. Sind sie integriert vom Grade 1, dann folgt erst ihre erste Differenz einem stationären Prozeß. Die Prognose eines solchen ARIMA(0,1,3)-Prozesses erfolgt dabei anhand der geschätzten Parameter dieses Prozesses, bei der die geschätzten Volatilitäten verwendet werden.

Diese Vorgehensweise hat allerdings den Nachteil, daß die nicht beobachtbaren Volatilitäten anhand von Renditen der jeweiligen Unterperiode geschätzt werden müssen. Damit steigt die benötigte Datenmenge erheblich. Zudem ist diese Vorgehensweise aufgrund der Verwendung geschätzter Größen unsicherer als die Verwendung von Modellen für beobachtbare Daten. Schätzungen und Testprozeduren

---

[31] Ähnlich gehen Schwert/ Seguin (1990) vor.

unterliegen den Problemen, die unter dem Begriff „Fehler in den Variablen" bekannt sind. Die Verwendung eines Modells, das aus dem allgemeinen Zusammenhang zwischen R_t und C_t abgeleitet wird und allein aus den vorhandenen Renditebeobachtungen geschätzt werden kann, scheint daher auch hier vorteilhaft. TAYLOR (1986) schlägt für instationäre Renditen eine Abwandlung seines ARMA(1,1)-Modells für die M_t vor. In diesem Modell wird $E[M_t]$ nicht als konstant angesehen und damit sind, da $E[M_t] = \delta \cdot E[C_t]$, auch die Volatilitäten nicht stationär. Das Modell ergibt sich aus dem ARMA(1,1)-Modell als

$$(47) \quad E[M_{t+1}|I_t] = \mu_M + \sum_{k=0}^{\infty}(\phi - \theta)\theta^k (M_{t-k} - \mu_M),$$

indem $\phi = 1$ gesetzt wird, woraus folgt:

$$(48) \quad E[M_{t+1}|I_t] = \sum_{k=0}^{\infty}(1-\theta)\theta^k M_{t-k} = (1-\theta)M_t + \theta E[M_t|I_{t-1}]$$

Diese Funktion definiert einen „exponentially-weighted moving average"-Prozeß. Der Einfluß des sich ändernden Erwartungswertes μ_M wird dadurch reduziert, daß das größte Gewicht auf die neuesten Beobachtungen gelegt wird. Die Prognosefunktion lautet:

$$(49) \quad \hat{E}[M_{t+1}|i_t] = (1-\hat{\theta})m_t + \hat{\theta}\hat{E}[M_t|i_{t-1}]$$

Um Volatilitätsprognosen mit diesem Modell zu erstellen, muß der Parameter θ geschätzt werden. Diese Schätzung des Parameters θ kann nach TAYLOR anhand einer einfachen numerischen Minimierungsmethode geschehen. Die Beobachtungen $\{m_t, m_{t-1}, m_{t-2}, ..., m_{t-T}\}$ werden in zwei Teile geteilt, d.h. in die Beobachtungsreihen $\{m_t, m_{t-1}, m_{t-2}, ..., m_{t-n+1}\}$ und in $\{m_{t-n}, m_{t-n-1}, m_{t-n-2}, ..., m_{t-T}\}$ mit $n = T/2$. Das arithmetische Mittel der weiter zurückliegenden Beobachtungen m_{t-n} bis m_{t-T} dient als Schätzer des auf diese erste Reihe folgenden Wertes M_{t-n+1}, d.h. als

$$(50) \quad \hat{E}[M_{t-n+1}|i_{t-n}] = \frac{1}{T/2}\sum_{j=n}^{T} m_{t-j}.$$

Anhand des obigen Prognosemodells lassen sich nun sukzessive die folgenden Werte $\hat{E}[M_{t-k}|i_{t-k-1}]$, $k = \{0, 1, ..., n+1\}$, in Abhängigkeit des Parameters θ berechnen. Der zweite Teil der Beobachtungen, $\{m_t, m_{t-1}, m_{t-2}, ..., m_{t-n+1}\}$, dient dann dazu, θ so zu bestimmen, daß die Summe der quadrierten Abweichungen der sukzessiv berechneten Werte von den Werten $\{m_t, m_{t-1}, m_{t-2}, ..., m_{t-n+1}\}$ minimiert wird, d.h.:

$$(51) \quad \underset{\theta}{\text{Min}} \sum_{k=0}^{n+1}\left(m_{t-k} - \hat{E}[M_{t-k}|i_{t-k-1}]\right)^2$$

Diese Prognosemethode kann für alle nichtstationären Prozesse verwendet werden und erfaßt nach TAYLOR auch solche Zeitreihen gut, in denen nur wenige gelegentliche Varianzsprünge auftreten.

6. Implizite Volatilität

Volatilitätsprognosen basieren auf Modellen, die die Volatilität mit einer beobachtbaren Variable in Verbindung bringen und so Schlüsse von den Beobachtungen auf die Volatilität erlauben. Die bisherigen Modelle haben solche Zusammenhänge zwischen den Renditen der Anlagen und den Volatilitäten direkt gezogen. Sie stellen aber nicht die einzige Möglichkeit dar. Anstelle von Renditemodellen können auch Optionspreismodelle verwendet werden. Optionspreismodelle formulieren Zusammenhänge zwischen dem Optionspreis und mehreren anderen Größen, wie z.B. dem Preis der Anlage, dem Ausübungspreis, der Restlaufzeit und der Volatilität der Anlage. Da diese Größen mit Ausnahme der Volatilität beobachtbar sind, können auch Optionspreismodelle dazu verwendet werden, aus den Optionspreisen die Volatilitätsgröße zu schätzen. Der am Markt berechnete Preis der Option impliziert also eine Einschätzung der Volatilität der Anlage durch den Markt, die implizite Volatilität.

Prognosen impliziter Volatilitäten erfolgen allgemein dadurch, daß der Volatilitätsparameter eines Optionspreismodells als Funktion der in diesen Modellen enthaltenen Größen interpretiert wird. Da der Volatilitätsparameter in der Regel nicht als explizite Funktion dieser Größen geschrieben werden kann, muß in einem numerischen Verfahren die Volatilität so berechnet werden, daß der theoretische Optionspreis dem Marktpreis entspricht.[32] Einfache Beispiele für solche Optionspreismodelle sind das Modell von BLACK/ SCHOLES (1973)[33] und das Binomialmodell von COX/ ROSS/ RUBINSTEIN (1979). Im Modell von BLACK/ SCHOLES bezeichnet c die Volatilität der Rendite der der Option unterliegenden Anlage. Zur Berechnung der Volatilität muß dieses c in den Gleichungen des Modells

(52) $$\begin{aligned} y_t &= x_t \cdot \Phi(d_1) - X \cdot e^{-r \cdot T} \cdot \Phi(d_2) \\ d_1 &= \frac{\ln(x_t/X) + (r + c^2/2)T}{c\sqrt{T}} \\ d_2 &= d_1 - c\sqrt{T} \end{aligned}$$

so bestimmt werden, daß die erste Gleichung erfüllt ist. Dabei steht y_t für den beobachteten heutigen Optionspreis einer Call-Option, x_t für den heutigen beobachteten Anlagepreis, X für den Ausübungspreis, r für den annualisierten stetigen Zinssatz einer risikofreien Anlage, T für die Restlaufzeit der Option in Jahren und Φ für die Verteilungsfunktion der Standardnormalverteilung.[34]

Die Verwendung dieser Black-Scholes-Formel ist allerdings an einige Annahmen geknüpft. Sie gilt nur für Optionen, auf deren zugrundeliegende Anlagen keine Erträge während der Laufzeit ausgezahlt werden. Werden etwa Dividenden auf Akti-

---

[32] Nur unter speziellen Voraussetzungen lassen sich die Modelle nach der Volatilität auflösen, vgl. z.B. Brenner/ Subrahmanyam (1988).
[33] Dieses Modell wurde simultan und unabhängig auch von Merton (1973) entwickelt. Dennoch ist es als Black-Scholes-Modell bekannt geworden.
[34] Diese Darstellung der Black-Scholes-Formel ist entnommen aus Bodie et al. (1989).

en ausgeschüttet, so muß die Formel dahingehend geändert werden, daß vorzeitige Ausübung berücksichtigt wird.[35] Zudem wird angenommen, daß die Volatilität der Anlage im Zeitraum t bis T konstant bleibt, da sonst die Multiplikation mit $\sqrt{T}$ nicht sinnvoll wäre. Hinzu kommt, daß die Black-Scholes-Formel, wie jedes Preismodell, nur gültig ist, wenn der Markt und damit im Schnitt alle Marktteilnehmer ihre Optionen nach diesem Modell bewerten. Dagegen spricht, daß umgekehrt unterschiedliche implizite Volatilitäten für Optionen auf dieselbe Anlage mit unterschiedlichen Ausübungspreisen und unterschiedlichen Restlaufzeiten durch die Black-Scholes-Formel berechnet werden.

Zwei Schlußfolgerungen sind möglich. Entweder bewertet der Markt Optionen nicht nach der Black-Scholes-Formel. Wenn dem so ist, dann ist der Parameter c auch nicht die Volatilität, die der Markt erwartet. Oder der Markt bewertet nach der Black-Scholes-Formel, und die unterschiedlichen Volatilitäten sind das Resultat verschiedener nichtsystematischer Störeinflüsse. In diesem Fall können die Störeinflüsse durch die Bildung eines Durchschnitts der impliziten Volatilitäten vermieden werden. Vorgeschlagen wurden einfache Durchschnitte, nach der Sensitivität der Optionen bei Volatilitätsschwankungen gewichtete Durchschnitte sowie solche Durchschnitte, die nach der Volatilitätselastizität der Optionen gewichtet sind.[36] Empirische Untersuchungen haben aber gezeigt, daß die Prognose anhand der impliziten Volatilität der Option, deren Sensitivität am höchsten ist, d.h. der Option, die am nächsten „in the money" liegt, mindestens eine so gute Prognosequalität hat wie die Prognose anhand solcher Durchschnitte.[37] Dieses Ergebnis hat Eingang gefunden in die Konstruktion des VDAX, des Index für die implizite Volatilität der an der DTB gehandelten DAX-Optionen. In ihn werden nur Optionen aufgenommen, die nahe am Geld liegen und eine durchschnittliche Restlaufzeit von 45 Tagen ergeben. Das Black-Scholes-Modell ist die Bewertungsgrundlage des VDAX, im Gegensatz zum Volatilitätsindex VIX der CBOE, die den Ansatz von COX/ ROSS/ RUBINSTEIN verwendet.[38]

Die Schlußfolgerung, daß der Markt Optionen nicht nach der Black-Scholes-Formel bewertet, liegt allerdings näher. Für diese Schlußfolgerung sprechen auch die Ergebnisse verschiedener empirischer Untersuchungen zur Prognosequalität impliziter Volatilitäten, die mit Hilfe der Black-Scholes-Formel geschätzt wurden. Zwar kamen frühe Untersuchungen zu dem Ergebnis, daß diese implizite Volatilität eine bessere Prognose zukünftiger Volatilität erlaubt als die Verwendung des einfachen Durchschnitts der beobachteten Stichprobenstandardabweichungen, aber alle hier vorgestellten Prognosemodelle kommen im Vergleich zum einfachen Durchschnitt ebenfalls zu besseren Prognosen.[39] Ein Vorteil aus der Verwendung von Optionspreismodellen erschließt sich generell aber nur dann, wenn mit ihrer Hilfe bessere

---

[35] Vgl. z.B. Roll (1977), Geske (1979) und Whaley (1981).
[36] Die Vorschläge stammen in dieser Reihenfolge von Trippi (1977), Latané/ Rendleman (1976) sowie von Chiras/ Manaster (1978).
[37] Vgl. z.B. Beckers (1981), Gemmil (1986) und Scott/ Tucker (1989).
[38] Der VDAX wird z.B. bei Wagner (1995) dargestellt, der VIX u.a. bei Mayhew (1995).
[39] Vgl. z.B. Latané/ Rendleman (1976), Schmalensee/ Trippi (1978), Chiras/ Manaster (1978), Beckers (1981) sowie Heaton (1986).

Prognosen als mit den hier vorgestellten Prognosemodellen möglich sind. Empirische Untersuchungen, die neuere Optionspreismodelle mit verschiedenen Volatilitätsprognosemodellen vergleichen, können dies aber nicht bestätigen. DAY/ LEWIS (1992) zeigen, daß die zusätzliche Verwendung impliziter Volatilitäten in einem GARCH-Modell zu keiner Verbesserung der Prognose führt. CHOI/ WOHAR (1993) kommen in ihrer Untersuchung zu dem Schluß, daß ihre GARCH-Prognosen mit den impliziten Volatilitäten übereinstimmen. LAMOREUX/ LASTRAPES (1993) testen die Hypothese, daß Optionspreismodelle, die stochastische Volatilitäten enthalten, bessere Prognosen der zukünftigen Volatilität erlauben als ein erweitertes GARCH-Modell. Diese Hypothese lehnen sie für sieben von zehn Aktienwerten zugunsten des GARCH-Modells ab. Studien, die Optionen auf den S&P-100-Aktienindex (OEX) verwenden, kommen zu unterschiedlichen Ergebnissen. FLEMING (1994) entscheidet zugunsten der impliziten Volatilität dieser Optionen, CANINA/ FIGLEWSKI (1993) entschieden dagegen.

Die Frage, ob Volatilitätsprognosen anhand von Optionspreismodellen in den Methodenkatalog mit aufgenommen werden sollten, ist also alles andere als entschieden. Einige grundsätzliche Überlegungen sind hilfreich. Die Schätzung der impliziten Volatilität verspricht zunächst einige Vorteile gegenüber den Prognoseverfahren anhand von vergangenen Renditen. Optionspreise stellen zusätzliche Informationen dar, die mit der zukünftigen Volatilität in Verbindung stehen, und zusätzliche Informationen sind generell geeignet, bessere Schätzungen und Prognosen zu erstellen. Zudem spiegeln diese zusätzlichen Informationen nicht nur Markterwartungen über zukünftige Renditen verschiedener Anlagen wider, sondern auch Markterwartungen über die zukünftige Volatilität dieser Anlagen. Im Gegensatz hierzu verwenden die direkten Modelle allein die vergangenen Renditen und Renditeerwartungen zur Schätzung der Volatilität, indem ihre Parameter aus vergangenen Renditen geschätzt und die Zeitreihen in die Zukunft fortgeschrieben werden. Die Prognose der zukünftigen Rendite erfolgt mit Hilfe des bedingten Erwartungswertes, der mit der zukünftigen Volatilität verbunden ist. Eine solche Fortschreibung vergangener Markterwartungen unterscheidet sich aber grundsätzlich von der Bewertung aktueller Markterwartungen über die zukünftige Volatilität einer Anlage, wie sie in den Optionspreisen enthalten sind.

Diese versprochenen Vorteile sind aber tatsächlich nur scheinbar gegeben. Optionspreise bilden sich am Markt anhand von Prognosen der zukünftigen Rendite und Volatilität der bezogenen Anlage. Diese Prognosen werden von den Marktteilnehmern vor der Bildung ihrer Vorstellung eines fairen Optionspreises durchgeführt und richten sich nach einfachen Einschätzungen der zukünftigen Volatilität oder beispielsweise nach den hier vorgestellten Prognosemethoden. Verwenden alle Marktteilnehmer das selbe Volatilitätsmodell, dann spiegeln die Optionspreise die selben Erwartungen über die zukünftige Volatilität wider, wie sie mit Hilfe dieses Prognosemodells geschätzt wurden. Werden die Prognosen der zukünftigen Volatilität anhand unterschiedlicher Modelle gebildet, dann spiegeln die Optionspreise eine Mischung aller Markterwartungen wider. Im ersten Fall kann die Berechnung der impliziten Volatilität keine weiteren Erkenntnisse gegenüber den Volatilitätsprognosemodellen liefern. Im zweiten Fall ist die Extrahierung der Markterwartungen anhand eines einzelnen Optionspreismodells nicht möglich. Daß sich implizite Volatilitäten „am Markt", d.h. unabhängig von Prognosemodellen, bilden und dann mit Hilfe von Optionspreismodellen extrahiert werden könnten, ist eine optimistische Vorstellung. Zudem sind neben den vergangenen Renditen Beobachtungen weiterer Größen notwendig, die die notwendige Datenmenge vergrößern. Optionspreismodelle scheinen daher eher in ihrer klassischen Ausrichtung anwendbar zu sein, nämlich zur Berechnung des fairen Optionspreises mit Hilfe von Beobachtungen und prognostizierten Volatilitäten.

Literaturverzeichnis

Akgiray, V. (Akgiray, 1989): Conditional Heteroscedasticity in Time Series of Stock Returns: Evidence and Forecasts, in: *Journal of Business*, Vol. 62, 1989, S. 55-80.

Akgiray, V./ Booth, G. G./ Loistl, O. (Akgiray et al., 1989): Statistical Models of German Stock Returns, in: *Journal of Economics*, Vol. 50, 1989, S. 17-33.

Ali, A. M./ Giacotto, C. (Ali/ Giacotto, 1982): The Identical Distribution Hypothesis for Stock Market Prices - Location and Scale-shift Alternatives, in: *Journal of the American Statistical Association*, Vol. 77, 1982, S. 19-28.

Balzer, L. A. (Balzer, 1994): Measuring Investment Risk: A Review, in: *Journal of Investing*, Vol. 3, 1994, S. 47-58.

Bauer, C. (Bauer, 1991): Volatilitäten und Betafaktoren - geeignete Risikomaße?, in: *Die Bank*, o. Jg., 1991, H. 3, S. 172-175.

Beckers, S. (Beckers, 1981): Standard Deviations Implied in Option Prices as Predictors of Future Stock Price Variability, in: *Journal of Banking and Finance*, Vol. 5, 1981, S. 362-382.

Black, F. (Black, 1976): Studies of Stock Price Volatility Changes, in: *Proceedings from the American Statistical Association, Business and Economic Statistics Section*, 1976, S. 177-181.

Black, F./ Scholes, M. (Black/ Scholes, 1973): The Pricing of Options and Corporate Liabilities, in: *Journal of Political Economy*, Vol. 81, 1973, S. 637-659.

Bodie, Z./ Kane, A./ Marcus, A. J. (Bodie et al., 1989): *Investments*, Homewood 1989.

Bollerslev, T. (Bollerslev, 1986): Generalizes Autoregressive Conditional Heteroskedasticity, in: *Journal of Econometrics*, Vol. 31, 1986, S. 307-327.

Bollerslev, T./ Chou, R. Y./ Kroner, K. (Bollerslev et al., 1992): Arch Modelling in Finance: A Review of the Theory and Empirical Evidence, in: *Journal of Econometrics*, Vol. 52, 1992, S. 5-59.

Brailsford, T. J./ Faff, R. W. (Brailsford/ Faff, 1996): An Evaluation of Volatility Forecasting Techniques, in: *Journal of Banking and Finance*, Vol. 20, 1996, S. 419-438.

Brenner, M./ Subrahmanyan, M. G. (Brenner/ Subrahmanyan, 1988): A Simple Formula to Compute the Implied Standard Deviation, in: *Financial Analysts Journal*, Vol. 44, 1988, S. 80-83.

Canina, L./ Figlewski, S. (Canina/ Figlewski, 1993): The Informational Content of Implied Volatility, in: *Review of Financial Studies*, Vol. 6, 1993, S. 659-681.

Chiras, D. P./ Manaster, S. (Chiras/ Manaster, 1978): The Information Content of Option Prices and a Test of Market Efficiency, in: *Journal of Financial Economics*, Vol. 6, 1978, S. 213-234.

Choi, S./ Wohar, M. E. (Choi/ Wohar, 1993): Implied Volatility in Options Markets and Conditional Heteroskedasticity in Stock Markets, in: *Financial Review*, Vol. 27, 1993, S. 503-530.

Christie, A. A. (Christie, 1982): The Stochastic Behavior of Common Stock Variances: Value, Leverage and Interest Rate Effects, in: *Journal of Financial Economics*, Vol. 10, 1982, S. 407-432.

Clark, P. K. (Clark, 1973): A Subordinated Stochastic Process Model with Infinite Variance for Speculative Prices, in: *Econometrica*, Vol. 41, 1973, S. 135-155.

Cox, J. C./ Ross, S. A./ Rubinstein, M. (Cox et al., 1979): Option Pricing: A Simplified Approach, in: *Journal of Financial Economics*, Vol. 7, 1979, S. 229-263.

Day, T. E./ Lewis, C. M. (Day/ Lewis, 1992): Stock Market Volatility and The Informations Content of Stock Index Options, in: *Journal of Econometrics*, Vol. 52, 1992, S. 267-287.

Dempster, A. P./ Laird, N. M/ Rubin, D. B. (Dempster et al., 1977): Maximum Likelihood from Imcomplete Data via The EM Algorithm, in: *Journal of the Royal Statistical Society*, Series B, Vol. 39, 1977, S. 1-38.

Dimson, E./ Marsh, P. (Dimson/ Marsh, 1990): Volatility Forecasting without Data-Snooping, in: *Journal of Banking and Finance*, Vol. 14, 1990, S. 399-421.

Engle, R. F. (Engle, 1982): Autoregressive Conditional Heteroskedasticity with Estimates of The Variance of UK Inflation, in: *Econometrica*, Vol. 50, 1982, S. 987-1008.

Engle, R. F./ Mezrich, J. (Engle/ Mezrich, 1995): Grappling With GARCH, in: *Risk*, Vol. 8, 1995, No. 9, S. 20-25.

Engle, R. F./ Rosenberg, J. V. (Engle/ Rosenberg, 1995): Testing The Term Structure of Stochastic Volatility Models Using Option Hedging Performance Criteria, unveröffentlichtes Manuskript, UCSD 1995.

Epps, T. W./ Epps, M. L. (Epps/ Epps, 1976): The Stochastic Dependence of Security Price Changes and Transaction Volumes: Implications for The Mixture of Distributions Hypothesis, in: *Econometrica*, Vol. 44, 1976, S. 305-322.

Fama, F. (Fama, 1965): The Behaviour of Stock Market Prices, in: *Journal of Business*, Vol. 38, 1965, S. 383-417.

Fleming, J. (Fleming, 1994): The Quality of Market Volatility Forecasts Implied by S&P 100 Index Option Prices, Working paper, Jones Graduate School, Rice University 1994.

Freund, J. E. (Freund, 1992): *Mathematical Statistics*, 5th ed., Englewood Cliffs 1992.

French, K. R./ Schwert, G. W./ Stambaugh, R. F. (French et al., 1987): Expected Stock Returns and Volatility, in: *Journal of Financial Economics*, Vol. 19, 1987, S. 3-29.

Gemmil, G. (Gemmil, 1986): The Forecasting Performance of Stock Options on The London Traded Options Market, in: *Journal of Business Finance and Accounting*, Vol. 13, 1986, S. 535-546.

Geske, R. (Geske, 1979): A Note on An Analytical Valuation Formula for Unprotected American Call Options on Stocks with Known Dividends, in: *Journal of Financial Economics*, Vol. 7, 1979, S. 375-380.

Glosten, L. R./ Jagannathan, R./ Runkle, D. (Glosten et al., 1993): Relationship Between The Expected Value and The Volatility of The Nominal Excess Return on Stocks, in: *Journal of Finance*, Vol. 48, 1993, S. 1779-1801.

Goldberger, A. S. (Goldberger, 1991): *A Course in Econometrics*, Cambridge/ Mass. 1991.

Granger, C. W. J./ Anderson, A. P. (Granger/ Anderson, 1978): *An Introduction to Bilinear Time Series Models*, Göttingen 1978.

Granger, C. W. J./ Morgenstern, O. (Granger/ Morgenstern, 1970): *Predictability of Stock Market Prices*, Lexington/ Mass. 1970.

Granger, C. W. J./ Newbold, P. (Granger/ Newbold, 1976): Forecasting Transformed Series, in: *Journal of the Royal Statistical Society*, Series B, Vol. 38, 1976, S. 189-203.

Hamilton, J. D. (Hamilton, 1994): *Time Series Analysis*, Princeton 1994.

Harvey, A. C./ Ruiz, E./ Shephard, N. (Harvey et al., 1994): Multivariate Stochastic Variance Models, in: *Review of Economic Studies*, Vol. 61, 1994, S. 247-264.

Heaton, H. (Heaton, 1986): Volatilities Implied by Options Premia: A Test of Market Efficiency, in: *Financial Review*, Vol. 21, 1986, S. 37-49.

Hsu, D. A. (Hsu, 1977): Test for Variance Shift at An Unknown Time Point, in: *Applied Statistics*, Vol. 26, 1977, S. 279-284.

Hsu, D. A. (Hsu, 1979): Detecting Shifts of Parameter in Gamma Sequences with Applications to Stock Price and Air Traffic Flow Analysis, in: *Journal of the American Statistical Association*, Vol. 74, 1979, S. 31-40.

Hsu, D. A. (Hsu, 1982): A Bayesian Robust Detection of Shift in The Risk Structure of Stock Market Returns, in: *Journal of the American Statistical Association*, Vol. 77, 1982, S. 29-39.

Katoka, S. (Katoka, 1963): A Stochastic Programming Model, in: *Econometrica*, Vol. 59, 1963, S. 667-686.

Keppler, M. (Keppler, 1990): Risiko ist nicht gleich Volatilität, in: *Die Bank*, o. Jg., 1990, H. 11, S. 610-614.

Knight, F. H. (Knight, 1921): *Risk, Uncertainty and Profit*, New York 1921.

Korn, O. (Korn, 1993): Eine Analyse der Volatilität des deutschen Aktienindexes (DAX) mit Bayes´schen ARCH- und Switching-Modellen, Teilbericht zum Projekt E-09: Volatilitätsmessung in Finanzmärkten, Universität Basel, Basel 1993.

Lamoureux, C. G./ Lastrapes, W. D. (Lamoureux/ Lastrapes, 1993): Forecasting Stock-Return Variance: Toward an Understanding of Stochastic Implied Volatilities, in: *Review of Financial Studies*, Vol. 6, 1993, S. 293-326.

Latané, H. A./ Rendleman, R. J. jun. (Latané/ Rendleman, 1976): Standard Deviations of Stock Price Ratios Implied in Option Prices, in: *Journal of Finance*, Vol. 31, 1976, S. 369-381.

Markowitz, H. M. (Markowitz, 1952): Portfolio Selection, in: *Journal of Finance*, Vol. 7, 1952, S. 77-91.

Markowitz, H. M. (Markowitz, 1959): *Portfolio Selection: Efficient Diversification of Investments*, New York 1959.

Mayhew, S. (Mayhew, 1995): Implied Volatility, in: *Financial Analysts Journal*, Vol. 51, 1995, S. 8-20.

Merton, R. C. (Merton, 1973): Theory of Rational Option Pricing, in: *Bell Journal of Economics and Management Science*, Vol. 4, 1973, S. 141-183.

Nelson, D. B. (Nelson, 1991): Conditional Heteroskedasticity in Asset Returns: A New Approach, in: *Econometrica*, Vol. 59, 1991, S. 347-370.

Oehler, A. (Oehler, 1991): Anlageverhalten als Entscheidungsprozeß, Diskussionsbeiträge Fachbereich Wirtschaftswissenschaft Nr. 164, Fernuniversität Hagen, Hagen 1991.

Pagan, A. R./ Schwert, G. W. (Pagan, Schwert, 1990): Alternative Models for Conditional Stock Volatility, in: *Journal of Econometrics*, Vol. 45, 1990, S. 267-290.

Praetz, P. D. (Praetz, 1972): The Distribution of Share Prices Changes, in: *Journal of Business*, Vol. 45, 1972, S. 49-55.

Roll, R. (Roll, 1977): An Analytic Valuation Formula for Unprotected American Call Options on Stocks with Known Dividends, in: *Journal of Financial Economics*, Vol. 5, 1977, S. 251-258.

Roy, A. D. (Roy, 1952): Safety First And the Holding of Assets, in: *Econometrica*, Vol. 20, 1952, S. 431-449.

Schlag, Ch. (Schlag, 1991): Return Variances of Selected German Stocks: An Application of ARCH and GARCH Processes, in: *Statistical Papers*, Vol. 32, 1991, S. 353-361.

Schmalensee, R./ Trippi, R. (Schmalensee/ Trippi, 1978): Common Stock Volatility Expectations Implied by Option Premia, in: *Journal of Finance*, Vol. 33, 1978, S. 129-147.

Schmitt, Ch. (Schmitt, 1994): Volatilitätsprognosen für deutsche Aktienkurse mit ARCH- und Markov-Mischungsmodellen, Diskussionspapier Zentrum für Europäische Wirtschaftsforschung, 1994.

Schwert, G. W./ Seguin, P. J. (Schwert/ Seguin, 1990): Heteroskedasticity in Stock Returns, in: *Journal of Finance*, Vol. 45, 1990, S. 1129-1155.

Scott, L. O. (Scott, 1987): Option Pricing when The Variance Changes Randomly: Theory, Estimation and An Application, in: *Journal of Financial and Quantitative Analysis*, Vol. 22, 1987, S. 419-432.

Scott, E./ Tucker, A. L. (Scott/ Tucker, 1989): Predicting Currency Return Volatility, in: *Jounal of Banking and Finance*, Vol. 13, 1989, S. 839-851.

Tauchen, G. E./ Pitts, M. (Tauchen/ Pitts, 1983): The Price Variability-Volume Relationship on Speculative Markets, in: *Econometrica*, Vol. 51, 1983, S. 485-505.

Taylor, S. J. (Taylor, 1984): Estimating The Variances of Autocorrelations Calculated from Financial Time Series, in: *Applied Statistics*, Vol. 33, 1984, S. 300-308.

Taylor, S. J. (Taylor, 1986): *Modelling Financial Time Series*, Chicester 1986.

Taylor, S. J. (Taylor, 1994): Modelling Stochastic Volatility: A Review and Comparative Study, in: *Mathematical Finance*, Vol. 4, 1994, S. 183-204.

Telser, L. G. (Telser, 1955-56): Safety First and Hedging, in: *Review of Economic Studies*, Vol. 23, 1955-56, S. 1-16.

Trippi, R. R. (Trippi, 1977): A Test of Option Market Efficiency Using A Random-Walk Valuation Model, in: *Journal of Economics and Business*, Vol. 29, 1977, S. 93-98.

Turner, C. M./ Startz, R./ Nelson, C. R. (1989): A Markov Model of Heteroskedasticity, Risk, and Learning in The Stock Market, in: *Journal of Financial Economics*, Vol. 25, 1989, S. 3-22.

Van Norden, S./ Schaller, H. (Van Norden/ Schaller, 1993): Speculative Behaviour, Regime Switching and Stock Market Fundamentals, Working Paper 93-2, Bank of Canada 1993.

Wagner, N. F. (Wagner, 1995): Der VDAX als Schätzer der zukünftigen Volatilität, in: *Die Bank*, o. Jg., 1995, H. 12, S. 738-741.

Whaley, R. E. (Whaley, 1981): On The Valuation of American Call Options on Stocks With Known Dividends, in: *Journal of Financial Economics*, Vol. 9, 1981, S. 207-211.

Zakoian, J. M. (Zakoian, 1994): Threshold Heteroskedastic Models, in: *Journal of Economic Dynamics and Control*, Vol. 18, 1994, S. 931-955.

Prognose von DAX-Verteilungsfunktionen mit Neuronalen Netzen

von Wolfgang Gerke/ Susanne Baun

1. Neuronale Netze als effizientes Instrumentarium in der Finanzprognose
2. Risikoschätzung im Rahmen des Portfoliomanagements
3. Neurobasierte Prognose von Verteilungsfunktionen am Beispiel des Deutschen Aktienindex (DAX)
4. Ergebnisse der Verteilungsschätzung für den Deutschen Aktienindex (DAX)
5. Zusammenfassung und Ausblick

1. Neuronale Netze als effizientes Instrumentarium in der Finanzprognose

Unbestreitbar verbirgt sich hinter jeder Prognose – somit auch Finanzprognose – ein unumgängliches Risiko bezüglich ihres Eintretens. Zum einen gibt es eine Vielzahl an Einflußgrößen, die aufgrund von Überlagerungsprozessen in ihrem vollen Umfang nicht alle offensichtlich sind, so daß sie in einem finanzwirtschaftlichen Prognosemodell nicht vollständig berücksichtigt werden. Zum anderen unterliegen diese Variablen über die Zeit hinweg Veränderungen, wobei ihr Einfluß auf verschiedene Kapitalmarktgrößen variiert. Neue Einflüsse können hinzukommen, und der Wirkungsgrad der während einer bestimmten Zeitperiode vorherrschenden Abhängigkeiten verkehrt sich unter Umständen in einer anderen Zeitperiode ins Gegenteil.

Vor dem Hintergrund einer solchen komplexen und sich in stetem Wandel befindlichen Umwelt etabliert sich zur Zeit die Methodik der Neuronalen Netze. Neuronale Netze ermitteln eigenständig aufgrund von Lernverfahren Strukturzusammenhänge in Daten. Sie erweitern die Verfahren der konventionellen Statistik dahingehend, daß sehr viele Einflußgrößen simultan verarbeitet und dabei auch hochgradig nichtlineare Zusammenhänge abgebildet und kontinuierlich gelernt werden können.[1] In der Finanzprognose kommen Neuronale Netze in unterschiedlichen Anwendungsfeldern zum Einsatz. Erwartungswertprognosen, d.h. Zeitpunktprognosen, stellen heute das Gros der Anwendungen dar. Solche Modelle informieren zwar über den Erwartungswert eines Titels, nicht jedoch über das Risiko des Eintretens dieses Wertes. Der Risikodimension wird bei diesem Ansatz oftmals über der Prognose nachgeschaltete Risk Management – Strategien, wie z.B. Konfidenzbewertungen von an unterschiedlichen Zeitpunkten abgegebenen Prognosen als Folge von rollierenden Zeitfenstern, Rechnung getragen.

Will man hingegen das Risiko in den Modellansatz integrieren, so bieten sich Verteilungsschätzungen an. Eine zusätzlich zum Erwartungswert abgegebene Schätzung der Varianz als statistisches Volatilitätsmaß informiert über dessen Streuungseigenschaft, berücksichtigt aber nicht alle erforderlichen Informationen wie z.B. Schiefe oder Wölbung einer Verteilung von Quartilen oder allgemeiner Quantilen als Lagemaße, mit deren Hilfe eine annahmenfreie Verteilungsfunktion aufgestellt werden kann. So hält z.B. WHITE ein Neuronales Netzwerk nicht nur für die bedingte Erwartungswertschätzung, sondern auch für die bedingte Varianz- oder Quantilsschätzung für geeignet.[2] Quantile im allgemeinen informieren über das Bandbreitenverhalten des Finanztitels und liefern somit einen breiten Informationsstrom in die Zukunft.

Weiterhin läßt sich die Anwendung der Portfoliotheorie bei der Geldanlage durch Neuronale Netze verbessern. Kapitalmarkttheoretische Modelle, wie z.B. das

---

[1] Für einen Überblick sowohl über die mathematische Fundierung Neuronaler Netze als auch über diverse praxisorientierte Studien im Bereich finanzwirtschaftlicher Anwendungen vgl. Rehkugler/Zimmermann (1994) und Refenes (1995).
[2] Vgl. White (1990).

Capital Asset Pricing Model (CAPM) oder die Arbitrage Pricing Theory (APT), stellen in sich geschlossene mathematische Theoriekonzepte dar. Sie sind jedoch angreifbar, was die Belegung ihrer Eckwerte wie „Rendite" und „Risiko" oder die Zugrundelegung ihrer funktionalen Form betrifft.[3] Diese Eckwerte lassen sich durch jeden beliebigen statistischen Ausdruck beschreiben. So können vielmehr neurobasierte Schätzwerte oder Funktionsbeschreibungen für die Rendite-Risiko-Belegung anstelle des bekannten µ-σ-Ansatzes eine Verbesserung in der Schätzgenauigkeit liefern. Dies ist auch als logische Fortführung des Ansatzes der Verteilungsschätzung auf der Basis neuronaler Methodik zu sehen, da mittels Verteilungsfunktionen das „Risiko" meßbar gemacht wird.

Als Anwendungsfeld mit dem wohl höchsten Added Value in der Wertschöpfungskette von der Prognose hin zur Disposition ist das Fondsmanagement zu sehen. Neurobasierte Fonds können heutzutage so konzipiert und realisiert werden, daß sie ihre Umschichtungsvorgänge gemäß den Zielen der Renditemaximierung oder Risikominimierung steuern und den Grad der Verfolgung dieser konkurrierenden Ziele dabei flexibel modifizieren.

2. Risikoschätzung im Rahmen des Portfoliomanagements

Die klassische Portfoliotheorie basiert auf dem Portfolio-Selection-Modell von MARKOWITZ[4] und auf dessen Fortführung im Rahmen des Indexmodells von SHARPE[5]. Beide Modelle messen das Risiko mittels der Varianz als Streuungsmaß und legen der Renditeentwicklung letztlich eine symmetrische, normalverteilte Verteilungsannahme zugrunde. Ebenso kritikwürdig ist die im Rahmen der Modelle angewandte Methode der Extrapolation historischer Risikoparameter in die Zukunft, so daß die Qualität der geschätzten Risikowerte in der Praxis als mangelhaft zu bezeichnen ist.[6]

Im Rahmen der Kapitalmarkttheorie sind weitere Risikomaße entwickelt worden. So wird z.B. mit dem Capital Asset Pricing Model (CAPM)[7] das Risiko im Rahmen des Betafaktors als Maß für den Risikobeitrag eines einzelnen Finanztitels zum Marktportefeuille bewertet. Dieser Betafaktor spiegelt allerdings nur das systematische, also das nicht diversifizierbare Marktrisiko wider. Im übrigen gilt auch hier dasselbe o.g. Problem der Notwendigkeit zur Schätzung zukünftiger Risikoparameter bei der praktischen Anwendung kapitalmarkttheoretischer Modelle.

Im Rahmen des CAPM wird dann erstmals möglich, das systematische und das unsystematische Risiko zu beobachten und abzuschätzen, inwieweit ein Finanztitel mit dem Marktrisiko verbunden ist und inwieweit unternehmensspezifische Risi-

---

[3] Siehe auch Gliederungspunkt 2.
[4] Vgl. Markowitz (1952).
[5] Vgl. Sharpe (1963).
[6] Vgl. Steiner/ Bruns (1995), S. 15.

ken zum Tragen kommen.⁸ Das Risiko wird hier jedoch unabdingbar als zeitstabil vorausgesetzt, d. h. die Residuen als die Abweichungen der Renditepaare von der Regressionsgeraden müssen im Zeitablauf eine konstante Varianz aufweisen. Allerdings können hier die statistischen Verfahren der GARCH-Modelle ansetzen und eine Verbesserung bringen, da diese unter Berücksichtigung von im Zeitablauf inkonstanten Varianzen Schätzwerte für die Betafaktoren liefern.⁹ Nachteilig an GARCH-Modellen wiederum ist, daß auch sie eine bestimmte, symmetrische Verteilungsform vorgeben.

Daneben existieren einige institutsspezifische Modifikationen verschiedener Finanzdienstleister bezüglich der Schätzung von Rendite und Risiko in kapitalmarkttheoretischen Modellen. So kombinieren z.B. BLACK und LITTERMAN subjektive Einschätzungen von Investoren mit dem Marktgleichgewicht, wobei sie diese mit Konfidenzwahrscheinlichkeiten unterlegen.¹⁰ Hier wird allerdings ein hohes Maß an Subjektivität in das kapitalmarkttheoretische Theoriengebäude eingebracht. Besonders schwierig ist es, eine Börsenpsychologie der Anlagemärkte in die Kursprognose zu integrieren, wobei ein häufig nur beschränkt rationales Verhalten der Marktteilnehmer sich schwer in Gesetzmäßigkeiten übertragen läßt.¹¹

3. Neurobasierte Prognose von Verteilungsfunktionen am Beispiel des Deutschen Aktienindex (DAX)

Die folgende Studie soll den empirischen Nachweis liefern, daß mittels Neuronaler Netze eine annahmenfreie Verteilungsfunktion für den Deutschen Aktienindex (DAX) unter Erzielung einer hohen Prognosegüte geschätzt werden kann. Diese Verteilungsfunktion kann anschließend als Maßstab für die Risikodimension von Portefeuilles in bestehende Konzepte der Portfoliotheorie integriert werden.

Grundsätzlich sind Verteilungen, welche nicht auf bestimmten Annahmen der Verteilungsform der zugrundeliegenden Werte beruhen, über die Methodik des 'Fractional Binning' prognostizierbar. Hierbei wird die stetige Verteilung in Histogramme unterteilt, welche als Klassenintervalle die Verteilung in n Klassen splitten. Als Verteilungsmaßzahlen, die diese Histogramme abstecken, können beispielsweise Quantile fungieren.¹² Bestimmte Quantile, die Quartile, unterteilen eine Wahrscheinlichkeitsverteilung dahingehend, daß sich jeweils 25 % der Daten in den vier Klassenintervallen Maximum, Upper Quartile, Median, Lower Quartile und Mini-

---

7 Vgl. Sharpe (1964).
8 Vgl. Steiner/ Bruns (1995), S. 33-35.
9 „GARCH" steht für Generalized Autoregressive Conditional Heteroscedasticity, vgl. Engle (1982). Bezüglich der Anwendung von GARCH-Modellen in der Finanzierungstheorie, vgl. Geyer/ Schwaiger (1995).
10 Vgl. Black/ Litterman (1990).
11 Vgl. Gerke (1997).
12 Vgl. White (1992) und (1995).

mum befinden. Im Rahmen der Prognose von Verteilungsmaßzahlen werden diese Klassengrenzen quantitativ bestimmt.

Konkret wird im folgenden ein Prognosemodell für den DAX auf der Basis Neuronaler Netze dargestellt, welches anhand der Lagemaße der Quartile – dem Maximum, Upper Quartile, Median, Lower Quartile und Minimum – über die Verteilung des DAX über die zukünftigen 60 Werktage informiert. Dieses Prognosemodell basiert folglich auf einem wahrscheinlichkeitstheoretischen Ansatz, welcher darauf abzielt, anstelle der bis dato üblichen Erwartungswertprognose auf einen Zeitpunkt hin eine Verteilungsaussage über einen Zeitraum hinweg und damit zusätzlich risikoerhebliche Information abzuleiten. Das prognostizierte Verteilungsintervall informiert dabei nicht nur über den in der Zukunft zu erwartenden Kurswert des DAX (über den Median als Erwartungsmittelwert), sondern darüber hinaus auch über das Bandbreitenverhalten des DAX im Sinne eines Szenarios, welches auch als „Volatilität" interpretiert werden kann. Verteilungseckwerte stellen dabei geeignete Anknüpfungspunkte vielfältigster Portfoliostrategien dar.

Im Unterschied zu der Prognose von Erwartungswert und zugehöriger Varianz[13] besitzt der vorliegende Ansatz der Klassenintervallbildung neben der Unabhängigkeit der Annahme symmetrischer Verteilungsformen den Vorteil der Robustheit gegenüber Ausreißern. Weiterhin stellt der Erwartungswert als Bezugspunkt für den Schätzwert der Varianz seinerseits nur einen Prognosewert dar, der als solcher ebenfalls mit Unsicherheit behaftet ist. Analog zu der Varianz ließe sich beispielsweise die interquartile Differenz zwischen dem Upper und dem Lower Quartile ebenso als Unsicherheitsmaß für das Eintreten des Median interpretieren.[14]

Für das neuronale Prognosemodell werden die Lagemaße aus der Basisreihe des logarithmierten DAX-Schlußkurses wie folgt definiert und abgeleitet:

- quartil60
  Steht für ein Quartil über das vergangene Zeitfenster von 60 Tagen t=>t-60, wobei der Wert dem aktuellen Bezugspunkt t zugeordnet wird.
- quartil60(60)
  Steht für ein Quartil über das zukünftige Zeitfenster von 60 Tagen t=>t+60, wobei der Wert dem aktuellen Bezugspunkt t zugeordnet wird. Es entspricht dem quartil60, welches um ein Zeitfenster von 60 Tagen in die Zukunft verschoben wurde.

Für den Zeitabschnitt der Generalisierungsmenge[15] werden in der Abbildung 1 die fünf Quartile max60(60), upquart60(60), med60(60), lowquart60(60) und min60(60) dargestellt und dem Verlauf des logarithmierten DAX gegenübergestellt.

Aus lerntechnischen Gründen können jedoch die in ihrer Absolutform dargestellten Quartilszeitreihen dem Neuronalen Netz nicht als Zielformulierung vorgegeben werden.[16] Nach einer Evaluierung unterschiedlicher Prognoseformulie-

---

[13] Zu Prognosemodellen auf der Basis Neuronaler Netze, die den Mittelwert und die Varianz zukünftiger Zeitreihen schätzen, vgl. Nix/ Weigend (1994) und Wittkemper (1994).
[14] Vgl. White (1992).
[15] Zu der Aufteilung der gesamten Datenmenge in einen Trainings-, Validierungs- und Generalisierungsbereich siehe die Ausführungen weiter unten in diesem Gliederungspunkt.
[16] Immer dann, wenn die zugrundeliegende Prognosegröße einen Trendcharakter aufweist, würde sich bei einer Absolutformulierung das Ausgabeverhalten der Neuronen während des Trainings auf

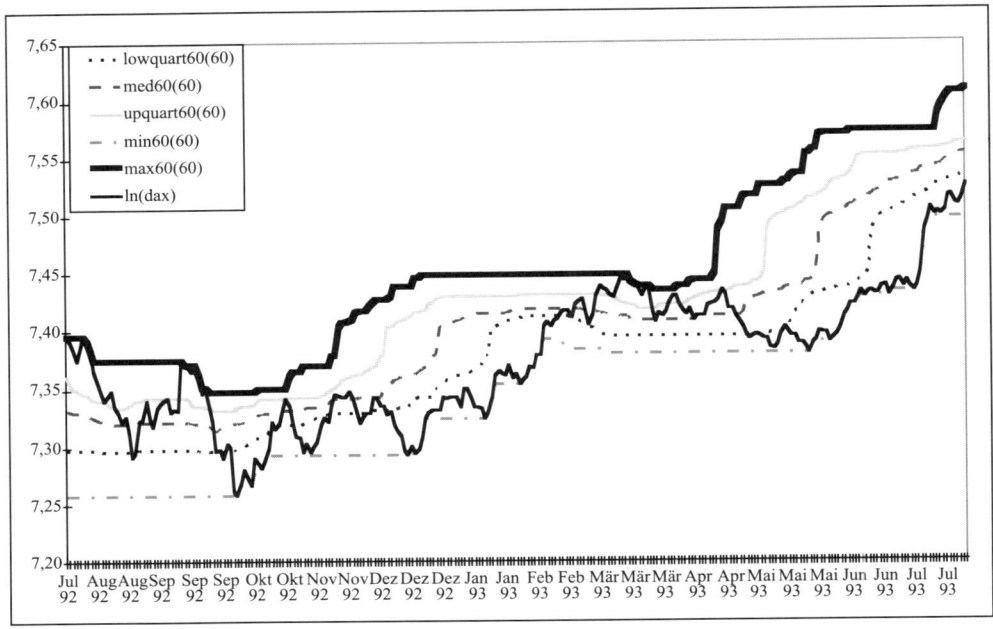

Abb. 1: Verlauf der Quartile der DAX-Reihe und des logarithmierten DAX über den Generalisierungszeitraum hinweg

rungen[17] fällt die Wahl auf die Schätzung interquartiler Abstände zwischen den Lagemaßen als Zielvorgabe für die Modellentwicklung. Der Modellentwicklung werden folglich die Targetzeitreihen der interquartilen Differenzen[18] zweier benachbarter Maßzahlen – max60(60)-upquart60(60), upquart60(60)-med60(60), med60(60)-lowquart60(60) und lowquart60(60)-min60(60) – und die intraquartile Differenzengröße des Median über die zukünftigen 60 Tage minus dem Median über die vergangenen 60 Tage med60(60)-med60 zugrundegelegt. Die intraquartile Differenz des Median ist dabei als Anknüpfungspunkt für die Angliederung der prognostizierten interquartilen Differenzen notwendig, um gegebenenfalls die Differenzendarstellung in eine Absolutdarstellung der Verteilungsmaßzahlen überführen zu können.[19] Nachfolgende Abbildung zeigt die Verläufe der so spezifizierten Targetzeitreihen der interquartilen Differenzen über den Generalisierungszeitraum:

---

die Sättigungsbereiche der Transferfunktionen konzentrieren. Vgl. Zimmermann (1994), S. 22.

[17] Auf eine Darstellung dieser Evaluierung wird hier verzichtet. Für eine detaillierte Diskussion vgl. Baun (1997).

[18] „Interquartile Differenz" steht dabei für eine Differenzenbildung zweier benachbarter Quartile, wohingegen „intraquartile Differenz" die Differenzenbildung innerhalb desselben Quartils über die Zeit hinweg charakterisiert.

[19] Konkret wird dabei aus der intraquartilen Differenz des Median dessen zukünftiger Absolutwert berechnet und anschließend die benachbarten interquartilen Differenzen sukzessive angegliedert, um die entsprechenden absoluten Lagemaße zu ermitteln. Der Nachteil einer Rückführung der Differenzen- in Absolutwerte liegt darin, daß nun identisch zu der Prognose von Mittelwert und zugehöriger Varianz die Prognosen nicht mehr unabhängig voneinander sind und sich so ein additiver Fehler einstellen kann. Siehe dazu auch Gliederungspunkt 4.

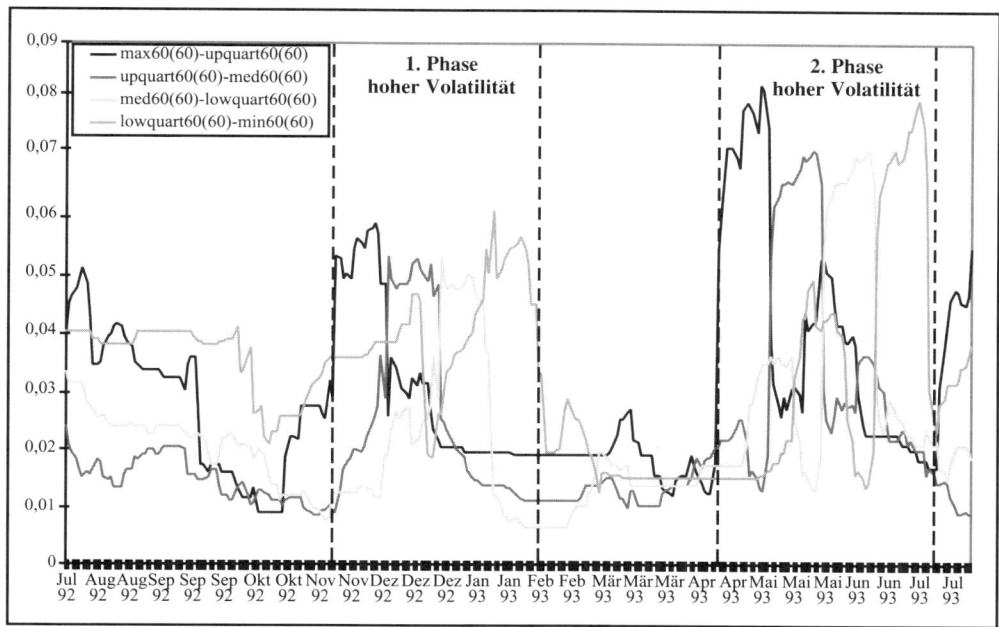

Abb. 2: Verlauf der Targetreihen der interquartilen Differenzen über den Generalisierungszeitraum

Folgende Abbildung zeigt den Verlauf der Targetzeitreihe der intraquartilen Differenz des Median über den Generalisierungszeitraum:

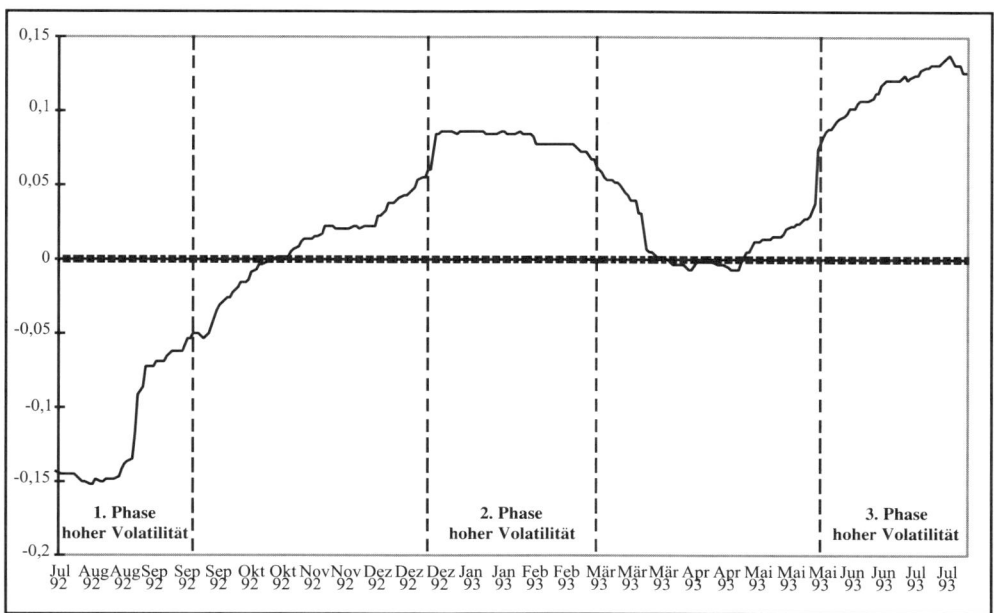

Abb. 3: Verlauf der Targetreihe der intraquartilen Differenz des Median über den Generalisierungszeitraum

In Abbildung 2 heben sich deutlich Phasen höherer Volatilität von Phasen niedriger Volatilität bezüglich der interquartilen Differenzenreihen voneinander ab. Phasen höherer Volatilität herrschen vor allem in den beiden Zeiträumen von Mitte November 1992 bis Ende Januar 1993 (1. Phase hoher Volatilität) und Mitte April bis Mitte Juli 1993 (2. Phase hoher Volatilität) vor.

Phasen höherer Volatilität der Differenz des Median – im Gegensatz zu den interquartilen Differenzen, hier ausgedrückt durch hohe intraquartile Differenzenwerte im Sinne von Veränderungsraten über zwei aufeinanderfolgende 60-Tagefenster hinweg, – finden sich in Abbildung 3 von Ende Juli bis Mitte September 1992 (1. Phase hoher Volatilität), von Mitte Dezember bis Anfang März 1993 (2. Phase hoher Volatilität) sowie von Ende Mai bis Juli 1993 (3. Phase hoher Volatilität). Aufgrund der Unterschiedlichkeit in der Differenzbildung bei dem Median gegenüber den restlichen Quartilen sind die Phasen hoher und niedriger Volatilität in den Abbildungen 2 und 3 nicht deckungsgleich, sondern zeitlich versetzt bzw. auch niveaumäßig unterschiedlich. Die intraquartile Differenz des Median umfaßt stets das zukünftige minus dem vergangenen 60-Tagefenster, wohingegen die restlichen Quartile lediglich über den zukünftigen Zeitabschnitt hinweg gebildet werden. Diesen Sachverhalt gilt es im folgenden zu berücksichtigen.

Im Rahmen der Auswahl der neuronalen Architektur wird für die Modellentwicklung die Feedforward-Architektur eines Multilayer Perceptrons und damit das Konzept eines Input-/Outputmodells festgelegt. Der Dateninput trägt dem ökonometrischen Ansatz Rechnung, das heißt, es werden diverse Märkte, wie der Aktien- und der Rentenmarkt sowie volkswirtschaftliche Entwicklungen, im In- und Ausland modelliert.

Das gemeinsame Intervall der gebildeten Zeitreihen ist zu unterteilen in eine Trainings-, Validierungs- und Generalisierungsmenge.[20] Das Trainingsintervall des Modells umfaßt die Zeitspanne von Dezember 1983 bis Juli 1992 (2117 Beispiele) und stellt aus der Perspektive des neuronalen Modells den ex post-Prognosezeitraum dar. Die Validierungsbeispiele sind gleichmäßig über das Zeitintervall der Trainingsmenge verteilt (141 Beispiele). Das Generalisierungsintervall umfaßt die einjährige Zeitspanne von Juli 1992 bis Juli 1993 (261 Beispiele) und dient der ex ante-Schätzung.

Im Rahmen der Modellentwicklung und -optimierung kommen ausschließlich die Eliminierungstechniken Weight Pruning nach dem Statistical Significance Test, Input Pruning und Hidden Merging zum Einsatz.[21] Der Prozeßablauf zwischen Training und Optimierung erfolgt analog zu dem aus der Modellbautheorie bekannten Ablaufschema.[22]

Nachfolgende Abbildung skizziert grob die Architektur- und Dateninputbelegung für das neuronale Modell.

---

[20] Zum Konzept der Validierung und der Sinnhaftigkeit der Unterteilung der Daten in drei Teilmengen vgl. Baun (1997).
[21] Vgl. Zimmermann (1994).
[22] Vgl. Baun (1994), S. 164-168.

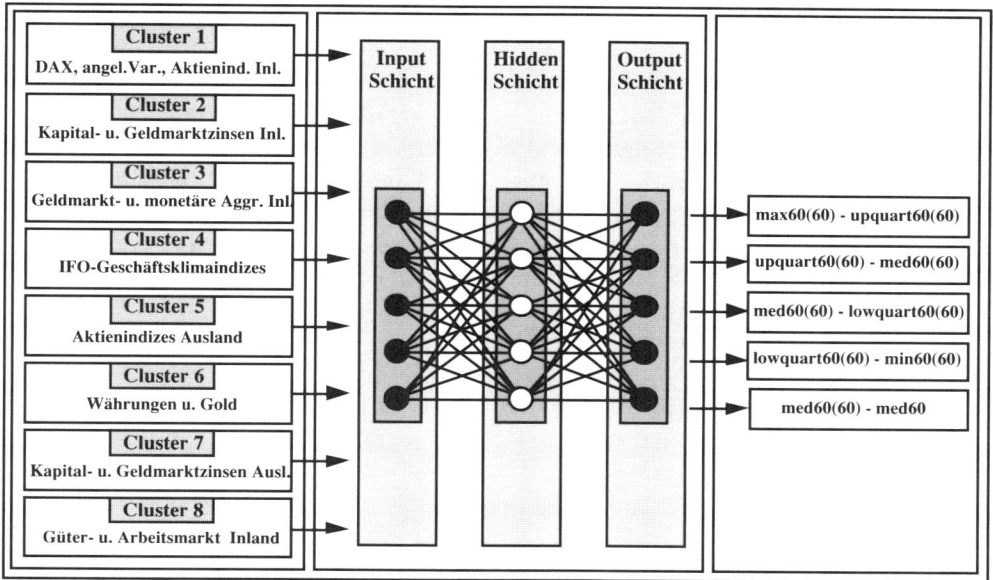

Abb. 4: Spezifikation der Architektur- und Dateninputbelegung für das neuronale Modell

4. Ergebnisse der Verteilungsschätzung für den Deutschen Aktienindex (DAX)

Die dargestellten Prognosen der Quartile des zukünftigen 60-Tagezeitraums des DAX mit dem Ziel der anschließenden Ableitung der entsprechenden Verteilungsfunktion werden im folgenden bezüglich der Anpassungsgüte der Schätzfunktion bewertet. Hierbei dienen zum einen graphische Darstellungen der qualitativen Meßbarmachung, zum anderen bestimmte Fehlerkriterien der quantitativen Meßbarmachung der Output-Targetannäherung. Abschließend wird die Schätzgüte über den Annäherungsgrad zwischen tatsächlicher und geschätzter Wahrscheinlichkeitsverteilung mittels des Maßes der relativen Entropie ermittelt.

Zu beachten ist, daß sowohl die graphischen Darstellungen als auch die Fehlerkriterien bezüglich der Output-Targetannäherung auf den der Modellentwicklung als Zielformulierung zugrundegelegten inter- und intraquartilen Differenzen basieren. Eine Ergebnisdarstellung bezüglich der rückberechneten Absolutzeitreihen erfolgt aus Gründen einer möglichen Fehlerakkumulierung im folgenden nicht.[23] Eine

---

[23] Für eine ausführliche Ergebnisdarstellung sowohl auf Differenzen- als auch auf Absolutbasis vgl. Baun (1997). Zusammenfassend sei gesagt, daß die entsprechenden Ergebnisse auf der Basis der absoluten Lagemaße die wesentlichen Aussagen der Differenzenauswertung stützen und sich somit die Fehlerakkumulierung nur unwesentlich auf das Absolutergebnis auswirkt.

Ausnahme bildet die Berechnung der relativen Entropie, da dieses Maß auf die Prognosen der absoluten Lagemaße abstellt. Bei der Evaluierung mittels relativer Entropie ist im Gegensatz zum klassischen Fehlerkriterium nicht der Approximationsgrad zwischen einzelnen Kursverläufen Meßgegenstand, sondern der Annäherungsgrad zwischen tatsächlicher und geschätzter Wahrscheinlichkeitsverteilung. Basis hierfür bilden die mittels der absoluten Lagemaße abgesteckten erwarteten und prognostizierten Klassenintervalle.

Weiterhin werden im Rahmen der Ergebnisdiskussion zeitliche Phasen hoher und niedriger Marktvolatilität unterschieden. Außerdem wird das Augenmerk auf die Ergebniserzielung bei hoher Volatilität gelegt, da auch dort die höchsten Gewinn- und Verlustchancen liegen.

Im folgenden sei der Prognosehorizont und T die Anzahl der Vorhersagen. Ferner bezeichne den zu prognostizierenden jeweiligen Targetwert und die zum Zeitpunkt t erstellte Vorhersage für den Zeitpunkt . Bei r_t handelt es sich um eine naive Schätzung, die es im weiteren zu spezifizieren gilt.

Folgende Fehlerkriterien werden berechnet:

- Mean Standard Deviation (MSD)

$$(1) \quad \left[\frac{1}{T}\sum_{t=1}^{T}\left(r_{t+\Delta t} - \hat{r}_{t+\Delta t}\right)^2\right]^{1/2}$$

Hierbei handelt es sich um die Standardabweichung der Prognosefehler. Es wird unterstellt, daß der erwartete mittlere Fehler gleich Null ist. Die Skalierung ist dieselbe wie die der zugrundeliegenden Variablen.

- Mean Standard Deviation – Corresponding Information Ratio (MSD CIR)

$$(2) \quad \left[\sum_{t=1}^{T}\left(r_{t+\Delta t} - \hat{r}_{t+\Delta t}\right)^2\right] / \left[\sum_{t=1}^{T}\left(r_{t+\Delta t} - r_t\right)^2\right]$$

Dieser Quotient aus Standardabweichungen setzt den Prognosefehler ins Verhältnis zum Fehler der naiven Annahme. Er ist folglich als ein Benchmark-Kriterium zur naiven Prognose zu interpretieren. Der jeweilige Zähler mißt den Prognosefehler, der jeweilige Nenner den Fehler der naiven Annahme einer konstanten Entwicklung. r_t steht dabei für die naive Annahme einer Trendfortsetzung. Ist die Verhältniszahl größer eins (kleiner eins), so ist der Fehler der neuronalen Prognose größer (kleiner) als der der naiven Prognose, bei einem Wert gleich eins ist der Fehler bei beiden Prognosearten wertmäßig identisch. Grundsätzlich gilt: MSD CIR ≥ 0, wobei ein Wert von 0 eine perfekte Vorhersage impliziert.

- Mean Absolute Deviation (MAD)

$$(3) \quad \frac{1}{T}\sum_{t=1}^{T}\|r_{t+\Delta t} - \hat{r}_{t+\Delta t}\|$$

Dieses Maß ist ähnlich wie MSD zu interpretieren, verhält sich jedoch robuster gegenüber Ausreißern.

- Mean Absolute Deviation – Corresponding Information Ratio (MAD CIR)

(4) $\left[\sum_{t=1}^{T}\|r_{t+\Delta t} - \hat{r}_{t+\Delta t}\|\right] / \left[\sum_{t=1}^{T}\|r_{t+\Delta t} - r_t\|\right]$

Grundsätzlich sind MSD CIR und MAD CIR vergleichbar. Die größere Robustheit von MAD impliziert jedoch, daß die Werte von MAD CIR näher an eins liegen als die von MSD CIR.
Die zu den Fehlerkriterien zugehörige allgemeine Legende lautet:
$r_{t+\Delta t}$ = Targetgröße;
$\hat{r}_{t+\Delta t}$ = Outputgröße;
r_t = Vergleichsmaßstab einer naiven Annahme.

Abbildung 5 konkretisiert die Legende, indem nach den interquartilen Differenzen und der intraquartilen Differenz des Median unterteilt wird.[24]

Die Bewertung anhand der Fehlerkriterien wird sowohl über die gesamte Generalisierungsmenge als auch über sequentielle Teilabschnitte in Form einer 1/4-Einteilung durchgeführt. Da die Generalisierungsmenge ein Jahr umfaßt, handelt es sich bei der 1/4-Einteilung um Quartalsabschnitte. Die Bewertung über den gesamten Prognosezeitraum stellt dabei eine Globalbetrachtung dar, während die Bewertung über die Zeitfenster hinweg der Dynamisierung dient und Aussagen über die Veränderung der Fehlerwerte über die Zeit hinweg erlaubt.

Im folgenden werden die Ergebnisse in graphischer Form dargestellt, wobei die Abbildungen zusätzlich verbal kommentiert werden. Die anschließenden Fehlermaße dienen der quantitativen Bewertung.

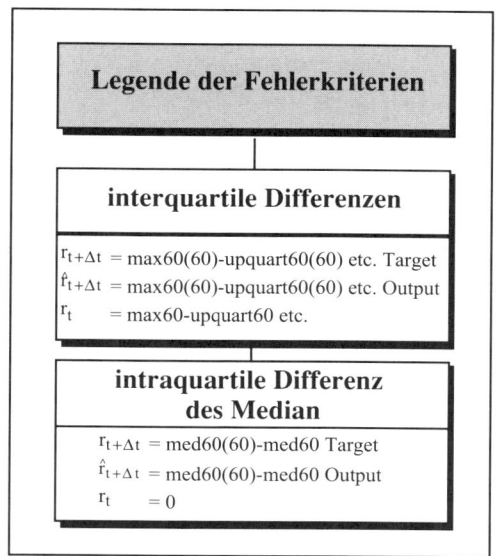

Abb. 5: Legende der Fehlerkriterien

---

[24] Zur Diskussion bezüglich der geeigneten Wahl der Referenzgröße der naiven Prognose vgl. Baun (1997).

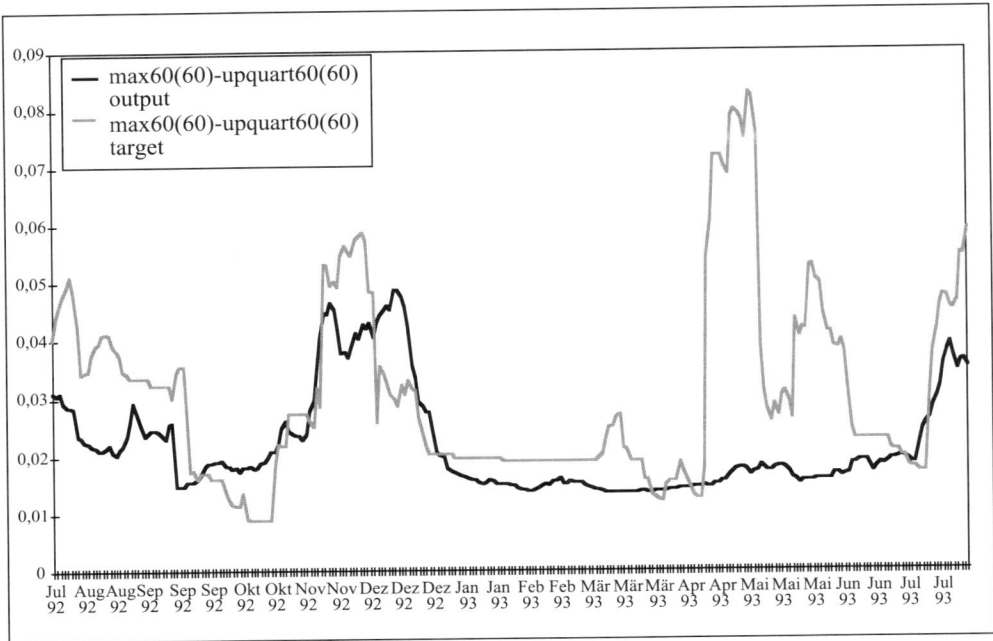

Abb. 6: Output-Targetannäherung
max60(60) – upquart60(60)

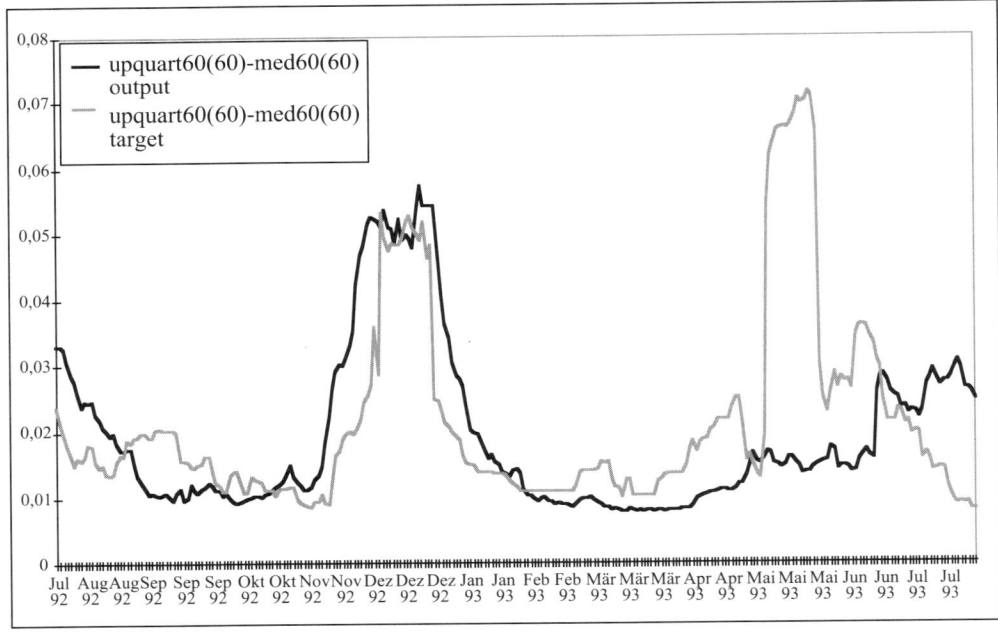

Abb. 7: Output-Targetannäherung
upquart60(60) – med60(60)

Prognose von DAX-Verteilungsfunktionen mit Neuronalen Netzen 531

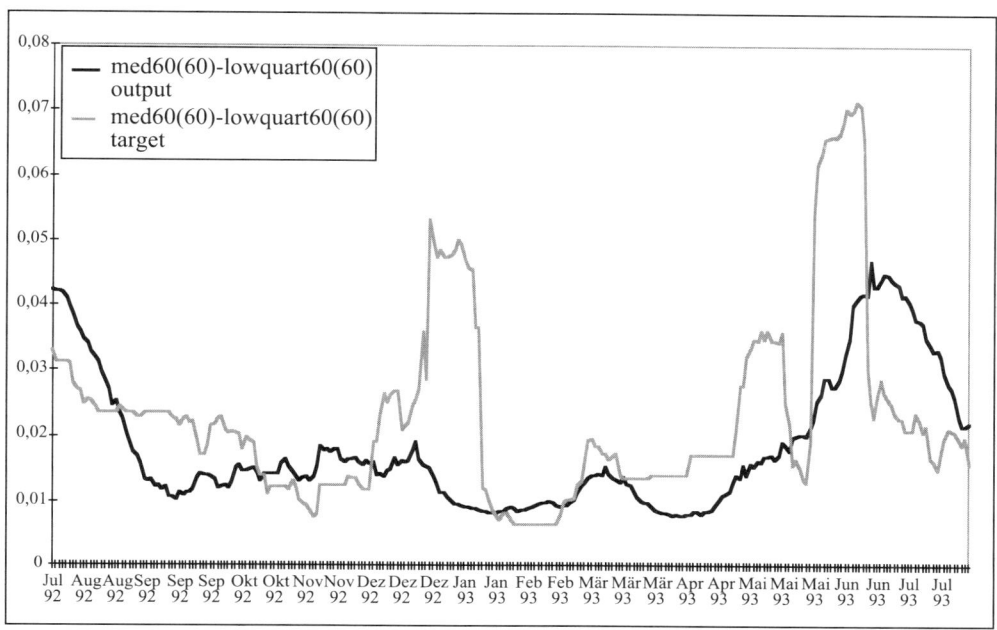

Abb. 8: Output-Targetannäherung
med60(60) – lowquart60(60)

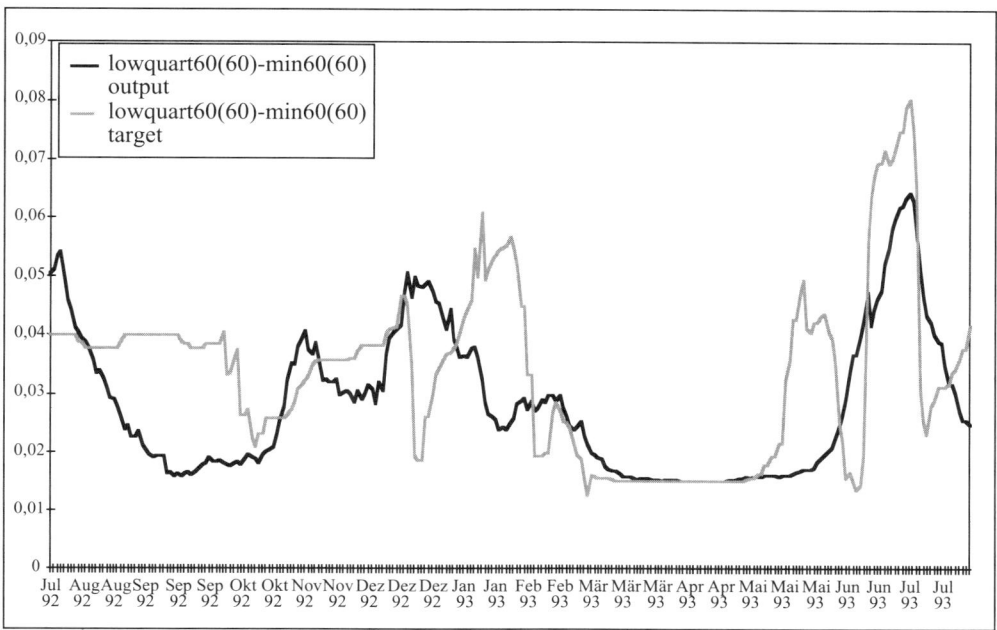

Abb. 9: Output-Targetannäherung
lowquart60(60) – min60(60)

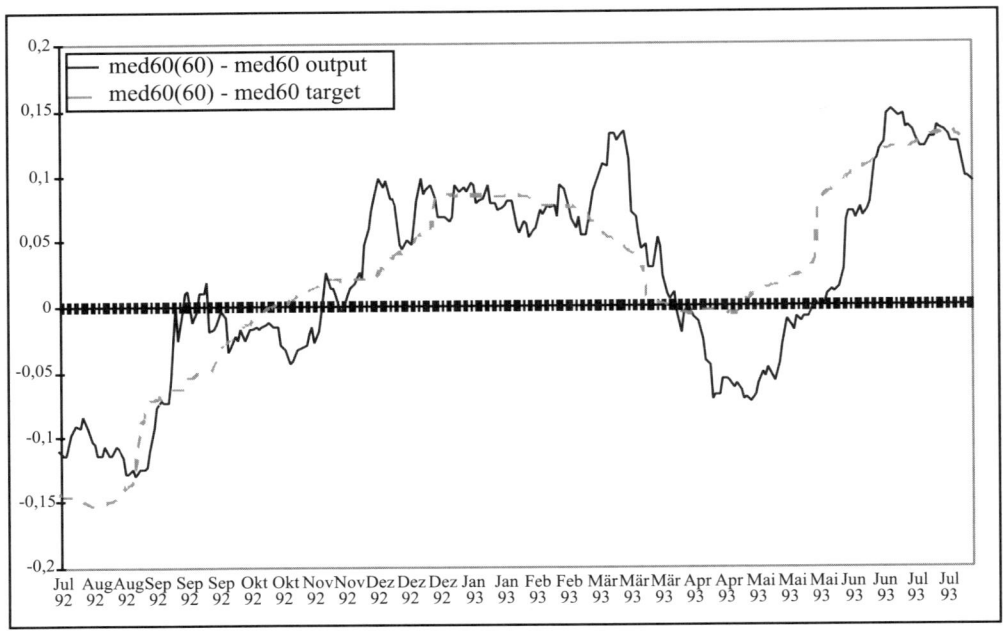

Abb. 10: Output-Targetannäherung med60(60) – med60

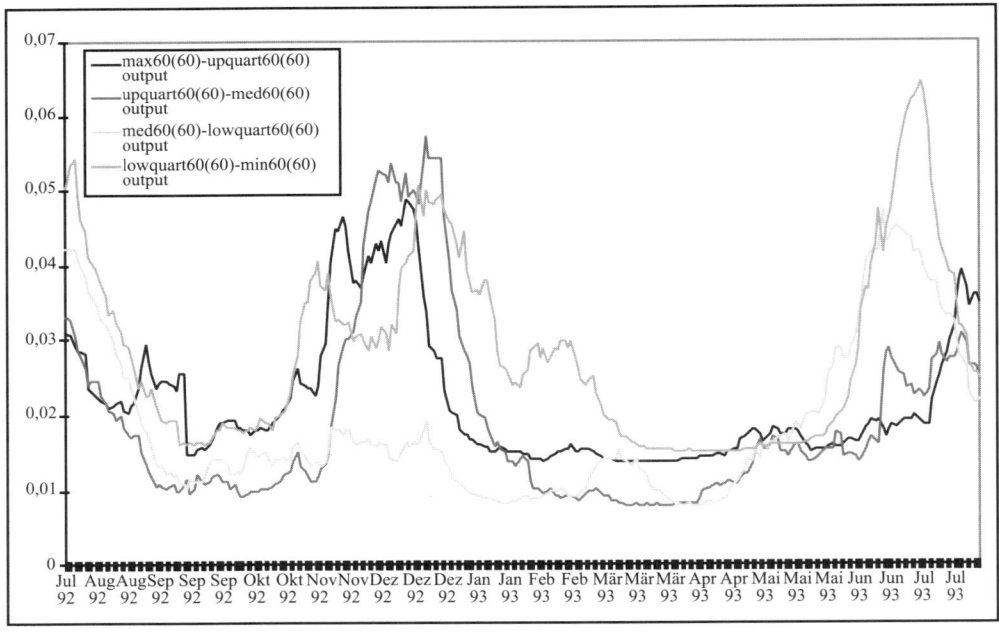

Abb. 11: Outputverläufe der interquartilen Differenzen über den Generalisierungszeitraum

Abbildung 11 faßt die Kurvenverläufe der Outputwerte der interquartilen Differenzen zusammen. Die Simultanbetrachtung soll den Grad der Differenzierung der Einzelverläufe untereinander veranschaulichen.

Vergleicht man Abbildung 11 mit der entsprechenden Graphik der Kurvenverläufe für die Targetwerte in Abbildung 2, so fallen übereinstimmende Phasen höherer Volatilität im November 1992 bis Januar 1993 und Juni 1993 auf. Somit wird die erste Phase höherer Volatilität des realen Kursverlaufs zeitraumäquivalent prognostiziert, während die zweite Phase höherer Volatilität mit einem time-lag nachgebildet wird.

Auffallend ist weiterhin, daß sich für die erste Volatilitätsphase die Reihenfolge der Reaktionsverzögerungen der prognostizierten Differenzen konsistent zu der Targetentwicklung verhält, wenn auch nicht so eindeutig voneinander abgesetzt. Diese Reihenfolge ist jedoch in der zweiten Phase hoher Volatilität eher ins Gegenteil verkehrt.

Tabelle 1 zeigt die Ergebnisse anhand der Fehlerkriterien über den gesamten Generalisierungszeitraum:

	MSD	MSD CIR	MAD	MAD CIR
max60(60) - upquart60(60)	0.0177	0.41	0.0115	0.54
upquart60(60) - med60(60)	0.0153	0.39	0.0096	0.56
med60(60) - lowquart60(60)	0.0148	0.39	0.0105	0.59
lowquart60(60) - min60(60)	0.0136	0.31	0.0108	0.52
med60(60) - med60	0.0379	0.63	0.0292	0.78

Tab. 1: Ergebnisse der inter- und intraquartilen Differenzen anhand der Fehlerkriterien über den Generalisierungszeitraum

Abbildung 12 faßt graphisch die in Tabelle 1 dargestellten Werte für das MSD CIR und MAD CIR der inter- und intraquartilen Differenzen zusammen und liefert so einen vergleichenden Überblick.

Die Anpassungsgüte stellt sich – gemessen an dem MSD und MAD – über die einzelnen Modelle der interquartilen Differenzen hinweg mit einem MSD-Niveau von 0.014 bis 0.018 und einem MAD-Niveau von 0.010 bis 0.012 als annähernd gleich gut dar. Im Gegensatz dazu hebt sich die intraquartile Differenz des Median mit einem MSD von 0.038 und einem MAD von 0.029 deutlich ab.

Die Corresponding Information Ratios bewerten die Approximationsgüte im Vergleich zu einer naiven Schätzung. Im Rahmen der Globalauswertung über den

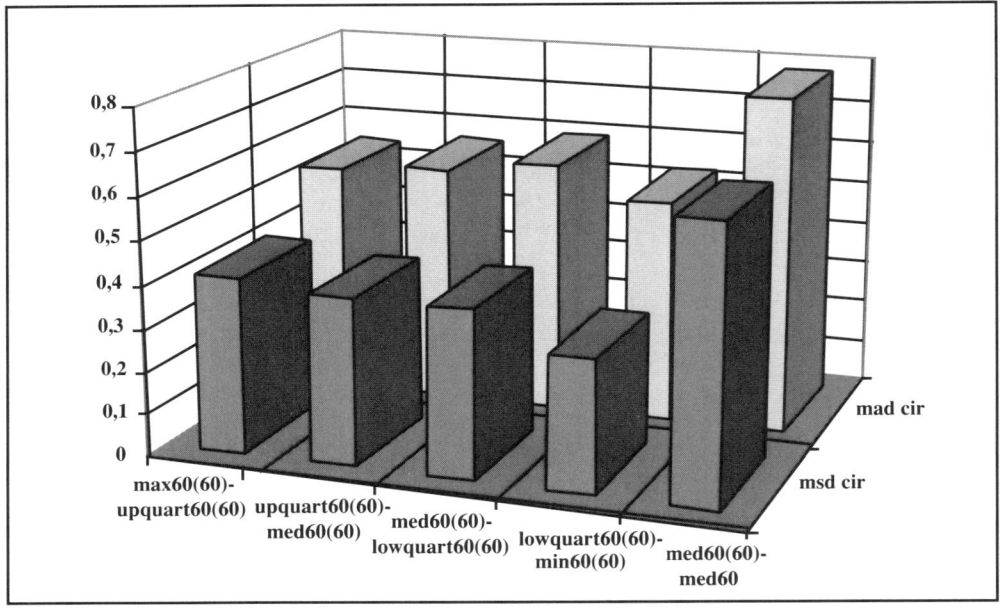

Abb. 12: MSD CIR und MAD CIR der inter- und intraquartilen Differenzen

einjährigen Generalisierungszeitraum hinweg demonstrieren die Zahlen MSD CIR und MAD CIR für alle Prognoseaussagen mit einem Niveau von ca. 0.3 bis 0.8 eine deutliche Überlegenheit der neuronalen Modelle im Vergleich zu naiven Annahmen. Am überlegensten, einhergehend mit den kleinsten CIR, ist die Prognose lowquart60(60)-min60(60), gefolgt von upquart60(60)-med60(60), med60(60)-lowquart60(60) und max60(60)-upquart60(60), welche sich nur geringfügig im Niveau unterscheiden. Wertmäßig sind die Verhältniszahlen von MAD CIR höher als die von MSD CIR, was auf die höhere Robustheit der MSD-Werte zurückzuführen ist.

Im folgenden sollen im Rahmen der Quartalsbetrachtung die MSD CIR- und MAD CIR-Werte einer detaillierteren Diskussion unterzogen werden. Abbildung 13 dient zum Vergleich der Entwicklung der CIR-Werte der interquartilen Differenzen und intraquartilen Differenz des Median über die vier Quartale hinweg.

Die Betrachtung der vier Zeitfenster für die intraquartile Differenz des Median med60(60)-med60 zeigt im ersten als auch im dritten Quartal CIR-Werte > 1. Das Auftreten lokal hoher Extremwerte der CIR-Berechnungen läßt sich folgendermaßen begründen: In der Abbildung des Realverlaufs von med60(60)-med60 (Abbildung 3) korrespondieren die Zeitintervalle erstes und drittes Quartal mit Phasen niedriger Volatilität, d.h. mit kleinen Werten der Targetreihe, welche nahe der Nullinie verlaufen. Der an dieser Stelle auftretende Horizontalverlauf der Originalzeitreihe hat zur Folge, daß im Nenner der CIR $r_{t+\Delta t} - r_t$ [25], welcher die absolute

---

[25] Zur Besonderheit der Berechnung des Nenners der CIR-Werte für die intraquartile Differenz des Median vgl. Baun (1997).

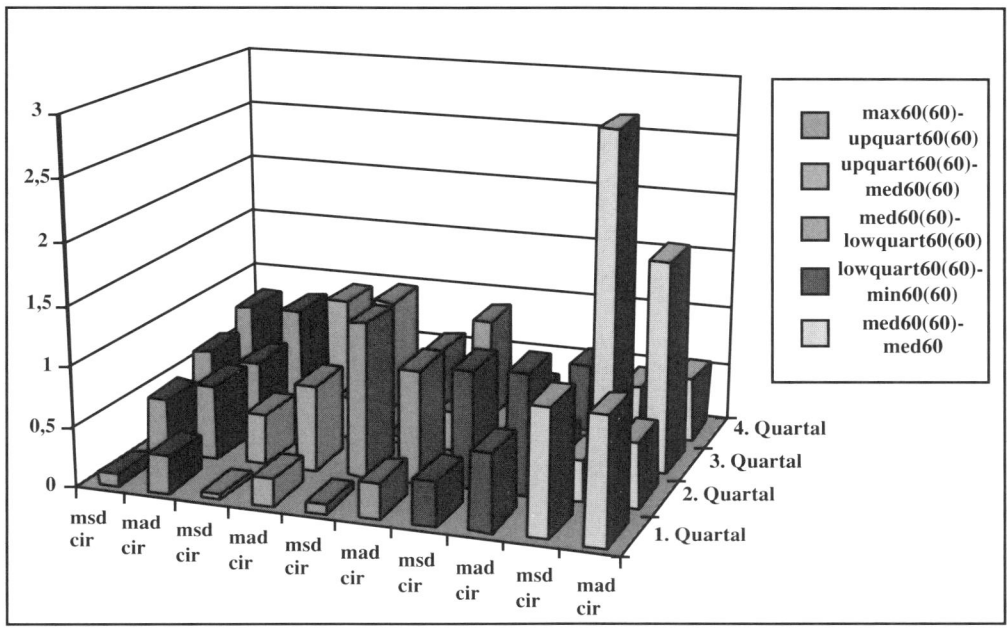

Abb. 13: MSD CIR und MAD CIR der inter- und intraquartilen Differenzen über vier Quartale hinweg

Marktbewegung beschreibt, minimal klein und somit der Gesamtausdruck extrem groß wird.[26]

Wenn man sich nun verdeutlicht, daß Horizontalverläufe der Targetzeitreihe der intraquartilen Differenz des Median um die Nullinie gleichzusetzen sind mit niedrig volatilen Marktphasen, läßt sich folgender Schluß ziehen: In Zeiten hoher Volatilität, welche mit einem erhöhten Marktrisiko einhergehen, übertreffen die Prognosen des Neuronalen Netzes die naiven Annahmen, während in Zeiten niedriger Volatilität bzw. niedrigen Marktrisikos die naiven Prognosen dominieren. Dieselbe Argumentationsführung gilt auch für die interquartilen Differenzen.

Neben der Modellauswertung in Form von graphischen Vergleichen und im Rahmen von Fehlerkriterien, welche den Grad der Output-Targetapproximation messen, können die Prognosen absoluter Lagemaße mittels relativem Entropiemaß bewertet werden. Meßgegenstand hierbei ist der Annäherungsgrad zwischen tatsächlicher und geschätzter Wahrscheinlichkeitsverteilung.

Die Aufgabenstellung der Quartilsprognose gibt dabei die erwartete Wahrscheinlichkeit $Q_\alpha(Y_h)$, mit der sich die zukünftige Realisation des Prozesses Y_h in einem der Klassenintervalle α aufhalten wird, mit $Q_\alpha(Y_h) = 0.25$ vor.

---

[26] Bei der Darstellung der CIR-Werte in einer monatlichen Rasterung wird dieser Tatbestand noch deutlicher, vgl. dazu Baun (1997).

Es können insgesamt vier Klassenintervalle α_{1-4} aufgestellt werden mit

(5) $\sum_{x} Q_{\alpha x}(Y_h) = 1$.

Um einen Vergleich zwischen der prognostizierten und der erwarteten Wahrscheinlichkeitsverteilung durchzuführen, wird im folgenden auf das Referenzmaß der relativen Entropie bzw. die Kullback-Leibler-Distanz[27] zurückgegriffen:

(6) $H_{P\|Q} = \sum_{\alpha} P_\alpha \log\left(\dfrac{P_\alpha}{Q_\alpha}\right)$.

$H_{P|Q}$ ist die relative Entropie der Wahrscheinlichkeitsverteilung P_α bezüglich der Referenzwahrscheinlichkeit Q_α über alle Klassen α. Sie liefert eine quantitative Maßgröße für das Abstandsverhalten der prognostizierten zur erwarteten Wahrscheinlichkeit. Wenn $P_\alpha = Q_\alpha$, dann ist $H_{P|Q} = 0$, ansonsten ist $H_{P|Q} > 0$. Je höher folglich $H_{P|Q}$ ist, desto größer ist die Distanz zwischen prognostizierter und erwarteter Wahrscheinlichkeit.[28]

Bezüglich der relativen Entropie $H_{P|Q}$ sind zwei Sonderfälle zu beachten:

- Die prognostizierte Realisation des Prozesses Y_h hält sich mit einer Wahrscheinlichkeit von $P_\alpha = 0$ im prognostizierten Klassenintervall α auf. Da die Funktion der relativen Entropie für diesen Fall nicht definiert ist, wird eine minimale Wahrscheinlichkeit $P_\alpha = 10^{-4}$ angenommen ($Q_\alpha = 0.25$).
- Die prognostizierte Realisation des Prozesses Y_h hält sich mit einer Wahrscheinlichkeit von $P_\alpha > 0$ im prognostizierten Klassenintervall α_0 mit [0,Min] bzw. α_5 mit [Max,+∞] auf. Da die Funktion der relativen Entropie für diesen Fall nicht definiert ist, werden die prognostizierten Klassenintervalle α_0 und α_1 zu einem einzigen Klassenintervall zusammengefaßt, um dem Intervall α_1 der erwarteten Wahrscheinlichkeitsverteilung gegenübergestellt werden zu können. Entsprechend werden die prognostizierten Klassenintervalle α_4 und α_5 als zusammengefaßtes Klassenintervall dem Intervall α_4 der erwarteten Wahrscheinlichkeitsverteilung gegenübergestellt.[29]

Abbildung 14 zeigt den Verlauf der Differenzen zwischen der Kullback-Leibler-Distanz der naiven minus der neuronalen Prognose über den Generalisierungszeitraum hinweg und dient der Herausarbeitung des Abstandsverhaltens zwischen beiden Prognosearten:

Positive Differenzen kennzeichnen eine Überlegenheit der neuronalen zur naiven Prognose. Diese Überlegenheit ist am deutlichsten in den Zeiträumen von Mitte

---

[27] Vgl. Kullback (1968) und Gray (1990).
[28] Vgl. Haykin (1994), S. 218f. und 447.
[29] Als Alternative hätte man für die betreffenden Klassen a_1 und a_6 analog zum ersten Sonderfall eine minimale Wahrscheinlichkeit von $Q_a = 10^{-4}$ annehmen können. Ökonomische Überlegungen sprechen jedoch für die gewählte Variante der Klassenaggregation, da eine Fehlprognose mit einem Prognosewert unterhalb des realen Minimums oder oberhalb des realen Maximums sich in Handelsstrategien, die auf diese Wahrscheinlichkeitsverteilung angewandt werden können, nicht ertragsmindernd auswirken.

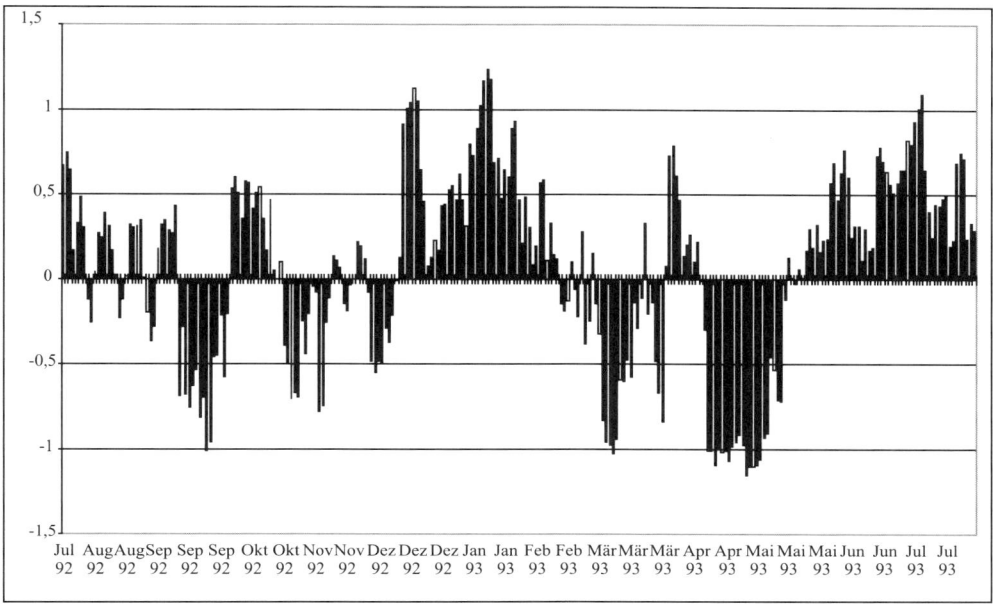

Abb. 14: Differenzen der Kullback-Leibler-Distanz der naiven minus der neuronalen Prognose für die absoluten Lagemaße

Dezember 1992 bis Mitte Februar 1993 und von Mitte Mai bis Juli 1993 festzustellen. Vergleicht man diese Zeiträume mit den Targetverläufen der Absolutgrößen in Abbildung 1, so läßt sich konstatieren, daß sich diese dort mit Phasen hoher Volatilität decken. Als Fazit ist auch aus der Auswertung gemäß relativer Entropiemaße – identisch zu der Evaluierung mittels Fehlermaßen – abzuleiten, daß die neuronale Prognose die naive Trendfortsetzung in Zeiten höherer Marktvolatilität übertrifft und ihr in Zeiten niedriger Volatilität unterlegen ist.

5. Zusammenfassung und Ausblick

Finanzwirtschaftliche Prognosemodelle auf der Basis Neuronaler Netze verfolgen gewöhnlich das Ziel, Erwartungswerte zu prognostizieren. In einer stochastischen Umgebung jedoch, wo das Eintreten des Outputs mit Unsicherheit behaftet ist, ist kein exakter funktionaler Zusammenhang zwischen Input und Output darstellbar. Hier werden Erwartungswertprognosen unvollkommen, wenn sie nicht mit Verteilungsinformation im Sinne von Konfidenzintervallen unterlegt werden. Über den Erwartungswert hinausgehend sollte folglich in finanzwirtschaftlichen Prognosemodellen die Wahrscheinlichkeitsverteilung zukünftiger Kurse das zu prognostizierende Ziel sein.

Ziel der dargestellten Modellentwicklung war es, eine Aussage über die zukünftige Wahrscheinlichkeitsverteilung für den DAX abzuleiten. Verteilungen liefern im Gegensatz zu Erwartungswertschätzungen sämtliche Informationen des stochastischen Prozesses einer Größe und modellieren somit implizit auch die Risikodimension.

Im Rahmen dieser Modellentwicklung wurden Verteilungsmaßzahlen gewählt, um unter Zuhilfenahme dieser Zahlen die Verteilungsfunktion zu schätzen. Ein alternativer Ansatz der Verteilungsschätzung besteht darin, das Neuronale Netzwerk so zu spezifizieren, daß man eine nichtparametrische, kontinuierliche Dichtefunktionsschätzung erhält.[30] Hierbei werden Untersuchungsergebnisse aus der Statistik, beispielsweise in Form neuer Lernalgorithmen, mit dem neuronalen Ansatz verknüpft.

Gehen diese neurotechnischen Erweiterungen verstärkt mit der Integration finanzanalytischen Wissens einher, so können im Rahmen der Verteilungsschätzung aktuelle Problemstellungen etwa der Volatilitätsprognose im Bereich derivativer Finanzinstrumente aufgegriffen und differenziert betrachtet werden.[31] Neuronale Netze in ihrer Spezifizierung als verteilungsfreie Modelle erweitern hierbei das existierende Methodenrepertoire um Verfahren, die mit weniger Annahmen auskommen.

Literaturverzeichnis

Barucci, E. et al. (Barucci et al., 1995): No-Arbitrage Asset Pricing with Neural Networks under Stochastic Volatility, Working Paper, University of Florence and Banca Commerciale Italiana, 1995.

Baun, S. (Baun, 1994): Neuronale Netze in der Aktienkursprognose, in: Rehkugler, H./ Zimmermann, H. G. (Hrsg.), *Neuronale Netze in der Ökonomie*, München 1994, S. 131-207.

Baun, S. (Baun, 1997): *Verteilungsprognosen für den Deutschen Aktienindex – Einsatz Neuronaler Netze*, Wiesbaden 1997.

Black, F./ Litterman, R. (Black/ Litterman, 1990): Asset Allocation: Combining Investor Views With Market Equilibrium, in: Goldman Sachs (ed.), *Fixed Income Research*, September 1990.

Engle, R. F. (Engle, 1982): Autoregressive conditional heteroscedasticity with estimates of the variance of United Kingdom inflation, in: *Econometrica*, Vol. 50, 1982, No. 4, S. 987-1007.

Gerke, W. (Gerke, 1997): Börsenpsychologen versus Anlegerandroiden, in: Jünemann, B./ Schellenberger D. (Hrsg.), *Psychologie für Börsenprofis – die Macht der Gefühle bei der Geldanlage*, 1997.

---

[30] Vgl. Neuneier/ Tresp (1994) und Neuneier et al. (1995).
[31] Vgl. Hutchinson et al. (1994) und Barucci et al. (1995).

Geyer, A. L./ Schwaiger, S. A. (Geyer/ Schwaiger, 1995): GARCH Effekte in der Optionsbewertung, in: *Zeitschrift für Betriebswirtschaft*, 65 Jg., 1995, Nr. 5, S. 533-549.

Gray, R. M. (Gray, 1990): *Entropy and Information Theory*, New York 1990.

Haykin, S. (Haykin, 1994): *Neural Networks – A Comprehensive Foundation*, New York 1994.

Hutchinson, J. M. et al. (Hutchinson et al., 1994): A Nonparametric Approach to Pricing and Hedging Derivatives Securities via Learning Networks, in: *Journal of Finance*, Vol. 49, 1994, S. 851-889.

Kullback, S. (Kullback, 1968): *Information Theory and Statistics*, New York 1968.

Markowitz, H. M. (Markowitz, 1952): Portfolio Selection, in: *Journal of Finance*, Vol. 7, 1952, March, S. 77-91.

Neuneier, R./ Tresp, V. (Neuneier/ Tresp, 1994): Radiale Basisfunktionen, Dichteschätzungen und Neuro-Fuzzy, in: Rehkugler, H./ Zimmermann, H. G. (Hrsg.): *Neuronale Netze in der Ökonomie*, München 1994, S. 91-130.

Neuneier, R./ Finnoff, W./ Hergert, F./ Ormoneit, D. (Neuneier et al., 1995): Estimation of Conditional Densities: A Comparison of Neural Network Approaches, in: *Proceedings of the International Conference on Artificial Neural Networks*, Bd. 1, 1994, S. 689-692.

Nix, D. A./ Weigend, A. (Nix/ Weigend, 1994): Estimating the Mean and Variance of the Target Probability Distribution, in: *Proceedings of World Congress of Neural Networks*, 1994.

Refenes, A. N. (ed.) (Refenes, 1995): *Neural Networks in the Capital Markets*, New York 1995.

Rehkugler, H./ Zimmermann, H. G. (Hrsg.) (Rehkugler/ Zimmermann, 1994): *Neuronale Netze in der Ökonomie*, München 1994.

Sharpe, W. F. (Sharpe, 1963): A Simplified Model for Portfolio Analysis, in: *Management Science*, Vol. 9, 1963, S. 277-293.

Sharpe, W. F. (Sharpe, 1964): Capital Asset Prices: A Theory of Equilibrium under Conditions of Risk, in: *Journal of Finance*, Vol. 19, 1964, S. 425-442.

Steiner, M./ Bruns, C. (Steiner/ Bruns, 1995): *Wertpapiermanagement*, 4. Aufl., Stuttgart 1995.

Weigend, A. S. (Weigend, 1994): Predictions with Confidence Intervals (Local Error Bars), in: *Proceedings of the International Conference on Neural Information Processing*, Seoul 1994, S. 847-852.

White, H. (White, 1990): Connectionist Nonparametric Regression: Multilayer Feedforward Networks Can Learn Arbitrary Mappings, in: *Neural Networks*, Vol. 3, 1990, S. 535-549.

White, H. (White, 1992): Parametric Statistical Estimation with Artificial Neural Networks, Technical Report, University of California, 1992.

White, H. (White, 1995): Parametric Statistical Estimation with Artificial Neural Networks: A Condensed Discussion, in: Cherkassky et al. (eds.), *From Statistics to Neural Networks – Theory and Pattern Recognition Applications*, Berlin et al. 1995, S. 127-146.

Wittkemper, H. G. (Wittkemper, 1994): *Neuronale Netze als Hilfsmittel zur Rendite- und Risikoschätzung von Aktien*, Köln 1994.

Zimmermann, H. G. (Zimmermann, 1994): Neuronale Netze als Entscheidungskalkül, in: Rehkugler, H./ Zimmermann, H. G. (Hrsg.), *Neuronale Netze in der Ökonomie*, München 1994, S. 1-87.

Teil VI

Portfoliooptimierung

MITDENKEN! VEREINSBANK.

10 Jahre Laufzeit: MDAX®- und DAX®-Zertifikate.

Nur bei der Vereinsbank. Informieren Sie sich auf der Reuters Seite BVCERT01 oder unter 089/37 81 88 47.

®Eingetragene Warenzeichen der Deutschen Börse AG.

Methoden zum Tracking von Marktindizes

von Niklas F. Wagner

1. Einleitung
2. Zur Messung der Güte des Trackings von Marktindizes
3. Überblick zu Methoden des Trackings von Marktindizes
4. Effektives versus approximatives Tracking
5. Methoden des Trackings mit quadratischem Gütekriterium
6. Beispiel: ein kombinierter Ansatz des Stratifying Sampling
7. Verallgemeinerte Strategien zum Tracking von Marktindizes
8. Schlußbetrachtung

1. Einleitung

Unter *Tracking* wird die Nachbildung der Rendite eines vorgegebenen Benchmarkportfolios[1] innerhalb gewisser Genauigkeitsgrenzen verstanden. Handelt es sich bei dem nachzubildenden Benchmarkportfolio speziell um einen Marktindex, so wird von *Index-Tracking* gesprochen. In diesem Beitrag sollen Methoden zum Tracking von Aktienmarktindizes vorgestellt werden.[2]

Bei der Behandlung des Themas des Trackings von Marktindizes stellt sich vorab die Frage, aus welchen Gründen es sinnvoll sein kann, auf das eingesetzte Vermögen ein Renditeverhalten zu erzielen, das dem eines Indexes als Vergleichsmaßstab möglichst nahe kommt. Dazu können folgende Motive genannt werden:

- *Die Informationseffizienzhypothese zusammen mit dem Nullsummenargument:*

Wenn der Portfoliomanager annimmt, daß die Hypothese weitestgehend informationseffizienter Kapitalmärkte nicht verworfen werden kann, so besteht für ihn im betrachteten Aktienmarkt kein Wettbewerbsvorteil hinsichtlich der Informationsverarbeitung. Durch aktives Management kann dann nach Kosten keine risikobereinigte Überrendite im Vergleich zu einer passiven Indexierungsstrategie erwartet werden. Zudem ist zu berücksichtigen, daß es sich bei der Anlage am Kapitalmarkt insgesamt um ein Nullsummenspiel handelt und somit alle Marktteilnehmer zusammen stets die Wertentwicklung des betreffenden marktwertgewichteten Indexes erhalten. Werden Strategien zur Selektion fehlbewerteter Wertpapiere als wenig erfolgversprechend eingestuft und sollen keine Wetten gegen andere Marktteilnehmer eingegangen werden, so bietet sich die Nachbildung eines marktwertgewichteten Indexes an.

- *Die Informationseffizienzhypothese zusammen mit der EV-Effizienzhypothese:*[3]

Es wird davon ausgegangen, daß die Informationseffizienzhypothese nicht verworfen werden kann und daß das *Capital Asset Pricing Model* (SHARPE/ LINTNER/ MOSSIN-CAPM) eine brauchbare Näherung der Realität darstellt. Man unterstellt ferner, daß breit gestreute Indizes geeignete Schätzer für das Marktportfolio bilden. Da in diesem Fall alle Wertpapiere als fair bewertet angesehen werden können und marktwertgewichtete Indizes innerhalb ihres Anlageuniversums ein optimales Risiko-Rendite-Verhältnis versprechen, wird ein geeigneter marktwertgewichteter Index nachgebildet.

---

[1] Ein Benchmarkportfolio stellt eine genau definierte, kostengünstig realisierbare Investmentalternative dar. Häufig dienen Marktindizes als Benchmarkportfolio. Vgl. den Beitrag von GÜNTHER in diesem Band.

[2] Für einen praxisorientierten Gesamtüberblick zum Thema des Trackings von Aktienindizes vgl. Bishop (1990). Eine Übersicht zur alternativen Anwendung traditioneller und indexorientierter Optimierungsmethoden im Rahmen des Portfoliomanagements findet sich bei Rudolph (1995).

[3] Der Begriff der „EV-Effizienz" bezeichnet Erwartungswert/ Varianz-effiziente Portfolios im Rahmen des Markowitz-Diversifikationsmodelles. Es handelt sich um Portfolios, die anhand subjektiver Erwartungen gebildet werden. Im Fall effizienter Portfolios können keine alternativen Portfolios ermittelt werden, welche bei gegebenem Risiko eine höhere Renditeerwartung, bzw. bei gegebener Renditeerwartung ein geringeres Risiko, aufweisen.

- *Die Verwendung standardisierter Indexprodukte – Handel von Portfolios:*

Risikoaverse Anleger wollen Portfolios zu geringen Kosten handeln, ohne unternehmensspezifische Risiken einzugehen. Sie greifen dabei auf Portfolioprodukte zurück, die sich aus Vereinheitlichungsgründen auf gängige Marktindizes beziehen. Diese Standardisierung schafft Transparenz hinsichtlich der Zusammensetzung und der Wertentwicklung des Portfolios. Darüber hinaus führt sie zu hoher Liquidität.

- *Die Verwendung standardisierter Indexprodukte – Handel von Indexderivaten:*

Für Anleger bieten sich oft Strategien mit Indexderivaten an. Im Rahmen dieser Strategien benötigen entweder sie selbst das Indexportfolio als Basisobjekt, oder es wird von Arbitrageuren zur Ausnutzung möglicher Fehlbepreisungen der Indexderivate gehandelt. In beiden Fällen muß ein Indexportfolio nachgebildet werden.

- *Die Verwendung des Benchmarkkonzeptes:*

Wenn ein Anleger eine Abweichung der Portfoliorendite von der eines vorgegebenen Benchmarkportfolios negativ bewertet, wird das Portfolio an den im Benchmarkportfolio enthaltenen Indizes ausgerichtet. Üblicherweise werden aufgrund der anderen hier genannten Motive Marktindizes als Benchmarkportfolio gewählt.

Sofern einzelne der Überlegungen für einen speziellen Anleger zutreffen, wird es sinnvoll sein, zumindest einen Teilbetrag des verwalteten Vermögens indexiert anzulegen. Im folgenden werden ausgewählte Methoden zur Bildung indexorientierter Portfolios vorgestellt.

2. Zur Messung der Güte des Trackings von Marktindizes

Um verschiedene Portfolios hinsichtlich ihrer Güte beim Tracking eines gegebenen Marktindexes beurteilen zu können, bezieht man sich auf die Abweichung zwischen der Portfoliorendite R_P und der Indexrendite R_I. Als Gütekriterien zur Beurteilung der Nachbildung einer Indexrendite werden Risikofunktionen verwendet, die den erwarteten Schaden möglicher Renditeabweichungen bewerten. Da der Schaden der Abweichungen grundsätzlich subjektiv beurteilt wird, obliegt es dem jeweiligen Entscheidungsträger, welches Gütekriterium er benutzt. Als geläufige Kriterien zur Messung der Abbildungsgüte bieten sich insbesondere statistische Streuungsparameter an. Gebräuchliche Streuungsparameter sind die mittlere betragsmäßige Abweichung *MAD*, die Standardabweichung σ und die maximale betragsmäßige Abweichung *MAXAD*.

Das für die Indexnachbildung üblicherweise verwendete Gütekriterium ist die *Standardabweichung der Renditedifferenz*,[4]

(1) $\qquad \text{TE} \equiv \sigma(R_P - R_I).$

Diese Zielgröße ist ein Maß für das Abweichungsrisiko und soll hier als *Tracking-Error* bezeichnet werden.[5] Die Begründung für die Verwendung dieses quadratischen Gütekriteriums kann mit Hilfe des zentralen Grenzwertsatzes erfolgen. Ungeachtet der Verteilung der einzelnen Renditeabweichungen zwischen Portfolio und Marktindex wird die kumulierte Renditeabweichung über ein langes Zeitintervall hinweg näherungsweise normalverteilt sein. In diesem Fall ist die Streuung der Verteilung der Abweichungen vollständig durch die Varianz bzw. die Standardabweichung beschrieben.[6]

---

[4] Der Vorschlag der Beurteilung eines aktiven Managements im Vergleich zu einem passiven Portfolio anhand der Standardabweichung des erzielten „Bonus Returns" findet sich bereits beispielsweise bei Good et al. (1976). Quadratische Ansätze werden ferner von Rudd/ Rosenberg (1979), Rudd (1980), Markowitz (1987), S. 50, Rice/ Au (1988), Haugen/ Baker (1990), Roll (1992) und Sharpe (1992) vorgeschlagen. Clarke et al. (1994) weisen darauf hin, daß der quadratische Tracking-Ansatz nicht auf dem klassischen Erwartungswert/ Varianz-Entscheidungskriterium basiert. Seine Grundlagen finden sich in der sogenannten Regret-Theorie. Zur Verwendung linearer Gütekriterien beim Tracking von Marktindizes vgl. Rudolf et al. (1995). Bei der Messung des Tracking Errors kann man alternativ Abweichungsmaße verwenden, welche nur ein Unterschreiten der Benchmarkrendite berücksichtigen. Auf den ersten Blick ist dieser Ansatz intuitiv besser nachvollziehbar, da positive Abweichungen von der Benchmarkrendite für den Anleger in der Regel keinen Schaden darstellen und deshalb auch nicht in das zu minimierende Gütekriterium einfließen. Allerdings dürfte der Standardansatz, bei dem Abweichungen unabhängig vom Vorzeichen bewertet werden, im Hinblick auf seine Prognosetauglichkeit besser geeignet sein. Bei der Verwendung asymmetrischer Abweichungsmaße ist ein gewisser Informationsverlust durch die Beschränkung auf die Betrachtung der negativen Abweichungen in der historischen Stichprobe zu erwarten.

[5] Diese Definition wird im vorliegenden Handbuch als einheitliche, in der Praxis gängige Bezeichnungsform verwendet; vgl. Rice/ Au (1988), S. 89, Hielscher (1991), S. 266, Loistl (1996), S. 530, Fromme (1993), S. 7, Kleeberg/ Schlenger (1994), S. 233 und Rudolf et al. (1995). Die Bezeichnung ‚Tracking Error' findet sich in der Literatur auch für die Renditedifferenz an sich; vgl. dazu Ferguson (1978), S. 38, Rudd (1980), S. 60 u. 64, Sharpe (1992), S. 11, Roll (1992), S.15, Haugen (1993), S. 167, Clarke et al. (1994), S. 16 und Connor/ Leland (1995), S. 76. Die Bezeichnung der Standardabweichung der Renditedifferenz als ‚Typical Tracking Error' in Ferguson (1978), Fußnote 1 weist darauf hin, daß es sich um eine – meist auf ein Börsenjahr bezogene – im Regelfall zu erwartende Abweichung handelt: Unter der Annahme normalverteilter Renditen liegt die Renditeabweichung in zwei Drittel der betrachteten Realisationen im Intervall $[-\sigma(R_P - R_I); +\sigma(R_P - R_I)]$.

[6] Sofern die Annahme zeitlicher Unabhängigkeit der einzelnen Renditeabweichungen in der Stichprobe verletzt ist, kommt es zu einer verzerrten Schätzung von $\sigma(R_P - R_I)$. Um mittels der geschätzten Standardabweichung Aussagen über die Verteilung der Renditeabweichungen über ein bestimmtes Zeitintervall zu treffen, ist deshalb auf die Unabhängigkeitsannahme zu achten und ggf. eine adjustierte Schätzung vorzunehmen; vgl. dazu Pope/ Yadav (1994).

3. Überblick zu Methoden des Trackings von Marktindizes

Als Methoden des Trackings von Marktindizes kann man die effektive und die approximative Indexnachbildung unterscheiden. Bei approximativen Vorgehensweisen kann man Methoden der zufälligen und der bewußten Auswahl gegeneinander abgrenzen. Letztere kann wiederum in Verfahren des *Stratifying Sampling* und des *Optimizing Sampling* unterteilt werden.

Die naheliegende Vorgehensweise zur Nachbildung der Rendite eines Indexes ist zweifellos der Kauf sämtlicher in ihm enthaltenen Titel und die Wahl der Anteile entsprechend der Indexgewichtung. Eine alternative Möglichkeit besteht im Erwerb einer Stichprobe von Aktien. Es können demgemäß zwei grundlegende Arten des Index-Trackings unterschieden werden:

- *Effektive Nachbildung* (*Full Replication*): Sie erfolgt durch den Erwerb des Indexportfolios gemäß der vorgegebenen Titelauswahl und Gewichtung.[7]
- *Approximative Nachbildung* (*Sampling*) meint die Bildung eines Portfolios mit dem Ziel eines, hinsichtlich eines gegebenen Gütekriteriums, optimalen Trackings des Indexportfolios. Aufgrund des eingegangenen Abweichungsrisikos wird die Indexrendite von Periode zu Periode verfehlt.[8]

Approximatives Tracking verfolgt die Nachahmung einer passiv ausgerichteten Anlagestrategie. Während bei einer effektiven Nachbildung eine strikt passive Anlagestrategie durchgeführt wird, enthält approximatives Tracking aktive Stilelemente, die gleichwohl nicht aus einem aktiven Managementansatz motiviert sind. Es wird eine Titelauswahl selektiert. Bei der Gewichtung einzelner Aktien treten in der Regel Abweichungen von der Marktwert- bzw. Indexgewichtung auf.

Bei den Methoden zur approximativen Nachbildung der Rendite eines vorgegebenen Marktindexes sind grundsätzlich Ansätze der naiven und der bewußten Auswahl zu unterscheiden:

- Naive Verfahren der approximativen Indexnachbildung sind die *zufällige Auswahl* eines gleich- oder marktwertgewichteten Portfolios mit großer Titelanzahl.[9]
- Hauptvertreter der bewußten Auswahl approximativer Trackingportfolios sind die Verfahren des *Stratifying Sampling* und des *Optimizing Sampling*.[10]

Bei den naiven Verfahren besteht die Zielsetzung in einer Minimierung des unsystematischen Portfoliorisikos. Die Verfahren der bewußten Bildung von Trackingportfolios berücksichtigen zudem die Struktur des nachzubildenden Indexes:

---

[7] Die effektive Nachbildung eines marktwertgewichteten Performanceindexes wie des Deutschen Aktienindexes (DAX) ist grundsätzlich aufwendiger als die eines preis- oder gleichgewichteten Kursindexes. Zur effektiven Nachbildung des DAX vgl. Janßen/ Rudolph (1992) und Bamberg/ Röder (1994).

[8] Dazu führen Black/ Scholes (1974), S. 408 aus: „Deviations between the portfolio return and the index return does not mean that the portfolio is worse than the index. [...] Deviations do cause problems, however, if the customer has been told that the objective is to match the perfomance of the index."

[9] Vgl. Treynor/ Black (1973), S. 66 und Black/ Scholes (1974), S. 408.

[10] Die Methoden entsprechen der Bildung einer bewußten Stichprobenauswahl.

- Beim *Stratifying Sampling* wird eine heuristische Titelauswahl durch Aufteilung des Indexes in Sektoren, die auch als „Zellen" bezeichnet werden, vorgenommen. Dies kann anhand von Kriterien wie Börsenkapitalisierung, Branchenzugehörigkeit und Liquidität erfolgen. Anschließend werden repräsentative Werte für jeden Bereich ausgewählt. Die Vorgehensweise ist einfach und flexibel einsetzbar, stellt allerdings bei manueller Vorgehensweise hohe Ansprüche an die Erfahrungen des Managers mit dem jeweiligen Markt und ist darüber hinaus zeitintensiv. Außerdem ist nicht sichergestellt, daß das Indexportfolio frei von Werturteilen zusammengestellt wird. Ein Vorteil des Verfahrens besteht darin, daß beliebige, d.h. auch schwer quantifizierbare Auswahlkriterien verwendet werden können. Als Alternative kann eine Auswahlheuristik auf einem Rechner implementiert werden, die den Aufbau möglichst indexnaher Positionen anstrebt. Hierbei erfolgt dann die Zusammenstellung anhand einer objektivierten Rangfolge, die meist Kapitalisierung und Branche berücksichtigt. Damit ist aber keine fundierte Aussage über mögliche zukünftige Renditeabweichungen möglich. Wird beim *Stratifying Sampling* ausschließlich auf die Kapitalisierung geachtet, wobei die am stärksten gewichteten Titel verwendet werden, so spricht man von *Value Ranking* oder einer *Capitalization Method*.
- Bei den Verfahren des *Optimizing Sampling* wird auf die Erreichung eines optimalen Zielfunktionswertes unter Einhaltung bestimmter Nebenbedingungen geachtet, welche die geforderten Eigenschaften des Trackingportfolios charakterisieren. Es handelt sich um strukturierte Methoden, mit denen die Beibehaltung gleichbleibender Standards ermöglicht wird. Für ihre Ergebnisse spielt die Qualität der vorhandenen Datenbasis eine wichtige Rolle. Die Verfahren sind nur dann in der Lage, ex-ante optimale Trackingportfolios zu generieren, wenn sie eine adäquate Schätzung der zukünftigen Renditevarianzen und -korrelationen gewährleisten.

Die Methoden des *Optimizing Sampling* können in Verfahren des *Linear Programming* und *Quadratic Programming* eingeteilt werden. Die Verfahren der linearen Programmierung sind meist quantitativ formulierte Ansätze des *Stratifying Sampling*, wobei die Forderungen hinsichtlich der einzelnen Kriterien quantitativ erfaßt werden. Alternativ handelt es sich um Ansätze der Nachbildung mit linearem Gütekriterium oder um lineare Näherungsansätze für quadratische Probleme. Die quadratische Programmierung verwendet üblicherweise den in (1) definierten Tracking-Error als Zielfunktion. Als Nebenbedingung findet ein mit dem Markt übereinstimmendes systematisches Risiko Beachtung. Die quadratischen Optimierungsansätze beinhalten sowohl die Modelle der *Portfolio-Selection* als auch Modelle der *linearen Regressionsanalyse*, die auf das Problem der Portfoliowahl angewendet werden. Sie alle berücksichtigen die geschätzten Korrelationen zwischen den Renditen der einzelnen Titel des Anlageuniversums. Dabei kann festgestellt werden, ob ein Titel einen hohen oder geringen Beitrag zum Abweichungsrisiko liefert und wie stark er gewichtet werden sollte.

Bei den statistischen *Verfahren der Datenanalyse* wird auf Modelle der Clusteranalyse und der multiplen linearen Regression zurückgegriffen. Die Verfahren eignen sich insbesondere zur quantitativen Bestimmung einer Titelauswahl. Mittels der *clusteranalytischen Verfahren* können Vermögensgegenstände hinsichtlich ihrer Ähnlichkeit gruppiert werden. Zur Präzisierung der Ähnlichkeit greift man auf ein Distanzmaß, wie z.B. den euklidischen Abstand, zurück. Als Merkmale kommen neben den historischen Renditen der Vermögensgegenstände auch fundamentale Wertpapiercharakteristika in Frage (Aktienbeta, Dividendenrendite, etc.). Beim Tracking werden dann Titel aus zueinander möglichst heterogenen Klassen ausgewählt.[11] Dem Bereich der multiplen linearen Regressionsanalyse kann speziell das Verfahren der *Stepwise Regression*, der sogenannten stufenweisen Regression, zugeordnet werden. Es basiert auf dem Prinzip der multiplen Regressionsanalyse, bei dem versucht wird, die Indexrendite als exogene Variable mit einer gegebenen Anzahl an Regressoren – den Renditen der einzelnen Titel des Indexes – möglichst gut nachzubilden. Dabei sollen die am besten geeigneten Regressoren ausgewählt werden. Damit ist dieses Verfahren insbesondere für die Bestimmung einer Titelauswahl geeignet.

Bewußte Bildung approximativer Trackingportfolios (*Sampling*)			
Stratifying Sampling	*Optimizing Sampling*		
Kriterien: Branche, Kapitalisierung, Korrelation, Liquidität u.a.	*Lineare Optimierung:* lineares Gütekriterium oder lineare Näherung einer Zielfunktion	*Quadratische Optimierung:* Portfolio-Selection-Modelle	*Modelle der Datenanalyse:* Clusteranalyse, stufenweise Regression

Tab. 1: Übersicht zu Verfahren der bewußten Bildung approximativer Trackingportfolios

Tabelle 1 zeigt eine Übersicht zu bewußten Auswahlverfahren, die bei Indexierungsstrategien Anwendung finden. Auf das Verfahren der Bildung zufälliger Portfolios wurde in der Übersicht verzichtet. Diese Vorgehensweisen kann man als naives Vergleichsverfahren zu den in der Abbildung aufgeführten Techniken der bewußten Bildung approximativer Trackingportfolios betrachten.

In Abschnitt 5 dieses Beitrags werden Verfahren des *Optimizing Sampling* vorgestellt, die sich einer quadratischen Zielfunktion bedienen. Neben zwei gängigen Vertretern der Portfolio-Selection Modelle wird das Verfahren der stufenweisen Regressionsanalyse herangezogen. Im folgenden Abschnitt soll auf Einflußfaktoren eingegangen werden, die bei der Entscheidung zwischen einer effektiven oder einer approximativen Indexnachbildung relevant sind.

---

[11] Die datenanalytischen Verfahren greifen auf Klassifikationsheuristiken zurück. Dabei werden, ausgehend von einer gegebenen Klassenanzahl, nach dem Kriterium eines minimalen Distanzmaßes solange nach einem verfahrenstypischen Ablaufschema Klassenzuordnungen vorgenommen, bis ein vorgegebenes Abbruchkriterium erfüllt ist. Zum Vorschlag der Anwendung im Bereich der Indexnachbildung vgl. auch Kariya (1993), S. 209-212.

4. Effektives versus approximatives Tracking

Obwohl die effektive Nachbildung bestmögliche Diversifikation und Abbildungsgüte verspricht, wird häufig in der Praxis dennoch eine approximative Indexnachbildung durchgeführt. Denkbare Gründe für ein solches Vorgehen sind:

- die Tatsache, daß eine *exakte Indexabbildung unmöglich* ist und deshalb Fehler nie ganz ausgeschlossen werden können.
  Die Ursache dafür ist, daß die vom Index unterstellten Handlungsregeln meist nicht in allen Details genau nachvollzogen werden können. Insbesondere werden bei der Berechnung von Indizes keine Transaktionskosten und Unteilbarkeiten berücksichtigt, obwohl diese bei realen Portfolios stets zu berücksichtigen sind.

- die Tatsache, daß eine exakte Indexabbildung in manchen Fällen aufgrund *rechtlicher Bestimmungen* nicht durchgeführt werden darf.
  Es ist international üblich, daß Wertpapierfonds Anlagevorschriften unterliegen, die Obergrenzen für die Gewichtung einzelner Wertpapiere festlegen. Damit soll eine ausreichende Diversifikation des Fondsportfolios sichergestellt werden. Ein weiterer Fall liegt vor, wenn ein Unternehmen selbst im Index vertreten ist und keine eigenen Aktien erwerben darf. Indizes, die mit den jeweiligen Vorgaben nicht vereinbar sind, können dann nicht effektiv nachgebildet werden.[12]

- die vergleichsweise hohen *Anlagebeträge*, die sich *bei effektiver Nachbildung* ergeben.
  Gerade dann, wenn Erlöse kostengünstig in den Index reinvestiert werden sollen, ergeben sich oftmals hohe Anlagebeträge, die eine effektive Nachbildung unmöglich machen. Hier kann möglicherweise der Kauf von Indexfonds, bei denen die Beträge vieler Anleger gesammelt werden, Abhilfe schaffen.

- die Möglichkeit zu *aktivem Portfoliomanagement in Ausnahmesituationen*.
  In Abhängigkeit von der Bewertung der Motive für Indexierung in Abschnitt 1 kann es für das Portfoliomanagement sinnvoll sein, zeitweilig von den Indexvorgaben abzuweichen. Approximatives Tracking stellt eine flexiblere Variante der Indexnachbildung dar und hält die Möglichkeit aktiver Managemententscheidungen offen.

- die Möglichkeit der gezielten *Bildung einer unvollständig korrelierten Hedgeposition*.
  Es kann aus verschiedenen Gründen erwünscht sein, die Indexrendite lediglich innerhalb eines gewissen Abweichungsbandes zu erzielen. Abweichungen vom Index erlauben beispielsweise den zeitweiligen Ausweis einer dem Index überlegenen Rendite, obwohl die Rendite bei effektiver Nachbildung aufgrund von Transaktionskosten stets unter der des Indexes liegt. Abweichungen können

---

[12] In § 8a (I) des Gesetzes über Kapitalanlagegesellschaften (KAGG) wird eine Gewichtungsobergrenze von 10% für einzelne Aktien und die Beschränkung des Gesamtanteils aller mit mehr als 5% gewichteten Aktien auf einen Maximalanteil von 40% festgeschrieben. Zur Problematik der Nachbildung des DAX unter Berücksichtigung der Vorschriften des KAGG und die Verwendung von DAX-Futures vgl. Ebertz/ Ristau (1992) und Heuer/ Saxinger (1992).

auch aufgrund steuerlicher Überlegungen wünschenswert sein: Bei der Bildung eines Hedgeportfolios kann perfekte Korrelation eine Einstufung als geschlossenes Geschäft bedingen und damit eine steuerliche Anerkennung verhindern.

- die *Kosten* der Aufrechterhaltung und des Handels eines Portfolios, die von der Anzahl der Aktien im Portfolio abhängen.
Die Kosten eines Indexportfolios sind ein zentraler Faktor, der die konkrete Nachbildung eines Indexes bestimmt. Sie umfassen Transaktions- und Verwaltungskosten sowie liquiditätsabhängige Kosten. Direkte Transaktionskosten entstehen beim Kauf und Verkauf einzelner Aktien. Sie fallen bei Bildung und Auflösung des Portfolios sowie bei regelmäßig notwendigen Umschichtungen an. Die Verwaltungskosten umfassen Kosten des Rechnungswesens, der Berichterstattung und Kosten des Portfoliomanagements. Sie sind von der Anzahl der Aktien im Portfolio abhängig. Mit höherer Titelanzahl und häufigeren Umschichtungen entstehen tendenziell höhere Kosten, und das Portfoliomanagement wird zunehmend aufwendiger.[13] Mit liquiditätsabhängigen Transaktionskosten werden hier Wirkungen der Ordererteilung auf die Preise der gehandelten Wertpapiere bezeichnet (*Market-Impacts*). Ihre Berücksichtigung ist insbesondere bei einem häufigen Umschlag des Indexportfolios und bei einem Handel durch institutionelle Anleger mit großem Anlagevolumen von Bedeutung. Eine geringe Liquidität einzelner Indextitel verhindert in diesem Fall häufig einen zügigen Handel des Indexportfolios ohne nennenswerte Preiseinflüsse. Aufgrund von derartigen Kostenüberlegungen ist häufig eine Reduzierung der Titelanzahl im Trackingportfolio vorteilhaft.[14]

Die relevanten Fragestellungen zur Wahl des Nachbildungsumfanges sind damit:

- *Welchem Zweck dient das Indexportfolio?*
Die Frage zielt auf die individuelle Motivation der Indexnachbildung ab. Es muß zudem unterschieden werden, ob das Portfolio – wie beispielsweise häufig bei der Verwendung von Indexfutures – aktiv gehandelt oder ob eine Strategie des langfristigen *Buy&Hold* durchgeführt werden soll.

---

[13] Allen/ Showers (1991) schätzen die jährlichen Gesamtkosten eines effektiven DAX-Portfolios auf 0,34% des Anlagevolumens. Sofern bei einem Indexfonds im Zeitablauf regelmäßig unsichere Mittelab- und Mittelzuflüsse auftreten, kann es aus Transaktionskostengründen sinnvoll sein, eine Barreserve zu halten. Connor/ Leland (1995) zeigen, daß eine optimale Lösung des Kostenproblems in einer Politik besteht, bei der die Barreserve innerhalb einer unteren und einer oberen Schranke zufällig schwankt. Bei einem Unterschreiten (Überschreiten) der unteren (oberen) Schranke werden Aktien des Indexportfolios verkauft (gekauft). Dabei werden die Transaktionskosten unter Inkaufnahme eines erhöhten Abweichungsrisikos reduziert. Wird die Rendite eines Marktindexes über einen *Equity Swap* nachgebildet, so erhält der Anbieter des Indexkorbes eine variable Geldmarktverzinsung zuzüglich einer Prämie und garantiert dem Nachfrager dafür die Indexrendite. Die Kosten der Indexnachbildung spiegeln sich dabei in der laufenden Prämie wider (vgl. Kim et al., (1997)).

[14] Neben der vereinfachten Verwaltung liefern die liquiditätsabhängigen Kosten eines Indexportfolios in der Praxis häufig das entscheidende Motiv für approximative Nachbildung; auf dieses Motiv beziehen sich beispielsweise die Arbeiten von Kinpnis/Tsang (1984), Bodurtha (1987), Toy/ Zurack (1989), Collins/ Fabozzi (1990), Drummen/ Zimmermann (1991), Franke (1996) und Wagner (1997). Mit steigender Aktienanzahl im Index wird das Liquiditätsproblem zunehmend bedeutsam. Bei Bodurtha (1987) erfolgt eine vertiefte Diskussion über den Zusammenhang zwischen Liquidität und Abbildungsgüte am Beispiel des breit gestreuten Russel 5000 Indexes.

- *Was kostet die jeweilige Form der Indexnachbildung?*
  Die jeweiligen individuellen direkten und liquiditätsabhängigen Kosten der Indexnachbildung können je nach Anleger sehr unterschiedlich ausfallen. Sie stellen eine zentrale Größe bei der Entscheidung über den Nachbildungsumfang dar.

- *Inwieweit ist der Anleger bereit, Abweichungsrisiken bei der Indexnachbildung einzugehen?*
  Bei einer approximativen Nachbildung muß der Kostenvorteil gegen den Verlust an Abbildungsgenauigkeit abgewogen werden. Die Bereitschaft, Abweichungsrisiken einzugehen, wird von der Motivation zur Indexnachbildung und von der grundsätzlichen Bereitschaft zur Übernahme unsystematischer Risiken abhängen.

Ob ein Portfolio für einen Anleger optimal ist, entscheidet sich deshalb zum einen in Abhängigkeit von seiner Motivation zur Indexnachbildung, zum anderen danach, wie er Kosten und Abweichungsrisiko gegeneinander abwägt. Bei dieser Abwägung ist, neben den jeweiligen Kosten der Indexnachbildung, die Messung und Bewertung des Abweichungsrisikos einzubeziehen. Als kostenbestimmende Größe wird häufig die Titelanzahl im Trackingportfolio herangezogen. Bei einer approximativen Indexnachbildung werden in der Regel bei sinkender Titelanzahl die mit Erwerb und Kapitalmaßnahmen verbundenen Transaktions- und Verwaltungskosten des Fonds zurückgehen. Dem steht das Abweichungsrisiko bei approximativer Nachbildung gegenüber, welches sich primär durch das unsystematische Risiko des Trackingportfolios ergibt. Zu berücksichtigen ist ferner, daß bei approximativer Nachbildung im Gegensatz zur effektiven Nachbildung möglicherweise eine regelmäßige Anpassung der Titelgewichte notwendig wird.[15]

Während die Forderung nach der Handelbarkeit des Indexportfolios eine approximative Nachbildung nahelegt, wird die Form der Nachbildung eines *Buy&Hold*-Indexportfolios von der Kostenstruktur und der Bereitschaft zur Übernahme unsystematischer Risiken abhängen. Eine effektive Nachbildung ist prinzipiell dann vorteilhaft, wenn sie im konkreten Fall entweder die preiswerteste Nachbildungsmöglichkeit darstellt oder eine bestmögliche Indexnachbildung als unabdingbar erachtet wird.

---

[15] Im Gegensatz zur effektiven Nachbildung replizieren sich bei approximativer Nachbildung die Indexgewichte im Zeitablauf grundsätzlich nicht von selbst; vgl. hierzu auch Rudd/ Clasing (1988), S. 326, Alderson/ Zivney (1989) und Collins (1989). Im Fall eines möglichen *Trade-Off* zwischen Kosten und Abbildungsgüte einer Indexnachbildung plädiert Rudd (1980) für die Anwendung approximativer Tracking-Methoden. Zum Zusammenhang zwischen Kosten bzw. Titelanzahl und Abbildungsgüte vgl. auch Ferguson (1978), Collins (1989), Bishop (1990), S. 2f., Collins/ Fabozzi (1990), Kleeberg/ Schlenger (1994), Steiner/ Bruns (1996), S. 70-73 und Bruns/ Meyer-Bullerdiek (1996), S. 83-86.

5. Methoden des Trackings mit quadratischem Gütekriterium

In diesem Abschnitt soll der formale Ansatz häufig angewendeter Tracking-Modelle mit quadratischem Gütekriterium vorgestellt werden. Es handelt sich um das Markowitz-Modell, Index-Modelle und die Anwendung des Modells der stufenweisen Regressionsanalyse. Sämtliche Ansätze beziehen sich auf das Kriterium der Minimierung des Tracking-Errors gemäß Gleichung (1).

Markowitz-Modell

Im Markowitz-Modellansatz wird von einer gegebenen subjektiven Verteilung der Renditen R_i einer Menge von N Aktien ausgegangen, die durch den Erwartungswertvektor $\mu \in R^N$ und die positiv definite Varianz-Kovarianzmatrix $\Omega \in R^{N \times N}$ charakterisiert ist. Mit der als konstant angenommenen Indexgewichtung des i-ten Titels b_i, den variablen Portfoliogewichten x_i und den Gewichtungsvektoren $\mathbf{x} \in R^N$ und $\mathbf{b} \in R^N$ erhält man dann das als Minimierungsaufgabe formulierte allgemeine Tracking-Problem. Es lautet:[16]

(2) $\quad \sigma^2(R_P - R_I) = (\mathbf{x} - \mathbf{b})^T \Omega (\mathbf{x} - \mathbf{b}) \to \min$

unter:

(3) $\quad (\mathbf{x} - \mathbf{b})^T \mu = E(R_E)$

(4) $\quad (\mathbf{x} - \mathbf{b})^T \mathbf{1} = 0$.

Der N-dimensionale Einsvektor wird hierbei mit **1** bezeichnet. Bei dem Optimierungsproblem soll durch die Wahl der Portfoliogewichte x_i in dem Differenzenvektor $(\mathbf{x}-\mathbf{b})^T \in R^N$ der quadratische Tracking-Error gemäß (1) minimiert werden. Als Nebenbedingung wird verlangt, daß sich die Portfoliogewichte zu eins addieren. Da die Summe der Benchmarkportfoliogewichte ebenfalls eins ergibt, ist dies äquivalent mit einer Summe der Differenzen von null. Die Nebenbedingung (4) ist für die Bildung eines Portfolios zwingend. Bei Bedarf kann man durch eine Nebenbedingung $x_i \geq 0$ Leerverkäufe ausschließen:

(5) $\quad \mathbf{x} \geq \mathbf{0}$.

Auf eine Nebenbedingung der Form (3), welche die Erzielung einer aktiven Rendite verlangt, wird im Fall einer reinen Indexnachbildung verzichtet. In diesem Fall bzw. für $E(R_E) = 0$ besitzt das Problem die triviale Lösung $\mathbf{x} = \mathbf{b}$ und fordert damit eine effektive Nachbildung des Indexportfolios. Wird die Menge verwendbarer Aktien

---

[16] Vgl. Markowitz (1987), S. 50.

auf $M < N$ eingeschränkt, so ergeben sich auch ohne Nebenbedingung (3) Anwendungsmöglichkeiten des Modells zur Indexnachbildung. Die allgemeine Lösung des Problems erfolgt analog zum Standard-Markowitz-Modell. Dabei interpretiert man den Differenzenvektor $(\mathbf{x}-\mathbf{b})^T$ als Variable und formuliert die Leerverkaufsrestriktion (5) in der Form: $\mathbf{x}-\mathbf{b} \geq -\mathbf{b}$. Für die Lösung des Problems stehen damit Methoden der quadratischen Optimierung, wie speziell auch der *Critical Line*-Algorithmus von MARKOWITZ, zur Verfügung.

Index-Modelle

Die Index-Modellierung basiert auf dem Modellansatz von MARKOWITZ. Es wird allerdings ergänzend ein sogenannter *Return Generating Process* zur Modellierung der Rendite R_i eines Vermögensgegenstandes i, wie z.B. einer Aktie, unterstellt. Dieser besitzt die allgemeine Form,

(6) $\quad R_i = \beta_{i,0} + \beta_{i,1} F_1 + \ldots + \beta_{i,k} F_k + \varepsilon_i, \quad i = 1,\ldots,N$.

Es handelt sich um ein Modell der multiplen linearen Regression unter Zugrundelegung der klassischen Annahmen. Die Rendite eines Vermögensgegenstandes wird durch einen oder mehrere stochastisch unabhängige Faktoren F_j, $j = 1, \ldots, k$, modelliert. Die Koeffizienten $\beta_{i,j}$ bezeichnen die Sensitivität der Rendite R_i gegenüber Veränderungen des j-ten Faktors. Faßt man die Einzelrenditen durch eine lineare Gewichtung zur Portfoliorendite R_P bzw. zur Indexrendite R_I zusammen, so erhält man folgende Zielfunktion,[17]

(7) $\quad \sigma^2(R_P - R_I) = \sum_{j=1}^{k} (\beta_{P,j} - \beta_{I,j})^2 \sigma_{F_j}^2 + \sum_{i=1}^{N} (x_i - b_i)^2 \sigma_{\varepsilon_i}^2$.

Mit $\sigma_{F_j}^2$ wird die Varianz des j-ten Faktors bezeichnet. Der Anteil der Varianz der Portfoliorenditen, der durch das Modell nicht erklärt wird, findet sich im zweiten Summanden in Gleichung (7). Dieser Term beschreibt die Varianz der Differenz der Störterme von Portfolio- und Indexrendite. Bei einer Minimierung der Zielfunktion (7) wird durch Variation der Indexgewichte die jeweilige Faktorsensitivität des Trackingportfolios an die des Indexes angepaßt und das unsystematische Risiko minimiert.

Wird lediglich der Marktfaktor als erklärende Variable verwendet, so erhält man den Spezialfall des Single-Index-Modells. Mit $k = 1$ und $F_1 = R_I$ resultiert unter der vereinfachenden Annahme, daß die klassischen Regressionsannahmen zumindest

---

[17] Die Anwendung von Multi-Index-Modellen auf das Problem des Index-Trackings geht auf Rudd/ Rosenberg (1979) und Rudd (1980) zurück. Multi-Index-Modelle werden in diesem Zusammenhang auch bei Rudd/ Clasing (1988), S. 317-334, Haugen/ Baker (1990), Hielscher (1991), Sharpe (1992), Kariya (1993), Kapitel 11 und Kleeberg/ Schlenger (1994) diskutiert. Ein Rosenbergsches Multi-Index-Modell für den deutschen Aktienmarkt ist vom Portfolio-Consulting Unternehmen BARRA entwickelt worden.

näherungsweise Gültigkeit besitzt, speziell folgende Darstellung für das Tracking-Risiko,[18]

(8) $\quad \sigma^2(R_P - R_I) = (\beta_P - 1)^2 \sigma_{R_I}^2 + \sum_{i=1}^{N} x_i^2 \sigma_{\varepsilon_i}^2$.

Der zweite Summand in Gleichung (8) bezeichnet das Residualrisiko des Portfolios. Der erste Summand kann als systematischer, der zweite als unsystematischer Anteil am Abweichungsrisiko bezeichnet werden. Unsystematische Fehler entstehen durch unzureichende Diversifikation des Trackingportfolios. Systematische Fehler werden immer dann eingegangen, wenn eine Abweichung des Portfoliobetas von dem Beta des Indexes vorliegt. Aus diesem Grund wird man bei einer Optimierung neben einer Summe der Portfoliogewichte x_i von eins und möglicher Leerverkaufsrestriktionen ein Portfoliobeta von eins verlangen.

Der Vorteil der Index-Modelle gegenüber dem Markowitz-Modellansatz liegt in einer einfachen und leicht interpretierbaren Vorgehensweise zur Wahl eines Trackingportfolios. Ein kritischer Punkt bei der Anwendung der Modelle besteht in der Bestimmung der Anzahl und der konkreten Auswahl der erklärenden Faktoren. Neben der historischen Anpassungsgüte des Modells ist auf seine Prognosetauglichkeit zu achten. Bei der Modellierung besteht die Möglichkeit, über die Faktoren F_j beispielsweise Brancheneffekte sowie makroökonomische und unternehmensbezogene Renditeabhängigkeiten einzubeziehen. Diese Vorgehensweise entspricht dem fundamentalen Ansatz des Rosenbergschen Multi-Faktor-Modells. In einem alternativen Ansatz werden die erklärenden Faktoren durch faktorenanalytische Verfahren aus dem vergangenen Renditeverhalten der Wertpapiere ermittelt. Zur numerischen Lösung des jeweiligen Portfolio-Selection-Problems bedient man sich quadratischer Optimierungsmethoden.[19]

Stufenweise Regressionsanalyse

Das Modell der multiplen linearen Regression kann zur Beschreibung der Rendite eines Portfolios, dessen Rendite sich als lineare Aggregation der Renditen der einzelnen Wertpapiere ergibt, verwendet werden. Die Methode der kleinsten Quadrate als Standardverfahren zur Schätzung der Regressionskoeffizienten ist dabei äquivalent zu einer Zielfunktion, die eine Minimierung der Zielfunktion $\sigma^2(R_P - R_I)$ verlangt.

Es erfolgt eine Approximation der Rendite des Indexportfolios R_I durch die Renditen von N Wertpapieren. Mit Aktienrenditen R_i, $i = 1, ..., N$, als Regressoren kann folgende Modellgleichung aufgestellt werden:

(9) $\quad R_I = \gamma_0 + \gamma_1 R_1 + ... + \gamma_N R_N + \varepsilon$.

---

[18] Vgl. auch Kleeberg/ Schlenger (1994), Bruns/ Meyer-Bullerdiek (1996), S. 13-16 und Wagner (1996b). Zu Anwendungsmöglichkeiten des Single-Index-Modells vgl. auch Janßen/ Rudolph (1992), S. 133ff. und den Beitrag von PODDIG/ GROTHMANN/ SCHÄFER in diesem Band.
[19] Nach Rudd/ Rosenberg (1979) ist dazu insbesondere ein Algorithmus nach VON HOHENBALKEN geeignet.

Der Fehler der Nachbildung ε soll den klassischen Annahmen der linearen Regression genügen. Als Gütekriterium zur Schätzung der Regressionskoeffizienten dient die Methode der kleinsten Quadrate. Die resultierenden Koeffizientenschätzungen können als nicht normierte Schätzung für die Optimalgewichtung des i-ten Wertpapiers im Trackingportfolio interpretiert werden.[20]

Die Besonderheit der stufenweisen Vorgehensweise besteht darin, daß die Regression nicht für eine vorher festgelegte Auswahl erklärender Variablen erfolgt. Statt dessen wird aus einer gegebenen Menge Schritt für Schritt in der Reihenfolge einer größtmöglichen Minimierung der Summe der quadratischen Residuen eine Variable nach der anderen ausgewählt. Dabei wird anhand eines statistischen Tests vor Aufnahme einer neuen Variablen die Signifikanz der alten Variablen geprüft. Falls eine bestimmte Variable ein vorab festgelegtes Signifikanzniveau unterschreitet, wird sie aus der Menge der selektierten Variablen gestrichen und wieder der Menge der nicht ausgewählten Variablen zugeordnet. Auf diese Weise schreitet das Verfahren fort, bis keine signifikanten Verbesserungen mehr möglich sind bzw. alle angebotenen Variablen gewählt wurden.

Obwohl mit dem Verfahren hinsichtlich der Variablenauswahl allgemein kein globales Optimum garantiert werden kann, bietet es sich als Verfahren zur quantitativen Untermauerung der Wahl der Titel eines Trackingportfolios an. Im Fall zeitlich stabiler Indexgewichtungen kann man die Ergebnisse einer historischen Analyse zur Ermittlung einer Titelauswahl verwenden.[21]

6. Beispiel: ein kombinierter Ansatz des Stratifying Sampling

Die allgemeine Zielsetzung der approximativen Indexnachbildung umfaßt das Problem der Wahl einer Auswahlmenge zu verwendender Aktien und der Ermittlung eines zugehörigen Gewichtungsschemas. Dabei soll eine möglichst hohe Abbildungsgüte des Trackingportfolios angestrebt werden, was in einem geringen Abweichungsrisiko nach (1) zum Ausdruck kommt.

Eine einfache heuristische, gleichzeitig aber flexible Methode zur Lösung des Problems der näherungsweisen Nachbildung eines Marktindexes besteht darin, den *Stratifying Sampling*-Ansatz zur Bestimmung der Titelauswahl mit einem *Optimizing*

---

[20] Für $i = 0$ bedeutet die Koeffizientenschätzung das Gewicht einer risikolosen Anlage im Trackingportfolio. Da die Summe der Regressionskoeffizienten für $i = 1, ..., N$ nicht zwingend exakt eins ergibt, ist es eigentlich nicht korrekt, von Gewichten zu sprechen. Neben einer nachträglichen Normierung der Koeffizienten kann man eine Regression unter einer entsprechenden Nebenbedingung für die Summe der Regressionskoeffizienten durchführen. Dabei können auch Leerverkäufe ausgeschlossen werden, die sich im Fall einer negativen Stichprobenkovarianz zwischen der Aktienrendite R_i und der Indexrendite R_I ergeben können.
[21] Anwendungen des Regressionsmodells finden sich bei Rudolf (1994), S. 139-145 und Rudolf et al. (1995). Die stufenweise Variante wird bei Alderson/ Zivney (1989), Loistl (1996), S. 528-535 und Wagner (1996a) eingesetzt. In den Arbeiten finden sich auch entsprechende Beispielportfolios.

Sampling-Ansatz zur Bestimmung der Titelgewichte zu kombinieren.[22] Bei der Titelauswahl wird dabei eine primäre Orientierung an den Kriterien 'Marktkapitalisierung' und 'Branchenzugehörigkeit' erfolgen. Sofern Liquiditätsaspekte berücksichtigt werden müssen, wird eine entsprechende Vorabselektion ausreichend liquider Titel vorgenommen. Um bei der Zusammenstellung der Aktienauswahl, die im Vergleich zum Index stets zu einer Übergewichtung von Aktien mit überdurchschnittlicher Kapitalisierung führt, keine allzu extreme Ergebnisse zu erhalten, können die Auswahlkriterien nach dem Überschreiten einer bestimmten Anzahl bereits aufgenommener Aktien geändert werden. Nach der Abdeckung der relevanten Branchen mit hochgewichteten Aktien kann die weitere Aktienauswahl anhand historischer Renditekennzahlen vorgenommen werden. Dazu kann beispielsweise bei der Titelauswahl auf die historische Korrelation mit dem Index und die Volatilität geachtet werden. Im Ergebnis erhält man im Vergleich zum reinen *Value Ranking* ausgewogenere Portfolios. Eine mögliche Vorgehensweise zur Titelauswahl ist als Schema in Abbildung 1 dargestellt.

Vorgabe der Menge gegebener Wertpapiere und der Titelanzahl für das Trackingportfolio (N).

Wahl der Anzahl zu berücksichtigender Branchen (B)
und
Wahl der Titelanzahl je berücksichtigter Branche (T_j) mit $\sum_{j=1}^{B} T_j = N$.

Für alle zu berücksichtigenden Branchen ($j = 1,..., B$): Wahl der Titel nach dem Kriterium

   1: höchstes Gewicht innerhalb der Branche j
   2: zweithöchstes Gewicht innerhalb der Branche j
   3: „beste" historische Renditekennzahl[23] unter den verbleibenden Titeln innerhalb der Branche j
   4: „zweitbeste" historische Renditekennzahl unter den verbleibenden Titeln innerhalb der Branche j
   usw.
   T_j: bis zur Aufnahme des Titels T_j.

**Abb. 1: Exemplarisches Stratifying Sampling-Ablaufschema
zur Bildung einer Titelauswahl**

Bei der Methode zur anschließenden Bestimmung der Titelgewichtung gibt es mehrere Möglichkeiten: Die Gewichte können entweder anhand der Marktwerte oder durch eine Optimierung mittels eines der Portfolio-Selection-Modelle aus Abschnitt 5 bestimmt werden. Die Methode der Marktwertgewichtung ist einfach realisierbar, erlaubt allerdings im Gegensatz zu den Portfolio-Selection-Modellen nicht die Be-

---

[22] Für Beispiele der Anwendung von *Stratifying Sampling*-Techniken zur Titelselektion bei Trackingportfolios vgl. Alderson/ Zivney (1989) (reines *Value Ranking*), Toy/ Zurack (1989) (*Value Ranking*, optimiertes Portfolio geringgewichteter Indexwerte), Haugen/ Baker (1990) (historische Kovarianz), Drummen/ Zimmenmann (1991) (*Value Ranking*, Branchenzugehörigkeit) und Wagner (1996b) (*Value Ranking*, Branchenzugehörigkeit). Die Ergebnisse von Wagner (1996a) zum DAX legen die Verwendung der Gewichtung und der Branchenzugehörigkeit als Auswahlkriterium nahe.
[23] Als Renditekennzahl wird meist die historische Korrelation mit der Rendite des Indexes verwendet.

rücksichtigung von Nebenbedingungen. Im Fall der Optimierung mittels des Markowitz- oder des Index-Modell-Ansatzes kann ein Portfoliobeta von eins zusammen mit dem Ziel einer Minimierung des unsystematischen Trackingportfoliorisikos erreicht werden. Zur Anwendung der Optimierungsmodelle ist man auf einen geeigneten Dateninput angewiesen, wobei üblicherweise auf historische Schätzer zurückgegriffen wird.[24]

Ein einfaches Beispiel der Bildung von DAX-Trackingportfolios mit elf Aktien findet sich in Tabelle 2. Das Portfolio 1 basiert auf einer Auswahl aller Branchen des Indexes, die je nach Gewichtungsanteil mit einer oder zwei Aktien besetzt werden. Als Auswahlkriterium wird anschließend ausschließlich auf die Indexgewichtung geachtet (vgl. Abb. 1). Die Portfolio-Gewichtungen ergeben sich anschließend durch eine Single-Index-Optimierung anhand historischer Kennzahlen. Mit dem Portfolio

Portfolio 1	Anteil in %*	Portfolio 2	Anteil in %**
ALV	11.35	ALV	12.59
BAS	5.84	-	-
BAY	6.51	BAY	10.16
DAI	13.36	DAI	11.97
DBK	16.35	DBK	9.69
-	-	DRB	6.64
DTE	5.62	-	-
-	-	HFA	9.26
MEO	5.24	-	-
MMW	10.54	MMW	7.60
-	-	RWE	7.73
SAG3	1.22	SAG3	4.65
SIE	13.20	SIE	9.81
VEB	10.77	VEB	9.90
TE-Prognose:**	2.72 % p.a.	**TE-Prognose:****	1.97 % p.a.
Beta:**	1.008	**Beta:****	1.000

* : Quelle: Deutsche Börse AG, Kennzahlen der DAX-Werte zum 1. April 1997
** : Quelle: BARRA International, Aegis-Deutschland-Modell, 27. März 1997

Tab. 2: Zwei Beispielportfolios zum DAX

---

[24] Da Renditen zufällige Störungen enthalten, kann die Verwendung historischer Schätzer bei der Bestimmung optimaler Portfolioanteile zu irreführenden Ergebnissen führen. Auf diese Problematik wird – u.a. unter Bezugnahme auf Indexierungsstrategien – bei Michaud (1989) hingewiesen.

2 liegt das Ergebnis eines Multi-Index-Modells des Portfolio-Consulting Unternehmens BARRA vor.[25] Das Multi-Index-Modell liefert offensichtlich ausgewogenere Mischungen. Das vom Multi-Index-Modell prognostizierte Abweichungsrisiko ist bei Portfolio 2 erwartungsgemäß deutlich geringer. Ein Teil des höheren Abweichungsrisikos von Portfolio 1 resultiert aus der Abweichung im Portfoliobeta: Während die historischen Kennzahlen, die bei der Optimierung mittels des Single-Index-Modells verwendet wurden, ein Beta von eins für das Portfolio 1 ergeben, wird aufgrund der Schätzungen des Multi-Index-Modells ein Beta von 1.008 prognostiziert.[26]

7. Verallgemeinerte Strategien zum Tracking von Marktindizes

Im Rahmen von verallgemeinerten Tracking-Strategien können bei der Bildung eines Portfolios vorgegebene Merkmale oder Erwartungen des Anlegers berücksichtigt werden, ohne daß dabei auf eine Ausrichtung am Index vollständig verzichtet werden muß. Es wird angestrebt, die Argumente für indexierte Veranlagung mit dem Vorteil der Individualität und Flexibilität aktiver Vermögensverwaltung zu kombinieren. Ein bedeutender Anwendungsbereich approximativer Indexnachbildung ist deshalb die bewußte Abweichung von der Zusammensetzung eines Aktienindexes im Rahmen verallgemeinerter Tracking-Strategien.

In Abschnitt 3 wurde bereits darauf hingewiesen, daß bei approximativen Tracking-Strategien aufgrund der Selektion einer Titelauswahl stets – mehr oder weniger stark – aktive Entscheidungen in den Managementprozeß einfließen. Hinsichtlich der Zielsetzung einer Tracking-Strategie kann in Abhängigkeit von der Intention aktiver Managemententscheidungen eine grundsätzliche Unterscheidung zwischen ausschließlicher *Abbildungsorientierung* und einer kombinierten *Performance-* und *Abbildungsorientierung* getroffen werden:

- Im Fall der ausschließlichen Abbildungsorientierung soll eine mit dem Index identische Rendite angestrebt werden, um das Abweichungsrisiko so klein wie möglich zu halten (*Straight-Indexing*). Dies wird durch Minimierung des gewählten Gütekriteriums angestrebt. Damit ist als Input für die Portfolio Selection lediglich die Schätzung der Risikokomponente Ω, welche die gegenseitigen Abhängigkeiten der Renditen erfaßt, notwendig.
- Im Fall der Performanceorientierung liegt das Interesse in der „Outperformance" des vom Investor vorgegebenen Benchmarkportfolios. Es wird versucht, rendite/risiko-dominante Portfolios zu generieren. Die Vorgehensweise ist dem Ansatz verallgemeinerter Tracking-Strategien zuzuordnen (*Enhanced Indexing*). Eine

---

[25] Die Modellkonzeption und weitere Literatur finden sich bei Kleeberg (1995).
[26] Aus historischer Sicht stellt ein Abweichungsrisiko von gut 2% p.a. eine obere Grenze für ein aus elf Aktien bestehendes DAX-Trackingportfolio dar. Vgl. auch die Ergebnisse bei Wagner (1996a).

Voraussetzung ist zumindest die Schätzung der Risikokomponente bzw. die Schätzung der erwarteten Renditen. Oftmals wird auf beide Informationskomponenten zurückgegriffen. Zu beachten ist, daß bei kombinierter Performance- und Abbildungsorientierung konkurrierende Ziele vorliegen. Ein Outperformanceziel wird als ergänzende Nebenbedingung in der Regel eine schlechtere Abbildungsgüte bedingen.

Die letztere Vorgehensweise orientiert sich als aktive Strategie stärker an subjektiven Rendite- und Risikoerwartungen. Der rein abbildungsorientierte Ansatz ist als neutrale Form der Nachbildung eines Indexes zu werten.

Motive für verallgemeinerte Tracking-Strategien

Die grundsätzliche Motivation einer verallgemeinerten approximativen Indexnachbildung besteht in der Ablehnung der Hypothese, daß die indexierte Anlage für einen gegebenen Anleger optimal ist. Denkbare Motive für *Enhanced Indexing*-Strategien bestehen damit in einer Verwerfung der ersten beiden theoretischen Motive, die in Abschnitt 1 dargelegt wurden.

- *Die Informationseffizienzhypothese und das Nullsummenargument*:
  Es können fehlbewertete Wertpapiere identifiziert werden. Da die gelisteten Wertpapiere eine willkürliche Auswahl des Kapitals börsennotierter Unternehmen darstellen, müssen nicht alle im Index vertretenen Wertpapiere erworben werden. Statt dessen erfolgt eine gezielte Aktienauswahl.

- *Die Informationseffizienzhypothese und die EV-Effizienzhypothese*:
  Indizes als Schätzer für das Marktportfolio sind nicht EV-effizient. Folglich besitzen die Aussagen des CAPM für sie keine Gültigkeit und Indizes bieten kein zwangsläufig optimalen Risiko/Rendite-Profil. Sofern marktwertgewichtete Indizes die Erzielung überlegener Diversifikation zu geringen Kosten versprechen, die effektive Nachbildung des Indexportfolios aufgrund von Informationsineffizienzen allerdings suboptimal erscheint, können aktiv verwaltete Portfolios an einem Index ausgerichtet werden.

Ansätze für verallgemeinerte Tracking-Strategien

Aus den oben angeführten Motiven für verallgemeinerte Indexnachbildung kann beispielsweise mit folgenden Ansätzen eine näherungsweise Indexnachbildung mit aktiven Managemententscheidungen durchgeführt werden:

- Das *Verwerfen der Informationseffizienzhypothese zugunsten der Overreaction-Hypothese*:
  Aufgrund von Überreaktionen der Marktteilnehmer bei der Informationsverarbeitung können fehlbewertete Titel selektiert werden. Es besteht damit die Möglichkeit, die Indexperformance zu übertreffen, sobald sich die Fehlbewertungen im Zeitablauf abbauen.

- Das *Verwerfen der EV-Effizienzhypothese* aufgrund unzureichender Diversifikation des Indexes:
  Eine Erweiterung des Anlageuniversums durch Aufnahme indexfremder Titel ist eine Vorgehensweise, die EV-dominante Portfolios sicherstellt. Dies ist insbesondere dann aussichtsreich, wenn im Indexportfolio Marktsegmente mit geringer Korrelation zu den Indexwerten unterrepräsentiert sind. In diesem Fall ist eine Reduktion der Portfoliovarianz bei identischer Titelanzahl möglich, indem man Indexwerte durch indexfremde Titel austauscht.

- Das *Verwerfen der EV-Effizienzhypothese* bei Durchführung aktiver Managementstrategien:
  Man betrachtet den Index als EV-ineffizient. Es besteht die Möglichkeit, anhand privater Schätzungen der Risikokomponente und der erwarteten Renditen ein EV-dominantes Portfolio zu bilden.

- Die *Verwendung des Markowitz-Diversifikationsmodells* bei Unsicherheit der Parameterschätzungen:
  Es wird das Markowitz-Diversifikationsmodell verwendet. Aufgrund von Rauschen bei der Generierung der Schätzungen zum zukünftigen Verhalten der Renditen werden die individuellen Parameterschätzungen an einem marktwertgewichteten Index ausgerichtet. Es erfolgt somit eine relative Optimierung in Bezug auf einen Marktindex. Private Informationen des Managements werden nur partiell in die Bildung des Portfolios einbezogen.

- Die *Orientierung an anlegerspezifischen Merkmalen oder Erwartungen*:
  Die Einbeziehung individueller Faktoren bei der Bildung eines Portfolios erfolgt üblicherweise durch eine Ausrichtung an fundamentalen Eigenschaften oder durch die Verwendung von Derivaten. Beim *Tilting eines Indexportfolios* werden indexorientierte Portfolios gebildet, welche sich durch die Über- oder Untergewichtung spezieller fundamentaler Wertpapiercharakteristika auszeichnen. Mögliche fundamentale Eigenschaften sind beispielsweise Kennzahlen zur Unternehmensgröße (Marktkapitalisierung, Umsatz, etc.), die Branchenzugehörigkeit, wichtige Bewertungskennzahlen (Dividendenrendite, Kurs-Gewinnverhältnis, Preis-Buchwertverhältnis, etc.), sowie Kennzahlen zur Unternehmensfinanzierung (Cash Flow, Verschuldungsgrad, Liquidität, etc.) und zum Aktienrisiko (Beta, Gesamtrisiko). Bei einer Orientierung an anlegerspezifischen Merkmalen bietet sich auch die gezielte Ausnutzung von Marktunvollkommenheiten an. Im Fall einer Beschränkung der Möglichkeiten oder hoher Kosten bei risikoloser Kreditaufnahme kann ein Portfolio mit hohem Marktrisiko erstellt werden. Im Fall differentieller Besteuerung der Marktteilnehmer werden Portfolios mit hoher erwarteter Nachsteuerrendite für entsprechende Anlegergruppen (*Clienteles*) erstellt. Anleger mit hohem Steuersatz auf Dividendenerträge erwerben Aktien mit geringer Dividendenrendite und umgekehrt.[27] Durch die *Einbeziehung von*

---

[27] Zum sogenannten *Tilting* von indexorientierten Portfolios vgl. u.a. auch Luskin (1989), Collins (1989) und Bishop (1990), S. 67f.

Derivaten in das Indexportfolio können mit verallgemeinerten Tracking-Strategien Wetten auf die Entwicklung des Indexes abgeschlossen werden. Durch den kombinierten Einsatz von Trackingportfolio und Derivat können beliebige Anlegererwartungen in eine erfolgversprechende Handelsstrategie umgesetzt werden.[28]

Verallgemeinerte Tracking-Strategien im MARKOWITZ-Modellansatz

Zur Zielsetzung der Bildung eines EV-dominanten Portfolios ergeben sich aus dem Markowitz-Tracking-Modell ohne Leerverkaufsrestriktionen (2-4) in Abschnitt 5 einige interessante Folgerungen. Bezeichnet man die Menge der varianzminimalen Portfolios als EV-Effizienzlinie und die Menge der Tracking-Error-minimalen Portfolios als TEV-Effizienzlinie, so sind Schlußfolgerungen möglich, inwiefern das TEV-Kriterium bei der Portfoliowahl zu EV-effizienten Ergebnissen führt. Man erhält folgende, allgemein gültige Ergebnisse:[29]

- Will man bei minimalem Tracking-Error eine von der Benchmark *abweichende Rendite* erzielen, so muß man im Regelfall ein von der Benchmark *abweichendes systematisches Risiko* eingehen.[30] Falls die erwartete Rendite des Benchmarkportfolios größer als die erwartete Rendite des Minimumvarianzportfolios ist, kann gezeigt werden, daß das Ziel, eine Benchmark in der Rendite TEV-minimal zu übertreffen, ein Beta größer als eins erzwingt.[31]
- Sofern das *Benchmarkportfolio* EV-*effizient* ist, sind auch die Portfolios nach dem TEV-Kriterium EV-effizient.
- Sofern das *Benchmarkportfolio* EV-*ineffizient* ist, handelt es sich bei der EV- und der TEV-Effizienzlinie um zwei in der (σ^2, μ)-Ebene äquidistant in Richtung der Abszisse verschobene Parabeln, wobei die EV-Effizienzlinie einen geringeren Abstand zur Ordinate aufweist. Diese Tatsache impliziert stets ineffiziente Trackingportfolios bei ineffizienter Benchmark, unabhängig davon, welche erwartete aktive Rendite angestrebt wird.

Der Ansatz, eine EV-ineffiziente Benchmark durch ein EV-dominantes Portfolio zu schlagen, bedingt ein Portfoliobeta kleiner als oder gleich eins. Da im Rahmen des TEV-Kriteriums Portfolios mit positiver erwarteter Renditedifferenz ein Beta größer als eins aufweisen, liefert das Kriterium keine gegenüber der Benchmark dominanten Portfolios.

---

[28] Zur Möglichkeit der Nachbildung eines Aktienportfolios durch Optionen vgl. auch Gastineau et al. (1988).
[29] Zu den folgenden Punkten vgl. Roll (1992) und die Diskussion bei Bühler (1994).
[30] Eine Ausnahme bildet der Fall, daß die erwartete Rendite des Benchmarkportfolios der erwarteten Rendite des Minimumvarianzportfolios entspricht.
[31] Dieses Ergebnis steht im Einklang mit dem CAPM. Die erwartete Rendite des EV-effizienten Marktportfolios kann nur durch Eingehen eines erhöhten systematischen Risikos übertroffen werden. Wird dagegen, ggf. aufgrund von empirischen Ergebnissen zur historischen Performance von Minimumvarianzportfolios wie bei Kleeberg (1995), eine erwartete Rendite für das Minimumvarianzportfolio angenommen, die diejenige des Benchmarkportfolios übersteigt (das Benchmarkportfolio ist in diesem Fall EV-ineffizient), so folgt im TEV-Ansatz ein Beta kleiner als eins.

- Ergänzt man das Modell (2-4) durch eine Restriktion für das Portfoliobeta, so führt diese ceteris paribus bei einer Festlegung auf ein *Portfoliobeta von eins* zu einem höheren minimalen Tracking-Error (1). Andererseits ergibt sich aber im Vergleich zum unrestringierten Fall eine geringere absolute Varianz der Portfoliorenditen. Damit ist die Vorgehensweise aus der Sicht des EV-Kriteriums der unrestringierten Optimierung überlegen.

Sofern das *Benchmarkportfolio* EV-*effizient* ist und die zusätzliche Restriktion eines Portfoliobetas von eins eingeführt wird, folgt daraus, daß die absolute Portfoliovarianz unendlich groß wird, falls man versucht, die Benchmark zu schlagen. Dieses Ergebnis ist intuitiv eingängig. Sofern das *Benchmarkportfolio* EV-*ineffizient* ist, wird die Bildung eines TEV-minimalen Trackingportfolios vorteilhaft, welches unter der Nebenbedingung eines auf einen Wert unter eins festgelegten Betas gebildet wird. Ein solches Portfolio ist dann gegenüber dem Benchmarkportfolio EV-dominant.

Unter der Annahme eines ineffizienten Benchmarkportfolios kann man demnach aus dem Markowitz-Modell folgern, daß ein EV-dominantes Portfolio ein Beta kleiner als eins besitzt. Dabei ist der Tracking-Error (1) höher als der eines indexierten Portfolios. Die Zielsetzung des TEV-Kriteriums wird keine Ergebnisse liefern, die nach dem EV-Kriterium optimal sind.

8. Schlußbetrachtung

Die Nachbildung von Marktindizes bildet einen zentralen Ausgangspunkt für ein systematisches Management von Aktienportfolios. Die konkrete Durchführung des Trackings und die angestrebte Nachbildungsgüte hängt dabei von den individuellen Vorgaben des Portfoliomanagements ab. Denkbare Methoden zum Tracking von Marktindizes sind vielschichtig und reichen von der effektiven Indexnachbildung sowie dem Einsatz einfacher *Stratifying Sampling*-Ansätze bis hin zur Verwendung komplexer Optimierungsmodelle.

Die Anwendung approximativer Tracking-Methoden bietet gegenüber einer effektiven Indexnachbildung den Vorteil höherer Flexibilität beim Management des Portfolios. Die Methoden des *Stratifying Sampling* eröffnen Entscheidungsspielräume im fließenden Übergangsbereich zwischen rein passiv indexierten und aktiven Managementansätzen. Dies kann gerade bei der Aktienselektion erwünscht sein. Für eine rein quantitativ orientierte Aktienselektion und zur Bestimmung der Portfoliogewichtungen sind Methoden des *Optimizing Sampling* heranzuziehen. Als häufig anzutreffende Methoden wurden die Regressionsanalyse und die auf dem Markowitz-Modell aufbauenden Index-Modelle vorgestellt. Während sich der Ansatz des Single-Index-Modells zur Bestimmung von Gewichtungen im Fall des *Straight Indexing* anbietet, sind fundamentale Multi-Index-Modelle besonders für *Tilting*-Strategien geeignet. Bei der Wahl der Tracking-Methode wird der Anwender den Kostenaufwand und die Nachbildungsgüte beim Einsatz des jeweiligen Optimierungsmodelles zu berücksichtigen haben. In Abhängigkeit von den individuellen Anforderungen wird man sich mit einer marktwertgewichteten Auswahl begnügen oder aber z.B. auf rechnergestützte Optimierungen zurückgreifen. Letztere Vorgehensweise besitzt insbesondere für verallgemeinerte Tracking-Strategien Relevanz.

Literaturverzeichnis

Alderson, M. J./ Zivney, T. L. (Alderson/ Zivney, 1989): Optimal Cross-Hedge Portfolios for Hedging Stock Index Options, in: *Journal of Futures Markets*, Vol. 9, 1989, S. 67-75.

Allen, J. A./ Showers, J. L. (Allen/ Showers, 1991): *Equity-Index-Linked Derivatives*, Salomon Brothers Inc. (ed.), New York 1991.

Bamberg, G./ Röder, K. (Bamberg/ Röder, 1994): Arbitrage institutioneller Anleger am DAX-Futures Markt unter Berücksichtigung von Körperschaftsteuern und Dividenden, in: *Zeitschrift für Betriebswirtschaft*, 64. Jg., 1994, S. 1533-1566.

Bishop, E. (ed.) (Bishop, 1990): *Indexation*, London 1990.

Black, F./ Scholes, M. (Black/ Scholes, 1974): From Theory to a New Financial Product, in: *Journal of Finance*, Vol. 29, No. 1, 1974, S. 309-412.

Bodurtha, S. G. (Bodurtha, 1987): *Russell Index Futures: New Frontiers in Indexed Investing*, Kidder, Peabody & Co. (ed.), New York 1987.

Bruns, Ch./ Meyer-Bullerdiek, F. (Bruns/ Meyer-Bullerdiek, 1996): *Professionelles Portfoliomanagement*, Stuttgart 1996.

Bühler, W. (Bühler, 1994): Grundprobleme der Erfolgsanalyse im Portfolio-Management, in: Gebauer, W., Rudolph, B. (Hrsg.), *Erfolgsmessung und Erfolgsanalyse im Portfolio-Management*, Frankfurt am Main 1994.

Clarke, R. C./ Krase, S./ Statman, M. (Clarke et al., 1994): Tracking Errors, Regret and Tactical Asset Allocation, in: *Journal of Portfolio Management*, Vol. 20, Spring, 1994, S. 16-24

Collins, B. M. (Collins, 1989): *Index Fund Investment Management*, in: Fabozzi, F. J. (ed.), Portfolio and Investment Management, Chicago 1989.

Collins, B. M./ Fabozzi, F. J. (Collins/ Fabozzi, 1990): Considerations in Selecting a Small Capitalisation Benchmark, in: *Financial Analysts Journal*, Vol. 46, January-February, 1990, S. 40-46.

Connor, G./ Leland, H. E. (Connor/ Leland, 1995): Cash Management for Index Tracking, in: *Financial Analysts Journal*, Vol. 51, November-December, 1995, S. 75-80.

Drummen, M./ Zimmermann, H. (Drummen/ Zimmermann, 1991): European Stock Market Indices: Hedging and Tracking Performance, in: *Journal of International Securities Markets*, 1991, Spring, S. 19-28.

Ebertz, T./ Ristau, R. (Ebertz/ Ristau, 1992): Ein erster deutscher Indexfonds: Oppenheim DAX-Werte-Fonds, in: *Die Bank*, o. Jg., H. 3, 1992, S. 156-160.

Ferguson, R. (Ferguson, 1978): Do Market Inventory Funds Really Make Sense?, in: *Financial Analysts Journal*, Vol. 34, May-June, 1978, S. 38-45.

Franke, J. (Franke, 1996): MDAX-Future – Neues Derivat auf Midcaps, in: *Die Bank*, o. Jg., H. 9, 1996, S. 523-525.

Fromme, S. (Fromme, 1993): Der Tracking Error, in: Schröder Münchmeyer Hengst & Co. (Hrsg.), *Focus Quantitativ*, Februar, Frankfurt am Main 1993.

Gastineau, G. L./ Slivka, R./ Ehrlich, L. (Gastineau et al., 1988): *Enhancement of Passive Management Strategies*, Salomon Brothers Inc. (ed.), New York 1988.

Good, W. R./ Ferguson, R./ Treynor, J. L. (Good et al., 1976): An Investor's Guide to the Index Fund Controversy, in: *Financial Analysts Journal*, Vol. 32, November-December, 1976, S. 27-36.

Haugen, R. A. (Haugen, 1993): *Modern Investment Theory*, 3rd ed., Englewood Cliffs 1993.

Haugen, R. A./ Baker, N. (Haugen/ Baker, 1990): Dedicated Stock Portfolios, in: *Journal of Portfolio Management*, Vol. 16, Summer, 1990, S. 17-22.

Heuer, H./ Saxinger, R. (Heuer/ Saxinger, 1992): Synthetische Indexfonds, in: *Die Bank*, o. Jg., H. 2, 1992, S. 83-87.

Hielscher, U. (Hielscher, 1991): Asset Allocation, in: *Kredit und Kapital*, 24. Jg., Nr. 2, 1991, S. 254-270.

Janßen, B./ Rudolph, B. (Janßen/ Rudolph, 1992): *Der Deutsche Aktienindex DAX*, Frankfurt am Main 1992.

Kariya, T. (Kariya, 1993): *Quantitative Methods for Portfolio Analysis*, Dordrecht et al. 1993.

Kim, S. S./ Maras, M./ Kaliakatsos, K. (Kim et al., 1997): *Creating and Implementing an Emerging Market Basket*, Merrill Lynch (ed.), New York/ London 1997.

Kipnis, G. M./ Tsang, S. (Kipnis/ Tsang, 1984): Arbitrage, in: Fabozzi, F. J./ Kipnis, G., M. (eds.), *Stock Index Futures*, Homewood 1984.

Kleeberg, J. M. (Kleeberg, 1995): *Der Anlageerfolg des Minimum-Varianz-Portfolios*, 2. Aufl., Bad Soden/ Taunus 1995.

Kleeberg, J. M./ Schlenger, C. (Kleeberg/ Schlenger, 1994): Konzeption und Performance einer europäischen Indexanlage, in: *Finanzmarkt und Portfolio Management*, 8. Jg., 1994, S. 229-241.

Loistl, O. (Loistl, 1996): *Computergestütztes Wertpapiermanagement*, 5. Aufl., München/ Wien 1996.

Luskin, D. L. (Luskin, 1989): Equity Indexing, in: Fabozzi, F. J. (ed.), *Portfolio and Investment Management*, Chicago 1989.

Markowitz, H. M. (Markowitz, 1987): *Mean-Variance Analysis in Portfolio Choice and Capital Markets*, New York 1987.

Michaud, R. O. (Michaud, 1989): The Markowitz Optimization Enigma: Is Optimized Optimal?, in: *Financial Analysts Journal*, Vol. 45, January-February, 1989, S. 31-42.

Pope, P. F./ Yadav, P. K. (Pope/ Yadav, 1994): Discovering Errors in Tracking Error, in: *Journal of Portfolio Management*, Vol. 20, Winter, 1994, S. 27-32.

Rice, R. K./ Au, K. L. (Rice/ Au 1988): Tracking Error: A Tool for the Active Fund Manager as well as the Index Fund, in: *Journal of International Securities Markets*, 1988, Summer, S. 89-95.

Roll, R. (Roll, 1992): A Mean/Variance Analysis of Tracking Error, in: *Journal of Portfolio Management*, Vol. 18, Summer, 1992, S. 13-22.

Rudd, A. (Rudd, 1980): Optimal Selection of Passive Portfolios, in: *Financial Management*, Vol. 9/10, 1980, Spring, S. 57-66.

Rudd, A./ Clasing, H. (Rudd/ Clasing, 1988): *Modern Portfolio Theory, The Principles of Investment Management*, 2nd ed., Homewood 1988.

Rudd, A./ Rosenberg, B. (Rudd/ Rosenberg, 1979): Realistic Portfolio Optimization, in: Elton, E. J./ Gruber, M. J. (eds.), *Portfolio Theory*, 25 Years after, Studies in the Management Sciences, Vol. 11, Amsterdam et al. 1979, S. 21-46.

Rudolf, M. (Rudolf, 1994): *Algorithms for Portfolio Optimization and Portfolio Insurance*, Bern et al. 1994.

Rudolf, M./ Wolter, H.-J./ Zimmermann, H. (Rudolf et al., 1995): A Linear Model for Tracking Error Minimization, Workingpaper Swiss Institute of Banking and Finance, University of St. Gallen, May, St Gallen 1995

Rudolph, B. (Rudolph, 1995): Theoretische Ansätze und Umstzung der Anlageplanung, in: Cramer, J.-E./ Rudolph, B. (Hrsg.), *Handbuch für Anlageberatung und Vermögensverwaltung*, Frankfurt am Main 1995.

Sharpe, W. F. (Sharpe 1992): Asset Allocation: Management Style and Performance Measurement, in: *Journal of Portfolio Management*, Vol. 18, Winter, 1992, S. 7-19.

Steiner, M./ Bruns, Ch. (Steiner/ Bruns, 1996): *Wertpapiermanagement*, 5. Aufl., Stuttgart 1996.

Toy, W. W./ Zurack, M. A. (Toy/ Zurack, 1989): Tracking the Euro-Pac Index, in: *Journal of Portfolio Management*, Vol. 15, Winter, 1989, S. 55-58.

Treynor, J. L./ Black, F. (Treynor/ Black, 1973): How to Use Security Analysis to Improve Portfolio Selection, in: *Journal of Business*, Vol. 46, 1973, S. 66-86.

Wagner, N. F. (Wagner, 1996a): Optimale Portfolios zum Tracking des DAX, in: *Die Bank*, o. Jg., H. 11, 1996, S. 684-688.

Wagner, N. F. (Wagner, 1996b): Approximative Nachbildung des Deutschen Aktienindexes (DAX), in: *Finanzmarkt und Portfolio Management*, 10. Jg., 1996, S. 375-393.

Wagner, N. F. (Wagner, 1997): MDAX – Trackingportfolios, *Die Bank*, o. Jg., H. 9, 1997, S. 566-568.

Verfeinerung von Alpha- und Timingprognosen für die relative Portfoliooptimierung

von Jochen M. Kleeberg/ Christian Schlenger

1. Einleitung
2. Systematik der Renditekategorien
3. Sachgerechte Wahl des Optimierungsmodus
4. Generierung der Rohprognosen
5. Einschätzung der Prognosequalität
6. Das fundamentale Gesetz des aktiven Managements
7. Renditeverfeinerung in vier Schritten (Alphaprognosen)
8. Spezielle Aspekte der Renditeverfeinerung
9. Renditeverfeinerung für Timingprognosen
10. Ein Beispiel aus der Praxis
11. Fazit

> "The key issue in investments is *estimating* returns."[1]
> (*Fischer Black*)

1. Einleitung

So verschieden die Denk- und Handlungsansätze im Portfoliomanagement auch sein mögen, so besteht doch zumindest in einem Punkt Einvernehmen, nämlich über die grundsätzliche *ex ante*-Ausrichtung des Investmentprozesses. Diese Zukunftsorientierung findet ihren Ausdruck in der Fokussierung auf Prognosen, die allgemein als Essenz der langfristig erfolgreichen Kapitalanlage eingestuft werden können. Was die diversen „Philosophien" des Portfoliomanagements voneinander unterscheidet und auszeichnet, ist insbesondere der spezielle Umgang mit Prognosen. Passives Management beschränkt sich bewußt auf *Risiko*prognosen, während das Charakteristikum des aktiven Managements darin zu sehen ist, zusätzlich explizite *Rendite*prognosen abzugeben und auf dieser Grundlage aktive Portfolios zu konstruieren.[2]

Was Renditeprognosen von Risikoprognosen abhebt und zugleich attraktiv macht, ist ihr kompetitives Wesen, mit anderen Worten, der Versuch, zu relativen Vorteilen gegenüber anderen Marktteilnehmern zu gelangen. Dies kann aus individueller Sicht nur gelingen, wenn mindestens zwei Voraussetzungen erfüllt sind: ein Informations- und Analysevorsprung auf der einen Seite, die sachgerechte Umsetzung der daraus resultierenden Prognosen in den Anlageprozeß auf der anderen Seite. Ersteres wird in diesem Beitrag als gegeben vorausgesetzt. Der Gegenstand dieses Beitrages ist die Darstellung eines strukturierten und konsistenten Prozesses zur Generierung von verfeinerten (relativen) Renditeprognosen, welche im Rahmen des praktischen Portfoliomanagements als zentrale Inputgrößen für die Portfoliooptimierung dienen.[3]

---

[1] Black (1993), S. 36-38.
[2] Ein umfassender und zugleich exzellenter Überblick über die Ansätze des aktiven Portfoliomanagements findet sich in Grinold/ Kahn (1995). Für eine ausführliche Behandlung des Managements von Aktienportfolios, insbesondere auch bezüglich der Formulierung von Alphaprognosen, vgl. Schlenger (1998).
[3] Die weitgehende Beschränkung auf Renditeprognosen bedeutet jedoch nicht, daß Risikoprognosen unbedeutend wären. Sie läßt sich aber damit begründen, daß sich die *explizite* Prognosetätigkeit in der Praxis zumeist auf Renditegrößen konzentriert, während die Risikoseite durch spezielle Risikomodelle (z.B. BARRA) abgedeckt wird. Die Verknüpfung von Rendite- und Risikoprognosen mit Hilfe der Portfoliooptimierung wird ausführlicher bei Kleeberg/ Schlenger (1995) behandelt.

2. Systematik der Renditekategorien

Die theoretische, aber praxisnahe Diskussion von Renditeprognosen setzt eine einheitliche Renditesystematik voraus, auf deren Basis einzelne Renditekomponenten isoliert und unter Prognoseaspekten behandelt werden können.

Grundsätzlich lassen sich zwei Renditeebenen unterscheiden, nämlich die Ebene der absoluten Renditen und die der relativen Renditen. Die absolute Renditeebene hat Gesamtrenditen (totale Renditen) oder alternativ Risikoprämien zum Gegenstand. Die Gesamtrendite eines Assets, einer Assetklasse oder eines beliebigen Assetportfolios n ergibt sich als die über einen bestimmten Zeitraum erwartete Marktwertsteigerung (Kursgewinne plus Dividenden und Bezugsrechtserlöse), bezogen auf den bekannten Marktwert zum Prognosezeitpunkt t_0:

$$(1) \quad E(R_n) = \frac{E(MW_{t1}) - MW_{t0}}{MW_{t0}} \ .$$

Wenn man von dieser Gesamtrendite den periodengerechten, nominal risikofreien Zins abzieht, erhält man die Risikoprämie (Überschußrendite) des Assets n als erwartete Risikokompensation:

$$(2) \quad \mu_n = E(R_n) - R_f \ .$$

Für die Benchmark b ergibt sich analog die Überschußrendite als:

$$(3) \quad \mu_b = E(R_b) - R_f \ .$$

Die einfache Differenz der erwarteten Risikoprämien eines Assets n (oder einer Assetklasse bzw. eines Assetportfolios) und des Benchmarkportfolios determiniert die erwartete aktive Rendite des Assets n als eine erste Form der (bezüglich der Benchmark) relativen Rendite:

$$(4) \quad \mu_n^{aktiv} = \mu_n - \mu_b \ .$$

Mit Hilfe des gegen die Benchmark gemessenen Betas des Assets n

$$(5) \quad \beta_{n,b} = Cov(R_n, R_b) / Var(R_b) \ ,$$

gelangt man zur zweiten Form der relativen Rendite, die als Residualrendite oder Alpha bekannt ist.[4] Das Alpha beschreibt eine der beiden für das aktive Portfoliomanagement relevanten Prognosegrößen; es umfaßt jenen Teil der (erwarteten) Rendite, der nicht mit der Benchmark korreliert ist und insofern die Selektions- bzw. Allokationsaktivitäten aktiver Portfoliomanager zum Ausdruck bringt:

$$(6) \quad \alpha_n = \mu_n - \mu_b \cdot \beta_{n,b} = E(R_n^{residual}) \ .$$

---

[4] Das Beta (Alpha) des Benchmarkportfolios ist modellbedingt eins (null).

Der zweite relevante Prognosegegenstand ist das Markttiming, d.h. das periodische Abweichen vom langfristig vorgegebenen (strategischen) Beta. Die taktische Implementierung eines solchen aktiven Betas erfolgt in Antizipation einer außerordentlichen Marktbewegung ($\Delta\mu_b$).[5] Mit dieser erwarteten Abweichung der zukünftigen Benchmarkrendite (μ_b) von der allgemein erwarteten (Konsensus-) Benchmarkrendite ist ein außerordentlicher Renditebeitrag aus Timing verbunden, der wie folgt definiert ist:

$$(7) \quad \mu_n^{Timing} = (\beta_n - 1) \cdot \Delta\mu_b .$$

In der Klammer steht dabei das aktive Beta, das die Entscheidungsvariable des Managers repräsentiert, sobald eine explizite Prognose bezüglich der Abweichung von der Konsensusbenchmarkrendite vorliegt. In der Praxis bietet sich die Verwendung der langfristigen Benchmarkrendite als Proxy für den Konsensus an. Dabei sollte eine möglichst lange Historie verwendet werden, die einen Zeitraum von mindestens 20 Jahren umfaßt.

Die Timingprognose bestimmt zusammen mit prognostizierten Assetalphas die für das aktive Portfoliomanagement relevanten Prognosegrößen. Faßt man diese beiden unkorrelierten Prognosegrößen zusammen, so erhält man die erwartete außerordentliche Rendite des Assets n:

$$(8) \quad \mu_n^{plus} = \alpha_n + \mu_n^{Timing} .$$

Dieser Ausdruck kann als *die* zentrale Renditegröße des aktiven Portfoliomanagements betrachtet werden. Folglich stehen seine Komponenten auch im Mittelpunkt der nachfolgenden Betrachtungen.

3. Sachgerechte Wahl des Optimierungsmodus

Im Rahmen der praktischen Portfoliooptimierung ist zunächst die grundlegende Entscheidung zwischen einer absoluten und einer relativen Optimierung zu treffen. Die erste Variante entspricht dabei der klassischen Portfolio Selection nach MARKOWITZ. Sie basiert entweder auf prognostizierten Gesamtrenditen oder – wenn ein risikoloses Asset bestimmbar bzw. als Anlage verfügbar ist – auch auf Risikoprämien in Verbindung mit den zugehörigen erwarteten Gesamtrisiken (Varianzen und Kovarianzen) der Assets. Als Ergebnis erhält man die Effizienzkurve der riskanten Assets oder eine Effizienzgerade, sofern die Möglichkeit der Kreditaufnahme und der Geldanlage zum risikofreien Zins uneingeschränkt besteht.[6]

---

[5] Vgl. Grinold/ Kahn (1995), S. 81 f.
[6] In der Praxis ist dieses Vorgehen insbesondere für die Formulierung einer Benchmark im Rahmen der strategischen Asset Allocation relevant.

Die in der Praxis des Portfoliomanagements bedeutsamere Optimierungsform ist die relative Optimierung, die zwar prinzipiell mit demselben analytischen Instrumentarium wie die absolute Optimierung arbeitet, dabei aber eine strikt benchmarkorientierte Perspektive einnimmt. Die Festlegung einer Benchmark im Sinne einer strategischen Anlageposition ist deshalb eine notwendige Voraussetzung für die relative Optimierung.[7] Dabei wird die Benchmarkzusammensetzung auf der Grundlage der langfristigen Renditeerwartungen der einzelnen Assets ermittelt:

(9) $\mu_n' = \beta_{n,b} \cdot \mu_b'$,

mit: $= \mu_b'$ erwartete langfristige (Konsensus-) Überschußrendite der Benchmark;

$= \mu_n'$ erwartete langfristige Überschußrendite des Assets n.

Der formalen Darstellung ist zu entnehmen, daß diese langfristigen Renditeerwartungen der Assets keine Selektionserwartungen (Alphas) und Timingprognosen umfassen, sondern ausschließlich die langfristigen Konsensusprognosen reflektieren. Die Zusammensetzung der Benchmark wird auf diese Weise losgelöst von den individuellen Erwartungen des Fondsmanagers bestimmt.

Besondere Aufmerksamkeit ist der näheren Spezifizierung des relativen Optimierungsmodus zu schenken. Entsprechend den zuvor besprochenen *Rendite*modi ist zwischen dem außerordentlichen und dem residualen Modus der relativen Optimierung zu unterscheiden.

Grundsätzlich gilt, daß die außerordentliche Optimierung der allgemeinere und die residuale Optimierung der speziellere Modus ist. Dies ist damit zu begründen, daß die außerordentliche Optimierung Selektion und Timing integriert, während sich die residuale Optimierung auf die Asset(klassen)-Selektion beschränkt. Konkret heißt dies, daß in der außerordentlichen Optimierung der Trade-off zwischen den außerordentlichen Renditen und den dazugehörigen aktiven Risiken (sog. Tracking Error) gemäß den individuellen Risikopräferenzen des Anlegers ausgesteuert wird. Dagegen beschränkt sich die residuale Optimierung auf die ex ante-Alphas und den Tracking Error.[8]

Das Ergebnis der außerordentlichen Optimierung ist die außerordentliche Effizienzgrenze; die residuale Optimierung liefert die residuale Effizienzgrenze. Beide Effizienzlinien haben ihren Ausgangspunkt in der neutralen Benchmark mit einem Beta von eins. Sie fallen nur dann zusammen, wenn keine Timingprognose abgegeben wird, andernfalls verläuft die aktive Effizienzlinie oberhalb der Residualgrenze.

Wie wichtig die sachgerechte Wahl des Optimierungsmodus und ein korrekter Umgang mit den Inputdaten sein kann, zeigt ein einfaches Beispiel, das sich anhand

---

[7] Ein Problem stellt dabei die zu erwartende ex post-Ineffizienz der Benchmark dar, welche zu Optimalitätseinbußen der relativen Optimierung führen kann, denen wiederum allgemeine Stabilitätsvorteile im Vergleich zur absoluten Optimierung entgegenstehen. Vgl. dazu Grinold (1992), S. 34-40 und Kleeberg (1995), S. 37-41.

[8] Da im Rahmen der residualen Optimierung kein Markttiming betrieben wird und das Beta des optimalen Portfolios damit eins beträgt, entspricht der Tracking Error in diesem Fall dem Residualrisiko.

von Tabelle 1 nachvollziehen läßt. Betrachtet wird ein (risikoscheuer) Portfoliomanager, der über eine Benchmark – bestehend aus zwei gleichgewichteten Assets A und B – verfügt. Diese Benchmark erzielt im langfristigen Mittel eine durchschnittliche Rendite von 10%, was annahmegemäß den Konsensus der Marktteilnehmer reflektiert. Der Manager formuliert keine Prognosen bezüglich der Alphas der Assets (α_n) und der außerordentlichen Benchmarkrendite ($\Delta\mu_b$).

Unter diesen Voraussetzungen ist es für diesen Manager optimal, die Benchmark passiv abzubilden, also die Assets A und B gleichgewichtet zu halten. Im Rahmen der Portfoliokonstruktion gelangt man durch eine Optimierung im residualen Modus zu diesem Ergebnis, weil die Alphas der beiden Assets null sind. Wenn der Manager dagegen statt mit den Alphas auf der Grundlage der aktiven Renditen optimiert, führt dies zu einem abweichenden Ergebnis: Der Optimierungsalgorithmus würde – trotz der fehlenden Prognose – das Asset mit der höheren *aktiven* Rendite (Asset A) übergewichten. Daraus resultiert ein suboptimales Portfolio mit einem zu hohen Beta und zusätzlichen Residualrisiken, denen keine Kompensation durch eine außerordentliche Renditekomponente gegenübersteht.

Dieses Ergebnis ist allerdings nicht auf einen Defekt des aktiven Optimierungsmodus zurückzuführen, sondern auf eine Fehlspezifizierung der Inputs. So liegt im vorliegenden Beispielfall keine explizite Timingprognose vor, die eine taktische Abweichung von der Benchmark rechtfertigen würde. Die Tatsache, daß die beiden Assets unterschiedlich erwartete aktive Renditen aufweisen, ist allein auf die divergierenden Betas und nicht auf eine Prognose des Managers zurückzuführen. Es sei nochmals darauf hingewiesen, daß die langfristige Komponente in den erwarteten Renditen der einzelnen Assets bereits im Rahmen der Benchmarkkonstruktion berücksichtigt worden ist (vgl. Gleichung (9)) und an dieser Stelle nicht mehr entscheidungsrelevant ist. Eine Timing-induzierte Abweichung von der Benchmark ist nur dann gerechtfertigt, wenn die erwartete Rendite der Benchmark von ihrem Konsensuswert abweicht.[9]

Asset	erwartete Risikoprämie	Beta	Residualrisiko	Gesamtrisiko	Alpha	erwartete aktive Rendite
A	15%	1.5	10.00%	38.81%	0%	5%
B	5%	0.5	10.00%	16.01%	0%	-5%
Benchmark	10%	1	0.00%	25%	0%	0%
Korr(A,B)=0.5935; Benchmark: 50% A; 50% B						

Tab. 1: Fehlsignale bei Optimierung mit aktiven Renditen

Anders verhielte es sich, wenn der Portfoliomanager z.B. eine vom Konsensus um +2% abweichende Benchmarkrendite prognostizieren würde. In diesem Fall erhielte man für beide Assets außerordentliche aktive Renditen (Asset A: +3%, Asset B +1%), die im Rahmen der Portfoliokonstruktion durch eine Betaerhöhung zu berücksichtigen wären.

---

[9] Vgl. Wittrock (1996), S. 53 ff. sowie Grinold/ Kahn (1995), S. 84 ff.

Zusammenfassend läßt sich festhalten, daß Timing nur dann über eine aktive Optimierung implementiert werden darf, wenn eine Über- oder Unterperformance der Benchmark relativ zu ihrer strategischen Durchschnittsperformance *explizit* vorhergesagt wird. Ansonsten gibt es eine einfache und effektive Möglichkeit, sich vor unbeabsichtigtem Markttiming infolge fehlerhafter Inputs zu schützen, nämlich durch die Formulierung einer Betarestriktion (Zielbeta = Benchmarkbeta) im Optimierungsansatz.

4. Generierung der Rohprognosen

Grundvoraussetzung für das aktive Portfoliomanagement ist die Vorgabe von Renditeprognosen, die anschließend in einen Verfeinerungsmechanismus übergeleitet werden. Von der Qualität dieser Rohprognosen ist der Erfolg jeder aktiven Anlagestrategie wesentlich abhängig. Sie stellen die subjektive Komponente des quantitativen Managements dar. Ohne Rohprognosen kommt der gesamte Prozeß nicht in Gang; er wäre ohne sie auch überflüssig, weil die Benchmark dann die optimale (passive) Anlageposition repräsentiert.

In aller Regel kann man jedoch davon ausgehen, daß die Entscheidungsträger zur expliziten Abgabe von Rohprognosen bezüglich der Residualrenditen der Assets in der Lage sind, zumal die Anforderungen, die auf dieser Stufe an sie gestellt werden, relativ gering sind. Die einzig notwendige Voraussetzung ist das Vorliegen von mehr oder minder vagen Investmentideen, Stimmungen, Tips oder sonstigen Einschätzungen zur relativen Attraktivität der Anlagealternativen, wie sie im Zuge der Researchtätigkeit gewonnen werden. Es ist nicht erforderlich, diese präzise darzulegen oder sogar in der Form von Verteilungsparametern exakt zu quantifizieren. Die Artikulierung erfolgt ausschließlich durch Zuordnung der qualitativen oder quantitativen Urteile auf ein dem Investment-Praktiker vertrautes, vorgegebenes Schema ordinalskalierter Signale.

Die Ausgestaltung eines solchen Schemas erfordert a priori eine Entscheidung über seinen Differenzierungsgrad. Dabei ist folgender Trade-off zu beachten: Eine geringe Zahl von Abstufungen (z.B. drei: Kauf/ Halten/ Verkauf) erzwingt eine Einordnung der Rohprognosen auf das vorgegebene grobe Schema. Dabei kann es zu einem Verlust wertvoller Informationen kommen. Andererseits erschwert eine detaillierte Skalierung die Einordnung und führt darüber hinaus zu einer Scheingenauigkeit, die dem Signalcharakter der Rohprognosen zuwiderläuft. In der Praxis kommt es auf eine Abwägung dieser gegenläufigen Aspekte an. Als zweckmäßiger „Kompromiß" läßt sich ein Schema mit fünf Signalen verwenden, wie es in der Tabelle 2 dargestellt ist.

Ordinale Rohprognose (Signal)	Aktion (Beispiel 1)	Aktion (Beispiel 2)
2	stark übergewichten	strong buy
1	übergewichten	buy
0	neutral/halten	hold
-1	untergewichten	sell
-2	stark untergewichten	strong sell

Tab. 2: Schema für Alphasignale

Die genaue begriffliche Ausgestaltung des Signalschemas ist von untergeordneter Bedeutung. Entscheidend ist, daß die Signale in eine zahlenmäßige Form übersetzt werden. Der Ordinalskalierung entsprechend können sie nur als Rankings interpretiert werden, ohne daß Aussagen über absolute Differenzen in der Renditeattraktivität möglich wären. Deshalb ist auch eine additive „Umskalierung" (z.B. in eine Skala von 0 bis +5) inhaltlich unproblematisch. Allerdings empfiehlt sich die Beibehaltung der in Tabelle 2 angegebenen Skalierung, weil diese den Vorzug hat, daß die Signale mit Einheiten der Standardabweichung einer Standardnormalverteilung assoziiert werden können.

Sobald für alle oder auch nur einen Teil der Assets des Anlageuniversums derartige Rohprognosen in Signalform vorliegen, ist die wesentliche (kreative) Leistung des Analysten erbracht. Es folgt die quantitative und weitestgehend „objektive" Aufbereitung und Ausbeutung dieses potentiell wertvollen Inputs.

5. Einschätzung der Prognosequalität

Ein Portfoliomanager, der von einem Analysten oder auch durch ein Prognosemodell ein spezifisches Signalset für mehrere Assets erhält, sieht sich mit der Frage konfrontiert, wie er die einzelnen Prognosen gewichten soll.[10] Zu ihrer Beantwortung ist er auf Hintergrundinformationen über die Qualität der jeweiligen Prognosen angewiesen. Deshalb ist eine Meßgröße gesucht, mit deren Hilfe sich die Prognosegüte quantifizieren läßt.

Die Abgabe von Renditeprognosen für die Benchmark-Assets ist in aller Regel kein einmaliger, sondern ein sich periodisch (z.B. monatlich) wiederholender Vorgang. Wenn die Prognosen jeweils sorgfältig protokolliert und archiviert werden, erhält man im Laufe der Zeit eine Datei von Erwartungsgrößen, die sich für die objektive Einschätzung des Prognosevermögens von Analysten, eines Anlagegremi-

---

[10] Eine Mischung der Prognosen soll aus Vereinfachungsgründen ausgeschlossen bleiben.

ums oder eines Modells als außerordentlich nützlich erweisen kann. Dazu wird die Zeitreihe der prognostizierten Residualrenditen für alle Assets den entsprechenden realisierten Residualrenditen gegenübergestellt. Der statistische Zusammenhang zwischen Prognosen und Realisationen läßt sich anhand des Bravais-Pearsonschen Korrelationskoeffizienten quantifizieren:

$$(10) \quad IC = \frac{Cov(Prognose_t; Realisation_t)}{Std(Prognose_t) \cdot Std(Realisation_t)}.$$

Man bezeichnet diesen speziellen Korrelationskoeffizienten als „Information Coefficient" (IC).[11] Er zeigt das Konfidenzniveau an, das man mit den Prognosen eines bestimmten Analysten verbinden kann. Der theoretisch mögliche Wertebereich liegt dabei zwischen minus und plus eins. Ein Information Coefficient von null stellt den „worst case" für Prognosegeber und -empfänger dar, weil die Renditerealisationen völlig unabhängig von den zuvor abgegebenen Prognosen auftreten. Mit anderen Worten: Die bedingte Wahrscheinlichkeitsverteilung der Residualrenditen entspricht der unbedingten Verteilung, weshalb die Kenntnis der Prognosen inhaltlich völlig bedeutungslos ist. Der „best case" liegt dagegen vor, wenn der Information Coefficient den Wert eins annimmt, weil die bedingte Wahrscheinlichkeitsverteilung in diesem Fall genau den Prognosewert annimmt (sicherer Wert ohne Streuung). Die Realisationen werden also durch die abgegebenen Prognosen perfekt antizipiert.

Sieht man von der Möglichkeit negativer Information Coefficients ab,[12] so liegt zwischen den beiden Extremwerten null und eins die gesamte Bandbreite nicht perfekter Prognosen. In der Realität bewegen sich die Werte jedoch ausschließlich am unteren Ende der Skala. Der Wert von 0.1 wird nur in Ausnahmefällen übertroffen; er entspricht einer Trefferquote der Residualrendite-Prognose von immerhin ca. 55% (Zufallsquote = 50%), d.h., bei 100 Prognosen wird das Vorzeichen der Residualrendite im Schnitt 55 mal richtig und 45 mal falsch prognostiziert.

Als Anhaltspunkt für praktische Anwendungen kann Tabelle 3 dienen, in der die Information Coefficients des für die Praxis relevanten Bereichs auch verbal umgesetzt sind. Selbst wenn keine geeigneten Datenreihen zur expliziten Berechnung von Korrelationskoeffizienten verfügbar sind, kann sie für die grobe Abschätzung der eigenen Prognosefähigkeiten hilfreich sein und so den Einstieg in den Verfeinerungsprozeß ermöglichen.

---

[11] Vgl. Grinold/Kahn (1995), S. 118.
[12] Bei einem negativen Information Coefficient sind die Prognosen theoretisch als Kontraindikatoren verwertbar.

Information Coefficient (IC)	Beurteilung des Prognosevermögens
>0,1	extrem hoch (Insiderverdacht)
0,1	hoch
0,07	relativ hoch
0,05	relativ gering
0,02	gering
0	nicht vorhanden (Zufallsprognosen)

Tab. 3: Messung der Prognosegüte

Die korrekte Feststellung der Information Coefficients für sämtliche Assets ist insbesondere vor dem Hintergrund der Schätzfehlerproblematik im Rahmen der Portfoliooptimierung von erheblicher Bedeutung. So reagieren die Strukturen optimierter Portfolios weitaus sensibler auf Variationen der Renditeinputs, als dies bei Risikoprognosen der Fall ist.[13] Die Quantifizierung von Konfidenzniveaus ist ein wichtiger Beitrag, um sämtliche zur Verfügung stehenden Informationen bei der Generierung von qualitativ hochwertigen Renditeprognosen zu nutzen.

6. Das fundamentale Gesetz des aktiven Managements

Der Prognosegüte, gemessen durch den Information Coefficient, kommt eine gewichtige Rolle im Rahmen des sog. „fundamentalen Gesetzes des aktiven Managements" zu.[14] Dies ist die Bezeichnung für eine recht einfache Beziehung, die aber äußerst bedeutsame Einsichten in die relativen Erfolgsaussichten alternativer Portfoliomanagementstrategien ermöglicht. Die erklärte Variable ist dabei die Information Ratio (IR), die allgemein definiert ist als das Verhältnis von erwarteter außerordentlicher Rendite eines Assets (oder Assetportfolios) zu dessen aktiver Standardabweichung (Tracking Error). Als erklärende Variablen fungieren der Information Coefficient (IC) des Analysten bzw. des verwendeten Prognosemodells sowie die Quadratwurzel der Anzahl (Z) der im Portfolio implementierten unabhängigen Einzelprognosen.[15] Demnach erhält man (approximativ) folgende Gleichung:

(11) $IR \approx IC \cdot \sqrt{Z}$.

Die Information Ratio quantifiziert das Erfolgspotential, das mit den Renditeprognosen verbunden ist. Dieses Potential ist um so höher, je besser die durch den In-

---

[13] Vgl. Chopra/ Ziemba (1993), S. 6-11.
[14] Vgl. Grinold (1989), S. 30-37.

formation Coefficient ausgedrückte Prognosegüte ist und je größer die Anzahl der unabhängigen „Einzelwetten" im Portfolio ist.[16] Da die beiden Einflußfaktoren in dieselbe Richtung wirken, kann eine bestimmte Information Ratio durch variierende Kombinationen dargestellt werden, wobei ein Defizit in der Prognosegüte durch eine erhöhte Zahl von Prognosen ausgeglichen werden kann (und vice versa). Eine sehr geringe Prognosegüte kann nur durch eine extrem hohe Prognosehäufigkeit kompensiert werden, während umgekehrt eine einstellige Prognosezahl praktisch nur mit Insiderwissen kompensierbar ist, falls eine anspruchsvolle Information Ratio gefordert ist.

Es wäre jedoch falsch, in Anbetracht der Relation aus Gleichung (10) anzunehmen, die Information Ratio ließe sich durch häufigere Prognosen beliebig steigern. Zwar ist es prinzipiell vorteilhaft, bei positivem IC möglichst oft Prognosen abzugeben, doch stößt der Diversifikationseffekt an Grenzen. Sie werden nicht nur durch die begrenzte Zahl von Assets und anderweitige Praxiskalküle (v.a. Transaktionskosten) gezogen, sondern auch durch die Forderung nach Unabhängigkeit der Prognosen. Mit steigender Prognoseaktivität wird es nämlich verstärkt zu einer Mehrfachverwertung der erhältlichen Informationen kommen. Ferner wird die durchschnittliche Prognosequalität sukzessive abnehmen, weil das Researchpotential der Analysten begrenzt ist.

Bezogen auf reale Investmentstrategien kann man aufgrund des fundamentalen Gesetzes des aktiven Managements folgern, daß sich die Prognosefrequenz (Z) vom Timing über die taktische Asset Allocation bis hin zur Aktienselektion aus einem großen Universum tendenziell erhöht, woraus sich bei konstanter Prognosegüte (d.h. theoretisch) zunehmend bessere Perspektiven für eine attraktive Information Ratio ergeben. Für einen reinen Markt-Timer, der im Jahresverlauf insgesamt vier Timingprognosen (quartalsweise) abgibt, errechnet sich nach dem fundamentalen Gesetz des aktiven Managements bei Annahme eines IC von 0.05 eine Information Ratio von 0.1. Demgegenüber könnte ein reiner Stock Picker mit einem Prognoseuniversum von 100 Aktien und je vier (Alpha-) Prognosen pro Jahr selbst bei einem um die Hälfte geringeren IC von 0.025 noch eine um das Fünffache höhere Information Ratio, nämlich 0.5, erzielen.[17] Damit stehen die Aussichten für ein erfolgreiches Markttiming a priori weitaus schlechter als diejenigen der Aktienselektion.

---

[15] Die Prognoseanzahl Z ergibt sich aus dem Produkt von periodischen (z.B. monatlichen) Querschnittsprognosen (z.B. Zahl der betrachteten Assetklassen) und der Zahl der Prognoseintervalle (z.B. Monate) innerhalb des Analysezeitraums (z.B. ein Jahr).

[16] Das fundamentale Gesetz des aktiven Managements unterstellt implizit, daß die durch den Information Coefficient ausgedrückte Prognosegüte für alle Assets gleich groß ist. In der Realität ist durchaus vorstellbar, daß sich einzelne Aktien z.B. aufgrund ihrer Größe verläßlicher prognostizieren lassen als andere Werte. Der Vorteil der Beziehung in Gleichung (10) liegt aber gerade darin, den Grundzusammenhang des aktiven Managements auf die wesentlichen Einflußgrößen zu reduzieren.

[17] Es ist plausibel, daß der Information Coefficient des Stock Pickers geringer ist als der des Markt-Timers, weil ersterer sein limitiertes Researchpotential über eine größere Anzahl von Prognoseobjekten „streuen" muß, während sich der Timer auf nur einen Prognosegegenstand konzentrieren kann.

7. Renditeverfeinerung in vier Schritten (Alphaprognosen)

Mit den ordinalen Rohprognosen, dem Information Coefficient sowie den Risikoschätzern liegen sämtliche für das weitere Procedere erforderlichen Inputgrößen vor. Die Vorbereitungsphase ist beendet; was folgt, ist ein mechanistischer Prozeß der Renditeverfeinerung, der im folgenden beschrieben wird. Für den Anwender, der die Rohprognosen auf diese Weise behandelt, ist es wichtig, ein grundlegendes Verständnis vom Gesamtprozeß der Alphaprognose zu entwickeln, um die Konsistenz der verfeinerten Outputalphas mit den Rohprognosen nachvollziehen zu können.

Der Verfeinerungsprozeß startet mit der aus sämtlichen Assets des Schätzuniversums ermittelten Querschnittsverteilung der Rohprognosen (Signale). Für diese Verteilung werden der Erwartungswert sowie die Standardabweichung ermittelt und für eine Standardisierung der Signale herangezogen. Dabei werden die einzelnen Signalabweichungen vom Mittelwert über die Querschnittsstreuung der Signale normiert, so daß die daraus resultierende Verteilung der standardisierten Rohprognosen (der sog. Scores) einen Durchschnitt von null und eine Standardabweichung von eins aufweist:

Schritt 1: $$Score(n) = \frac{Signal(n) - E(Signal)}{Std(Signal)}$$

Diese Standardisierung dient der Normierung der frei zu wählenden Skala der Rohprognosen und liefert die aus der Statistik bekannten z-Werte (Scores) der Standardnormalverteilung. Assets mit identischen Signalen bekommen dabei auch identische Scorewerte zugewiesen.

Im zweiten Verfeinerungsschritt erfolgt die Multiplikation der aus Schritt 1 gewonnenen Asset-Scores mit den dazugehörigen (exogenen) Residualrisiken:

Schritt 2: $$\alpha_n^* = \underbrace{Score(n) \cdot Std(R_n^{residual})}_{\substack{Risikoskalierung \\ der\,Scores}} \cdot IC$$

Mit der Risikoskalierung werden die standardisierten, bislang ordinalskalierten Rohprognosen in die Kardinalskala der Residualrenditen überführt. Das Residualrisiko gibt als das zweite Moment der Verteilung die prognostizierte Streuung der Residualrenditen an. Ein Kaufsignal für ein Asset mit einem hohen Residualrisiko impliziert c.p. ein höheres Alpha als ein gleichlautendes Kaufsignal für ein Asset mit einem geringeren Residualrisiko. Würde dies im Verfeinerungsprozeß nicht berücksichtigt werden, käme es im Zuge der anschließenden Portfoliooptimierung zu einer nicht erwartungskonformen Bevorzugung des weniger stark streuenden Assets im Vergleich zu denjenigen mit dem, bei identischer Rohprognose, höheren Residualrisiko. Diese scheinbare Ignorierung von nicht-verfeinerten Alphas in der Portfoliooptimierung wird als „Alpha Eating" bezeichnet.[18]

Die Ursache für das unerwünschte Phänomen des „Alpha Eating" ist darin zu sehen, daß sich die Attraktivität einer Aktie im Rahmen der Portfoliooptimierung nicht (primär) nach der Höhe ihrer Alphaprognose bemißt, sondern nach der Information Ratio, d.h. der über das Residualrisiko normierten Alphaprognose. Für die Prognosetätigkeit bedeutet diese Erkenntnis, daß die Information Ratio das Kriterium repräsentiert, an dem sich die relative Einschätzung von Assets und folglich auch die Prognosegenerierung orientieren sollte. Durch die Risikoskalierung der Alphascores wird diesem Erfordernis Rechnung getragen, weil zwei identische Scores zwar in aller Regel zu verschiedenen risikoadjustierten Prognosewerten führen (die Aktie mit dem höheren Risiko erhält c.p. das höhere Alpha), diese aber bei Re-Normierung über das Residualrisiko wiederum eine identische Information Ratio ergeben, deren Höhe gerade dem Scorewert und somit den ursprünglichen Erwartungen des Analysten entspricht.

Der dritte Schritt ist bereits aus der vorherigen Formel (Schritt 2) ersichtlich; durch die weitere Multiplikation der risikoskalierten Werte mit dem Information Coefficient (IC) wird die Prognosegüte der Rohprognosen bzw. der Scores berücksichtigt. Man erhält so die verfeinerte Alphaprognose für Asset n:

$$\text{Schritt 3:} \quad \alpha_n^* = \underbrace{\overbrace{Score(n) \cdot Std(R_n^{residual})}^{\text{IC-Adjustierung}} \cdot IC}_{\substack{\text{Risikoskalierung} \\ \text{der Scores}}} .$$

Die IC-Adjustierung führt prinzipiell zu einer Reduzierung der (absoluten) Renditeerwartung, d.h. die Erwartungswerte der Verteilungen werden gegen den Wert null als a priori-Schätzer der Alphas verschoben. Angesichts der relativ niedrigen realen ICs ist diese Anpassung als gravierend zu bezeichnen. Wenn die Prognosen keinen Gehalt haben (d.h. IC=0), werden sämtliche Alphas konsequenterweise auf null zurückgesetzt.

Um die innere Konsistenz der Alphaprognosen sicherzustellen und unbeabsichtigte Timingeffekte zu unterbinden, ist deren benchmarkgewichtetes Mittel in einem Kontrolldurchgang zu bestimmen. Wenn sich herausstellt, daß sich für das Benchmarkportfolio aufgrund der Einzelprognosen ein von null abweichender Alphawert ergibt, sind sämtliche Alphas aus Schritt 3 noch in folgender Weise zu adjustieren:

$$\text{Schritt 4:} \quad \alpha_n^{**} = \alpha_n^* - \beta_{n,b} \cdot \alpha_b^* ,$$

$$\text{wobei:} \quad \alpha_b^* = \sum_n x_{n,b} \cdot \alpha_n^* .$$

Mit dieser Adjustierung ist der vierstufige Verfeinerungs- und Anpassungsprozeß abgeschlossen. Die daraus hervorgehenden Werte stellen die „echten" verfeinerten Alphaprognosen für die einzelnen Assets dar, die nunmehr für den Einsatz in der

---

[18] Vgl. Grinold (1994), S. 9-16.

relativen Portfoliooptimierung geeignet sind. Sie reflektieren die unter den gegebenen Bedingungen bestmöglichen Indikatoren der relativen (subjektiven) Attraktivität der analysierten Assets. Der Prozeßablauf wird zum Abschluß dieses Beitrags durch ein Praxisbeispiel aus dem Bereich der Asset Allocation dokumentiert. Darüber hinaus ist im Anhang eine formale Ableitung der Verfeinerungsregel zu finden.

8. Spezielle Aspekte der Renditeverfeinerung

In diesem Abschnitt sollen einige besonders praxisrelevante Fragestellungen im Zusammenhang mit der Prognosebildung und -verfeinerung angesprochen werden. Dies ist erforderlich, weil der allgemeine Verfeinerungsprozeß in der dargestellten Form im Interesse der Nachvollziehbarkeit und Flexibilität nicht der vollen Komplexität des realen Asset Managements entsprechen kann. Seine Anwendung wird im Detail immer auch von der speziellen Managementaufgabe beeinflußt.

Die bislang unterstellte und auch in der Anlagepraxis dominierende Separierung von Rendite- und Risikoprognosen ist aus theoretischer Sicht nicht völlig korrekt. Sind die Renditen zweier Assets nämlich positiv miteinander korreliert und wird für eines der beiden eine positive Rendite prognostiziert, so legt die Korrelationsprognose zugleich eine positive Renditeprognose für das zweite Asset nahe.[19] Während die totalen Renditen verschiedener Assets hohe Korrelationen aufweisen können, sind die Residualrenditen verschiedener Wertpapiere in einem wesentlich geringeren Ausmaß miteinander korreliert, weil der Einfluß des Gesamtmarktes über die Betaadjustierung bereits eliminiert ist (vgl. Gleichung (6)). Aufgrund der Geringfügigkeit der Korrelation der Residualrenditen zweier Assets einerseits und der durch den Information Coefficient reflektierten Prognoseungenauigkeit andererseits resultiert aus der Separierung von residualen Rendite- und Risikoprognosen nur ein kleiner und deshalb tolerabler Fehler.

Ein zweites Problem, das in der Prognosepraxis auftreten kann, betrifft die Behandlung solcher Assets des Anlageuniversums, für die kein Research getätigt worden ist, und bezüglich derer es auch sonst keine explizite Einschätzung gibt. Es liegt nahe, diesen Assets eine Rohprognose von null zuzuweisen, doch ist ein derartiges Vorgehen verfehlt. Vielmehr ist es adäquat, den vierstufigen Verfeinerungsprozeß nur auf jene Assets anzuwenden, zu denen man eine *explizite „Meinung"* hat, und die übrigen vorübergehend aus der Betrachtung auszuschließen. Dies hat die gewünschte Konsequenz, daß die Assets ohne explizite Rohprognose ein Alpha von null erhalten und deshalb im Rahmen der Optimierung annähernd auf ihr Benchmarkgewicht gesetzt werden. Das ist für die Assets mit expliziter Rohprognose von null regelmäßig nicht der Fall, weil die Standardisierung im Rahmen des ersten Pro-

---

[19] Dieser Zusammenhang wird im Rahmen des Black/Litterman-Ansatzes zur Verfeinerung totaler Renditeprognosen berücksichtigt. Vgl. Black/Litterman (1992), S. 36-42.

zeßschrittes ein Abdriften von null bewirken kann, so daß sich schließlich eine positive oder negative verfeinerte Alphaprognose ergibt. Die Sonderbehandlung der im aktuellen Research vernachlässigten Assets ist auch (intuitiv) insofern gerechtfertigt, als auf diese Weise eine Gleichstellung mit den Assets, die eine explizite Rohprognose von null aufweisen, vermieden wird.

Der Verfeinerungsprozeß zur Alphaprognose läßt sich ohne weiteres auch im Kontext von Multi-Faktoren-Modellen anwenden. Dabei ist es möglich, für jeden einzelnen (residualen) Risikofaktor und jede aktienspezifische Rendite eine separate Alpharohprognose zu formulieren. Der beschriebene Verfeinerungsprozeß setzt dann bereits unmittelbar an den Faktorrenditen an. Über die verfeinerten Faktoralphas lassen sich dann die Alphas der einzelnen Wertpapiere berechnen, indem die Faktoralphas mit den Faktorsensitivitäten der einzelnen Assets multipliziert und aufsummiert werden.

Obwohl es ein wesentliches Anliegen der schrittweisen Alphaverfeinerung ist, die Konsistenz der Alphaprognosen sowohl assetbezogen wie auch assetübergreifend zu erhöhen, sollten die Resultate nicht unkritisch akzeptiert werden. Es empfiehlt sich, mit den Alphaprognosen über Sensitivitätsanalysen zu „experimentieren", um ein Gespür für die praktischen Ergebnisse der Verfeinerungsregel bei variierenden Inputs zu entwickeln. So können z.B. – dem Trial-and-error-Verfahren folgend – in mehreren Schleifen Rohprognosen formuliert und die daraus abgeleiteten verfeinerten Alphawerte nochmals auf Übereinstimmung mit den eigenen Erwartungen geprüft werden. Dies kann vor allem dann nützlich sein, wenn man sich bezüglich eines Teils der expliziten Prognosen unschlüssig ist, etwa weil für mehrere Assets die Wahl zwischen zwei Rohwerten des Signalschemas (vgl. Tab. 2) schwierig erscheint. Somit erhält man eine Vorstellung von der Auswirkung verschiedener Rohprognosen auf die Querschnittsverteilung der verfeinerten Alphas.

9. Renditeverfeinerung für Timingprognosen

Der für Alphaprognosen beschriebene vierstufige Verfeinerungsprozeß ist in verkürzter Form auch auf explizite Timingprognosen anwendbar, also auf die Generierung von Prognosen über „außerordentliche Marktrisikoprämien". Letzere charakterisieren den Teil der erwarteten Marktrendite, der vom Konsensus abweicht. Im Gegensatz zu Alphaprognosen kann dabei jedoch, ausgehend von der langfristig erwarteten Marktrisikoprämie, zu einem bestimmten Zeitpunkt immer nur ein Prognosewert bestimmt werden. Wenn für eine bevorstehende Periode eine Abweichung vom strategischen Benchmarkwert („Surprise") erwartet wird, kann diese subjektive Einschätzung zunächst wiederum in Form einer Rohprognose formuliert werden. Dazu wird eine entsprechende Einordnung auf der vorbestimmten Ordinalskala (vgl. Tabelle 2) vorgenommen.

Der Versuch, den ersten Verfeinerungsschritt durchzuführen, macht deutlich, daß eine 1:1-Adaption der für die Alphaprognosen zweckmäßigen Vorgehensweise nicht angemessen bzw. nicht möglich ist. Die geforderte Standardisierung der Prognose scheitert daran, daß keine Querschnittsverteilung und folglich auch keine Streuung von Prognosewerten vorliegt. Deshalb kann die Verfeinerung strenggenommen nur durchgeführt werden, wenn die Rohprognosen (z.B. -2, 0 oder +1) von vornherein als Standardabweichungen der Verteilung der periodischen Marktrisikoprämien angegeben werden bzw. als solche interpretierbar sind.

Anzumerken ist, daß sich das für Alphaprognosen charakteristische Problem des „Alpha Eating" nicht auf Timingprognosen überträgt, weil sich die Einschätzungen des Prognosegebers auf nur eine Größe, nämlich das Benchmarkportfolio, richten. Es gibt folglich kein Äquivalent zum „Alpha Eating" in Form eines etwaigen „Timing Eating". Die korrekte Risikoskalierung bleibt aber auch für das Timing bedeutsam. Sie erfolgt durch Multiplikation der standardisierten Rohprognose mit der erwarteten Streuung der Marktrisikoprämien.

Der dritte Verfeinerungsschritt wird in bekannter Form vorgenommen, indem die risikoskalierte Timingprognose mit dem Information Coefficient (des Timing) multipliziert und so wertmäßig gegen null adjustiert wird. Mit dem Ergebnis dieser Adjustierung liegt bereits die verfeinerte Timingprognose vor, weil die für Alphaprognosen wichtige Benchmarkneutralität hier gerade nicht beabsichtigt wird, sofern ein positives Prognosevermögen vorliegt. Der vierte, für Alphaprognosen bedeutsame Schritt ist damit obsolet. Es ist nun ohne weiteres möglich, in konsistenter Weise für jedes Asset der Benchmark die prognostizierte außerordentliche Rendite als Summe des verfeinerten Assetalphas sowie der betaadjustierten, ebenfalls verfeinerten Timingprognose anzugeben. Damit ist die Prognosephase abgeschlossen, und die aktive Optimierung (Prognoseimplementierung) kann beginnen.

10. Ein Beispiel aus der Praxis

Um den Praxisbezug und die Operationalität der vorgestellten theoretischen Konzepte zur Prognosegenerierung zu demonstrieren, soll abschließend eine Fallstudie aus dem Bereich der taktischen Asset Allocation durchgespielt werden. Anlage- und Prognoseschwerpunkte sind fünf internationale Renten- und Aktienmärkte (Deutschland, Japan, Schweiz, UK und USA) aus DM-Sicht.[20] Die für eine relative Optimierung benötigte Benchmark ist vorgegeben; sie besteht ausschließlich aus Renten- und Aktienpositionen gemäß den in der Tabelle 4 aufgeführten Prozent-Gewichten. Von explizitem Timing wird in der Folge abgesehen, d.h., es erfolgt eine residuale Optimierung.

Den einzelnen Assetklassen sind bereits die Rohprognosen des Analysten bzw. Portfoliomanagers zugeordnet.[21] Die Signale bringen ausschließlich *explizite* Alpha-

---

[20] Die Assetklassen werden über breite, nicht währungsgehedgte Marktindizes (Salomon Brothers Bond- bzw. MSCI-Indizes) abgebildet. Somit können die Alphaprognosen partiell auch Ausdruck von Währungseinschätzungen sein.
[21] Eine nähere Spezifizierung des Prognosehorizonts ist für das Beispiel nicht erforderlich. Wichtig ist allerdings, daß sich alle Prognosen auf einen *einheitlichen* Horizont beziehen.

prognosen zum Ausdruck, d.h., die Schätzwerte von null sind ausdrücklich als „neutrale" Prognosen zu verstehen.[22] Tabelle 4 enthält daneben noch die entsprechend dem ersten Transformationsschritt standardisierten Signale, wobei der benötigte arithmetische Mittelwert (die Standardabweichung) der Rohsignale -0.30 (1.16) beträgt.

Assetklasse	Benchmark-gewicht (%)	Ordinales Rohsignal	standardisiertes Signal (Score) (Angaben gerundet)
Aktien Deutschld.	15	2	1.9836
Renten Deutschld.	30	0	0.2587
Aktien Japan	5	0	0.2587
Renten Japan	5	-1	-0.6037
Aktien Schweiz	5	-1	-0.6037
Renten Schweiz	5	1	1.1212
Aktien UK	5	-1	-0.6037
Renten UK	5	-1	-0.6037
Aktien USA	10	0	0.2587
Renten USA	15	-2	-1.4662
	100	E(Signal) = 0.30 Std(Signal) = 1.16	E(Score) = 0 Std(Score) = 1

Tab. 4: Schritt 1 der Prognoseverfeinerung

Die für die Fortführung des Verfeinerungsprozesses der Alphaprognose erforderlichen weiteren Inputs sind den Spalten 3 und 4 der Tabelle 5 zu entnehmen. Es handelt sich dabei um die (erwarteten) Residualvolatilitäten der Assetklassen relativ zur Benchmark sowie um die spezifischen Information Coefficients für die einzelnen Assetklassen. Auffällig ist dabei das relativ ausgeglichene Prognosevermögen über diese Märkte, wenngleich für die DM-Märkte erwartungsgemäß die höchste Prognosequalität zu verzeichnen ist, während die japanischen Märkte nur unterdurchschnittlich gut prognostiziert werden können. Die letzte Spalte der Tabelle 5 zeigt die risikoskalierten und IC-adjustierten Alphaprognosen (verfeinerte Alphas) als Ergebnis der Transformationsschritte 2 und 3.

---

[22] Die stark positive Alphaprognose für deutsche Aktien bei gleichzeitig neutraler oder negativer Einschätzung der übrigen Aktienmärkte ist ein Beispiel für eine Renditeprognose „gegen" den Gleichlauf (positive Korrelation) von Assets bzw. Assetklassen.

Assetklasse	standardisiertes Signal (Score) 1	Standardabw. der Residualrendite (%) 2	Information Coefficient 3	verfeinertes Alpha (%) 4 = 1*2*3
Aktien Deutschld.	1.9836	10.76	0.07	1.49
Renten Deutschld.	0.2587	2.84	0.07	0.05
Aktien Japan	0.2587	19.07	0.02	0.10
Renten Japan	-0.6037	7.96	0.02	-0.10
Aktien Schweiz	-0.6037	10.65	0.05	-0.32
Renten Schweiz	1.1212	4.79	0.05	0.27
Aktien UK	-0.6037	8.15	0.05	-0.25
Renten UK	-0.6037	6.91	0.05	-0.21
Aktien USA	0.2587	7.56	0.05	0.10
Renten USA	-1.4662	5.00	0.05	-0.37

Tab. 5: Schritte 2 und 3 der Prognoseverfeinerung

Die anschließende Plausibilitätskontrolle auf implizites Markttiming ergibt für die Benchmark ein Alpha von +0.17%. Um diesen Wert werden die verfeinerten Alphas sämtlicher Assetklassen im vierten Schritt betakonform nach unten adjustiert, so daß die Benchmark selbst alphaneutral gestellt ist (vgl. Tabelle 6). Als Ergebnis erhält man die „echten" verfeinerten ex ante-Alphas, mit denen der Prozeß zur systematischen Prognosegewinnung endet. Damit sind die Voraussetzungen für die Konstruktion eines aktiven Assetklassen-Portfolios geschaffen, das diese verfeinerten Prognosen in konsistenter Weise reflektiert.

Das Ergebnis der entsprechenden relativen Optimierung auf der Basis von „echten" verfeinerten Alphas ist aus Tabelle 7 ersichtlich. Aus Vergleichsgründen wird

Assetklasse	*Beta gegen die Benchmark*	*verfeinertes Alpha (%) (aus Tabelle 5)*	*"echtes" verfeinertes Alpha (%)*
Aktien Deutschld.	1.87	1.49	1.18
Renten Deutschld.	0.27	0.05	0.01
Aktien Japan	1.73	0.10	-0.19
Renten Japan	0.39	-0.10	-0.16
Aktien Schweiz	1.57	-0.32	-0.59
Renten Schweiz	0.05	0.27	0.26
Aktien UK	2.00	-0.25	-0.58
Renten UK	0.88	-0.21	-0.36
Aktien USA	1.74	0.10	-0.20
Renten USA	0.89	-0.37	-0.52
Benchmark	1	0.17	0.00

Tab. 6: Schritt 4 der Prognoseverfeinerung

eine zweite Optimierung anhand der Rohprognosen durchgeführt und ebenfalls in Tabelle 7 dokumentiert. In beiden Fällen sind Leerverkäufe für sämtliche Assetklassen unzulässig. Mit dieser praxiskonformen Restriktion wird jeweils gegen eine identische Zielgröße (Target) des Tracking Errors, nämlich 1%, optimiert. Die zweite Datenspalte der Tabelle 7 zeigt die absoluten Assetklassen-Gewichte, die sich aus der relativen Optimierung mit den „echten" Alphas (aus Tabelle 6) ergeben; die nächste Spalte zeigt die entsprechenden aktiven Positionen relativ zu den Benchmarkgewichten. Die beiden letzten Spalten geben analoge Informationen für den Fall einer fehlspezifizierten Optimierung unter Verwendung der Rohprognosen (aus Tabelle 4), die den mehrstufigen Verfeinerungsprozeß nicht durchlaufen haben.

Vergleicht man die Ergebnisse der beiden separaten Optimierungen mit identischer Benchmark, aber unterschiedlichen Renditeinputs, lassen sich für das Praxisbeispiel folgende Aussagen hinsichtlich der Wirkung der Prognoseadjustierung bzw. ihrer Unterlassung auf die effektiven Portfoliostrukturen ableiten:

Während die Vorzeichen der aktiven Positionen überwiegend in dieselbe Richtung weisen (Ausnahme: japanische Bonds), ergeben sich in den absoluten Gewichten z.T. akzentuierte Differenzen. So beträgt der Holdingunterschied in der am stärksten benchmarkgewichteten Assetklasse (deutsche Renten) immerhin 6.88 Prozentpunkte. Auffallend ist, daß die Leerverkaufs-Restriktion bei beiden Optimierungen bindend wirkt, allerdings in unterschiedlichen Assetklassen, was sich tendenziell mäßigend auf die Holdingdifferenzen in den Portfolios auswirkt.

Anhand der Gewichtung der deutschen und japanischen Assets innerhalb des mit „echten" Alphas optimierten Portfolios läßt sich der Einfluß des Information Coefficient auf die optimale Portfoliostruktur aufzeigen: Die überdurchschnittliche Prognosegüte am deutschen Markt (IC=0.07) mündet in einer deutlich aggressiveren Umsetzung der Prognosen im Vergleich zum Rohprognoseportfolio. Im Gegensatz dazu fallen die aktiven Positionen am japanischen Markt aufgrund der unterdurchschnittlichen Prognosegüte (IC=0.02) im „echten" Alphaportfolio moderater aus als im Rohprognoseportfolio.

Das Phänomen des „Alpha Eating" läßt sich bei dem mit Rohprognosen optimierten Portfolio beobachten. Ein Beispiel sind die mit jeweils -1 beurteilten UK-Bonds und UK-Aktien: Die aktive UK-Aktienposition (UK-Rentenposition) des Rohprognoseportfolios ist defensiver (aggressiver) als die des eigentlich optimalen Portfolios, dessen Struktur von den verfeinerten Alphas bestimmt wird. Der Grund hierfür ist in dem relativ zu den UK-Bonds höheren Residualrisiko des UK-Aktienmarktes zu sehen, das zu einer unter Prognoseaspekten ungerechtfertigten Bevorzugung der Bonds bei ähnlichen oder identischen Rohprognosen führt. Die Tatsache, daß UK-Bonds in beiden Portfolios trotz des negativen Vorzeichens der Rohprognose wie auch der verfeinerten Prognose übergewichtet werden, ist kein Ausdruck von „Alpha Eating", sondern die Konsequenz des allgemeinen Trade-offs von Rendite und Risiko im Optimierungsprozeß. So beträgt der Korrelationskoeffizient zwischen UK-Aktien und UK-Bonds 0.64.[23] Deshalb wird eine renditemäßig induzierte

---

[23] Der Korrelationskoeffizient basiert auf einer Stichprobe von 120 Monaten aus DM-Sicht. Die zugrundeliegenden Renditen sind dabei exponentiell mit einer Halbwertzeit von 34 Monaten gewichtet.

Untergewichtung in UK-Aktien risikomäßig durch eine Übergewichtung in UK-Bonds ausgeglichen.

Assetklasse	Benchmark-gewicht (%)	Optimierung mit „echten" Alphas		Optimierung mit Rohprognosen	
		Gewicht (%)	aktive Position (%)	Gewicht (%)	aktive Position (%)
	1	2	3 = 2-1	4	5 = 4-1
Aktien D	15	23.27	8.27	21.05	6.05
Renten D	30	5.81	-24.19	12.69	-17.31
Aktien JP	5	4.59	-0.41	4.46	-0.54
Renten JP	5	5.02	0.02	1.73	-3.27
Aktien SWI	5	0.00	-5.00	0.34	-4.66
Renten SWI	5	28.65	23.65	27.58	22.58
Aktien UK	5	0.00	-5.00	1.88	-3.12
Renten UK	5	11.81	6.81	13.89	8.89
Aktien USA	10	15.03	5.03	16.38	6.38
Renten USA	15	5.82	-9.18	0.00	-15.00
Benchmark	100	100.00	0.00	100.00	0.00

Tab. 7: Optimierte Portfoliostrukturen

Die Ergebnisse dieser Fallstudie sind indikativ für die Effekte, die sich aus einer unterlassenen Verfeinerung der Alphaprognosen im Rahmen der Portfoliooptimierung ergeben können. In vielen Fällen der Praxis wird es zu (noch) gravierenderen Divergenzen zur optimalen Portfoliostruktur kommen. Die Nachteile sind dabei tendenziell um so größer, je stärker die Rohprognosen, Information Coefficients sowie die Residualvolatilitäten der einzelnen Assets des Prognoseuniversums streuen, und je höher die Risikotoleranz des Investors (und damit der akzeptierte Tracking Error) ist. Grundsätzlich ist zu erwarten, daß die Nachteile einer unreflektierten Verwendung von Rohprognosen in der Aktienselektion (Einzeltitel-Auswahl) besonders ausgeprägt sind.

Die tatsächliche Güte der (implementierten) verfeinerten Prognosen und damit der relative Erfolg des optimierten Portfolios hängen von den späteren Renditerealisationen ab. Sofern sich Abweichungen ergeben, womit auch nach der Verfeinerung der Alphaprognosen grundsätzlich zu rechnen ist, fließen diese wiederum als Input in die turnusmäßige Aktualisierung der Information Coefficients für die einzelnen Assetklassen ein.

11. Fazit

Der aufwendig anmutende Prozeß zur Generierung verfeinerter Alpha- und Timingprognosen rechtfertigt sich durch die Bedeutung und Sensibilität von außerordentlichen Informationen über Asset- und Marktrenditen. Er leistet dabei eine wichtige Transformationsaufgabe als Informationsfilter und Instrument zur Gewährleistung der Prognosekonsistenz. Hingegen kommt ihm keine Substitutionsfunktion zu, weil er weder zur Informationsbeschaffung noch zur inhaltlichen Verbesserung bereits vorliegender Informationen konzipiert ist. Somit besteht von vornherein keine Hoffnung, aus inhaltsleeren Rohprognosen (d.h. „Noise") im Zuge einer Verfeinerung relevante Renditeprognosen zu erhalten. Immerhin schützt der Prognoseprozeß in diesem Fall die betreffenden Portfoliomanager davor, auf dieser unzureichenden Basis aktive Positionen in ihren Portfolios einzugehen. Allen übrigen Anwendern hilft er, Signale von „Noise" zu trennen und diffuse Renditeerwartungen in konsistenter Weise quantitativ zu formulieren.

Für viele Investmentpraktiker wird ein derart systematischer, quantitativer Umgang mit Renditeprognosen sicherlich gewöhnungsbedürftig sein. Die gegebenenfalls erforderliche Umstellung und die aufzuwendende Prognosedisziplin lassen jedoch – zumal mit steigender Erfahrung in der Anwendung der Prognosetechnik – mittel- und langfristig überlegene Anlageerfolge erwarten, wie sie mit ad-hoc-Ansätzen ansonsten nicht zu erzielen sind. Davon abgesehen ist ein konsequent implementiertes Prognosecontrolling auch ein wichtiges Instrument zur Motivation und Unterstützung derjenigen Entscheidungsträger, deren Hauptfunktion in der Bereitstellung von Renditeprognosen als letztlich wichtigsten Assets eines institutionellen Anlegers bzw. Portfoliomanagement-Unternehmens besteht.

Anhang

Analytische Herleitung der Verfeinerungsregel

Von den vier Schritten des Verfeinerungsprozesses für Alphaprognosen ist der letzte Schritt (Benchmarkneutralität der Alphas) unmittelbar plausibel. Die nachfolgende formale Herleitung beschränkt sich daher auf die übrigen, weniger leicht nachvollziehbaren Schritte. Es soll gezeigt werden, daß folgender Zusammenhang zwischen den verfeinerten Alphas und den Rohprognosen besteht:

(A1) $\quad \alpha_n^* = Score(n) \cdot Std\left(R_n^{residual}\right) \cdot IC$,

$\quad$ wobei: $\quad Score(n) = \dfrac{Signal(n) - E(Signal)}{Std(Signal)}$.

Ausgangspunkt der Herleitung ist ein Regressionsansatz, der die (normalverteilten) Residualrenditen in lineare Beziehung zu den nichtstandardisierten Rohprognosen (Signale) setzt:

(A2) $\quad R_{n,t}^{residual} = a + b \cdot Signal(n,t) + \varepsilon_{n,t}$,

mit: $\quad E(\varepsilon_{n,t}) = 0; \quad Cov(\varepsilon_{n,t}, \varepsilon_{m,t}); \quad Cov(\mu_b, \varepsilon_{n,t}) = 0$.

Die Regressionskoeffizienten a und b ergeben sich aus folgenden Formeln:

(A3) $\quad b = \dfrac{Cov\left(R_{n,t}^{residual}; Signal(n,t)\right)}{Var\left(Signal(n,t)\right)} = \dfrac{IC \cdot Std(R_{n,t}^{residual})}{Std(Signal(n,t))}$,

(A4) $\quad a = E\left(R_{n,t}^{residual}\right) - b \cdot E\left(Signal(n,t)\right)$.

Durch Einsetzen dieser beiden Ausdrücke in die obige Regressionsgleichung (A2) erhält man:

(A5)
$$\begin{aligned}R_{n,t}^{residual} &= E\left(R_{n,t}^{residual}\right) - \dfrac{IC \cdot Std\left(R_{n,t}^{residual}\right)}{Std\left(Signal(n,t)\right)} \cdot E\left(Signal(n,t)\right) + \\ &\quad \dfrac{IC * Std\left(R_{n,t}^{residual}\right)}{Std\left(Signal(n,t)\right)} \cdot Signal(n,t) + \varepsilon_{n,t} \\ &= E\left(R_{n,t}^{residual}\right) + \dfrac{Signal(n,t) - E\left(Signal(n,t)\right)}{Std\left(Signal(n,t)\right)} \cdot IC \cdot Std\left(R_{n,t}^{residual}\right) + \varepsilon_{n,t}.\end{aligned}$$

Wenn man zusätzlich berücksichtigt, daß der *unbedingte* Erwartungswert der Residualrendite sowie derjenige des Residuums jeweils null sind, kann der *bedingte* Erwartungswert der Residualrendite geschrieben werden als:

(A6) $\quad E\left(R_{n,t}^{residual} \mid Signal(n,t)\right) = \dfrac{Signal(n,t) - E\left(Signal(n,t)\right)}{Std\left(Signal(n,t)\right)} \cdot IC \cdot Std\left(R_{n,t}^{residual}\right) = \alpha_n^*$.

Der *bedingte* Erwartungswert entspricht dem verfeinerten Alpha. Damit ist die Verfeinerungsregel (A1) formal abgeleitet.

Literaturverzeichnis

Black, F./ Litterman, R. (Black/ Litterman, 1992): Global Portfolio Optimization, in: *Financial Analysts Journal*, Vol. 48, 1992, September-October , S. 28-43.

Black, F. (Black, 1993): Estimating Expected Returns, in: *Financial Analysts Journal*, Vol. 49, 1993, September-October, S. 36-38.

Chopra, V. K./ Ziemba, W. T.: (Chopra/ Ziemba, 1993): The Effects of Errors in Means, Variances, and Covariances on Optimal Portfolio Choice, in: *Journal of Portfolio Management*, Vol. 19, 1993, Winter, S. 6-11.

Grinold, R. C. (Grinold, 1989): The Fundamental Law of Active Management, in: *Journal of Portfolio Management*, Vol. 15, 1989, Spring, S. 30-37.

Grinold, R. C. (Grinold, 1992): Are Benchmark Portfolios Efficient?, in: *Journal of Portfolio Management*, Vol. 18, 1992, Fall, S. 34-40.

Grinold, R. C. (Grinold, 1994): Alpha is Volatility Times IC Times Score, in: *Journal of Portfolio Management*, Vol. 20, 1994, Summer, S. 9-16.

Grinold, R. C./ Kahn, R. N. (Grinold/ Kahn, 1995): *Active Portfolio Management*, Chicago 1995.

Kleeberg, J. M. (Kleeberg, 1995): *Der Anlageerfolg des Minimum-Varianz-Portfolios*, 2. Aufl., Bad Soden/ Taunus 1995.

Kleeberg, J. M./ Schlenger, C. (Kleeberg/ Schlenger, 1995): Unterstützung des Aktienportfoliomanagements durch den Einsatz von Computersoftware, in: Cramer, J. E./ Rudolph, B. (Hrsg.), *Handbuch Anlageberatung und Vermögensverwaltung*, Frankfurt am Main 1995, S. 441-458.

Schlenger, C. (Schlenger, 1998): *Aktives Management von Aktienportfolios,* Bad Soden/ Taunus 1998.

Wittrock, C. (Wittrock, 1996): *Messung und Analyse der Performance von Wertpapierportfolios*, 2. Aufl., Bad Soden/ Taunus 1996.

Portfoliooptimierung mit der Ausfallvarianz

von Andreas Schmidt-von Rhein

1. Alternative Risikoansätze zur traditionellen Portfoliooptimierung
2. Ansätze zur Berechnung der Ausfallvarianz
3. Portfoliooptimierung auf Basis der Ausfallvarianz
4. Varianz vs. Ausfallvarianz: Aufbau und Vorgehensweise der empirischen Untersuchung
5. Effizienzkurvenvergleich durch Rendite-/Risikoanalyse
6. Effizienzkurvenvergleich durch Portfoliostrukturanalyse
7. Vergleich der risikominimalen Portfolios
8. Fazit und Konsequenzen für das praktische Portfoliomanagement

1. Alternative Risikoansätze zur traditionellen Portfoliooptimierung

Die Frage nach der richtigen Messung des „Risikos" von Kapitalanlagen ist eine ebenso zentrale wie schwierige, und bisher weder in der Investmenttheorie noch -praxis abschließend beantwortete Frage. Mit der Entwicklung der „Modernen Portfoliotheorie" in den 50er/60er Jahren wurde die Varianz als zentrales Risikomaß eingeführt. Sie dominiert bis heute das Denken im quantitativen Portfoliomanagement. Die damals vorrangig wegen ihres Bekanntheitsgrades, kürzerer Rechenzeiten bei der Portfoliooptimierung und ihrer bequemen statistischen Handhabung gewählte Varianz[1] verträgt sich aber nur bedingt mit einem ökonomischen Risikoempfinden. Die Risikomessung über die Varianz unterstellt, daß jegliche Abweichung vom Renditeerwartungswert unerwünscht ist. Das Risikoempfinden der meisten Anleger dürfte dagegen nur Unterschreitungen einer bestimmten Rendite (z.B. des Erwartungswerts) als risikobehaftet betrachten, eine höhere Rendite aber eher als Chance denn als Risiko begreifen.[2] Derartige Risikoverständnisse, die nur Unterschreitungsgefahren (Downside Risk) betreffen, werden durch die Ausfallrisikomaße erfaßt.

Zwar wurden schon in der Frühzeit der Modernen Portfoliotheorie ausfallrisikoorientierte Portfoliooptimierungsmodelle vorgeschlagen. Hierzu gehören z.B. die bereits in den 50er Jahren vorgestellten, mittlerweile „wiederentdeckten" Safety First-Ansätze[3]. MARKOWITZ selbst entwickelte 1959 eine semivarianzbasierte Portfoliooptimierung[4], und in den 70er Jahren erschienen einige Arbeiten zu einem Semivarianz-CAPM[5].

Die Messung des Ausfallrisikos gewann jedoch erst Anfang der 90er Jahre erheblich an Bedeutung, zeitgleich mit der stark wachsenden Kritik am CAPM. Zu dieser Zeit wurde mit den Lower Partial Moments (LPM) ein statistisches Meßkonzept entwickelt, das die wichtigsten Ausfallrisikomaße in einem einheitlichen Analyserahmen integriert. Seitdem sind vor allem zwei Entwicklungslinien in der ausfallrisikobasierten Portfoliooptimierung zu beobachten.

Einen wichtigen Spezialfall der LPM stellt die Ausfallwahrscheinlichkeit (LPM_0) dar. Sie mißt die Wahrscheinlichkeit, mit der eine geforderte Mindestrendite unterschritten wird. Sie berücksichtigt aber nicht den Umfang der zu erwartenden Unterschreitung, weshalb sie als alleiniges Risikomaß ungeeignet ist.[6] Dagegen läßt sie

---

[1] Vgl. Markowitz (1991), S. 193 f.
[2] Zu einer genauen Unterscheidung möglicher Risikoverständnisse vgl. Kapitel 5 und 6 des Beitrages „Analyse des Zielsystems privater Kapitalanleger" in diesem Band.
[3] Die drei unterschiedlichen Safety-First-Ansätze stammen von Roy (1952), Telser (1955) und Kataoka (1963) und stellen Auswahlregeln dar, nach denen Portfolios anhand der erwarteten Rendite und der Ausfallwahrscheinlichkeit (Risiko) beurteilt werden.
[4] Vgl. dazu auch FN 18.
[5] Vgl. u.a. die Arbeiten von Hogan/ Warren (1974) und Nantell/ Price (1979) sowie FN 9. Zu einer ausführlichen Übersicht Downside Risk-orientierter Portfoliooptimierungsansätze vgl. Füss (1997), S. 45ff.
[6] Eine reine (μ, LPM_0)-Optimierung ist deshalb problematisch – es sei denn, normalverteilte Renditen und damit ein direkter Zusammenhang zwischen LPM_0 und σ können unterstellt werden. Diesen

sich problemlos als ergänzendes Risikomaß zur Varianz verwenden, indem z.B. durch Minimierung der Ausfallwahrscheinlichkeit das optimale Portfolio aus der Kurve (μ,σ)-effizienter Portfolios bestimmt werden kann. Dieser als „Roy's Kriterium" bekannte Ansatz ist einer der drei Safety First-Ansätze[7], der allerdings erst Ende der 80er Jahre durch LEIBOWITZ wieder aufgegriffen und weiterentwickelt wurde.

Einen allgemeineren Ansatz bietet das Konzept der LPM, das wichtige Ausfallrisikomaße (z.B. Ausfallwahrscheinlichkeit, mittlerer erwarteter Ausfall, Ausfallvarianz) in einem einheitlichen Analyserahmen integriert. Das LPM-Konzept ist Grundlage des vorliegenden Beitrags, der insbesondere die Einbindung der Ausfallvarianz in den Portfoliooptimierungsprozeß untersucht. Die Wahl der Ausfallvarianz (LPM_2) unter den LPM ist zwar nicht zwingend, da die Adäquanz eines Ausfallrisikomaßes letztlich vom anlegerindividuellen Risikoverständnis im konkreten Fall abhängt. Die Ausfallvarianz bietet sich aber vor allem aus Gründen der Vergleichbarkeit mit der Varianz als grundsätzlich plausibles Downside Risk-Maß an:

- Die Quadrierung der Renditeabstände entspricht exakt dem Vorgehen bei der Varianzberechnung, die Intensität der „Bestrafung" der Renditeabstände ist also identisch mit dem in Theorie und Praxis dominierenden Risikomaß.[8]
- Durch die Wahl desselben Exponenten (n=2) ist die Ausfallvarianz bei empirischen Renditestichproben genauso (wenig) anfällig gegenüber Datenausreißern wie die Varianz.
- Für die Portfoliooptimierung ergibt sich ein erheblicher rechentechnischer Vorteil: Die Berechnung der Effizienzkurve bleibt bei einer Ausfallvarianzoptimierung ein quadratisches Optimierungsproblem. Der für die (μ,σ)-Optimierung von MARKOWITZ entwickelte Critical Line-Algorithmus kann mit einigen Anpassungen direkt übernommen werden, was die Vergleichbarkeit von Varianz- und Ausfallvarianzoptimierungen erhöht.

Die nachfolgenden Kapitel 2 und 3 stellen mit der Ausfallvarianzberechnung und -optimierung zunächst die methodische Basis zur Verfügung. Anhand einer umfangreichen empirischen Untersuchung werden dann im restlichen Beitrag die praktischen Konsequenzen der Ausfallvarianzoptimierung für den Asset Allocation-Prozeß analysiert.

Weg geht beispielsweise Rudolf (1994) bei der Entwicklung einer „Shortfall Probability Efficient Frontier".

[7] Vgl. zu den Safety First-Ansätzen Elton/ Gruber (1991), S. 216 ff. oder Schmidt-von Rhein (1996), S. 384 ff. sowie zu den Originalaufsätzen FN 3.

[8] Als Mindestanforderung gilt n>1. Dadurch fließen größere Renditeunterschreitungen stärker in die Risikoberechnung als kleine Abstände ein, was die grundsätzliche Risikoaversion des Anlegers widerspiegelt. Vgl. dazu auch Fishburns α,t-model in Kapitel 3.

2. Ansätze zur Berechnung der Ausfallvarianz

Die Ansätze zur Ausfallvarianz in der Literatur sind von zwei Herangehensweisen geprägt. Nach der traditionellen Sichtweise wurde die Ausfallvarianz als direkter Gegenentwurf zur Varianz vorgeschlagen und deshalb auch als „Semivarianz" bezeichnet.[9] Die neuere Literatur betrachtet die Ausfallvarianz dagegen als ein Risikomaß innerhalb des LPM-Analyserahmens, der in den 70er und 80er Jahren entwickelt wurde.[10]

Ausgangspunkt ausfallvarianzbasierter Parameterberechnungen ist die allgemeine Formel zur Berechnung der LPM n-ten Grades bezüglich der geforderten Mindestrendite τ.

$$(1) \quad LPM_{n,\tau} = \sum_{z=1}^{Z} (\tau - r_{i_z})^n \, p_z \quad \text{für alle } z \text{ mit } r_{i_z} < \tau$$

mit: p_z = Wahrscheinlichkeit für Umweltzustand z mit $\sum_{z=1}^{Z} p_z = 1$;
r_{i_z} = Rendite von Asset i beim Eintritt von z;
τ = geforderte Mindestrendite;
n = Exponent.

Für n=2 erhält man die Ausfallvarianz $LPM_{2,\tau}$ (auch: shortfall variance, sv_τ):[11]

$$(2) \quad LPM_{2,\tau} = sv_\tau = \sum_{z=1}^{Z} (\tau - r_{i_z})^2 \, p_z \quad \text{für alle } z \text{ mit } r_{i_z} < \tau$$

$$= \sum_{z=1}^{Z} \max[0, (\tau - r_{i_z})]^2 \, p_z$$

$$= \sum_{z=1}^{Z} \min[0, (r_{i_z} - \tau)]^2 \, p_z .$$

Die Ausfallstandardabweichung (shortfall standard deviation, sd_τ) entspricht $\sqrt{LPM_{2,\tau}}$. Die Portfolioausfallvarianz ergibt sich analog zu (2) aus den Portfoliorenditen durch:[12]

---

[9] Vertreter der älteren Literatur sind z.B. Hogan/ Warren (1972), Markowitz (1991), Mao (1970), Nantell/ Price (1979) oder Porter (1974). Da die Semivarianz aber nicht notwendigerweise die „halbe Varianz" mißt, wie der Begriff suggeriert, wird im folgenden der Begriff „Ausfallvarianz" vorgezogen.

[10] Dieser ist vor allem auf Harlow/ Rao (1989) und Harlow (1991) zurückzuführen. Zum LPM-Analyserahmen vgl. Kapitel 6 im Beitrag „Analyse der Ziele privater Kapitalanleger" in diesem Band.

[11] Vgl. zur Definition von $sv_{i,\tau}$ in ex ante-Notation auch Bamberg (1986), S.11; Francis/ Archer (1979), S. 346; Hogan/ Warren (1972), S. 1883 und Porter (1974), S. 201.

[12] Für eine ex post-Formulierung vgl. Markowitz et al. (1993), S. 311.

$$(3) \quad sv_{PF,\tau} = \sum_{z=1}^{Z} (r_{PF_z} - \tau)^2 \, p_z \quad \text{für alle z mit } r_{PFz} < \tau$$

$$\text{mit: } r_{PFz} = \sum_{i=1}^{N} r_{i_z} x_i \, ;$$

x_i = Gewichtanteil von Asset i in Portfolio PF.

Entscheidend für die Berechnung der Portfolioausfallvarianz ist, daß für sie im Gegensatz zur Berechnung der Portfoliovarianz in der Statistik kein Additionssatz angegeben werden kann. Es gibt also keinen analytischen Ausdruck, mit dem man aus den Ausfallvarianzen einzelner Wertpapiere die Portfolioausfallvarianz berechnen könnte. In der Literatur werden deshalb auch verschiedene Optimierungsansätze zur Ausfallvarianz vorgeschlagen. Sie beruhen in erster Linie auf unterschiedlichen Definitionen der Koausfallvarianz[13], aus denen dann teilweise, statistisch eigentlich unzulässigerweise, auch die Portfolioausfallvarianz errechnet wird. Da von der Gestalt der Koausfallvarianzmatrix und der Berechnungsweise der Portfolioausfallvarianz letztlich die Struktur der effizienten Portfolios und damit der Verlauf der Effizienzkurve abhängen, werden im folgenden kurz die drei in der Literatur bisher vorgeschlagenen, unterschiedlichen Varianten der Koausfallvarianzberechnung vorgestellt und verglichen.

(a) Koausfallvarianz nach MARKOWITZ (1959)[14]

Ausgehend von der Portfolioausfallvarianz nach (3) lassen sich die Umweltzustände z in zwei Gruppen unterteilen, bei denen die Portfoliorenditen r_{PF} entweder unterhalb des Bezugspunkts τ liegen oder τ erreichen bzw. überschreiten. Da nur die erstgenannte Gruppe ($r_{PF} < \tau$) Risikosituationen darstellt und zur Ausfallvarianz beiträgt, lassen sich diese Situationen als unprofitable Zustände bezeichnen und in einem „non profitability set" (NPS) zusammenfassen. Die restlichen (profitablen) Zustände bilden das „profitability set" (PS)[15]. Für ein gegebenes Portefeuille und ein gegebenes τ gilt dann $PS_{PF} = \{z \in Z \mid r_{PFz} \geq \tau\}$ und $NPS_{PF} = \{z \in Z \mid r_{PFz} < \tau\}$. In die Koausfallvarianzberechnung fließen nun nur Renditen derjenigen Zustände ein, die unprofitable *Portfolio*renditen erzeugen ($z \in NPS_{PF}$). Somit gilt für die Koausfallvarianz nach MARKOWITZ:[16]

---

[13] Einheitliche Bedingung aller Koausfallvarianzdefinitionen $cosv_{ij,\tau}$ ist natürlich, daß sich für i=j die Ausfallvarianz $sv_{i,\tau}$ ergibt.
[14] Vgl. dazu Markowitz (1991), S. 195 ff. Zu diesem Zeitpunkt (1959) war allerdings der LPM-Rahmen noch nicht entwickelt. Die von ihm verwendete ex post-Notation wird aus Gründen der Einheitlichkeit in eine ex ante-Symbolik transformiert.
[15] Diese Begriffe lehnen sich an den Sprachgebrauch von MARKOWITZ an, der „profitable" und „unprofitable" Zeiträume unterscheidet. Vgl. Markowitz (1991), S. 196.
[16] Vgl. Markowitz (1991), S. 196 und S. 198 in ex post-Notation.

$$(4) \quad \text{cosv}_{ij,\tau} = \sum_{z \in \text{NPS}_{PF}}^{Z} (r_{i_z} - \tau)(r_{j_z} - \tau)\, p_z\,.$$

Dies ist allerdings ein aus heutiger Sicht sehr ungewöhnliches Ausfallvarianzverständnis, weil sich wegen $sv_{i,\tau} = \text{cosv}_{ii,\tau}$ auch die Ausfallvarianzberechnung einzelner Wertpapiere im Vergleich zu (1) ändert:

$$(5) \quad sv_{i,\tau} = \sum_{z \in \text{NPS}_{PF}}^{Z} (r_{i_z} - \tau)^2\, p_z\,.$$

Die Portfolioausfallvarianz berechnet MARKOWITZ über die Koausfallvarianzen $\text{cosv}_{ij,\tau}$ folgendermaßen:[17]

$$(6) \quad sv_{PF,\tau} = \sum_{i=1}^{N} \sum_{j=1}^{N} \text{cosv}_{ij,\tau}\, x_i\, x_j\,,$$

mit: x_i, x_j = Gewichtanteile von Assets i,j im Portefeuille PF.

Die Ausfallvarianzen einzelner Wertpapiere und Koausfallvarianzen können also nur bei Kenntnis der Portfoliostruktur errechnet werden. Dazu ermittelt man die Portfoliorenditen und mit Hilfe von (3) die Portfolioausfallvarianz. Erst dann läßt sich das zur Berechnung von $\text{cosv}_{ij,\tau}$ benötigte NPS_{PF} festlegen. Aus der Markowitzschen Definition der Koausfallvarianz folgt somit eine symmetrische Koausfallvarianzmatrix, die sich aber in Abhängigkeit von der gegebenen Portfoliostruktur ändert.

Auf der Basis dieses Ausfallvarianzverständnisses entwickelte MARKOWITZ ebenfalls 1959 den ältesten bekannten Ansatz einer Ausfallvarianzoptimierung. Wegen des unüblichen Ausfallvarianzverständnisses wird diese Variante hier aber nicht weiter verfolgt.[18]

---

[17] Vgl. Markowitz (1991), S. 196 für $\tau=0$ in ex post-Notation.
[18] Vgl. zum Optimierungsalgorithmus Markowitz (1991), S. 194 ff. und S. 331 ff. Bemerkenswerterweise hat MARKOWITZ diesen Ansatz seit 1959 offensichtlich selbst nicht mehr aufgegriffen. Der Verfasser konnte keine einzige weitere Publikation zu diesem Optimierungsalgorithmus auffinden, weder analytischer noch empirischer Natur. Anscheinend beschäftigte sich MARKOWITZ lange Zeit überhaupt nicht mit der Ausfallvarianz. Erst mit Markowitz et al. (1993) stellte er einen neuen Semivariance-Critical Line Algorithm vor, der allerdings dem allgemein üblichen Ausfallvarianzverständnis folgt. Vgl. dazu Kapitel 3.

(b) Asymmetrische, LPM-basierte Koausfallvarianz

Aus dem LPM-Analyserahmen läßt sich für den allgemeinen Fall eines LPM vom Grade n (LPM$_n$) das Co-Lower Partial Moment (aCLPM) ableiten:[19]

(7) $\quad \text{aCLPM}_{ij,\,n,\tau} = \sum_{z=1}^{Z} (\max[0,(\tau - r_{i_z})])^{n-1} (\tau - r_{j_z}) \, p_z$.

Mit n=2 und der Umstellung auf eine min-Notation wie in (2) erhält man für die Koausfallvarianz:[20]

(8) $\quad \text{cosv}_{ij,\tau} = \text{aCLPM}_{ij,\,z,\tau} = \sum_{z=1}^{Z} (\min[0,(r_{i_z} - \tau)] \, (r_{j_z} - \tau)) \, p_z$.

(8) ist die methodisch korrekt ermittelte Koausfallvarianz. Sie ist im Gegensatz zu den Berechnungsvarianten (a) und (c) asymmetrischer Natur, also $\text{cosv}_{ij,\tau} \neq \text{cosv}_{ji,\tau}$ [21]. Dies läßt sich folgendermaßen begründen: Bei der Berechnung von $\text{cosv}_{ij,\tau}$, also der ausfallvarianzbasierten Abhängigkeit einer Renditevariable i von einer Renditevariable j, interessiert nur, wie sich r_{j_z} verhält, wenn r_{i_z} unter die Mindestrendite τ fällt, d.h. eine Risikosituation vorliegt. Im Gegensatz zur Kovarianz werden die Schwankungen von r_{j_z} für $r_{i_z} > \tau$ ignoriert, weil $r_{i_z} > \tau$ kein Risiko darstellt und folglich nicht in die Risikoberechnung einfließen darf. Bei der Berechnung der umgekehrten Abhängigkeit ($\text{cosv}_{ji,\tau}$) werden dagegen nur die Schwankungen von r_{i_z} unter der Bedingung $r_{j_z} < \tau$ betrachtet.

Es folgt also eine asymmetrische Koausfallvarianzmatrix. Sie ist aber, wie die Kovarianzmatrix und im Gegensatz zu Variante (a), von den konkreten Portfoliostrukturen unabhängig und damit für alle Portefeuilleberechnungen konstant. Dafür muß allerdings eine Betrachtungsrichtung in die Renditeabhängigkeiten eingeführt und die an sich wünschenswerte Symmetrieeigenschaft der Koausfallvarianzmatrix aufgegeben werden.

(c) Symmetrische, LPM-basierte Koausfallvarianz

Eine von NAWROCKI vorgeschlagene vereinfachte Berechnung der Koausfallvarianzmatrix versucht die Vorteile der Symmetrieeigenschaft von (a) mit dem Vorteil des „richtigen" Ausfallvarianzverständnisses in (b) zu verbinden. Dazu definiert er ein symmetrisches Co-Lower Partial Moment (sCLPM)[22], das im Fall der Koausfallvarianz (n=2) wie folgt berechnet wird:[23]

---

[19] Vgl. dazu Bawa/ Lindenberg (1977), S. 197; Nawrocki (1991), S. 466 und die dort zitierte Literatur. Nawrockis ex post-Notation wurde hier auf ex ante-Form umgestellt.
[20] Vgl. auch Bamberg (1986), S. 12; Hogan/ Warren (1972), S. 1883; zu einer ähnlichen Berechnung vgl. Francis/ Archer (1979), S. 350.
[21] Vgl. Francis/ Archer (1979), S. 350 sowie Bamberg (1986), S. 12f. mit einem Rechenbeispiel.
[22] Der Grund dafür sind Performanceüberlegungen. „A second heuristic algorithm is tested for comparison purposes to see whether a simpler CLPM matrix improves portfolio performance."[Nawrocki (1991), S. 466].
[23] Vgl. Nawrocki (1991), S. 466 f.

(9) $\text{sCLPM}_{ij,\tau} = \text{cosv}_{ij,\tau} = \text{sd}_{i,\tau}\,\text{sd}_{j,\tau}\,\rho_{ij}$

mit: $\text{sd}_{i,\tau}, \text{sd}_{j,\tau}$ = Ausfallstandardabweichung von Assets i,j bezüglich τ;
ρ_{ij} = Korrelationskoeffizient zwischen i und j.

Auch diese Koausfallvarianzform ist von den konkreten Portfoliostrukturen unabhängig, die resultierende sCLPM-Matrix ist aber symmetrisch. Diese Approximation[24] der tatsächlichen Koausfallvarianz nach (8) ist in erster Linie für die Effizienzkurvenberechnung von Interesse, da sie eine nahezu unveränderte Verwendung des (μ,σ)-Optimierungsalgorithmus für ausfallvarianzbasierte Optimierungen erlaubt.

3. Portfoliooptimierung auf Basis der Ausfallvarianz

Im folgenden soll gezeigt werden, welche methodischen Änderungen sich bei der Portfoliooptimierung durch den Übergang vom (μ,σ)-Ansatz auf einen Erwartungswert/Ausfallvarianz-Ansatz ((μ,sv_τ) bzw. (μ,sd_τ)-Optimierung) ergeben. Analog zum zweistufigen Vorgehen der Portfolio Selection wird zunächst auf die Ermittlung der effizienten, dann auf die Wahl des optimalen Portfolios eingegangen.

Effizienzkurvenbestimmung ohne r_F

Die Wahl eines optimalen, risikobehafteten Portefeuilles als Tangentialpunkt zwischen der Effizienzkurve und der Verbindungsgeraden mit dem risikofreien Zins r_F (Effizienzlinie) oder zwischen Effizienzkurve und Nutzenindifferenzkurve setzt eine konkave, stetig differenzierbare Effizienzkurve im (μ,sv_τ)-Raum (und damit auch im (μ,sd_τ)-Raum) voraus. HOGAN/ WARREN(1972) haben als erste diese Eigenschaften unter wenig restriktiven Bedingungen speziell für die Ausfallvarianz nachgewiesen[25]. BAWA(1976), (1978) zeigte dies allgemein für $\text{LPM}_{n,\tau}$.[26]

MARKOWITZ/TODD/ XU/ YAMANE (1993) stellten eine Abwandlung des Critical Line Algorithm (CLA) zur Berechnung der (μ,sv_τ)-Effizienzkurve vor. Wie auch im CLA wird die Effizienzkurve über eine Folge von Corner-Portefeuilles berechnet, allerdings ohne auf eine Koausfallvarianzmatrix zurückzugreifen.[27]

---

[24] Nawrocki zeigt an einem Zahlenbeispiel, daß das sCLPM nach (9) und das aCLPM nach (8) zur gleichen Risikorangordnung führen. Vgl. Nawrocki (1991), S. 467.
[25] Vgl. zu den Bedingungen Hogan/ Warren (1972), S. 1883 und auch Francis/ Archer (1979), S. 350. Zum Beweis selbst vgl. Hogan/ Warren(1972), S. 1883 und S. 1894 f. Die genannten Autoren beziehen sich analog auf einen konvexen Verlauf im (sv_τ,μ)-Raum.
[26] Vgl. auch Bawa/ Lindenberg (1977), S. 193 und Harlow/ Rao (1989), S. 288. Dabei gingen Bawa (1976) und Bawa/ Lindenberg (1977) ursprünglich nur vom Fall $\tau=r_F$ aus.
[27] Aus Platzgründen wird für eine genauere Darstellung des Ansatzes und der Vorgehensweise auf Schmidt-von Rhein (1996), S. 442 ff. und S. 503 ff. verwiesen.

Effizienzlinienbestimmung mit r_F

Analog zum Tobin-Separationstheorem bei der (μ,σ)-Optimierung ist auch im (μ,sd_τ)-Fall eine Separation der Wahl des anlegerindividuellen, optimalen Portfolios von den effizienten, risikobehafteten Portfolios möglich, indem ein einheitlicher, risikofreier Zins r_F mit unbegrenzter Kreditaufnahme- bzw. Kapitalanlagemöglichkeit eingeführt wird. Dabei entspricht r_F einer (maximal erzielbaren) *schwankungsfreien* Rendite mit $sv_{\tau=r_F} = 0$. Für diesen Fall zeigen HOGAN/ WARREN, daß die Ausfallvarianz des Mischportefeuilles aus r_F und einem Risikoportefeuille proportional zur Ausfallvarianz des Risikoportefeuilles ist. Für die Ausfallstandardabweichung sd_τ des Mischportefeuilles PF gilt:[28]

$$(10) \quad sd_{PF,\tau} = \sqrt{E(\min(0, r_{PF} - \tau)^2)}$$

$$= \sqrt{E(\min[0, x_O(r_O - \tau) + (1-x_O)(r_F - \tau)]^2)}$$

$$= x_O \, sd_{O,\tau},$$

mit: $sd_{PF,\tau}$ = Ausfallstandardabweichung des Mischportefeuilles PF;

$sd_{O,\tau}$ = Ausfallstandardabweichung des optimalen risikobehafteten Portefeuilles O;

x_O = Anteil von Portefeuille O im Mischportefeuille PF.

Damit stellt die Kapitalmarktlinie auch im (μ,sd_τ)-Raum eine Gerade dar, die r_F mit dem Tangentialpunkt der Effizienzkurve, dem optimalen risikobehafteten Portefeuille O, verbindet (vgl. Abbildung 1).[29]

$MLPMP_{n,\tau}$ bezeichnet das „Minimum Lower Partial Moment Portfolio" n-ten Grades bezüglich τ und kennzeichnet, analog zum Minimumvarianzportfolio der (μ,σ)-Optimierung, das risikominimale Portfolio einer $(\mu,LPM_{n,\tau})$-Optimierung. Für den Fall n=2 wird es im folgenden als $MSVP_\tau$ (Minimumausfallvarianzportfolio) bezeichnet.

---

[28] Vgl. Hogan/ Warren (1974), S. 5.

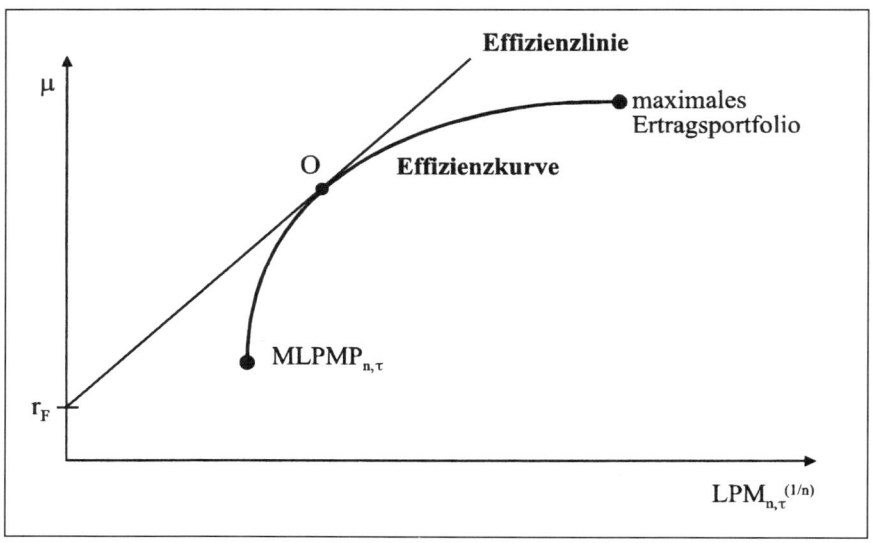

Abb. 1: Effizienzkurve und Effizienzlinie im (μ, $LPM_{n,\tau}$)-Raum[30]

Die Verwendung von r_F zur Effizienzlinienbestimmung und als Mindestrenditeforderung zur Festlegung von τ bei der Ausfallvarianzberechnung (vgl. Tabelle 1) sind strikt zu trennen. Während die Festlegung $\tau=r_F$ ein bestimmtes Risikoverständnis zum Ausdruck bringen soll, ermöglicht die Einbeziehung von r_F in die Portfoliooptimierung eine Separation, die zu einer Verbesserung rendite-/risikoeffizienter Anlagemöglichkeiten führt. Sie ist unabhängig von der Art des durch τ zugrundegelegten Ausfallvarianzverständnisses.

Bestimmung des optimalen (μ,sd_τ)-Portefeuilles

In der Literatur werden zur Bestimmung „rationaler" Nutzenfunktionen zwei Wege beschritten. Im ersten Fall wird versucht, analog zur traditionellen, (μ,σ)-basierten Portfolio Selection das (μ,sd_τ)-Prinzip direkt mit der Bernoulli-Nutzenmaximierung zu verbinden. In den neueren, auf dem LPM-Analyserahmen aufbauenden Ansätzen wird dagegen die Verträglichkeit mit den Entscheidungsregeln der Stochastischen Dominanz untersucht.

Die Bernoulli-Nutzenmaximierung in Verbindung mit dem (μ,sd_τ)-Prinzip erfordert die Wahl des optimalen Portefeuilles über eine mit dem (μ,sd_τ)-Prinzip kompa-

---

[29] Im (μ,sv_τ)-Raum hat die Kapitalmarktlinie einen konkaven Verlauf. Dies wurde auch im allgemeineren LPM-Rahmen von BAWA/ LINDENBERG zunächst für die beiden Fälle $\tau=r_F$ mit n=1 oder n=2 unter bestimmten Verteilungsannahmen nachgewiesen. Vgl. Bawa/ Lindenberg (1977), S. 194 f. HARLOW/ RAO erweitern den Nachweis auf beliebig wählbare Mindestrenditen τ (für n=1 oder n=2). Vgl. Harlow/ Rao (1989), S. 288 f. Dies gilt auch für verteilungsabhängige Festlegungen von τ (Fall a). Vgl. dazu den Hinweis zur Wahl von τ bei Harlow/ Rao (1989), S. 292.

tible, Bernoulli-rationale Risikonutzenfunktion. Die Verträglichkeit richtet sich dabei nach der Art der Festlegung der Mindestrendite τ, für die sich zwei grundsätzliche Fälle unterscheiden lassen:[31]

(a) $\tau = \mu_i$

SCHNEEWEISS hat für diesen Fall nachgewiesen, daß eine durch $\mu, sv_{\mu i}$ erzeugte Präferenzordnung nur dann gleichzeitig Bernoulli-rational[32] sein kann, wenn die Präferenzordnung ausschließlich durch μ_i bestimmt wird. Dies unterstellt aber Risikoindifferenz, was dem $(\mu, sv_{\mu i})$-Prinzip widerspricht.[33]

(b) $\tau = $ const. für alle i

Im Fall einer beliebigen, aber für alle Assets einheitlichen Bezugsgröße τ ist das (μ, sd_τ)-Prinzip mit der Bernoulli-Nutzenmaximierung bei folgendem ausfallvarianzbasierten Nutzenfunktionstyp vereinbar, der wegen seines nur teilweise quadratischen Funktionsverlaufs als „semiquadratisch" bezeichnet werden soll:[34]

(11) $\quad U(r) \quad = br - c[\min(r - \tau), 0]^2, \qquad (c > 0)$

$$= \begin{cases} br - c(r - \tau)^2, & \text{wenn } r < \tau \\ br & \text{, sonst} \end{cases} \qquad (b, c > 0)$$

mit: b,c = Nutzenfunktionskoeffizienten

sowie bei allen positiv-linearen Transformationen [35].

Für $r < \tau$ handelt es sich also wie im (μ, σ)-Fall um eine quadratische Nutzenfunktion. Da Renditen mit $r \geq \tau$ nicht zum Risiko beitragen, verläuft die Nutzenfunktion oberhalb von τ linear. Damit entfällt in der semiquadratischen Nutzenfunktion nach (11) das Problem des sinkenden Grenznutzens der quadratischen Nutzenfunktion nach ihrem Scheitelpunkt bei b/2c. Abbildung 2 stellt beide Nutzenfunktionen vergleichend gegenüber.

---

[30] In Anlehnung an Harlow/ Rao (1989), S. 289, deren Darstellung sich aber auf den (sv_τ, μ)-Raum bezieht.
[31] Vgl. auch Kapitel 6 des Beitrags „Zielsystem privater Kapitalanleger" in diesem Band. Der dort genannte dritte Fall einer Risikobenchmark B, bei der sich die Mindestrendite τ in Abhängigkeit vom Umweltzustand z ändert ($\tau = r_{Bz}$), ist hier in Fall (b) mit eingeschlossen.
[32] Zu den Axiomen der Bernoulli-Nutzenmaximierung vgl. Schmidt-von Rhein (1996), S. 256 ff.
[33] Vgl. dazu Schneeweiß (1967), S. 111 f. Eine bernoulli-rationale Nutzenfunktion, die nur von μ_i abhängt, wäre dementsprechend linear. Vgl. auch Bamberg (1986), S. 13 f.
[34] Vgl. Francis/ Archer (1979), S. 348. Der Nachweis der Vereinbarkeit mit der Erwartungsnutzenmaximierung geht auf MARKOWITZ und MAO zurück. Vgl. Mao (1970), S. 658 ff.; Markowitz (1991), S. 291; SCHNEEWEISS hat diesen Fall nicht untersucht. Vgl. Schneeweiß (1967), S. 95 f.
[35] Diese sind präferenzordnungserhaltend. Ein Beispiel zu (11) ist $U(r) = a + br - c[\min(r - \tau), 0]^2$ mit a,b,c > 0. Vgl. zu dieser Form Porter (1974), S. 201; analog Hogan/ Warren (1972), S. 1881 und Markowitz (1991), S. 291.

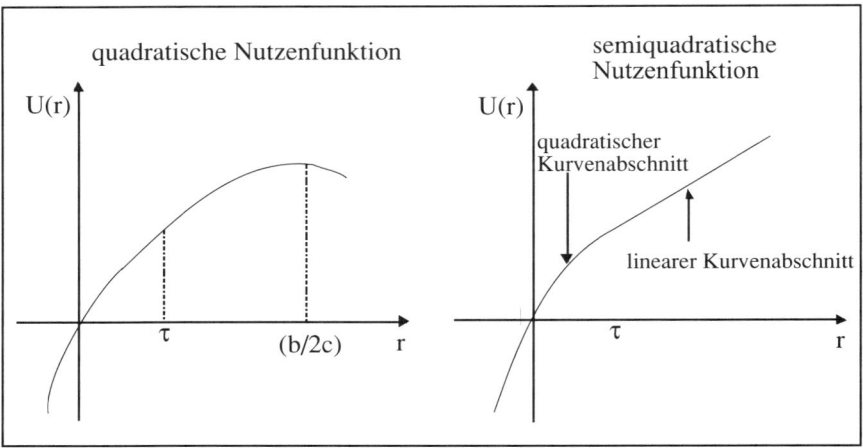

Abb. 2: Vergleich der quadratischen und semiquadratischen Nutzenfunktion[36]

Aus ökonomischer Sicht bildet die semiquadratische Nutzenfunktion genau das Nutzenempfinden eines (μ,sv$_\tau$)-orientierten Anlegers ab: Das quadratische Segment bis zur Mindestrendite τ verkörpert Risikoaversion, der Gesamtnutzen steigt degressiv. Die über τ hinausgehenden Renditen steigern den Nutzen linear, d.h. U(r) steigt proportional zur steigenden Renditeerwartung und impliziert damit Risikoindifferenz für $r \geq \tau$.

Der erwartete Nutzen EU aus (11) berechnet sich entsprechend aus:[37]

(12) $\quad EU(\tilde{r}) = b\mu - c\, E\{\min[(\tilde{r} - \tau),0]^2\}$

$\quad\quad\quad\quad\;\; = b\mu - c\, sv$.

Verbindet man das Bernoulli-Nutzenmaximierungsprinzip mit dem allgemeinen LPM-Analyserahmen, so läßt sich auch hierüber für die Ausfallvarianz (LPM$_2$) eine semiquadratische Nutzenfunktion ableiten.

Bei dieser Vorgehensweise wird zunächst eine Verträglichkeit zwischen den für LPM zulässigen Nutzenfunktionen und den Entscheidungsregeln der Stochastischen Dominanz angestrebt.[38] Begrenzt man die zugrundeliegenden Verteilungen auf diejenigen, die zur „two-parameter location-scale family" gehören,[39] dann sind,

---

[36] Entnommen aus Francis/ Archer (1979), S. 348 unter Anpassung der hier verwendeten Notation.

[37] Vgl. Francis/ Archer (1979), S. 348 unter Anpassung der hier verwendeten Notation. In ihrer Formel (15.6) liegen aber offensichtlich mit (r_{it}-c) statt (r_{it}-h) und einer falsch positionierten Quadrierung zwei Druckfehler vor.

[38] Zu den Entscheidungsregeln der Stochastischen Dominanz vgl. Bawa(1975), S.97f.; Elton/ Gruber (1991), S. 222 ff., Porter (1974), Bawa (1975) und Fishburn (1977) untersuchten als erste die Zusammenhänge mit der Stochastischen Dominanz. Vgl. dazu auch den Kurzüberblick bei Nawrocki/ Staples (1989), S. 206.

[39] Dazu gehören die Normalverteilung, t-Verteilungen mit einheitlichem Freiheitsgrad und stabile Verteilungen mit einheitlichem charakteristischen Exponenten und einheitlichem Schiefeparameter. Vgl. Harlow/ Rao (1989), S.287; Harlow (1991), S. 31 i.V.m. S. 40 FN 10.

bezogen auf das hier interessierende LPM$_2$, alle Nutzenfunktionen U zulässig, für die U'>0 (Nichtsättigung), U''<0 (Risikoaversion) und U'''>0 (Schiefepräferenz) gilt.[40] Dazu gehören z.B. alle Nutzenfunktionen mit fallender absoluter Risikoaversion.[41] Wird Rationalität anhand der Entscheidungsregeln Stochastischer Dominanz definiert, so sind also die Verträglichkeitsbedingungen mit dem (μ,sd$_\tau$)-Prinzip wesentlich weniger restriktiv als bei der Verbindung von (μ,sd$_\tau$)-Prinzip und Bernoulli-Prinzip.

Fordert man dagegen auch Bernoulli-Rationalität für (μ,LPM$_{n,\tau}$)-basierte Entscheidungsregeln, so beschränkt sich die Kompatibilität auf eine bestimmte Nutzenfunktionsklasse, allerdings ohne einschränkende Verteilungsannahmen. Dies hat FISHBURN (1977) anhand seines α-t model, was dem (μ,LPM$_{n,\tau}$)-Entscheidungsprinzip entspricht, für beliebige LPM$_{n,\tau}$ (mit n$\geq$0, τ = const.) gezeigt:[42]

(13a) $U(r) = r$ für alle $r \geq \tau$;

(13b) $U(r) = r - k(\tau-r)^n$ für alle $r < \tau$.

Der Parameter k entspricht einem Risikoaversionsparameter.[43] Je nach gewähltem Grad n des LPM$_n$ ändert sich der Verlauf des nichtlinearen Kurvensegments, wie Abbildung 3 zeigt: Für n=0 und n=1 ist die gesamte Nutzenfunktion linear, für 0<n<1 konvex (=risikofreudig) unterhalb von τ und für n>1 konkav (=risikoavers) unterhalb von τ.[44] Für das LPM$_2$, die Ausfallvarianz, erhält man demnach als Spezialfall mit n=2 wieder die in (13) vorgestellte semiquadratische Nutzenfunktion.

---

[40] Vgl. Harlow/ Rao (1989), S. 287. Der nutzentheoretische Rahmen für LPM geht hauptsächlich auf BAWA zurück. Vgl. auch Bawa (1975); (1976); (1978).
[41] Vgl. Bawa (1975), S. 100; Harlow/ Rao (1989), S. 287. Diese Nutzenfunktionsklasse mit „decreasing absolute risk aversion" wird auch als DARA-Klasse bezeichnet. Zu einer Einordnung der gängigen Nutzenfunktionstypen hinsichtlich der absoluten und relativen Risikoaversion vgl. Schmidt-von Rhein (1996), S. 262 (Tabelle 4.1).
[42] Vgl. Fishburn (1977), S. 120 f. Dabei stellen im α,t-model α den Grad n des LPM und t eine (feste) Mindestrendite dar. Vgl. zu einer Zusammenfassung von Fishburns α-t model auch Nawrocki/ Staples (1989), S. 206 ff. FISHBURNS Notation wurde in (13) der hier verwendeten Symbolik angepaßt.
[43] Er wird in Abhängigkeit des Nutzenwertes von τ berechnet. Vgl. dazu genauer Fishburn (1977), S. 120 f.
[44] Vgl. Fishburn (1977), S. 121. Dies bestätigt wiederum, daß für risikoaverse Anleger nur ein LPM$_n$ mit n>1 als Risikomaß in Frage kommt. Vgl. dazu Kapitel 6 des Beitrages „Analyse der Ziele privater Kapitalanleger" in diesem Band.

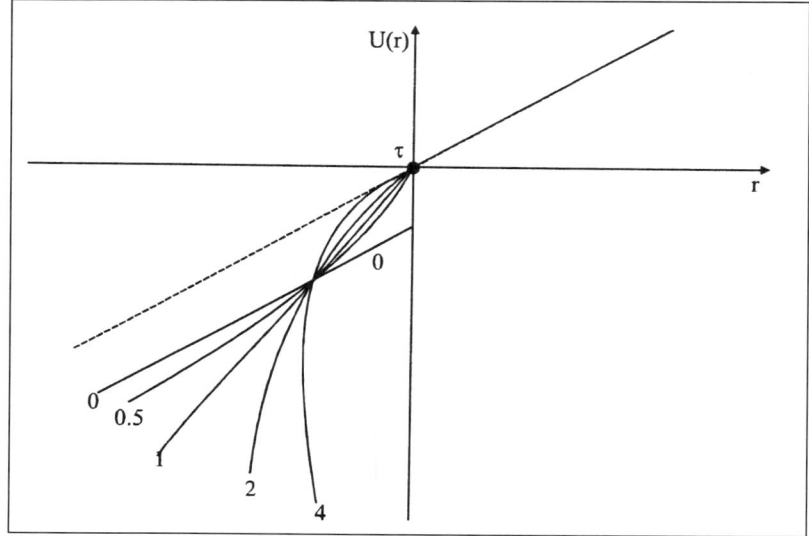

Abb. 3: Risikonutzenfunktionen nach Fishburns α,t-model
mit Kurvenverläufen für n=0, 0.5, 1, 2, 4 und k=1 [45]

Interessant an Fishburns Ansatz ist, daß das LPM-Rahmenkonzept je nach Wahl von α (=n) sehr viele und unterschiedliche Risikoeinstellungen von Anlegern abbilden kann.[46] So stellt auch Fishburn selbst nach einer Überprüfung der Approximationsfähigkeit der auf (13a,b) basierenden Nutzenfunktionen mit den in der Literatur anhand empirischer Fälle ermittelten Bernoulli-Nutzenfunktionen fest:

„The general impression obtained from these studies is that most individuals in investment contexts do indeed exhibit a target return – which can be above, at, or below the point of no gain and no loss – at which there is a pronounced change in the shape of their utility functions, and that (12) [hier (13b), Anm. d.Verf.] can give a reasonably good fit to most of these curves in the below-target region. However, the linearity of (11) [hier (13a), Anm. d.Verf.] holds only in a limited number of cases for returns above target."[47]

Verfolgen Investoren tatsächlich überwiegend Mindestanspruchsniveauziele, so spricht aus normativer Sicht Fishburns letztgenannte Einschränkung allerdings weniger für eine Fehlspezifikation der Risikomessung oberhalb von τ als für eine fehlende Einbeziehung nutzenstiftender Größen in diesem Bereich, wie z.B. das Spekulationsziel.[48]

---

[45] In Anlehnung an Fishburn (1977), S. 121.
[46] Die Verallgemeinerung des (μ,sv$_τ$)-Modells war auch Fishburns Motivation zur α,t-Modellentwicklung. Vgl. Fishburn (1977), S. 116 f.
[47] Fishburn (1977), S. 122.
[48] Das (ökonomische) Spekulationsziel kann grundsätzlich als Gegenstück zum Sicherheitsziel verstanden werden. Vgl. genauer zum Spekulationsziel Kapitel 2 des Beitrages „Analyse der Ziele privater Kapitalanleger" in diesem Band.

Die Verbindung des Bernoulli-Prinzips mit dem (μ,sd$_{\tau=\text{const.}}$)-Prinzip führt also zu ähnlichen Verträglichkeitsbedingungen wie mit dem (μ,σ)-Prinzip. In beiden Fällen resultiert bei beliebigen Verteilungen eine (semi-)quadratische Nutzenfunktion mit dem bekannten Nachteil einer steigenden absoluten Risikoaversion. Im semiquadratischen Fall entfällt allerdings der Nachteil eines eingeschränkten Gültigkeitsbereiches der Nutzenfunktion (vgl. Abbildung 2). Die Verallgemeinerung der Verträglichkeitsbedingungen mit (μ,LPM$_{n,\tau}$)-Entscheidungsprinzipien durch FISHBURN bietet eine beachtenswerte Flexibilisierung bei einem frei wählbaren LPM$_{n,\tau}$-Risikomaß. Eine weniger restriktive Verträglichkeitsbedingung als die semiquadratische Nutzenfunktion für das hier interessierende (μ,sd$_\tau$)-Prinzip ermöglicht der Wechsel von der Axiomatik der Bernoulli-Nutzenmaximierung zum Entscheidungskalkül der Stochastischen Dominanz. Angesichts der vielseitigen Kritik am Bernoulli-Rationalitätskalkül und der in der Praxis regelmäßig geringen Akzeptanz[49] stellt eine Portfoliooptimierung auf Basis der vereinfachten Rationalitätsannahmen der Stochastischen Dominanz eine interessante Alternative dar.

4. Varianz vs. Ausfallvarianz: Aufbau und Vorgehensweise der empirischen Untersuchung

Mit einer dreiteiligen, breit angelegten empirischen Untersuchung sollen die praktischen Auswirkungen ausfallvarianzorientierter Risikoverständnisse auf reale Anlageentscheidungen untersucht werden. Die meisten Untersuchungen hierzu demonstrieren die Notwendigkeit und Relevanz einer Ausfallvarianzmessung anhand deutlich schiefer Renditeverteilungen. Im Gegensatz dazu will die folgende Analyse aufdecken, inwiefern die Ausfallvarianzverständnisse auch Anlageentscheidungen beeinflußen, für die üblicherweise eine Anwendung von Ausfallrisikomaßen mit der Begründung abgelehnt wird, daß sie wegen der (approximativen) Normalverteilung der Assetrenditen zu keinen (nennenswerten) Unterschieden im Vergleich zur traditionellen (μ,σ)-Portfoliooptimierung führt. Dies trifft insbesondere für die strategische Asset Allocation zu, bei der eine längerfristige Portfoliostruktur nach Anlageformen und -märkten festgelegt wird.[50]

Ziel der Vergleiche ist zu prüfen, inwiefern varianz- und ausfallvarianzorientierte Anleger bei Portfoliooptimierungen zu unterschiedlichen Anlageentscheidungen kommen, und ob folglich eine Unterscheidung der Risikotypen bei praktischen Optimierungsproblemen im Bereich strategischer Asset Allocation überhaupt lohnend erscheint.

---

[49] Zu den Problemen und praxisüblichen Ersatzkriterien vgl. Schmidt-von Rhein (1996), S. 379 ff.
[50] Ähnlich konzipierte Untersuchungen finden sich bei Schmidt-von Rhein (1996), S. 445 ff. (Aktien-, Renten- und Geldmärkte von acht Industrieländern) sowie bei Füss (1997), S. 112 ff. (Investmentfonds).

Da sich je nach Festlegung der Mindestrendite τ auch die Ausfallvarianzmessung erheblich unterscheiden kann, wird die zentrale Frage nach der Auswirkung varianz- vs. ausfallvarianzbasierter Risikoverständnisse um einen Vergleich mehrerer Varianten von Ausfallvarianzverständnissen untereinander ergänzt.

ökonomisches Zielkalkül	Risikomaß	τ	τ-Festlegungstyp
nominelle Kapitalerhaltung	sd_0	0%	τ=const.
reale Kapitalerhaltung	$sd_{\bar{i}}$	$\bar{i}$	$τ=\tilde{r}_{Benchmark}$, vereinfacht zu τ=const.
Erzielung der (Mindest-) Opportunitätskosten	$sd_{\bar{r}_F}$	$\bar{r}_F$	$τ=\tilde{r}_{Benchmark}$, vereinfacht zu τ=const.
Sicherung der erwarteten Vermögensmehrung	$sd_{\bar{r}_i}$	$\bar{r}_i$	$τ=\bar{r}_i$

Tab. 1: Untersuchte Ausfallvarianzverständnisse

Bei den vier untersuchten Ausfallrisikovarianten, Risiko als Gefahr der Kapitalerhaltung, der Kaufkrafterhaltung, der Erzielung risikoloser Opportunitätskosten und der Durchschnittsrendite des Wertpapiers, handelt es sich um ökonomisch plausible und praxisrelevante Mindestrenditeforderungen.[51] Zur Vereinfachung werden die Inflationsrate i und der risikofreie Zins r_F nicht als zeitvariable Risikobenchmark verwendet, sondern nur die Durchschnittswerte als Mindestrendite τ gefordert (vgl. Tabelle 2).

Die aus den Risikoverständnissen folgenden Optimierungsunterschiede sollen auf drei Arten untersucht werden, wobei der Vergleich risikominimaler Portfolios einen Spezialfall nutzenunabhängig wählbarer, „optimaler" Portfolios für besonders risikoaverse Anleger darstellt:

- Effizienzkurvenvergleich durch Rendite-/Risikoanalyse;
- Effizienzkurvenvergleich durch Portfoliostrukuranalyse;
- Vergleich der risikominimalen Portfolios.

Die Unterschiede werden vor allem anhand der aus den unterschiedlichen Optimierungen gewonnenen Effizienzkurven gemessen, da diese im Gegensatz zu nutzenoptimalen Portfolios eine breite Vergleichsbasis bieten und auch methodisch weniger problematisch zu vergleichen sind.[52]

Als Ausgangspunkt der Untersuchung wird ein DM-Investor mit dem „Weltaktienmarkt" als Anlageuniversum angenommen, das 15 wichtige „entwickelte" Aktienmärkte (keine Emerging Markets) umfaßt.[53] Für den DM-Investor soll untersucht

---

[51] Vgl. Kapitel 6 des Beitrages „Analyse der Ziele privater Kapitalanleger" in diesem Band.
[52] Zur näheren Begründung vgl. Schmidt-von Rhein (1996), S. 448 f.
[53] Die Märkte werden durch die entsprechenden Morgan Stanley Capital International (MSCI)-Performance-Länderindizes abgebildet.

werden, inwiefern er durch unterschiedliche Risikoverständnisse bei der Portfoliooptimierung zu unterschiedlichen Ergebnissen kommt, wenn er eine Quartalsanlage tätigen möchte und zur Schätzung der Verteilungsparameter die historischen Renditen von zwölf Jahren (Januar 1985 bis Dezember 1996) heranzieht,[54] so daß pro Markt 48 Indexquartalsrenditen zur Verfügung stehen.

Tabelle 2 faßt die Verteilungseigenschaften der 15 untersuchten Assetklassen zusammen. Mit dem Test auf Schiefe von SHAPIRO/ WILK/ CHEN (1968) läßt sich untersuchen, inwieweit asymmetrische Renditeverteilungen vorliegen. Der Test überprüft die Testhypothese H_0, daß die Stichprobe aus einer normalverteilten Grundgesamtheit mit unbekanntem Erwartungswert und unbekannter Varianz stammt. Die Alternativhypothese H_1 besagt, daß eine Stichprobe aus einer schiefen Verteilung vorliegt. Der Test prüft zweiseitig auf positive und negative Schiefe.[55] Als Testmaß soll die Stichprobenschiefe verwendet werden.[56]

Assetklasse	mittlere Rendite $r_{arithm.}$	Standardabweichung σ	Schiefe φ	Wölbung ϖ	sd_0	$sd_{\bar{r}}$	$sd_{\bar{r}_F}$	$sd_{\bar{r}_i}$
Belgien	0.0450	0.1033	0.3493	4.2669	0.0520	0.0539	0.0573	0.0700
Deutschland	0.0336	0.1074	-1.3613	3.1727	0.0748	0.0769	0.0804	0.0879
Frankreich	0.0385	0.1133	-0.1952	2.1879	0.0647	0.0668	0.0705	0.0810
Großbritannien	0.0337	0.1001	-0.6322	0.8528	0.0613	0.0637	0.0677	0.0763
Hongkong	0.0613	0.1783	0.0516	2.5844	0.1010	0.1033	0.1073	0.1281
Italien	0.0321	0.1517	0.8619	3.6734	0.0831	0.0857	0.0902	0.0989
Japan	0.0231	0.1306	-0.2171	0.4475	0.0836	0.0863	0.0910	0.0951
Kanada	0.0162	0.1051	-0.2444	0.2953	0.0672	0.0702	0.0753	0.0758
Norwegen	0.0338	0.1401	-0.8175	2.3168	0.0919	0.0943	0.0984	0.1071
Österreich	0.0399	0.1535	1.0072	2.0764	0.0705	0.0734	0.0784	0.0925
Schweden	0.0492	0.1389	-0.6365	0.9034	0.0836	0.0860	0.0899	0.1058
Schweiz	0.0395	0.0996	-0.8399	3.3328	0.0602	0.0620	0.0652	0.0751
Singapore	0.0292	0.1512	-0.4900	1.3987	0.0988	0.1013	0.1055	0.1121
Spanien	0.0479	0.1550	0.7289	2.5805	0.0779	0.0805	0.0849	0.1017
USA	0.0303	0.1039	-0.7746	2.6148	0.0673	0.0696	0.0736	0.0805

Tab. 2: Stichprobenparameter[57] **der untersuchten Assetklassen**

---

54 Natürlich ist eine Portfoliooptimierung auf Basis reiner ex post-Daten für reale Optimierungsprobleme bekanntermaßen problematisch; vgl. dazu genauer Schmidt-von Rhein (1996), S. 305 ff. Auch müßten Transaktionskosten berücksichtigt werden. Für den vorliegenden Untersuchungszweck, nämlich die Analyse unterschiedlicher Risikomaße, sind die vereinfachenden Annahmen jedoch unkritisch.

55 Es handelt sich auch um einen directional test, weil nur auf Asymmetrie und nicht auf Abweichungen von der Wölbung einer NV getestet wird.

56 Vgl. Shapiro et al. (1968), S. 1344, Code-No. 1. Die dort angegebene Formel entspricht exakt der Berechnung des Schiefeparameters in Tabelle 2 (vgl. FN 57).

57 Berechnung von Schiefe und Wölbung: $\varphi = (1/N)/\sigma^3$; $\varpi = ((1/N)/\sigma^4) - 3$.

In Tabelle 2 sind die Schiefewerte aller derjenigen Assetklassenrenditen grau unterlegt, für die H_0 verworfen wird ($\varphi > 0.3$ oder $\varphi < -0.3$).[58] Für 11 der 15 Assetklassen werden folglich signifikante Asymmetrien festgestellt. Es ist daher zu erwarten, daß (μ,σ)- und (μ,sd_τ)-Optimierung nicht exakt zu den selben Ergebnissen kommen werden. Inwiefern sich die Optimierungen unterscheiden, und welche Analysemöglichkeiten sich dazu bieten, sollen die folgenden Abschnitte zeigen.

5. Effizienzkurvenvergleich durch Rendite-/Risikoanalyse

Die vier vorgestellten Ausfallvarianzverständnisse (vgl. Tabelle 1) werden dem traditionellen varianzorientierten Risikobegriff gegenübergestellt, indem die Rendite-/Risikoverläufe der (μ,sd_τ)-Effizienzkurven mit denen der (μ,σ)-Effizienzkurve verglichen werden.[59]

Vergleich der Rendite-/ Risikoverläufe von (μ,σ)- und (μ,sd_τ)-Effizienzkurven

Zunächst wird der Performanceverlust gemessen, den man in Kauf nehmen muß, wenn für einen ausfallrisikoorientierten Anleger anstatt der eigentlich vorzunehmenden (μ,sd_τ)-Optimierung die herkömmliche (μ,σ)-Optimierung durchgeführt würde. Die fett eingezeichneten Effizienzkurven in Abbildung 4 bis 7 stellen für die vier Ausfallrisikoverständnisse die Ergebnisse aus der jeweils eigentlich vorzunehmenden (μ,sd_τ)-Optimierung dar. Alle vier (μ,sd_τ)-Effizienzkurven beginnen im identischen ertragsmaximalen Portfolio (hier 100% MSCI Hongkong) und enden im jeweiligen Minimumausfallvarianzportfolio (MSVP). Die dünngezogenen Kurven zeigen, welche Portfolios bei einer traditionellen (μ,σ)-Optimierung als effizient ausgewiesen würden.[60]

Zunächst fällt auf, daß die Performanceeinbußen der (μ,σ)- gegenüber den (μ,sd_τ)-Effizienzkurven stets den unteren Kurvenbereich betreffen. Dieses Ergebnis überrascht nicht, da für alle Effizienzkurven, unabhängig vom zugrundeliegenden Risikomaß, die Bedeutung des Risikos in Richtung des risikominimalen Portfolios zunimmt, während es in Richtung des ertragsmaximalen Portfolios eine immer geringere Rolle spielt. Das ertragsmaximale Portfolio als Extremfall hängt nur noch von der Rendite ab und ist deshalb für alle Effizienzkurven identisch.

---

[58] Shapiro et al. (1968), S. 1364, zeigen auf der Basis von Monte Carlo-Simulationen für eine Vielzahl schiefer Verteilungen als Gegenhypothese H_1, daß bei einem kritischen Wert von 0.3 für die Stichprobenschiefe und einem festgelegten Signifikanzniveau von 95% die Güte des Tests bereits bei Stichprobenumfängen von 35-50 bei bis zu 80% liegt. Auf den hier vorliegenden Stichprobenumfang von 48 Quartalsrenditen sind diese Werte also übertragbar.

[59] Nicht betrachtet wird hier ein Effizienzkurvenvergleich nach Einführung einer risikofreien Anlagemöglichkeit. Vgl. zu diesem Fall Schmidt-von Rhein (1996), S. 475 ff.

[60] Für die Portfolios der (μ,σ)-Effizienzkurve wurden zusätzlich die vier Ausfallrisikomaße (sd_0, sd, sd_F, sd_i) berechnet und dann in Abbildung 4 bis 7 übertragen.

Portfoliooptimierung mit der Ausfallvarianz 609

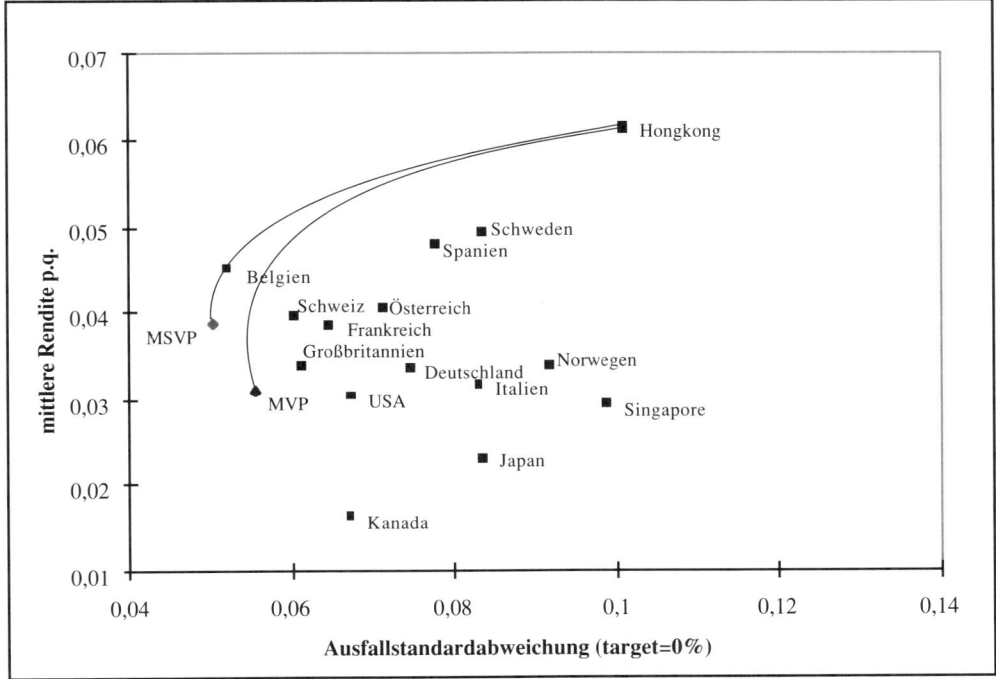

Abb. 4: Vergleich der (μ,σ)- mit der (μ,sd$_0$)-Effizienzkurve

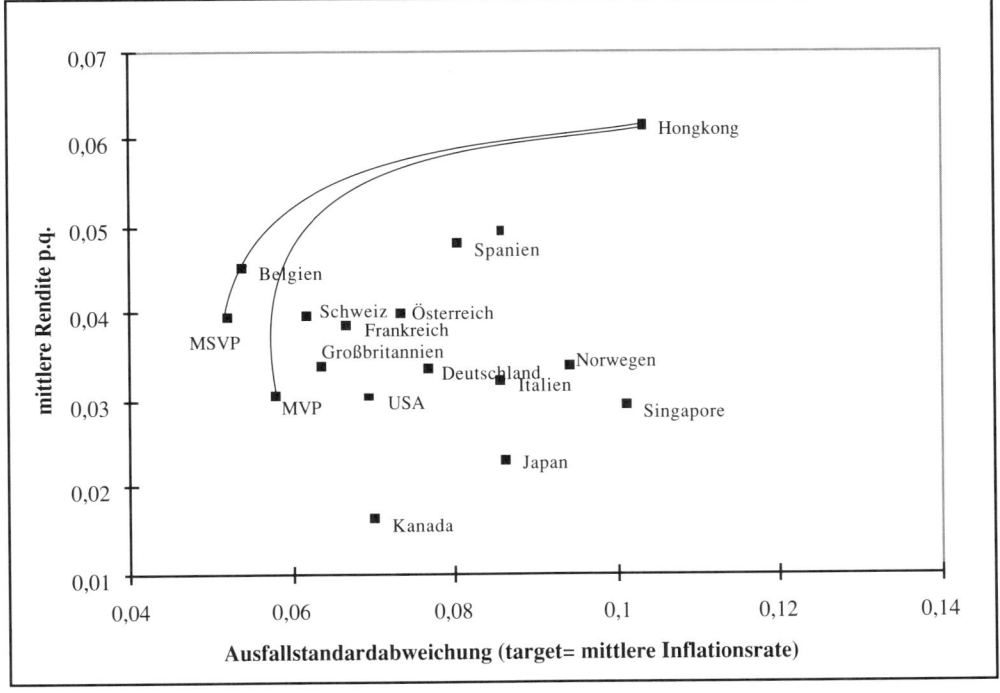

Abb. 5: Vergleich der (μ,σ)- mit der (μ,sd)-Effizienzkurve

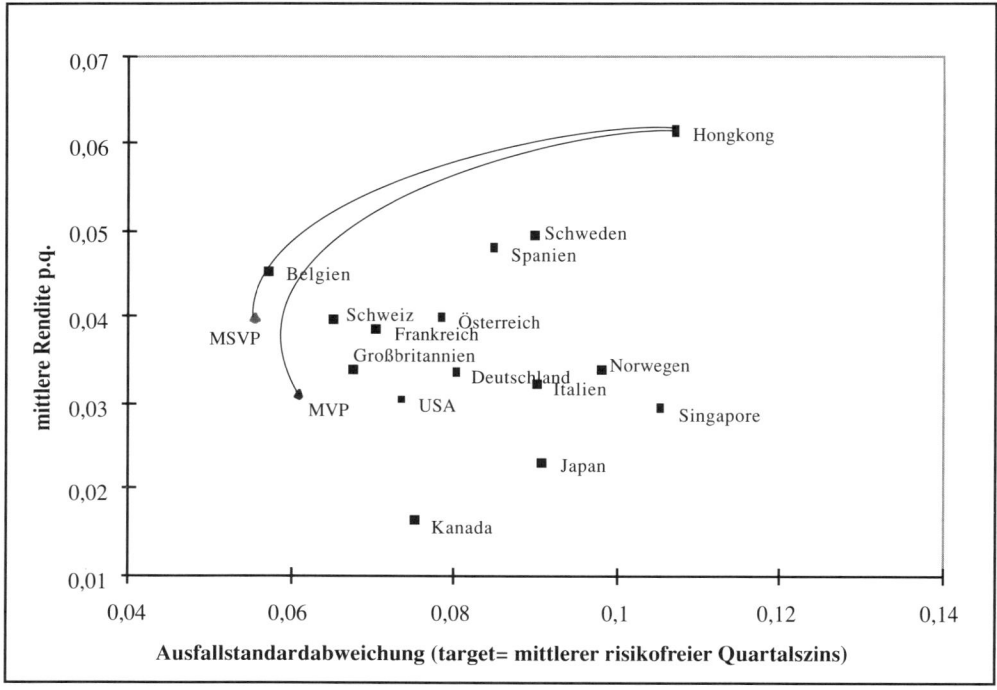

Abb. 6: Vergleich der (μ,σ)- mit der (μ,sd$_F$)-Effizienzkurve

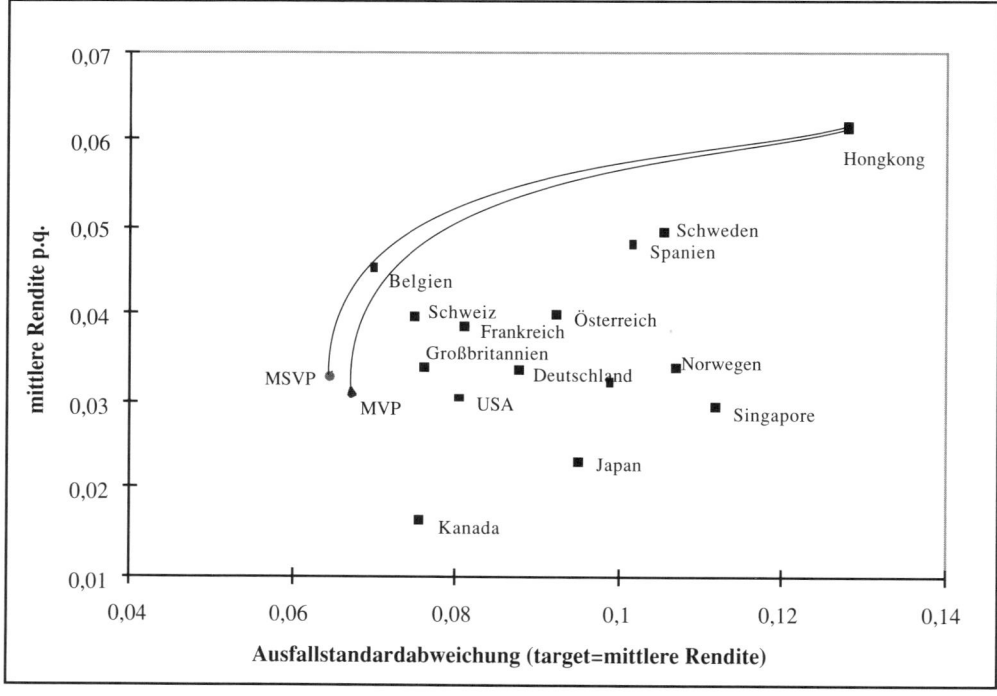

Abb. 7: Vergleich der (μ,σ)- mit der (μ,sd$_i$)-Effizienzkurve

Beim Vergleich der vier Abbildungen untereinander fällt auf, daß sich die ersten drei Effizienzkurvenverläufe für $\tau=0\%$, $\tau=$ und $\tau=\bar{r}_F$ kaum unterscheiden. Nur für $\tau=\bar{r}_i$ zeigt sich eine deutliche Annäherung der beiden Effizienzkurven. Dieses Ergebnis ist insofern unerwartet, da in einer früheren, ähnlich konzipierten Untersuchung festgestellt wurde, daß sich mit zunehmender Annäherung der Mindestrendite τ an den Risikobezugspunkt der Varianz (= $\bar{r}_i$) die (μ,σ)- und die (μ,sd_τ)-Effizienzkurve deutlich aneinander annähern.[61] Dafür trifft der dortige Befund, daß die (μ,σ)- und die (μ,sd_i)-Effizienzkurve fast deckungsgleich sind, für Abbildung 7 offensichtlich nicht zu. Dies liegt vermutlich am Fehlen eines „dominanten" Assets im untersten Effizienzkurvenbereich, das, ähnlich wie Belgien im nächsthöheren Kurvensegment, sehr unterschiedliche Portfoliostrukturen verhindert.

Diese Beobachtungen können durch eine numerische Auswertung präzisiert werden.

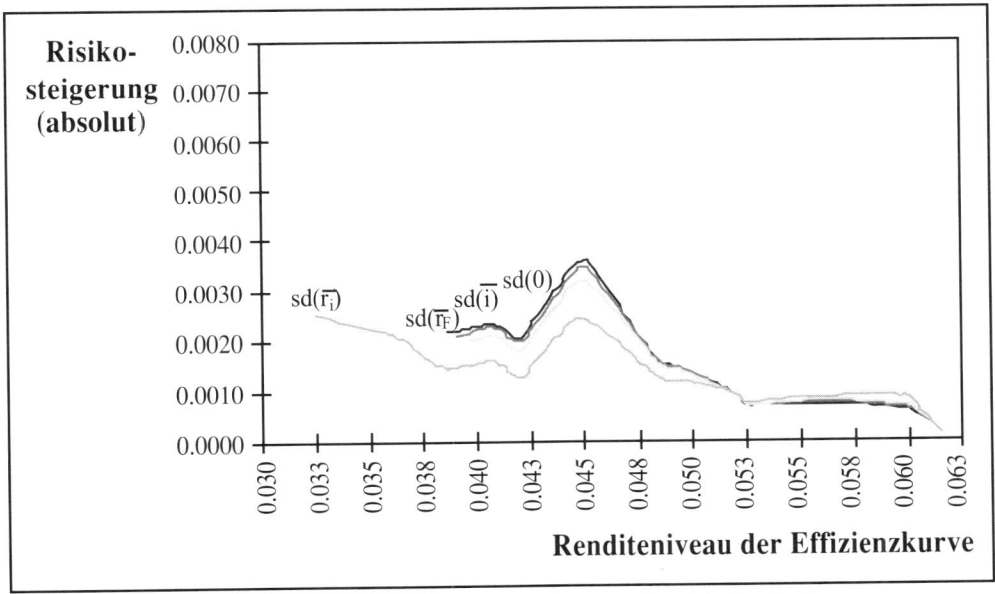

Abb. 8: Zusätzliches Risiko bei (μ,σ)- statt (μ,sd_τ)-Optimierung

Abbildung 8 mißt dazu die Risikosteigerungen, die ausfallvarianzorientierte Anleger (mit $\tau=0$, $\tau=\bar{r}_F$, $\tau=$ und $\tau=\bar{r}_i$) in Kauf nehmen mußten, wenn für diese eine (μ,σ)- statt einer (μ,sd_τ)-Optimierung durchgeführt wurde. Die Abszisse gibt an, auf welches Renditeniveau sich die Risikodifferenz bezieht. Ein Beispiel: Mit der Linie sd(0) wird die (μ,sd_0)-Effizienzkurve mit ihrer (μ,σ)-Approximation verglichen. Startpunkt ist das gemeinsame ertragsmaximale Portfolio mit $\mu_{MaxEP} = 0.06135$, weshalb

---

[61] Vgl. Schmidt-von Rhein (1996), S. 469. In der dortigen Untersuchung wurden die Quartalsrenditen der Aktien-, Renten- und Geldmärkte von acht Industrieländern analysiert.

an dieser Stelle beide Effizienzkurven auch das selbe Risiko aufweisen. Die Risikodifferenz ist null. Liest man die Risikokurve von diesem Startpunkt aus von rechts nach links, zeigt der Kurvenverlauf den Risikounterschied beider Effizienzkurven bei abnehmendem Renditeniveau bis zum risikominimalen Portfolio. Bei steigender Risikodifferenz verschlechtert sich die Approximation. Im Beispiel steigt die Risikodifferenz bis kurz vor Erreichen des MVP auf ca. 0.0020 sd_0-Einheiten. Die wachsende Risikodifferenz ist rein optisch auch in Abbildung 4 zu erkennen. Im MVP endet die (μ,σ)-Effizienzkurve, folglich kommt hier der Vergleich zu einem Ende, und die sd_0-Linie bricht ab. Die anderen drei Linien sind analog zu interpretieren. Die bei allen Linien sehr gleichförmigen Verläufe sind auf ähnliche Strukturen der effizienten Portefeuilles zurückzuführen (vgl. Kapitel 6).

Da sich die Kurvenverläufe in Abbildung 8 auf unterschiedliche Risikomaße beziehen, lassen sich die Kurven besser durch prozentuale Risikosteigerungen als durch absolute Risikodifferenzen vergleichen. Abbildung 9 zeigt deshalb, um welchen Prozentsatz das Risiko (bei gleicher Rendite) für einen ausfallvarianzorientierten Anleger steigt, für den (μ,σ)- statt (μ,sd_τ)-optimiert wird.

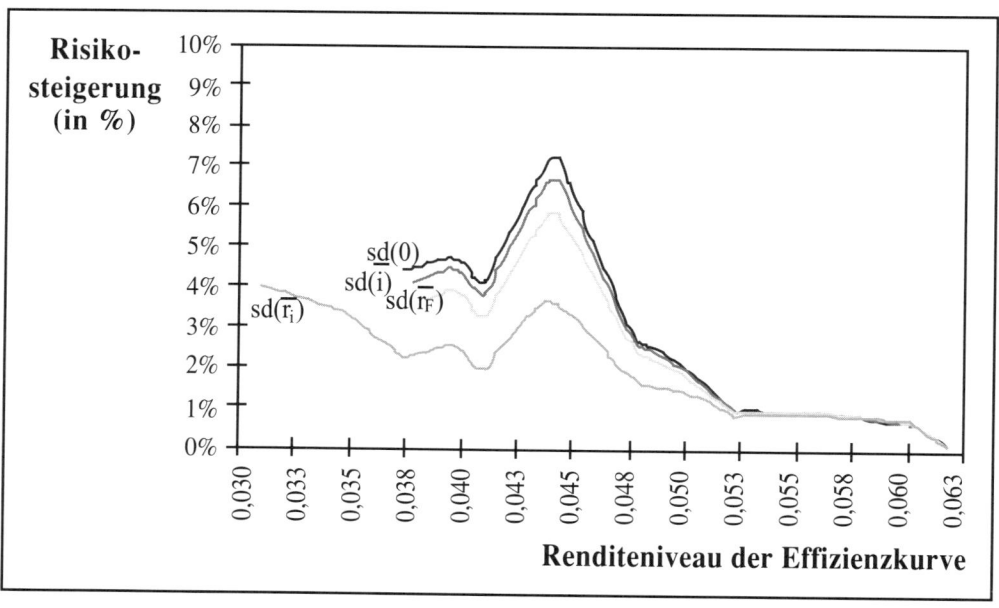

Abb. 9: Prozentualer Risikozuwachs bei (μ,σ)- statt (μ,sd_τ)-Optimierung

Aus Abbildung 9 wird deutlich, daß der Fehler einer (μ,σ)- statt einer (μ,sd_τ)-Optimierung bei den untersuchten Daten auf maximal ca. 7% begrenzt ist. Auch dies steht im Gegensatz zur früheren Untersuchung, bei der die prozentuale Risikodifferenz für $\tau=$ und $\tau=0$ in Richtung der risikominimalen Portfolios exponentiell anstieg.[62] Im Gegensatz zu dieser Untersuchung waren dort aber beide MSVP-Portfo-

---

[62] Vgl. Schmidt-von Rhein (1996), S. 472.

lios fast risikolos. Dies bekräftigt die damalige Vermutung, daß ein exponentieller prozentualer Risikozuwachs in Richtung des MSVP vor allem auf das niedrige absolute Risikoniveau zurückzuführen ist.

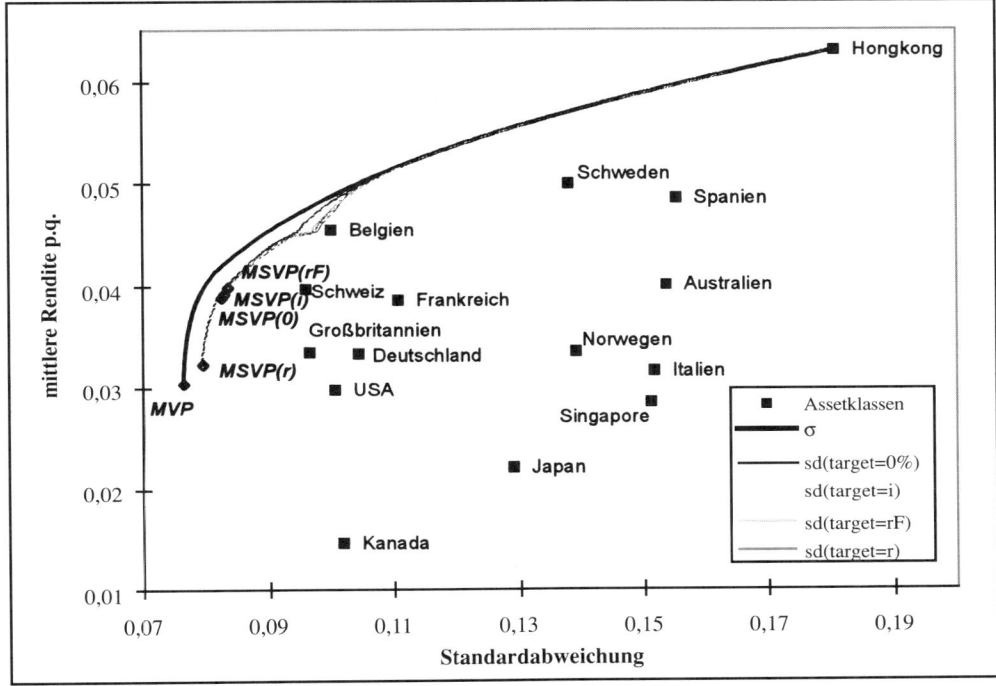

Abb. 10: Vergleich der vier (μ, sd_τ)-Effizienzkurven mit der (μ, σ)-Effizienzkurve

Umgekehrt zur bisherigen Betrachtung kann auch der Fall untersucht werden, daß ein varianzorientierter Anleger seine Portfolioentscheidung auf Basis einer (μ, sd_τ)- statt einer (μ, σ)-Optimierung trifft. Wie Abbildung 10 zeigt, ist dann die Approximationsqualität aller (μ, sd_τ)-Effizienzkurven im Untersuchungsbeispiel ähnlich; alle vier Effizienzkurven liegen sehr dicht beieinander. Allerdings unterscheiden sich die Ergebnisse für einen extrem risikoaversen Anleger, der das risikominimale Portfolio wählen würde, sehr stark. Nur im Fall von $\tau = \overline{r}_i$ würde er mit dem MSVP($\overline{r}_i$) ein Portfolio wählen, das in der Nähe des eigentlich optimalen MVP liegt.

Abbildung 11 und 12 werten diese Beobachtungen numerisch aus.

Hier zeigt sich grundsätzlich das gleiche Bild wie in Abbildung 8 und 9. Die Ausfallvarianz-Approximationen führen wegen der höheren absoluten Werte für die Standardabweichung auch zu höheren absoluten Risikozuwächsen. Prozentual sieht man dagegen, daß auch hier der Risikozuwachs max. 7-8% in der Spitze und ca. 3-5% in Richtung des MVP beträgt.

Die Abweichungen zwischen dem (μ, σ)-Effizienzkurvenverlauf und den (μ, sd_τ)- Kurvenverläufen sind beim untersuchten Datenmaterial für $\tau = 0\%$, $\tau = \overline{r}$ und $\tau = \overline{r}_F$ zum Teil auf die Wahl des target τ, zum Teil auf die Schiefe in den Renditeverteilungen

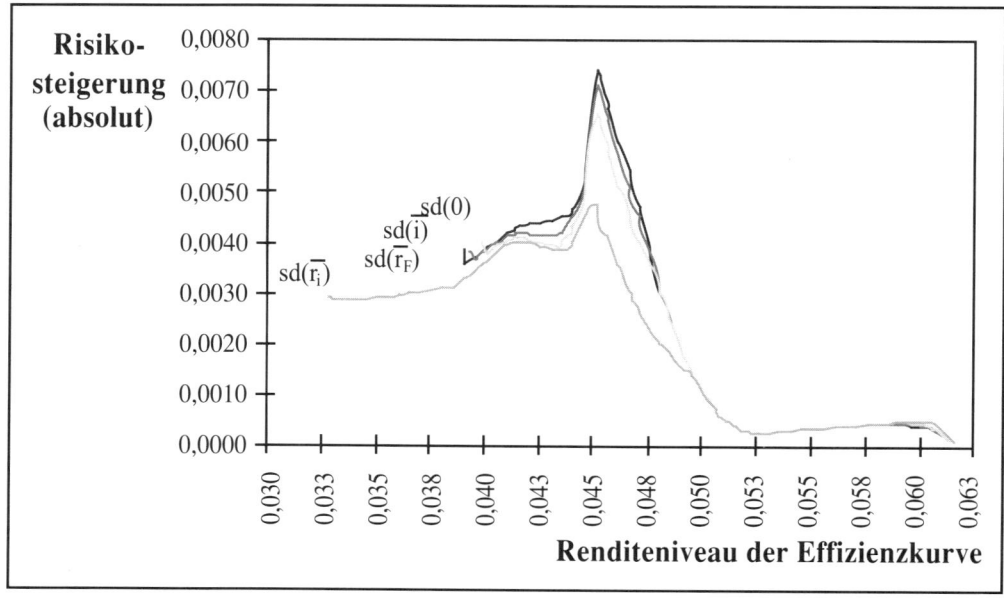

Abb. 11: Zusätzliches Risiko bei (μ, sd_τ)- statt (μ, σ)-Optimierung

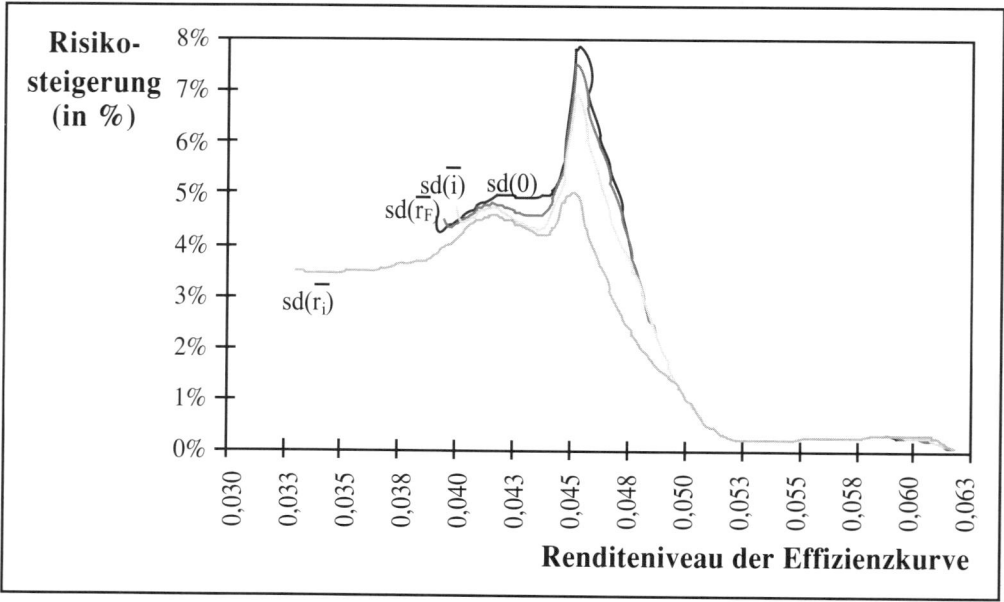

Abb. 12: Prozentualer Risikozuwachs bei (μ, sd_τ)- statt (μ, σ)-Optimierung

zurückzuführen. Der Risikozuwachs, der bei $\tau=\bar{r}_i$ entsteht, ist dagegen ausschließlich schiefebedingt, da hier der Risikobezugspunkt für Ausfallrisiko und Varianz identisch ist.

Effizienzkurvenvergleich durch Performancekennzahlen

Unter einer Rendite/Risikobetrachtung können die Effizienzkurven alternativ auch anhand von Performancekennzahlen verglichen werden, indem bei jeder Effizienzkurve die effizienten Portfolios durch eine dem jeweiligen Risikoverständnis entsprechende Performancekennzahl beurteilt werden. Die zweidimensionalen Performancekennzahlen nehmen eine Risikoadjustierung der Rendite eines effizienten Portfolios vor, indem sie die erzielte (Überschuß-)Rendite pro Einheit des eingegangenen Risikos messen. Je höher diese Kennzahl ist, umso höher ist die Risikoprämie des Portfolios, und umso vorteilhafter ist folglich eine Anlage in diesem Portfolio. So wie im vorherigen Abschnitt für jede (μ,sd_τ)-Effizienzkurve berechnet wurde, welcher Risikozuwachs durch eine „fälschliche" (μ,σ)-Optimierung entsteht (Abbildung 8 und 9), läßt sich hier bestimmen, wie stark die Risikoprämie durch die (μ,σ)-Optimierung sinkt.[63]

Im Zusammenhang mit einer (μ,σ)-Optimierung stellt die Sharpe-Ratio (($\bar{r}_i-r_F$)/σ) eine sehr gebräuchliche Performancekennzahl dar. Analog wird für den (μ,sd_τ)-Fall die sogenannte Sortino-Ratio (SortR) vorgeschlagen:[64]

(14) $$\text{SortR}_{\tau,m} = \frac{(\bar{r}_i - m)}{sd_\tau}$$

mit: m = für alle Assets i einheitlich geforderte Mindestrendite;
$\bar{r}_i$ = Durchschnittsrendite von Wertpapier i.

In der hier dargestellten ex post-Version mißt die SortR die über eine geforderte Mindestrendite m hinaus durchschnittlich erzielte Rendite pro Einheit Ausfallstandardabweichung. Im Gegensatz zur Sharpe-Ratio mit r_F als festem Bezugspunkt richtet sich die Wahl von m in (14) nach den drei Arten der Festlegung von τ:[65] Für τ=const. wird der feste Risikobezugspunkt übernommen (m=τ). Im Falle von Risikobenchmarks mit $\tau=\tilde{r}_B$ kann die Durchschnittsrendite herangezogen werden (m=$\bar{r}_B$). Ein für alle Assets einheitlicher Risikobezugspunkt m läßt sich dagegen im dritten Fall, der Wahl einer renditeverteilungsabhängigen Mindestrendite

---

[63] Der umgekehrte Fall eines Performanceverlustes aufgrund einer (μ,sd_τ)- statt einer (μ,σ)-Optimierung wird hier aus Platzgründen nicht untersucht.
[64] Vgl. Sortino/ Price (1994), S. 62. Allerdings stammt die Idee zu dieser Ratio nicht von SORTINO. Sie wurde als „reward-to-semivariance index" (mit $\tau=r_F$) bereits von Ang/ Chua (1979), S. 370 vorgestellt.
[65] Die drei Arten der τ-Festlegung werden im Beitrag „Zielsysteme privater Kapitalanleger", Kapitel 6, näher beschrieben. Vgl. auch Fall (a) und (b) in Kapitel 3. Zur Begründung der Abhängigkeit m von τ vgl. Schmidt-von Rhein (1996), S. 456.
[66] Vgl. Schmidt-von Rhein (1996), S. 457.

$\tau = \bar{r}_i$, nicht ableiten. Der Rückgriff auf den Mittelwert der Durchschnittsrenditen aller zu beurteilenden Assets ist methodisch nicht unproblematisch[66] und darf deshalb nur als Hilfskonstruktion verstanden werden:

(15) $\quad m = \bar{r} = \dfrac{1}{N} \sum\limits_{i=1}^{N} \bar{r}_i,$

mit: $\bar{r}$ = Mittelwert der Durchschnittsrenditen aller Assets i.

Für die vier Ausfallvarianzverständnisse ergeben sich damit folgende Sortino Ratios:

τ	sd_τ	m	$SortR_{\tau,m}$
0%	sd_0	0%	$SortR_{0,0} = \dfrac{\bar{r}_i}{sd_0}$
$\hat{i}$	$sd_{\hat{i}}$	$\hat{i}$	$SortR_{\hat{i},\hat{i}} = \dfrac{(\bar{r}_i - \hat{i})}{sd_{\hat{i}}}$
$\bar{r}_F$	$sd_{\bar{r}_F}$	$\bar{r}_F$	$SortR_{\bar{r}_F,\bar{r}_F} = \dfrac{(\bar{r}_i - \bar{r}_F)}{sd_{\bar{r}_F}}$
$\bar{r}_i$	$sd_{\bar{r}_i}$	$\bar{r}$	$SortR_{\bar{r}_i,\bar{r}} = \dfrac{(\bar{r}_i - \bar{r})}{sd_{\bar{r}_i}}$

Tab. 3: Sortino Ratios für die untersuchten Ausfallvarianzverständnisse

Tabelle 4 zeigt für jede (μ, sd_τ)-Effizienzkurve den aus der „fälschlichen" (μ,σ)-Optimierung resultierenden Performanceverlust exemplarisch für verschiedene Renditeniveaus.

Die prozentualen Risikoprämieneinbußen (in Tabelle 4 grau unterlegt) fallen geringer aus als die prozentualen Risikozuwächse in Abbildung 8. Wie auch aus Abbildung 4 bis 7 zu erwarten, bewegen sich die Performanceverluste im oberen Teil der Effizienzkurven nahezu bei null, steigen auf ca. 3-5% bei einem Renditeniveau von ca. 4.4% an, bevor sie in Richtung MSVP wieder leicht abfallen. Deutlicher als bei den Risikozuwächsen ist in Tabelle 4 erkennbar, daß sich mit der Verschiebung von τ in Richtung $\bar{r}_i$ die Einbußen kontinuierlich reduzieren, die (μ,σ)-Effizienzkurve sich also zunehmend an die (μ, sd_τ)-Kurve annähert.

	Portfolio ($\bar{i}=0.00574$, $\bar{r}_F = 0.01514$, $\bar{r}=0.03689$)								
	1	2	3	4	5	MSVP ($\tau=0$)	MSVP ($\tau=\bar{i}$)	MSVP ($\tau=\bar{r}_F$)	MSVP ($\tau=\bar{r}_i$)
Renditeniveau	0.056	0.052	0.048	0.044	0.040	0.03858	0.03910	0.03967	0.03264
SortR$_{0,0}$ aus (μ,sd$_0$)-Opt.	0.70009	0.77277	0.83638	0.85870	0.79479	0.76761			
SortR$_{0,0}$ aus (μ,σ)-Opt.	0.69511	0.76535	0.81581	0.80884	0.76243	0.73829			
Performance-verlust in %	-0.71%	-0.96%	-2.45%	-5.80%	-4.07%	-3.82%			
SortR$_{i,i}$ aus (μ,sd$_i$)-Opt.	0.61233	0.66849	0.71456	0.72105	0.65618		0.63932		
SortR$_{i,i}$ aus (μ,σ)-Opt.	0.60793	0.66225	0.69704	0.68193	0.63115		0.61610		
Performance-verlust in %	-0.72%	-0.93%	-2.45%	-5.42%	-3.81%		-3.63%		
SortR$_{r_F,r_F}$ aus (μ,sd$_{r_F}$)-Opt.	0.47717	0.50841	0.52711	0.51261	0.44720			0.44135	
SortR$_{r_F,r_F}$ aus (μ,σ)-Opt.	0.47359	0.50382	0.51513	0.48810	0.43239			0.42698	
Performance-verlust in %	-0.86%	-0.90%	-2.27%	-4.78%	-3.31%			-3.26%	
SortR$_{\bar{r}_i,\bar{r}}$ aus (μ,sd$_{\bar{r}_i}$)-Opt.	0.18571	0.17281	0.14700	0.10444	0.04721				-0.0066
SortR$_{\bar{r}_i,\bar{r}}$ aus (μ,σ)-Opt.	0.18446	0.17148	0.14479	0.10127	0.04621				-0.0635
Performance-verlust in %	-0.67%	-0.77%	-1.51%	-3.04%	-2.13%				---

Tab. 4: Performanceanalyse der (μ,sd$_\tau$)-Effizienzkurven

6. Effizienzkurvenvergleich durch Portfoliostrukuranalysen

Eine weitere Analysemöglichkeit zur Auswirkung unterschiedlicher Ausfallvarianzverständnisse bietet ein Vergleich der Strukturen effizienter Portefeuilles. Nach der neoklassischen Sicht der Portfoliotheorie ist diese Analyse zwar belanglos[67], doch kann die Erklärbarkeit und Nachvollziehbarkeit unterschiedlicher Optimierungsergebnisse für deren Akzeptanz in der Investmentpraxis eine wichtige Rolle spielen.

Abbildung 13 zeigt exemplarisch den Verlauf der Portfoliogewichte für die (μ,sd$_0$)-Effizienzkurve. Durch Betrachtung der Abbildung von links (ertragsmaximales Portfolio) nach rechts (MSVP) wird die Effizienzkurve bildlich „heruntergefahren".

---

[67] Dort kommt es annahmegemäß allein auf die Rendite-/Risikoeigenschaften einer Anlage an, nicht aber darauf, aus welchen Portfoliostrukturen sich diese Eigenschaften ergeben.

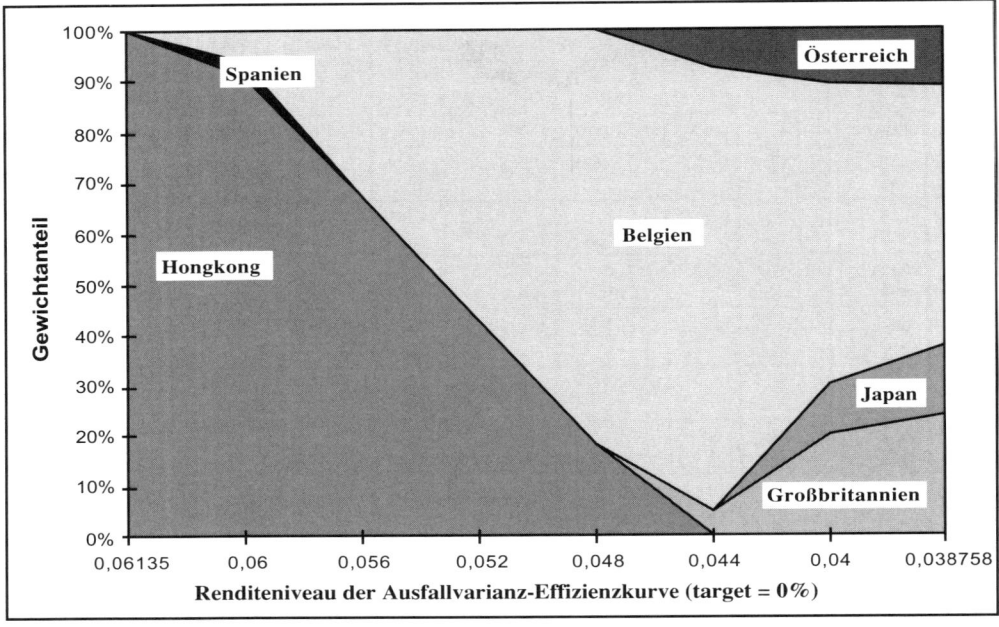

Abb. 13: Strukturverlauf der (μ, sd_0)-Effizienzkurve

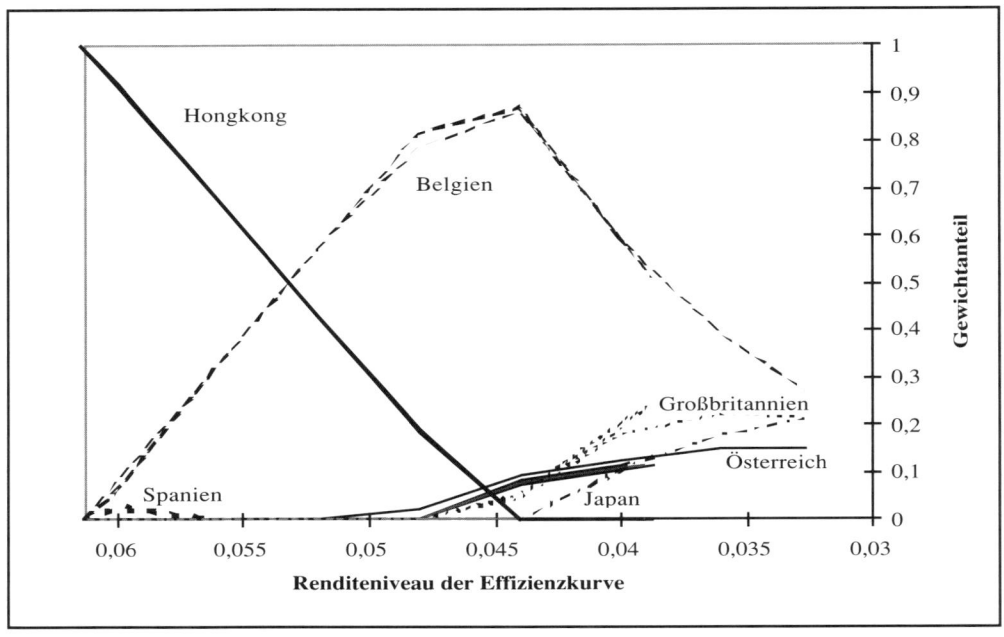

Abb. 14: Strukturverläufe der (μ, sd_τ)-Effizienzkurven

Die aus der (μ,σ)-Optimierung bekannten Effekte, d.h. die geringe Anzahl von Assetklassen in den effizienten Portfolios und eine zunehmende Risikodiversifikation in Richtung des risikominimalen Portfolios, sind auch hier zu beobachten. Wie wenig sich die Gewichtsverläufe für alle vier Ausfallvarianzverständnisse unterscheiden, wird aus Abbildung 14 deutlich.

Die Gewichtsverläufe der vier Ausfallvarianzverständnisse sind fast identisch, was nach den ähnlichen (μ,sd$_\tau$)-Effizienzkurven (Abbildung 4 – 7) nicht überraschen kann.

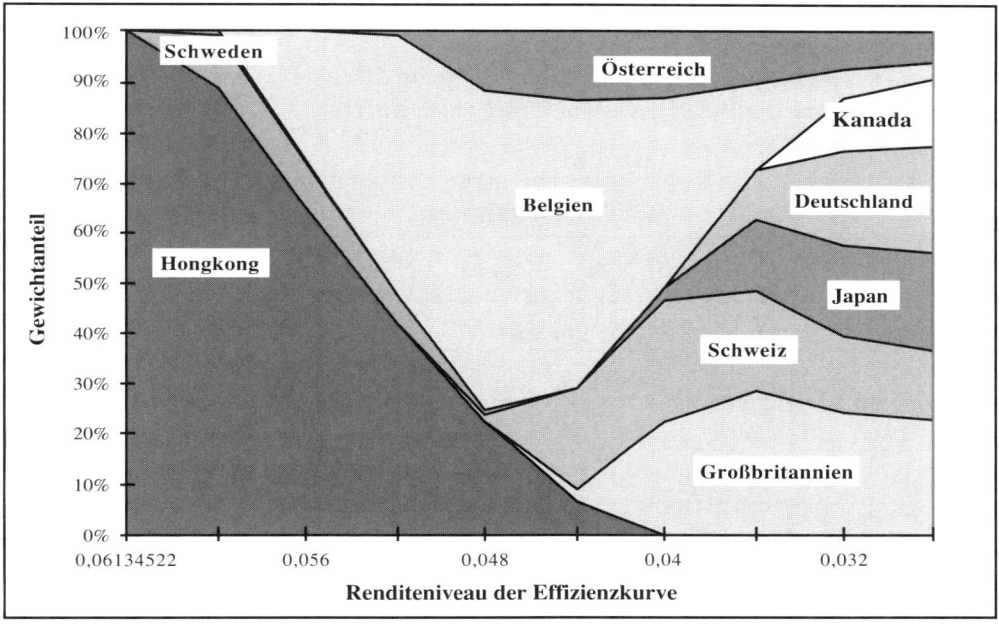

Abb. 15: Strukturverlauf der (μ,σ)-Effizienzkurve

Dagegen weisen die Portfolios der (μ,σ)-Effizienzkurve in Abbildung 15 doch deutlich andere Strukturen auf. Der größte Unterschied zwischen den (μ,σ)- und den (μ,sd$_\tau$)-Portfoliostrukturen ist die dominante Stellung des belgischen Aktienmarktes in den Ausfalleffizienzkurven, durch die andere Märkte aus den effizienten Portfolios „verdrängt" werden. Diese Dominanz ist auf ein besonders niedriges Downside Risk (für τ=0%, τ=$\bar{i}$ und τ=$\bar{r}_F$) im Verhältnis zu den anderen Märkten zurückzuführen (vgl. Abbildung 4 – 6, Tabelle 2). Eine derart günstige Risikopositionierung des MSCI Belgien liegt im (μ,σ)-Diagramm (Abbildung 10) nicht und für τ=$\bar{r}_i$ (Abbildung 7) nur abgeschwächt vor. Dies weist auf eine deutliche Wölbung in Verbindung mit positiver Schiefe hin, wie Tabelle 2 bestätigt. Bemerkenswert ist, wie bereits die Schiefe eines einzigen, für die Effizienzkurven wichtigen Marktes die Portfoliostrukturen „drehen" kann.

7. Vergleich der risikominimalen Portfolios

Mit dem Vergleich der risikominimalen Portfolios wird untersucht, inwiefern sich die optimalen Portfolios extrem risikoaverser Anleger beim Fehlen einer risikofreien Anlagemöglichkeit unterscheiden. Dies ist kein theoretischer Spezialfall, sondern gerade wegen der traditionell sehr stark ausgeprägten Sicherheitsorientierung deutscher Anleger und eines vorab oft nicht fest definierten Anlagehorizonts (weshalb dann eine risikofreie Anlage fehlt) auch von praktischem Interesse. Entsprechend der bisherigen Vorgehensweise wird zunächst die Approximation der MSVP durch das MVP untersucht.

Die Approximation der $MSVP_\tau$ durch das MVP ist dann eindeutig ungünstig, wenn der Risikozuwachs gleichzeitig mit einem Renditeverlust einhergeht. Das MVP wird dann durch das jeweilige $MSVP_\tau$ dominiert.

	$MSVP_\tau$ (optimale Portfolios)			MVP (Approximation)		
target τ	$\bar{r}_i$	sd_τ	$SortR_{\tau,m}$	$\bar{r}_i$	sd_τ	$SortR_{\tau,m}$
$\tau=0$	0.03858	0.05026	*0.76761*	0.03085	0.05551	*0.55576*
$\tau=\bar{i}$	0.03910	0.05219	*0.63932*	0.03085	0.05745	*0.43719*
$\tau=\bar{r}_F$	0.03967	0.05558	*0.44128*	0.03085	0.06086	*0.25807*
$\tau=\bar{r}_i$	0.03264	0.06467	*-0.06578*	0.03085	0.06718	*-0.08996*

Tab. 5: Vergleich der Approximationsqualität
für die $MSVP_\tau$-Varianten durch das MVP

Dies trifft im Beispielfall für alle vier Approximationen der $MSVP_\tau$ durch das MVP zu. Die Renditeeinbußen erklären sich dadurch, daß das MVP auf einem niedrigeren Renditeniveau als alle $MSVP_\tau$ liegt (vgl. Tabelle 5). Besonders für die targets $\tau=0$, $\tau=\bar{i}$ und $\tau=\bar{r}_F$ wird durch eine (μ,σ)-Optimierung nicht nur erkennbar Rendite „verschenkt", sondern es muß zusätzlich ein deutlich höheres Risiko in Kauf genommen werden. Da im Fall $\tau=\bar{r}_i$ die risikominimalen Portfolios wesentlich dichter beieinander liegen (vgl. Abbildung 7), tritt dieser Effekt hier nur abgeschwächt auf.

Der umgekehrte Fall, die Approximation des MVP durch die $MSVP_\tau$-Varianten, ist in Tabelle 6 dargestellt.

	MVP (optimales Portfolio)			MSVP$_\tau$ (Approximation)		
target τ	$\bar{r}_i$	σ	*Sharpe Ratio*	$\bar{r}_i$	σ	*Sharpe Ratio*
τ=0	0.03085	0.081434	*0.19287*	0.03858	0.08709	*0.61688*
τ=î	0.03085	0.081434	*0.19287*	0.03910	0.08741	*0.62057*
τ=$\bar{r}_F$	0.03085	0.081434	*0.19287*	0.03967	0.08801	*0.62281*
τ=$\bar{r}_i$	0.03085	0.081434	*0.19287*	0.03264	0.08428	*0.56696*

Tab. 6: Vergleich der Approximationsqualität
für das MVP durch die MSVP$_\tau$-Variante

Die Ergebnisse sind schwerer zu beurteilen, da hier mit dem Risikozuwachs gleichzeitig ein Renditegewinn erzielt wird. Grundsätzlich ist der Risikozuwachs umso weniger nachteilig, je höher der damit verbundene Renditegewinn ist.

Um die Vorteilhaftigkeit der Portefeuilles mit höherer Rendite bei gleichzeitig höherem Risiko gegenüber dem MVP zu beurteilen, könnten theoretisch Performancekennzahlen, d.h. Sharpe- und Sortino-Ratios, wie in Tabelle 5 und 6 berechnet werden. Ihre Anwendung wäre jedoch an dieser Stelle falsch und irreführend; falsch deshalb, weil sie (nutzenunabhängig) eine Risikoprämie für das eingegangene Risiko messen. Bei der Wahl des optimalen Portfolios entscheidet jedoch der anlegerindividuelle trade off zwischen Rendite und Risiko, den die Ratios nicht berücksichtigen. So ist für einen extrem risikoaversen Anleger ein möglichst geringes Risikoniveau vorrangig, zusätzliches Risiko wird er nur unter extrem hohen Renditesteigerungen in Kauf zu nehmen bereit sein. Daß die Ratios mit einem standardisierten Rendite/Risiko-trade off in diesem Zusammenhang irreführend sind, zeigt Tabelle 6 deutlich. Die Approximationen des MVP durch alle MSVP$_\tau$-Varianten wären vorteilhafter als das eigentlich optimale MVP, wenn man sie nach der Sharpe-Ratio beurteilen würde.

8. Fazit und Konsequenzen für das praktische Portfoliomanagement

In dem vorliegenden Beitrag wurde gezeigt, wie das ausfallorientierte Risikoverständnis über den Analyserahmen der LPM, und hier insbesondere über die Ausfallvarianz, methodisch in den Portfoliooptimierungsprozeß eingebunden werden kann. In einer empirischen Untersuchung anhand von 15 Aktienmärkten wurden dann die praktischen Auswirkungen auf die Optimierungsergebnisse im Vergleich zur traditionellen (μ,σ)-Optimierung untersucht. Die wichtigsten Ergebnisse lassen sich wie folgt zusammenfassen:

- Üblicherweise werden bei strategischen Asset Allocation-Entscheidungen die Marktrenditen, insbesondere bei Verwendung von Quartalsrenditen, vereinfachend als normalverteilt angenommen. Für 11 der 15 untersuchten Aktienmärkte sind die Renditen aber signifikant schief. Dies ist eine wesentliche Ursache für die zwischen varianz- und ausfallvarianzorientierter Portfoliooptimierung festgestellten Unterschiede.
- Beim Vergleich zwischen (μ,σ)- und (μ,sd_τ)-Effizienzkurven nimmt der Fehler, den man begeht, wenn man (μ,σ)- statt (μ,sd_τ)-optimiert (oder umgekehrt), in Richtung des risikominimalen Portfolios deutlich zu. Dies ist ein unabhängig von den vorliegenden Untersuchungsdaten auftretender Effekt, weil alle Effizienzkurven stets im gemeinsamen, ertragsmaximalen Portfolio beginnen, dessen Bestimmung völlig risikounabhängig ist. Die Unterschiede lassen sich nicht nur über den Rendite-/Risikoverlauf der Effizienzkurven, sondern auch über eine Portfoliostrukturanalyse darstellen. Der Fehler, gemessen als Risikozuwachs bzw. als risikoadjustierte Renditeeinbuße, beschränkt sich im Beispielfall jedoch auf max. 5 bis 8%.
- Ein weiterer Einflußfaktor auf unterschiedliche Ergebnisse ist grundsätzlich auch die Wahl der Mindestrendite τ durch den Downside Risk-Anleger. Wie eine frühere Untersuchung bereits zeigte, nehmen die Unterschiede zur (μ,σ)-Optimierung mit wachsendem Abstand von τ zur mittleren Rendite, dem Risikobezugspunkt der Varianz, zu.[68] Für die vorliegende Untersuchung trifft diese Beobachtung zwar tendenziell auch zu, die Unterschiede sind aber marginal. Vielmehr sind zumindest für $\tau=0\%$, $\tau=\bar{i}$ und $\tau=\bar{r}_F$ die ausfallvarianzbasierten Effizienzkurven so ähnlich, daß sie im vorliegenden Fall zu weitgehend identischen Portfolioentscheidungen führen.
- Für einen extrem risikoaversen Anleger ist der Vergleich zwischen dem MVP und den MSVP relevant. In den risikominimalen Endpunkten der Effizienzkurven ist die Approximationsqualität aber tendenziell am schlechtesten, hier muß der Anleger folglich größere Performanceeinbußen in Kauf nehmen. Die Approximation der vier Varianten des MSVP durch das MVP führt zu einer deutlich geringeren Rendite und zu einem höheren Risiko, während der umgekehrte Fall (Approximation des MVP durch die vier Varianten des MSVP) zwar ein höheres Risiko, aber auch gleichzeitig einen Renditezuwachs erbringt. Dennoch gilt: Da auf der Effizienzkurve in Richtung des risikominimalen Portfolios der Approximationsfehler wächst, gleichzeitig derartige Portfolios aber von zunehmend risikoaversen Anlegern gewählt werden, die Risikozuwächse sehr negativ bewerten, empfiehlt sich für die unteren Bereiche der Effizienzkurven eine Approximation durch einen anderen risikobasierten Optimierungsalgorithmus im allgemeinen nicht.

---

[68] Vgl. Schmidt-von Rhein (1996), S. 482.

Im Ergebnis zeigt das untersuchte Beispiel, daß auch bei strategischen Asset Allocation-Problemen und bei längerfristigen Renditen die traditionelle (μ,σ)-Optimierung nicht bedenkenlos auf ausfallrisikoorientierte Anleger übertragen werden kann. Als Faustregel kann gelten, daß die Approximation umso schlechter wird: a) je größer die Schiefe in den Renditeverteilungen ist, b) je risikoaverser der Anleger ist, und c) je mehr die von ihm geforderte Mindestrendite τ von der mittleren Assetrendite abweicht.

Wenn auch die Berechnung von Ausfallrisikomaßen und die Ausfallvarianzoptimierung nicht nur methodisch berechtigt, sondern auch praktisch wünschenswert sind, so steigen doch unter praktischen Anwendungsgesichtspunkten die Anforderungen an das Datenmaterial und die Software erheblich. Da die Berechnung von LPM im Gegensatz zu zweiseitigen Streuungsmaßen stets nur einen Teil aller Renditewerte berücksichtigt (alle $r_i < \tau$), wird, je nach Wahl von τ, unter Umständen eine sehr hohe Zahl von Datenpunkten benötigt, um verläßliche LPM-Werte zu berechnen.[69] Zudem ist bisher kaum Optimierungssoftware erhältlich, die Ausfallvarianzoptimierungen anbieten würde.[70] Es bleibt zu hoffen, daß zumindest der letztgenannte Punkt durch die nächste Generation professioneller Portfoliomanagementsoftware behoben wird.

Literaturverzeichnis

Ang, J. S./ Chua, J. H. (Ang/ Chua, 1979): Composite Measures for the Evaluation of Investment Performance, in: *Journal of Financial and Quantitative Analysis*, Vol. 14, 1979, June, S. 361-384.

Bamberg, G. (Bamberg, 1986): The Hybrid Model and Related Approaches to Capital Market Equilibria, in: Bamberg, G./ Spremann, K. (Hrsg.), *Capital Market Equilibria*, Berlin et al. 1986, S. 7-54.

Bawa, V. S. (Bawa, 1975): Optimal Rules for Ordering Uncertain Prospects, in: *Journal of Financial Economics*, Vol. 2, 1975, S. 95-121.

Bawa, V. S. (Bawa, 1976): Safety first, stochastic dominance and optimal portfolio selection, Bell Labotaries Economic Discussion Paper no.60.

Bawa, V. S. (Bawa, 1978): Safety-First, Stochastic Dominance, and Optimal Portfolio Choice, in: *Journal of Financial and Quantitative Analysis*, Vol. 13, 1978, June, S. 255-271.

Bawa, V. S./ Lindenberg, E. B. (Bawa/ Lindenberg, 1977): Capital Market Equilibrium in a Mean-Lower Partial Moment Framework, in: *Journal of Financial Economics*, Vol. 5, 1977, S. 189-200.

---

[69] Zu den diesbezüglichen Problemen und Lösungsmöglichkeiten durch Bootstrapping oder Anpassung auf dreiparametrische Verteilungen vgl. Sortino/ Forsey(1996).

[70] Alle Berechnungen in dieser empirischen Untersuchung wurden mit einer vom Autor eigens erstellten Portfoliooptimierungssoftware durchgeführt.

Elton, E. J./ Gruber, M. J. (Elton/ Gruber, 1991): *Modern Portfolio Theory and Investment Analysis*, 4th ed., New York 1991.

Fishburn, P. C. (Fishburn, 1977): Mean-Risk Analysis with Risk Associated with Below-Target Returns, in: *American Economic Review*, Vol. 67, 1977, No.2, S. 116-126.

Francis, C. H./ Archer, S. H. (Francis/ Archer, 1979): *Portfolio Analysis*, New Jersey 1979.

Füss, R. (Füss, 1997): *Entwicklung und Einsatz symmetrischer und asymmetrischer Risikomaße in der Modernen Portfoliotheorie und Performancemessung*, unveröffentlichte Diplomarbeit Universität Freiburg, Freiburg 1997.

Harlow, W. V. (Harlow, 1991): Asset Allocation in a Downside-Risk Framework, in: *Financial Analysts Journal*, Vol. 47, 1991, September-October, S. 28-40.

Harlow, W. V./ Rao, R. K. S. (Harlow/ Rao, 1989): Asset Pricing in a Generalized Mean-Lower Partial Moment Framework: Theory and Evidence, in: *Journal of Financial and Quantitative Analysis*, Vol. 24, 1989, September, S.285-311.

Hogan, W. W./ Warren, J. M. (Hogan/ Warren, 1972): Computation of the Efficient Boundary in the E-S Portfolio Selection Model, in : *Journal of Financial and Quantitative Analysis*, Vol. 7, 1972, September, S. 1881-1896.

Hogan, W. W./ Warren, J. M. (Hogan/ Warren, 1974): Toward the Development of an Equilibrium Capital-Market Model based on Semivariance, in: *Journal of Financial and Quantitative Analysis*, Vol.9, 1974, January, S. 1-11.

Kataoka, S. (Kataoka, 1963): A Stochastic Programming Model, in: *Econometrica*, Vol. 31, 1963, No. 1-2, January-April, S. 181-196.

Mao, J. C. T. (Mao, 1970): Models of Capital Budgeting, E-V Versus E-S, in: *Journal of Financial and Quantitative Analysis*, Vol. 25, 1970, January, S. 657-675.

Markowitz, H. M. (Markowitz, 1987): *Mean-Variance Analysis in Portfolio Choice and Capital Markets*, New York 1987.

Markowitz, H. M. (Markowitz, 1991): *Portfolio Selection*, 2nd ed., New York 1991.

Markowitz, H. M./ Todd, P./ Xu, G./ Yamane, Y. (Markowitz et al., 1993): Computation of mean-semivariance efficient sets by the Critical Line Algorithm, in: *Annals of Operations Research*, Vol. 45, 1993, S. 307-317.

Nantell, T. J./ Price, B. (Nantell/ Price, 1979): An Analytical Comparison of Variance and Semivariance Capital Market Theories, in: *Journal of Financial and Quantitative Analysis*, Vol. 14, 1979, No. 2, S. 221-242.

Nawrocki, D. (Nawrocki, 1991): Optimal algorithms and lower partial moment: ex post results, in: *Applied Economics*, Vol. 23, 1991, S. 465-470.

Nawrocki, D./ Staples, K. (Nawrocki/ Staples, 1989): A customized LPM risk measure for portfolio analysis, in: *Applied Economics*, Vol. 21, 1989, S. 205-218.

Porter, B. R. (Porter, 1974): Semivariance and Stochastic Dominance: A Comparison, in: *American Economic Review*, Vol. 64, 1974, No. 1, S. 200-204.

Roy, A. D. (Roy, 1952): Safety First And the Holding of Assets, in: *Econometrica*, Vol. 20, 1952, S. 431-449.

Rudolf, M. (Rudolf, 1994): Efficient Frontier und Shortfall Risk, in: *Finanzmarkt und Portfolio Management*, 8. Jg., 1994, Nr. 1, S. 88-101.

Schmidt-von Rhein, A. (Schmidt-von Rhein, 1996): *Die Moderne Portfoliotheorie im praktischen Wertpapiermanagement*, Bad Soden/Taunus 1996.

Schneeweiß, H. (Schneeweiß, 1967): *Entscheidungskriterien bei Risiko*, Berlin et al. 1967.

Shapiro, S. S./ Wilk, M. B./ Chen, H. J. (Shapiro et al., 1968): A Comparative Study of Various Tests for Normality, in: *Journal of American Statistical Association*, Vol. 63, 1968, December, S. 1343-1372.

Sortino, F. A./ Price, L. N. (Sortino/ Price, 1994): Performance Measurement in a Downside Risk Framework, in: *Journal of Investing*, Vol. 3, 1994, Fall, S. 59-64.

Sortino, F. A./ Forsey, H. J. (Sortino/ Forsey, 1996): On the Use and Misuse of Downside Risk, in: *Journal of Portfolio Management*, Vol. 25, 1996, Winter, S. 35-42.

Telser, L. G. (Telser, 1955): Safety First and Hedging, in: *Review of Economic Studies*, Vol. 23, 1955, S. 1-16.

Teil VII

Modernes Bondmanagement

Hier informiert sich der Banker

Die Bank auf CD-ROM

- das gesammelte Fachwissen 1992-1997 als elektronisches Archiv in einer Volltextdatenbank

- sekundenschnelle, spielend leichte Recherche in über 4.000 Zeitschriftenseiten

- Rechercheergebnisse können sofort ausgedruckt oder in Ihrer eigenen Textverarbeitung weiterbearbeitet werden

Was Sie an technischer Ausrüstung benötigen: PC ab 80386er Prozessor, MS DOS 3.1 oder höher sowie MS Windows ab 3.1, 4 MB RAM (8 MB empfohlen), VGA-Grafikkarte (empfohlene Auflösung 800 x 600 Pixel, mindestens 256 Farben), CD-ROM-Laufwerk, mindestens 4 MB freier Festplattenspeicher

Bestell-Nr. 24.086, Einzellizenz DM 620,–, halbjährliches Update DM 145,– jeweils zzgl. 15 % MwSt.

Die Bank auf Papier

- fundierte Antworten auf aktuelle bankpolitische und bankpraktische Fragen

- präzise Kurzinformationen, ausführliche Fachaufsätze, profunde Kommentare

- aktueller Zugriff auf Tendenzen der Gesamtwirtschaft und des internationalen Finanzgeschehens

Bestell-Nr. 20.004, Jahrespreis (12 Ausgaben) DM 110,– zzgl. Versandkosten und 7 % MwSt.

Für Bestellungen oder Informationsmaterial wenden Sie sich bitte direkt an:
Bank-Verlag GmbH · Postfach 30 01 91
50771 Köln · Telefax: 0221/54 90-120

Aktives Management nationaler Rentenportfolios

von Hans-Peter Rathjens

1. Einleitung
2. Duration, modified Duration und Konvexität
3. Bondrendite versus Bondertrag
4. Prognose der Renditestrukturkurve
5. Optimale Laufzeitengewichtung
6. Sensitivitätsanalyse der optimierten Portfoliostruktur
7. Bond Switches
8. Zusammenfassung

1. Einleitung

Galt das Management von Rentenportfolios lange Zeit als eine wenig spannende Angelegenheit, hat sich diese Einstellung in den letzten 25 Jahren deutlich gewandelt. Hierfür sind mehrere, zum Teil sich wechselseitig verstärkende Entwicklungen verantwortlich. So haben die Schwankungen an den Zinsmärkten aufgrund von makroökonomischen Schocks und Mängeln bei der Globalsteuerung spürbar zugenommen. Daraus erwuchs bei vielen Investoren der Wunsch nach effizienten Hedginginstrumenten sowie nach Strategien, die eine stetige Wertentwicklung eines Fonds ermöglichen. Durch Fortschritte auf der theoretischen Ebene – zu nennen sind in diesem Zusammenhang u.a. die Arbeiten von BLACK und SCHOLES zur präferenzfreien Bewertung von Optionen, Ansätze zur Modellierung der Zinsstruktur, die Weiterentwicklung der klassischen Macaulay Duration – konnte diesen Wünschen in der Praxis immer mehr entsprochen werden. Jedoch wäre die Umsetzung gescheitert, wenn nicht gleichzeitig der Einsatz und die Nutzung der elektronischen Datenverarbeitung die Realisation komplexer Strategien ermöglicht hätte.

Die Hauptströmungen im Bondmanagement lassen sich in drei große Blöcke unterteilen: aktives und passives Management sowie Immunisierungsstrategien.[1] Sie unterscheiden sich hinsichtlich der Annahmen über den Grad der Prognostizierbarkeit von Zinsentwicklungen. Am anspruchsvollsten ist hier das aktive Management einzustufen, in dessen einfachster Ausprägung die Fähigkeit unterstellt wird, zumindest temporäre Ungleichgewichte zu erkennen und dieses Wissen profitabel umsetzen zu können. Darüber hinaus sind Vertreter dieses Ansatzes der Ansicht, auch die trendmäßige Entwicklung der Renditen richtig vorauszusagen und so besser als der „Markt" – abgebildet durch eine Benchmark – abzuschneiden.

Im Gegensatz dazu bestreiten die Anhänger des passiven Managements die Fähigkeit einer überlegenen Informationsverarbeitung. Die Märkte sind effizient, und es ist daher nicht möglich, dauerhaft besser als die Benchmark abzuschneiden. Der Investor wird langfristig nur für das Eingehen des systematischen Risikos belohnt und sollte hierauf seine Strategie konzentrieren.[2] Dies wird dadurch erreicht, daß die Struktur des Anleiheportfolios und des Index weitgehend übereinstimmen. Aufgrund dieser Vorgehensweise bedarf es im passiven Management keiner Zinsprognosen.

Eine Zwischenstellung zwischen aktivem und passivem Ansatz nimmt die Immunisierung ein. Dabei soll für einen genau umrissenen Planungszeitraum eine Rendite, die sich an dem aktuellen Marktniveau orientiert, festgeschrieben werden. Immunisierung kann aber auch heißen, nicht nur für einen, sondern für verschiedene Zeitpunkte Mittel so anzulegen, daß von vornherein bekannte Zahlungsverpflichtungen erfüllt werden.[3]

Von den drei großen Blöcken soll im folgenden das aktive Management von Rentenportfolios behandelt werden. Dazu wird zunächst auf die Analyse einer einzel-

---
[1] Vgl. Fabozzi/ Fong (1994), S. 5 ff.
[2] Unter systematischem Risiko ist das Marktrisiko zu verstehen.
[3] Dies ist der immer mehr an Bedeutung gewinnende Bereich des Asset-Liability-Management.

nen Anleihe eingegangen, um das Verständnis der späteren Hauptüberlegungen zu erleichtern. Nachdem dann Ansätze zur Strukturierung eines nationalen Bondportefeuilles behandelt worden sind, schließen sich Ausführungen zu Switching Strategien von festverzinslichen Wertpapieren an.

2. Duration, modified Duration und Konvexität

In den letzten Jahren sind Anleihekonstruktionen zunehmend komplexer geworden und damit auch schwieriger zu analysieren. Ein guter Ausgangspunkt für das Verständnis solch anspruchsvoller Strukturen ist die Untersuchung eines einfachen, sogenannten „plain vanilla bond" – also einer Anleihe mit einer festen Laufzeit, einem konstanten Kupon und einem Rückzahlungskurs von 100.

Für den fairen Preis einer Investition gilt ganz allgemein, daß er gleich der Summe der diskontierten Gewinne bzw. Netto-Cash Flows über die ökonomische Lebensdauer ist. Diese Betrachtungsweise läßt sich allerdings auch zur Frage umkehren, wie groß bei gegebenem Preis und gegebenem Zahlungsstrom die interne Verzinsung ist. Auf eine festverzinsliche Anleihe übertragen heißt dies, daß die jährlich anfallenden Kupons und der Rückzahlungskurs mit einem solchen Satz abzuzinsen sind, daß sich gerade der aktuelle Marktpreis ergibt. Dieser Satz wird als die Rendite eines Bonds bezeichnet.[4]

Geht man der Einfachheit halber von einer Bewertung zum Kupontermin aus, gilt:

$$(1) \quad P = \frac{K}{1+r} + \frac{K}{(1+r)^2} + \frac{K}{(1+r)^3} + \cdots + \frac{K+100}{(1+r)^n}$$

oder als Summenformel ausgedrückt:

$$(2) \quad P = \sum_{t=1}^{n} C_t (1+r)^{-t} .$$

Hierbei gibt C_t den Cash Flow in jeder Periode an, bestehend aus dem Kupon K und dem Rückzahlungskurs am Ende der Laufzeit n; P ist der Kurs und r die Rendite.

Da es sich bei (1) um eine geometrische Reihe handelt, läßt sich die Summe auch in der Form

$$(3) \quad P = K \frac{(1+r)^n - 1}{(1+r)^n r} + \frac{100}{(1+r)^n} = \frac{K}{r} - \frac{1}{(1+r)^n} \left\{ \frac{K}{r} - 100 \right\}$$

abkürzen. Diese Gleichung gestattet die weitere Klassifizierung von Anleihen.[5] Sofern Kupon und Rendite als Prozentgröße ausgedrückt identisch sind (K = 100 r),

---

[4] Vgl. Fabozzi (1993), S. 37 ff.
[5] Vgl. Uhlir/ Steiner (1994), S. 5 ff.

beträgt der Kurs 100. In diesem Fall spricht man von einem Par-Bond. Falls der Kupon größer als die Rendite ist (K >100 r), wird der Preis der Anleihe über 100 liegen. Zwar ist der in der geschweiften Klammer (Gleichung 3) stehende Term positiv, doch wird er mit einem Wert kleiner eins multipliziert. Es handelt sich um einen Premium-Bond, dessen Kurs bis zur Endfälligkeit kontinuierlich fällt. Diese Tendenz des trendmäßigen Annäherns an den Tilgungskurs von 100 wird auch als „Pull-to-par"-Effekt bezeichnet.

Von einem Discount-Bond spricht man dann, wenn der Kupon kleiner als die Rendite ist und damit der Kurs unter 100 liegt. Der Kurs der Anleihe steigt sukzessive bis zur Endfälligkeit auf 100, wobei diese Gewinne nach derzeitigem Recht steuerfrei vereinnahmt werden können. Solche Unter-pari-Titel sind daher aus steuerlichen Überlegungen heraus oft attraktiv.

Für einen Investor bzw. Manager ist es nun wichtig zu wissen, wie der Anleihekurs auf Veränderungen der Rendite reagiert, da dies unmittelbar Auswirkungen auf seine Vermögensposition hat. Einen guten Ansatzpunkt für diese Art von Fragestellung stellt die Gleichung (2) dar, die in allgemeiner Form die Ermittlung des Bondpreises wiedergibt. Um die Auswirkung einer marginalen Renditeänderung herauszuarbeiten, ist (2) nach r zu differenzieren:

$$(4) \quad \frac{dP}{dr} = \sum_{t=1}^{n} C_t(-t)(1+r)^{-t-1} = -\frac{1}{1+r}\sum_{t=1}^{n} tC_t(1+r)^{-t}.$$

Stellt man auf die relative und nicht absolute Änderung des Anleihekurses ab, muß (4) auf beiden Seiten durch P dividiert und nach

$$(5) \quad \frac{dP}{P} = -\frac{1}{1+r}\frac{\sum tC_t(1+r)^{-t}}{\sum C_t(1+r)^{-t}} dr$$

umgeformt werden. Der Term

$$D = -\frac{\sum_{t=1}^{n} tC_t(1+r)^{-t}}{\sum_{t=1}^{n} C_t(1+t)^{-t}}$$

bezeichnet die sog. Duration des Bonds.[6] Inhaltlich handelt es sich um ein gewichtetes Mittel der Zahlungszeitpunkte, denn im Zähler wird t=1,..., n mit dem Barwert der jeweiligen Cash Flows multipliziert und durch den gesamten Barwert dividiert. Damit läßt sich die Duration als mittlere Bindungsdauer des Kapitals interpretieren.

Die Duration ist eine der wichtigsten Kennzahlen, denn je größer D, desto größer ist auch die Sensitivität einer Anleihe auf Renditeveränderungen. Gegenüber der vielfach noch verwendeten mittleren Restlaufzeit bietet die Duration den Vorteil, daß festverzinsliche Wertpapiere miteinander vergleichbar sind. Es kann nämlich durchaus passieren, daß zwei Titel die gleiche mittlere Restlaufzeit haben, aber auf marginale Renditeänderungen unterschiedlich reagieren. Dies ist bei Verwendung der Duration ausgeschlossen.

---

[6] Vgl. Fabozzi (1993), S. 157 ff.

Mit Hilfe der Definition für D läßt sich die Gleichung (5) auch zu

(6) $\quad \dfrac{dP}{P} = -\dfrac{1}{1+r} D\,dr = -D_{\text{mod}}\,dr$

vereinfachen, wobei $D_{\text{mod}} = D/(1+r)$ abkürzend für die modified Duration steht. Somit ist die prozentuale Kursänderung eines Bonds gleich dem negativen Produkt aus modified Duration und Renditeveränderung. Falls also $D_{\text{mod}} = 5$ beträgt, sinkt der Kurs um 5% bei einer Zunahme von r um 100 Basispunkte.[7]

Die Duration einer Kuponanleihe läßt sich nicht nur als Summenformel angegeben, sondern kann explizit berechnet werden. Sie lautet:[8]

(7) $\quad D = \dfrac{1+r}{r} - \dfrac{1+r - n(r - \dfrac{K}{100})}{r - \dfrac{K}{100} + \dfrac{K}{100}(1+r)^n}$.

Aus (7) ergeben sich noch einige weitere interessante Aussagen über die Duration:

- Die Duration einer Nullkuponanleihe ist identisch mit der Laufzeit.
- Eine Kuponanleihe mit einer unendlichen Laufzeit besitzt eine Duration von
  $D = \dfrac{1+r}{r}$.

  Dies gilt unabhängig davon, ob es sich um einen Par-, Premium- oder Discount-Bond handelt.
- Je höher der Kupon und die Rendite, desto niedriger ist die Duration.
- Für Premium- und Par-Bonds gilt: Je länger die Laufzeit der Anleihe, desto höher ist die Duration. Bei Discount-Bonds nimmt die Duration zunächst mit steigender Laufzeit zu, nach Überschreiten eines kritischen Schwellenwertes jedoch wieder ab.

Aufgrund dieser Eigenschaften ergeben sich schon erste Hinweise für eine aktive Anlagestrategie: Bei Erwartung fallender Renditen sollten langlaufende Nullkuponanleihen gekauft werden, da sie die größte Duration und damit auch die größte Hebelwirkung haben. Wird mit steigenden Zinsen gerechnet, sind hingegen Titel mit einer möglichst geringen Kursreagibilität zu erwerben. Im Extremfall würde dies ein Engagement in Tagesgeld mit einer Laufzeit und einer Duration von null bedeuten.

Bis jetzt wurden nur kleine Veränderungen der Rendite analysiert, der Schwerpunkt lag auf Marginalbetrachtungen. Um auch die Wirkung stärkerer Schwankungen zu untersuchen, muß eine Approximation des Anleihekurses in Form einer Taylor-Reihenentwicklung vorgenommen werden:[9]

(8) $\quad \Delta P = \dfrac{dP}{dr}\Delta r + \dfrac{1}{2}\dfrac{d^2P}{dr^2}(\Delta r)^2 + f_1$.

---

[7] Dies entspricht einer Parallelverschiebung der Renditestrukturkurve um 100 Basispunkte.
[8] Vgl. Livingston (1993), S. 297.
[9] Vgl. Ho (1990), S. 84 ff.

Die Division durch P ergibt dann die prozentuale Veränderung:

(9) $\quad \dfrac{\Delta P}{P} = \dfrac{1}{P}\dfrac{dP}{dr}\Delta r + \dfrac{1}{2}\dfrac{1}{P}\dfrac{d^2P}{dr^2}(\Delta r)^2 + f_2$.

Der erste Term rechts vom Gleichheitszeichen entspricht der modified Duration, während der Ausdruck

(10) $\quad V = \dfrac{1}{P}\dfrac{d^2P}{dr^2}$

als Konvexität bezeichnet wird. f_2 gibt den Approximationsfehler an. Unter Vernachlässigung von f_2 kann (9) somit auch in Form von

(11) $\quad \dfrac{\Delta P}{P} = -D_{\text{mod}}\Delta r + \dfrac{1}{2}V(\Delta r)^2$

geschrieben werden.

Aus der Sicht eines Anlegers ist die Konvexität eines Bonds eine „gute" Eigenschaft, da sie unabhängig von der Renditeänderung immer zu seinen Gunsten wirkt. Es gilt nämlich, daß

(12) $\quad V = \dfrac{1}{P}\dfrac{d^2P}{dr^2} = \dfrac{1}{(1+r)^2}\dfrac{\sum t(t+1)C_t(1+r)^{-t}}{\sum C_t(1+r)^{-t}}$

immer größer null ist, da sowohl Zähler als auch Nenner niemals negative Werte annehmen. Die Konvexität ist der mathematische Ausdruck dafür, daß kein linearer Zusammenhang zwischen Bondkurs und Zins besteht: Bei steigender Rendite fällt der Kurs weniger als durch die modified Duration angegeben. Sinkt hingegen r, nimmt P stärker zu, als die modified Duration allein vermuten läßt. Abbildung 1 macht die Zusammenhänge noch einmal deutlich.

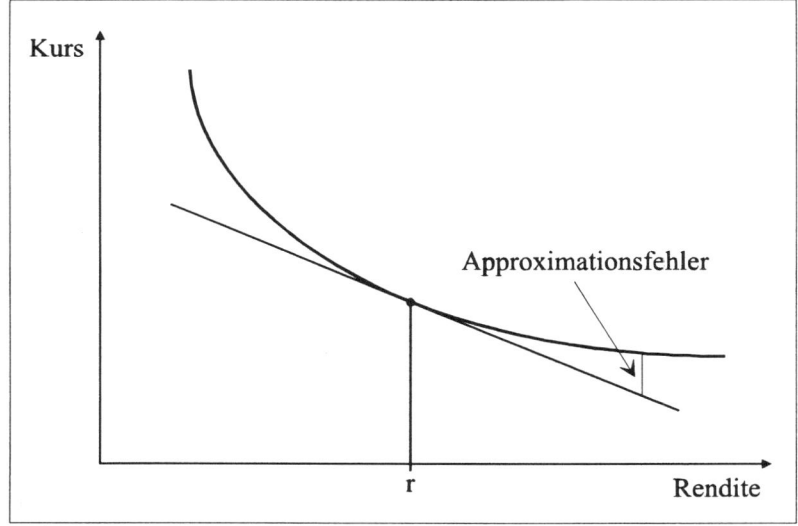

Abb. 1: Rendite und Anleihekurs

Die Konvexität stellt somit ein Maß für die Krümmung der Kurs-Rendite-Kurve dar. Je stärker sie ausgeprägt ist, desto attraktiver ist c.p. die Anleihe für einen Anleger. Allerdings wird der Markt hierfür eine Prämie verlangen, so daß von zwei Bonds mit identischer Duration derjenige mit der höheren Konvexität teurer sein wird. Die Größe dieses Abschlags läßt sich jedoch nicht isoliert ermitteln und ist abhängig von der Marktvolatilität. Bei zunehmender Schwankungsbreite der Renditen wird auch der Preis, den die Investoren für Konvexität zu zahlen bereit sind, steigen. In ruhigen Marktphasen wird sich diese Prämie tendenziell abbauen.[10]

Zwar existiert kein expliziter Ausdruck für die Konvexität wie für die Duration, doch lassen sich die folgende Eigenschaften analytisch herleiten:[11]

- Bei gegebener Rendite und Laufzeit ist die Konvexität um so höher, je niedriger der Kupon ist. Dies bedeutet, daß ein Zerobond eine höhere Konvexität besitzt als eine vergleichbare Kuponanleihe.
- Bei gegebener Rendite und modified Duration ist die Konvexität um so kleiner, je niedriger der Kupon ist. Folglich besitzen Zerobonds bei gegebener modified Duration die niedrigste Konvexität.
- Mit zunehmender Duration einer Anleihe nimmt auch deren Konvexität zu, wobei der Anstieg überproportional ausfällt. D.h., daß bei einer Verdoppelung der Duration die Konvexität um mehr als das Zweifache steigt.

Zwar kommt im praktischen Portfoliomanagement der Konvexität nicht die Bedeutung wie der Duration zu, doch kann sie bei ausgefeilten Strategien eine wichtige Rolle übernehmen.[12] Ein aktiver Manager sollte daher die angeführten Eigenschaften kennen.

3. Bondrendite versus Bondertrag

Der Begriff „Rendite" wird im allgemeinen Sprachgebrauch mit dem Ertrag gleichgesetzt, der aus einem Investment resultiert. Im Falle eines Engagements in festverzinslichen Wertpapieren kann man allerdings schnell in die Irre geführt werden. Hält ein Anleger den Bond bis zur Endfälligkeit, so wird sich sein eingesetztes Kapital nur dann mit der Rendite, die er „eingekauft" hat, verzinsen, wenn die empfangenen Kupons immer wieder zu dieser Ursprungsrendite angelegt werden können. Dies ist aber illusorisch, da sich das Zinsumfeld fortlaufend ändert. So wird sich schon nach einem Jahr Haltedauer die Volkswirtschaft in einer anderen Phase des Konjunkturzyklus befinden, die Geldpolitik inzwischen vielleicht von einem restriktiven auf einen expansiven Kurs umgeschaltet haben, oder die Inflationsrate wieder steigen mit entsprechenden Folgen für die Märkte. Um wieviel sich das ein-

---

[10] Vgl. Fabozzi (1993), S. 208 f.
[11] Vgl. Fabozzi (1993), S. 207.
[12] Vgl. Dattatreya/ Fabozzi (1989), S. 43 f.

gesetzte Kapital tatsächlich verzinst hat, läßt sich also erst zum Tilgungszeitpunkt feststellen. Allerdings gibt es von dieser Regel eine Ausnahme: der Zerobond. Da hier die Wiederanlage von Kupons entfällt, entspricht die Kaufrendite dem tatsächlichen prozentualen Vermögenszuwachs; ex ante und ex post Verzinsung sind identisch.

Diese Überlegungen machen deutlich, daß zwischen Kaufrendite und effektivem Ertrag, der über eine bestimmte Halteperiode erzielt wird, sorgfältig zu unterscheiden ist. Die Komponenten, aus denen sich der Gesamtertrag – auch „Total return" bezeichnet – eines Bondinvestments zusammensetzt, sind:

    Stückzins
+ Reinvestition von Kupons
± Kursveränderung
= Komponenten des Gesamtertrags.

Je kürzer die Halteperiode ist, desto stärker schlagen durch Renditeveränderungen induzierte Kursgewinne bzw. -verluste durch. Mit zunehmender Anlagedauer gewinnt die Reinvestitionskomponente immer mehr an Bedeutung.

Das folgende Beispiel soll die Zusammenhänge nochmals verdeutlichen. Ausgangspunkt ist ein Investor, der eine 10jährige 7%-Kuponanleihe mit einer Rendite von 7% kauft. Der Kurs liegt also bei 100. Die Halteperiode soll drei Jahre betragen, und die Kupons werden in die Anleihe reinvestiert. Je nach Zinsentwicklung ergeben sich dann die in Tabelle 1 aufgezeigten Vermögenspfade.

Zeit	Rendite	D_{mod}	Kurs	Vermögen	Rendite	D_{mod}	Kurs	Vermögen	Rendite	D_{mod}	Kurs	Vermögen
0	7.00	7.02	100.00	100.00	7.00	7.02	100.00	100.00	7.00	7.02	100.00	100.00
1	7.00	6.52	100.00	107.00	7.25	6.48	98.39	105.39	6.75	6.55	101.65	108.65
2	7.00	5.97	100.00	114.49	7.50	5.92	97.07	111.48	6.50	6.02	103.04	117.62
3	7.00	5.39	100.00	122.50	7.75	5.33	96.06	118.35	6.25	5.45	104.15	126.87

Tab. 1: Vermögens- und Renditeentwicklung

Sofern die Rendite bei 7% verharrt, nimmt das Vermögen jährlich mit einer Rate von 7% zu, so daß die Gesamtperformance mit Zinseszinseffekt 22.5% beträgt. Im Falle steigender Renditen muß sich der Anleger mit einem Ergebnis von lediglich 18.35% nach dem dritten Jahr zufriedengeben. Bei einer freundlichen Rentenmarktentwicklung liegt der Total return bei 26.87%. Dabei ergibt sich ein Kursgewinn von 4.15%, was in etwa dem Produkt aus dem Renditerückgang von 75 Basispunkten und der modified Duration von 5.45 am Ende der Halteperiode entspricht: 0.75*5.45 = 4.0875%. Die nicht erklärte Restperformance ist auf die Konvexität zurückzuführen.

4. Prognose der Renditestrukturkurve

Nach diesen einführenden Überlegungen kann nun zum Problem der Strukturierung eines aktiv gemanagten Rentenportfolios übergegangen werden. Oberstes Ziel ist es dabei, unter Beachtung des Risikos über einen vorgegebenem Anlagehorizont einen möglichst hohen Gesamtertrag zu erwirtschaften oder besser als eine Benchmark abzuschneiden. Um dies zu erreichen, empfiehlt sich eine zweistufige Vorgehensweise: Zunächst ist die Allokation der Laufzeiten zu bestimmen, um daran anschließend die Einzelauswahl von Titeln vorzunehmen. Es gibt also, wenn man so will, einen Makro- und einen Mikroaspekt, wobei die Entscheidung über den Laufzeitenmix in bezug auf den Total return als die bedeutendere einzustufen ist.

Dreh- und Angelpunkt für die Laufzeitenallokation ist die möglichst exakte Voraussage der erwarteten Renditen zum Ende des Prognosehorizonts, der im Normalfall drei bis sechs Monate betragen dürfte. Aufgrund von Transaktionskosten, die Umschichtungen mit sich bringen, darf dieser Zeitraum nicht zu kurz sein – aufgrund des sich permanent ändernden wirtschaftlichen Umfeldes allerdings auch nicht zu lang. Im folgenden wird der Einfachheit halber von einem Dreimonatshorizont ausgegangen.

Als nächstes ist die Renditeprognose zu erstellen – und zwar für alle Laufzeiten, die als Anlage in Frage kommen. Für einen aktiv gemanagten Rentenfonds umfaßt dies im Regelfall den Ein- bis Zehnjahresbereich. Um nun nicht jede Laufzeit isoliert prognostizieren zu müssen, können die Interdependenzen an den Zinsmärkten genutzt werden. Es erscheint auch ohne größere theoretische Überlegungen plausibel, daß sich die Renditen aufgrund der engen Substitutionsbeziehung von Anleihen weitgehend parallel bewegen. Wenn die Notenbank die kurzfristigen Sätze erhöht, überträgt sich dieser Impuls auf das lange Ende. Sollten umgekehrt die langlaufenden Renditen steigen, dürfte dies Auswirkungen auch auf den kürzeren Bereich haben. Die Stärke des Zusammenhangs ist eine Frage der empirischen Überprüfung, wofür die Ökonometrie geeignete Analyseinstrumente bereitstellt.[13]

Aufbauend auf diesen Überlegungen wurde für den deutschen Kapitalmarkt ein Modell entwickelt, das die Zinsstruktur im Zwei- bis Neunjahresbereich ausschließlich aus der ein- und zehnjährigen Rendite erklärt:[14]

$$r_2 = k_2 + a_2 r_1 + b_2 r_{10} + u_2$$
$$r_3 = k_3 + a_3 r_1 + b_3 r_{10} + u_3$$
$$\ldots$$
$$r_8 = k_8 + a_8 r_1 + b_8 r_{10} + u_8$$
$$r_9 = k_9 + a_9 r_1 + b_9 r_{10} + u_9$$

Hierbei sind k_i, a_i und b_i die unbekannten Koeffizienten, u_i die Restgröße. Der Ansatz wurde anhand der Monatsendstände der PEX-Renditen für den Zeitraum 1987 bis Ende 1996 überprüft, wobei sich die folgenden Schätzwerte ergaben:[15]

---
13 Empfehlenswerte Lehrbücher sind die von Koutsoyiannis (1977) und Gujarati (1988).
14 Vgl. zu diesem Ansatz Bußmann (1988), S. 194 ff.
15 Der PEX-Index bildet das Marktsegment der Bankschuldverschreibungen ab.

	k_i	a_i	b_i	R^2	S.E.R.
r_2	-2.12 (-16.5)	0.68 (72.4)	0.57 (24.1)	0.997	11 Bp
r_3	-2.46 (-16.7)	0.48 (44.4)	0.82 (30.0)	0.994	13 Bp
r_4	-2.32 (-16.5)	0.33 (31.9)	0.95 (36.6)	0.993	12 Bp
r_5	-2.05 (-15.9)	0.22 (23.6)	1.03 (43.2)	0.993	11 Bp
r_6	-1.67 (15.1)	0.14 (17.1)	1.06 (51.9)	0.993	10 Bp
r_7	-1.16 (-14.4)	0.07 (12.4)	1.07 (71.7)	0.996	7 Bp
r_8	-0.65 (-11.5)	0.03 (7.3)	1.05 (100.2)	0.997	5 Bp
r_9	-0.17 (-6.0)	0.01 (5.3)	1.01 (186.9)	0.999	2 Bp

*) S.E.R.: Standardfehler der Regression, t-Werte in Klammern, Bp: Basispunkt, OLS: Ordinary Least Square

Tab. 2: OLS-Schätzung Renditestruktur deutscher Rentenmarkt*

Dieses vergleichsweise einfache Zweifaktoren-Modell liefert sehr gute Resultate hinsichtlich der Abbildung der Zinsstrukturkurve: Die Koeffizienten weisen einen hohen t-Wert aus und sind damit statistisch signifikant von Null verschieden. Das R^2 liegt nahe bei eins, und der Standardfehler der Regression beträgt im ungünstigsten Fall 13 Basispunkte.

r_1 und r_{10} werden in diesem Modell, und damit auch bei der Prognose, als unabhängig voneinander betrachtet, was aber in der Realität nicht erfüllt sein dürfte. Welche Bandbreite für die Differenz von zehn- und einjähriger Rendite, der sog. 10/1-Jahresspread $s_{10/1}$, als normal anzusehen ist, läßt sich mit Hilfe des folgenden Ansatzes eingrenzen:

(13) $\quad s_{10/1} = r_{10} - r_1 = k_0 + a_0 r_1 \qquad k_0 > 0, a_0 < 0$.

In Einklang mit historischen Mustern wird hier unterstellt, daß der 10/1-Spread $s_{10/1}$ bei einem Zinsanstieg am kurzen Ende kleiner (und im umgekehrten Fall größer) wird.

Auf der Basis der Daten für den PEX erhält man für den Zeitraum 1987/96 die folgenden Schätzwerte:

(14) $\quad s_{10/1} = 5.20 - 0.66 r_1$ $\qquad$ R²=0.91, S.E.R.= 45 Basispunkte.

$\qquad$ (35.8) (-32.0)

Wenn r_1 rund 7.9% beträgt, sollte der Spread $s_{10/1}$ bei null liegen. Allerdings weist der Standardfehler der Regression mit 45 Basispunkten einen vergleichsweise hohen Unsicherheitsbereich auf, so daß eine Prognose für die Rendite am langen Ende, die zwischen 7.45% und 8.35% liegt, mit der Gleichung (14) zu vereinbaren ist. Diese Bandbreite ist jedoch zu groß, um aus Sicht eines aktiven Managements sinnvoll damit arbeiten zu können. Es bedarf zusätzlicher Überlegungen.

Aufgrund der Modellspezifikation reduziert sich das Prognoseproblem auf die richtige Voraussage von r_1 und r_{10}. Hierbei lassen sich mit technischen Verfahren für die kurze Frist durchaus gute Ergebnisse erzielen, für die längerfristige Einschätzung muß jedoch das „Weltbild" über die zukünftige Wirtschaftsentwicklung stimmen – der ökonomische Sachverstand ist gefragt. Zwar unterscheiden sich die Denkschulen[16] ganz beträchtlich, was die Wirkungsmechanismen und Interdependenzen von gesamtwirtschaftlichen Variablen anbelangt, doch besteht weitgehend Konsens, daß folgende Faktoren das Renditeniveau entscheidend beeinflußen: die Notenbankpolitik in Form der Höhe der Geldmarktzinsen, das Inflationstempo, das Wirtschaftswachstum, das ausländische Zinsniveau, die Wechselkursentwicklung sowie – und dies ist wohl einer der strittigsten Punkte – die Höhe der öffentlichen Defizite bzw. des gesamten Schuldenstandes.[17] Da der Rentenmarkt versucht, zukünftige Entwicklungen möglichst frühzeitig zu antizipieren, spielen auch Faktoren wie das Geschäfts- und Konsumklima, die Auftragseingänge, die Kapazitätsauslastung, die Höhe der Lohnabschlüsse sowie die Erwartungen über einen bevorstehenden Regierungswechsel eine wichtige Rolle.

Da es kaum gelingen dürfte, jemals das „wahre" Modell einer Volkswirtschaft zu finden, sollten aus praktischen Überlegungen heraus mehrere Ansätze nebeneinander gestellt und empirisch überprüft werden. Für die Performance ist nämlich zumeist weniger das Ausmaß, als vielmehr die Richtung von Renditeveränderungen entscheidend. Kommen unterschiedliche Modelle zum gleichen Ergebnis, besteht zwar immer noch keine absolute Sicherheit über die zukünftige Zinsentwicklung, doch der Grad der Unsicherheit ist zumindest reduziert. Was nun die Spezifikation von Schätzgleichungen anbelangt, sind der Phantasie Tür und Tor geöffnet. Hier besteht wieder die Notwendigkeit, einen sinnvollen Kompromiß zwischen Komplexität und Praktikabilität zu finden. So lautet ein vergleichsweise einfacher Ansatz zur Erklärung der Rendite im Zehnjahresbereich:[18]

(15) $\quad r_{10} = k_{10} + a_{10} DM/\$ + b_{10} r_{3m} + c_{10} r_{10}^{USA}$,

wobei DM/$ für den Wechselkurs zum Dollar, r_{3m} für den DM 3-Monats-Libor und r_{10}^{USA} für den 10jährigen US-Zins steht. Aufgrund von ökonomischen Vorüberle-

---

16 In erster Linie die keynesianische sowie die (neo-)klassische/ monetaristische Schule.
17 Vgl. Westphal (1994), S. 270 ff.
18 Vgl. Krygier (1996), S. 14.

gungen sollten die Koeffizienten alle größer null sein, denn bei steigenden DM-Geldmarktzinsen, anziehenden Renditen in den USA und einer Abschwächung der D-Mark mit entsprechenden inflationären Gefahren ist auch mit höheren Renditen am deutschen Kapitalmarkt zu rechnen. Bis auf einen Punkt bestätigt die empirische Überprüfung diese Einschätzung, wie das folgende Ergebnis zeigt:

(16) $r_{10} = 5.49 - 2.57 DM/\$ + 0.31 r_{3m} + 0.55 r_{10}^{USA}$ $R^2 = 0.92$,
       (13.9) (-9.9)   (10.3)   (16.2)   S.E.R.= 14.5 Basispunkte,

r_{10} und r_{10}^{USA} sind die jeweiligen Benchmarkrenditen von öffentlichen Anleihen. Das Modell wurde auf der Basis von Wochendaten für den Zeitraum Januar 1995 bis Februar 1997 geschätzt, um Strukturbrüche auszuschalten und um auf kürzerfristige Zusammenhänge abzustellen.

Auf den ersten Blick erstaunlich ist der negative Koeffizient des DM/$-Wechselkurses. Danach geht entgegen der ursprünglichen Vermutung eine Abschwächung der D-Mark mit sinkenden Renditen einher. Als Erklärung läßt sich eine Arbitrageüberlegung anführen: Eine schwache D-Mark bedeutet aus US-Sicht einen starken Dollar. Je stärker dieser nun im Zeitablauf wird, desto eher dürfte sich bei vielen internationalen Marktteilnehmern die Einschätzung durchsetzen, daß langfristig wieder mit einer Schwächephase des $ zu rechnen ist. Folglich kann die Rendite in Deutschland sinken, da der relative Vorteil von US- gegenüber DM-Anleihen auf mittlere Sicht durch eine Abwertung des Dollar gerade kompensiert wird.

Das Kernproblem der Gleichung (16) besteht in der Annahme, daß die exogenen Variablen unabhängig voneinander sind. Dies ist natürlich unrealistisch: Sollte sich beispielsweise die D-Mark an den Devisenmärkten rasch und spürbar abschwächen, wird dies die Bundesbank auf den Plan rufen und eventuell zu einer Verschärfung der Geldpolitik führen. Per saldo könnte dadurch das Renditeniveau unverändert bleiben. Insofern sollte Gleichung (16) auch dazu genutzt werden, die Konsistenz von Szenarien sowie die Überprüfbarkeit und Nachvollziehbarkeit von Prognosen sicherzustellen.

Damit sind nun alle Bausteine zusammengetragen, um eine Zinsprognose zu erstellen. Aus der Veränderung von aktueller und erwarteter Renditestrukturkurve läßt sich dann der Total return in jeder Laufzeit berechnen. Dazu kann aus Vereinfachungsgründen angenommen werden, daß im Ausgangszeitpunkt Rendite und Kupon identisch sind, also alle Anleihen zu 100 notieren. Bei der Berechnung der erwarteten Performance gilt es nun noch einen wichtigen Effekt zu beachten, der als „riding down the yield curve" bezeichnet wird.[19] Hierzu ein kleines Beispiel: Die Rendite im fünfjährigen Bereich liege bei 7.0% und im sechsjährigen Bereich bei 7.5%; diese Konstellation herrsche auch noch in einem Jahr vor. Sofern ein Anleger im Ausgangszeitpunkt eine sechsjährige Anleihe kauft, schmilzt deren Restlaufzeit kontinuierlich ab. Folglich muß die Rendite dieses Titels in einem Jahr auch auf das Niveau im Fünfjahresbereich gesunken sein, wodurch ein deutlicher Kursgewinn entsteht. Je steiler die Zinsstrukturkurve verläuft, desto stärker kommt dieser Effekt zum Tragen.

---

[19] Vgl. Leibowitz (1992), S. 627 ff.

Im weiteren soll unterstellt werden, daß der Fondsmanager aufgrund seiner Einschätzung der wirtschaftlichen Entwicklung keine Veränderung der für die Anlageentscheidung wichtigen exogenen Variablen, nämlich der ein- und der zehnjährigen Rendite, auf Sicht von drei Monaten erwartet. Mit Hilfe des Zweifaktorenmodells für die Zinsstrukturkurve kann er dann analysieren, ob in den einzelnen Segmenten eine stärkere Abweichung vom Gleichgewicht existiert. Auf der Basis der PEX-Daten vom 20. März 1997 käme er zu folgenden Ergebnissen:

Laufzeit	1	2	3	4	5	6	7	8	9	10
Rendite (%)	3.45	3.80	4.25	4.64	5.00	5.29	5.54	5.76	5.98	6.06
Schätzwert	3.45	3.71	4.16	4.60	4.95	5.26	5.57	5.81	5.98	6.06
Abweichung	0.00	0.09	0.09	0.04	0.05	0.03	-0.03	-0.05	0.00	0.00

Tab. 3: Tatsächliche und geschätzte Renditestruktur

Bei den kürzeren Laufzeiten liegen die Renditen etwas über ihrem Gleichgewichtswert und erweisen sich damit als attraktiv. Hingegen sind sieben- und achtjährige Anleihen relativ teuer. Bauen sich diese Ungleichgewichte in den nächsten drei Monaten ab, ist die für Ende dieses Zeitraums prognostizierte Zinsstrukturkurve gleich den aktuellen Schätzwerten. Aufgrund der Verkürzung der Restlaufzeiten ergeben sich durch lineare Interpolation die in Tabelle 4 angegebenen Renditen und erwarteten Erträge.

Restlaufzeit	0.75	1.75	2.75	3.75	4.75	5.75	6.75	7.75	8.75	9.75
Rendite (%)	3.45	3.65	4.05	4.49	4.86	5.18	5.49	5.75	5.94	6.04
Ertrag (%)	0.85	1.19	1.55	1.65	1.78	1.81	1.64	1.48	1.74	1.63

Tab. 4: Total Return über alle Laufzeiten

Bis zum Sechsjahresbereich nimmt der Return mit steigender Restlaufzeit zu und danach in der Tendenz wieder leicht ab. Aufgrund eines größeren Ungleichgewichtes erscheint das achtjährige Segment besonders unattraktiv.

5. Optimale Laufzeitengewichtung

Setzt man diese Ergebnisse konsequent um, müßte der Fonds ausschließlich im Sechsjahresbereich investiert sein, da hier der höchste Ertrag erwartet wird. Dabei wird jedoch eine zentrale Dimension der Anlageentscheidung außer acht gelassen, nämlich die Frage, welche Risiken mit einem Investment eingegangen werden. Da die Zukunft prinzipiell unsicher ist, wird eher im Ausnahmefall der realisierte mit dem erwarteten Return übereinstimmen. Er kann höher oder niedriger liegen, wobei im Alltagsverständnis ein höherer Ertrag als Chance und nur ein niedrigerer als Risiko angesehen wird. Dieser intuitiv plausiblen Vorgehensweise wird hier nicht gefolgt, sondern unter Risiko das Schwanken der Returns um ihren Mittelwert, also deren Standardabweichung bzw. Volatilität, verstanden. Damit findet die ursprüngliche Definition der modernen Portfoliotheorie Anwendung.[20]

Für die Mehrzahl der Wirtschaftssubjekte erscheint die Unterstellung eines risikoaversen Verhaltens plausibel: Jemand geht nur dann größere Risiken ein, wenn er mittelfristig mit einem höheren Return rechnen kann. Umgekehrt wäre er auch bereit, eine Prämie dafür zu bezahlen, um beispielsweise die finanziellen Risiken einer Erkrankung zu begrenzen oder die Familie im Todesfall abgesichert zu wissen.

Übertragen auf Anlageentscheidungen bedeutet Risikoscheu, daß ein Anleger auf der einen Seite zwar einen möglichst hohen Ertrag aus seinem Investment erzielen möchte, auf der anderen Seite aber die damit einhergehenden Returnschwankungen scheut. Dieser Zusammenhang läßt sich mathematisch durch eine Nutzenfunktion U

(17) $\quad U = R_p^e - \lambda \sigma_p^2 \quad$ mit $\lambda > \sigma$,

beschreiben, wobei λ als Risikoaversionsparameter bezeichnet wird und ein Maß für die Risikoscheu darstellt.[21] Diese Größe ist von Individuum zu Individuum unterschiedlich und damit rein subjektiver Natur. R_p^e und σ_p^2 sind der erwartete Portfolioertrag bzw. die Portfoliovarianz. Ziel ist es nun, eine solche Anlageentscheidung zu treffen, daß der Nutzen maximiert wird. Dabei ergeben sich in Abhängigkeit davon, welche konkrete Werte R_p^e und σ_p^2 annehmen, Modifikationen des zugrundeliegenden Optimierungsproblems.

Absolute Optimierung

Bei der absoluten Optimierung besteht die Aufgabe darin, bei gegebenem absoluten Risiko den höchst möglichen Gesamtertrag zu erzielen. Nimmt man der Einfachheit halber an, daß es nur zwei Laufzeiten (kurz bzw. lang) gibt, ist der erwartete Portfolioreturn gleich dem gewichteten Mittel der beiden Segmente:

---

[20] Vgl. Elton/Gruber (1995), S. 46.
[21] Zum Konzept der Nutzenfunktion vgl. Bitz (1981), S. 153 ff.

(18) $R_p^e = x_l R_l^e + x_k R_k^e$ $x_l + x_k = 1$.

In die Nutzenfunktion geht als zweites Argument die quadrierte Standardabweichung der Returns, also die Portfoliovarianz, ein. Diese Formulierung hat zur Konsequenz, daß bei Erhöhung des Risikos um eine Einheit eine um so stärkere Nutzeneinbuße eintritt, je höher das bisher schon erreichte Risikoniveau ist. In dem hier betrachteten Zwei-Laufzeiten-Fall[22] errechnet sich σ_p^2 als

(19) $\sigma_p^2 = x_l^2 \sigma_l^2 + (1-x_l)^2 \sigma_k^2 + 2x_l(1-x_l)Cov(R_k, R_l)$.

Die Portfoliovarianz ist also nicht gleich der gewichteten Summe der Varianzen der einzelnen Assets, sondern muß noch durch die Kovarianz ergänzt werden, die in diesem konkreten Fall die Stärke des Zusammenhangs zwischen der Returnentwicklung im kurzen und im langen Bereich ausdrückt. Sofern sich nämlich beide Segmente nur zum Teil gleichgerichtet bewegen, läßt sich durch Kombination der Laufzeiten das Portfoliorisiko reduzieren. Entscheidend für das Ausmaß ist die Höhe des Korrelationskoeffizienten ρ, der wie folgt definiert ist:

$$\rho = \frac{Cov(R_k, R_l)}{\sigma_k \sigma_l}$$

Aufgrund seiner Berechnungsweise kann er nur Werte zwischen -1 und +1 annehmen. Eingesetzt in (19) ergibt sich somit für die Varianz:

(20) $\sigma_p^2 = x_l^2 \sigma_l^2 + (1-x_l)^2 \sigma_k^2 + 2x_l(1-x_l)\rho\sigma_k\sigma_l$.

Aus Risikoüberlegungen heraus sollte natürlich ρ möglichst klein sein, denn nur im Extremfall ρ=1 ist das Portfoliorisiko gleich der gewichteten Summe der Einzelrisiken, wie sich durch Einsetzen in Gleichung (20) leicht nachweisen läßt:

(21a) $\sigma_p^2(\rho = 1) = x_l^2 \sigma_l^2 + (1-x_l)^2 \sigma_k^2 + 2x_l(1-x_l)\sigma_k\sigma_l = \{x_l\sigma_l + (1-x_l)\sigma_k\}^2$

und damit

(21b) $\sigma_p = x_l\sigma_l + (1-x_l)\sigma_k$.

Ansonsten ist das Portfoliorisiko aufgrund der Diversifikationseffekte einer nicht perfekten Korrelation bei gegebenen Einzelrisiken und gegebenem Anteil x_1 immer kleiner als in (21b).

Da die auf der Basis historischer Daten geschätzten Risiken und der Korrelationskoeffizient für den Anlagezeitraum als konstant unterstellt werden, läßt sich die optimale Laufzeitengewichtung durch Einsetzen von (20) und (18) in die Nutzenfunktion und anschließender Differenzierung nach der einzigen Unbekannten x_1 ermitteln:

---

[22] Vgl. zum Zwei-Asset-Fall Elton/ Gruber (1995), S. 70 ff.

(22) $\quad U = x_l R_l^e + (1-x_l)R_k^e - \lambda\{x_l^2 \sigma_l^2 + (1-x_l)^2 \sigma_k^2 + 2x_l(1-x_l)\rho\sigma_k\sigma_l\}$

bzw.

(23) $\quad \dfrac{dU}{dx_1} = R_l^e - R_k^e - \lambda\{2x_l\sigma_l^2 - 2(1-x_l)\sigma_k^2 + 2(1-2x_l)\rho\sigma_k\sigma_l\} = 0$.

Hieraus folgt nach einigen Zwischenschritten für den nutzenmaximalen Anteil x₁:

(24) $\quad x_l = \dfrac{\sigma_k^2 - \rho\sigma_k\sigma_l}{\sigma_l^2 + \sigma_k^2 - 2\rho\sigma_k\sigma_l} + \dfrac{\dfrac{1}{2\lambda}(R_l^e - R_k^e)}{\sigma_l^2 + \sigma_k^2 - 2\rho\sigma_k\sigma_l}$.

Je größer die erwartete Returndifferenz zwischen dem langen und dem kurzen Laufzeitenbereich ist, desto mehr wird in das lange Ende investiert. Sofern ein extrem risikoscheues Verhalten unterstellt wird (λ tendiert gegen unendlich), wird der zweite Term null und der nutzenmaximale Anteil geht in diesem Falle in

(25) $\quad x_l^{opt} = \dfrac{\sigma_k^2 - \rho\sigma_k\sigma_l}{\sigma_l^2 + \sigma_k^2 - 2\rho\sigma_k\sigma_l}$

über. Da Ertragserwartungen keine Rolle mehr spielen, ist jetzt x₁ᵒᵖᵗ zwangsläufig der Anteil, der das Portfoliorisiko minimiert. Diese Gewichtung ist auch dann zu wählen, wenn R₁ᵉ und Rₖᵉ identisch sind. Da zumeist keine perfekte Korrelation vorliegt, läßt sich durch Investition in kurze und lange Laufzeiten eine Reduktion des Gesamtrisikos unter das niedrigste Einzelrisiko erreichen.

Bei der Umsetzung dieser theoretischen Überlegungen in die Praxis des aktiven Rentenfondsmanagements sind selbstverständlich zusätzliche Faktoren zu beachten: So stehen nicht nur zwei, sonder mehrere Laufzeiten zur Auswahl, deren Korrelations- und Risikostruktur zuvor bestimmt werden muß. Damit wird das Optimierungsproblem komplexer. Darüber hinaus ist die Risikogeneigtheit der Anleger unbekannt, insbesondere wenn es sich um Publikumsfonds handelt. Dieses Dilemma läßt sich eingrenzen, indem Laufzeitenbänder – und damit implizit auch Risikoklassen – vorgegeben werden, in denen sich ein Portfolio bewegen darf. Je nach Grundausrichtung eines Fonds kann sich dann der Anleger für eine Risikopositionierung entscheiden, die am ehesten seinen Wünschen entspricht.

Um endgültig den Schritt von der Theorie zur Praxis zu vollziehen, müssen für die relevanten Laufzeiten das Risiko und die Korrelation bekannt sein. Für die Subindices des PEX-Performanceindex, bei dem es sich um einen synthetischen Index mit fiktiven Kuponanleihen handelt, ergeben sich auf Basis von Monatsdaten für den Zeitraum 1992-1997 folgende Schätzwerte:

	1	2	3	4	5	6	7	8	9	10	Risiko	Ertrag
1	1.00	0.85	0.70	0.62	0.58	0.56	0.55	0.55	0.56	0.57	2.16	7.2
2		1.00	0.96	0.92	0.90	0.88	0.87	0.87	0.87	0.87	2.63	8.1
3			1.00	0.99	0.98	0.97	0.96	0.96	0.96	0.96	3.53	9.0
4				1.00	1.00	0.99	0.99	0.99	0.98	0.98	4.31	9.5
5					1.00	1.00	1.00	0.99	0.99	0.99	4.94	9.8
6						1.00	1.00	1.00	1.00	1.00	5.37	9.9
7							1.00	1.00	1.00	1.00	5.61	10.0
8								1.00	1.00	1.00	5.71	10.1
9									1.00	1.00	5.72	10.1
10										1.00	5.92	10.1

Tab. 5: Korrelationsmatrix und Risiko am deutschen Rentenmarkt

Die Kernaussage der Tabelle 5 erweist sich als ziemlich ernüchternd: Aufgrund der weitgehend parallelen Entwicklung der Renditen sind auch die Returns hoch miteinander korreliert und Diversifikationseffekte daher nur schwach ausgeprägt. In dem sechs- bis zehnjährigen Bereich liegt sogar perfekte Korrelation vor. Da gleichzeitig trotz höherer Risiken der durchschnittliche Return in den längeren Laufzeiten nahezu identisch ausfiel, wäre der Investor für seine größere Risikogeneigtheit langfristig nicht belohnt worden. Auch für andere Untersuchungszeiträume stellen sich ähnliche Ergebnisse ein, was Rückschlüsse auf die Grundstrukturierung eines DM-Rentenportfolios zuläßt.

Die hohe Korrelation zwischen den Laufzeiten unterstreicht nochmals die Bedeutung einer korrekten Einschätzung des Zinstrends, da der Manager kaum von Diversifikationseffekten profitieren kann. Bezogen auf das Beispiel einer unveränderten Renditestrukturkurve in Tabelle 4 hieße dies, daß sieben-, acht- und zehnjährige Laufzeiten wegen nahezu perfekter Korrelation bei niedrigem erwarteten Return als Anlage nicht in Frage kommen. Führt man den Optimierungsprozeß durch, erhält man in einem Risikointervall von 4.3 bis 5.3% – dies entspricht dem Bereich vier bis sechs Jahre – die in Tabelle 6 aufgeführten Gewichtungen.[23]

---

[23] Es wurden diejenigen Laufzeitenkombinationen bestimmt, die bei gegebenem Risiko den höchsten erwarteten Ertrag aufweisen. Es handelt sich also um Punkte auf der Effizienzlinie.

Risiko:	4.3	4.5	4.7	4.9	5.1	5.3
3 Jahre:	44%	30%	16%	2%	0%	0%
5 Jahre:	56%	70%	84%	98%	62%	15%
6 Jahre:	0%	0%	0%	0%	38%	85%
Return:	1.68	1.71	1.74	1.77	1.79	1.81

Tab. 6: Effiziente Laufzeitengewichtungen

Mit steigendem Risiko nimmt die Konzentration im fünfjährigen Segment rasch zu und erreicht im Maximum fast 100%. Im Vergleich hierzu steigt der erwartete Return nur um mäßige 10 Basispunkte. Da Umschichtungen jedoch mit Transaktionskosten verbunden sind, muß der Manager im Einzelfall entscheiden, ob die Umstrukturierung eines bestehenden hin zu einem „optimalen" Portfolio unter Ertragsgesichtspunkten zu rechtfertigen ist. Je höher diese Kosten sind, desto mehr kommt es auf die mittelfristig richtige strategische Ausrichtung an. Kurzfristige Abweichungen lassen sich durch den Einsatz derivativer Instrumente kostengünstig umsetzen.

Relative Optimierung

Im Gegensatz zur absoluten geht es bei relativen Optimierung darum, besser als eine Benchmark abzuschneiden. Bezeichnet man deren Gewichtung aus dem langen und dem kurzen Ende analog zum obigen Beispiel mit x_l^* und x_s^*, ist der erwartete relative Portfolioreturn R_p^*

(26) $R_p^* = R_p - R_b = (x_l - x_l^*)R_l^e + (x_s - x_s^*)R_s^e$,

wobei die Summe aus Über- und Untergewichtung gleich null sein muß:

(27) $(x_l - x_l^*) + (x_s - x_s^*) = 0$.

Unter Risiko ist jetzt das Schwanken des Portfolio- um den Benchmarkreturn zu verstehen, also die Standardabweichung der relativen Portfolioreturns. Dieses Abweichungsrisiko bezeichnet man auch als den Tracking Error (TE), der sich aus den schon bekannten Größen wie folgt berechnet:

(28) $TE^2 = (x_l - x_l^*)^2 \sigma_l^2 + (x_s - x_s^*)^2 \sigma_s^2 + 2(x_l - x_l^*)(x_s - x_s^*)\rho\sigma_l\sigma_s$.

Wenn zusätzlich noch die Beziehung (27) berücksichtigt wird, ergibt sich:

(29) $TE^2 = (x_l - x_l^*)^2 \sigma_l^2 + (x_l - x_l^*)^2 \sigma_s^2 - 2(x_l - x_l^*)(x_l - x_l^*)\rho\sigma_l\sigma_s$.

Anders als bei der absoluten Optimierung erweist sich nun ein möglichst hoher Korrelationskoeffizient als risikomindernd, denn je stärker die Parallelität der Returnentwicklung zwischen einem Asset und einer Benchmark, desto geringer ist auch das Abweichungsrisiko.

Der Vorgehensweise bei der absoluten Optimierung folgend sind die Ausdrücke für den relativen Return und den Tracking Error in die Nutzenfunktion einzusetzen und nach der einzigen Unbekannten x_l zu differenzieren. Nach einigen Zwischenschritten errechnet sich der optimale Anteil als

$$(30) \quad x_l = x_l^* + \frac{\frac{1}{2\lambda}(R_l^e - R_k^e)}{\sigma_l^2 + \sigma_k^2 - 2\rho\sigma_k\sigma_l} \quad .$$

Bis auf den ersten Term ergibt sich derselbe Ausdruck wie bei der absoluten Optimierung. Bei extremer Risikoscheu ($\lambda \to \infty$) wird das Portfolio wie die Benchmark gewichtet, was auch unmittelbar plausibel erscheint. Sofern der Manager keine Risiken eingehen will und seine Leistung auf relativer Basis beurteilt wird, muß er sich auf das aus seiner Sicht risikolose Asset, die Benchmark, zurückziehen. Dies gilt auch dann, wenn er gleiche Returnerwartungen für das kurze und das lange Laufzeitensegment hat.

Bei der praktischen Umsetzung tritt nun wieder die gleiche Schwierigkeit wie bei der absoluten Optimierung auf, nämlich die Unkenntnis der Risikoscheu des durchschnittlichen Anlegers. Sicherlich läßt sich aus historischen Daten ein Schätzwert für λ ermitteln, eine pragmatischere Vorgehensweise ist dagegen die Vorgabe des Tracking Errors. Er sollte – und dies ist das Resultat praktischer Erfahrungen – im Rentenbereich 1.5% nicht überschreiten, um den Schaden einer Fehlprognose, die trotz aller Sorgfalt auftreten kann, zu begrenzen. Denn ein Tracking Error von 1.5% bedeutet, daß der Portfolioertrag mit einer Wahrscheinlichkeit von rund 2/3 um 1.5%-Punkte über oder unter dem Benchmarkreturn liegt. Hinsichtlich der Untergrenze sollte im aktiven Management der T.E. nur in Ausnahmefällen großer Unsicherheit unter 0.25% fallen.

Die Gewichtung bei der absoluten Optimierung würde aus Sicht der relativen Optimierung mit dem PEX Performanceindex als Benchmark die in Tabelle 7 aufgeführten Werte ergeben. Der Portfoliomanager muß sich natürlich erneut überlegen, inwieweit Zusatzertrag und umschichtungsbedingte Transaktionskosten in einem zu rechtfertigenden Verhältnis zueinander stehen.

3 Jahre:	44%	30%	16%	2%	0%	0%
5 Jahre:	56%	70%	84%	98%	62%	15%
6 Jahre:	0%	0%	0%	0%	38%	85%
Risiko:	4.30	4.50	4.70	4.90	5.10	5.30
T.E.:	0.40	0.27	0.30	0.45	0.63	0.84
Rel. Return:	0.12	0.15	0.18	0.21	0.22	0.24

Tab. 7: Effiziente Laufzeitengewichtung bei relativer Optimierung

Mit der absoluten und der relativen Optimierung sind zwei Verfahren behandelt worden, die eine konsistente und überprüfbare Portfoliostrukturierung ermöglichen. Dabei ist gleichzeitig deutlich geworden, daß es zu kräftigen Umpositionierungen kommt, will man einen auch nur geringen Zusatzreturn erzielen. Sofern sich der Manager für eine Struktur entschieden hat, sollte daher deren Robustheit im Rahmen einer Sensitivitätsanalyse überprüft werden.

6. Sensitivitätsanalyse der optimierten Portfoliostruktur

Nicht genug betont werden kann die Tatsache, daß die Qualität des Optimierungsprozesses entscheidend von den Inputdaten abhängt: „garbage in, garbage out". Vergleichsweise unproblematisch erscheint die Annahme, daß die auf der Basis historischer Daten geschätzte Varianz-Kovarianzmatrix während des Prognosezeitraums konstant bleibt. Zwar wird dies bei Anlegung eines strengen Maßstabes nicht zutreffen, doch bewegen sich die Änderungen in so engen Grenzen, daß aus praktischen Gesichtspunkten mit dieser Annahme vernünftig gearbeitet werden kann. Damit kommt der Richtigkeit der Zinsprognose eine überragende Bedeutung zu, und ein Test der Robustheit der Portfoliostruktur sollte hieran anknüpfen.

Einen guten Ausgangspunkt für Sensitivitätsanalysen stellt das Modell für die Renditestrukturkurve dar. Es ist fortlaufend zu überprüfen, inwieweit geschätzter und tatsächlicher Wert in den einzelnen Laufzeiten voneinander abweichen. Erwarten beispielsweise die Marktteilnehmer eine Verschärfung der Geldpolitik, wird sich das im zwei- bis fünfjährigen Bereich widerspiegeln, ohne daß schon tatsächlich restriktive Maßnahmen ergriffen worden wären. Falls die Abweichung mehr als eine Standardabweichung beträgt, liegt ein größeres Ungleichgewicht vor. In einer solchen Situation wird sich zumeist zeigen, daß der Optimierer selbst bei stark voneinander abweichenden Zinsszenarien eine Übergewichtung der kürzeren Laufzeiten empfiehlt. Die Portfoliostruktur erweist sich damit als relativ robust.

Eine andere Ausgangslage ist bei einer relativ steilen Renditestrukturkurve gegeben. Selbst wenn geschätzter und tatsächlicher Wert kaum voneinander abweichen, kann die höhere Rendite zum Kaufzeitpunkt in Verbindung mit dem „rolling down the yield curve" einen so starken Performanceeffekt haben, daß das mittlere und längere Segment selbst im Falle eines unerwarteten Zinsanstiegs überzugewichten sind. Dabei spielen die Steilheit der Zinsstrukturkurve sowie die Länge des Anlagezeitraumes eine wichtige Rolle. Je größer nämlich der Renditeabstand zwischen den Laufzeiten ist, desto größer ist das Sicherheitspolster. Je länger der Anlagezeitraum, desto eher kann ein kurzfristiger Kursverlust verkraftet und durch eine höhere Rendite mittelfristig wieder kompensiert werden.

Sollte sich die Portfoliostruktur als nicht robust erweisen und die weitere Zinsentwicklung als äußerst ungewiß eingestuft werden (zumeist in Zeiten einer Umbruchphase), hilft nur noch eine „best/worst case"-Analyse. Dazu werden zwei Szenarien formuliert, eine optimistische und eine pessimistische Variante. Für beide

Fälle werden die erwarteten Returns für jede Laufzeit ermittelt und gegeneinander abgetragen. Es ergibt sich dann die sog. strategische Grenze, wie sie in Abbildung 2 dargestellt ist.[24]

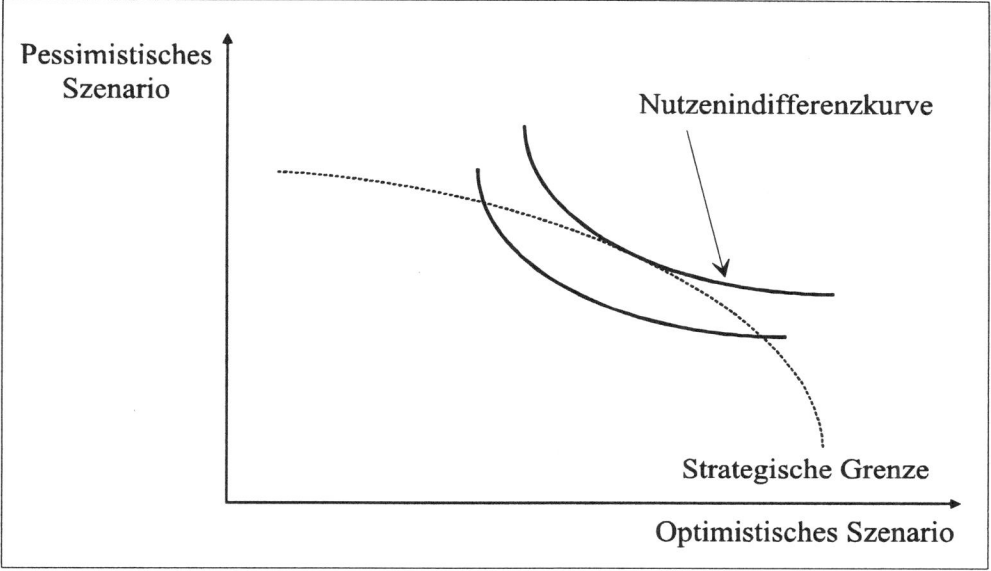

Abb. 2: Strategische Grenze

In einem nächsten Schritt ist das optimale Portfolio auf der strategischen Grenze zu bestimmen. Dieses Problem läßt sich wieder mit Hilfe des Konzepts der Nutzenfunktion lösen. Wird der optimistischen Variante eine Eintrittswahrscheinlichkeit p und der pessimistischen eine Eintrittswahrscheinlichkeit 1-p beigemessen, beträgt der Erwartungsnutzen E(U):

(31) $\quad E(U) = pU^{opt} + (1-p)U^{pes}$.

Diesen gilt es zu maximieren. Ausgehend von der Nutzenfunktion (17) und dem 2-Laufzeiten-Fall ergibt sich bei einer absoluten Optimierung für x_l:

(32) $\quad x_l = \dfrac{\sigma_k^2 - \rho\sigma_k\sigma_l}{\sigma_l^2 + \sigma_k^2 - 2\rho\sigma_k\sigma_l} + p\dfrac{\dfrac{1}{2\lambda}(R_l^{opt} - R_k^{opt})}{\sigma_l^2 + \sigma_k^2 - 2\rho\sigma_k\sigma_l} + (1-p)\dfrac{\dfrac{1}{2\lambda}(R_l^{pes} - R_k^{pes})}{\sigma_l^2 + \sigma_k^2 - 2\rho\sigma_k^2\sigma_l^2}$.

Bei unendlich großer Risikoaversion wird das schon bekannte Minimum-Risk-Portfolio gewählt. Ansonsten kommt es auf die Wahrscheinlichkeiten für die beiden Szenarien und die erwarteten Returndifferenzen an, in welche Richtung die Portfoliostruktur verzerrt wird. Zum selben Ergebnis gelangt man auch bei einer relativen Optimierung.

---

[24] Vgl. Fabozzi/ Fong (1994), S. 142 ff.

7. Bond Switches

Nachdem die Grobstruktur bestimmt ist, beginnt die Feinarbeit für den Manager. Er muß das Portfolio mit Leben füllen und festverzinsliche Titel in den „optimalen" Laufzeiten kaufen. Dabei ist sicherlich keine Punktlandung möglich. Allein aufgrund der Restlaufzeitenabschmelzung driften ab einem gewissen Zeitpunkt tatsächliche und optimale Struktur auseinander. Zu häufige Portfoliorevisionen scheiden allein aufgrund der damit einhergehenden Transaktionskosten aus. Ein weiterer Faktor sind steuerliche Überlegungen: So wird ein Portfoliomanager im Normalfall keine Über-pari-Titel erwerben, da der Kupon versteuert werden muß und Kursverluste, die sich regelmäßig aufgrund des Pull-to-par-Effektes ergeben, nicht geltend gemacht werden können. Es ist also durchaus denkbar, daß ein Optimierungsvorschlag nicht vollständig umgesetzt wird, da nicht genügend Material mit den gewünschten Spezifikationen vorhanden ist.

Bei der Titelauswahl gilt es weiterhin darauf zu achten, daß ein einzelnes Papier „fair" bewertet ist. Es muß überprüft werden, inwieweit die Rendite deutlich über oder unter der Zinsstrukturkurve liegt und ob hierfür plausible Gründe vorliegen wie z.B. ein hoher oder ein niedriger Kupon. Darüber hinaus kann der Titel in den Kreis lieferbarer Anleihe für Futuregeschäfte fallen und deshalb einen Kursaufschlag haben. Ferner gibt es festverzinsliche Wertpapiere, die mit einem Kündigungsrecht seitens des Emittenten oder Gläubigers ausgestattet sind, dessen Wert mit Hilfe eines Optionspreismodells bestimmt werden muß. Aufgrund dieser Besonderheiten ergibt sich für den Fondsmanager eine Vielzahl von Möglichkeiten, durch geschickte Titelselektion und aktives Trading einen Zusatzreturn gegenüber der Laufzeitenallokation zu erwirtschaften. Hierzu zählt auch das Switchen zwischen Emittenten unterschiedlicher Bonität. So weisen Bankschuldverschreibungen in der Regel eine höhere Rendite als öffentliche Anleihen aus, wobei diese Differenz im Zeitablauf schwankt. Wird eine deutliche Ausweitung des Spreads erwartet, sind auf relativer Basis öffentliche Titel das attraktivere Investment. Innerhalb des Bankensektors wiederum gibt es zwar nur leichte Bonitätsunterschiede zwischen den Emittenten, die sich aber im aktiven Management nutzen lassen.

Eine interessante Möglichkeit soll in diesem Zusammenhang noch abschließend vorgestellt werden, nämlich ein sog. „durationgewichteter Bond Switch".[25] Ausgangspunkt seien zwei Par-Bonds A und B mit unterschiedlicher Laufzeit (vier und sechs Jahre) sowie unterschiedlicher Rendite: 5% für A und 6% für B. Der Manager erwartet, daß sich der Spread zwischen den beiden Papieren verringert, ohne allerdings eine Vorstellung davon zu besitzen, bei welchem Niveau diese Einengung eintritt. Es wird also lediglich eine Abflachung der Renditestruktur prognostiziert, was Anleihe B zu dem attraktiveren Investment macht.

Befindet sich Bond A in dem aktiv gemanagten Portfolio, sollte er veräußert und in B getauscht werden. Da Titel B jedoch eine höhere modified Duration als A hat, muß ein Teil des Erlöses am Geldmarkt investiert werden, um die modified Durati-

---

[25] Vgl. Douglas (1988), S. 477 ff.

on des Portfolios konstant zu halten. Die Gewichtung von B hat demnach so zu erfolgen, daß die Beziehung

(33) $\quad D_{\text{mod}}^A = a_1 D_{\text{mod}}^B + (1 - a_1) D_{\text{mod}}^{Cash}$

erfüllt ist. Da Tagesgeld keine Sensitivität gegenüber Renditeänderungen ausweist, ergibt sich:

(34) $\quad a_1 = \dfrac{D_{\text{mod}}^A}{D_{\text{mod}}^B}$.

D.h., das Verhältnis der modified Duration von Bond A zu Bond B bestimmt die Austauschrelation zwischen den beiden Papieren. Entscheidend ist, daß durch diese Gewichtung eine Immunisierung gegenüber Parallelverschiebungen der Renditestrukturkurve erreicht wird, wie Tabelle 8 zu entnehmen ist. Dabei wird vereinfachend angenommen, daß sich die Renditeänderungen unmittelbar nach Ausführung des Switches vollziehen und danach sofort der Re-Switch erfolgt. Die ausgewiesenen Gewinne bzw. Verluste beziehen sich auf ein Nominalvolumen von DM 10 Mio. bei Vernachlässigung von Transaktionskosten.

		Rendite A (%)				
		4.20	4.60	5.00	5.40	5.80
Rendite B (%)	5.20	0.002	0.148	0.291	0.431	0.569
	5.60	-0.145	0.001	0.144	0.284	0.422
	6.00	-0.289	-0.143	0.000	0.141	0.279
	6.40	-0.429	-0.283	-0.140	0.001	0.139
	6.80	-0.565	-0.419	-0.276	-0.135	0.003

Tab. 8: Gewinn bzw. Verlust durationgewichteter Bond Switch

Bei einer Parallelverschiebung der Renditen tritt kein Verlust auf; bei einer kräftigen Veränderung stellt sich sogar Gewinn ein. Dies liegt daran, daß die Kombination aus Bond B und Cash eine höhere Konvexität besitzt als Bond A allein, was sich positiv auf den Switch auswirkt. Sofern die erwartete Spreadeinengung eintritt – dies sind alle Kombinationen oberhalb der Diagonalen –, erweist sich der Tausch als profitabel. Ansonsten muß zumindest auf relativer Basis ein Verlust hingenommen werden.

8. Zusammenfassung

Ziel dieses Beitrages war es, die Grundzüge des aktiven Managements eines nationalen Rentenportfolios darzustellen. Als Fazit der vorgetragenen Überlegungen läßt sich festhalten, daß dieser Prozeß in drei Stufen unterteilt werden sollte, die unterschiedliche Anforderungen an das Management stellen:

1. Stufe: Erstellung eines konsistenten ökonomischen „Weltbildes", das in eine quantitativ gestützte Renditeprognose mündet. Berechnung des erwarteten Total return über alle Laufzeiten.
2. Stufe: Optimierung der Laufzeitenstruktur auf der Basis der modernen Portfoliotheorie und Test der Robustheit mittels Sensitivitätsanalysen.
3. Stufe: Umsetzung der Optimierungsergebnisse durch gezielte Titelauswahl und Erwirtschaftung eines Zusatzreturns durch aktives Trading.

Sollte nun einmal trotz aller Sorgfalt das aktive Management nicht die gewünschten Ergebnisse zeigen, so hat es vielleicht schlicht und einfach an dem Quentchen Glück gefehlt, auf das man immer angewiesen sein wird.

Literaturverzeichnis

Bitz, M. (Bitz, 1981): *Entscheidungstheorie*, München 1981.
Bußmann, J. (Bußmann, 1988): *Das Management von Zinsänderungsrisiken*, Frankfurt am Main 1988.
Dattatreya, R. E./ Fabozzi, F. J. (Dattatreya/ Fabozzi, 1989): *Active Total Return Management of Fixed Income Portfolios*, Chicago 1989.
Douglas, L. G. (Douglas, 1988): *Yield Curve Analysis: The Fundamentals of Risk and Return*, New York Institute of Finance, New York 1988.
Elton, E. J./ Gruber, M. J. (Elton/ Gruber, 1995): *Modern Portfolio Theory and Investment Analysis*, 5th ed., New York 1995.
Fabozzi, F. J. (Fabozzi, 1993): *Fixed Income Mathematics*, revised ed., Chicago 1993.
Fabozzi, F. J./ Fong, G. (Fabozzi/ Fong, 1994): *Advanced Fixed Income Portfolio Management*, Chicago 1994.
Gujarati, D. N. (Gujarati, 1988): *Basic Econometrics*, 2nd ed., New York 1988.
Ho, T. S. Y. (Ho, 1990): *Strategic Fixed Income Investment*, Homewood 1990.
Koutsoyiannis, A. (Koutsoyiannis, 1977): *Theory of Econometrics*, 2nd ed., London 1977.
Krygier, M. (Krygier, 1996): Ökonometrisches Modell: 10jährige Bundesanleihen, in: WestLB Research GmbH (Hrsg.), *Bondletter*, 09/96, S. 14.
Leibowitz, M. L. (Leibowitz, 1992): The Rolling Yield, in: Fabozzi, F. (ed.), *Investing, The Collected Works of Martin L. Leibowitz*, Chicago 1992.
Livingston, M. (Livingston, 1993): *Money and Capital Markets*, 2nd ed., London 1993.
Uhlir, H./ Steiner, P. (Uhlir/ Steiner, 1994): *Wertpapieranalyse*, 3. Aufl., Heidelberg 1994.
Westphal, U. (Westphal, 1994): *Makroökonomik*, 2. Aufl., Berlin 1994.

Ein Mehrfaktorenmodell zur Analyse des Risikos deutscher Rentenportfolios

von Jens Langewand/ Frank Nielsen

1. Der deutsche Rentenmarkt
2. Die Bewertung festverzinslicher Wertpapiere
3. Grundlagen der Risikomodellierung auf der Basis eines Mehrfaktorenmodells
4. Shift-, Twist- und Butterfly-Faktor als Determinanten des Zinsänderungsrisikos
5. Modellierung von Pfandbrief- und Eurobondrisiken
6. Praktische Implementierung im Portfoliomanagement
7. Zusammenfassung

1. Der deutsche Rentenmarkt

Traditionell basiert das Management von Anleiheportfolios auf quantitativen Risikokennziffern wie Duration und Konvexität zur Erfassung von Zinsänderungsrisiken sowie auf Ratinginformationen zur qualitativen Abschätzung von Ausfallrisiken. Aufgrund der ökonomischen und politischen Entwicklungen der letzten Jahre entsteht jedoch ein Bedarf nach einem weitergehenden Instrumentarium zur Analyse des Risikos festverzinslicher Wertpapiere.

Die deutsche Wiedervereinigung, die Turbulenzen im europäischen Währungssystem 1992 sowie die aktuelle Frage der europäischen Währungsunion führten zu teilweise drastischen Veränderungen sowohl in bezug auf die Höhe als auch die Form der deutschen Zinsstrukturkurve. Unter Berücksichtigung der auch insgesamt gestiegenen Volatilität der Zinssätze erweisen sich daher die Prämissen, auf denen die Durationsanalyse basiert, als zunehmend problematisch.

Neben der gestiegenen Komplexität im Bereich der Zinsänderungsrisiken gewinnen Risiken, die für einzelne Marktsegmente spezifisch sind, an Bedeutung. Insbesondere der Pfandbriefmarkt steht gegenwärtig im Mittelpunkt des Interesses. Abbildung 1 stellt den Absatz deutscher festverzinslicher Wertpapiere (ohne Eurobonds) graphisch dar.

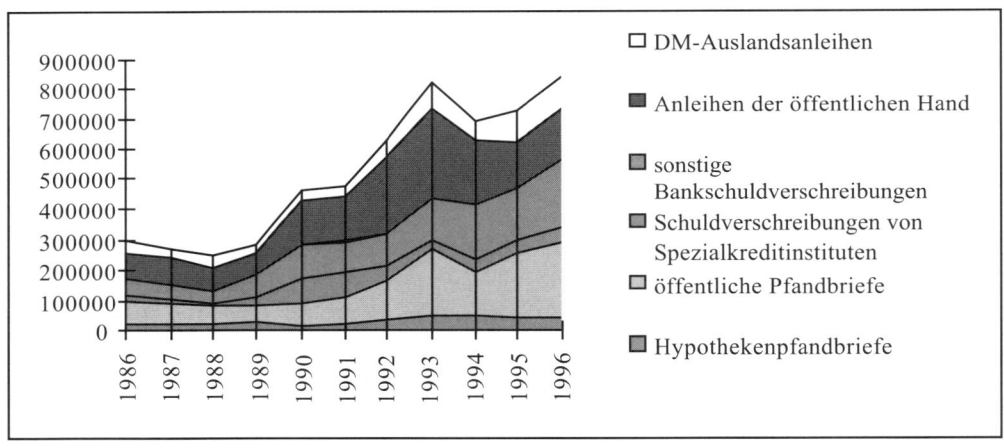

Quelle: Deutsche Bundesbank (1997)
Abb. 1: Deutscher Rentenmarkt 1986-1996, Bruttoabsatz (Mio. DM Nominalwert)

Die gestiegene Attraktivität des Pfandbriefmarktes steht in engem Zusammenhang mit den hohen Emissionsvolumina, der Kalkulation des deutschen Pfandbriefindex PEX seit April 1995 sowie der Einführung liquider Jumbo-Pfandbriefe. Die Bedeutung dieses Marktsegmentes erfordert daher eine exakte Modellierung seines Risikos.

Gegenstand der vorliegenden Beitrags ist ein integrierter Ansatz zur Bewertung und Analyse des Risikos deutscher festverzinslicher Wertpapiere. Im folgenden Abschnitt wird ein Modell zur Bewertung von Anleihen entwickelt. Ausgehend von den im Bewertungsmodell identifizierten Determinanten des Wertpapierpreises, wird das Verhalten dieser Risikofaktoren im Zeitablauf analysiert. Zinsänderungsrisiken werden im vierten Abschnitt im Rahmen eines Dreifaktorenmodells quantifiziert. Anschließend erfolgt die Bestimmung von Pfandbrief- und Eurobondrisiken sowie die Integration der unterschiedlichen relevanten Risikoquellen. Eine Diskussion über die praktische Anwendung im Portfoliomanagement ist Gegenstand des sechsten Abschnitts.

2. Die Bewertung festverzinslicher Wertpapiere

Der Preis eines festverzinslichen Wertpapiers entspricht dem Gegenwartswert seines zukünftigen Zahlungstroms. Dieser setzt sich aus Kuponzahlungen und der Rückzahlung des Nominalwertes zusammen. Für den einfachen Bewertungsfall eines ausfallrisikolosen, unkündbaren Bundeswertpapiers sind die Zahlungen sicher und zum Zeitpunkt der Bewertung bekannt. Bei anderen Anleihen, wie z.B. Eurobonds, muß die Möglichkeit der Zahlungsunfähigkeit des Emittenten bei der Preisfindung berücksichtigt werden. Hier sind die zukünftigen Zahlungen risikobehaftet und der Anleger wird dafür eine entsprechende Risikoprämie verlangen. Zusätzlich erschwert wird die Bewertung bei Wertpapieren mit Optionen, die dem Emittenten das Recht geben, die Anleihe vorzeitig zu kündigen. Die Unsicherheit des zukünftigen Zahlungsstroms entsteht hier aufgrund der Unkenntnis der Zinssätze in der Zukunft. Ein gesunkenes Zinsniveau ermöglicht es dem Emittenten, sich kostengünstiger zu refinanzieren.

Somit erfordert die Bewertung festverzinslicher Wertpapiere die Bestimmung der aktuellen Zinsstrukturkurve, die Berechnung der relevanten Spreads sowie ein stochastisches Zinsstrukturkurvenmodell zur Berücksichtigung von Optionscharakteristika.[1]

Die Zinsstrukturkurve ermöglicht die Ermittlung des Barwertes sicherer zukünftiger Zahlungen. Zur Bewertung öffentlicher Anleihen benötigt man keine weiteren Informationen. Der Zahlungsstrom einer Kuponanleihe läßt sich in einzelne Zerobonds aufteilen. Somit stellt jede einzelne Kuponzahlung einen Zerobond dar, dessen Gegenwartswert durch Abdiskontierung seines Nominalwertes mit dem laufzeitadäquaten Zinssatz aus der Zinsstrukturkurve berechnet wird. Der Barwert des gesamten festverzinslichen Wertpapiers ergibt sich aus der Summe der Einzelbarwerte.

Zur Ermittlung des Gegenwartswertes beliebiger Anleihen sind zusätzlich zur Zinsstrukturkurve Spreads zu berücksichtigen. Diese führen i.d.R. zu einer stärkeren Abdiskontierung der zukünftigen Zahlungen und einem niedrigeren Barwert. Hierzu wird das Universum der zu bewertenden Anleihen in bestimmte Kategorien,

---

[1] Vgl. Bhansali/ Goldberg (1997), S. 218 f.

wie z.B. Marktsegmentzugehörigkeit, Rating oder Liquidität, aufgeteilt. Für jede dieser Dimensionen sind Spreads zu berechnen und die Sensitivitäten aller Anleihen in bezug auf den jeweiligen Spread zu bestimmen. Diese Sensitivität oder Exposure gibt die Reagibilität des Preises einer Anleihe in bezug auf Veränderungen des jeweiligen Spread an. Der totale Spread einer speziellen Anleihe berechnet sich als die Summe der Einzelspreads multipliziert mit den entsprechenden Exposures dieser Anleihe.

Formal ergibt sich die folgende Bewertungsgleichung:[2]

(1) $PM_i(t) = \sum_T cf_i(T) \cdot e^{-[s(t,T)+\kappa(t)](T-t)} + \varepsilon_i(t)$

$\Leftrightarrow PM_i(t) = PF_i(t) + \varepsilon_i(t)$,

wobei: $\kappa_i(t) = \sum_j x_{i,j} \cdot spr_j(t)$,

mit:
- $PM_i(t)$ = Marktpreis der Anleihe i zum Zeitpunkt t,
- $PF_i(t)$ = geschätzter Preis der Anleihe i zum Zeitpunkt t,
- $cf_i(T)$ = Cash Flow der Anleihe i zum Zeitpunkt T,
- $s(t, T)$ = Spot Rate (Kassazinssatz) für den Zeitraum t bis T,
- $x_{i,j}$ = Sensitivität der Anleihe i in bezug auf Spread j,
- $spr_j(t)$ = Spread j zum Zeitpunkt t,
- $\varepsilon_i(t)$ = Bewertungsfehler für Anleihe i zum Zeitpunkt t,
- $\kappa i(t)$ = totaler Spread für Anleihe i zum Zeitpunkt t.

Unter der Zinsstruktur versteht man den funktionalen Zusammenhang zwischen der Restlaufzeit und der Rendite einmaliger Zahlungen (Zerobonds).[3] Die Zinsstrukturkurve ist nicht eindeutig definiert, sondern hängt vom gewählten Schätzverfahren und von bestimmten Eingabeparametern, wie z.B. der Art der Wertpapiere, über die die Kurve berechnet wird, sowie der Anzahl der zu schätzenden Zinssätze, ab.[4] Die Anleihen des Schätzuniversums müssen demselben Marktsegment angehören, so daß sie hinsichtlich Liquidität und Ausfallrisiko eine möglichst homogene Gruppe bilden.[5]

Auch die Anzahl der geschätzten Spot Rates ist von Bedeutung: Je mehr Punkte auf der Kurve berechnet werden, desto geringer ist die Differenz zwischen beobachtetem Marktpreis und geschätztem Preis. Wird beispielsweise für jedes Wertpapier des Schätzuniversums ein Zinssatz berechnet, so ist der Schätzfehler null. Das Bewertungsmodell enthält dann jedoch keinerlei Informationen über mögliche Un-

---

[2] Vgl. Bhansali/ Goldberg (1997), S. 219.
[3] Vgl. Pichler (1995), S. 6.
[4] Die Notwendigkeit der Schätzung von Zinsstrukturkurven ergibt sich aus der Tatsache, daß am Markt lediglich Preise für *Kupon*anleihen unterschiedlicher Laufzeiten beobachtbar sind. Zusätzlich ist zwischen stetigen und diskreten Zinsstrukturkurven zu unterscheiden.
[5] Vgl. Röhrs (1991), S. 920.

ter- oder Überbewertungen im Markt und ist anfällig gegenüber Datenfehlern.[6] Eine geringere Anzahl von Spot Rates ermöglicht eine robustere Schätzung, da mehr Beobachtungen (Wertpapiere) pro Zeitpunkt (Spot Rate) vorliegen. Nachteilig ist hier zu beurteilen, daß sich die Abweichungen zwischen Modell- und Marktpreisen für jede einzelne Anleihe um so mehr erhöhen, je weniger Spot Rates berechnet werden. Der optimale Trade-off zwischen Bewertungsgenauigkeit und Robustheit der Schätzung ist abhängig von der Zielsetzung der Untersuchung.

Für die folgende Analyse werden alle Bundesobligationen und -anleihen mit einer Laufzeit von mehr als einem Jahr zur Schätzung von Zinsstrukturkurven verwendet. In Deutschland erfüllen lediglich die öffentlichen Anleihen die Anforderungen, die an ein homogenes Marktsegment zu richten sind. Öffentliche Wertpapiere besitzen das geringste Ausfallrisiko, weisen kaum Unterschiede hinsichtlich ihrer Liquidität auf und sind aufgrund ihres Marktanteils repräsentativ für den deutschen Rentenmarkt.[7] Es werden zwölf Spot Rates zur Beschreibung der Kurve ermittelt. Diese zwölf Zeitpunkte decken das gesamte Laufzeitspektrum des deutschen Rentenmarktes ab. Im kurz- bis mittelfristigen Bereich (ein bis fünf Jahre) wird eine größere Anzahl von Spot Rates geschätzt als für das langfristige Segment. Diese Differenzierung entspricht der Einschätzung der Marktteilnehmer, daß eine feinere Aufgliederung der Laufzeiten im kurz- bis mittelfristigen Bereich notwendig ist. Deshalb werden Spot Rates für Restlaufzeiten von ein, zwei, drei, vier, fünf, sieben, zehn, 20 und 30 Jahren berechnet.

Aufgrund der geringen Liquidität der festverzinslichen Wertpapiere im unterjährigen Bereich und der somit fehlenden Marktpreise, werden für die Zeitpunkte von ein, drei und sechs Monaten die jeweiligen LIBOR-Sätze (London interbank offered rate) verwendet. Barwerte für Zahlungen, die zwischen zwei Spot Rates liegen, werden unter der Annahme konstanter Forward rates zwischen zwei Zeitpunkten berechnet.[8]

Zur Berücksichtigung markt- und sektorspezifischer Besonderheiten, die sich nicht anhand der Zinsstrukturkurve erklären lassen, werden die folgenden Spreads ermittelt:[9]

– Der Pfandbriefspread berücksichtigt das zusätzliche Kredit- und Liquiditätsrisiko von Pfandbriefen gegenüber Staatsanleihen.
– Der DM-Eurobondspread reflektiert das höhere Kredit- und Liquiditätsrisiko von DM-Eurobonds gegenüber Staatsanleihen.
– Der Liquiditätsspread erfaßt Renditedifferenzen zwischen *Staats*anleihen in Abhängigkeit von ihrer Emissionsgröße.

---

[6] Vgl. Kahn (1990), S. 183 f. Zudem ist der interne Zinsfuß einer Kuponanleihe eine wertpapierspezifische Kennziffer, die von der Höhe des Kupons und dem Preis der jeweiligen Anleihe abhängt und daher nicht die Fristigkeitsstruktur der Zinssätze beschreibt.
[7] Vgl. Röhrs (1991), S. 928 ff.
[8] Alternativ kann auch mit Hilfe von Splines oder anderen mathematischen Funktionen zwischen zwei Zeitpunkten interpoliert werden. Vgl. dazu kritisch Shea (1984), S. 253 ff. und die dort zitierte Literatur.
[9] Vgl. Juen/ Nielsen (1996), S. 929.

– Der Kuponspread berücksichtigt die unterschiedliche steuerliche Behandlung von Kuponzahlungen und Kursgewinnen.

Wegen der geringen Anzahl aktiv gehandelter Pfandbriefe werden zur Bestimmung des Pfandbriefspread der Pfandbriefindex (PEX) und seine Subindizes verwendet.[10] Die Risikoprämie für Pfandbriefe berechnet sich aus der Differenz der Zinstrukturkurve des PEX und der Kurve der öffentlichen Anleihen. Neben der Möglichkeit, Über- und Unterbewertungen einzelner Titel festzustellen, kommt der Bewertung der Pfandbriefe insbesondere deshalb eine große Bedeutung zu, da bei kleineren Emissionen eine tägliche Preisfindung nicht gewährleistet ist.

Demgegenüber repräsentieren die seit Mai 1995 emittierten Jumbo-Pfandbriefe ein anderes Segment. Ihre Rendite liegt nahe der Rendite vergleichbarer Staatsanleihen. Jumbo-Pfandbriefe unterscheiden sich von kleineren Pfandbriefemissionen insbesondere dadurch, daß sie aufgrund ihres Emissionsvolumens von mindestens einer Mrd. DM und eines speziellen Market Maker-Systems liquider sind, teilweise ein Rating besitzen und zunehmend auf Kaufinteresse im Ausland treffen. Dies resultiert zeitweise in einem Renditespread von sechs bis zehn Basispunkten unterhalb konventioneller Pfandbriefe.[11] Die Bewertung der Jumbo-Pfandbriefe erfolgt daher analog zu der im folgenden beschriebenen Bewertung von DM-Eurobonds.

Der DM-Eurobondspread basiert auf der Zwölf-Monats-Swapkurve. Der Spread, gemessen als Differenz zwischen der Swapkurve und der Kurve für ausfallrisikolose Staatsanleihen, berücksichtigt die Risikoprämie für das höhere Ausfallrisiko dieser Titel. Auch hier beruht die Bestimmung der Spreads nicht auf Marktpreisen von Eurobonds. Die Gründe liegen in der Illiquidität vieler Emissionen und dem Problem, qualitativ verläßliche Preisquellen zu finden.

Die Teilnehmer am Swapmarkt sind überwiegend Finanzinstitutionen mit einem durchschnittlichen Rating von „AA". Da die Mehrheit der Jumbo-Pfandbriefe ein Rating von zumindest „AA" erhalten, kann die Swapkurve gleichfalls für die Bewertung von Jumbo-Pfandbriefen genutzt werden. Für Eurobonds eignet sich der Swapspread insbesondere dann, wenn die Anleihen ein Rating von „AA" und eine durchschnittliche Liquidität besitzen.[12]

Der Liquiditätsspread wird auf der Basis der Bundesanleihen und -obligationen geschätzt. Basierend auf dem Emissionsvolumen und der Restlaufzeit der einzelnen Wertpapiere werden die Bundestitel in vier Liquiditätsklassen eingeteilt. Für jede der vier Klassen wird im Rahmen der Zinsstrukturkurvenschätzung der Spread bestimmt, der den Schätzfehler zwischen Markt- und Modellpreisen minimiert.

Der Kuponspread ermöglicht die Berücksichtigung der unterschiedlichen steuerlichen Behandlung von Kursgewinnen und Kuponzahlungen. Während Kuponzahlungen der Einkommensteuer unterliegen, sind Kursgewinne für Wertpapiere, die länger als sechs Monate gehalten werden, steuerfrei. Daraus ergibt sich, daß Anleihen, die sich nur durch ihren Kupon unterscheiden, unterschiedliche Renditen auf-

---

[10] Zu Konzept und Berechnungsmethode des PEX vgl. Bühler et al. (1995), S. 143 ff.
[11] Vgl. Priester (1996), S. 41 f.
[12] Vgl. Bhansali/ Goldberg (1997), S. 228.

weisen. Der Spread ist eine Funktion des Kupons und des aktuellen Marktpreises. Je höher der Kupon, desto größer ist der Kuponspread, der als Diskontierungsfaktor verwendet wird.

Als dritte Komponente zur Preisfindung festverzinslicher Wertpapiere wird ein stochastisches Zinsstrukturkurvenmodell benötigt, wenn die zu bewertende Anleihe an eine oder mehrere Optionen gekoppelt ist. Die Verwendung eines solchen Modells erlaubt die Modellierung zukünftiger Zinsstrukturkurven unter Berücksichtigung der Volatilität der Zinssätze und die Bewertung der Optionsrechte. Eine kündbare Anleihe kann anschließend durch das zugrundeliegende unkündbare Wertpapier und die isolierte Option repliziert werden.[13] Es soll hier auf eine Diskussion der verschiedenen Zinsstrukturkurvenmodelle verzichtet werden. Anzumerken bleibt, daß der Wert der Option stark von der Auswahl des Modells bestimmt wird, so daß auch der Wert einer Anleihe mit Optionscharakteristik von der Auswahl des Zinsstrukturkurvenmodells abhängt.[14]

Nach der Identifizierung der Elemente der fundamentalen Bewertungsgleichung (1) stellt sich die Frage ihrer Quantifizierung. Zur Berechnung der Zinsstrukturkurve sowie von Liquiditäts- und Kuponspread findet ein nichtlineares Regressionsverfahren Anwendung. Die genaue Schätzfunktion ist im Anhang beschrieben.[15] Anschließend können auf täglicher Basis die Spreads für Pfandbriefe und DM-Eurobonds relativ zur PEX- bzw. Swapkurve ermittelt werden. Die Reagibilitäten der einzelnen Wertpapierarten ergeben sich aus ihrer Marktsegmentzugehörigkeit und ihrem Zahlungsprofil. Als Ergebnis erhält man ein detailliertes Bewertungsmodell, welches die den Wert einer Anleihe ausmachenden Größen exakt spezifiziert.

3. Grundlagen der Risikomodellierung auf der Basis eines Mehrfaktorenmodells

Gegenstand des vorangegangenen Abschnitts war die Ermittlung des Gegenwartswertes festverzinslicher Wertpapiere, insbesondere die Identifikation der den aktuellen Preis bestimmenden Determinanten. Für einen Investor resultiert Risiko aus der Veränderung der Anleihepreise im Zeitablauf. Gründe für die Schwankung der Preise bestehen im wesentlichen in der sich verkürzenden Restlaufzeit der Wertpapiere (rolling down the yield curve), Verschiebungen der Zinsstrukturkurve sowie Veränderungen der Spreads.[16] Mit Unsicherheit behaftet sind die beiden letzten Ur-

---

[13] Ein anschauliches Beispiel findet sich bei Kahn (1995), S. 720 ff.
[14] Vgl. Cox et al. (1985b) für das hier verwendete Model sowie Bühler/ Schulze (1993), S. 2 ff., um einen Überblick über Zinsstrukturkurvenmodelle zu erhalten. Zur empirischen Eignung unterschiedlicher Modelle siehe Bühler et al. (1995) und die dort zitierte Literatur.
[15] Verwendet wird der Levenberg-Marquard-Algorithmus; vgl. Press et al. (1992), S. 683 ff. Zu Problemen der nichtlinearen Regression siehe auch Röhrs (1991), S. 933 ff.
[16] Vgl. Kahn/ Gulrajani (1993), S. 90.

sachen einer Anleihepreisveränderung. Allgemein kann die Rendite eines festverzinslichen Wertpapiers oder Anleiheportfolios als Linearkombination bestimmter Basisvariablen bzw. Faktoren beschrieben werden:

(2) $r_p(t) = \sum_k x_{p,k}(t) \cdot f_k(t) + u_p(t)$,

mit: $r_p(t)$ = Überschußrendite des Portfolios p zum Zeitpunkt t,
$x_{p,k}(t)$ = Sensitivität der Überschußrendite des Portfolios p in bezug auf den Faktor k zum Zeitpunkt t,
$f_k(t)$ = Rendite des Faktors k zum Zeitpunkt t,
$u_p(t)$ = spezifische Rendite des Portfolios p zum Zeitpunkt t.

Bei Verwendung der Standardabweichung der Überschußrenditen als Risikomaß[17] ergibt sich für das totale Risiko eines Portfolios, aufgeschlüsselt in eine durch die Faktoren erklärte Komponente sowie einen portfoliospezifischen Risikobestandteil, folgende Darstellung:

(3) $\sigma_p(t) = std(r_p) = (\mathbf{h}^T \mathbf{X} \mathbf{F} \mathbf{X}^T \mathbf{h} + \mathbf{h}^T \mathbf{D} \mathbf{h})^{\frac{1}{2}}$,

mit: σ_p = totales Risiko von Portfolio p zum Zeitpunkt t,
$\mathbf{X}$ = Matrix der Sensitivitäten der Anleihen in bezug auf die Faktoren,
$\mathbf{h}^T$ = transponierter Vektor der Gewichte der Anleihen in Portfolio p,
$\mathbf{F}$ = Kovarianzmatrix der Faktorrenditen,
$\mathbf{D}$ = (Diagonal-)Matrix der spezifischen Renditen der Anleihen.

Wesentliche Prämisse dieses Modells ist die Annahme, daß die spezifischen Renditen weder untereinander noch mit den faktorbezogenen Renditen korreliert sind.[18]

Das Kernproblem der Analyse und Prognose des Risikos besteht in der Ermittlung der relevanten Faktoren und der Berechnung ihrer Kovarianzmatrix. Das in Gleichung (3) spezifizierte strukturelle Risikomodell bildet daher lediglich einen formalen Rahmen, der die Art und Anzahl der Risikofaktoren offenläßt.[19] Einen geeigneten Startpunkt zu ihrer Identifikation liefert das bereits analysierte Bewertungsmodell.

Jede Variable des Bewertungsmodells (1) stellt einen möglichen Faktor des allgemeinen Renditegenerierungsprozesses dar. Dieser kann somit als lineare Umformulierung des Bewertungsmodells verstanden werden.[20] Das Verhalten von Zinsstrukturkurven und Renditespreads im Zeitablauf bildet die Grundlage des im folgenden analysierten Risikomodells. Gegenstand des nächsten Abschnitts ist die Modellierung des zu erwartenden Zinsänderungsrisikos.

---

[17] Zur Diskussion alternativer Risikomaße und ihrer Zusammenhänge vgl. Kahn (1997), S. 251 ff.
[18] Zu diesen und weiteren Voraussetzungen vgl. Elton/ Gruber (1995), S. 161 ff.
[19] Vgl. Grinold/ Kahn (1995), S. 37 ff.
[20] Für eine analoge Argumentation im Aktienbereich vgl. Nowak (1994), S. 137 ff.

4. Shift-, Twist- und Butterfly-Faktor als Determinanten des Zinsänderungsrisikos

Die bedeutendste Risikoquelle für deutsche Rentenportfolios ist das Zinsänderungsrisiko. Abbildung 2 stellt graphisch monatliche Zinsstrukturkurven am deutschen Rentenmarkt für den Zeitraum 01/1988 bis 01/1996, basierend auf Monatsenddaten, dar.[21]

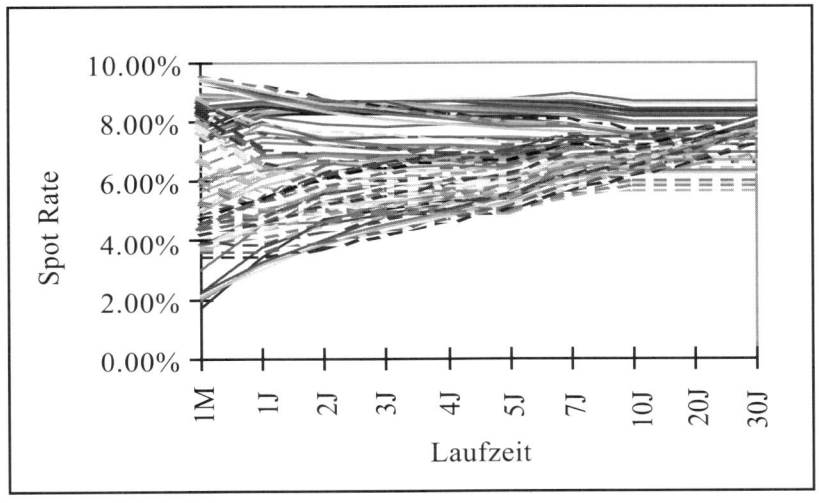

Quelle: BARRA
Abb. 2: Zinsstrukturkurven 01/1988 – 01/1996

Aus dieser Graphik wird zum einen die höhere Volatilität der Zinssätze am kurzen Ende des Laufzeitenbandes gegenüber den langfristigen Zinssätzen ersichtlich. Zum anderen wird deutlich, daß Risikomaße, die auf der Annahme einer Parallelverschiebung der Zinssätze beruhen, aufgrund der Existenz sowohl normaler wie auch inverser Zinsstrukturkurven zu kritisieren sind. Das Übergangsverhalten von Zinsstrukturkurven im Zeitablauf ist ein komplexer mehrdimensionaler Prozeß, der durch lediglich einen Risikofaktor, wie es im Rahmen der konventionellen Durationsanalyse der Fall ist, nur unzulänglich beschrieben wird.[22]

Eine Möglichkeit zur detaillierten Erfassung der Variabilität der Zinssätze besteht in der Berechnung einer Varianz-Kovarianz-Matrix der Zinssatzveränderungen über einen bestimmten Zeitraum. Die Verwendung wöchentlich geschätzter Zinssätze zu sieben diskreten Zeitpunkten ergibt die in Tabelle 1 dargestellte Korrelationsmatrix.[23]

---

[21] Eine Beschreibung des verwendeten Algorithmus findet sich im Anhang.
[22] Zu den Annahmen der Durationsanalyse vgl. Steiner/ Bruns (1996), S. 154 ff. Für eine umfassende Analyse ihrer Limitationen siehe Ingersoll et al. (1978), S. 627 ff.
[23] Die Korrelationsmatrix basiert hier auf Veränderungen von Forward rates (Terminzinssätzen).

	1J	2J	3J	4J	5J	7J	10J
1J	1.000						
2J	0.532	1.000					
3J	0.524	0.908	1.000				
4J	0.517	0.861	0.924	1.000			
5J	0.528	0.839	0.912	0.932	1.000		
7J	0.460	0.752	0.827	0.879	0.888	1.000	
10J	0.436	0.601	0.707	0.789	0.771	0.853	1.000

Quelle: BARRA

Tab. 1: Korrelationsmatrix von Zinssatzveränderungen 01/1990 – 01/1996

Die Dimension der Matrix hängt von der Anzahl der zugrundeliegenden Zeitpunkte ab, für die Zinssätze kalkuliert werden. Die Verwendung einer vorabbestimmten Zahl diskreter Zeitpunkte stellt eine Approximation der tatsächlichen Zinsstrukturkurve dar, die aus genau einem Zinssatz für jede Restlaufzeit besteht. Darüber hinaus hat auch die Wahl des Zeitfensters für die Berechnung der Volatilitäten und Korrelationen der Zinssätze einen bedeutenden Einfluß auf die Analyse.[24]

Die Matrix beinhaltet zum einen die Volatilitäten der einzelnen Zinssätze, zum anderen das Ausmaß des Gleichlaufes der Zinssätze relativ zueinander. Somit sind sämtliche Informationen zur Beschreibung des Übergangsverhaltens der Zinssätze berücksichtigt. Um eine Risikoanalyse auf der Basis einer exakten Parallelverschiebung der Zinsstrukturkurve zu rechtfertigen, müßten alle Zinssätze dieselbe Volatilität aufweisen und eine Korrelation von genau eins besitzen.[25]

Auffällig ist die relativ geringe Korrelation von 0.532 zwischen den Veränderungen der einjährigen und zweijährigen Spot Rate, die bis auf 0.436 zwischen den Änderungen der einjährigen und zehnjährigen Spot Rate abnimmt. Diese geringen Korrelationen sind auf Unterschiede zwischen Geldmarkt, dem der einjährige Zinssatz in Teilen zuzurechnen ist, und Kapitalmarkt zurückzuführen. Ersterer ist stärker und unmittelbar durch zentralbankpolitische Maßnahmen beeinflußbar.

Sieht man von dieser Ausnahme ab, stellt man insgesamt recht hohe Korrelationen zwischen den Zinssatzveränderungen fest, die in einer Bandbreite zwischen 0.601 und 0.932 schwanken. Das hohe Ausmaß des Gleichlaufes zwischen den Zinssätzen deutet darauf hin, daß einige wenige Faktoren das zeitliche Verhalten von Zinsstrukturkurven beschreiben. Durch Linearkombination der Vektoren der Matrix der originären Zinssatzveränderungen im Rahmen einer Hauptkomponentenanalyse können diese Faktoren ermittelt und somit zusätzliche Informationen aus der Matrix extrahiert werden.[26] Tabelle 2 verdeutlicht den kumulierten Prozentsatz

---

[24] Zur Diskussion der Stabilität der geschätzten Parameter vgl. Bühler/ Zimmermann (1996), S. 57 ff.
[25] Vgl. Bhansali/ Goldberg (1997), S. 224.
[26] Eine detaillierte Darstellung der Hauptkomponentenanalyse sowie eine Abgrenzung zur Faktorenanalyse findet sich bei Johnson/ Wichern (1992), S. 356 ff.

erklärter Zinssatzschwankungen in Abhängigkeit von der Anzahl der verwendeten Hauptkomponenten.

Anzahl der Hauptkomponenten	Prozentsatz erklärter Varianz (kumuliert)
1	73.744
2	89.645
3	95.653
4	97.232
5	98.454
6	99.267
7	100.000

Quelle: BARRA

Tab. 2: Kumulierter Anteil durch die Hauptkomponenten erklärter Zinssatzveränderungen

Durch Verwendung der drei ersten Hauptkomponenten lassen sich 95.7% der Veränderungen der Zinssätze erklären.[27] Die Dimension der ursprünglichen 7x7-Matrix der Zinssatzveränderungen kann unter weitgehender Beibehaltung ihrer Erklärungskraft auf eine 3x3-Matrix der Veränderungen der Hauptkomponenten reduziert werden.

Der wesentliche Vorteil dieser Vorgehensweise besteht in dem Gewinn zusätzlicher Informationen, die aus der ursprünglichen Matrix nicht unmittelbar ersichtlich sind. Die graphische Darstellung der Hauptkomponenten in Abbildung 3 ergibt drei intuitive und ökonomisch plausible Risikoquellen.

Die erste Hauptkomponente, in der Graphik als Shift bezeichnet, beschreibt eine Verschiebung der Zinssätze über alle Laufzeiten in dieselbe Richtung. Der Shift-Faktor kann als eine verallgemeinerte, empirisch ermittelte Form der im Rahmen der Durationsanalyse unterstellten parallelen Bewegung der Zinsstrukturkurve interpretiert werden. Vorteilhaft ist hier, daß der Shift-Faktor explizit so determiniert wurde, daß er ein Maximum der Zinssatzveränderung, im Gegensatz zur ad hoc Annahme einer parallelen Verschiebung der Zinssätze in dieselbe Richtung und von identischem Ausmaß, erklärt. Zusätzlich berücksichtigt der empirische Shift-Faktor die höhere Volatilität der Zinssätze im kürzeren Laufzeitenbereich, wie aus seiner negativen Steigung ersichtlich wird. Von allen drei Risikofaktoren besitzt der Shift-Faktor die höchste Erklärungskraft und die größte Volatilität.

---

[27] Es handelt sich hier um eine empirische Beobachtung, die auch auf andere Rentenmärkte zutrifft. Vgl. Bhansali/ Goldberg (1997), S. 225.

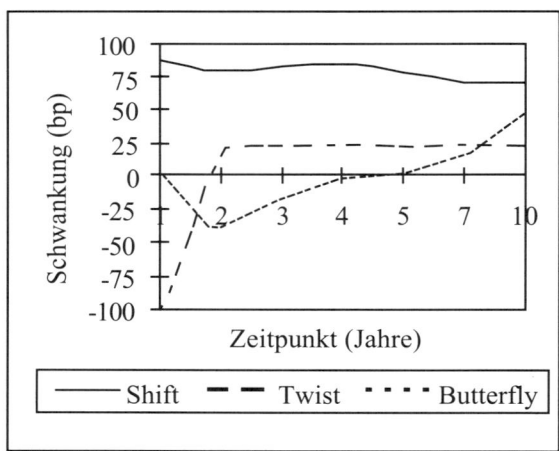

Quelle: BARRA

Abb. 3: Graphische Darstellung der ersten drei Hauptkomponenten (Basispunkte annualisiert)

Eine weitere Art der Veränderung von Zinsstrukturkurven erfaßt der Twist-Faktor. Er reflektiert entgegengerichtete Bewegungen am langen und am kurzen Ende der Zinsstrukturkurve. Somit kann der Übergang von einer steilen auf eine flachere Kurve und vice versa beschrieben werden. Darüber hinaus bildet der Butterfly-Faktor gleichgerichtete Bewegungen der kurz- und langfristigen Zinssätze bei einer entgegengerichteten Veränderung der mittelfristigen Zinssätze ab. Er weist von den drei Faktoren konstruktionsbedingt den geringsten Erklärungsgehalt und die niedrigste Volatilität auf.

Zusammenfassend bleibt festzuhalten, daß das Zinsänderungsrisiko für in DM notierte Anleihen durch ein Dreifaktorenmodell umfassend beschrieben werden kann. Eine 3x3-Faktorkovarianzmatrix, bestehend aus einem Shift-, Twist- und Butterfly-Faktor, erklärt 95.7% der Zinssatzveränderungen. Ausgehend von der Annahme stationärer Faktorrenditen, bildet diese Faktorkovarianzmatrix die Basis für die Prognose zukünftiger Zinsänderungsrisiken. Die Modellierung von Spreadveränderungsrisiken und ihre Integration in das oben beschriebene Mehrfaktorenmodell ist Gegenstand des nächsten Abschnitts.

5. Modellierung von Pfandbrief- und Eurobondrisiken

Neben der Zinsstrukturkurve wurden im Bewertungsmodell (1) Spreads für die Anleihen insbesondere nichtstaatlicher Emittenten als wertbestimmende Charakteristika identifiziert. Die Höhe dieser Risikoprämien schwankt im Zeitablauf und in Abhängigkeit von der Restlaufzeit der Pfandbriefe bzw. Eurobonds.[28] Der jeweilige Spread stellt eine Kompensation für die Übernahme von Kredit- oder Ausfallrisiken und die geringere Liquidität im Vergleich zu Bundesanleihen dar. Im folgenden werden die Schwankungen der Risikoprämien im Zeitablauf analysiert.

In Abbildung 4 wird die annualisierte Volatilität der vier im Bewertungsmodell (1) ermittelten Spreads graphisch dargestellt. Als Berechnungsperiode wurde der Zeitraum von 01/1990 bis 01/1996 zugrunde gelegt. Es wird deutlich, daß die Schwankungen des Kupon- und Liquiditätsspread sehr gering sind. Beide sind im Zeitablauf nicht signifikant und daher nicht zur Erklärung und Prognose des Risikos festverzinslicher Wertpapiere geeignet.

Die wesentlichen Quellen des zusätzlichen Risikos für nichtstaatliche Wertpapiere bestehen in den Schwankungen von Pfandbrief- und Eurobondspreads. Die hier berechnete Volatilität des Pfandbriefspread (Pfandbriefrisikofaktor) basiert auf den Veränderungen der durchschnittlichen Differenzen zwischen der PEX-Zinsstrukturkurve und der Zinsstrukturkurve der Bundesanleihen für die Zeitpunkte von zwei, drei, vier, fünf und zehn Jahren. Analog dazu wurde der Eurobondrisikofaktor aus den Veränderungen des durchschnittlichen Spread zwischen der DM-Swapkurve und der Zinsstrukturkurve der öffentlichen Anleihen nach den Zeitpunkten von zwei, drei, vier, fünf und zehn Jahren berechnet. Anstelle eines durchschnittlichen Spread als einzigem Risikofaktor kann auch ein Zweifaktorenmodell, bestehend aus dem Zweijahresspread und der Differenz zwischen Zweijahres- und Zehnjahresspread, verwendet werden.[29]

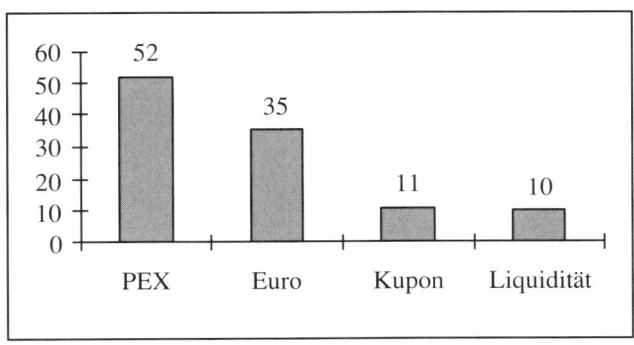

Quelle: BARRA

Abb. 4: Annualisierte Volatilität der Renditespreads (Basispunkte)

---

[28] Vgl. Juen/ Nielsen (1996), S. 935.
[29] Für eine Anwendung der Hauptkomponentenanalyse auf die vollständige Korrelationsmatrix von Spreadveränderungen vgl. Juen/ Nielsen (1996), S. 934 f.

Die Sensitivität oder Exposure der einzelnen Anleihen gegenüber den beiden Risikofaktoren entspricht ihrer Duration. Je höher die Duration ist, desto stärker reagiert der Preis eines Pfandbriefes (Eurobond) auf eine Veränderung der Spanne zwischen Pfandbriefen (Eurobonds) und Bundesanleihen. Abschließend werden die Risikofaktoren für Eurobonds und Pfandbriefe zusammen mit den Shift-, Twist- und Butterfly-Faktoren für das Zinsänderungsrisiko in einer 5x5-Faktorkovarianzmatrix integriert:[30]

$$(4) \quad \mathbf{F} = \begin{pmatrix} \sigma^2_{Shift} & Kov_{S,T} & Kov_{S,B} & Kov_{S,Pf} & Kov_{S,Eu} \\ & \sigma^2_{Twist} & Kov_{T,B} & Kov_{T,Pf} & Kov_{T,Eu} \\ & & \sigma^2_{Butterfly} & Kov_{B,Pf} & Kov_{B,Eu} \\ & & & \sigma^2_{PfSpr} & Kov_{Pf,Eu} \\ & & & & \sigma^2_{EuroSpr} \end{pmatrix}$$

mit: σ^2_k = Varianz der Renditen des k-ten Risikofaktors,
$Kov_{k,j}$ = Kovarianz zwischen den Renditen der Risikofaktoren k und j.

Diese Faktorkovarianzmatrix stellt den Kern des Mehrfaktorenmodells und der Risikoprognose dar. Die Implikationen für das praktische Portfoliomanagement sind Gegenstand des nächsten Abschnitts.

6. Praktische Implementierung im Portfoliomanagement

Die Umsetzung des oben spezifizierten Mehrfaktorenmodells im Portfoliomanagement erfordert nach der Identifizierung der relevanten Risikofaktoren und ihrer Quantifizierung die Berechnung der Sensitivitäten des Portfolios eines Investors in bezug auf die Risikofaktoren. Diese können als Veränderung der Portfoliorenditen aufgrund einer kleinen bzw. infinitesimalen Veränderung der Faktorrenditen definiert werden. Formal wird die Preisveränderung einer einzelnen Anleihe beschrieben als:[31]

---

[30] Kovarianzen zwischen den Shift-, Twist- und Butterfly-Faktoren können dadurch entstehen, daß die empirisch ermittelten Hauptkomponenten fixiert und die Faktorrenditen durch eine Regressionsanalyse berechnet werden.
[31] Vgl. Bhansali/ Goldberg (1997), S. 230 f.

Ein Mehrfaktorenmodell zur Analyse des Risikos   667

$$(5) \quad \frac{\Delta P_i}{\Delta f_k} = x_{i,k} \cdot P_i \Leftrightarrow x_{i,k} = \frac{1}{P_i} \frac{\Delta P_i}{\Delta f_k},$$

mit: $x_{i,k}$ = Exposure der Anleihe i in bezug auf Faktor k,
P_i = Preis der Anleihe i,
ΔP_i = Veränderung des Preises der Anleihe i,
Δf_k = Veränderung der Rendite des Faktors k.

Die Reagibilität einer einzelnen Anleihe in bezug auf den oben identifizierten Shift-Faktor ergibt sich beispielhaft als:

$$(6) \quad x_{i,Shift} = \frac{1}{P_i} \sum_t cf_i(t) \cdot t \cdot e^{-s(t) \cdot t} \cdot Shift(t) \quad,$$

mit: $x_{i,\ Shift}$ = Exposure der Anleihe i in bezug auf den Shift-Faktor,
$cf_i(t)$ = Cash Flow der Anleihe i zum Zeitpunkt t,
$s(t)$ = Spot Rate für die Restlaufzeit t,
Shift (t) = Gewicht des Shift-Faktors für die Restlaufzeit t.

Unterstellt man, wie in der traditionellen Durationsanalyse üblich, eine Parallelverschiebung der Zinssätze in gleichem Ausmaß über alle Laufzeiten, führt dies zu Gewichten des Shift-Faktors für alle Restlaufzeiten von exakt eins. Somit stimmt für diesen Spezialfall der Shift Exposure mit der Duration überein. Aufgrund der aus der Hauptkomponentenanalyse bekannten analytischen Zusammensetzung der Faktoren werden die Sensitivitäten einer Anleihe in bezug auf den Shift- und Butterfly-Faktor analog berechnet. Alternativ können die Faktorladungen auch numerisch berechnet werden.[32]

Der Exposure eines Portfolios wird als gewichtete Summe der Faktorladungen der einzelnen Anleihen berechnet:[33]

$$(7) \quad x_{p,k} = \mathbf{h}_p \cdot \mathbf{X} = \sum_i h_i x_{i,k},$$

mit: $x_{p,k}$ = Exposure des Portfolios p in bezug auf Faktor k,
$\mathbf{X}$ = Matrix der Sensitivitäten der Anleihen in bezug auf die Faktoren,
$\mathbf{h}$ = Vektor der Gewichte der Anleihen in Portfolio p,
h_i = Gewicht von Anleihe i im Portfolio p.

Nach der Kombination der Faktorsensitivitäten mit der Faktorkovarianzmatrix und Berücksichtigung der spezifischen Risiken der einzelnen Wertpapiere sind die Voraussetzungen für die Implementierung des Modells im Portfoliomanagement geschaffen. Es bildet die Grundlage für die Analyse des aktuellen Portfoliorisikos. Neben der Berechnung des totalen Portfoliorisikos dient es zur Ermittlung relativer

---

[32] Vgl. Kahn (1997), S. 249 ff.
[33] Vgl. Bhansali/ Goldberg (1997), S. 231 f. Auch die Duration besitzt die Portfolioeigenschaft. Vgl. Perridon/ Steiner (1995), S. 177.

Risiken (Tracking Error oder aktives Risiko) sowie der Zerlegung des Risikos in seine Bestandteile. Insbesondere im aktiven Portfoliomanagement, dessen Ziel es ist, risikoadjustiert die Rendite einer Benchmark zu übertreffen, kommt der Identifikation und Quantifizierung der eingegangenen „Wetten" eine entscheidende Bedeutung zu. Das aktive Risiko eines Portfolios relativ zu einer beliebigen Benchmark ist in Gleichung (8) dargestellt:

$$(8) \quad \sigma_{pa}(t) = std(r_p - r_B)$$
$$= [(\mathbf{h}_p - \mathbf{h}_B)^T \mathbf{XFX}^T(\mathbf{h}_p - \mathbf{h}_B) + (\mathbf{h}_p - \mathbf{h}_B)^T \mathbf{D}(\mathbf{h}_p - \mathbf{h}_B)]^{\frac{1}{2}}$$

mit: $\sigma_{pa}(t)$ = aktives Risiko von Portfolio p zum Zeitpunkt t,
$\mathbf{X}$ = Matrix der Sensitivitäten der Anleihen in bezug auf die Faktoren,
$\mathbf{h}_p$ = Vektor der Gewichte der Anleihen in Portfolio p,
$\mathbf{h}_B$ = Vektor der Gewichte der Anleihen in der Benchmark B,
$\mathbf{F}$ = Kovarianzmatrix der Faktorrenditen,
$\mathbf{D}$ = (Diagonal-)Matrix der spezifischen Renditen der Anleihen.

Abweichungen von der Benchmark bedeuten Risiko und sind durch Renditeerwartungen zu begründen. Durch eine Risikoanalyse auf der Basis des Mehrfaktorenmodells können sowohl absichtlich eingegangene als auch zufällig entstandene „Wetten" identifiziert werden. Letztere entstehen quasi als Nebeneffekte der gewollten Risiken. Häufige Ursache sind eine Reihe sequentieller Entscheidungen, die, isoliert betrachtet, korrekt sind, jedoch insgesamt und unter Berücksichtigung ihrer Interdependenzen zu unbeabsichtigten Risiken führen.[34]

Zusätzliche Detailinformationen über die aktuellen Risiken eines Portfolios erhält man durch die Analyse der marginalen Beiträge einzelner festverzinslicher Wertpapiere zum totalen oder aktiven Risiko. Diese können als erste partielle Ableitungen der Risikofunktion nach den Anleihegewichten berechnet werden:

$$(9) \quad \mathbf{MBTR} = \frac{\partial \sigma_p}{\partial \mathbf{h}_p^T}$$

mit: $\mathbf{h}_p$ = Vektor der Gewichte der Anleihen in Portfolio p,
$\mathbf{MBTR}$ = marginaler Beitrag zum totalen Risiko.

Analog erfolgt die Kalkulation des marginalen Beitrags zum aktiven Risiko durch Ableitung nach den aktiven Anleihegewichten. Marginale Risikobeiträge geben die Veränderung des Portfoliorisikos aufgrund einer infinitesimalen Änderung der Gewichte der Anleihen im Portfolio an. Diejenigen Titel, die den höchsten marginalen Beitrag zum Risiko aufweisen, wirken am wenigsten diversifizierend und umgekehrt. Für die Anleihen mit den höchsten marginalen Beiträgen zum Risiko müssen höhere Renditeerwartungen bestehen als für die Papiere mit den niedrigsten marginalen Risikobeiträgen; ansonsten besitzt das Portfolio nicht die für den Investor op-

---

[34] Vgl. Kahn (1997), S. 265 f.

timale Struktur. In diesem Fall wurden „Wetten" eingegangen, die nicht durch Renditeerwartungen kompensiert werden konnten.[35]

7. Zusammenfassung

In diesem Beitrag wurde ein integrierter Ansatz zur Bewertung und Analyse des Risikos deutscher festverzinslicher Wertpapiere entwickelt. Ausgehend vom Barwertkonzept als fundamentalem Bewertungsprinzip wurden die aktuelle Zinsstrukturkurve, marktsegmentspezifische Spreads sowie ein Zinsstrukturkurvenmodell als Determinanten des Gegenwartswertes einer Anleihe identifiziert. Für einen Investor am deutschen Rentenmarkt entsteht Risiko dadurch, daß sich der Preis eines Wertpapiers unerwartet verändert. Risiko ist daher auf nicht antizipierte Veränderungen der Zinssätze und Sektorspreads zurückzuführen.

Im Rahmen eines strukturellen Mehrfaktorenmodells werden Zinsänderungsrisiken durch drei unterschiedliche Bewegungen der Zinsstrukturkurve erfaßt. Shift-, Twist- und Butterfly-Faktor erklären 95.7% der Zinssatzveränderungen im Zeitablauf. Zusätzlich werden marktsegmentspezifische Risiken durch Pfandbrief- und Eurobondrisikofaktoren modelliert. Die so spezifizierte 5x5-Matrix bildet den Kern des Risikomodells zur Prognose erwarteter Portfoliorisiken.

Der praktische Nutzen im Portfoliomanagement besteht in der Berechnung zu erwartender totaler und relativer Risiken sowie in der detaillierten Analyse der Risikoquellen und der Ermittlung der Risikobeiträge einzelner Wertpapiere im Portfolio. Das hier spezifizierte Mehrfaktorenmodell findet darüber hinaus Anwendung in der Portfoliooptimierung und Performanceattribution.

Anhang: Schätzung der Zinsstrukturkurven

Die Berechnung von Zinsstrukturkurven beruht auf der Minimierung der Differenz zwischen den beobachteten Marktpreisen der Anleihen und ihren durch das Bewertungsmodell geschätzten Preisen unter Verwendung eines möglichst robusten Schätzverfahrens. Ein zusätzliches Ziel besteht darin, eine möglichst glatte Kurve zu erhalten. Zu diesem Zweck wird im wesentlichen die folgende Funktion minimiert:[36]

---

[35] Vgl. Kahn (1997), S. 267.
[36] Zusätzlich können noch spreadbezogene Parameter in die Zielfunktion einbezogen werden.

$$\text{(A1)} \quad \sum_{i=1}^{n}\left(\frac{PM_i - PF_i}{w_i \cdot PM_i}\right)^2 + \sum_{j=1}^{m}\left(\frac{fp_j - f_j}{w_j}\right)^2 \Rightarrow \min!$$

mit:
- n = Anzahl der Anleihen im Schätzuniversum,
- m = Anzahl der Forward rates,
- PM_i = Marktpreis der Anleihe i,
- PF_i = geschätzter Preis der Anleihe i,
- f_j = geschätzte Forward rate zwischen den Zeitpunkten j und j+1,
- fp_j = theoretische Forward rate zwischen den Zeitpunkten j und j+1,
- w_i = Gewicht der Anleihe i,
- w_j = Gewicht der theoretischen Forward rate j.

Grundidee der obigen Schätzfunktion ist, nicht ausschließlich die Summe der quadrierten relativen Bewertungsfehler $\sum_{i=1}^{n}\left(\frac{PM_i - PF_i}{w_i \cdot PM_i}\right)^2$ zu minimieren, wie es Gegenstand einer einfachen Regressionsanalyse ist. Die einfache Regressionsanalyse ist stark anfällig gegenüber Datenfehlern und kann daher für Zwecke der Zinsstrukturkurvenschätzung nicht als robustes Verfahren angesehen werden. Ergebnis einer Regressionsschätzung ist typischerweise eine von Sprüngen geprägte Zinsstrukturkurve.[37] Um dieses Problem zu vermeiden, wird zusätzlich zum relativen Bewertungsfehler die Differenz zwischen theoretisch „richtigen" Zinssätzen und vom Bewertungsmodell geschätzten Zinssätzen minimiert. Dies erhöht die Stabilität der Schätzung, führt zu glatten Zinsstrukturkurven und berücksichtigt zusätzlich noch vorhandene Informationen. Die theoretischen Forward rates werden auf Basis des von Cox/ Ingersoll/ Ross entwickelten Gleichgewichtsmodells der Zinsstrukturkurve berechnet.[38]

Literaturverzeichnis

Bhansali, R./ Goldberg, L. (Bhansali/ Goldberg, 1997): An Integrated Framework for Valuation and Risk Analysis of International Bonds, in: Fabozzi, F. J. (ed.), *Advances in Fixed Income Valuation Modeling and Risk Management*, New Hope 1997, S. 213-232.

Bühler, A./ Hies, M./ Zimmermann, H. (Bühler et al., 1995): Der Deutsche Pfandbriefindex PEX, in: *Die Bank*, o. Jg., 1995, S. 143-147.

---

[37] Vgl. Kahn (1990), S. 179 ff.
[38] Vgl. für das allgemeine Gleichgewichtsmodell Cox et al. (1985a), S. 363 ff. sowie Cox et al. (1985b), S. 385 ff. zur Ableitung des Zinsstrukturkurvenmodells.

Bühler, A./ Zimmermann, H. (Bühler/ Zimmermann, 1996): A Statistical Analysis of the Term Structure of Interest Rates in Switzerland and Germany, in: *Journal of Fixed Income*, Vol. 6, December, 1996, S. 55-67.

Bühler, W./ Schulze, M. (Bühler/ Schulze, 1993): Ein Zwei-Faktoren Modell für das Übergangsverhalten von Zinsstrukturkurven, Arbeitsbericht 93-2, Lehrstuhl für Finanzierung Universität Mannheim, Mannheim 1993.

Bühler, W. et al. (Bühler et al., 1995): An Empirical Comparison of Alternative Models for Valuing Interest Rate Options, Working Paper 95-11, Lehrstuhl für Finanzierung Universität Mannheim, Mannheim 1995.

Cox, J. C./ Ingersoll, J. E. Jr./ Ross, S. A. (Cox et al., 1985a): An Intertemporal General Equilibrium Model of Asset Prices, in: *Econometrica*, Vol. 53, 1985, S. 363-384.

Cox, J. C./ Ingersoll, J. E. Jr./ Ross, S. A. (Cox et al., 1985b): A Theory of the Term Structure of Interest Rates, in: *Econometrica*, Vol. 53, 1985, S. 385-407.

Deutsche Bundesbank (Hrsg.) (Deutsche Bundesbank, 1997): Deutsche Bundesbank Kapitalmarktstatistik März 1997, *Statistisches Beiheft zum Monatsbericht 2*, Frankfurt am Main 1997.

Elton, E. J./ Gruber, M. J. (Elton/ Gruber, 1995): *Modern Portfolio Theory and Investment Analysis*, 5th ed., New York et al. 1995.

Grinold, R. C./ Kahn, R. N. (Grinold/ Kahn, 1995): *Active Portfolio Management*, Chicago 1995.

Ingersoll, J. E. Jr./ Skelton, J./ Weil, R. L. (Ingersoll et al., 1978): Duration Fourty Years Later, in: *Journal of Financial and Quantitative Analysis*, Vol. 13, November, 1978, S. 627-650.

Johnson, R. A./ Wichern, D. W. (Johnson/ Wichern, 1992): *Applied Multivariate Statistical Analysis*, 3rd ed., Englewood Cliffs 1992.

Juen, S./ Nielsen, F. (Juen/ Nielsen, 1996): An Integrated Valuation and Risk Model for German-Fixed-Income Portfolios, in: Albrecht, P. (Hrsg.), *Aktuarielle Ansätze für Finanz-Risiken*, Band I, Karlsruhe 1996, S. 925-948.

Kahn, R. N. (Kahn, 1990): Estimating the U.S. Treasury Term Structure of Interest Rates, in: Fabozzi, F. J. (ed.), *The Handbook of U.S. Treasury & Government Agency Securities*, Chicago 1990, S. 179-189.

Kahn, R. N. (Kahn, 1995): Fixed Income Risk Modeling, in: Fabozzi, F. J. (ed.), *The Handbook of Fixed Income Securities*, 4th ed., Burr Ridge/ New York 1995, S. 720-732.

Kahn, R. N. (Kahn, 1997): Fixed-Income Risk, in: Fabozzi, F. J. (ed.), *Advances in Fixed Income Valuation Modeling and Risk Management*, New Hope 1997, S. 251-267.

Kahn, R. N./ Gulrajani, D. (Kahn/ Gulrajani, 1993): Risk and Return in the Canadian Bond Market, in: *Journal of Portfolio Management*, Vol. 19, Spring, 1993, S. 86-93.

Nowak, T. (Nowak, 1994): *Faktormodelle in der Kapitalmarkttheorie*, Köln 1994.

Perridon, L./ Steiner, M. (Perridon/ Steiner, 1995): *Finanzwirtschaft der Unternehmung*, 8. Aufl., München 1995.

Pichler, S. (1995): *Ermittlung der Zinsstruktur*, Wiesbaden 1995.

Press, W. H./ Flannery, B. B./ Tenkolsky, S. A./ Vetterling, W. T. (Press et al., 1992): *Numerical Recipes in C*, 2nd ed., Cambridge 1992.

Priester, K.-H. (Priester, 1996): Liquidität am Pfandbriefmarkt, in: Verband deutscher Hypothekenbanken e.V. (Hrsg.), *Der Deutsche Pfandbrief*, Bonn 1996, S. 41-43.

Röhrs, M. (Röhrs, 1991): Empirischer Vergleich von Zinsstrukturfunktionen anhand öffentlicher Anleihen der Bundesrepublik Deutschland, in: *Zeitschrift für Betriebswirtschaft*, 61. Jg., 1991, S. 919-940.

Shea, G. S. (Shea, 1984): Pitfalls in Smoothing Interest Rate Term Structure Data: Equilibrium Models and Spline Approximations, in: *Journal of Financial and Quantitative Analysis*, Vol. 19, No. 3, September, 1984, S. 253-269.

Steiner, M./ Bruns, C. (Steiner/ Bruns, 1996): *Wertpapiermanagement*, 5. Aufl., Stuttgart 1996.

Faktorbasierte Szenario-Strategien am deutschen Rentenmarkt

von Helmut Paulus/ Andreas Sauer/ Bernhard Walther

1. Ambition und Realität im Management festverzinslicher Wertpapiere
2. Die Idee der szenariobasierten Portfoliokonstruktion
3. Faktorenmodelle zur Szenarioformulierung
4. Die Konzeption der Laufzeitoptimierung
5. Experimentelles Design – historische Simulation
6. Zusammenfassung – Ausblick

1. Ambition und Realität im Management festverzinslicher Wertpapiere

Für das aktive Management von deutschen Rentenportfolios gilt im Grunde genommen die gleiche Grundregel wie für alle anderen Wertpapierportfolios. Erstens geht man davon aus, daß der Markt nicht so effizient ist, daß keine zusätzliche Rendite erzielbar ist. Zweitens können Ineffizienzen nur dann performancewirksam genutzt werden, wenn man entweder in der Lage ist, solche Rentenwerte zu identifizieren, die temporär falsch gepreist sind, oder es einem besser als anderen gelingt, an der zukünftigen Preisentwicklung zu partizipieren. Bei letzterem geht es um das vieldiskutierte „Timing" – bei Renten letztlich um die Prognose von Zinsänderungen. Geht man zurück zu den beiden grundsätzlichen Möglichkeiten, eine Zusatzperformance zu erzielen und blickt dabei auf den deutschen Rentenmarkt, kommt man schnell zu dem Schluß, daß bei der Dominanz von öffentlichen oder „semi-öffentlichen" Titeln und der relativen Bedeutungslosigkeit von Corporates die Fehlbewertungen in einer Größenordnung liegen, die für den aktiven Portfoliomanager kaum attraktiv sind.

So verbleibt die Partizipation an Zinsänderungen und in der Konsequenz die Notwendigkeit einer entsprechenden Laufzeitenselektion. Alles, was über die Zukunft ausgesagt werden kann, muß aus der Vergangenheit gefolgert werden. Diese Aussage ist lapidar. Weniger lapidar ist allerdings die Frage, welche Informationen aus der Vergangenheit geeignet sind, vernünftige Schlüsse über zukünftige Entwicklungen von Zinsen und der Gestalt von Zinskurven zu zulassen. Schon 1970 wies ROLL[1] einen Sachverhalt nach, der den meisten Portfoliomanagern aus bitterer Erfahrung bekannt ist, daß nämlich die einfache Beobachtung von Zinsveränderungen in der Vergangenheit keine aussagekräftigen Schlüsse über deren zukünftige Veränderungen zuläßt. In der hier vorgelegten Studie wird deswegen ein etwas anderer Weg beschritten. Wenn Rentenmärkte ein gewisses Maß an Effizienz aufweisen, müssen auch Zukunftserwartungen in den Markt eingepreist sein. Dabei ist es nicht so sehr relevant, ob diese Erwartungen auch eintreten, sondern eher ist es von Belang, ob diese Erwartungen ein erhebliches Element des zukünftigen Preisbildungsprozesses darstellen.

In diesem Zusammenhang wird zunächst die Idee der szenariobasierten Portfoliokonstruktion dargestellt. In den Abschnitten 3 und 4 geht es konkret um Faktorenmodelle und Laufzeitoptimierung im Sinne der Operationalisierung des Konzeptes. In Abschnitt 5 wird sodann das Resultat einer empirischen Untersuchung dargestellt, gefolgt von einer kurzen Bewertung und Zusammenfassung in Abschnitt 6.

---

[1] Vgl. Roll (1970).

2. Die Idee der szenariobasierten Portfoliokonstruktion

Der Managementprozeß eines nationales Rentenportfolios[2] läßt sich üblicherweise in zwei Schritte zerlegen: In einem ersten Schritt wird anhand des aktuellen makroökonomischen Szenarios und der Einschätzung über die weitere Zinsentwicklung die strategische Ausrichtung des Portfolios absolut oder gegenüber einer Benchmark festgelegt. Hierbei werden Kennzahlen wie die Duration oder die mittlere Restlaufzeit des Portfolios bestimmt und präzisiert. Im zweiten Schritt wird ausgehend von der aktuellen Zinsstrukturkurve und den Erwartungen über die Zukunft die Laufzeitenverteilung des Portfolios festgelegt. Dieser Teil des Prozesses wird von der Überlegung geleitet, daß eine bestimmte Zielduration mittels verschiedener Laufzeitstrukturen abgebildet werden kann, wobei je nach Form der Zinsstrukturkurve unterschiedliche Laufzeitverteilungen 'optimal' sein können. Hierbei spielt neben der Lage und Krümmung der aktuellen Zinsstrukturkurve insbesondere die erwartete Verschiebung der gesamten Kurve eine entscheidende Rolle. Letztendlich muß die zukünftige Dynamik von Zinsänderungen in den Portfoliooptimierungsprozeß einbezogen werden. An diesem Punkt greift das Konzept der szenariobasierten Portfoliooptimierung. Ausgehend von der aktuellen Zinsstrukturkurve werden mittels empirisch fundierter Zusammenhänge konsistente Szenarien für die Lage und Form der Zinskurve ermittelt.

Am einfachsten lassen sich Szenarien modellieren, wenn lediglich Parallelverschiebungen zugelassen werden. Die erwartete Rendite in den verschiedenen Szenarien ergibt sich durch eine für alle Laufzeiten konstante Veränderung der Renditen relativ zur aktuellen Zinskurve. In einer Verfeinerung kann dieser Spread laufzeitenabhängig ermittelt werden, um so der unterschiedlichen Volatilität kurz- und langfristiger Zinsen Rechnung zu tragen. Diese Vorgehensweise vernachlässigt jedoch Interdependenzen in der Entwicklung der Renditen unterschiedlicher Laufzeiten.

Die Terminzinskurve als Ausgangspunkt für die Szenariobildung

Wir wählen hier eine alternative Vorgehensweise. Ausgangspunkt unserer Überlegungen ist die aus der heutigen Zinsstrukturkurve abgeleitete Terminzinskurve für einen bestimmten Anlagehorizont. Gemäß der „Erwartungstheorie" spiegelt die Form und Lage der heutigen Zinsstrukturkurve alle Erwartungen des Marktes über die Zinsentwicklung in der Zukunft wider. Folglich ist die heute zu beobachtende Terminzinskurve der beste Schätzer für die zukünftige Zinsstrukturkurve.[3] Diese Annahme impliziert jedoch eine für kurze Planungszeiträume identische Gesamtrendite aller Restlaufzeitklassen. Unterstellt man nämlich, daß die heutige Termin-

---

[2] Wir beschränken unsere weiteren Ausführungen auf ein nationales Rentenportfolio aus Bundesanleihen. Damit stellt das Zinsänderungsrisiko die einzige Risikoquelle dar.
[3] Vgl. Fabozzi (1993), S. 204 ff.

zinskurve in der Zukunft tatsächlich realisiert wird, erzielen alle Anleihen unabhängig von ihrer Restlaufzeit eine identische Gesamtrendite über den Planungshorizont, die mit dem heutigen kurzfristigen Zins identisch ist.[4] Konsequenterweise wäre der Anleger indifferent zwischen einzelnen Segmenten der Zinsstrukturkurve. Diese Erkenntnis mißachtet freilich Risiken aus der Investition in unterschiedliche Laufzeitklassen und ist nur in einer Ökonomie ohne Unsicherheit zulässig. Aus diesem Grund wird sich in der Realität die realisierte Zinsstrukturkurve von der impliziten Terminzinskurve unterscheiden. Der Preisbildungsprozeß auf den Rentenmärkten wird aufgrund neuer Informationen zu einer neuen Bewertung der Anleihen und damit zu einer gegenüber der heutigen Terminzinskurve veränderten Zinskurve in der Zukunft führen.[5] Ungeachtet dessen bildet die Terminzinskurve einen 'ertragsneutralen' Ausgangspunkt für die Modellierung zukünftiger Zinskurven.

Die logische Alternative hierzu wäre die Verwendung der heutigen Zinsstruktur als Ausgangspunkt für die Szenariobildung. Wenngleich empirische Untersuchungen oftmals belegen, daß die aktuelle Zinsstruktur ein besserer Schätzer für die Zukunft ist, sind mit dieser Vorgehensweise theoretische Probleme verbunden. So müssen sich in einer Welt der Sicherheit immer die Terminzinsen einstellen, da nur diese einen erwartungs- bzw. ertragsneutralen Ausgangspunkt für die Performance einzelner Laufzeitklassen bilden.

Modellierung der Zinsstrukturdynamik

Zur Modellierung der Unsicherheit über die zukünftige Zinsentwicklung greifen wir auf eine faktoranalytische Untersuchung historischer Zinsbewegungen zurück. Die Empirie[6] zeigt, daß sich das dynamische Verhaltensmuster der Zinsstruktur, d.h. aufeinanderfolgende Verschiebungen der gesamten Struktur, durch wenige Faktoren beschreiben läßt. Die Kernidee hierbei ist, daß sich Abweichungen zwischen der heutigen Terminzinskurve und der später realisierten Zinsstrukturkurve auf wenige gemeinsame Faktoren zurückführen lassen. In der Regel genügen 2 bis 3 Faktoren, um das Verhalten der Zinskurve über die Zeit hinreichend genau zu modellieren. Die Zinssätze einzelner Restlaufzeiten weisen eine unterschiedliche Sensi-

---

[4] Dieses Ergebnis folgt direkt aus der Berechnung der Terminzinsen, wie folgendes Beispiel zeigt. Angenommen, die ein- und zweijährigen Zerorates betragen 7% bzw. 8%. Der implizite einjährige Terminzins $_1f_2$ in einem Jahr beträgt somit 9.01% (= $1.08^2/1.07$). Wenn diese Rendite für einjährige Zerobonds in einem Jahr genau realisiert wird, ergibt sich für den zweijährigen Zerobond in einem Jahr ein Preis von DM 91.74. Verglichen mit dem heutigen Preis des zweijährigen Zerobonds von DM 85.74 würde sich eine Gesamtrendite über ein Jahr von genau 7% (= 91.74/85.74 -1) ergeben, d.h. die einjährige realisierte Rendite des zweijährigen Zerobonds entspricht der heutigen einjährigen Zerobondrendite. Dieses Ergebnis läßt sich auf alle Restlaufzeiten übertragen.

[5] Wenngleich kein professioneller Anleger die zum heutigen Zeitpunkt implizite Terminzinskurve als Punktschätzer für die zukünftig zu erwartende Zinsstruktur verwenden würde, bildet paradoxerweise die Terminzinskurve den Ausgangspunkt für die Bewertung zahlreicher Zinsderivate (z.B. Swaps). Zugegebenermaßen erfolgt die Verwendung der Terminzinssätze in diesem Zusammenhang aus berechtigten Arbitrageüberlegungen und basiert nicht auf einem Erwartungsmodell.

[6] Vgl. beispielsweise Murphy/ Won (1995) und Madjlessi (1996).

tivität (Faktorladung) gegenüber den Faktoren auf, wodurch sich vielfältige Strukturen der Zinsstrukturkurve erfassen lassen.

Typischerweise kann man beobachten, daß der erste Faktor nahezu eine Parallelverschiebung („Shift") der Zinsstruktur, der zweite Faktor eine Drehung („Twist") und der dritte Faktor eine gegenläufige Entwicklung zwischen den Enden und der Mitte der Zinsstrukturkurve („Butterfly") beschreibt. Kennt man die Sensitivitäten der Zero-Rates auf diese Risikofaktoren, läßt sich, ausgehend von einem neutralen Basisszenario (das keine Zinsunsicherheit enthält und der Terminzinskurve entspricht), durch Variation der drei Faktoreinflüsse ein 'Szenariobaum' für die zukünftige Zinsstruktur entwickeln.

Im Gegensatz zur traditionellen Vorgehensweise der subjektiven Prognose von Zinsbewegungen, die sich zumeist nur auf das 'lange' und 'kurze' Ende der Zinskurve konzentrieren, entsteht auf diese Weise ein *konsistentes* 'Weltbild' der Zinsstruktur über den Planungshorizont, mit dessen Hilfe die heutige Laufzeitstruktur optimiert werden kann.

3. Faktorenmodelle zur Szenarioformulierung

Datenbasis und Berechnung der Zinsstruktur

Um über einen langen Zeitraum eine einheitliche Datenbasis zu erhalten, wurden für die nachfolgenden Untersuchungen die REX-Indizes verwandt. Der REX bildet den Markt der Staatspapiere am deutschen Rentenmarkt ab und erfaßt ca. 90 % der Umsätze in entsprechenden Papieren. Anhand der ebenfalls verfügbaren Subindizes können die Renditen[7] von synthetischen Anleihen mit einer ganzzahligen Restlaufzeit von einem bis zu zehn Jahren beobachtet werden, dabei handelt es sich um die sogenannte REX-Renditestruktur. Zusätzlich wurden die Renditen für Monatsgeld in die Untersuchung mit einbezogen. Die verwendete Datenhistorie reicht bei monatlichen Beobachtungen über einen Zeitraum von 30 Jahren (Januar 1967 bis April 1997).

Einen verkürzten Ausschnitt der Renditeentwicklung zeigt die nachfolgende Abbildung 1. Aus der Differenz von kurz- und langlaufenden Renditen läßt sich ein grober Eindruck von der Struktur der Renditekurven gewinnen. Sowohl Anfang der achtziger als auch am Beginn der neunziger Jahre können inverse und flache Renditestrukturen auf hohem Zinsniveau beobachtet werden. Bei niedrigem Zinsniveau dominiert durchgängig ein Anstieg der Renditekurve mit zunehmender Laufzeit. In diesem Sinne ist eine extrem „steile" Renditekurve am Ende des Untersuchungszeitraumes (März 1997) zu beobachten.

Doch sind die Renditen zur Szenariobildung geeignet? Bei der Berechnung der Rendite einer Kuponanleihe geht man davon aus, daß alle Zahlungen mit dem glei-

---

[7] Die Rendite entspricht dem *internen Zinsfuß* einer Zahlungsreihe.

chen Zinsfuß (interner Zins) diskontiert werden.[8] Da die Renditestruktur in der Regel jedoch nicht flach ist, weicht die Zinsstruktur, d.h. der fristigkeitsabhängige interne Zinsfuß von *Null-Kuponanleihen*, mit steigender Fälligkeit mehr oder weniger stark von der Renditestruktur ab (vgl. die Abbildungen 2 und 3).

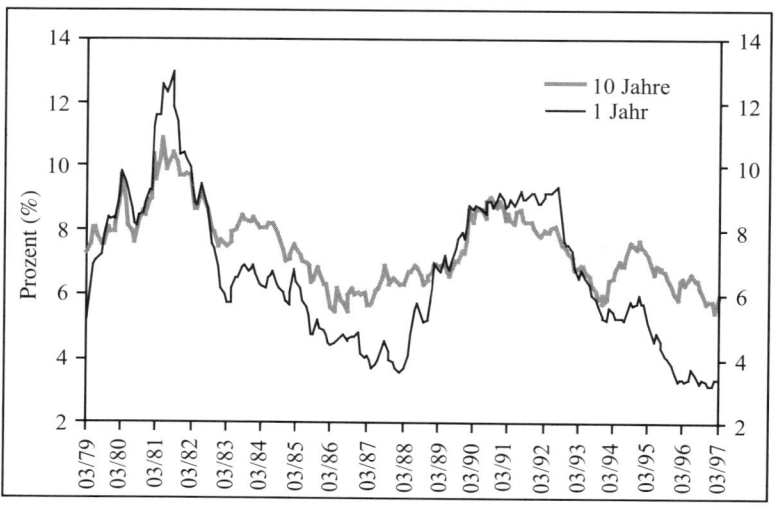

Abb. 1: Renditeentwicklung (REX)

Um sich hieraus ergebende Verzerrungen in der Szenarioformulierung zu vermeiden, wird aus der REX-Renditestruktur in einem iterativen Verfahren eine diskrete Zinsstruktur berechnet. Mit dem im Zeitpunkt t für die Subindizes bekannten durchschnittlichen Kupon c, der Laufzeit n und der Rendite $y_t(n)$ kann die Zero-Rate $z_t(n)$ für jede Laufzeit iterativ aus folgenden Gleichungen bestimmt werden:

(1) $\quad \dfrac{1+c}{1+y_t(1)} = \dfrac{1+c}{1+z_t(1)} \quad \Rightarrow \quad z_t(1) = y_t(1) \qquad$ (Zero-Rate 1 Jahr);

(2) $\quad \dfrac{c}{1+y_t(2)} + \dfrac{1+c}{[1+y_t(2)]^2} = \dfrac{c}{1+z_t(1)} + \dfrac{1+c}{[1+z_t(2)]^2} \quad \Rightarrow \quad z_t(2)$ (Zero-Rate 2 Jahre).

Wie man durch einfache algebraische Umformung zeigen kann, gilt allgemein für:

(3) $\quad z_t(n) = \sqrt[n]{\dfrac{1+c}{c\left(\sum_{i=1}^{n}[1+y_t(n)]^{-i} - \sum_{i=1}^{n-1}[1+z_t(i)]^{-i}\right) + [1+y_t(n)]^{-n}}} - 1.$

---

[8] Aufgrund der individuellen Auszahlungsmuster von Kuponanleihen ist die Rendite nur ein titelspezifisches Maß. Neben der Annahme, daß alle Zahlungen mit dem gleichen Zinsfuß diskontiert werden, unterstellt die Renditeberechnung auch die Reinvestition der Kuponzahlungen zum gleichen Zinsfuß.

Naturgemäß entsprechen sich Rendite und Zero-Rate für einjährige Restlaufzeiten (siehe Gleichung (1)). Setzt man die einjährige Zero-Rate mit den Renditen für ein- und zweijährige Anleihen in Gleichung (2) ein, so ergibt sich die zweijährige Zero-Rate. Durch weiteres iteratives Einsetzen läßt sich auf diese Weise die gesamte Zero-Rate-Struktur bestimmen.

Terminzinsen als Grundlage der Szenariokonstruktion

Im nächsten Schritt werden aus der Zinsstruktur die Terminzinsen für einen vorgegebenen Anlagehorizont bestimmt. Der n-jährige Terminzins $_tf_{t+h}(n)$, der im Zeitpunkt t für den Zeitpunkt $t+h$ beobachtet werden kann, bestimmt sich aus den Zero-Rates der Laufzeiten n und $n+h$:

(4) $\quad _tf_{t+h}(n) = \sqrt[n]{\dfrac{[1+z_t(n+h)]^{n+h}}{[1+z_t(h)]^h}} - 1$.

Hierbei ist:
h = Anlagehorizont in Jahren
$_tf_{t+h}(n)$ = n-jähriger Terminzins im Zeitpunkt t für den Zeitpunkt $t+h$
$z_t(n)$ = n-jährige Zero-Rate zum Zeitpunkt t

Den Zusammenhang zwischen den Zero-Rates und den Terminzinsen macht die folgende folgende Abbildung deutlich:

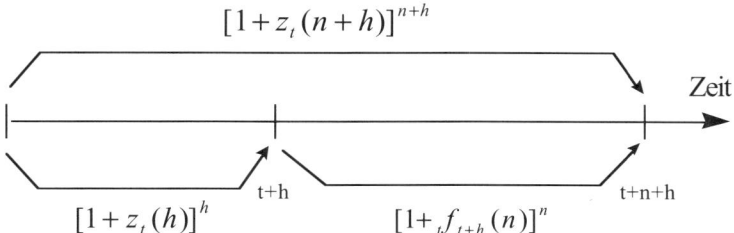

Da wir die Zero-Rates nur für ganzzahlige Laufzeiten kennen, werden Zero-Rates für unterjährige Laufzeiten ($z_t(n+h)$) aus den Werten ganzzahliger Restlaufzeiten linear interpoliert. Die Abbildungen 2 und 3 zeigen beispielhaft die Rendite-, Termin- und Zinsstruktur zu zwei ausgewählten Zeitpunkten. Die Terminzinsen beziehen sich auf einen Zielhorizont von 3 Monaten (h=0.25). Man erkennt, daß die Terminzinsen bei der Existenz einer inversen Zinsstruktur unterhalb und bei einer normalen Struktur oberhalb der zugrundeliegenden Zero-Rates liegen.[9]

---

[9] Aus dieser Sicht wird durch die Forward-Rates bei „normaler" Zinsstruktur und niedrigem Renditeniveau ein Anstieg und auf hohem Niveau bei inverser Struktur ein Abfallen der Zinsen impliziert. Die Höhe dieser implizierten Veränderung ist dabei gerade so groß, daß sich für alle Laufzeitklassen im Anlagehorizont die gleiche Gesamtrendite ergibt.

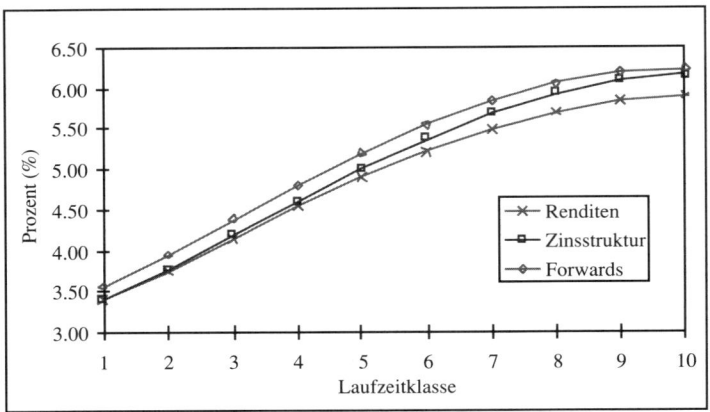

Abb. 2: Rendite- und Zinsstruktur, Terminzinsen[10] zum 31. März 1997

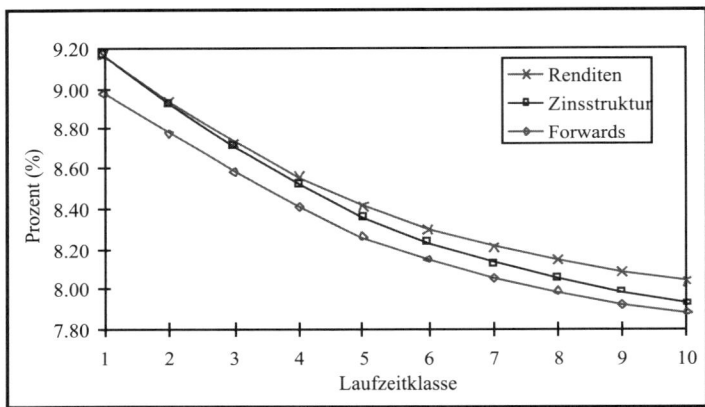

Abb. 3: Rendite- und Zinsstruktur, Terminzinsen[11] zum 30. Juni 1992

Unsere nachfolgenden Simulationen und Untersuchungen unterstellen einen Anlagezeitraum vom 3 Monaten. In einem ersten Schritt berechnen wir im Abstand von 3 Monaten die Zinsstruktur und die entsprechende dreimonatige Terminzinskurve. Um einen Eindruck von der „Prognosegüte" der Terminzinsen zu gewinnen, wird der durchschnittliche Fehler, d.h. die Differenz zwischen den Terminzinsen und der tatsächlich eingetretenen Zinsstruktur, untersucht. Tabelle 1a zeigt deskriptive Statistiken für zwei Untersuchungszeiträume von jeweils 12 Jahren Dauer. Zum Vergleich bietet Tabelle 1b die Statistiken bei Verwendung einer „naiven Prognose" mit den jeweils aktuellen Zero-Rates als Schätzer für die in 3 Monaten zu erwartende Zinsstruktur.

---

[10] Terminzinsen am 31. März 1997 für den 30. Juni 1997.
[11] Terminzinsen am 30. Juni 1992 für den 30. September 1992.

a) Abweichung des im Zeitpunkt t impliziterten n-jährigen Terminzinssatzes $_tf_{t+h}(n)$ für den Zeitpunkt $t+h$ von der realisierten Zero-Rate $z_{t+h}(n)$ zum Zeitpunkt $t+h$. Untersuchung von 48 disjunkten Dreimonats-Zeiträumen in jeweils 12 Jahren:

Zeitraum	Statistik[1]	M1[2]	Restlaufzeit (Jahre)									Mittel
			1	2	3	4	5	6	7	8	9	10	
09/78-09/90	μ	8	3	3	2	1	1	-0	-2	-3	-3	-0	1
	σ	90	88	83	76	70	67	64	63	62	60	60	71
03/85-03/97	μ	4	12	14	14	14	13	11	9	7	4	5	10
	σ	48	54	56	54	51	48	46	44	43	42	43	48

b) Abweichung der n-jährigen Zero-Rate $z_t(n)$ von der nach drei Monaten realisierten Zero-Rate $z_{t+h}(n)$. Untersuchung von 48 disjunkten Dreimonats-Zeiträumen in jeweils 12 Jahren:

Zeitraum	Statistik[1]	M1[2]	Restlaufzeit (Jahre)									Mittel
			1	2	3	4	5	6	7	8	9	10	
09/78-09/90	μ	-10	-9	-8	-7	-7	-7	-7	-7	-6	-5	-3	-7
	σ	90	85	81	75	69	66	64	62	61	59	59	70
03/85-03/97	μ	5	6	6	6	5	5	4	4	3	3	3	5
	σ	53	54	55	53	51	48	45	43	42	41	42	48

[1] μ=Mittelwert, σ=Standardabweichung; Angaben in Basispunkten (100 BP entsprechen 1%)
[2] Geldmarktsatz (1 Monat)

Tab. 1: Terminzinssatz und Zero-Rate als Schätzer der zukünftigen Zinsstruktur

Im Zeitraum von 1978 bis 1990 betrug die durchschnittliche Abweichung der Terminzinsen von der realisierten Zinsstruktur nur 0.01 Prozent (1 BP), jedoch bei einer Standardabweichung von immerhin 0.71 Prozent. Die Analyse des zweiten Untersuchungszeitraumes ('85-'97) zeigt, daß die Terminzinsen durchschnittlich ca. 10 Basispunkte über den realisierten Zero-Rates lagen, d.h. anhand dieser Schätzer war im Mittel mit einem stärkeren Zinsanstieg zu rechnen, als er tatsächlich realisiert wurde. Dennoch streute die Dreimonats-Prognose ca. 23 Basispunkte weniger (absolut 48 BP) um diesen durchschnittlichen Fehler. Tendenziell läßt sich in beiden Perioden feststellen, daß sowohl der Fehler als auch dessen Streuung mit zunehmender Restlaufzeit sinkt. Mit Blick auf die höhere Volatilität von Renditen kürzerer Laufzeit ist diese Beobachtung schlüssig. Die Güte der Ergebnisse ist jedoch nur schwer ohne Referenzgrößen zu beurteilen. Aus diesem Grund präsentiert Tabelle 1b die Statistiken einer „naiven Prognose" mit aktuellen Zero-Rates. Im Mittel sind nur geringe Unterschiede zu den Statistiken der Terminzinssätze zu beobachten. Während die Streuung der Fehler bis auf wenige Basispunkte identisch ist, liegt die durchschnittliche Abweichung von der realisierten Zinsstruktur in der zweiten Untersuchungsperiode sogar unter jener der Terminzinssätze. Damit sind die Terminzinsen – auf den ersten Blick – keine besseren Schätzer der zukünftigen Zinsentwicklung als die aktuellen Zero-Rates. Hieraus kann jedoch noch nicht geschlossen werden, daß es sich um gleichwertig substituierbare Schätzer für die Szenariobildung handelt. Schließlich ist es durchaus denkbar, daß die Fehler im Mittel zwar ähnlich – aber systematischer – und damit mit der Faktorenanalyse besser abzubilden sind.

Erfassung der Zinsunsicherheit mittels eines Faktorenmodells

Die Unsicherheit über die wahre Zinsstruktur und damit das Zinsänderungsrisiko spiegelt sich in der Differenz zwischen der heutigen impliziten Terminzinsstruktur und der am Zielhorizont (3 Monate) eingetretenen Zinsstrukturkurve wider. Ziel ist es nun, dieses 'Zinsänderungsrisiko' historisch möglichst umfassend zu erfassen, um damit, ausgehend von der heute bekannten Terminzinskurve, Szenarien für die Zukunft zu bilden. Hierzu verwenden wir die Faktorenanalyse. Mit der Faktorenanalyse, einem multivariaten statistischen Verfahren[12], gelingt es, die für alle Restlaufzeiten gemessenen unerwarteten Zinsänderungen durch wenige gemeinsame Faktoren zu erklären. Formal kann dieser Zusammenhang wie folgt dargestellt werden:

$$(5) \quad {}_t f_{t+h}(n) - z_{t+h}(n) = a(n) + b_1(n)F_{1,t} + b_2(n)F_{2,t} + b_3(n)F_{3,t} + \varepsilon_t(n) \quad \text{fr alle } n = 1,..,10$$

Dabei beschreiben $b_1(n),...,b_3(n)$ die Sensitivtäten (Faktorladungen) der gemessenen unerwarteten Zinsbewegung für die n-jährigen Zero-Rates bezüglich drei laufzeitunabhängiger Faktoren $F_{1,t},...,F_{3,t}$.[13] Neben dieser systematischen Risikokomponente erfaßt der Residualterm $\varepsilon_t(n)$ das unsystematische Risiko, welches nicht durch die gemeinsamen Faktoreinflüsse erklärt werden kann.

Modellgemäß sind die Faktoren $F_{1,t},...,F_{3,t}$ standardisierte Zufallsvariablen (Mittelwert=0, Standardabweichung=1), die zudem statistisch unabhängig sind. Bildet man daher den Erwartungswert der nach $a(n)$ aufgelösten Gleichung (5), so erhält man mit $E(a(n)) = E({}_t f_{t+h}(n) - z_{t+h}(n))$ den mittleren Prognosefehler, wie er auch in Tabelle 1a dargestellt wurde.

Zu jedem Anlagezeitpunkt t schätzen wir die Parameter der Gleichung (5) anhand einer Hauptkomponentenanalyse.[14] Inputvariablen sind die beobachteten Zinsdifferenzen der vorangegangenen 12 Jahre. Abbildung 4 zeigt beispielhaft die Ergebnisse der Faktorenanalyse vom 31. März 1997. Zunächst ist festzuhalten, daß bereits der erste Faktor ca. 89% der Gesamtvarianz erklärt. Die dazugehörigen Faktorladungen $\hat{b}_1(n)$ liegen in einem engen Band zwischen 0.40 und 0.55. Weicht der erste Faktor eine Standardabweichung von seinem Mittelwert ab (d.h. der Faktorwert beträgt Eins), so bewirkt dies – je nach Vorzeichen der Abweichung – eine Parallelverschiebung der Zinsstrukturkurve um 40 bis 55 Basispunkte. Dieser Faktor wird daher in der Literatur als „Shift"-Faktor bezeichnet.[15] Während der zweite Faktor noch 6.6% der Gesamtvarianz erklärt, kann der dritte Faktor nur noch weitere 3.1% an Erklärungsgehalt hinzufügen. Insgesamt wird damit jedoch ein Anteil von 98.2% der Varianz durch nur drei Faktoren erklärt.

---

[12] Vgl. z.B. Backhaus et al. (1994).
[13] In Übereinstimmung mit zahlreichen empirischen Untersuchungen reichen 3 Faktoren aus, um ca. 98% der Fehlervarianz (linke Seite von Gleichung (5)) abzubilden. Das methodische Vorgehen bedingt dabei, daß die Faktoren entsprechend ihres Erklärungsgehaltes (Kommunalität) absteigend sortiert werden. So wird der erste Faktor derart berechnet, daß er den größten Teil der Varianz erklärt.
[14] Alle Untersuchungen einschließlich der Hauptkomponentenanalyse und der Optimierung werden mit dem Statistikpaket SAS durchgeführt.
[15] Vgl. Murphy et al. (1995).

Wie Abbildung 4 erkennen läßt, unterscheiden sich die zuletzt genannten Faktoren jedoch grundsätzlich in ihrer Wirkung. Die Faktorladungen $\hat{b}_2(n)$ des zweiten sogenannten „Twist"-Faktors reichen bezüglich der Fristigkeit streng monoton fallend von 0.23 bei einem Jahr Restlaufzeit bis zu -0.15 bei zehnjähriger Laufzeit. Im Betrag von Null abweichende Faktorwerte bewirken daher eine Drehung der Zinsstruktur mit einer Fixierung bei viereinhalbjährigen Laufzeiten, wobei sich die kurzfristigen und langfristigen Zinsen in entgegengesetzte Richtungen bewegen. Die Sensitivitäten auf den dritten Faktor verlaufen annähernd spiegelbildlich zu dem Ladungsmuster des zweiten Faktors. Dieses Verhalten ist nicht ganz typisch. Normalerweise beschreibt der dritte Faktor ein gegenläufiges Verhalten zwischen den lang- bzw. kurzfristigen Zinsen und dem mittleren Laufzeitenbereich, so daß sich kurz- und langlaufende Zinsen in eine andere Richtung als die mittleren Laufzeitklassen bewegen. Er wird daher in der Literatur auch als „Butterfly"-Faktor bezeichnet.

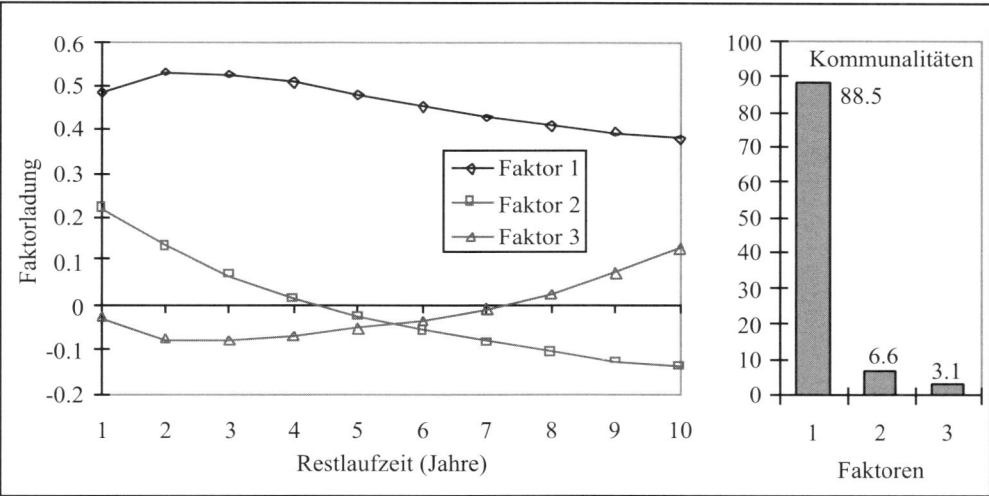

Abb. 4: Faktorladungen und Kommunalitäten zum 31. März 1997

Die Konstruktion faktorbasierter Szenarien

Kennt man die Faktorladungen, kann mit den heute bekannten impliziten Terminzinsen aus Gleichung (5) die erwartete Zero-Rate mit der Restlaufzeit n im Zeitpunkt $t+h$ bestimmt werden:

(6) $\hat{z}_{t+h}(n) = {}_t f_{t+h}(n) - \hat{a}(n) - \hat{b}_1(n) F_{1,t} - \hat{b}_2(n) F_{2,t} - \hat{b}_3(n) F_{3,t}$ für alle $n = 1,...,10$.

Die Faktoren sind „synthetische" Variablen, über deren zukünftige Größe zunächst keine Aussage getroffen werden kann. Neben der statistischen Unabhängigkeit sind jedoch konstruktionsbedingt Mittelwert (entspricht 0) und Standardabweichung (entspricht 1) ihrer Ausprägungen (der Faktorwerte) bekannt. Trifft man nun zusätzlich eine Annahme bezüglich ihrer Verteilung und unterstellt, daß die Wahrscheinlichkeit eines Wertanstiegs mit der einer Wertabnahme identisch ist, so lassen sich aus Gleichung (6) verschiedene Zinsstrukturszenarien berechnen.[16]

Zur Veranschaulichung werden in Tabelle 2 beispielhaft Szenarien für ein-, fünf- und zehnjährige Zero-Rates ermittelt. Grundlage der Berechnungen sind die im oberen Teil der Tabelle ausgewiesenen Zero-Rates vom 31. März 1997. Unter Anwendung von Gleichung (4) werden hieraus die Terminzinssätze für den 30. Juni ermittelt. Der zweite Tabellenabschnitt zeigt die Ergebnisse der Hauptkomponentenanalyse mit den Daten der vergangenen 12 Jahre. Dies sind im einzelnen die Faktorladungen $b_k(n)$ der Laufzeitklassen gegenüber den drei Faktoren sowie die durchschnittlichen Schätzfehler $a(n)$ der Terminzinsen $_tf_{t+h}(n)$ bezüglich der späteren Zero-Rates $z_{t+h}(n)$. Damit sind bis auf die Faktorwerte alle Parameter bekannt, um anhand von Gleichung (6) konsistente Zinsszenarien für den 30. Juni 1997 zu berechnen. Zur Veranschaulichung werden im unteren Teil von Tabelle 2 verschiedene Szenarien bezüglich der drei unabhängigen Faktoren berechnet. Erwartet man zum Beispiel,

Restlaufzeitklasse (n)	1 Jahr	. .	5 Jahre	. .	10 Jahre
n-jährige Zero-Rates z(n); Terminzinssätze f(n) für 3 Monate zum 31.März 1997					
$z(n)$	3.41	. .	5.01	. .	6.15
$f(n)$	3.56	. .	5.19	. .	6.23
Intercept a(n) und Faktorladungen $b_k(n)$ der Faktorenanalyse zum 31.März 1997					
$a(n)$	0.12	. .	0.13	. .	0.05
$b_1(n)$	0.49	. .	0.48	. .	0.38
$b_2(n)$	0.22	. .	-0.03	. .	-0.14
$b_3(n)$	-0.03	. .	-0.05	. .	0.13
Beispielszenarien für aufeinanderfolgende Variationen der ersten drei Faktoren um eine Standardabweichung(Multiplikation der Faktorladungen $b_k(n)$ mit eins).					
$f(n)-a(n)-b_1(n)$	2.96	. .	4.58	. .	5.80
$f(n)-a(n)-b_1(n)-b_2(n)$	2.74	. .	4.61	. .	5.93
$f(n)-a(n)-b_1(n)-b_2(n)-b_3(n)$	2.77	. .	4.66	. .	5.81

Tab. 2: Beispiel einer Szenarioberechnung für den 30. Juni 1997

---

[16] Eine Normalverteilung stellt im Untersuchungszeitraum eine hinreichend genaue Approximation der empirischen Verteilung dar. Aufgrund der Symmetrie sind Zu- und Abnahme der Faktorwerte gleich wahrscheinlich.

daß nur der erste Faktor um eine Standardabweichung von Null abweicht, so wird neben dem Absolutglied die mit Eins (eine Standardabweichung) multiplizierte Faktorladung vom Terminzinssatz subtrahiert (erste Zeile). In diesem Szenario würde man für die einjährigen Anleihen einen Zins von 2.96% und für die zehnjährigen Anleihen von 5.80% erwarten. In der nachfolgenden Zeile trifft man die zusätzliche Annahme, daß auch der zweite Faktor um eine Standardabweichung von seinem Mittelwert abweicht. Hierbei ist der bereits mehrfach erwähnte „Twist-Effekt" zu beobachten, wobei die Zinsstruktur mit einem Schwerpunkt bei 4.5 Jahren „gekippt" wird. Entsprechend sinken die einjährigen Zinsen auf 2.74%, und für die zehnjährigen Titel werden 5.93% erwartet. Die letzte Zeile zeigt den zusätzlichen Effekt des „Butterfly"-Faktors auf das Szenario.

Variiert man nun die einzelnen Faktoren um mehr als eine Standardabweichung, entsteht ein Szenariobaum, wie er in Abbildung 5 dargestellt ist. In diesem Beispiel wird der „Shift"-Faktor (Faktor 1) in einer Breite von zwei Standardabweichungen in neun Szenarien variiert. Hierauf folgt für jedes dieser Szenarien eine unabhängige Variation des zweiten und dritten Faktors (in je weitere drei Szenarien). Insgesamt ergeben sich damit 9x3x3=81 unterschiedliche Faktorszenarien, aus denen entsprechende Zinsstrukturszenarien resultieren. Für jeden Faktor werden die Veränderungen als auch die Wahrscheinlichkeiten derart berechnet, daß die gesamte Breite der Verteilung abgedeckt wird.[17] Je mehr Szenarien berechnet werden, desto genauer kann der Wahrscheinlichkeitsraum abgebildet werden. Dennoch ist eine sinnvol-

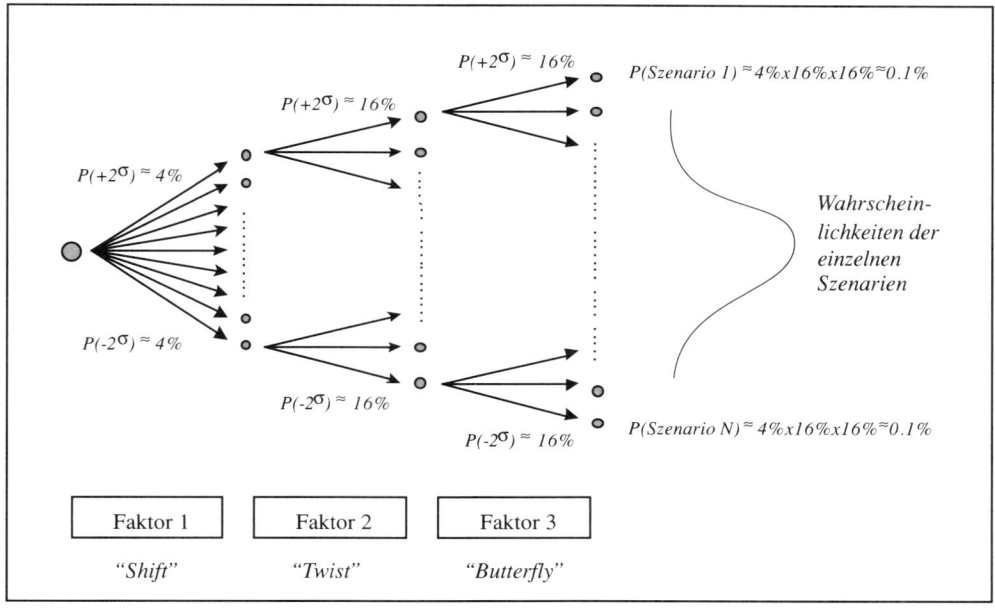

Abb. 5: Konstruktion der Faktorszenarien

---

[17] Zur sinnvollen Berechnung von Wahrscheinlichkeiten wird die Verteilung in entsprechende Intervalle unterteilt. Die äußeren Szenarien berücksichtigen den Rand der Verteilung.

le Beschränkung ihrer Anzahl vorzuziehen, da marginale Nutzenzuwächse mit einem exponentiell steigenden Rechenaufwand „erkauft" werden müssen. Da die Faktoren konstruktionsbedingt unabhängig sind, können die einzelnen Eintrittswahrscheinlichkeiten unmittelbar miteinander multipliziert werden. Im Ergebnis erhält man für jedes Szenario der Zinsstruktur eine zugeordnete Wahrscheinlichkeit.

Die folgenden Abbildungen 6 und 7 zeigen einen Teil der gebildeten Zinsstrukturszenarien zu zwei ausgewählten Zeitpunkten. Ausgangspunkt ist jeweils die Annahme, daß der erste Faktor entweder unverändert bleibt oder um drei Standardabweichungen von Null abweicht. Nimmt man jeweils noch eine Variation des zweiten Faktors um zwei Standardabweichungen an, so erhält man eine zusätzliche Drehung der Szenarien mit einer Fixierung bei viereinhalb Jahren Laufzeit (vgl. die Faktorladungen zum „Twist"-Faktor in Abbildung 4). Im rechten Teil der Graphik sind die Eintrittswahrscheinlichkeiten der einzelnen Szenarien dargestellt.

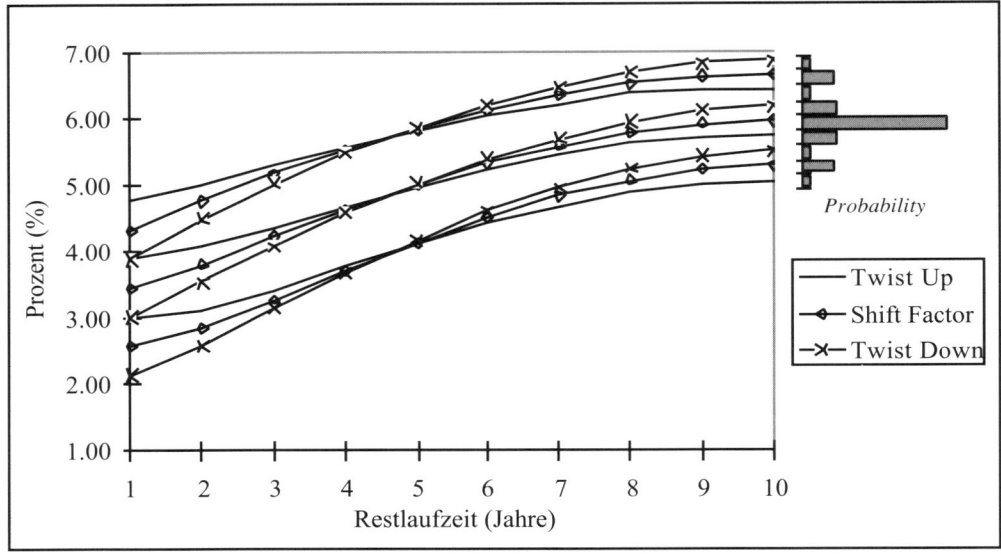

Abb. 6: Zinsszenarien (Auszug) zum 31. März 1997

Wie zu erkennen ist, sind starke Bewegungen in beiden Faktoren deutlich unwahrscheinlicher als beispielsweise eine reine Parallelverschiebung oder eine Drehung der Zinsstruktur auf gleichbleibendem Niveau. Zum Vergleich zeigt Abbildung 7 beispielhaft die modellierten Zinsszenarien bei Vorliegen einer inversen Zinsstruktur.

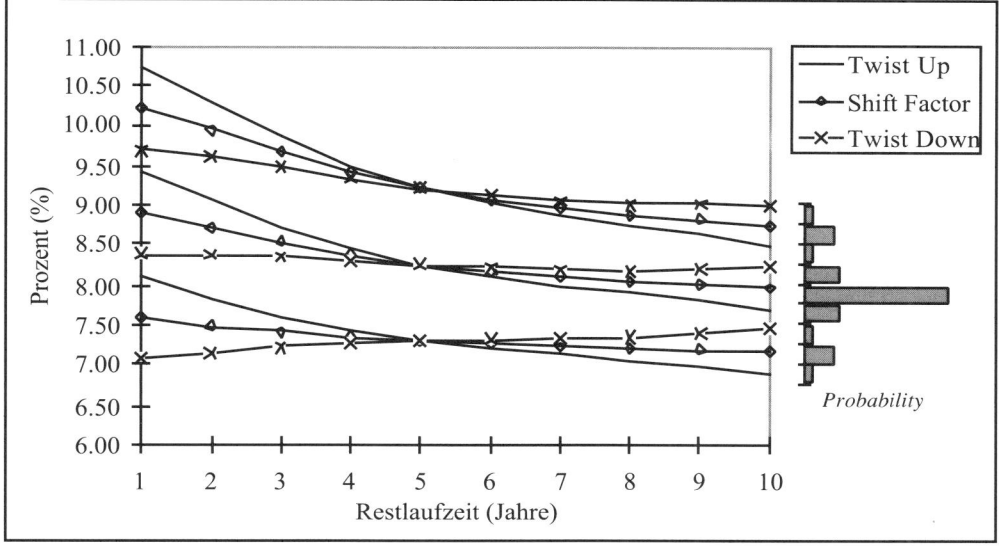

Abb. 7: Zinsszenarien (Auszug) zum 30. Juni 1992

4. Die Konzeption der Laufzeitoptimierung

Der Portfoliooptimierung legen wir das Ziel zugrunde, ausgehend von den über die Szenarien modellierten Zinsänderungen eine Laufzeitstruktur für das Rentenportfolio mit maximaler *risikoadjustierter* Gesamtrendite zu finden. Zur Modellierung dieser Zielsetzung verwenden wir die klassische Formulierung eines quadratischen Portfoliooptimierungsproblems. Das Portfoliorisiko wird als Standardabweichung der Portfolioerträge definiert. Bezeichnet $\mathbf{R}^e$ den n-Vektor mit den erwarteten Gesamtrenditen, $\mathbf{x}$ einen n-Vektor mit den Laufzeitgewichten $x(n)$ und Σ die $(n \times n)$ Kovarianzmatrix der Gesamtrenditen der Laufzeiten $n=1,...,10$, dann liegt der Portfoliooptimierung eine Nutzenfunktion zugrunde, wie sie formal mit Gleichung (7) beschrieben wird:

(7) $\quad Max. \ (1-\gamma)\mathbf{x}'\mathbf{R}^e - \gamma \mathbf{x}'\Sigma\mathbf{x}$.

Die Lösung des Problems bzw. die Maximierung des Nutzens führt zu einem n-Vektor, der die optimale Laufzeitverteilung im Portfolio beschreibt. Entsprechend der Zielvorgabe läßt sich das Optimierungsproblem absolut oder relativ zu einer vorgegebenen Benchmark formulieren.[18] Der *Koeffizient* γ mißt die Risikoaversion

---

[18] Bezeichnet $x_b(n)$ das Benchmarkgewicht der Restlaufzeitklasse n, und ersetzt man $x(n)$ durch $y(n) = [x(n) - x_b(n)]$, läßt sich das Optimierungsproblem nach entsprechender Anpassung der Nebenbedingungen relativ zu einer vorgegebenen Benchmark formulieren. Der Ertrag wird relativ zur Benchmark gemessen, das Risiko wird als Abweichungsrisiko (Tracking Error) erfaßt.

und bestimmt damit das Rendite/Risikoverhalten des optimalen Portfolios. Hohe γ-Werte kennzeichnen eine hohe Risikoaversion und führen damit tendenziell zu Portfolios mit geringerer erwarteter Gesamtvolatilität bzw. einem niedrigen Tracking Error. Inputparameter der Optimierung sind die erwartete Gesamtrendite jeder Restlaufzeitklasse n sowie die Risikostruktur in Form der Kovarianzmatrix.

Die Szenariobildung legt den Grundstein zur Bestimmung dieser Parameter. Zunächst berechnen wir für jede Restlaufzeitklasse n die *Gesamtrendite* $R^s(n)$ eines Kuponbonds[19] in jedem Szenario s über den Anlagehorizont. Diese szenariospezifische Gesamtrendite besteht zum einen aus den anteiligen Kuponerträgen und zum anderen aus der Preisveränderung aufgrund der unterstellten szenariospezifischen Zinsstruktur; die zweite Komponente erfaßt insbesondere den sogenannten Roll-Down Effekt, d.h. die aufgrund der Verkürzung der Restlaufzeit eingetretene Preisveränderung einer n-jährigen Anleihe. Zur Berechnung der Kuponerträge greifen wir auf den durchschnittlichen REX-Kupon der jeweiligen Restlaufzeitklasse zurück. Die zinsinduzierte Preisveränderung ergibt sich aus dem Vergleich des heutigen zinsstrukturkonformen Preises einer n-jährigen Kuponanleihe mit dem szenariospezifischen Wert einer entsprechenden *(n-3/12)*-jährigen Kuponanleihe. Die über den Anlagehorizont erwartete Gesamtrendite $E^s[R(n)]$ des n-jährigen Kuponbonds wird aus den Szenariowahrscheinlichkeiten und der szenariospezifischen Gesamtrendite ermittelt. Ebenso wird aus den Szenariowahrscheinlichkeiten und den szenariospezifischen Laufzeiterträgen die $(n \times n)$-Kovarianzmatrix der erwarteten Gesamtrenditen berechnet.

5. Experimentelles Design – historische Simulation

Die Simulation des Ansatzes erstreckt sich über einen Zeitraum von 17 Jahren. Das experimentelle Design wurde bereits mehrfach angedeutet. Wir unterstellen einen Anlagehorizont von 3 Monaten. Gemäß dieser Annahme erfolgt, beginnend mit dem ersten Optimierungsmonat, dem Januar 1979, im Abstand von 3 Monaten die Schätzung der Faktorladungen für die 3 Faktoren aus den unerwarteten Zinsänderungen der jeweils vergangenen 12 Jahre und darauf aufbauend die Erstellung der Zinsstrukturszenarien für den Zielhorizont. Um den empirischen Ergebnissen aus Tabelle 1 Rechnung zu tragen, aber auch, um mögliche Unterschiede in den Optimierungsergebnissen vergleichen zu können, erfolgt die Szenariobildung sowohl von der Terminzinskurve ausgehend als auch auf Basis der aktuellen Zinsstruktur. Entsprechend wird für beide Verfahren, aufbauend auf dem resultierenden Szenariobaum, dreimonatlich eine neue optimale Laufzeitstruktur ermittelt. Dabei wählen wir als Benchmark die Laufzeitstruktur des REX-Index. Die optimale Laufzeitstruktur wird jeweils unabhängig von dem drei Monate zuvor optimierten Portfolio

---

[19] Wenngleich es einfacher wäre, die Gesamtperformance von Zero-Bonds zu verwenden, greifen wir aus Gründen einer möglichst realitätsnahen Simulation auf Kuponbonds zurück.

berechnet; demzufolge werden keine Umsatzrestriktionen einbezogen. Um eine sinnvolle Diversifizierung sicherzustellen, wird jedoch der Anteil einer Restlaufzeitklasse am Portfolio auf 30% beschränkt. Für jedes Optimierungsintervall wird die ex-post realisierte Gesamtrendite des Portfolio berechnet. Hierbei wird wiederum unterstellt, daß die Rendite einer Laufzeitklasse durch die Performance eines entsprechenden Kuponbonds dargestellt werden kann; allerdings wird die Preisänderungskomponente anhand der tatsächlich eingetretenen Zinsstruktur nach drei Monaten ermittelt.

Die für die nachfolgenden Darstellungen verwendete Zeitreihe mit der Portfolioperformance entsteht aus der Verknüpfung der realisierten dreimonatlichen Portfoliorenditen. Um die Simulation möglichst realitätsnah zu gestalten, werden bei der Umschichtung 'Round-Turn'-Transaktionskosten von 10 Basispunkten unterstellt. Der Einfluß des Risikoaversionsparameters auf das ex-post realisierte Rendite/Risikoverhalten des Portfolios wird mit zwei unterschiedlichen Strategien untersucht: $\gamma = 0.95$ unterstellt eine eher passive, benchmarkkonforme Strategie, während mit $\gamma = 0.7$ eine aktive Strategie simuliert werden soll.

Ergebnisse der historischen Simulation

Tabelle 3 zeigt beispielhaft die optimierten Portfoliostrukturen zu vier ausgewählten Zeitpunkten, welchen in Abbildung 8 die jeweils zu beobachtenden Zinsstrukturen gegenübergestellt werden.

Laufzeit	30.09.90	30.06.92	30.06.93	31.03.97
1	30%	30.0%		
2		30.0%		
3		10.0%		
4				
5	10%			19.5%
6	30%		10.0%	30.0%
7	30%		30.0%	30.0%
8			30.0%	20.5%
9			30.0%	
10		30.0%		
Gesamt	100%	100%	100%	100%

Tab. 3: Optimierte Portfoliostrukturen ($\gamma = 0.70$) zu ausgewählten Zeitpunkten

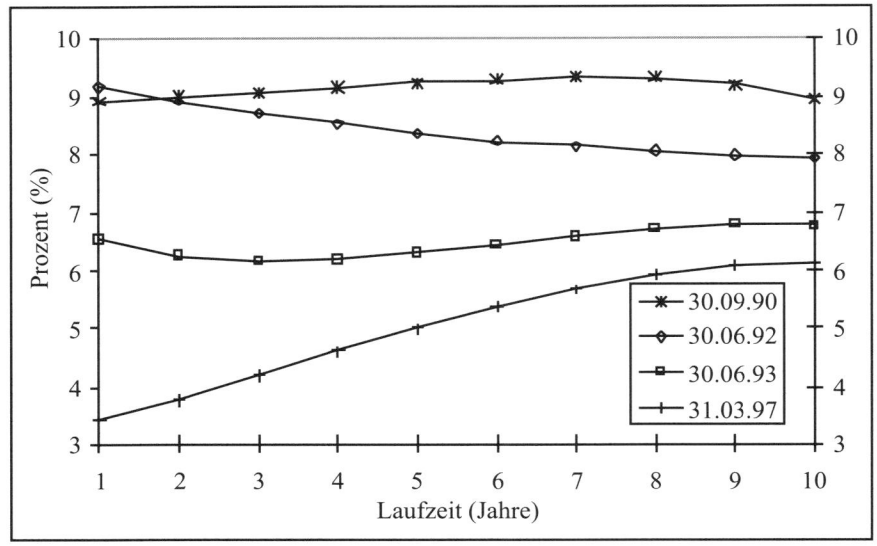

Abb. 8: Ausgewählte Zinsstrukturen

Man erkennt, daß die Optimierung zu 'logisch' nachvollziehbaren, d.h. schlüssigen Portfolios führt. Die inverse Zinsstruktur am 30.06.92 mündet in einem Anlageschwerpunkt in kurze Restlaufzeitklassen, wobei das Risiko durch eine Position am langen Ende gegenüber der Benchmark balanciert wird. Die Laufzeitstruktur am 31.03.97 ist entsprechend der stark ansteigenden Zinsstrukturkurve am mittleren bis langen Laufzeitenbereich konzentriert. Auch dies erscheint unter Risiko/Ertragsgesichtspunkten schlüssig.

Abbildung 9 zeigt die Performance der jeweils auf Basis der Terminzinsstruktur bzw. der aktuellen Zinskurve optimierten aktiven Strategie ($\gamma = 0.70$). Die Abbildung stellt jeweils die kumulierte relative Performance gegenüber der Benchmark REXP, d.h. der REX-Performancezeitreihe seit März 1979, dar. Entsprechend zeigt Abbildung 10 die Resultate für die passive Strategie ($\gamma = 0.95$).

Zunächst läßt sich beobachten, daß alle getesteten Strategien eine stabile und deutliche Überrendite (nach Transaktionskosten!) erwirtschaften.[20] Die aktive Strategie ($\gamma = 0.70$) erzielt im Untersuchungszeitraum verfahrensabhängig eine kumu-

---

[20] Bei der Bewertung der Ergebnisse ist zu beachten, daß sich ein Teil der Überrendite gegenüber dem REXP-Index allein auf die Berechnungsweise der REX-Indizes zurückführen läßt. Da der REX-Index die Restlaufzeiten konstruktionsbedingt konstant hält, bleiben Preisveränderungen aufgrund des Roll-Down-Effektes unberücksichtigt. Weil steile Zinsstrukturen deutlich häufiger als inverse Strukturen auftreten, führt dies zu einer leichten Verzerrung der relativen Performance gegenüber unseren Modellportfolios. Das Ausmaß dieses Effektes wird deutlich, wenn man die Strategie mit einem Risikoaversionsparameter $\gamma=1$ testet, d.h. das Minimum-Tracking-Error-Portfolio bestimmt. Eine Simulation ergab für diese Strategie eine durchschnittliche annualisierte Überrendite von ca. 0.34%.

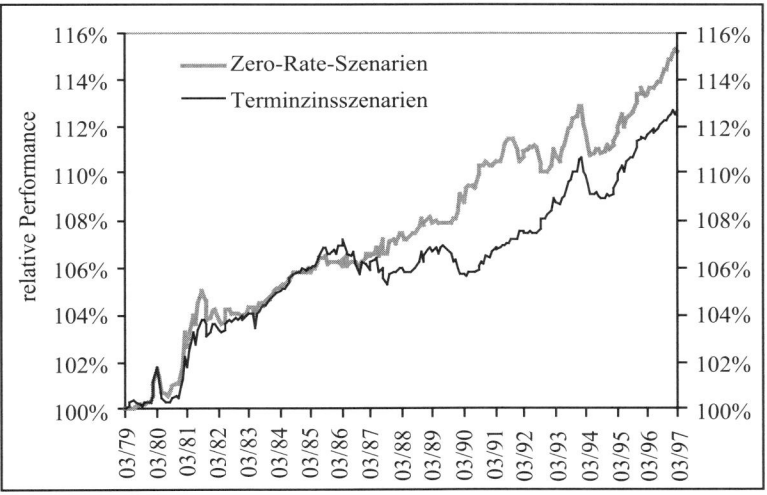

Abb. 9: Relative Performance der aktiven Strategie (γ = 0.70) vs. REXP-Index

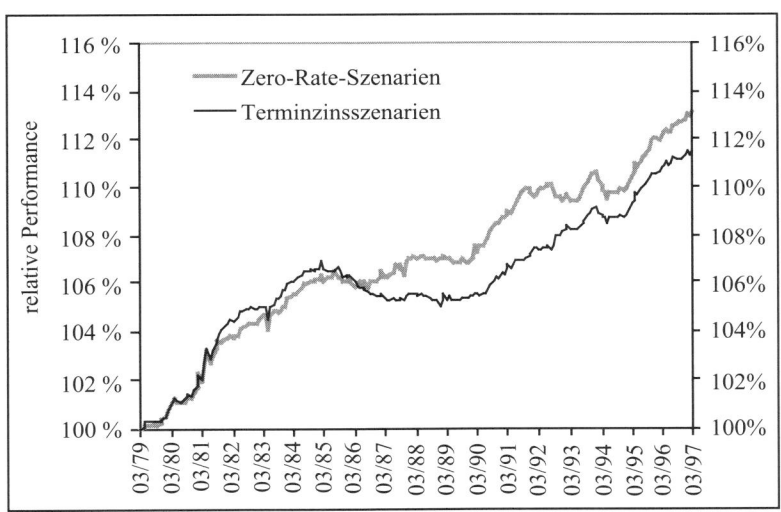

Abb. 10: Relative Performance der passiven Strategie (γ = 0.95) vs. REXP-Index

lierte Überrendite zwischen 12.6% und 15.3%, für die passive Strategie (γ = 0.95) entsprechend 11.4% und 12.9%. Sowohl für die aktive als auch für die passive Strategie führt die Szenariobildung auf Basis der aktuellen Zinsstruktur über den gesamten Untersuchungszeitraum zu besseren Resultaten, wenngleich die Unterschiede eher gering und insbesondere in der zweiten Hälfte der achtziger Jahre zu beobachten sind.

Dies wird auch in den beiden folgenden Tabellen 4a und 4b deutlich; sie zeigen für die aktive Strategie (=0.70) die jährliche Überrendite (Alpha) sowie die aus den monatlichen Renditen berechnete Gesamtvolatilität (annualisiert). Aus Gründen der Vergleichbarkeit sind die entsprechenden Werte für den REXP angegeben. Tabelle 3a enthält die Daten für die terminzinsbasierte Szenariobildung, entsprechend Tabelle 3b für die Szenariobildung auf der Basis der jeweils aktuellen Zinsstruktur. Die unterste Zeile zeigt jeweils die Ergebnisse für den Gesamtzeitraum 1980-1996. Für beide Verfahren erzielt die optimierte Portfoliostrategie eine mittlere Überrendite (unterste Zeile) von knapp 1% p.a., wobei das Risiko, gemessen an der Standardabweichung über den Gesamtzeitraum, im Vergleich zur Benchmark nur geringfügig höher ist. Die zweite Beobachtung spiegelt sich in der Analyse des Tracking Errors wider. Die Volatilität der aktiven Rendite (Tracking Error), gemessen aus den monatlichen Renditedifferenzen zwischen dem REXP und dem Portfolio, beträgt über den Gesamtzeitraum verfahrensunabhängig lediglich ca. 0.9% p.a. Besonders wichtig für die praktische Umsetzung ist die Stabilität der aktiven Rendite. Für die terminstrukturbasierte Szenariostrategie können in 4 von 17 Jahren positive Alphas gemessen werden. Für die auf Zero-Rates basierende Szenarioformulierung führt das Verfahren nur in 2 Jahren zu einem Minderertrag gegenüber dem REXP, wobei die Streuung während der letzten Jahre zugenommen hat.

a) Faktorszenarien wurden auf der Grundlage von Terminzinsen berechnet

Jahr(e)	Renditen p.a.			Risiko p.a.	
	REXP	Portfolio	Alpha	REXP	Portfolio
1980	3.1%	3.6%	0.5%	7.3%	6.0%
1981	5.1%	7.6%	2.5%	7.9%	6.4%
1982	18.6%	19.3%	0.8%	4.6%	4.2%
1983	4.9%	5.6%	0.7%	3.3%	4.0%
1984	13.2%	14.6%	1.4%	2.5%	2.5%
1985	10.3%	11.0%	0.8%	3.7%	4.1%
1986	8.6%	8.1%	-0.6%	3.5%	4.5%
1987	6.8%	6.5%	-0.4%	4.2%	5.1%
1988	4.9%	5.6%	0.7%	3.2%	3.7%
1989	1.6%	1.5%	-0.1%	3.4%	3.7%
1990	1.4%	1.5%	0.1%	4.7%	5.1%
1991	11.2%	12.0%	0.9%	2.7%	2.8%
1992	13.4%	14.5%	1.1%	3.2%	3.7%
1993	14.7%	17.1%	2.5%	2.2%	2.9%
1994	-2.5%	-3.9%	-1.4%	3.0%	3.5%
1995	16.7%	19.4%	2.7%	3.2%	3.8%
1996	7.5%	8.5%	1.0%	3.3%	3.6%
1980-1996	8.1%	8.9%	0.8%	5.9%	6.6%

b) Faktorszenarien wurden auf der Grundlage von Zero-Rates berechnet

Jahr(e)	Renditen p.a.			Risiko p.a	
	REXP	Portfolio	Alpha	REXP	Portfolio
1980	3.1%	4.1%	1.0%	7.3%	6.2%
1981	5.1%	7.7%	2.6%	7.9%	5.8%
1982	18.6%	18.6%	0.1%	4.6%	3.9%
1983	4.9%	5.6%	0.7%	3.3%	3.9%
1984	13.2%	14.4%	1.2%	2.5%	2.4%
1985	10.3%	10.7%	0.4%	3.7%	3.9%
1986	8.6%	8.8%	0.1%	3.5%	3.5%
1987	6.8%	7.5%	0.7%	4.2%	5.1%
1988	4.9%	5.9%	0.9%	3.2%	3.7%
1989	1.6%	1.7%	0.1%	3.4%	3.3%
1990	1.4%	3.7%	2.3%	4.7%	3.8%
1991	11.2%	11.6%	0.4%	2.7%	2.3%
1992	13.4%	12.4%	-1.0%	3.2%	2.4%
1993	14.7%	17.6%	2.9%	2.2%	3.1%
1994	-2.5%	-4.1%	-1.6%	3.0%	3.8%
1995	16.7%	19.3%	2.6%	3.2%	3.9%
1996	7.5%	8.8%	1.3%	3.3%	3.9%
1980-1996	8.1%	9.0%	0.9%	5.9%	6.2%

Tab. 4: Annualisierter Ertrag und Risiko der aktiven Portfoliostrategie ($\gamma = 0.70$)

6. Zusammenfassung – Ausblick

Auf den ersten Blick erscheinen die Ergebnisse eher ernüchternd – eine aktive Rendite von knapp 1% p.a. ist auch nach Transaktionskosten relativ bescheiden. Eine Bewertung der Ergebnisse ist jedoch nur im Rahmen des Annahmengerüsts erlaubt. Die Portfolioerstellung erfolgte unabhängig von subjektiven Prognosen und war bis auf die eher willkürliche Annahme einer Gewichtungsobergrenze von 30% frei von sonstigen Restriktionen. Insbesondere wurde keine aktive Durationsvorgabe in dem Prozeß berücksichtigt. Gerade dieser Schritt ist aber wesentlicher Bestandteil eines aktiven Managementansatzes. Dessen ungeachtet zeigen sich auch modellimmanente Schwächen, die es in Verfeinerungen zu berücksichtigen gilt. Die Portfoliooptimierung stützt sich im wesentlichen auf die Form und Krümmung der aktuellen Zinskurve; das gleiche gilt für die Szenarioformulierung, die letztendlich 'typische' Zinsstrukturbewegungen unabhängig vom aktuellen Niveau in der Zukunft fortschreibt. Die Portfoliooptimierung wird daher tendenziell auf die Risikokomponente fokussiert. Diese Feststellung wird auch durch den geringen ex-post-Tracking Error von weniger als 1% p.a. dokumentiert. Bei allen Vorbehalten sollte jedoch eines nicht vergessen werden: Immerhin impliziert eine aktive Rendite von ca. 1% p.a bei einem Tracking Error von weniger als 1% eine Information Ratio, die größer als 1 ausfällt! Dies ist, gemessen an den Ergebnissen anderer quantitativer Ansätze, durchaus ein ansprechendes Resultat.

Unter diesem Blickwinkel betrachtet sind die Ergebnisse ermutigend und bieten genügend Anregungen für Verfeinerungen und Anwendungsmöglichkeiten. Gerade in der Risikosteuerung von Rentenportfolios bietet die Modellierung der Zinsunsicherheit in Form eines dreidimensionalen Faktormodells eine Fülle weitergehender Informationen, die mit dem klassischen Risikomaß „Duration" nur sehr schwer oder überhaupt nicht abzubilden sind.

Literaturverzeichnis

Backhaus K./ Erichson, B./ Plinke, W./ Weiber, R. (Backhaus et al., 1994): *Multivariate Analysemethoden*, 6. Aufl., Berlin 1994.
Fabozzi F. J. (Fabozzi, 1993): *Bond Markets – Analysis and Strategies*, 2nd ed., 1993.
Fabozzi, F. J./ Fabozzi, T. D. (Fabozzi/ Fabozzi, 1995): The structure of interest rates, in: Fabozzi, F. J. (ed.), *The Handbook of fixed income securities*, 4th ed., Burr Ridge/ New York 1995, S. 113-137.
Illmanen, A. (Illmanen, 1995): Overview of Forward Rate Analysis, in: Salomon Brothers (ed.), *Fixed-Income Research*, New York 1995.
Levin, F. (Levin, 1996): *Die Erwartungstheorie der Zinsstruktur*, 1996.
Madjlessi, F. (Madjlessi, 1996): *Gauß-Zinsmodelle und Bewertung an der Deutschen Terminbörse*, Frankfurt am Main 1996.
McEnally, R. W./ Jordan, J. V. (McEnally/ Jordan, 1995): *The term structure of interest rates*, in: Fabozzi, F. J. (ed.), *The Handbook of fixed income securities*, 4th ed., Burr Ridge/ New York 1995, S. 779-829.
Murphy, B. P./ David, W./ Gulrajani, D. (Murphy et al., 1995): *Valuation and Risk Analysis of International Bonds*, BARRA 1995.
Roll, R. (Roll, 1970): *The Behavior of Interest Rates*, New York 1970.

Visualisierung der Zinssensitivität von Rentenportfolios

von Matthias Kaltenbacher/ Herold C. Rohweder

1. Einführung
2. Modellierung von Renditekurvenszenarien
3. Häufigkeitsanalyse der Renditeszenarien
4. Simulation der Wertentwicklung von Rentenportfolios
5. Anwendungen im Portfoliomanagement
6. Schlußbemerkungen

1. Einführung

Das Zinsrisikomanagement eines Rentenportfolios kann auf mehrere Arten erfolgen. Bei dem am weitesten verbreiteten Ansatz werden für Portfolios Sensitivitätskennzahlen, wie die Duration und Konvexität, berechnet. Ein wesentlicher Nachteil bei der Anwendung dieser Maßzahlen liegt in ihrem Approximationscharakter bei größeren Zinsveränderungen und in der Vernachlässigung der Zeitdimension. Einen ergänzenden Ansatz dazu bildet die sogenannte Horizontanalyse[1], bei der die zu erwartende Wertentwicklung eines Rentenportfolios für ein bestimmtes Zinsszenario bei gegebenem Anlagehorizont berechnet wird. Eine Schwäche der Horizontanalyse liegt in der Formulierung eines einzigen Szenarios und somit in der ungenügenden Erfassung der Zinssensitivität eines Portfolios. Die Formulierung eines Renditeszenarios stellt nur eine Punktprognose dar. Diese kann jedoch wenig aussagekräftig sein für die zu erwartende Wertentwicklung bei nicht exakter Erfüllung der Prognose.

Ziel des vorliegenden Artikels ist die Motivierung einer visuellen Darstellungsform für Zinssensitivitäten von Rentenportfolios, welche die Nachteile der genannten Ansätze vermeidet. Potentielle zinsänderungsbedingte Wertentwicklungsrisiken lassen sich durch Simulationsrechnungen kalkulieren. Dabei werden die betrachteten Rentenmarktszenarien direkt aus den typischen Bewegungselementen der Renditekurve hergeleitet und um Wahrscheinlichkeitsaussagen ergänzt. Die grafische Darstellung bietet den Vorteil, den hohen Informationsgehalt der Simulationsergebnisse schnell zugänglich zu machen.

Den Ausgangspunkt bildet die Horizontanalyse zur Berechnung der zu erwartenden absoluten bzw. zu einem Referenzportfolio relativen Wertentwicklung für verschiedene Strukturkurven bei gegebenem Anlagehorizont. Die Anzahl der betrachteten Renditeszenarien wird dabei groß genug gewählt, um eine umfassende Beschreibung der Portfoliosensitivität gegenüber nahezu allen potentiellen Zinsveränderungen zu ermöglichen. Als Anhaltspunkt für die Eintrittswahrscheinlichkeit der potentiellen Renditeszenarien werden die historischen Zinsstrukturkurven und deren Bewegungen statistisch untersucht. Analysen zu den historischen Ausmaßen von Zinsveränderungen, Zinsniveaus oder der Steilheit der Strukturkurve liefern wertvolle Aussagen über die Häufigkeit der alternativen Renditeszenarien.

Um den Rechenaufwand in vernünftigem Rahmen zu halten, muß zuvor eine sinnvolle Einschränkung der betrachteten Zinsszenarien erfolgen. Statistische Untersuchungen belegen, daß sich historische Renditekurvenverschiebungen bereits durch zwei bis drei typische Strukturkurvenbewegungen gut beschreiben lassen.[2] Die Beschränkung auf zwei Faktoren erlaubt – bei hinreichend guter Approximation – die Modellierung der potentiellen Renditeszenarien im zweidimensionalen Raum und somit deren grafische Darstellung.

---

[1] Vgl. Fabozzi (1991), S. 81 ff.
[2] Vgl. z.B. Litterman/ Sheinkman (1991) oder für den deutschen Rentenmarkt Bühler/ Zimmermann (1996).

In den folgenden Abschnitten werden die Komponenten der visuellen Zinssensitivitätsanalyse mit dem Ziel beschrieben, die grundlegenden Konzepte zu erläutern. Die Ausführungen erfolgen unter vereinfachenden Annahmen. Diese Vereinfachungen erleichtern die Darstellung der Methode beträchtlich. Sie bilden jedoch keine Voraussetzung für die Anwendbarkeit der Zinssensitivitätsanalyse. Ausgangspunkt ist ein DM-Renten-Investor, der seinen Entscheidungen einen Anlagehorizont von 12 Monaten zugrunde legt. Die Anlagemöglichkeiten beschränken sich auf zehn Par-Anleihen mit exakten Restlaufzeiten von einem bis zu zehn Jahren. Das Portfolio ist stets voll investiert, die aktuelle Renditekurve ist bekannt.

In Abschnitt 2 erfolgt zunächst eine kurze Diskussion des verwendeten Zinsstrukturmodells. Anhand einer Faktorenanalyse werden typische Renditekurvenbewegungen extrahiert. Mit diesen Faktoren werden sodann die betrachteten Zinsszenarien erzeugt. Die resultierenden Strukturkurven lassen sich schließlich in einem Szenarienraum grafisch abbilden. In Abschnitt 3 wird der Szenarienraum um Aussagen über die Eintrittswahrscheinlichkeit der verschiedenen Zinsszenarien ergänzt. Anhand einer Schätzung der gemeinsamen Dichtefunktion für die Einjahresveränderung der ein- und zehnjährigen Renditen werden Häufigkeitsbereiche für die zu erwartenden Renditekurven hergeleitet. Abschnitt 4 beschreibt die Berechnung der Wertentwicklung eines Rentenportfolios mittels der Horizontanalyse. Die Performanceberechnung erfolgt dabei für den kompletten Szenarienraum und vervollständigt somit das Zinssensitivitätsdiagramm. In Abschnitt 5 werden einige Anwendungsmöglichkeiten der Zinssensitivitätsanalyse im praktischen Bondmanagement skizziert. Abschnitt 6 beschließt den Beitrag mit einigen Schlußbemerkungen.

2. Modellierung von Renditekurvenszenarien

Ziel von Modellen zur Renditestruktur ist es, eine Erklärung bzw. Beschreibung der „term structure" der Zinsen und deren Bewegungen zu liefern. Im wesentlichen lassen sich zwei Ansätze zur Modellierung von Renditestrukturkurven unterscheiden. Zum einen versuchen kapitalmarkttheoretische Modelle die Struktur und Bewegung von Renditekurven mittels gleichgewichtstheoretischer (Multi-)Faktormodelle zu erklären.[3] Zum anderen werden statistische Methoden herangezogen, um die typischen Strukturen bzw. deren zeitliche Veränderungen aus historischen Daten zu extrahieren.[4]

Da das Interessse des vorliegenden Beitrages weniger in der theoretischen Konsistenz des Ansatzes als vielmehr in der Anpassungsgüte an beobachtbare Renditekurvenverschiebungen liegt, wurde letzterer Weg beschritten, und die historischen Strukturkurvenverschiebungen anhand einer Faktorenanalyse analysiert.[5]

---

[3] Vgl. z.B. Vasicek (1977), Cox et al. (1985) und Heath et al. (1992).
[4] Vgl. z.B. Litterman/ Scheinkman (1991) und den Beitrag von LANGEWAND/ NIELSEN in diesem Band.
[5] Aus gleichgewichtstheoretischer Sicht impliziert dies, daß das daraus abgeleitete Strukturkurvenmodell nicht notwendigerweise nur arbitragefreie Renditebewegungen garantiert.

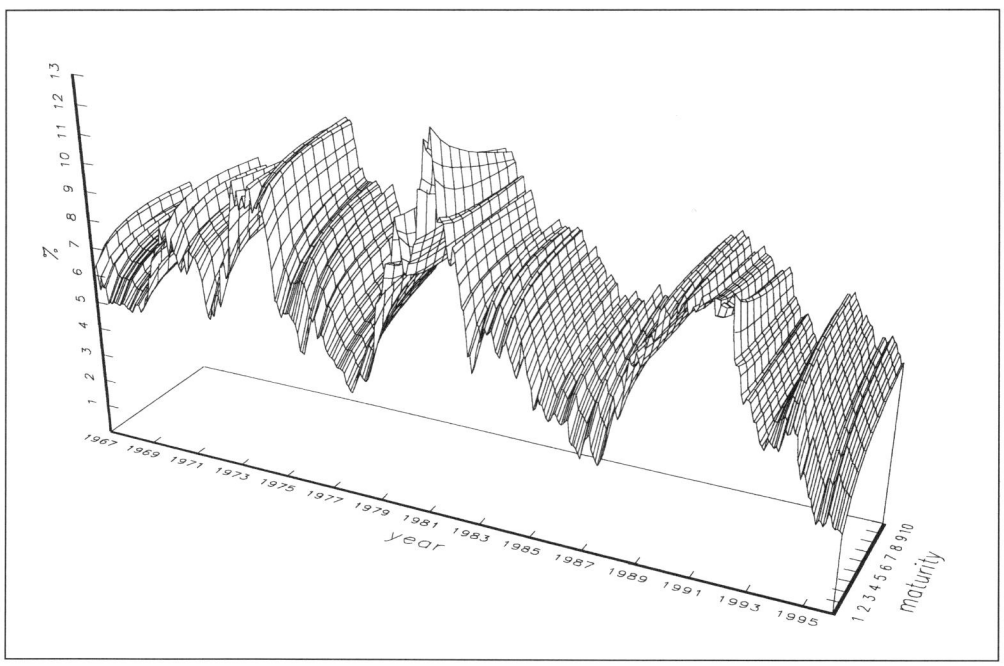

Abb. 1: Historischer Renditekurvenverlauf

(Quelle: Renditenstruktur am Rentenmarkt, Bundesbank:
Statistische Beihefte zum Monatsbericht 2, Tab. II. 7. e)

Abbildung 1 zeigt den historischen Verlauf der monatlichen Renditeniveaus von Bundeswertpapieren mit Restlaufzeiten von einem bis zu zehn Jahren von 1967 bis 1996. Bei der Betrachtung des Kurvenverlaufs lassen sich bereits zwei wichtige Eigenschaften der Renditekurvenbewegungen erkennen. Erstens können Zinsanstiegs- bzw. Zinsabstiegsphasen über das gesamte Laufzeitenspektrum beobachtet werden. Die Zinsniveaus unterschiedlicher Restlaufzeitensegmente bewegen sich im wesentlichen gleichgerichtet. Zweitens ist die Volatilität der Zinsveränderungen in den kürzeren Laufzeiten deutlich höher als bei den Langläufern. Überwiegend herrscht eine sogenannte normale Zinsstrukturkurve mit höheren Renditen in den längeren Laufzeiten vor. Allerdings variiert die Steilheit der Kurve während des Zinszyklus und kann auch zu inversen Zinstrukturen führen.

Diese Beobachtungen legen die Vermutung nahe, daß die Bewegungen der einzelnen Restlaufzeitensegmente nicht unabhängig voneinander erfolgen, sondern daß die gesamte Strukturkurve durch gemeinsame Ursachen (Faktoren) beeinflußt wird. Mittels des statistischen Verfahrens der Faktorenanalyse lassen sich solche gemeinsamen Faktoren aus den Beobachtungen extrahieren.[6] Gegenstand der Fak-

---

[6] Zur Faktoren- bzw. Prinzipalkomponentenanalyse siehe neben anderen Johnson/ Wichern (1992).

torenanalyse sind die monatlichen Veränderungen der in Abbildung 1 grafisch dargestellten Renditestrukturkurven von Januar 1967 bis Dezember 1996.[7]

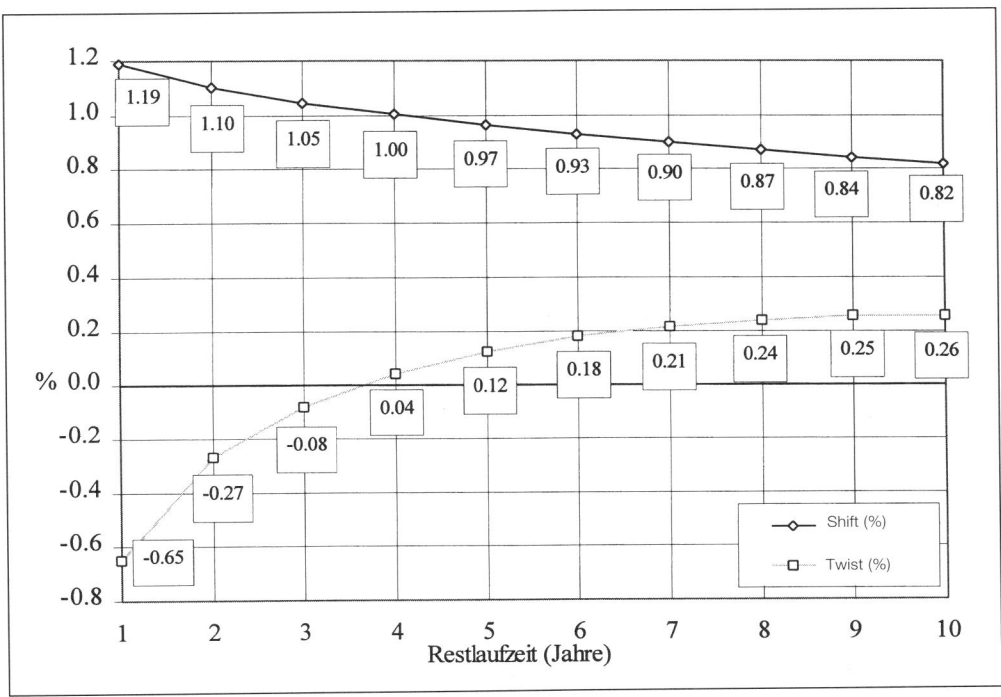

Abb. 2 Shift- und Twist-Faktor

Die Ergebnisse der Faktorenanalyse sind in Abbildung 2 (bzw. Tabelle 1) wiedergegeben. Dargestellt sind die zwei bezüglich ihres Erklärungsanteils dominierenden Faktoren der historischen Einmonats-Zinsbewegungen.[8] Die Struktur dieser Faktoren bestätigt im Einklang mit ähnlichen Untersuchungen[9] die obigen Beobachtungen. Der Faktor mit dem größten Erklärungsanteil für die Renditebewegungen (Eigenwertanteil ca. 91%) weist für alle Laufzeiten einen gleichgerichtet positiven Einfluß auf und läßt sich somit als Standardverschiebungsfaktor (Shift- oder Level-Faktor) der Strukturkurve interpretieren. Die Einmonats-Standardverschiebung der

---

[7] Trotz einiger Unzulänglichkeiten bei dem angewandten Schätzverfahren stellen die von der Bundesbank berechneten Zeitreihen – vor allem aufgrund ihrer drei komplette Zyklen umfassenden Historie – wertvolles Datenmaterial für die statistische Analyse der typischen Renditestrukturkurvenbewegungen am deutschen Rentenmarkt dar.
[8] Die Ergebnisse werden als annualisierte Renditen wiedergegeben. Zudem werden die Faktoren bezüglich ihrer historischen Faktorladung standardisiert, d.h. die Größenordnungen der Faktorelemente geben die annualisierte Einstandardabweichungsbewegung in Prozentpunkten an.
[9] Vgl. u.a. Bühler/ Zimmermann (1996).

Renditekurve verläuft allerdings nicht parallel.[10] Entsprechend den obigen Beobachtungen fallen Zinsbewegungen im kurzen Laufzeitenbereich stärker aus als am langen Ende der Strukturkurve. In ca. zwei von drei Fällen (Einstandardabweichungsereignis) beträgt das zu erwartende Ausmaß einer Zinsänderung über 12 Monate in den Einjahresrenditen weniger als 1.19% und in den Zehnjahresrenditen weniger als 0.82%. Steigende Zinsen gehen demnach regelmäßig mit einer sich abflachenden Strukturkurve einher. Im Extrem invertiert die Renditekurve.

Der zweite Faktor kann als Standarddrehung der Strukturkurve (Twist- oder Slope-Faktor) interpretiert werden, welche die Steilheit der Renditekurve (über den ersten Faktor hinaus) verändert. Zusammen mit dem Shift-Faktor werden bereits 99% der historischen Varianz der Einmonats-Zinsbewegungen erklärt. Von erwähnenswertem Erklärungsanteil (ca. 1%) verbleibt nur noch der dritte Faktor, welcher vorwiegend die Krümmung der Strukturkurve (Butterfly- oder Curvature-Faktor) beeinflußt. Die übrigen Faktoren beschreiben im wesentlichen unsystematische, auf wenige Laufzeiten beschränkte Krümmungsänderungen.

RLZ	Faktoren		aktuelle Zinsstruktur	Zinsstrukturverschiebung		Zinsstruktur-szenario
	Shift	Twist		+0.6 Shift	-1.2 Twist	
1	1.19	-0.65	6.65	0.71	0.78	8.14
2	1.10	-0.27	6.95	0.66	0.33	7.94
3	1.05	-0.08	7.15	0.63	0.09	7.87
4	1.00	0.04	7.29	0.60	-0.05	7.84
5	0.97	0.12	7.39	0.58	-0.15	7.82
6	0.93	0.18	7.46	0.56	-0.21	7.81
7	0.90	0.21	7.51	0.54	-0.26	7.79
8	0.87	0.24	7.55	0.52	-0.29	7.78
9	0.84	0.25	7.58	0.51	-0.30	7.79
10	0.82	0.26	7.60	0.49	-0.31	7.78

Tab. 1: Berechnung von Renditekurvenszenarien

Aufgrund der Tatsache, daß die historischen Zinsbewegungen bereits durch zwei Faktoren (Shift- und Twist-Faktor) hinreichend genau beschrieben werden, lassen sich mit ihnen realitätsnahe Szenarien für komplette Renditekurven erzeugen. Tabelle 1 verdeutlicht exemplarisch das Vorgehen bei der Berechnung von Ren-

---

[10] Die Ergebnisse der Faktoranalyse sind jedoch mit der Hypothese eines nahezu parallelen Shift-Faktors vereinbar. In Verbindung mit dem zweiten (und insbesondere dritten) Faktor läßt sich durch Faktorrotation ein Parallelverschiebungsfaktor herleiten.

ditekurvenszenarien. Ausgehend von der zum Analysezeitpunkt aktuellen Renditestrukturkurve[11] werden alle potentiellen Renditeszenarien durch Addition bzw. Subtraktion von Vielfachen der Shift- und Twist-Faktoren erzeugt. In Tabelle 1 wird konkret ein Szenario berechnet, welches sich ergibt, wenn die Ausgangskurve („aktuell") eine Verschiebung gemäß Shift-Faktor um +0.6 Standardabweichungen und eine Drehung gemäß Twist-Faktor um -1.2 Standardabweichungen erfährt. Die aus diesen Bewegungen resultierende Renditekurve („Szenario") ist in Abbildung 3 dargestellt.

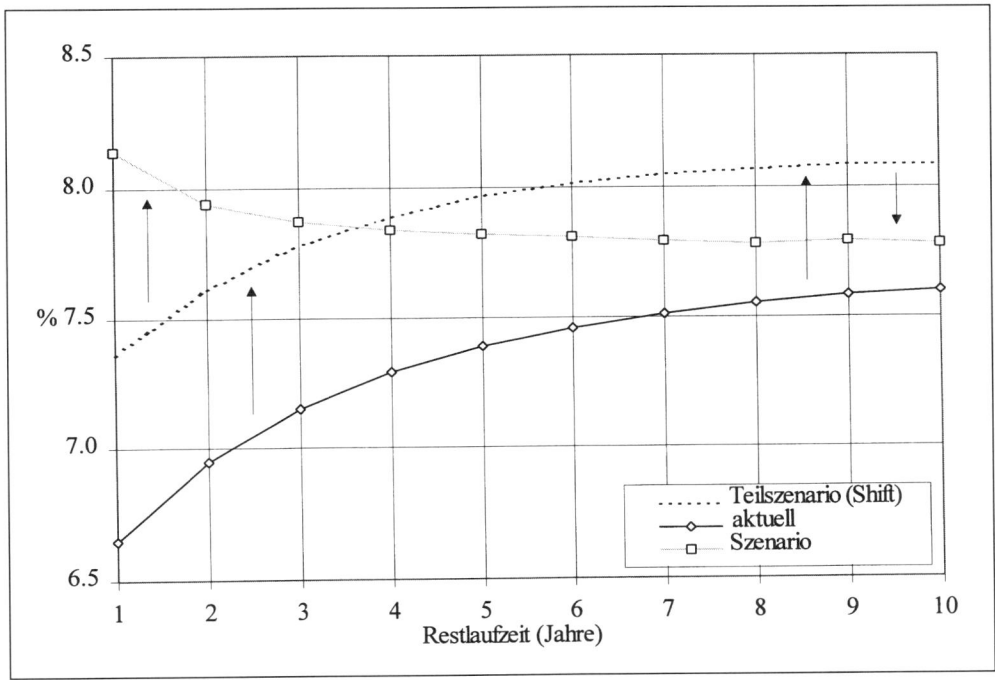

Abb. 3: Renditekurvenbewegungen

Die Simulation einer kompletten Strukturkurve erfolgt über die Vorgabe von zwei Faktorladungen. Daher können die Renditeszenarien in einem y_{01}/y_{10}-Diagramm (Szenarioraum) abgebildet werden. Das y_{01}/y_{10}-Diagramm zeichnet sich dadurch aus, daß auf der Abszisse die Rendite der einjährigen Bundesanleihen y_{01} und auf der Ordinate die Rendite der zehnjährigen Bundesanleihen y_{10} abgetragen wird. Jeder Punkt des Diagramms repräsentiert dabei eine komplette Renditestrukturkurve mit den entsprechend festgelegten Ein- bzw. Zehnjahresrenditen. So wird z.B. die Ausgangsrenditekurve aus Tabelle 1 im Szenarioraum (Abbildung 4) durch die Ko-

---

[11] Im folgenden wird als aktuelle Strukturkurve eine aus den historischen Durchschnittsrenditen der verschiedenen Restlaufzeiten gebildete „typische" Renditekurve unterstellt.

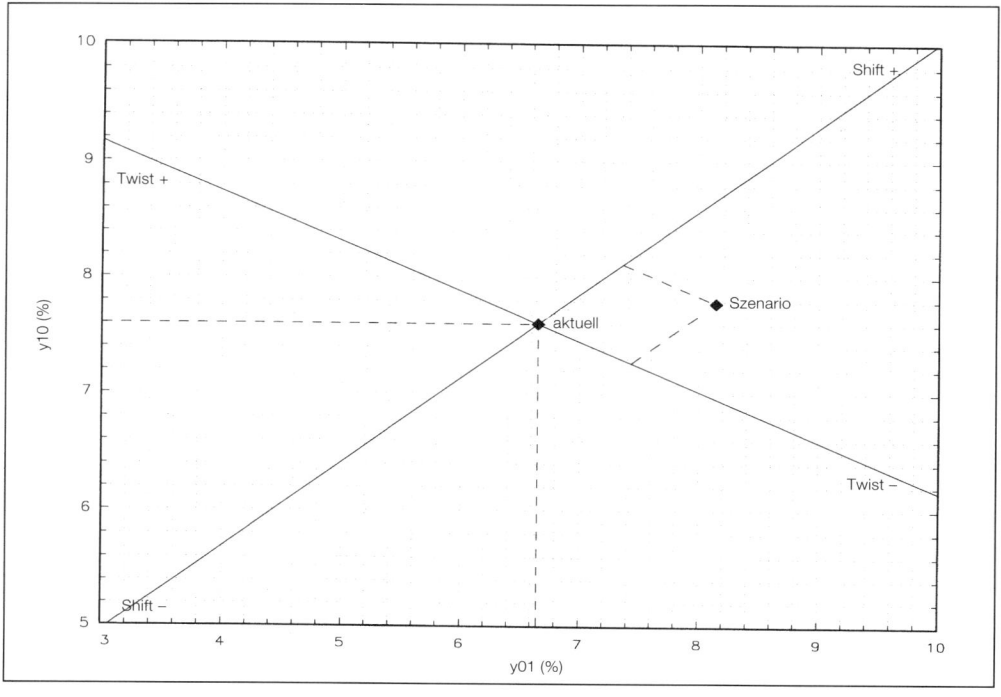

Abb. 4: Szenarioraum

ordinaten (6.65% / 7.60%) und das berechnete Renditekurvenszenario durch die Koordinaten (8.14% / 7.78%) wiedergegeben.

Zusätzlich finden sich in Abbildung 4 Achsen, welche die Renditekurvenbewegungen gemäß den hergeleiteten Faktoren repräsentieren. Diese Achsen schneiden sich im Punkt der aktuellen Strukturkurve. Die von links unten nach rechts oben verlaufende Achse beschreibt jene Renditekurven, welche sich aus der aktuellen Zinsstruktur durch Addition bzw. Subtraktion von Vielfachen des Shift-Faktors ergeben. Diese Achse illustriert somit die historisch dominierende Richtung von Renditekurvenverschiebungen. Nach links unten sinkt insgesamt das Renditeniveau („Shift−"), nach rechts oben steigt das Renditeniveau an („Shift+"). Analog dazu repräsentiert die von links oben nach rechts unten verlaufende Achse alle Standarddrehungen der aktuellen Renditekurve gemäß dem Twist-Faktor. Nach links oben („Twist+") wird Steilheit in der Renditekurve aufgebaut, nach rechts unten („Twist−") abgebaut.[12]

---

[12] Die Shift- und Twist-Achsen lassen sich sehr einfach aus den Faktorausprägungen herleiten. Bei Verschiebungen der Renditekurve gemäß dem Shift-Faktor werden jeweils zu den aktuellen Renditen der ein- und zehnjährigen Anleihen Vielfache von 1.19% bzw. 0.82% addiert. Das Verhältnis zwischen dem Zuwachs der zehnjährigen und dem der einjährigen Rendite liegt somit konstant bei 0.82 / 1.19 = 0.69. Dies entspricht gerade der Steigung der Shift-Achse im Szenarioraum.

Abbildung 4 beschreibt den Raum aller potentiellen Renditekurvenszenarien. Dieser Szenarioraum bildet damit die Basis für die Zinssensitivitätsgrafik eines Rentenportfolios. Jeder Punkt der y_{01}/y_{10}-Ebene repräsentiert eine Renditestruktur am Ende des Beobachtungszeitraumes, für die im folgenden die Wertentwicklung eines Portfolios untersucht wird.

3. Häufigkeitsanalyse der Renditeszenarien

Im vorigen Abschnitt wurde gezeigt, wie sich die Strukturkurvenszenarien in einem zweidimensionalen Szenarienraum abbilden lassen. Die Punkte in der y_{01}/y_{10}-Ebene repräsentieren alternative Renditekurvenszenarien für das Ende des Betrachtungszeitraumes. Bei der Beurteilung der Portfoliosensitivität gegenüber diesen Szenarien ist es wichtig, eine Einschätzung zu den unterschiedlichen Eintrittswahrscheinlichkeiten dieser Renditestrukturkurven zu haben.

Einen Anhaltspunkt für die Größenordnung und Richtung der zu erwartenden Renditekurvenverschiebungen liefert die historische Verteilung der gemeinsamen Einjahresveränderungen dy_{01} bzw. dy_{10} von ein- und zehnjährigen Renditen.[13] In Abbildung 5 ist deren geschätzte gemeinsame Dichtefunktion dargestellt.[14] Diese Dichtefunktion folgt erkennbar nicht einer bivariaten Normalverteilung. Risikoanalysen, welche auf einer Normalverteilungsannahme basieren, können daher zu stark verzerrten Aussagen führen.

Abbildung 6 zeigt das Streudiagramm der historischen Datenpaare zusammen mit dem Umriß des aus der Dichtefunktion abgeleiteten 67%-Häufigkeitsbereichs. Dieser gibt analog zu den 1σ-Konfidenzellipsoiden der bivariaten Normalverteilung den kleinsten Bereich in der y_{01}/y_{10}-Ebene an, auf den bereits 67% der Wahrscheinlichkeitsmasse entfallen.[15] Der 67%-Häufigkeitsbereich kann um die Ausgangsstrukturkurve in den Szenarioraum übertragen werden und ergänzt diesen um Häufigkeitsaussagen für die zu erwartenden Zinsszenarien. Sofern die histo-

---

[13] Die vorliegende Untersuchung erfolgte auf der Basis von 12-Monatsveränderungen der Renditen. Eine Annualisierung der monatlichen Veränderungen führt zwar zu ähnlichen Ergebnissen, jedoch sind aufeinanderfolgende Renditeänderungen positiv miteinander korreliert, so daß eine Annualisierung von Monatsveränderungen die effektive Varianz der Jahresbewegungen unterschätzt. Alternativ zur Analyse der Renditeveränderungen ließe sich auch die gemeinsame Verteilung der historischen Ladungen des Shift- und Twist-Faktors untersuchen.

[14] Die Schätzung erfolgte mittels der nichtparametrischen Normal-Kernel-Methode. Zur Schätzung von Dichtefunktionen siehe z.B. Silverman (1986).

[15] Konfidenzellipsoide stellen die bivariaten Analogien zu den univariaten Konfidenzintervallen dar. Vgl. z.B. Johnson/ Wichern, S. 129f. Im Gegensatz zur bivariaten Normalverteilung ist der hier hergeleitete 67%- Häufigkeitsbereich nicht symmetrisch um den Mittelwert. Aufgrund der Schiefe der gemeinsamen Verteilung der historischen Einjahresveränderungen von ein- und zehnjährigen Renditen liegt der größere Teil der nicht im 67%-Häufigkeitsbereich enthaltenen Wahrscheinlichkeitsmasse im Zinsanstiegsquadrant.

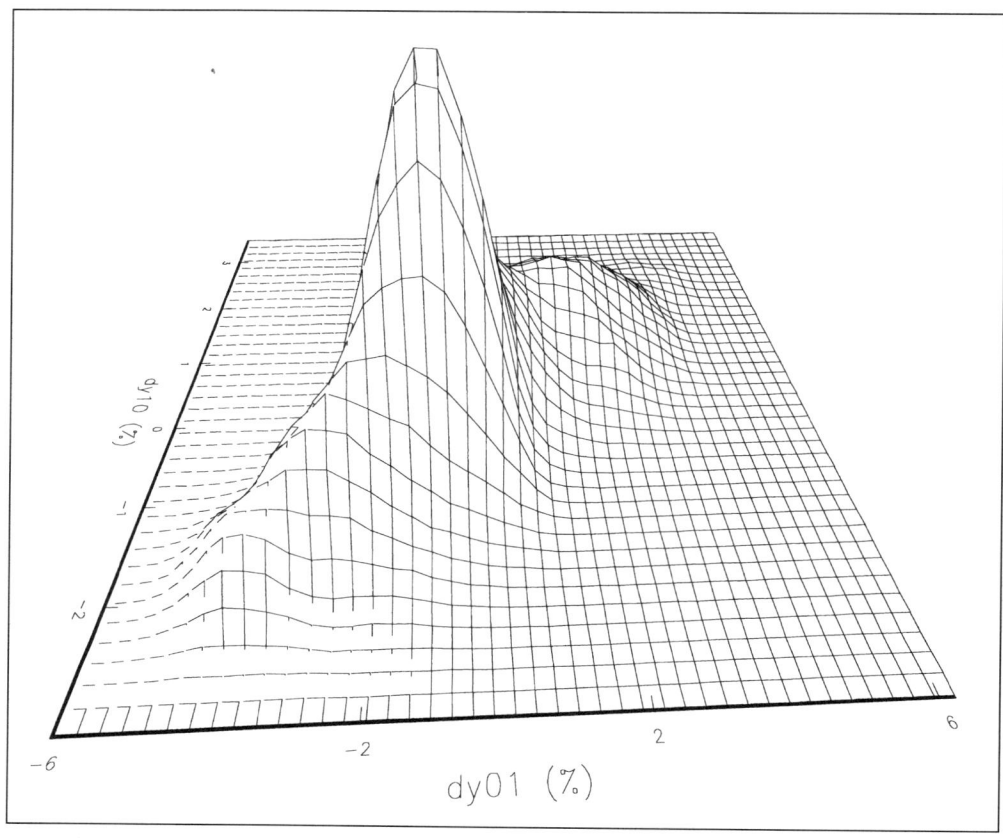

Abb. 5: Gemeinsame Dichtefunktion der Renditeveränderungen

risch beobachteten Renditeveränderungen auch repräsentativ für die Zukunft sind, können Strukturkurvenbewegungen in zwei von drei Fällen innerhalb des 67%-Bereiches um die Ausgangsrenditekurve erwartet werden.[16]

Als letztes Element der Zinssensitivitätsgrafik fehlen nun noch Angaben zur Wertentwicklung des betrachteten Rentenportfolios unter diesen Szenarien. Diese werden mittels Horizontanalyse im nächsten Abschnitt ermittelt.

---

[16] Bei der Analyse der Einjahresveränderungen wurde das jeweilige Ausgangsniveau der Renditen ignoriert. Der historische Verlauf spricht jedoch dafür, daß die Zinsen einem – wenn auch komplizierten – Mean-Reverting-Prozeß folgen. So scheinen weitere Zinssenkungen, ausgehend von einem niedrigen Zinsniveau, eher unwahrscheinlich. Dies impliziert, daß Schätzungen der zu erwartenden Renditeveränderungen durch Hinzunahme von Niveauinformationen verbessert werden können.

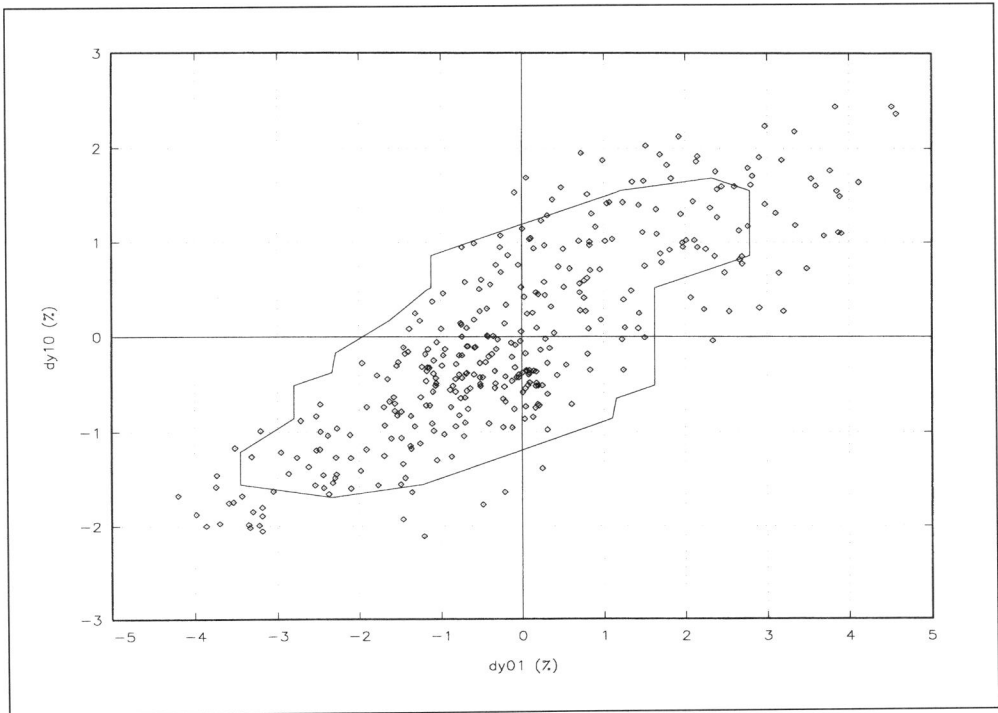

Abb. 6: Streudiagramm und 67%-Häufigkeitsbereich

4. Simulation der Wertentwicklung von Rentenportfolios

Die Horizontanalyse berechnet für einen gegebenen Anlagehorizont und ein gegebenes Zinsszenario die zu erwartende Wertentwicklung eines Wertpapieres. Dies kann beispielsweise anhand der yield-to-maturity-Preisformel

(1) $\quad P = C \dfrac{1 - (1+y)^{-t}}{y} + 100 \, (1+y)^{-t}$

erfolgen, wobei P den Preis, C den Kupon, y die Rendite (yield-to-maturity) und t die Restlaufzeit (in Jahren) der Anleihe bezeichnet.

Die Verwendung der Preisformel hat gegenüber einer Abschätzung der Wertentwicklung mittels Duration und Konvexität den Vorteil, sowohl höhere Nichtlinearitäten im Rendite-Preis-Zusammenhang als auch beliebige Anlagezeithorizonte zu berücksichtigen.

Im folgenden seien zur Vereinfachung die Anlagemöglichkeiten am Rentenmarkt auf zehn Par-Anleihen ohne Ausfallrisiko mit exakten Restlaufzeiten von einem bis zu zehn Jahren beschränkt. Alle im folgenden betrachteten Portfolios werden ausschließlich aus diesen zehn Par-Anleihen zusammengesetzt.[17] Der Anlagehorizont soll genau ein Jahr betragen, d.h. die Portfolios werden stets unverändert 12 Monate lang gehalten.

aktuell			Szenario			Performance		
RLZ	Renditen	Preis	RLZ	Renditen	Preis	Kurs	Kupon	total return
1	6.65	100.00	0		100.00	0.00%	6.65%	6.65%
2	6.95	100.00	1	8.14	98.90	-1.10%	6.95%	5.85%
3	7.15	100.00	2	7.94	98.59	-1.41%	7.15%	5.74%
4	7.29	100.00	3	7.87	98.50	-1.50%	7.29%	5.79%
5	7.39	100.00	4	7.84	98.50	-1.50%	7.39%	5.89%
6	7.46	100.00	5	7.82	98.56	-1.44%	7.46%	6.02%
7	7.51	100.00	6	7.81	98.61	-1.39%	7.51%	6.12%
8	7.55	100.00	7	7.79	98.74	-1.26%	7.55%	6.29%
9	7.58	100.00	8	7.78	98.84	-1.16%	7.58%	6.42%
10	7.60	100.00	9	7.79	98.80	-1.20%	7.60%	6.40%

Tab. 2: Performanceberechnung mittels Horizontanalyse

Tabelle 2 zeigt exemplarisch die Berechnung der Wertentwicklung der zehn Par-Anleihen unter dem in Tabelle 1 simulierten Renditeanstieg der einjährigen Renditen von 6.65% auf 8.14% und dem der zehnjährigen Renditen von 7.60% auf 7.78%. Der „total return" jeder Anleihe setzt sich zusammen aus der Kurs- und der Kuponperformance. Bei der Anwendung obiger Formel zur Berechnung der Anleihekurse ist zu beachten, daß sich unter dem Szenario die Restlaufzeit der Wertpapiere jeweils um genau ein Jahr verkürzt hat. So beträgt etwa die Restlaufzeit der ursprünglich zweijährigen Par-Anleihe unter dem Szenario nur noch ein Jahr und rentiert somit mit 8.14%. Bei dem gegebenen Kupon von 6.95% ergibt sich damit ein Anleihekurs von DM 98.90. Trotz Renditeanstieg weisen alle Anleihen eine positive total return-Wertentwicklung aus. Zwar sind für die (nicht endfälligen) Anleihen Preisrückgänge hinzunehmen, jedoch übersteigt jeweils der zugeflossene Kupon diese Verluste um ca. sechs Prozent.

---

[17] In der Praxis können jedoch beliebige Portfoliozusammensetzungen szenariospezifisch analysiert werden.

	aktuell	Benchmark		Portfolio		Differenz	
RLZ	total return	Gewicht	Beitrag	Gewicht	Beitrag	Gewicht	Beitrag
1	6.65%	10%	0.67%	0%	0.00%	-10%	-0.67%
2	5.85%	10%	0.59%	25%	1.46%	15%	0.88%
3	5.74%	10%	0.57%	20%	1.15%	10%	0.57%
4	5.79%	10%	0.58%	0%	0.00%	-10%	-0.58%
5	5.89%	10%	0.59%	0%	0.00%	-10%	-0.59%
6	6.02%	10%	0.60%	0%	0.00%	-10%	-0.60%
7	6.12%	10%	0.61%	0%	0.00%	-10%	-0.61%
8	6.29%	10%	0.63%	10%	0.63%	0%	0.00%
9	6.42%	10%	0.64%	30%	1.93%	20%	1.28%
10	6.40%	10%	0.64%	15%	0.96%	5%	0.32%
Portfolioperformance			6.12%		6.13%		0.01%

Tab. 3: Relative Performance gegenüber der Benchmark

Die Performance eines Portfolios ergibt sich als marktwertgewichteter Durchschnitt der Wertentwicklung der einzelnen Anleihen. So weist ein in allen Restlaufzeiten mit 10% gleichgewichtetes Portfolio (Benchmark) eine Wertentwicklung von 6.12% aus (siehe Tabelle 3). Von besonderer Bedeutung im Portfoliomanagement ist die Bestimmung der relativen Performance eines Portfolios gegenüber einem Benchmarkportfolio. Dazu müssen zunächst Horizontanalysen für alle Anleihen – sowohl des Portfolios als auch der Benchmark – durchgeführt werden. Sodann wird die Wertentwicklung der beiden Portfolios aus ihren Anleihen bestimmt und schließlich die Wertentwicklungsdifferenz gebildet. Bestehen, wie in unserem Beispiel, das Portfolio und die Benchmark aus den selben Anleihen, so kann alternativ die relative Performance über die Gewichtungsdifferenzen in den Anleihen berechnet werden (siehe Tabelle 3).

Eine zu Tabelle 3 analoge Bestimmung der relativen Performance des betrachteten Portfolios gegenüber der Benchmark kann nun für alle Punkte der y_{01}/y_{10}-Ebene erfolgen. Trägt man die jeweilige Wertentwicklungsdifferenz beider Portfolios über den Punkten des Szenarioraumes ab, so erhält man ein (relatives) Performancegebirge wie in Abbildung 7. Zur Vervollständigung der Zinssensitivitätsgrafik werden die Iso-Ertragslinien dieses Performancegebirges (ähnlich wie der 67%-Häufigkeitsbereich) als „Höhenlinien" in die y_{01}/y_{10}-Ebene projiziert. Damit die entsprechenden Wertentwicklungsniveaus der Iso-Ertragslinien direkt in der Grafik abgelesen werden können, sind diese mit in Basispunkten angegebenen Performanceangaben versehen.

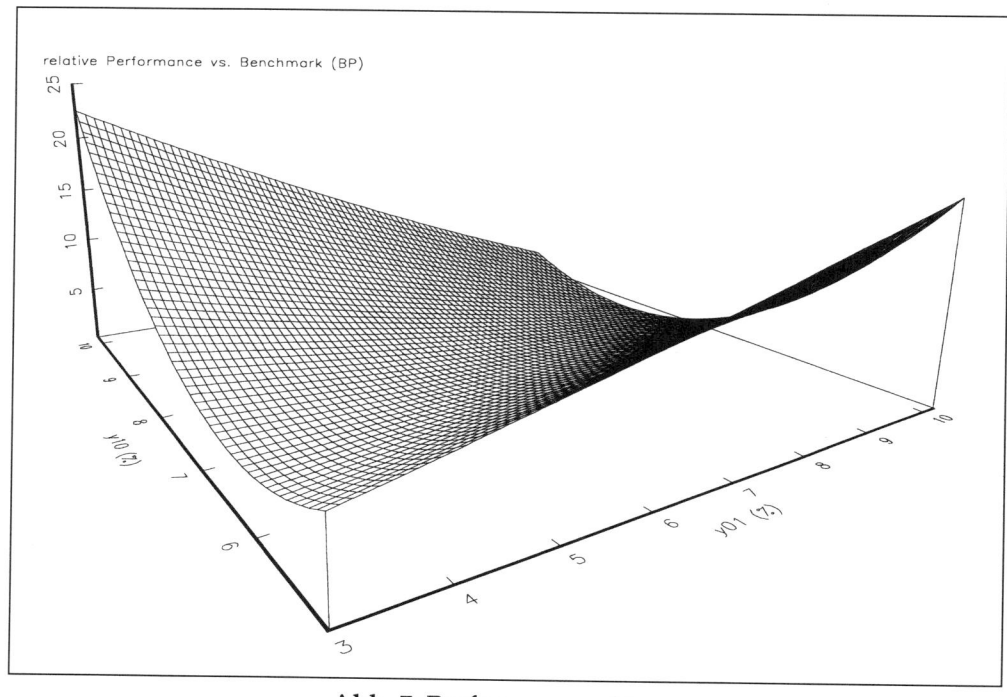

Abb. 7: Performancegebirge

Abbildung 8 beschreibt als Zinssensitivitätsgrafik das Wertentwicklungspotential bzw. -risiko des in Tabelle 3 betrachteten Portfolios gegenüber der in den zehn Restlaufzeiten gleichgewichteten Benchmark bei gegebener aktueller Zinsstrukturkurve und einem Anlagehorizont von einem Jahr.[18] Der 67%-Häufigkeitsbereich dient der Einschätzung der Eintrittswahrscheinlichkeiten der verschiedenen Szenarien. Im nächsten Abschnitt sollen einige Anwendungen dieses Instruments präsentiert werden.

---

[18] Das betrachtete Portfolio ist gegenüber Verschiebungen der Renditekurve nahezu neutral und vermag fast immer eine kleine positive Überrendite zu erzielen. Die Portfoliostruktur ist damit jedoch nicht ohne Risiko. Gegenüber der Benchmark bestehen noch Risiken in den hier nicht dargestellten Dimensionen der Renditekurvenbewegungen, z.B. bezüglich der Butterfly-Komponente.

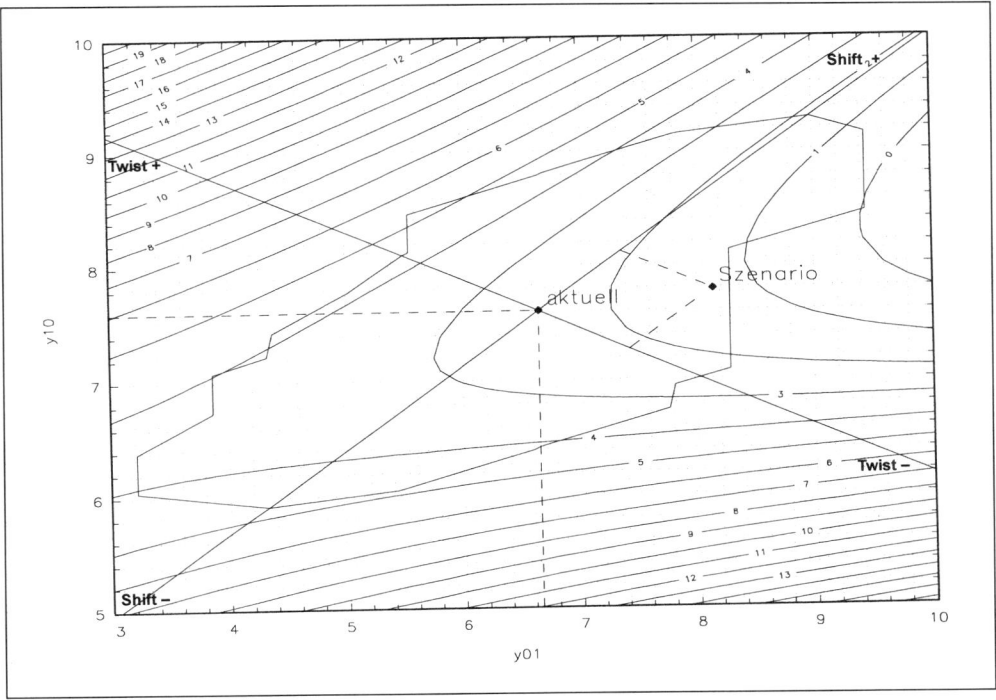

Abb. 8: Zinssensitivitätsgrafik

5. Anwendungen im Portfoliomanagement

Zinssensitivitätsgrafiken stellen ein nützliches und interessantes Instrument zur Analyse und Risikosteuerung eines Rentenportfolios dar. Sie vereinen alle drei in den bisherigen Abschnitten hergeleiteten Grafikelemente. Zunächst werden ausgehend von einer aktuellen Zinsstrukturkurve die Renditekurvenszenarien als Punkte in der y_{01}/y_{10}-Ebene abgebildet. Zusätzliche Achsen beschreiben die historisch dominierenden Renditekurvenbewegungen. Des weiteren werden die wahrscheinlicheren Zinsszenarien durch einen 67%-Häufigkeitsbereich im Szenarienraum gekennzeichnet. Schließlich geben Iso-Ertragslinien die absolute oder die gegenüber einer Benchmark relative Wertentwicklung des betrachteten Portfolios unter den unterschiedlichen Renditeszenarien an.

Aufgrund der Vielzahl der in ihnen dargestellten Informationen sind Zinssensitivitätsgrafiken nicht einfach zu lesen. Jedoch bilden sie ein sehr effizientes Analyseinstrument für das Bondmanagement. Die möglichen Anwendungen sind sehr vielfältig. Durch die Visualisierung der implementierten Zinssensitivität kann die Positionierung eines Rentenportfolios (gegenüber einer Benchmark) kontrolliert werden. Somit wird ein Abgleich zwischen der geplanten und der tatsächlichen Zinssensitivität ermöglicht. Die Angabe eines 67%-Häufigkeitsbereichs erlaubt in Zusammenhang mit den Iso-Ertragslinien Aussagen über das Ausmaß des vorliegenden Zinsrisikos entsprechend den „Value-at-Risk (VAR)"- bzw. „Tracking Error"-Konzepten. Sie verdeutlicht die Aggressivität, mit der eine gegebene Anlagestrategie umgesetzt wird. Schließlich lassen sich im Rahmen einer Performanceanalyse ex-post den Shift- und Twist-Bewegungselementen Performancebeiträge zuordnen.

Das Hauptanwendungsgebiet von Zinssensitivitätsgrafiken liegt in der Analyse bzw. Kontrolle der mit einer Portfoliopositionierung verbundenen Zinsrisiken. Bei der Ausrichtung eines Rentenportfolios auf eine erwartete Renditekurvenverschiebung lassen sich vier Grundtypen von Zinssensitivitäten unterscheiden (vgl. die Abbildungen 9 bis 12).[19] Die Typen „Long" und „Short" bezeichnen Portfolios, die gegenüber dem Shift-Faktor performancesensitiv sind. Die Typen „Steepening" und „Flattening" reagieren performancesensitiv auf Renditekurvenbewegungen, die vom Twist-Faktor dominiert sind. In Tabelle 4 werden diese Portfoliotypen im Vergleich zu einer in den zehn Par-Anleihen gleichgewichteten Benchmark vorgestellt.[20]

RLZ	Bench-mark-gewicht	Portfoliogewichte (absolut und relativ gegenüber der Benchmark)							
		"Long"		"Short"		"Steepening"		"Flattening"	
		abs.	rel.	abs.	rel.	abs.	rel.	abs.	rel.
1	10%	0%	-10%	20%	10%	0%	-10%	20%	10%
2	10%	0%	-10%	20%	10%	3%	-7%	17%	7%
3	10%	1%	-9%	19%	9%	20%	10%	0%	-10%
4	10%	20%	10%	0%	-10%	20%	10%	0%	-10%
5	10%	20%	10%	0%	-10%	20%	10%	0%	-10%
6	10%	20%	10%	0%	-10%	20%	10%	0%	-10%
7	10%	20%	10%	0%	-10%	17%	7%	3%	-7%
8	10%	19%	9%	1%	-9%	0%	-10%	20%	10%
9	10%	0%	-10%	20%	10%	0%	-10%	20%	10%
10	10%	0%	-10%	20%	10%	0%	-10%	20%	10%

Tab. 4: Portfoliostrukturen der Grundtypen der Zinssensitivitäten

---

[19] Die genaue Zusammensetzung der den Grundtypen entsprechenden Portfolios variiert je nach der Struktur der Ausgangsrenditekurve, der Zusammensetzung der Benchmark und dem Anlagehorizont.
[20] Bei der Zinssensitivitätsanalyse wird als aktuelle Renditekurve die bereits in den vorherigen Abschnitten betrachtete Zinskurve herangezogen. Der Anlagehorizont beträgt wiederum ein Jahr.

Als „Long" wird ein Portfolio bezeichnet, das gegenüber der Benchmark eine längere Duration ausweist. Es besitzt eine Bullet-Struktur. Übergewichte in den vier- bis achtjährigen Restlaufzeiten stehen Untergewichte bei den ein- bis drei- sowie neun- und zehnjährigen Anleihen gegenüber. Die Performancesensitivität des Portfolios (siehe Abbildung 9) ist auf Zinssenkungen entlang des Shift-Faktors ausgerichtet. Gegenüber Drehungen der Strukturkurve gemäß dem Twist-Faktor ist das Portfolio nahezu neutralisiert.

Das „Short"-Portfolio ergibt sich als Gegenstück zum „Long"-Portfolio aus der Invertierung der relativen Über- bzw. Untergewichte (siehe Tabelle 4). Da Zinserhöhungen, die dem Shift-Faktor folgen, mit einer sich abflachenden Strukturkurve einhergehen, hat das „Short"-Portfolio eine Barbell-Struktur. Abbildung 10 zeigt die gegenüber dem „Long"-Portfolio spiegelbildliche Zinssensitivität. Die Unterinvestition der mittleren Laufzeiten führt allerdings zu einem Verzicht auf die durch die Steilheit der Ausgangsrenditekurve besonders positive Roll-down-Performance dieses Segmentes.[21] Dies führt dazu, daß das „Short"-Portfolio bei unveränderter Renditekurve am Ende des Anlagehorizonts auf die Benchmark ca. 20 Basispunkte verliert. Der break-even-Punkt ist erst erreicht, wenn die einjährigen Zinsen nach einem Jahr auf etwa 6.9% und die zehnjährigen Renditen auf 7.8% angestiegen sind. Eine Short-Positionierung verlangt somit eine höhere Prognosekonfidenz als die entsprechende Long-Positionierung.[22]

Neben Long- bzw. Short-Ausrichtungen finden sich im Bondportfoliomanagement vermehrt Steepening- bzw. Flattening-Positionierungen. Ebenfalls in Tabelle 4 sind reine Twist-sensitive Portfolios beschrieben. Das „Steepening"-Portfolio weist eine Bullet-, das „Flattening"-Portfolio dagegen eine Barbell-Struktur auf. Die Abbildungen 11 und 12 zeigen die zugehörigen Performancesensitivitäten. Die Portfolios sind gegenüber dem Shift-Faktor nahezu neutralisiert.

Neben der Ausrichtung der Zinssensitivität auf verschiedene Renditekurvenbewegungen läßt sich auch die Aggressivität der Implementierung variieren. Diese äußert sich in engeren bzw. weiteren Iso-Ertragslinien. Die Aggressivität kann jedoch i.d.R. nicht unabhängig von der Roll-down-Performance gesteuert werden. Mit einer Veränderung der Dichte der Iso-Ertragslinien erfolgt immer auch eine Verschiebung des Performancegebirges.

In der Praxis wird die Zinssensitivität eines Rentenportfolios eine Mischung aus diesen Grundtypen darstellen. Dennoch ist es sinnvoll, Portfolioausrichtungen gegenüber Shift- und Twist-Faktor als zwei unabhängige aktive Positionen zu betrachten. Zinssensitivitätsgrafiken erlauben ex post (nach Realisierung eines Szenarios) die erzielte Performance des Portfolios auf die beiden aktiven Positionen aufzuteilen. Eine solche Performancebeitragsrechnung ermöglicht dem Portfoliomanager eine Erfolgsmessung hinsichtlich seiner Prognosefähigkeit von Renditekurvenbewegungen.

---

[21] Als Roll-down-Performance wird die Wertentwicklung bezeichnet, die sich bei unveränderter Strukturkurve am Ende des Anlagehorizonts nur durch eine Restlaufzeitverkürzung ergibt. Eine positive Roll-down-Performance ist eine wünschenswerte Eigenschaft der Portfoliopositionierung, da mit ihr ein gewisser Schutz gegenüber negativen Marktentwicklungen verbunden ist.
[22] Diese Aussage gilt streng genommen nur für die gegebene Ausgangsrenditekurve. Sie läßt sich jedoch auf viele positiv gekrümmte Strukturkurven übertragen.

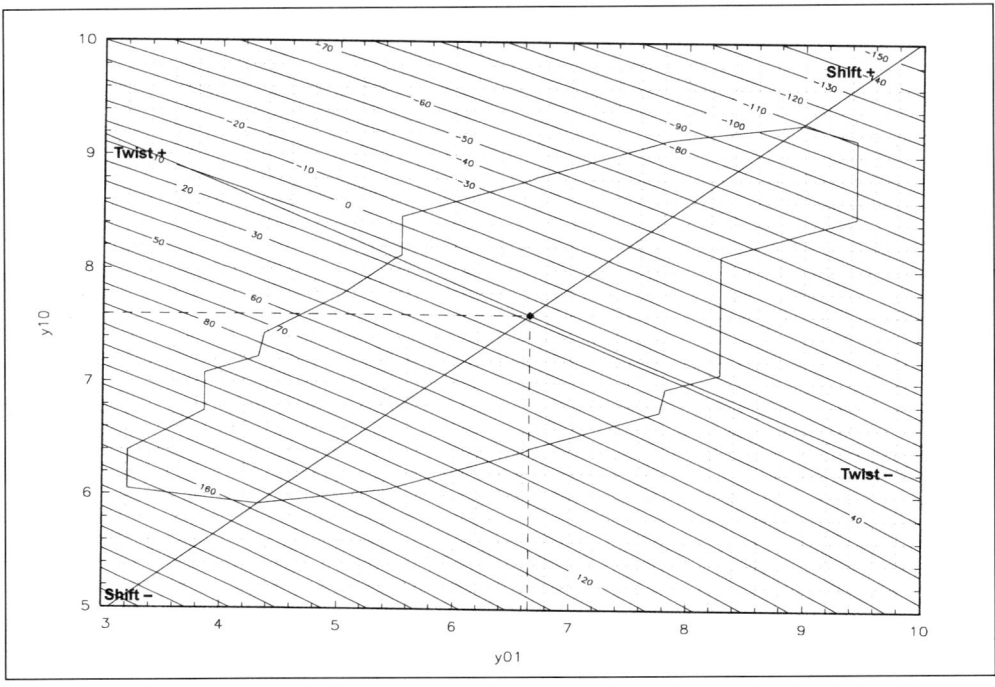

Abb. 9: Zinssensitivität des „Long"-Portfolios

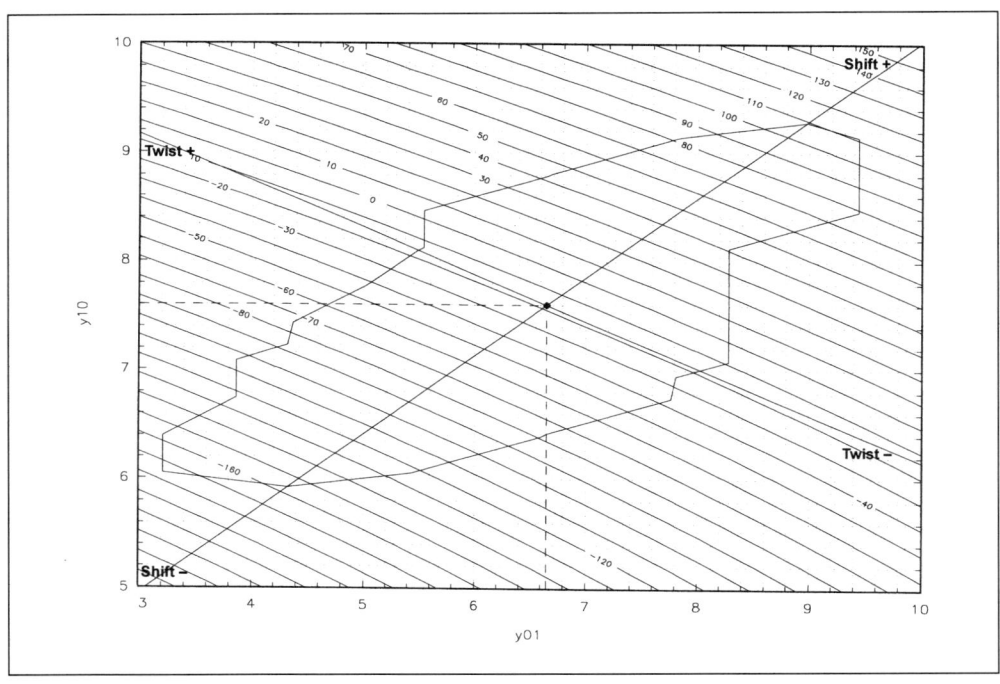

Abb. 10: Zinssensitivität des „Short"-Portfolios

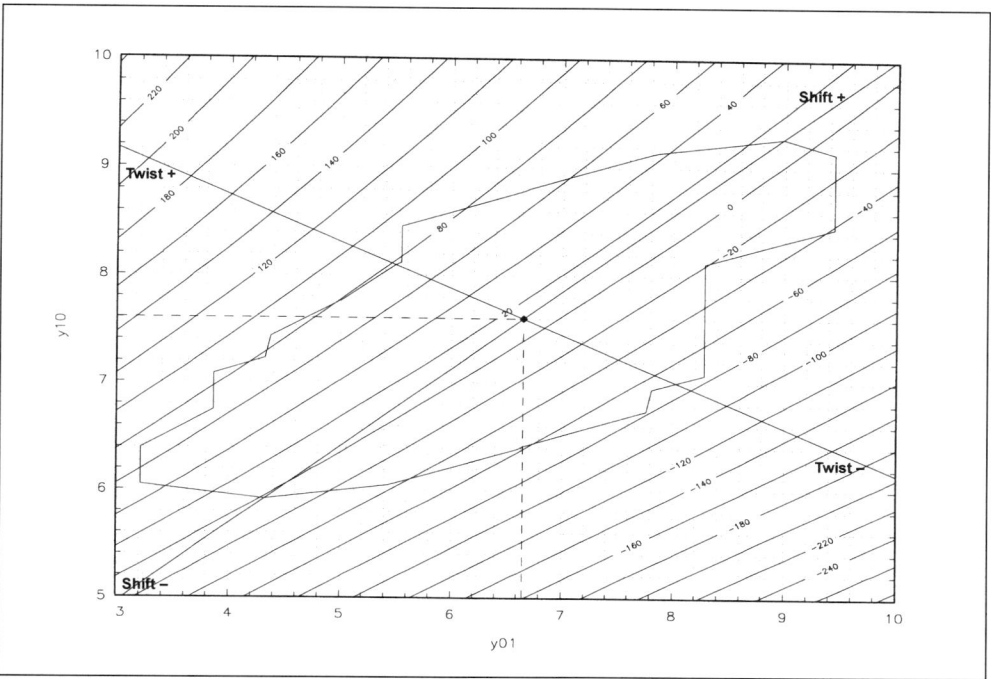

Abb. 11: Zinssensitivität des „Steepening"-Portfolios

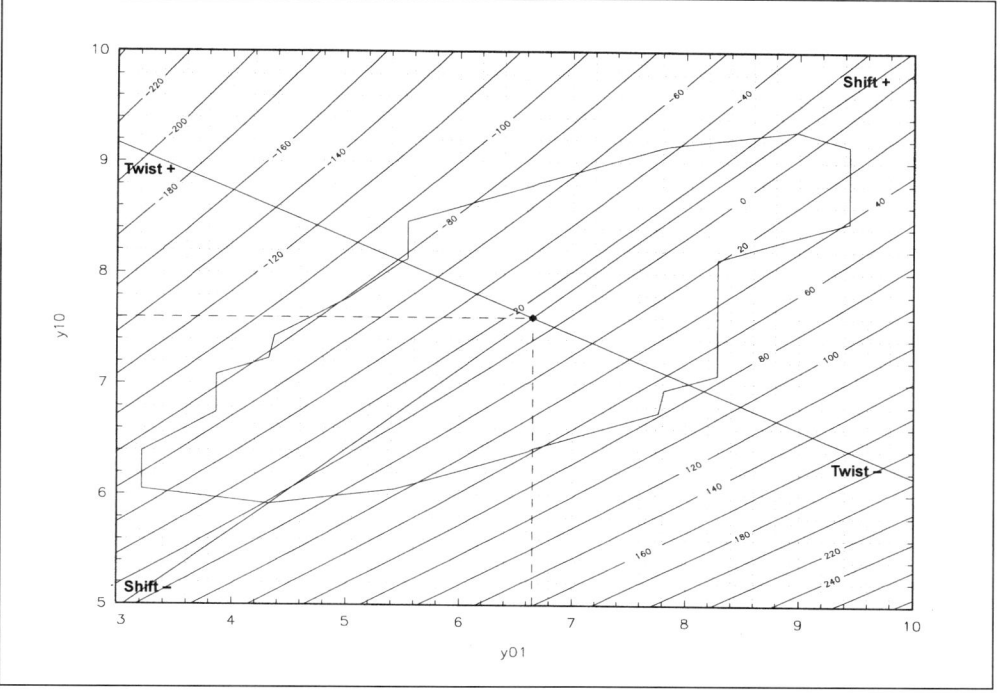

Abb. 12: Zinssensitivität des „Flattening"-Portfolios

Neben der Positionierung von Rentenportfolios kann auch die in zwei von drei Fällen zu erwartende Performanceabweichung von der Benchmark aus den Zinssensitivitätsgrafiken erhoben werden. Für das „Long"-Portfolio (siehe Abbildung 9) ergibt sich eine Spanne der relativen Wertentwicklung innerhalb des 67%-Häufigkeitsbereichs von ca. -1.1% bis +1.75%.[23] Versteht man unter Tracking Error die maximale Performanceabweichung zu einer Benchmark bei einem gegebenen Wahrscheinlichkeitsniveau (67%), so kann dieser für das „Long"-Portfolio mit 1.75% p.a. abgelesen werden.

6. Schlußbemerkungen

Eine Voraussetzung für ein erfolgreiches Rentenmanagement liegt in der Kontrolle der Zinssensitivität eines Portfolios. Die Steuerung aktiver Positionen mittels Duration und Konvexität vermag diesem Anspruch nur unzureichend gerecht zu werden. Je nach Struktur der aktuellen Renditekurve können Durationskennzahlen irreführend in bezug auf die tatsächliche Zinssensitivität eines Portfolios sein. Darüber hinaus spielt der Zeitablaufeffekt, insbesondere die Roll-down-Performance, bei der zu erwartenden Wertentwicklung eines Portfolios eine wichtige Rolle.

Ziel der vorliegenden Arbeit war die Motivation eines Analyseinstruments, welches eine umfassende visuelle Darstellung der mit einer Portfoliopositionierung verbundenen Zinsrisiken ermöglicht. Zinssensitivitätsgrafiken beschreiben die zu erwartende Wertentwicklung eines Portfolios für den gesamten Szenarienraum. Dieser wurde so parametrisiert, daß er eine hinreichend genaue Approximation für alle potentiellen Renditestrukturkurven darstellt. Der Szenarienraum wurde schließlich um Aussagen über die unterschiedlichen Eintrittswahrscheinlichkeiten ergänzt.

Die Darstellung der grundlegenden Konzepte und Methoden erfolgte in einem vereinfachenden Rahmen. So wurden die Anlagemöglichkeiten auf zehn Par-Anleihen mit exakten Restlaufzeiten von einem bis zu zehn Jahren beschränkt. Durch diese Einschränkung konnte auf eine Ergänzung des Strukturkurvenmodells um unterjährige Renditen (Geldmarkt) und das Segment jenseits von zehn Jahren Restlaufzeit verzichtet werden. In der Praxis ist eine entsprechende Erweiterung notwendig. Des weiteren empfiehlt es sich, direkt die Nullkupon-Strukturkurve zu modellieren.

Noch entwicklungsfähig ist die präsentierte Modellierung des 67%-Häufigkeitsbereiches für die zu erwartende gemeinsame 12-Monatsveränderung der ein- und zehnjährigen Renditen. Der historische Verlauf der Zinsen spricht dafür, daß diese einem – wenn auch komplizierten – Mean-Reverting-Prozeß folgen. Dies impliziert, daß Schätzungen der zu erwartenden Zinsänderungen durch Hinzunahme von Niveauinformationen, wie dies z.B. in Fehlerkorrekturmodellen geschieht, verbessert werden können.

---

[23] Aufgrund der positiven Roll-down-Performance in Höhe von ca. +0.2% und der Asymmetrie des 67%-Häufigkeitsbereichs ist die Abweichungsspanne nicht um Null symmetrisch.

Eine mögliche Weiterentwicklung der Zinssensitivitätsgrafiken bildet die Ergänzung um neue Marktsegmente (Pfandbriefe, Industrie- bzw. Auslandsanleihen, Auslandsmärkte). Die zusätzliche Modellierung der entsprechenden Spreads wird sich jedoch nicht mehr in einem zweidimensionalen Szenarioraum verwirklichen lassen. Eine offene Frage ist dabei, ob sich für die entsprechend höherdimensionalen Zinssensitivitätsgrafiken über Projektionen (Grund- und Aufriß) interpretierbare Querschnittsdiagramme ableiten lassen.

Literaturverzeichnis

Bühler, A./ Zimmermann, H. (Bühler/ Zimmermann, 1996): A Statistical Analysis of the Term Structure of Interest Rates in Switzerland and Germany, in: *Journal of Fixed Income*, Vol. 6, 1996, S. 55-67.

Cox, J./ Ingersoll, J./ Ross, S. (Cox et al., 1985): A Theory of the Term Structure of Interest Rates, in: *Econometrica*, Vol. 53, 1985, S. 385-407.

Fabozzi, F. J. (Fabozzi, 1991): Bond Pricing and Return Measures, in: Fabozzi, F. J./ Fabozzi, T. D./ Pollack, I. M. (eds.), *The Handbook of Fixed Income Securities*, 3rd ed., Burr Ridge/ New York 1991, S. 81-115.

Heath, D./ Jarrow, R./ Morton, A. (Heath et al., 1992): Bond Pricing and the Term Structure of Interest Rates: A New Methodology for Contingent Claims Valuation, in: *Econometrica*, Vol. 60, 1992, S. 77-105.

Johnson, R. A./ Wichern, D. W. (Johnson/ Wichern, 1992): Applied Multivariate Statistical Analysis, Englewood Cliffs 1992.

Litterman, R./ Scheinkman, J. (Littermann/ Scheinkman, 1991): Common Factors Affecting Bond Returns, in: *Journal of Fixed Income*, Vol. 1, 1991, S. 54-61.

Silverman, B. W. (Silverman, 1986): Density Estimation for Statistics and Data Analysis, London 1986.

Vasicek, O. (Vasicek, 1977): An Equilibrium Characterization of the Term Structure, in: *Journal of Financial Economics*, Vol. 5, 1977, S. 177-188.

Der Einsatz von Futures im Bondmanagement

Absicherungsstrategien unter Berücksichtigung eines portfoliotheoretischen Hedging-Ansatzes

von Frieder Meyer-Bullerdiek

1. Einführung
2. Der portfoliotheoretische Hedging-Ansatz
3. Traditionelle Verfahren zur Hedge Ratio-Bestimmung beim Einsatz von Zins-Futures
4. Hedge Ratios auf der Basis portfoliotheoretischer Überlegungen
5. Die Ermittlung des Erfolges von Hedging-Maßnahmen
6. Hedging-Transaktionen mit dem Bund-Future: empirische Ergebnisse
7. Zusammenfassung

1. Einführung

Vor dem Hintergrund erhöhter Zinsschwankungen an den internationalen Finanzmärkten gewinnen Instrumente zum Management der damit verbundenen Risiken eine zunehmende Bedeutung. Zins-Futures zählen in diesem Zusammenhang zu den wichtigsten Instrumenten. Der sprunghafte Anstieg der Anzahl gehandelter Kontrakte an allen Terminbörsen der Welt dokumentiert in eindrucksvoller Weise die Akzeptanz, die diese Instrumente mittlerweile bei vielen Finanzmarktteilnehmern finden. Dies gilt insbesondere auch für die seit November 1990 gehandelten Bund-Futures an der Deutschen Terminbörse.

Als wichtigste Funktion von Futures gilt die Möglichkeit ihres Einsatzes zum Hedging von Kassapositionen. Traditionell wird Hedging definiert als eine Form der Risikobegrenzung, bei der zu einer Kassaposition ein entgegengesetztes Engagement am Terminmarkt so eingegangen wird, daß sich die Gewinne und Verluste bei Marktpreisänderungen annähernd kompensieren.[1] Diese traditionelle Sichtweise des Hedging ist durch die Zielsetzung charakterisiert, das Risiko einer Kassaposition zu minimieren. Nutzenerwartungen der einzelnen Marktteilnehmer unter gleichzeitiger Berücksichtigung von Erträgen der gesamten, aus Futures und Kassainstrumenten bestehenden Hedgeposition werden dabei nicht einbezogen. Infolgedessen sind in der Literatur weitere Forschungsansätze entwickelt worden, die mit Hedging-Transaktionen auch die Optimierung der Hedgeposition unter Risiko- und Ertragsgesichtspunkten verbinden.[2]

2. Der portfoliotheoretische Hedging-Ansatz

Aufbauend auf dem Portfolio Selection-Modell von MARKOWITZ wurde die Übertragung der portfoliotheoretischen Überlegungen auf die Hedging-Theorie nach einer grundlegenden Arbeit von TELSER erstmals von JOHNSON und STEIN vorgenommen.[3] Dieser zunächst nur für Warenterminkontrakte entwickelte portfolioorientierte Hedging-Ansatz wurde später durch EDERINGTON explizit für das Hedging mit Finanzterminkontrakten formuliert.[4]

Ausgangspunkt ist die Überlegung, daß ein Hedger aus den gleichen Risiko-Ertrags-Erwägungen heraus Terminkontrakte in ein Portefeuille mit einbezieht wie auch andere Wertpapiere. Entsprechend wird angenommen, daß die Marktteilnehmer ihre Hedging-Entscheidungen ebenfalls aufgrund des erwarteten Ertrages und des Ertragsrisikos treffen.[5] Dabei werden allerdings in Abweichung von der Portfo-

---

[1] Vgl. Berger (1990), S. 27 f., Decovny/ Tacchi (1991), S. 3 und Pitts/ Fabozzi (1990), S. 283.
[2] Zur Systematisierung der Hedging-Ansätze vgl. Gray/ Rutledge (1971), S. 79 ff.; Ederington (1979), S. 159 ff. sowie Wardrep/ Buck (1982), S. 248 ff.
[3] Vgl. Telser (1955/56), S. 1 ff., Johnson (1960), S. 139 ff. sowie Stein (1961), S. 1012 ff.
[4] Vgl. Ederington (1979), S. 157 ff.
[5] Vgl. Johnson (1960), S. 142 ff.

liotheorie bei JOHNSON Kassa- und Futurespositionen nicht als gegenseitig substituierbar angesehen. Vielmehr wird die Anzahl der Kassatitel als konstant vorgegeben. Damit entscheidet der Investor gemäß seinen Erwartungen lediglich über die Höhe der Futuresposition in Relation zur vorgegebenen Kassaposition.[6] Ermittelt wird die Anzahl einzusetzender Futures, die den Erwartungsnutzen des Anlegers maximiert.

Als weiterer Unterschied zur Theorie von MARKOWITZ kann festgehalten werden, daß in dem portfoliotheoretischen Hedging-Ansatz in seiner ursprünglichen Version Risiko und Ertrag auf der Grundlage einer Wert- bzw. Kursveränderung anstelle einer Renditeveränderung definiert werden. Diese Vorgehensweise wird damit begründet, daß beim Abschluß von Futures-Geschäften, abgesehen von Transaktionskosten und eventuellen Marginzahlungen, kein Anfangskapital investiert werden muß und daher die Definition der Rendite eines Futures problematisch ist.[7] In der Literatur wird allerdings häufig eine Future-Rendite als relative Veränderung des Futurepreises in einer bestimmten Periode festgelegt. Diese Renditeermittlung kann auch auf logarithmierter Basis erfolgen.[8]

Die hinter dem portfoliotheoretischen Hedging-Ansatz zu vermutende Absicht, sowohl den Ertrag als auch das Risiko in die Zielsetzung einer Hedging-Transaktion zu integrieren, wird allerdings von JOHNSON und STEIN nicht verfolgt. Vielmehr liegt ihren Arbeiten die Intention zugrunde, das Risiko eines Portefeuilles, bestehend aus Kassa- und Futuretiteln, zu minimieren. Entsprechend handelt es sich bei diesem sogenannten Varianzminimierungsansatz um einen speziellen Fall der Portfoliotheorie, denn die Ausgangsposition bildet ein Marktteilnehmer, der das Portfolio mit der geringsten Varianz wünscht. Die Erzielung eines bestimmten Ertrages wird dabei nicht berücksichtigt.

Darüber hinaus wurden weitere Hedging-Ansätze entwickelt, die mehrere Zielsetzungen berücksichtigen. In den entsprechenden Untersuchungen wurden Modelle formuliert, die allerdings aufgrund der zahlreichen speziellen Annahmen insbesondere für empirische Untersuchungen kaum geeignet sind.[9] So wurde beispielsweise von SHARDA und MUSSER ein umfassendes Modell mit einer Vielzahl von Variablen und Annahmen vorgelegt, das die Methode eines mehrperiodigen, zahlreiche Ziele berücksichtigenden Goal Programming auf das Hedging mit Financial Futures anwendet.[10] Eine größere Beachtung fanden in der Literatur sowohl die Ansätze von HEIFNER und ANDERSON/ DANTHINE, die von der Maximierung des Nutzenerwartungswertes einer normalverteilten Ertragsgröße als Hedge-Zielsetzung ausgehen,[11] als auch die auf der Kapitalmarkttheorie basierenden Hedging-Ansät-

---

[6] Vgl. Johnson (1960), S. 142 und Lypny (1988), S. 704; indessen wird bei TELSER und STEIN von einer Entscheidungssituation ausgegangen, in der der Hedger ein Portefeuille aufbaut, das aus zwei substituierbaren Vermögensarten besteht, nämlich aus gehedgten und ungehedgten Kassapositionen, vgl. Telser (1955/56), S. 6 ff.; Stein (1961), S. 1012 ff. und Wittleder (1988), S. 123 ff.
[7] Vgl. Hill/ Schneeweis (1981), S. 660 und Hill et al. (1983), S. 405 f.
[8] Vgl. Meyer (1994), S. 99 und die dort angegebene Literatur.
[9] Vgl. Meyer (1994), S. 102 und die dort angegebene Literatur.
[10] Vgl. Sharda/ Musser (1986), S. 933 ff.
[11] Vgl. Heifner (1979), S. 25 ff., Anderson/ Danthine (1980) S. 487 ff. sowie Anderson/ Danthine (1981), S. 1182 ff.

ze. Letztere sind insbesondere für empirische Untersuchungen zum Hedging anwendbar. Sie beziehen neben Risiko- auch Ertragsgesichtspunkte mit in die Hedging-Entscheidung ein und können deshalb auch als Performance-Ansätze bezeichnet werden.[12]

Zusammenfassend kann festgehalten werden, daß bislang eine einheitliche Theorie, die die wesentlichen Aspekte des Hedging generell beschreibt, noch nicht existiert. Vielmehr wurden zahlreiche unterschiedliche Ansätze vorgelegt, von denen die auf portfolio- und kapitalmarkttheoretischen Überlegungen basierenden Modelle als geeigneter Rahmen für Fragestellungen im Zusammenhang mit Hedging-Entscheidungen erscheinen. Vor diesem Hintergrund muß eine Definition des Begriffes „Hedging" in Abhängigkeit von der Zielsetzung des Hedgers sowohl das Konzept der Varianzminimierung als auch das der Optimierung unter Risiko- und Ertragsgesichtspunkten umfassen. Somit wird den weiteren Ausführungen der folgende Hedging-Begriff zugrunde gelegt:

Beim Hedging handelt es sich um ein Instrument des Finanzmanagements zur Beeinflussung der Risiko- oder Risiko/Rendite-Charakteristika einer Kassaposition durch den Einsatz von Financial Futures in der Weise, daß entweder das Risiko der Kassaposition minimiert wird (Risiko- bzw. Varianzminimierungsansatz) oder sowohl Risiko als auch Rendite gleichzeitig optimiert werden (Performance-Ansätze).[13]

Die wichtigste Fragestellung bei den Hedging-Ansätzen betrifft jeweils die Ermittlung derjenigen Anzahl an Futures, die eine Kassaposition in optimaler Weise entsprechend der jeweiligen Zielsetzung absichert.[14] Im folgenden werden daher die wesentlichen Verfahren zur Bestimmung der optimalen Hedge Ratio analysiert. Beim Hedging mit Zins-Futures ergibt sich die Anzahl einzusetzender Futures (q) dabei jeweils durch die folgende Gleichung:

$$(1) \quad q = HR_{opt} \cdot \frac{Nominalwert\ der\ Kassaposition}{Nominalwert\ der\ Futuresposition}.$$

Zunächst werden die traditionellen Verfahren der Hedge-Ratio-Bestimmung und danach die auf portfoliotheoretischen Überlegungen basierenden Hedge-Ratio-Verfahren behandelt. Im Anschluß daran werden Möglichkeiten der Ermittlung des Erfolges von Hedging-Maßnahmen aufgezeigt, bevor schließlich die Ergebnisse einer empirischen Studie für den deutschen Markt dargelegt werden.

---

[12] Vgl. Meyer (1994), S. 102 und die dort angegebene Literatur.
[13] Entsprechend dieser Definition ist eine eindeutige Abgrenzung zwischen Hedging und Spekulation nicht möglich, da Performance-Ansätze auch ein spekulatives Element enthalten, vgl. Brys et al. (1988), S. 621.
[14] Entsprechend steht die Bestimmung der Hedge Ratio in der Futures-Literatur zumeist im Mittelpunkt, vgl. Adler/Detemple (1988), S. 249.

3. Traditionelle Verfahren zur Hedge Ratio-Bestimmung beim Einsatz von Zins-Futures

Nominalwertmethode

Bei der mit Rücksicht auf den geringen Berechnungsaufwand auch als naive Methode bezeichneten Nominalwertmethode wird von einem Hedger ausgegangen, der Futurespositionen in gleichem Umfang, aber mit umgekehrten Vorzeichen zu den abzusichernden Kassapositionen aufbaut. Ziel ist dabei die gegenseitige Kompensation der Gewinne und Verluste, wobei unterstellt wird, daß die zum Beginn der Hedge-Periode ermittelte Hedge Ratio auf der Basis der Wertäquivalenz zwischen beiden Positionen der Erreichung dieses Ziels dient.[15] Die optimale Hedge Ratio nimmt in diesem Fall jeweils den absoluten Wert eins an. Bei Short-Positionen wird dieser Wert mit einem negativen Vorzeichen versehen, das auf den Verkauf der Futures hinweist; andernfalls liegt eine Long-Position vor:

(2) $HR_{optN} = -1$,

  mit: HR_{optN} = optimale Hedge Ratio nach der Nominalwertmethode.

Eine vollständige Absicherung mit Hilfe dieses Verfahrens kann allerdings nicht erwartet werden, weil von einer konstanten Basis als Differenz zwischen Kassa- und Futurespreisen ausgegangen wird.[16] Da eine Parallelentwicklung dieser Preise jedoch eher unwahrscheinlich sein dürfte, führt die Nominalwertmethode im allgemeinen nicht zu einer vollständigen Risikoabsicherung. Vielmehr besteht lediglich die Möglichkeit, das Risiko zu verringern. Aufgrund seiner Einfachheit findet dieses Verfahren zur Bestimmung der Hedge Ratio in der Praxis allerdings häufig Anwendung. In empirischen Untersuchungen wird es vor allem zu Vergleichszwecken mit anderen Hedge Ratio-Verfahren eingesetzt.[17]

Kurswert- und Konversionsfaktormethode

Wie auch die Nominalwertmethode zählt die Kurswertmethode zu den einfachen Hedge-Ratio-Verfahren. Die optimale Hedge Ratio wird direkt aus dem Verhältnis zwischen den Kurswerten der Kassa- (P_K) und der Terminposition (P_F) zu Beginn der Hedge-Periode abgeleitet:

(3) $HR_{optK} = -\dfrac{P_K}{P_F}$,

  mit: HR_{optK} = optimale Hedge Ratio nach der Kurswertmethode.

---
[15] Vgl. Berger (1990), S. 403.
[16] Der Nachweis wird geführt bei Scheuenstuhl (1992), S. 103 f.
[17] Vgl. z.B. Berger (1990), S. 403 f., McEnnaly/ Rice (1982), S. 268 ff., Maness (1981), S. 395 ff., Hill/ Schneeweis (1982), S. 319 ff. und Junkus/ Lee (1985), S. 202 ff.

Ebenso zu den einfachen Verfahren zählt die Konversionsfaktormethode. Die Absicherung beruht in diesem Fall auf dem Konversionsfaktor der zu hedgenden Position. Mit Hilfe des Konversionsfaktors werden Anleihen mit verschiedenen Laufzeiten und Kupons vergleichbar gemacht. Konversionsfaktoren werden insbesondere bei der Ermittlung der sogenannten Cheapest-to-Deliver-Anleihe, d.h. der billigsten in den Future zu liefernden Anleihe, verwendet.[18]

Die optimale Hedge Ratio ergibt sich dabei aus dem mit einem negativen Vorzeichen versehenen Konversionsfaktor und kann entsprechend ausgedrückt werden als

(4) $HR_{optKF} = -KF_K$,

mit: HR_{optKF} = optimale Hedge Ratio nach der Konversionsfaktormethode,

KF_K = Konversionsfaktor des abzusichernden Kassainstruments.

Gegenüber der Nominalwertmethode wird bei diesen Methoden die Annahme identischer Preise aufgegeben. Bei der Kurswertmethode kann jedoch aufgrund der Basiskonvergenz für die Realität nicht unterstellt werden, daß die aktuellen Preisverhältnisse von Kassa- und Futureinstrument konstant bleiben bzw. einen geeigneten Maßstab für das Verhältnis möglicher Preisveränderungen von Kassa- und Futuretitel darstellen. Hingegen werden bei der Konversionsfaktormethode die unterschiedlichen Preisreagibilitäten von Kassa- und Futureinstrument zumindest berücksichtigt, so daß auch die Möglichkeit eines Cross Hedges mit in die Überlegungen einbezogen wird. Jedoch wird dabei die Annahme getroffen, daß diese Reagibilitäten in korrekter Form durch den Konversionsfaktor abgebildet werden können und daß eine flache Zinsstrukturkurve vorliegt. Positiv zu bewerten ist bei diesen Verfahren, daß sie nur mit einem geringen Berechnungsaufwand verbunden sind.

Durationbasierte Methode

Zur Erfassung der unterschiedlichen Preisreagibilität von Kassa- und Futuresposition wurde auch die Berücksichtigung der Duration bei der Hedge-Ratio-Berech-

---

[18] Der Konversionsfaktor wird z.B. an der Deutschen Terminbörse (DTB) folgendermaßen berechnet:

$KF = \frac{1}{1,06^{vo}} \cdot \left[\frac{C}{6} \cdot \left(1,06 - \frac{1}{1,06^n} \right) + \frac{1}{1,06^n} \right] - \frac{C \cdot (1-vo)}{100}$

mit: KF = Konversionsfaktor,
n = Anzahl der Jahre vom nächsten Kuponzahlungstag bis zur Fälligkeit der Bundesanleihe,
C = Kupon der Anleihe in %,
vo = Anzahl der vollen Monate bis zur nächsten Kuponzahlung dividiert durch 12 (für vo = 0 werden n = n − 1 und vo = 1 gesetzt).

Damit gibt dieser Faktor an der DTB an, bei welchem Kurs der Anleihe die Rendite am Liefertag 6% betragen würde. Zum Konversionsfaktor vgl. insbesondere Bruns/ Meyer-Bullerdiek (1996), S. 272 ff.

nung vorgeschlagen. Wird eine konstante Renditespanne zwischen dem Kassainstrument und dem Future unterstellt, d.h. von gleichen Zinsänderungen i_K und i_F ausgegangen, so läßt sich die optimale Hedge Ratio in der folgenden Weise ermitteln:[19]

$$(5) \quad HR_{optD} = - \frac{D_K \cdot P_K \cdot (1+i_F)}{D_F \cdot P_F \cdot (1+i_K)},$$

mit: HR_{optD} = optimale Hedge Ratio nach der durationbasierten Methode,
  D_K, D_F = Duration der abzusichernden Anleihe bzw. des Futures,
  i_K, i_F = Rendite der abzusichernden Anleihe bzw. des Futures,
  P_K, P_F = Preis der abzusichernden Anleihe bzw. des Futures.

Darüber hinaus kann noch der erwartete Zusammenhang zwischen der Rendite des abzusichernden Kassatitels und der des Futures durch den sogenannten relativen Zinsvolatilitätsfaktor bzw. das Rendite- oder Yield-Beta berücksichtigt werden. Diese Komponente kann durch eine Regression ermittelt werden und wird als β_Y bezeichnet:

$$(6) \quad \Delta i_K = \beta_Y \cdot \Delta i_F + e,$$

mit: β_Y = Yield-Beta.

Zur Herstellung des Zusammenhanges zwischen dem Kassainstrument und der CTD-Anleihe ist entsprechend das Yield-Beta dieser lieferoptimalen Anleihe zu ermitteln. Unter Berücksichtigung der modifizierten Duration läßt sich die optimale Hedge Ratio damit wie folgt darstellen:

$$(7) \quad HR_{optD} = -\frac{D_K^{mod} \cdot P_K}{D_F^{mod} \cdot P_F} \cdot \beta_Y,$$

mit: $D^{mod} = \dfrac{D}{1+i}$ = modifizierte Duration.

Zu berücksichtigen ist aber, daß sich eine Duration für einen Future selbst grundsätzlich nicht ermitteln läßt, da es sich bei einem Future nicht um eine Anleihe handelt. Vielmehr repräsentiert ein Future lediglich das Underlying. Häufig wird in diesem Zusammenhang die Duration des Underlyings bzw. der Cheapest-to-Deliver- (CTD-) Anleihe verwendet, da sich der Futurepreis an der CTD-Anleihe orientiert.[20] In diesem Fall ist bei der Hedge-Ratio-Ermittlung darüber hinaus noch der entsprechende Konversionsfaktor zu berücksichtigen, um die Cheapest-to-Deliver-Anleihe und das Underlying vergleichbar zu machen:

---

[19] Zur Herleitung vgl. Meyer (1994), S. 145 ff.
[20] Zur Ermittlung der Cheapest-to-Deliver-Anleihe anhand eines Praxisbeispiels vgl. Bruns/ Meyer-Bullerdiek (1996), S. 272 ff.

$$(8) \quad HR_{optD} = -\frac{D_K^{mod} \cdot P_K}{D_{CTD}^{mod} \cdot P_{CTD}} \cdot \beta_{YCTD} \cdot KF_{CTD},$$

mit: D_{CTD}^{mod} = modifizierte Duration der CTD-Anleihe,
P_{CTD} = Preis der CTD-Anleihe,
β_{YCTD} = Yield-Beta der CTD-Anleihe,
KF_{CTD} = Konversionsfaktor der CTD-Anleihe.

Schließlich läßt sich auch die Konvexität als erste Ableitung der Duration in die Formel für die optimale Hedge Ratio integrieren.[21]

$$(9) \quad HR_{optDC} = -\frac{0{,}5 \cdot C_K \cdot (\Delta i^2) - D_K^{mod} \cdot \Delta i}{0{,}5 \cdot C_{CTD} \cdot (\Delta i^2) - D_{CTD}^{mod} \cdot \Delta i} \cdot \beta_{YCTD} \cdot KF_{CTD},$$

mit: HR_{optDC} = optimale Hedge Ratio nach der durationbasierten Methode unter Berücksichtigung der Konvexität,
C = Konvexität.

Die zusätzliche Berücksichtigung der Konvexität beim durationbasierten Hedge-Ratio-Verfahren führt grundsätzlich zu genaueren Ergebnissen. Jedoch spielt die Konvexität erst bei größeren Renditeveränderungen eine Rolle, so daß bei kleineren Veränderungen die Abschätzung mit der Duration hinreichend präzise ist.

Die bisher dargestellten Hedge-Ratio-Verfahren zählen zu den traditionellen Verfahren, die in der Praxis häufig Anwendung finden. Im folgenden werden weitere Verfahren vorgestellt, die auf analytischem Wege aus portfoliotheoretischen Überlegungen abgeleitet werden können.

4. Hedge Ratios auf Basis portfoliotheoretischer Überlegungen

Die Hedge Ratio auf der Grundlage des Varianzminimierungsansatzes

Aus der Zielsetzung des Varianzminimierungsansatzes läßt sich die optimale Hedge Ratio auf analytischem Wege mit dem folgenden Ergebnis ermitteln:[22]

$$(10) \quad HR_{optVM} = -\frac{r \cdot \sigma_K \cdot \sigma_F}{\sigma_F^2} = -\frac{r \cdot \sigma_K}{\sigma_F} = -\beta_{KF},$$

mit: HR_{optVM} = optimale Hedge Ratio entsprechend dem Varianzminimierungsansatz. Ist HR negativ, handelt es sich um einen Short Hedge, andernfalls liegt ein Long Hedge vor.

---

[21] Zur Konvexität vgl. Bruns/ Meyer-Bullerdiek (1996), S. 18 f.
[22] Vgl. Johnson (1960), S. 142 ff. Zur Herleitung siehe auch Toevs/ Jacob (1987), S. 936 f.

r	=	Korrelationskoeffizient der erwarteten Wertänderungen der Kassa- mit denen der Futuresposition,
σ_K, σ_F	=	Standardabweichungen der erwarteten Wertänderungen von Kassa- und Futuresposition,
β_{KF}	=	Betafaktor zwischen Kassa- und Futureinstrument.

Das negative Vorzeichen in der Formel deutet auf die Einnahme einer zur Kassaposition entgegengesetzten Futuresposition hin. Für die minimale Varianz des gehedgten Portefeuilles kann der folgende Ausdruck hergeleitet werden:[23]

(11) $\sigma_H^2(\min) = \sigma_K^2 \cdot (1 - r^2)$,

mit: σ_H^2 = Varianz der Wertänderungen der gehedgten Position.

An diesem Ausdruck wird deutlich, daß nur bei einer Korrelation r von 1 oder -1 das Risiko vollständig eliminiert werden kann. Eine Korrelation von -1 würde bedeuten, daß aufgrund der vollständig negativen Korrelation z.B. zur Absicherung einer bestehenden Kassaposition Futures gekauft werden müßten. Dagegen bewirkt eine Korrelation von Null keinerlei Risikoreduktion, da in diesem Fall σ_H^2 und σ_K^2 übereinstimmen. Dies ist auch zu erwarten, da bei einer Korrelation von Null HR_{optVM} den Wert Null annimmt.

Die o.a. theoretisch exakte Hedge Ratio kann auch in den Regressionskoeffizienten einer linearen Kleinste-Quadrate-Einfachregression überführt werden, wobei die Wertänderungen der Kassaposition die abhängige und die Wertänderungen der Futuresposition die unabhängige Variable darstellen.[24] Infolgedessen entsprechen sich HR_{optVM} und $HR_{optR,KF}$ als optimale Hedge Ratio aus der Regression des Kassainstruments auf den Future:

(12) $HR_{optR,KF} = HR_{optVM} = -b_{KF}$,

mit: $HR_{optR,KF}$ = optimale Hedge Ratio aus der Regression der Wertveränderungen des Kassainstruments auf die Veränderungen des Futures,

b_{KF} = Regressionskoeffizient aus der Regression der Wertveränderungen des Kassainstruments auf die Veränderungen des Futures.

An den mit Hilfe des Varianzminimierungsansatzes abgeleiteten bzw. auf der Basis von Regressionen ermittelten Hedge Ratios kann kritisiert werden, daß es sich bei den zugrundeliegenden Daten um Vergangenheitswerte handelt, die für die (zukünftige) Hedge-Periode geschätzt werden. Unterstellt wird eine stabile Kovarianz

---

[23] Vgl. Berger (1990), S. 411.
[24] Den Nachweis führt Meyer (1994), S. 112.

der Renditen zwischen dem abzusichernden und dem absichernden Instrument. Entsprechend wird die Konvergenz von Kassa- und Futurekursen im Zeitablauf ignoriert. Erweiterungen dieses auf JOHNSON, STEIN und EDERINGTON zurückgehenden Hedging-Ansatzes beziehen sich allerdings mehr auf die Suche nach einer angemessenen Variablen für die Regression (Renditen, Kurse oder Kursveränderungen) und weniger auf den Aspekt der Konvergenz.[25]

Vorgeschlagen wird auch eine Korrektur der Hedge Ratios, um eine mögliche Autokorrelation oder Heteroskedastizität der Renditen des Kassainstruments und des Futures zu vermeiden. Jedoch kommen theoretische Ableitungen und auch empirische Analysen zu dem Ergebnis, daß die Autokorrelation bei der Hedge-Ratio-Bestimmung vernachlässigt werden kann.[26] Darüber hinaus wurden Hedge-Ratio-Schätzungen auch auf der Basis des GARCH- (Generalized Autoregressive Conditional Heteroscedastic-) Modells vorgenommen. Allerdings hat eine empirische Untersuchung ergeben, daß die Anwendung dieses Modells bei der Hedge Ratio-Berechnung lediglich zu marginalen Verbesserungen gegenüber einer einfachen Hedge Ratio-Schätzung führt und aufgrund des hohen Schätzaufwandes nicht gerechtfertigt ist.[27]

Ein zusätzlicher Kritikpunkt betrifft die alleinige Berücksichtigung der Risikominimierung als Hedge-Ziel. Renditegesichtspunkte haben bei diesem Ansatz keinen Einfluß auf die Hedge Ratio-Ermittlung, obwohl der portfoliotheoretische Hedging-Ansatz sowohl von Risiko- als auch Ertragsüberlegungen bei Absicherungstransaktionen geprägt ist. Unterdessen kann davon ausgegangen werden, daß zahlreiche Anleger die Entscheidungen über die Zusammenstellung ihrer Portfolios auf der Grundlage beider Dimensionen treffen. Aus diesem Grund wurden weitere Hedge Ratios hergeleitet.

Hedge Ratios auf der Grundlage von Performanceüberlegungen

Die Hedge Ratios nach HEIFNER und ANDERSON/DANTHINE

Basierend auf dem μ-σ-Prinzip und unter der Voraussetzung, daß ein Hedger das Ziel verfolgt, seinen erwarteten Nutzen mit Hilfe von Hedging-Maßnahmen zu maximieren, wurde von HEIFNER ein Ansatz zur Bestimmung der Hedge Ratio entwickelt.[28] Eine solche Maximierung der Nutzenerwartung ist in den Fällen mit dem μ-σ-Prinzip äquivalent, wenn eine quadratische Nutzenfunktion vorliegt oder die Wahrscheinlichkeitsverteilung der Renditen einer Normalverteilung entspricht. Trifft letzteres zu, so kann eine exponentielle Risikonutzenfunktion zugrunde gelegt werden. Durch die Maxi-mierung des Erwartungswertes der entsprechenden Nutzenfunktion gelangt man zu der folgenden Hedge Ratio:[29]

---

[25] Vgl. Castelino (1990), S. 273.
[26] Vgl. Elam (1991), S. 382 f.
[27] Vgl. Myers (1991), S. 40 ff. und S. 51 f.
[28] Vgl. Heifner (1979), S. 25 ff.
[29] Zur Herleitung vgl. auch Lin (1987), S. 12.

$$(13) \quad HR_{optHe} = \frac{\mu_F \cdot \sigma_K^2 - \mu_K \cdot \sigma_{KF}}{\mu_K \cdot \sigma_F^2 - \mu_F \cdot \sigma_{KF}},$$

mit: HR_{optHe} = optimale Hedge Ratio in Anlehnung an HEIFNER,
μ_K, μ_F = erwartete Renditen der Kassa- bzw. Futuresposition,
σ_K, σ_F = Standardabweichungen der erwarteten Renditen der Kassa- bzw. der Futuresposition,
σ_{KF} = Kovarianz der erwarteten Renditen der Kassa- mit denen der Futuresposition.

Aus der Formel kann abgeleitet werden, daß dann, wenn die erwartete Rendite der Futuresposition gleich Null ist, HR_{optHe} und HR_{optVM} sich entsprechen.[30]

Auch bei dem von HEIFNER entwickelten Ansatz hängt die Angemessenheit der ermittelten Hedge Ratio von der Qualität der Prognosedaten ab, die im allgemeinen auf vergangenen Kursen bzw. Renditen beruhen.

Dies gilt auch für einen von ANDERSON/DANTHINE entwickelten Ansatz, der auf der Ermittlung des zusätzlichen Nutzens eines Anlegers durch die Ergänzung seiner Kassaposition um ein Engagement auf dem Futuresmarkt basiert. Ausgehend von dem Nutzenerwartungswert bei exponentieller Risiko-Nutzenfunktion wird unter der Annahme, daß eine Kassaposition bereits besteht und der Anteil hinzuzufügender Futures berechnet werden soll, die optimale Hedge Ratio wie folgt ausgedrückt:[31]

$$(14) \quad HR_{optA/D} = -\frac{\sigma_{KF}}{\sigma_F^2} + \frac{\mu_F}{X_K \cdot \lambda_H \cdot \sigma_F^2},$$

mit: $HR_{optA/D}$ = optimale Hedge Ratio in Anlehnung an ANDERSON/DANTHINE,
λ_H = Risikoaversionskoeffizient eines Hedgers; der Koeffizient nimmt für einen risikoaversen Investor einen positiven Wert an.

Falls die erwarteten Wertänderungen der Futuresposition gleich Null sind oder der Risikoaversionskoeffizient gegen unendlich geht, so ist aus der Formel erkennbar, daß die optimale Hedge Ratio in diesem Fall der Varianzminimierungsstrategie entspricht.

Bei dem Ansatz von ANDERSON/DANTHINE wird die Zwei-Dimensionalität des Portfolioansatzes berücksichtigt. Ferner kann gezeigt werden, daß sich eine Position in Futures in eine Hedging- und eine Spekulationskomponente zerlegen läßt.[32]

---

[30] Dies ist z.B. dann der Fall, wenn der zum Hedge-Ende erwartete Kassakurs durch den aktuellen Futurekurs korrekt antizipiert wird und Hedge-Ende und Future-Fälligkeit auf den gleichen Termin fallen; vgl. Scheuenstuhl (1992), S. 104.
[31] Vgl. Anderson/Danthine (1980) S. 488 ff.; Anderson/Danthine (1981), S. 1186 sowie Lin (1987), S. 15.
[32] Vgl. Meyer (1994), S. 125 ff.

Problematisch an diesem Ansatz ist jedoch die Ermittlung des individuellen Risikoaversionskoeffizienten. Dieses Problem kann durch die Übertragung kapitalmarkttheoretischer Überlegungen auf das Hedging umgangen werden.

Die Hedge Ratio-Ermittlung auf der Grundlage des Sharpe-Maßes

Auf der Basis kapitalmarkttheoretischer Überlegungen wurde ein Hedging-Ansatz entwickelt, der sich an das Sharpe-Maß als Kennzahl für die risikobereinigte Performance einer Investition anlehnt.[33] Durch die Einbeziehung einer Anlagemöglichkeit zum risikolosen Zins i_R ist nunmehr die Kenntnis der individuellen Nutzenfunktion des Hedgers bei der Hedge-Entscheidung nicht mehr erforderlich. Das Sharpe-Maß läßt sich für ein gehedgtes Portefeuille (S_H) wie folgt beschreiben:

(15) $\quad S_H = \dfrac{\mu_H - i_R}{\sigma_H}$,

mit: μ_H = erwartete Renditen der gehedgten Position,
σ_H = Standardabweichung der erwarteten Renditen der gehedgten Position,
i_R = Zinssatz für risikolose Anlagen.

Je größer der Wert für S_H, um so höher steigt der Nutzen bei Risikoaversion des Anlegers. Damit besteht das Ziel in der Maximierung von S_H. Mithin gilt die folgende Zielfunktion:

(16) $\quad \max. S_H = \dfrac{X_K \cdot (\mu_K - i_R) + X_F \cdot (\mu_F - i_R)}{\sqrt{X_K^2 \cdot \sigma_K^2 + X_F^2 \cdot \sigma_F^2 + 2 \cdot X_K \cdot X_F \cdot \sigma_{KF}}}$,

mit: X_K, X_F = Anteil der Kassaposition bzw. der Futuresposition.

Die Bestimmung der optimalen Anteile von Kassa- und Futuresposition erfolgt durch die partielle Ableitung von S_H nach X_K bzw. X_F und die anschließende Gleichsetzung mit Null:

(17a) $\quad \dfrac{\delta S_H}{\delta X_K} = \dfrac{\mu_K - i_R}{\sigma_H} - \dfrac{\left(X_K^* \cdot \sigma_K^2 + X_F^* \cdot \sigma_{KF}\right) \cdot (\mu_H - i_R)}{\sigma_H^3} = 0$,

(17b) $\quad \dfrac{\delta S_H}{\delta X_F} = \dfrac{\mu_F - i_R}{\sigma_H} - \dfrac{\left(X_F^* \cdot \sigma_F^2 + X_K^* \cdot \sigma_{KF}\right) \cdot (\mu_H - i_R)}{\sigma_H^3} = 0$.

Nach einigen Umformungen ergibt sich die optimale Hedge Ratio wie folgt:[34]

(18) $\quad HR_{optS} = \dfrac{X_F^*}{X_K^*} = \dfrac{(\mu_F - i_R) \cdot \sigma_K^2 - (\mu_K - i_R) \cdot \sigma_{KF}}{(\mu_K - i_R) \cdot \sigma_F^2 - (\mu_F - i_R) \cdot \sigma_{KF}}$,

---

[33] Vgl. Nelson/ Collins (1985), S. 45 ff.
[34] Zur Herleitung vgl. Meyer (1994), S. 343 ff.

mit: HR$_{optS}$ = optimale Hedge Ratio auf der Grundlage des Sharpe-Maßes.

Um ein Maximum der Zielfunktion handelt es sich an der Stelle HR$_{optS}$ dann, wenn die zweite Ableitung negativ ist. Die jeweiligen Ableitungen der Gleichungen der partiellen Ableitungen führen zu den folgenden Ausdrücken:

(19a) $\quad \dfrac{\delta^2 S}{\delta X_K^2} = -\dfrac{\sigma_K^2 \cdot (\mu_H - i_R)}{\sigma_H^3} \quad$ und

(19b) $\quad \dfrac{\delta^2 S}{\delta X_F^2} = -\dfrac{\sigma_F^2 \cdot (\mu_H - i_R)}{\sigma_H^3}$

Diesen Gleichungen kann entnommen werden, daß es sich nur dann um ein Maximum handelt, wenn $\mu_H > i_R$. Diese Bedingung ist auch direkt nachvollziehbar, da andernfalls die Anlage zum risikolosen Zins einen höheren Nutzen bedeuten würde.

Auffällig ist die Ähnlichkeit der so abgeleiteten optimalen Hedge Ratio zu der von HEIFNER entwickelten Formel, obwohl unterschiedliche Ausgangspunkte zugrunde liegen. Bei dem Ansatz auf der Grundlage des Sharpe-Maßes werden lediglich die erwarteten Future- und Kassarenditen um die risikolose Rendite vermindert, die bei HEIFNER nicht in die Überlegungen mit einbezogen wird.

Die Hedge Ratio in Anlehnung an HOWARD/ D'ANTONIO

Auf ähnlichen Zielvorstellungen wie die Hedge Ratio-Bestimmung auf der Grundlage des Sharpe-Maßes beruht ein von HOWARD/ D'ANTONIO entwickeltes Verfahren, bei dem zusätzlich ein Vergleich mit der abzusichernden Kassaposition erfolgt. Im Mittelpunkt dieses Ansatzes steht die durch die Hinzunahme von Futures erreichte Verbesserung der Ertrags-Risiko-Kombination einer bestehenden Kassaposition. Die Zielvorstellung wird wie folgt festgelegt:[35]

(20) $\quad \max . \dfrac{S_H}{S_K} ,$

mit: S_K = Sharpe-Maß der Kassaposition.

Die Betrachtung reduziert sich auf die Maximierung des Zählers, weil auf den Erwartungswert des Nenners durch die Hinzunahme von Futures kein Einfluß ausgeübt werden kann. Damit entspricht diese Vorgehensweise grundsätzlich dem vorherigen Verfahren. Im Unterschied zur Hedge Ratio-Ableitung auf der Grundlage des Sharpe-Maßes wird aber bei HOWARD/ D'ANTONIO unterstellt, daß das gesamte

---

[35] Vgl. Howard/ D'Antonio (1984), S. 106.

zur Verfügung stehende Vermögen lediglich auf die Kassa- und die risikolose Position aufgeteilt wird, so daß für die Investition in Futures angenommen wird, daß sie nicht mit Ausgaben verbunden ist. Für die optimale Hedge Ratio läßt sich der folgende Ausdruck herleiten:[36]

$$(21) \quad HR_{optH/D} = \frac{\mu_F \cdot \sigma_K^2 - (\mu_K - i_R) \cdot \sigma_{KF}}{(\mu_K - i_R) \cdot \sigma_F^2 - \mu_F \cdot \sigma_{KF}},$$

mit: $HR_{optH/D}$ = optimale Hedge Ratio in Anlehnung an HOWARD/ D'ANTONIO.

Auch bei diesem Verfahren werden zur Bestimmung der optimalen Hedge Ratio Erwartungsgrößen für eine zukünftige Periode benötigt. Falls historische Daten zur Bestimmung der einzelnen Parameter verwendet werden, hängt eine erfolgreiche Hedging-Transaktion wiederum von der Stabilität der ermittelten Werte ab.

Darüber hinaus wird bei den vorgestellten Hedge Ratio-Verfahren die Annahme des Marking-to-Market bei Futurespositionen, d.h. des Tagesbewertungsprinzips, vernachlässigt. Für den Fall, daß die Zinssätze während der Laufzeit des Hedges schwanken, kann die Vornahme einer Korrektur der Anzahl einzusetzender Futures erforderlich werden. Möglichkeiten für eine solche Korrektur werden als Tailing-the-Hedge-Maßnahmen bezeichnet. Jedoch kann diese Korrektur aufgrund schwankender Zinssätze im Tagesablauf oder variierender Korrelationen zwischen den Kassa- und Futurekursen nicht exakt sein.[37]

Letztendlich lassen sich unterschiedliche Hedge Ratio-Verfahren insbesondere durch empirische Untersuchungen anhand des jeweils erzielten Hedge-Erfolges bewerten. Infolgedessen werden unter Berücksichtigung der bereits vorgestellten Hedging-Ansätze im folgenden Abschnitt kurz die wichtigsten Methoden zur Bestimmung des Erfolges von Hedging-Maßnahmen vorgestellt.

5. Die Ermittlung des Erfolges von Hedging-Maßnahmen

Zur Beurteilung des erzielten Ergebnisses einer Hedging-Transaktion kann der Erfolg von Hedging-Transaktionen in Abhängigkeit von der verfolgten Hedge-Zielsetzung in unterschiedlicher Weise definiert werden. So kann der Erfolg in Form einer Ermittlung der Wirtschaftlichkeit („Hedging Efficiency"), einer Feststellung der Wirksamkeit („Hedging Effectiveness") oder eines Leistungsvergleichs („Hedging Performance") charakterisiert werden.[38] Die Wirtschaftlichkeit einer Transaktion wird allgemein durch das Verhältnis von Ertrag (Leistung) zu Aufwand (Kosten)

---

[36] Zur Herleitung vgl. Meyer (1994), S. 138 f.
[37] Vgl. Berger (1990), S. 429 ff.; Figlewski et al. (1991), S. 201 ff.; Hill et al. (1983), S. 137 ff. und Kawaller/ Koch (1988), S. 41 ff.

beschrieben. Dagegen bezieht sich die Hedging-Wirksamkeit auf die Fähigkeit einer Hedging-Transaktion, das Risiko zu reduzieren, während die Hedging Performance den Einfluß einer Hedging-Strategie auf die Risiko-Ertrags-Kombination umfaßt.[39] Im folgenden werden einzelne Maße der beiden letztgenannten Grundkonzepte zur Hedge-Erfolgsmessung untersucht.

Das Johnson-Maß zur Messung der Hedging-Wirksamkeit

Auf der Grundlage des portfoliotheoretischen Hedging-Ansatzes und der Minimierung der Varianz der Renditen eines gehedgten Portefeuilles als Hedge-Zielsetzung wurde von JOHNSON zur Messung der Wirksamkeit einer Hedging-Transaktion vorgeschlagen, die Varianz der ungehedgten Kassaposition mit der der gehedgten Position zu vergleichen. Das sogenannte Johnson-Maß HE_J ergibt sich wie folgt:[40]

$$(22) \quad HE_J = \frac{\sigma_K^2 - \sigma_H^2}{\sigma_K^2} = 1 - \frac{\sigma_H^2}{\sigma_K^2}$$

Entsprechend wird der Hedge-Erfolg daran gemessen, in welchem Umfang die Varianz der Renditen eines abgesicherten gegenüber einem ungesicherten Portefeuille gesenkt werden konnte. Der Hedge-Erfolg stellt sich somit als ein Prozentsatz der Risikoverminderung dar. Falls die Varianz des gehedgten Portefeuilles den Wert Null annimmt, ist eine vollkommene Portefeuilleabsicherung erreicht worden, d.h., der Hedge-Erfolg bemißt sich in diesem Fall zu 100 %.[41]

Obwohl sich das Johnson-Maß grundsätzlich auf die Messung des Erfolges am Ende einer Hedge-Periode bezieht und insofern eine Ex-post-Betrachtung darstellt, kann es auch durch Einsetzen der minimalen Standardabweichung als Schätzwert für den maximal zu erwartenden Hedge-Erfolg dienen.[42] Im Ergebnis entspricht der so ermittelte Wert dem linearen Bestimmtheitsmaß der Renditen der Kassa- mit denen der Futuresposition.[43]

Das Johnson-Maß berücksichtigt allerdings nur die Zielsetzung der Risikominimierung. Darüber hinaus wurden aber auch Hedge-Erfolgsmaße entwickelt, die sowohl eine Risiko- als auch eine Renditedimension erfassen. Aus den oben beschriebenen Hedging-Ansätzen zur Ermittlung der optimalen Hedge Ratio und den dabei jeweils unterstellten Zielsetzungen der Hedger lassen sich die entsprechenden Hedge-Erfolgsmaße ableiten. Ziel ist jeweils, mit Hilfe dieser Kennzahlen unterschiedliche Risiko-Ertrags-Kombinationen von gehedgten Portefeuilles beurteilen und vergleichen zu können.

---

[38] Vgl. Berger (1990), S. 444.
[39] Vgl. Hammer (1990), S. 307 f.
[40] Vgl. Johnson (1960), S. 144.
[41] Vgl. Steiner/ Meyer (1993), S. 744.
[42] Die minimale Varianz der gehedgten Position beträgt $\sigma_H^2(\min) = \sigma_K^2 \cdot (1 - r^2)$; vgl. Berger (1990), S. 411.
[43] Zur Herleitung und zur Kritik an diesem Maß zur Hedge-Erfolgsermittlung vgl. Meyer (1994), S. 179 ff.

Die von HOWARD/ D'ANTONIO und CHANG/ SHANKER entwickelten Maße zur Messung der Hedging Performance

Auf der Grundlage kapitalmarkttheoretischer Überlegungen zur Ex-post-Beurteilung einer Anlage sind verschiedene Performance-Maße entwickelt worden, die auf der Sharpe-Ratio beruhen.[44] Im Gegensatz zur Messung des Erfolges einer Hedging-Strategie mit Hilfe dieser Maße sind die im folgenden dargestellten Hedge-Erfolgsmaße in der Lage, die Vorteilhaftigkeit gegenüber einem ungesicherten Kassaportefeuille aufzuzeigen.

Das zunächst von HOWARD/ D'ANTONIO entwickelte Maß $HE_{H/D}$ ergibt sich aus dem Verhältnis der Sharpe-Maße der Hedge- und der Kassaposition:

$$(23) \quad HE_{H/D} = \frac{S_H}{S_K} = \frac{\frac{(\mu_H - i_R)}{\sigma_H}}{\frac{(\mu_K - i_R)}{\sigma_K}}.$$

Bei Betrachtung dieser Gleichung wird deutlich, daß für den Fall, daß sowohl S_K als auch S_H positiv sind, der Hedge-Erfolg mit zunehmenden Werten für S_H auch tatsächlich zunimmt. Falls allerdings S_K negativ ist, nimmt bei wachsendem S_H der Hedge-Erfolg ab. In diesem Fall wäre ein höheres Sharpe-Maß der gehedgten Position negativ zu bewerten. Aufgrund der hierdurch möglichen Mißinterpretation eines erzielten Hedge-Erfolges wurde von CHANG/ SHANKER zur Korrektur des Maßes $HE_{H/D}$ die folgende Formel abgeleitet:[45]

$$(24) \quad HE_{C/S} = \frac{S_H - S_K}{|S_K|},$$

mit: $HE_{C/S}$ = Hedge-Erfolg nach CHANG/ SHANKER.

Entsprechend der Messung des Hedge-Erfolges nach CHANG/ SHANKER ergeben sich für zunehmende Werte von S_H auch höhere Erfolgswerte, unabhängig davon, ob S_K positiv oder negativ ist. Damit führt dieses Maß zu einer konsistenten Wertrangfolge bei der Beurteilung alternativer Hedging-Strategien. Jedoch können auch bei diesem Erfolgsmaß Probleme auftreten. Falls der Wert für S_K sehr klein wird bzw. gegen Null geht, resultieren daraus sehr hohe Werte für $HE_{C/S}$. Dieses wirkt sich vor allem dann nachteilig aus, wenn die Hedge-Erfolge aus unterschiedlichen Stichproben miteinander verglichen werden sollen oder deren Durchschnitt gebildet wird. Für den Fall, daß S_K Null ist, ist zudem ein Hedge-Erfolg nicht definiert. Um auch dieses Problem zu lösen, wurde erneut von HOWARD/ D'ANTONIO ein weiteres Maß zur Beurteilung von Hedging-Maßnahmen vorgelegt. Das Erfolgsmaß „Hedging

---

[44] Zur Problematik der Anwendung der Sharpe-Ratio beim Hedging mit Hilfe von Optionen vgl. Bookstaber/ Clarke (1984), S. 469 ff. und Zimmermann (1994), S. 1 ff.
[45] Vgl. Chang/ Shanker (1986), S. 294.

Benefit per Unit of Risk" (HBR) wird als Differenz zwischen dem Sharpe-Maß des gehedgten Portefeuilles und dem Sharpe-Maß des Kassaportefeuilles festgelegt:[46]

(25) $HBR = S_H - S_K$.

Das hier ex post definierte Maß läßt sich auch ex ante formulieren. Im Vergleich zu den übrigen, hier vorgestellten zweidimensionalen Erfolgsmaßen kann das Maß HBR aufgrund der mit den anderen Maßen verbundenen Mängel als das sinnvollste bezeichnet werden. Vor allem können Vergleiche unterschiedlicher Hedging-Strategien auf der Basis dieses Erfolgsmaßes durchgeführt werden.[47] Dabei ist allerdings zu berücksichtigen, daß sich die Zusammensetzung der Kassaposition während der Hedge-Periode nicht verändert, denn im Falle einer variablen Kassaposition sind diese Maße für die Bewertung alternativer Hedging-Strategien kaum geeignet. Zudem beschränken sie sich auf den Einsatz eines einzigen Hedging-Instruments und sind lediglich für die Betrachtung einer einzigen Periode abgeleitet. Sie erlauben deshalb keine Hedge-Erfolgs-Vergleiche über Subperioden.[48]

Im folgenden werden einige empirische Ergebnisse zum Hedging mit Bund-Futures präsentiert. Dabei steht jeweils die Analyse des Ex-post-Erfolges einer Hedging-Strategie zur Sicherung einer gegebenen Kassaposition in einer bestimmten Periode im Vordergrund. Zur Erfolgsmessung kann demgemäß auf das Maß HBR zurückgegriffen werden. Die Erfolgsmessung wird aber auch anhand des Johnson-Maßes vorgenommen, das die Zielsetzung der Risikominimierung unterstellt.

6. Hedging-Transaktionen mit dem Bund-Future: empirische Ergebnisse

Datenauswahl und Vorgehensweise

Die empirische Untersuchung erstreckte sich über den Zeitraum vom 01.02.1991 bis zum 31.05.1992, wobei Daten vom 01.12.1990 bis zum 31.05.1992 verwendet wurden. Grundlage der Untersuchung waren 32 Anleihenportefeuilles, in die langfristige Anleihen von Bund, Bahn, Post und der Kreditanstalt für Wiederaufbau (KfW) einfließen.

Im Hinblick auf die Zusammenstellung der Anleihenportefeuilles wurden jeweils zehn verschiedene Anleihen für jedes Portefeuille zufällig ausgewählt, so daß die Untersuchungsergebnisse einem höheren Allgemeingültigkeitsanspruch genügen können. Die Anleihen setzten sich in jedem Portefeuille zu wertmäßig gleichen

---

46 Vgl. Howard/D'Antonio (1986), S. 29. Zur Ex-ante-Formulierung vgl. Meyer (1994), S. 191 f.
47 Vgl. Howard/D'Antonio (1987), S. 380 f.
48 Vgl. Yau et al. (1991), S. 176 und Yau et al. (1990), S. 273.

Anteilen zusammen, wobei sich die festgelegte Zusammensetzung der Portefeuilles im Zeitablauf nicht veränderte, so daß eine einheitliche Vergleichsbasis gegeben war.

Bei den Anleihenkursen handelte es sich um tägliche Kurse. Auch für die Bund-Futures wurden tägliche Kurse verwendet, die jeweils etwa zur gleichen Zeit wie die Anleihenkurse festgestellt wurden. Insofern ließen sich Marktschwankungen in der Zeit zwischen den Kursfeststellungen der Futures und der Kassatitel weitgehend ausschließen.

Bei den Futurekursen handelte es sich um die Kurse des jeweiligen Nearby-Futures, d.h. des jeweils nächstfälligen Kontraktes, der sich bei bisherigen empirischen Analysen zum Hedging als effektivster Kontrakt erwiesen hat.[49] Zudem belegen die täglich veröffentlichten Umsatzzahlen seine große Bedeutung im Vergleich zu später fälligen Kontrakten. Hohe Umsätze in Nearby-Kontrakten finden jedoch zumeist nur bis zum Beginn des Fälligkeitsmonats statt. Zu diesem Zeitpunkt verlagert sich der Schwerpunkt des Handels auf den zum nächsten Termin fälligen Kontrakt, obwohl der Nearby-Future noch bis zum letzten Handelstag notiert. Daher wurde in der Untersuchung der jeweilige Nearby-Kontrakt sowohl für die Hedge Ratio-Ermittlung als auch für die Bestimmung des Wertes der Gesamtposition nur bis zum Monatsende vor dem Fälligkeitsmonat zugrunde gelegt.

Im Rahmen der Analyse wurde eine halbmonatliche Anpassung der Hedge Ratio zum 1. und 16. eines Monats bzw. (falls an diesen Tagen kein Börsenhandel stattfand) zum folgenden Börsentag simuliert. Diese Vorgehensweise berücksichtigt im Vergleich zu einer für den gesamten Betrachtungszeitraum festgelegten konstanten Hedge Ratio zwischenzeitliche Veränderungen der einfließenden Parameter und läßt daher erfolgreichere Hedging-Transaktionen erwarten.[50]

Die Hedge Ratios wurden zu jedem Anpassungszeitpunkt aus den täglichen logarithmierten Renditen der zwei Monate unmittelbar vor diesem Zeitpunkt berechnet. Dieser Zeitraum wurde deshalb gewählt, weil sich Stichproben über die entsprechenden Daten unmittelbar vor dem Hedge-Beginn als Grundlage für die Hedge-Ratio-Berechnung in der Praxis bewährt haben.[51]

Darüber hinaus wird in der vorliegenden Untersuchung davon ausgegangen, daß die Dauer der Hedge-Periode zum Absicherungszeitpunkt noch nicht bekannt ist. Entsprechend besteht das unterstellte Ziel des Hedgers grundsätzlich in der erfolgreichen Absicherung zu jedem Zeitpunkt während der Hedging-Transaktion. Somit kann eine Hedging-Maßnahme mit festgelegtem Zeitpunkt als Spezialfall einer solchen Zielsetzung charakterisiert werden. Folglich wird in der Untersuchung auch nicht von bestimmten Hedge-Endzeitpunkten ausgegangen, womit die Ergebnisse einen allgemeingültigeren Anspruch erhalten.[52]

---

[49] Vgl. Lasser (1987), S. 284 und die dort angegebene Literatur sowie Swensen (1987), S. 210.
[50] In der Literatur wird entsprechend auch eine Anpassung jeweils nach Ablauf von zwei Wochen vorgeschlagen, so etwa bei Morgan/ Franckle (1982), S. 337.
[51] Vgl. Berger (1990), S. 412.
[52] Vgl. Toevs/ Jacob (1984), S. 10 ff.

Die sich ergebenden Werte der gehedgten Position dienten als Grundlage für die Bestimmung des Hedge-Erfolges, wobei Transaktionskosten und Marginzahlungen nicht berücksichtigt wurden. Die Erfolgsmessung erfolgte jeweils anhand der Maße in Anlehnung an JOHNSON (HE$_J$) sowie an HOWARD/ D'ANTONIO (HBR). Insofern wurden sowohl die Hedge-Zielsetzungen der Risikominimierung als auch der Optimierung unter Risiko- und Ertragsgesichtspunkten in die Untersuchung eingebunden.

Für die Berechnung dieser Hedge-Erfolgsmaße wurden wöchentliche Renditen bestimmt, da davon ausgegangen werden kann, daß hier eine Normalverteilung der Renditen eher vorliegt als bei täglichen Renditen.[53]

Empirische Untersuchungsergebnisse

Während der Untersuchungsperiode war die Entwicklung der langfristigen Bundesanleihen insgesamt durch einen positiven Verlauf bei einigen Schwankungen gekennzeichnet. Dies soll exemplarisch an den folgenden beiden Bundesanleihen gezeigt werden:

- 7,75% Bundesanleihe 09.02.1990 – 21.02.2000, Wertpapierkennnummer 113477
- 8,50% Bundesanleihe 06.08.1990 – 21.08.2000, Wertpapierkennnummer 113480

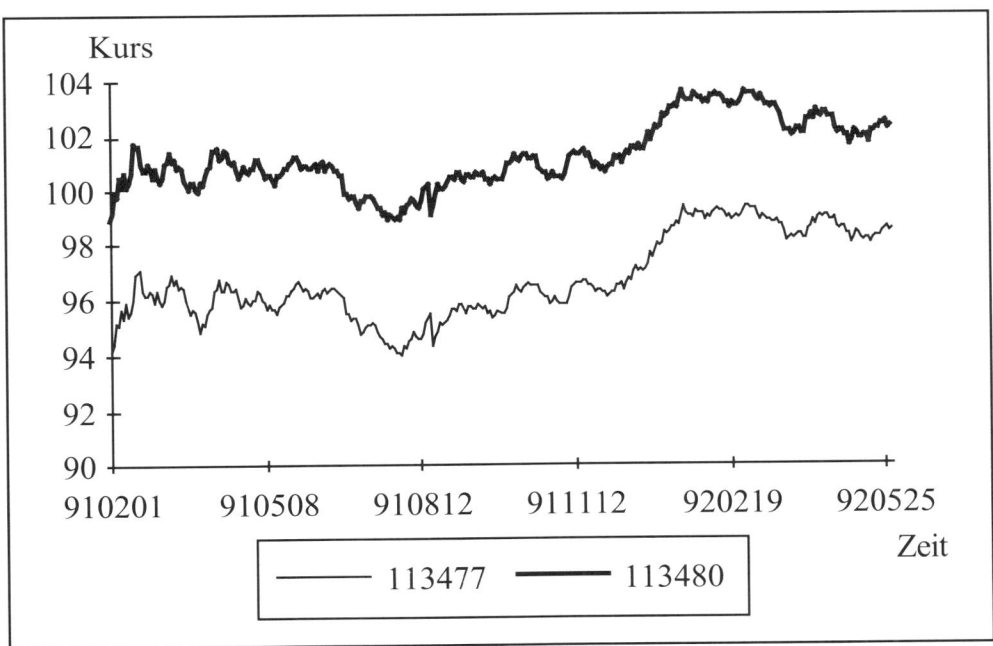

Abb. 1: Kursverlauf ausgewählter Bundesanleihen im Untersuchungszeitraum

---

[53] Vgl. Bauer (1992), S. 140.

Im folgenden wird gezeigt, inwieweit der Einsatz von Financial Futures zu einer Verminderung des Risikos bzw. zu einer Verbesserung der Performance geführt haben und welche Hedge Ratio-Verfahren sich am besten dazu eigneten.

In der Tabelle 1 werden die Ergebnisse der einzelnen Hedge Ratios bezüglich der Erfolgsmaße HE_J und HBR im Durchschnitt für alle 32 Portfolios dargestellt. Dabei wird auch angegeben, ob sich diese Werte signifikant von Null unterscheiden. Der Stichprobenumfang umfaßt dabei jeweils 32 Portfolios. Die statistische Überprüfung der Signifikanz erfolgt jeweils mit Hilfe des zweiseitigen t-Tests für Mittelwerte abhängiger Stichproben.

Hedge Ratio	HE_J	$\sigma(HE_J)$	t-Wert	Sig.	HBR	$\sigma(HBR)$	t-Wert	Sig.
HR_{optN}	0.6469	0.082	44.54	***	-0.0727	0.007	-59.19	***
HR_{optK}	0.5627	0.089	35.75	***	-0.0759	0.006	-69.28	***
HR_{optKF}	0.5894	0.080	41.79	***	-0.0747	0.006	-67.71	***
HR_{optD}	0.8043	0.032	140.11	***	-0.0041	0.009	-2.59	**
$HR_{optR,KF}$	0.7985	0.031	146.74	***	-0.0006	0.008	-0.40	
HR_{optHe}	-0.7248	3.708	-1.11		0.0592	0.107	3.12	***
HR_{optS}	-1.6184	7.745	-1.18		-0.0423	0.074	-3.25	***
$HR_{optH/D}$	-1.4911	5.187	-1.63		0.0026	0.065	0.23	

Erläuterungen: HE_J, HBR = durchschnittliche Hedge-Erfolge über alle Portefeuilles

$\sigma(HE_J)$, $\sigma(HBR)$ = Standardabweichungen der Hedge-Erfolge HE_J und HBR

Sig. = Signifikanzniveau;

* = signifikant auf dem 90 % - Niveau (** = 95 %, *** = 99 %)

Die Nullhypothesen bei HE_J und HBR lauten: $HE_J = 0$; HBR = 0.

Tab. 1: Hedge-Erfolg beim Einsatz von Bund-Futures für 32 Portefeuilles

Für den betrachteten Zeitraum ergaben sich im Durchschnitt für die ungehedgte Position eine mittlere logarithmierte Wochenrendite in Höhe von 0.1946 % bei einer mittleren Standardabweichung von 0.3790 %.

Die Tabelle zeigt, daß bis auf HR_{optHe}, HR_{optS} und $HR_{optH/D}$ alle übrigen Hedge Ratios einen signifikant positiven Erfolg nach JOHNSON bewirken. Mit HR_{optD} kann sogar ein HE_J-Wert von über 80 % erreicht werden, wobei bei der Hedge Ratio-Ermittlung das Yield-Beta, nicht aber die CTD-Anleihen berücksichtigt wurden (aufgrund der nicht ausreichenden Anzahl entsprechender Bundesanleihen in der Datenbank). Im Hinblick auf eine Risikominimierung läßt sich durch den Einsatz von Futures das Risiko eines Anleihenportefeuilles deutlich reduzieren.

Hingegen erhöht sich das Risiko meist, wenngleich nicht signifikant, durch den Futureseinsatz entsprechend der Hedge Ratios HR_{optHe}, HR_{optS} und $HR_{optH/D}$, wobei die einzelnen Portefeuille-Ergebnisse dabei recht deutliche Schwankungen zeigen. Darauf deutet vor allem die hohe Standardabweichung der HE_J-Werte hin.

Wird die Hedge-Erfolgsbeurteilung nach dem HBR-Maß vorgenommen, so ergeben sich lediglich in zwei Fällen positive Werte (nämlich bei HR_{optHe} und $HR_{optH/D}$). Diese Hedge Ratios sind aus der Zielsetzung der Performanceerhöhung durch den Einsatz von Futures abgeleitet worden und sollten daher aus theoretischen Überlegungen auch zu einem positiven HBR-Wert führen. In den übrigen Fällen ist eine Verbesserung des Sharpe-Maßes der Kassaposition durch den Einsatz von Zins-Futures im Durchschnitt aller gehedgten Portefeuilles nicht erreicht worden.

Dabei liegen beispielsweise bei $HR_{optR,KF}$ und HR_{optD} die Renditen der gehedgten Positionen im Durchschnitt oberhalb der mittleren Rendite für risikolose Anlagen. Einige mit diesen Hedge Ratios abgesicherte Portefeuilles erbringen jedoch eine Rendite, die unterhalb des risikolosen Zinses liegt. In diesen Fällen nimmt der Hedge-Erfolg HBR einen sehr negativen Wert an. Dies stellt einen wesentlichen Grund dafür dar, daß im Durchschnitt signifikant von Null verschiedene negative HBR-Werte ermittelt wurden. Im Vergleich zum Erfolg HE_J sind die zwischen den Hedging-Strategien bestehenden Unterschiede in den Standardabweichungen der Erfolge beim HBR-Maß nicht so hoch.

Werden die Hedge Ratios HR_{optHe}, HR_{optS} und $HR_{optH/D}$ näher betrachtet, so kann festgestellt werden, daß ihre Werte im Zeitablauf teilweise stark schwanken, während die übrigen Hedge Ratios kaum nennenswerte Schwankungen verzeichnen. Dies zeigen die Abbildungen 2 – 4, wobei allerdings die unterschiedlichen Skalierungen zu berücksichtigen sind.

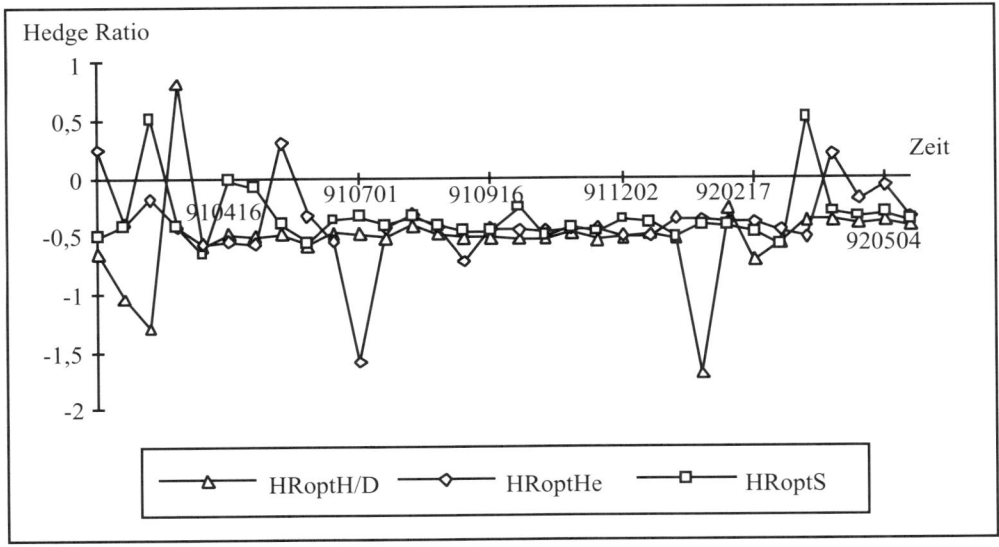

Abb. 2: Entwicklung der Hedge Ratios $HR_{optH/D}$, HR_{optHe} und HR_{optS} im Zeitablauf

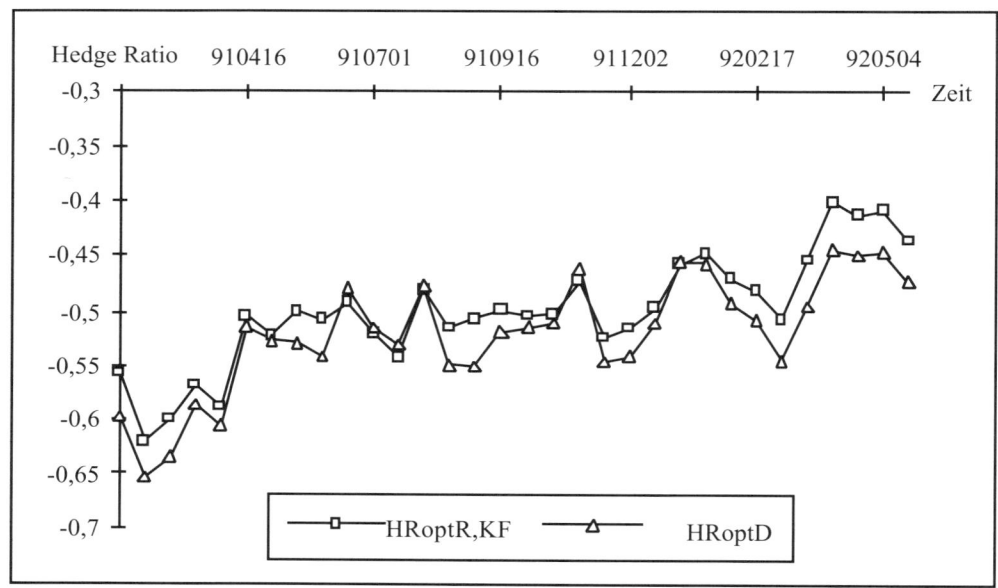

Abb. 3: Entwicklung der Hedge Ratios $HR_{optR,KF}$ und HR_{optD} im Zeitablauf

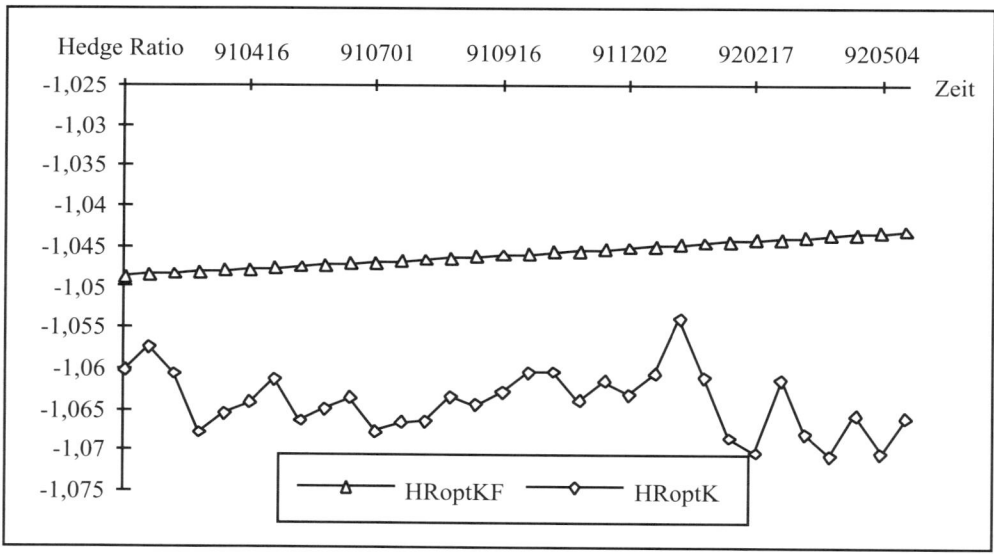

Abb. 4: Entwicklung der Hedge Ratios HR_{optKF} und HR_{optK} im Zeitablauf

Die großen Schwankungen der Hedge Ratios $HR_{optH/D}$, HR_{optHe} und HR_{optS} im Zeitablauf lassen sich vor allem darauf zurückführen, daß diese Hedge Ratios von vergleichsweise vielen Parametern abhängen, so daß häufig in einigen Portefeuilles extrem hohe oder niedrige Werte vorkommen. Werden diese Werte nur ungenau für die Zukunft prognostiziert (in der Untersuchung wurden hierzu die Daten aus den zwei Monaten vor Hedge-Beginn ausgewählt), so zeigt dies deutliche Auswirkungen auf das Hedge-Ergebnis. Gerade die extremen Hedge-Ratio-Werte haben in der Untersuchung zu den extremen Ausprägungen in der Wertentwicklung des gehedgten Portefeuilles geführt. Aus diesen Gründen kommen die mit diesen Hedge Ratios durchgeführten Strategien in der Untersuchung nur zu insgesamt unbefriedigenden Resultaten, die zum Teil sogar das Risiko einer gehedgten Position erhöhen.

7. Zusammenfassung

Für das Hedging mit Zins-Futures wurden neben der Nominalwertmethode zahlreiche Verfahren zur Bestimmung der optimalen Hedge Ratio vorgestellt, die auf portfolio- und kapitalmarkttheoretischen Überlegungen beruhen. Im Gegensatz zu den aus der Zielsetzung der Varianzminimierung abgeleiteten Hedge Ratios, die lediglich die Risikodimension betrachten, lassen sich auch Hedge Ratios aus Optimierungsüberlegungen unter Risiko- und Ertragsgesichtspunkten bestimmen. Aus der jeweiligen Hedge-Zielsetzung können zudem Hedge-Erfolgsmaße hergeleitet werden. Für empirische Untersuchungen bieten sich je nach Zielsetzung des Hedgers das Johnson-Maß bzw. das von HOWARD/ D'ANTONIO vorgeschlagene HBR-Maß zur Messung des Hedge-Erfolges an.

Die empirischen Untersuchungen zum Hedging mit dem Bund-Future zeigen, daß die Regressionsmethode und die durationsbasierte Methode der Hedge-Ratio-Bestimmung insgesamt zu den besten Ergebnissen führen, während die Nominalwert-, Kurswert- und Konversionsfaktormethoden nicht so erfolgreich abschneiden. Hingegen können die aus kapitalmarkttheoretischen Überlegungen abgeleiteten Hedge Ratios nicht zu einer Risikoreduktion führen, wenn – wie in der Analyse geschehen – die einzusetzenden Daten aus den zwei Monaten direkt vor der Hedge-Periode zugrunde gelegt werden.

Literaturverzeichnis

Adler, M./ Detemple, J. B. (Adler/ Detemple, 1988): Hedging with Futures in an Intertemporal Portfolio Context, in: *Journal of Futures Markets*, Vol. 8, 1988, S. 249-269.

Anderson, R. W./ Danthine, J.-P. (Anderson/ Danthine, 1980): Hedging and Joint Production: Theory and Illustrations, in: *Journal of Finance*, Vol. 35, 1980, S. 487-498.

Anderson, R. W./ Danthine, J.-P. (Anderson/ Danthine, 1981): Cross Hedging, in: *Journal of Political Economy*, Vol. 89, 1981, S. 1182-1196.

Bauer, C. (Bauer, 1992): *Das Risiko von Aktienanlagen – Die fundamentale Analyse und Schätzung von Aktienrisiken*, Köln 1992.

Berger, M. (Berger, 1990): *Hedging, Effiziente Kursabsicherung festverzinslicher Wertpapiere mit Finanzterminkontrakten*, Wiesbaden 1990.

Bookstaber, R. / Clarke, R. (Bookstaber/ Clarke, 1984): Option Portfolio Strategies: Measurement and Evaluation, in: *Journal of Business*, Vol. 57, 1984, S. 469-492.

Briys, E. M. / Crouhy, M. / Pieptea, D. R. (Briys et al., 1988): Hedging versus Speculating with Interest Rate Futures, in: *Review of Futures Markets*, Vol. 7, 1988, Supplement, S. 620-635.

Bruns, Ch./ Meyer-Bullerdiek, F. (Bruns/ Meyer-Bullerdiek, 1996): *Professionelles Portfoliomanagement*, Stuttgart 1996.

Castelino, M. G. (Castelino, 1990): Futures Markets and Hedging: The Time Dimension, in: *Journal of Quantitative Analysis*, Vol. 6, 1990, S. 271-287.

Chang, J. S. K./ Shanker, L. (Chang/ Shanker, 1986): Hedging Effectiveness of Currency Options and Currency Futures, in: *Journal of Futures Markets*, Vol. 6, 1986, S. 289-305.

Decovny, S./ Tacchi, C. (Decovny/ Tacchi, 1991): *Hedging Strategies*, New York et al. 1991.

Ederington, L. H. (Ederington, 1979): The Hedging Performance of the new Futures Markets, in: *Journal of Finance*, Vol. 34, 1979, S. 157-170.

Elam, E. (Elam, 1991): Reduction in Hedging Risk from Adjusting for Autocorrelation in the Residuals of a Price Level Regression, in: *Journal of Futures Markets*, Vol. 11, 1991, S. 371-384.

Figlewski, S./ Landskroner, Y./ Silber, W. L. (Figlewski et al., 1991): Tailing the Hedge: Why and how, in: *Journal of Futures Markets*, Vol. 11, 1991, S. 201-212.

Gray, R. W./ Rutledge, D. J. S. (Gray/ Rutledge, 1971): The Economics of Commodity Futures Markets: A Survey, in: *Review of Marketing and Agricultural Economics*, Vol. 39, 1971, No. 4, S. 57-108.

Hammer, J. A. (Hammer, 1990): Hedging Performance and Hedging Objectives: Tests of new Performance Measures in the foreign Currency Market, in: *Journal of Financial Research*, Vol. 13, 1990, S. 307-323.

Heifner, R. G. (Heifner, 1979): Optimal Hedging Levels and Hedging Effectiveness in Cattle Feeding, in: *Agricultural Economics Research*, Vol. 24, 1979, No. 2, S. 25-36.

Hill, J./ Liro, J./ Schneeweis, T. (Hill et al., 1983): Hedging Performance of GNMA Futures under rising and falling Interest Rates, in: *Journal of Futures Markets*, Vol. 3, 1983, S. 403-413.

Hill, J./ Schneeweis, T. (Hill/ Schneeweis, 1981): A Note on the Hedging Effectiveness of foreign Currency Futures, in: *Journal of Futures Markets*, Vol. 1, 1981, S. 659-664.

Hill, J./ Schneeweis, T. (Hill/ Schneeweis, 1982): Risk Reduction Potential of Financial Futures for Corporate Bond Positions, in: Gay, G. D./ Kolb, R. W. (eds.), *Interest Rate Futures: Concepts and Issues*, Reston 1982, S. 307-323.

Hill, J./ Schneeweis, T./ Mayerson, R. (Hill et al., 1983): An Analysis of the Impact of Marking-to-Market in Hedging with Treasury Bond Futures, in: *Review of Research in Futures Markets*, Vol. 2, 1983, S. 136-163.

Howard, C. T./ D'Antonio, L. J. (Howard/ D'Antonio, 1984): A Risk-Return Measure of Hedging Effectiveness, in: *Journal of Financial and Quantitative Analysis*, Vol. 19, 1984, S. 101-112.

Howard, C. T./ D'Antonio, L. J. (Howard/ D'Antonio, 1986): Treasury Bill Futures as a Hedging Tool: A Risk-Return Approach, in: *Journal of Financial Research*, Vol. 9, 1986, No. 1, S. 25-39.

Howard, C. T./ D'Antonio, L. J. (Howard/ D'Antonio, 1987): A Risk-Return Measure of Hedging Effectiveness: A Reply, in: *Journal of Financial and Quantitative Analysis*, Vol. 22, 1987, S. 377-381.

Johnson, L. L. (Johnson, 1960): The Theory of Hedging and Speculation in Commodity Futures, in: *Review of Economic Studies*, Vol. 27, 1960, S. 139-151.

Junkus, J. C./ Lee, C. F. (Junkus/ Lee, 1985): Use of three Stock Index Futures in Hedging Decisions, in: *Journal of Futures Markets*, Vol. 5, 1985, S. 201-222.

Kawaller, I. G./ Koch, T. W. (Kawaller/ Koch, 1988): Managing Cash Flow Risk in Stock Index Futures: The Tail Hedge, in: *Journal of Portfolio Management*, Vol. 14, Fall, 1988, S. 41-44.

Lasser, D. J. (Lasser, 1987): A Measure of Ex Ante Hedging Effectiveness for the Treasury Bill and Treasury Bond Futures Markets, in: *Review of Futures Markets*, Vol. 6, 1987, S. 278-295.

Lin, Y. C. (Lin, 1987): *Hedge Ratio, Hedging Strategy, and Hedging Effectiveness*, Diss., Urbana-Champaign 1987.

Lypny, G. J. (Lypny, 1988): Hedging freign Exchange Risk with Currency Futures: Portfolio Effects, in: *Journal of Futures Markets*, Vol. 8, 1988, S. 703-715.

Maness, T. S. (Maness, 1981): Optimal versus Naive Buy-Hedging with T-Bill Futures, in: *Journal of Futures Markets*, Vol. 1, 1981, S. 393-403.

McEnally, R. W./ Rice, M. L. (McEnally/ Rice, 1982): Hedging Possibilities in the Flotation of Debt Securites, in: Gay G. D./ Kolb, R. W. (eds.), *Interest Rate Futures: Concepts and Issues*, Reston 1982, S. 265-277.

Meyer, F. (Meyer, 1994): *Hedging mit Zins- und Aktienindex-Futures*, Köln 1994.

Morgan, G. E./ Franckle, C. T. (Morgan/ Franckle, 1982): The Error Learning Model and the Financial Futures Market, in: Gay G. D./ Kolb, R. W. (eds.), *Interest Rate Futures: Concepts and Issues*, Reston 1982, S. 325-338.

Myers, R. J. (Myers, 1991): Estimating Time-Varying Optimal Hedge Ratios on Futures Markets, in: *Journal of Futures Markets*, Vol. 11, 1991, S. 39-53.

Nelson, R. D./ Collins, R. A. (Nelson/ Collins, 1985): A Measure of Hedging's Performance, in: *Journal of Futures Markets*, Vol. 5, 1985, S. 45-55.

Pitts, M./ Fabozzi, F.J. (Pitts/ Fabozzi, 1990): *Interest Rate Futures and Options*, Chicago 1990.

Scheuenstuhl, G. (Scheuenstuhl, 1992): *Hedging-Strategien zum Management von Preisänderungsrisiken*, Bern et al. 1992.

Sharda, R./ Musser, K. D. (Sharda/ Musser, 1986): Financial Futures Hedging via Goal Programming, in: *Management Science*, Vol. 32, 1986, S. 933-947.

Stein, J. L. (Stein, 1961): The simultaneous Determination of Spot and Futures Prices, in: *American Economic Review*, Vol. 51, 1961, S. 1012-1025.

Steiner, M./ Meyer, F. (Steiner/ Meyer, 1993): Hedging mit Financial Futures, in: Gebhardt, G./ Gerke, W./ Steiner, M. (Hrsg.), *Handbuch des Finanzmanagements*, München, 1993, S. 721-749.

Swensen, R. B. (Swensen, 1987): *Hedge Effectiveness of Treasury Securities Futures Markets*, Diss., New York 1987.

Telser, L. G. (Telser, 1955/56): Safety First and Hedging, in: *Review of Economic Studies*, Vol. 23, No. 60, 1955/56, S. 1-16.

Toevs, A. L./ Jacob, D. P. (Toevs/ Jacob, 1984): *Interest Rate Futures: A Comparison of alternative Hedge Ratio Methodologies*, Morgan Stanley, 1984.

Toevs, A. L./ Jacob, D. P. (Toevs/ Jacob, 1987): A Comparison of Alternative Hedge Ratio Methodologies with Interest-Rate Futures, in: Fabozzi, F. J./ Pollack, I. M. (eds.), *The Handbook of Fixed Income Securities*, Homewood 1987, S. 918-938

Wardrep, B. N./ Buck, J. F. (Wardrep/ Buck, 1982): The Efficacy of Hedging with Financial Futures: A historical Perspective, in: *Journal of Futures Markets*, Vol. 2, 1982, S. 243-254.

Wittleder, T. (Wittleder, 1988): *Zinsterminkontrakte als Instrument betrieblicher Finanzpolitik*, Kiel 1988.

Yau, J./ Hill, J./ Schneeweis, T. (Yau et al., 1990): An Analysis of the Effectiveness of the Nikkei 225 Futures Contract in Risk-Return Management, in: *Global Finance Journal*, Vol. 1, 1990, S. 255-276.

Yau, J./ Savanayana, U./ Schneeweis, T. (Yau et al., 1991): Alternative Performance Models in Interest Rate Futures, in: Goss, B. A. (ed.), *A Review and Analysis in Rational Expectations and Efficiency in Futures Markets*, London 1991, S. 167-189.

Zimmermann, H. (Zimmermann, 1994): Editorial: Reward-to-Risk, in: *Finanzmarkt und Portfolio Management*, 8. Jg., 1994, S. 1-6.

Modernes Risikomanagement komplexer Rentenportfolios

von Rudi Zagst

1. Einleitung
2. Kapitalmarktrisiken im Überblick
3. Messung der Marktrisiken
4. Risikomanagement von Bondportfolios
5. Risikomanagement von Zinsderivaten
6. Zusammenfassung

1. Einleitung

Seit der Einführung des Treasury Bill und Treasury Bond Futures in den U.S.A. Mitte der siebziger Jahre ist weltweit eine Vielzahl von Zinsprodukten entstanden. Diese Entwicklung wird begleitet von einem gewaltigen Anstieg des Handelsvolumens und immer besseren und schnelleren technischen Informationssystemen, die es den Händlern erlauben, quasi sekündlich und rund um die Welt Preisinformationen zu erhalten und darauf zu reagieren. Die Erweiterung und Liberalisierung der Bondmärkte, verbunden mit weiteren Faktoren, wie etwa dem Zusammenbruch des Bretton Woods Systems und der Ölkrise, führte letztendlich zu einem Anstieg der Zinsvolatilität. Damit wurde nicht nur ein gesteigertes Bewußtsein für die vorhandenen Zinsrisiken geschaffen, sondern es wurden auch die Anforderungen an Techniken und Systeme zum Risikomanagement von Portfolios, die diesen Zinsänderungsrisiken ausgesetzt sind, erhöht. Die Duration als Maß für die Sensitivität des Preises einer Anleihe in bezug auf Änderungen der Zinssätze reicht aufgrund der Annahme einer Parallelverschiebung der Zinskurve in aller Regel nicht mehr aus, um Preisänderungen aufgund komplexerer Schwankungen der Zinskurve genügend gut zu erklären.

Daher sollen nach einem Überblick über verschiedene Kapitalmarktrisiken, denen ein Portfolio- oder Risikomanager ausgesetzt ist (Abschnitt 2), im dritten Abschnitt Verfahren vorgestellt werden, die es erlauben, Zinsänderungsrisiken wesentlich detaillierter zu erfassen, als dies mit der Duration möglich ist. Anhand einer Fallstudie soll der Unterschied der verschiedenen Verfahren deutlich gemacht werden. Ergänzend dazu wird eine Möglichkeit aufgezeigt, wie aus den berechneten Sensitivitäten schnell und einfach die neben der Volatilität inzwischen vielleicht bekannteste Risikokennzahl, der Value at Risk, eines Rentenportfolios berechnet werden kann.

In Abschnitt 4 soll die in der Praxis wohl am häufigsten angewandte Methode zum Risikomanagement bzw. zum Hedging von Bondportfolios, das Duration-based Hedging, mit einer Methode verglichen werden, die es erlaubt, die in Abschnitt 3 vorgestellten spezifischeren Risikomaße zu benutzen, um zu einem Risikomanagement zu gelangen, das auch nichtparallele Verschiebungen der Zinskurve berücksichtigt. Wiederum soll eine Fallstudie die Vorteile dieses Verfahrens illustrieren.

Abschnitt 5 beschäftigt sich damit, wie die vorgestellte Methode auch zum Risikomanagement komplexer Rentenportfolios, d.h. Portfolios, die aus komplexeren Zinsprodukten wie z.B. Bondoptionen bestehen, eingesetzt werden kann. Ein Vergleich mit der in der Praxis wohl gängigsten Methode, dem Black-Delta-Hedging einer Bondoption, soll die Funktionalität dieses Verfahrens zeigen. Ein Ausblick auf andere Anwendungen und mögliche Erweiterungen soll für einen anregenden Abschluß sorgen.

2. Kapitalmarktrisiken im Überblick

Die Hauptaufgaben eines effizienten Risikomanagements sind die Erfassung und Messung aller vorhandenen Risiken, die Entscheidung, welche dieser Risiken beibehalten werden sollen, und schließlich die Konstruktion und das Management von Portfolios, die die gewünschten Risikocharakteristika aufweisen. Dementsprechend sollen in einem ersten Schritt die möglichen Risiken diskutiert werden, denen ein Portfolio- oder Risikomanager potentiell ausgesetzt ist.

Nach den Richtlinien für das Risikomanagement im Derivativgeschäft des BASLER AUSSCHUSSES FÜR BANKENAUFSICHT (1991) ist das *Marktrisiko* als dasjenige Risiko zu verstehen, das für die Finanzlage eines Instituts aufgrund von negativen Entwicklungen der Höhe oder der Volatilität von Marktpreisen[1] entsteht. Für Rentenportfolios ist das Marktrisiko traditionell das Zinsänderungsrisiko, d.h. letztendlich die Preisschwankung eines Portfolios, verursacht durch eine Änderung der Zinskurve, also der Zinsen verschiedener Laufzeiten.[2] Durch die sogenannte Duration eines Portfolios wird dessen Sensitivität in bezug auf eine Parallelverschiebung der Zinskurve gemessen. Insofern handelt es sich bei dieser Art der Messung des Marktrisikos um die Sensitivität hinsichtlich eines Risikofaktors, nämlich um die einer Parallelverschiebung in bestimmter Höhe.[3] Man spricht in diesem Zusammenhang auch von einem Einfaktormodell. Im Gegensatz dazu benutzen Mehrfaktorenmodelle mehrere Faktoren zur Erklärung von möglichen Bewegungen der Zinskurve, die dann auch keine Parallelverschiebungen mehr sein müssen. Nichtparallele Änderungen der Zinskurve werden auch als *Shape Risk* bezeichnet. In Abschnitt 3 wird ausführlich auf verschiedene Modelle zur Messung des Marktrisikos eingegangen.

Das *Volatilitätsrisiko* ist im wesentlichen der Teil des Preisänderungsrisikos, der durch eine nichtlineare Abhängigkeit des Preises eines Instrumentes oder Portfolios vom betrachteten Underlying, also in diesem Fall der Zinskurve bzw. der verschiedenen Laufzeitzinssätze, verursacht wird.[4] Bei Annahme einer Parallelverschiebung der Zinskurve wird dieses Risiko für Bondportfolios i.a. mit Hilfe der Konvexität gemessen, während für Optionen Kennzahlen wie Gamma oder Vega Auskunft über das Volatilitätsrisiko geben.[5]

Unter dem *Kreditrisiko* versteht man das Risiko, daß ein Schuldner seinen zukünftigen Zahlungsverpflichtungen nicht mehr oder nur unzureichend nachkommen kann. Über das Rating von Anleihen und Unternehmen wird versucht, Indikationen über das Kreditrisiko zu geben. In aller Regel hat ein sich erhöhendes Kreditrisiko eine höhere Risikoprämie, d.h. einen Aufschlag auf die Rendite, zur Folge, die der Schuldner bei einer Kapitalaufnahme bezahlen muß. Die Konsequenz ist i.a. eine

---

[1] Wie z.B. Zinssätze, Aktien- oder Wechselkurse.
[2] In aller Regel spricht man in diesem Zusammenhang von den (stetigen) Zinssätzen für Zerobonds verschiedener Laufzeiten, berechnet etwa aus den Marktpreisen für Bundesanleihen.
[3] Ähnlich verhält es sich beim Capital Asset Pricing Model (CAPM) von Sharpe (1964), Lintner (1965) und Mossin (1966).
[4] Vgl. Dahl et al. (1993).
[5] Vgl. Hull (1993).

Preissenkung der vom Schuldner emittierten Anleihen. Das Kreditrisiko kann z.B. dadurch kontrolliert werden, daß das Investitionsvolumen auf mit einem bestimmten Rating versehene Anleihen prozentual zum Gesamtvolumen der Investition beschränkt wird.

Das *Sektorrisiko* bezieht sich auf das Risiko, daß ein ganzer Industriezweig aufgrund gemeinsamer Charakteristika von einer Entwicklung unisono betroffen wird. So könnte man z.B. Bundesanleihen, Pfandbriefe oder Anleihen von Industrieunternehmen als unterschiedliche Sektoren definieren, die von Entwicklungen der wirtschaftlichen Rahmenbedingungen unterschiedlich tangiert werden. Normalerweise wird das Sektorrisiko dadurch kontrolliert, daß der Nominalbetrag oder Barwert der Investitionen auf einen speziellen Sektor prozentual zum Nominalwert oder Preis des Gesamtportfolios beschränkt und damit eine gewisse Mindestdiversifikation gesichert wird.

Wird ein Portfolio in dem Sinne aktiv gemanagt, daß sich die Portfoliostruktur häufig durch Transaktionen verändert, so ist der Portfolio- oder Risikomanager dem Risiko von sich verändernden bid-ask Spreads, dem sogenannten *Liquiditätsrisiko*, ausgesetzt. Bid-ask Spreads und damit das Liquiditätsrisiko sind eng verbunden mit dem tatsächlich am Markt gehandelten Volumen einer Anleihe. Das Liquiditätsrisiko kann dadurch eingeschränkt werden, daß nur in bestimmten Mindestvolumina und nur in mit einem entsprechenden Handelsvolumen am Markt ausgestatteten Instrumenten gehandelt wird. Dies sind z.B. der Bobl- oder Bund-Future sowie zum großen Teil auch die im REUTERS-Informationssystem aufgeführten sogenannten deutschen Benchmark-Bonds.[6]

Setzt sich ein Portfolio aus Anleihen unterschiedlicher Währungen zusammen, so ist sein Marktpreis insbesondere abhängig von Schwankungen der Wechselkurse; man spricht von einem sogenannten *Wechselkursrisiko*. Durch eine geeignete Diversifikation über verschiedene Länder kann das Wechselkursrisiko reduziert werden. Weitere Möglichkeiten bietet die Absicherung über Währungsswaps, Futures oder Forward Rate Agreements.

3. Messung der Marktrisiken

In diesem Abschnitt soll der Frage nachgegangen werden, wie sich das Risiko von Marktpreisveränderungen eines Portfolios aufgrund von zufälligen Schwankungen der Zinskurve quantifizieren läßt. Dazu werden zunächst die in der Praxis wohl am weitesten verbreiteten Kennzahlen, die Duration und die Konvexität einer Anleihe, vorgestellt und sukzessive in einen allgemeineren Rahmen in Form eines Mehrfaktorenmodells eingebettet. Verschiedene Spezifikationen dieses Modells führen zu unterschiedlichen Ansätzen der Risikomessung komplexer Rentenportfolios und

---

[6] Aufgeführt unter dem REUTERS Information Code (RIC) *0#DEBMK=*.

erlauben es, Zinsänderungsrisiken in einem ganz unterschiedlichen Detaillierungsgrad auszuweisen. Am Beispiel des EFFAS-Index[7] soll insbesondere die in den weiteren Abschnitten verwendete Berechnungsmethode illustriert werden.

Duration und Konvexität

Zur Berechnung der Duration und Konvexität einer Anleihe bezeichne C_t den zugehörigen Cash Flow in $t = t_i$ Jahren, $i=1,...,N$ und R_i den entsprechenden stetigen Zinssatz für diesen Zeitraum. Dann ergibt sich für $R = (R_1,...,R_N)$ der (Dirty-) Preis P der Anleihe zu

(1) $\quad P(R) = \sum_{i=1}^{N} C_{t_i} \cdot e^{-R_i \cdot t_i}$.

Unter Anwendung der sogenannten Taylorentwicklung läßt sich die Preisänderung der Anleihe approximativ berechnen durch

(2) $\quad \Delta P(R) \approx \sum_{i=1}^{N} \Delta_i^P(R) \cdot \Delta R_i + \frac{1}{2} \cdot \sum_{i=1}^{N} \sum_{j=1}^{N} \Gamma_{ij}^P(R) \cdot \Delta R_i \cdot \Delta R_j$

mit: $\quad \Delta_i^P(R) := \frac{\partial}{\partial R_i} P(R) = -t_i \cdot C_{t_i} \cdot e^{-R_i \cdot t_i}$ und

$\Gamma_{ij}^P(R) := \frac{\partial^2}{\partial R_i \partial R_j} P(R) = \begin{cases} t_i^2 \cdot C_{t_i} \cdot e^{-R_i \cdot t_i} & \text{falls } i = j \\ 0 & \text{sonst.} \end{cases}$

Nimmt man an, daß sich die Kurve der stetigen Zero-Zinssätze parallel um ΔF verschiebt, d.h., daß $\Delta R_i = \Delta F$ für alle $i=1,...,N$ gilt, so ergibt sich mit

(3) $\quad \Delta^P(R) := \sum_{i=1}^{N} \Delta_i^P(R) \quad \text{und} \quad \Gamma^P(R) := \sum_{i=1}^{N} \sum_{j=1}^{N} \Gamma_{ij}^P(R)$

die approximative Darstellung der Preisänderung der Anleihe zu

(4) $\quad \Delta P(R) \approx \Delta^P(R) \cdot \Delta F + \frac{1}{2} \cdot \Gamma^P(R) \cdot \Delta F^2 \quad .$

Im allgemeinen bezeichnet man den Ausdruck

(5) $\quad D^P(R) := -\frac{\Delta^P(R)}{P(R)}$

---

[7] Der Performance-Index der European Federation of Financial Societies, kurz EFFAS-Index, berücksichtigt zur Zeit 21 unterschiedliche Bondmärkte. Ein Überblick über die verschiedenen Märkte und die aktuelle Portfoliozusammensetzung findet sich im BLOOMBERG-Informationssystem unter dem Code EFFAS GO. Das hier untersuchte Portfolio für den deutschen Bondmarkt setzt sich aus Bundesanleihen, Bundesschatzbriefen, Treuhandanleihen, Treuhandobligationen und aus Anleihen aus dem European Recovery Program zusammen, deren derzeitige Laufzeit (Stand 16.03.1997) bis ins Jahr 2024 reicht. Allerdings sollen aus Gründen der Übersichtlichkeit hier nur Laufzeiten bis zu 10 Jahren berücksichtigt werden. Dieser Teil des EFFAS-Index wird im folgenden mit EFFAS_SHORT bezeichnet.

als *Duration* und $\Gamma^P(R)$ als *Konvexität* der Anleihe. Mit dieser Definition ergibt sich die Preisänderung der Anleihe zu

(6) $\quad \Delta P(R) \approx -D^P(R) \cdot P(R) \cdot \Delta F + \frac{1}{2} \cdot \Gamma^P(R) \cdot \Delta F^2.$

Zumeist wird bei dieser Darstellung eine flache Zinskurve in der Weise vorausgesetzt, daß für den konstanten Zinssatz Y und bzgl. des aktuellen Marktpreises die Bedingung

(7) $\quad P(R) = \sum_{i=1}^{N} C_{t_i} \cdot e^{-Y \cdot t_i} =: P(Y)$

gilt. Dieser Zinssatz Y ist unter dem Begriff *Yield to Maturity* bekannt und hängt wesentlich von der genauen Spezifikation der Anleihe (Cash Flows, Laufzeit) ab. Besteht ein Portfolio aus mehreren Anleihen, so ergeben sich Duration und Konvexität des Portfolios als Summe aus den mit den entsprechenden (preisgewichteten) Nominalbeträgen multiplizierten Durationen bzw. Konvexitäten der einzelnen Anleihen.

Mehrfaktorenmodelle

Es bleibt festzuhalten, daß die Erklärung der Preisänderung einer Anleihe über die Duration bzw. Konvexität im wesentlichen auf einer Parallelverschiebung der aktuellen Zinskurve beruht. Es kann jedoch gezeigt werden, daß eine solche Parallelverschiebung Arbitragemöglichkeiten induziert,[8] und daher in der Realität äußerst selten auftritt. In sogenannten (linearen) Mehrfaktorenmodellen wird versucht, die realen Bewegungen der Zinskurve durch sogenannte Faktoren besser zu erklären, als es durch eine Parallelverschiebung möglich ist. Üblicherweise geht man bei diesen Modellen davon aus, daß sich die Veränderung der Zinskurve durch die Veränderung von $m \geq 1$ betrachteten Faktoren $F_1,...,F_m$ beschreiben läßt. Die Beschreibung bezieht sich dabei auf die Änderung ΔR_i von ausgewählten stetigen Zero-Zinssätzen verschiedener Laufzeiten t_i, $i = 1,...,N$, den sogenannten *Key-Rates*[9], für die dann ungefähr, d.h. bis auf etwaige Meßfehler, die Darstellung

(8) $\quad \Delta R_i \approx \sum_{k=1}^{m} a_{ik} \cdot \Delta F_k$

gilt.[10] Die Größen a_{ik} bezeichnet man dabei als die Gewichte oder *Faktorladungen* des Mehrfaktorenmodells, während die Meßfehler in aller Regel als normalverteilt

---

[8] Vgl. Dahl (1993).
[9] Vgl. Ho (1992). Die Wahl der Key-Rates und Faktoren ebenso wie ihre Anzahl N bzw. m bestimmt natürlich wesentlich den Grad, mit dem ein Modell die Realität erklären kann und sollte daher mit äußerster Sorgfalt gewählt werden. So verwendet z.B. J. P. Morgan für RiskMetrics als Key-Rates die Zero-Zinssätze für 1, 3 und 6 Monate, sowie für 1, 2, 3, 4, 5, 7, 9 und 10 Jahre. Allerdings sollte auch beachtet werden, daß i.a. mit der Anzahl der Key Rates das benötigte Nominalvolumen der zum Risikomanagement benutzten Instrumente zunimmt. Dies kommt zum Beispiel auch in den Fallstudien in Abschnitt 5 zum Ausdruck.
[10] Die genaue Darstellung besitzt die Form $\Delta R_i = \sum_{k=1}^{m} a_{ik} \cdot \Delta F_k + \varepsilon_i$, $i = 1,...,N$ mit i.a. gemeinsam normalverteilten Zufallsgrößen bzw. Meßfehlern $\varepsilon_1,...,\varepsilon_N$.

mit dem Erwartungswert 0 angenommen werden. Je nach Modell wird zusätzlich Korreliertheit oder Unkorreliertheit der Meßfehler vorausgesetzt.[11]

Bezeichnet man nun mit $P(R_1,...,R_N)$ den Preis eines von den Zinssätzen $R_1,...,R_N$ abhängigen Rentenportfolios,[12] so läßt sich dessen Änderung $\Delta P(R)$ mit $R = (R_1,...,R_N)$, analog zu oben, mit Hilfe der Taylorentwicklung approximativ in Abhängigkeit der Key-Rates darstellen durch

$$(9) \quad \Delta P(R) \approx \sum_{i=1}^{N} \Delta_i^P(R) \cdot \Delta R_i + \frac{1}{2} \cdot \sum_{i=1}^{N} \sum_{j=1}^{N} \Gamma_{ij}^P(R) \cdot \Delta R_i \cdot \Delta R_j ,$$

wobei wieder

$$(10) \quad \Delta_i^P(R) = \frac{\partial}{\partial R_i} P(R) \quad \text{und} \quad \Gamma_{ij}^P(R) = \frac{\partial^2}{\partial R_i \partial R_j} P(R) .$$

Die Größen $\Delta_i^P(R)$ werden dabei auch als *Key-Rate-Deltas*, die Größen $\Gamma_{ij}^P(R)$ entsprechend als *Key-Rate-Gammas* bezeichnet. Zusammen mit der obigen Faktorendarstellung erhalten wir damit zunächst

$$(11) \quad \sum_{i=1}^{N} \Delta_i^P(R) \cdot \Delta R_i = \sum_{i=1}^{N} \Delta_i^P(R) \cdot \sum_{k=1}^{m} a_{ik} \cdot \Delta F_k = \sum_{k=1}^{m} \left(\sum_{i=1}^{N} \Delta_i^P(R) \cdot a_{ik} \right) \cdot \Delta F_k$$

sowie analog

$$(12) \quad \sum_{i=1}^{N} \sum_{j=1}^{N} \Gamma_{ij}^P(R) \cdot \Delta R_i \cdot \Delta R_j = \sum_{k=1}^{m} \sum_{l=1}^{m} \left(\sum_{i=1}^{N} \sum_{j=1}^{N} \Gamma_{ij}^P(R) \cdot a_{ik} \cdot a_{jl} \right) \cdot \Delta F_k \cdot \Delta F_l .$$

Bezeichnet man den Ausdruck

$$(13) \quad \Delta_{F_k}^P(R) = \sum_{i=1}^{N} \Delta_i^P(R) \cdot a_{ik}$$

als *Faktor-Delta* des Portfoliospreises P bzgl. des Faktors F_k sowie

$$(14) \quad \Gamma_{F_k F_l}^P(R) = \sum_{i=1}^{N} \sum_{j=1}^{N} \Gamma_{ij}^P(R) \cdot a_{ik} \cdot a_{jl}$$

als *Faktor-Gamma* des Portfoliopreises bzgl. der Faktoren F_k und F_l, so ergibt sich die folgende faktorspezifische Darstellung der approximativen Portfoliopreisänderung:

$$(15) \quad \Delta P(R) \approx \sum_{k=1}^{m} \Delta_{F_k}^P(R) \cdot \Delta F_k + \frac{1}{2} \cdot \sum_{k=1}^{m} \sum_{l=1}^{m} \Gamma_{F_k F_l}^P(R) \cdot \Delta F_k \cdot \Delta F_l .$$

Die verschiedenen Faktorenmodelle unterscheiden sich nun im wesentlichen durch die Spezifikation der verwendeten Faktoren $F_1,...,F_m$. Zahlreiche, vor allem zum Pricing von Zinsderivaten verwendete Vorschläge sind in der Literatur bekannt unter der Bezeichnung „zeitstetige *Zinsstrukturmodelle*". Zu ihnen gehören die Einfaktormodelle von VASICEK (1977), COX/ INGERSOLL/ ROSS (1985), HO/ LEE (1986), BLACK/

---

[11] Vgl. Greene (1993).
[12] Hängt der Preis P von einem Zinssatz $Y \neq R_1,...,R_N$ mit $R_i < Y < R_{i+1}$ ab, so wird dieser i.a. durch $Y = \lambda \cdot R_i + (1-\lambda) \cdot R_{i+1}$, $0 < \lambda < 1$, linear interpoliert.

DERMAN/ TOY (1990) und HULL/ WHITE (1990)[13], die die Entwicklung der Zinskurve mit Hilfe eines kurzfristigen Zinssatzes, der sogenannten *Short Rate*, erklären. BRENNAN/ SCHWARTZ (1982) benutzen zur Beschreibung der Zinskurvenbewegungen in ihrem Zweifaktorenmodell einen kurzfristigen und einen langfristigen Zinssatz, LONGSTAFF/ SCHWARTZ (1992) neben der Short Rate eine stochastische Volatilität, während HULL/ WHITE (1994) die Short Rate und einen stochastischen Drift-Faktor untersuchen. Eine Übersicht über weitere zeitstetige Zweifaktorenmodelle findet man z.B. bei REBONATO (1996).

Eine weitere Möglichkeit ist die empirische Bestimmung der Faktoren über eine sogenannte *Principal Component Analyse*.[14] Der Vorteil dieses Verfahrens besteht im wesentlichen in der Unkorreliertheit der berechneten Faktoren und dem hohen Erklärungsgrad, der, bezogen auf die historischen Daten, bereits bei Verwendung von nur drei bis vier Faktoren erreicht werden kann. DAHL (1989) zeigt, daß für den dänischen Bondmarkt bereits drei Faktoren genügen, um innerhalb der gewählten Stichprobe 99,6% der Zinskurvenbewegungen zu beschreiben. Ähnliche Aussagen findet man z.B. bei NEWTON/ CHAU (1991) und bei BÜHLER/ ZIMMERMANN (1994). Abbildung 1 zeigt die Faktorladungen der drei Faktoren mit dem höchsten Erklärungsgrad für den deutschen Bondmarkt, berechnet aus den Renditeänderungen der REX-Subindices mit Laufzeiten von einem bis zu zehn Jahren und Daten vom 04.01.1988 bis

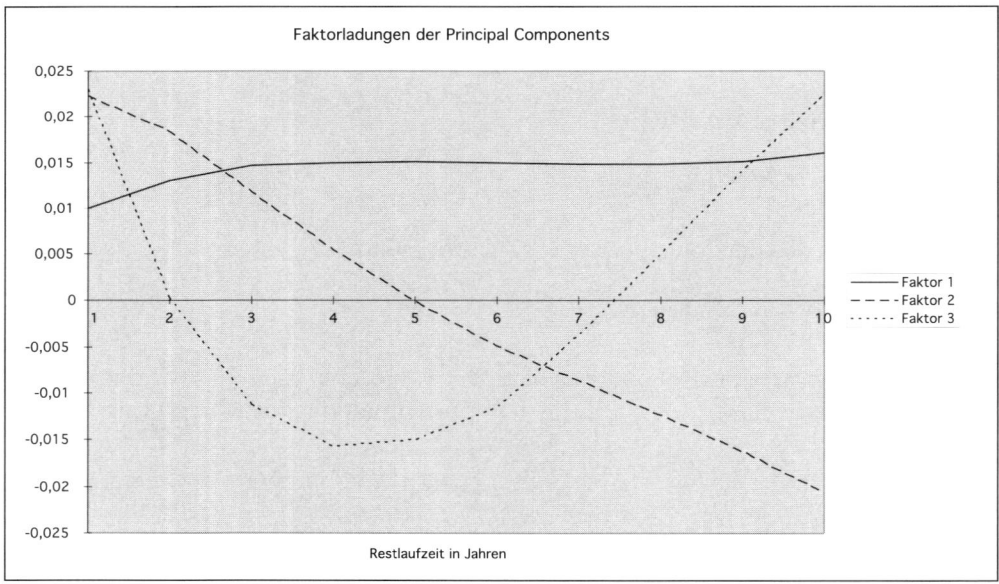

Abb. 1: Faktorladungen der Principal Components für den deutschen Bondmarkt

---

[13] Das sogenannte extended Vasicek Modell von HULL/ WHITE basiert auf einem Short Rate-Prozeß der Gestalt $dr = (\theta(t) - a \cdot r) \cdot dt + \sigma \cdot dz$ mit einem Wiener Prozeß dz, einer deterministischen Funktion $\theta(t)$ zur Anpassung des Modells an die aktuelle Zinsstruktur sowie einer Konstanten a, der sogenannten Mean Reversion, und einer Konstanten σ, der sogenannten Volatilität der Short Rate. Sofern nichts anderes erwähnt wird, dient dieses Modell als Grundlage für alle Bewertungen (vgl. Hull/ White (1993)).

[14] Vgl. Greene (1993).

zum 02.08.1996. Der erste Faktor entspricht dabei in etwa einer Parallelverschiebung der Zinskurve, der zweite Faktor einer Drehung derselben, während der dritte Faktor die Krümmung der Zinskurve verändert.[15] Alle drei Faktoren zusammen erklären innerhalb der gewählten Stichprobe 97.7% der Zinskurvenbewegungen.

Weitere mögliche Spezifikationen von Mehrfaktorenmodellen erhält man durch die Zerlegung der Zinskurve anhand der Fälligkeiten der Zero-Zinssätze in verschiedene Risiko- oder *Key-Rate-Bereiche* $KB_1, ..., KB_m$. Dazu setzt man

$$(16) \quad a_{ik} = \begin{cases} 1, & \text{falls } i \in KB_k \\ 0, & \text{sonst}, \end{cases}$$

und geht implizit davon aus, daß sich die Zinssätze innerhalb dieser Bereiche identisch verändern. Die Höhe dieser gemeinsamen Veränderung wird durch die Faktoränderungen $\Delta F_1, ..., \Delta F_m$ ausgedrückt. Unter der Annahme einer solchen Zinsentwicklung folgt mit $\delta_i = \delta \cdot e_i$, wobei $\delta > 0$, und e_i den i-ten Einheitsvektor im N-dimensionalen Raum bezeichnet, unter Anwendung der oben angegebenen Taylorentwicklung:

$$(17) \quad \Delta^P_{KB_k}(R) := \frac{P\left(R + \sum_{i \in KB_k} \delta_i\right) - P\left(R - \sum_{i \in KB_k} \delta_i\right)}{2 \cdot \delta} \approx \frac{\sum_{i \in KB_k} \Delta^P_i(R) \cdot 2 \cdot \delta}{2 \cdot \delta}$$

$$= \sum_{i \in KB_k} \Delta^P_i(R) = \sum_{i=1}^{N} \Delta^P_i(R) \cdot a_{ik}$$

sowie analog dazu

$$(18) \quad \Gamma^P_{KB_k KB_l}(R) = \frac{P\left(R + \sum_{i \in KB_k} \delta_i + \sum_{j \in KB_l} \delta_j\right) - P\left(R - \sum_{i \in KB_k} \delta_i + \sum_{j \in KB_l} \delta_j\right) + P\left(R - \sum_{i \in KB_k} \delta_i - \sum_{j \in KB_l} \delta_j\right) - P\left(R + \sum_{i \in KB_k} \delta_i - \sum_{j \in KB_l} \delta_j\right)}{4 \cdot \delta^2}$$

$$\approx \frac{1}{2} \cdot \sum_{i \in KB_k} \sum_{j \in KB_l} \Gamma^P_{ij}(R) = \frac{1}{2} \cdot \sum_{i=1}^{N} \sum_{j=1}^{N} \Gamma^P_{ij}(R) \cdot a_{ik} \cdot a_{jl}.$$

Damit erhält man für die Preisänderung des Portfolios:

$$(19) \quad \Delta P(R) \approx \sum_{k=1}^{m} \Delta^P_{KB_k}(R) \cdot \Delta F_k + \sum_{k=1}^{m} \sum_{l=1}^{m} \Gamma^P_{KB_k KB_l}(R) \cdot \Delta F_k \cdot \Delta F_l.$$

Wählt man als möglichen Spezialfall $m=1$, d.h. geht man davon aus, daß sich Bewegungen der Zinskurve durch eine Parallelverschiebung der aktuellen Zero-Zinssätze genügend gut beschreiben lassen, so folgt mit

---

[15] Diese Faktoren werden auch als Shift, Twist und Butterfly bezeichnet (vgl. den Beitrag von LANGEWAND/ NIELSEN in diesem Band).

(20) $\quad \Delta^P_{KB}(R) := \Delta^P_{KB_1}(R) = \sum_{i=1}^{N} \Delta^P_i(R)$

bzw.

$$\frac{1}{2} \cdot \Gamma^P_{KB}(R) := \Gamma^P_{KB_1 KB_1}(R) = \frac{1}{2} \cdot \sum_{i=1}^{N} \sum_{j=1}^{N} \Gamma^P_{ij}(R)$$

für die Veränderung des Portfoliopreises bei einer Parallelverschiebung der Zinskurve um $\Delta F := \Delta F_1$

(21) $\quad \Delta P(R) \approx \Delta^P_{KB}(R) \cdot \Delta F + \frac{1}{2} \cdot \Gamma^P_{KB}(R) \cdot (\Delta F)^2$.

Stimmen also die Key-Rates $R_1, \ldots, R_N$ mit den Cash Flow-Zeitpunkten einer Anleihe überein, so entspricht diese Darstellung genau der Erklärung der Preisänderung über Duration und Konvexität. Ansonsten erhält man durch die lineare Interpolation der entsprechenden Zinssätze über die Key-Rates eine von der Wahl der Key-Rates abhängige Approximation dieser Darstellung. In diesem Sinne kann der beschriebene Ansatz als direkte Verallgemeinerung des Ansatzes über Duration und Konvexität betrachtet werden.

Value at Risk

Zur Berechnung des Value at Risk eines im Prinzip beliebigen Rentenportfolios, d.h. des maximalen Verlustes (gemessen in Marktpreisänderungen) innerhalb eines bestimmten Zeithorizonts und zu einem gegebenen Konfidenzniveau, wird hier eine Variante der sogenannten *Delta-Methode* verwendet.[16] Basis der Berechnungen ist stets eine Korrelationsmatrix der stetigen Zero-Zinsänderungen bzw. eine Korrelationsmatrix der relativen Zerobondpreisänderungen, wie sie z.B. von J. P. MORGAN als RiskMetrics im Internet (http://www.jpmorgan.com/RiskMetrics) zur Verfügung gestellt wird. Ein Datenauszug vom *23.08.1996* ist in Tabelle 1 zu sehen. Für den Ausweis eines Value at Risk zu einem Konfidenzniveau von *95%* wurden die in *RiskMetrics* ausgewiesenen Volatilitäten der relativen Zerobondpreisänderungen (vorletzte Zeile) von J. P. MORGAN bereits mit dem Faktor *1.65* multipliziert.[17] Der Vollständigkeit halber wurde daher in der letzten Zeile die eigentliche Volatilität der relativen Zerobondpreisänderungen angegeben.

---

[16] Vgl. Wilson (1996).
[17] Der Faktor *1.65* ist dabei so gewählt, daß der Wert der Verteilungsfunktion der Standardnormalverteilung an der Stelle *1.65* gerade *95%* ergibt. Damit ist letztendlich sichergestellt, daß der maximale Verlust (Schwankung) des Rentenportfolios nur in 5% aller möglichen Zinskurvenentwicklungen größer als der berechnete Value at Risk ist.

		1M	3M	6M	12M	2Y	3Y	4Y	5Y	7Y	9Y	10Y
Money	1M	1.00000	0.61410	0.61702	0.59191	0.55100	0.53443	0.50424	0.47289	0.39925	0.35732	0.31942
	3M	x	1.00000	0.96050	0.89692	0.80439	0.74407	0.70641	0.68180	0.56164	0.48377	0.42881
	6M	x	x	1.00000	0.96476	0.89480	0.84528	0.80543	0.78261	0.66577	0.58699	0.52644
	12M	x	x	x	1.00000	0.96617	0.93323	0.90013	0.88205	0.78249	0.71398	0.65791
Bond	2Y	x	x	x	x	1.00000	0.98891	0.97111	0.95908	0.88056	0.82164	0.76744
	3Y	x	x	x	x	x	1.00000	0.99110	0.98293	0.91987	0.86717	0.81462
	4Y	x	x	x	x	x	x	1.00000	0.99622	0.94799	0.90151	0.85272
	5Y	x	x	x	x	x	x	x	1.00000	0.96108	0.91869	0.87217
	7Y	x	x	x	x	x	x	x	x	1.00000	0.98651	0.96005
	9Y	x	x	x	x	x	x	x	x	x	1.00000	0.98927
	10Y	x	x	x	x	x	x	x	x	x	x	1.00000
Volatilities (%)		0.00740	0.01548	0.03514	0.08098	0.18469	0.28327	0.38914	0.43675	0.48050	0.55849	0.58026
Volatilities/1.65		0.00449	0.00938	0.02130	0.04908	0.11193	0.17168	0.23584	0.26469	0.29121	0.33848	0.35167

Tab. 1: RiskMetrics-Volatilitäten und Korrelationsmatrix am 23.08.1996

Es kann nun gezeigt werden, daß die angegebene Korrelationsmatrix der relativen Zerobondpreisänderungen näherungsweise mit der Korrelationsmatrix der stetigen Zero-Zinsänderungen übereinstimmt. Für die Volatilitäten gilt näherungsweise

$$(22) \quad \sigma_{\Delta R_i} \approx \frac{1}{t_i} \cdot \sigma_{\frac{\Delta P_i}{P_i}} \;,$$

wobei $\frac{\Delta P_i}{P_i}$ die relative Preisänderung eines Zerobonds mit der Laufzeit t_i und R_i den entsprechenden stetigen Zero-Zinssatz bezeichnet. Die Key-Rate-Bereiche werden nun so gewählt, daß sie symmetrisch um die von J. P. MORGAN in RiskMetrics angegebenen Standardlaufzeiten $t_1 = 1M, t_2 = 3M, \ldots, t_{10} = 9Y, t_{11} = 10Y$ liegen. Damit definiert man die Zero-Zinssätze $R_1, \ldots, R_{11}$ sowie die $m=11$ Key-Rate-Bereiche $KB_1 = [0, 2M], KB_2 = [2M, 4.5M], \ldots, KB_{10} = [8Y, 9.5Y], KB_{11} = [9.5Y, 10Y]$. Im folgenden werden diese Bereiche unter dem Namen *RiskMetrics-Key-Rate-Bereiche* zitiert. Modifiziert man die Deltas der Key-Rate-Bereiche mit den (bereits mit *1.65* multiplizierten) Preisvolatilitäten sowie den in Jahren ausgedrückten Standardlaufzeiten, so erhält man den folgenden Abbildungsvektor:

$$(23) \quad v = \left(\frac{\Delta^P_{KB_1}(R) \cdot \sigma_{\frac{\Delta P_1}{P_1}}}{t_1}, \ldots, \frac{\Delta^P_{KB_{11}}(R) \cdot \sigma_{\frac{\Delta P_{11}}{P_{11}}}}{t_{11}} \right)' .$$

Bezeichnet man die Korrelationsmatrix mit Σ, so ergibt sich der Value at Risk *VaR(95%,1 Tag)* für einen Zeitraum von einem Tag (Overnight) gemäß der Formel

$$(24) \quad \text{VaR}(95\%, 1 \text{ Tag}) = \sqrt{v' \Sigma v} \; .$$

Fallstudie

In einer kurzen Fallstudie sollen die Cash Flow-Struktur und die Risiken des EFFAS_SHORT-Index, also des Teiles des EFFAS-Index, der sich auf deutsche Anleihen mit Laufzeiten von bis zu 10 Jahren bezieht, dargestellt werden.[18] Dazu werden die RiskMetrics-Key-Rate-Bereiche benutzt, wobei aufgrund der geringen Laufzeitbreite des letzten Risikobereichs bei der Visualisierung der Risiken der letzte und vorletzte Key-Rate-Bereich zusammengefaßt wird. Abbildung 2 zeigt die Zinskurve der stetigen Zerosätze am *18.03.1997*, die über ein sogenanntes quadratisches Spline-Verfahren[19] aus den Marktpreisen der im REUTERS-Informationssystem unter dem REUTERS Information Code (RIC) *DETSY=* aufgeführten Liste deutscher Bundesanleihen berechnet wurde.[20]

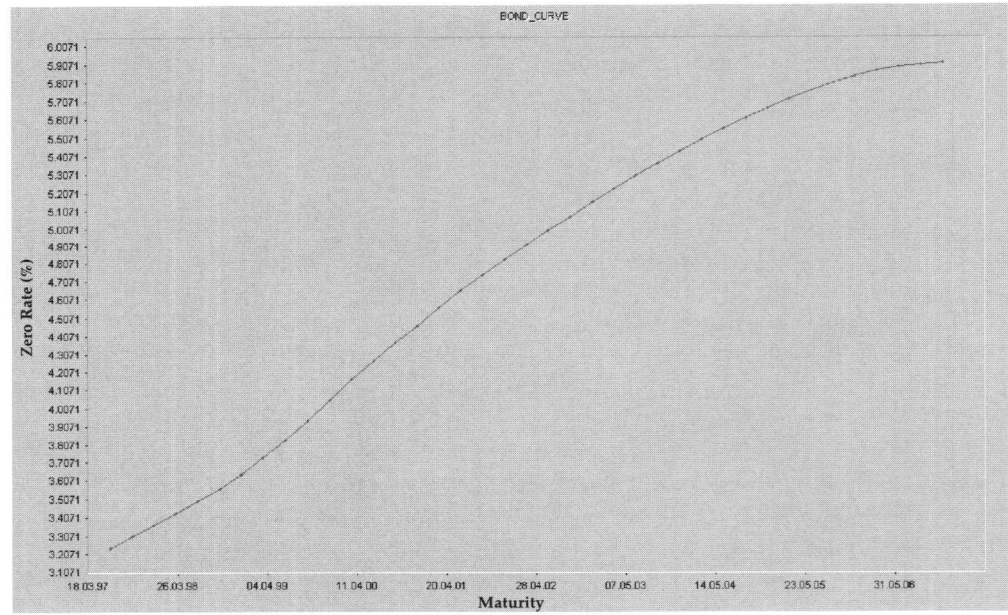

Abb. 2: Kurve der stetigen Zerobond-Zinssätze am 18.03.1997

Die Cash Flow-Struktur des EFFAS_SHORT-Index, also die anfallenden Cash Flows der in diesem Index vertretenen Anleihen innerhalb der einzelnen Key-Rate-Bereiche, ist in Abbildung 3 dargestellt. Der Value at Risk des EFFAS_SHORT-Index, bezogen auf ein Signifikanzniveau von 95% für einen Zeitraum von einem Tag, er-

---

[18] Der EFFAS_SHORT-Index dient hier nur als Anschauungsbeispiel. Analoge Untersuchungen lassen sich selbstverständlich auch für beliebige andere Rentenportfolios vornehmen.
[19] Vgl. McCulloch (1971) und Suits et al. (1978).
[20] Sofern nichts anderes erwähnt wird, basieren alle Berechnungen auf dem von der Allfonds International Asset Management GmbH entwickelten und kommerziell vertriebenen Softwaretool *IRM* (Interest Rate Management).

reichte am *18.03.1997* eine Höhe von *2,468,030.76 DM* bei einem Portfoliowert von *811,922,242.08 DM*. Die Duration des Portfolios am gleichen Tag betrug *3.69*. Die Abbildungen 4 und 5 zeigen die Deltas und Gammas des EFFAS_SHORT-Index, bezogen auf die RiskMetrics-Key-Rate-Bereiche.[21] Auffallend ist dabei die typische Struktur der Gammas eines Bondportfolios, bei dem, aufgrund der speziellen Abhängigkeit der Cash Flows von jeweils nur einem Zero-Zinssatz, Werte ungleich Null nur in der Hauptdiagonalen auftreten (vgl. Abschnitt 3).

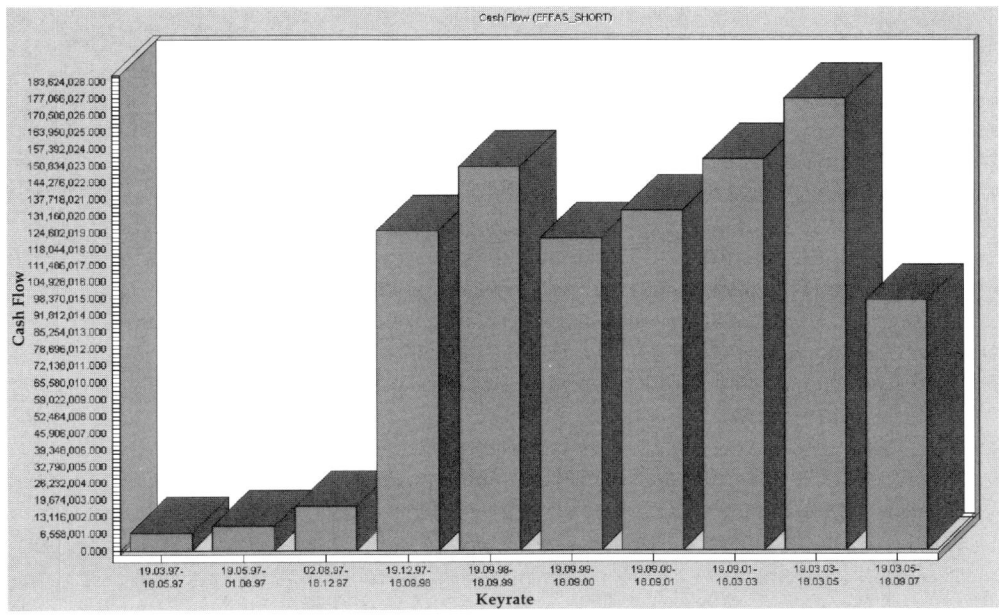

Abb. 3: Cash Flow-Struktur des EFFAS_SHORT-Index am 18.03.1997

---

[21] Die Einheit der ausgewiesenen Deltas und Gammas bezieht sich dabei auf die Preisänderung des betrachteten Portfolios oder Instruments in DM bei einer Steigung der Zinskurve innerhalb des jeweiligen Key-Rate-Bereichs (der jeweiligen Key-Rate-Bereiche) um einen Basispunkt. Die bei der Darstellung der Gammas nach hinten (ins Bild) führende Achse besitzt dabei die gleiche Einteilung wie diejenige, die nach rechts verläuft.

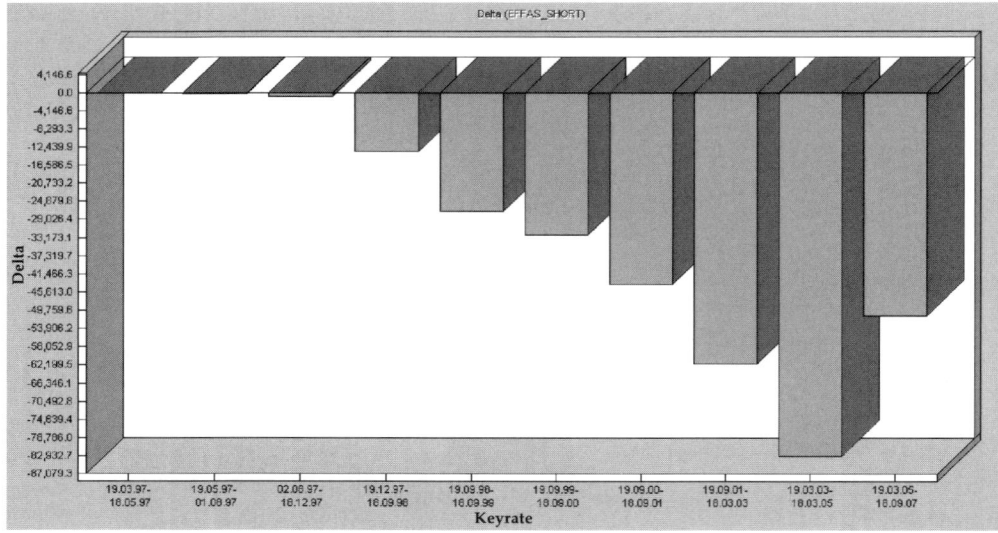

Abb. 4: Deltas des EFFAS_SHORT-Index,
bezogen auf die RiskMetrics-Key-Rate-Bereiche am 18.03.1997

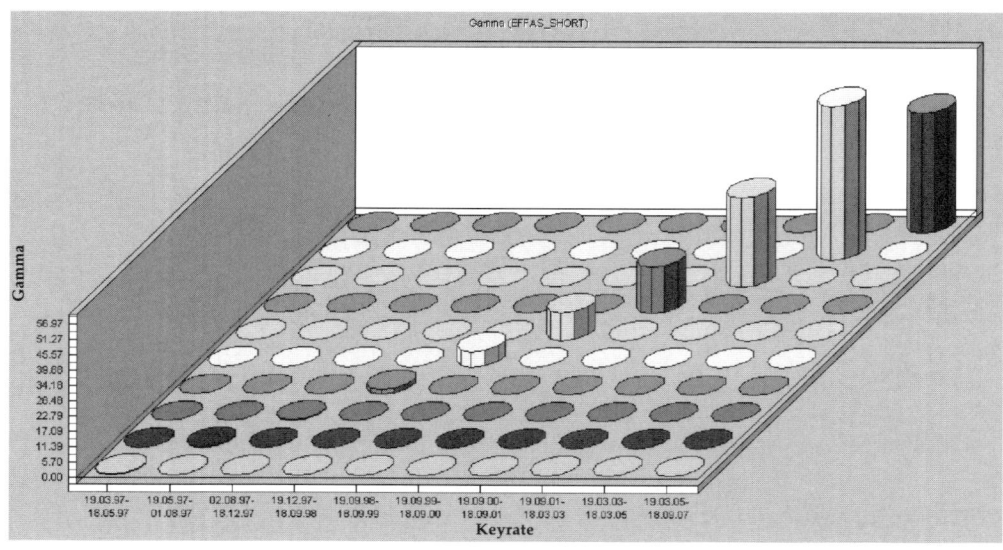

Abb. 5: Gammas des EFFAS_SHORT-Index,
bezogen auf die RiskMetrics-Key-Rate-Bereiche am 18.03.1997

4. Risikomanagement von Bondportfolios

Nachdem im vorigen Abschnitt verschiedene Möglichkeiten zur Messung des Zinsänderungsrisikos vorgestellt wurden, soll nun der Frage nachgegangen werden, wie das Marktrisiko eines Bondportfolios kontrolliert und gemanagt werden kann. Dazu wird zunächst der in der Praxis wohl am häufigsten praktizierte Fall des Duration-based Hedging besprochen, also ein Risikomanagement über die Duration des Portfolios. Da die Duration, wie bereits erläutert, als Spezialfall der Risikomessung über Key-Rate-Bereiche betrachtet werden kann, wird gezeigt, wie diese detailliertere Messung des Zinsrisikos zu einem potentiell besseren Risikomanagement genutzt werden kann. Wiederum dient der EFFAS-Index als Anschauungsbeispiel für die Effizienz dieses spezifischeren Ansatzes.

Duration-based Hedging

Beim Duration-based Hedging wird i.a. davon ausgegangen, daß sich die Kurve der stetigen Zero-Zinssätze parallel verschiebt.[22] Ziel des Duration-based Hedging ist es nun, durch den An- und Verkauf von Anleihen oder Futures die Duration des entstehenden Gesamtportfolios auf Null zu drücken und damit die Abhängigkeit von einer Parallelverschiebung der Zero-Zinssätze zu eliminieren. Bezeichnet $D^P(R)$, mit $R := (R_1,...,R_N)$, die Duration des Bondportfolios, $P(R)$ den Preis des Portfolios und ΔF die Höhe der Verschiebung, so gilt nach den Ergebnissen des vorherigen Abschnitts für kleine Verschiebungen der Zinskurve approximativ:[23]

(25) $\Delta P(R) \approx -D^P(R) \cdot P(R) \cdot \Delta F$.

Somit kann das Zinsänderungsrisiko, bezogen auf eine Parallelverschiebung der Zinskurve, über eine Anpassung der Duration kontrolliert werden. Dies ist z.B. durch den An- oder Verkauf von Anleihen entsprechender Duration möglich. Der Kauf von Anleihen hoher Duration erhöht tendenziell die Duration des Portfolios, während der Kauf von Anleihen kurzer Duration diese tendenziell verkleinert. Allerdings erfordert das Steuern der Duration eines Portfolios über den Kauf und Verkauf von Anleihen zusätzliches Kapital und erhöht das Liquiditätsrisiko. Daher werden Bondportfolios aufgrund der höheren Liquidität des Futuremarktes, der geringeren Kapitalinvestition und der niedrigeren Transaktionskosten i.a. über Zinsfutures gesteuert. Bezeichnet dabei $P_F(R)$ den aktuellen Preis des Future und $D^{CTD}(R)$ die Duration der aktuellen Cheapest-to-deliver Anleihe, so ist die Preisänderung $\Delta P_F(R)$ des Futures bei einer Parallelverschiebung der Zinskurve um ΔF näherungsweise gegeben durch

---

[22] Wird zur Berechnung der Duration eine flache Zinskurve vorausgesetzt und über die Yield to Maturity der verschiedenen Anleihen im Portfolio gerechnet, so geht man davon aus, daß sich alle Yields to Maturity um den gleichen Wert parallel verschieben.
[23] Als Approximation wird beim Duration-based Hedging nur das erste Glied der Taylorentwicklung verwendet.

(26) $\Delta P_F(R) \approx -D^{CTD}(R) \cdot P_F(R) \cdot \Delta F$.

Berücksichtigt man, daß sich sowohl der Bund- als auch der Bobl-Future auf nominal *250,000 DM* beziehen, so ergibt sich der Preis des Future bei gegebenem Futurekurs $K_F(R)$ als

(27) $P_F(R) = 250,000 \cdot K_F(R)$.

Beim Duration-based Hedging werden nun so viele Futurekontrakte h_F verkauft, daß die Preisänderung dieser Futurekontrakte der Preisänderung des Bondportfolios entspricht, d.h. es soll gelten:

(28) $\Delta P(R) = h_F \cdot \Delta P_F(R)$

bzw.

$$-D^P(R) \cdot P(R) \cdot \Delta F = -h_F \cdot D^{CTD}(R) \cdot P_F(R) \cdot \Delta F,$$

d.h. $h_F = \dfrac{D^P(R) \cdot P(R)}{D^{CTD}(R) \cdot P_F(R)}$.

h_F wird auch als *Duration-based Hedge Ratio*[24] bezeichnet.

Fallstudie

In einer Fallstudie soll der EFFAS_SHORT-Index über einen Duration-based Hedge gemanagt werden. Aufgrund der Laufzeitstruktur von bis zu *10* Jahren und breit über alle Laufzeitbereiche gestreuten Cash Flows wird das Portfolio zum Hedging üblicherweise in zwei Key-Rate-Bereiche aufgeteilt und getrennt mit dem Bobl- bzw. Bund-Future gehedgt. In diesem Fall wurden als Risikobereiche die Laufzeitintervalle $KB_1 = [0M, 6Y]$ und $KB_2 = [6Y, 10Y]$ gewählt, die im folgenden unter der Bezeichnung *Duration-Hedge-Bereiche* zitiert werden. Bezeichnet man den Teil des EFFAS_SHORT-Index, der sich aus allen Anleihen mit Fälligkeit im ersten Duration-Hedge-Bereich zusammensetzt, mit EFFAS_1, denjenigen aus allen anderen Anleihen mit EFFAS_2, so errechnet sich für den ersten Teilindex ein Preis von $P_{EFFAS\_1}(R) = 546,493,216.49$ *DM* bei einer Duration von $D^{EFFAS-1}(R) = 2.72$. Für den zweiten Teilindex erhalten wir einen Preis von $P_{EFFAS\_2}(R) = 265,429,025.59$ *DM* bei einer Duration von $D^{EFFAS-2}(R) = 5.69$. Der Kurs des Bobl-Future am *18.03.1997* betrug $K_{Bobl} = 103.93$, was einem Preis von $P_{Bobl} = 103.93\% \cdot 250,000 = 259,825$ *DM* entspricht. Die Cheapest-to-deliver-Anleihe des Bobl-Future war die Anleihe mit der Wertpapierkennummer (WKNR) *103003*, einem Kupon von *8%*, einer Fälligkeit am *21.01.2002*, einem Kurs von *113.00* und einer Duration von $D^{CTD-Bobl}(R) = 4.01$. Der Kurs des Bund-Futures am *18.03.1997* betrug $K_{Bund} = 100.24$, was einem Preis

---

[24] Vgl. dazu den Beitrag von MEYER-BULLERDIEK in diesem Band.

von $P_{Bund} = 100.24\% \cdot 250,000 = 250,600\ DM$ entspricht. Die Cheapest-to-deliver-Anleihe des Bund-Futures war die Anleihe mit der WKNR *113502*, einem Kupon von *6%*, einer Fälligkeit am *04.01.2007*, einem Kurs von *100.90* und einer Duration von $D^{CTD\_Bund}(R) = 7.19$. Damit ergeben sich als Duration-based Hedge Ratio für den Bobl-Future

$$h_{Bobl} = \frac{D^{EFFAS\_1}(R) \cdot P_{EFFAS\_1}(R)}{D^{CTD\_Bobl}(R) \cdot P_{Bobl}(R)} = \frac{2.72 \cdot 546,493,216.49}{4.01 \cdot 259,825.00} = 1,426.69$$

und für den Bund-Future

$$h_{Bund} = \frac{D^{EFFAS\_2}(R) \cdot P_{EFFAS\_2}(R)}{D^{CTD\_Bund}(R) \cdot P_{Bund}(R)} = \frac{5.69 \cdot 265,429,025.59}{7.19 \cdot 250,600.00} = 838.21.$$

Aus praktischer Sicht entspricht dies einer Short Position von *1,427* Kontrakten im Bobl-Future mit einem Nominalvolumen von *356,750,000 DM* sowie einer Short Position von *838* Bund-Futurekontrakten mit einem Nominalvolumen von *209,500,000 DM*, was ein Gesamtnominalvolumen des Hedges von *566,250,000 DM* ergibt. Abbildung 6 zeigt die Deltas des Residualportfolios aus dem EFFAS_SHORT-Index und den Shortpositionen in den beiden Futures, bezogen auf die Duration-Hedge-Bereiche. Da über die Duration und nicht über die Deltas gehedgt wurde, erhalten wir aufgrund der Kuponeffekte Einzeldeltas mit einem Wert ungleich Null. Etwas mehr Aufschluß über die tatsächliche Risikoposition gibt uns Abbildung 7, in der die Deltas des Residualportfolios, bezogen auf die RiskMetrics-Key-Rate-Bereiche, dargestellt sind. Auffallend dabei ist die Höhe der Deltas im Vergleich zum EFFAS-SHORT aus Abbildung 3. Um eine Duration (in etwa ein Gesamtdelta) von Null zu erzielen, wird im RiskMetrics-Key-Rate-Bereich *8* durch den Bobl- bzw. im Bereich *11 (10 und 11)* durch den Bund-Future soviel „übersteuert", daß die Beiträge aus den Bereichen *1-7* bzw. *9* von den Beiträgen aus diesen Bereichen ausgeglichen werden. Dies führt genau betrachtet dazu, daß sich die Risikoposition in den Key-Rate-Bereichen *8* und *11 (10 und 11)* im Vergleich zum Ausgangsportfolio absolut gesehen sogar erhöht und damit eine Risikoposition eingegangen wird, die beim alleinigen Blick auf eine Duration von Null vollständig unbemerkt bleibt. Der Value at Risk des Residualportfolios, bezogen auf ein Signifikanzniveau von *95%* für einen Zeitraum von einem Tag, erreichte am *18.03.1996* eine Höhe von *238,247.72 DM*, was in etwa *10%* des Value at Risk des EFFAS_SHORT-Index entspricht.

Delta-Hedging über Key-Rate-Bereiche

Die spezifischere Messung der Preisänderung eines Bondportfolios über die Deltas verschiedener Key-Rate-Bereiche legt es nahe, auch das Risikomanagement eines Bondportfolios mit Hilfe dieser detaillierteren Risikokennzahlen zu kontrollieren. Dazu ist es zunächst notwendig, die Key-Rate-Bereiche festzulegen, die beim Hedging als Sensitivitätsbereiche berücksichtigt werden sollen. Einerseits kann durch eine genügend große Anzahl ein möglichst vollständiges Risikomanagement ermöglicht werden, andererseits sollte die Zahl der Bereiche nicht zu groß werden, da mit ihr i.a. auch die Menge der zur Kontrolle der Risiken notwendigen Hedgeinstru-

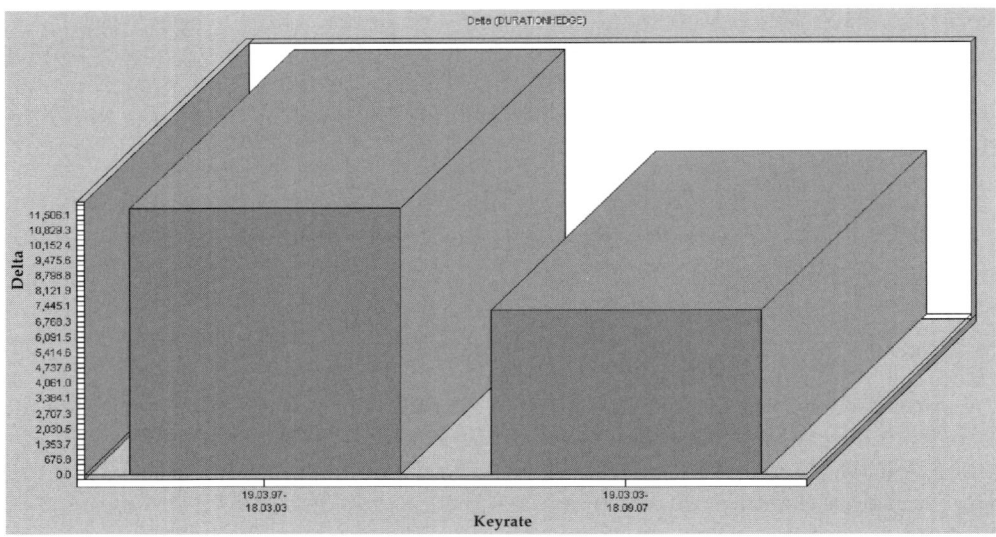

Abb. 6: Deltas des Residualportfolios beim Duration-based Hedge des EFFAS_SHORT-Index, bezogen auf die Duration-Hedge-Bereiche am 18.03.1997

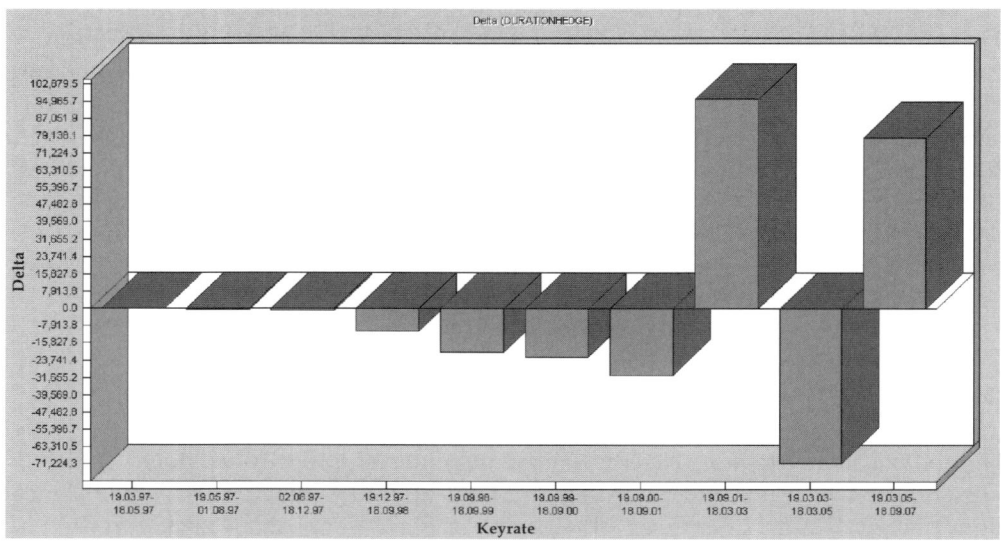

Abb. 7: Deltas des Residualportfolios beim Duration-based Hedge des EFFAS_SHORT-Index, bezogen auf die RiskMetrics-Key-Rate-Bereiche am 18.03.1997

mente steigt und damit letztendlich die potentiellen Transaktionskosten zunehmen. Wirft man einen Blick auf die Korrelationsmatrix in Tabelle 1, stellt man fest, daß die Zerosätze verschiedener Laufzeiten sehr hoch miteinander korreliert sind. So beträgt die Korrelation zwischen dem 9- und dem 10-jährigen Zinssatz 0.99 und diejenige zwischen dem 3-, 4- und 5-jährigen Zinssatz paarweise mindestens 0.98. Faßt man die niedrigeren Laufzeitbereiche in einem Key-Rate-Bereich zusammen,[25] so bieten sich als Key-Rate-Bereiche die Laufzeitintervalle $KB_1 = [0M, 2.5Y]$, $KB_2 = [2.5Y, 6Y]$, $KB_3 = [6Y, 8Y]$ und $KB_4 = [8Y, 10Y]$ an. Im folgenden werden diese Key-Rate-Bereiche unter der Bezeichnung *Key-Rate-Hedge-Bereiche* geführt. Als nächstes werden verschiedene, für die Kontrolle des Risikos zulässige Hedgeinstrumente H_s mit dem Preis P_{H_s}, $s = 1, \ldots, S$, festgelegt. In diesem Fall wurde für jeden der vier Key-Rate-Bereiche ein Hedgeinstrument, also S=4, mit spezifischem Delta-Risiko in diesem Bereich gewählt. Im einzelnen waren dies wieder der Bobl- und der Bund-Future für die Bereiche KB_2 und KB_4 sowie die potentiell mit einem bestimmten Mindestvolumen gehandelten sogenannten Benchmarkanleihen mit einem Kupon von 3.5% und einer Laufzeit bis zum 18.12.1998 für den Bereich KB_1 und mit einem Kupon von 6.25% und einer Laufzeit bis zum 04.03.2004 für den Bereich KB_3. Da sich aus den gegebenen Hedgeinstrumenten nicht notwendigerweise ein Portfolio bilden läßt, dessen Deltas in den einzelnen Key-Rate-Hedge-Bereichen mit dem des Ausgangsportfolios übereinstimmen, wird versucht, ein Hedgeportfolio zu finden, für das die Summe der Abweichungsquadrate der Deltas in den einzelnen Bereichen minimal wird. Gesucht sind also sogenannte Hedgevolumina $x_1, \ldots, x_S$, die das quadratische Optimierungsproblem

(29) $$\sum_{k=1}^{m} \left(\Delta_{KB_k}^{P}(R) - \sum_{s=1}^{S} x_s \cdot \Delta_{KB_k}^{H_s}(R) \right)^2 \to \min ,$$

hier mit S=4, lösen.

Fallstudie

Im Sinne einer fairen Analyse soll in einem ersten Schritt das Prinzip des Delta-Hedging über Key-Rate-Bereiche mit dem Duration-based Hedging derart verglichen werden, daß wir das eben geschilderte Vorgehen zunächst für die Duration-Hedge-Bereiche, d.h. S=2, anwenden und als Hedgeinstrumente wieder den Bobl- und den Bund-Future zulassen. Als Ergebnis erhält man eine Short Position in Höhe von *1,336.86*, aus praktischer Sicht also *1,337* Bobl-Futures mit einem Nominalvolumen von *334,250,000.00 DM* sowie eine Short Position von *792.29*, aus praktischer Sicht also *792* Bund-Futurekontrakte mit einem Nominalvolumen von *198,000,000.00 DM*, was ein Gesamtnominalvolumen des Hedges von *532,250,000.00 DM* ergibt. Das

---

[25] Durch eine genauere Zerlegung und die Hinzunahme von Hedgeinstrumenten mit kurzer Laufzeit, wie z.B. Euro-DM-Futures, könnte das Risikomanagement weiter verfeinert werden. Allerdings wird hier aus Gründen der Anschaulichkeit auf eine weitere Detaillierung verzichtet.

Gesamtnominalvolumen des Hedges reduziert sich also im Vergleich zum Duration-based Hedging um *34,000,000.00 DM*. Die Abbildungen 8 und 9 zeigen die Deltas des Residualportfolios aus dem EFFAS_SHORT-Index und den Shortpositionen in den beiden Futures, bezogen auf die Duration-Hedge- und die RiskMetrics-Key-Rate-Bereiche.

Da nun alle anfallenden Kuponzahlungen berücksichtigt wurden, konnten die auf die Duration-Hedge-Bereiche bezogenen Deltas beträchtlich reduziert werden. Allerdings zeigt die genauer aufgeschlüsselte Darstellung, bezogen auf die RiskMetrics-Key-Rate-Bereiche, qualitativ dieselben Probleme wie beim Duration-based Hedging. Da die Hedgeinstrumente und Sensitivitätsbereiche identisch sind, ist die Möglichkeit, auf detailliertere Risikoinformationen reagieren zu können, äußerst beschränkt. Dies ist nun bei Anwendung der oben vorgestellten Methode über vier Key-Rate-Bereiche wesentlich besser möglich. In diesem Fall erhält man als Ergebnis eine Short Position in Höhe von *1,035.85*, aus praktischer Sicht also *1.036* Bobl-Futures mit einem Nominalvolumen von *259,000,000.00 DM*, sowie eine Short Position von *330.80*, also *331* Bund-Futurekontrakte mit einem Nominalvolumen von *82,750,000.00 DM*. Zusätzlich erhalten wir eine Short Position in der Benchmarkanleihe mit einer Fälligkeit am *18.12.1998* von nominal *180,421,900 DM* (*180,421,927.15 DM*) sowie eine Short Position in der Benchmarkanleihe mit einer Fälligkeit am *04.03.2004* von nominal *155,181,600 DM* (*155,181,607.78 DM*), was einem Gesamtnominalvolumen des Hedges von *677,353,534 DM* entspricht. Das Gesamtnominalvolumen des Hedges steigt also im Vergleich zum Duration-based Hedging um *111,103,534 DM*. Offensichtlich läßt sich also durch die Hinzunahme der Benchmarkbonds das Gesamtrisiko, allerdings bei steigendem Gesamtvolumen, selbst bei nur vier Key-Rate-Hedge-Bereichen wesentlich besser ausbalancieren. Dies zeigen auch die Deltas des Residualportfolios in den Abbildungen 10 und 11, bezogen auf die Key-Rate-Hedge- und die RiskMetrics-Key-Rate-Bereiche, sowie der im Vergleich zum Duration-based Hedging noch einmal um *136,295.13 DM* (*57.21%*) auf *101,952.59 DM* gefallene Value at Risk.

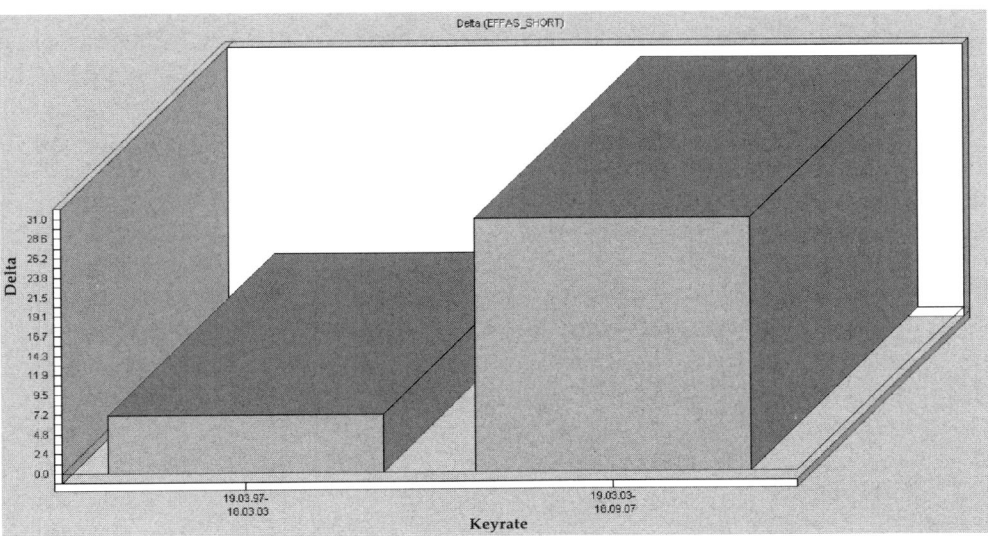

Abb. 8: Deltas des Residualportfolios beim Key-Rate-Hedge des
EFFAS_SHORT-Index über die Duration-Hedge-Bereiche und in bezug
auf die Duration-Hedge-Bereiche am 18.03.1997

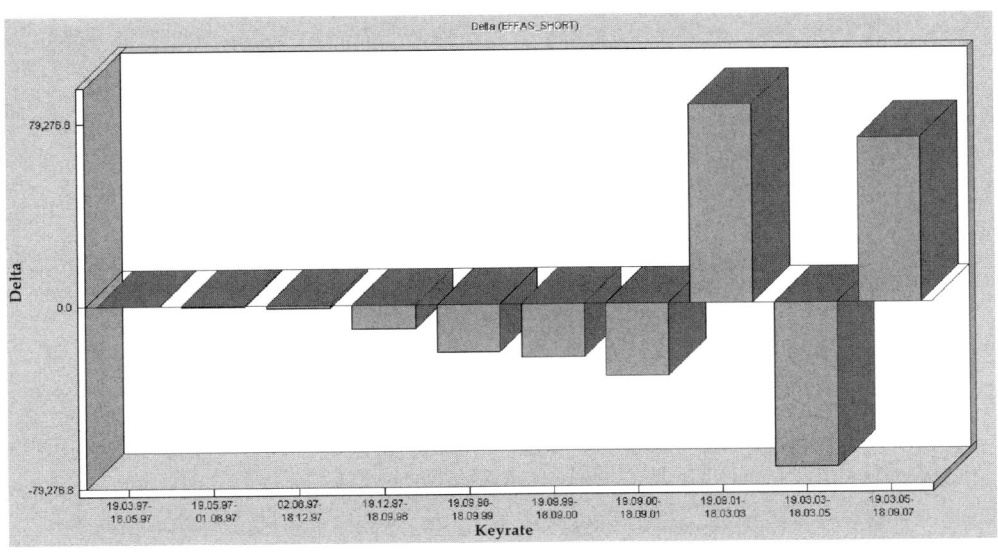

Abb. 9: Deltas des Residualportfolios beim Key-Rate-Hedge des
EFFAS_SHORT-Index über die Duration-Hedge-Bereiche und in bezug auf die
RiskMetrics-Key-Rate-Bereiche am 18.03.1997

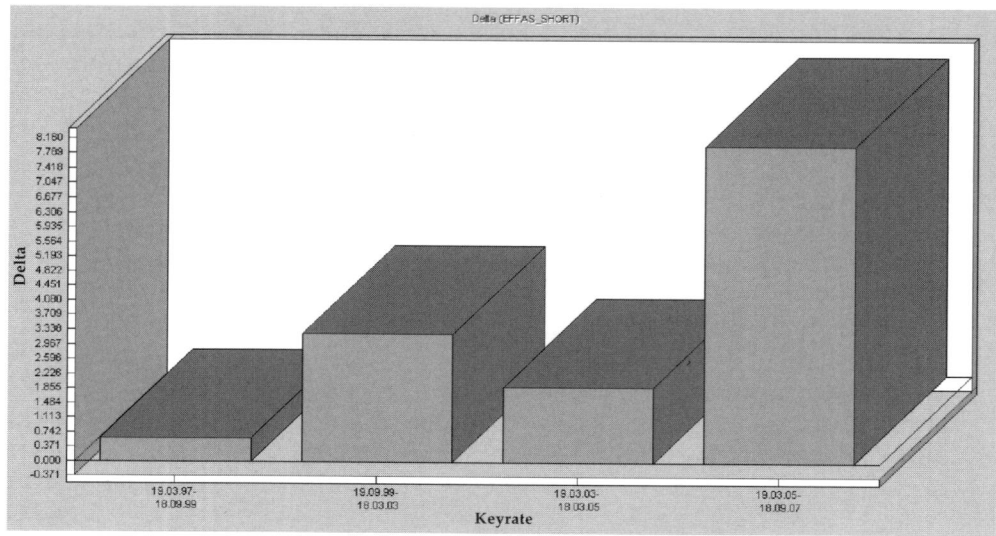

Abb. 10: Deltas des Residualportfolios beim Key-Rate-Hedge des EFFAS_SHORT-Index über die Key-Rate-Hedge-Bereiche und in bezug auf die Key-Rate-Hedge-Bereiche am 18.03.1997

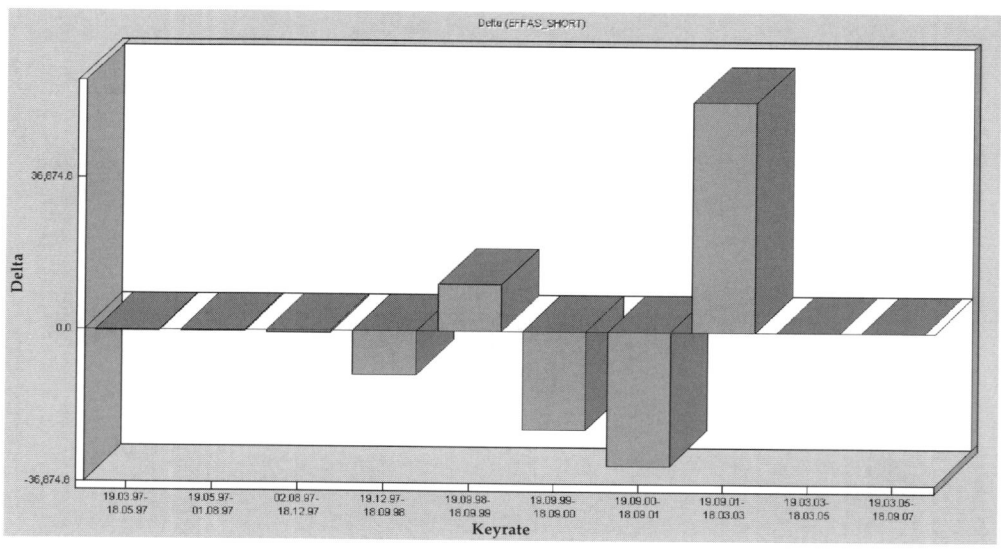

Abb. 11: Deltas des Residualportfolios beim Key-Rate-Hedge des EFFAS_SHORT-Index über die Key-Rate-Hedge-Bereiche und in bezug auf die RiskMetrics-Key-Rate-Bereiche am 18.03.1997

5. Risikomanagement von Zinsderivaten

Das vorgestellte Konzept des Risikomanagements über die Deltas einzelner Key-Rate-Bereiche soll nun in diesem Abschnitt auf komplexere Rentenportfolios angewandt werden. Der Einfachheit halber wird hier eine Bondoption verwendet, die als Beispiel für andere komplexe Zinsderivate dienen soll. Um das Ergebnis mit dem in der Praxis wohl am weitesten verbreiteten Konzept, dem Black-Delta-Hedging, zu vergleichen, wird zunächst das Pricing mit Hilfe des Black-Modells und das daraus resultierende Delta-Hedging erläutert.[26] Danach werden die nach verschiedenen Key-Rate-Bereichen aufgeschlüsselten Risiken der Option und des aus dem Black-Delta-Hedging entstehenden Residualportfolios analysiert und mit einem Hedging über die Deltas der Key-Rate-Hedge-Bereiche aus Abschnitt 4 verglichen. Eine Analyse der Änderung des Value at Risk der Residualportfolios sowie ein Überblick über weitere Anwendungsmöglichkeiten runden das Bild über dieses Verfahren zum Risikomanagement komplexer Rentenportfolios ab.

Black-Delta-Hedging

Untersucht wird eine einjährige Calloption auf die aktuelle Cheapest-to-deliver-Anleihe des Bobl-Futures, also wieder die mit einem Kupon von *8%* ausgestattete und am *21.01.2002* fällige Bundesanleihe mit der WKNR *103003*, die am *18.03.1997* bei einem Kurs von $K_{CTD\_Bobl} = 113.00$ gehandelt wurde. Die Duration der Anleihe betrug *4.01* Jahre, und der Bobl-Future notierte am selben Tag bei $K_{Bobl} = 103.93$. Der Ausübungspreis der Option entspreche dem aktuellen Kurs der Anleihe, d.h. *113.00*. Die nächste Kuponzahlung erfolgt am *21.01.1998*, also in *0.846575* Jahren, gerechnet vom *18.03.1997*. Bei einem aktuellen stetigen Zero-Zinssatz von *3.39%* für diesen Zeitraum beträgt der Barwert *I* aller bis zur Fälligkeit der Option am *18.03.1998* stattfindenden Kuponzahlungen $I = 8 \cdot e^{-0.0339 \cdot 0.846575} = 7.773672$. Die aufgelaufenen Stückzinsen am *18.03.1998* seit der letzten vorhergehenden Kuponzahlung am *21.01.1998*, also vor *0.153425* Jahren, betragen $8 \cdot 0.153425 = 1.2274$. Der um die Stückzinsen erhöhte Ausübungspreis ergibt sich damit zu *X=113.00+1.2274=114.23*. Bei einem stetigen Zero-Zinssatz von *R=3.43%* für *t=1 Jahr* läßt sich der Kurs K_{Call} der Calloption in Abhängigkeit von der Volatilität nach dem Black-Modell berechnen durch:[27]

$$(30) \quad K_{Call} = (K_{CTD} - I) \cdot N(d_1) - X \cdot e^{-R \cdot t} \cdot N(d_2)$$

$$\text{mit: } d_1 = \frac{\ln\left(\frac{K_{CTD}-I}{X}\right) + \left(R + \frac{\sigma^2}{2}\right) \cdot t}{\sigma \cdot \sqrt{t}} \quad \text{und} \quad d_2 = \frac{\ln\left(\frac{K_{CTD}-I}{X}\right) + \left(R - \frac{\sigma^2}{2}\right) \cdot t}{\sigma \cdot \sqrt{t}}.$$

---

[26] Vgl. Hull (1993).
[27] Vgl. Hull (1993).

Bei einem gequoteten OTC-Kurs von $K_{Call} = 0.11$ für die Option am *18.03.1997* beträgt die über diese Formel berechnete implizite Volatilität σ = 3.11%.[28] Damit berechnet sich das Black-Delta der Option zu

$$\Delta_{Black} := \frac{\partial K_{Call}}{\partial K_{CTD\_Bobl}} = N(d_1) = 0.0640276.$$

Bei einem Nominalbetrag von *10,000,000 DM* für die Option und *100 DM* für die Anleihe ist es also zum Hedging der Option erforderlich, $100,000 \cdot \Delta_{Black} = 6402.76$ Anleihen short zu gehen. Bei einem Kurs von $K_{CTD\_Bobl} = 113.00$ entspricht dies einem Preis von $P_{CTD\_Bobl} = 723,512.17 \, DM$. Der Preis des Bobl-Futures, bezogen auf einen Nominalbetrag von *250,000 DM* und einen aktuellen Kurs von $K_{Bobl} = 103.93$, beträgt $P_{Bobl} = 259,825.00 \, DM$, womit sich eine Menge von $\frac{P_{CTD\_Bobl}}{P_{Bobl}} = \frac{723,512.17}{259,825.00} = 2.78$ Bobl-Futures ergibt, die zum Black-Delta-Hedging der Option short zu gehen sind. Aus praktischer Sicht entspricht dies also einer Short Position von 3 Futureskontrakten, was einen Nominalbetrag von $3 \cdot 250,000 = 750,000 \, DM$ ergibt. Die Abbildungen 12 und 13 zeigen die Key-Rate-Deltas und -Gammas der Option, bezogen auf die RiskMetrics-Key-Rate-Bereiche. Dabei ist deutlich die unterschiedliche Auswirkung verschiedener Zinsänderungen zu sehen, insbesondere das im Vergleich zum Key-Rate-Bereich *8* (Fälligkeit der Anleihe) aufgrund des Leverages in der Option mit einem entgegengesetzten Vorzeichen versehene Risiko in Key-Rate-Bereich *4* (Optionsfälligkeit).

Steigen also ceteris paribus die Zinsen in Key-Rate-Bereich *4*, so führt dies zu einem Anstieg des Optionspreises, obwohl der Preis der Anleihe fällt, und das positive Black-Delta ein Fallen des Optionspreises vorhersagt. Dieses positive Delta korrespondiert mit der insgesamt positiven Summe der Key-Rate-Deltas, ist aber offensichtlich eine zu grobe Aussage über die tatsächlichen Zinsrisiken.

---

[28] Paßt man die Parameter des Hull/ White-extended-Vasicek-Modells über den mit dem Verfahren von Jamshidian (1989) anhand einer Serie von Zerobondoptionen berechneten theoretischen Optionskurs an den gequoteten OTC-Kurs an, so erhält man eine Mean Reversion von *0.0080* und eine Short Rate-Volatilität in Höhe von *0.7666%*.

Modernes Risikomanagement komplexer Rentenportfolios 767

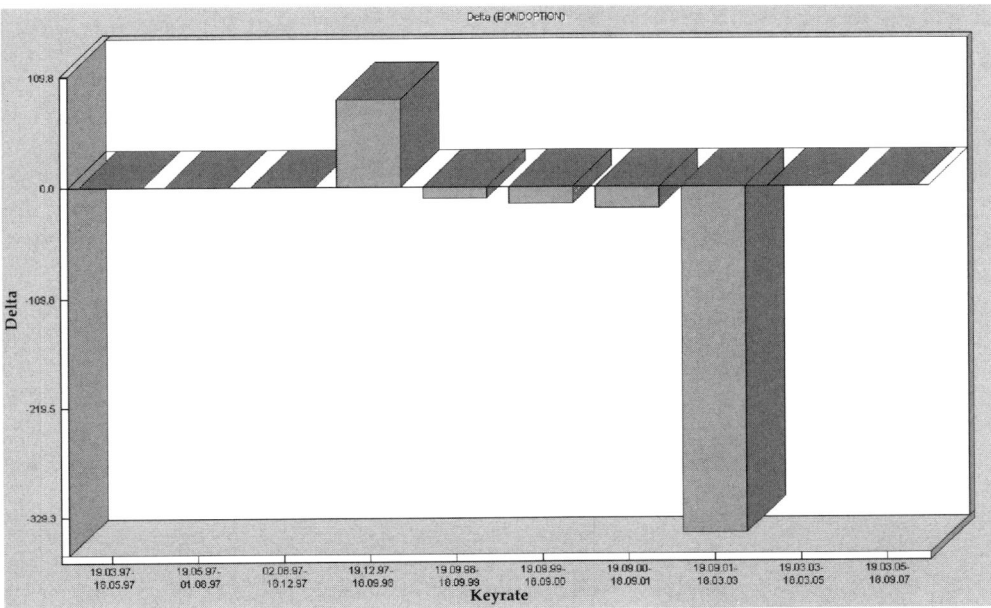

Abb. 12: Key-Rate-Deltas einer einjährigen Calloption auf die Cheapest-to-Deliver-Anleihe in bezug auf die RiskMetrics-Key-Rate-Bereiche am 18.03.1997

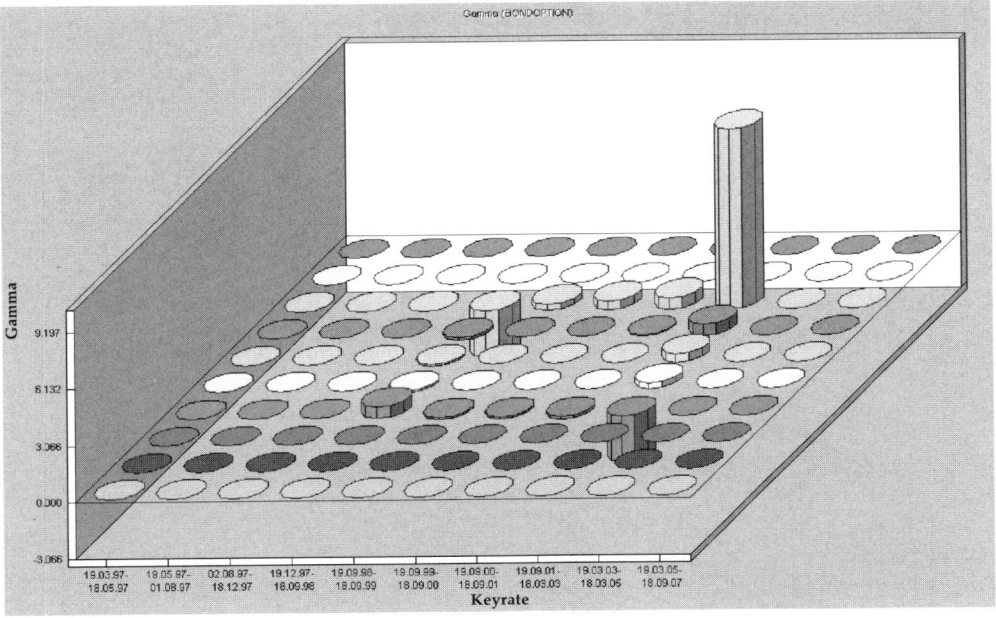

Abb. 13: Key-Rate-Gammas einer einjährigen Calloption auf die Cheapest-to-Deliver-Anleihe in bezug auf die RiskMetrics-Key-Rate-Bereiche am 18.03.1997

Delta-Hedging über Key-Rate-Bereiche

Die letzte Aussage wird besonders deutlich, wenn man das Hedgeergebnis des Black-Delta-Hedgings mit dem des Key-Rate-Delta-Hedgings über die Key-Rate-Hedge-Bereiche vergleicht. Dabei werden wieder die selben Hedginstrumente zur Verfügung gestellt, wobei in diesem Zusammenhang nur die Benchmarkanleihe des ersten Bereichs und der Bobl-Future von Interesse sind. Die einzugehenden Positionen sind 3 (3.32) Bobl-Futurekontrakte short, was wie beim Black-Delta-Hedging einem Nominalbetrag von 3.250,000 = 750,000 DM entspricht, und nominal *540,900 DM (540,950.20 DM)* long im Benchmarkbond mit Fälligkeit am *18.12.1998*. Dies ergibt einen Nettonominalbetrag von *209,100 DM* oder *27.9%* des Nettonominalbetrages beim Black-Delta-Hedging.

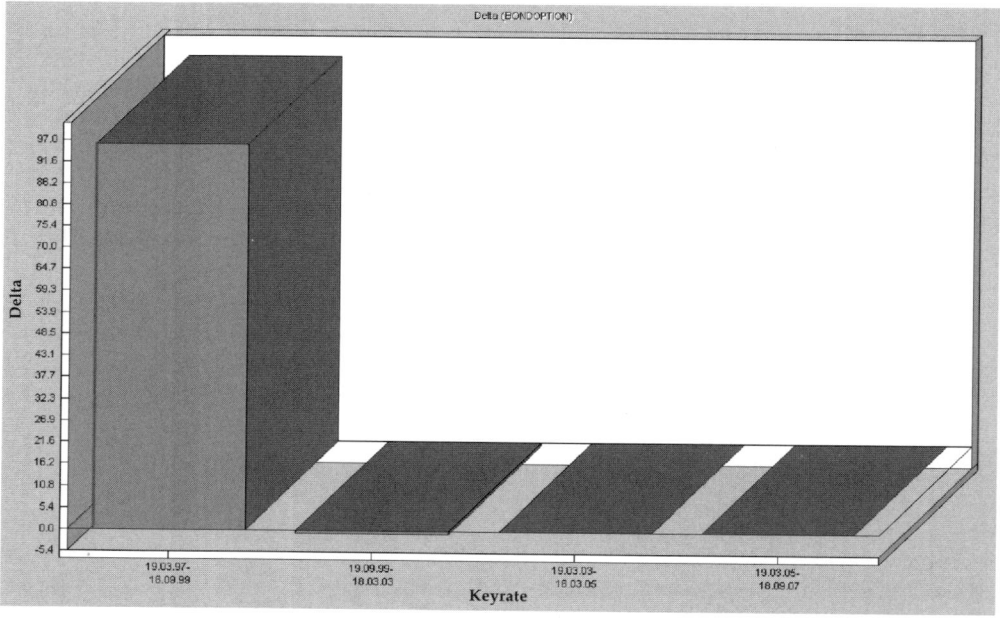

Abb. 14: Key-Rate-Deltas des Residualportfolios beim Black-Delta-Hedging in bezug auf die Key-Rate-Hedge-Bereiche am 18.03.1997

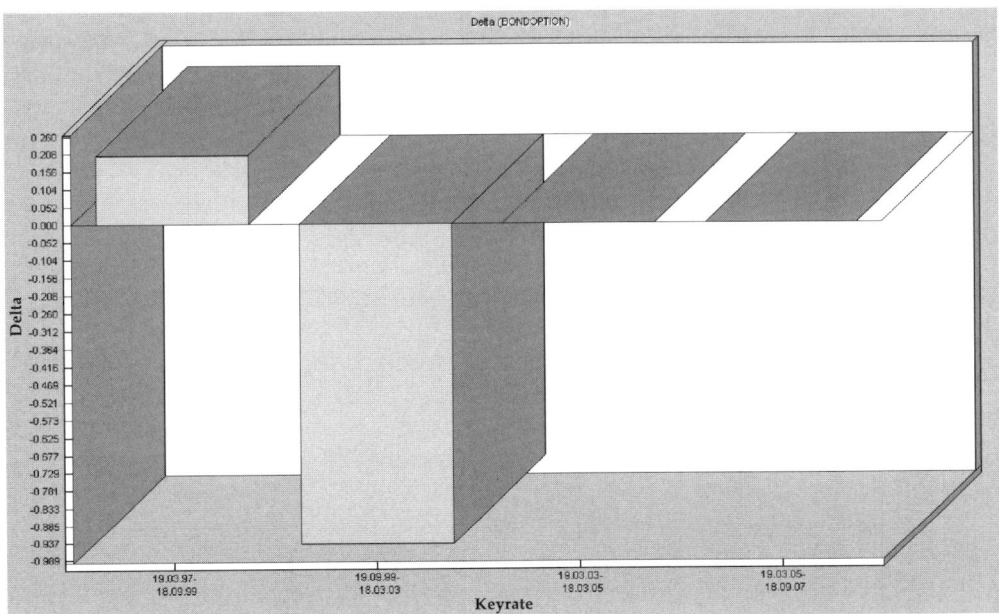

Abb. 15: Key-Rate-Deltas des Residualportfolios beim Hedging über die Key-Rate-Hedge-Bereiche in bezug auf die Key-Rate-Hedge-Bereiche am 18.03.1997

Im Gegensatz zu den in Abbildung 14 dargestellten Deltas des Residualportfolios aus dem Black-Delta-Hedging (bezogen auf die Key-Rate-Hedge-Bereiche), bei dem die von diesem quasi unerkannte Risikoposition des Key-Rate-Hedge-Bereichs 1 fast vollständig ungehedgt bleibt, ist das Restrisiko beim Delta-Hedging über alle Key-Rate-Hedge-Bereiche praktisch gleich Null (siehe Abbildung 15). Abbildung 16 weist die Deltas des Residualportfolios beim Hedging über die Key-Rate-Hedge-Bereiche noch einmal detaillierter in bezug auf die RiskMetrics-Key-Rate-Bereiche aus. Man erkennt darin die zeitliche Diskrepanz zwischen den Fälligkeiten der Option am *18.03.1998* und der Benchmarkanleihe am *18.12.1998*, die sich in den gegensätzlichen Risiken der RiskMetrics-Key-Rate-Bereiche *4* und *5* ausdrücken. Wirft man zu guter Letzt noch einen Blick auf den Value at Risk, so ist dieser von ursprünglich *2.877,75 DM* für die Option über *358,76 DM (12,47%)* für das Residualportfolio nach dem Black-Delta-Hedging auf *239,94 DM* für das Residualportfolio nach dem Delta-Hedging über die Key-Rate-Hedge-Bereiche, also um weitere *33,12%*, gefallen.

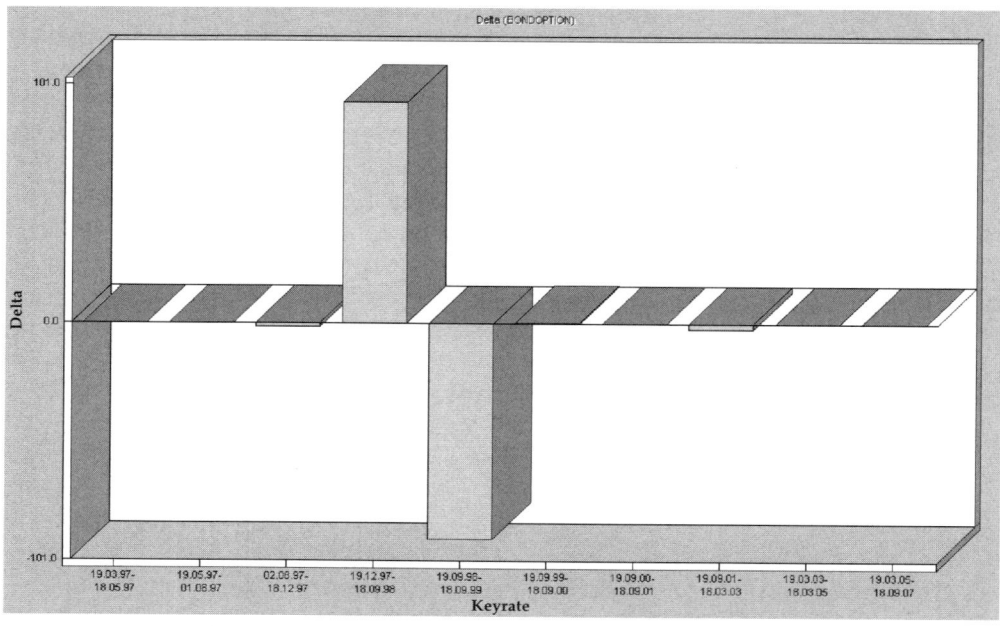

Abb. 16: Key-Rate-Deltas des Residualportfolios beim Hedging über die Key-Rate-Hedge-Bereiche in bezug auf die RiskMetrics-Key-Rate-Bereiche am 18.03.1997

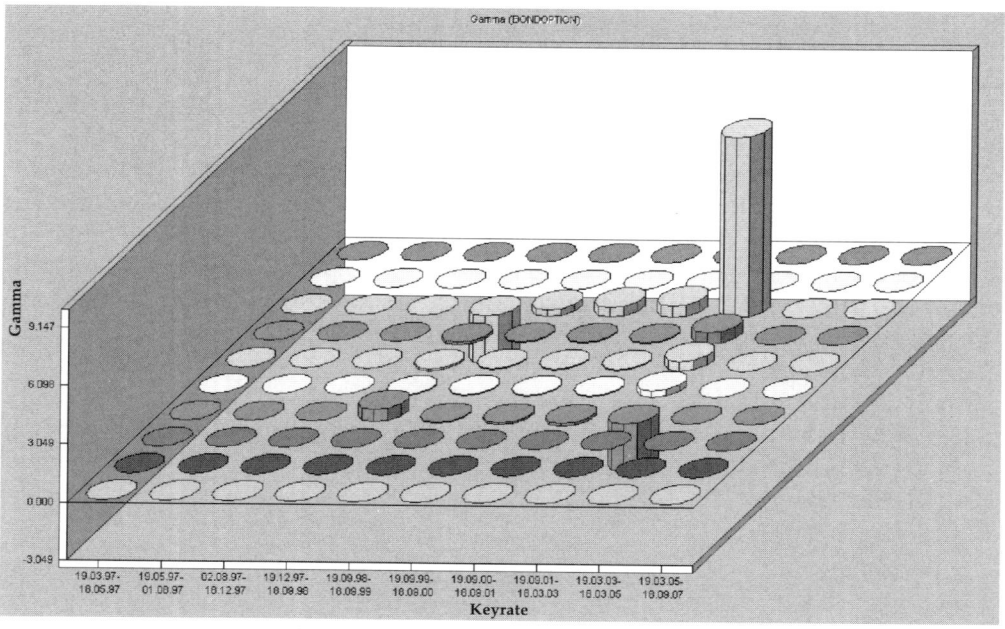

Abb. 17: Key-Rate-Gammas des Residualportfolios beim Hedging über die Key-Rate-Hedge-Bereiche in bezug auf die RiskMetrics-Key-Rate-Bereiche am 18.03.1997

Erweiterungen

Betrachtet man die Gammas des aus dem Delta-Hedging über die Key-Rate-Hedge-Bereiche entstehenden Residualportfolios in Abbildung 17, so stellt man fest, daß das Delta-Hedging diese praktisch unverändert läßt.

Um die verbleibenden Gamma- bzw. Volatilitätsrisiken zu reduzieren, ist es notwendig, andere Instrumente mit einem entsprechenden Gamma-Exposure zum Hedging zur Verfügung zu stellen. Eine mögliche Erweiterung des quadratischen Optimierungsproblems aus Abschnitt 4 besteht dann darin, je nach Präferenz eine Gewichtung α mit $0 \leq \alpha \leq 1$ zu wählen und eine optimale Lösung $x_1,...,x_S$ für das Optimierungsproblem

$$(31) \quad \alpha \cdot \sum_{k=1}^{m} \left(\Delta_{KB_k}^{P}(R) - \sum_{s=1}^{S} x_s \cdot \Delta_{KB_k}^{H_s}(R) \right)^2 +$$

$$(1-\alpha) \cdot \sum_{k=1}^{m} \sum_{l=1}^{m} \left(\Gamma_{KB_k KB_l}^{P}(R) - \sum_{s=1}^{S} x_s \cdot \Gamma_{KB_k KB_l}^{H_s}(R) \right)^2 \to \min$$

zu suchen. Für $\alpha = 1$ erhält man wieder das Delta-Hedging, für $\alpha = 0$ wird ein reines Gamma-Hedging realisiert. Eine weitere Möglichkeit besteht darin, Anforderungen an die Deltas oder Gammas des Residualportfolios als Nebenbedingungen in das Optimierungsproblem mit aufzunehmen. So sucht zum Beispiel das folgende Optimierungsproblem unter allen Hedgeportfolios mit dem gleichen Delta-Exposure wie das Ausgangsportfolio dasjenige mit den geringsten Abweichungen in den Gammas aus:

$$(32) \quad \begin{cases} \sum_{k=1}^{m} \sum_{l=1}^{m} \left(\Gamma_{KB_k KB_l}^{P}(R) - \sum_{s=1}^{S} x_s \cdot \Gamma_{KB_k KB_l}^{H_s}(R) \right)^2 \to \min \\ \\ \text{unter der Nebenbedingung} \\ \\ \Delta_{KB_k}^{P}(R) = \sum_{s=1}^{S} x_s \cdot \Delta_{KB_k}^{H_s}(R), \; k = 1,...,m \; . \end{cases}$$

Analog lassen sich auch Zielkorridore für die Deltas oder Gammas des Residualportfolios als Nebenbedingung vorgeben, die es ermöglichen, zur potentiellen Performancesteigerung bestimmte Laufzeitrisiken bewußt einzugehen, andere jedoch genauso bewußt zu eliminieren. Damit kann letztendlich ganz gezielt auf Zinsänderungen in einzelnen Laufzeitbereichen spekuliert werden. Weitere Bedingungen, wie etwa eine Übereinstimmung des Preises von Ausgangs- und Hedgeportfolio, Beschränkungen des beim Hedging umgesetzten Nominalvolumens oder Limitvorgaben zur Reduktion des Kredit- und Sektorrisikos, sind nur einige Beispiele für die Breite des Spektrums weiterer Hedgemöglichkeiten. Sind die Nebenbedingungen fixiert, so läßt sich natürlich auch die Zielfunktion des Optimierungsproblems variieren. Die Minimierung der Absicherungskosten könnte z.B. eine Alternative sein, genauso wie die Maximierung der Rendite des Residualportfolios, insbesondere bei der Vorgabe von Zielkorridoren für einzelne Laufzeitrisiken. Ein weiteres Anwendungsgebiet eröffnet sich, wenn man sich unter dem Ausgangsportfolio etwa ein Portfolio bestehender Zahlungsverpflichtungen vorstellt, das nun auf der Aktivseite bei z.B. minimalen Kosten so abgesichert werden soll, daß sich die Risiken des Absicherungsportfolios mit denen der Zahlungsverpflichtungen decken. Dabei geht es um ein optimales Aktiv-Passiv- oder auch *Asset-Liability Management*.[29] Fordert man dabei, wie dies oben bereits geschehen ist, eine Delta-Neutralität des Residualportfolios in den einzelnen Key-Rate-Bereichen, so gilt für die Preisänderung des Residualportfolios:

$$(33) \quad \Delta P(R) \approx \sum_{k=1}^{m} \sum_{l=1}^{m} \left(\Gamma^P_{KB_k KB_l}(R) - \sum_{s=1}^{S} x_s \cdot \Gamma^{H_s}_{KB_k KB_l}(R) \right) \cdot \Delta F_k \cdot \Delta F_l .$$

Soll die Absicherung im Aktiv-Passiv-Management weiter mit Instrumenten geschehen, die ein Gamma-Exposure ausschließlich in der Haupdiagonalen der Gamma-Matrix besitzen, wie dies z.B. bei Anleihen der Fall ist, so gilt für die Preisänderung:

$$(34) \quad \Delta P(R) \approx \sum_{k=1}^{m} \left(\Gamma^P_{KB_k KB_k}(R) - \sum_{s=1}^{S} x_s \cdot \Gamma^{H_s}_{KB_k KB_k}(R) \right) \cdot \Delta F_k^2 .$$

Fordert man also, daß die Gammas der einzelnen Key-Rate-Bereiche auf der Aktivseite stets größer sind als diejenigen der Passivseite, d.h.

$$(35) \quad \sum_{s=1}^{S} x_s \cdot \Gamma^{H_s}_{KB_k KB_k}(R) \geq \Gamma^P_{KB_k KB_k}(R), \ k = 1,.,.,m ,$$

so ist die Preisänderung des Residualportfolios aus Passiv minus Aktivseite stets negativ bzw. diejenige aus Aktiv- minus Passivseite stets positiv. Bei einer Zinsänderung in den verschiedenen Key-Rate-Bereichen ist der Preisanstieg der Aktivseite also immer größer, der Preisverfall dagegen immer kleiner als derjenige der Passivseite. Denkt man wieder an den Spezialfall paralleler Zinskurvenentwicklungen, so erkennt man, daß diese Nebenbedingungen nichts anderes sind als die direkte Verallgemeinerung der Forderung, daß das Portfolio der Aktivseite eine höhere Konvexität besitzen sollte als das Portfolio der Verbindlichkeiten.[30]

Neben weiteren Bedingungen an die Abhängigkeit des Portfolios von den Volatilitätsschätzungen oder Volatilitätsänderungen (Vega-Sensitivität) bzw. der zeitlichen Entwicklung des Portfolios (Theta-Sensitivität) stellt sich beim Blick auf die Gammas der Key-Rate-Bereiche in Abbildung 16 natürlich auch die Frage nach der Güte der Value at Risk-Berechnung über die Delta-Methode für komplexe, mit einem hohen Gamma-Exposure ausgestattete Rentenportfolios. Alternative Methoden sind z.B. die Delta-Gamma-Methode von WILSON (1996), eine Monte Carlo-Simulation des Portfolios[31] oder die Approximative Full Valuation-Methode von ZAGST (1997).

---

[29] Vgl. dazu den Beitrag von NAGER in diesem Band.
[30] Vgl. Dahl (1993).
[31] Vgl. Boyle (1977).

6. Zusammenfassung

Das Duration-based Hedging als die wohl am weitesten verbreitete Methode zum Hedging des Marktrisikos von Bondportfolios beruht im wesentlichen auf der Annahme einer Parallelverschiebung der (Zero-) Zinskurve. Wie aber z.B. eine Principal Component-Analyse zeigt, erklärt eine Parallelverschiebung als einziger Faktor bei weitem nicht alle möglichen Bewegungen der Zinskurve. Daher ist es notwendig, Zinsrisiken genauer zu messen, als dies über die Duration geschieht. Die Zerlegung der Zinskurve in einzelne Risiko- oder Key-Rate-Bereiche erlaubt die Messung der Preisänderung eines Portfolios bei einer Verschiebung der Zinskurve in einzelnen Laufzeitbereichen. Dadurch wird eine detailliertere Kontrolle der Risiken auch bei nichtparallelen Änderungen der Zinskurve und damit ein effizienteres Hedging bestehender Marktrisiken ermöglicht als beim Duration-based Hedging. Nicht zuletzt kann dies an einem wesentlich geringeren Value at Risk des nach dem Hedging über Key-Rate-Bereiche entstehenden Gesamtportfolios abgelesen werden.

Die Messung und Kontrolle der Risiken über Key-Rate-Bereiche läßt sich auch auf komplexere Rentenportfolios anwenden und führt schließlich zu einer Verallgemeinerung des Black-Delta-Hedgings von Bondoptionen. Insbesondere ist es möglich, die Risiken von Anleihen und Zinsderivaten einheitlich zu messen und damit einem integrierten Risikomanagement zuzuführen. Durch die Definition der Risikobereiche kann auf einzelne Laufzeitrisiken eingewirkt werden, womit eine gezielte Strukturierung dieser Risiken möglich wird. Dies erlaubt z.B. eine detaillierte Abstimmung der Zinsrisiken auf der Aktiv- und Passivseite eines Unternehmens und damit ein verbessertes Asset-Liability Management.

Literaturverzeichnis

Basler Ausschuß für Bankenaufsicht (Basler Ausschuß für Bankenaufsicht, 1991): Richtlinien für das Risikomanagement im Derivativgeschäft, Juli 1991.

Black, F./ Derman, E./ Toy, W. (Black et al., 1990): A One-Factor Model of Interest Rates and its Application to Treasury Bond Options, in: *Financial Analysts Journal*, Vol. 46, 1990, January-February, S. 33-39.

Boyle, P. P. (Boyle, 1977): Options: A Monte Carlo Approach, in: *Journal of Financial Economics*, Vol. 4, 1997, S. 323-338.

Brennan, M. J./ Schwartz, E. S. (Brennan/ Schwartz, 1982): An Equilibrium Model of Bond Pricing and a Test of Market Efficiency, in: *Journal of Financial and Quantitative Analysis*, Vol. 17, 1982, No. 3, S. 301-329.

Bühler, F./ Zimmermann, H. (Bühler/ Zimmermann, 1994): Factors Affecting the Term Structure of Interest and Rates: Switzerland and Germany, Working Paper, Hochschule St. Gallen 1994.

Cox, J. C./ Ingersoll, J. E./ Ross, S. A. (Cox et al., 1985): A Theory of the Term Structure of Interest Rates, in: *Econometrica*, Vol. 53, 1985, S. 385-407.

Dahl, H. (Dahl, 1993): A Flexible Approach to Interest-Rate Risk Management, in: Zenios, S. A. (ed.), *Financial Optimization*, Cambridge 1993, S. 189-209.

Dahl, H./ Meeraus, A./ Zenios, S. A. (Dahl et al., 1993): Some Financial Optimization Models I: Risk Management, in: *Financial Optimization*, Zenios, S. A. (ed.), Cambridge 1993, S. 3-36.

Greene, W. H. (Greene, 1993): *Econometric Analysis*, Englewood Cliffs 1993.

Ho, T. S. Y./ Lee, S.-B. (Ho/ Lee, 1986): Term Structure Movements and Pricing Interest Rate Contingent Claims, in: *Journal of Finance*, Vol. 41, 1986, S. 1011-1029.

Ho, T. S. Y. (Ho, 1992): Key Rate Durations: Measures of Interest Rate Risk, in: *Journal of Fixed Income*, 1992, September, S. 29-44.

Hull, J. (Hull, 1993): *Options, Futures, and Other Derivative Securities*, Englewood Cliffs 1993.

Hull, J./ White, A. (Hull/ White, 1990): Pricing Interest-Rate Derivative Securities, in: *Review of Financial Studies*, Vol. 3, 1990, No. 4, S. 573-592.

Hull, J./ White, A. (Hull/ White, 1993): One-Factor Interest-Rate Models and the Valuation of Interest-Rate Derivative Securities, in: *Journal of Financial and Quantitative Analysis*, Vol. 28, 1993, S. 235-254.

Hull, J./ White, A. (Hull/ White, 1994): Numerical Procedures for Implementing Term Structure Models II: Two-Factor Models, in: *Journal of Derivatives*, 1994, Winter, S. 37-48.

Jamshidian, F. (Jamshidian, 1989): An Exact Bond Option Pricing Formula, in: *Journal of Finance*, Vol. 44, 1989, S. 205-209.

Lintner, J. (Lintner, 1965): Security Prices, Risk and Maximal Gains from Diversification, in: *Journal of Finance*, Vol. 20, 1965, S. 587-615.

Longstaff, F. A./ Schwartz, E. S. (Longstaff/ Schwartz, 1992): Interest Rate Volatility and the Term Structure: A Two-Factor General Equilibrium Model, in: *Journal of Finance*, Vol. 47, 1992, S. 1259-1282.

McCullogh, J. H. (McCullogh, 1971): Measuring the Term Structure of Interest Rates, in: *Journal of Business*, Vol. 46, 1971, S. 19-31.

Mossin, J. (Mossin, 1966): Equilibrium in a Capital Asset Market, in: *Econometrica*, Vol. 34, 1966, S. 261-275.

Newton, B. K./ Chau, P. B. (Newton/ Chau, 1991): Valuation and Risk Analysis of International Bonds, in: Fabozzi, F. J. (ed.), *The Handbook of Fixed Income Securities*, Homewood 1991, S. 1320-1334.

Rebonato, R. (Rebonato, 1996): *Interest-Rate Option Models*, New York 1996.

Sharpe, W. F. (Sharpe, 1964): Capital Asset Prices: A Theory of Market Equilibrium under Conditions of Risk, in: *Journal of Finance*, Vol. 19, 1964, S. 425-442.

Suits, D. B./ Mason, A./ Chan, L. (Suits et al., 1978): Spline Functions Fitted by Standard Regression Methods, in: *Review of Econometrics and Statistics*, 1978, S. 132-139.

Vasicek, O. (Vasicek, 1977): An Equilibrium Characterization of the Term Structure, in: *Journal of Financial Economics*, Vol. 5, 1977, S. 177-188.

Wilson, T. C. (Wilson, 1996): Calculating Risk Capital, in: Alexander, C. (ed.), *The Handbook of Risk Management and Analysis*, New York 1996, S. 195-232.

Zagst, R. (Zagst, 1997): Effiziente Value at Risk Berechnung für Rentenportfolios, in: *Finanzmarkt und Portfolio Management*, 11. Jg., 1997, S. 165-178.

Der Einsatz von Wertpapierleihe, Repo- und Sell/Buy-Back-Geschäften im Handel und Portfoliomanagement von festverzinslichen Wertpapieren

von Andreas Bohn

1. Einführung
2. Repo-, Sell/Buy-Back-Geschäfte und Wertpapierleihe
3. Forward-Rendite und Break-Even-Forward-Rendite
4. Interdependenzen mit dem Futuremarkt
5. Zusammenfassung

1. Einführung

In der letzten Zeit haben Wertpapierleihe, Repo-Geschäfte und Sell/Buy-Back-Geschäfte für die Märkte festverzinslicher Wertpapiere stark an Bedeutung zugenommen. Bei Wertpapierleihe, Repo- und Sell/Buy-Back-Geschäften handelt es sich zwar aus rechtlicher Sicht um unterschiedliche Transaktionen, das wirtschaftliche Ergebnis ist aber immer das gleiche: Ein Marktteilnehmer überläßt einem anderen Marktteilnehmer ein Wertpapier auf Zeit und erhält hierfür eine Gebühr. Je nach Form des Geschäfts erhält er zusätzlich eine Sicherheit. Auch wenn die drei Geschäftsformen noch zu erläuternde Unterschiede aufweisen, wird der Begriff 'Repo-Geschäft' häufig synonym verwendet. Die Motive zum Abschluß eines Repo-Geschäfts können von Marktteilnehmer zu Marktteilnehmer unterschiedlich sein. Hierzu zählen die Erhöhung der Performance eines Wertpapierportfolios, die Ausnutzung von Fehlbewertungen am Anleihenmarkt durch Leerverkäufe und die Arbitrage mit Futurekontrakten.

Dieser Beitrag stellt zunächst die Struktur der drei Geschäftsformen „Wertpapierleihe", „Repo-Geschäft" und „Sell/Buy-Back-Geschäft" dar und erläutert sie an Zahlenbeispielen. Im folgenden Abschnitt wird der Einsatz von Repo-Geschäften zur Ausnutzung von Fehlbewertungen am Anleihenmarkt erläutert. Anschließend werden die Interdependenzen von Repo- und Futuremarkt dargestellt sowie Handelsstrategien zur Ausnutzung von Fehlbewertungen zwischen Anleihen-, Repo- und Futuremarkt erläutert. Eine Zusammenfassung schließt diesen Beitrag ab.

2. Repo-, Sell/Buy-Back-Geschäfte und Wertpapierleihe

Bei Wertpapierpensionsgeschäften oder Repo-Geschäften (engl: repurchase agreements) handelt es sich um eine vertragliche Vereinbarung, bei der eine Partei (Pensionsgeber) der anderen Partei (Pensionsnehmer) Wertpapiere gegen Entrichtung eines Kaufpreises per Kasse verkauft und gleichzeitig vereinbart wird, die Wertpapiere zu einem späteren Zeitpunkt (per Termin) an den Pensionsgeber zurückzuverkaufen.[1] Rechtlich liegt ein mit einem Terminrückkauf zu einem einheitlichen Geschäft verbundener Verkauf vor. Der Kaufpreis entspricht dem Marktpreis unter rechnerischer Berücksichtigung evtl. aufgelaufener Stückzinsen. Der Rückkaufspreis setzt sich aus dem Kaufpreis und der Pensionsgebühr (Repo-Satz) zusammen. Die Pensionsgebühr wird bei Abschluß des Pensionsgeschäfts i.d.R. in Prozent vereinbart. Sie orientiert sich an dem Entgelt, das der Pensionsgeber für eine Überlassung der Wertpapiere auf Zeit anderweitig vereinbaren könnte, und den Zinsen, die der Pensionsnehmer aus einem anderweitigen Einsatz des als Kaufpreis überlasse-

---

[1] Vgl. Bruns/ Meyer-Bullerdiek (1996), S. 352 ff.

nen Kapitals erzielen würde. Der Ertrag entspricht dem Saldo dieser beiden kalkulatorischen Größen. Die Wertpapiere werden dem Pensionsnehmer mit sämtlichen Rechten und zur uneingeschränkten freien Verfügung übertragen. Dem Pensionsgeber stehen jedoch die auf die Wertpapiere anfallenden Zinsen und sonstigen Erträge zu, d.h., daß der Pensionsnehmer ggf. entsprechende Kompensationszahlungen an den Pensionsgeber zu leisten hat. Abbildung 1 zeigt die Struktur eines Repo-Geschäfts.

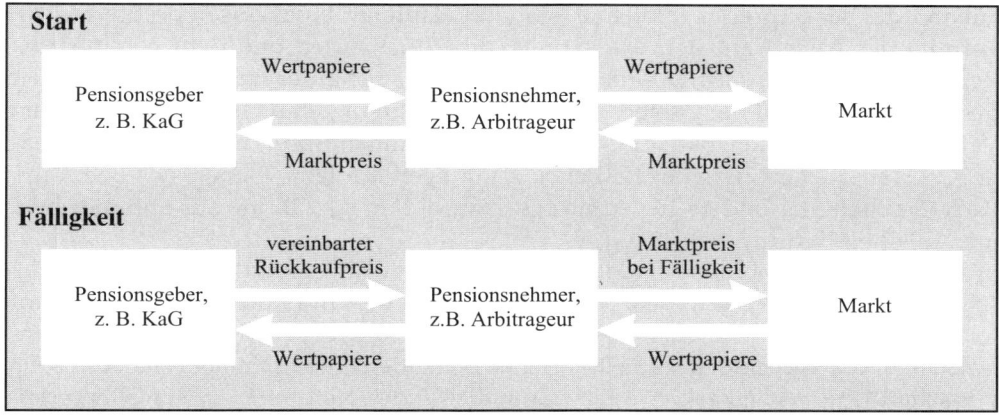

Abb. 1: Repo-Geschäft

Repo-Geschäfte dauern i.d.R. zwischen einem Tag und zwölf Monaten. Während dieser Zeit stellt der Käufer der Anleihe dem Halter Liquidität zur Verfügung. Dafür erhält er die zugrundeliegende Anleihe, die ihm als Sicherheit dient. Diese Art des Kreditgeschäfts wurde erstmals in den USA in den 50er Jahren genutzt. Als Kontrahenten standen sich zunächst Kapitalanlagegesellschaften (KaG), Treasury-Abteilungen von Industrieunternehmen sowie Bundesstaaten und Kommunen als Pensionsgeber und Wertpapierhändler als Pensionsnehmer gegenüber. Nachdem sich der Markt für Repo-Geschäfte in Europa zunächst in London etabliert hatte, ist es durch die Entscheidung der Bundesbank, die Mindestreservepflicht für Repo-Geschäfte zum Jahreswechsel 1996/1997 aufzuheben, auch in Deutschland zu einer Belebung gekommen.[2] Daneben haben sich Repo-Geschäfte auch zu einem der wichtigsten Instrumente in der Offenmarktpolitik von Zentralbanken entwickelt.[3]

---

[2] Vgl. Deutsche Morgan Grenfell (1996), S. 4 ff.
[3] In Deutschland führt die Bundesbank Wertpapierpensionsgeschäfte seit 1979 durch; sie haben sich inzwischen zum wichtigsten Instrument der Zentralbankgeldbereitstellung entwickelt. Rechtsgrundlage der Geschäfte sind § 21 BBankG und die Wertpapierpensionsbedingungen, die den Charakter von allgemeinen Geschäftsbedingungen haben. Die Bundesbank erwirbt dabei von Kreditinstituten, die der Mindestreservepflicht unterliegen, Wertpapiere, die lombardfähig sind und an einer Börse im amtlichen Handel oder geregeltem Markt notiert werden. Bei Repo-Geschäften durch die Bundesbank sind zwei Wege zur Festlegung des Repo-Satzes möglich. Bei einem Mengentender legt die Bundesbank den Pensionssatz selbst fest, die bietenden Kreditinstitute nennen in ihren Geboten lediglich die Beträge, für die sie Wertpapiere an die Bundesbank verkaufen möchten. Beim Zinstender müssen die bietenden Kreditinstitute in ihren Geboten neben dem Volumen auch den Zinssatz

Eine dem Repo-Geschäft verwandte vertragliche Vereinbarung ist das Sell/Buy-Back-Geschäft. Auch bei dieser Transaktionsform werden unter den selben Parteien Wertpapiere per Kasse verkauft und per Termin zurückgekauft. Beide Geschäfte sind jedoch nicht Teile eines standardisierten einheitlichen Gesamtgeschäfts wie beim Repo. Vielmehr werden sie rechtlich selbständig vereinbart und auch technisch als getrennte Geschäfte abgewickelt. Sie werden aber in einem engen zeitlichen Zusammenhang abgeschlossen und sind durch individuelle Absprachen der Parteien aufeinander bezogen. Der Kassapreis für das verkaufte Wertpapier wird anhand des Marktpreises inklusive evtl. aufgelaufener Stückzinsen bestimmt. Der Terminpreis basiert auf dem Kassapreis, den Stückzinsen und dem vereinbarten Repo-Satz. Im Gegensatz zu Repo-Geschäften hat der Käufer während der Laufzeit des Terminkaufs auf die Papiere anfallende Zinszahlungen nicht gesondert an den Verkäufer zu vergüten. Statt dessen wird der Terminkaufpreis entsprechend ermäßigt.[4] Da hier keine zwischenzeitlichen Zahlungen erfolgen, eignen sich Sell/Buy-Back-Geschäfte besonders für Arbitrage-Transaktionen, z.B. im Zusammmenspiel mit Anleihen-Futures.

Bei der Wertpapierleihe findet im Gegensatz zu Repo- und Sell/Buy-Back-Geschäften weder bei Beginn des Geschäfts noch bei dessen Ende ein effektiver Kauf oder Verkauf von Wertpapieren statt. Juristisch wird es als Wertpapierdarlehen angesehen und zivilrechtlich als Sachdarlehen behandelt. Der Entleiher erhält die volle wirtschaftliche Verfügbarkeit, d.h. er kann die Wertpapiere verkaufen, weiterverleihen oder verpfänden. Der Entleiher verpflichtet sich, die entliehenen Stücke nach Ablauf des Darlehens an den Verleiher zurückzutransferieren. Dieser erwirbt den Anspruch auf Rückübertragung von Stücken der gleichen Wertpapiergattung. Während der Laufzeit der Wertpapierleihe bleibt der Verleiher so gestellt, daß ihm anfallende Zinsen, Tilgungen usw. zustehen. Für die Überlassung der Wertpapiere erhält der Verleiher (Darlehensgeber) vom Entleiher (Darlehensnehmer) die Leihgebühr und ggf. eine Sicherheit in Form eines anderen Wertpapiers oder von Barmitteln.

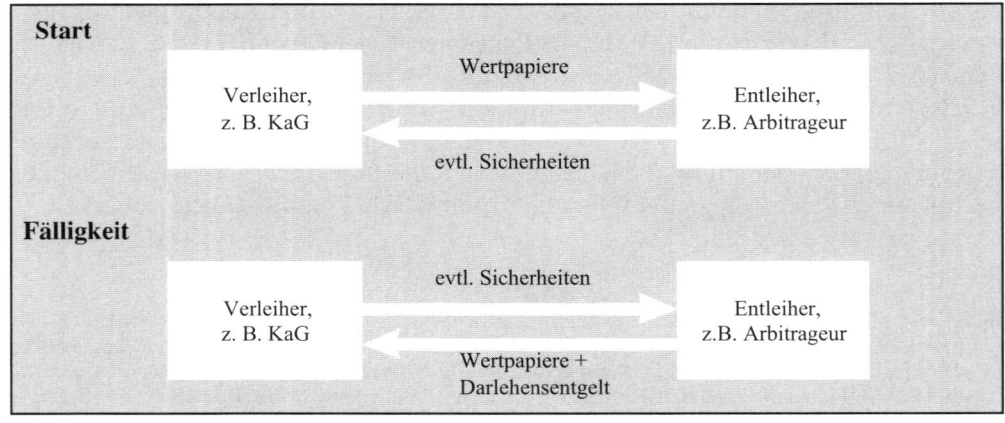

Abb. 2: Wertpapierleihe

---

nennen, zu dem sie bereit sind, Pensionsgeschäfte abzuschließen. Vgl. Deutsche Bundesbank (1995), S. 114.

[4] Vgl. Deutsche Morgan Grenfell (1997), S. 4 f.

Es kann zwischen institutionalisierten und privaten Leihsystemen unterschieden werden. Institutionelle Leihsysteme werden von den Clearinghäusern „Deutscher Kassenverein" (DKV), „Euroclear" sowie „Cedel" unterhalten. Wertpapierleihe über den Deutschen Kassenverein ist seit dem Jahr 1990 möglich. Zur Teilnahme sind alle inländischen Kreditinstitute berechtigt, die Mitglied des DKV sind. Der Kassenverein fungiert als Regulator zwischen dem entleihenden und dem verleihenden Institut. Die Übermittlung von Anleihen vom Verleiher zum Entleiher erfolgt dabei mit Hilfe eines Zufallsgenerators, nachdem der Kassenverein Angebot und Nachfrage innerhalb des Girosystems ermittelt hat. Die Leihgebühr für den Entleiher beträgt 1% p.a. des Kurswertes, der Verleiher erhält 0.5% Prozent; die Differenz von 0.5% fließt einem Garantiekonsortium zu.[5] Dieses Bankenkonsortium garantiert die aus den Leihtransaktionen entstandenen Rückgabe- und Vergütungsverpflichtungen. Der Garantieleistung vorgeschaltet ist die Verwertung der vom Entleiher gestellten Sicherheiten. Die Höhe der Sicherheit ist identisch mit dem Kurswert der entliehenen Wertpapiere. Bei festverzinslichen Wertpapieren muß zusätzlich eine Sicherheitsmarge von 5% des Kurswerts bereitgestellt werden.

Auch das für den grenzüberschreitenden Effektenverkehr gegründete Clearinghaus Euroclear führt bereits seit 1975 ein Leihprogramm durch. Durch einen Lending-Pool werden alle von den Verleihern automatisch oder gelegentlich bereitgestellten Wertpapiere zusammengefaßt. Auch hier bleiben Entleiher und Verleiher anonym. Die Gebühreneinnahmen liegen für den Verleiher bei 1.75% p.a. bezogen auf den Kurswert der Wertpapiere. Die Gebühr für den Entleiher beläuft sich auf 2.75% p.a. Die Garantieleistung wird durch den Betreiber übernommen. Cedel bietet eine ähnliche Wertpapierleihe wie Euroclear an. Auch hier bleiben Entleiher und Verleiher anonym. Die Gebührenstruktur ist mit der von Euroclear vergleichbar. Die Garantieleistung wird wie beim DKV von einem Bankenkonsortium übernommen.[6]

Neben Leihprogrammen durch Clearingstellen werden auch, ähnlich wie im Repo-Markt, eigene Leihprogramme durch eine Vielzahl von Banken angeboten. Die vertragliche Gestaltungsfreiheit erlaubt den Vertragspartnern, über den Wertpapierleihe-Rahmenvertrag hinausgehende Zusatzvereinbarungen zu treffen. Des weiteren sind im Unterschied zu den Leihprogrammen der Clearingstellen die Gebührensätze variabel. Für jeden Abschluß wird wie bei Repo-Geschäften eine individuelle Gebühr ausgehandelt. Da der Wert der leihfähigen Wertpapiere täglich schwankt, stellt diese Methode eine marktgerechtere Lösung dar als das starre Gebührensystem von DKV, Euroclear und Cedel.

Die Leihgebühr sollte der Differenz zwischen dem Geldmarktsatz (z.B. LIBOR) und dem realisierbaren Repo-Satz für die Anleihe entsprechen, denn der Besitzer einer Anleihe wird dann bereit sein, seine Anleihe zu verleihen und nicht für ein Wertpapierpensionsgeschäft zu verwenden, wenn die Leihgebühr dem Zinsvorteil entspricht, den er durch eine Kreditaufnahme im Rahmen eines Repo-Geschäftes realisieren könnte. Ist eine Anleihe 'special' und der Repo-Satz niedriger, so wird die Leihgebühr ansteigen.

---

[5] Für Aktien gelten andere Sätze als für festverzinsliche Wertpapiere.
[6] Vgl. Edelmann (1993), S. 120.

In Abbildung 3 werden die drei Geschäftsarten verglichen. Beispielhaft erfolgt die Darstellung eines Sell/Buy-Back-Geschäfts, eines Repo-Geschäfts und einer Wertpapierleihe für die Treuhandobligation 6.375% mit Fälligkeit am 01.07.1999. Es wird deutlich, daß alle drei Geschäftsformen zum gleichen wirtschaftlichen Ergebnis führen. Sie unterscheiden sich jedoch in der Höhe des Cash Flows bei Beginn und am Ende des Geschäfts. Bei Repo-Geschäften, bei denen ursprünglich der Gedanke der Liquiditätsbeschaffung im Vordergrund stand, erfolgt die Abrechnung zu Beginn des Geschäfts in Höhe des Marktpreises zuzüglich der aufgelaufenen Stückzinsen. Der selbe Betrag wird bei Beendigung des Geschäftes zurückgezahlt. Zusätzlich werden die für die Dauer des Geschäfts fälligen Zinskosten abgerechnet, die vom vereinbarten Repo-Satz abhängen.

Anleihe : TOBL6.375% 01.07.99		Start :	01.08.97
Nominalbetrag :	10.000.000,00	Dauer in Tagen :	40
Reposatz :	3,00%	Kupontage :	39
		Ende :	10.09.97

Sell/Buy-Back

		Zinskosten:	35.033.750
		entgangene Stückzinsen:	69.062,500
Preis :	104,570	Preis bei Fälligkeit :	104,230
Stückzinsen :	0,531	Stückzinsen :	1,222
Preis inkl. Stückzinsen :	105,101	Preis inkl. Stückzinsen :	105,452
Einzahlung :	10.510.125,000	Auszahlung :	10.545.158,750

Repo

Preis :	104,570	Preis bei Fälligkeit inkl. Stückzinsen :	105,101
Stückzinsen :	0,531	Auszahlung :	10.510.125,000
Preis inkl. Stückzinsen :	105,101	Zinskosten :	35.033,750
Einzahlung :	10.510.125,000	Gesamte Auszahlung :	10.545.158,750
Termineinlage :	3,25%	Zinsertrag :	37953,229
Auszahlung :	10.510.125,000	Einzahlung :	10.548.078,229
Saldo :	0,000	Saldo :	2919,479

Wertpapierleihe

Leihgebühr :	0,25%		
Nennwert :	10.510.125,000	Einzahlung :	2919,479

Abb. 3: Vergleichsrechnung Repo, Sell/Buy-Back und Wertpapierleihe

Bei Sell/Buy-Back wird ebenfalls der volle Kapitalbetrag in Form des Kaufpreises dem Pensionsgeber ausgezahlt, der ihm gleichzeitig als Sicherheit dient. Über diesen Betrag kann der Pensionsgeber sowohl bei einer Repo- als auch bei einer Sell/Buy-Back-Transaktion während der Laufzeit frei verfügen und zu einem über dem Repo-Satz liegenden Zins anlegen. Der Ertrag, das Saldo aus Repo-Geschäft und Geldmarkttransaktion, sollte gleich dem der Wertpapierleihe sein, bei der die Leihgebühr der Differenz zwischen Geldmarktsatz und Repo-Satz entspricht. Jedoch kann auch hier dem Pensionsgeber ein Kapitalbetrag in Höhe des Kaufpreises als Sicherheit übertragen werden.

Der Preis bei Fälligkeit eines Sell/Buy-Back-Geschäfts, zu dem der Rückkauf stattfindet, wird auch als Forward-Preis FWP bezeichnet. Der Forward-Preis läßt sich, analog zu obigem Beispiel, entsprechend der Formel (1) aus dem Marktpreis P bestimmen, indem hierzu die Finanzierungskosten addiert und die Kuponerträge subtrahiert werden:

$$(1) \quad FWP = P + (P + SZ) \times r_{repo} \times t_{Act/360} - K \times t_{30/360} \ .$$

Die Höhe der Finanzierungskosten (Cost of Carry) bestimmt sich durch den Repo-Satz r_{repo}, der sich auf das gesamte eingesetzte Kapital bezieht. Die Finanzierungskosten werden nach Geldmarktkonvention berechnet, d.h. auf Actual/360-Basis. Die zwischenzeitlich anfallenden Erträge (Carry) in Höhe der Stückzinsen werden hier nach der in Deutschland üblichen Konvention 30/360 berechnet.

Ein wesentliches Risiko von Repo-Geschäften, Sell/Buy-Back-Geschäften und der Wertpapierleihe liegt im Kredit- oder Ausfallrisiko der Geschäftspartner. In den 80er Jahren kam es im Repo-Markt der USA tatsächlich zu einer Reihe von Ausfällen. Um dieses Risiko zu begrenzen, wurden Banken zwischen Kreditnehmer und Kreditgeber geschaltet, die das Geschäft überwachen und abwickeln.

Eine Weiterführung dieser Art von Repo-Geschäften ist das Collateral-Management. Bietet eine Bank ihren Kunden ein Collateral-Management an, so überträgt der Kunde, z.B. eine Fondsgesellschaft, Teile seines Portfolios der Bank. Diese verwertet dann das Portfolio für den Kunden, indem es eines der drei Geschäfte z.B. mit Wertpapierhändlern abschließt. Dies hat für den Kunden einerseits den Vorteil, daß die Bank die ordnungsgemäße Rückführung der Wertpapiere garantiert, und andererseits, daß die Bank schneller auf kurzfristige Entwicklungen reagieren kann, etwa wenn eine Anleihe im Repo-Markt eine Prämie aufbaut und 'Special' wird. Der Ertrag des Collateral-Managements wird zwischen Pensionsgeber und Bank geteilt.[7]

---

[7] Vgl. Deutsche Morgan Grenfell (1997), S. 7.

3. Forward-Rendite und Break-Even-Forward-Rendite

Die Motive für den Abschluß von Repo-, Sell/Buy-Back- oder Wertpapierleihe-Geschäften variieren von Marktteilnehmer zu Martteilnehmer. Für Kapitalanlagegesellschaften sowie Treasury-Abteilungen von Unternehmen, die vorwiegend als Pensionsgeber auftreten, steht der zusätzliche Ertrag analog zu der oben durchgeführten Beispielrechnung im Vordergrund. Wertpapierhändler bzw. Market-Maker nutzen hingegen den Repo, um ihre während des Tages aus dem Market-Making entstandenen und nicht geschlossenen Short- (Leerverkaufs-) Positionen zu schließen und ihren Lieferverpflichtungen nachzukommen. Für Hedge-Funds, deren Ziel es ist, mit relativ geringem Kapitaleinsatz in großem Maße von Marktbewegungen kurzfristig zu profitieren, stellt der Repo-Markt eine Möglichkeit dar, um Käufe von Wertpapieren als Pensionsgeber für die geplante Halteperiode zu finanzieren. Sie treten jedoch auch als Pensionsnehmer auf, um mit den ihnen zeitweise übertragenen Anleihen Leerveräufe durchzuführen. Hierdurch können Bewertungsdifferenzen am Anleihenmarkt ausgenutzt werden, wenn sich diese nicht vollständig im Repo-Satz widerspiegeln.

Der Repo-Satz richtet sich wie auf allen Märkten nach Angebot und Nachfrage, die vor allem von der Sicherung, d.h. von der zugrundeliegenden Anleihe abhängt. Der Zins ist dann besonders niedrig, wenn die Anleihe im Markt gesucht wird, und die Anleihe relativ illiquide (z.B. wegen eines geringen Emissionsvolumens) ist und vice versa. Grund hierfür ist, daß Market-Maker, die eine Short-Position in einer seltenen Anleihe zu decken haben, bereit sind, dem Pensionsgeber Liquidität zu einem geringeren Zinssatz bereitzustellen. Gleiches gilt für Arbitrageure, die bereit sind, eine Prämie im Repo-Markt zu akzeptieren, wenn sie hoffen, daß der Leerverkauf einer relativ teuren Anleihe einen höheren Ertrag erzielt als die Prämie im Repo-Markt, die sie in Form des geringeren Repo-Satzes oder einer höheren Leihgebühr bezahlen.[8]

Beispielhaft wird in Abbildung 4 die Renditekurve deutscher Staatsanleihen entsprechend den Marktdaten vom 01. August 1997 dargestellt. Jeder Punkt repräsentiert das Verhältnis „Rendite zu Restlaufzeit einer der ca. 100 ausstehenden Anleihen, Obligationen oder Schatzanweisungen des Bundes, der Treuhandanstalt und des Fonds 'Deutsche Einheit'". Anleihen, die im Repo-Markt keine Prämie aufweisen und als 'G.C.' (General Collateral) bezeichnet werden,[9] sind mit einem weißen Kreis gekennzeichnet. Anleihen, die eine Prämie aufweisen und deshalb als 'Special' bezeichnet werden, sind mit einem ausgefüllten, dunklen Punkt versehen. Die Abbildung zeigt, daß fast alle Anleihen, die eine niedrigere als durch den Verlauf der gesamten Kurve vorgegebene Rendite aufweisen, auch 'Special' sind. Dies verdeutlicht, daß für die meisten Titel, die im zugrundeliegenden Anleihemarkt eine Prämie aufweisen, gleiches im Repo-Markt gilt.[10]

---

[8] Vgl. Burghard et al. (1994), S. 136 ff.
[9] Übersetzung für Collateral: Pfand, Sicherung.
[10] Vgl. Varnholt (1997), S. 28 ff.

Ein Marktteilnehmer, z.B. ein Arbitrageur, der die Auffassung vertritt, daß eine bestimmte Anleihe zu teuer sei, kann dies durch eine Transaktion entsprechend Abbildung 5 durchführen, die sich auf ein Repo- bzw. Sell/Buy-Back-Geschäft bezieht. Zunächst erwirbt der Marktteilnehmer als Pensionsnehmer ein Wertpapier durch den Abschluß des entsprechenden Repo- bzw. Buy/Sell-Back-Geschäfts, bei dem er gleichzeitig den Rückkaufpreis vereinbart. Die Anleihe veräußert er zum selben Zeitpunkt am Anleihenmarkt. Den ihm zufließenden Verkaufserlös leitet er an den Pensionsgeber weiter. Somit ist die Transaktion für den Arbitrageur zu Beginn Cash Flow-neutral.

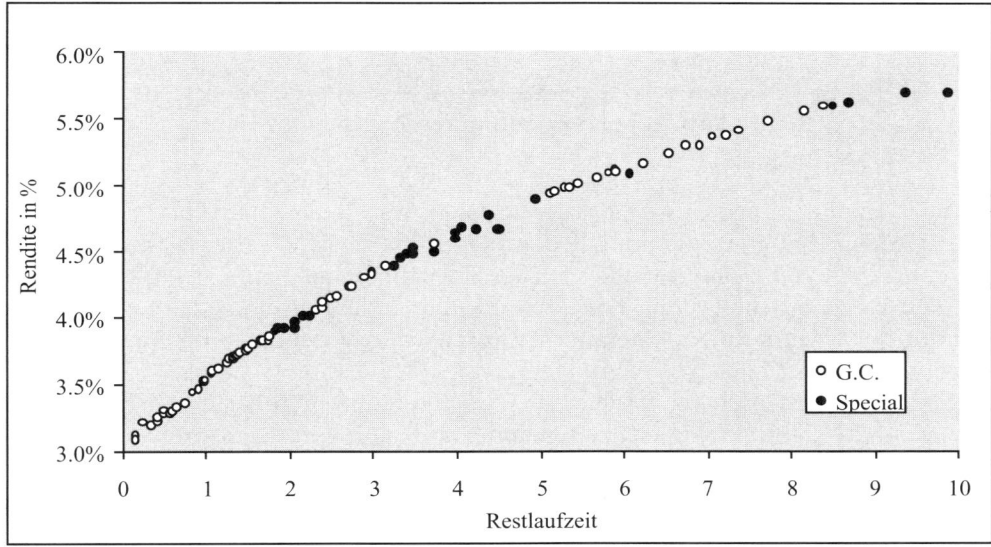

Abb. 4: Renditekurve deutscher Staatsanleihen und 'Repo-Specials'

Bei Fälligkeit des Repo-Geschäfts kauft der Arbitrageur die Anleihe zum dann geltenden Preis am Markt zurück. Die Anleihe nutzt er, um seiner Lieferverpflichtung aus dem Repo-Geschäft nachzukommen, wofür er den vereinbarten Rückkaufpreis erhält. Der Arbitrageur erzielt dann einen Gewinn, wenn der Rückkaufpreis höher ist als der Marktpreis, zu dem er sich bei Fälligkeit am Markt eindecken muß.

Die Rendite, zu der der Arbitrageur die Anleihe bei Fälligkeit an den Pensionsgeber zurück veräußert, wird als Forward-Rendite bezeichnet und kann als 'rationale' Erwartung der Marktteilnehmer hinsichtlich der zukünftigen Rendite einer Anleihe unter Berücksichtigung des Repo-Marktes angesehen werden. Sie wird auch als Break-Even-Forward-Rendite bezeichnet, da der Arbitrageur nur dann einen Gewinn erzielt, wenn die Rendite, zu der der Arbitrageur bei Fälligkeit des Repogeschäfts die Anleihe am Markt erwirbt, über der durch das Repo-Geschäft implizierten Rendite liegt.[11]

---

[11] Vgl. Multkin (1997), S. 14 ff.

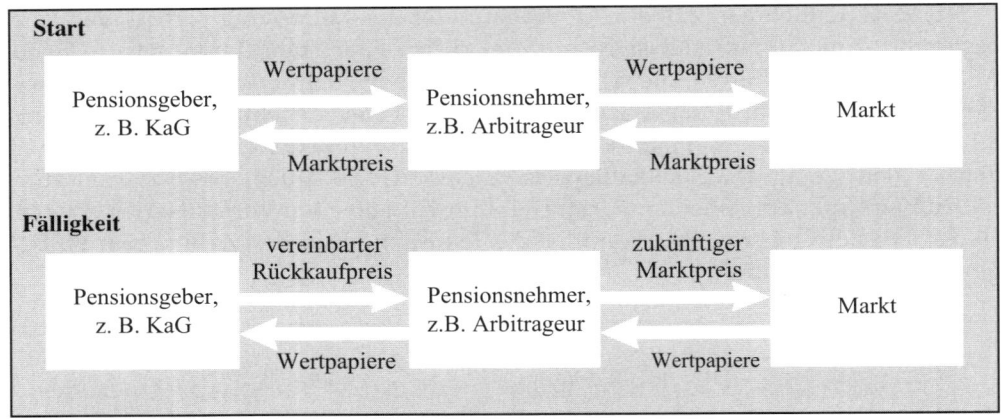

Abb. 5: Leerverkauf eines Wertpapiers

Da der Gewinn dieses Geschäft erheblich von der allgemeinen Entwicklung des Zinsniveaus abhängt, ist es sinnvoll, das allgemeine Zinsänderungsrisiko durch ein Gegengeschäft mit einer Anleihe gleicher oder ähnlicher Laufzeit auszugleichen. Wird ein Gegengeschäft (Long-Position) mit einer anderen Anleihe durchgeführt, so tritt der Arbitrageur im Anleihenmarkt zunächst als Käufer und im Repo-Markt als Pensionsgeber auf.

Am Ende des Geschäfts kauft er die Anleihe zum vereinbarten Forward-Preis zurück und verkauft sie gleichzeitig zum dann gültigen Marktpreis. Hierdurch kann er das Risiko einer Veränderung des allgemeinen Zinsniveaus ausgleichen (hedgen), denn den Verlusten, die sich bei seinem Leerverkauf durch eine Verringerung des Zinsniveaus ergeben (er muß die Anleihe am Markt zu einem höheren Preis als dem Forward-Preis zurückkaufen), stehen die Gewinne aus seiner Long-Position gegenüber (er kann die Anleihe am Markt zu einem höheren Preis als dem Forward-Preis verkaufen). Das Risiko besteht nunmehr in der relativen Veränderung der Anleihenpreise zu ihren jeweiligen Forward-Preisen. Der Marktteilnehmer erzielt einen Gewinn, wenn der Preis der leerverkauften Anleihe (Short-Position) im Verhältnis zum Forward-Preis stärker fällt bzw. weniger stark ansteigt als der Preis der gekauften Anleihe (Long-Position).

In Abbildung 6 wird eine solche Transaktion beispielhaft anhand von Sell/Buy-Back-Geschäften dargestellt. Es wird davon ausgegangen, daß ein Marktteilnehmer die Treuhandobligation mit Kupon 6.375% und Fälligkeit am 01. Juli 1999 im Vergleich zu Anleihen ähnlicher Laufzeit als zu teuer erachtet und eine Short-Position in dieser Anleihe eingehen möchte. Dagegen geht er eine Long-Position in der Treuhandobligation 6.25% mit Fälligkeit am 29. Juli 1999 ein. Der Repo-Satz für die Treuhandobligation 6.375% mit Fälligkeit am 01. Juli 1999 ist 2.70% (Brief-Kurs), für die Treuhandobligation 6.25% mit Fälligkeit am 29. Juli 1999 beläuft sich der Repo-Satz auf 3.0% (Geld-Kurs).

Die Abbildung zeigt, daß die Transaktionen zu Beginn des Geschäfts Cash Flow-neutral sind. Bei Auflösung der Geschäfte kann der Marktteilnehmer einen Ertrag aufweisen. Dies ist darauf zurückzuführen, daß die Treuhandobligation 6.375% mit

Fälligkeit am 01. Juli 1999 einen stärkeren Renditeanstieg und damit Preisverfall aufweist als die Treuhandobligation 6.25% mit Fälligkeit am 29. Juli 1999, d.h. der Marktteilnehmer kann erstere Anleihe relativ zum Forward-Preis billiger zurückkaufen, als er letztere Anleihe verkaufen kann. Der Erfolg des Geschäfts ist unabhängig von der absoluten Veränderung des Zinsniveaus.[12]

	Start :	01.08.97	
	Dauer :	40	
	Kupontage :	39	
	Ende :	10.09.97	
Short Position			**Long Position**
Anleihe : TOBL 6.375% 01.07.99			Anleihe : TOBL 6.25% 29.07.99
Nominalbetrag :	10,000,000.000	Nominalbetrag :	10,000,000.000
Repo-Satz :	2.70%	Repo-Satz :	3.00%
Cash Flows bei Start			
Rendite :	3.851%	Rendite :	3.898%
Preis :	104.570	Preis :	104.430
Stückzinsen :	0.531	Stückzinsen :	0.035
Preis inkl. Stückzinsen :	105.101	Preis inkl. Stückzinsen :	104.465
Auszahlung Buy/Sell-Back :	-10,510,125.000	Einzahlung Sell/Buy-Back :	10,446,472.222
Einzahlung aus Verkauf :	10,510,125.000	Auszahlung für Kauf :	-10,446,472.222
Saldo :	0.000	Saldo :	0.000
Cash Flows bei Ende			
Cost of Carry :	31,530.375	Cost of Carry :	34,821.574
Carry :	69,062.500	Carry :	67,708.333
Forward-Preis :	104.195	Forward-Preis :	104.101
Stückzinsen :	1.222	Stückzinsen :	0.712
Fwd Preis inkl. Stückzinsen :	105.417	Fwd Preis inkl. Stückzinsen :	104.813
Forward Rendite :	3.916%	Forward Rendite :	3.944%
Einzahlung Buy/Sell-Back :	10,541,655.375	Auszahlung Sell/Buy-Back :	-10,481,293.796
Renditeveränderung :	6.0 bp	Renditeveränderung :	3.0 bp
Rendite :	3.911%	Rendite :	3.928%
Marktpreis :	104.204	Marktpreis :	104.131
Preis inkl. Stückzinsen :	105.426	Preis inkl. Stückzinsen :	104.843
Auszahlung für Verkauf :	-10,542,576.705	Einzahlung aus Verkauf :	10,484,301.859
Saldo :	-921.330	Saldo :	3,008.063
	Ertrag	2,086.733	

Abb. 6: Ausnutzung von Bewertungsdifferenzen mit Sell/Buy-Back-Geschäften

---

[12] Das Risiko in einem solchen Geschäft liegt nun in der Änderung der Zinskurvensteigung. Insbesondere wenn sich Anleihen in ihrer Fälligkeit stark unterscheiden, ist es ratsam, bei einer leerverkauften Anleihe jeweils eine Anleihe mit kürzerer und eine Anleihe mit längerer Restlaufzeit (mit der jeweiligen Duration gewichtet) zu erwerben (Butterfly-Geschäft), um das Risiko von nicht-parallelen Verschiebungen der Zinskurve auszugleichen.

Entscheidend für den Arbitrageur ist auch hier die Höhe der Break-Even-Forward-Rendite bzw. in diesem Fall der Break-Even-Forward-Renditedifferenz. Die ursprüngliche Renditedifferenz von 4.7 bp und die Repo-Sätze beider Anleihen implizieren eine Forward-Renditedifferenz von 2.8 bp. Erst wenn ein Marktteilnehmer glaubt, daß diese Differenz, die die 'rationalen Erwartungen' der Marktteilnehmer widerspiegelt, bis zur Fälligkeit des Repo-Geschäfts unterschritten werden kann, sollte er eine entsprechende Transaktion durchführen.

4. Interdependenzen mit dem Futuremarkt

Ein weiteres wichtiges Anwendungsgebiet für Repo-Geschäfte ist der Futuremarkt.[13] Einerseits können Repo-Geschäfte eingesetzt werden, um mit zeitweise erworbenen Anleihen Lieferverpflichtungen aus Future-Short-Positionen nachzukommen, andererseits können sie direkt zur Arbitrage zwischen einem Futurekontrakt und dem zugrundeliegendem Anleihemarkt genutzt werden.

Eine mögliche Anwendung ist hierbei die einfache Deckung von Lieferverpflichtungen, die aus Short-Positionen in Futurekontrakten resultieren. Hierbei tritt ein Marktteilnehmer im Repo-Markt als Pensionsnehmer auf und liefert sie bei Fälligkeit des Futures ein. Nach Fälligkeit des Futurekontraktes kauft der Marktteilnehmer die Anleihe am Markt zurück und deckt hiermit die Lieferverpflichtung aus dem Repo-Geschäft. Da der Marktteilnehmer die Short-Position in dem Futurekontrakt ebensogut durch den direkten Kauf des Kontraktes an der Terminbörse decken könnte, basiert diese Strategie auf der Einschätzung, daß die zur Disposition stehende Anleihe sich nach Fälligkeit des Futures stärker verbilligen könnte, als durch den Repo-Satz impliziert wird.

Die Entscheidung bezüglich einer solchen Transaktion läßt sich in zwei separate Problemstellungen unterteilen. Zunächst geht es um die Überlegung, ob die durch den Repo-Markt implizierte Forward-Rendite bei Fälligkeit des Repo-Geschäfts mit den Erwartungen des Marktteilnehmers übereinstimmt. Decken sich seine Erwartungen nicht mit der implizierten Rendite, so kann er eine der im zweiten Abschnitt vorgestellten Transaktionen durchführen. Weiterhin ist zu bedenken, ob die Future gegenüber der betrachteten Anleihe richtig bewertet ist, und ob die Anleihe gegenüber dem Future gekauft oder verkauft werden sollte. Hierbei handelt es sich um die Überlegung, einen Basis-Trade durchzuführen. Bei einem Basis-Trade kauft der Marktteilnehmer die Basis einer Anleihe, wenn er die Anleihe kauft und gleichzeitig den Future dagegen verkauft. Verkauft er die Anleihe, und kauft er dagegen den Future, so verkauft er die Basis der Anleihe. Spricht man von der Basis einer Anleihe, so ist stets die Brutto-Basis und nicht die Netto-Basis gemeint.[14]

---

[13] An der DTB werden zur Zeit drei Anleihen-Futures gehandelt: In den Schatz-Future sind Anleihen mit einer Restlaufzeit von 1.75 bis 2.25 Jahren, in den Bobl-Future Anleihen mit einer Restlaufzeit von 3.5 bis 5 Jahren und in den Bund-Future Anleihen mit einer Restlaufzeit von 8.5 bis 10 Jahren lieferbar. Hinzu kommen die an der LIFFE gehandelten Bund-Futures.
[14] Vgl. Bohn/ Meyer-Bullerdiek (1996a), 346 ff.

Die Brutto-Basis *BB* einer Anleihe berechnet sich entsprechend Formel (2) aus der Differenz des Kurses einer Anleihe *P* und dem Produkt aus dem Konversionsfakor *KF* der Anleihe und des Futurekurses *F*:[15]

(2) $BB = P - F \times KF.$

Von der Brutto-Basis wird die Netto-Basis unterschieden. Die Netto-Basis *NB* ist die Differenz zwischen dem Kurs einer Anleihe und dem mit dem Preisfaktor multiplizierten Futurekurs unter Berücksichtigung der bis zur Fälligkeit des Futures anfallenden Finanzierungskosten der Anleihe und deren Kuponerträge. D.h. die Netto-Basis gibt die Differenz zum mit dem Preisfaktor multiplizierten Futurekurs an, den ein Investor realisieren würde, wenn er eine Anleihe kauft, als Pensionsgeber diese bis zur Fälligkeit in einem Sell/Buy-Back-Geschäft veräußert und bei Fälligkeit des Futures zurückkauft. Somit ist die Netto-Basis gleich der Differenz zwischen dem Forward-Preis *FWP* einer Anleihe entsprechend der Formel (1) und dem Produkt aus Futurekurs und Preisfaktor:[16]

(3) $NB = FWP - F \times KF.$

Die Netto-Basis konvergiert im Zeitablauf bis zur Fälligkeit des Futures aufgrund der sinkenden Differenz zwischen Finanzierungskosten und Erträgen aus der lieferbaren Anleihe gegen Null.[17]

Die Struktur des Kaufs der Basis einer Anleihe ist in Abbildung 7 dargestellt. Möchte der Investor die Anleihe auch in den Futurekontrakt einliefern, so erhält er bei Lieferung des Futures den bei Beginn des Geschäfts vereinbarten Futurekurs, multipliziert mit dem Konversionsfaktor. Die Netto-Basis kann als rationale Erwartung des Marktes bezüglich der Höhe der Brutto-Basis einer Anleihe bei Fälligkeit des Futures angesehen werden.

Bei dieser Transaktion sind zwei Aspekte von besonderer Bedeutung: Zum einen ist der Beginn des Geschäfts für den Käufer der Netto-Basis Cash Flow-neutral. Zum anderen wird die Höhe aller Cash Flows bei Lieferung in den Future durch den Einsatz eines Repo-Geschäfts schon zu Beginn des Geschäfts festgelegt. Dies gilt für den Forward-Preis der Anleihe ebenso wie für den Preis des Futurekontraktes. Der Konversionsfaktor einer Anleihe wird bereits bei Einführung des Kontraktes von der Terminbörse festgelegt und ist bis zur Fälligkeit konstant.

Stünde nur eine Anleihe zur Lieferung in den Kontrakt zur Verfügung, so müßte bei einer fairen Bewertung des Futures die Netto-Basis dieser Anleihe einen Wert von Null aufweisen. Falls der Futureverkäufer aber zwischen mehreren lieferbaren

---

[15] Vgl. Diwald (1994), S. 202.
[16] Vgl. hierzu Bohn/ Meyer-Bullerdiek (1996a), S. 346.
[17] Der Konversionsfaktor dient dazu, verschiedene lieferbare Anleihen vergleichbar zu machen, indem er den Preis angibt, zu dem die entsprechende Anleihe im Falle von Bund-Futures ein Renditeniveau von 6% aufweisen würde. Zur Berechnung des Konversionsfaktors sowie zur Basiskonvergenz vgl. Meyer (1994), S. 57 ff.

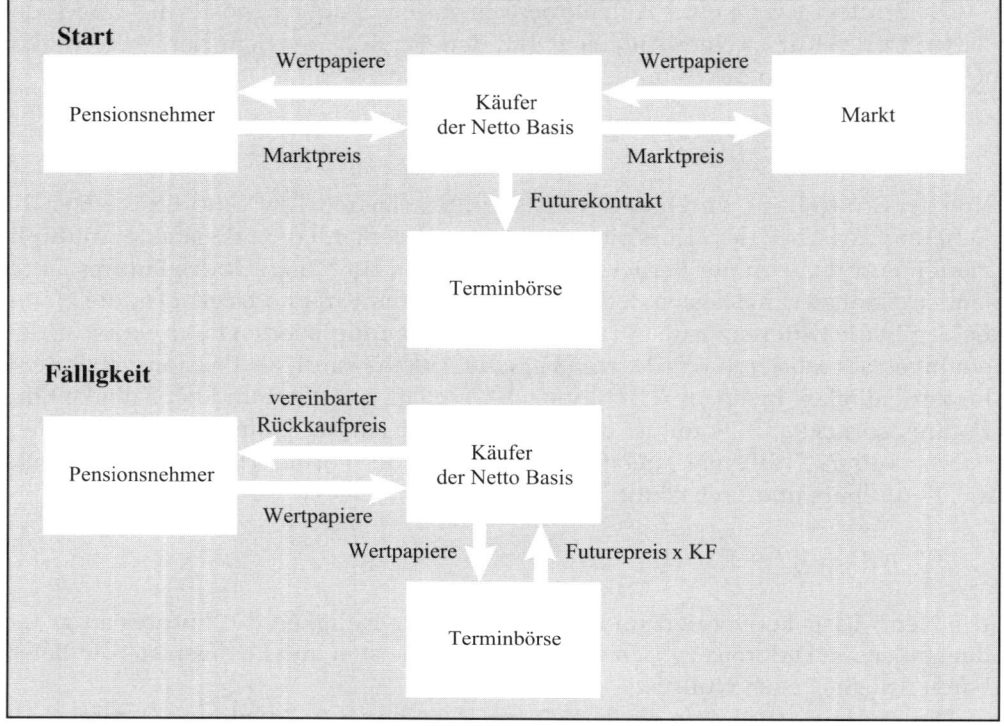

Abb. 7: Struktur des Kaufs einer Netto-Basis und Einlieferung in den Future

Anleihen auswählen kann, so wird die Netto-Basis einer lieferbaren Anleihe nur in Ausnahmen oder kurz vor Fälligkeit des Futures den Wert Null annehmen.[18]

In Abbildung 8 soll beispielhaft gezeigt werden, wie mit Hilfe von Repo-Geschäften Basis-Trades, d.h. Käufe oder Verkäufe der Basis, durchgeführt werden können, um von bestimmten Bewertungstrends im Anleihenmarkt zu profitieren. Hierfür werden wieder die beiden Treuhandobligationen herangezogen. Es wird angenommen, lediglich diese beiden Anleihen seien in den DTB-Schatz-Future mit Fälligkeit am 10. September 1997 lieferbar. Des weiteren wird davon ausgegangen, die TOBL 6.25% mit Fälligkeit am 29.07.1999 sei CTD, und man erwarte einen 'Squeeze' in der

---

[18] Der Grund hierfür liegt darin, daß bei einer parallelen Verschiebung der Renditekurve bzw. bei einer Veränderung der Zinskurvensteigung eine andere Anleihe die lieferoptimale bzw. Cheapest-to-Deliver- (CTD-) Anleihe werden kann, da sie relativ günstiger in den Future zu liefern ist als die bisherige CTD-Anleihe. Der Erwartungswert dieser Einsparungen entspricht dem Wert der Lieferoption des Futureverkäufers. Daher wird der Future i.d.R. unter dem fairen Wert notieren, der sich bei nur einer lieferbaren Anleihe ergeben würde. Mit anderen Worten: Ist der Future fair bewertet, so entspricht die Netto-Basis der CTD dem Wert der Lieferoption. Vgl. Jonas (1991), S. 313 ff.

CTD-Anleihe.[19] Das bedeutet, die Marktteilnehmer halten das ausstehende Emissionsvolumen in der CTD-Anleihe für nicht ausreichend, um alle offenen Short-Positionen im Futurekontrakt (Open Interest) bei Fälligkeit des Futures zu decken. In diesem Fall muß nicht nur die Brutto-Basis der CTD-Anleihe Treuhandobligation 6.25% mit Fälligkeit am 29.07.1999 bei Fälligkeit des Futures gegen Null tendieren, sondern auch die der Treuhandobligation 6.375% mit Fälligkeit am 01.07.1999. Folglich wird die Netto-Basis der Treuhandobligation 6.375% mit Fälligkeit am 01.07.1999 verkauft. In der Beispielrechnung (vgl. Abbildung 8) wird angenommen, es komme tatsächlich zu einem Squeeze und zu einem Abschmelzen der Netto-Basis der Treuhandobligation 6.375% mit Fälligkeit am 01.07.1999 auf Null.[20]

Der Marktteilnehmer hat zwei Alternativen, um seinen Gewinn zu realisieren. Die erste Alternative besteht darin, das ursprüngliche Geschäft glattzustellen. In diesem Fall profitiert er davon, daß der Kurs der Anleihe zum Forward-Preis relativ stärker nachgegeben hat als der Kurs des Futures gegenüber dem Beginn des Geschäfts.

Die zweite Möglichkeit ist, sich aus der Long-Position im Future beliefern zu lassen. In diesem Fall erhält der Marktteilnehmer entweder die Treuhandobligation 6.25% mit Fälligkeit am 29.07.1999, die er am Markt verkaufen kann, um die Treuhandobligation 6.375% mit Fälligkeit am 01.07.1999 am Markt zu erwerben, oder er erhält direkt die Treuhandobligation 6.375% mit Fälligkeit am 01.07.1999, mit der er seiner Lieferverpflichtung aus dem Repo-Geschäft direkt nachkommen kann. Diese, in Abbildung 8 als Alternative 2 gekennzeichnete Möglichkeit führt zwar theoretisch zum gleichen Ertrag wie die direkte Glattstellung des Geschäfts, ist aber mit höheren Risiken verbunden.[21]

5. Zusammenfassung

In diesem Beitrag wurden Wertpapierleihe, Repo-Geschäfte und Sell/Buy-Back-Geschäfte als Instrumente im Handel und Portfoliomanagement von festverzinslichen Wertpapieren erläutert.

Die vorgestellten Instrumente können zunächst als Möglickeit zur Verringerung der Einstandskosten eines Wertpapierkaufs angesehen werden, da die Bereitstellung für den Repo-Markt eine günstigere Finanzierungsform als die sonst möglichen gewährleistet. Darüber hinaus können Repo-Geschäfte durch den impliziten

---

[19] Vgl. Hull (1993), S. 92. Tendenziell gilt, daß bei einem Renditeniveau, das höher als der nominelle Kupon des Futurekontraktes ist, Anleihen mit höherer Duration CTD werden. Wenn das Renditeniveau unter dem nominellen Kupon liegt, sind Anleihen mit niedriger Duration eher CTD. Hat die Zinskurve eine positive Steigung, so sind tendenziell Anleihen mit höherer Duration CTD; ist die Zinsstrukturkurve invers, so ist das Gegenteil der Fall.
[20] Vgl. Bohn/ Meyer-Bullerdiek (1996b), S. 543.
[21] Für eine detaillierte Analyse des Schatz-Futures an der DTB vgl. Bohn/ Schaller (1997), S. 82 ff.

Short Netto-Basis			
Anleihe : TOBL 6.375% 01.07.99		Start :	01.08.97
Nominalbetrag :	10,000,000.000	Dauer :	40
Repo-Satz :	2.70%	Kupontage :	39
Konversionsfaktor :	1.005712	Fälligkeit des Futures :	10.09.97
		Preis des Futures zu Beginn :	103.638
		Preis des Futures bei Ende :	103.510
Marktdaten bei Start		Nennwert Future :	250,000.000
Preis :	104.570	Anzahl Kontrakte :	40.000
Stückzinsen :	0.531		
Preis inkl. Stückzinsen :	105.101		
Forward-Preis :	104.195		
Stückzinsen :	1.222	Kauf Future :	10,363,800.000
Fwd-Preis inkl. Stückzinsen :	105.417		
Netto-Basis :	-0.035		
Auszahlung Buy/Sell-Back :	-10,510,125.000		
Einzahlung aus Verkauf :	10,510,125.000		
Saldo :	0.000		
Cost of Carry :	31,530.375		
Carry :	69,062.500		
Marktdaten bei Ende : Angleichung der Netto-Basis			
Alternative 1: Glattstellung		**Alternative 2: Evtl. Lieferung der Anleihe**	
Netto-Basis :	0.000		
Kurs Anleihe :	104.101	Abrechnungspreis Future :	104.101
Stückzinsen :	1.222	Stückzinsen :	1.222
Preis inkl. Stückzinsen :	105.323	Preis inkl. Stückzinsen :	105.323
Auszahlung für Kauf :	-10,532,312.412	Auszahlung für Lieferung :	-10,532,312.412
Einzahlung Buy/Sell-Back :	10,541,655.375	Einzahlung Buy/Sell-Back :	10,541,655.375
Saldo :	9,342.963	Saldo :	9,342.963

Abb. 8: Rechenbeispiel für Verkauf einer Basis

Forward-Preis einen Terminkauf von Anleihen ermöglichen, der zu Beginn des Geschäfts finanzierungsneutral ist. Des weiteren können Repo-Geschäfte zur Ausnutzung von Bewertungsdifferenzen von Anleihen untereinander und gegenüber Futurekontrakten eingesetzt werden.

Auch wenn Fondsmanager nicht von allen hier aufgeführten Möglichkeiten direkt profitieren können oder wollen, so können sie es doch indirekt, indem sie Teile ihres Anleihenbestandes einer Bank für das Collateral-Management zur Verfügung stellen, um von den Leiheaktivitäten anderer Marktteilnehmer zu profitieren.

Literaturverzeichnis

Bohn, A./ Meyer-Bullerdiek, F. (Bohn/ Meyer-Bullerdiek, 1996a): Basis Trading mit Bund- und Bobl-Futures, in: *Die Bank*, o. Jg., 1996, H. 6, S. 346-350.

Bohn, A./ Meyer-Bullerdiek, F. (Bohn/ Meyer-Bullerdiek, 1996b): Handel von Calendar Spreads, in: *Die Bank*, o. Jg., 1996, H. 9, S. 539-543.

Bohn, A./ Schaller C. (Bohn/ Schaller, 1997): The Two Year Schatz Future, in: Deutsche Börse AG (ed.), *The Deutschmark Yield Curve – Trading the European Benchmark*, Frankfurt am Main 1997, S. 82-86.

Bruns, C./ Meyer-Bullerdiek, F. (Bruns/ Meyer-Bullerdiek, 1996): *Professionelles Portfoliomanagement*, Stuttgart 1996.

Burghardt, G./ Belton, T./ Lane, M./ Papa, J. (Burghardt et al., 1994): *The Treasury Bond Basis*, New York 1994.

Deutsche Bundesbank (Deutsche Bundesbank, 1995): *Die Geldpolitik der Bundesbank*, Frankfurt am Main 1995.

Deutsche Morgan Grenfell (Deutsche Morgan Grenfell, 1996): *The all round service in repo*, London 1996.

Deutsche Morgan Grenfell (Deutsche Morgan Grenfell, 1997): *Collateral Management*, Frankfurt am Main 1997.

Diwald, H. (Diwald, 1994): *Zinsfutures und Zinsoptionen*, München 1994.

Edelmann, E. (Edelmann, 1993): Wertpapierleihe im deutschen Kapitalmarkt, in: Eller, R. (Hrsg.), *Modernes Bondmanagement*, Wiesbaden 1993, S. 119-143.

Hull, J. (Hull, 1993): *Options, Futures, and other Derivatives*, Englewood Cliffs 1993.

Jonas, S. (Jonas, 1991): The Change in the Cheapest-to-Deliver in Bond and Note-Futures (Implicit versus Explicit Option Values), in: Dattatreya, R. (ed.), *Fixed Income Analysis*, London 1991, S. 313-336.

Meyer, F. (Meyer, 1994): *Hedging mit Zins- und Aktienindex-Futures: Eine theoretische und empirische Analyse des deutschen Marktes*, Köln 1994.

Multkin, L. (Multkin, 1996): The relevance of repo to the underlying bond markets, in: *Global Investor*, 1996, June, S. 14-17.

Steiner, M./ Bruns C. (Steiner/ Bruns, 1994): *Wertpapiermanagement*, Stuttgart 1994.

Tuckman, B. (Tuckman, 1997): *Fixed Income Securities*, New York 1997.

Uhlir, H./ Steiner P. (Uhlir/ Steiner, 1991): *Wertpapieranalyse*, 2. Aufl., Heidelberg 1991.

Varnhold, V. (Varnhold, 1997): Relative Value in the Short End of the German Yield Curve, in: Deutsche Börse AG (ed.), *The Deutschmark Yield Curve – Trading the European Benchmark*, Frankfurt am Main 1997, S. 82-86.

Teil VIII

Modernes Aktien-Portfoliomanagement

Erfahrung ist für Metzler ein konstanter Erfolgsfaktor.
Seit mehr als 300 Jahren.

Der Name Metzler steht für Unabhängigkeit, Erfahrung, Kompetenz und Tradition. Darauf vertrauen unsere Kunden - seit mehr als 300 Jahren. Und davon profitiert auch unser Fondsmanagement.

Für institutionelle Anleger wie Verbände, Versicherungsunternehmen, Versorgungswerke, Kirchen, Kreditinstitute und Industrieunternehmen werden 59 Spezialfonds verwaltet. Daneben wurden insgesamt 14 Publikumsfonds mit unterschiedlichen Anlageschwerpunkten aufgelegt. Das gesamte Fondsvolumen beträgt derzeit mehr als 8,2 Mrd. DM.

Profitieren auch Sie von unserem Know-how.

METZLER INVESTMENT GMBH

Große Gallusstraße 18, 60311 Frankfurt am Main
Postfach 20 01 38, 60605 Frankfurt am Main

Telefon 069/2104-122
Telefax 069/2104-1444

Stock Picking mit dem Dividend Discount Model

von Peter J. Mathis/ Sven B. Thießen

1. Einleitung
2. Die Bewertung von Aktien
3. Verschiedene Varianten des *Dividend Discount Model*
4. Praktikerverfahren der Aktienbewertung und das *Dividend Discount Model*
5. Das *Dividend Discount Model* im aktiven Portfoliomanagement: Probleme und Lösungsansätze zur Gewinnung der Modellinputs aus Rohdaten
6. Implementierung der Bewertungsergebnisse in eine Anlagestrategie für konträres Investment
7. Ist konträres Investment in Europa erfolgreich? Ergebnisse einer Simulation der Anlagestrategie für den europäischen Aktienmarkt
8. Schlußbemerkungen

1. Einleitung

„Nur tote Fische schwimmen mit dem Strom" lautet eine der alten Börsenweisheiten, die darauf hindeutet, daß es sich für Investoren lohnen kann, die mit der temporären Unpopularität einzelner Aktien einhergehende Preiswürdigkeit für einen günstigen Einstieg zu nutzen. Zahlreiche empirische Studien und Erfahrungen aus den USA weisen auf dieses Phänomen hin. Neben dem Verweis auf erfolgreiche Investoren wie WARREN E. BUFFET sind dazu unter anderem neuere wissenschaftliche Arbeiten von FAMA (1995), LAKONISHOK/ SHLEIFER/ VISHNY (1994), CAPAUL/ ROWLEY/ SHARPE (1993) oder von FAMA/ FRENCH (1992) anzuführen. Doch die Erfolgsträchtigkeit des konträren Investmentstils ist nicht auf den amerikanischen Aktienmarkt beschränkt. Umfangreiche Untersuchungen, die wir anhand des in diesem Beitrag beschriebenen Ansatzes in europäischen Aktienmärkten durchgeführt haben, bestätigen die für die USA bekannten Erkenntnisse: Sich gegen den Trend zu stellen, zahlt sich auch in allen betrachteten Aktienmärkten in Europa aus.

Daß viele Anleger Aktien gerade dann für attraktiv halten, wenn sie bereits ein hohes Bewertungsniveau erreicht haben und umgekehrt billige Werte meiden, ist ein häufig zu beobachtendes Phänomen. Prozyklisch Werte zu kaufen beziehungsweise zu verkaufen führt jedoch bestenfalls zu einer mittelmäßigen Performance. Selbst erfahrene Börsianer erliegen oft der Versuchung, ihre Erwartungen hinsichtlich längerfristiger Entwicklungsperspektiven des jeweiligen Unternehmens von der tatsächlichen Kursentwicklung beeinflussen zu lassen.

Das gehäufte Auftreten solcher Verhaltensmuster führt immer wieder zu temporären systematischen Fehlbewertungen von Aktien. Die gewinnbringende Nutzung dieser zeitweiligen Übertreibungen nach oben und unten erfordert ein konträres Vorgehen, nämlich gemiedene Werte billig zu kaufen und beliebte Werte rechtzeitig zu verkaufen.

Für eine erfolgreiche Nutzung von Fehlbewertungen ist jedoch die Lösung der Frage, welches der „faire" Wert einer Aktie ist, von zentraler Bedeutung. Praktiker verwenden dazu beispielsweise Kurs-Gewinn-Verhältnisse absolut oder relativ, Preis-Buchwert-Verhältnisse oder Cash-Flow-Relationen. Diese sind Näherungsverfahren im Vergleich zu einer Bewertung mittels eines Ansatzes wie dem *Dividend Discount Model*, das alle bewertungsrelevanten Faktoren gleichzeitig auf einen Nenner bringt. Insofern bieten die erwähnten Praktikerlösungen keine Garantie für gute Investmententscheidungen, da sie das Zusammenspiel zwischen den langfristigen Wachstumsperspektiven des Unternehmens, der Gewinn- bzw. Dividendensituation sowie dem Zinsniveau und der aktienspezifischen Risikoprämie als den entscheidenden Bewertungsgrößen in der ein oder anderen Form vernachlässigen. Daneben korrespondiert die Qualität der Ergebnisse stark mit einer weitestgehenden Freiheit von subjektiven Einschätzungen und Emotionen im Hinblick auf die verwendeten Größen.

Der Einsatz quantitativer Verfahren offeriert sich unter diesen Umständen als Lösung. Die Bewertung mittels des *Dividend Discount Model* bietet als theoretisch saubere Lösung den Vorteil, alle bewertungsrelevanten Faktoren gleichzeitig zu berücksichtigen und zu einem Wert („intrinsic value") zu verdichten. Bekanntlich bereitet die Umsetzung in der Praxis aber erhebliche Schwierigkeiten. Durch die Entwicklung geeigneter Verfahren lassen sich die Hürden der praktischen Verwendung des *Dividend Discount Model*, die immer wieder als Argumente gegen seinen Einsatz ins Feld geführt werden, überwinden.

Die von uns präferierte Variante zeigt einen Weg, erfolgreich europäische Aktienselektion zu betreiben, da das Bewertungsverfahren in allen betrachteten Aktienmärkten verwendbar ist, und mittels einer Standardisierung Ergebnisse auch länderübergreifend vergleichbar gemacht werden können. Derzeit werden rund 260 Werte in den acht wichtigsten europäischen Aktienmärkten permanent verfolgt und auf ihre Attraktivität hin analysiert. Dabei ist das betrachtete Universum unter Risikoerwägungen in den restlichen europäischen Märkten eher auf die liquiden Standardwerte beschränkt, während am deutschen Markt auch die meisten Werte aus dem MDAX betrachtet werden.

Um einem risikoaversen, eher mittelfristig orientierten Anlegerverhalten gerecht zu werden, kann das Bewertungskriterium um eine unabhängige Timing-Komponente (Momentum) ergänzt werden, die bei der Wahl der Ein- und Ausstiegszeitpunkte die Trefferquote erhöht. Das von uns verwendete Momentum-Kriterium stellt ab auf Trends in der relativen Stärke von Aktien gegenüber dem jeweiligen Referenzindex. Wie empirische Studien belegen,[1] korreliert die relative Stärke sehr stark mit der Revision von Gewinnerwartungen, die wiederum typischerweise trendmäßigen Verläufen folgt. Deshalb können mit Hilfe des Momentum-Kriteriums Erwartungsrevisionen frühzeitig erkannt und performancewirksam genutzt werden. Das Momentum-Kriterium zeigt damit an, wann der Markt einen unterbewerteten Titel als solchen erkannt hat, beziehungsweise wann der Stimmungsumschwung bei einem überbewerteten Titel einsetzt.

Im folgenden wird zunächst die Mechanik der Bewertung von Aktien mittels des *Dividend Discount Model* kurz aufgezeigt. Anschließend werden Problemstellungen bei der Implementierung in die Praxis des Portfoliomanagements erörtert und alternative Wege zu ihrer Lösung vorgestellt. In einem weiteren Schritt wird dann eine ausgewählte Vorgehensweise demonstriert und in einer Simulation deren Erfolgsträchtigkeit vorgeführt. Dabei werden nicht die Ergebnisse eines konventionellen „Back-Test" aufgezeigt, sondern die eines unter realistischen Einsatzbedingungen durchgeführten „Out-of-Sample"-Tests, der für den Zeitraum ab 1989 eine Performance von 5.2% p.a. über dem DAX 100 für ein deutsches (gleichgewichtetes) Portfolio und eine Überrendite von 5.8% p.a. über dem MSCI Europa für ein europäisches (gleichgewichtetes) Portfolio zeigt. Diese Ergebnisse berücksichtigen jeweils Transaktionskosten.

---

1 Vgl. beispielsweise Mott/ Coker (1993).

2. Die Bewertung von Aktien

Die Lösung von Bewertungsproblemen stellt eine der zentralen Aufgaben im aktiven Portfoliomanagement dar. Die Aufdeckung von Fehlbewertungen und deren systematische und konsequente Nutzung muß eine Mehrrendite gegenüber der passiven Verfolgung einer indexreplizierenden Kauf- und Haltestrategie erbringen, um aktives Management zu rechtfertigen. Dabei müssen entweder zeitliche Verlaufsmuster in Aktienrenditen existieren beziehungsweise zukünftige Renditen aus vergangenen Realisierungen prognostiziert werden können, oder fundamental motivierte Einsichten über Unternehmenscharakteristika zu Mehrrenditen führen.

Zu den wenigen wirklich erfolgreichen Investmentstilen dabei gehört das konträre Vorgehen („contrarian investment"), wie zahlreiche Arbeiten belegen.[2] Dazu gehört die erfolgreiche fundamentale Bewertung eines Unternehmens. Wie für alle anderen Vermögensgegenstände auch, richtet sich die Bewertung nach den zukünftig erwarteten Cash Flows, die den Anleger im Rahmen seiner intertemporalen Konsum- und Investitionsentscheidungen interessieren.

Bei der Aktienanlage erhält der Investor einerseits die erwarteten Dividenden bis zum Ende der Halteperiode und andererseits den erwarteten Verkaufspreis der Aktie zu diesem Zeitpunkt. Da diese Zahlungen in der Zukunft liegen, müssen sie auf den Entscheidungszeitpunkt diskontiert werden; da sie darüber hinaus unsicher sind, muß der Diskontierungszins risikoadjustiert werden. Er ist folglich höher als der Zins einer risikolosen Anlage, da die Höhe der zukünftigen Cash Flows mit Unsicherheit behaftet ist.[3]

$E_k D_{k+1}$ soll die im Zeitpunkt k erwartete Dividende und $E_k P^*_{k+1}$ den erwarteten Preis der Aktie zum Zeitpunkt $k+1$ sowie y den konstanten Diskontierungsfaktor bezeichnen, mit dem die zukünftigen Zahlungen dieser Risikoklasse auf den heutigen Zeitpunkt diskontiert werden.

Angenommen, die Halteperiode betrüge eine Periode, dann würde für den Preis P^*_k der Aktie im Zeitpunkt k gelten:

$$(1) \quad P^*_k = \frac{E_k D_{k+1} + E_k P^*_{k+1}}{(1+y)} .$$

Für den Preis der Aktie zum Verkaufszeitpunkt $k+1$ folgt aber bei Anwendung der gleichen Logik:

$$(2) \quad P^*_{k+1} = \frac{E_{k+1} D_{k+2} + E_{k+1} P^*_{k+2}}{(1+y)} .$$

---

[2] Siehe beispielsweise Fama (1995), Lakonishok et al. (1994), Capaul et al. (1993) oder Fama/French (1992).
[3] Alternativ bestünde die Möglichkeit, mit risikoadjustierten Wahrscheinlichkeiten Erwartungswerte zu berechnen, analog zum Vorgehen der Optionspreistheorie. Diese wären dann mit dem sicheren Zins abdiskontierbar. Siehe dazu beispielsweise Grinold/Kahn (1995), S. 167 ff.

Die Substitution dieses Ausdruckes in die Bestimmungsgleichung (1) für den Preis zum Zeitpunkt k liefert daher:[4]

$$(3) \quad P_k^* = \frac{E_k D_{k+1}}{(1+y)} + \frac{E_k D_{k+2}}{(1+y)^2} + \frac{E_k P_{k+2}^*}{(1+y)^2}.$$

Fortlaufendes Ersetzen der zukünftigen Preise zeigt, daß für den Preis der Aktie heute die Einschätzung wesentlich ist, inwiefern das Unternehmen in der Lage ist, in der Zukunft Dividenden zu generieren.[5] Die Anwendung dieser Logik ad infinitum beweist: Es ist letztlich der erwartete Dividendenpfad $\{E_k D_{k+t}\}_{t=1}^{\infty}$, auf den es bei der Bewertung des Unternehmens entscheidend ankommt.

Andere Variablen wie die Gewinne oder Free Cash Flows sind geläufige Praktikergrößen zur Bewertung von Unternehmen; ihre Bedeutung resultiert aber eigentlich aus ihrer Signalwirkung für die zukünftigen Dividendenzahlungen des Unternehmens: Hohe Gewinne signalisieren höhere Dividenden, niedrigere Gewinne oder Verluste eine geringere oder gar einen Ausfall der Dividende.

Der allgemeine Ansatz zur Berechnung des Wertes einer Aktie in jedem Zeitpunkt k lautet also:

$$(4) \quad P_k^* = \sum_{t=1}^{\infty} \frac{E_k D_{k+t}}{(1+y)^t}.$$

Das *Dividend Discount Model* kann dabei im Sinne einer Investitionsrechnung sowohl als eine Gegenwartswertberechnung als auch als eine Interne-Rendite-Kalkulation interpretiert werden, je nachdem, welche der Inputgrößen als gegeben angesehen wird.[6]

In der Formulierung im Sinne einer Gegenwartswertberechnung sind der erwartete Dividendenpfad $\{d_t\}_{t=1}^{\infty}$ und der Diskontierungsfaktor y gegeben, und es wird nach dem „fairen" Preis P_0^* der Aktie gelöst. Der Gegenwartswert des Investments (*NPV*) ergibt sich dann aus einem Vergleich zwischen dem augenblicklichen Preis P_0 und dem „fairen" Preis P_0^*:

$$(5) \quad NPV = \sum_{t=1}^{\infty} \frac{d_t}{(1+y)^t} - P_0.$$

Ist der *NPV* > 0, ist die Aktie unterbewertet, im anderen Fall ist sie überbewertet.

Alternativ können der augenblickliche Preis P_0 und der Dividendenpfad als gegeben angesehen werden, und es wird nach dem Diskontierungszins y^* gelöst, den der momentane Preis bei den erwarteten Dividendenzahlungen gerade impliziert:

$$(6) \quad 0 = \sum_{t=1}^{\infty} \frac{d_t}{(1+y^*)^t} - P_0.$$

---

4 Dabei wird ausgenutzt, daß für den mathematischen Erwartungswertoperator gilt: $E_k E_{k+t} = E_k \forall t > 0$.
5 Zur allgemeinen Herleitung des Modells bei rationalen Erwartungen vgl. z.B. Samuelson (1977).
6 Im folgenden wird der Übersichtlichkeit halber der Entscheidungszeitpunkt $k = 0$ vereinbart und vereinfachend $E_k D_{k+t} \equiv d_t$ für $t = 1, \ldots, \infty$ definiert.

Durch den Vergleich der so ermittelten internen Rendite eines Aktieninvestments zum Einstandspreis P_0 mit der für ein Investment in dieser Risikoklasse notwendigen Rendite $\hat{y}$ („required rate of return" oder „consensus expected rate of return") bietet sich auf diese Art die Möglichkeit, Fehlbewertungen aufzudecken und gewinnbringend zu nutzen: Falls $\hat{y} < y^*$ ist, ist die Aktie unterbewertet, im entgegengesetzten Fall ist sie überbewertet.

3. Verschiedene Varianten des *Dividend Discount Model*

Um nun diesen sehr allgemeinen Bewertungsansatz für die Praxis nutzbar zu machen, werden Annahmen über die zukünftige Unternehmensentwicklung getroffen. Damit wird das Problem umgangen, eine die gesamte Unternehmenszukunft widerspiegelnde und unendlich in die Zukunft reichende Dividendenreihe spezifizieren zu müssen. Es ist bereits deutlich geworden, daß die Generierung neuer profitabler Geschäftsaktivitäten und damit das Wachstum des Unternehmens eine sehr wichtige Rolle für die Bewertung spielen. Folglich nähert sich die Finanzierungstheorie[7]

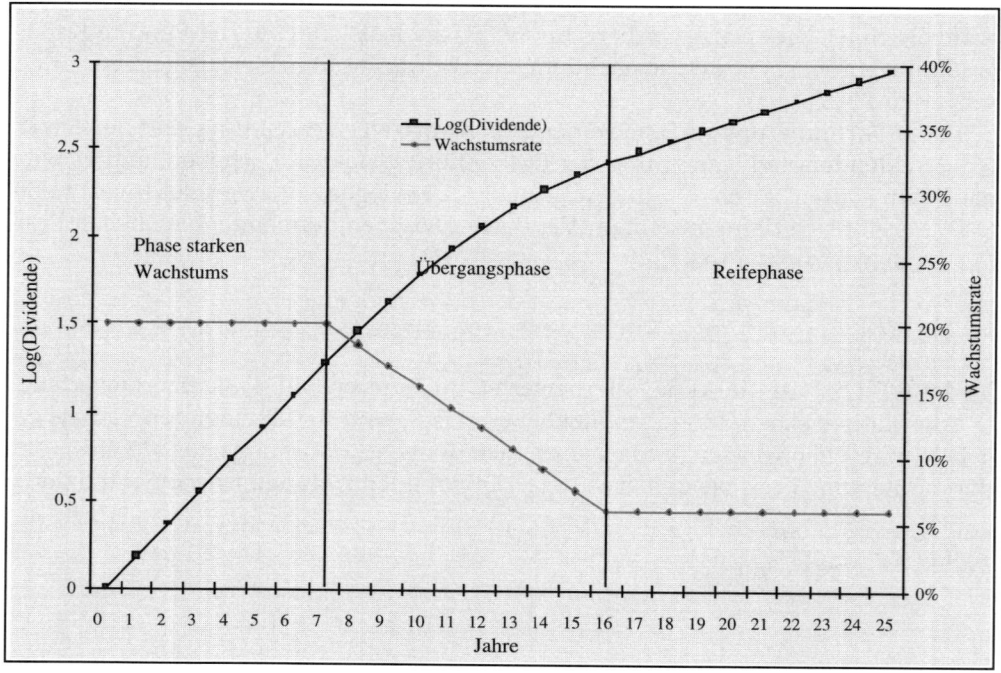

Abb. 1: Zyklen im Unternehmenswachstum (Beispiel)

---

[7] Vgl. z.B Sharpe/ Alexander (1990), Kapitel 16.

dem Problem im Regelfall mittels Annahmen hinsichtlich der Dividendenwachstumsrate, und zwar in Abhängigkeit davon, in welchem Stadium des Lebenszyklus sich das Unternehmen befindet. Der Lebenszyklus gliedert sich grob in eine anfängliche starke Wachstumsphase, eine Übergangsphase ins Reifestadium und in die Reifephase eines Unternehmens in Anlehnung an Produktzyklen.

Bei Unternehmen, die sich bereits in der Reifephase befinden, wird davon ausgegangen, daß die Dividenden langfristig mit einer konstanten Rate wachsen:

$$d_t = d_0 \cdot (1+g)^t \quad \text{für alle} \quad t = 1, \ldots, \infty \, ,$$

so daß sich bei Einsetzen in die allgemeine Bewertungsformel (4) folgender Ausdruck ergibt:

$$(7) \quad P_0^* = d_0 \cdot \sum_{t=1}^{\infty} \frac{(1+g)^t}{(1+y)^t} \, .$$

Für den Fall, daß das Unternehmen langfristig nicht zu stark wächst (exakt ausgedrückt: $y > g$), konvergiert die Folge auf der rechten Seite, und es resultiert die bekannte Version des *Dividend Discount Model* mit konstantem Wachstum:

$$(8) \quad P_t^* = \frac{d_t \cdot (1+g)}{y-g} \, .$$

Eine Beobachtung ist dabei aufschlußreich. Wächst das Unternehmen nicht und behält damit immer das gleiche Dividendenniveau bei ($g = 0$), so errechnet sich der theoretische Preis des Unternehmens bei gegebenem Diskontierungszins als Barwert einer ewigen Rente in Höhe von d_1:

$$P_0^* = \frac{d_1}{y} \, ;$$

bei gegebenem heutigen Preis entspricht die interne Rendite der Dividendenrendite:

$$y^* = \frac{d_1}{P_0} \, .$$

Wachsen die Dividendenzahlungen des Unternehmens mit der konstanten Rate g, so beträgt der theoretische Preis des Unternehmens bei gegebenem Diskontierungsfaktor

$$(9) \quad P_0^* = \frac{d_1}{y-g} \, ;$$

bei gegebenem heutigen Preis dagegen entspricht die interne Rendite der Dividendenrendite zuzüglich der Wachstumsrate:

$$(10) \quad y^* = \frac{d_1}{P_0} + g \, .$$

Ist die Halteperiode der Aktie ein Jahr, so besteht die Gesamtrendite einerseits aus der Dividendenrendite und andererseits aus der erwarteten Rendite aus dem Kursgewinn:

$$(11) \quad y^* = \frac{d_1}{P_0} + \frac{P_1 - P_0}{P_0}.$$

Ein Vergleich der beiden Ausdrücke (10) und (11) zeigt, daß erwartete Kursveränderungen und Veränderungen in den langfristigen Wachstumsperspektiven eines Unternehmens zwei Seiten einer Medaille sind. So sind ceteris paribus reife Unternehmen mit einem relativ geringen Wachstum, wie beispielsweise reine Versorgungsunternehmen, typischerweise mit einer höheren Dividendenrendite ausgestattet und zeigen eher Rentencharakter; umgekehrt geht ein höheres Wachstum mit einer niedrigeren Dividendenrendite einher.

Für den Fall, daß ein Unternehmen noch am Anfang des Wachstumszyklus steht und über einen bestimmten Zeitraum $t = 1,\ldots,T$ mit einer höheren Wachstumsrate G wächst, bevor es ins Reifestadium übergeht und von $t = T,\ldots,\infty$ an als dann reifes Unternehmen mit der langfristigen Rate g wächst, kann das allgemeine Modell in eine zweistufige Variante überführt werden. Der heutige Wert des Unternehmens besteht dann aus zwei Ausdrücken, nämlich aus dem Wert für die Phase des anfänglich stärkeren Wachstums sowie aus dem theoretischen Preis für die Reifephase mit konstantem Wachstum, die im Zeitpunkt T einsetzt, und der noch auf den heutigen Zeitpunkt diskontiert werden muß:

$$(12) \quad P_0^* = \sum_{t=1}^{T} \frac{d_0(1+G)^t}{(1+y)^t} + \frac{d_T(1+g)}{(1+y)^T(y-g)}.$$

Es handelt sich dabei um die einfachste Variante eines mehrstufigen *Dividend Discount Model*, um ein zweistufiges Modell. Eine kompliziertere Version ist das dreistufige Modell, in dem das Unternehmen annahmegemäß bis zum Zeitpunkt T_1 in der ersten Zyklusphase mit der höheren Wachstumsrate G wächst; vom Zeitpunkt T_1 bis zum Zeitpunkt T_2 erfolgt die Übergangsphase in das Reifestadium, und die Wachstumsrate verringert sich linear auf die langfristige Rate g. Danach wächst das Unternehmen als reifes Unternehmen mit der konstanten Rate g weiter.[8] Folglich besteht der heutige Wert P_0^* aus drei Termen, nämlich aus dem Wert für die Phase des anfänglich stärkeren Wachstums, aus einem zweiten für den „fairen" Preis für die Phase des Überganges in die Reifephase und schließlich aus dem theoretischen Preis für die Reifephase, jeweils abdiskontiert auf den heutigen Zeitpunkt:

$$(13) \quad P_0^* = \sum_{t=1}^{T_1} \frac{d_0(1+G)^t}{(1+y)^t} + \sum_{t=1}^{T_2} \frac{d_0(1+G)^{T_1}\left\{1+G-(G-g)\frac{t}{T_2}\right\}}{(1+y)^{T_1+t}} +$$

$$\sum_{t=1}^{T_2} \frac{d_0(1+G)^{T_1} \prod_{t=1}^{T_2}\left\{1+G-(G-g)\frac{t}{T_2}\right\}(1+g)}{(1+y)^{T_1+T_2}(y-g)}$$

---

[8] Dies entspricht dem in Abbildung 1 gezeigten Verlauf.

Eine interessante Variante zu den einstufigen Bewertungsmodellen stammt von HURLEY/ JOHNSON (1994)[9]. Ausgehend von der Beobachtung, daß Dividendenpfade in der Realität Verlaufsmuster zeigen, die einer Treppenfunktion ähneln, modellieren sie den stochastischen Dividendenverlauf mit Hilfe eines Markov-Prozesses. Die Dividende in der Periode $t + 1$ steigt mit der Wahrscheinlichkeit w_S um den Betrag Δ_S im Vergleich zur Dividende in der Vorperiode, mit der Wahrscheinlichkeit w_G bleibt sie gleich. Mit der Restwahrscheinlichkeit $1 - w_S - w_G = w_K$ wird keine Dividende gezahlt, und das Unternehmen geht in Konkurs:

$$d_{t+1} = \begin{cases} d_t + \Delta_S & \text{mit Wahrscheinlichkeit} \quad w_S \\ d_t & \text{mit Wahrscheinlichkeit} \quad w_G \\ 0 & \text{mit Wahrscheinlichkeit} \quad 1 - w_S - w_G \end{cases}$$

Dabei stellen die intertemporale stochastische Unabhängigkeit der Zufallsvariablen und die Annahme des Konkurses bei Nichtzahlung der Dividende sicher, daß eine geschlossene Form der Lösung existiert. Der Wert des Unternehmens in jeder Periode $t = 1,\ldots,n$ ist dann

$$P_t^* = \begin{cases} \dfrac{d_t + \Delta_S + P_{t+1}^*(d_t + \Delta_S)}{1 + y} & \text{mit Wahrscheinlichkeit} \quad w_S \\ \dfrac{d_t + P_{t+1}^*(d_t)}{1 + y} & \text{mit Wahrscheinlichkeit} \quad w_G \\ \dfrac{P_{t+1}^*(0)}{1 + y} \equiv 0 & \text{mit Wahrscheinlichkeit} \quad 1 - w_S - w_G \end{cases}$$

Der Wert der Aktie in Periode t läßt sich dann wie folgt schreiben:

(14) $\quad P_t^* = \dfrac{(w_G + w_S)d_0 + w_S \Delta_S}{(1+y)} + \dfrac{w_S P_{t+1}^*(d_t + \Delta_S)}{(1+y)} + \dfrac{w_G P_{t+1}^*(d_t)}{(1+y)}$.

Substitution für $P_{t+i}^*(\cdot), i = 1,\ldots,n$ unter Berücksichtigung der Tatsache, daß $P_{t+1}^*(d_t) = P_t^*(d_t)$ ist, und die Betrachtung des Grenzüberganges für $i \to \infty$ liefert für den Zeitpunkt $t = 0$ den theoretischen Preis des Unternehmens:[10]

(15) $\quad P_0^* = \dfrac{(1 - w_K)d_0}{(y + w_K)} + \left[\dfrac{1}{(y + w_K)} + \dfrac{(1 - w_K)}{(y + w_K)^2} \right] w_S \Delta_S$.

---

[9] Es wird hier nur auf das additive Modell eingegangen.
[10] Die Ausdrücke in Proposition 1a bei Hurley/ Johnson (1994), S. 51 enthalten kleine Fehler; in Ausdruck 4a muß es korrekt

$$P_0^* = \frac{d_0}{y} + \left[\frac{1}{y} + \frac{1}{y^2} \right] \Delta_S w_S$$

heißen; der korrekte Term für Ausdruck 4b ist hier im Text wiedergegeben.

Auch in diesem Modell wird deutlich, daß das Unternehmenswachstum, ausgedrückt über die Größe der Zuwächse Δ_S und der Wahrscheinlichkeit ihres Eintretens w_S, maßgeblich preisbildend ist. Oder vice versa: Gibt es kein Wachstum (ist also $\Delta_S = 0$), so errechnet sich der Preis der Aktie als Wert einer ewigen Rente in Höhe von d_0, gewichtet mit der Wahrscheinlichkeit, diese in jeder Periode auch zu erhalten.

4. Praktikerverfahren der Aktienbewertung und das *Dividend Discount Model*

Praktiker verwenden zur Lösung von Aktienbewertungsfragen häufig Kurs-Gewinn-Verhältnisse absolut oder relativ, Preis-Buchwert-Verhältnisse oder Cash-Flow-Relationen. Zwischen diesen geläufigen Praktikerverfahren und dem *Dividend Discount Model* besteht ein Zusammenhang, auf den hier kurz eingegangen werden soll: Sie bilden letztlich Näherungslösungen eines vollständigen Bewertungsansatzes.

Unter den vereinfachenden Annahmen, daß keine zusätzlichen Mittel über den Weg der Außenfinanzierung beschafft werden und die Zahl der ausstehenden Anteile unverändert bleibt, werden die erwirtschafteten Gewinne e_t entweder als Dividende d_t ausgeschüttet oder im Unternehmen reinvestiert (i_t):

$$e_t = d_t + i_t ,$$

wobei die Ausschüttungsquote p_t die Aufteilung der Gewinne auf Dividenden und Reinvestitionen beschreibt:

$$d_t = p_t e_t ,$$
$$i_t = e_t - d_t = (1 - p_t)e_t .$$

Wenn eine Reinvestition eine durchschnittliche Eigenkapitalrendite von k_t in jedem Folgejahr erbringt, so erhöhen sich die Gewinne pro Aktie im Jahr $t+1$ um $k_t i_t$. Somit sind die Unternehmensgewinne im Folgejahr

$$e_{t+1} = e_t + k_t i_t = (1 + k_t(1 - p_t))e_t$$

und die Wachstumsrate der Unternehmensgewinne beträgt

$$\frac{e_{t+1}}{e_t} - 1 = g_t^e = k_t(1 - p_t) .$$

Diese Wachstumsrate wird oft als „internal growth rate" bezeichnet, da sie das Wachstum verkörpert, das das Unternehmen ohne Veränderung der Kapitalstruktur aufrecht erhalten kann.

Unter Verwendung dieses Zusammenhangs läßt sich die allgemeine Bewertungsformel (4) auch in den Gewinnen formulieren:

(16) $$P_0^* = \sum_{t=1}^{\infty} \frac{d_t}{(1+y)^t} = \sum_{t=1}^{\infty} \frac{p_t e_t}{(1+y)^t} = \sum_{t=1}^{\infty} \frac{p_t(1+k_t(1-p_t))e_0}{(1+y)^t} .$$

Daher läßt sich neben dem theoretischen Preis auch das Kurs-Gewinn-Verhältnis berechnen, wenn die Aktie „fair" bewertet ist:

(17) $$\frac{P_0^*}{e_0} = \sum_{t=1}^{\infty} \frac{p_t(1+k_t(1-p_t))}{(1+y)^t} .$$

Es handelt sich bei diesem Ausdruck um das „normale" Kurs-Gewinn-Verhältnis („normal P/E"). Ceteris paribus ist dieses umso höher, je größer die Eigenkapitalrendite ausfällt. Eine Erhöhung der Ausschüttungsquote ist von ihrer Auswirkung her uneindeutig, da dadurch ein direkter Effekt einer höheren Ausschüttung einer Verringerung der Gewinnwachstumsrate gegenübersteht.[11] Bei konstanter Ausschüttungsquote und konstanter durchschnittlicher Eigenkapitalrendite ist die Gewinnwachstumsrate im Zeitablauf konstant, und die Dividenden wachsen mit der gleichen Rate wie die Gewinne:

$$g = g^e = k(1-p) .$$

Somit läßt sich das *Dividend Discount Model* bei konstantem Wachstum anstatt mit Dividenden auch in den Gewinnen formulieren:

(18) $$P_0^* = \frac{pe_0(1+k(1-p))}{(y-k(1-p))} .$$

Es folgt daraus, daß eine Aktie überbewertet ist, wenn das aktuelle Kurs-Gewinn-Verhältnis die „normal P/E" übersteigt:

$$\frac{P_0^*}{e_0} < \frac{P_0}{e_0} ;$$

im umgekehrten Fall ist sie unterbewertet.

Letztlich ist auch der Buchwert b_t über die Eigenkapitalrendite mit den Gewinnen verbunden:

$$e_t = kb_{t-1}$$

---

[11] Eine höhere Ausschüttungsquote führt ceteris paribus zu einer höheren Normal-P/E, solange der positive Effekt einer Erhöhung der heutigen Auszahlung den negativen Effekt einer Verringerung des internen Wachstums überkompensiert, d.h. es gilt:

$$\frac{1+k_t}{2k_t} > p_t .$$

Ersetzen in der Bewertungsgleichung für konstantes Wachstum liefert die „normale" Preis-Buchwert-Relation, also diejenige Relation, die gilt, wenn das Unternehmen fair bewertet ist:

$$(19) \quad \frac{P_0^*}{b_{-1}} = pk\left[\frac{1+k(1-p)}{y-k(1-p)}\right].$$

Ein Vergleich mit der augenblicklichen Preis-Buchwert-Relation zeigt dann analog zur Vorgehensweise beim Kurs-Gewinn-Verhältnis, ob die Aktie des Unternehmens teuer oder billig ist.

Es ist erkennbar, daß sich die meisten gebräuchlichen Praktikerverfahren der Aktienbewertung auf das *Dividend Discount Model* zurückführen lassen. Diese Lösungen sind oft der Versuch, einen einfachen „Shortcut" im Vergleich zu einem etwas aufwendigeren Verfahren zu schaffen. Die Verwendung der Kenngrößen „Kurs-Gewinn-Verhältnis" oder „Preis-Buchwert-Verhältnis" allein ist wenig hilfreich, da sie ohne das Referenzmaß der „fairen" oder „normalen" Bewertung nutzlos ist. In der Praxis behilft man sich bei der Ermittlung der „Normalrelation" oft mit dem langfristigen historischen Durchschnitt. Vernachlässigt werden bei dieser Vorgehensweise aber noch eine Reihe anderer Einflüsse, wie beispielsweise die Volatilität der Aktie, die Höhe der Realzinsen, die Höhe der Inflationsrate und der Konjunkturzyklus. Die Volatilität der Aktie bestimmt die vom Investor geforderte aktienspezifische Risikoprämie, die Teil des Diskontierungsfaktors ist.[12] Die Höhe der Realzinsen verändert den Aktienpreis für jedes Gewinnniveau. Der Einfluß der Inflationsrate wirkt beispielsweise über die „Qualität" der festgestellten Gewinne.[13] Dabei spielen Bewertungsmaßstäbe eine Rolle wie die gängige Bewertung zu historischen Kosten. Der faire Wert kann also nicht ohne weiteres aufgrund einer einfachen Durchschnittsbildung näherungsweise ermittelt werden.

5. Das *Dividend Discount Model* im aktiven Portfoliomanagement: Probleme und Lösungsansätze zur Gewinnung der Modellinputs aus Rohdaten

Generell hängt die Qualität der mittels quantitativer Verfahren in der praktischen Arbeit erzielbaren Resultate sehr stark von der Qualität der verwendeten Inputs ab, und es gilt „garbage in, garbage out". Als Maxime für eine erfolgversprechende Vorgehensweise lassen sich zunächst zwei Aussagen festhalten:

- Versuche so viele Informationen als möglich aus den Daten herauszufiltern, ohne der Versuchung des Data-Mining zu erliegen!
- Erstrebe eine weitestgehende Freiheit von „judgemental inputs" und Emotionen auf der Stufe der Modellierung!

---

[12] Siehe dazu Kane et al. (1996).
[13] Auf eine weitere Form des Einflusses der Inflationsrate weisen Modigliani/Cohn (1979) hin.

Das *Dividend Discount Model* als elegantes theoretisches Modell und die in der Praxis verfügbaren Daten sind jedenfalls keine Liebe auf den ersten Blick. Das Modell ist sehr sensibel, insbesondere im Hinblick auf die Wachstumsrate und den Diskontierungszins. Ein einfaches Beispiel anhand der Formulierung des Modells für konstantes Wachstum mag dies verdeutlichen. Wenn $d_0 = 10$, $g^1 = 0.08$, $g^2 = 0.07$, $y = 0.1$ ist, dann beträgt der „faire" Preis entweder

$$P_0^1 = \frac{10 \cdot (1.08)}{0{,}1 - 0.08} = 540$$

oder

$$P_0^2 = \frac{10 \cdot (1.07)}{0{,}1 - 0.07} = 357.$$

Fällt das langfristige Wachstum um ein Prozent, so ergibt sich dadurch ein um 34% niedrigerer Wert der Aktie. Dabei ist die Sensitivität umso höher, je geringer die Differenz zwischen Diskontierungsfaktor und Wachstumsrate ausfällt, wie sich anhand der Elastizität zeigen läßt:

$$\varepsilon_{P_0^*,g} = -\frac{\partial P_0^*}{\partial g} \cdot \frac{g}{P_0^*} = -\frac{g}{y-g} \quad.$$

Gleiches gilt für Veränderungen des Diskontierungsfaktors; die Elastizität lautet in diesem Fall:

$$\varepsilon_{P_0^*,y} = -\frac{\partial P_0^*}{\partial y} \cdot \frac{y}{P_0^*} = \frac{y}{y-g} \quad.$$

Maßgeblich für den erfolgreichen Einsatz eines solchen Modelles in der Praxis ist folglich die Güte der verwendeten Rohdaten und deren Aufbereitung. Umgekehrt gewandt: Ein Grund für das Scheitern im praktischen Einsatz ist die Qualität der verwendeten Inputfaktoren, insbesondere wenn es sich um subjektive Einschätzungen handelt. Es mag als geringer Unterschied erscheinen, ob ein Unternehmen langfristig mit 7% oder 8% wächst; im Hinblick auf einen daraus errechneten „fairen" Wert ergibt sich aber eine gewaltige Differenz.

Im folgenden wird die Aufbereitung oder Gewinnung der erforderlichen Inputfaktoren – Dividenden bzw. Gewinne, Wachstumsraten und Diskontierungsfaktoren – nacheinander abgearbeitet. Es sei bereits an dieser Stelle vermerkt, daß nach unserer Erfahrung die Verwendung des einfachen, einstufigen *Dividend Discount Model* mit konstanter Wachstumsrate unter Nutzung ausschließlich historischer Pfaddaten die besten Ergebnisse für reife Unternehmen liefert. Das liegt nicht zuletzt daran, daß in dieser Version lediglich zwei Variablen (Diskontierungszins und Wachstumsrate) geschätzt werden müssen. Bei den mehrstufigen Verfahren sind (neben der Ermittlung des Diskontierungsfaktors) mindestens zwei unterschiedliche Wachstumsraten sowie die Zeiträume für die Dauer der verschiedenen Phasen zu ermitteln. Nichtsdestotrotz wird auf alternative Vorgehensweisen am Beispiel des zweistufigen *Dividend Discount Model* eingegangen, da diese insbesondere für die Bewertung von Wachstumsunternehmen erforderlich sind.

Für die niveaubestimmenden Größen der Dividenden oder Gewinne sind einerseits historische Pfade verfügbar. Andererseits liegen in der Regel Analystenschätzungen für die Gewinne – seltener auch für die Dividenden – für maximal die nächsten drei Jahre vor. Für große Werte gibt es teilweise auch Schätzungen der Gewinnwachstumsrate über die nächsten fünf Jahre.

Demnach böte es sich an, mit dem Zweistufenmodell zu arbeiten. Für die Jahre $t = 1,\ldots,T$, in denen Analystenschätzungen vorliegen, werden die geschätzten Größen $\hat{d}_t$ verwandt. Für darüber hinausgehende Zeiträume unterstellt man, daß das Unternehmen mit der langfristigen historischen Gewinn- oder Dividendenwachstumsrate $\hat{g}$ wächst. Formal gilt also für die Ermittlung des theoretischen Preises heute:

$$(20) \quad P_0^* = \sum_{t=1}^{T} \frac{\hat{d}_t}{(1+y)^t} + \frac{\hat{d}_t(1+\hat{g})}{(1+y)^T(y-\hat{g})} .$$

Falls keine Einzelschätzungen für die Dividenden vorliegen, sondern statt dessen eine 5-Jahres-Wachstumsschätzung $\hat{G}$, kann der „faire" Wert der Aktie durch folgende Modifikation der Gleichung (20) ermittelt werden:

$$(21) \quad P_0^* = \sum_{t=1}^{5} \frac{\hat{d}_0(1+\hat{G})^t}{(1+y)^t} + \frac{\hat{d}_0(1+\hat{G})^5(1+\hat{g})}{(1+y)^5(y-\hat{g})} .$$

Diese Methode ist insbesondere bei Analysten verbreitet, die damit die von ihnen untersuchten Unternehmen bewerten. Selbstverständlich können die Ergebnisse nur so gut sein wie die in die Bewertungsgleichung eingehenden Schätzungen. Subjektive Einschätzungen der Analysten weisen oft positive oder negative Verzerrungen auf (zu «bullish» oder zu «bearish»).

Folgendes Beispiel mag zur Illustration des möglichen Vorgehens dienen: In einem Research-Report eines Broker-Hauses wird beispielsweise im April 1997 die HUGO BOSS AG untersucht und mit einem Buy-Rating belegt.[14] Der Analyst schätzt die Wachstumsrate der Dividenden für die nächsten fünf Jahre auf 28%; also ist $\hat{G} = 0.28$. Ausgehend von einer augenblicklichen Dividende in Höhe von $d_0 = 41$, einer langfristigen Wachstumsrate der Dividenden für den deutschen Markt von $\hat{g} = 0.06$[15] und eines mittels des weiter unten beschriebenen CAPM-Ansatzes ermittelten Diskontierungsfaktors von $y = 0.077$[16] errechnet sich demnach der theoretische Preis einer Stammaktie der HUGO BOSS AG von

$$(22) \quad P_0^* = \sum_{t=1}^{5} \frac{41 \cdot (1.28)^t}{(1.077)^t} + \frac{41 \cdot (1.28)^5 \cdot (1.06)}{(1.077)^5 \cdot (0.077 - 0.06)} \approx 2200 DM .$$

Bei einem Preis von ca. 2100 DM (Mai 1997) ergibt sich damit eine Unterbewertung von gerade 4%. Anders gewendet: Unter den gemachten Annahmen ist die Aktie

---

[14] Das Beispiel wurde zufällig gewählt anhand eines Reportes der Credit Suisse First Boston, der zum Zeitpunkt der Erstellung dieses Beitrages vorlag.

[15] Die Ermittlung der langfristigen Wachstumsrate kann anhand einer Schätzung des Wachstums der Trenddividende für den deutschen Aktienmarkt über den Ansatz in Gleichung (24) erfolgen. Da sie in etwa dem langfristigen nominalen Sozialproduktwachstum entspricht, kann man auch dessen langfristigen Durchschnittswert heranziehen.

[16] Der Diskontierungsfaktor wurde unter Zuhilfenahme eines Wertes für $r_f = 0.0593$ (F.A.Z.-Rendite 10-jähriger öffentlicher Anleihen vom 11.04.1997) und einer Consensus-Schätzung $\hat{y}_M = 0.09$ anhand von Gleichung (26) errechnet:

$$\hat{y}_{BOSS}^{60M} = 0.0593 + 0.6 \cdot (0.09 - 0.0593) = 0.077.$$

mit einer Wachstumsrate der Dividenden auf die nächsten fünf Jahre von 28% in etwa fair bewertet. Der Vorteil dieses Ansatzes liegt auf der Hand. Mit einem einfachen Spreadsheet läßt sich die Bewertung einer Aktie ermitteln sowie durch Variation der wesentlichen Parameter kritisch überprüfen. Nachteilig an dieser Vorgehensweise ist die Tatsache, daß die Ergebnisse von der Qualität der Inputs, wie beispielsweise der Güte der Schätzung durch den Analysten, abhängen. Analysten haben nicht selten zu bestimmten Unternehmen eine emotionale Bindung oder eine wenig distanzierte Sichtweise, weil ihr Haus beispielsweise einen Wert an die Börse gebracht hat. In diesen Fällen scheint man sich insbesondere mit einer Verkaufsempfehlung schwerzutun.

Bei der Bewertung von Wachstumsaktien[17] kommt man aber nicht an der Verwendung von mehrstufigen Modellen vorbei. Insofern müssen – wie bereits angedeutet – neben der Ermittlung des Diskontierungsfaktors immer mindestens zwei unterschiedliche Wachstumsraten sowie die Zeiträume für die Dauer der verschiedenen Lebenszyklusphasen Eingang finden. Nach unserer Erfahrung lassen sich aber auch mit dem *Dividend Discount Model* gute Lösungen für die Bewertung von Wachstumswerten ohne die Verwendung subjektiver Größen finden. Aus Platzgründen sei nur eine Vorgehensweise kurz skizziert. In einem zweistufigen Ansatz wird in Abwandlung von Gleichung (20) die Frage gestellt, welches Wachstum G^* der Markt bereits heute im Preis der Aktie einpreist, wenn davon ausgegangen wird, daß die Dauer des exzessiven Wachstums fünf Jahre beträgt, und das Unternehmen danach so wächst wie der Markt ($\hat{g}$):

$$(23) \quad P_0 = \sum_{t=1}^{5} \frac{d_0(1+G^*)^t}{(1+y)^t} + \frac{d_0(1+G^*)^5(1+\hat{g})}{(1+y)^5(y-\hat{g})} \quad .$$

Dieses Ergebnis kann dann mit der Konsensus-Schätzung oder der Schätzung eines Einzelanalysten verglichen werden. Ist $G^* > \hat{G}$, ist unter den gemachten Annahmen bereits mehr Wachstum eingepreist, die Aktie ist also teuer; im anderen Fall, wenn also $G^* < \hat{G}$ ist, erscheint die Aktie günstig.

Eine interessante Alternative für Unternehmen, die in der Reifephase ihres Lebenszyklus stehen, ist die Verwendung des oben beschriebenen Markov-Modelles von HURLEY/ JOHNSON (1994). Um damit aber wirklich sinnvoll arbeiten zu können, muß eine hinreichend lange Dividendenhistorie vorliegen. Die Änderungen Δ_S lassen sich dann aus dem Mittelwert der Dividendenerhöhungen der Vergangenheit errechnen. Die Wahrscheinlichkeiten w_S, w_G und damit auch die Konkurswahrscheinlichkeit lassen sich ebenfalls über die Historie konstruieren. Unter Zugrundelegung der Historie kann man zum Beispiel die Wahrscheinlichkeit w_S aus dem Verhältnis zwischen der Zahl der Jahre, in denen die Dividende gestiegen ist, und der Gesamtzahl der Beobachtungen ermitteln. Bei einer relativ kurzen Historie wird aber für Werte, bei denen die Dividendenzahlungen schwanken, die Konkurswahrscheinlichkeit stark überschätzt, und die berechneten „fairen" Preise werden stark unterschätzt. Geht man statt dessen von dem einfacheren Fall aus, daß die Dividen-

---

[17] Es sei an dieser Stelle ausdrücklich vermerkt, daß die HUGO BOSS AG nach unserer Ansicht kein klassisches Wachstumsunternehmen darstellt.

de einerseits steigen kann oder andererseits gleich bleibt (oder fällt), und setzt damit implizit $w_K = 0$, so erhält man für den Zeitraum von 1982-1996 beispielsweise für die Banken aus dem DAX30 folgende Ergebnisse:

$$\Delta_S^{BHW} = 0{,}08, \quad \Delta_S^{BVM} = 0{,}09, \quad \Delta_S^{CBK} = 0{,}15, \quad \Delta_S^{DBK} = 0{,}14, \quad \Delta_S^{DRB} = 0{,}14,$$
$$w_S^{BHW} = 0{,}77, \quad w_S^{BVM} = 0{,}71, \quad w_S^{CBK} = 0{,}42, \quad w_S^{DBK} = 0{,}71, \quad w_S^{DRB} = 0{,}57.$$

Bei Verwendung der vereinfachten Bewertungsformel (für $w_K = 0$) und einem Diskontierungszins, der wie zuvor entsprechend dem CAPM-Ansatz (Gleichung (26)) bestimmt wurde, kommt man dann zu folgenden Resultaten:

$$P_0^{*,BHW} = 45{,}21 DM, \quad P_0^{*,BVM} = 48{,}41 DM, \quad P_0^{*,CBK} = 44{,}79 DM, \quad P_0^{*,DBK} = 65{,}44 DM, \quad P_0^{*,DRB} = 52{,}26 DM.$$

Verglichen mit den Kursen von Anfang Mai 1997, wären alle großen deutschen Banken derzeit überbewertet:

$$P_0^{BHW} = 54{,}00 DM, \quad P_0^{BVM} = 68{,}70 DM, \quad P_0^{CBK} = 46{,}65 DM, \quad P_0^{DBK} = 91{,}35 DM, \quad P_0^{DRB} = 55{,}98 DM.$$

Es stellt sich die Frage, ob nicht durch Benutzung des einfachen einstufigen Modells mit konstantem Dividendenwachstum über die Betrachtung historischer Pfaddaten bessere Ergebnisse erzielt werden können. Dazu sind die in diesen Pfaden enthaltenen Informationen über das langfristige, nachhaltige Wachstumspotential als wichtige Bestimmungsgröße für den Wert des Unternehmens herauszufiltern; insbesondere sind einmalige oder vorübergehende Störfaktoren sowie zyklische Schwankungen, durch die der Markt normalerweise hindurchsieht, zu extrahieren.[18] Letztlich geht es um die „Normalisierung" der Einflußgrößen. Dahinter steht implizit die Annahme, daß Aktienkurse zum Normalniveau tendieren, daß es also einen stetigen Konvergenzprozeß zu diesem Normalniveau gibt. Die erforderlichen Modellinputs sind entweder die normalisierten Gewinne (die „true earnings power") und die „target payout ratio" oder die normalisierte Dividende im Sinne einer „sustainable dividend". Der normalisierte Dividenden- oder Gewinnpfad sowie die langfristige Wachstumsrate können beispielsweise mittels einer Regression ermittelt werden. Der Schätzansatz dazu lautet:

(24) $\quad \ln(d_t) = \alpha + \beta \cdot t + v_t$,

so daß sich die Trenddividende in der Periode t errechnet über

$$\hat{d}_t = e^{\ln(\hat{\alpha} + \hat{\beta} \cdot t)} ,$$

und sich daher die langfristige Wachstumsrate aus $\hat{g} = \hat{\beta}$ ergibt.

---

[18] Dividenden- bzw. Earningspfade reifer Unternehmen können als trendstationäre Variablen angesehen werden, d.h. Schocks haben lediglich einen temporären Effekt. Formal heißt das, daß sie sich in eine Variable mit deterministischem Trend und stochastischen Komponenten zerlegen lassen.

Diese hier vorgestellte Version kann mit dem gleichen Ansatz auch in den Gewinnen formuliert werden. Als weitere Größe ist dann noch die Ausschüttungsquote zu ermitteln, die sich ebenfalls anhand der historischen Daten einfach errechnen läßt. Die aus dem normalisierten Dividendenpfad gewonnenen Wachstumsraten für deutsche Unternehmen weisen beispielsweise Größenordnungen zwischen 4 und 7 Prozent auf; der arithmetische Durchschnitt der Wachstumsraten von Unternehmen im DAX 30[19] liegt bei 6%. Für reife Unternehmen ist dies plausibel, denn sie haben ihre Tätigkeitsschwerpunkte in der Regel in Branchen, die relativ konstante Marktanteile am Sozialprodukt aufweisen. Insofern ist es nicht verwunderlich, daß sich ihre langfristigen Wachstumsraten für Umsatz, Gewinn und Dividende typischerweise in der Größenordnung der nominalen Sozialproduktzuwächse bewegen.

Zu beantworten bleibt noch die Frage, mit welchem Faktor die zukünftigen Dividenden zu diskontieren sind. Wegen der hohen Sensitivität der Ergebnisse in bezug auf kleine Änderungen in der Rendite handelt es sich hierbei um das schwierigste Problem, das angesichts der Verwendung des *Dividend Discount Model* in der Praxis zu lösen ist.

Zunächst ist vom Anleger für den Erwerb von in der Zukunft liegenden Zahlungen ein Verzicht in Höhe des heutigen Erwerbspreises zu leisten. Den Preis für diesen zeitlichen Verzicht stellt der Zins dar. Sind die Zahlungen dazu mit Unsicherheit behaftet, verlangt der Anleger darüber hinaus einen Risikozuschlag. Insofern gilt zunächst für den Diskontierungszins allgemein, daß er eine Funktion in diesen Variablen darstellt:

(25) $\quad y = f(r_f, \partial, u)$,

wobei r_f die Rendite der risikofreien Anlage, δ die Risikoprämie auf Aktien und u einen titelspezifischen Parameter darstellt. Diese Relation könnte für die Aktie des Unternehmens k beispielsweise folgendes Aussehen haben:

$$y_k = r_f + u_k \cdot \partial \ .$$

Notwendig zur Gewinnung der Diskontierungsfaktoren ist ein Gleichgewichtsmodell für Asset-Preise, das die erwartete Rendite in Abhängigkeit vom sicheren Zins und vom zu tragenden Risiko ermittelt. Alle praxisrelevanten Ansätze versuchen, diese Größe aus den vorliegenden Daten zu ermitteln. Eine Lösungsmöglichkeit besteht in der Verwendung des *Capital Asset Pricing Model* (CAPM):[20]

(26) $\quad y_k = r_f + \beta_k \cdot (y_M - r_f)$;

die erwartete Rendite entspricht einer Basisrendite zuzüglich der um den Risikoparameter der Aktie korrigierten Überschußrendite des Marktes. Risiko wird also in diesem Falle als eine auf die Kovarianz der Aktienrendite mit der Marktrendite be-

---

[19] Ohne SAP AG.
[20] Siehe dazu z.B. Copeland/ Weston (1988) oder Grinold/ Kahn (1995).

zogene Größe beschrieben. Es wird deutlich, daß für die Nutzung dieses Ansatzes drei Größen prognostiziert werden müssen, nämlich r_f, y_M und β_k. Aus den monatlichen historischen Daten kann die folgende Gleichung zur Ermittlung der Betas für alle Aktien $k = 1,\ldots,n$ geschätzt werden:

(27) $\quad x_{k,t} = \alpha_k + \beta_k x_{M,t} + \eta_t \; ;$

Gleichung (27) entspricht der in den Überschußrenditen umformulierten Gleichung (26).

Das Problem dieser Vorgehensweise besteht darin, daß die Betas nicht stabil sind, und die Ergebnisse nur so gut sind wie die Schätzungen für die Überschußrendite des Marktes. Beispielsweise beträgt das Beta für die VW AG über die letzten 60 Monate bei Verwendung der obigen Gleichung $\hat{\beta}_{VW}^{60M} = 1.58$, bei Schätzung über die letzten 36 Monate ergibt sich dagegen ein Wert von $\hat{\beta}_{VW}^{36M} = 1.86$. Wird für die risikofreie Anlage ein Wert von $r_f = 0.0593$ (F.A.Z.-Rendite 10-jähriger öffentlicher Anleihen vom 11.04.1997) und eine Consensus-Schätzung für $\hat{y}_M = 0.09$ zugrundegelegt, so ergibt sich dementsprechend entweder

$$\hat{y}_{VW}^{36M} = 0.0593 + 1.86 \cdot (0.09 - 0.0593) = 0.116$$
oder
$$\hat{y}_{VW}^{60M} = 0.0593 + 1.58 \cdot (0.09 - 0.0593) = 0.108$$

Durch die Wahl des Schätzzeitraumes ergeben sich also erhebliche Unterschiede für den resultierenden Diskontierungszins.

Die Probleme bei der Bestimmung des Diskontierungsfaktors anhand des CAPM können mit einer einfachen und stabilen Alternative umgangen werden: Aus den vorliegenden Daten läßt sich über eine nicht-lineare Regression der Diskontierungszins schätzen. Unter Verwendung der allgemeinen Schreibweise für den Diskontfaktor (vgl. Gleichung (25)) gilt, ausgehend von der Formulierung des *Dividend Discount Model* mit konstanten Wachstumsraten, der folgende Zusammenhang:

(28) $\quad P_t = \dfrac{d_t(1+g)}{f(r_{f,t},\delta,u) + \chi_t - g}$.

Für eine konkrete Formulierung der allgemeinen Funktion in (25) (beispielsweise für einen linearen Zusammenhang) kann so die langfristige, titelspezifische interne Rendite errechnet werden:

(29) $\quad \hat{y}_t = \hat{f}(r_{f,t},\delta,u) = l_1 + l_2 \cdot r_{f,t}$.

Diese vom Markt langfristig für den entsprechenden Titel verlangte Rendite kann dann mit der internen Rendite y_t^* verglichen werden, die sich aus der momentanen Bewertung ergibt:

$$y_t^* = \frac{d_t(1+g)}{P_t} + g \; .$$

Ist $y_t^* < \hat{y}_t$, so diskontiert der Markt die zukünftig erwarteten Dividenden augenblicklich weniger stark, als er das langfristig unter Berücksichtigung des augenblicklichen Zinsniveaus getan hat; die Aktie des Unternehmens ist folglich überbewertet. Im umgekehrten Fall ist das Unternehmen unterbewertet.

Diese Vorgehensweise liefert neben der Tatsache, daß sich damit die oben angesprochenen Probleme bei der Verwendung des CAPM umgehen lassen, eine Reihe interessanter Erkenntnisse. Erstens ist die ermittelte Zinssensitivität l_2 positiv, im Zeitablauf relativ stabil und liegt im Durchschnitt aller Werte bei etwa 0.3; diese Größenordnung ist in etwa auch für den amerikanischen Aktienmarkt bekannt. Zweitens ist festzustellen, daß sich die Zinssensitivitäten nach Branchen unterscheiden; so sind Banken und Versorger zinssensitiver als der Marktdurchschnitt. Drittens liegen die Renditedifferenzen $\pi_t = \hat{y}_t - y_t^*$ in relativ engen Größenordnungen; die zu beobachtenden Abweichungen der Differenzen von ihrem Mittelwert bewegen sich im Regelfall in einer Größenordnung von ca. 70 Basispunkten. Viertens lassen sich „mean-reverting properties" erkennen; der Markt korrigiert also Fehlbewertungen. Es zeigen sich aber schließlich auch Tendenzen zum Über- bzw. Unterschießen der „fairen" Bewertung; der Markt neigt damit zu Übertreibungen in beide Richtungen.[21]

6. Implementierung der Bewertungsergebnisse in eine Anlagestrategie für konträres Investment

Wie im vorhergehenden Abschnitt gezeigt wurde, existieren viele Möglichkeiten, Versionen des *Dividend Discount Model* im aktiven Portfoliomanagement einzusetzen. Der von uns präferierte Ansatz ist die Verwendung des einfachen einstufigen Modells in der Formulierung als Interne-Rendite-Kalkulation.[22] Dabei werden die Trenddividende und die Wachstumsrate geschätzt, und die interne Rendite aus der augenblicklichen Bewertung mit der anhand der oben gezeigten Methode ermittelten langfristigen Rendite verglichen.

Ausgangspunkt für Anlageentscheidungen ist also die Renditedifferenz $\pi_t = \hat{y}_t - y_t^*$. Dabei stellt sich die Frage, wann ein Kaufsignal für eine Aktie generiert wird. Anders gewendet: Es sind Schwellenwerte für den Ein- und Ausstieg zu definieren. Dazu haben wir als Obergrenze eine Standardabweichung über dem Mittelwert der Renditedifferenzen gewählt und als Untergrenze entsprechend eine Standardabweichung unter dem Mittelwert.

Um die Erfolgsträchtigkeit des reinen Value-Ansatzes für europäische Aktien zu überprüfen, haben wir in einem ersten Schritt dann ein Kaufsignal generiert, wenn die aktuelle Renditedifferenz die Untergrenze unterschritt. Die Aktie wurde so lan-

---

[21] Wie beispielsweise die Arbeiten von Shiller (1981) und (1984) oder De Bondt/ Thaler (1985) und (1987) zeigen, tendieren Aktienkurse dazu, den fundamental gerechtfertigen Preis zu über- bzw. zu unterschießen. Nach unseren Ergebnissen trifft dieser Effekt für viele europäische Aktien anhand des Verlaufs der Renditedifferenzen zu.
[22] Dabei werden Wachstumsaktien logischerweise von der Betrachtung ausgeklammert, da das Modell mit konstantem Wachstum für diese Werte keine Gültigkeit besitzt.

ge gehalten, bis die Renditedifferenz über die Obergrenze hinausschoß. Alle Aktien wurden dabei gleich gewichtet. Die Ergebnisse zeigen, daß eine solche Strategie in jedem einzelnen Markt Europas für sich betrachtet erfolgreich war: Die erzielte Überperformance gegenüber den jeweiligen MSCI-Indizes lag im Durchschnitt bei 6% p.a. nach Kosten. Insofern läßt sich als ein erstes Ergebnis festhalten, daß sich konträres Vorgehen auch in Europa auszahlt.

Ein Defizit des reinen Value-Ansatzes kommt aber auch zum Vorschein, das darin zu sehen ist, daß die Timing-Eigenschaften eines solchen Ansatzes nicht gut ausfallen. Der reine Value-Ansatz stellt den Investor möglicherweise vor das Problem des „to catch a falling knife": Eine Aktie, die im Kurs fällt, generiert ein Kaufsignal, fällt aber nach dem Signal oft weiter im Kurs. Diesen Wert dann trotzdem zu halten, erfordert Disziplin. Umgekehrt verhält es sich beim Ausstieg. Nicht selten schießt der Kurs über die Obergrenze hinaus, und die Aktie wird zu früh verkauft. Daneben sind wir von einer Standardabweichung der Renditedifferenz vom Mittelwert nach unten und oben als Schwellenwerte zur Signalerzeugung für den Ein- und Ausstieg ausgegangen; genausogut hätte man etwa 1.64 Standardabweichungen oder auch andere Werte wählen können.

Im Idealfall sollte eine unterbewertete Aktie auf dem Tiefpunkt der Bewertung gekauft und auf dem Höchstpunkt dann verkauft werden, wenn sich am Markt ein Stimmungsumschwung hinsichtlich ihrer Bewertung abzeichnet. Es stellt sich von daher die Frage, ob das Bewertungskriterium nicht um eine unabhängige Timing-Komponente ergänzt werden kann, um so den Zeitpunkt für den Kauf bzw. Verkauf zu optimieren.

Eine in der Praxis gängige Vorgehensweise, die sich an Markstimmungen orientiert, ist die Anwendung von Momentum-Strategien. Diese basieren auf Verlaufsmustern in der relativen Performance von Werten gegen den Index und werden von professionellen Investoren in den U.S.A. und anderen Aktienmärkten seit langem erfolgreich eingesetzt. Empirische Untersuchungen wie beispielsweise die von CHAN/ JEGADEESH/ LAKONISHOK (1996) belegen dieses Phänomen. Diese Art des Investments begründet sicherlich auch teilweise die von SHILLER (1981, 1984) oder DE BONDT/ THALER (1985, 1987) gemachten Beobachtungen zum Über- bzw. Unterschießen.

Eine theoretische Begründung für die temporäre relative Stärke von Aktien gegenüber dem Index liefert das Verhalten der Analysten, wie SCHARFSTEIN/ STEIN (1990) gezeigt haben. So folgen die Gewinnrevisionen der Analysten typischerweise Mustern: Gewinnrevisionen sowohl nach oben als auch nach unten werden nicht in einem einzigen Schritt vorgenommen, sondern die Gewinnschätzungen werden sukzessive angepaßt. Es ist für jeden einzelnen Analysten rational, sich so zu verhalten. Ist seine Einschätzung falsch, befindet er sich damit jedoch in Übereinstimmung mit der „Herde"; so fallen die zu erwartenden Konsequenzen weniger tragisch aus, als wenn er sich als Einzelner mit einer Extremposition gegen den Konsens stellt.

Insofern korrelieren die Gewinnrevisionen der Analysten sehr stark mit der relativen Stärke von Aktien gegen den Index, wie beispielsweise MOTT/ COOKER (1993) feststellen. Die Untersuchung einer Investmentregel, die auf die relative Stärke von Aktien setzt, stellt sich auch für europäische Aktien als erfolgreich heraus und generiert in allen von uns untersuchten Märkten Überschußrenditen gegenüber den jeweiligen MSCI-Indizes. Die erzielte Outperformance liegt im Durchschnitt bei 150 Basispunkten p.a.[23]

Wie agieren Value- und Momentum-Kriterium zusammen? Es existieren dafür in der Regel typische Muster, wie AsNESS (1997) zeigt. Momentum-Aktien sind nach dem Value-Kriterum oft teuer, Value-Aktien haben oft ein negatives Momentum. Insofern erscheinen beide Instrumente negativ korreliert. Eine Untersuchung zeitlicher Verlaufsmuster fördert aber interessante Einsichten zutage. So avancieren viele Aktien, die die Erwartungen des Marktes hinsichtlich der Gewinnentwicklung übertreffen, zu „Lieblingen" der Analysten bzw. der Investoren und steigen im Wert stark an. Der Markt ist euphorisch, nach dem Value-Kriterium wird die Aktie unattraktiv, der Kurs steigt über den „fairen" Wert hinaus an. Sobald eine solche Aktie den Markt, der nicht selten seine Einschätzung hinsichtlich der weiteren Gewinnentwicklung an der Kursentwicklung orientiert, enttäuscht, verkehrt sich die Euphorie in Pessimismus. Die Aktie fällt stark im Kurs, ebenso werden die Gewinnprojektionen nach unten revidiert. Die Aktie baut ein negatives Momentum auf und gewinnt an Value. Die Aktie wird vom „Liebling" zum „häßlichen Entlein"; sie gehört nicht zu den Werten, mit denen man auf Cocktailparties Eindruck schindet. Oft fällt der Kurs weiter; es kommt zum Unterschießen des „fairen" Wertes. Nachdem sie sehr stark im Wert gefallen ist, wird die Unterbewertung offensichtlich, und der Wert gewinnt wieder das Interesse der Analysten. Langsam bauen diese ihre negative Einschätzung ab bzw. wandeln diese in eine positive Einschätzung: das negative Momentum verwandelt sich in ein positives Momentum.

Die Kombination von Value und Momentum kann also in folgende Anlagestrategie umgesetzt werden: Der Kauf von Value-Aktien sollte erst dann erfolgen, wenn sich ein negatives Momentum in ein positives wandelt. Die Aktie kann auch dann noch gehalten werden, wenn der „faire" Wert in der „Euphoriephase" überschritten wird. Verkauft wird die Aktie dann, wenn bei einer überbewerteten Aktie ein positives Momentum nachläßt. Eine solche Vorgehensweise kommt insbesondere einem risikobewußten Anlegerverhalten zugute.

Bei der Implementierung der Value-Momentum-Strategie bieten sich je nach Anlagebedürfnis zwei Varianten an: die Gleichgewichtung der attraktiven Werte oder „value tilts" gegenüber einem markt- bzw. indexgewichteten Portfolio. Bei einer „Value-Tilted"-Strategie ist es möglich, auch neutrale Positionen zu bilden, und das Ausmaß der Tilts zu dosieren. Der Tracking Error[24] als Steuerungsinstrument

---

[23] Der Momentum-Indikator wurde anhand der relativen Stärke der Aktie gegenüber dem Marktindex gewonnen:

$$RSI_t = \frac{P_t \cdot I_{t-12}}{P_{t-12} \cdot I_t} \ .$$

Dabei bezeichnet I_t den Indexstand zum Zeitpunkt t. Ein Kaufsignal wurde für die Aktien generiert, für die ein positiver Momentum-Indikator ermittelt wurde. Alle Aktien, für die ein Kaufsignal vorlag, wurden gleich gewichtet.

[24] Der Tracking Error mißt das Abweichungsrisiko der Portfoliorenditen gegenüber den Marktrenditen (gemessen an einem repräsentativen Aktienindex):

$$T.E. = \sqrt{VAR(\tilde{R}_P - \tilde{R}_I)}.$$

spielt dabei die entscheidende Rolle. Bei der Gleichgewichtung ist er hoch, da nur die Entscheidung getroffen wird, ob ein Titel gekauft wird oder nicht; bei einer Kaufentscheidung hat jede Aktie das gleiche Portfoliogewicht, unabhängig von ihrem Gewicht im Index. In einem europäischen Portfolio ist die Asset-Allocation dabei eine resultierende Größe. Es wird keine aktive Ländergewichtung im Sinne einer taktischen Asset Allocation vorgegeben. Insofern handelt es sich um eine reine „bottom up"-Aktienselektion. Bei der Vorgehensweise über „value tilts" kann der Tracking Error über die Höhe der Über- und Untergewichtungen gesteuert werden. In beiden Fällen bietet es sich an, Alpha-Schätzungen in eine Optimierungssoftware zu importieren, um den Tracking Error bei der Portfoliokonstruktion explizit zu berücksichtigen.

7. Ist konträres Investment in Europa erfolgreich? Ergebnisse einer Simulation der Anlagestrategie für den europäischen Aktienmarkt

Wir haben den Erfolg einer rein quantitativen konträren Anlagestrategie nach dem *Dividend Discount Model* am europäischen Aktienmarkt unter realistischen Bedingungen simuliert. Dabei haben wir uns bewußt dem Anspruch ausgesetzt, mit einer Out-of-Sample-Simulation solche Verzerrungen zu vermeiden, die sich im Rahmen der immer noch weit verbreiteten Back-Tests einstellen. Gegenstand der Untersuchung war ein 277 Aktien umfassendes Universum aus deutschen, englischen, französischen, italienischen, niederländischen, schwedischen, schweizerischen und spanischen Werten in der Zeit vom 15.01.1989 bis zum 15.03.1997. Das deutsche Aktienuniversum orientiert sich am DAX 100, für die übrigen Märkte ist der jeweilige MSCI-Index die Basis. Die Zusammenstellung des Gesamtuniversums erfolgte nach den Kriterien „Marktkapitalisierung", „Branchenabdeckung", „Liquidität" und „Tracking-Eigenschaften". Enthalten sind auch solche Titel, die im Laufe der Zeit in Konkurs gingen oder übernommen wurden und deswegen heute nicht mehr notiert sind. Neuemissionen wurden erst dann dem Universum zugefügt, wenn für mindestens 48 Monate Kursdaten vorlagen.

Für jede Aktie wurde auf monatlicher Basis ein Value- und ein Momentum-Indikator ermittelt. Der Value-Indikator entspricht der Renditedifferenz $\pi_t = \hat{y}_t - y_t^*$. Der Momentum-Indikator wurde anhand der relativen Stärke der Aktie gegenüber dem Marktindex[25] gewonnen:

$$RSI_t = \frac{P_t \cdot I_{t-12}}{P_{t-12} \cdot I_t} \ .$$

---

[25] Dabei bezeichnet I_t den Indexstand.

Für alle Aktien wurden monatlich „out of sample" die Value- und Momentum-Indikatoren ermittelt und daraus Kauf- bzw. Verkaufssignale abgeleitet. Das bedeutet, daß für alle Berechnungen (Trenddividende, Wachstumsrate sowie Renditedifferenz) in jedem Monat nur die Daten verwendet wurden, die zum jeweiligen Zeitpunkt tatsächlich auch zur Verfügung standen. Erst dieses Vorgehen ermöglicht im Vergleich zu konventionellen Back-Tests (bei denen auch solche Daten analysiert werden, die zum Entscheidungszeitpunkt gar nicht bekannt sind) einen echten Test der Leistungsfähigkeit eines Modells. Dagegen sind Back-Tests, die diese Regeln nicht beachten, ohne praktische Relevanz.

Ausgangspunkt war ein fiktiver Spezialfonds, der am 15.01.1989 mit 100 Mio. DM aufgelegt wurde und gegen den MSCI Europa als Benchmark läuft.[26] Kaufsignale wurden generiert, wenn der Value-Indikator eine Unterbewertung signalisierte, und gleichzeitig der Momentum-Indikator ein positives Signal gab. Verkauft wurden die Aktien dann, wenn der „faire" Wert überschritten war und an Momentum verlor. Da der Momentum-Indikator lediglich als zusätzliches Entscheidungskriterium verstanden wird, wurde eine unterbewertete Aktie auch dann noch gehalten, wenn das positive Momentum zwischenzeitlich abbrach.

Zum Zeitpunkt der Auflage wurde das Portfolio aus den Aktien gebildet, für die ein Kauf- bzw. Haltesignal vorlag. Die Aktien wurden gleichgewichtet, und das maximale Gewicht einer Aktie im Portfolio auf 10% beschränkt. Die kleinste Losgröße betrug 100 Aktien pro Transaktion.[27] Im Rahmen der monatlichen Portfoliorevision wurde die prozentuale Abweichung der aktuellen Ist-Gewichte jeder einzelnen Aktie mit der sich aus den aktuellen Signalen ergebenden Soll-Gewichtung ermittelt. Eine Anpassung der Gewichte wurde dann vorgenommen, wenn die Abweichung des tatsächlichen vom gewünschten Gewicht einen Grenzwert von 20% überschritt. Für jedes Geschäft wurden dem Fonds 0.4% Transaktionskosten belastet.

Das Ergebnis unserer Untersuchung bestätigt den Erfolg der von uns geschilderten Anlagestrategie auf der Basis eines konträren Investmentstils am europäischen Aktienmarkt. Die von uns simulierte aktive Anlagestrategie übertraf die Rendite des MSCI Europa um durchschnittlich 5.8% p.a. Dieser Erfolg wurde mit einem Tracking Error von 6.8% erzielt. Somit beträgt die Information Ratio 0.85.[28]

Abbildung 2 verdeutlicht den Erfolg des value-orientierten, quantitativen Aktienselektionsansatzes. Sie zeigt eine deutliche Outperformance, die allerdings nicht in allen Phasen realisiert werden konnte. So bietet dieser Ansatz dem mittelfristig orientierten Anleger die Möglichkeit, mit einem strukturierten, disziplinierten und aktiven Vorgehen überdurchschnittliche Ergebnisse zu erzielen. Die gezeigt aktive Rendite steht natürlich in einem inversen Verhältnis zum Tracking Error: Für

---

[26] Aktienrenditen wurden aus Vereinfachungsgründen nur auf Kursbasis ohne Berücksichtigung von Dividendenzahlungen berechnet. Aus diesem Grund wird die Strategie mit der Rendite des Preisindex, der analog berechnet wird, verglichen.
[27] In den Perioden, in denen innerhalb der 10%-Restriktion ein Vollinvestment wegen einer nicht genügenden Anzahl an attraktiven Aktien nicht möglich war, wurde die freie Liquidität am deutschen Geldmarkt angelegt.
[28] Die t-Statistik hat einen Wert von 2.40; die Ergebnisse sind statistisch signifikant auf einem Niveau von über 97.5%.

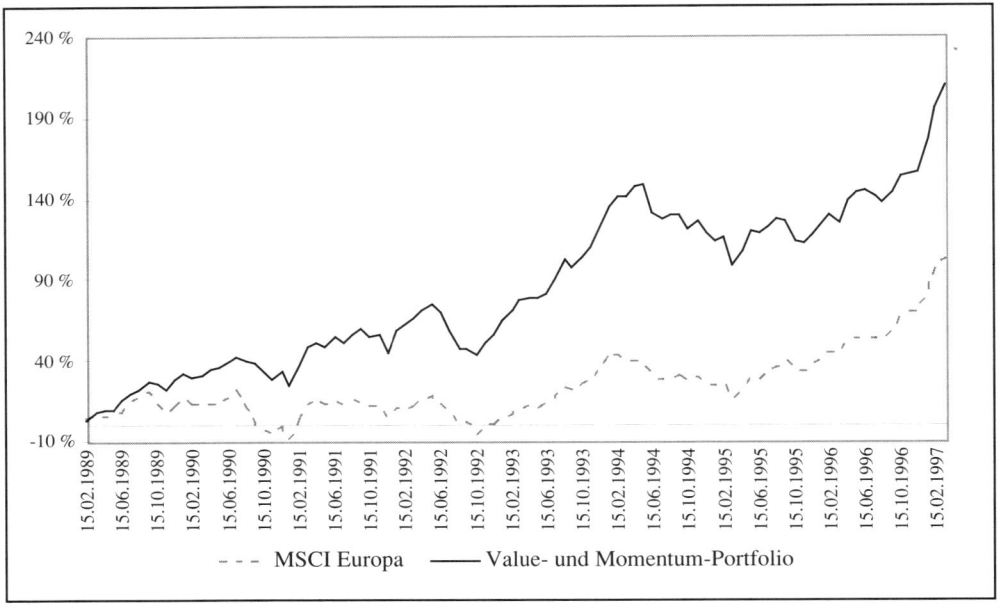

Abb. 2: Vergleich der konträren Anlagestrategie gegenüber dem MSCI Europa

eine Implementierung des Ansatzes über „value tilts", mit einer Obergrenze hinsichtlich des Tracking Error von 3%, liegt die zu erwartende Mehrrendite bei ca. 2.6% p.a.

Mit dem quantitativen Aktienselektionssystem werden bereits seit 1994 erfolgreich Publikums- und Spezialfonds gemanagt. Dabei wird das System sowohl als eigenständiges Produkt als auch als Screening-Instrument im Rahmen eines systematischen und disziplinierten Portfoliomanagements eingesetzt.

8. Schlußbemerkungen

Die Frage, was der „faire" Wert einer Aktie ist, gehört zu den zentralen Fragestellungen des aktiven Portfoliomanagements. Das in seiner Einfachheit und Eleganz bestechende *Dividend Discount Model* ist der einzige, theoretisch saubere Ansatz zur Ermittlung dieses Wertes. Die Praxis tut sich mit diesem Verfahren schwer und behilft sich mit Näherungslösungen, die in der ein oder anderen Form wichtige Einflußgrößen für den theoretischen Wert einer Aktie vernachlässigen. Diese Näherungslösungen garantieren folglich keine guten Entscheidungen. Sicherlich steht vor der erfolgreichen Nutzung eines *Dividend Discount Model* die Herausforderung, die erforderlichen Inputgrößen aus den verfügbaren Rohdaten zu gewinnen. Wir halten es jedoch für lohnend, diese Herausforderung anzunehmen und nach intelligenten Lösungen zu suchen. Verschiedene Vorgehensweisen bei der praktischen Implementierung wurden von uns aufgezeigt. Dabei haben quantitative Verfahren einerseits den Vorteil, erforderliche Rechnungen in großer Zahl sauber und exakt durchzuführen, andererseits ermöglichen sie eine emotionslose und vorurteilsfreie Bewertung, wenn auf subjektive Inputs verzichtet wird.

Wenn es möglich ist, durch geeignete Verfahren den „fairen" Wert einer Aktie zu berechnen, so bietet sich die Verwendung eines solchen Verfahrens insbesondere im Rahmen eines Investmentstils an, der auf fundamentale Bewertungsanomalien abhebt. Dazu gehört das „contrarian investment". Unsere Arbeit hat gezeigt, daß der lange Zeit nur in den USA als einer der wenigen Stile, die als erfolgreich gelten, auch in Europa deutliche Mehrrenditen erwirtschaftet, und zwar auf den acht wichtigsten Aktienmärkten. Zweitens läßt sich damit europaweit eine „bottom up"-Aktienselektion betreiben, die nicht nur erfolgreich ist, sondern sich auch durch die flexible, auf Anlegerbedürfnisse zugeschnittene Form der Implementierung auszeichnet. Ob in der Gleichgewichtung oder über „value tilts", ob als eigenständiges Produkt oder als Baustein für die Titelselektion im Rahmen eines disziplinierten, strukturierten Investmentansatzes – in allen diesen Zusammenhängen behauptet sich das „contrarian investment" hervorragend.

Sicherlich wäre es vermessen zu behaupten, ein perfektes System für die quantitative Aktienselektion konstruieren zu können. Das war auch nicht Zielsetzung dieses Beitrags. Vielmehr besteht das Ziel darin, auf einem disziplinierten und nachvollziehbaren Weg konsistent gute Entscheidungen zu treffen. Wenn es gelingt, ein Instrumentarium zu entwickeln, mit dem in der Mehrzahl aller Fälle richtige Entscheidungen getroffen werden, dann garantiert die konsequente Umsetzung dieser Strategie den Anlageerfolg.

Literaturverzeichnis

Asness, C. (Asness, 1997): The Interaction of Value and Momentum Strategies, in: *Financial Analysts Journal*, Vol. 53, 1997, March-April, S. 29-36.

Capaul, C./ Rowley, I./ Sharpe, W. F. (Capaul et al., 1993): International Value and Growth Stock Returns, in: *Financial Analysts Journal*, Vol. 49, 1993, January-February, S. 27-36.

Chan, L./ Jegadeesh, N./ Lakonishok, J. (Chan et al., 1997): Momentum Strategies, in: *Journal of Finance*, Vol. 51, 1997, S. 1681-1713.

Copeland, T./ Weston, F. (Copeland/ Weston, 1988): *Financial Theory and Corporate Policy*, 3rd ed., Reading et al. 1988.

De Bondt, W./ Thaler, R. (De Bondt/ Thaler, 1985): Does the Stock Market Overreact?, in: *Journal of Finance*, Vol. 40, 1985, S. 793-805.

De Bondt, W./ Thaler, R. (De Bondt/ Thaler, 1987): Further Evidence on Investor Overreaction and Stock Market Seasonality, in: *Journal of Finance*, Vol. 42, 1987, S. 557-581.

Fama, E. F. (Fama, 1995): Size and Book-to-Market Factors in Earnings and Returns, in: *Journal of Finance*, Vol. 50, 1995, S. 131-155.

Fama, E. F./ French, K. (Fama/ French, 1992): The Cross-Section of Expected Stock Returns, in: *Journal of Finance*, Vol. 47, 1992, S. 427-465.

Grinold, R./ Kahn, R. (Grinold/ Kahn, 1995): *Active Portfolio Management, Quantitative Theory and Applications*, Chicago 1995.

Hurley, W./ Johnson, L. (Hurley/ Johnson, 1994): A Realistic Dividend Valuation Model, in: *Financial Analysts Journal*, Vol. 50, 1994, July-August, S. 50-54.

Kane, A./ Marcus, A./ Noh, J. (Kane et al., 1996): The P/E-Multiple and Market Volatility, in: *Financial Analysts Journal*, 1996, July-August, S. 16-24.

Lakonishok, J./ Shleifer, A./ Vishny, R. (Lakonishok, 1994): Contrarian Investment, Extrapolation, and Risk, in: *Journal of Finance*, Vol. 49, 1994, S. 1541-1578.

Modigliani, F./ Cohn, R. (Modigliani/ Cohn, 1979): Inflation, Rational Valuation, and the Market, in: *Financial Analysts Journal*, Vol. 35, 1979, March-April, S. 24-44.

Mott, C./ Coker, D. (Mott/ Coker, 1993): Earnings Surprises in the Small Cap World, in: *Journal of Portfolio Management*, Vol. 20, 1993, Fall, S. 64-75.

Samuelson, P. (Samuelson, 1977): Proof that Properly Discounted Present Values of Assets Vibrate Randomly, in: Cowley, N./ Nagatani T. (eds.), *Collected Scientific Papers of Paul A. Samuelson*, Vol. 4, Cambridge (Mass.) 1977.

Scharfstein, D./ Stein, J. (Scharfstein/ Stein, 1990): Herd Behavior and Investment, in: *American Economic Review*, Vol. 80, 1990, S. 465-479.

Sharpe, W. F./ Alexander, G. (Sharpe/ Alexander, 1990): *Investments*, 4th ed., Englewood Cliffs 1990.

Shiller, R. (1981): Do Stock Prices Move Too Much to be Justified by Susequent Changes in Dividends?, in: *American Economic Review*, Vol. 71, 1981, S. 421-436.

Shiller, R. (1984): Stock Prices and Social Dynamics, in: *Brookings Papers on Economic Activity*, Vol. 2, 1984, S. 457-498.

Style Management am deutschen Aktienmarkt: Value, Growth und Size

Thomas Kieselstein/ Andreas Sauer[1]

1. Einleitung
2. Stilansätze und Kapitalmarkteffizienz
3. Quantitativ strukturierte Klassifizierungsschemata für Stilansätze
4. Daten und experimentelles Design
5. Value, Growth und Size
6. Zusammenfassung und Ausblick

---

[1] Für wertvolle Hinweise und Anregungen danken wir Helmut Paulus, Henry Rainville und Dr. Bernhard Walther.

1. Einleitung

Professionelles Portfoliomanagement hat sich – wie viele andere Bereiche des Investment Banking auch – zu einer komplexen Dienstleistung entwickelt. Standen früher noch das 'Gespür' für den Markt oder die Kenntnis der neuesten Gerüchte und 'Geheimfavoriten' im Vordergrund, so wird das Metier heute mehr und mehr mit wissenschaftlichem Ingenieurgeist betrieben. Portfolios werden 'konstruiert' und mit mathematischen Verfahren 'optimiert'. Dabei verbleibt das Management von Aktienportfolios im Spannungsfeld zwischen Kunst und Wissenschaft; lediglich die Schwerpunkte haben sich verlagert. Im Mittelpunkt des Prozesses stand und steht noch heute die kreative Auseinandersetzung mit fundamentalen Informationen über ein Unternehmen; im Unterschied zu früher erfolgt die Analyse mikroökonomisch fundierter Informationen aber systematischer und oftmals mit wissenschaftlich fundierter Methodik. Der Anlageprozeß wird strukturierter und führt weg von unsystematischen ad hoc-Entscheidungen.

Vor diesem Hintergrund sind auch *Stilansätze* ('Style' Investing) im Portfoliomanagement im Grunde nichts Neues. Die Kernidee, fundamentale Unternehmensfaktoren wie Preis/Buchwert oder erwartete Gewinne für die Bewertung und Titelauswahl zu analysieren, ist so alt wie die Aktienanlage selbst. Der zentrale Unterschied besteht darin, daß derartige Informationen heute in einer systematischen und modellgestützten Vorgehensweise analysiert werden, um Aktien mit einem spezifizierten Fundamentalprofil aus einem umfassenden Universum herauszufiltern. Gründe hierfür lassen sich mannigfaltig anbringen: Umfangreiche Datenbanken ermöglichen heute die simultane Analyse Tausender Unternehmen mit statistischen Screening- und Bewertungsverfahren; Erkenntnisse der wirtschaftswissenschaftlichen Finanztheorie und der empirischen Kapitalmarktforschung finden zunehmend Eingang in die Portfoliomanagementpraxis. Begleitet wird dies von einem enormen Wachstum institutionell verwalteter Vermögen, das seinerseits den Einsatz effizienter und 'kontrollierbarer' Managementprozesse gefördert hat.

Stilansätze im Aktienmanagement wurden in den angelsächsischen Ländern entwickelt und vorangetrieben;[2] die große Popularität dort ist eng mit dem Aufkommen von Investment Consultants während der achtziger Jahre verknüpft. Investment Consultants präferieren die Einordnung von Asset Managern in festgelegte Kategorien, um so eine möglichst objektive und unverzerrte Manager-Selektion treffen zu können. Die bekanntesten daraus hervorgegangenen Klassifizierungen (Stilansätze) sind 'Size', 'Value' und 'Growth'. Heute beschreibt 'Stilmanagement' die Art und Weise, wie institutionelle Investoren in den angelsächsischen Ländern über professionelles Aktienmanagement denken und urteilen. Die Performancemessung erfolgt stilspezifisch[3], Asset Manager werden anhand ihres Stiles klassifiziert und von institutionellen Investoren entsprechend ihrer Expertise in dem jeweiligen Stil-

---

[2] Eine Einführung in die Thematik der Stilansätze findet man bei Christopherson/ Williams (1995).
[3] Möglichkeiten zur Umsetzung stilspezifischer Performancemessung werden von Sharpe (1992) dargestellt.

segment ausgewählt. Gefördert wurde diese Entwicklung auch durch Befunde in der empirischen Kapitalmarktforschung, die signifikante Überrenditen bestimmter Marktsegmente über lange Zeiträume hinweg belegen.[4]

Für Deutschland und teilweise Kontinentaleuropa ist diese Denkweise noch weitgehend neu. Dokumentiert wird dies auch durch das weitgehende Fehlen umfangreicher empirischer Untersuchungen über den Preisbildungsprozeß auf europäischen Kapitalmärkten oder über die Wirkungszusammenhänge zwischen Fundamentalvariablen und Aktienkursen.[5]

2. Stilansätze und Kapitalmarkteffizienz

Stilansätze finden ihre theoretische Rechtfertigung in der Beobachtung, daß Kapitalmärkte 'segmentiert' sind. BERNSTEIN (1995) definiert Marktsegmente als *„groups of stocks with similar characteristics that tend to perform as a group over several economic and market cycle"*.[6] In der empirischen Kapitalmarktforschung nimmt die Untersuchung von Marktsegmenten und deren Renditeverhalten seit Anfang der siebziger Jahre einen breiten Raum ein. Den Hintergrund dieser Untersuchungen bilden zwei zentrale Paradigmen der modernen Kapitalmarkttheorie: das Konzept informationseffizienter Kapitalmärkte und die aus dem Capital Asset Pricing Model (CAPM) abgeleitete Rendite-Risiko-Beziehung. Auf informationseffizienten Kapitalmärkten sind alle bewertungsrelevanten Informationen sofort im Preis eines Wertpapiers erfaßt. Darauf aufbauend postuliert das CAPM, daß Unterschiede in den Renditeerwartungswerten risikobehafteter Wertpapiere allein aufgrund unterschiedlicher systematischer Risiken erklärt werden können.[7] Die Existenz von Marktsegmenten steht zunächst nicht im Widerspruch zu den beiden Paradigmen. Der Widerspruch entsteht erst dann, wenn Wertpapiere mit bestimmten Charakteristika *risikoadjustierte* Überrenditen erzielen, d.h., sich Differenzen in den Renditeerwartungswerten von Portfolios nicht durch die Risikomodelle erklären lassen. Beispiele solcher *Anomalien* sind der Size-Effect, der Dividend-Yield-Effect etc. Kapitalmarktanomalien sind in der empirischen Literatur seit langem Gegenstand umfangreicher Untersuchungen.[8] Die Diskussion wurde in jüngster Zeit vor allem durch die Studie von FAMA/ FRENCH (1992) neu belebt. Im Widerspruch zu den Aussagen des CAPM kommen sie zum Ergebnis, daß der Marktwert eines Unternehmens und das Buchwert-zu-Marktwert- Verhältnis die bestimmenden Faktoren zur Erklärung von Differenzen in den Renditemittelwerten amerikanischer Unternehmen sind und nicht der Betafaktor. Die Umsetzung der bekannten Stilansätze Value, Growth und Size ist eng mit dem Wissen um derartige Bewertungsanomalien verknüpft.

---

[4] Einen praxisnahen Überblick über empirische Befunde liefert Haugen (1995).
[5] Stilansätze in einem europäischen Kontext wurden erstmals von Paulus (1997) umfangreich untersucht.
[6] Bernstein (1995), S. 3.

3. Quantitativ strukturierte Klassifizierungsschemata für Stilansätze

Obwohl die Begriffe 'Value' und 'Growth' im Portfoliomanagement eine meist intuitiv festbelegte Bedeutung haben, existieren keine allgemein anerkannten Klassifizierungsschemata für die beiden Marktsegmente. Generell beschreibt eine Value-Strategie einen Managementprozeß, der auf die aktuelle Bewertung (Marktpreis) und die momentanen Renditeeigenschaften einer Aktie ausgerichtet ist. Es werden Titel präferiert, die aufgrund ihrer momentanen Bewertung relativ zum Universum oder relativ zu ihrer eigenen Historie günstig erscheinen, beziehungsweise ein hohes derzeitiges Einkommen erwarten lassen. Gemessen wird diese Attraktivität häufig an klassischen Bewertungsrelationen wie beispielsweise dem Buchwert-zu-Marktwert-Verhältnis, der Dividendenrendite, der Gewinnrendite etc. Eine Value-Strategie fokussiert den Analyseprozeß oft auf momentane preisbezogene Bewertungsfaktoren. Das kann im Extremfall durchaus bedeuten, vernachlässigte und von anderen Investoren gemiedene Titeln ('Fallen Angels') zu selektieren. Value-Strategien werden daher oft auch als 'Contrarian' dargestellt.[9]

Konträr hierzu ist ein Growth-Ansatz an der Entwicklung zukünftiger Gewinne der Unternehmen und der Relation zwischen Gewinnentwicklung und heutiger Bewertung ausgerichtet. Die Fokussierung im Selektionsprozeß liegt eindeutig auf der aktuellen und prognostizierten Gewinnentwicklung, und folglich werden Titel mit entsprechenden Gewinnerwartungen auch dann selektiert, wenn sie momentan 'teuer' erscheinen. Deskriptoren zur Beschreibung von Growth-Eigenschaften umfassen beispielsweise das prognostizierte Gewinnwachstum, den Trend in den Gewinnschätzungen oder Variablen zur Messung von Gewinnrevisionen. Diese Selektion führt naturgemäß dazu, daß ein Growth-Stil die derzeitigen Marktfavoriten ('glamour stocks') bevorzugt.[10]

Einfacher ist die Definition von Size-Ansätzen. Eine Unterteilung in 'Low-Size'- und 'High-Size'-Titel erfolgt naturgemäß nach dem Marktwert eines Unternehmens oder nach dem im Umlauf befindlichen Wert des Aktienkapitals ('Free Float').

Zur Operationalisierung der Stilansätze haben sich in der Praxis verschiedene Klassifizierungsschemata für die Zuordnung von Aktien zu einem bestimmten Stilsegment herausgebildet. Bei der *intuitiven* Klassifizierung werden Aktien haupt-

---

[7] Im CAPM wird systematisches Risiko über einen Faktor (Beta) modelliert. Alternativ modelliert die APT von Ross (1976) die Rendite-Risiko-Beziehung auf der Basis eines Mehrfaktorenmodells.

[8] Der Firm-Size-Effect wurde erstmals von Banz (1981) dokumentiert. Basu (1977) und Reinganum (1981) stellen eine negativen Zusammenhang zwischen P/E und risikoadjustierter Rendite fest. Der Dividend-Yield-Effect wurde von Blume (1980) und Keim (1985) untersucht. Darüber hinaus existieren Kalenderzeitanomalien. Vgl. hierzu beispielsweise Frantzmann (1989).

[9] Der Erfolg von 'Contrarian'-Strategien wird auch in der Literatur intensiv untersucht. Vgl. beispielsweise Lakonishok et al. (1994) oder Haugen (1995).

[10] Insofern hat es ein Growth-Manager leichter als ein Value-Manager. Der mögliche Mißerfolg mit einem Portfolio aus augenscheinlichen Gewinnern ist leichter zu erklären als der Mißerfolg mit einem Portfolio aus augenscheinlichen Verlierern.

sächlich nach subjektiven Kriterien bestimmten Marktsegmenten zugeteilt.[11] Sie wird vor allem in der klassischen Aktienanalyse eingesetzt und ist immer dann sinnvoll, wenn das zu betrachtende Universum klein ist.

Im Gegensatz zu einer intuitiven Einteilung von Aktien führen quantitative Verfahren zu einer systematischen, nachvollziehbaren und historisch simulierbaren Klassifizierung. Die *univariate Klassifizierung* reduziert das Selektionsproblem auf eine einzige Variable. Am häufigsten erfolgt eine Trennung in Value- und Growth-Aktien anhand des Buchwert-zu-Marktwert-Verhältnisses (B/P): Aktien mit hohem (niedrigen) B/M werden als Value- (Growth-) Titel charakterisiert. Die meisten der inzwischen veröffentlichten Stilindizes[12] basieren auf diesem Klassifizierungsschema, wobei ein Universum von Aktien in zwei sich ausschließende Hälften geteilt wird. Der Vorteil dieser Vorgehensweise liegt natürlich in der einfachen Handhabung. Der Nachteil ist die einseitige Ausrichtung auf eine Variable.

Der *multivariaten Zuordnung* liegt meist eine Diskriminanzfunktion folgender Form zugrunde:

(1) $\quad d_i = w_1 F_{1i} + w_2 F_{2i} + \cdots + w_K F_{Ki}$.

Dabei sind F_{1i} bis F_{Ki} K Fundamentalvariablen, die jeweils mit einem Gewicht w_k zu einem Diskriminanzwert d_i zusammengefaßt werden. Aktien werden dann anhand ihres Diskriminanzwertes einem bestimmten Marktsegment zugeordnet. Der Vorteil dieser Vorgehensweise liegt in der Erfassung mehrdimensionaler Deskriptoren für ein bestimmtes Stilsegment. Problematisch ist die Wahl der Gewichtungsfaktoren sowie die Modellierung der Fundamentalfaktoren. Üblicherweise werden die Fundamentalfaktoren vor der Gewichtung standardisiert, um die Vergleichbarkeit zu sichern.

4. Daten und experimentelles Design

Das Renditeverhalten von Stilansätzen auf dem deutschen Aktienmarkt ist bislang wenig erforscht. CAPAUL/ ROWLEY/ SHARPE (1993) dokumentieren für Deutschland im Zeitraum von Januar 1981 bis Juni 1992 eine mittlere annualisierte Renditedifferenz zwischen einem Value- und Growth-Index in Höhe von 1.54% (*t*-Statistik: 0.48), die im Vergleich zu der anderer untersuchter Länder gering ist. SCHLAG/ WOHLSCHIESS (1994) untersuchen in einer methodisch an FAMA/ FRENCH (1992) ange-

---

[11] Ein gutes Beispiel hierfür ist die in der Fundamentalanalyse übliche Einteilung von Aktien in 'zyklische' und 'nicht zyklische' Werte. Obwohl es einen gängigen Konsens über die Bedeutung dieser Attribute gibt, existieren keine allgemein akzeptierten, quantifizierbaren Deskriptoren.

[12] Wie beispielsweise S&P 500/BARRA Value/ Growth oder Russell Value/ Growth; ein weiteres Beispiel ist der von Merrill Lynch seit 1997 veröffentlichte Germany Top 12-Index, dessen Titelauswahl auf der Selektion der 12 DAX-Werte mit der höchsten Dividendenrendite basiert.

lehnten Studie über einen Zeitraum von 1960 bis 1987 Renditedifferenzen zwischen Quintilportfolios, die nach Buchwert-zu-Marktwert (B/P), Beta und Marktwert sortiert sind. Ihre Ergebnisse belegen einen signifikanten Einfluß von B/P zur Erklärung von Differenzen in den mittleren Renditen. Jährlich rebalancierte Quintilportfolios mit hohem B/P (Value) zeigen gegenüber entsprechenden Quintilportfolios mit niedrigem B/P (Growth) eine mittlere annualisierte Überrendite von ca. 7.2%. Dabei ist der gemessene Unterschied in den Betas gering (High-B/P-Beta: 0.76 vs. Low-B/P-Beta: 0.68). PAULUS (1997) untersucht Stilansätze im europäischen Kontext im Zeitraum Januar 1990 bis Juli 1995. Er sortiert unabhängig voneinander das Universum nach einem aggregierten Value- und Growth-Kriterium. Die annualisierte Renditedifferenz zwischen dem High-Value- und dem Low-Value-Quintilportfolio beträgt ca. 4%, entsprechend für das High-Growth- und das Low-Growth-Quintilportfolio ca. 7%.

Der Untersuchungszeitraum für die nachfolgenden Auswertungen umfaßt zehn Jahre und erstreckt sich von Januar 1987 bis Dezember 1996. Die verwendeten Bilanzinformationen (Buchwert je Aktie, Dividende je Aktie, Marktwert etc.) sowie monatliche Kursdaten (Monatsultimo) stammen von Datastream. Die Berechnung der gewinnbezogenen Variablen basieren auf Gewinndaten und Gewinnschätzungen, die von IBES geliefert werden. In der Regel umfassen die vorhandenen Informationen neben dem zuletzt bekannten Gewinn je Aktie (FY0) Schätzungen für das laufende Geschäftsjahr (FY1) sowie die nächsten beiden Geschäftsjahre (FY2, FY3).

Die Gesamtanzahl der Unternehmen im Universum steigt von ca. 75 im Jahr 1987 auf 110 im Jahr 1996 an. Die Gesamtanzahl von Titeln wird hauptsächlich durch die Verfügbarkeit der Fundamentalvariablen beschränkt.[13] Zur Klassifizierung der Aktien werden an jedem Monatsultimo jeweils vier Value- und vier Growth-Deskriptoren (siehe Tabelle 1) berechnet, wobei die Berechnung der Variablen sicherstellt, daß nur bereits veröffentlichte und bekannte Informationen verwendet werden. Neben den klassischen Value-Faktoren *B/P*, *DY*, *EY* wird die erwartete Dividendenrendite *DY_est* aus den erwarteten Gewinnen (Mittelwert aus aktuellen und erwarteten Gewinnen der folgenden zwei Fiskaljahre) und der Payout-Ratio berechnet. Die Payout-Ratio mißt die Höhe der aktuellen Ausschüttungen am Jahresüberschuß. Growth-Faktoren dagegen messen das durchschnittliche Gewinnwachstum (*E_Growth*), die Veränderung in den Consensus-Gewinnschätzungen über die vergangenen drei Monate (*E_Trend*) sowie das Sentiment bezüglich der Gewinnerwartungen als das Verhältnis positiver zu negativer Gewinnrevisionen im abgelaufenen Monat (*E_Revision*). Schließlich wird als Growth-Deskriptor das in der Fundamentalanalyse als PEG-Ratio bekannte Verhältnis aus KGV und Gewinnwachstum berechnet.[14] Konstruktionsbedingt sind die Variablen *PE_Egrowth* und *E_Revision* nicht definiert, wenn der Nenner den Wert null annimmt.

---

[13] Ein Vergleich der kapitalgewichteten Performance der Titel in unserem Universum mit der Performance des DAX 100 zeigte keine wesentlichen Unterschiede. Der Tracking Error über den Gesamtzeitraum lag unter 1% p.a. Aufgrund der Größe unseres Universums wird der DAX 100 nachfolgend als Benchmark verwendet. Vor Januar 1988 wurde der DAX 100 mit dem DAX 30 verknüpft.

[14] In der Fundamentalanalyse als PEG-Ratio bekannt. Der Quotient mißt das Verhältnis zwischen der aktuellen Bewertung der Gewinne und dem (erwarteten) Gewinnwachstum. Vergleicht man Growth-Titel untereinander, sind diejenigen mit einer geringen PEG-Ratio am attraktivsten.

Value-Variablen	
$(B/P)_t$	**Buchwert-zu-Marktwert:** Quotient aus dem zuletzt bekannten Buchwert einer Aktie und Aktienkurs am Monatsultimo
$(DY)_t$	**Dividendenrendite:** Quotient aus der zuletzt bekannten Bardividende und dem aktuellen Kurs
$(EY)_t$	**Gewinnrendite:** Quotient aus dem mittleren Gewinn je Aktie (Mittelwert aus FY0, .. ,FY3) und Monatsultimokurs
$(DY\_est)_t$	**erwartete Dividendenrendite:** $(EY)_t$ * Payout-Ratio$_t$
Growth-Variablen	
E_Growth_t	**Gewinnwachstum:** durchschnittliches Gewinnwachstum berechnet aus den letzten drei veröffentlichten Gewinnen je Aktie sowie den in t bekannten Schätzungen für die nächsten beiden Geschäftsjahre[15]
E_Trend_t	**Trend in den Gewinnschätzungen:** mittlere prozentuale Veränderung in den Gewinnschätzungen (FY1 - FY3) über die vorangegangenen drei Monate
$E\_Revision_t$	**Gewinnrevision:** Verhältnis aus der Anzahl positiver und negativer Gewinnrevisionen
$PE\_Egrowth_t$	**Kurs-Gewinn-Verhältnis relativ zum Gewinnwachstum**

Tab. 1: Value- und Growth-Deskriptoren

In einem ersten Schritt wird das Universum nach jedem Deskriptor monatlich sortiert und in zwei Hälften aufgeteilt. In die Sortierung werden nur Titel mit in dem jeweiligen Monat vorhandenen Daten einbezogen. Aktien mit einer hohen Ausprägung des jeweiligen Deskriptors werden der oberen Hälfte (High), Aktien mit niedriger Ausprägung entsprechend der unteren Hälfte (Low) zugeordnet. Anschließend wird die kapitalgewichtete Performance der beiden Hälften für den folgenden Monat berechnet und über den Gesamtzeitraum kumuliert. Tabelle 2 zeigt die wichtigsten Performancekennzahlen der daraus resultierenden (kapitalgewichteten) Portfolios für jeden Fundamentalfaktor, getrennt nach High- und Low-Ausprägung: die mittlere Überrendite relativ zum DAX 100 (aktive Rendite:), die Information-Ratio, gemessen als das Verhältnis zwischen Überrendite zum Tracking Error sowie das aus einer Marktmodellregression[16] geschätzte Alpha mit entsprechender t-Statistik. Alle Renditeangaben sind aus Gründen der Interpretierbarkeit annualisiert.

---

[15] Die Wachstumsrate von einem nicht positiven Vorjahresgewinn zu einem positiven Gewinn im folgenden Jahr ist nicht sinnvoll definiert. Sie wird daher auf 100% gesetzt.

[16] Die Regression ist wie folgt spezifiziert: $r_{Stil} - r_f = \alpha_{Stil} + \beta_{Stil}(r_{DAX100} - r_f) + \varepsilon_{Stil}$, wobei r_f der monatliche risikolose Zinssatz ist.

	HIGH				LOW			
	Überrendite p.a.	IR	Alpha p.a.	t-Stat. (Alpha)	Überrendite p.a.	IR	Alpha p.a.	t-Stat. (Alpha)
B/P	1.67	0.368	1.66	1.19	-1.21	-0.220	-0.98	-0.56
DY	2.84	0.608	2.76	2.03	-3.64	-0.663	-3.27	-1.92
EY	0.01	0.003	0.09	0.06	-0.36	-0.06	-0.12	-0.06
DY_est	3.33	0.562	3.29	1.91	-2.28	-0.448	-2.01	-1.28
E_Growth	-0.81	-0.159	-0.61	-0.38	-0.16	-0.041	-0.04	-0.03
E_Trend	-1.29	-0.259	-1.01	-0.64	-0.18	-0.036	-0.05	-0.03
E_Revision	0.26	0.484	0.37	0.21	-2.23	-0.434	-1.93	-1.18
PE_Egrowth[17]	-1.79	-0.329	-1.52	-0.88	1.52	0.279	1.59	0.92

Deskriptive Statistiken von monatlich nach den Fundamentalfaktoren sortierten High- und Low-Portfolios im Zeitraum 1987-1996. Dargestellt ist die mittlere Überrendite gegenüber dem DAX 100 und die Information Ratio (IR=Überrendite/Tracking Error). Die risikoadjustierte Überrendite Alpha (t_Alpha) stammt aus der Regression $r_{Stil} - r_f = \alpha_{Stil} + \beta_{Stil}(r_{DAX100} - r_f) + \varepsilon_{Stil}$, wobei r_f der monatliche risikolose Zinssatz ist. Alle Renditeangaben sind annualisierte Prozentwerte.

Tab. 2: Deskriptive Statistiken der Fundamentalportfolios

Auffallend ist zunächst, daß alle Portfolios mit hohen Ausprägungen der Value-Faktoren im Mittel positive Überrenditen erzielen, während die entsprechenden Low-Portfolios eine negative mittlere Überrendite aufweisen. Am stärksten ist der Effekt für die beiden Dividendenvariablen: Die risikoadjustierte Rendite (Alpha) ist für die High-Portfolios der Faktoren DY und DY_est signifikant positiv. Konträr hierzu ist das Low-DY-Alpha signifikant negativ. Für die nach den Growth-Variablen gebildeten Portfolios treten nur geringere Unterschiede hinsichtlich des Performanceverhaltens der High- und Low-Hälften hervor. Die für die High- und Low-Hälften gemessenen Performancekennziffern sind betragsmäßig geringer als bei den Value-Faktoren, die beobachteten Alphas sind für keine der betrachteten Portfolios signifikant. Erstaunlicherweise erzielen Titel mit hohem Gewinnwachstum (High E_Growth) und positivem Trend in den Gewinnschätzungen (High E_Trend) negative Überrenditen.

Abbildung 1 und 2 zeigen die kumulierte Performance der High- und Low-Portfolios für DY und E_Growth. Sie können als univariate Stilindizes interpretiert werden. Das High-DY-Portfolio steht repräsentativ für einen Value-Stil; entsprechend kann das High-E_Growth-Portfolio als Referenz für ein Growth-Portfolio interpre-

---

[17] Konstruktionsbedingt unterscheidet sich die Interpretation von $PE\_Egrowth_t$ im Vergleich zu den anderen Growth-Faktoren: Growth-Titel befinden sich in der 'Low-PE_Egrowth'-Hälfte des Universums (vgl. Fußnote 14).

tiert werden. Die Graphiken sind wie folgt zu interpretieren: Die linke Achse mißt die Performanceentwicklung der Stilportfolios relativ zum DAX 100, d.h., sie zeigt in jedem Zeitpunkt das Verhältnis aus kumulierter Portfolioperformance zu kumulierter DAX 100-Performance. Die absolute Entwicklung des DAX 100 ist zum Vergleich als Fläche dargestellt und auf der rechten Achse aufgetragen.

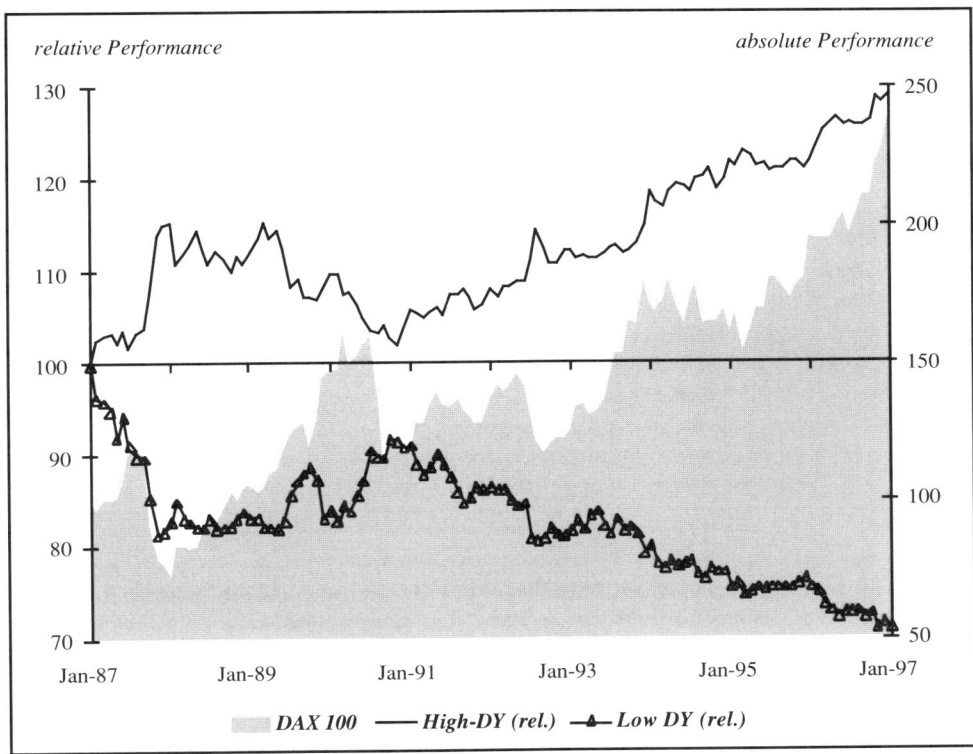

Das Universum wird an jedem Monatsende nach der Dividendenrendite (*DY*) sortiert und auf zwei Hälften aufgeteilt. Das High- (Low-) *DY*-Portfolio enthält die Hälfte der Titel mit der höchsten (niedrigsten) Dividendenrendite zu diesem Zeitpunkt. Für jede Hälfte wird die marktwertgewichtete Performance über den nächsten Monat ermittelt und anschließend über den Gesamtzeitraum kumuliert. Dargestellt wird die kumulierte Performance beider Portfolios relativ zum DAX 100, dessen Wertentwicklung zum Vergleich absolut (rechte Achse) aufgetragen ist.

Abb. 1: Performance von High- bzw. Low-*DY*-Hälften

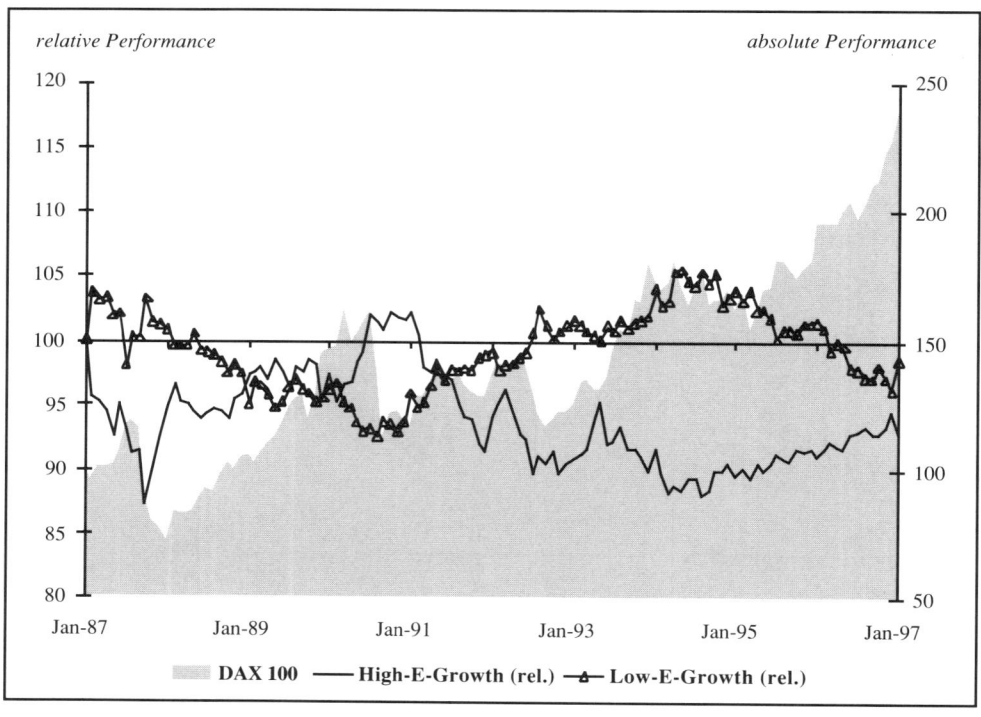

Das Universum wird an jedem Monatsende nach E_Growth sortiert und auf zwei Hälften aufgeteilt. Das High- (Low-) E_Growth-Portfolio enthält die Hälfte der Titel mit den höchsten (niedrigsten) E_Growth zu diesem Zeitpunkt. Für jede Hälfte wird die marktwertgewichtete Performance über den nächsten Monat ermittelt und anschließend über den Gesamtzeitraum kumuliert. Dargestellt wird die kumulierte Performance beider Portfolios relativ zum DAX 100, dessen Wertentwicklung zum Vergleich absolut (rechte Achse) aufgetragen ist.

Abb. 2: Performance von High- bzw. Low-*E_Growth*-Hälften

Deutlich zu erkennen ist die hohe relative Outperformance der Titel mit den jeweils höchsten Dividendenrenditen. Über den Gesamtzeitraum erzielt das Portfolio gegenüber dem DAX 100 eine Mehrrendite von ca. 30%, die kontinuierlich seit Anfang 1991 ansteigt: Dies ist ein deutlicher Hinweis auf eine Marktsegmentierung bezüglich der Dividendenrendite. Verglichen damit ist der Unterschied im Renditeverhalten der nach *E_Growth* sortierten Hälften geringer. Am Ende von zehn Jahren haben beide Hälften eine geringe kumulierte Minderperformance gegenüber dem DAX erwirtschaftet. Beide Graphiken lassen aber eine Zyklik in dem Renditeverhalten der Stilportfolios erkennen. Diese Beobachtung soll näher beleuchtet werden.

5. Value, Growth und Size

Im nächsten Schritt werden Value- und Growth-Indizes aus einer multivariaten Aggregation der Value- und Growth-Deskriptoren ermittelt. Im Gegensatz zur Berechnung vieler Stilindizes sollen jedoch nicht sich gegenseitig ausschließende Universumshälften gebildet werden.[18] Die Vorgehensweise ist wie folgt: Jeden Monat werden alle Aktien im Universum einzeln nach jedem Deskriptor aufsteigend sortiert[19] und Dezilen zugewiesen. Jeder Aktie wird für jeden Deskriptor als Rang die Nummer des zugeordneten Deziles zugewiesen. Fehlen Beobachtungen für einen Deskriptor, wird ein mittlerer Rang vergeben. Anschließend wird für jeden Titel ein Value- bzw. Growth-Rang aus der Summe der vier Einzelränge berechnet. Beispielsweise erhalten Titel, die für alle vier Value-Deskriptoren im ersten Dezil eingeordnet wurden den Rang „4" etc. Wie im vorangegangenen Schritt werden im Anschluß alle Werte im Universum anhand des Value- und Growth-Scores jeden Monat auf jeweils zwei Hälften aufgeteilt und die kapitalgewichtete Performance der daraus resultierenden Portfolios berechnet. Auf diese Weise entstehen vier Performancezeitreihen: High-Value, Low-Value, High-Growth und Low-Growth, die Stellvertreter der jeweiligen Stilsegmente sind. High-Value enthält die 50% Titel mit den niedrigsten Value-Faktoren, High-Growth entsprechend die 50% Titel mit den attraktivsten Growth-Eigenschaften.

Parallel hierzu werden jeden Monat High- bzw. Low-Size-Portfolios berechnet, wobei die Klassifizierung nach dem Marktwert eines Titels am Monatsende erfolgt. Um der hohen Konzentration von Werten im High-Size-Segment des deutschen Aktienmarktes Rechnung zu tragen, wird das High-Size-Portfolio aus 25% der Titel mit den größten Marktwerten zusammengesetzt, entsprechend das Low-Size-Portfolio aus den restlichen 75%.[20] Aus der monatlichen Klassifikation werden wiederum kapitalgewichtete Portfolios berechnet.

Abbildung 3 zeigt die Performance der High- bzw. Low-Size-Portfolios; Abbildung 4a und 4b dokumentieren jeweils die Performance der High-/ Low-Value- bzw. Growth-Portfolios relativ zum DAX 100 als Benchmark. Die Darstellung erfolgt wie zuvor, d.h., die Performance der Stilindizes wird immer relativ zum DAX 100 dargestellt (linke Achse). Zusätzlich ist der DAX 100 absolut auf der rechten Achse aufgetragen.

Das Performanceverhalten von High- und Low-Size-Portfolios in Abbildung 3 belegt deutlich eine Marktsegmentierung bezüglich der Size-Variablen: Low-Size-Titel zeigen gegenüber High-Size-Aktien ein merklich anderes relatives Renditeverhalten gegenüber dem DAX 100. Allerdings ist im Untersuchungszeitraum dieser Effekt nicht stabil. Bis ungefähr Ende 1990 erzielt das Low-Size-Portfolio eine kumulierte Mehrrendite von ca. 35%, danach sinkt bis Ende 1996 der relative kumulierte Mehrertrag kontinuierlich auf einen leicht negativen Wert.

---

[18] Zum Beispiel S&P500/BARRA-Value- und Growth-Index.
[19] Konstruktionsbedingt erfolgt die Sortierung für *PE_Egrowth* in absteigender Reihenfolge (siehe Fußnote 17).
[20] Dies entspricht etwa der Aufteilung des DAX 100 in den DAX 30 und MDAX.

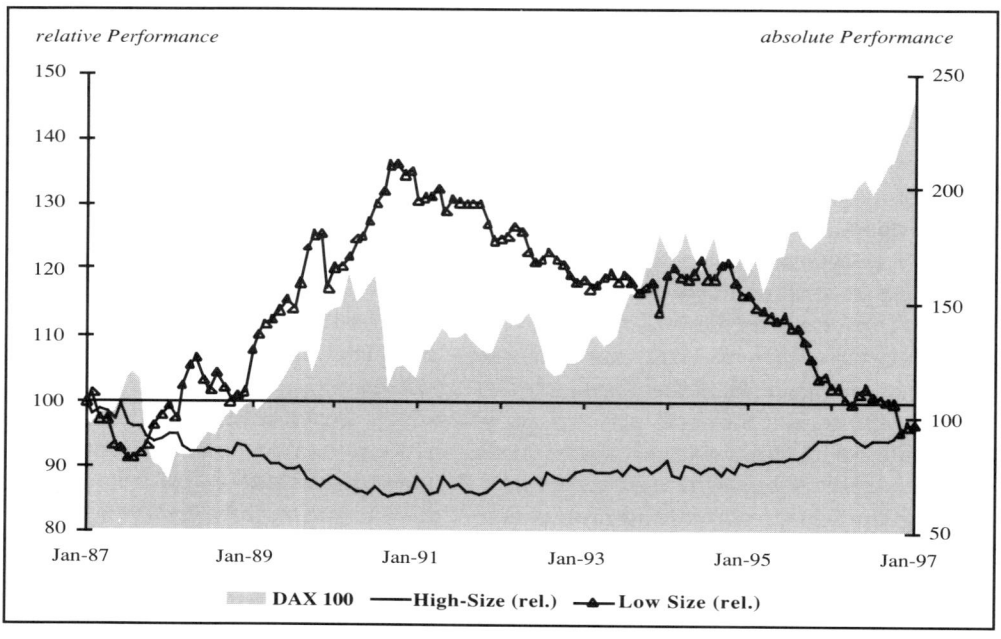

Das Universum wird an jedem Monatsende nach dem Marktwert sortiert und im Verhältnis 25/75 aufgeteilt. Das High- (Low-) Size-Portfolio enthält 25% (75%) der Titel mit dem höchsten (niedrigsten) Marktwert zu diesem Zeitpunkt. Für jede Hälfte wird die marktwertgewichtete Performance über den nächsten Monat ermittelt und anschließend über den Gesamtzeitraum kumuliert. Dargestellt ist die kumulierte Performance beider Stilportfolios relativ zum DAX 100, dessen Wertentwicklung zum Vergleich absolut (rechte Achse) aufgetragen ist.

Abb. 3: Relative Performance von Size-Portfolios

Auch bezüglich der Value-Portfolios zeigt Abbildung 4a eine deutliche Marktsegmentierung. High-Value-Titel erzielen relativ zur Benchmark DAX 100 im Gesamtzeitraum eine Überrendite von mehr als 20%. Das relative Performanceverhalten ist im Gesamtzeitraum jedoch nicht stabil. Von 1987 bis ca. Mitte 1989 zeigten High-Value-Werte eine Outperformance,[21] es folgt ein kurzer Zeitraum von Mitte 1989 bis zum vierten Quartal 1990, in dem sich die Situation gedreht hat. Seit Anfang 1991 läßt sich eine nahezu konstante relative Überrendite der Value-Titel gegenüber der Benchmark beobachten. Berechnet man die mittlere monatliche Renditedifferenz zwischen der High-Value- und Low-Value-Hälfte, ergibt sich ein annualisierter Wert von 4.18% p.a. (t-Statistik: 1.58).

---

[21] Diese Beobachtung läßt sich u.a. auf das Verhalten der beiden Portfolios im Oktober 1987 zurückführen. Während der DAX in diesem Monat um ca. 22% gefallen ist, hat das High-Value-Portfolio einen Verlust von -18% und das Low-Value-Portfolio einen Verlust von -26% erzielt.

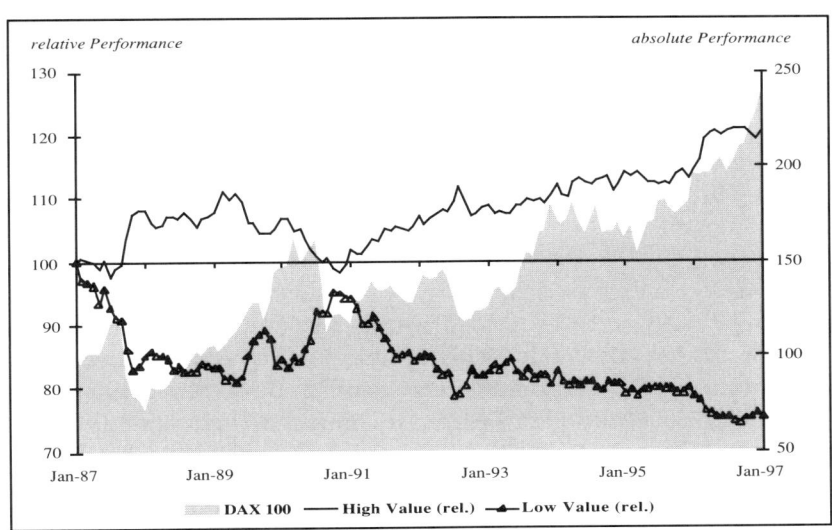

Abb. 4a: High-Value vs. Low-Value

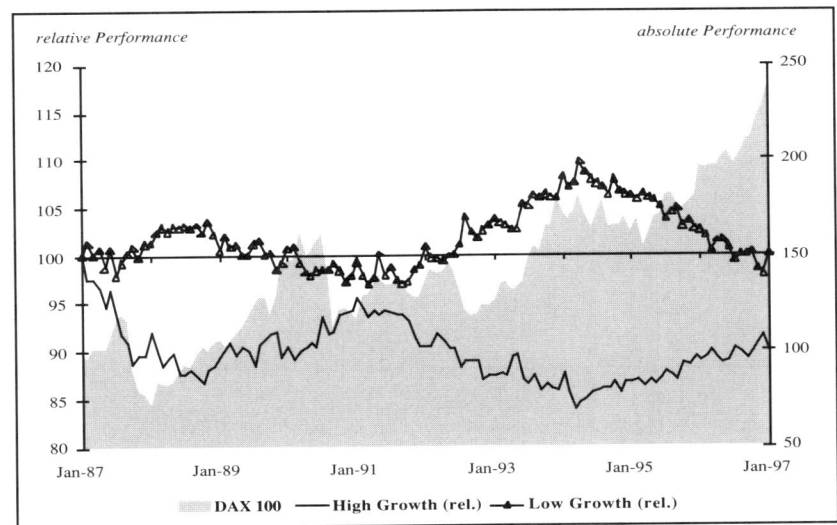

Abb. 4b: High-Growth vs. Low-Growth

Jeden Monat wird allen Wertpapieren nach jedem der vier Value- bzw. der vier Growth-Deskriptoren aufsteigend ein Rang von 1 bis 10 zugeteilt. Aus der Summe der Value-Plazierungen wird ein Value-Score berechnet; entsprechend wird jedem Titel aus der Summe der Growth-Ränge ein Growth-Score zugeordnet. Anschließend wird das Universum aufsteigend nach dem Value- bzw. Growth-Score sortiert und auf zwei Hälften aufgeteilt. Das High-Value-Portfolio enthält die Hälfte der Titel mit den höchsten Value-Rängen (besten Value-Charakteristiken), entsprechend das High-Growth-Portfolio die Hälfte der Aktien mit den höchsten Growth-Rängen. Für jede der vier Hälften wird die marktwertgewichtete Performance über den nächsten Monat ermittelt und anschließend über den Gesamtzeitraum kumuliert. Dargestellt wird die kumulierte Performance der Stilportfolios relativ zum DAX 100, dessen Wertentwicklung zum Vergleich absolut (rechte Achse) aufgetragen ist.

Abb. 4: Performance von Stilportfolios

Ein differenziertes Bild ergibt sich bei Betrachtung der High- bzw. Low-Growth-Portfolios in Abbildung 4b. Wenngleich die beiden Growth-Portfolios über den Gesamtzeitraum ein unterschiedlichen Verlauf gegenüber dem DAX 100 zeigen, hat keines der beiden Portfolios am Ende eine Mehrrendite erwirtschaftet. Erstaunlicherweise erzielen die besten Growth-Titel (High-Growth) relativ zum DAX 100 eine kumulierte *Minder*performance in Höhe von ca. 10%. Der annualisierte Spread zwischen der High-Growth-Hälfte und dem Low-Growth-Portfolio beträgt -1.1% und ist zu gängigen Signifikanzniveaus statistisch nicht signifikant (*t*-Statistik: -0.56).

Das relative Verhalten zwischen High-Value und High-Growth kann anhand von Abbildung 5 analysiert werden. Aufgetragen ist (auf der linken Achse) die relative Performance der High-Value-Titel relativ zur kumulierten Performance der High-Growth-Hälfte. Die Abbildung zeigt deutlich die Überlegenheit von Value-Titeln innerhalb des betrachteten Zeitraumes. Berechnet man die mittlere monatliche Renditedifferenz zwischen High-Value und High-Growth, erhält man einen Wert von 2.7% p.a., der zum 10% Niveau (*t*-wert: 1.66) signifikant ist.

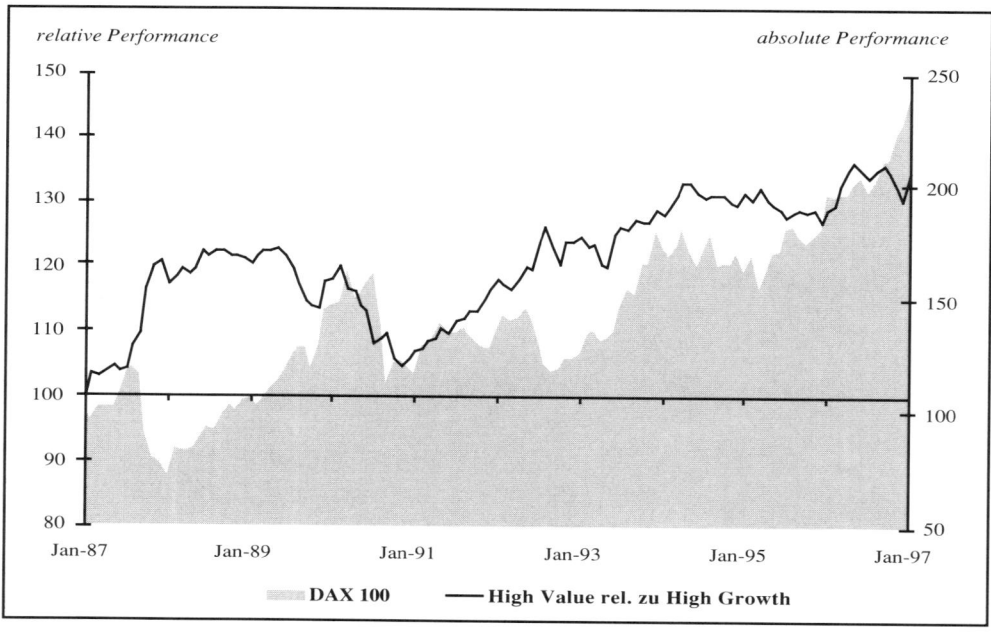

Die Abbildung zeigt die kumulierte Performance des Value-Portfolios relativ zur kumulierten Performance der Growth-Hälfte. Die Wertentwicklung des DAX 100 ist zum Vergleich absolut (rechte Achse) aufgetragen.

Abb. 5: Relative Performance High-Value vs. High-Growth

Faßt man die bisherigen Erkenntnisse zusammen, und abstrahiert man von kurzfristigen Schwankung in der Renditeentwicklung der Indizes, dann lassen sich allerdings drei Phasen mit einem unterschiedlichen Verhalten der Value- und Growth-Titel erkennen: Von Anfang 1987 bis etwa Ende 1988 zeigen Value-Titel gegenüber Growth-Titeln eine kumulierte Mehrrendite von ca. 20%. Zu Beginn des Jahres 1989 hat sich die Entwicklung umgekehrt, der Growth-Index ist relativ zum Value-Index stärker angestiegen; besonders markant (vgl. Abbildung 5) ist diese Entwicklung 1990. Eine denkbare Erklärung könnte in der zu diesem Zeitpunkt herrschenden Wiedervereinigungseuphorie liegen: Möglicherweise verlagerten Investoren ihren Anlageschwerpunkt auf High-Growth-Aktien, die von dem Einigungsprozeß am stärksten profitieren sollten und resultierend daraus die höchsten prognostizierten Wachstumsraten in den Gewinnen aufgewiesen haben. Vergleicht man diese Beobachtung mit dem in Abbildung 3 beobachtbaren Verhalten der Low-Size-Portfolios, kommt man zu dem Schluß, daß der in den Jahren 1988 und 1989 zu beobachtende starke Anstieg der Aktienkurse vor allem von kleinen, wachstumsstarken Werten (Low-Size/ High-Growth) getragen wird. Das Renditeverhalten der Stilportfolios ändert sich im Oktober 1990: Nach einem Kurssturz als Folge der Kuwait Krise zeigen Value-Titel gegenüber den Growth-Aktien eine deutlich besseres Renditeverhalten. Die mittlere monatliche Renditedifferenz zwischen den Value- und Growth-Portfolios beträgt im Zeitraum von Oktober 1990 bis Dezember 1996 3.2% und ist signifikant zum 5%-Niveau (t-Statistik: 2.11). Zusammengefaßt machen diese Beobachtungen deutlich, daß das relative Renditeverhalten von Stilportfolios in den betrachteten zehn Jahren nicht stabil ist und von außergewöhnlichen Marktereignissen geprägt wird.[22] Unbeschadet dieser Beobachtung bleibt allerdings festzuhalten, daß die Value-Strategie am Ende zu dem besten Performanceergebnis führt. Im weiteren soll die Branchen- und Risikostruktur der Stilportfolios untersucht werden.

Branchenstruktur

Oftmals werden bestimmte Stilsegmente mit einer bestimmten Branchenstruktur in Verbindung gebracht. Abbildung 6 und 7 zeigen die Branchenverteilung der High-Value- beziehungsweise High-Growth-Portfolios. Dargestellt ist das mittlere Gewicht in der jeweiligen Hälfte, getrennt für jedes Jahr. Dabei lassen sich deutliche Unterschiede erkennen. Erwartungsgemäß finden sich Value-Unternehmen vor allem in den Branchen 'Banken', 'Versorger' und 'Chemiewerte'. Sie zeichnen sich historisch durch eine vergleichsweise hohe Dividendenrendite aus. Im High-Growth-Segment fällt insbesondere der hohe Anteil von Versicherungen auf. Markant ist auch die enorme Schwankung im Anteil der Chemie-Unternehmen im Gesamtzeitraum. Insgesamt streut die Branchenverteilung im Growth-Portfolio stärker als im Value-Segment.

---

[22] Diese Erkenntnis wirft natürlich die Frage des Timings zwischen verschiedenen Stilsegmenten auf, die allerdings nicht Gegenstand dieses Beitrages ist. Vgl. hierzu Dorian/ Arnott (1995) bzw. Geoffrey (1994).

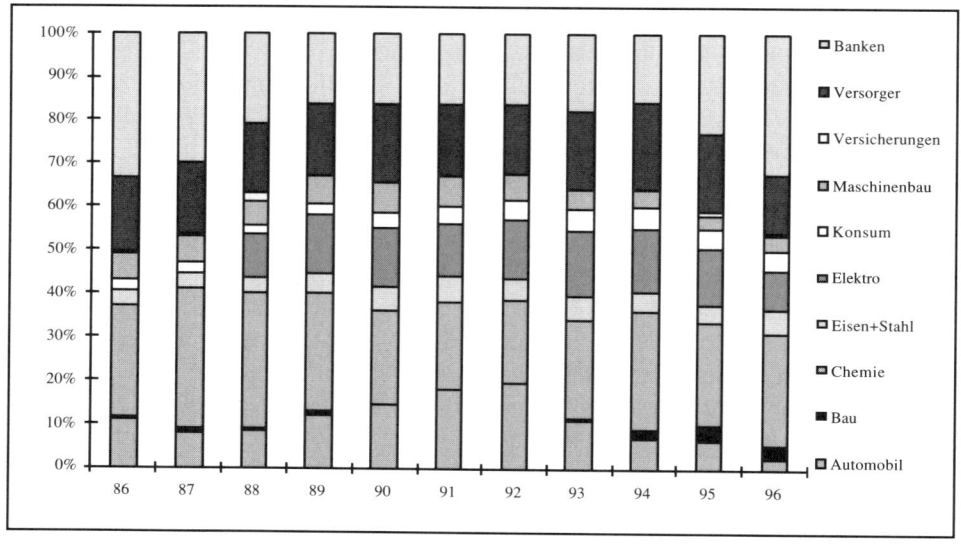

Dargestellt ist die mittlere Branchengewichtung des High-Value-Portfolios, separat für jedes Jahr des Untersuchungszeitraumes.

Abb. 6: Branchenverteilung High-Value

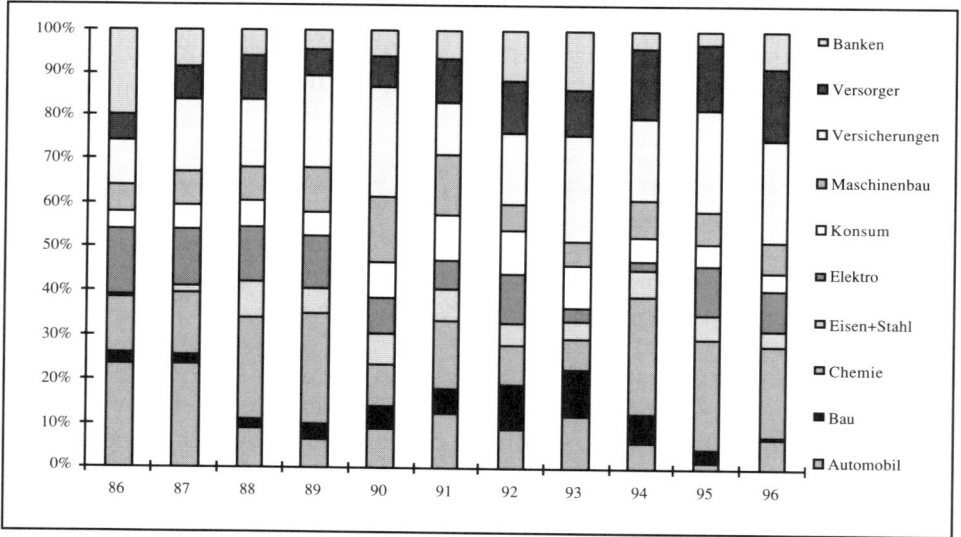

Dargestellt ist die mittlere Branchengewichtung des High-Growth-Portfolios, separat für jedes Jahr des Untersuchungszeitraumes.

Abb. 7: Branchenverteilung High-Growth

Risikoadjustierung

Tabelle 3 zeigt die Ergebnisse einer Risikoanalyse der Stilportfolios einmal für den Gesamtzeitraum sowie für zwei getrennte Fünf-Jahres-Teilzeiträume. Der Tracking Error wird als Standardabweichung der Renditedifferenzen gemessen, die Information Ratio beschreibt das Verhältnis zwischen aktiver Rendite (Überrendite) und dem Tracking Error. Alpha und Beta stammen aus einer Marktmodellregression von Überschußrenditen ($r_{Stil} - r_f$) der Stilportfolios relativ zum risikolosen Zins auf

Stil	Pf.	Rendite p.a.	Überrendite p.a.	Stdv.	Tracking Error	IR	Alpha p.a.	t - Stat. (Alpha)	Beta
	Zeitraum Januar 1987 - Januar 1997
DAX 100		9.10		18.89					
SIZE	HIGH	8.62	-0.47	19.69	3.57	-0.132	-0.38	-0.34	1.02
	LOW	8.72	-0.38	17.42	6.95	-0.055	-0.01	-0.01	0.86
VALUE	HIGH	11.17	2.08	17.94	4.08	0.510	2.02	1.66	0.93
	LOW	6.05	-3.05	20.63	5.83	-0.523	-2.68	-1.46	1.05
GROWTH	HIGH	7.92	-1.17	18.93	4.35	-0.269	-0.96	-0.70	0.97
	LOW	9.11	0.02	19.06	3.87	0.005	0.10	0.08	0.99
	Zeitraum Januar 1987 - Januar 1992
DAX 100		6.40		22.70					
SIZE	HIGH	3.72	-2.69	23.53	4.12	-0.653	-2.42	-1.30	1.02
	LOW	11.23	4.83	21.02	8.19	0.590	4.38	1.28	0.86
VALUE	HIGH	7.87	1.47	20.99	4.61	0.319	1.18	0.64	0.90
	LOW	2.98	-3.42	25.03	6.99	-0.489	-2.82	-0.91	1.06
GROWTH	HIGH	4.32	-2.08	22.69	4.87	-0.427	-1.91	-0.88	0.97
	LOW	6.60	0.19	22.75	4.20	0.045	0.21	0.11	0.98
	Zeitraum Februar 1992 - Januar 1997
DAX 100		11.86		14.18					
SIZE	HIGH	13.76	1.90	15.02	2.83	0.671	1.58	1.25	1.04
	LOW	6.26	-5.60	12.98	5.17	-1.083	-4.38	-2.04	0.85
VALUE	HIGH	14.58	2.72	14.39	3.50	0.777	2.56	1.61	0.98
	LOW	9.21	-2.65	15.20	4.44	-0.597	-2.40	-1.19	1.02
GROWTH	HIGH	11.65	-0.21	14.40	3.77	-0.056	-0.03	-0.02	0.98
	LOW	11.69	-0.17	14.65	3.55	-0.048	-0.07	-0.04	1.00

Risikoparameter monatlich rebalancierter Stilportfolios. Dargestellt ist die mittlere absolute Rendite, die mittlere Überrendite gegenüber DAX 100, das Gesamtrisiko gemessen als Standardabweichung der monatlichen Renditen (Stdv.), der Tracking Error gegenüber dem DAX 100 und die Information Ratio (IR=Überrendite/Tracking Error). Die Risikoparameter Alpha (t-Stat.) und Beta stammen aus der Regression $r_{Stil} - r_f = \alpha_{Stil} + \beta_{Stil}(r_{DAX100} - r_f) + \varepsilon_{Stil}$, wobei r_f der monatliche risikolose Zinssatz ist. Alle Renditeangaben sind annualisiert.

Tab. 3: Risikoparameter der Stilportfolios

die entsprechende Marktüberschußrendite. Betrachtet man die Ergebnisse über den Gesamtzeitraum, lassen sich gemessen an der *t*-Statistik für Alpha die deutlichsten Unterschiede für die nach dem Value-Score sortierten Portfolios beobachten. High-Value-Aktien erzielen eine risikoadjustierte signifikante Überrendite von ca. 2% p.a.; der High-Value/ Low-Value risikoadjustierte Renditespread (Differenz der Alphas) beträgt 4.7%. Das High-Value-Portfolio erzielt als einziges Stilsegment sowohl über den Gesamtzeitraum als auch in den beiden Teilzeiträumen positive Alphas; ausgenommen den Zeitraum von 1987 bis 1991, als Low-Size-Titel eine mittlere risikoadjustierte Rendite von 4.48% erzielen, ist die risikoadjustierte Rendite für die High-Value-Strategie auch betragsmäßig am größten. Gleichzeitig ist das gemessene Risiko vergleichsweise gering. Die Standardabweichung liegt unter oder nahe bei dem für den Gesamtmarkt (DAX 100) beobachteten Wert, der Betafaktor ist stets kleiner als eins.

Die Ergebnisse bestätigen auch den bereits in Abbildung 3 beobachteten Size-Effekt. Wenngleich über den Gesamtzeitraum weder für High-Size noch für Low-Size signifikante risikoadjustierte Renditen beobachtet werden können, erzielt das Low-Size-Portfolio in den ersten fünf Jahre ein Alpha von 4.38% p.a., das High-Size-Portfolio dagegen -2.42%. Spiegelbildlich läßt sich ein positives Alpha für High-Size-Titel und ein signifikant negatives Alpha für das Low-Size-Segment im zweiten Teilzeitraum von 1991 bis 1997 beobachten. Auf den ersten Blick erstaunlich ist die vergleichsweise geringe Gesamtvolatilität der Low-Size-Portfolios. Möglicherweise ist diese Beobachtungen auf den höheren Diversifizierungsgrad gegenüber den anderen Stilportfolios zurückzuführen, da die Aufteilung nach Size im Verhältnis 25/75 erfolgt.[23]

Zusammenfassend belegen die Ergebnisse, daß das zuvor beobachtete Renditeverhalten der Stilportfolios auch für risikoadjustierte Renditen (Alphas) Gültigkeit besitzt.[24] Eine Segmentierung des Renditeverhaltens wird besonders für Value-Aktien evident. Paradoxerweise erzielt die Value-Strategie die höchsten Renditen mit dem vergleichsweise niedrigsten Risiko. Die Ergebnisse für die nach den Growth-Faktoren sortierten Portfolios sind weniger ausgeprägt und uneinheitlich. Abschließend soll der Einfluß des Size-Effektes auf das beobachtete Value- bzw. Growth-Verhalten untersucht werden.

Der Einfluß des Size-Effektes

Um mögliche Einflüsse des Size-Effektes sichtbar zu machen, soll das Verhalten der Value- und Growth-Segmente für unterschiedliche Size-Hälften untersucht werden. Hierzu werden Wertpapiere entsprechend ihrer gleichzeitigen Zugehörigkeit zu einer Size- und Value- bzw. Size- und Growth-Hälfte des Universums auf jeweils vier Portfolios aufgeteilt.[25] Beispielsweise enthält das High-Size/High-Value-Port-

---

[23] Denkbar ist auch, daß die Volatilität der Low-Size-Portfolios aufgrund von Autokorrelationen im illiquiden Martksegment unterschätzt wird.
[24] Roll (1995) kommt für den amerikanischen Markt zu dem gleichen Ergebnis.
[25] Nach dieser Vorgehensweise geht Roll (1995) vor. Zu beachten ist, daß sich konstruktionsbedingt die Anzahl der Titel in den vier Portfolios unterscheidet.

folio alle Titel, die sowohl in die obere Hälfte der Value-Sortierung als auch zu den 25% größten Unternehmen gehören; analog werden Low-Size/High-Value-, High-Size/Low-Value- und Low-Size/Low-Value-Portfolios gebildet. Entsprechende Gruppierungen werden für Growth und Size gebildet. Diese Sortierung erlaubt die Untersuchung von Value- und Growth-Effekten innerhalb bestimmter Size-Segmente. Abbildung 8 zeigt die Renditeentwicklung der Value/Size-Portfolios bzw. der Growth-Size-Portfolios.

Abbildung 8a belegt deutlich, daß Value-Titel auch innerhalb der jeweiligen Size-Segmente überlegen sind. Besonders auffällig ist das Verhalten für das High-Size-Segment. Value-Titel innerhalb marktwertgroßer Unternehmen (High-Size/High-Value) erzielen eine relative Überrendite gegenüber dem DAX 100 von mehr als 20%. Demgegenüber entwickelt sich das High-Size/Low-Value-Portfolio deutlich schlechter als die Benchmark und erzielt am Ende des Untersuchungszeitraumes eine kumulierte Minderperformance von nahezu 30%. Der mittlere monatliche Spread zwischen High-Value- und Low-Value-Titeln im High-Size-Segment beträgt annualisiert 5,15% (t-Statistik: 1.48). Erstaunlicherweise ist der Value-Einfluß im Low-Size-Segment deutlich weniger ausgeprägt. Wenngleich auch hier High-Value-Titel besser abschneiden als Low-Value-Titel, ist der beobachtbare Unterschied im Renditeverhalten gering. Ein Vergleich mit Abbildung 3 macht deutlich, daß im Low-Size-Segment der Size-Effekt eindeutig dominiert.

Das Renditeverhalten der entsprechenden Growth-Portfolios in Abbildung 8b ist fast symmetrisch zu den Value-Portfolios. Im High-Size-Segment sind Low-Growth-Titel den High-Growth-Aktien deutlich überlegen. Der mittlere monatliche Spread zwischen den High-Growth- und den Low-Growth-Titeln beträgt im High-Size-Segment annualisiert -2,49% (t-Statistik: -1.02). Darüber hinaus bestätigt sich die zuvor aufgestellte Hypothese, daß der starke Anstieg des Aktienmarktes in den Jahren 1989 und 1990 besonders von Low-Size/High-Growth-Werten getragen wurde.

6. Zusammenfassung und Ausblick

Ausgehend von einem zehnjährigen Untersuchungszeitraum wurde das Renditeverhalten von Size-, Value- und Growth-Stilsegmenten auf dem deutschen Aktienmarkt untersucht. Die hier gefundenen Untersuchungsergebnisse belegen deutlich die Existenz von Stilsegmenten auf dem deutschen Aktienmarkt. Auf Einzelvariablenebene lassen sich insbesondere für die nach der Dividendenrendite sortierten Portfolios signifikante Renditedifferenzen zwischen dem High- und Low-Segment beobachten, die auch nach der Risikoadjustierung über ein Einfaktormodell zu beobachten sind. Des weiteren läßt sich ein ausgeprägter Size-Effekt feststellen, dessen Wirkungsrichtung sich allerdings über den Untersuchungszeitraum im Vorzeichen ändert. Während zunächst Low-Size-Titel eine deutliche Mehrrendite erzielen, ist das Verhalten in der zweiten Hälfte genau umgedreht.

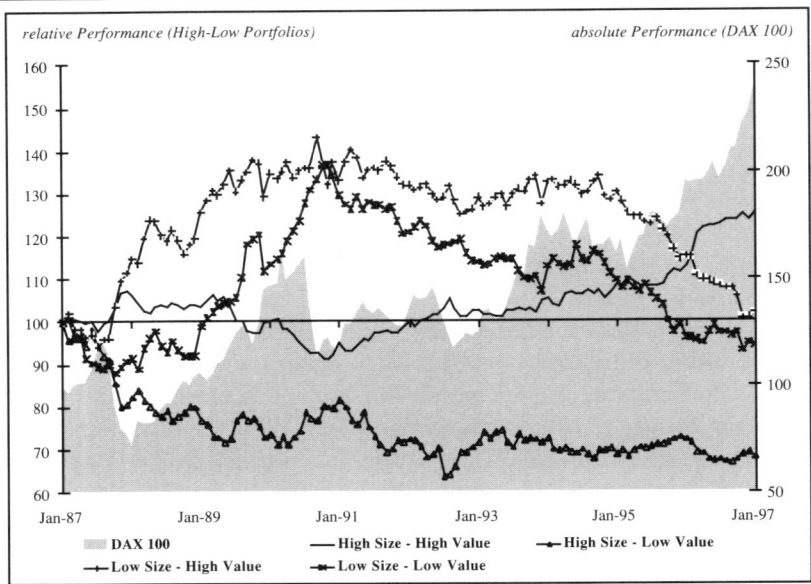

Abb. 8a: Performance von Size/Value-Portfolios

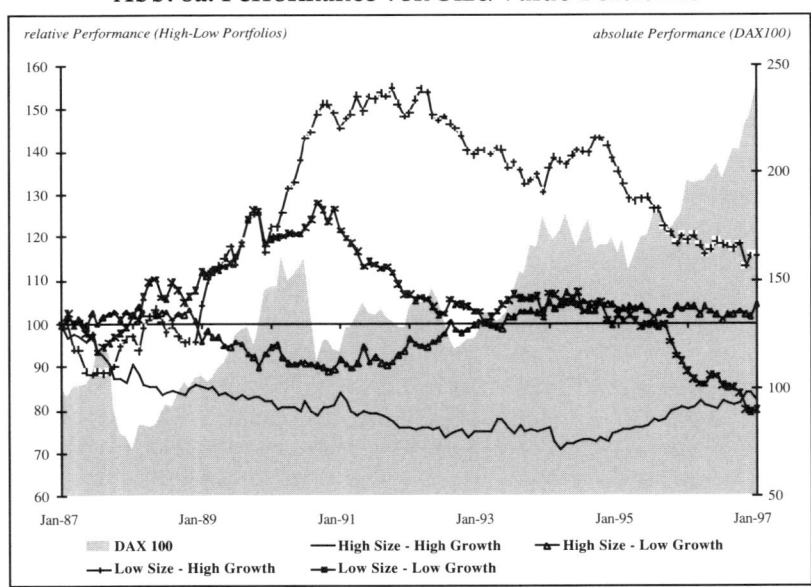

Abb. 8b: Performance von Size/Growth-Portfolios

Monatlich werden alle Wertpapiere entsprechend ihrer Zugehörigkeit zu der Size und einer der Value- bzw. Growth-Hälften des Universums auf vier Portfolios aufgeteilt: High-Size/High-Value enthält beispielsweise alle Titel, die sowohl in der Hälfte mit den größten Value-Scores als auch zu den 25% größten Aktien zählt. Entsprechend werden vier Size/Growth-Portfolios gebildet. Dargestellt wird jeweils die relative (kapitalgewichtete) Performance gegenüber dem DAX 100 (linke Achse) sowie auf der rechten Achse die absolute Entwicklung des DAX 100.

Abb. 8: Size/Value- und Size/Growth-Portfolios

Bezüglich der Value- und Growth-Segmentierung können Ergebnisse internationaler Kapitalmärkte auch für den deutschen Aktienmarkt validiert werden. Separiert man das Wertpapieruniversum nach einem aggregierten Value-Indikator, läßt sich eine annualiserte mittlere Renditedifferenz zwischen High-Value und Low-Value von 4.18% messen. Dieser Renditespread läßt sich weder durch eine Risikokorrektur noch aufgrund von Size-Effekten erklären.

In der Literatur werden verschiedene Erklärungsansätze für das beobachtete Verhalten von Value-Titeln diskutiert. Wenngleich oft statistische Artefakte beziehungsweise eine falsche Erfassung oder Messung des Risikos als Ursachen genannt werden, erscheint eine von LAKONISHOK / SHLEIFER / VISHNY (1994) bzw. SHEFRIN / STATMAN (1995) aufgestellte These am interessantesten. Danach ist der Effekt auf ein kognitives Fehlverhalten der Anleger zurückführen: Anleger extrapolieren die Vergangenheit in die Zukunft, sind für in der Vergangenheit erfolgreiche Aktien (Growth) zu optimistisch und vernachlässigen damit Aktien, die derzeit wenig attraktiv erscheinen (Value). In der Folge ergibt sich eine temporäre Unterbewertung von Value-Aktien, die nach einer kurzen Zeit korrigiert wird. Im Gegensatz führt dieses Verhalten dazu, daß die Marktfavoriten (Growth) übersteuert sind und die mit der Bewertung verbundenen Erwartungen nicht erfüllen können. Das magere Renditeverhalten der klassifizierten High-Growth-Titel mag diese Behauptung stützen. Verstärkt wird der Effekt dadurch, daß Anleger und Analysten aus Angst vor Fehlentscheidungen eher dazu neigen, derzeitige Marktfavoriten zu selektieren bzw. zu empfehlen. Eine Untersuchung dieser Hypothesen war nicht Gegenstand der Untersuchung. Für das tägliche Portfoliomanagement ist die Beantwortung dieser Frage eher zweitrangig. Hier zählen allein die Fakten: Wenn bestimmte Marktsegmente über einen längeren Zeitraum signifikante risikoadjustierte Überrenditen erwirtschaften, eröffnet dies Chancen für eine erfolgreiche Portfoliostrategie. Gerade im Hinblick auf die bevorstehende Verschmelzung der europäischen Aktienmärkte werden derart quantitativ strukturierte Aktienselektionsansätze eine immer größere Bedeutung im Portfoliomanagement einnehmen.

Literaturverzeichnis

Banz, R. W. (Banz, 1981): The Relationship between Return and Market Value of Common Stock, in: *Journal of Financial Economics*, Vol. 9, 1981, S. 3-18.

Basu, S. (Banz, 1977): Investment Performance of Common Stocks in Relative to Their Price-Earnings-Ratio: A Test of the Efficient Market Hypothesis, in: *Journal of Finance*, Vol. 32, No. 3, 1977, S. 663-682.

Blume, M. E. (Blume, 1980): Stock Returns and Dividend Yields: Some more Evidence, in: *Review of Economics and Statistics*, Vol. 62, 1980, S. 567-577.

Bernstein, R. (Bernstein, 1995): *Style Investing*, New York 1995.

Capaul, C. I. / Rowley, I. / Sharpe, W. F. (Capaul et al., 1993): International Value and Growth Stock Returns, in: *Financial Analysts Journal*, Vol. 49, January-February, 1993, S. 27-37.

Christopherson, J. A./ Williams, C. N. (Christopherson/ Williams, 1995): Equity Style: What It Is and Why It Matters, in: Coggin, T. D./ Fabozzi, F. J. (eds.), *The Handbook of Equity Style Management*, Fabozzi Associates.

Dorian, J. L./ Arnott, R. D. (Dorian/ Arnott, 1995): Tactical Style Management, in Coggin, T. D./ Fabozzi, F. J. (eds.), *The Handbook of Equity Style Management*, Fabozzi Associates.

Fama, E. F./ French, K. R. (Fama/ French, 1992): The Cross-Section of Expected Stock Returns, in: *Journal of Finance*, Vol. 47, June, 1992, S. 427-465.

Frantzman, H.-J. (Frantzman, 1989): Saisonalitäten und Bewertung am deutschen Aktien- und Rentenmarkt, Frankfurt am Main 1989.

Lakonishok, J./ Shleifer, A./ Vishny, R. W. (Lakonishok et al., 1994): Contrarian Investment, Extrapolation, and Risk, in: *Journal of Finance*, Vol. 49, June, 1994, S. 1541-1577.

Geoffrey, G. (Geoffrey, 1994): Equity Style Allocations Timing between Growth and Value, in: Lederman, J./ Klein, R. A. (eds.), *Global Asset Allocation*, New York 1994.

Haugen, R. A. (Haugen, 1995): The New Finance: The Case against Efficient Markets, Prentice Hall 1995.

Keim, D. B. (Keim, 1985): Dividend Yield and Stock Returns: Implications of Abnormal January Returns, in: *Journal of Financial Economics*, Vol. 14, 1985, S. 473-489

Lakonishok, J./ Shleifer, A./ Vishny, R. W. (Lakonishok et al., 1994): Contrarian Investment, Extrapolation, and Risk, in: *Journal of Finance*, Vol. 49, 1994, S. 1541-1578.

Paulus, H. (Paulus, 1997): Style-Investing auf europäischen Aktienmärkten – Eine empirische Analyse bewertungsrelevanter Fundamentalfaktoren, Bad Soden/ Taunus 1997.

Reinganum , M.R. (Reinganum, 1981): Misspecification of Capital Asset Pricing: Empirical Anomalies based on Earnings Yield and Market Values, in: *Journal of Financial Economics*, Vol. 9, 1981, S. 19-46.

Roll, R. (Roll, 1995): Style Return Differentials: Illusions, Risk Premiums, or Investment Opportunities, in: Coggin, T. D./ Fabozzi, F. J. (eds.), The Handbook of Equity Style Management, Fabozzi Associates 1995.

Ross, S. A. (Ross, 1976): The Arbitrage Pricing Theory of Capital Asset Pricing, in: *Journal of Economic Theory*, Vol. 13, December, 1976, S. 341-360.

Sharpe, W. F. (Sharpe, 1992) Asset Allocation: Management Style and Performance Measurement, in: *Journal of Portfolio Management*, Vol. 19, No. 2, Winter, 1992, S. 7-19.

Schlag, C./ Wohlschieß, V. (Schlag/ Wohlschieß, 1994): Is Beta Dead? Results for the German Stock Market, Diskussionspapier Nr. 178, Institut für Entscheidungstheorie und Unternehmensforschung, Universität Karlsruhe (TH), Karlsruhe 1994.

Shefrin, H./ Statman, M. (Shefrin/ Statman, 1995): Making Sense of Beta, Size and Book-to-Market, in: *Journal of Portfolio Management*, Vol. 22, Winter, 1995, S. 26-34.

Internationale Minimum-Varianz-Strategien

von Jochen M. Kleeberg

1. Einleitung
2. Theoretische Grundlagen
3. Aufbau der empirischen Untersuchung
4. Empirischer Vergleich der Portfolio- und Benchmarkrendite
5. Analyse des Gesamterfolges des praxisbezogenen Minimum-Varianz-Portfolios
6. Analyse der Residualrendite des praxisbezogenen Minimum-Varianz-Portfolios
7. Globale Untersuchung
8. Praktischer Einsatz

1. Einleitung

Das Ziel des professionellen Wertpapiermanagements besteht darin, ein besseres Anlageergebnis als ein Marktindex zu erzielen. Dieses Ziel läßt sich im Rahmen des professionellen Portfoliomanagements durch eine Reihe verschiedener Ansätze erreichen. Ein neues, quantitativ gestütztes Anlagekonzept liefert die sogenannte Minimum-Varianz-Strategie. Dabei wird losgelöst von jeglicher Renditeerwartung in das Aktienportfolio investiert, welches die geringstmögliche Varianz besitzt. Ein solches risikominimales Portfolio bietet dem Anleger im Vergleich zu anderen Aktieninvestments die geringstmöglichen Renditeschwankungen und ist damit deutlich risikoärmer als die populären Marktindizes wie etwa der S&P 500 oder der DAX.

Im Rahmen dieses Beitrages wird der Anlageerfolg von Minimum-Varianz-Strategien am deutschen, englischen, japanischen, kanadischen und US-amerikanischen Aktienmarkt empirisch untersucht.[1] Außerdem wird überprüft, ob eine solche Anlagestrategie lokal (also auf einem nationalen Aktienmarkt) oder global (d.h. länderübergreifend) implementiert werden sollte.

2. Theoretische Grundlagen

In der Kapitalmarkttheorie lassen sich sämtliche effizienten Portfolios durch die sogenannte Effizienzkurve darstellen. Ein Portfolio ist dann effizient, wenn kein anderes (dominierendes) Portfolio existiert, das bei gleichem Risiko eine höhere Rendite erwarten läßt oder die gleiche Rendite bei niedrigerem Risiko in Aussicht stellt.[2] In Abbildung 1 ist z.B. das Portfolio Q ein effizientes Portfolio, während Portfolio P ineffizient ist.

Das Minimum-Varianz-Portfolio befindet sich im Ursprung der Effizienzkurve. Es existiert keine andere Anlage, die ein geringeres Risiko besitzt, also eine Position links von dem Minimum-Varianz-Portfolio einnimmt.

Das risikominimale Portfolio weist eine weitere charakteristische Besonderheit auf[3]: Es ist die einzige effiziente Wertpapiermischung, die sich auch ohne die üblicherweise schwierigen und unsicheren Prognosen zukünftiger Wertpapierrenditen bestimmen läßt.

In der Modernen Portfoliotheorie wird das Risiko durch die Varianz gemessen, welche die Streuung der Wertpapierrenditen um ihren Mittelwert mißt. Die Varianz besitzt die Eigenschaft, daß sie sich reduziert, wenn mehrere Titel, deren Renditen nicht vollständig positiv miteinander korreliert sind, zu einem Portfolio kombiniert

---

[1] Eine umfassende theoretische und empirische Untersuchung des Minimum-Varianz-Portfolios findet sich bei Kleeberg (1995).
[2] Vgl. Fama (1976), S. 260.
[3] In diesem Beitrag wird die Varianz als das relevante Risikomaß verwendet. Deshalb wird das Minimum-Varianz-Portfolio im folgenden auch als risikominimales Portfolio bezeichnet.

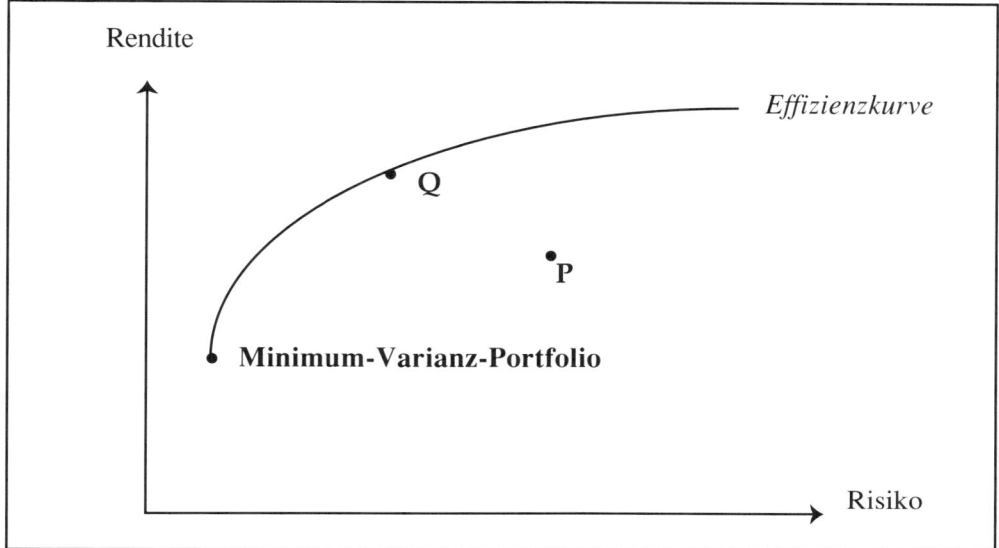

Abb. 1: Effizienzkurve und Minimum-Varianz-Portfolio

werden.[4] Deshalb besteht das risikominimale Portfolio nicht allein aus der Aktie, die isoliert betrachtet die niedrigste Varianz aufweist, sondern aus einer Kombination mehrerer verschiedener Wertpapiere. Dabei werden die einzelnen Aktien so miteinander kombiniert, daß die entstehende Wertpapiermischung die geringstmögliche Varianz besitzt. Im Rahmen der praktischen Erstellung des Minimum-Varianz-Portfolios ist die Funktion der Portfoliovarianz somit partiell nach den relativen Anteilen der einzelnen Aktien abzuleiten und dann gleich Null zu setzen:[5]

(1) $\dfrac{\partial \text{Var}(R_p)}{\partial w_{i,p}} = 0 \qquad \forall\, i$

unter Berücksichtigung einer voll investierten Anlagesumme:

(2) $\sum_{i=1}^{n} w_{i,p}(t) = 1.$

Verbal ausgedrückt sind die Portfoliogewichte gesucht, die das Gesamtrisiko des Zielportfolios unter Beachtung der Nebenbedingung minimieren. Das Portfolio mit dem geringstmöglichen Risiko ist dann gefunden, wenn sich das Risiko der Wertpapiermischung durch weitere Umstrukturierungen nicht mehr verringern läßt. Die-

---

[4] Vgl. Markowitz (1959), S. 5 f.
[5] Zur Ableitung des Minimums muß als hinreichendes Kriterium zudem die zweite Ableitung der Varianzfunktion positiv sein. Die gleiche Vorgehensweise wird auch im Rahmen des Varianzminimierungsansatzes bei Hedging-Transaktionen mit Financial Futures gewählt. Vgl. den entsprechenden Beitrag von MEYER-BULLERDIEK in diesem Band.

ses Problem läßt sich unter Einsatz der sogenannten Portfoliooptimierung komfortabel lösen.[6]

Tabelle 1 stellt beispielhaft das risikominimale Portfolio dar, das auf der Grundlage der 30 im Deutschen Aktienindex (DAX) enthaltenen Aktien zum 30. Mai 1996 konstruiert wird.[7] Es fällt auf, daß einige DAX-Werte wie z.B. Mannesmann, Daimler oder MAN mit negativen Gewichten in dem Portfolio berücksichtigt werden. Dies ist kaum verwunderlich, da konjunkturabhängige und damit volatile Branchen wie etwa der Maschinenbau- oder der Automobilsektor durch eine per Saldo positive Präsenz in dem Portfolio das Risiko erhöhen würden und daher negativ gewichtet werden. Auf der anderen Seite werden unterdurchschnittlich volatile Branchen wie die der Banken und Versorger bevorzugt und deutlich übergewichtet.

Einen besonderen Hinweis verdient die SAP-Aktie, die mit einer Volatilität von 28.4% zu den risikoreichsten Titeln im DAX zählt, gleichwohl aber mit einer positiven Gewichtung im Minimum-Varianz-Portfolio vertreten ist. Dies ist auf die geringe Korrelation der SAP-Aktie zu den übrigen DAX-Werten zurückzuführen, so daß sich durch die Berücksichtigung dieses Wertes im Portfolioverbund eine Risikominderung erzielen läßt. Dieses „Eigenleben" der SAP-Aktie wird durch ihr Beta dokumentiert, das trotz ihrer hohen Volatilität lediglich 0.77 beträgt. Bei einer Volatilität des DAX von 14.5% errechnet sich folgender Korrelationskoeffizient der SAP-Aktie zum Index:

$$k_{SAP,DAX} = \frac{\beta_{SAP} \cdot \sigma_{DAX}}{\sigma_{SAP}} = 0.39.$$

Vergleicht man in Tabelle 1 die Gewichtung der einzelnen Aktien im Minimum-Varianz-Portfolio mit dem Beta bzw. der Volatilität, so scheint sich die Zusammensetzung des risikominimalen Portfolios wesentlich besser durch das Beta erklären zu lassen. Regressiert man die Portfoliogewichte einerseits auf die Variable 'Beta' und anderseits auf die Variable Volatilität, so bestätigt sich diese Vermutung:

Bei Verwendung des Betas als erklärende Variable beträgt das lineare Bestimmtheitsmaß (r^2) 80%;[8] durch die Volatilität lassen sich dagegen nur 29.8% der quadrierten Abweichungen der Portfoliogewichte von ihrem Mittelwert erklären.[9] Dieser höhere Erklärungsgrad der Variable 'Beta' ist darauf zurückzuführen, daß sie neben der Volatilität auch die Korrelation jeder Aktie zum Index erfaßt. Für die Praxis bedeutet dies, daß sich das Minimum-Varianz-Portfolio bei Kenntnis des Regressionszusammenhangs näherungsweise auch ohne Verwendung eines Optimierungsalgorithmus erstellen läßt.[10] Gleichwohl wird im Rahmen dieses Beitrages auch weiterhin das Verfahren der Portfoliooptimierung zur Portfoliokonstruktion eingesetzt.

---

[6] Zur Darstellung der Portfoliooptimierung siehe z.B. Rudd/ Clasing, (1988), S. 317 ff. und Michaud (1989), S. 31 ff.
[7] Zur Portfolioerstellung wird das BARRA German Equity Model eingesetzt. Eine ausführliche Darstellung des Modells findet sich bei Kleeberg (1995), S. 61 ff. und S. 206 f.
[8] Auf der Grundlage des hier dargestellten Minimum-Varianz-Portfolios ergibt sich folgende lineare Beziehung: $w_i(Min) = 38.35 - 35.73 \cdot \beta_i$.
[9] Die Regressionsgerade lautet: $w_i(Min) = 28.4 - 115.86 \cdot \sigma_i$.
[10] Die Ermittlung des Regressionszusammenhangs setzt ihrerseits die Kenntnis der Gewichtung der einzelnen Aktien im Minimum-Varianz-Portfolio voraus. Insofern ist auch bei dieser Vorgehensweise eine Optimierung erforderlich.

Titel	wi (Min)	wi (DAX)	Beta	Volatilität
Commerzbank	**12.57**	2.24	0.72	17.30%
VEBA	**12.52**	6.86	0.8	17.30%
RWE StA	**12.47**	5.92	0.79	17.40%
VIAG	**11.77**	2.25	0.79	17.80%
Henkel VzA	**11.31**	0.74	0.83	18.50%
Bay. Vereinsbank	**11.09**	2.97	0.73	22.60%
Schering	**11**	1.41	0.83	18.70%
Karstadt	**10.73**	0.89	0.75	20.60%
Dresdner Bank	**10.71**	3.12	0.74	17.60%
PREUSSAG	**10.42**	1.08	0.87	21.70%
Bay. Hypo Bank	**9.02**	6.57	0.76	20.30%
Continental	**8.53**	0.44	0.95	23.60%
Siemens	**6.53**	8.46	0.97	19.20%
Degussa	**6.49**	0.82	0.92	19.60%
SAP AG VzA	**5.64**	3.78	0.77	28.40%
BMW StA	**5.56**	1.86	1.12	17.40%
Thyssen AG	**3.11**	1.62	1.14	26.00%
Deutsche Bank	**2.77**	6.51	0.87	18.60%
Lufthansa StA	**2.7**	1.59	0.99	24.40%
BAYER	**0.15**	1.81	1.04	17.70%
Kaufhof StA	**-0.5**	0.97	0.93	22.90%
Volkswagen StA	**-0.76**	3.25	1.24	25.60%
Linde	**-1.08**	1.47	1.15	22.40%
BASF	**-2.2**	4.73	1.07	20.80%
Metallgesellschaft	**-5.27**	0.55	1.33	34.20%
Allianz Holding	**-6.69**	10.55	1.06	21.90%
Hoechst	**-8**	5.43	1.15	21.60%
MAN StA	**-11.03**	1.09	1.33	25.50%
Daimler Benz	**-12.72**	7.59	1.38	24.90%
Mannesmann	**-16.88**	3.43	1.38	24.60%

Tab. 1: **Minimum-Varianz-Portfolio auf Basis der 30 im DAX enthaltenen Aktien per 30.05.1996**

3. Aufbau der empirischen Untersuchung

Im Rahmen der empirischen Untersuchung werden die fundamentalen Multifaktorenmodelle des US-Beratungsunternehmens BARRA für die Konstruktion der Minimum-Varianz-Portfolios eingesetzt.[11] Der Untersuchungszeitraum unterscheidet sich auf den fünf Märkten in Abhängigkeit von den verfügbaren Daten und wird in Tabelle 2 wiedergegeben.

Markt	Beginn	Ende	Anzahl Monate
Deutschland	28. Jun 85	31. Mai 96	131
England	31. Dez 80	31. Mai 96	185
Japan	31. Mär 78	31. Mai 96	218
Kanada	31. Dez 81	31. Mai 96	173
USA	31. Dez 73	31. Mai 96	269

Tab. 2: Zeitraum der empirischen Untersuchung auf den verschiedenen Märkten

Im Rahmen der empirischen Untersuchung wird für jeden einzelnen Markt das in Tabelle 3 aufgeführte Benchmarkportfolio und das dazugehörige Anlageuniversum verwendet.[12] Während das Benchmarkportfolio als Vergleichsmaßstab zur Beurteilung des Anlageerfolges dient, stellt das Universum die Liste an Aktien dar, die der Optimierung zugrundeliegen. Die verwendeten kapitalisierungsgewichteten Aktienindizes stellen ein objektives Kriterium zur Beurteilung des Anlageerfolgs dar und sind zudem breit diversifiziert.

Für den deutschen Aktienmarkt stehen während des Untersuchungszeitraums weder der C-DAX noch der DAFOX als breit diversifizierte Aktienmarktindizes im Rahmen des verwendeten fundamentalen Multifaktorenmodells zur Verfügung. Deshalb wird das gesamte BARRA-Universum, das per Ende Mai 1996 insgesamt 395 Aktien umfaßt, der Untersuchung als Benchmarkportfolio und Anlageuniversum zugrunde gelegt.

---

[11] Eine Beschreibung fundamentaler Multifaktorenmodelle findet sich bei Beckers et al. (1993), S. 24 ff.; Grinold/Kahn (1995), S. 45 ff. und Kleeberg (1995), S. 61 ff. sowie besonders ausführlich bei Wallmeier (1997).
[12] Am japanischen Markt besteht keine Übereinstimmung zwischen Benchmark und Universum, da der TOPIX mehr als 950 Aktien umfaßt, die im Rahmen der Optimierung mit dem eingesetzten System AURORA maximal verwendet werden können. Der Nikkei 500-Index kommt dagegen nicht als Benchmarkportfolio in Betracht, da er nicht entsprechend der Marktkapitalisierung gewichtet ist. Als Kompromiß werden die im Nikkei 500-Index enthaltenen Aktien als Anlageuniversum verwendet und der TOPIX als Benchmarkportfolio herangezogen.

Markt	Benchmark (# Aktien)	Universum (# Aktien)
Deutschland	BARRA-Universum (395)	BARRA-Universum
England	FT All Share (814)	FT All Share (814)
Japan	TOPIX (1226)	Nikkei 500 (500)
Kanada	TSE 300 (300)	TSE 300 (300)
USA	S&P 500 (500)	S&P 500 (500)

Tab. 3: Benchmarkportfolio und Anlageuniversum jedes einzelnen untersuchten Marktes (Anzahl der Aktien per Ende Mai 1996)

Das Minimum-Varianz-Portfolio wird jeweils viermal p.a. zum Quartalsende erstellt, wobei Leerverkäufe bei der Portfoliokonstruktion ausgeschlossen sind. Die Renditen der einzelnen Aktien werden um Dividendenzahlungen und Kapitalveränderungen bereinigt. Die Untersuchung basiert also auf Gesamtrenditen, die neben der Kursrendite auch etwaige Zahlungen zwischen der Gesellschaft und dem Aktionär berücksichtigen.

4. Empirischer Vergleich der Portfolio- und Benchmarkrendite

Tabelle 4 erfaßt die während des Untersuchungszeitraums auf den fünf Märkten ermittelten Renditen des risikominimalen Portfolios und der Benchmark.

	GER	UKI	JPN	CAN	USA
Rendite (Min)	11.03%	20.32%	10.44%	16.12%	14.85%
Rendite (B)	8.04%	17.47%	9.46%	10.21%	13.39%
Rendite aktiv	2.99%	2.85%	0.98%	5.91%	1.46%
Tracking Error	13.86%	9.98%	11.42%	9.31%	4.31%

Tab. 4: Vergleichende Analyse der annualisierten Rendite des Minimum-Varianz-Portfolios und der Benchmark

Die annualisierte Rendite des Minimum-Varianz-Portfolios ist auf allen fünf Märkten ausnahmslos deutlich größer als die annualisierte Rendite der dazugehörigen Benchmark. Die deutlichste Renditedifferenz (aktive Rendite) kann am kanadischen Markt festgestellt werden: Das risikominimale Portfolio erzielt dort pro Jahr eine um 5.91% höhere Rendite als der TSE 300. Die vergleichsweise geringste aktive Rendite wird mit 0.98% p.a. für das japanische Minimum-Varianz-Portfolio beobachtet.

Der aktiven Rendite wird nun ihre Standardabweichung gegenübergestellt. Diese als Tracking Error bezeichnete Risikomaßgröße bringt das Konfidenzintervall zum Ausdruck, innerhalb dessen die aktive Rendite des Minimum-Varianz-Portfolios auf Jahressicht mit einer Wahrscheinlichkeit von ca. 68% um ihren Mittelwert schwankt.[13] Beispielsweise streuen die aktiven Renditen des risikominimalen Portfolios am deutschen Aktienmarkt mit dieser Wahrscheinlichkeit innerhalb einer Bandbreite von plus bzw. minus 13.86 Prozentpunkte um ihre mittlere annualisierte aktive Rendite in Höhe von 2.99% p.a. Ein Tracking Error in dieser Größenordnung ist als ausgesprochen hoch anzusehen und bringt erhebliche Abweichungsrisiken gegenüber der Benchmark zum Ausdruck.[14]

Die Beobachtung, daß das Minimum-Varianz-Portfolio am deutschen, englischen, japanischen und kanadischen Markt trotz seines minimalen Gesamtrisikos einen relativ hohen Tracking Error aufweist, resultiert aus dem konzeptionellen Unterschied zwischen den beiden Risikomaßgrößen. Während sich das Gesamtrisiko als die Standardabweichung der Rendite um ihren Mittelwert berechnet, stellt der Tracking Error die Standardabweichung der monatlichen Renditedifferenzen zwischen dem Portfolio und der Benchmark dar:[15]

(3) $\quad TE_p = Std(R_p - R_B)$

(4) $\quad TE_p = \sqrt{(\beta_p - 1)^2 \cdot Var(R_B) + Var(R_{p,res})}$

mit: $\quad TE_p \quad = \quad$ Tracking Error des Portfolios p,

$\quad\quad Var(R_{p,res}) \quad = \quad$ Varianz der Residualrenditen des Portfolios p.

Der Tracking Error wird also immer relativ zu der vorab definierten Benchmark bestimmt. Deshalb besteht nur in dem theoretischen Fall, daß die risikofreie Anlage als Benchmarkportfolio verwendet wird, zwingend eine Identität zwischen dem Gesamtrisiko und dem Tracking Error.

Der relativ geringe Tracking Error des US-amerikanischen Minimum-Varianz-Portfolios läßt also auf eine größere strukturelle Ähnlichkeit dieses Portfolios zu seiner Benchmark schließen als dies für die übrigen risikominimalen Portfolios der Fall ist.

---

[13] Vgl. dazu Steiner/ Bruns (1996), S. 70 ff. und Kleeberg/ Schlenger (1994), S. 233 f. Sofern die aktiven Renditen dem idealtypischen Verlauf einer Normalverteilung folgen, beträgt die angegebene Wahrscheinlichkeit für das Konfidenzintervall 68,27%. Vgl. dazu Bleymüller/ Gehlert (1985), S. 121.
[14] Die Höhe dieser Beobachtungswerte legt die Vermutung nahe, daß der ermittelte Tracking Error überschätzt wird. Diese Gefahr besteht aufgrund serieller Korrelationen der Portfolio- und Benchmarkrenditen. Dieses Problem besteht insbesondere am deutschen Markt, da das Anlageuniversum eine Reihe illiquider Titel umfaßt. Solche Wertpapiere werden im Rahmen der Optimierung c.p. zu hoch gewichtet, da ihre Varianz unterschätzt wird. Vgl. dazu auch Pope/ Yadev (1994), S. 30 f.
[15] Vgl. Pope/ Yadev (1994), S. 28 und Kleeberg/ Schlenger (1994), S. 233.

5. Analyse des Gesamterfolges des praxisbezogenen Minimum-Varianz-Portfolios

Im Rahmen des praktischen Portfoliomanagements wird insbesondere ein bedeutender Teil der institutionellen Portfolios gegenüber Benchmarkportfolios gesteuert. Der Tracking Error stellt für solche Managementmandate die relevante Risikomaßgröße dar, da er das potentielle Abweichungsrisiko der Portfoliorendite von der Benchmarkrendite quantifiziert. Ein Portfoliomanager, der gegenüber einer Benchmark beurteilt wird, ist daher bestrebt, den Tracking Error bewußt zu kontrollieren. In der Praxis existieren nach der Erfahrung des Autors nur selten benchmarkorientiert gesteuerte Aktienportfolios mit einem Tracking Error von größer als 5%. Daraus ergibt sich für das praxisbezogene Minimum-Varianz-Portfolio die Notwendigkeit einer Reduktion des Tracking Errors, die sich durch eine Beschränkung der Gewichtungsdifferenzen in den einzelnen Aktien zwischen dem Portfolio und der Benchmark erreichen läßt.[16]

Ein zweites institutionelles Problem besteht darin, daß das ursprüngliche Minimum-Varianz-Portfolio eine Reihe niedrig kapitalisierter und damit häufig illiquider Nebenwerte in einer vergleichsweise hohen Gewichtung enthält.[17] Eine unzureichende Liquidität einiger Titel kann dem realen Kauf und der sich anschließenden periodischen Umschichtung des risikominimalen Portfolios entgegenstehen.[18] Diese Problematik fällt vor allem bei größeren Anlagevolumina ins Gewicht, die im Kreis der institutionellen Investoren i.a. vorhanden sind. Aus diesem Grund sollte die maximale Gewichtung der einzelnen Aktien an ihre Liquidität gekoppelt werden. Als stellvertretende Variable für die Liquidität läßt sich dabei die Marktkapitalisierung verwenden, indem das Maximalgewicht jeder einzelnen Aktie an ihren prozentualen Anteil innerhalb der kapitalisierungsgewichteten Benchmark geknüpft wird.[19]

Um sowohl einen moderaten Tracking Error als auch eine ausreichende Liquidität der ausgewählten Titel sicherzustellen, wird im Rahmen der Erstellung des praxisbezogenen Minimum-Varianz-Portfolios das maximale Gewicht jeder Aktie auf ihr dreifaches Benchmarkgewicht beschränkt, wobei Leerverkäufe weiterhin ausgeschlossen sind.

---

[16] Im Extremfall einer vollständigen Übereinstimmung zwischen der Portfolio- und Benchmarkstruktur würde der Tracking Error null betragen.
[17] So sind im Rahmen des ursprünglichen Minimum-Varianz-Portfolios oftmals Aktien vergleichsweise hoch gewichtet, die in der entsprechenden (kapitalisierungsgewichteten) Benchmark ein nur geringes Gewicht besitzen.
[18] Außerdem besteht die Gefahr, daß die Risikoparameter von illiquiden Aktien aufgrund serieller Korrelationen ihrer Renditen nach unten verzerrt sind.
[19] Es sei darauf hingewiesen, daß die Marktkapitalisierung kein unproblematisches Liquiditätsmaß darstellt, da die Aktien mancher Unternehmen zu einem bestimmten Teil in festen Händen liegen und damit eine geringere Liquidität aufweisen als sich auf der Grundlage der Marktkapitalisierung vermuten läßt.

Um ferner die rechtlichen Rahmenbedingungen des KAGG nicht zu verletzen, wird außerdem das maximale Gewicht jeder einzelnen Aktie im praxisbezogenen Minimum-Varianz-Portfolio auf 5% begrenzt.[20] Im Rahmen der Erstellung des praxisbezogenen risikominimalen Portfolios werden damit die folgenden Nebenbedingungen berücksichtigt:

$$\sum_{i=1}^{n} w_{i,p}(t) = 1 \qquad \text{(Anlagesumme voll investiert)},$$

$w_{i,p}(t) \geq 0$ \qquad (Ausschluß von Leerverkäufen),

$w_{i,p}(t) \leq 5\%$ \qquad $\forall\, i$ \qquad (maximales Gewicht pro Aktie höchstens 5%),

$w_{i,p}(t) \leq 3 \cdot w_{i,B}(t)$ \qquad $\forall\, i$ \qquad (maximal dreifaches Benchmarkgewicht).

Im folgenden wird das praxisbezogene Minimum-Varianz-Portfolio hinsichtlich seiner Rendite und seines Risikos im Vergleich zur Benchmark analysiert. Die Ergebnisse werden zunächst dem ursprünglichen risikominimalen Portfolio gegenübergestellt, um den Einfluß der praxisbezogenen Restriktionen auf den Gesamterfolg darzustellen.

Tabelle 5 liefert eine Übersicht über die Anzahl an Aktien, die per 31.07.1993 im ursprünglichen und im praxisbezogenen Minimum-Varianz-Portfolio enthalten sind. Zunächst fällt auf, daß das ursprüngliche risikominimale Portfolio vergleichsweise wenige Titel aufweist. So besteht das japanische Minimum-Varianz-Portfolio aus lediglich 18 verschiedenen Aktien und damit aus nur 3.6% der im Anlageuniversum (Nikkei 500) enthaltenen Werte. Auch an den übrigen Märkten umfaßt das ursprüngliche Minimum-Varianz-Portfolio nur auffallend wenige Einzelpositionen. Im Gegensatz dazu zeichnet sich das praxisbezogene risikominimale Portfolio durch eine wesentlich breitere Streuung und damit einen realistischeren Anlagevorschlag aus. So sind selbst in Japan immerhin 40.2% und in den anderen Ländern bis zu 72.2% (USA) der im Anlageuniversum enthaltenen Aktien auch im risikominimalen Portfolio vertreten.

	GER	UKI	JPN	CAN	USA
Min	36	37	18	30	58
%Min	10.26%	4.55%	3.60%	10.00%	11.60%
MinPra	177	493	201	164	361
%MinPra	50.43%	60.57%	40.20%	54.67%	72.20%

Tab. 5: Anzahl der Aktien im ursprünglichen und im praxisbezogenen Minimum-Varianz-Portfolio per 31.07.1993

Abbildung 2 liefert einen Überblick über die Rendite- und Risikodifferenz des praxisbezogenen Minimum-Varianz-Portfolios (MinPra) und des ursprünglichen risikominimalen Portfolios (Min) im Vergleich zur jeweiligen Benchmark (B), deren

---

[20] Nach § 8a Abs. 1 des Gesetzes über Kapitalanlagesellschaften dürfen die Wertpapiere eines Ausstellers 5% nicht übersteigen.

Lage durch den Ursprung des Koordinatenkreuzes determiniert wird. Der horizontale Abstand des jeweilgen Portfolios zur Ordinate beschreibt die Risikodifferenz,[21] der vertikale Abstand zur Abzisse die Renditedifferenz der einzelnen Portfolios zu ihrer Benchmark.[22]

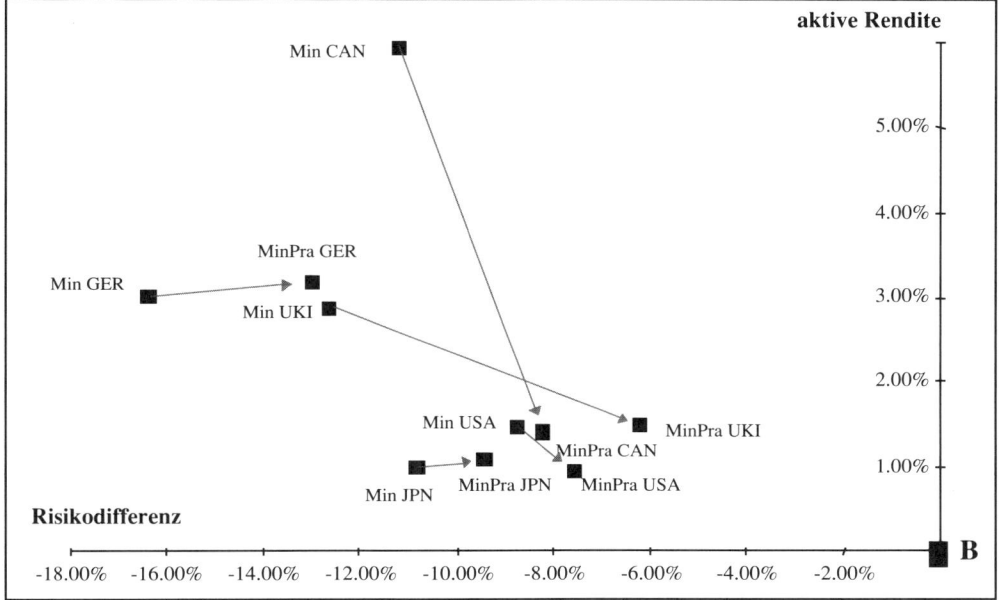

Abb. 2: Annualisierte Rendite- und Risikodifferenz des praxisbezogenen und ursprünglichen Minimum-Varianz-Portfolios im Vergleich zur Benchmark

Bei einer Betrachtung der Beobachtungswerte fällt zunächst auf, daß auch die praxisbezogenen Minimum-Varianz-Portfolios (MinPra) bei einem deutlich geringeren Gesamtrisiko eine höhere Rendite als das jeweilige Benchmarkportfolio (B) erzielen. Ausgehend von der aktiven Rendite und der Risikodifferenz der ursprünglichen risikominimalen Portfolios (Min) läßt sich eine durch die Pfeile kenntlich gemachte Positionsverschiebung der Portfolios nach der Implementierung der praxisbezogenen Restriktionen beobachten, die auf sämtlichen Märkten erwartungsgemäß zu einer Zunahme des Risikos führt. Diese Bewegung in Richtung der Benchmark spiegelt die beabsichtigte stärkere Kopplung der praxisbezogenen Portfolios an das jeweilige Vergleichsportfolio wider. Gleichzeitig bleiben aufgrund der Einführung von Restriktionen im Rahmen der Portfoliooptimierung Diversifikationspotentiale ungenutzt, so daß das Gesamtrisiko des beschränkten Minimum-Varianz-Portfolios größer ist als das des ursprünglichen Portfolios.

---

[21] Die Risikodifferenz wird wie folgt ermittelt: $\text{Std}_{\text{Diff}} = (-1) \cdot \sqrt{(\text{Var}(R_B) - \text{Var}(R_p))}$.
[22] Die Renditedifferenz zwischen dem Portfolio und der jeweiligen Benchmark wird als aktive Rendite bezeichnet.

Im Hinblick auf die Renditedifferenz zur Benchmark ist vor allem am kanadischen Aktienmarkt durch die Einführung der Restriktionen ein deutlicher Rückgang zu verzeichnen. Auf der anderen Seite fällt die Rendite des Minimum-Varianz-Portfolios am deutschen und am japanischen Aktienmarkt nach der Implementierung der praxisbezogenen Restriktionen größer aus als zuvor.

6. Analyse der Residualrendite des praxisbezogenen Minimum-Varianz-Portfolios

Nachdem sich die Analyse des praxisbezogenen Minimum-Varianz-Portfolios im vorangegangenen Abschnitt auf den Gesamterfolg bezog, soll im folgenden seine Residualrendite empirisch untersucht werden, die als Maßgröße für die Beurteilung des Erfolges der Anlagestrategie Verwendung findet. Die Residualrendite ermittelt sich als Differenz zwischen der Rendite des Portfolios und seiner systematischen Rendite:

$$(5) \quad R_{p,res}(t) = R_p(t) - \left[R_f(t) + \beta_{p,fund}(t) \cdot (R_b(t) - R_f(t)) \right]$$

mit $R_{p,res}(t)$ = Residualrendite des Portfolios p in der Periode t,
$\beta_{p,fund}(t)$ = fundamentales Beta des Portfolios p in der Periode t[23],
$R_p(t)$ = Rendite des Portfolios p in der Periode t,
$R_b(t)$ = Rendite des Benchmarkportfolios in der Periode t,
$R_f(t)$ = risikoloser Zinssatz in der Periode t.

Die Residualrendite stellt damit den Teil der Renditedifferenz zwischen der Portfolio- und Benchmarkrendite dar, der sich nicht durch das Portfoliobeta erklären läßt und damit Ausfluß des Residualrisikos ist. Im Rahmen der realen Implementierung einer Minimum-Varianz-Strategie läßt sich der systematische Beitrag zur aktiven Rendite neutralisieren, indem das Portfoliobeta zu Beginn jeder Periode durch den Kauf von auf die Benchmark lautenden Futureskontrakten oder durch eine an die Investition in das Minimum-Varianz-Portfolio gekoppelte Kreditaufnahme auf einen Wert von 1 ausgerichtet wird. Insofern stellt die Residualrendite die für die Beurteilung einer Minimum-Varianz-Strategie relevante Renditemaßgröße dar.[24]

---

[23] Das fundamentale Beta prognostiziert das Beta eines Wertpapiers durch seine fundamentale Struktur wie der Branchenzugehörigkeit, Marktkapitalisierung, Dividendenrendite u.a. Vgl. dazu vor allem Zimmermann (1997) sowie Rosenberg (1985), S. 5 ff. und Kleeberg (1992), S. 474.
[24] Vgl. Kleeberg (1995), S. 101 ff.

Anders ausgedrückt, entspricht die Residualrendite der um den systematischen Teil bereinigten Renditedifferenz:

(6) $R_{p,res}(t) = R_{p,akt}(t) - \left(\beta_{p,fund}(t) - 1\right) \cdot \left(R_b(t) - R_f(t)\right)$.

Analog zu der formalen Darstellung in Gleichung (5) läßt sich die Berechnung der Residualrendite in Tabelle 6 durch die Subtraktion der systematischen Rendite von der Portfoliorendite nachvollziehen.

	GER	UKI	JPN	CAN	USA
Rendite (Min Pra)	11.20%	18.94%	10.55%	11.60%	14.32%
syst. Rendite	7.95%	16.56%	7.18%	10.45%	12.63%
R res. (p.a.)	**3.25%**	**2.38%**	**3.37%**	**1.16%**	**1.68%**
t- Wert	**2.29**	**2.71**	**2.28**	**1.03**	**2.86**
Signifikanzniveau	2.38%	0.73%	2.38%	30.37%	0.46%

Tab. 6: Residualrendite des praxisbezogenen Minimum-Varianz-Portfolios

Die Residualrendite fällt für sämtliche praxisbezogenen Portfolios positiv aus. Die höchsten Werte ergeben sich für das japanische Portfolio mit 3.37% p.a. und das deutsche Portfolio mit 3.25% p.a. Die geringste Residualrendite wird mit 1.16% p.a. am kanadischen Markt beobachtet.

Die t-Werte dokumentieren eine statistische Signifikanz für die Residualrenditen des deutschen, englischen, japanischen und US-amerikanischen Portfolios. Damit wird auf diesen Märkten eine Renditeanomalie beobachtet, die sich im Rahmen einer realen Anlagestrategie realisieren läßt. Diese Schlußfolgerung mag auf den ersten Blick paradox erscheinen, da sich nach der Kapitalmarkttheorie nur dann höhere Renditen erwirtschaften lassen, wenn der Anleger entsprechend größere Risiken übernimmt. Das festgestellte positive Anlageresultat führt jedoch nicht die Theorie ad absurdum, sondern zeigt, daß die als Benchmarkportfolios verwendeten kapitalisierungsgewichteten Aktienindizes unterhalb der in der Abbildung 1 beschriebenen Effizienzkurve liegen. Dieses Ergebnis darf damit als eine Ermunterung für das aktive Portfoliomanagement verstanden werden, das darauf ausgelegt ist, einen vorgegebenen Index risikoadjustiert zu „schlagen". Eine risikominimale Strategie bietet einen möglichen Weg, um dies zu erreichen.[25]

---

[25] Die Ursache des Anlageerfolgs von Minimum-Varianz-Strategien wird in diesem Beitrag nicht untersucht. Eine ausführliche Diskussion findet sich bei Kleeberg (1995), S. 157 ff.

7. Globale Untersuchung

Mit der Beobachtung des Minimum-Varianz-Effektes stellt sich die Frage, ob es sich dabei um mehrere lokale Anomalien oder um eine globale Renditeanomalie handelt.[26] Zur Beantwortung dieser Frage werden im folgenden die Residualrenditen der fünf praxisbezogenen Minimum-Varianz-Portfolios während der gemeinsamen Teilperiode von Juni 1985 bis Mai 1996 untersucht und miteinander verglichen. Abbildung 3 liefert einen Überblick.[27]

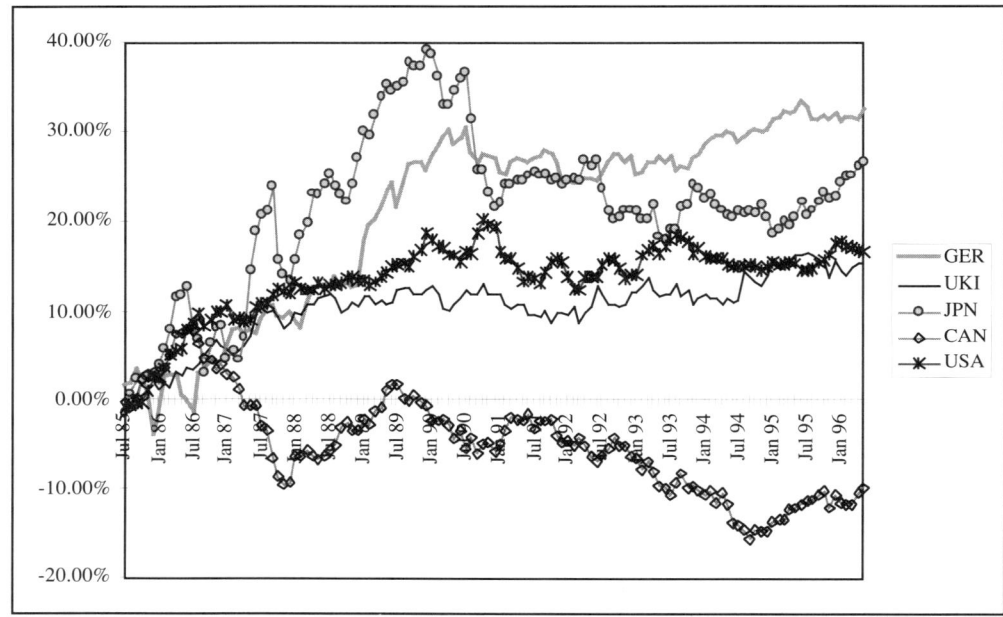

Abb. 3: Kumulierte Residualrenditen der praxisbezogenen Minimum-Varianz-Portfolios

Zunächst fällt auf, daß die kumulierte Residualrendite am kanadischen Markt während dieser Teilperiode negativ ausfällt. Insgesamt läßt sich damit festhalten, daß die zuvor in Tabelle 6 während des längeren Zeitraums ausgewiesene positive Resi-

---

[26] Eine globale Untersuchung auf der Basis sechs europäischer Märkte wird von Rohweder vorgenommen, der den Anlageerfolg eines globalen Minimum-Varianz-Portfolios in Abhängigkeit zweier alternativer Varianz-Kovarianz-Schätzer untersucht. Dabei werden positive Residualrenditen festgestellt, die jedoch nur teilweise statistisch signifikant sind. Vgl. Rohweder (1995), S. 111 ff.

[27] Die in den Abbildungen 3 und 4 dargestellten kumulierten Renditen sind als logarithmierte Größen aufbereitet, weil dadurch im Gegensatz zu der diskreten Darstellungsweise eine Vergleichbarkeit der Renditeveränderung im Zeitablauf sichergestellt ist. Alle anderen in diesem Beitrag dargestellten Renditen sind als diskrete Größen berechnet.

dualrendite des kanadischen Minimum-Varianz-Portfolios während der Teilperiode von Ende Dezember 1981 bis Ende Juni 1985 generiert worden ist.

Die übrigen Minimum-Varianz-Portfolios weisen für die untersuchte Teilperiode allesamt einen positiven Verlauf der Residualrendite auf. Dabei ist insbesondere die Entwicklung am japanischen und am deutschen Markt einerseits von einer starken Dynamik und anderseits von einer großen Volatilität geprägt.

Bei einem Vergleich des Verlaufs der Residualrenditen an den fünf Märkten ist kaum ein „Gleichlauf" zu beobachten. Statt dessen weist die Residualrendite jedes einzelnen Portfolios ein individuelles Renditemuster auf und scheint sich losgelöst von den übrigen Portfolios zu entwickeln. Dies legt die Vermutung nahe, daß es sich bei dem Minimum-Varianz-Effekt um fünf einzelne und damit um lokale Renditeanomalien handelt.

Zur Beantwortung dieser Fragestellung sind in Tabelle 7 die Korrelationskoeffizienten der lokalen Residualrenditen dargestellt.

	GER	UKI	JPN	CAN	USA
GER	1.00	-0.01	0.14	0.01	-0.07
UKI		1.00	0.23	-0.04	0.21
JPN			1.00	0.17	0.01
CAN				1.00	0.05
USA					1.00

Tab. 7: Korrelationsmatrix der Residualrenditen
(Zeitraum 28. Juni 1985 bis 31. Mai 1996)

Die Korrelationskoeffizienten fallen allesamt sehr niedrig aus. Der Durchschnittswert für die 10 Wertepaare beträgt lediglich 0.07. Für drei Wertepaare werden sogar negative Korrelationskoeffizienten ermittelt. Insgesamt wird damit deutlich, daß es sich bei dem Minimum-Varianz-Effekt nicht um ein globales Phänomen, sondern um einzelne lokale Renditeanomalien handelt.

Diese Beobachtung versteht sich zugleich als Hinweis darauf, daß eine Minimum-Varianz-Strategie global implementiert werden sollte, da sich die Standardabweichung der globalen Residualrendite durch den Diversifikationseffekt im Vergleich zu den gewichteten Einzel-Residualrisiken reduziert. Im folgenden wird deshalb ein globales Minimum-Varianz-Portfolio untersucht, das durch eine Gleichgewichtung der unterliegenden fünf Einzelportfolios gebildet wird. Analog dazu wird ein globales Benchmarkportfolio konstruiert.[28] Die Residualrendite des globalen Portfolios ergibt sich damit durch eine Gleichgewichtung der lokalen Residualrenditen.

---

[28] Da die Untersuchung losgelöst von einer Währungsperspektive durchgeführt wird, werden Währungseinflüsse bei der Analyse ausgeklammert. Der Einfluß von Währungsentwicklungen auf das Untersuchungsergebnis ist ohnehin gering, da sowohl das jeweilige Portfolio als auch die dazugehörige Benchmark von der Währungsentwicklung betroffen sind und sich die Währungseinflüsse größtenteils (bis auf die Residualrendite) neutralisieren.

Abbildung 4 zeigt die logarithmierte kumulierte Residualrendite des globalen Minimum-Varianz-Portfolios. Der Graph weist eine per Saldo deutlich positive Residualrendite auf, die während des Zeitraums von November 1989 bis Januar 1991 durch eine Schwächeperiode charakterisiert ist.

Viele Renditeanomalien verschwinden, sobald sie endeckt worden sind, da die Marktteilnehmer versuchen, sich mit der Anomalie einen komparativen Vorteil zu sichern. Im Rahmen der 1995 veröffentlichten Untersuchung über den Anlageerfolg des Minimum-Varianz-Portfolios wurden Daten verwendet, die bis Juli 1993 reichen.[28] Damit liegt die Vermutung nahe, daß die Renditeanomalie nach Veröffentlichung der Untersuchungsergebnisse im März 1995 verschwunden ist. Dies läßt sich nicht bestätigen. Vielmehr fällt auf, daß sich die Residualrendite des globalen Minimum-Varianz-Portfolios auch nach diesem Zeitpunkt positiv entwickelt. Anscheinend werden Minimum-Varianz-Strategien von den Marktteilnehmern bislang kaum umgesetzt.

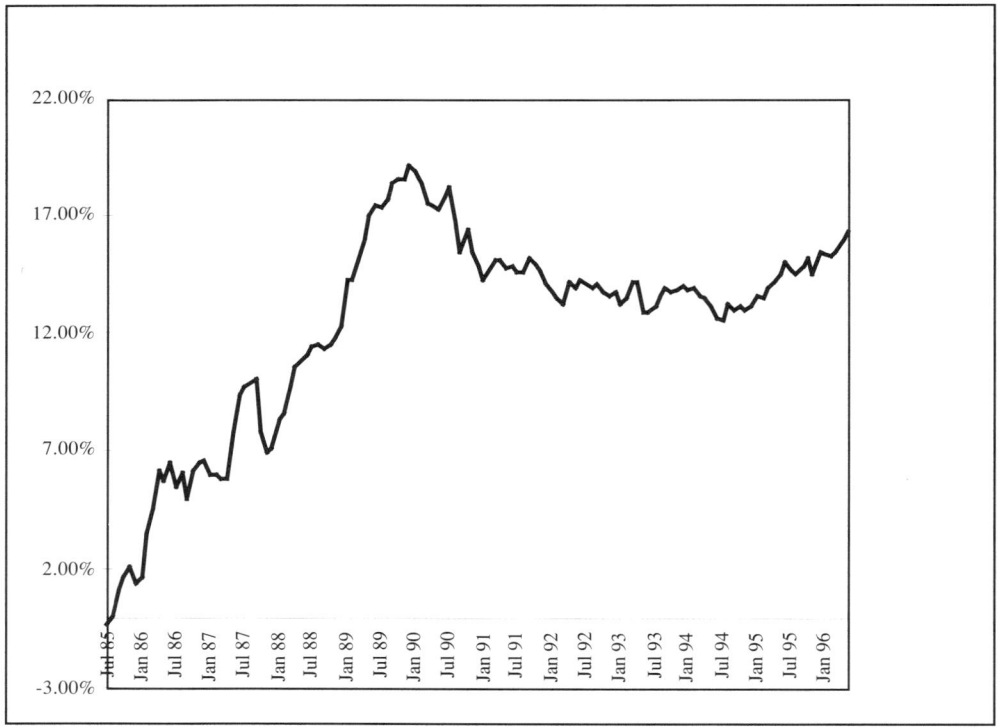

Abb.: 4: Kumulierte Residualrendite des globalen Minimum-Varianz-Portfolios

---

[28] Vgl. Kleeberg (1995), S. 117.

Tabelle 8 zeigt die numerischen Parameter für das gleichgewichtete globale Portfolio sowie für die einzelnen Märkte. Während die Residualrendite des globalen Portfolios durch die gleichgewichtete Summe der Residualrenditen der fünf unterliegenden Länder determiniert wird, geht hinsichtlich des Residualrisikos eine deutliche Reduktion einher, die durch die geringen Korrelationen der Residualrenditen bedingt wird. So fällt das Residualrisiko des globalen Portfolios mit 2,26% sogar deutlich geringer aus als das des risikoärmsten Einzelportfolios (USA).

	GER	UKI	JPN	CAN	USA	**Global**
R res. (p.a.)	3.25%	1.47%	2.33%	-1.00%	1.74%	**1.56%**
Std res. (p.a.)	4.47%	3.09%	6.79%	3.82%	2.86%	**2.26%**
Monate	131	131	131	131	131	**131**
t- Wert	2.22	1.56	1.30	-0.72	1.82	**2.33**
Signifikanzniveau	2.78%	12.08%	19.53%	47.37%	7.07%	**2.13%**

**Tab. 8: Signifikanztest der lokalen und globalen Residualrendite
(Zeitraum: 28. Juni 1985 bis 31. Mai 1996)**[30]

Obwohl die Residualrendite am kanadischen Markt negativ ist und nur am deutschen und am US-amerikanischen Markt statistisch signifikant von Null verschieden ist (Signifikanzniveau <10%), wird für das globale Minimum-Varianz-Portfolio während der relativ kurzen Untersuchungsperiode von 131 Monaten eine statistisch signifikante Residualrendite beobachtet. Damit läßt sich die folgende Wahrscheinlichkeitsaussage formulieren:

Die Residualrendite des globalen Minimum-Varianz-Portfolios ist mit einer Wahrscheinlichkeit von 97.87% in der Grundgesamtheit von Null verschieden.

Als Fazit läßt sich somit festhalten, daß die globale Implementierung einer Minimum-Varianz-Strategie aufgrund des deutlichen Diversifizierungspotentials am erfolgsversprechendsten erscheint.

---

[30] Die Renditen beschreiben den Mittelwert der monatlichen Beobachtungswerte. Die Standardabweichung bezieht sich ebenfalls auf Monatswerte. Zur Annualisierung ist die Standardabweichung mit der Quadratwurzel aus 12 zu multiplizieren.

8. Praktischer Einsatz

Im Rahmen dieses Beitrags wird der Anlageerfolg von internationalen Minimum-Varianz-Strategien an fünf verschiedenen Aktienmärkten untersucht. Mit einer solchen Strategie ist ein Anlagekonzept umschrieben, das den Sicherheitsaspekt bei der Kapitalanlage in den Vordergrund stellt. Damit spricht eine Minimum-Varianz-Strategie vor allem konservative und risikobewußte Anleger an.

Um den Praxisbezug der Untersuchungsergebnisse sicherzustellen, wurde ein praxisbezogenes Minimum-Varianz-Portfolio erstellt, das den typischen Anlagerestriktionen institutioneller Anleger gerecht wird. Trotz seines geringen Risikos wird für das Minimum-Varianz-Portfolio auf sämtlichen fünf Märkten innerhalb der Stichprobe eine höhere Rendite als für die jeweilige Benchmark beobachtet. Die Residualrendite ist auf allen fünf Märkten positiv und mit Ausnahme des kanadischen Marktes statistisch signifikant. Es konnte gezeigt werden, daß es sich bei dem Minimum-Varianz-Effekt um einzelne lokale Überrenditeeffekte handelt. Aufgrund des daraus resultierenden großen Diversifikationspotentials des Residualrisikos ist die praktische Implementierung einer Minimum-Varianz-Strategie insbesondere für global investierende Anleger attraktiv.

Nicht zuletzt aufgrund der positiven Untersuchungsergebnisse ist zu erwarten, daß Anlagestrategien auf der Basis riskominimaler Portfolios sowohl bei institutionellen als auch bei anspruchsvollen privaten Investoren in Zukunft auf großes Interesse stoßen werden.

Literaturverzeichnis

Beckers, S./ Cummins, P./ Woods, C. (Beckers et al., 1993): The Estimation of Multiple Factor Models and their Application: The Swiss Equity Market, in: *Finanzmarkt und Portfolio Management*, 7. Jg., 1993, Nr. 1, S. 24-45.

Bleymüller, J./ Gehlert, G. (Bleymüller/ Gehlert, 1985): *Statistische Formeln, Tabellen und Programme*, 3. Aufl., München 1985.

Fama, E. F. (Fama, 1976): *Foundations of Finance, Portfolio Decisions and Security Prices*, New York 1976.

Grinold, R. C./ Kahn, R. N. (Grinold/ Kahn, 1995): *Active Portfolio Management*, Chicago et al. 1995.

Kleeberg, J. M. (Kleeberg, 1992): Der Einsatz von fundamentalen Betas im modernen Portfoliomanagement, in: *Die Bank*, o. Jg., 1992, Nr. 8, S. 474-478.

Kleeberg, J. M. (Kleeberg, 1995): *Der Anlageerfolg des Minimum-Varianz-Portfolios. Eine empirische Untersuchung am deutschen, englischen, japanischen, kanadischen und US-amerikanischen Aktienmarkt*, 2. Aufl., Bad Soden/ Taunus 1995.

Kleeberg, J. M./ Schlenger, C. (Kleeberg/ Schlenger, 1994): Konzeption und Performance einer europäischen Indexanlage, in: *Finanzmarkt und Portfolio Management*, 8. Jg., 1994, Nr. 2, S. 229-241.

Markowitz, H. M. (Markowitz, 1959): *Portfolio Selection – Efficient Diversification of Investments*, New York 1959.

Michaud, R. O. (Michaud, 1989): The Markowitz Optimization Enigma: Is „Optimized" Optimal?, in: *Financial Analysts Journal*, Vol. 45, 1989, January-February, S. 31-42.

Pope, P. F./ Yadev, P. K. (Pope/ Yadev, 1994): Discovering Errors in Tracking Error, in: *Journal of Portfolio Management*, Vol. 20, 1994, Winter, S. 27-32.

Rohweder, H. C. (Rohweder, 1995): Minimum-Variance-Investing – des Kaisers neue Kleider?, in: *Finanzmarkt und Portfolio Management*, 9. Jg., 1995, Nr. 1, S. 111-126.

Rosenberg, B. (Rosenberg, 1985): Prediction of Common Stock Betas, in: *Journal of Portfolio Management*, Vol. 11, 1985, Winter, S. 5-14.

Rudd, A./ Clasing, H. K. (Rudd/ Clasing, 1988): *Modern Portfolio Theory*, 2nd edition, Orinda 1988.

Steiner, M./ Bruns, C. (Steiner/ Bruns, 1996): *Wertpapiermanagement*, 5. Aufl., Stuttgart 1996.

Wallmeier, M. (Wallmeier, 1997): *Einflußgrößen der Aktienbewertung*, Bad Soden/ Taunus 1997.

Zimmermann, P. (Zimmermann, 1997): *Schätzung und Prognose von Betawerten*, Bad Soden/ Taunus 1997.

Ein konditioniertes Multifaktorenmodell für das Management internationaler Aktienanlagen

von Peter Oertmann

1. Einleitung
2. Struktur des konditionierten Multifaktoren-Bewertungsmodells
3. Strategie für die Implementierung des Modells
4. Datenbasis sowie Spezifikation der Variablen und Instrumente
5. Identifikation von 'Faktoren mit Bewertungspotential'
6. Schätzung der Parameter eines konditionierten 3-Faktorenmodells
7. Anwendung des Modells in der taktischen Asset Allocation
8. Zusammenfassung

1. Einleitung

Das Spektrum für internationale Aktienanlagen und damit die Möglichkeiten zur Diversifikation auf Basis globaler Portfoliostrategien haben sich während des letzten Jahrzehnts in struktureller Hinsicht beträchtlich verändert. Durch den weltweit zunehmenden Abbau von Marktzugangs- und Handelsbarrieren sowie die Vernetzung der globalen Kommunikations- und Informationssysteme sind Investitionen auf nahezu allen Kapitalmärkten rund um den Globus möglich geworden. Gleichzeitig hat die rasch voranschreitende, globale Integration der Volkswirtschaften Aktienmärkte insgesamt enger zusammenwachsen lassen. Demzufolge wird das Geschehen auf internationalen Märkten mehr und mehr von globalökonomischen Strömungen bestimmt. Ein anschauliches Indiz für diesen Trend sind die signifikant gestiegenen Korrelationen zwischen den mit Aktienanlagen in verschiedenen Ländern erzielbaren Renditen. Vor dem Hintergrund dieser Öffnung und forcierten Globalisierung internationaler Kapitalmärkte stehen Investoren derzeit vor neuen Herausforderungen. Denn veränderte globale Marktstrukturen erfordern entsprechende Anpassungen der im Portfoliomanagement eingesetzten Konzepte und Methoden zur Analyse und Steuerung des Risikos global diversifizierter Fonds.

Die Spezifikation von einschlägigen Modellen zur Bewertung internationaler Aktieninvestitionen setzt voraus, daß die globalen Faktoren, die die Volatilität sowie die langfristige Wertentwicklung der einzelnen Märkte bestimmen, bekannt sind. In den USA durchgeführte Forschungsarbeiten deuten darauf hin, daß die Renditen auf nationalen Aktienmärkten zwar in einer engen Beziehung zur allgemeinen Weltaktienmarktentwicklung stehen, doch erkennbar auch durch ökonomische Faktoren wie beispielsweise globale Konjunkturvariablen, Zinsveränderungen, Wechselkursschwankungen oder Güterpreisbewegungen beeinflußt werden.[1] Einige dieser Studien weisen nach, daß Unterschiede zwischen Aktienmärkten hinsichtlich ihrer langfristigen Performance auf die Verschiedenheit ihrer globalen Risikoprofile in bezug auf diese Faktoren zurückzuführen sind. Mit anderen Worten, die Sensitivität der Rendite eines Aktienmarktes gegenüber der Weltaktienmarktrendite sowie gegenüber Veränderungen globalökonomischer Variablen wird in Form von Risikoprämien langfristig entschädigt. Indessen zeigen empirische Tests auf der Basis von konditionierten Bewertungsmodellen, daß die für die Übernahme von globalen Risiken zu erwartenden Renditeprämien im Zeitablauf erheblich variieren.[2] Im Rahmen von derartigen, konditionierten Bewertungsmodellen ist die Höhe der auf den Aktienmärkten erwarteten Risikoprämien an fundamentale Marktfaktoren oder ökonomische Variablen gekoppelt. Dabei wird zum Beispiel unterstellt, daß die auf dem Aktienmarkt zu beobachtende Dividendenrendite, die vorherrschende Inflationsrate sowie Zinsstruktur- und Default-Spreads als Instrumentalvariablen zur Prognose der von den Marktteilnehmern erwarteten Kompensation für die Übernahme systematischer Risiken eingesetzt werden können. Insgesamt

---

[1] Vgl. Brown/ Otsuki (1993), Ferson/ Harvey (1993, 1994), Harvey et al. (1994), Dumas/ Solnik (1995) sowie Harvey (1995).
[2] Vgl. Harvey (1991), Ferson/ Harvey (1993), Harvey et al. (1994) und Dumas/ Solnik (1995).

liefern diese Arbeiten im Bereich der angewandten Finanzmarktforschung deutliche Hinweise darauf, daß der Trade-Off zwischen Risiko und Rendite auf internationalen Aktienmärkten sowohl 'mehrdimensional' als auch 'zeitvariabel' zu modellieren ist.

Innerhalb dieses Beitrag wird ein konditioniertes Multifaktoren-Bewertungsmodell mit dem maßgeblichen Ziel spezifiziert, ökonomische Determinanten der Variabilität von Risikoprämien auf internationalen Aktienmärkten zu identifizieren. Die empirische Validierung des Modells erfolgt auf der Basis einer Datenstichprobe, die monatliche Renditen von 17 internationalen Aktienmärkten über den Zeitraum von Januar 1982 bis Februar 1995 umfaßt. Sämtliche Tests werden aus der Sichtweise eines in Schweizer Franken rechnenden Investors durchgeführt. Insgesamt wird der Befund der oben skizzierten amerikanischen Studien aus einer innovativen Blickrichtung erweitert, denn fundamentale Bestimmungsgrößen für die Höhe und die Veränderung der auf internationalen Märkten erwarteten Renditen sind bis dato kaum erforscht worden. Bemerkenswert sind insbesondere die in diesem Beitrag dokumentierten neuartigen empirischen Ergebnisse zur Struktur der Wirkungszusammenhänge zwischen globalökonomischen Rahmenbedingungen und den verschiedenartigen Risikoprämien auf Aktienmärkten, denn aus einigen dieser Resultate erwachsen fruchtbare Stoßrichtungen für die Verfeinerung des in der Praxis eingesetzten Instrumentariums zur Analyse sowie zur taktischen Steuerung der Exposure eines Portfolios gegenüber globalen Risikofaktoren.[3]

Der Beitrag ist wie folgt aufgebaut: Im nachfolgenden Abschnitt werden die theoretischen Grundlagen für die Struktur des konditionierten Multifaktoren-Bewertungsmodells aufgezeigt. Abschnitt 3 enthält einige strategische Gesichtspunkte im Zusammenhang mit der Implementierung des Modells, bevor in Abschnitt 4 ausführlichere Informationen zur Datenbasis sowie zur Konstruktion der in das Modell eingehenden Variablen gegeben werden. Abschnitt 5 skizziert die Ergebnisse einer für die abschließende Modellspezifikation notwendigen Voruntersuchung. Sodann dokumentiert Abschnitt 6 ökonometrische Schätzungen für die einzelnen Parameter des Bewertungsmodells und repräsentiert damit den Kern des Testverfahrens zur empirischen Validierung des Ansatzes. In Abschnitt 7 wird die Risiko-Rendite-Charakteristik einer aktiven Investitionsstrategie 'out-of-sample' analysiert, bei der Portfolioanpassungen auf Basis der durch das Modell prognostizierten Risikoprämien für internationale Aktienmärkte vorgenommen werden. Abschnitt 8 bietet eine Zusammenfassung.

---

[3] Das im Rahmen dieses Beitrags dargestellte Multifaktoren-Bewertungsmodell sowie die hier dokumentierte empirische Untersuchung basieren auf der Arbeit von Oertmann (1997). Dort ist die dem Modell zugrundeliegende Bewertungstheorie umfassend und rigoros dargestellt. Darüber hinaus enthält der dort diskutierte empirische Befund eine Reihe zusätzlicher Gesichtspunkte, da das Modell auf der Basis von internationalen Aktien- und Obligationendaten getestet wird und in bezug auf seine Spezifikation umfangreiche Sensitivitätanalysen vorgenommen werden.

2. Struktur des konditionierten Multifaktoren-Bewertungsmodells

Im Rahmen des hier vorgestellten Ansatzes wird angenommen, daß kurzfristige Renditeschwankungen sowie die Struktur langfristig erwarteter Renditen auf internationalen Aktienmärkten durch ein konditioniertes Multifaktoren-Bewertungsmodell (conditional beta pricing model) beschrieben werden können. Konkret basiert die Spezifikation dieses Modells zur Bewertung globaler Aktieninvestitionen auf folgenden Grundgedanken: (i) Varianzen und langfristige Erwartungswerte der Renditen auf Aktienmärkten sowie die Kovarianzen zwischen diesen Renditen werden durch eine inhärente multiple Faktorenstruktur erfaßt; (ii) im Rahmen dieser Faktorenstruktur stellen ausschließlich globale Einflußfaktoren Quellen systematischen Risikos dar; (iii) die inhärente multiple Faktorenstruktur wird durch eine Gruppe beobachtbarer globalökonomischer Variablen repräsentiert; (iv) die Faktor-Risikoprämien sind zeitvariabel.

Ausgangspunkt für die Entwicklung des Bewertungsansatzes ist die Annahme, daß die Beziehung zwischen Renditen und erwarteten Renditen auf internationalen Aktienmärkten sowie globalen Risikofaktoren durch das folgende k-Faktorenmodell erfaßt wird:

(1a) $r_{it} = E[r_{it}] + \beta_{i1} \cdot \delta_{1t} + \beta_{i2} \cdot \delta_{2t} + ... + \beta_{ik} \cdot \delta_{kt} + \varepsilon_{it}$,

i = 1, 2, ..., n (Aktienmärkte),

unter den Bedingungen:

(1b) $E[\delta_j] = 0$, j = 1, 2, ..., k, k < n,

(1c) $E[\varepsilon_i] = 0$, i = 1, 2, ..., n,

(1d) $Var[\varepsilon_i] = \sigma_{\varepsilon i}^2 \leq \bar{\sigma}_\varepsilon^2$, i = 1, 2, ..., n, und

(1e) $Cov[\varepsilon_i, \varepsilon_j] = \sigma_{ij}$, i = 1, 2, ..., n, j = 1, 2, ..., n, und i π j.

In diesem Regressionsmodell bezeichnet r_{it}, i = 1, 2, ..., n, die auf dem i-ten Aktienmarkt über den Monat t beobachtete Überschußrendite; dieser Monat beginnt zum Zeitpunkt t-1 und endet zum Zeitpunkt t. Die Überschußrendite wird dabei auf der Basis folgender Formel berechnet: $r_{it} = R_{it} - R_{ft}$, wobei R_{it} die in stetiger Form berechnete Rendite auf dem i-ten Aktienmarkt bezeichnet, und R_{ft} den zum Zeitpunkt t-1 ausgewiesenen stetigen Zinssatz für eine risikolose Anlage über den Monat t repräsentiert. $E[r_{it}]$ steht für die auf dem i-ten Aktienmarkt für den Monat t erwartete Rendite. Die Variablen δ_{jt}, j = 1, 2, ..., k, bezeichnen die über den Monat t gemessenen, nichtantizipierten Veränderungen von k globalen Risikofaktoren. Globale Risikofaktoren im Sinne dieses Ansatzes sind zum Beispiel die Weltaktienmarktrendite, die Veränderung globaler Zinssätze, die Veränderung globaler Wechselkurse oder die Veränderung globaler Güterpreise. Die Regressionskoeffizienten β_{ij}, j = 1, 2, ..., k, kennzeichnen die auf der Basis von Überschußrenditen berechneten globalen Faktorbetas des i-ten Aktienmarktes. Schließlich erfaßt ε_{it} die unsystematische Komponente der über den Monat t beobachteten Rendite auf dem i-ten Aktienmarkt.

In Verknüpfung mit den Bedingungen (1b) bis (1e) begründet die Regressionsgleichung (1a) ein approximatives Faktorenmodell; dieses wird fortan als Modell (1) bezeichnet. Es wird angenommen, daß dieses Modell die in der gewählten Referenzwährung (CHF) ausgedrückten Überschußrenditen auf internationalen Aktienmärkten in adäquater Weise beschreibt. Folglich entspricht die Spezifikation des Modells dem in der internationalen Arbitrage Pricing Theory (Int-APT) von SOLNIK vorausgesetzten Prozeß zur Generierung von Renditen.[4]

Modell (1) wird in einer konditionierten Form implementiert. Unter der Annahme, daß die Risikoprämien für die Exposure von Aktienmärkten gegenüber den globalen Faktoren im Zeitverlauf schwanken, ergibt sich nachstehende Bewertungsrestriktion für den Querschnitt erwarteter Renditen (cross-sectional restriction):

(2) $E[r_{it}|\underline{\Phi}_{t-1}] = \lambda_{1t}(\underline{\Phi}_{t-1}) \cdot \beta_{i1} + \lambda_{2t}(\underline{\Phi}_{t-1}) \cdot \beta_{i2} + ... + \lambda_{kt}(\underline{\Phi}_{t-1}) \cdot \beta_{ik}$

i = 1, 2, ..., n (Aktienmärkte),

womit eine Beziehung zwischen dem Risikoprofil des Aktienmarktes i gegenüber globalen Faktoren, $\{\beta_{i1}, ..., \beta_{ik}\}$, und der auf diesem Markt zu erwartenden Rendite postuliert wird. Im Rahmen dieser Beziehung bezeichnet $\underline{\Phi}_{t-1} = (\varphi_{1,t-1}, \varphi_{2,t-1}, ..., \varphi_{\kappa,t-1}) \in \Re^\kappa$ einen 1×κ-Informationsvektor; dieser Vektor repräsentiert sämtliche zum Zeitpunkt t-1 öffentlich zur Verfügung stehenden Informationen über die globalökonomischen Rahmenbedingungen. Somit spezifiziert die Gleichung einen bedingten Erwartungswert für die über die Monatsperiode zwischen t-1 und t auf dem i-ten Aktienmarkt erzielbare Überschußrendite. Dieser Erwartungswert steht im Bezug zur (ist konditioniert auf die) Informationsmenge, die den Marktteilnehmern zum Zeitpunkt t-1 zugänglich ist. Es wird angenommen, daß der konditionierte Erwartungswert für die Rendite auf jedem Aktienmarkt in einer exakten linearen Beziehung zu k Faktor-Risikoprämien steht. Die λ-Koeffizienten auf der rechten Seite der Gleichung, $\lambda_{jt}(\underline{\Phi}_{t-1})$, j = 1, 2, ..., k, repräsentieren diese Risikoprämien, die ebenfalls auf die verfügbare Informationsmenge konditioniert sind.[5]

In Anlehnung an frühere Studien[6] wird weiterhin angenommen, daß ein Set von globalen Instrumentalvariablen, $\underline{Z}_{t-1} = (Z_{1,t-1}, Z_{2,t-1}, ..., Z_{h,t-1})$, in hinreichender Weise die für die Preisbildung auf Aktienmärkten zum Zeitpunkt t relevanten Informa-

---

[4] Vgl. Solnik (1983).
[5] Die lineare Struktur der Verknüpfung von Faktorbetas und Risikoprämien in der Bewertungsgleichung (2) ist grundsätzlich konsistent mit der von Ross (1976) eingeführten Arbitrage Pricing Theory (APT). Die wichtigsten Weiterentwicklungen der APT gehen auf Huberman (1982), Chamberlain (1983), Chamberlain/ Rothschild (1983) sowie Ingersoll (1984) zurück. Letztere Autoren zeigen die Adäquanz einer linearen Bewertungsrestriktion im Rahmen einer approximativen Faktorstruktur, wie sie hier angenommen wird. Im internationalen Kontext liefert die bereits genannte Int-APT von Solnik (1983) eine theoretische Fundierung. In Abweichung von diesen statischen APT-motivierten Bewertungskonzepten ist die Gleichung (2) allerdings in einer konditionierten Form geschrieben. Eine solche bedingte Bewertungsrelation läßt sich im Rahmen der auf Merton (1971) und (1973) zurückgehenden intertemporalen Capital Asset Pricing Model (ICAPM) sowie der intertemporalen APT (IAPT) von Connor/ Korajczyk (1989) und Reisman (1992) herleiten.
[6] Vgl. Ferson (1990), Brown/ Otsuki (1993) sowie Ferson/ Harvey (1993).

tionen widerspiegelt; grundsätzlich kann der 1×h-Instrumentalvektor $\underline{Z}_{t-1}$ als eine Teilmenge des umfassenden 1×κ-Informationsvektors $\underline{\Phi}_{t-1}$ betrachtet werden. Wie oben bereits ausgeführt, stellen zum Beispiel die auf dem Aktienmarkt zu beobachtende Dividendenrendite, die vorherrschende Inflationsrate sowie Zinsstruktur- und Default-Spreads Instrumentalvariablen in diesem Sinne dar. Die Beziehung zwischen der Höhe der für den Monat t erwarteten j-ten Risikoprämie und den Werten eines solchen Instrumentalvektors zu Beginn des Monats sei wie folgt spezifiziert:

(3) $\quad \lambda_{jt}(\underline{Z}_{t-1}) = \omega_{j0} + \omega_{j1} \cdot Z_{1,t-1} + \omega_{j2} \cdot Z_{2,t-1} + \ldots + \omega_{jh} \cdot Z_{h,t-1}$,

j = 1, 2, ..., k (Faktor-Risikoprämien),

wobei die Variablen $Z_{v,t-1}$, v = 1, 2, ..., h, die Ausprägungen der Instrumentalvariablen zum Zeitpunkt t-1 bezeichnen (Höhe der Dividendenrendite auf dem Aktienmarkt, Inflationsrate, Zinsstrukturspread usw.). Die ω-Koeffizienten, ω_{jv}, v = 1, 2, ..., h, erfassen den Wirkungszusammenhang zwischen den Ausprägungen der Instrumente und der schwankenden Höhe der j-ten Risikoprämie. In einem allgemeinen Gleichgewichtsmodell stehen Faktor-Risikoprämien möglicherweise in einer nichtlinearen Beziehung zu Instrumentalgrößen der hier eingeführten Form. In Übereinstimmung mit einem Großteil von Untersuchungen zur Prognostizierbarkeit von Anlagerenditen wird im Rahmen der Gleichung (3) jedoch eine einfache lineare Beziehung unterstellt.[7]

Mit Bezug auf letztere Gleichung (3) kann die im Rahmen des Modells motivierte konditionierte Bewertungsrestriktion wie folgt notiert werden:

(4) $\quad E[r_{it} | \underline{Z}_{t-1}] = \sum_{j=1}^{k} \sum_{v=0}^{h} \omega_{jv} \cdot Z_{v,t-1} \cdot \beta_{ij}$,

i = 1, 2, ..., n (Aktienmärkte).

Es wird deutlich, daß die dem Querschnitt von erwarteten Renditen auferlegte Bewertungsrestriktion direkt auf den ω-Koeffizienten basiert. Wie oben ausgeführt, beschreiben diese Koeffizienten den Zusammenhang zwischen Veränderungen der bewertungsrelevanten Informationsmenge und der Höhe der von Marktteilnehmern erwarteten Risikoprämien. Da die Faktor-Risikoprämien via Gleichung (2) als für alle Aktienmärkte identisch restringiert sind, ergeben sich gleichermaßen Querschnittsrestriktionen für die die Dynamik dieser Risikoprämien beschreibenden Koeffizienten ω_{jv}, j = 1, 2, ..., k, v = 1, 2, ..., h. Bei Einsetzung der Querschnittsrestriktion (4) in das Modell (1) resultiert daraus die nichtlineare Basisgleichung des Multifaktoren-Bewertungsmodells:

(5) $\quad r_{it} = \sum_{j=1}^{k} \sum_{v=0}^{h} \omega_{jv} \cdot Z_{v,t-1} \cdot \beta_{ij} + \sum_{j=1}^{k} \beta_{ij} \cdot \delta_{jt} + \varepsilon_{it}$,

i = 1, 2, ..., n (Aktienmärkte).

---

[7] Gibbons/Ferson (1985) liefern plausible Argumente für die Annahme einer einfachen linearen Beziehung zwischen Instrumentalvariablen und Risikoprämien.

Letztere Gleichung repräsentiert die angenommene strukturelle Beziehung zwischen der monatlichen Rendite auf dem i-ten Aktienmarkt und (i) der Exposure des Marktes gegenüber globalen Risikofaktoren, (ii) nichtantizipierten Veränderungen der Risikofaktoren sowie (iii) den mit diesen Risikofaktoren verknüpften Risikoprämien.[8]

3. Strategie für die Implementierung des Modells

Das im vorigen Abschnitt dargestellte Bewertungsmodell wird im Rahmen eines Systems, bestehend aus nichtlinearen Gleichungen vom Typ (5), empirisch implementiert. Dieses Gleichungssystem kann wie folgt notiert werden:

$$(6) \quad \begin{pmatrix} r_{1t} \\ \vdots \\ r_{nt} \end{pmatrix} = \underbrace{\begin{pmatrix} \beta_{11} \cdots \beta_{1k} \\ \vdots \\ \beta_{n1} \cdots \beta_{nk} \end{pmatrix} \cdot \begin{pmatrix} \omega_{10} \cdots \omega_{1h} \\ \vdots \\ \omega_{k0} \cdots \omega_{kh} \end{pmatrix} \cdot \begin{pmatrix} Z_{0,t-1} \\ \vdots \\ Z_{h,t-1} \end{pmatrix}}_{\text{Komponente 1}} + \underbrace{\begin{pmatrix} \beta_{11} \cdots \beta_{1k} \\ \vdots \\ \beta_{n1} \cdots \beta_{nk} \end{pmatrix} \cdot \begin{pmatrix} \delta_{1t} \\ \vdots \\ \delta_{kt} \end{pmatrix}}_{\text{Komponente 2}} + \underbrace{\begin{pmatrix} \varepsilon_{1t} \\ \vdots \\ \varepsilon_{nt} \end{pmatrix}}_{\text{Komponente 3}}.$$

Die einzelnen Variablen und Parameter des Modells wurden bereits erläutert. Auf der rechten Seite des Gleichungssystems sind drei Komponenten additiv verknüpft: Die erste Komponente beschreibt die Zeitvariabilität der in den monatlichen Aktienmarktrenditen enthaltenen globalen Risikoprämien. Die zweite Komponente des Systems weist die durch nichtantizipierte Faktorveränderungen verursachten Abweichungen der monatlichen Aktienrenditen von ihren variablen monatlichen Erwartungswerten aus. Die dritte Komponente enthält die Abweichungen der monatlichen Aktienrenditen von ihren Erwartungswerten, die nicht auf die unterstellte Faktorenstruktur zurückführbar sind, also quasi die unsystematischen, nicht durch das Modell erklärten Renditekomponenten.

Das Struktur des Gleichungssystems (6) impliziert zwei Arten von Restriktionen hinsichtlich des Querschnitts von Aktienrenditen: Erstens unterliegen die ω-Koeffizienten, die die Dynamik der Risikoprämien erfassen, einer Gleichheitsrestriktion im Querschnitt der Aktienmarktrenditen. Zweitens enthält das Regressionsmodell keinen konstanten Term. Der erste Restriktionstypus stellt sicher, daß die in den Überschußrenditen enthaltenen globalen Risikoprämien im Querschnitt der Aktienmärkte gleich sind. Die zweite Restriktion beinhaltet, daß erwartete Renditen grundsätzlich keine konstanten Komponenten einschließen, die nicht den Risikoprämien zugeordnet werden können. Beide Restriktionstypen entsprechen den Aussagen der Multifaktoren-Bewertungstheorie.

---

[8] Gleichung (5) entspricht in der Struktur den Bewertungskonzepten von Gibbons/ Ferson (1985) sowie Ferson (1990). Brown/ Otsuki (1993) verwenden ein ähnliches Modell, um Risikoprämien auf den Aktienmärkten des asiatisch-pazifischen Raums zu analysieren.

Im Rahmen des Gleichungssystems (6) werden die n×k Faktorbetas und die k×h ω-Koeffizienten simultan ermittelt. Dabei wird die unterstellte inhärente Faktorenstruktur auf der Basis von ökonomischen Variablen modelliert. Mit anderen Worten: Die in das Modell eingehenden erklärenden Faktoren, $\{\delta_{jt}, j = 1, 2, ..., k\}$, sind beobachtbare Größen. Die Verwendung von ökonomischen Faktoren innerhalb eines solchen Ansatzes läßt sich aus der Perspektive des ICAPM von MERTON theoretisch begründen.[9] Empirische Studien, die eine solche Strategie der Faktorenspezifikation verfolgen, sind zahlreich; ein Meilenstein ist diesbezüglich die Untersuchung von CHEN/ ROLL/ ROSS zu preisbestimmenden Faktoren auf dem amerikanischen Aktienmarkt.[10] Zudem werden in der vorliegenden Arbeit ausschließlich Risikofaktoren eingesetzt, die die Dynamik des globalen Wirtschaftsgangs abbilden. Eine solche Wahrnehmung des systematischen Risikos – die Konzentration auf globale Einflüsse – ist konsistent mit der Spezifikation internationaler Gleichgewichts- und Arbitragebewertungsmodelle für Anlagen.[11] Gleichermaßen sind auch die eingesetzten Instrumentalvariablen, $\{Z_{v,t-1}, v = 1, 2, ..., h\}$, globalökonomische Parameter; dies entspricht der Intuition, daß globale Risikoprämien grundsätzlich durch globale Rahmenbedingungen determiniert werden.

Die Implementierung des Modells wird, wie bereits angeführt, auf der Basis von nichtantizipierten Faktorveränderungen durchgeführt. Diese Faktorinnovationen werden außerhalb des Bewertungsmodells im Rahmen eines erweiterten vektorautoregressiven (VAR-) Systems bestimmt. Diesem System liegt die folgende Basisgleichung zugrunde:

$$(7) \quad \delta_{jt}^* = c_{j0} + \sum_{v=1}^{k} c_{jv} \cdot \delta_{v,t-1}^* + \sum_{v=1}^{h} d_{jv} \cdot Z_{v,t-1} + \delta_{jt},$$

j = 1, 2, ..., k (Risikofaktoren),

wobei die Indizierung '*' die totale Veränderung eines globalen Risikofaktors kennzeichnet. Die Zeitreihe der Residuen der j-ten Gleichung des VAR-Systems bildet dann die im Modell verwendete Zeitreihe für Innovationen des j-ten Risikofaktors, $\{\delta_{jt}, t = 1, ..., T\}$. Damit haben alle Faktorzeitreihen aufgrund des Vorgehens ihre Konstruktion betreffend einen Mittelwert von Null.

---

[9] Vgl. Merton (1971) und (1973). Im ICAPM werden ökonomische Zustandsvariablen (state variables) eingeführt, die hinsichtlich ihrer theoretischen Motivation mit den Faktoren im hier verwendeten Modell übereinstimmen.
[10] Vgl. Chen et al. (1986).
[11] Vgl. Solnik (1974), Sercu (1980), Stulz (1981), Adler/ Dumas (1983), Solnik (1983) sowie Ikeda (1991).

4. Datenbasis sowie Spezifikation der Variablen und Instrumente

Der Querschnitt der zur empirischen Analyse des Bewertungsmodells herangezogenen Anlagerenditen umfaßt 17 internationale Aktienmärkte. Dies sind die 16 Länder der Organization for Economic Cooperation and Development (OECD) sowie Hongkong. Die von Morgan Stanley Capital International (MSCI) bereitgestellten Indizes für internationale Aktienmärkte bilden die Ausgangsbasis für die Berechnung der Renditen. Diese Indizes decken jeweils etwa 65 Prozent der Aktienmarktkapitalisierung in den einzelnen Ländern ab. Zur Konstruktion der Indizes werden hauptsächlich liquide Werte mit hohem Marktwert herangezogen, allerdings mit der Zielsetzung, die für die entsprechenden Länder typische Sektorstruktur abzubilden. Daneben sind die Indizes allesamt wertgewichtet sowie dividendenadjustiert. Aufgrund identischer Konstruktions- und Berechnungsprinzipien sind die MSCI-Indizes über verschiedene Länder gut vergleichbar. Die hier analysierte Datenstichprobe enthält monatliche Indexbeobachtungen über den Zeitraum von Januar 1982 bis März 1995. Auf dieser Grundlage werden stetige monatliche Überschußrenditen in Schweizer Franken berechnet; der dabei verwendete Zinssatz für einmonatige risikolose Anlagen entspricht dem Geldmarktsatz für Schweizer Franken am Euromarkt in London. Tabelle 1 enthält deskriptive Statistiken für den untersuchten Querschnitt von Aktienmarktüberschußrenditen, r_{it}, i = 1, 2, ..., 17.

Sieben Faktoren gehen als potentielle Kandidaten, die Quelle eines global bewertungswirksamen Risikos zu sein, in die Analyse ein; im Rahmen des Modell (6) sind die entsprechenden Variablen mit δ_{jt}, j = 1, 2, ..., 7, bezeichnet. Der Implementierungsstrategie entsprechend sind die Faktoren auf der Basis von globalökonomischen Daten spezifiziert. Die Auswahl der Faktorkandidaten wird einerseits durch internationale Bewertungsmodelle motiviert, andererseits aber auch durch Befunde früherer empirischer Studien zu globalen Risikofaktoren.[12] Einige der eingesetzten Risikofaktoren repräsentieren auf Basis der G7-Länder aggregierte ökonomische Größen. Zur Gewichtung der Daten werden die relativen Anteile dieser Länder am totalen Bruttosozialprodukt der G7-Länder verwendet; die Gewichtung wird laufend auf Quartalsbasis angepaßt. Auf der Grundlage eines solchen Aggregationsschemas werden globale Faktorvariablen für die Veränderung der Inflationsraten in den G7-Ländern (ING7C) konstruiert, ebenso für die Veränderung der Industrieproduktionsniveaus in diesen Ländern (IPG7C) und die Veränderung der langfristigen (ILG7C) sowie die Veränderung der kurzfristigen Zinssätze (ISG7C). Eine weitere Faktorvariable repräsentiert die Veränderung des Wechselkurses des Schweizer Franken gegenüber einem Korb, bestehend aus den G7-Währungen (CHG7C); zur Konstruktion dieses Faktors werden Handelsgewichte auf der Basis des Schweizer Exports eingesetzt. Als eine sechste Faktorvariable wird die Veränderung des Dow-

---

[12] Die Bewertungsmodelle von Stulz (1981) sowie von Adler/ Dumas (1983) bilden wichtige Grundlagen für die Spezifizierung globaler Risikofaktoren. Inspirierende empirische Studien sind die von Brown/ Otsuki (1993), Ferson/ Harvey (1993) und (1994), Harvey et al. (1994) sowie von Dumas/ Solnik (1995).

Aktienmärkte	CHF		Landeswährung		Autokorrelationen		
	Mittel % p.a.	Vola % p.a.	Mittel % p.a.	Vola % p.a.	ρ_1	ρ_6	ρ_{12}
Australien	4.270	31.516	3.865	23.222	-0.050	-0.178	0.152
Belgien	12.031	19.815	10.355	18.536	0.088	-0.231	-0.045
Dänemark	5.222	20.208	1.483	18.701	0.085	0.157	-0.298
Deutschland	7.505	22.145	5.905	20.752	-0.008	-0.012	0.038
Frankreich	8.122	22.013	5.666	20.694	-0.120	0.044	0.127
Großbritannien	6.212	21.077	6.661	18.050	0.011	-0.221	-0.052
Hongkong	8.260	37.560	12.164	32.650	0.113	-0.016	-0.092
Italien	3.377	27.099	2.819	24.197	0.099	0.174	0.322
Japan	5.915	24.898	2.360	21.159	-0.095	0.034	-0.024
Kanada	0.346	22.063	0.132	15.841	0.099	-0.128	-0.140
Niederlande	11.956	18.217	10.218	17.271	-0.099	-0.097	-0.053
Norwegen	5.120	28.742	4.084	26.536	0.110	0.071	0.105
Österreich	6.911	25.480	5.136	24.593	0.088	-0.191	0.067
Schweden	10.045	25.956	9.222	25.068	0.019	0.169	-0.016
Schweiz	8.039	17.643	8.218	17.366	0.136	-0.178	0.151
Spanien	5.734	25.743	3.160	22.873	0.041	0.160	0.081
USA	6.186	20.948	7.748	15.093	-0.127	-0.145	0.065
Weltaktienmarkt	5.807	17.546	5.036	13.960	-0.146	-0.141	0.029

Zeitperiode: 1982.02 - 1995.02. Mittelwerte (Mittel) und Volatilitäten (Vola) sind auf der Basis stetiger monatlicher Überschußrenditen berechnet und in annualisierter Form angegeben. Für die Berechnungen in Schweizer Franken (CHF) wurde der einmonatige Eurogeldmarktsatz für CHF verwendet; für die Berechnungen in Landeswährung dienten die kurzfristigen Zinssätze in den entsprechenden Ländern. Datengrundlage sind die von Morgan Stanley Capital International (MSCI) bereitgestellten Länderindizes sowie der MSCI-Weltaktienmarktindex. Datenquelle: Datastream.

Tab. 1: Überschußrenditen auf internationalen Aktienmärkten

Jones Güterpreisindex (DJCIC) verwendet. Zudem geht die in Schweizer Franken gemessene Überschußrendite des Weltaktienmarktes (WDSTR) als Faktorvariable in die Modellanalyse ein; dieses globale Marktportfolio wird dabei durch den MSCI-Weltaktienmarkt approximiert.

Zur Modellierung der zeitlichen Variation der globalen Risikoprämien werden fünf Instrumentalvariablen herangezogen, im Gleichungssystem (6) mit $Z_{v,t-1}$, v = 1, 2, ..., 5, bezeichnet. Drei dieser Instrumente basieren auf G7-Daten und werden nach dem gleichen Gewichtungsschema konstruiert wie die oben beschriebenen Risikofaktoren. Entsprechend eingesetzt werden eine auf Basis der Aktienmärkte in den G7-Ländern gewichtete Dividendenrendite (iDYG7), eine G7-gewichtete Inflationsrate (iING7) sowie ein G7-gewichteter Term-Spread (iTSG7). Letzterer basiert auf der Differenz zwischen lang- und kurzfristigen Zinssätzen in diesen Ländern. Ferner wird der U.S.-Default-Spread (iDSUS) als Instrumentalvariable verwendet; dieser beruht auf dem Zinsdifferential zwischen amerikanischen Industrieobligationen und Staatspapieren gleicher Restlaufzeit. Die fünfte Instrumentalvariable besteht in der Differenz zwischen dem auf dem Euromarkt quotierten Zinssatz für dreimonatige U.S.-Dollar-Anlagen und dem Zinssatz einer 90-tägigen U.S.-Treasury-Bill (iTEDS). Es sei an dieser Stelle ausdrücklich darauf hingewiesen, daß es sich bei allen Instrumentalvariablen um verzögerte, quasi zu Beginn eines jeden Monats beobachtbare ökonomische Niveauvariablen handelt.

Sämtliche Indexzeitreihen sowie die zur Konstruktion der Faktorvariablen und Instrumente verwendeten ökonomischen Daten entstammen der Datastream-Datenbank.[13]

5. Identifikation von 'Faktoren mit Bewertungspotential'

Multifaktoren-Bewertungsmodelle fördern die Sichtweise, daß der Trade-Off zwischen dem systematischen Risiko einer Aktienanlage und der für sie zu erwartenden langfristigen Rendite grundsätzlich durch mehrere Faktoren beeinflußt wird. Ein inzwischen umfangreicher empirischer Befund für verschiedene Märkte und Zeitperioden bestätigt diese Sicht, deutet allerdings darauf hin, daß die Anzahl der systematischen Einflußgrößen eher klein ist; die meisten Studien erkennen zwei bis fünf Risikofaktoren.[14] Vor dem Hintergrund dieser Ergebnisse wird auch die Implementierung des hier entwickelten Bewertungsmodells (6) vorgenommen. Konkret sollen nur solche Faktoren, die ein gewisses Bewertungspotential aufweisen, in das konditionierte Bewertungsmodell eingehen. Die Vorauswahl von 'Faktoren mit Bewertungspotential' erfolgt im Rahmen von Faktorenmodell-Regressionen auf der Basis der folgenden Gleichung:

---

[13] Die Datastream-Datenbank ist am Schweizerischen Institut für Banken und Finanzen der Universität St. Gallen verfügbar. Der Autor dankt Datastream in Zürich für die Unterstützung.
[14] Fama (1991) liefert eine umfassende Literaturübersicht über empirischen Arbeiten zum Thema.

(8) $\quad r_{it} = a_i + \beta_{i1} \cdot \delta_{1t} + \beta_{i2} \cdot \delta_{2t} + ... + \beta_{ik} \cdot \delta_{kt} + \varepsilon_{it}$,

i = 1, 2, ..., 17 (Aktienmärkte).

Dieses Modell entspricht in seiner Struktur dem eingangs motivierten k-Faktorenmodell (1) α_i kennzeichnet eine nicht näher spezifizierte Konstante; alle anderen Variablen und Parameter der Regressionsgleichung wurden bereits erläutert. Die Ermittlung der Regressionskoeffizienten erfolgt innerhalb eines Systems, bestehend aus 17 Gleichungen dieses Typs unter Verwendung der SUR-Methode (seemingly unrelated regression method).[15] Mit anderen Worten, die α- und β-Koeffizienten werden für den Querschnitt von 17 Aktienmärkten simultan geschätzt.

Bei der Regressionsanalyse des Faktorenmodells wird mit Hilfe von Wald-Tests überprüft, ob die geschätzten b-Koeffizienten im Querschnitt der Aktienmärkte (i) signifikant von Null verschieden beziehungsweise auch (ii) signifikant unterschiedlich sind. Die Spezifikation der Tests beruht auf folgenden Überlegungen: Sofern die einem potentiellen Faktor zugehörigen β-Koeffizienten im Querschnitt der Aktienanlagen nicht von Null verschieden sind, so ist der prinzipielle Beitrag dieses Faktors zur Erklärung der Varianz von Renditen vernachlässigbar. Sind die einem Faktor zugehörigen β-Koeffizienten in diesem Sinne jedoch signifikant, so leistet dieser Faktor seinen Beitrag zur Erklärung von Renditevarianzen. Um Differenzen zwischen den langjährigen Renditeerwartungen von verschiedenen Aktienanlagen zu erklären, muß für diesen Faktor außerdem sichergestellt sein, das die zugehörigen β-Koeffizienten im Querschnitt hinreichend voneinander abweichen. Denn einzig und allein die Unterschiede hinsichtlich der Faktorbetas sind es, welche im Rahmen von Multifaktoren-Bewertungsmodellen unterschiedliche Renditeerwartungen begründen. Die Argumentation mündet in folgende Wald-Testhypothesen für jeden der vorspezifizierten globalen Faktoren j, j = 1, 2, ..., 7: (Hypothese I) '$\beta_{ij} = 0$' für alle i, i = 1, 2, ..., 17 sowie (Hypothese II) '$\beta_{ij} = \beta_j'$' für alle i, i = 1, 2, ..., 17. Ausschließlich solche Faktoren, für die beide Hypothesen mit einer Irrtumswahrscheinlichkeit von höchstens 5 Prozent abgelehnt werden können, gehen als erklärende Variablen in das konditionierte Bewertungsmodell (6) ein.[16] Die Ergebnisse der Wald-Tests sind in Tabelle 2 dokumentiert.

'Hypothese I' kann für sechs der sieben Faktoren auf einem 5%-Signifikanzniveau abgelehnt werden. Einzig die Veränderung der kurzfristigen Zinssätze in den G7-Ländern (ISG7C) hat keinen signifikanten Einfluß auf die Aktienmarktrenditen. Für drei der Faktoren – nämlich die Weltaktienmarktrendite (WDSTR), die Veränderung der langfristigen Zinssätze (ILG7C) sowie die Veränderung des Wechselkurses gegenüber den G7-Währungen (CHG7C) – kann auch 'Hypothese II' bei dem unterstellten Signifikanzniveau verworfen werden; die Teststatistik für die Industrieproduktionsvariable (IPG7C) verfehlt das 5%-Signifikanzniveau nur knapp. Somit werden auf der Basis der Wald-Tests drei 'Faktoren mit Bewertungspotential' identifiziert: WDSTR, ILG7C und CHG7C. Die nachfolgende Analyse beschränkt sich auf diese drei Faktoren.

---

[15] Dieser Ansatz geht zurück auf Zellner (1962).
[16] Ferson/ Harvey (1994) nutzen das gleiche Testverfahren zur Vorauswahl von Risikofaktoren.

Basisgleichung für die Tests (Faktorenmodell-Regressionen):

$r_{it} = a_i + \beta_{i1} \cdot \delta_{1t} + \beta_{i2} \cdot \delta_{2t} + ... + \beta_{ik} \cdot \delta_{kt} + \varepsilon_{it}$, $\quad$ i = 1, 2, ..., 17 (Aktienmärkte).

Testhypothesen für alle Faktoren δ_{jt}, j = 1, 2, ..., 7:

Hypothese I: „Das Faktorbeta j ist für alle Aktienmärkte nicht von Null verschieden."

H_0: $\beta_{ij} = 0$ $\quad$ für alle i = 1, ..., 17 (Aktienmärkte).

Hypothese II: „Das Faktorbeta j ist für alle Aktienmärkte gleich."

H_0: $\beta_{ij} = \beta_j$ $\quad$ für alle i = 1, ..., 17 (Aktienmärkte).

Teststatistiken und ihre marginale Signifikanz:

	Globale Risikofaktoren (Kandidaten)						
	WDSTR	ING7C	IPG7C	ISG7C	ILG7C	CHG7C	DJCIC
Hypothese I	997.151	33.493	51.180	11.711	47.202	514.536	33.103
	0.000	*0.009*	*0.000*	*0.817*	*0.000*	*0.000*	*0.011*
Hypothese II	77.919	15.271	26.227	11.710	29.516	57.928	15.087
	0.000	*0.505*	*0.051*	*0.764*	*0.021*	*0.000*	*0.518*

Zeitperiode: 1982.02 - 1995.02. Die Wald-Teststatistiken sind chi-quadrat-verteilt mit 17 (16) Freiheitsgraden für Hypothese I (II). Die p-Werte sind kursiv unterhalb der Teststatistiken angegeben. WDSTR steht für die in CHF gemessene Überschußrendite des Weltaktienmarktes, ING7C für die Veränderung der G7-Inflationsrate, IPG7C für die Veränderung des G7-Industrieproduktionsniveaus, ISG7C für die Veränderung des Niveaus kurzfristiger Zinssätze in den G7-Ländern, ILG7C für die Veränderung des Niveaus langfristiger Zinssätze in den G7-Ländern, CHG7C für die Veränderung des CHF-Wechselkurses gegenüber einem G7-Währungskorb und DJCIC schließlich steht für die Veränderung globaler Güterpreise.

Tab. 2: Ergebnisse der Wald-Tests

6. Schätzung der Parameter eines konditionierten 3-Faktorenmodells

Gleichungssystem (6) wird als konditioniertes 3-Faktorenmodell implementiert. Die Überschußrendite des Weltaktienmarktes (WDSTR), die Veränderung des globalen Niveaus langfristiger Zinssätze (ILG7C) sowie die Veränderung globaler Wechselkurse (CHG7C) gehen als globale Risikofaktoren in das Modell ein. Die fünf, im vierten Abschnitt spezifizierten Instrumentalvariablen (iDYG7, iING7, iTSG7, iDSUS, iTEDS) mögen die Variation der mit diesen drei Faktoren verbundenen Risikoprämien beschreiben. Insgesamt sind 69 Koeffizienten zu schätzen: 51 Faktorbetas und 18 ω-Koeffizienten. Zur simultanen Ermittlung dieser Parameter wird die auf Hansen zurückgehende Generalized Method of Moments (GMM) eingesetzt.[17,18]

Die GMM-Schätzergebnisse für die 51 Faktorbetas und 18 w-Koeffizienten sind in Tabelle 3 dokumentiert. Im nachfolgenden Abschnitt wird die unterschiedliche Charakteristik der Faktorrisikoprofile der verschiedenen Aktienmärkte, wie in Teil A der Tabelle dokumentiert, beispielhaft kommentiert. Anschließend werden die in Teil B der Tabelle aufgeführten Schätzwerte für die ω-Koeffizienten, die im Rahmen des Modells die Dynamik der Risikoprämien beschreiben, erläutert und unter dem Aspekt der ökonomischen Plausibilität diskutiert. Diese Diskussion wird nicht wissenschaftlich rigoros geführt, obschon bei der Darstellung der gefundenen Wirkungszusammenhänge zwischen globalökonomischen Rahmenbedingungen und der Variabilität von Risikoprämien wesentliche Aspekte herausgearbeitet werden. Eine graphische Darstellung der zeitvariablen globalen Risikoprämien auf der Basis der geschätzten w-Koeffizienten findet sich in Abbildung 1.

---

[17] Vgl. Hansen (1982). Eine zusammenfassende Darstellung des GMM-Verfahrens bietet Hamilton (1994).
[18] Sicherlich kann nicht davon ausgegangen werden, daß die Residuen in Modell (6) der Annahme einer multivariaten Normalverteilung genügen. Insofern erscheint die GMM als adäquates Vorgehen zur Bestimmung der Modellparameter, da bei diesem Schätzverfahren nicht mehr als die Stationarität der eingehenden Zeitreihen vorausgesetzt werden muß. Dabei werden eine Konstante, die um einen Monat verzögerten Veränderungen der drei globalen Risikofaktoren sowie die fünf globalen Prognosevariablen als Instrumentalvariablen verwendet, um die Orthogonalitätsbedingungen für die GMM-Schätzung zu erzeugen. Bei neun GMM-Instrumenten und 17 Gleichungen enstehen 153 Orthogonalitätsbedingungen für die Residuen des Multifaktoren-Bewertungsmodells (6). Somit bleiben (153-69 =) 84 Überidentifikationsrestriktionen, auf deren Basis die Anpassung des Modells getestet werden kann.

Gleichungssystem

$$\begin{pmatrix} r_{01,t} \\ \vdots \\ r_{17,t} \end{pmatrix} = \begin{pmatrix} \beta_{01.1} \cdots \beta_{01.3} \\ \vdots \\ \beta_{17.1} \cdots \beta_{17.3} \end{pmatrix} \cdot \begin{pmatrix} \omega_{1.0} \cdots \omega_{1.5} \\ \omega_{2.0} \cdots \omega_{2.5} \\ \omega_{3.0} \cdots \omega_{3.5} \end{pmatrix} \cdot \begin{pmatrix} Z_{0,t-1} \\ \vdots \\ Z_{5,t-1} \end{pmatrix} + \begin{pmatrix} \beta_{01.1} \cdots \beta_{01.3} \\ \vdots \\ \beta_{17.1} \cdots \beta_{17.3} \end{pmatrix} \cdot \begin{pmatrix} \delta_{1t} \\ \delta_{2t} \\ \delta_{3t} \end{pmatrix} + \begin{pmatrix} \varepsilon_{01,t} \\ \vdots \\ \varepsilon_{17,t} \end{pmatrix}$$

Teil A — Globale Faktorexposures $\hat{\beta}_{ij}$

Aktienmärkte	WDSTR	ILG7C	CHG7C	MPE % p.M.
Australien	1.137 ***	0.243 *	2.459 ***	0.057
	9.260	1.406	7.627	
Belgien	0.837 ***	-0.269 ***	1.277 ***	0.423
	11.212	-2.677	6.498	
Dänemark	0.540 ***	-0.283 ***	1.489 ***	0.152
	6.199	-2.366	6.493	
Deutschland	0.680 ***	-0.227 **	1.439 ***	0.182
	7.098	-1.760	5.706	
Frankreich	0.913 ***	-0.249 ***	1.323 ***	0.105
	10.919	-2.206	6.011	
Großbritannien	0.883 ***	-0.137 *	1.936 ***	0.164
	12.716	-1.439	10.598	
Hongkong	1.263 ***	0.564 ***	2.413 ***	0.338
	8.005	2.494	5.830	
Italien	0.870 ***	-0.169	1.358 ***	-0.155
	7.296	-1.060	4.322	
Japan	1.195 ***	-0.403 ***	0.992 ***	-0.305
	13.584	-3.204	4.299	
Kanada	0.908 ***	-0.226 ***	2.132 ***	-0.261
	12.919	-2.331	11.542	
Niederlande	0.808 ***	-0.218 ***	1.543 ***	0.495
	13.481	-2.696	9.779	

Fortsetzung Tab. 3 auf der nächsten Seite

Norwegen	1.103 ***	0.297 **	2.044 ***	0.184
	9.678	1.839	6.830	
Österreich	0.455 ***	0.017	1.312 ***	0.480
	3.656	0.104	4.004	
Schweden	0.969 ***	-0.234 **	1.993 ***	0.288
	9.644	-1.728	7.538	
Schweiz	0.796 ***	-0.266 ***	0.969 ***	0.113
	12.336	-3.005	5.533	
Spanien	0.908 ***	-0.214 *	1.917 ***	0.066
	8.836	-1.545	7.087	
USA	0.965 ***	-0.180 ***	2.234 ***	0.128
	17.953	-2.368	15.836	

Teil B	Ökonomische Determinanten der zeitvariablen globalen Risikoprämien $\hat{\lambda}_{jt}(\underline{Z}_{t-1})$ ω-coefficients		
Instrumentalvariablen	RP-WDSTR	RP-ILG7C	RP-CHG7C
Konstante	-0.013	0.039 **	-0.012 *
	-0.785	1.800	-1.329
iDYG7	4.672 ***	1.412	-0.348
	4.583	1.047	-0.616
iING7	-2.423 ***	-0.806	0.438 *
	-4.581	-1.151	1.494
iTSG7	-1.001 ***	-1.461 ***	-0.049
	-2.153	-2.374	-0.192
iDSUS	0.064	-2.273 ***	-0.269
	0.090	-2.415	-0.683
iTEDS	-2.817 ***	-3.250 ***	0.946 **
	-3.150	-2.745	1.906

Fortsetzung Tab. 3 auf der nächsten Seite

Zeitperiode: 1982.02 - 1995.02. Sämtliche GMM-Schätzwerte wurden simultan ermittelt. Die chi-quadrat-verteilte GMM-Teststatistik beträgt 89.538 bei einem p-Wert von 0.319. Die unterhalb der Koeffizienten kursiv angegebenen t-Statistiken sind adjustiert in bezug auf heteroskedastische Modellresiduen. Die mit * / ** / *** bezeichneten Koeffizienten wurden mit einer Irrtumswahrscheinlichkeit von höchstens 20% / 10% / 5% geschätzt. Risikofaktoren: WDSTR steht für die in CHF gemessene Überschußrendite des Weltaktienmarktes, ILG7C für die Veränderung des Niveaus langfristiger Zinssätze in den G7-Ländern und CHG7C für die Veränderung des CHF-Wechselkurses gegenüber einem G7-Währungskorb. Instrumentalvariablen: iDYG7 steht für die G7-gewichtete Dividendenrendite, iING7 für die G7-gewichtete Inflationsrate, iTSG7 für den G7-gewichteten Term-Spread, iDSUS für den U.S.-Default-Spread und iTEDS schließlich steht für die Differenz zwischen dem auf dem Euromarkt quotierten Zinssatz für dreimonatige U.S.-Dollar-Anlagen und dem Zinssatz einer 90-tägigen U.S.-Treasury-Bill. MPE gibt den durchschnittlichen Bewertungsfehler (mean pricing error) für einen Aktienmarkt an; dieser ist auf der Basis monatlicher Überschußrenditen ausgewiesen.

Tab. 3: GMM-Schätzung der Parameter eines konditionierten 3-Faktorenmodells

Teil A der Tabelle 3 *(Faktorexposures)*: Für alle Aktienmärkte wird ein positives Weltmarktbeta geschätzt. Die Werte liegen zwischen 0.455 (für Österreich) und 1.263 (für Hongkong); ein hoher Exposure gegenüber Schwankungen der Weltmarktrendite zeigt sich auch für Australien, Japan und Norwegen. Mit Ausnahme von Australien, Hongkong, Norwegen und Österreich reagieren alle Aktienmärkte negativ auf Veränderungen des langfristigen Zinsniveaus in den G7-Ländern. Ein Anstieg des globalen Niveaus langfristiger Zinssätze führt in den meisten Ländern also zu fallenden Aktienkursen. Unter den Ländern mit einem derartig negativen Zinsexposure ist die Spannweite der geschätzten Faktorbetas allerdings recht hoch; diese reicht von -0.403 (für Japan) bis -0.137 (für Großbritannien). Der Exposure der Aktienmarktrenditen in bezug auf einen Anstieg der Wechselkurse der Referenzwährung (CHF) gegenüber den G7-Währungen ist durchweg positiv. Die Spannweite der Währungsbetas reicht von 0.969 (für die Schweiz) bis zu 2.449 (für Australien). Ein hoher Exposure gegenüber Veränderungen im globalen Wechselkursgefüge ergibt sich auch für Aktieninvestitionen in Kanada, Hongkong, Norwegen und den USA.

Teil B der Tabelle 3 *(Weltmarktrisikoprämie)*: Vier der fünf globalen Instrumentalvariablen stehen in einer signifikanten Beziehung zur Variation der Weltmarktrisikoprämie (RP-WDSTR). Die G7-gewichtete Dividendenrendite (iDYG7) hat einen positiven Einfluß auf die Höhe dieser Prämie. Ein Anstieg der Dividendenrendite reflektiert also eine Erhöhung der von den Marktteilnehmern geforderten Prämie für das Weltmarktrisiko. Dies ist konsistent mit der in der Literatur verbreiteten Sichtweise, daß sich die Dividendenrendite auf Aktienmärkten mit den Renditerwartungen der Investoren verändert.[19] Die G7-gewichtete Inflationsrate (iING7) hat einen negativen Einfluß auf die Weltmarktrisikoprämie. Offensichtlich erwarten Marktteilnehmer in Zeiten höherer globaler Inflationsraten niedrigere Prämien für ihre Exposure gegenüber dem Weltaktienmarkt. Ein solcher Befund stützt die Sicht-

---

[19] Rozeff (1984), Fama/ French (1988) sowie Evans (1994) liefen entsprechende Befunde für den amerikanischen Aktienmarkt.

weise, daß globale Aktieninvestitionen grundsätzlich eine Absicherung gegenüber Inflation bieten. Der G7-gewichtete Term-Spread (iTSG7) steht in einer negativen Beziehung zur Höhe der Weltmarktrisikoprämie. Somit erhöht eine Verringerung der Differenz zwischen globalen langfristigen und kurzfristigen Zinsen die erwarteten Renditen auf den Aktienmärkten. Grundsätzlich spiegeln Veränderungen des Anstiegs der Zinsstrukturkurve Veränderungen der Erwartungen hinsichtlich des zukünftigen Wirtschaftsgangs wider: Steigen kurzfristige Zinssätze und fallen die langfristigen, so wird die Zinsstruktur flacher. Ein solches Szenario deutet auf eine erwartete Verschlechterung der Konjunktur hin, so daß eine gleichzeitige Erhöhung der erwarteten Prämie für das Weltaktienmarktrisiko plausibel erscheint. Der TED-Spread (iTEDS) hat einen negativen Einfluß auf die Weltmarktrisikoprämie. Eine Vergrößerung der Differenz zwischen der Verzinsung für U.S.-Dollar-Anlagen am Eurogeldmarkt und dem Zinssatz einer 90-tägigen U.S.-Treasury-Bill reflektiert eine Erhöhung des globalen Kreditrisikos. Da sich die Weltmarktrisikoprämie in einem solchen Szenario aufgrund des negativen Vorzeichens verringert, können internationale Aktieninvestitionen offensichtlich als Absicherung gegenüber globalen Kreditrisiken angesehen werden.

Teil B der Tabelle 3 *(Zinsänderungsrisikoprämie)*: Die Variation der globalen Zinsrisikoprämie (RP-ILG7C) wird im Modell hauptsächlich durch Instrumente abgebildet, die die globale Zinslandschaft charakterisieren. Eine Vergrößerung des G7-gewichteten Term-Spreads (iTSG7) geht einher mit einer Verringerung der Entschädigung für globales Zinsänderungsrisiko. Aufgrund der in der Regel negativen Zinsexposures erhöht sich auf den meisten Aktienmärkten somit die erwartete Rendite. Dieser Effekt hängt möglicherweise mit der erhöhten Gefahr eines generellen Zinsanstiegs zusammen, den Marktteilnehmer in Phasen eines Wirtschaftsbooms antizipieren. Auch der U.S.-Default-Spread (iDSUS) und der TED-Spread (iTEDS) haben einen negativen Einfluß auf die Zinsrisikoprämie. Diese Befunde sind konsistent mit der Sichtweise, daß sich die Renditeerwartungen auf Aktienmärkten in Zeiten zunehmender globalökonomischer Risiken erhöhen.

Teil B der Tabelle 3 *(Währungsrisikoprämie)*: Die Prämie für das Währungsrisiko (RP-CHG7C) steht in einer signifikanten Beziehung zur Höhe der G7-gewichteten Inflationsrate (iING7) sowie des TED-Spreads (iTEDS). Der für die Inflationsrate geschätzte w-Koeffizient ist positiv. Je höher das globale Niveau der Inflationsraten ausfällt, desto höher ist die im Zusammenhang mit internationalen Aktienanlagen erwartete Kompensation für die Übernahme des Währungsrisikos. Bekanntermaßen sind allgemein höhere Inflationsraten mit erhöhten Inflationsvolatilitäten verbunden. In einem solchen Szenario besteht ein erhöhtes Risiko von Wechselkursveränderungen zwischen den entsprechenden Ländern; das Konzept der Kaufkraftparität liefert den theoretischen Hintergrund. Insofern ist der gefundene Zusammenhang mit der Höhe der Prämie für das Währungsrisiko ökonomisch plausibel. Der TED-Spread hat ebenfalls einen positiven Einfluß auf die erwartete Entschädigung für das Währungsrisiko.

Ein konditioniertes Multifaktorenmodell für das Management internationaler Aktienanlagen 881

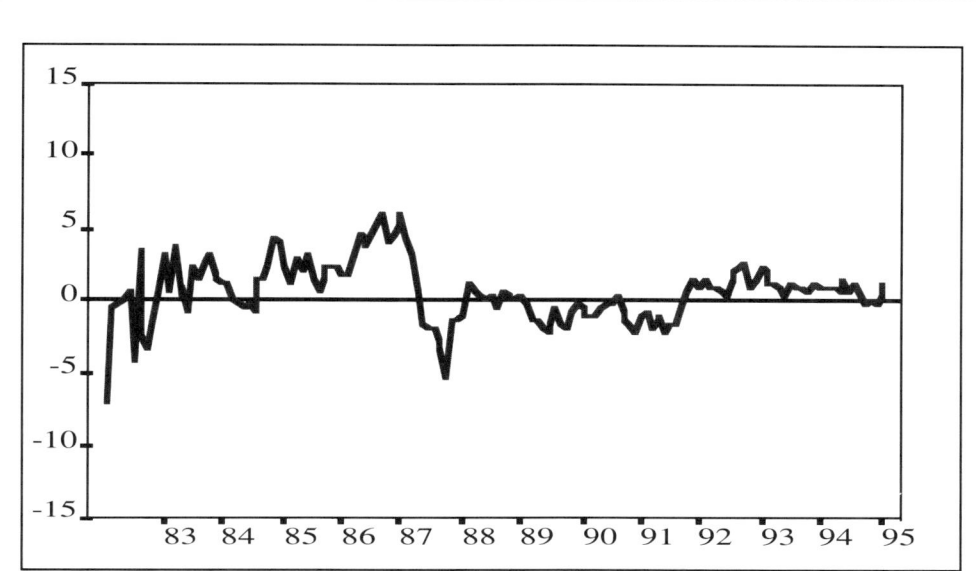

Abb. 1a: Prämie für das Weltaktienmarktrisiko (Faktor: WDSTR)

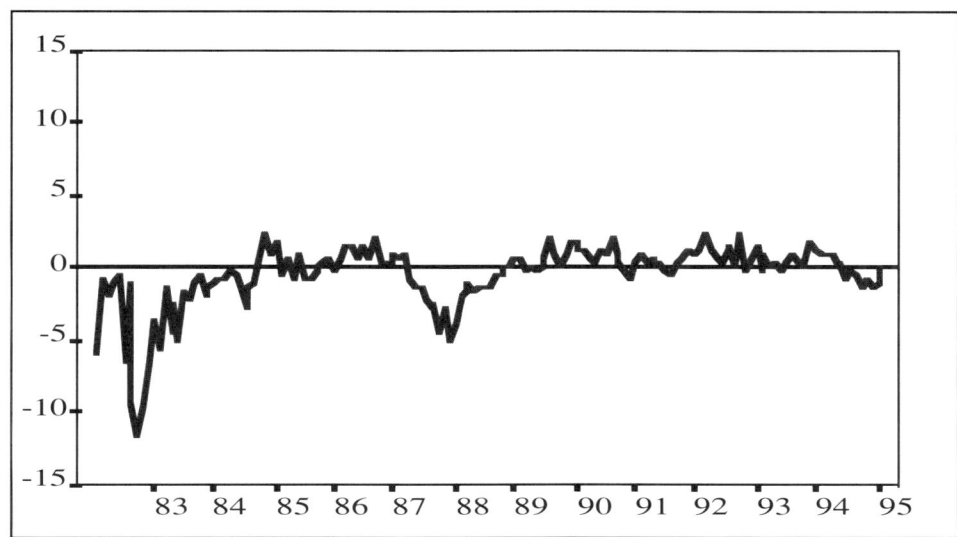

Abb. 1b: Prämie für das globale Zinsänderungsrisiko (Faktor: ILG7C)

Fortsetzung Abb. 1 auf der nächsten Seite

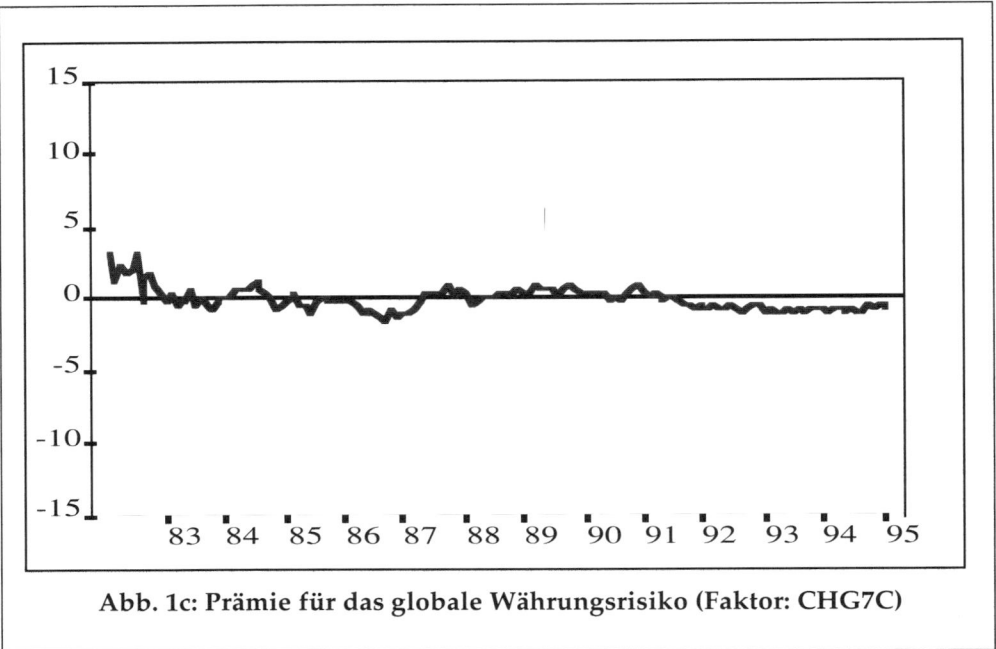

Abb. 1c: Prämie für das globale Währungsrisiko (Faktor: CHG7C)

Die Risikoprämien sind auf der Basis monatlicher CHF-Überschußrenditen in Prozent pro Monat angegeben. Zur Berechnung der Variation der Risikoprämien über die Zeit wurden die im Rahmen des Bewertungsmodells (6) geschätzten ω-Koeffizienten verwendet.

Abb. 1: Entwicklung der Risikoprämien auf internationalen Aktienmärkten

Insgesamt ist der empirische Befund hinsichtlich der Beziehungen zwischen den Ausprägungen der Instrumentalvariablen und der Variation der im Modell vorgesehenen Risikoprämien recht konsistent mit ökonomischer Intuition. Die Vorzeichen der für die ω-Koeffizienten ermittelten Schätzwerte sind also überwiegend plausibel. Gemäß GMM-Anpassungstest bildet das implementierte Bewertungsmodell die Charakteristik des Querschnitts der Renditen und erwarteten Renditen auf den Aktienmärkten mit hinreichender Genauigkeit ab, denn die mittels der ω-Koeffizienten implementierten Restriktionen für den Querschnitt der im Zeitablauf variierenden erwarteten Renditen können bei Unterstellung der üblichen Signifikanzniveaus nicht verworfen werden. Für die chi-quadrat-verteilte GMM-Teststatistik wird ein Wert von 89.538 ermittelt; unter Berücksichtigung von 84 Freiheitsgraden liegt die marginale Signifikanz für diese Prüfgröße bei lediglich 31.9 Prozent.

7. Anwendung des Modells in der taktischen Asset Allocation

In der Finanzmarktforschung finden Modelle zur Prognose von Aktienmarktrenditen auf Basis von verzögerten Instrumentalvariablen seit etwa Mitte der achtziger Jahre vermehrt Beachtung. Empirische Studien zeigen, daß Instrumente wie die auf Aktienmärkten beobachtbaren Dividendenrenditen, aber auch Zinsstruktur- und Default-Spreads zum Teil beeindruckende Prognosefähigkeiten besitzen. Der Zusammenhang zwischen Informationsvariablen und Marktrenditen wird dabei zumeist im Rahmen von einfachen linearen Regressionen modelliert.[20] Die bei der Regression von Marktrenditen auf verzögerte Instrumente gewonnenen Modellkoeffizienten können dann zur Prognose von Marktrenditen bei der Portfoliooptimierung eingesetzt werden. In einigen empirischen Arbeiten wird dokumentiert, daß aktive Portfoliostrategien unter Verwendung derartig gewonnener Renditeprognosen passiven Buy&Hold-Anlageformen in der Performance zumeist überlegen sind.[21]

Ausgangspunkt für die Spezifikation von Instrumentalregressionen zur Renditeprognose sowie für die Testreihen zur Überprüfung ihrer Leistungsfähigkeit im Rahmen der Anlageentscheidung ist die Erkenntnis, daß die auf Aktienmärkten erwarteten Renditen im Zeitablauf variieren. Insofern besteht die Zielsetzung bei der Anwendung dieser Modelle keinesfalls in der Vorhersage von Aktienmarktrenditen, die bekanntermaßen zufällig und deshalb per se nicht prognostizierbar sind. Vielmehr liegt die Idee zugrunde, mögliche Zusammenhänge zwischen ökonomischen Rahmenbedingungen und den auf Märkten beobachtbaren Renditen im Sinne einer zusätzlichen Konditionierung bei der Bildung von Renditeerwartungen wirksam auszunutzen; insofern entsteht kein Konflikt mit dem Verständnis der modernen Finanzmarkttheorie. Die in der Literatur vorgestellten Modelle analysieren entsprechende Wirkungszusammenhänge auf der Basis von Renditezeitreihen jeweils für einzelne Marktindizes. Gegenüber solcherlei Ansätzen bietet das in dieser Arbeit vorgestellte Bewertungsmodell die Möglichkeit einer interessanten Innovation bei der Entwicklung von Prognosemodellen für globale Aktienmärkte, denn das Gleichungssystem (6) kann genutzt werden, um auf Instrumentalvariablen gestützte Renditeprognosen für einen Querschnitt von internationalen Aktienmärkten simultan abzuleiten. Zudem erfolgt die Prognose erwarteter Renditen auf einem disaggregierten Niveau, und zwar auf der Basis von verschiedenen Risikoprämien. Die auf diese Weise berechenbaren Renditeprognosen entsprechen dann einer konsistenten Bewertung aller Aktienmärkte des analysierten Querschnitts. Gegenüber den herkömmlichen Instrumentalregressionen geht also wesentlich mehr an bewertungsrelevanter Information in die Renditeprognosen ein.

---

[20] Theoretische Begründungen und empirische Befunde als Grundlage für die Spezifikation solcher Prognosemodelle gehen zurück auf Keim und Stambaugh (1986), Campbell (1987), Fama/ French (1988) und (1989) sowie auf Breen et al. (1989). Anwendungen für internationale Aktienmärkte finden sich bei Ferson/ Harvey (1993).

[21] Solnik (1993), Fuller/ Kling (1994) sowie Klemkosky/ Bharati (1995) testen Portfolio-Timingstrategien auf der Basis von instrumentgestützten Renditeprognosen.

Die Anpassung des konditionierten 3-Faktorenmodells in bezug auf den Querschnitt der beobachteten Aktienmarktrenditen ist bedeutend besser als die im Rahmen von einfachen Instrumentalregressionen erzielbare Anpassung an die Daten. Dies zeigt sich in einer drastischen Verringerung der monatlichen Bewertungsfehler, die auf der Basis der Modellresiduen berechenbar sind. Werden die monatlichen Überschußrenditen der analysierten Aktienmärkte direkt gegen die fünf in dieser Arbeit verwendeten verzögerten Instrumentalvariablen regressiert, so beträgt der auf Monatsbasis ausgewiesene Bewertungsfehler 0.369 Prozent im Mittel über alle Länder. Hingegen beläuft sich der durchschnittliche Bewertungsfehler im Rahmen des konditionierten Faktorenmodells auf lediglich 0.229 Prozent pro Monat. Ein substantieller Rückgang des Bewertungsfehlers ist beobachtbar insbesondere für die Aktienmärkte Australien (von 0.151 auf 0.057 Prozent), Belgien (von 0.713 auf 0.423 Prozent), Frankreich (von 0.369 auf 0.105 Prozent), Hongkong (von 0.658 auf 0.338 Prozent), Spanien (von 0.397 auf 0.066 Prozent), Schweden (von 0.621 auf 0.288 Prozent) sowie der Schweiz (von 0.410 auf 0.113 Prozent). Dieser Befund läßt darauf schließen, daß die jeweils erwartete Komponente monatlicher Renditen mit einer deutlich höheren Genauigkeit prognostiziert werden kann, sofern diese in Faktorrisikoprämien zerlegt wird.[22] Dies ist sicherlich zum Teil auf die bei der Modellanpassung erfolgende simultane Verarbeitung von Zeitreihen- und Querschnittsinformation hinsichtlich internationaler Aktienrenditen zurückzuführen.

Abschließend wird die Anwendungsmöglichkeit des konditionierten 3-Faktorenmodells im Rahmen der taktischen globalen Asset Allocation auf der Grundlage eines einfachen Out-of-Sample-Tests analysiert. Dabei wird das Modell eingesetzt, um monatsweise Prognosen für globale Risikoprämien und, einhergehend damit, die auf internationalen Aktienmärkten zu erwartenden Renditen zu generieren. Auf der Basis der durch das Modell prognostizierten Veränderungen erwarteter Renditen wird eine dynamische Anlagestrategie implementiert. Dieser Strategie liegt die folgende einfache Verhaltensregel zugrunde: „Man investiere zu Beginn eines jeden Monats das gesamte Vermögen in den Aktienmarkt, für den das Modell die höchste erwartete Rendite ausweist, und lege das Vermögen am Eurogeldmarkt an, sofern die durch das Modell prognostizierten Aktienmarktrenditen sämtlich negativ sind." Die Performance einer solchen aktiven 'Market-Switching-Strategie' wird im Vergleich zu passiven Länderstrategien analysiert. Diesbezüglich seien Investitionen in einzelne Länderindizes derartige passive Strategien. In das Kalkül einbezogen werden die Aktienmärkte von Deutschland, Frankreich, Großbritannien, Japan, Kanada, den Niederlanden, der Schweiz sowie den USA. Der Out-of-Sample-Test erstreckt sich über den achtjährigen Zeitraum von 1987.01 bis 1994.12. Die Vorgehensweise bei der Implementierung der dynamischen Anlagestrategie ist die folgende: (Schritt 1) Schätzung der Parameter des Bewertungsmodells auf der Basis vom 1982.01 bis 1986.12; (Schritt 2) Generierung von Renditeprognosen für die einbezogenen Aktienmärkte für die einzelnen Monate des auf den Schätzzeitraum folgen-

---

[22] Dieser Befund hinsichtlich des Gewinns an Prognosegenauigkeit bei Zerlegung von erwarteten Renditen in einzelne Risikoprämien ist konsistent mit den Ergebnissen der von Ferson/ Harvey (1993) durchgeführten Variance-Ratio-Tests.

den Quartals (1987.01 bis 1987.03); (Schritt 3) Identifikation des Aktienmarktes mit der höchsten Renditeerwartung für jeden Monat dieses Quartals und Vermögensallokation gemäß der zugrundeliegenden Anlagetaktik; (Schritt 4) Neubestimmung der Parameter des Modells auf der Basis eines um ein Quartal verschobenen Schätzzeitraums (1982.04 bis 1987.03) – d.h. zurück zu Schritt 1. Auf der Grundlage der verfügbaren Stichprobe wird diese 'Market-Switching-Strategie' über 96 Monate getestet, wobei die für die Renditeprognosen relevanten Faktorrisikoprofile der Aktienmärkte sowie die ω-Koeffizienten zur Beschreibung der Dynamik der globalen Risikoprämien quartalsweise adjustiert werden.

Die Risiko-Rendite-Charakteristika der 'Market-Switching-Strategie' sowie der passiven Länderstrategien sind in Tabelle 4 dargestellt. Wie bereits im Rahmen der Modellvalidierung, wird auch hier die Sichtweise eines Schweizer Investors angenommen. Entsprechend sind die ausgewiesenen Überschußrenditen in Schweizer Franken berechnet, wobei der einmonatige Euromarktsatz für Schweizer Franken als Zinssatz für eine risikolose Anlage eingesetzt wird. Zudem wurden Transaktionskosten für einen 'round-trip' in Höhe von 0.4% des jeweiligen kumulierten Vermögenswertes berücksichtigt. Zu den Ergebnissen: Über den betrachteten Zeitraum hätte eine Buy&Hold-Investition in den niederländischen Aktienmarkt mit 6.35 Prozent im Jahresmittel die höchste Überschußrendite geliefert. Gleichzeitig war die Volatilität in den Niederlanden mit 18.49 Prozent die geringste unter den einbezogenen acht Aktienmärkten. Das ungünstigste Risiko-Rendite-Verhältnis wird für den Aktienmarkt in Japan gemessen; die Überschußrendite war mit minus 2.00 Prozent im jährlichen Durchschnitt die niedrigste, und die Volatilität war mit 26.86 Prozent die höchste aller Länder.

	Überschußrendite in CHF (Basis: 1-Monats-Euromarktsatz für CHF)			Anzahl der Monate mit neg. Überschußrendite
	Mittel p.a.	Volatilität p.a.	Sharpe Ratio	
Passive Strategien				
Deutschland	-1.47%	23.77%	-0.062	44
Frankreich	0.44%	23.62%	0.019	46
Großbritannien	3.82%	23.04%	0.166	39
Japan	-2.00%	26.86%	-0.074	45
Kanada	-1.66%	22.86%	-0.073	49
Niederlande	6.35%	18.49%	0.343	42
Schweiz	3.05%	19.77%	0.154	47
USA	2.91%	21.78%	0.133	42
Market-Switching	4.81%	13.36%	0.360	26

Zeitperiode: 1987.01 - 1994.12. Mittelwerte für Überschußrenditen sind annualisiert und in geometrischer Form angegeben. Volatilitäten sind ebenso annualisiert und wurden auf der Basis monatlicher Renditen berechnet. Die Sharpe-Ratio bezeichnet den Quotient aus mittlerer Überschußrendite und Volatilität. In den Berechnungen sind 0.4% 'round-trip'-Transaktionskosten in bezug auf den jeweils kumulierten Vermögenswert berücksichtigt.

Tab. 4: Ergebnisse des 'Out-of-Sample-Tests' alternativer Anlagestrategien

Unter Berücksichtigung des angenommenen Kostensatzes für Portfolioumschichtungen wird für die 'Market-Switching-Strategie' mit 4.81 Prozent die im Jahresmittel zweithöchste Überschußrendite ausgewiesen. Allerdings hatte diese dynamische Strategie mit 13.36 Prozent die mit Abstand geringste Volatilität unter allen Investitionsalternativen. Dies spiegelt sich in einer relativ hohen Sharpe-Ratio für die 'Market-Switching-Strategie' wider; mit einem Wert von 0.360 ist dieses Maß zwar nur marginal höher als bei einer passiven Investition in den niederländischen Markt, jedoch deutlich höher als bei den übrigen Anlagealternativen. Zudem sind die Shortfall-Eigenschaften der dynamischen Strategie hervorstechend, denn in nur 26 der 96 Monate lag die Rendite der 'Market-Switching-Strategie' unterhalb der risikolosen Verzinsung, während die entsprechende Anzahl der Shortfall-Monate für die alternativen passiven Strategien zwischen 39 und 49 liegt.

Insgesamt deuten die Ergebnisse des Out-of-Sample-Tests darauf hin, daß sich mit dynamischen Anlagestrategien auf der Basis von modellgestützten Prognosen der zeitvariablen Struktur der Renditeerwartungen auf internationalen Aktienmärkten für globale Portfolios vergleichsweise attraktive Risiko-Rendite-Charakteristiken erzielen lassen. Die hier unter Berücksichtigung von Transaktionskosten durchgeführten Testreihen enthalten entsprechende Indizien. Verbesserungen in bezug auf die Prognoseleistung des Modells sind zu erwarten, sofern die zur Prognose verwendeten Modellparameter mit einer höheren Frequenz angepaßt werden. Von einem abgesicherten Befund darf sicherlich noch nicht gesprochen werden. Zur Abrundung der Schlußfolgerungen über die praktischen Einsatzmöglichkeiten des Modells ist es unerläßlich, die Sensitivität der Ergebnisse in bezug auf den Untersuchungszeitraum sowie die Währungsperspektive zu analysieren.

8. Zusammenfassung

Das im Rahmen dieses Beitrags motivierte konditionierte Multifaktoren-Bewertungsmodell beschreibt den strukturellen Zusammenhang zwischen Renditen und erwarteten Renditen auf internationalen Aktienmärkten sowie globalen Faktoren, die die Renditeentwicklung auf den Märkten beeinflussen. Die im Modell abgeleitete Beziehung zwischen dem systematischen Risiko einer Aktienanlage und der für sie zu erwartenden Rendite basiert auf der Annahme einer multiplen Faktorenstruktur. Gleichzeitig wird unterstellt, daß globale Risikoprämien im Zeitablauf variieren, und zwar in Abhängigkeit von Veränderungen bei den globalökonomischen Rahmenbedingungen.

Der Bewertungsansatz wird auf der Basis historischer monatlicher Renditebeobachtungen über den Zeitraum von Januar 1982 bis Februar 1995 für einen Querschnitt von 17 internationalen Aktienmärkten empirisch getestet. In der ökonometrischen Analyse stellt sich heraus, daß die Sensitivität der Rendite eines Aktienmarktes gegenüber den Schwankungen der Weltaktienmarktrendite, den Veränderungen des globalen Niveaus langfristiger Zinsen sowie den Bewegungen im globalen Wechselkursgefüge in Form von Risikoprämien langfristig entschädigt wird. Damit führt das Modell einen substantiellen Anteil der beobachtbaren Unterschiede hinsichtlich der langfristigen Wertentwicklung der betrachteten Aktienmärkte auf verschiedenartige globale Risikoprofile in bezug auf diese drei Faktoren zurück. Die mit den globalen Faktorexposures der Aktienmärkte verknüpften Risikoprämien sind allerdings zeitvariabel. Aufgrund der empirisch ermittelten Schätzungen für die Parameter des Bewertungsmodells eignen sich die auf internationalen Märkten beobachtbaren Dividendenrenditen, Inflationsraten, Zinsstruktur- sowie Bonitätsspreads als Instrumentalvariablen zur Prognose dieser globalen Risikoprämien. Verfügbare Informationen über globalökonomische Rahmenbedingungen können also genutzt werden, um die Veränderungen der Erwartungen hinsichtlich der für die Übernahme von systematischen Risiken erwarteten Entschädigungsstruktur abzubilden. Derartige Wirkungszusammenhänge sind bislang wenig erforscht worden, so daß der in diesem Beitrag dokumentierte empirische Befund über ökonomische Determinanten globaler Risikoprämien die wissenschaftliche Diskussion bereichern kann.

Interessante Perspektiven ergeben sich für die Anwendung von konditionierten Multifaktorenmodellen in der Praxis. Der in diesem Aufsatz beschriebene Bewertungsansatz kann im Investment Research genutzt werden, um die Charakteristiken internationaler Aktienmärkte im Hinblick auf globalökonomische Risikofaktoren zu analysieren. Derartige Informationen über bewertungswirksame Risikoquellen sind bei der Konstruktion von zweckmäßigen Benchmarks für international diversifizierte Aktienportfolios unentbehrlich. Zudem läßt sich der Bewertungsansatz im Portfoliomanagement einsetzen. Die im Rahmen des Modells ableitbaren Prognosen hinsichtlich der zeitvariablen Struktur globaler Risikoprämien können als quantitative Grundlage für kurzfristig taktische Anpassungen globaler Aktienportfolios entscheidungsunterstützend genutzt werden.

Literaturverzeichnis

Adler, M./ Dumas, B. (Adler/ Dumas, 1983): International portfolio choice und corporation finance: A synthesis, in: *Journal of Finance*, Vol. 38, 1983, S. 925-984.

Breen W./ Glosten, L. R./ Jagannathan, R. (Breen et al., 1989): Economic significance of predictable variation in stock index returns, in: *Journal of Finance*, Vol. 44, 1989, S. 1177-1190.

Brown, S. J./ Otsuki, T. (Brown/ Otsuki): Risk premia in Pacific-Basin capital markets, in: *Pacific-Basin Finance Journal*, Vol. 1, 1993, S. 235-261.

Campbell, J. Y. (Campbell, 1987): Stock returns and the return structure, in: *Journal of Financial Economics*, Vol. 18, 1987, S. 373-399.

Chamberlain, G. (Chamberlain, 1983): Funds, factors und diversification in arbitrage pricing models, in: *Econometrica*, Vol. 51, 1983, S. 1305-1323.

Chamberlain, G./ Rothschild, M. (Chamberlain/ Rothschild, 1983): Arbitrage, factor structure, und mean variance analysis on large asset markets, in: *Econometrica*, Vol. 51, 1983, S. 1281-1304.

Chen, N. F./ Roll, R./ Ross, S. A. (Chen et al., 1986): Economic forces and the stock market, in: *Journal of Business*, Vol. 59, 1986, S. 383-403.

Connor, G./ Korajczyk, R. A. (Connor/ Korajczyk, 1989): An intertemporal equilibrium beta pricing model, in: *Review of Financial Studies*, Vol. 2, 1989, S. 373-392.

Dumas, B./ Solnik, B. (Dumas/ Solnik, 1995): The world price of foreign exchange risk, in: *Journal of Finance*, Vol. 50, 1995, S. 445-479.

Evans, M. D. D. (Evans, 1994): Expected returns, time-varying risk, und risk premia, in: *Journal of Finance*, Vol. 49, 1994, S. 655-679.

Fama, E. F. (Fama, 1991): Efficient capital markets: II, in: *Journal of Finance*, Vol. 46, 1991, S. 1575-1617.

Fama, E. F./ French, K. R. (Fama/ French, 1988): Dividend yields und expected stock returns, in: *Journal of Financial Economics*, Vol. 22, 1988, S. 3-25.

Fama, E. F./ French, K. R. (Fama/ French, 1989): Business conditions und expected returns on stocks und bonds, in: *Journal of Financial Economics*, Vol. 25, 1989, S. 23-49.

Ferson, W. E. (Ferson, 1990): Are the latent variables in time-varying expected returns compensation for consumption risk?, in: *Journal of Finance*, Vol. 45, 1990, S. 397-428.

Ferson, W. E./ Harvey, C. R. (Ferson/ Harvey, 1993): The risk und predictability of international equity returns, in: *Review of Financial Studies*, Vol. 6, 1993, S. 527-566.

Ferson, W. E./ Harvey, C. R. (Ferson/ Harvey, 1994): Sources of risk und expected returns in global equity markets, in: *Journal of Banking und Finance*, Vol. 18, 1994, S. 775-803.

Fuller R. J./ Kling, J. L. (Fuller/ Kling, 1994): Can regression-based models predict stock and bond returns?, in: *Journal of Portfolio Management*, Vol. 21, 1994, S. 56-63.

Gibbons, M. R./ Ferson, W. (Gibbons/ Ferson, 1985): Testing asset pricing models with changing expectations und an unobservable market portfolio, in: *Journal of Financial Economics*, Vol. 14, 1985, S. 217-236.

Hamilton, J. D. (Hamilton, 1994): *Time series analysis*, New Jersey 1994.

Hansen, L. P. (Hansen, 1982): Large sample properties of generalized method of moments estimators, in: *Econometrica*, Vol. 50, 1982, 1029-1054.

Harvey, C. R. (Harvey, 1991): The world price of covariance risk, in: *Journal of Finance*, Vol. 46, 1991, S. 111-157.

Harvey, C. R. (Harvey, 1995): Predictable risk und returns in emerging markets, in: *Review of Financial Studies*, Vol. 8, 1995, S. 773-816.

Harvey, C. R./ Solnik, B./ Zhou, G. (Harvey et al., 1994): *What determines expected international asset returns?*, Duke University 1994.

Huberman, G. (Hubermann, 1982): A simple approach to arbitrage pricing, in: *Journal of Economic Theory*, Vol. 28, 1982, S. 183-191.

Ikeda, S. (Ikeda, 1991): Arbitrage asset pricing under exchange risk, in: *Journal of Finance*, Vol. 46, 1991, S. 447-455.

Ingersoll, J. E. (Ingersoll, 1984): Some results in the theory of arbitrage pricing, in: *Journal of Finance*, Vol. 39, 1984, S. 1021-39.

Keim, D. B./ Stambaugh, R. F. (Keim/ Stambaugh, 1986): Predicting returns in the stock und bond markets, in: *Journal of Financial Economics*, Vol. 17, 1986, S. 357-391.

Kemkosky, R. C./ Bharati, R. (Kemkosky/ Bharati, 1995): Time-varying expected returns and asset allocation, in: *Journal of Portfolio Management*, Vol. 22, 1995, S. 80-87.

Merton, R. C. (Merton, 1971): Optimum consumption und portfolio rules in a continuous-time model, in: *Journal of Economic Theory*, Vol. 8, 1971, S. 373-413.

Merton, R. C. (Merton, 1973): An intertemporal capital asset pricing model, in: *Econometrica*, Vol. 41, 1973, S. 867-87.

Oertmann, P. (Oertmann, 1997): *Global risk premia on international investments*, Wiesbaden, 1997.

Reisman, H. (Reismann, 1992): Intertemporal arbitrage pricing theory, in: *Review of Financial Studies*, Vol. 5, 1992, S. 105-122.

Ross, S. A. (Ross, 1976): The arbitrage theory of capital asset pricing, in: *Journal of Economic Theory*, Vol. 13, 1976, S. 341-360.

Rozeff, M. (Rozeff, 1984): Dividend yields und equity risk premiums, in: *Journal of Portfolio Management*, Vol. 11, 1984, S. 68-75.

Sercu, P. (Sercu, 1980): A generalization of the international asset pricing model, in: *Revue de l'Association Francaise de Finance*, 1980, S. 91-135.

Solnik, B. (Solnik, 1974): An equilibrium model of the international capital market, in: *Journal of Economic Theory*, Vol. 8, 1974, S. 500-524.

Solnik, B. (Solnik, 1983): International arbitrage pricing theory, in: *Journal of Finance*, Vol. 38, 1983, S. 449-57.

Solnik, B. (Solnik, 1993): The performance of international asset allocation strategies using conditioning information, in: *Journal of Empirical Finance*, Vol. 1, 1993, S. 33-55.

Stulz, R. M. (Stulz, 1981): A model of international asset pricing, in: *Journal of Financial Economics*, Vol. 9, 1981, S. 383-406.

Zellner, A. (Zellner, 1962): An efficient method for estimating seemingly unrelated regressions und tests for aggregation bias, in: *Journal of the American Statistical Association*, Vol. 57, 1962, S. 348-368.

Transaktionskostenmanagement – Ein vergessener Erfolgsfaktor im Wertpapiermanagement?

von Karl Georg Bayer/ Margrit Bayer

1. Einleitung
2. Bestandteile von Transaktionskosten
3. Explizite Kosten
4. Implizite Kosten
5. Program Trades
6. Typen des Program Trades
7. Einsatz von Program Trades
8. Vermögensverwaltung unter Berücksichtigung von Transaktionskosten
9. Portfoliokonstruktion unter Berücksichtigung von Kosten
10. Erhöhung des Portfolionutzens durch den Einsatz kostengünstiger Instrumente
11. Die Bedeutung der Kosten für den Anlageentscheidungsprozeß
12. Einfluß der Kosten auf das Spektrum praktisch einsetzbarer Prognoseansätze
13. Zusammenfassung

1. Einleitung

Die Rendite institutioneller Vermögensverwaltungsmandate mit dem DAX als Benchmark lag für das erste Quartal 1996 im Durchschnitt bei 9%.[1] Die Rendite des DAX selbst betrug über den gleichen Zeitraum 10.3%. Diese Beobachtung läßt sich für andere Zeiträume wie für andere Benchmarks wiederholen und führt doch meist zu dem gleichen Ergebnis: Die professionellen Vermögensverwalter liefern im Mittel eine schlechtere Performance als ihre Benchmark.[2]

Da nicht von einer systematisch schlechteren Nutzung kapitalmarktrelevanter Informationen durch diese Gruppe professioneller Marktteilnehmer ausgegangen werden kann, ist der Einfluß von Transaktionskosten die wahrscheinlichste Erklärung für dieses Phänomen. Ein Verwalter kauft oder verkauft Wertpapiere, weil er erwartet, daß das von ihm verwaltete Portfolio hierdurch den vom Investor vorgegebenen Verwaltungsauftrag besser erfüllt als ohne diese Transaktionen. Zeigt sich im nachhinein, daß diese Erwartung systematisch enttäuscht wird, so können eine Überschätzung des Zusatznutzens durch die Transaktion und/oder eine Unterschätzung der effektiven Transaktionskosten hierfür verantwortlich sein.

Die Thematik der Prognose von Renditen und Verfahren zur Abschätzung der Qualität solcher Prognosen werden in diesem Band an anderer Stelle ausführlich erörtert.[3] Im vorliegenden Beitrag soll dagegen der Kostenaspekt detaillierter betrachtet werden.

In den Abschnitten 2 bis 4 werden zunächst die Komponenten der Kosten für eine Transaktion diskutiert, wobei von einem möglichst umfassenden Kostenbegriff ausgegangen wird. Dabei wird sich zeigen, daß der offensichtliche Bestandteil der Transaktionskosten, jene Basispunkte also, die ein Broker für seine Bemühungen in Rechnung stellt, nur einen kleinen Teil der tatsächlichen Kosten einer Transaktion darstellt.

Transaktionskosten sind allerdings nicht als unabänderliches Schicksal zu verstehen. In welchem Ausmaß die Rendite eines Portfolios durch sie gemindert wird, hängt von einer Vielzahl von Faktoren ab, die zumindest partiell vom Verwalter kontrolliert werden können. Als Reaktion auf das Bedürfnis, die Kosten und Leistungen im Kontext einer Transaktion präziser steuern zu können, wurde in den letzten Jahren das Instrument der Program Trades entwickelt und ausgebaut. Diese wichtige Innovation ist Gegenstand der Abschnitte 5 bis 7.

Die Möglichkeiten für eine explizite Berücksichtigung von Kosten bereits im Kontext der Portfolioallokationsentscheidung selbst werden in den Abschnitten 8 bis 10 diskutiert. Abschließend wird in den Abschnitten 11 und 12 erörtert, wie eng die Kostenproblematik mit der Gestaltung des Anlageentscheidungsprozesses insgesamt verknüpft ist, und wie durch eine systematische Beachtung dieses Sachver-

---

[1] Quelle: Analyse der DPG (Deutsche Performancemessungs-Gesellschaft). Grundlage waren 351 Spezialfonds mit einem Gesamtvolumen von knapp 20 Mrd. DM.
[2] WAGNER und BANKS ermittelten für den Zehnjahreszeitraum von 1980 bis 1989 eine jährliche Underperformance des mittleren (Median) US-Managers mit der Benchmark S&P 500 von 1.58%. Wagner/Banks (1992), S. 8.
[3] Siehe hierzu das Kapitel 'Prognose von Renditen'.

haltes der Portfolionutzen nach Kosten unter Umständen deutlich gesteigert werden kann.

2. Bestandteile von Transaktionskosten

„Transaktionskosten" sind ein facettenreicher Gegenstand. Ein Blick in die Literatur verrät zunächst, daß eine präzise, vollständige und zugleich in der Praxis brauchbare Definition offenbar nicht einfach ist. In den Standardpublikationen zur Investmenttheorie führen Transaktionskosten eine eher schattenhafte Existenz. In der Regel erscheinen sie lediglich am Rande, um sofort per Definition wieder zum Verschwinden gebracht zu werden und die Entfaltung der Theorie nicht weiter zu behindern. Aufsätze zum Thema nähern sich meist durch Beschreibung einzelner Phänomene ihrem Gegenstand, wobei die aufgezählten Kostenbestandteile durchaus differieren.[4] WAGNER und EDWARDS charakterisieren Transaktionskosten als einen Eisberg, dessen Spitze zwar klar erkennbar sei, dessen Hauptmasse sich aber in undurchdringlichen Tiefen verliere.[5] Ursache dieser Schwierigkeiten bei der Begriffsbildung ist die enge Verschränkung des Kostenaspekts mit dem Grundphänomen der Preisbildung auf den Kapitalmärkten. Ist es richtig, noch von „Transaktionskosten" zu sprechen, wenn der Einfluß des Ordervolumens auf den Ausführungspreis gemeint ist? Für die Praxis sind diese Abgrenzungsprobleme allerdings nachrangig, wesentlich ist vielmehr, daß derartige Phänomene performancerelevant und durch Entscheidungen des Vermögensverwalters beeinflußbar sind.

Will ein Portfoliomanager ein Wertpapier kaufen oder verkaufen, beauftragt er damit einen Broker. Der Broker seinerseits kauft oder verkauft das Wertpapier in der Regel an einer Börse. An vielen Handelsplätzen ist sein Geschäftspartner der Market Maker. Dieser gibt an, zu welchen Preisen er zum Kauf bzw. Verkauf des Wertpapiers bereit ist. Die Differenz zwischen diesen Preisen wird als „Bid/Ask-Spread" bezeichnet. Der Broker führt den Auftrag aus, nennt dem Verwalter den Ausführungspreis und berechnet eine Gebühr. Zusätzlich werden an manchen Märkten Steuern auf Transaktionen erhoben. Damit sind die expliziten Kosten einer Transaktion benannt: Brokergebühr, Bid/Ask-Spread und Steuern. Hinter diesem Ablauf stehen jedoch weitere preisrelevante Sachverhalte mit verschiedenen Komponenten und Ursachen. Es entstehen im Zusammenhang mit der Transaktion implizite Kosten wie der Market Impact sowie Timing- und/oder Opportunitätskosten.

---

4 PEROLD definiert Transaktionskosten als die Differenz zwischen der Performance eines hypothetischen Portfolios, unter Verwendung der Preise unmittelbar zu dem Zeitpunkt, an dem die Allokationsentscheidung getroffen wird, und der Preise des realen Portfolios. Vgl. Perold (1988). Auch dieser Ansatz enthält zum einen ein Element der Willkür (über welchen Zeitraum soll diese Differenz gemessen werden?) und ist zum anderen nicht „allumfassend", wenn bereits der Entscheider das Entstehen von Kosten antizipiert und auf die Umsetzung eines Teils der ihm verfügbaren Kapitalmarktinformation aus Kostengründen verzichtet hat.

5 Vgl. Wagner/Edwards (1993), S. 67.

Eine detaillierte Analyse der Beziehungen zwischen den an einer Transaktion beteiligten Akteuren und Intermediären aus informations- und institutionstheoretischer Perspektive[6] kann an dieser Stelle nicht Gegenstand der Untersuchung sein. Betrachtet werden sollen hier Transaktionskostenkomponenten, wie sie sich heute dem professionellen Vermögensverwalter darstellen und für seine Arbeit unmittelbar relevant sind. Dabei stehen Transaktionskosten bei Aktien im Vordergrund. Die dargestellten Kosten betreffen jedoch in analoger Form auch das Rentenmanagement. Im internationalen Kontext müssen darüber hinaus die Transaktionskosten im Währungsbereich berücksichtigt werden.

Im institutionellen Investmentbereich werden Vermögen häufig von externen Experten verwaltet. Für die Verwaltung solcher Gelder verlangen diese Manager Gebühren, die, je nach Vertrag, zum Teil an die Transaktionstätigkeit gekoppelt sind. Diese transaktionsabhängigen Gebühren sind Teil des Vermögensverwaltungskontrakts und werden hier nicht weiter untersucht.[7]

3. Explizite Kosten

Brokergebühren bilden beim Kauf bzw. Verkauf von Wertpapieren den offensichtlichsten Bestandteil der Transaktionskosten. Sie sind eindeutig zu identifizieren und daher oft bevorzugtes Ziel bei dem Versuch, die anfallenden Kosten zu senken.

Generell berechnet der Broker seine Gebühren proportional zum Volumen der Transaktion. Dies ist jedoch nicht selbstverständlich: Beim Kauf von 1000 IBM-Aktien hat er zunächst die gleichen Arbeitsvorgänge zu verrichten wie beim Kauf von 2000 Aktien der gleichen Gattung. Die Proportionalisierung der Gebühr kann daher als ein Service für den Kunden interpretiert werden, um diesem die Kalkulation zu erleichtern. Bei kleineren Volumina wird die Relation zwischen Aufwand und Gebühr jedoch so ungünstig, daß unter Umständen Mindestgebühren oder Zuschläge in Rechnung gestellt werden.

Bei der Beurteilung der Leistung des Brokers muß unterschieden werden, ob es sich um einen Discount- oder Researchbroker handelt. Researchbroker stellen ihren Kunden aufwendige Studien zu Märkten, Branchen und einzelnen Unternehmen zur Verfügung, um deren Transaktionsentscheidung zu unterstützen. Diesen Aufwand läßt sich der Researchbroker entgelten, allerdings nicht je Studie, sondern als Bestandteil seiner Gebühren. Solange alle Broker so agieren, ist dieses Entgeltschema rationaler, als es zunächst erscheint: Es erzeugt Opportunitätskosten bei jenen Kunden, welche die bereitgestellten Informationen ignorieren. Der Broker stellt also nicht nur Information zur Verfügung, sondern gibt zusätzlich Anreize, diese auch zu nutzen. Hierdurch sorgt er für ein hohes Informationsniveau der Marktteilnehmer und erhöht damit die Transparenz des Marktes insgesamt. Eine hohe Transpa-

---

[6] Vgl. z.B. die Hinweise bei Schmidt (1988), S. 5 ff.
[7] Vgl. hierzu den Beitrag von REICHLING in diesem Band.

renz vermehrt jedoch Transaktionsentscheidungen, an denen der Broker über seine Gebühren profitiert.[8]

Mit dem Aufkommen von Managementstilen, die wenig oder keine Verwendung für das Material der Researchbroker haben, stieg die Bedeutung von Discountbrokern, die kein Research zur Verfügung stellen und entsprechend geringere Gebühren berechnen können. Hierdurch entsteht für den Researchbroker ein „free rider"-Problem: Der am Research interessierte Kunde kann seine Kosten ohne Verzicht auf Informationen minimieren, indem er gerade noch so viele seiner Transaktionen über den Researchbroker abwickelt, wie es nötig erscheint, um dessen Research zu erhalten; ansonsten aber gibt er dem Discountbroker den Vorzug. Die Auswirkungen dieser Entwicklung auf das Brokerage und die Informationseffizienz der Märkte insgesamt wird die Zukunft zeigen müssen.

Der Bid/Ask-Spread als zweiter offen zu erkennender Teil der Transaktionskosten resultiert aus der Tatsache, daß ein Intermediär, der selbst kein Interesse bezeugt eine Position in dem betreffenden Titel zu halten, sich dennoch als Handelspartner für Geschäfte in diesem Titel zur Verfügung stellt. Er stellt damit eine gewisse Mindestliquidität des Marktes für diesen Titel her, entlastet die Gegenseite von den Aufwendungen zur Suche eines interessierten Kontraktpartners und reduziert das Risiko, ein Geschäft mit einem insolventen Partner abzuwickeln. Zugleich trägt er das Risiko eines Informationsgefälles zwischen ihm und der Gegenseite: Er könnte mit einem „informed trader" handeln, der genauer als er weiß, in welche Richtung sich der Preis des Wertpapiers in der nächsten Zeit bewegen wird. Für diese Leistungen wird er entgolten, indem er zu einem niedrigeren Preis kauft bzw. zu einem höheren verkauft.

Den dritten expliziten Kostenbestandteil bilden die Steuern, die staatlich festgesetzt und somit unvermeidbar sind. Sowohl die Bemessungsgrundlage als auch die Höhe der Steuersätze hängen dabei von der Phantasie des jeweiligen Gesetzgebers ab. So werden in manchen Ländern Steuern nur für bestimmte Arten von Transaktionen erhoben, etwa Steuern nur auf die Geschäfte unter Inländern oder nur auf der Kauf- bzw. Verkaufseite des Geschäfts.

Eine Übersicht über die Größenordnung der expliziten Transaktionskostenbestandteile bietet Tabelle 1:[9]

---

[8] Indirekt profitiert hiervon auch der Kunde, da vermehrte Transaktionsentscheidungen aller Marktteilnehmer zu einer höheren Marktliquidität führen.
[9] Quellen: BECS Best Execution Comparison Service (1996) und Becker (1995).

	Brokergebühr (bp)	Bid/Ask (bp)	Steuern (bp)
Australien	42	131	30
Belgien	15	68	19,5
Dänemark	24	220	-
Deutschland	22	-	6
Finnland	27	308	83
Frankreich	22	73	15
Großbritannien	17	276	50
Hongkong	37	103	30
Irland	40	-	10
Italien	22	35	10
Japan	33	-	30
Malaysia	71	147	-
Neuseeland	45	241	-
Niederlande	20	-	15
Norwegen	28	266	-
Österreich	27	-	30
Schweden	22	-	-
Schweiz	20	83	9
Singapur	61	91	20
USA	19	52	-

Tab. 1: Explizite Transaktionskostenbestandteile

4. Implizite Kosten

Im Moment der Orderaufgabe hat sich der Investor definitiv für den Kauf oder Verkauf eines Wertpapiers entschieden. Dennoch wird der Preis, den er letztlich zu zahlen hat, mit hoher Wahrscheinlichkeit von dem Preis, der bei Orderaufgabe gültig war, abweichen. Dieses Phänomen beruht im wesentlichen auf dem sogenannten Market Impact und, bei Aufteilung einer Transaktion über einen längeren Zeitraum, auf Timing-Kosten. Nicht jede Entscheidung zum Kauf oder Verkauf eines Wertpapiers kommt zudem tatsächlich zur Ausführung. Hierdurch entstehen unter Umständen Opportunitätskosten aus nicht umgesetzten Entscheidungen.

Unter dem Market Impact versteht man die Preisveränderung eines Wertpapiers, die notwendig ist, um eine Order auszuführen. Das Ausmaß dieser Veränderung variiert stark in Abhängigkeit vom Volumen der Transaktion. Deshalb weicht der Preis, zu dem eine Transaktion tatsächlich zustande kommt, bei Volumina, wie sie in der institutionellen Vermögensverwaltung üblich sind, in der Regel mehr oder minder stark von den quotierten Kursen ab. Die Preisänderung ist dabei in der Regel nicht einfach proportional zum Transaktionsvolumen. Wichtige Einflußfaktoren sind zunächst die Kapitalisierung des Unternehmens, der Anteil der Aktien im Streubesitz sowie der Umsatz in dem betreffenden Wertpapier am Handelstag selbst. Darüber hinaus wächst mit der Transaktionsgröße das Bestandsrisiko des Market Makers, also das Risiko, dieses Wertpapier im Bestand zu behalten, während sich das Verhältnis von Angebot und Nachfrage in eine für ihn ungünstige Richtung verschiebt. Die überwiegende Entscheidungsrichtung der übrigen Marktteilnehmer in diesem Papier ist eine weitere Determinante des Market Impacts: Existieren überwiegend Marktteilnehmer mit einer zur Position des Investors konträren Markteinschätzung, so stellt dieser selbst durch seine Order dem Markt Liquidität zur Verfügung. In diesem Falle kann der Market Impact unter Umständen entfallen oder sogar zugunsten des Investors wirken. Für den US-Markt beziffern WAGNER und EDWARDS den Market Impact in Abhängigkeit von der Markttendenz wie folgt:[10]

Markt vs. Order	gleichgerichtet	neutral	konträr
alle Orders	-42 (232)	-19 (120)	13 (202)
nur gelistete Titel	-43 (220)	-15 (104)	13 (145)
OTC-Titel	-40 (269)	-37 (117)	13 (300)

in Basispunkten; Mittelwerte und Standardabweichungen (in Klammern)

Bei der Verwaltung größerer Portfolios kommt es häufig vor, daß eine beabsichtigte Transaktion in einem Wertpapier einen hohen Prozentsatz des typischen börsentäglichen Handelsvolumens in diesem Papier ausmacht. In solchen Fällen ist es in der Regel sinnvoll, die Transaktion nicht an einem Stück durchzuführen, sondern sie über mehrere Zeitpunkte innerhalb eines Handelstages oder sogar über mehrere Tage zu strecken. Damit verbunden ist die Erwartung, daß es möglich ist, die Teilorders mit geringem Market Impact zu akzeptablen Kursen plazieren zu können. Allerdings steigt mit der Dauer, über die sich der Trade erstreckt, das Risiko einer ungünstigen Kursentwicklung. Diese Timing-Kosten können sich in ihrer Größenordnung je nach Markttendenz auf ein Vielfaches des Market Impacts belaufen:[11]

Markt vs. Order	gleichgerichtet	neutral	konträr
alle Orders	-356 (620)	-20 (387)	298 (504)
nur gelistete Titel	-345 (507)	-37 (348)	257 (482)
OTC Titel	-393 (896)	-73 (542)	404 (542)

in Basispunkten; Mittelwerte und Standardabweichungen (in Klammern)

---

[10] Vgl. Wagner/ Edwards (1993), S. 68. Basis der Untersuchung waren 64000 Orders aus dem zweiten Quartal 1992.
[11] Wagner/ Edwards (1993), S. 68.

Werden Orders mit Limiten versehen, oder entwickelt sich der Kurs des Wertpapiers, in dem in mehreren Abschnitten gehandelt werden soll, im Verlaufe der Abwicklung des Trades zu ungünstig, so kann die Transaktion nur zum Teil durchgeführt werden. Auf der Ebene des einzelnen Titels bedeutet dies, daß die Information, die der Allokationsentscheidung zugrunde lag, nicht oder nur teilweise umgesetzt werden konnte. Auf der Ebene des Gesamtportfolios kann eine ungleichmäßige Ausführung einer Umschichtung darüber hinaus zu einer Abweichung des tatsächlichen vom intendierten Risikoniveau führen. Die Summe dieser Opportunitätskosten ist nicht einfach zu messen, kann aber erheblich sein. WAYNE und EDWARDS haben für das von ihnen untersuchte Sample einen Anteil nicht vollständig ausgeführter Orders von 24% ermittelt.[12] Zur Bestimmung der Opportunitätskosten verwendeten sie die Entwicklung der Titel über einen Zeitraum von vier Tagen nach der Transaktionsentscheidung und kamen hierfür auf durchschnittliche Opportunitätskosten von 1.8% bei einer Standardabweichung von 8.51%, für Titel mit geringer Marktkapitalisierung sogar auf einen Durchschnitt von 3.93% bei einer Standardabweichung von 12.05%. Damit präsentieren sich in ihrem Sample die Opportunitätskosten als der schwerwiegendste Kostenfaktor überhaupt.

Aus den bisherigen Betrachtungen wird ersichtlich, daß es wesentlich ist, genaue Vorstellungen von der Gesamtheit der Kostenbestandteile eines Wertpapiergeschäftes zu besitzen, wenn ein ernsthaftes Kostenmanagement betrieben werden soll. Jeder dieser Komponenten (mit Ausnahme der Steuern) steht eine bestimmte Leistung gegenüber, sei es das Research, sei es die rasche Ausführung oder die Vermeidung eines Market Impacts. Ob diese Leistungen allerdings benötigt werden, hängt maßgeblich vom Investmentstil des Managers ab. Besitzt der Manager beispielsweise ein passives Verwaltungsmandat, so benötigt er in der Regel kein spezielles Aktienresearch eines teuren Researchbrokers. In anderen Fällen kann es sinnvoll sein, so rasch wie möglich eine Investmentidee umzusetzen, wenn nämlich die Idee kurzfristig orientiert ist und gleichzeitig hohe Renditen verspricht. Für ein effektives Kostenmanagement ist es daher unerläßlich, die Kostenbestandteile im Hinblick auf den Investmentstil zu untersuchen und die Handelsstrategien so abzustimmen, daß möglichst nur jene Kosten anfallen, die zur Umsetzung dieses Stils erforderlich sind.

5. Program Trades

Die klassische Form des Wertpapierhandels ist ausgerichtet auf den Kauf oder Verkauf eines einzelnen Wertpapiers. Der Investor ersetzt ein im Portfolio befindliches Wertpapier durch ein anderes, das aus seiner Sicht eine höhere Renditeerwartung aufweist. Mit der Durchsetzung moderner, portfolioorientierter Managementstile hat sich in den letzten Jahren jedoch immer mehr die Notwendigkeit herauskristalli-

---

[12] Wagner/ Edwards (1993), S. 68.

siert, Wertpapierkörbe zu handeln. Große internationale Brokerhäuser haben auf diese Entwicklung reagiert und bieten sogenannte „Program Trades" an. Dieser Tradetypus wird auch als „Portfolio Trade", „Basket Trade" oder „Package Trade" bezeichnet.

Program Trades sind hinsichtlich ihrer Kosten in der Regel günstiger als die Durchführung der gleichen Transaktionen in herkömmlicher Form. Verantwortlich ist hierfür in erster Linie das große Orderaufkommen dieser Brokerhäuser. Dadurch können einerseits viele Positionen aus dem Eigenbestand des Brokers gedeckt werden oder mit anderen Orders kompensiert werden, zum anderen kann der Bid/Ask-Spread beim Program Trade kleiner ausfallen, da durch die Diversifikation das Bestandsrisiko vermindert wird.

Der Investor kann aus verschiedenen Formen von Program Trades diejenige wählen, die seinen Bedürfnissen am ehesten entspricht. Dabei lassen sich zwei Hauptformen des Program Trades unterscheiden, nämlich der Agency Trade sowie der Principal Trade. Im folgenden werden diese beiden Arten und ihre Einsatzformen kurz beschrieben.

6. Typen des Program Trades

Der Agency Trade entspricht in seiner Ausgestaltung weitgehend der klassischen Handelsform, die das Kaufen und Verkaufen von mehreren Wertpapieren auf Best Exccution Basis an einem Tag beinhaltet. Im Falle von Liquiditätsproblemen ist eine Ausdehnung auf mehrere Tage möglich. Dem Broker ist zum Zeitpunkt der Abgabe seines Gebührenangebots die Zusammensetzung des zu handelnden Wertpapierkorbes bekannt. Dies ist mit Blick auf die Gebühren die preiswerteste Form des Program Trades, da der Broker hier die Portfoliodiversifikation bei der Bestimmung des Bid/Ask-Spread ausnutzen kann. Darüber hinaus ist ihm bekannt, in welchem Ausmaß Teiltransaktionen über seine Eigenbestände oder durch Verrechnung mit gegenläufigen Aufträgen anderer Kunden kostengünstig abgewickelt werden können. Andererseits trägt bei dieser Vorgehensweise der Investor wie beim klassischen Trading das gesamte Risiko. Dies umfaßt insbesondere auch die Unsicherheit der Ausführung und den Market Impact. Daher ist diese Form insbesondere dann geeignet, wenn die Portfoliogröße, gemessen an der durchschnittlichen Liquidität, relativ klein ist, und der Investor kurzfristig keine dramatische Performancebewegung erwartet.

Zur Ausführungsbeurteilung eines solchen Agency Trade kann der Investor mit dem Broker eine Benchmark vereinbaren. Man spricht dann vom „Incentive Agency Trade". Als Benchmarks haben sich insbesondere der Volume Weighted Average Price (VWAP), arithmetische Mittelkurse oder Closingkurse durchgesetzt. Eine solche Ausführungsbenchmark bietet sich für den Investor ebenfalls an, wenn er eine dezidierte Meinung zur Performanceentwicklung im Verlauf des Handelstages besitzt. Die Benchmark wird vorab fest vereinbart. Bei ihrem Unterschreiten wird der Broker mit niedrigeren Gebühren bestraft. Umgekehrt wird der Broker bei einer besseren Ausführung an den gesparten Kosten beteiligt. Bei geringer Marktliquidität ist die Wahl der Benchmark allerdings nicht unproblematisch. Im Falle des VWAP ist es durchaus möglich, daß der Trade selbst die Benchmark bestimmt und somit kein Anreiz für den Broker besteht, diesen zu verbessern.

Unter einem Principal Trade versteht man die Ausführung eines Portfolio Trades zu Kursen, die durch den Trade selbst nicht mehr beeinflußt werden können, beispielsweise den Schlußkursen des vergangenen Tages. Bei dieser Form des Tradings, der einzigen, bei welcher der Investor sämtliche Kosten im Vorfeld des Trades kennt und somit keinerlei Risiko trägt, gerät man bezüglich der Brokergebühren an das obere Ende der Preisskala. Dennoch kann diese Form in besonderen Situationen, etwa für den Fall einer Umstrukturierungs-Deadline oder beim passiven Management, vorteilhaft sein. Durch den effektiv in der Vergangenheit liegenden Tradezeitpunkt wird zudem ein front running mit absoluter Sicherheit ausgeschlossen.[13]

Auch von dieser Form des Portfolio Trades existieren verschiedene Ausprägungen. Der Investor kann sich beispielsweise vom Broker ein vollkommen unbekanntes Portfolio preisen lassen („blind bid"). Die Kosten sind jedoch sehr hoch, da der Broker das gesamte Risiko trägt, ohne es zu kennen und dennoch den Investor in jedem Fall bedienen muß. Je mehr Informationen der Investor dem Broker über die Charakteristika des zu handelnden Wertpapierkorbes gibt (Volumen je Markt, Liquiditätscharakteristika, Tracking-Error bezogen auf die Marktindizes), desto geringer sind in der Regel die Kosten, da jener das zu tragende Risiko dann besser beziffern kann. Offenbart der Investor allerdings Informationen, die den Trade aus Sicht des Brokers besonders unvorteilhaft erscheinen lassen, so ist mit höheren Kosten zu rechnen.

Wird anstelle eines effektiven Tradezeitpunkts in der Vergangenheit ein in der Zukunft liegender vereinbart, so spricht man von einem „Partial Principal Trade". Hierbei kennt der Broker in der Regel nur die Liquiditätscharakteristik der Aktien, den gesamten Portfoliowert sowie die Aufteilung nach Ländern. Die einzelnen Titel werden erst nach dem vereinbarten Tradezeitpunkt bekanntgegeben. Durch den in der Zukunft liegenden Tradezeitpunkt ist der Broker in der Lage, sich über entsprechende Futurespositionen bzw. durch einen Korb entsprechender blue-chip Aktien gegen das Marktrisiko abzusichern. Damit trägt er nur noch das Residualrisiko hinsichtlich des Market Impacts der ihm unbekannten Aktien.

In einigen Brokerhäusern haben sich darüber hinaus Spezialformen etabliert, wie etwa der „Exchange For Physicals". Hierbei ist der Investor long in Wertpapierpositionen und short im äquivalenten Futureswert (respektive umgekehrt) und möchte seine Position tauschen. Dies ist in der Regel ebenfalls billiger als ein Principal Trade, da auch hier das jeweilige Marktrisiko über die Futuresposition abgesichert ist. Somit verbleibt wiederum lediglich das Residualrisiko bezüglich der einzelnen Titel, welches bei der Bestimmung der Gebühr zu berücksichtigen ist.

---

[13] „Front running" im engeren Sinne liegt vor, wenn ein Broker gezielt seine Kenntnisse über eine bereits aufgegebene oder zu erwartende Order zum Nachteil des ordernden Marktteilnehmers nutzt. Auch wenn dies in der Regel ausgeschlossen werden kann, entsteht doch unter Umständen eine „Grauzone", wenn etwa während der Dauer der Verhandlungen über den Preis eines Trades Orders von dritter Seite eingehen, welche die im Korb enthaltenen Papiere betreffen.

Schließlich lassen sich die genannten Formen auch kombinieren und bieten so dem Investor ein ausgezeichnetes Instrument, nicht nur um die gewünschten Allokationsentscheidungen ohne größere Reibung umzusetzen, sondern dabei auch Transaktionen für ihn kosteneffizient zu gestalten.

Nachfolgend sollen die wichtigsten Formen des Program Trades an einem Beispiel verdeutlicht werden:[14]

Durch eine taktische Asset Allocation shiftet ein aktiver Manager $ 50.000.000 aus Japan in andere asiatische Märkte. Die beiden Seiten werden mit Seite A und Seite B bezeichnet.

Seite A: 30 japanische Aktien, von denen sich 21 im Nikkei 225 und die verbleibenden in der Topix 1. Section befinden. Die Liquidität des Portfolios sei wie folgt beschrieben:

14 Titel	< 20% des durchschnittlich gehandelten Volumens (der letzten 5 Tage),
2 Titel	≈ 100% des durchschnittlich gehandelten Volumens,
7 Titel	> 100% und <= 200% des durchschnittlich gehandelten Volumens,
5 Titel	> 200% und <= 400% des durchschnittlich gehandelten Volumens,
2 Titel	> 400% und <= 600% des durchschnittlich gehandelten Volumens.

Der Wert jener 16 Titel, die mehr als 20% des durchschnittlichen Handelsvolumens aufweisen, beträgt ca. $ 20.000.000.

Seite B: Diese Seite beinhaltet Australien, Hongkong, Singapur und Malaysia.

Australien:	7 Titel,	$ 6.000.000
Hongkong:	13 Titel,	$ 32.000.000
Singapur:	6 Titel,	$ 8.000.000
Malaysia:	4 Titel,	$ 4.000.000

Liquiditätscharakteristik:

Australien:	1 Titel, 50% – 60%,	$ 2.000.000
Hongkong:	3 Titel, 70% – 100%,	$ 4.000.000
Singapur:	2 Titel, 30% – 40 %,	$ 2.000.000

Die restlichen Titel beinhalten weniger als 20% des durchschnittlichen Tagesvolumens.

Der Portfoliomanager läßt dem Broker gegenüber offen, welches die Kauf- und welches die Verkaufseite ist, und verlangt ein Preisangebot für beide Richtungen. Der Principal Trade wird auf Basis des letzten Schlußkurses des gleichen Tages und der Partial Principal Trade auf Basis des Schlußkurses des folgenden Tages bewertet. Agency und Incentive Agency Trade würden ebenfalls am nächsten Tag gehandelt. Aus dieser Handelsbeschreibung entstünden folgende Brokergebühren:

---

[14] Quelle: Broadhurst et al. (1995), S. 5 f.

Tradetyp	Kauf A, Verkauf B	Kauf B, Verkauf A
Principal	200 BP	150 BP
Partial Principal	90 BP	80 BP
Agency	15 BP + Steuer	15 BP + Steuer
Incentive Agency	15 BP + Steuer +/- Outperformancebeteiligung an BM	

Dabei ergibt sich die Outperformancebeteiligung an der Benchmark im Falle des Incentive Agency Trades gemäß folgender Vereinbarung:

tradegewichtete Ausführung	bezahlte Brokergebühr
> +30	23
+20 bis +30	21
+10 bis +20	19
VWAP bis +10	17
VWAP bis -10	15
-10 bis -20	13
-20 bis -30	10
< -30	5

7. Einsatz von Program Trades

Program Trades bieten sich immer dann als Handelsform an, wenn eine Mehrzahl von Allokationsentscheidungen gleichzeitig getroffen wird. Dies ist zunächst immer dann der Fall, wenn die Allokationsentscheidungen auch auf der Ebene der Einzeltitel unter Verwendung einer Optimierungssoftware vorgenommen werden. In einem solchen Umfeld ist der Program Trade eher der Normalfall als die Ausnahme.

Ein zweiter, häufiger Fall für eine Portfolioumschichtung ist bei einem Wechsel der Asset Allocation gegeben. Dies gilt sowohl für eine Änderung in der taktischen als auch in der strategischen Asset Allocation. Hierbei verfügt der Investor über die Liste der zu kaufenden und zu verkaufenden Titel und wird den angestrebten Allokationswechsel in einer angemessenen Zeitspanne durchführen wollen. Ein Program Trade kann dieses Ziel auf effiziente Weise erreichen. Da der Investor im Falle eines solchen Trades nur einen Kontrahenten besitzt, erleichtert dies ihm auch das Valutenmanagement. Dies ist von Bedeutung, da trotz weitgehender Anpassung das valutarische Settlement je nach Land variieren kann. Bei über verschiedene Brokerhäuser abgewickelten Trades wird dieser Tatbestand komplexer und schwieriger überschaubar.

Eine weitere Gelegenheit Program Trades zu nutzen, bieten Mittelzu- und -abflüsse. Stockt ein Kunde das verwaltete Vermögen auf, oder zieht er Gelder ab, so ist es für den Manager wichtig, sein angestrebtes Marktexposure schnellstmöglich wieder zu erreichen.[15] Da sich in diesem Cash Flow keine Marktmeinung des Managers widerspiegelt, ist eine kostenminimale Umsetzung sinnvoll. Wird ein Portfolio komplett neu aufgelegt, so ist die schnelle Umsetzung noch wichtiger, da ein zu geringes Investment in steigenden Märkten zu einer Underperformance führt, die das Mandat noch lange belasten kann.

Wechselt ein Kunde seinen Vermögensverwalter, so wird dieser das Portfolio nach seinen Vorstellungen ausrichten. Möglicherweise überschneiden sich beide Portfolios in einigen Teilbereichen, so daß eine komplette Auflösung beim ersten Verwalter bei gleichzeitiger Neustrukturierung durch den neuen Verwalter teurer wäre als eine einmalige Umschichtung. Bei einem Wechsel des Verwaltungsmandats besteht zudem die Möglichkeit, daß der Switch beider Portfolios wegen äußerer Gegebenheiten, etwa gesetzlicher Restriktionen, an einem festgesetzten Tag durchgeführt werden muß. Dies läßt sich mit einem Program Trade auf einfache Weise durchführen.

Als letzte Anwendungsmöglichkeit sei die Verwaltung passiver Mandate genannt. Bei Auflegung eines Indexfonds stellt insbesondere der Principal Trade eine geeignete Handelsform dar. Die einzelnen Positionen sind in einem solchen Fall relativ groß, zugleich sollen Teilausführungen möglichst vermieden werden. Zudem kann die Kenntnis des exakten Handelspreises nützlich für eine optimale Passivierung sein. Beim Rebalancing eines passiven Mandats entstehen dagegen meist Positionsgrößen, die klein im Vergleich zum durchschnittlich gehandelten Tagesumsatz sind. Damit ist in diesem Fall ein Agency oder Incentive Agency Trade dem Principal Trade vorzuziehen.

Transaktionskosten sind ein Sammelbegriff für Zahlungen, Risiken und Opportunitätskosten aus Anlaß des Kaufs oder Verkaufs von Wertpapieren, denen ganz unterschiedliche und teilweise nur schwer beobachtbare Sachverhalte und Beziehungen zugrunde liegen. Dieser Vielzahl an Kostenfaktoren steht nun in Gestalt der Program Trades ein Instrumentarium gegenüber, mit dem der Vermögensverwalter sein Handeln unter Kostengesichtspunkten sehr flexibel steuern und genau auf seine Bedürfnisse zuschneiden kann.

---

[15] Dies gilt insbesondere dann, wenn der Einsatz von Futures durch Restriktionen ausgeschlossen oder die zulässige Quote bereits ausgeschöpft ist.

8. Vermögensverwaltung unter Berücksichtigung von Transaktionskosten

In den vorangegangenen Abschnitten wurden die Kosten verursachenden Allokationsentscheidungen als gegeben angenommen. Bei diesen Entscheidungen können (und sollten) jedoch bereits Transaktionskosten berücksichtigt werden.

Die wesentliche Aufgabe des Vermögensverwalters besteht in der Portfoliokonstruktion, also in der Entscheidung über den Anteil, den jedes Wertpapier aus einem Investmentuniversum an einem Kundenportfolio haben soll. Entscheidungskriterium ist dabei die Maximierung einer Nutzenfunktion $U = f(\mathbf{h},E[r],E[\sigma],E[c])$, wobei $\mathbf{h}$ für die Entscheidungsvariable der Wertpapiergewichte, r für die Rendite des Portfolios, σ für dessen Risiko und c für die durch die Entscheidung verursachten Kosten steht.[16] Die optimale Lösung dieses Problems wird in Abschnitt 9 erörtert.

Ein Vermögensverwaltungsmandat kann charakterisiert werden als die Aufgabe, ein gegebenes Vermögen nach Maßgabe einer vom Investor (explizit oder implizit) spezifizierten Nutzenfunktion über einen längeren, nicht notwendigerweise im vorhinein bekannten Zeitraum zu verwalten. Die Gesamtheit der zur Erfüllung dieses Auftrags vom Verwalter entfalteten Aktivitäten soll als Anlageentscheidungsprozeß bezeichnet werden. In diesem Kontext stellt sich die Portfoliokonstruktionsaufgabe nicht nur einmal zu einem Zeitpunkt, sondern kontinuierlich während der gesamten Laufzeit des Mandats. Die sich hieraus ergebenden Gesichtspunkte für die systematische Behandlung von Kosten werden in Abschnitt 10 diskutiert.

9. Portfoliokonstruktion unter Berücksichtigung von Kosten

Die analytisch optimale Lösung der Portfoliokonstruktionsaufgabe ist zunächst abhängig von der Nutzenfunktion des Investors, die maximiert werden soll.[17] Wir legen hier die von MARKOWITZ eingeführte Formulierung für den Portfolionutzen U zugrunde:[18]

(1) $U = E[r] - \lambda E[\sigma^2]$

---

[16] Zur Notation: Vektoren werden durch kleine Buchstaben in Fettdruck, Matrizen durch große Buchstaben in Fettdruck bezeichnet.
[17] Das Portfoliokonstruktionsproblem unter Berücksichtigung von Transaktionskosten wie auch eine Vielzahl typischer, in der Praxis auftretender Restriktionen behandeln ausführlich Rudd/ Rosenberg (1979).
[18] Vgl. Markowitz (1952).

oder in vektorieller Schreibweise:

(2) $U = \mathbf{h'r} - \lambda \mathbf{h'\Sigma h}$,

mit $\mathbf{r}$ als dem Vektor der Erwartungswerte für die Renditen der Wertpapiere im Investmentuniversum, Σ als der Varianz-/Kovarianzmatrix der Renditeerwartungen sowie dem Risikoaversionsparameter λ.

Gegeben sei nun ein Ausgangsportfolio $\mathbf{h}_0$ mit dem Nutzen U_0. Gesucht wird das optimale Portfolio $\mathbf{h}$, das den Nutzen U unter Berücksichtigung von Kosten maximiert. Die Gewichte $\mathbf{h}$ des optimalen Portfolios können geschrieben werden als

(3) $\mathbf{h} = \mathbf{h}_0 + \mathbf{h}_b - \mathbf{h}_s$,

wobei $\mathbf{h}_b$ den Vektor der Gewichtsveränderungen durch Kauf und $\mathbf{h}_s$ den Vektor der Gewichtsveränderungen durch Verkauf von Wertpapieren bezeichnet. Hierbei sind die Elemente dieser Vektoren größer oder gleich Null, und es gilt $\mathbf{h}_b'\mathbf{e} = \mathbf{h}_s'\mathbf{e}$, wenn Mittelzu- oder -abflüsse ausgeschlossen sein sollen. Das zu lösende Problem lautet damit:

(4) $\max_{\mathbf{h}_b, \mathbf{h}_s} U^* = (\mathbf{h}_0 + \mathbf{h}_b - \mathbf{h}_s)'\mathbf{r} - \lambda (\mathbf{h}_0 + \mathbf{h}_b - \mathbf{h}_s)'\Sigma(\mathbf{h}_0 + \mathbf{h}_b - \mathbf{h}_s) - E[c(\mathbf{h}_b, \mathbf{h}_s)]$.

Der Erwartungswert der Kosten $E[c(\mathbf{h}_b, \mathbf{h}_s)]$ ist hier zunächst nicht weiter spezifiziert. Für die Praxis ist eine Beschränkung auf Kostenbestandteile üblich, deren Erwartungswerte linear oder höchstens quadratisch mit dem Transaktionsvolumen wachsen.[19] In diesem Fall ist die optimale Allokation gegeben durch die Lösung des Problems

(5) $\max_{\mathbf{h}_b, \mathbf{h}_s} U^* = (\mathbf{h}_0 + \mathbf{h}_b - \mathbf{h}_s)'\mathbf{r} - \lambda(\mathbf{h}_0 + \mathbf{h}_b - \mathbf{h}_s)'\Sigma(\mathbf{h}_0 + \mathbf{h}_b - \mathbf{h}_s) - (\mathbf{h}_b + \mathbf{h}_s)'\mathbf{c} - (\mathbf{h}_b + \mathbf{h}_s)'\mathbf{C}(\mathbf{h}_b + \mathbf{h}_s)$

unter den genannten Nebenbedingungen. Hierbei bezeichnet $\mathbf{c}$ den Vektor der linearen Kostenbestandteile und $\mathbf{C}$ die Diagonalmatrix der quadratischen Kostenbestandteile, sofern solche spezifiziert werden. Damit ist die Aufgabe zur Bestimmung der optimalen Umschichtungsvektoren ein quadratisches Optimierungsproblem, das die gleiche Struktur wie das klassische MARKOWITZ-Problem hat und dementsprechend grundsätzlich mit den gleichen Verfahren gelöst werden kann.

---

[19] Die marktgängigen Softwarepakete zur Portfolio-Optimierung bieten meist nur die Möglichkeit zur Spezifikation von zu den Gewichtsänderungen proportionalen Transaktionskosten. Der Einfluß insbesondere der impliziten Kostenbestandteile (Market-Impact, Timing-Kosten und Opportunitätskosten) ist jedoch überproportional. Die Modellierung über eine quadratische Funktion trägt diesem Sachverhalt Rechnung, ohne daß auf den Einsatz effizienter quadratischer Optimierungsalgorithmen verzichtet werden muß.

10. Erhöhung des Portfolionutzens durch den Einsatz kostengünstiger Instrumente

Die allgemeine Formulierung einer Lösung für das Optimierungsproblem unter Berücksichtigung von Kosten gibt noch wenig Hinweise auf die praktische Relevanz einer expliziten Behandlung von Kosten in der Portfoliokonstruktion. Diese werden deutlich bei Untersuchungen im Detail, beispielsweise hinsichtlich der Auswirkungen einer Erweiterung des Investmentuniversums um kostengünstige Indexinstrumente wie etwa Financial Futures.

Die Rendite eines Futures-Kontrakts entspricht der eines Investments in den unterliegenden Index, abzüglich der Zinsbelastung aus der zur Finanzierung des Investments erforderlichen Kreditaufnahme, also der Überschußrendite des Index über die risikofreie Verzinsung.[20] Da Rendite und Risiko des Kontrakts praktisch identisch zu denen der korrespondierenden Kassapositionen sind, muß ein eventueller Zuwachs des Portfolionutzens durch den systematischen Einsatz von Futures auf die geringeren Transaktionskosten zurückzuführen sein.

Tatsächlich sind die Auswirkungen auf den Optimierungsprozeß und das Verhältnis von Rendite und Risiko der optimierten Portfolios tiefgreifend, da nicht nur eine unmittelbare Kostenersparnis die Folge ist, sondern auch eine effizientere Nutzung der Informationsmenge, auf die sich die Anlageentscheidung stützt.

Zunächst erhöhen eingesparte Transaktionskosten offenkundig direkt den Ertrag eines Portfolios. Im Falle von Futures-Positionen ist allerdings zu beachten, daß deren Kosten im Gegensatz zu denen von Kassa-Positionen auch von der Haltedauer abhängen. Letztere verursachen Transaktionskosten nur bei Auf- und Abbau. Futures-Kontrakte hingegen können während der Haltedauer auslaufen und müssen in diesem Falle „gerollt" werden, wobei erneut Kosten entstehen. Da zum Zeitpunkt des Eingehens einer bestimmten Position deren Haltedauer nur im Mittel bekannt ist, ist dies durch einen entsprechenden Aufschlag auf die Kosten des erstmaligen Eingehens zu berücksichtigen.

Die Transaktionskosten beeinflussen die Performance eines Portfolios nicht nur direkt, sondern über die Erhöhung der Anzahl umgesetzter Prognosen auch indirekt. Von einer zu einem Umschichtungszeitpunkt gegebenen Menge von Prognosen werden vom Optimierer diejenigen umgesetzt, die nach Kosten eine Erhöhung des Portfolionutzens versprechen. Betragen die Kosten beispielsweise ein Prozent, so ist der Kauf eines Assets nur dann gerechtfertigt, wenn die erwartete Rendite des Assets größer als ein Prozent ist, also die Höhe der entstehenden Kosten übersteigt. Entsprechendes gilt mit umgekehrten Vorzeichen für den Verkauf von Assets. Da jede Transaktion aus einem Kauf und einem Verkauf besteht, muß die erwartete Rendite für die Transaktion also mindestens zwei Prozent betragen.

---

[20] Vgl. z.B. Copeland/Weston (1988), S. 300 ff.

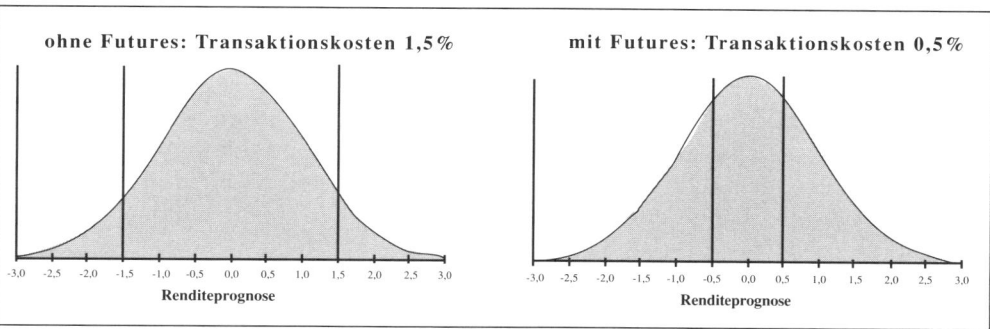

Abb. 1: Transaktionskosten und umsetzbarer Prognosebereich

Abbildung 1 zeigt den Einfluß der Kosten auf die Anzahl umsetzbarer Prognosen. Sind die Transaktionskosten hoch, und unterstellt man ungefähr normalverteilte Prognosen, so ist die Zahl jener Prognosen, aus denen tatsächlich Transaktionen resultieren, relativ klein. Die Prognosen, die nicht in den Randbereichen der Verteilung liegen, können die Hürde der Transaktionskosten nicht nehmen und werden deshalb nicht umgesetzt. Sinken die Kosten, vergrößert sich die Zahl der Prognosen, die zu Transaktionen mit positivem Erwartungswert für die Rendite nach Kosten führt.

Nach dem „fundamental law of active management" gilt, daß sich das Verhältnis von Rendite und Risiko IR aus dem Produkt der Prognosequalität IC mit der Wurzel der Anzahl unabhängiger „Wetten" innerhalb eines Jahres $(n \cdot t)$ bestimmt:[21]

(6) $IR = IC \cdot (n \cdot t)^{1/2}$.

Zwar wird die Korrelation zwischen prognostizierten und tatsächlichen Renditen durch Transaktionskosten nicht verändert, wohl aber die Anzahl der „Wetten", die im gleichen Zeitraum umgesetzt werden können. Eine Senkung der Transaktionskosten wirkt damit auf ähnliche Weise wie eine Vergrößerung des Investmentuniversums: Das Prognoserisiko wird stärker diversifiziert, der Anlageerfolg verstetigt sich, und das Verhältnis von Rendite zu Risiko steigt an.

Sowohl die direkte Kostenersparnis als auch die Vergrößerung der Anzahl umsetzbarer Prognosen läßt eine Verbesserung des Verhältnisses von Rendite und Risiko erwarten. Ihre relative Bedeutung und die Auswirkungen ihrer Kombination unter Berücksichtigung der in der Praxis geltenden Restriktionen lassen sich analy-

---

[21] Vgl. Grinold/ Kahn (1995), S. 117 ff. IR bezeichnet die Information Ratio, die sich als Quotient aus dem aktiven Ertrag eines Portfolios über seine Benchmark und der Standardabweichung des aktiven Ertrags definiert. Hierbei wird üblicherweise von den annualisierten Größen ausgegangen. Als Information Coefficient IC wird der Korrelationskoeffizient zwischen Renditeprognose und tatsächlich realisierter Rendite bezeichnet. Die Anzahl der „Wetten" innerhalb eines Jahres ist das Produkt aus der Assetzahl n und der Anzahl t der Umschichtungsperioden pro Jahr. In diesem Zusammenhang wird statistische Unabhängigkeit unterstellt. Siehe hierzu auch den Beitrag von KLEEBERG/ SCHLENGER in diesem Band.

tisch nur schwer bestimmen. Die Ergebnisse von Simulationen mit historischen Daten deuten darauf hin, daß der zweite der genannten Effekte überwiegt.[22]

Der Einsatz von Futures ist nur ein Beispiel für die unter Umständen erheblichen praktischen Implikationen einer systematischen Berücksichtigung von Kosten in der Portfoliokonstruktion. Andere Maßnahmen zur Kostensenkung, etwa der Einsatz von Swaps, aber auch die Abwicklung von Portfolioumschichtungen in Form von Basket Trades, haben grundsätzlich analoge Auswirkungen auf das Verhältnis von Portfoliorendite und -risiko.

11. Die Bedeutung der Kosten für den Anlageentscheidungsprozeß

Für einen gegebenen Zeitpunkt besteht die Portfoliokonstruktionsaufgabe darin, das Portfolio zu finden, welches für gegebene Renditeerwartungen die Nutzenfunktion des Investors maximiert. Für den Entwurf von Anlageentscheidungsprozessen sind darüber hinaus die Fragestellungen interessant, die sich ergeben, wenn die Portfoliooptimierung nicht nur einmal, sondern viele Male über die Laufzeit eines Mandates durchgeführt wird. In diesem Kontext gewinnen zusätzlich die Zusammenhänge zwischen dem effektiven Prognosehorizont, den Transaktionskosten und den erwarteten Halteperioden der Assets an Bedeutung.

Im folgenden wird von einem quantitativen linearen Prognosemodell und zunächst von einer „idealen Welt" ohne Transaktionskosten und Restriktionen sowie dem klassischen Mean-Variance-Optimierungsprozeß ausgegangen. Unter diesen Annahmen sind die erwarteten Renditen eine Linearkombination der unabhängigen Variablen des Prognosemodells. Die Portfoliogewichte wiederum sind ihrerseits eine Linearkombination der Renditeprognosen. Hieraus ergibt sich, daß die Halteperiode der Assets im Portfolio letztlich von der Autokorrelation der Variablen abhängt, auf die sich die Prognose stützt.[23] Dabei wird zunächst unterstellt, daß die Prognosen und die Portfoliogewichte fortlaufend aktualisiert werden, daß also Änderungen in den unterliegenden erklärenden Variablen sofort ihren Niederschlag in geänderten Portfoliogewichten finden.

Werden für einen solchen kontinuierlichen Rebalancierungsprozeß nun Transaktionskosten berechnet, so zeigt sich, daß auch sie von der Autokorrelation der unterliegenden Variablen abhängen. Ausschlaggebend für die Höhe der Kosten ist die Summe der absoluten Veränderungen der Portfoliogewichte. Hoch autokor-

---

[22] Vgl. Bayer (1997), S. 29 ff.
[23] Als Autokorrelation wird die Korrelation zwischen den Werten einer Zeitreihe und den um (mindestens) einen Zeitpunkt verschobenen Werten der gleichen Reihe verstanden. Je höher die Autokorrelation ausfällt, desto weniger stark ändern sich die Werte der Reihe von Zeitpunkt zu Zeitpunkt, und desto „glatter" ist der Verlauf der Reihe.

relierte Inputs führen zu „glatten" Gewichtungsverläufen mit geringen Veränderungen über kurze Zeiträume. Entsprechend niedrige Kosten sind die Folge. Niedrig oder gar negativ autokorrelierte Inputs führen zu rasch wechselnden Gewichten und damit zu höheren Transaktionskosten.

Bei diesen Überlegungen wurde unterstellt, daß die Transaktionskosten bei der Bestimmung der optimalen Gewichte keine Berücksichtigung finden. In der Praxis kennt der Portfoliooptimierer die Transaktionskosten und wird deshalb nur dann Umschichtungen vornehmen, wenn der erwartete Renditezuwachs aus einer Transaktion die durch sie verursachten Kosten übersteigt. Dies hat zum einen zur Folge, daß nun – in Abhängigkeit von der Höhe der Kosten – nicht mehr alle Renditeprognosen umgesetzt werden, sondern nur noch jene aus den Rändern ihrer Verteilung. Die zweite Konsequenz besteht darin, daß Umschichtungen nun nicht mehr kontinuierlich auftreten. Umgeschichtet wird erst dann, wenn mindestens eine Prognose erzeugt wird, deren Absolutbetrag die Transaktionskostenhürde „überspringt".

Die Einführung von Transaktionskosten erzwingt also Diskontinuitäten im Rebalancierungsprozeß. Damit hängt die Halteperiode der Assets nicht mehr allein von der Autokorrelation der unterliegenden Prognosevariablen, sondern auch von der Höhe der Kosten ab, wobei letztere sogar zum dominierenden Faktor werden können. Für Prognosen, welche die Transaktionskostenhürde nehmen, gilt nun, daß die durch sie induzierten Gewichtsverschiebungen im Portfolio über einen längeren Zeitraum Bestand haben.

Dies bedeutet auch, daß die optimalen Portfoliogewichte nach Ablauf einiger Perioden nicht mehr ausschließlich die jeweils aktuelle Markteinschätzung widerspiegeln. Vielmehr kann das Portfolio auch Positionen enthalten, die auf obsolet gewordenen Einschätzungen der Vergangenheit beruhen, deren Abbau aber unter Kostengesichtspunkten nicht gerechtfertigt ist. Besonders negativ betroffen von der resultierenden Pfadabhängigkeit der Portfoliogewichte sind Prognosemodelle, die niedrig oder negativ autokorrelierte Prognosen liefern. Hier kann die durch die Transaktionskosten induzierte Verlängerung der Haltedauer dazu führen, daß der Prognoseansatz insgesamt praktisch unbrauchbar wird.[24]

---

[24] Man denke etwa an eine Strategie, die auf einem „Reversion to the mean"-Effekt beruht: Ist das Modell zutreffend, so folgen auf positive Renditen in der ersten negative Renditen in der nächsten Periode. Eine kosteninduzierte Verlängerung der Halteperiode ist bei einem solchen Ansatz inakzeptabel, da ein aus richtigen Entscheidungen in der ersten Periode resultierender Ertrag mit hoher Wahrscheinlichkeit in der nächsten Periode zunichte gemacht wird.

12. Einfluß der Kosten auf das Spektrum praktisch einsetzbarer Prognoseansätze

Bei der Diskussion der Auswirkungen von Transaktionskosten wurde bisher von gegebenen Prognosen und Prognoseverfahren ausgegangen. Die Höhe der Transaktionskosten hat jedoch für verschiedene Prognoseansätze unterschiedliche Konsequenzen, die bei der Gestaltung und Auswahl der Prognoseverfahren selbst Berücksichtigung finden sollten.

Prognosen aus einem bestimmten generierenden Prozeß – beispielsweise aus einem Regressionsmodell – haben einen effektiven Horizont. Dieser kann als die Zeitspanne definiert werden, die im Mittel verstreichen muß, damit frühere Prognosen aus diesem Prozeß keine Schlüsse auf spätere Prognosen aus dem gleichen Prozeß zulassen.

Kann unterstellt werden, daß der deterministische, also der prognostizierbare Anteil einer vorherzusagenden Größe sich über kleine Zeiträume nicht sprunghaft ändert, so gilt: Prognoseprozesse mit längerem effektiven Horizont liefern breiter gestreute erwartete Renditen als kürzerfristig orientierte Prognoseprozesse gleicher statistischer Qualität.[25]

Daher besteht ein Zusammenhang zwischen dem Prognosehorizont und der betragsmäßigen Größe der prognostizierten Renditen. Hieraus ergeben sich auch Konsequenzen für das Design von Prognosemodellen: Nur die Modelle sind brauchbar, die hinreichend häufig hinreichend hohe Prognosen liefern. Sind die Kosten hoch, und ist der Prognosehorizont kurz, so ist die Wahrscheinlichkeit klein, daß sich unter den generierten Prognosen solche befinden, die nach Kosten eine Umsetzung rechtfertigen. Ein Modell etwa, das den jeweils nächsten Tick des DAX perfekt vorherzusagen erlaubt, erfreut zwar den Prognostiker, ist aber praktisch nutzlos. Dies kann – je nach Horizont und Höhe der Kosten – selbst für im statistischen Sinne sehr gute Prognosemodelle gelten. Lassen sich jedoch die Kosten, etwa durch Einsatz von Futures, reduzieren, kann die Umsetzung der Prognosen eines Modells mit kurzem Horizont durchaus profitabel werden.

Daraus ergibt sich, daß durch Senkung der Transaktionskosten das Spektrum möglicher profitabler Prognoseansätze erweitert wird. Werden solche Ansätze gefunden und mit bereits bestehenden, längerfristig orientierten Prognosemodellen kombiniert, so steigt der Gesamtgehalt der in die Allokationsentscheidung einfließenden Information und damit auch der Anlageerfolg.

Bei all diesen Überlegungen wurde unterstellt, daß die statistischen Eigenschaften der in die Portfoliokonstruktion eingehenden Prognosen bekannt sind. In der Praxis sind diese Eigenschaften – bei Vorliegen von Prognosemodellen – nur in Form eines relativ kleinen Samples oder – im Falle qualitativer Prognosen – über-

---

[25] Vgl. die Diskussion der verschiedenen Prozeßtypen bei Merton (1992), S. 65. In der dort vorgefundenen Terminologie kann die hier gemachte Annahme folgendermaßen formuliert werden: Die Größen, deren Beobachtung heute Information über künftige Renditen enthält, folgen Prozessen vom „type I", sind also Diffusionsprozesse.

haupt nicht bekannt. Auch die in der Regel existierenden Restriktionen bezüglich der Portfoliogewichte beeinflussen den Turnover und sind daher auch in dieser Hinsicht bei der konkreten Gestaltung eines Anlageentscheidungsprozesses zu berücksichtigen.

13. Zusammenfassung

Die sachgerechte Behandlung von Transaktionskosten ist, neben der Bildung zutreffender Erwartungen in Bezug auf Rendite und Risiko, der dritte wesentliche Faktor für die erfolgreiche Erfüllung eines Vermögensverwaltungsauftrags. Der relative Stellenwert dieser Faktoren wird von Mandat zu Mandat, von Verwalter zu Verwalter unterschiedlich sein: Der passive Manager überläßt die Bildung von Renditeerwartungen dem Investor und konzentriert sich ganz auf die Minimierung des Tracking Errors und der Kosten. Ein aktiver Manager hingegen, der – aus welchen Quellen auch immer – über weit überdurchschnittliches Wissen von künftigen Markt- oder Einzeltitelentwicklungen verfügt, muß sich kaum um einige hundert Basispunkte Kosten kümmern. Für diejenigen Vermögensverwalter jedoch, die weder zur einen noch zur anderen Kategorie gehören, kann die Qualität des Kostenmanagements den Ausschlag zwischen Out- oder Underperformance geben. Die Einschätzung, daß Fehler auf diesem Gebiet eher die Regel als die Ausnahme sind, wird durch einen Blick auf die Performancestatistiken der Branche immer wieder nahegelegt.

Eine effektive Berücksichtigung der Kosten beschränkt sich nicht auf die Implementierung bereits getroffener Anlageentscheidungen – und schon gar nicht auf den Versuch, den sichtbarsten Kostenanteil, die Brokergebühren, auf ein Minimum zu drücken. Vielmehr kann schon weit vorher, bei der Gestaltung des Anlageentscheidungsprozesses (also bei der Wahl der Prognoseverfahren, der Umschichtungshäufigkeit, der Instrumente und der Ausrichtung des Prozesses auf die Möglichkeit, Basket-Trades durchzuführen) die Grundlage für eine kostengünstige Umsetzung von Markterwartungen gelegt werden.

Kernstück eines solchen Prozesses ist die Portfoliokonstruktion, der Punkt im Prozeß, an dem die Informationen über die Faktoren „Rendite", „Kosten" und „Risiko" gebündelt, simultan ausgewertet und in Gewichtungsentscheidungen überführt werden. Je höher die Qualität der hier einfließenden Informationen ist, desto besser wird die Allokationsentscheidung ausfallen. Dieser einfache Sachverhalt gilt auch für den Faktor „Kosten".

Transaktionskosten standen bislang nicht im Zentrum des akademischen Interesses, und auch die Investment Community scheint ihnen nicht immer die Aufmerksamkeit geschenkt zu haben, die sie verdienen. Kostenmanagement ist nicht gerade eine glamouröse Tätigkeit. Dies mag erklären, warum Transaktionskosten oft als quantité négligeable behandelt werden. Allerdings: Auch Investoren lesen und interpretieren Performancestatistiken. Das zunehmende Interesse an passiven, kostenarmen Vermögensverwaltungsansätzen sollte dem aktiven Manager Anlaß genug sein, über das Kostenmanagement als Teil seiner Dienstleistung intensiv nachzudenken.

Literaturverzeichnis

Becker, S. (Becker, 1995): Structured Approaches for Return Forecasting and Valuation – Turnover Costs and Value Added, BARRA Seminar-Skript, Pepple Beach 1995.

Bayer, K. G. (Bayer, 1997): Die Integration von Futures in den Anlageentscheidungsprozeß, in: LGT Asset Management GmbH (Hrsg.), *Risk & Reward*, 1.Q., Frankfurt am Main 1997.

Broadhurst, C. et al. (Broadhurst et al., 1995): Global Portfolio Trading, Nomura International plc, 1St Martin's-Le-Grand E1A 4NP, 1995.

Copeland, T. E./ Weston, J. F. (Copeland/ Weston, 1988): *Financial Theory and Corporate Policy*, 3rd ed., Reading et al., 1988.

Grinold, R. C./ Kahn, R. N. (Grinold/ Kahn, 1995): *Active Portfolio Management*, Chicago/ Cambridge 1995.

Markowitz, H. M. (Markowitz, 1952): Portfolio Selection, in: *Journal of Finance*, Vol. 7, 1952, March, S. 77-91.

Merton, R. C. (Merton, 1992): *Continuous-Time Finance*, Cambridge/ Oxford 1992.

Perold, A. (Perold, 1988): The Implementation Shortfall: Paper versus Reality, in: *Journal of Portfolio Management*, Vol. 14, 1988, No. 3, Spring, S. 4-9.

Rudd, A./ Rosenberg, B. (Rudd/ Rosenberg, 1979): Realistic Portfolio Optimization, in: Elton, E. J./ Gruber, M. J. (eds.), *Portfolio Theory, 25 Years after, Studies in Management Science*, Vol. 11, Amsterdam et al. 1979.

Schmidt, H. (Schmidt, 1988): *Wertpapierbörsen*, München 1988.

Wagner, W. H./ Banks, M. (Wagner/ Banks, 1992): Increasing Portfolio Effectiveness Via Transaction Cost Management, in: *Journal of Portfolio Management*, Vol. 18, 1992, Fall, S. 6-11.

Wagner, W. H./ Edwards, M. (Wagner/ Edwards, 1993): Best Execution, in: *Financial Analysts Journal*, Vol. 49, 1993, January-February, S. 65-71.

Diversifikationseffekte internationaler Branchenportfolios

von Markus Rudolf/ Heinz Zimmermann

1. Einleitung
2. Daten
3. Branchenselektion
4. Resultate
5. Zusammenfassung und Ausblick

1. Einleitung

Die Vorteilhaftigkeit der internationalen Diversifikation von Aktienanlagen ist wohlbekannt und wurde in der Literatur eingehend diskutiert.[1] International diversifizierte Portfolios bieten gegenüber nationalen Portfolios zusätzliche Diversifikationsvorteile. Der Grund liegt darin, daß die Aktienkursveränderungen *zwischen* einzelnen Staaten weniger hoch korreliert sind als *innerhalb* der Staaten. So ist es nicht überraschend, daß der Korrelationskoeffizient zwischen Allianz (Assekuranz) mit Hoechst (Pharma) höher ausfällt als die Korrelation zwischen Allianz (Deutschland) und Prudential (USA). Die Dominanz der Landesfaktoren gegenüber Branchenfaktoren wurde in verschiedenen Studien dokumentiert.[2] Die Sensitivität eines Faktors mißt dabei die Stärke der Korrelationen zwischen den Anlagen eines Sektors (Kontinent, Land, Branche). DRUMMEN/ ZIMMERMANN (1992) dokumentieren die folgende Relevanz sektoraler Faktoren für rund 100 europäische Bluechips:

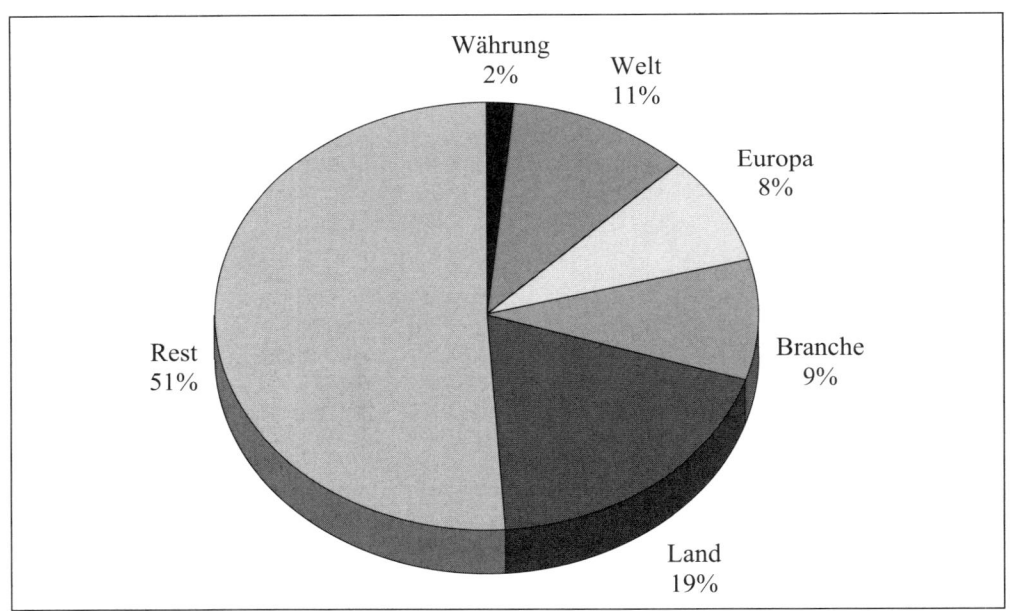

Quelle: Drummen/ Zimmermann (1992)

Abb. 1: Varianzdekomposition 100 europäischer Bluechips

Unter den systematischen Marktfaktoren, welche im Durchschnitt zusammen 49% der Varianz der einzelnen Anlagen erklären, hat der Landesfaktor mit 19% den ausgeprägtesten Einfluß. Erstaunlich ist, daß weder die Brancheneinflüsse (9%) noch der europäische Marktfaktor (8%) einen höheren Erklärungsanteil aufweisen.

---

[1] Siehe Solnik (1996), Kapitel 4.

Datengrundlage dieser Untersuchung sind tägliche Aktienrenditen in der Zeitperiode von 1986 bis 1989.

Die Beobachtung der Dominanz landesspezifischer Kursbestimmungsfaktoren mag vor dem Hintergrund der sich zunehmend integrierenden Wirtschaft über nationale Grenzen hinweg überraschen. Die Gründe für diese Erscheinung sind mannigfaltig (nationale Währungen, Rechnungslegungsvorschriften, u.a.). Zweifellos ist die Vermutung richtig und empirisch bestätigt, daß sich die Korrelationen zwischen nationalen Aktienmärkten in den letzten Jahren deutlich *erhöht* hat.[3] Im Zuge dieser Entwicklung reduziert sich das internationale Diversifikationspotential von Aktienanlagen. Diese Entwicklung wird durch eine gemeinsame europäische Währung fortgesetzt: Die globale Analyse von Branchen und grenzüberschreitenden Branchenportfolios wird zunehmend an Bedeutung gewinnen. Solche Produkte würden gerade auch das seit einigen Jahren verbreitete *Style Investing* vereinfachen,[4] weil sich (erwartete) Renditeunterschiede zwischen Aktien zunehmend über länderspezifische Branchenfaktoren erklären lassen.[5]

Im vorliegenden Beitrag werden die Diversifikationseigenschaften von Branchen- gegenüber Länderportfolios analysiert. Branchenindizes spiegeln Unternehmen der gleichen Branche aus verschiedenen Ländern wider; Länderindizes hingegen enthalten Unternehmen des gleichen Landes, sind aber über verschiedene Branchen diversifiziert. Insbesondere wird hier untersucht, in welchem Ausmaß der Einbezug der Rendite-Risiko-Eigenschaften von Branchen das Diversifikationspotential zwischen Ländern zu verbessern vermag. Ausgangspunkt der Fragestellung ist folgender: Branchenportfolios stellen diversifizierte und bezüglich des Investmentstyles klar positionierbare Länderportfolios dar. Sofern Portfolioentscheidungen auf der Basis einer *begrenzten Anzahl* von Indizes gefällt werden, kann vermutet werden, daß die Diversifikation zwischen Branchenportfolios eine breitere Länderdiversifikation und damit bessere Diversifikationseffekte liefert als die Diversifikation über eine begrenzten Zahl von Länderindizes. Die diesbezüglichen Ergebnisse werden im *vierten* Abschnitt des vorliegenden Beitrags dargestellt. Natürlich stellt sich die Frage, nach welchen Kriterien die Branchen ausgewählt werden. Das gewählte Vorgehen wird im *dritten* Abschnitt vorgestellt, nachdem im *zweiten* Abschnitt die verwendeten Branchen- und Länderindizes und deren Renditen beschrieben wurden. Ein Ausblick wird im *fünften* Abschnitt vorgenommen.

---

2 Siehe Grinold et al. (1989), Beckers et al. (1992) und (1996) oder Heston/ Rouwenhorst (1994) und (1995).
3 Vgl. Longin/ Solnik (1995), Solnik et al. (1996) oder Oertmann (1997) liefern diesbezügliche Evidenz.
4 Zum Style Investing vgl. Paulus (1997).
5 Siehe dazu Beckers et al. (1993).

2. Daten

In Tabelle 1a und 1b finden sich die statistischen Eigenschaften der untersuchten Branchen- und Länderrenditen über die Zeitperiode von Februar 1982 bis März 1997. Sämtliche Renditen sind stetig und in DEM berechnet. Es wird die Industrieklassifikation von *Morgan Stanley Capital International* (MSCI) verwendet.

	durchschn. Rendite in Prozent	Standardabweichung in Prozent	Korrelation mit dem MSCI-Welt	β zum MSCI-Welt
	Branchen			
Bahn & Straße	7.08	22.18	0.80	1.11
Bank	11.02	20.87	0.81	1.06
Chemie	9.96	18.29	0.94	1.06
Dienstleistung	10.28	16.98	0.96	1.01
Elektro	13.11	25.5	0.76	1.21
Energie	6.95	14.93	0.87	0.81
Finanz	10.77	19.58	0.88	1.08
Finanzdienstl.	12.45	28.34	0.80	1.42
Flüge	9.81	22.45	0.68	0.95
Gesundheit	14.9	16.83	0.85	0.89
Getränke & Tabak	16.34	17.48	0.83	0.9
Goldminen	-0.24	35.83	0.34	0.77
Immobilien	7.99	23.17	0.77	1.11
Industrie	8.61	18.95	0.92	1.08
Kapitalausstattung	8.14	18.21	0.94	1.07
Konsumgüter	12.9	15.88	0.94	0.93
Maschinen	5.87	19.94	0.89	1.1
Metall	2.83	27.48	0.63	1.08
Multiindustrie	8.8	19.5	0.88	1.06
Nahrung	13.03	15.13	0.87	0.82
Papier	6.16	20.77	0.84	1.09
Schiffahrt	4.8	22.03	0.74	1.01
Textil	5.06	21.19	0.85	1.12
Tourismus	12.39	20.96	0.87	1.13
Versicherung	10.33	16.53	0.88	0.9
Versorger	6.72	15.02	0.75	0.7
Waren	7.28	19.68	0.88	1.08

Tab. 1a: Deskriptive Statistiken der Branchenindizes[6]

---

[6] Quelle: MSCI-Daten und eigene Berechnungen; Beobachtungsperiode Februar 1982 bis März 1997.

Die höchsten Branchenrenditen findet man in den Bereichen „Getränke und Tabak" (16.3%), „Gesundheit"[7] (14.9%), „Elektro" (13.1%) und „Nahrung" (13.0%), die tiefsten Renditen dagegen in den Bereichen „Schiffahrt" (4.8%), „Metall" (2.8%) und bei den Goldminen (-0.24%). Die höchsten Volatilitäten (annualisierte Standardabweichungen) liegen bei den Goldminen (35.8%), den Finanzdienstleistungen (28.3%) und in der Metallbranche (27.4%), die tiefsten Volatilitäten dagegen bei den Energiewerten (14.9%), in der Versorgungs- (15%), Nahrungsmittel- (15.1%) und der Konsumgüterbranche (15.8%).

	durchschn. Rendite in Prozent	Standardabweichung in Prozent	Korrelation mit dem MSCI-Welt	β zum MSCI-Welt
	Länder			
CH	12.02	16.59	0.68	0.70
D	11.00	19.64	0.51	0.63
F	12.27	20.33	0.65	0.82
JAP	8.23	24.55	0.69	1.06
UK	9.80	19.67	0.76	0.93
USA	10.45	19.26	0.85	1.03
Welt	9.57	16.06	1.00	1.00

Tab. 1b: Deskriptive Statistiken der Länderindizes[8]

Die Korrelationen gegenüber dem globalen Aktienmarktindex variieren beträchtlich zwischen den einzelnen Branchen. Sehr hohe Korrelationswerte findet man im Bereich der Dienstleistungen, der Chemie, der Kapital- und Konsumgüter (über 0.94), während bei den Fluggesellschaften, in der Metallbranche und bei den Goldminen eher tiefe Werte (0.68, 0.63, 0.34) festzustellen sind. Als eigentliche "high beta"-Industrien können die Finanzdienstleistungen (1.42) und die Elektrobranche (1.21) betrachtet werden, während die Versorgungsunternehmen (0.70), die Nahrungsmittel- und Energiewerte (0.82 und 0.81) im Durchschnitt tiefe Betas aufweisen.

---

[7] Der Gesundheitssektor impliziert die Pharma-Branche.
[8] Quelle: MSCI-Daten und eigene Berechnungen; Beobachtungsperiode Februar 1982 bis März 1997.

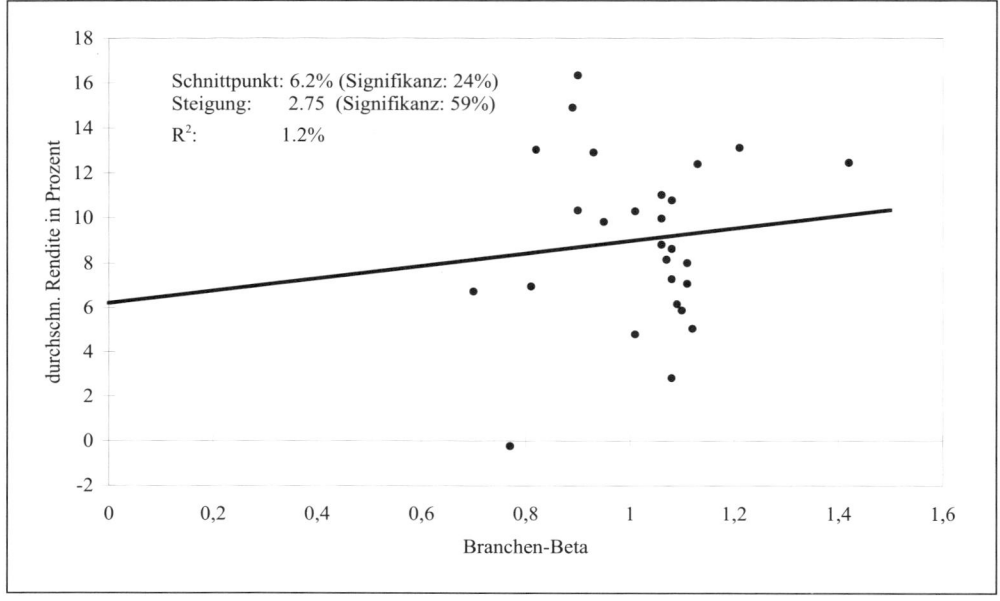

Abb. 2: Querschnittsregression der durchschnittlichen Renditen auf die Branchen-Betas, 2 : 1982 – 3 : 1997

Die Beziehung zwischen den Betakoeffizienten und den durchschnittlichen Renditen findet man in Abbildung 2. Man erkennt einen schwach positiven Zusammenhang. Der Regressionskoeffizient beträgt 2.75%, der R^2-Wert lediglich 1.2%. Man stellt fest, daß die Regressionsergebnisse stark durch die Goldminenwerte "verzerrt" sind. Konkret implizieren die Regressionswerte eine risikolose Rendite von 6.2% (Achsenabschnitt) sowie eine Marktrisikoprämie von 2.75% für das Marktportfolio. Der tiefe R^2-Wert bedeutet hingegen, daß der durch die Regressionsgerade beschriebene Zusammenhang für die einzelnen Industrien kaum repräsentativ ist und tatsächlich liegt kaum eine Industrie *auf* der Regressionsgeraden. Auf alle Fälle erklären die Unterschiede bei den Betas (0.7 bis 1.42) kaum die großen, tatsächlichen Renditeunterschiede zwischen den Branchen (-0.24% bis 16.3%). Bei einer Marktrisikoprämie von 2.75% (die Steigung der Regressionsgeraden) müßten sich aufgrund des Capital Asset Pricing Models (CAPM) die erwarteten Renditeunterschiede zwischen den Branchen im Bereich von lediglich 1.93% bewegen.

In Abbildung 3 findet man zudem die Darstellung der Risiko-Rendite-Charakteristika der einzelnen Branchen und Länder im (μ,σ)-Raum. Es ist interessant, daß die Branchen in beiden Dimensionen, der Durchschnittsrendite und der Standardabweichung der Renditen, eine breitere Querschnittsstreuung als die betrachteten nationalen Aktienmärkte aufweisen. Welches sind die Implikationen für die effiziente Diversifikation internationaler Portfolios?

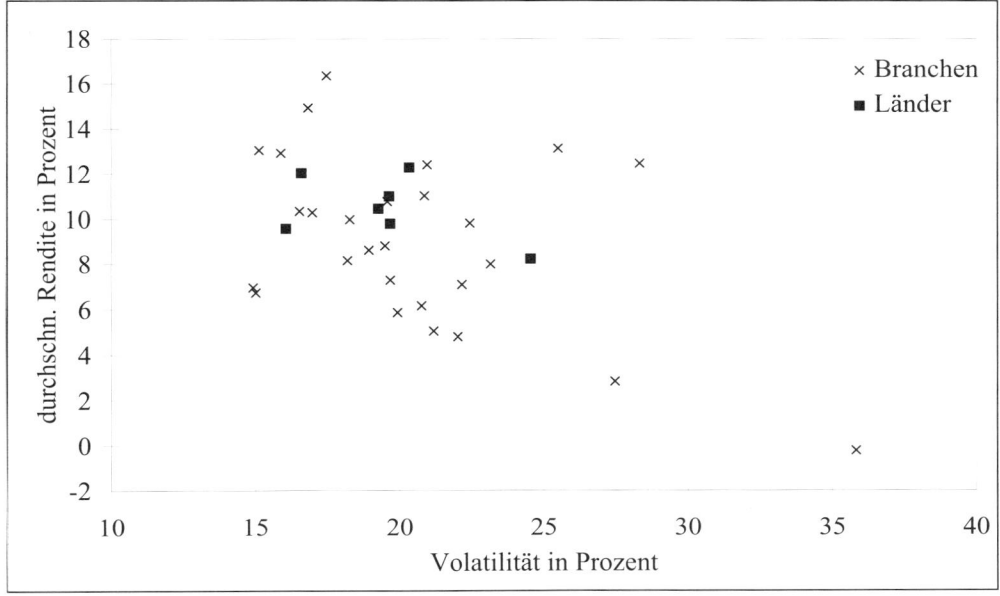

Abb. 3: Volatilitäten und durchschnittliche Renditen von Branchen und Ländern, 2 : 1982 – 3 : 1997

3. Branchenselektion

Die zuvor aufgeworfene Frage hat eine einfache Antwort: Wenn die Branchenindizes dasselbe Titelspektrum abdecken wie die Länderindizes, so ist die Effizienzlinie (*efficient frontier*) aufgrund der Branchen natürlich deckungsgleich mit jener der Länder. Was jedoch untersucht werden soll, ist die Frage, ob durch Diversifikation über eine *beschränkte Anzahl* von Branchen Diversifikationseffekte erreicht werden können, die ebenso gut oder besser sind als jene, welche über die Länder(indizes) möglich sind. Dazu muß ein Verfahren definiert werden, welches eine *à priori*-Selektion von Branchen erlaubt. Das dafür gewählte Vorgehen wird nachfolgend beschrieben. Es muß betont werden, daß es um sich *eine* mögliche Vorgehensweise bei der strategischen Portfolioselektion handelt. Andere Vorgehen sind durchaus denkbar.

Die "Attraktivität" einer Branche im Rahmen einer Diversifikationsstrategie kann auf drei Faktoren zurückgeführt werden: eine hohe erwartete Rendite, eine tiefe Volatilität oder eine tiefe Korrelation gegenüber dem globalen Marktindex. Deshalb werden die Branchen unter diesen drei Gesichtspunkten analysiert und jene ausgewählt, welche unter den einzelnen Kriterien über- resp. unterdurchschnittliche Werte aufweisen. Als Vergleichsbasis zur Definition des "Durchschnitts" werden verwendet:

- für die Durchschnittsrenditen und die Volatilitäten: der MSCI-Weltaktienindex;
- für die Korrelationskoeffizienten gegenüber dem MSCI-Weltindex: die Korrelation zwischen dem MSCI-US-Index und dem MSCI-Weltindex.

Kriterium 1		Kriterium 2		Kriterium 3	
Branchen mit höherer durchschnittlicher Rendite als der MSCI-Welt (9.57)		Branchen mit niedrigerer Volatilität als der MSCI-Welt (16.06)		Branchen mit niedrigerer Korrelation zum MSCI-Welt als der MSCI-USA (0.85)	
Bank	11.02	Energie	14.93	Bahn & Straße	0.80
Chemie	9.96	Konsumgüter	15.88	Bank	0.81
Dienstleistung	10.28	Nahrung	15.13	Elektronik	0.76
Elektro	13.11	Versorger	15.02	Finanzdienstl.	0.80
Finanz	10.77			Flüge	0.68
Finanzdienstl.	12.45			Gesundheit	0.85
Flüge	9.81			Getr. & Tabak	0.83
Gesundheit	14.90			Goldminen	0.34
Getr. & Tabak	16.34			Immobilien	0.77
Konsumgüter	12.90			Metall	0.63
Nahrung	13.03			Papier	0.84
Tourismus	12.39			Schiffahrt	0.74
Versicherung	10.33			Textil	0.85
				Versorger	0.75

Quelle: MSCI-Daten und eigene Berechnungen; Beobachtungsperiode: Februar 1982 bis März 1997.

Tab. 2a: Kriterien der Branchenselektion

Die Resultate sind in Tabelle 2a dargestellt. Es werden 13 Branchen identifiziert, welche in der betrachteten Zeitperiode eine höhere Durchschnittsrendite aufweisen als der globale Aktienindex (9.57%); vier Branchen zeigen eine tiefere Volatilität als der globale Weltindex (16.06%); 14 Branchen weisen eine Korrelation gegenüber dem MSCI-Weltindex auf, welche unter der Korrelation des US-Marktes gegenüber dem Weltindex (0.85) liegt.

	Kriterium 1		
	durchschn. Rendite in Prozent p.a.	t-Statistik	Signifikanzniveau
Bank	11.02	0.46	32%
Elektro	13.11	0.82	21%
Energie	-	-	-
Finanzdienstl.	12.45	0.62	27%
Flüge	9.81	0.06	48%
Gesundheit	14.90	2.27	1%
Getr. & Tabak	16.34	2.69	0%
Goldminen	-	-	-
Konsumgüter	12.90	2.33	1%
Nahrung	13.03	1.72	4%
Versorger	-	-	-
	Kriterium 2		
	Volatilität in Prozent p.a.	F-Statistik	Signifikanzniveau
Bank	-	-	-
Elektro	-	-	-
Energie	14.9	0.64	100%
Finanzdienstl.	-	-	-
Flüge	-	-	-
Gesundheit	-	-	-
Getr. & Tabak	-	-	-
Goldminen	-	-	-
Konsumgüter	15.9	0.60	100%
Nahrung	15.1	0.63	100%
Versorger	15.0	0.64	100%

Fortsetzung Tab. 2b auf der nächsten Seite

	Kriterium 3		
	Korrelation der Branche zum MSCI-Welt	χ^2	α
Bank	0.81	2.60	45.8%
Elektro	0.76	10.04	1.8%
Energie	-	-	-
Finanzdienstl.	0.80	3.97	26.5%
Flüge	0.68	24.75	0.0%
Gesundheit	0.85	0.14	98.6%
Getr. & Tabak	0.83	0.92	82.1%
Goldminen	0.34	90.802	0.0%
Konsumgüter	-	-	-
Nahrung	-	-	-
Versorger	0.75	12.70	1.0%

Quelle: MSCI-Daten und eigene Berechnungen; Beobachtungsperiode: Februar 1982 bis März 1997

Tab. 2b: Statistische Signifikanz der Branchenvorteile

Im nächsten Schritt werden jene Branchen selektiert, welche in mindestens *zwei* der drei Kriterien besser abschneiden als der "Durchschnitt", wobei mindestens eine der Abweichungen (vom Durchschnitt) auf dem 95%-Konfidenzniveau statistisch signifikant ausfallen muß. Die Signifikanz der Durchschnittsrendite wird mit einem *t*-Test überprüft; für die Signifikanz der Volatilität wird ein *F*-Test verwendet. Die Signifikanz der Korrelation wird schließlich aufgrund eines Maximum-Likelihood-Ratio Tests mit einer chiquadratverteilten Teststatistik untersucht; der Test wird im *Anhang* detailliert beschrieben (siehe auch BÜHLER/ ZIMMERMANN (1996)). Die Signifikanzniveaus werden in Tabelle 2b mit dem Parameter α ausgewiesen. Man findet insgesamt 8 Branchen, welche in zwei Kriterien über- resp. unterdurchschnittliche Werte aufweisen. Darunter befinden sich 7 Branchen, bei denen mindestens ein Kriterium statistisch signifikant ausfällt: Elektro, Flüge, Gesundheit, Getränke und Tabak, Konsumgüter, Nahrung und Versorgung. Diese Branchen bilden die Grundlage zur Konstruktion der internationalen Branchenportfolios. Die Portfolios, welche sich aus den Länderindizes aufbauen, beruhen auf sechs Aktienmärkten: USA, Japan, UK, D, F und CH. Es handelt sich, mit Ausnahme von der Schweiz, um die höchstkapitalisierten Märkte.

4. Resultate

Das Hauptergebnis der empirischen Untersuchung ist in Abbildung 4 zu finden. Die Effizienzlinie unter Ausschluß von Leerverkäufen, welche sich aus den sieben vorher selektierten Branchen ergibt, wird der Effizienzlinie gegenübergestellt, welche aus den sechs Länderindizes resultiert. Man stellt fest, daß das Risiko-Rendite-Menu der Branchenportfolios viel attraktiver ausfällt. Man vergleiche dazu die Portfolios *Alpha* (α), *Epsilon* (ε) und *Gamma* (γ). *Alpha* weist bei gleicher Durchschnittsrendite eine um rund 1% tiefere Volatilität als *Epsilon* auf, und *Gamma* zeigt bei gleichem Risiko eine um 2.2% höhere Durchschnittsrendite als *Epsilon*. Dasselbe gilt für die Portfolios *Beta* (β), *Phi* (ϕ) und *Delta* (δ): *Beta* weist bei gleicher Durchschnittsrendite eine um 1.8% tiefere Volatilität als *Phi* auf, und bei *Delta* ist bei gleichem Risiko eine um rund 3% höhere Durchschnittsrendite als bei *Phi* festzustellen. Der Vergleich der Rendite-Risikoeigenschaften dieser Portfolios folgt aus den in Tabelle 3 dargestellten Werten. Zusätzlich findet man hier die konkrete Zusammensetzung der einzelnen Portfolios. *MVP* bezeichnet das globale Minimumvarianzportfolio.

Die Branchenportfolios können in implizite Länderportfolios umgerechnet werden. Die entsprechenden Portfoliostrukturen gehen aus Tabelle 5 hervor; die Umrechnung beruht auf den Ländergewichten der einzelnen Branchenindizes, wie sie in Tabelle 4 ausgewiesen werden. Dabei stellt man fest, daß die Branchenportfolios eine breitere Länderdiversifikation als die Länderportfolios aufweisen. Nicht, daß nur das Vermögen auf zwei zusätzliche Länder resp. Regionen (Schweden, Pacific ex Japan) diversifiziert wird, die Portfolios sind generell "besser" diversifiziert. Während man den schwedischen Aktienmarkt als ganzes wahrscheinlich kaum in die Länderauswahl einbeziehen würde, erreicht man hier über die Investition in die Elektrobranche (d.h. über ABB) eine gewisse Exposure. Dies bedeutet, daß man über eine Auswahl von Branchenindizes implizit eine bessere, d.h. breitere und effizientere Diversfikation der länderspezifischen Faktoren erreicht als über die Auswahl einer begrenzten Anzahl von Märkten.

Ferner stellt man fest, daß die Branchenportfolios eine Länderstruktur aufweisen, die "eher" den Weltkapitalisierungsgewichten entspricht. Da die Kapitalisierung eines Landes eine nicht unerhebliche Rolle bei der Konstruktion adäquater Benchmarks spielt, dürften sich die Branchenportfolios auch aus dieser Sicht für praktische Zwecke besser eignen.

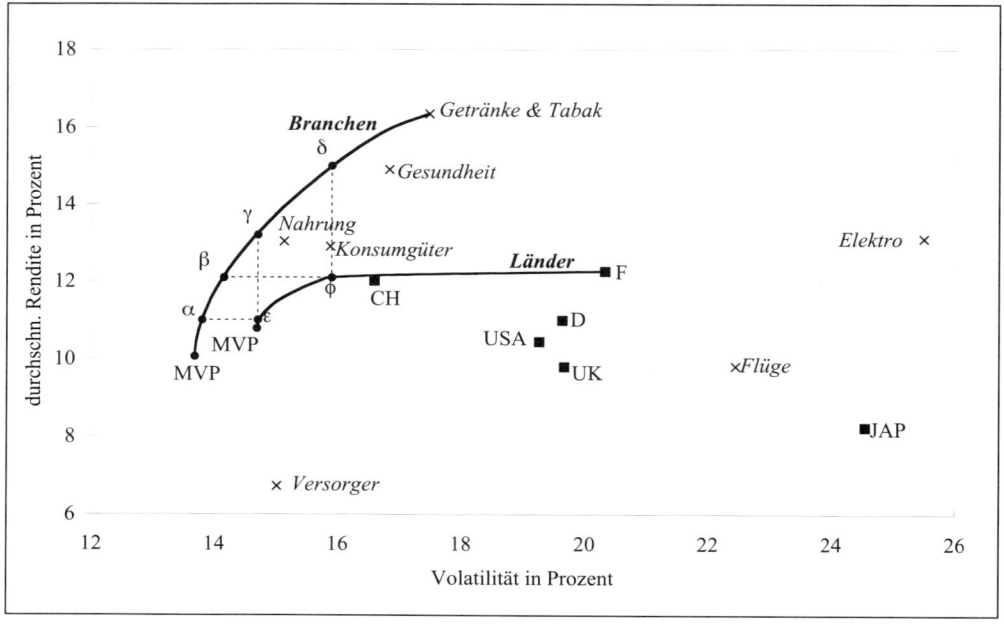

Abb. 4: Effiziente Branchen- und Länderallokationen

	Branchenportfolios						Länderportfolios		
	MVP	α	β	γ	δ		**MVP**	ε	φ
Elektro		17.0				CH	35.0	41.0	68.0
Flüge						D	18.0	15.0	
Gesundheit	11.0		20.0	23.0	27.0	F	6.0	10.0	32.0
Getr. & Tabak		4.0	14.0	26.0	45.0	JAP	17.0	14.0	
Konsumgüter						UK	8.0	5.0	
Nahrung	39.0	40.0	37.0	33.0	27.0	USA	17.0	15.0	
Versorger	50.0	39.0	29.0	18.0	1.0				
durchschn. Rendite	10.1	11.0	12.1	13.2	15.0		10.8	11.0	12.1
Volatilität	13.7	13.8	14.1	14.7	15.9		14.7	14.7	15.9

Quelle: MSCI-Daten und eigene Berechnungen; Beobachtungsperiode: Februar 1982 bis März 1997.

Tab. 3: Portfolio Choice – Portfolioanteile in Prozent

	Elektro	Flüge	Gesundheit	Getr. & Tabak	Konsum	Nahrung	Versorger
CH	3.6	3.0	15.3	0.0	0.0	12.0	0.0
D	10.0	8.0	3.3	1.1	0.0	0.0	12.9
F	10.7	0.0	1.6	0.1	0.6	3.3	0.4
JAP	22.6	10.7	7.3	4.1	69.8	9.1	13.7
UK	6.3	17.3	12.9	5.7	0.9	13.5	9.5
USA	18.2	33.6	56.3	77.1	9.2	50.0	40.6
Schweden	13.7	0.0	2.3	0.4	3.3	0.0	0.0
Pacific ex. Japan	0.8	20.3	0.1	4.3	1.1	1.1	7.2
Summe	85.9	92.9	99.1	92.8	84.9	89.0	84.3

Quelle: Geographical Breakdown of Morgan Stanley Capital International Industry Indices as of April 30 1997, Morgan Stanley & Co. International

Tab. 4: Branchen nach den Aktienmarktkapitalisierungen der Länder in Prozent gewichtet

Es läßt sich deshalb auch vermuten, daß über eine begrenzte Zahl von Branchen ein globaler Index besser nachgebildet werden kann als über eine begrenzte Zahl von Ländern. Dem steht allerdings die praktische Verfügbarkeit eines breiten Spektrums von Branchenprodukten (Derivate, indexierte Fonds) entgegen. Im Zuge der Globalisierung der Finanzmärkte wird eine größere Nachfrage nach solchen Instrumenten entstehen.

	α nach Ländern	ε nach Ländern	β nach Ländern	φ nach Ländern
CH	6.1	41.0	8.0	68.0
D	8.0	15.0	3.8	
F	3.8	10.0	1.7	32.0
JAP	15.1	14.0	9.1	
UK	12.0	5.0	11.6	
USA	48.2	15.0	61.9	
Schweden	2.7		0.6	
Pacific ex. Japan	4.2		3.2	

Quelle: MSCI-Daten und eigene Berechnungen; Beobachtungsperiode: Februar 1982 bis März 1997.

Tab. 5: Implizite Länderportfolios der Branchenportfolios α und β bzw. ε und φ in Prozent

Zusammenfassend zeigen die Ergebnisse folgendes: Eine Diversifikation über ein ausgewähltes Segment von Branchen liefert eine bessere Länderdiversifikation als die Diversifikation über ein begrenztes Segment von Länderindizes. Dieses Ergebnis ist in Anbetracht der Dominanz des Landesfaktors gegenüber den Brancheneinflüssen (siehe Abbildung 1) nicht überraschend. Es ergeben sich auch "realistischere" Portfolios in dem Sinne, daß die impliziten Ländergewichte der Branchenportfolios eher der Weltmarktkapitalisierung entsprechen als die Länderportfolios. Branchendiversifikation erlaubt deshalb die breite Diversifikation eines Portfolios über verschiedene Länder und gleichzeitig ein besseres „Weltmarkt-Tracking" als bei der Länderdiversifikation.

5. Zusammenfassung und Ausblick

Vor der zunehmenden Integration der Finanzmärkte wird die Frage der effizienten Diversifikation von Risiken immer bedeutungsvoller. Die Globalisierung der Güter- und Finanzmärkte führt zu einer stets wachsenden Korrelation zwischen den Wachstumsraten der internationalen Aktienmärkte.[9] Das Entstehen homogener Währungsblöcke wie bspw. in Europa oder Südostasien reduziert das Potential der Diversifikation über nationale Aktienmärkte zunehmend. Diversifikation über *Branchen* dürfte im Zuge dieser Entwicklung an Bedeutung gewinnen. Bereits heute ist das Diversifikationspotential, welches über Branchen offensteht, beträchtlich. Dies wurde im vorliegenden Beitrag anhand einfacher Selektionskriterien illustriert. Es wurden sieben Branchen, welche einen hohen Diversifikationseffekt versprechen, selektiert und mit den Diversifikationsmöglichkeiten, welche sechs hochkapitalisierte Aktienmärkte aufweisen, verglichen. Der Vergleich der Effizienzlinien weist auf ein durchweg attraktiveres Rendite-Risiko-Potential der branchendiversifizierten Portfolios hin; diese ermöglichen eine breitere und effizientere Diversifikation der nationalen Kursbestimmungsfaktoren, welche, gestützt durch eine Vielzahl empirischer Untersuchungen, einen wesentlich größeren Einfluß ausüben als branchenspezifische Faktoren. Die Ergebnisse der vorliegenden Studie deuten darauf hin, daß die Diversifikation über ein ausgewähltes Segment von Branchen eine bessere Länderdiversifikation ermöglicht als die Diversifikation über ein begrenztes Segment von Länderindizes. Die Allgemeingültigkeit dieses Ergebnisses und dessen Stabilität im Zeitablauf ist damit natürlich noch nicht bewiesen. Schließlich muß erwähnt werden, daß die Definition geeigneter Branchen schwieriger und weniger objektiv vorgenommen werden kann als die Definition der nationalen Aktienmärkte. Auf alle Fälle motiviert die vorliegende Untersuchung ein weitergehendes Studium der relativen Bedeutung von branchen- und landesspezifischer Faktoren bei der Preisbildung von Aktien und die sich daraus ergebenden Implikationen für die effiziente Diversifikation der Risiken globaler Portfolios.

---

[9] Siehe Oertmann (1997) und Solnik et al. (1996).

Anhang: Likelihood-Ratio-Test

Im vorliegenden Fall werden die Korrelationen einer Branche und eines Landes zum MSCI-Welt paarweise getestet. Folgende Notation wird verwendet:

ρ_{BW}, ρ_{LW}	Korrelation der Renditen zwischen dem Branchen- bzw. Länderindex und dem MSCI-Welt
$\sigma_B, \sigma_L, \sigma_W$	Volatilität der Renditen der Branche, des Landes bzw. des MSCI-Welt
R_{Bt}, R_{Lt}, R_{Wt}	Rendite der Branche, des Landes bzw. des MSCI-Welt in Periode t
μ_B, μ_L, μ_W	erwartete Rendite der Branche, des Landes bzw. des MSCI-Welt in Periode t
$V_{BW} = \begin{bmatrix} \sigma_B \cdot \sigma_B & \sigma_B \cdot \sigma_W \cdot \rho_{BW} \\ \sigma_B \cdot \sigma_W \cdot \rho_{BW} & \sigma_W \cdot \sigma_W \end{bmatrix}$	Die Kovarianzmatrix zwischen den Renditen der Branche und dem MSCI-Welt
$V_{LW} = \begin{bmatrix} \sigma_L \cdot \sigma_L & \sigma_L \cdot \sigma_W \cdot \rho_{LW} \\ \sigma_L \cdot \sigma_W \cdot \rho_{LW} & \sigma_W \cdot \sigma_W \end{bmatrix}$	Die Kovarianzmatrix zwischen den Renditen des Landes und dem MSCI-Welt

Paarweise werden folgende Hypothesen getestet:

Nullhypothese: $\rho_{\text{Branche,Welt}} = \rho_{\text{Land,Welt}}$ und

Alternativhypothese: $\rho_{\text{Branche,Welt}} < \rho_{\text{Land,Welt}}$.

Ziel des Tests ist die Ablehnung der Nullhypothese. Die Prüfgröße ist der Logarithmus des Likelihood-Quotienten *LR*, wobei der Zähler die gemeinsame Wahrscheinlichkeitsverteilung der Renditen des Branchenindex, des Länderindex und des MSCI-Welt über alle Beobachtungsperioden (die sog. Likelihood-Funktion) unter der Nullhypothese ist. Der Nenner enthält die Likelihood-Funktion der drei Indizes über alle Perioden unter der Alternativhypothese. Im Maximum-Likelihood-Prinzip maximiert man sowohl den Zähler wie auch den Nenner des Bruchs, beim Zähler unter der Restriktion, die durch die Nullhypothese gegeben ist. Für die Korrelationen unter der Alternativhypothese ergeben sich dabei die Maximum-Likelihood- (ML-) Schätzer, wie sie der dritten Spalte in Tabelle 2 zu entnehmen sind. Ein ML-Punktschätzer für eine Korrelation ist ein Standard-Schätzverfahren. Sei $L(.)$ die Likelihood-Funktion in Abhängigkeit von den zu bestimmenden Parametern, dann erhält man den Logarithmus des Likelihood-Quotienten *LLR* aus:

$$LLR \equiv \ln LR = \ln \frac{\max_{\sigma_B, \sigma_L, \sigma_W} L(\sigma_B, \sigma_L, \sigma_W)}{\max_{\sigma_B, \sigma_L, \sigma_W, \rho_{BW}, \rho_{LW}} L(\sigma_B, \sigma_L, \sigma_W, \rho_{BW}, \rho_{LW})}.$$

$-2 \cdot LLR$ folgt einer χ^2- Verteilung mit 3 Freiheitsgraden. Für die Konstruktion der gemeinsamen Wahrscheinlichkeitsverteilung wird angenommen, daß die drei Indizes multivariat normalverteilt sind. Unter dieser Bedingung ist die Wahrscheinlichkeit $f(R_{Bt}, R_{Lt}, R_{Wt})$ des gemeinsamen Auftretens von R_{Bt}, R_{Lt} und R_{Wt} in Periode t:

$$f(R_{Bt}, R_{Lt}, R_{Wt}, \sigma_B, \sigma_L, \sigma_W, \rho_{BW}, \rho_{LW})$$
$$= \frac{\exp\left[-\frac{1}{2}\left(\binom{R_{Bt}}{R_{Wt}} - \binom{\mu_B}{\mu_W}\right)' V_{BW}^{-1} \left(\binom{R_{Bt}}{R_{Wt}} - \binom{\mu_B}{\mu_W}\right)\right]}{2\pi\sqrt{\det V_{BW}}}$$
$$\cdot \frac{\exp\left[-\frac{1}{2}\left(\binom{R_{Lt}}{R_{Wt}} - \binom{\mu L}{\mu_W}\right)' V_{LW}^{-1} \left(\binom{R_{Lt}}{R_{Wt}} - \binom{\mu L}{\mu_W}\right)\right]}{2\pi\sqrt{\det V_{LW}}}.$$

Die zu maximierende Likelihood-Funktion ergibt sich aus der Multiplikation der Likelihood-Funktionen über alle Perioden, so daß man im Fall multivariat normalverteilter Renditen den folgenden log-Likelihood-Quotienten hat (T: letzte Beobachtungsperiode, März 1997):

$$LLR = \max_{\sigma_B, \sigma_L, \sigma_W, \rho_{BW}, \rho_{LW}} \left(\ln \frac{\left[\prod_{t=1}^{T} f(R_{Bt}, R_{Lt}, R_{Wt}, \sigma_B, \sigma_L, \sigma_W, \rho_{BW} = \rho_{LW})\right]}{\left[\prod_{t=1}^{T} f(R_{Bt}, R_{Lt}, R_{Wt}, \sigma_B, \sigma_L, \sigma_W, \rho_{BW}, \rho_{LW})\right]} \right).$$

Durch Berechnung von *LLR* ist eine Aussage darüber möglich, ob sich das Produkt der Likelihood-Funktionen bei gleichen Korrelationen der Branche bzw. des Landes mit dem MSCI-Welt signifikant von dem Produkt der Likelihood-Funktionen bei unterschiedlichen Korrelationen unterscheidet. Die Nullhypothese muß verworfen werden, wenn die Unterscheidung signifikant ist. Dann wäre die Branchenkorrelation niedriger als die Länderkorrelation.

Literaturverzeichnis

Drummen, M./ Zimmermann, H. (Drummen/ Zimmermann, 1992): The structure of European stock returns, in: *Financial Analysts Journal,* Vol. 48, 1992, S. 15-26

Beckers, S./ Grinold, R./ Rudd, A./ Stefek, D. (Beckers et al., 1992): The relative importance of common factors across the European equity markets, in: *Journal of Banking and Finance*, Vol. 16, 1992, S. 75-95.

Beckers, S./ Cummins,/ Woods, (Beckers et al., 1993): The estimation of multiple factor models and their applications: The Swiss equity market, in: *Finanzmarkt und Portfolio Management*, 7. Jg., 1993, S. 24-45.

Beckers, S./ Connor, G./ Curds, R. (Beckers et al., 1996): National versus global influences, in: *Financial Analysts Journal*, Vol. 52, 1996, March-April, S. 31-39.

Bühler, A./ Zimmermann, H. (Bühler/ Zimmermann, 1996): A statistical analysis of the term structure of interest rates in Switzerland and Germany, in: *Journal of Fixed Income*, Vol. 6, 1996, December, S. 55-67.

Grinold, R./ Rudd, A./ Stefek, D. (Grinold et al., 1989): Global factors: Fact or fiction, in: *Journal of Portfolio Management*, Vol. 16, 1989, Fall, S. 79-88.

Heston, S./ Rouwenhorst, G. (Heston/ Rouwenhorst, 1994): Does industrial structure explain the benefits of international diversification?, in: *Journal of Financial Economics*, Vol. 36, 1994, S. 3-27.

Heston, S./ Rouwenhorst, G. (Heston/ Rouwenhorst, 1995): Industry and country effects in international stock returns, in: *Journal of Portfolio Management*, Vol. 22, 1995, Spring, S. 53-58.

Longin, F./ Solnik, B. (Longin/ Solnik, 1995): Is the correlation in international equity returns constant: 1960-1990?, in: *Journal of International Money and Finance*, Vol. 14, 1995, S. 3-26.

Oertmann, P. (Oertmann, 1997): *Global risk premia on international stock and bond markets*, 1997.

Paulus, H. (Paulus, 1997): *Style-Investing auf europäischen Aktienmärkten*, Bad Soden/ Taunus 1997.

Roll, R. (Roll, 1992): Industrial structure and the comparative behavior of international stock market indexes, in: *Journal of Finance*, Vol. 47, 1992, S. 3-42.

Solnik, B. (Solnik, 1996): *International investments*, 3rd ed., Reading et al. 1996.

Solnik, B./ Boucrelle, C./ Le Fur, Y. (Solnik et al., 1996): *International Market Correlation and Volatility*, in: *Financial Analysts Journal*, Vol. 52, 1996, September-October, S. 17-34.

Teil IX

Performance-Messung und Leistungsbeurteilung

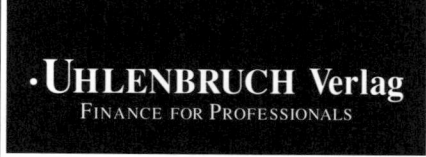

Schriftenreihe Portfoliomanagement

- Neue Ideen für Ihr Wertpapiermanagement
- Innovative Problemlösungen praxisrelevanter Fragestellungen
- Intensiver Wissenstransfer zwischen Forschung und Praxis
- Effiziente Unterstützung Ihrer Weiterbildung
- Referenz- und Nachschlagewerke für Professionals
- Neueste Entwicklungen im Bereich des Portfoliomanagements

Bisher erschienen:

Band 1: DER ANLAGEERFOLG DES MINIMUM-VARIANZ-PORTFOLIOS
von Jochen M. Kleeberg, *333 Seiten, 1995 (2. Aufl.)*

Band 2: MESSUNG UND ANALYSE DER PERFORMANCE VON WERTPAPIERPORTFOLIOS
von Carsten Wittrock, *624 Seiten, 1996 (2. Aufl.)*

Band 3: ANALYSE UND PROGNOSE VON FINANZMÄRKTEN
von Thorsten Poddig, *ca. 400 Seiten, 1998 (2. Aufl.)*

Band 4: DIE MODERNE PORTFOLIOTHEORIE IM PRAKTISCHEN WERTPAPIERMANAGEMENT
von Andreas Schmidt-von Rhein, *576 Seiten, 1996*

Band 5: LEISTUNGSORIENTIERTE ENTLOHNUNG VON PORTFOLIOMANAGERN
von Gitta Raulin, *428 Seiten, 1996*

Band 6: STYLE-INVESTING AUF EUROPÄISCHEN AKTIENMÄRKTEN
von Helmut Paulus, *224 Seiten, 1997*

Band 7: SCHÄTZUNG UND PROGNOSE VON BETAWERTEN
von Peter Zimmermann, *462 Seiten, 1997*

Band 8: PROGNOSE VON AKTIENRENDITEN UND -RISIKEN MIT MEHRFAKTORENMODELLEN
von Martin Wallmeier, *411 Seiten, 1997*

Band 9: AKTIVES MANAGEMENT VON AKTIENPORTFOLIOS
von Christian Schlenger, *630 Seiten, 1998*

Bitte richten Sie Ihre Bestellung zum Preis von DM 248.- pro Band direkt an:

Uhlenbruch Verlag, Finance for Professionals, Villa Epting,
Oranienstr. 13, D-65812 Bad Soden/Ts.
Tel.: +49 (0) 6196 / 6 51 53 30, FAX: +49 (0) 6196 / 6 51 53 55

Moderne Verfahren der Performancemessung

von Carsten Wittrock

1. Einleitung
2. Externe und interne Performancemessung
3. Anlagerendite und Risiko als zentrale Bestandteile der Performancemessung
4. Determinanten des Anlageerfolges
5. Bestimmung der Benchmark
6. Methodische Ansätze zur Performancemessung im Überblick
7. Externe Performancemessung
8. Analyse des Investmentstils
9. Interne Performancemessung
10. Empirische Untersuchungen zur Robustheit der Maße
11. Schlußbetrachtung

1. Einleitung

Die Schwierigkeit der Leistungsmessung von Portfoliomanagern besteht darin, daß die Rendite eines Portfolios nicht nur durch dessen Fähigkeiten, sondern insbesondere auch durch die Entwicklung der Finanzmärkte und damit durch Zufallseinflüsse determiniert wird. Infolgedessen informiert die Portfoliorendite den Investor zwar über das absolute Ergebnis seiner Kapitalanlage, ermöglicht jedoch noch keine unmittelbare Beurteilung der Managementleistung. Dafür ist zunächst die Einbeziehung des zur Erwirtschaftung der Rendite eingegangenen Risikos notwendig. Weiterhin gilt es, die Portfoliorendite zu einer Referenzgröße, der sogenannten Benchmark, in Beziehung zu setzen. Als Performance ist dann die leistungsbedingte Differenz der Renditen eines Portfolios und einer Benchmark bei gleichem Risiko anzusehen. Die Performance bezeichnet somit den Teil der Rendite, welcher sich nicht im Rahmen einer auf öffentlichen Informationen beruhenden passiven Strategie nachbilden läßt. Die Performance kann somit nur dann positiv ausfallen, wenn Ineffizienzen auf den Kapitalmärkten durch die Manager aufgrund von Informationsvorteilen in eine entsprechende Überrendite gegenüber der Benchmark umgesetzt werden können.

Die Benchmark ist im Regelfall ein Anhaltspunkt für den Portfoliomanager, der die konkrete Umsetzung der Anlagepolitik entweder im Rahmen passiven Managements durch Tracking der Benchmark umsetzt oder auf der Basis privater Informationen versucht, in Antizipation erwarteter Kurskorrekturen eine gegenüber der Benchmark überdurchschnittliche Rendite zu erzielen. Sie stellt gleichzeitig den Vergleichsmaßstab dar, an dem die Beurteilung der Managementleistungen erfolgt.

2. Externe und interne Performancemessung

In Abhängigkeit von den Interessenten der Performancemessung ist eine externe und eine interne Performancemessung zu unterscheiden. Die externe Performancemessung erfolgt aus der Sicht von Investoren, deren Ziel es ist, mit Hilfe der Performancemessung Rückschlüsse auf die Qualität der Fondsmanager zu ziehen. Neben der Kontrolle des Anlageerfolges dient die Performancemessung darüber hinaus der Einschätzung, ob die für das professionelle Management zu zahlende Provision Berechtigung besitzt.

Die interne Performanceanalyse erfolgt dagegen aus der Sicht der Kapitalanlagegesellschaften bzw. Fondsgesellschaften, womit sowohl die Geschäftsführung als auch die Portfoliomanager angesprochen sind. Aufgrund des in der Regel direkten Kontakts zu den Fondsgesellschaften lassen sich dem Adressaten der internen Performanceanalyse auch ein Großteil der institutionellen Anleger zuordnen, deren Vermögen zunehmend über Spezial- und Pensionsfonds verwaltet wird. Dasselbe gilt für Performancemessungsgesellschaften, die als Intermediäre zwischen institutionellen Anlegern und Fondsgesellschaften eine unabhängige Analyse gewährleisten und zur Erfüllung ihrer Aufgaben auf interne Daten über die Transaktionen der Fonds zurückgreifen können.

Insbesondere im internen Bereich geht die Performancemessung in der Regel weit über die reine Leistungsmessung hinaus. Dabei ist vor allem die Zerlegung des Ertrages im Sinne einer Erfolgsquellenanalyse relevant (Performanceattribution). Daneben gewinnt die Risikoanalyse sowie die Identifikation des Anlagestils an Bedeutung, die dann wichtig ist, wenn Fonds nur einen Bestandteil eines umfassenderen Portfolios darstellen. Die Kenntnis der Risikostrukturen und der Anlagepolitik ermöglicht einen gezielten Ausgleich verschiedener Risiken innerhalb des Gesamtportfolios.

Mit der Differenzierung in interne und externe Performancemessung ist gleichzeitig eine Unterscheidung der verschiedenen Verfahren hinsichtlich ihrer Anforderungen an die Datenverfügbarkeit verbunden. Während im Rahmen der externen Messung in der Regel lediglich die Renditen der Portfolios über eine bestimmte Periode vorliegen, sind im internen Bereich auch Methoden einsetzbar, die die Kenntnis der Portfoliostrukturen, -gewichte und -umschichtungen erfordern. Darüber hinaus ist die Auswahl einer Benchmark, mit Hilfe derer sowohl eine Transformation der Risikopräferenzen des Investors erfolgt als auch eine Grundlage zur Beurteilung der Leistungen des aktiven Managements geschaffen wird, im Rahmen der internen Performanceanalyse weit weniger problematisch als bei einer externen Perspektive. So wird im Rahmen der internen Performanceanalyse aufgrund der engen Kommunikationsintensität zwischen dem Auftraggeber und der Fondsverwaltung einerseits sowie der Fondsverwaltung und dem Manager andererseits die langfristige Asset Allocation durch die explizite Formulierung und Konstruktion der Benchmark vorab festgelegt. Anhand dieser werden die Leistungen der Manager beurteilt. Dadurch ist der institutionelle Anleger, der für die unter seiner Mitwirkung festgelegte strategische Asset Allocation selbst verantwortlich ist, in der Lage, neben einer partiellen Analyse der Leistung einzelner Manager auch seinen Erfolg bei der Umsetzung der langfristigen Anlagestrategie zu beurteilen.

Sowohl im internen als auch besonders im externen Bereich ist im Interesse der Vergleichbarkeit der Ergebnisanalysen miteinander konkurrierender Fonds eine Standardisierung erforderlich, die auch die Kategorisierung der Fonds bezüglich ihrer Anlagepolitik miteinschließt. Vor diesem Hintergrund sind die in verschiedenen Ländern erarbeiteten Performance Presentation Standards zu sehen, mit denen das Ziel einer fairen, objektiven und vergleichbaren Darstellung von Anlageresultaten nach außen verfolgt wird.[1]

---

[1] So werden den Mitgliedern der Association for Investment Management and Research (AIMR) in den USA seit dem 01.01.1993 bestimmte Standards für die Präsentation ihrer Performancezahlen nahegelegt; vgl. AIMR (1996). In Deutschland werden ähnliche Regelungen durch die Anfang 1997 gegründete DVFA-Kommission entwickelt.

3. Anlagerendite und Risiko als zentrale Bestandteile der Performancemessung

Ausgangspunkt für die Performancemessung ist die Berechnung der Rendite über eine bestimmte Zeitperiode. Die zugrunde liegende Renditedefinition richtet sich nach der jeweiligen Zielsetzung im Rahmen der Erfolgsbeurteilung. Dabei ist insbesondere wichtig, daß nur die Rendite erfaßt bzw. berechnet wird, die durch das Management beeinflußt werden kann und somit in dessen Verantwortungsbereich liegt. In diesem Zusammenhang dürfen solche Kapitalzuflüsse und -abflüsse nicht berücksichtigt werden, auf die der Portfoliomanager keinen Einfluß hat. Aufgrund des gesetzlich verankerten Open-end-Prinzips (§ 11 II KAGG) sind alle Manager der in Deutschland aufgelegten Investmentfonds nicht für die Höhe und den Zeitpunkt von Zu- und Abflüssen verantwortlich.

Während bei der Berechnung der wertgewichteten Methode, die dem internen Zinssatz in der Investitionsrechnung entspricht, die zwischenzeitlichen Ein- und Auszahlungen in die Ertragsermittlung eingehen, indem diese auf den Ausgangswert abgezinst werden (sog. Money Weighted Rate of Return), wird bei der zeitgewichteten Methode (sog. Time Weighted Rate of Return) die Gesamtperiode in Teilperioden zerlegt, deren Länge und Anzahl von den auftretenden Mittelzuflüssen und -abflüssen bestimmt werden.[2] Die Gesamtrendite über alle Subperioden ergibt sich dann über die Bildung des geometrischen Mittels gemäß der Formel

$$(1) \quad r^{time} = \prod_{t=1}^{T} (MWE_t / MWB_t) - 1,$$

mit: r^{time} = Time Weighted Rate of Return,

MWE_t = Portfoliowert am Ende der Teilperiode t vor anfallenden Cash Flows in der Periode,

MWB_t = Portfoliowert zu Beginn der Teilperiode t inklusive der Cash Flows am Ende der vorangehenden Teilperiode.

Die zeitgewichtete Rendite kann als ein mit der Zeit gewichteter Durchschnitt der internen Renditen der Unterperioden interpretiert werden. Die durch Kapitalbewegungen verursachten Effekte auf die Rendite werden bei diesem Verfahren im Gegensatz zur kapitalgewichteten Methode eliminiert. Dies ist dann sinnvoll, wenn die Kapitalbewegungen exogen durch den Investor vorgegeben werden. Dagegen sind durch das Management beeinflußte Cash Flows bei der Messung zu berücksichtigen und der Leistung des Managers zuzurechnen. Dies kann z.B. bei einer Beratung von Privatkunden durch Vermögensverwalter der Fall sein, wenn letztere in einer bestimmten Börsenphase zu einem verstärkten kapitalmäßigen Engagement am Kapitalmarkt raten. In diesem Fall wäre die wertgewichtete Methode der zeitgewichteten vorzuziehen.

---

[2] Vgl. BAI (1968).

Die externe Performancemessung erfolgt in der Regel auf der Grundlage der von den Publikumsfonds täglich zu veröffentlichenden Fondszertifikatspreise im Rahmen der Anteilsrechnung, die grundsätzlich zu den gleichen Ergebnissen führt wie die zeitgewichtete Renditeberechnung, weil die Mittelzuflüsse und -abflüsse den Inventarwert des einzelnen Fondszertifikates nicht verändern und insofern keinen Einfluß auf die Rendite haben.

Die unterschiedlichen Implikationen beider Renditeberechnungsmethoden sind an einem einfachen Beispiel leicht nachzuvollziehen.[3] Angenommen, zwei Portfoliomanager investieren am Jahresanfang 1997 ihr jeweiliges gesamtes Portfoliovermögen in den Marktindex, der im ersten Halbjahr 20% an Wert gewinnt und anschließend bis zum Jahresende 5 Prozentpunkte des Gewinns wieder einbüßt. Bei Manager A erfolgt nach einem halben Jahr ein Mittelzufluß, während Manager B einen Mittelabfluß hinzunehmen hat. Die Berechnung der wertgewichteten Rendite ergibt folgende Beurteilung, die in Abb. 1 dargestellt ist.

Datum:	Marktwert A:	Einzahlung A:	Marktwert B:	Auszahlung B:
01.01.1997	1.000,- DM		1.000,- DM	
30.06.1997	1.200,- DM		1.200,- DM	
01.07.1997	1.700,- DM	500,- DM	700,- DM	-500,- DM
31.12.1997	1.629,16 DM		670,83 DM	

$$A: \quad 0 = -1.000,-DM + \frac{-500,-DM}{(1+r_A)^{0,5}} + \frac{1.629,16\,DM}{(1+r_A)^1} \rightarrow r_A = 10.38\%$$

$$B: \quad 0 = -1.000,-DM + \frac{500,-DM}{(1+r_B)^{0,5}} + \frac{670,83\,DM}{(1+r_B)^1} \rightarrow r_B = 22.4\%$$

Abb. 1: Berechnung der wertgewichteten Rendite

Wie zu erkennen ist, wird dem Manager B auf der Basis der wertgewichteten Methode ein besseres Ergebnis zugewiesen, obwohl beide Manager vollständig in den Marktindex investiert waren und keinerlei Aktivitäten zu beobachten waren. Demgegenüber werden beide Manager auf der Basis der zeitgewichteten Rendite gleich beurteilt, wie in der folgenden Abbildung zu erkennen ist, in der die zeitgewichtete Rendite sowohl nach der Formel als auch nach der Anteilswertmethode berechnet wird.

---

[3] Vgl. auch Steiner/ Bruns (1994), S. 442 ff.

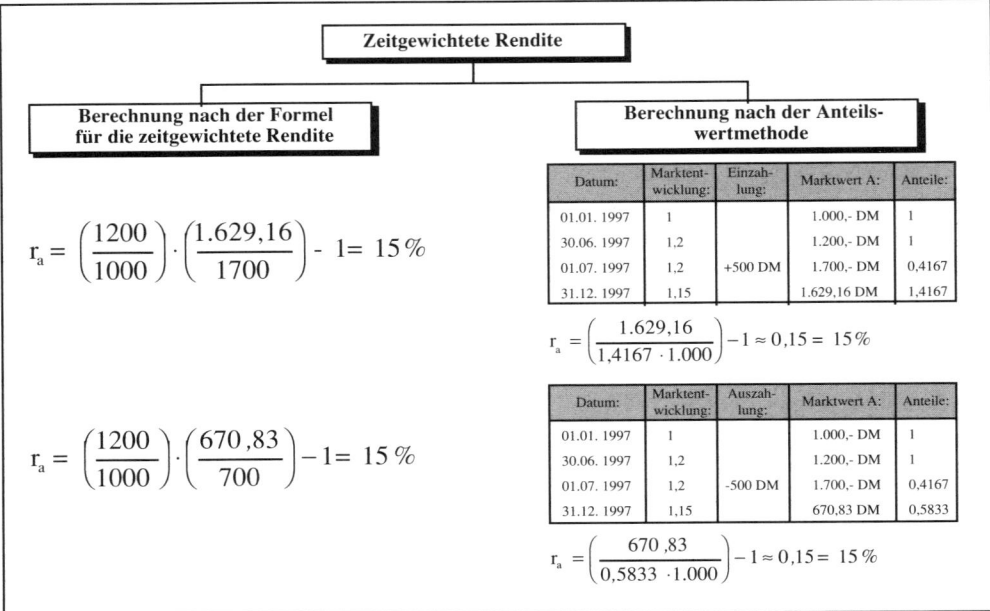

Abb. 2: Berechnung der zeitgewichteten Rendite

Für eine exakte Berechnung der zeitgewichteten Rendite ist die Kenntnis der Mittelzuflüsse und -abflüsse, ihrer Zeitpunkte und der Depotwert zu den entsprechenden Zeitpunkten erforderlich. Obwohl diese Daten im Rahmen der internen Performancemessung grundsätzlich verfügbar sind, werden in der Praxis aufgrund des damit verbundenen Erhebungsaufwands Näherungsverfahren eingesetzt. So lassen die AIMR Performance Presentation Standards beispielsweise eine Approximation der zeitgewichteten Rendite nach zwei verschiedenen Varianten zu. Die modifizierte BAI-Methode (Bank Administration Institute) entspricht dabei der Ermittlung der internen Rendite innerhalb der festgelegten Periode, die dann multiplikativ miteinander verknüpft werden, während das modifizierte Dietz-Verfahren eine zeitbezogene Gewichtung intraperiodischer Cash Flows vornimmt. Eine Marktbewertung des gesamten Portfolios wird in beiden Fällen unabhängig vom Anfall der Cash Flows, z.B. vierteljährlich, vorgenommen.[4]

Jede Investition wird grundsätzlich von den Determinanten 'Ertrag' und 'Risiko' bestimmt. Bei einer Beurteilung von Wertpapierportfolios allein über die realisierten Renditen würden zwei Portfolios mit identischen Erträgen, aber unterschiedlich hohen Risiken gleich bewertet. Die Sicherheit der Kapitalanlage ist jedoch ein wichtiges Element des Zielsystems der Anleger und kommt auch im Grundsatz der Risikomischung von Investmentfonds zum Ausdruck. Um Portfolios mit unterschiedli-

---

[4] Vgl. Dietz (1966). Eine ausführliche Analyse von Verfahren zur Approximation zeitgewichteter Renditen findet sich bei Stucki (1988).

chem Risiko sowohl untereinander als auch mit einer ex ante definierten Benchmark vergleichen zu können bzw., um eine gerechte Beurteilung der Leistungen der verantwortlichen Manager zu ermöglichen, muß die Rendite daher mit dem relevanten Risiko adjustiert werden. Bei der Berücksichtigung des Risikos wird davon ausgegangen, daß der Kapitalmarkt von risikoscheuen Anlegern dominiert wird, die nur dann ein höheres Risiko eingehen, wenn damit eine höhere erwartete Rendite verbunden ist.

Die aufgrund ihrer Anwendung in der Kapitalmarkttheorie dominierenden Risikomaße für Kapitalanlagen sind die Volatilität als Maß für das Gesamtrisiko und der Betafaktor bzw. Faktorbetas als Maße für das systematische Risiko. Daneben werden mit der Semivarianz und den Lower Partial Moments auch asymmetrische Risikomaße diskutiert, die dem intuitiven Risikobegriff von Anlegern eher entsprechen, da sie im Gegensatz zur Standardabweichung bzw. Volatilität lediglich die negativen Abweichungen vom Erwartungswert der Renditen bzw. von einer vorher festgelegten Mindestrendite berücksichtigen.[5] Bestehende Zweifel an der Normalverteilung der Renditen sowie die Kritik an der bei einer beliebigen Verteilung erforderlichen Annahme einer quadratischen Nutzenfunktion der Anleger, von deren Vorliegen die sinnvolle Anwendung des μ/σ-Prinzips erst gerechtfertigt ist, führten zudem zum Einbezug höherer, die Verteilung charakterisierender Momente. Sie determinieren das Risiko zusätzlich zum Erwartungswert und zur Varianz.[6] Das dritte Moment einer Verteilung zeigt z.B. die Schiefe einer Verteilung an. Schließlich ist die Berücksichtigung der gesamten Wahrscheinlichkeitsverteilung der Wertpapier- respektive Wertpapierportfoliorenditen möglich.[7] In diesem Fall sind bei der Beurteilung der Portfolios die Kriterien der Stochastischen Dominanz heranzuziehen.[8]

Sämtlichen alternativen Verfahren ist der Vorteil eines größeren Informationsgewinnes im Vergleich zur Volatilität und dem Betafaktor gemeinsam, sofern die Renditen von einer Normalverteilung abweichen. Darüber hinaus liegen ihnen geringere Anforderungen an die Nutzenfunktionen der Investoren zugrunde. Der Nachteil dieser Verfahren ist in den aufwendigen Berechnungen zu sehen, deren Verhältnismäßigkeit bei Vorliegen einer annähernden Normalverteilung der Renditen zweifelhaft erscheint. Dies ist ein Grund, warum sich die Performancemessung hauptsächlich der klassischen Risikomaße bedient.

---

[5] Vgl. Markowitz (1959), Bawa (1975) sowie Harlow (1991).
[6] Vgl. Kraus/ Litzenberger (1976) und Arditti (1971).
[7] Vgl. Bawa (1982). Eine ausführliche Beschreibung verschiedener Risikomeßverfahren findet sich bei Wittrock (1996), S. 27 ff.
[8] Für eine Anwendung der Stochastischen Dominanzkriterien auf deutsche Fonds vgl. Wittrock/ Steiner (1995) sowie Wittrock (1996), S. 371 ff.

4. Determinanten des Anlageerfolges

Der Ertrag aktiv verwalteter Portfolios kommt auf verschiedene Art und Weise zustande. Das Ziel der Performancemessung besteht darin, die auf bestimmte Fähigkeiten der Manager zurückzuführenden Bestandteile der Rendite zu identifizieren und insbesondere von zufälligen Ergebnissen abzugrenzen. Die Erzielung eines überdurchschnittlichen Erfolges setzt dabei systematische Informationsvorteile des Portfoliomanagers sowie ihre richtige Ausnutzung durch entsprechende Transaktionen voraus. Mögliche Informationsvorteile beruhen zum einen auf Selektions- und zum anderen auf Timinginformationen. Daher werden die Fähigkeiten von Managern gemeinhin in die Komponenten 'Selektionsfähigkeit' (Selektivität, Selectivity) und 'Timingfähigkeit' (Market Timing) zerlegt.[9] Erstere bezieht sich auf die Fähigkeit, unter- bzw. überbewertete Wertpapiere zu identifizieren. Im Kontext des Capital Asset Pricing Model (CAPM) bedeutet dies, Wertpapiere mit einer erwarteten Rendite ober- oder unterhalb der Wertpapierlinie auszumachen.[10] Dabei müssen sich die privaten Informationen später in den Kursen der Wertpapiere auch widerspiegeln. Manager mit Timingfähigkeiten versuchen dagegen durch Prognosen der Gesamtmarktentwicklung Überrenditen zu erzielen, indem sie die Portfoliostruktur bezüglich des Risikoexposures entsprechend ausrichten. Im Rahmen des CAPM bedeutet dies die richtige Antizipation der Entwicklung des Marktportfolios i.V.m. einer Erhöhung bzw. Senkung des Portfoliobetas. Zusammenfassend läßt sich die Portfoliorendite eines aktiv verwalteten Portfolios wie in der folgenden Abbildung dargestellt zerlegen.

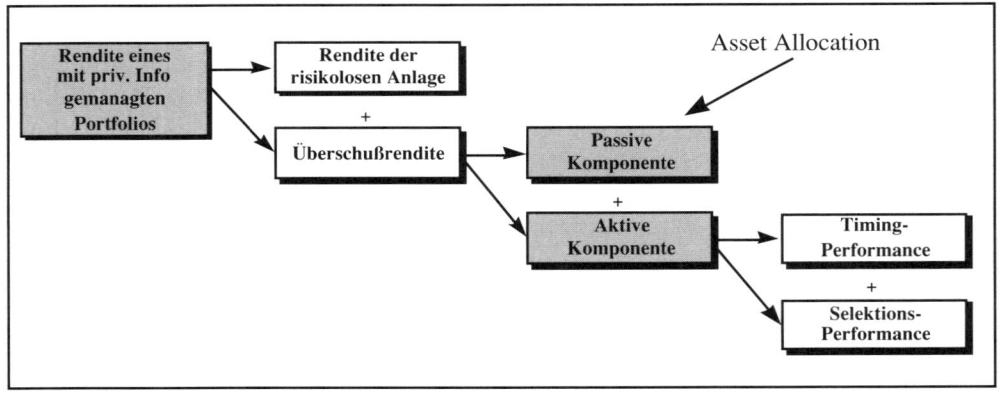

Abb. 3: Zerlegung der Portfoliorendite

---

[9] Vgl. Fama (1972).
[10] Im Rahmen des CAPM sind Abweichungen von der Wertpapierlinie grundsätzlich zwar nicht möglich, unterstellt man jedoch Informationsasymmetrien zwischen den Marktteilnehmern, können private Informationen dann umgesetzt werden, wenn die Anzahl der informierten Investoren im Verhältnis zur Gesamtzahl der Investoren infinitesimal klein ist. Dann ist gewährleistet, daß die Gleichgewichtspreise durch ihre Transaktionen nicht beeinflußt werden. Vgl. dazu ausführlich Wittrock (1996), S. 60 f.

Eine formale Darstellung macht deutlich, wie die Selektions- und Timingperformance zustande kommt.[11] Die Überschußrendite (Rendite abzüglich der risikolosen Verzinsung) eines Wertpapiers i, $\tilde{r}_{it}$, kann in Relation zur Überschußrendite eines μ/σ-effizienten Benchmarkportfolios E dargestellt werden mit[12]

(2) $\quad \tilde{r}_{it} \;=\; \beta_i \cdot \tilde{r}_{Et} + \tilde{\varepsilon}_{it},$

wobei: $\beta_i = \dfrac{Cov(\tilde{r}_{it}; \tilde{r}_{Et})}{\sigma_E^2}$.

Die Überschußrendite eines Portfolios P, die sich aus der Summe der mit den Anteilen $\tilde{x}_i$ gewichteten Überschußrenditen der N im Portfolio befindlichen Wertpapiere gemäß der Gleichung

(3) $\quad \tilde{r}_{Pt} \;=\; \sum_{i=1}^{N} \tilde{x}_{it} \tilde{r}_{it} ,$

mit: $\tilde{x}_{it}$ = Anteil des in Periode t in Wertpapier i investierten Vermögens,

ergibt, läßt sich mit Hilfe der Überschußrenditen des μ/σ-effizienten Portfolios darstellen als

(4) $\quad \tilde{r}_{Pt} \;=\; \tilde{\beta}_{Pt} \cdot \tilde{r}_{Et} + \tilde{\varepsilon}_{Pt} .$

Das Portfoliobeta ergibt sich zufällig, weil es von den zufälligen Anteilen der im Portfolio befindlichen Wertpapiere abhängig ist. Die Portfolioanteile der Wertpapiere in Periode t ergeben sich als Reaktion auf private Informationen der Manager in t, so daß die zukünftigen Portfoliogewichte vom Zeitpunkt t aus gesehen ebenfalls zufällig sind. Das Portfoliobeta ergibt sich somit als

(5) $\quad \tilde{\beta}_{Pt} \;=\; \sum_{i=1}^{N} \beta_i \cdot \tilde{x}_{it} ,$

und die unsystematische Renditekomponente des Portfolios, die für einen uninformierten Investor einen Erwartungswert von Null besitzt, setzt sich zusammen aus

(6) $\quad \tilde{\varepsilon}_{Pt} \;=\; \sum_{i=1}^{N} \tilde{\varepsilon}_{it} \cdot \tilde{x}_{it} .$

Selektionsfähigkeiten liegen nun vor, wenn der Investor bei gegebener Selektionsinformation in mindestens einer Periode für mindestens ein Wertpapier eine von Null abweichende, unsystematische Renditekomponente erwartet. Formal ergibt sich die Selektionsfähigkeit somit genau dann, wenn für mindestens ein Wertpapier i in mindestens einer Periode t

---

[11] Vgl. zu den folgenden Ausführungen Grinblatt/ Titman (1989), S. 396 f.
[12] Die Tilden kennzeichnen Zufallsvariablen. Statt des relativ effizienten Benchmarkportfolios wäre im theoretischen Kontext des CAPM grundsätzlich das Marktportfolio relevant, das aber in der Realität nicht zu beobachten ist.

(7) $E(\tilde{\varepsilon}_{it}|\phi_t) \neq 0$,

mit: $E(\tilde{\varepsilon}_{it}|\phi_t)$ = erwarteter Wert des Residuums in Abhängigkeit der privaten Information ϕ zum Zeitpunkt t,

gilt.

Ein Investor besitzt Timinginformationen, wenn er in mindestens einer Anlageperiode eine vom Durchschnittswert des Benchmarkportfolios abweichende Rendite erwartet.[13] Die erwartete Rendite des Benchmarkportfolios weicht somit von derjenigen ab, die unter alleiniger Verwendung der kursbestimmenden öffentlichen Informationen erwartet wird. In diesem Fall wird der Manager das Portfoliobeta entsprechend erhöhen bzw. verringern. Formal ausgedrückt besitzt ein Manager dann Timingfähigkeiten, wenn für mindestens eine Periode t gilt:

(8) $E(\tilde{r}_{Et}|\phi_t) \neq E(\bar{r}_E)$,

mit: $E(\tilde{r}_{Et}|\phi_t)$ = erwartete Überschußrendite des Benchmarkportfolios in Abhängigkeit der privaten Information ϕ zum Zeitpunkt t;
$E(\bar{r}_E)$ = erwartete durchschnittliche Überschußrendite des Benchmarkportfolios.

Vor dem Hintergrund dieser Definitionen läßt sich die durchschnittliche Portfolioüberschußrendite eines aktiv verwalteten Portfolios darstellen mit

(9) $\bar{r}_P = \underbrace{\bar{\beta}_P \bar{r}_E}_{\text{passive Komponente}} + \underbrace{\frac{1}{T}\sum_{t=1}^{T}\tilde{b}_{Pt}(\tilde{r}_{Et} - \bar{r}_E)}_{\text{Timing-Komponente}} + \underbrace{\bar{e}_P}_{\substack{\text{Selektions-} \\ \text{Komponente}}}$,

aktive informationsbedingte Performance

wobei erfolgreiches Timing dann vorliegt, wenn der Manager im Fall überdurchschnittlicher Überschußrenditen der Benchmark ($\tilde{r}_{Et} > \bar{r}_E$) ein überdurchschnittliches Portfoliobeta ($\tilde{\beta}_{Pt} > \bar{\beta}_P$) aufbaut bzw. vor Phasen mit einer unterdurchschnittlichen Überschußrendite des Benchmarkportfolios das Portfoliobeta entsprechend reduziert. In diesem Fall ist die Timingkomponente in obiger Gleichung positiv und deutet auf Timingfähigkeiten hin. Liegen keine Timingfähigkeiten vor, nimmt die Timingkomponente dagegen einen Wert von null an, da in diesem Fall gilt: $\bar{\beta}_P = \tilde{\beta}_{Pt} \forall t$, so daß

(10) $\frac{1}{T}\bar{\beta}_P \sum_{t=1}^{T}(\tilde{r}_{Et} - \bar{r}_E) = 0$.

Die Timingkomponente bestimmt den Beitrag der Timingaktivitäten zur Überschußrendite des Portfolios. GRINBLATT/ TITMAN zeigen, daß die gesamte informationsbedingte Performance die Summe der Kovarianz zwischen den Portfoliogewichten und den Überschußrenditen der Wertpapiere darstellt. Dies bedeutet, daß die Kovarianz für informierte Investoren,

---

[13] Vgl. Grinblatt/ Titman (1989), S. 397.

(11) $\sum_{i=1}^{N} Cov(\tilde{x}_i; \tilde{r}_i)$,

positiv ist.[14]

Selektions- und Timinginformationen weisen einen grundlegend unterschiedlichen Charakter auf. Erstere führen, ungeachtet der Risikoaversion des Investors, bei gegebenem systematischen Risiko immer zu einer Veränderung des Portfoliogewichts des entsprechenden Wertpapiers, sofern die Selektions- und Timinginformationen voneinander unabhängig sind.[15] Deshalb kann grundsätzlich derjenige Manager höher eingestuft werden, der über eine größere Selektionsperformance verfügt.

Dagegen reagieren Manager auf Timinginformationen durch die Variation des systematischen Risikos, das vom Kapitalmarkt entgolten wird. Weil die Auswahl des gewünschten Portfoliobetas von der Timinginformation, aber auch vom Grad der Risikoaversion abhängt, kann bezüglich des Anlageverhaltens bei Vorliegen von Timinginformationen keine allgemeingültige Aussage getroffen werden. Insofern ist ein Ranking von Timingfähigkeiten auf der Grundlage der Timingperformance problematisch.[16] Gleichzeitig ergibt sich daraus die Notwendigkeit einer Trennung von Selectivity- und Timinginformationen und der daraus resultierenden Performance.

Eine Differenzierung der Performancekomponenten ist aber auch deshalb wichtig, weil daraus Erkenntnisse über die Chancen der Selektion im Vergleich zum Timing gezogen werden können.

5. Bestimmung der Benchmark

Der Erfolg eines Portfolios als solcher ist wenig aussagekräftig. Vielmehr muß er der Rendite eines adäquaten, vorab festgelegten Vergleichsmaßstabs unter Einbeziehung des Risikos gegenübergestellt werden. Diese Benchmark sollte im Idealfall den gleichen quantitativen und qualitativen Anlagerestriktionen unterliegen wie die Manager und für sie eine real erwerbbare, gut diversifizierte Anlagealternative darstellen.[17] In der Praxis dienen in der Regel bekannte Börsenindizes als Benchmarks, die für eine aussagekräftige Performancemessung als Performanceindizes konstruiert sein müssen. Diese als naiv diversifizierte, ungemanagte Portfolios anzusehenden Benchmarks werden zum Teil gemäß der im Rahmen der Asset Allocation festgelegten Gewichtung der einzelnen Vermögenskategorien kombiniert oder entsprechend den Zielvorgaben von Kunden konstruiert. Daneben werden Vergleiche auch mit anderen aktiv gemanagten Portfolios vorgenommen. Diese Universen werden

---

[14] Vgl. Grinblatt/ Titman (1992), S. 24.
[15] Vgl. Grinblatt/ Titman (1989), S. 410.
[16] Vgl. Grinblatt/ Titman (1989), S. 410.
[17] Vgl. dazu Sharpe (1992) sowie Wittrock (1996), S. 55 ff.

dabei aus Fonds gebildet, die vergleichbare Anlagegrundsätze aufweisen bzw. mit der gleichen Strategie gemanagt werden. Im Bereich der Spezialfonds sind darüber hinaus Vergleiche mit den Renditen der vorab mit dem Anleger vereinbarten Normalportfolios, die entsprechend der langfristig gewünschten Asset Allocation konstruiert werden, möglich.

6. Methodische Ansätze zur Performancemessung im Überblick

Grundsätzlich kann die Performance eines Portfolios dargestellt werden als PERF_P

(12) $\text{PERF}_P = \overline{R}_P - E(\tilde{R}_P)$,

mit:

PERF_P = Performance eines Portfolios P

$\tilde{R}_P$ = durchschnittliche Portfoliorendite,

$E(\overline{R}_P)$ = erwartete Rendite,

wobei die erwartete Rendite der in Abbildung 3 dargestellten passiven Komponente entspricht. Sämtliche Verfahren der Performancemessung unterscheiden sich letztlich dadurch, wie die erwartete Rendite bestimmt wird.

Wird eine passive Strategie verfolgt, kann der Investor eine Rendite erwarten, die als Entschädigung für das dabei eingegangene Risiko gezahlt wird. Auf dem Kapitalmarkt werden theoretisch nur systematische Risiken entschädigt, weil unsystematische Risiken wegdiversifiziert werden können. Der Bestimmung des bewerteten systematischen Risikos kommt somit entscheidende Bedeutung zu, und sie ist Gegenstand der kapitalmarkttheoretischen Modelle wie des Capital Asset Pricing Model (CAPM) und der Arbitrage Pricing Theory (APT).[18] Diese Modelle nehmen eine Umsetzung von Risiko- und Renditeerwartungen in Gleichgewichtspreise vor und ermöglichen theoretisch die Berechnung des Ertrages, der allein durch das Eingehen bestimmter systematischer Risiken erwartet werden kann. Erst der Teil der Rendite, der über diese Benchmark hinausgeht, kann als echte Performance im engeren Sinne angesehen werden. Die klassischen Performancemaße, wie z.B. das Jensen-Alpha oder die Treynor-Ratio, basieren auf diesen Überlegungen.[19] So ist die mit dem Jensen-Alpha gemessene Performance nichts anderes als die realisierte Portfoliorendite abzüglich der nach dem CAPM erwarteten Rendite:

---

[18] Vgl. zu diesen Modellen Nowak (1994), S. 32 ff. und 54 ff.
[19] Vgl. Jensen (1968) und Treynor (1965).

(13) $\quad \alpha_P \ = \ \bar{R}_P - E(\tilde{R}_P)$

$\quad\quad\quad \alpha_P \ = \ \bar{R}_P - (R_f + (\tilde{R}_{Mt} - R_f) \cdot \beta_P)$

CAPM,

mit: $\tilde{R}_{Mt}$ = Rendite des Marktportfolios bzw. des als dessen Stellvertreter herangezogenen Index;
R_f = risikolose Verzinsung,
β_P = Betafaktor des Portfolios,
α_P = Jensen-Alpha des Portfolios

Durch einfache Umformungen gelangt man zu der in empirischen Untersuchungen verwendeten Regressionsgleichung, im Rahmen derer die Überschußrenditen des Portfolios P auf die Überschußrenditen des Marktportfolios bzw. des als Stellvertreter herangezogenen Benchmarkportfolios regressiert werden:

(14) $\quad \alpha_P \ = \ \bar{R}_P - R_{ft} - (\tilde{R}_{Mt} - R_{ft}) \cdot \beta_P$

$\quad\quad \bar{R}_P - R_{ft} \ = \ \alpha_P + (\tilde{R}_{Mt} - R_{ft}) \cdot \beta_P + \tilde{\delta}_{Pt},$

mit: $\tilde{\delta}_{Pt}$ = Störvariable mit $E(\tilde{\delta}_{Pt}) = \text{Cov}(\tilde{\delta}_{Pt}, \tilde{r}_{Et}) = \text{Cov}(\tilde{\delta}_{Pt}, \tilde{\delta}_{Pt-1}) = 0$.

Seit der Kritik von ROLL an der empirischen Überprüfbarkeit des CAPM aufgrund der Nichtbeobachtbarkeit des Marktportfolios[20] hat sich die Forschung auf die Entwicklung von Ansätzen konzentriert, die eine risikobereinigte Performanceanalyse auch ohne den Rückgriff auf dieses Modell erlauben.

Die Ansätze lassen sich grundsätzlich drei verschiedenen Richtungen zuordnen, die sich vor allem hinsichtlich ihrer theoretischen Grundlagen, der Art der Risikoberücksichtigung und -bereinigung sowie der Anforderungen an den Umfang der Daten bzw. ihrer Verfügbarkeit unterscheiden. Der letzte Gesichtspunkt führt zu einer Unterscheidung in eine externe und interne Performanceanalyse und stellt das in Abbildung 4 verwendete Kriterium für die Systematisierung der verschiedenen grundlegenden Prinzipien der Performanceanalyse dar.

---

[20] Vgl. Roll (1977) und (1978).

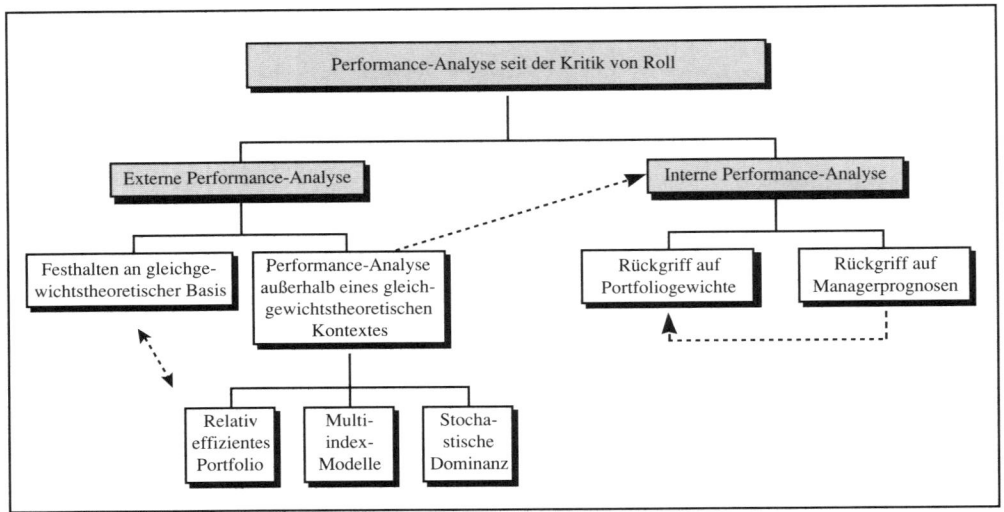

Abb. 4: Performancemessung nach der Kritik von ROLL

Ein Zweig der Performanceanalyse ist durch das Festhalten an der gleichgewichtstheoretischen Bewertung der Wertpapiere zur Berechnung des erwarteten Ertrages gekennzeichnet. Aufgrund der nicht eindeutigen empirischen Befunde über die Relevanz der dafür erforderlichen kapitalmarkttheoretischen Modelle ist jedoch zunehmend eine Abkoppelung der Performancemessung von der direkten Anwendung einer Theorie der Wertpapierbewertung und der damit zusammenhängenden Problematik zu beobachten. Dabei ist zu unterscheiden, ob weiterhin lediglich auf die Renditen der Portfolios zurückgegriffen wird oder zusätzliche Informationen in Form der Gewichtung der verschiedenen Wertpapiere in den Portfolios zur Anwendung der Verfahren erforderlich sind.

Eine wichtige Erkenntnis bei den lediglich auf Renditen basierenden Ansätzen besteht in der von GRINBLATT/ TITMAN aufgezeigten Irrelevanz der Kenntnis des Marktportfolios im Kontext der Performancemessung. Damit gelingt ihnen eine Entschärfung der Benchmarkproblematik sowie die Aufhebung von einigen theoretischen Inkonsistenzen, die bei der Verwendung kapitalmarkttheoretischer Modelle in der Performancemessung identifizierbar sind. Damit sind Ansätze, die ursprünglich aus dem CAPM abgeleitet wurden, nicht mehr vor dessen theoretischen Anspruch zu interpretieren. GRINBLATT/ TITMAN zeigen vielmehr, daß zur Identifikation privater Information und der damit einhergehenden superioren Performance die Kenntnis eines relativ μ/σ-effizienten Portfolios ausreicht, welches, im Gegensatz zum Marktportfolio des CAPM, lediglich die Wertpapiere enthält, die aus Sicht des Anlegers als handelbar angesehen werden.[21]

---

[21] Vgl. Grinblatt/ Titman (1989), S. 412. Zur generellen Kritik an der Verwendung kapitalmarkttheoretischer Modelle sowie ihrer Entschärfung durch die Erkenntnisse von GRINBLATT/ TITMAN vgl. ausführlich Wittrock (1996), S. 58 ff.

Den Ansätzen der Performanceanalyse, mit denen die Kritik an der klassischen Vorgehensweise der Performancemessung aufgegriffen wird, ist grundsätzlich gemeinsam, daß sie für ihren empirischen Einsatz einen größeren Umfang an Informationen benötigen. Diese betreffen zum einen Informationen über die Wahrscheinlichkeitsverteilungen der Renditen, um eine vollständigere Charakterisierung des Risikos zu ermöglichen, und zum anderen Informationen über die Portfoliostrukturen. Letztere sind dabei extern nur in bestimmten Erhebungsintervallen erhältlich. Eine Verringerung der Meßintervalle setzt i.d.R. eine enge Kommunikationsintensität zwischen dem Portfoliomanagement und dem Bewertenden voraus, wie sie normalerweise nur in der internen Performanceanalyse gegeben ist. Auf Portfoliogewichten basierende Ansätze kennzeichnen insofern den Übergang zur internen Performanceanalyse.

Die Kenntnis der Managerprognosen stellt schließlich die restriktivste Anforderung an die Datenverfügbarkeit dar und ist grundsätzlich lediglich im internen Bereich vorstellbar. Allerdings werden sie auch bei professionellen Anlegern nur selten dokumentiert.[22] Auf die Prognosen zurückgreifende Verfahren sind daher auf Proxies angewiesen, mit deren Hilfe eine Abschätzung der Managerprognosen erfolgen kann.[23]

Die Informationsanforderungen in der Performanceanalyse werden in Abbildung 5 zusammenfassend verdeutlicht.

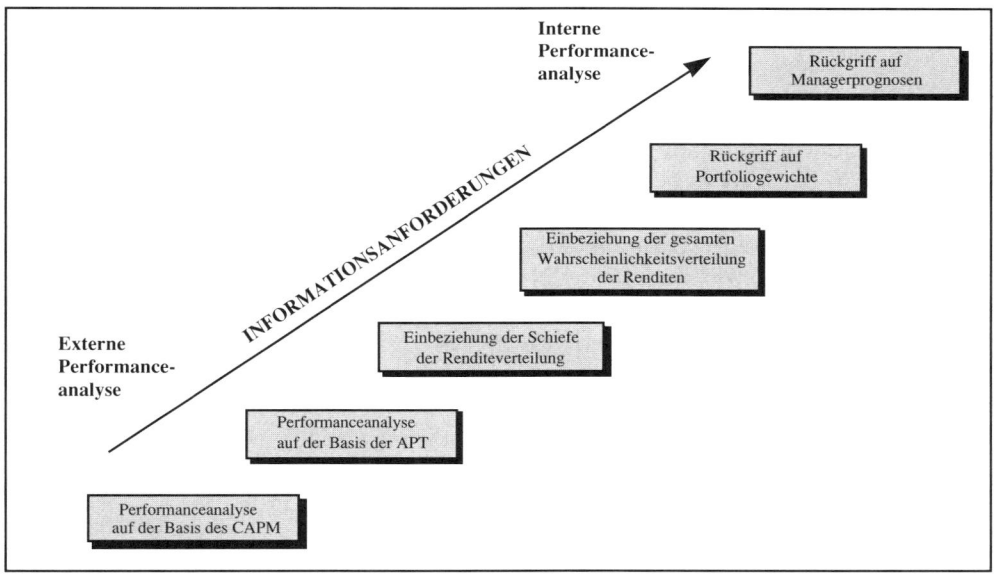

Abb. 5: Informationsanforderungen in der Performanceanalyse

---

[22] Vgl. Kleeberg (1995), S. 9.
[23] Eine der wenigen unmittelbar auf Managerprognosen zurückgreifenden Untersuchungen ist die von Cumby/Modest (1987). WITTROCK verwendet im Rahmen nichtparametrischer Tests Informationen über Portfolioumschichtungen als Schätzer für die Managerprognosen, vgl. Wittrock (1996), S. 393 ff. Es sei darauf hingewiesen, daß mit diesen Untersuchungen getestet wird, ob private Informationen vorgelegen haben. Insofern handelt es sich eher um eine Informationsanalyse als um eine Performancemessung.

7. Externe Performancemessung

Die bekanntesten Maße zur externen Performancemessung basieren auf kapitalmarkttheoretischen Modellen, die als theoretisch fundierte Erklärungsmodelle einen Zusammenhang zwischen dem entscheidungsrelevanten systematischen Risiko und der zu erwartenden Rendite herstellen. Folgerichtig unterliegen diese Methoden auch denselben Voraussetzungen und derselben Kritik wie die der Ermittlung der Risikomaße zugrundeliegenden Theorien.

Neben dem bereits oben erwähnten Jensen-Maß wird das Sharpe-Maß, das auch als Reward-to-Variability-Ratio bezeichnet wird, wohl am häufigsten verwendet. Es mißt die Risikoprämie je Einheit Gesamtrisiko, das durch die Standardabweichung der Renditen gemessen wird.[24] Die Risikoprämie wird dabei aus der Portfoliodurchschnittsrendite abzüglich des risikolosen Zinssatzes ermittelt (sog. Excess Return). Ex-post betrachtet erhält man

$$(15) \quad S_P = \frac{\overline{R}_P - R_f}{s_P},$$

mit: S_P = Sharpe-Ratio des Portfolios P,

s_P = Stichprobenstandardabweichung des Portfolios P.

Analog zur Kapitalmarktlinie, die durch die Aufteilung des Vermögens in das Marktportfolio und die risikolose Anlage-/ Kreditaufnahmemöglichkeit gegeben ist, gibt die Sharpe-Ratio die Steigung der Geraden an, die durch die Aufteilung des Vermögens in das jeweils betrachtete Portfolio und die risikolose Anlage bestimmt wird.[25] Je größer der Wert dieser Kennzahl ist, desto höher ist das Anlageergebnis zu bewerten, da pro Risikoeinheit ein höherer Ertrag erwirtschaftet worden ist.[26]

Mit der Sharpe-Ratio können Portfolios sowohl untereinander als auch mit einem Referenzportfolio verglichen werden. Im Gegensatz zum Jensen-Maß erlaubt es eine relative Leistungsmessung, sagt jedoch nichts über die absolute Höhe der Performance aus.

Das Sharpe-Maß ist für eine Performancemessung aus der Sicht eines Investors relevant, der sein Vermögen einzig in das zu bewertende Vermögen investieren will bzw. investiert hat, da in diesem Fall nur das Gesamtrisiko ausschlaggebend ist. Stellt das Portfolio dagegen nur einen Teil des insgesamt investierten Vermögens

---

[24] Vgl. Sharpe (1966).
[25] Eine graphische Darstellung und ein Zahlenbeispiel findet sich bei Steiner/ Bruns (1994), S. 448 f. Eine andere Interpretation der Sharpe-Ratio im Sinne eines Signifikanztests der Anlagerendite gegenüber einer Benchmarkrendite wird von Zimmermann (1991), S. 178 f. vorgenommen, wobei nicht der risikolose Zinssatz, sondern die durchschnittliche Rendite eines Benchmarkportfolios von der durchschnittlichen Anlagerendite subtrahiert wird. Vgl. dazu auch Kritzmann (1987).
[26] In der Regel wird die Sharpe-Ratio ohne Aussagen über die statistische Signifikanz der Ergebnisse ermittelt und interpretiert, obwohl ein Signifikanztest für dieses Maß entwickelt wurde. Vgl. dazu Jobson/ Korkie (1981), deren Ansatz auf den Untersuchungen von Miller/ Gehr (1978) zur Verteilung der Sharpe-Maße aufbaut. Zu diesem Test und seiner empirischen Anwendung bei der Beurteilung der Performance deutscher Aktienfonds vgl. Wittrock (1996), S. 76 ff.

dar, ist das unsystematische Risiko zu vernachlässigen und nur das systematische Risiko bei der Bewertung relevant, da in diesem Fall ein diversifiziertes Portfolio vorliegt. Diesem Umstand wird die sog. Reward-to-Volatility-Ratio von Treynor gerecht, bei der die Überschußrendite statt mit der Standardabweichung mit dem Beta des Portfolios adjustiert wird.[27] Im Vergleich zur Sharpe-Ratio kommt es bei Rankings auf der Grundlage des Treynor-Maßes dann zu falschen Ergebnissen, wenn das betrachtete Portfolio nicht Bestandteil eines umfassenderen, vollständig diversifizierten Portfolios ist. In diesem Fall werden Portfolios mit identischem systematischen Risiko, aber unterschiedlichem Gesamtrisiko, gleich bewertet, obwohl das Portfolio mit der höheren Standardabweichung aufgrund schlechterer Diversifizierung mit größeren unsystematischen Risiken behaftet ist, die jedoch gemäß der Theorie auf dem Kapitalmarkt nicht entgolten werden. Demgegenüber wird der Aspekt der Diversifikation bei der Sharpe-Ratio völlig außer acht gelassen.

Die klassischen Performancemaße bieten zahlreiche Kritikpunkte, die durch moderne Ansätze aufgegriffen wurden. Der zweifelhaften empirischen Relevanz des CAPM zur Bestimmung erwarteter Renditen wird beispielsweise durch die Verwendung der APT Rechnung getragen, was allerdings aufgrund der nach wie vor fehlenden empirischen Validierung auch dieses Modells derzeit keine Alternative darzustellen scheint.[28]

Das Sharpe-Maß wird in der Literatur zum Teil in direktem Zusammenhang mit dem CAPM gesehen. Es unterliegt jedoch nicht der Kritik ROLLS bezüglich der Sensitivität der Performancemessungsergebnisse in Abhängigkeit von dem als Proxy für das Marktportfolio gewählten Index, da ein solcher für ein Ranking von Portfolios nicht benötigt wird.[29] Kritik wird dagegen an der für die Risikoadjustierung notwendigen Annahme der unbeschränkten Kreditaufnahmemöglichkeit als auch an der Sensitivität bezüglich der Wahl des risikolosen Zinssatzes geübt.[30]

Daneben wird die Verwendung der Volatilität und des Betafaktors zum Teil generell abgelehnt, da es sich um symmetrische Risikomaße handelt. Mit Verlustrisikomaßen werden Alternativen vorgeschlagen, die lediglich die negativen Abweichungen von einer bestimmten Sollrendite als Risiko erfassen. Derartige Maße werden allgemein auch unter dem Begriff ‚downside risk' subsumiert und betrachten wie die Semivarianz lediglich den linken Bereich der Renditeverteilung unterhalb einer bestimmten Sollrendite, weshalb sie auch als ‚Lower Partial Moments' (LPM) bezeichnet werden.[31] Sie kommen dem intuitiven Risikoverständnis von Anlegern näher und sind insbesondere dann sinnvoll, wenn von ausgeprägten Schiefen in den

---

[27] Vgl. Treynor (1965).
[28] Analog zur Bestimmung des Alphas im Rahmen des CAPM ergibt sich in diesem Fall eine auf die Selektionsfähigkeiten des Managers zurückzuführende Konstante, die als vertikaler Abstand der durch das Portfolio aufgespannten Ebene zur Hyperplane-Ebene der APT anzusehen ist; vgl. Chang/ Lewellen (1985) und Connor/ Korajczyk (1986).
[29] Vgl. Sharpe/ Alexander (1990).
[30] Vgl. Uhlir (1981) und Friend/ Blume (1970).
[31] Vgl. Bawa/ Lindenberg (1977), S. 191, Fishburn (1977), S. 116 ff. und in der deutschen Literatur Schmidt-von Rhein (1996), S. 159 ff. Die theoretische Fundierung des LPM-Ansatzes wird von Bawa (1975) vorgenommen.

Portfoliorenditen auszugehen ist, wie es bei dem verstärkt zu beobachtenden Einsatz von Optionen der Fall ist.[32]

Eine mit der Anwendung der Sharpe-Ratio vergleichbare Performancemessung auf der Basis von Verlust- bzw. Ausfallrisikomaßen ermöglichen z.B. die Lower Partial Moment-(LPM) Performancemaße. Dabei wird die Überschußrendite des Portfolios mit den entsprechenden LPM-Risikomaßen relativiert. Daraus ergeben sich die Maße mit[33]

$$(16) \quad \text{LPM-M} = \frac{\overline{R}_P - R_f}{LPM_M},$$

$$\text{wobei:} \quad LPM_M(t;I) = \frac{1}{N} \sum_{t=1}^{N} (\tau - \tilde{R}_{Pt})^M \quad \forall \, \tilde{R}_{Pt} < \tau,$$

mit: τ = Mindestrendite;
M = Höhe des Moments, $M \geq 0$;
I = Renditeverteilung des Portfolios P.

Die Höhe des Exponenten M gibt an, wie der einzelne Investor unterschiedlich hohe negative Abweichungen von der Mindestrendite bewertet.[34] Beim auch als Ausfallsemivarianz bezeichneten LPM_2-Maß gewichtet der Investor aufgrund der Quadrierung der negativen Renditeabweichungen von der Zielrendite höhere Abweichungen relativ stärker als geringe. Stimmt die Sollrendite mit der erwarteten Rendite überein, ist das LPM_2-Maß identisch mit der schon von MARKOWITZ erwähnten Semivarianz.[35] Liegt zusätzlich eine symmetrische Verteilung vor, entsprechen die Ausfallsemivarianz und die Semivarianz genau der Hälfte der Varianz.[36]

Ein wesentlicher Kritikpunkt an den klassischen Maßen ist die Vernachlässigung von Timingfähigkeiten der Manager. Mit ihnen werden theoretisch lediglich Selektionsfähigkeiten gemessen. Wenn Manager über Timinginformationen verfügen, können sie überproportional an der Gesamtmarktentwicklung teilnehmen, indem sie das Beta ihres Portfolios entsprechend ihren Erwartungen verändern. Damit wird das systematische Risiko selbst zu einer Entscheidungsvariablen im Portfoliomanagement. Demgegenüber unterstellen die klassischen Verfahren, daß die Überschußrenditen der zu bewertenden Portfolios lineare Funktionen der Überschußrenditen der Benchmarkportfolios sind. Dies bedeutet gleichzeitig die Unterstellung eines in der Untersuchungsperiode konstanten Portfoliobetas. Unter bestimmten Voraussetzungen kann dies zu Verzerrungen der klassischen Maße führen, die beispielhaft für das Jensen-Alpha in Abbildung 6 veranschaulicht sind.[37]

---

[32] Zum Einfluß von Optionen auf die Renditeverteilung vgl. Bookstaber/ Clarke (1981) und (1984).
[33] Ähnlich wie beim Sharpe-Maß findet auch beim LPM_2-Maß die Semistandardabweichung anstelle der Semivarianz Verwendung; vgl. Nawrocki (1992), S. 233.
[34] Vgl. z.B. Harlow (1991), S. 30 ff., Zimmermann (1991), S. 164 ff. sowie Schmidt-von Rhein (1996), S. 169 ff.
[35] Vgl. Markowitz (1959), S. 188 ff. und S. 287 ff.
[36] Vgl. Harlow (1991), S. 31.
[37] Vgl. Jensen (1972), Grant (1977), Dybvig/ Ross (1985) und Admati/ Ross (1985). Die Problematik von Timingaktivitäten ist auch für die Sharpe-Ratio relevant, da eine erhöhte Volatilität sich allein auf-

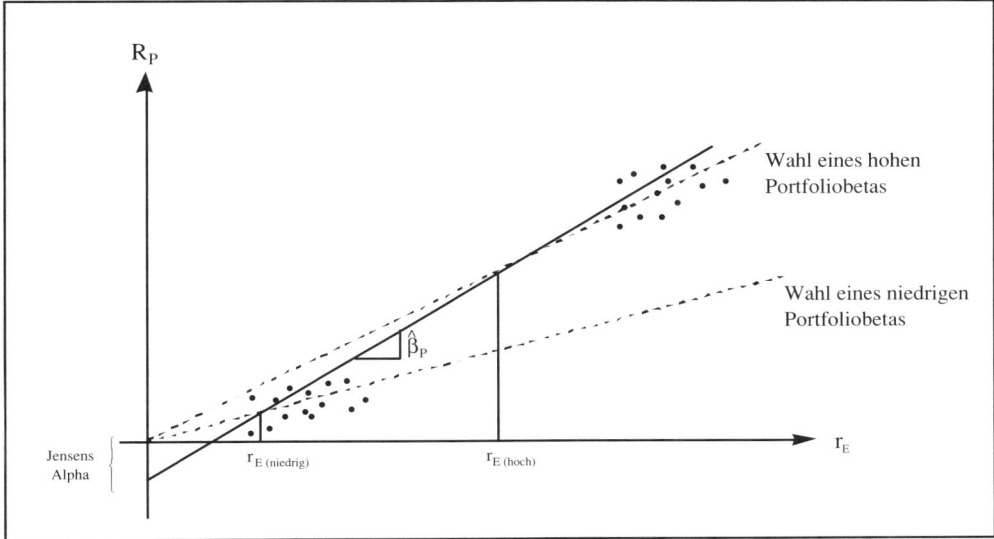

Abb. 6: **Verzerrung des Jensen-Alphas bei Timingfähigkeiten**

Aus der Abbildung wird die von einem Manager mit perfekter Timingfähigkeit in Antizipation der Marktüberschußrendite vorgenommene Adjustierung des Portfoliobetas auf ein höheres Niveau bei einer hohen und auf ein niedriges Niveau bei einer geringen Marktüberschußrendite ersichtlich. Bei einer externen Performancemessung stehen für eine Schätzung der sich daraus ergebenden Portfoliobetas in den einzelnen Perioden die dazu erforderlichen Informationen nicht zur Verfügung. Vielmehr wird lediglich mit Hilfe einer Regression der Portfolioüberschußrenditen auf die Überschußrenditen des Benchmarkportfolios ein Durchschnittsbeta über die Gesamtperiode geschätzt, das der Steigung der in der Abbildung durchgezogenen Linie entspricht.

Die resultierende, negative Verzerrung des Jensen-Alphas wird aus der Sicht des lediglich über öffentliche Informationen verfügenden Investors als negative Selektionsfähigkeit des Managers interpretiert, obwohl in dem obigen Beispiel keine Wertpapierselektion betrieben wurde, was daran zu erkennen ist, daß die gestrichelten Linien durch den Ursprung verlaufen. Daher müßte das wahre Jensen-Alpha in diesem Fall einen Wert von null aufweisen. Gleichzeitig wird die Anlagepolitik des Managers als unangemessen risikoreich eingestuft, da das durchschnittliche systematische Risiko höher als das der einzelnen Perioden geschätzt wird. Folglich sind die Schlußfolgerungen, die aus der Anwendung des Jensen-Alphas und anderer, das systematische Risiko im Rahmen einer linearen Einfachregression ermittelnden

grund von Transaktionen ergeben kann, die wegen privater Informationen des Managers getätigt wurden. Die Informationsasymmetrie zwischen Portfoliomanager und Bewertendem führt jedoch dazu, daß die erhöhte Volatilität für den Außenstehenden als unnötige Erhöhung des Gesamtrisikos interpretiert wird; vgl. Admati/ Ross (1985), S. 14 ff. und Kane/ Marks (1988), S. 425 ff.

Performancemaße gezogen werden, nicht korrekt, wenn der Manager über Timingfähigkeiten verfügt. Das in diesem Fall nach oben verzerrte systematische Risiko führt dabei tendenziell zu einer Unterschätzung der Selektionsfähigkeiten der Portfoliomanager.[38] Allerdings läßt sich zeigen, daß eine negative Verzerrung des Alphas lediglich bei in der Realität selten vorkommenden Konstellationen auftritt.[39] Empirisch zeigt sich vielmehr, daß das Jensen-Maß bei Timingfähigkeiten nach oben verzerrt wird, weil es einen Großteil der Timingperformance auffängt.[40] Insofern ist das Maß auch kein geeignetes Kriterium zur Beurteilung des Selektionsbeitrages.

Zur Berücksichtigung von Timingfähigkeiten wurden zahlreiche Ansätze entwickelt, die in der folgenden Übersicht zusammengefaßt sind.

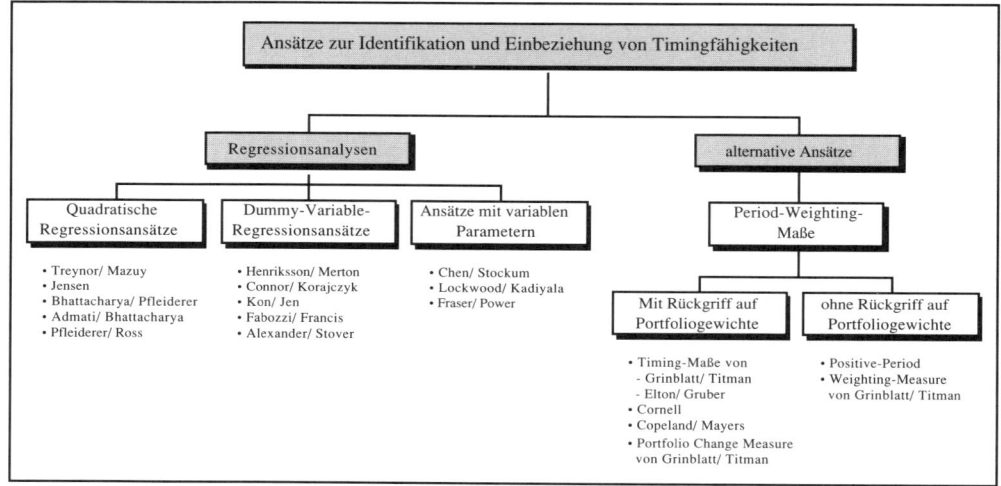

Abb. 7: Ansätze zur Berücksichtigung von Timingaktivitäten

Die quadratischen Regressionsansätze erweitern die Gleichung, mit der das Jensen-Alpha bestimmt wird, um einen quadratischen Term. Damit wird geprüft, ob das Portfolio eine kurvenförmig konvexe, charakteristische Linie besitzt. Sie liegt dann vor, wenn der Manager Informationen über die Richtung und Höhe der zukünftigen Marktüberschußrenditen besitzt und sein Portfoliobeta in Abhängigkeit von seinen Erwartungen kontinuierlich verändert.[41] Demgegenüber wird mit Dummy-Variablen-Regressionsansätzen unterstellt, daß die Manager weniger präzise Informationen besitzen und lediglich die Richtung der erwarteten Marktüberschußrenditen

---

[38] Vgl. Jensen (1972), S. 318 ff., Dybvig/ Ross (1985), S. 385 ff. und Admati/ Ross (1985), S. 16 ff. Die von Jensen (1968), S. 396, gemachte Aussage, daß das systematische Risiko unter- und das Alpha somit überschätzt wird, beruht auf einem Fehler, der von Grant (1977), S. 843, korrigiert wurde.
[39] Vgl. Shukla/ Trzcinka (1992), S. 14; ausführlich dazu Wittrock (1996), S. 87 f.
[40] Vgl. Wittrock (1996), S. 279 ff.
[41] Vgl. Treynor/ Mazuy (1966), Jensen (1972), Bhattacharya/ Pfleiderer (1983), Admati et al. (1986) sowie Lehmann/ Modest (1987).

prognostizieren können, nicht jedoch ihre Höhe.[42] Die Identifikation der Timing- und Selektionsfähigkeiten über diesen Ansatz erfolgt über

(17) $\tilde{r}_{Pt} = \alpha_P^{H/M} + \beta_{1P}\,\tilde{r}_{Et} + \beta_{2P}\,D_t\,\tilde{r}_{Et} + \tilde{\varepsilon}_{Pt}$,

wobei D_t eine Dummy-Variable darstellt mit:

$$D_t = \begin{cases} 0 & \text{wenn, } R_{Et} > R_{ft} \\ -1 & \text{wenn, } R_{Et} \leq R_{ft} \end{cases}$$

Somit wird letztlich getestet, ob sich die Portfoliobetas in Hausse- und Baissephasen signifikant voneinander unterscheiden. Der Ordinatenabschnitt $\alpha_P^{H/M}$ ist dabei als unverzerrter Schätzer für die Performance aus Selektionfähigkeiten zu interpretieren. Das Prinzip dieses Ansatzes wird in Abbildung 8 deutlich.

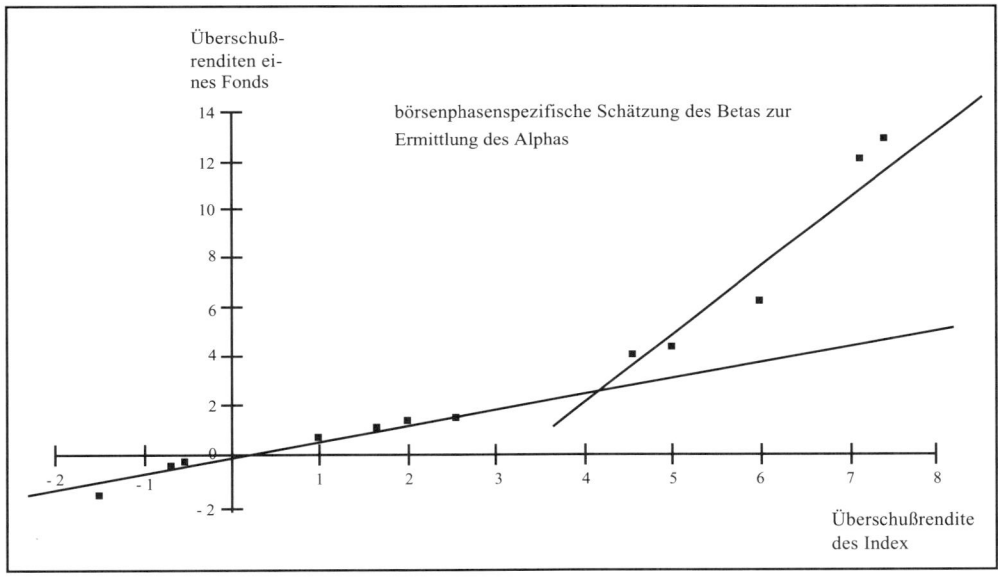

Abb. 8: Identifikation von Timingfähigkeiten mit dem Merton-Ansatz

Das Modell von Merton beruht auf der Erkenntnis, daß sich die Pay-off-Strukturen von Timingstrategien durch Optionen replizieren lassen und ist insofern gleichgewichtstheoretisch fundiert.[43]

---

[42] Vgl. Merton (1981), Henriksson/ Merton (1981) und Henriksson (1984); mit ähnlicher Methodik arbeiten Fabozzi/ Francis (1979), Alexander/ Stover (1980), Veit/ Cheyney (1982) sowie Kon/ Jen (1978) und (1979).
[43] Vgl. Merton (1981).

Weitere Ansätze zur Berücksichtigung von Timingaktivitäten greifen die Kritik an diesem und anderen Modellen auf. Zum einen wird versucht, unechtes Timing, das zu falschen Schlußfolgerungen bezüglich der Timingfähigkeiten der Manager führen könnte, zu berücksichtigen.[44] Dieses durch das obige Modell nicht identifizierbare künstliche Timing kann z.B. durch Faktoren entstehen, die wie das Timing optionsähnliche Renditemuster aufweisen. So besitzen z.B. im Portfolio befindliche Wertpapiere von hochverschuldeten Unternehmen selbst Nichtlinearitäten in ihren Betafaktoren.[45] Sie führen dazu, daß einem Manager bei der Verwendung des Merton-Ansatzes Timingfähigkeiten selbst dann bescheinigt werden, wenn er sein Portfolio völlig passiv verwaltet. Darüber hinaus wird bei den bisher genannten Verfahren nicht in Betracht gezogen, daß die Portfoliobetas auch ohne Vorliegen von Timingaktivitäten instabil sind. Diese auch empirisch nachgewiesene Nichtstationarität der Portfoliobetas wird in neueren Ansätzen durch spezielle Regressionstechniken unter Zulassung zufälliger Schwankungen der Betas berücksichtigt.[46]

Die Erkenntnis, daß die Renditen letztlich eine Funktion aus Portfoliogewichten, multipliziert mit den Renditen der betreffenden Wertpapiere, sind, führt schließlich zum Ansatz von GRINBLATT/ TITMAN, die trotz der Unkenntnis der tatsächlichen Portfoliostrukturen mit Hilfe ihres als Positive-Period-Weighting-Measure bezeichneten Maßes implizit über die Portfoliogewichte versuchen, die Performance von aktiv verwalteten Portfolios zu messen.[47] Die Konstruktion ihres Maßes schließt dabei eine negative Verzerrung bei Timingfähigkeiten aus und mißt als Gesamtperformancemaß sowohl die Selektivität als auch Timingaktivitäten.[48]

Festzuhalten bleibt, daß die Methoden der externen Performancemessung auf ein zunehmend anspruchsvolleres statistisches Instrumentarium zurückgreifen, so daß sie lediglich im wissenschaftlichen Bereich von Bedeutung sind.

8. Analyse des Investmentstils

In der Praxis wird die Performancemessung zunehmend um eine Analyse des Risikos und des Managementstils ergänzt. Die Identifizierung des Investmentstils der Manager bzw. ihrer Anlagepolitik gewinnt vor allem deshalb an Bedeutung, weil Investmentfonds zunehmend als Baukastenelemente im Rahmen einer systematischen Portfoliostrukturierung sowie in der Anlageberatung eingesetzt werden.[49]

---

[44] Vgl. Connor/ Korajczyk (1991) und Steiner/ Wittrock (1994).
[45] Vgl. Jagannathan/ Korajczyk (1986).
[46] Vgl. Chen/ Stockum (1986), Chen et al. (1992), Lockwood/ Kadiyala (1988) sowie Black et al. (1992).
[47] Vgl. Grinblatt/ Titman (1989) und Wittrock/ Steiner (1995).
[48] In empirischen Untersuchungen zeigt sich, daß dieses Maß zu den gleichen Ergebnissen führt wie das Jensen-Alpha, weil letzteres nur in sehr extremen Kapitalmarktsituationen durch Timingfähigkeiten verzerrt wird; vgl. Wittrock (1996), S. 326 und Bühler (1993).
[49] Besondere Relevanz erfährt dieser Gesichtspunkt in Anbetracht des zunehmenden Angebots an strukturierten Fondskonzepten, die u.a. die unabhängige Fondsvermögensverwaltung sowie Dachfonds miteinschließen; vgl. dazu Wittrock/ Völker (1994).

Für die Verwirklichung der gewünschten Asset Allocation auf der Grundlage von Fondsanteilen ist zu berücksichtigen, daß die Fonds selbst bereits eine Aufteilung der Mittel auf bestimmte Vermögenskategorien vornehmen, die es bei einer Diversifikation mit verschiedenen Anteilen sinnvoll zu kombinieren gilt. Die i.d.R. sehr weit formulierte Beschreibung der Anlagepolitik der Fonds kann dabei nur wenig Hilfestellung geben.[50]

Ein Großteil der Portfoliorenditen und dessen Schwankungen wird durch die strategische Asset Allocation bestimmt.[51] In bezug auf Investmentfonds bedeutet dies, daß ihre Renditen hauptsächlich durch die langfristig im Rahmen der Anlagepolitik vorgegebene Aufteilung des Fondssondervermögens bzw. durch den Managerstil determiniert werden. Dieser Anteil an der Rendite ist passiver Natur und insofern bei einer entsprechenden Nachahmung des Stils auch durch den uninformierten Investor erzielbar. Durch die Analyse des Investmentstils ist dem Investor die daraus resultierende Risiko- und Renditestruktur des Fondsvermögens somit ex ante bekannt. Da der Anleger vor einer Investition in einen Fonds dessen Investmentstil kennt bzw. kennen muß, hat er die aus dem Stil resultierende passive Renditekomponente somit selbst zu verantworten. Einzig die auf Abweichungen von diesem Stil sowie Selektionsfähigkeiten zurückzuführenden Renditekomponenten sind dem Manager zuzurechnen. Die Relevanz dieser Aussage wird besonders bei spezialisierten Fonds deutlich. So kann ein Anleger, der in einen auf Kleinfirmen spezialisierten Fonds investiert, dessen Manager nicht dafür verantwortlich machen, wenn dieses Marktsegment gegenüber anderen eine schlechte Rendite-/ Risikostruktur aufweist.[52] Einzig die Performance des Managers bezüglich dieses abgegrenzten Marktes erlaubt eine gerechte Beurteilung. Um die Anlagepolitik bzw. den Managerstil allein durch Rückgriff auf Renditen zu identifizieren, werden Mehrfaktorenmodelle in verschiedenen Spezifikationen vorgeschlagen.[53]

Durch den Rückgriff auf Indizes, welche verschiedene Segmente des Kapitalmarktes repräsentieren, soll im Rahmen von Multiindexmodellen die Fondsstruktur bzw. die von den Kapitalanlagegesellschaften deklarierte Anlagepolitik bei der Konstruktion der Benchmark berücksichtigt werden. Da die Beschreibung der Anlagepolitik i.d.R. mit den Charakteristika bestimmter Marktsegmente, Branchen, Ver-

---

[50] Einschränkend ist auf die zunehmend zu beobachtende Spezialisierung der von den Kapitalanlagegesellschaften aufgelegten Fonds auf bestimmte Teilmärkte hinzuweisen. Aufgrund der klar definierten Anlagepolitik und der Abkehr von einer breit angelegten Diversifikation nehmen die Fondsanteile immer mehr den Charakter eines eigenständigen Wertpapiers an. Dies wird insbesondere bei den Spezialitätenfonds deutlich, bei denen der Anleger z.B. entscheiden muß, welches Branchenrisiko er zu tragen bereit ist.
[51] Vgl. Brinson et al. (1986), S. 43, die in ihrer Untersuchung für US-amerikanische Pensionsfonds feststellen, daß deren Renditevarianzen zu ca. 94 % von der gewählten Asset Allocation determiniert werden.
[52] Vgl. Sharpe (1992), S. 17.
[53] Vgl. Sharpe (1992), S. 8. Für eine Abgrenzung verschiedener Mehrfaktorenmodelle vgl. Nowak (1994), S. 14 ff. und Steiner/ Nowak (1995), Sp. 1433 ff. Auch die APT beruht auf einem Mehrfaktorenmodell. Ihr Einsatz erfolgt allerdings eher zur Bestimmung der erwarteten Renditen in einem gleichgewichtstheoretischen Kontext, wenngleich auch hier Vorteile durch den expliziten Ausweis mehrerer (bewerteter) systematischer Risikovorteile im Hinblick auf die Identifikation einseitiger Risikoallokationen sowie zur Performance Attribution bestehen.

mögenskategorien oder Wertpapiere erfolgt, ist die Verwendung entsprechend konstruierter Indizes naheliegend. Damit wird zugleich der Forderung entsprochen, daß die Benchmark aus solchen Wertpapieren aufgebaut sein sollte, in denen auch die Fonds investiert sind bzw. in die sie investieren können.[54] Je nachdem, wie die Schätzung der Risikofaktoren und die Messung der Performance erfolgt, kann dabei zwischen Asset Allocation-Modellen und Multiindexmodellen im engeren Sinn unterschieden werden.[55]

Um den Fondsstil bestimmen zu können, wird grundsätzlich ermittelt, inwieweit die Renditen eines Fonds von den Veränderungen der Renditen der Faktoren bzw. der gewählten Assetkategorien determiniert werden. Dies entspricht der Ermittlung der Sensitivitäten b_{Pj} bis b_{Pk} des in allgemeiner Form dargestellten Mehrfaktorenmodells

$$(18) \quad \tilde{R}_P = \sum_{j=1}^{k} b_{Pj} \tilde{F}_j + \tilde{\varepsilon}_P ,$$

mit: $\tilde{R}_P$ = Rendite des Portfolios i;
b_{Pk} = Sensitivität des Portfolios P auf die Ausprägungen des Faktors j;
$\tilde{F}_j$ = Wert des j-ten Faktors;
$\tilde{\varepsilon}_P$ = nicht durch das Modell erklärte Komponente der Rendite des Portfolios P.

Die Bestimmung dieser Gewichte kann grundsätzlich mit Hilfe einer Schätzung der Sensitivitäten b_{Pj} der Fondsrenditen gegenüber den k Faktoren des Mehrfaktorenmodells über eine multiple OLS-Regression erfolgen.

Diese Vorgehensweise hat jedoch den Nachteil, daß die geschätzten Koeffizienten nicht direkt als Portfoliogewichte in die entsprechende Assetkategorie bzw. den Faktor j interpretiert werden können, da sich die k Koeffizienten nicht zu eins aufaddieren und negative Werte annehmen können. Ein negatives Gewicht wäre als Leerverkaufsposition in der entsprechenden Assetkategorie zu klassifizieren. Netto-Shortpositionen sind bei deutschen Investmentfonds jedoch nicht zu beobachten und in Deutschland rechtlich nicht zulässig.[56]

---

[54] Vgl. Sharpe (1992), S. 8. Den Einfluß, den eine Benchmark auf die Ergebnisse der Performancemessung haben kann, wenn sie Vermögensgegenstände außer acht läßt, in denen die Fonds investiert sind, wird eindrucksvoll durch die Arbeit von Elton et al. (1993) nachgewiesen. Sie relativieren die von Ippolito (1989) auf der Grundlage eines Einindexmodells identifizierte positive Performance von Fonds, indem sie mit einem Drei-Index-Modell zusätzlich zu dem von Ippolito benutzten S&P 500 Index einen Small Cap- und einen Rentenindex einsetzen.

[55] Vgl. Good et al. (1986), S. 52. Die im Rahmen von Multiindexmodellen verwendeten Indexkombinationen sind dabei als Benchmarks im Sinne der ‚Customized Universes' zu betrachten, die im internen Bereich der Vorgabe bestimmter Portfoliozusammensetzungen bzw. -kombinationen entsprechen. Letztere stellen die Normalgewichte bezüglich der Asset Allocation dar, die als Grundlage für die Performancemessung der Manager dienen.

[56] Über die Wertpapierleihe sind zwar auch in Deutschland Leerverkäufe möglich; die Fonds treten seit der Geltung des zweiten Finanzmarktförderungsgesetzes allerdings lediglich als Verleiher von Wertpapieren auf.

Deshalb erfolgt die Ermittlung des Fondsstils unter Berücksichtigung der Restriktionen, daß die Summe der Gewichte b_{Pj} eins ergibt und daß sie keine negativen Werte annehmen. Die Schätzung der Koeffizienten eines derart spezifizierten Faktormodells muß mit Hilfe einer quadratischen Programmierung erfolgen. Die Zielfunktion minimiert die Varianz der nicht erklärten Abweichungen unter den oben genannten Nebenbedingungen.[57] Formal ergibt sich daraus:

$$(19) \quad \min \quad Var\left[\tilde{R}_P - \sum_{j=1}^{k} b_{Pj} \tilde{F}_j\right]$$

$$\sum_{j=1}^{k} b_{Pj} = 1, \quad b_{Pj} \geq 0, \quad \forall \ j = 1,...,k.$$

Die aus dem Fondsstil resultierende Rendite ergibt sich somit aus der Rendite eines Portfolios, das mit den Anteilen b_{Pj} bis b_{Pk} in die k Assetkategorien investiert ist. Dieser Anteil der Rendite resultiert aus dem Fonds- bzw. Managerstil. Er ist unter der Bedingung, daß die zur Repräsentation der Renditen der Assetkategorien gewählten Indizes als investierbar angesehen werden können, replizierbar, indem ein Portfolio mit den entsprechenden Gewichten gebildet wird.

Dabei erhebt der mit diesem Modell identifizierte Stil eines Portfolios nicht den Anspruch, die tatsächliche Komposition der bewerteten Fonds wiederzugeben. Vielmehr besagt er, daß sich die Rendite des bewerteten Portfolios so verhält, als ob sich das Portfolio gemäß diesem Stil zusammensetzt.[58] Bei den ermittelten Koeffizienten handelt es sich um eine Kombination der Vermögenskategorien, die der Renditeentwicklung des Fonds unter Berücksichtigung der Restriktionen in dem entsprechenden Zeitraum am nächsten gekommen ist.

Zur Messung der Selektionsrendite wird mit Hilfe der im Zeitraum t – n bis t – 1 durch die Stilanalyse ermittelten b_{Pj} bis b_{Pk} die gewichtete Durchschnittsrendite des Stilportfolios in t berechnet. Diese Durchschnittsrendite liefert somit die Benchmark. Die Differenz der Fondsrendite im Monat t und dieser dem Fondsstil entsprechenden Benchmarkrendite ergibt die Selektionsrendite SR_{Pt} im Monat t:

$$(20) \quad SR_{Pt} = \tilde{R}_{Pt} - \sum_{j=1}^{k} b_{Pj} \tilde{F}_{jt}.$$

Dabei ist zu beachten, daß die auf diese Weise definierte Selektionsrendite nicht der allgemein üblichen Definition der Selectivity-Performance entspricht.[59] Während letztere definitionsgemäß allein auf Selektionsfähigkeiten der Manager zurückzuführen ist, umfaßt die Selektionsrendite nach SHARPE auch Abweichungen vom Managerstil, die z.B. aus Timingaktivitäten oder der Rotation zwischen den Vermögenskategorien resultieren. Daher ist mit der Selektionsrendite eher die Gesamtperformance des Managers angesprochen.[60]

---

[57] Dieses Modell wurde von Sharpe (1988) vorgeschlagen. Eine Anwendung auf deutsche Fonds findet sich bei Wittrock (1995). Zur quadratischen Programmierung vgl. Francis/ Archer (1979), S. 116 ff.
[58] Vgl. Sharpe (1988), S. 60.
[59] Die Abweichungen sind auch als Tracking Error interpretierbar; vgl. Sharpe (1992), S. 11.
[60] Vgl. Sharpe (1992), S. 11; Shukla/ Trzcinka (1992), S. 38.

Neben der individuellen Berücksichtigung des Fondsstils unter Einbeziehung der den Fonds auferlegten Restriktionen ist an diesem Ansatz positiv zu beurteilen, daß bei der Benchmarkkonstruktion vom Grundsatz her von investierbaren Portfolios ausgegangen werden kann. Im Gegensatz dazu wird die mit Hilfe von Gleichgewichtsmodellen ermittelte Risiko-/ Renditebeziehung i.d.R. auf abstrakter Basis im Rahmen von Querschnittsanalysen geschätzt. Dabei wird angenommen, daß bei einem gegebenen Risiko durch Investition in ein diversifiziertes Portfolio eine bestimmte Rendite erwartet werden kann. Ob diese tatsächlich zu erzielen ist, bleibt jedoch offen.[61]

Nachteilig an diesem Ansatz ist eine im Vergleich zu Faktormodellen größere Ungenauigkeit der Schätzungen. Außerdem wird der Manager mit einer Benchmark verglichen, die sich im Zeitablauf aufgrund der vom Manager vorgenommenen Abweichungen von eben diesem Vergleichsmaßstab verändert. Für einen sinnvollen Einsatz erfordert das Asset Allocation-Modell deshalb eine möglichst große Konstanz des Fondsstils, da die aufgrund diesen Stils zu erwartende Rendite, die als Benchmark dient, ansonsten wenig Aussagekraft besitzt.

9. Interne Performancemessung

Den verschiedenen Verfahren im Bereich der internen Performancemessung ist gemeinsam, daß sie aufgrund der Datenlage die Gewichte innerhalb der Portfolios nutzen können. In diesen Bereich fallen zum einen Renditezerlegungen im Sinne einer Performanceattribution, wie sie von Performancemessungsgesellschaften angeboten werden. Diese Verfahren besitzen einfache, intuitiv einleuchtende Strukturen und beruhen letztlich alle auf demselben Grundprinzip. Grundsätzlich gehen sie von der Rendite aus, die durch die im Rahmen der Anlagepolitik vorab festgelegte Asset Allocation passiv erwirtschaftet worden wäre. Diese wird durch entsprechend gewichtete, die einzelnen Vermögenskategorien repräsentierende Benchmarkrenditen gemessen. Eine Aufspaltung des Erfolges in Selektivität und Timing erfolgt dann durch einfache Differenzbildung. Die Selektionsfähigkeit wird dabei durch die innerhalb einer Vermögenskategorie gemessenen Abweichungen der tatsächlichen von der entsprechenden Benchmarkrendite gemessen, wobei die Renditen mit den durch die Anlagepolitik festgelegten Normalgewichten multipliziert werden. Die Timingbeiträge ergeben sich aufgrund der tatsächlichen, vom Portfoliomanager zu verantwortenden Abweichungen von den im Rahmen der Asset Allocation bestimmten Normalgewichten zwischen den einzelnen Vermögenskategorien.[62] Die grundsätzliche Vorgehensweise der Performanceattribution im internen Bereich wird in der nachfolgenden Abbildung deutlich.

---

[61] Vgl. Shukla/ Trzcinka (1992), S. 42.
[62] Vgl. Brinson et al. (1986).

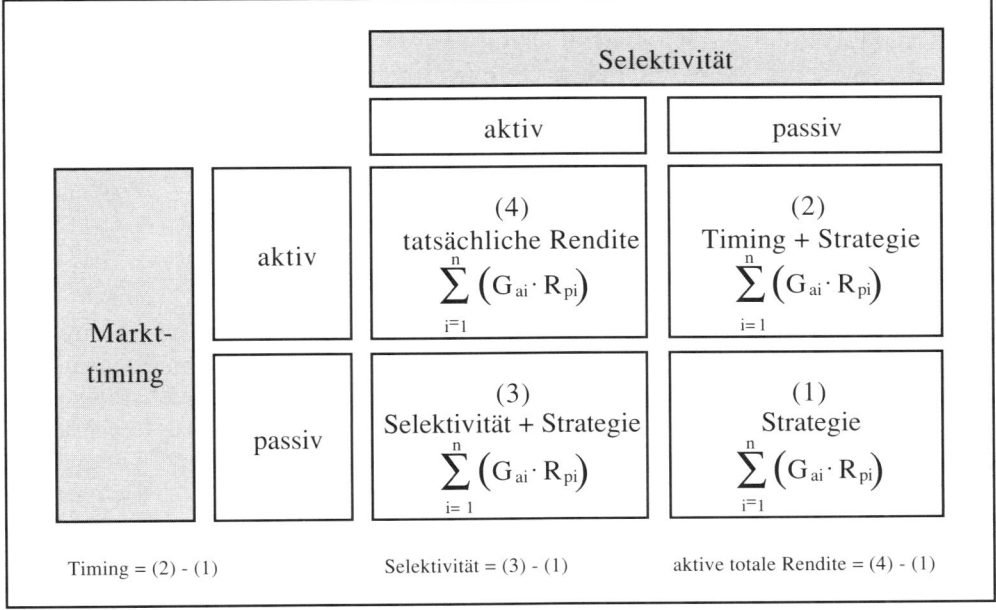

Abb. 9: Renditezerlegung im Rahmen der Performanceattribution

mit: **Normalgewichte (G_{pi}):** in der Anlagepolitik festgelegte langfristige Gewichtung der einzelnen Anlagekategorien (passive Gewichte);

Normalrenditen (R_{pi}): passive Benchmarkrendite für jede Anlagekategorie (z. B. Marktindizes);

aktuelle Gewichte (G_{ai}): vom Portfoliomanager aktiv gewählte, effektive Gewichtung der einzelnen Anlagekategorien;

aktuelle Rendite (R_{ai}): tatsächliche Rendite der einzelnen Anlagekategorie.

Durch die Möglichkeit, in der internen Performancemessung auf Portfoliogewichte zurückgreifen zu können, sind die Probleme, die durch Timingfähigkeiten auftreten können, irrelevant. Die Ursache der negativen Verzerrung des Jensen-Alphas bei Vorliegen von Timingfähigkeiten resultiert aus Ungenauigkeiten, die bei der Schätzung des durchschnittlichen Portfoliobetas entstehen. Diese Verzerrung tritt dann nicht auf, wenn die Portfoliobetas in den einzelnen Anlageperioden bekannt sind. Bei Kenntnis der Portfoliogewichte χ_{it} in den einzelnen Anlageperioden kann das Portfoliobeta $\tilde{\beta}_{Pt}$ als Summe der mit den Portfolioanteilen gewichteten Einzelrisiken berechnet werden, und zwar mit

(21) $\quad \beta_{Pt} = \sum_{i=1}^{N} \beta_i \cdot x_{it}$,

indem zunächst für jedes Wertpapier i das systematische Risiko gegenüber dem Benchmarkportfolio geschätzt wird. Damit kann dann das von GRINBLATT/ TITMAN definierte Selectivity-Maß unter einer Grenzwertbetrachtung mit:[63]

(22)   Selectivity- Maß $= \bar{\varepsilon}_P = \bar{r}_P - \left[\dfrac{1}{T} \sum_{t=1}^{T} \tilde{\beta}_{Pt} \tilde{r}_{Et} \right]$

und das Timing-Maß als

(23)   Timing-Maß $= \dfrac{1}{T} \sum_{t=1}^{T} \tilde{\beta}_{Pt} (\tilde{r}_{Et} - \bar{r}_E)$

berechnet werden. GRINBLATT/ TITMAN zeigen, daß diese Maße unter bestimmten Voraussetzungen für uninformierte Investoren null und für informierte Anleger positiv sind.[64] Dies gilt unter den Annahmen, daß die Anleger eine nicht ansteigende absolute Risikoaversion besitzen und die Timing- und Selektionsinformationen unabhängig voneinander sind. In diesem Fall wird der Investor unabhängig von Vermögenseffekten das Portfoliobeta erhöhen, sofern er Timinginformationen besitzt, die eine positive Marktüberschußrendite erwarten lassen. Problematisch an dieser Vorgehensweise ist die unterstellte Stationarität des systematischen Risikos der einzelnen Wertpapiere, die empirisch nicht bestätigt werden kann.[65]

Eine weitere Gruppe von Performancemaßen löst sich sowohl von der expliziten Berücksichtigung des Risikos und damit von bestimmten Renditeerwartungsmodellen als auch von der Notwendigkeit, einen bestimmten Index als Benchmark zu definieren. Vielmehr werden hier – vereinfacht ausgedrückt – die tatsächlichen Überschußrenditen mit den Überschußrenditen verglichen, die sich bei einer unveränderten Portfoliogewichtung in einer der Bewertungsperiode vorhergehenden oder zukünftigen Periode durchschnittlich ergeben hätten.[66] Die Idee dieser Ansätze kann darin gesehen werden, daß Wertpapiere, die von informierten Managern im Portfolio gehalten werden, in dieser Zeit eine höhere Rendite abwerfen sollten als in den Vergleichsperioden, in denen sie nicht Bestandteil des Portfolios sind. Auf diese Weise kann ermittelt werden, ob der Manager die Wertpapiere zum richtigen Zeitpunkt gekauft hat.

Letztlich wird auf der Grundlage dieser Ansätze geprüft, ob die Kovarianz zwischen den Portfoliogewichten zu Beginn einer Periode und den Renditen der einzelnen Wertpapiere in der entsprechenden Periode signifikant positiv ist. In diesem Fall hat der Investor aufgrund privater Informationen eine überdurchschnittliche Rendite bzw. eine positive Performance erzielt. Demgegenüber sind die Portfoliogewichte und die Renditen für uninformierte Investoren unkorreliert, d.h., die Kovari-

---

[63] Die Formulierung der Maße als Wahrscheinlichkeitsgrenzwert des arithmetischen Mittels der stochastisch unabhängigen Periodenrenditen wird gewählt, um den Einfluß von Zufallsereignissen zu umgehen. Auf eine explizite Kennzeichnung wird hier verzichtet. Vgl. zu diesen Maßen Grinblatt (1987), S. 16 sowie Grinblatt/ Titman (1989), S. 398 ff.

[64] Zu den Annahmen, insbesondere der von der Unabhängigkeit der Selektions- von den Timinginformationen vgl. Grinblatt/ Titman (1989), S. 401 ff. Ähnliche Maße schlagen Elton/ Gruber (1991) vor.

[65] Für einen Überblick diesbezüglicher empirischer Untersuchungen vgl. Bauer (1992), S. 98 ff.

[66] Vgl. Cornell (1979) und Copeland/ Mayers (1982).

anz hat für diese einen Wert von null. Somit ist die Berechnung der Kovarianz zwischen den Portfoliogewichten und den Renditen der Wertpapiere erforderlich. Die Aggregation der für sämtliche im Portfolio befindlichen Wertpapiere errechneten Kovarianzen zwischen den jeweiligen Renditen und Portfoliogewichten ist für eine einzelne Beobachtungsperiode gegeben mit

$$(24) \quad \sum_{i=1}^{N} Cov(\tilde{x}_i, \tilde{R}_i) = \sum_{i=1}^{N} \left[E(\tilde{x}_i \tilde{R}_i) - E(\tilde{x}_i) E(\tilde{R}_i) \right]$$

erwartete Rendite eines Portfolios mit konstanter Gewichtung, d.h. mit identischem ⌀ - Risiko

erwartete Rendite des Managers abzüglich der Rendite, die von dem Portfolio erwartet wird, wenn die Gewichte und Renditen unkorreliert sind

wobei: N = Anzahl der Wertpapiere im Portfolio;
$\tilde{x}_i$ = prozentualer Anteil des Wertpapiers i am Portfolio zu Beginn der Beoachtungsperiode,

und spiegelt die Methodik aller der in die Gruppe der Event Study-Maße einzuordnenden Ansätze wider. Mit der Formel wird die Differenz zwischen der realisierten und der von einem uninformierten Investor erwarteten Rendite ermittelt. Dabei drückt der rechte Term innerhalb der eckigen Klammern die erwartete Portfoliorendite aus, die sich unter der Annahme ergibt, daß die Gewichte und Renditen unkorreliert sind. Letztlich unterscheiden sich diese Maße lediglich darin, wie die Kovarianz in der Ausgangsgleichung gemessen wird. Diese sind in Abbildung 10 systematisiert.[67]

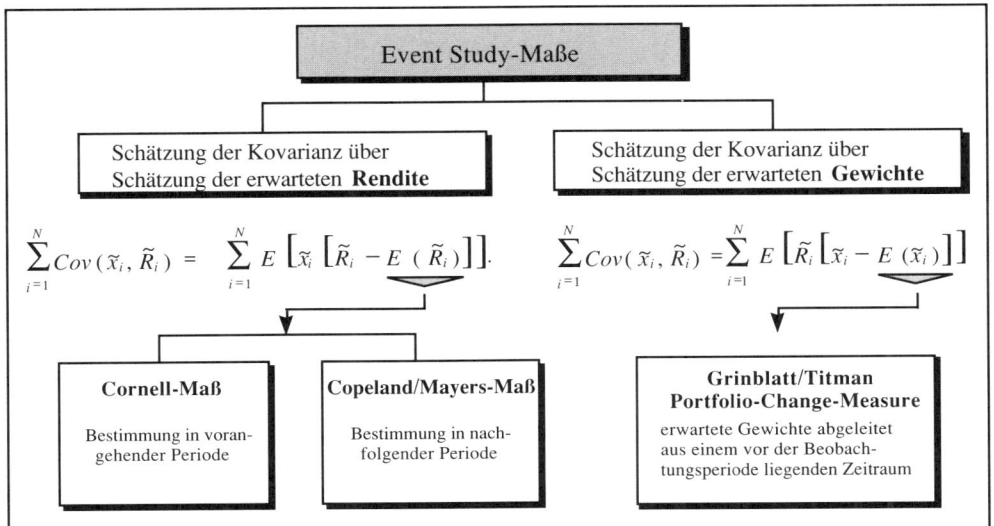

Abb. 10: Systematisierung der Event Study-Maße

---

[67] Vgl. zu den Ansätzen im einzelnen Cornell (1979), Copeland/ Mayers (1982) und Grinblatt/ Titman (1993).

Das Risiko findet bei diesen Ansätzen keine explizite Berücksichtigung. Prinzipiell kann aber der rechte Term in den Gleichungen als Risikoadjustierung verstanden werden, da er die erwartete Rendite eines Portfolios mit identischen Portfoliogewichten und dem gleichen durchschnittlichen Risiko widerspiegelt wie das zu bewertende Portfolio.[68]

Die Ansätze erfordern als Annahme die Konstanz der erwarteten Renditen aus der Sicht der uninformierten Investoren.[69] Somit gilt auch für diese Maße die für die Performancemessung generell problematische Unterstellung eines stationären Renditegenerierungsprozesses. Daneben liegt den Ansätzen ebenfalls die Prämisse zugrunde, daß die informierten Investoren lediglich einen infinitesimal geringen Anteil am Markt besitzen und somit die Wertpapierrenditen durch ihre Transaktionen nicht beeinflussen.

Mit dem Einsatz dieser Maße sind hohe Anforderungen an das Datenmaterial verbunden, da nicht nur die Portfoliogewichte der zu beurteilenden Fonds, sondern in Abhängigkeit vom verwendeten Maß auch die Renditen der einzelnen Wertpapiere zur Bestimmung der erwarteten Renditen benötigt werden.[70] Dieses Problem ist beim Portfolio-Change-Measure weniger kritisch als bei den beiden anderen Ansätzen, weil die Renditen der Wertpapiere lediglich in der Testperiode benötigt werden.

Zu berücksichtigen ist außerdem, daß sich die Anteile der Wertpapiere am Vermögen nicht nur durch aktive Investitionsentscheidungen des Managers verändern, sondern auch durch die Entwicklung der Marktwerte der Unternehmen. Darüber hinaus ist die Festlegung der Anzahl und der konkreten Auswahl der Perioden, aus denen die Schätzwerte für die Renditen bzw. Gewichte ermittelt werden, subjektiv. Insbesondere hängt das Ergebnis der Messung auch davon ab, wann die private Information zu einer öffentlichen Information wird, d.h., in welcher Periode bzw. zu welchem Zeitpunkt sich die privaten Informationen in den Kursen der Wertpapiere niederschlagen. Erst dann ist diese als Performance meßbar.

Mit der reinen Renditebetrachtung ist ein weiteres Problem angesprochen. Bei allen Ansätzen wird davon ausgegangen, daß Manager mit privaten Informationen im Durchschnitt eine höhere Rendite erzielen als uninformierte Investoren. Dies muß jedoch dann nicht der Fall sein, wenn die Manager die privaten Informationen benutzen, um die Varianz des Portfolios zu verringern, so daß der Nettoeffekt auf die durchschnittliche Rendite nicht eindeutig zu bestimmen ist.

Schließlich sind mit den Maßen zwar Schlußfolgerungen über das Vorliegen privater Informationen möglich. Prinzipiell kann dabei auch ein Ranking erfolgen, indem angenommen wird, daß die unerwartete Rendite um so höher ausfallen wird, je vollständiger die Informationen des Investors sind.[71] Fraglich ist jedoch, ob mit ei-

---

[68] Vgl. Grinblatt/ Titman (1993), S. 50 f.
[69] Vgl. Cornell (1979), S. 386, Grinblatt/ Titman (1993), S. 49 sowie Grinblatt/ Titman (1992), S. 3.
[70] Vor allem die Verfügbarkeit der Renditen weniger bekannter Wertpapiere, ausländischer Titel oder auch auf den OTC-Märkten gehandelter Werte könnte eingeschränkt sein.
[71] Die Hypothese, daß ein Manager einem anderen überlegen ist, kann z.B. geprüft werden, indem getestet wird, ob die Differenz zwischen den Mittelwerten ihrer unerwarteten Renditen signifikant von null verschieden ist.

ner anderen, möglicherweise passiven Strategie eine Rendite in ähnlicher Höhe hätte erwirtschaftet werden können. Denkbar ist dieser Fall z.B. dann, wenn der Manager zwar private Informationen über die Wertpapiere in seinem Portfolio besessen hat, es aber möglicherweise andere Wertpapiere gegeben hat, die in der Testperiode effizienter waren als jene, die sich im Portfolio des Managers befanden. Somit ist zwar prinzipiell das Vorliegen privater Informationen testbar, ein Vergleich mit einer alternativen, passiven Strategie ist jedoch nicht explizit vorgesehen.

10. Empirische Untersuchungen zur Robustheit der Maße

Mit den verschiedenen Ansätzen zur Performancemessung lassen sich theoretisch unter den gesetzten Annahmen des jeweiligen Verfahrens private Selektions- und/oder Timinginformationen identifizieren bzw. die darauf zurückzuführenden Performancebestandteile erklären. Fraglich ist, ob diese Eigenschaft auch bei der statistischen Umsetzung der verschiedenen Methoden erhalten bleibt. Dem stehen die in der Realität z.T. nicht gegebenen Prämissen, sowohl des theoretischen Fundaments der betrachteten Ansätze als auch ein von den Annahmen des jeweils verwendeten Verfahrens abweichendes Verhalten der Manager, entgegen. Zudem erscheint die empirische Isolierung der leistungs- und risikobedingten Komponenten aus der Portfoliorendite und ihre Abgrenzung gegenüber zufallsbedingten Störgrößen schwierig.

In fast allen Studien zur Performancemessung von Investmentfonds werden einzelne Ansätze angewendet, ohne ex ante zu wissen, ob diese bei ihrem empirischen Einsatz tatsächlich imstande sind, eine potentiell vorhandene Performance der Manager zu identifizieren. Diese Ungewißheit resultiert aus dem Umstand, daß im Rahmen einer externen Analyse nicht beurteilt werden kann, welche Prognosen die Manager ihren Entscheidungen tatsächlich zugrunde gelegt haben. Vielmehr erfolgt die Interpretation der Ergebnisse weitgehend vor dem Hintergrund der theoretischen Basis des eingesetzten Verfahrens. Es ist jedoch weitgehend unklar, inwieweit die verschiedenen Maße bei ihrem empirischen Einsatz tatsächlich ihren theoretischen Ansprüchen gerecht werden.

Der Beantwortung dieser Frage widmen sich vergleichsweise wenige Untersuchungen, die in Tabelle 1 zusammengestellt sind. In ihnen werden die Maße auf Portfolios angewendet, in denen Selektions- und Timinginformationen simuliert wurden. Im Rahmen der Analysen wird dann geprüft, ob diese mit den verschiedenen Verfahren signifikant identifiziert werden können. Ein Performancemaß kann dann als robust bezeichnet werden, wenn es

- bei Vorliegen privater Informationen des Managers ein positives Vorzeichen aufweist und
- in der Lage ist, ein korrektes Ranking der Manager vorzunehmen, sofern diese über in ihrem Umfang und Qualität differierende Informationen verfügen bzw. unterschiedlich auf diese reagieren.

Autor(en) (Jahr)	Anzahl der Portfolios; untersuchte Maße	Art der Portfoliobildung; Art der simulierten Information	Besonderheiten; Ergebnisse
FRIEND/ BLUME (1970)	200 Portfolios; klassische Maße	Zufallsportfolios; keine	in Abhängigkeit der Marktphase signifikant negative (Baisse) und positive (Hausse) Korrelation zw. Performance und Risikomaßen
GAUMNITZ (1970)	100 Portfolios; Sharpe-Ratio	Zufalls-, Clusterportfolios; Fonds; keine	hohe Korrelation der mittleren Renditen mit der Sharpe-Ratio; Renditen allein für Ranking ausreichend
MURPHY (1980)	100 Portfolios; Jensen	hypothetische Zufallsportfolios; Selectivity bei Konstanthalten des Betas; pro Vierteljahr +/- 0,5 %, jedoch nicht konstant	lediglich vierteljährliche Renditen bei 5-Jahres- bzw. 10-Jahreszeiträumen; für Outperformer werden nicht kontinuierlich private Informationen simuliert; Jensen-Maß nicht in der Lage, private Information zu identifizieren
FRENCH/ HENDERSON (1985)	51 Portfolios; klassische Maße	hypothetische Zufallsportfolios unter den Bedingungen des CAPM; Selectivity durch Hinzufügung künstlicher Renditen in 0,1 % - Schritten pro Monat, angefangen bei -2,5 %	Simulation schafft CAPM-Bedingungen; monatlich zu erzielende Performance bei einem Zeitraum von 5 Jahren und monatlichen Renditen muß mindestens 1 % betragen, damit diese auf der Basis der klassischen Maße auf einem Niveau von 5 % als signifikant identifiziert wird; hohe Korrelation der mit den verschiedenen Maßen erzielten Ergebnisse; Ranking wird nicht getestet
HWANG (1988)	200 Portfolios; klassische Maße; Henriksson/ Merton-Maße (H/M); Grinblatt/ Titman-Selectivity-Maß; Cornell-Maß; Elton/ Gruber-Maße (EG)	Zufallsportfolios durch Ziehen mit Zurücklegen realer Wertpapiere; Selectivity durch Hinzufügung künstlicher Renditen in 1%-Schritten pro Monat; Timingfähigkeiten durch Adjustierung des Portfoliobetas in Abhängigkeit unterschiedlicher Annahmen über die Aggressivität der Manager auf bestimmte Target-Betas	sowohl Untersuchung über die Fähigkeit der Maße zur Identifikation privater Information als auch über ihr Rankingverhalten; einzige Untersuchung auch von Maßen, die auf Portfoliogewichte zurückgreifen; klassische Maße durch Timingfähigkeiten verzerrt; Jensen-Maß kein korrekter Schätzer für Gesamtperformance; klassische Maße mit ähnlichen Ergebnissen; H/M-Alpha als bestes Maß zur Identifikation von Selektionsfähigkeiten; EG-Timing-Maß als bestes Maß zur Identifikation von Timingfähigkeiten; H/M-Timing-Maß nach unten verzerrt, aber zur Differenzierung unterschiedlicher Timingperformance geeignet; EG-Gesamtperformancemaße nach unten verzerrt; Cornell-Maß als bestes Maß zur Identifikation von Selektionsfähigkeiten
BÜHLER (1993)	1000, z.T. 100 synthetisch erzeugte Zeitreihen; Jensen; Positive Period Weighting-Maß (PW); Henriksson/ Merton- (H/M) und Treynor/ Mazuy (T/M)-Maße; Modell mit variablen Parametern	Selectivity durch Hinzufügung von 0,5 % pro Monat; Timingfähigkeiten durch Modellierung von Zeitreihen unter Vorabbestimmung des Portfoliobetas in Abhängigkeit von der Höhe der Marktüberschußrenditen; Berechnung der Zeitreihen unter Nutzung des Marktmodells	Jensen-Alpha bei Timingfähigkeiten nach oben verzerrt, Selektionsfähigkeit werden signifikant angezeigt; PW-Maß nahezu identisch; H/M-Alpha bei Timingfähigkeiten nach unten verzerrt; T/M-Alpha nach unten verzerrt, Verzerrung aber geringer als beim Jensen-Maß; Korrelation zw. Alphas und Timingkoeffizienten als statistisches Artifakt; H/M-Timingmaß zur Identifikation von Timingfähigkeiten am besten geeignet, allerdings lediglich 60 % der Werte signifikant (T/M-Timingmaß 54 %), fast alle Werte positiv; etwas bessere Ergebnisse bei variablen Parameterschätzungen (67 % signifikant positiv)

Fortsetzung Tab. 1 auf der nächsten Seite

WITTROCK (1996)	200 Portfolios; klassische Maße; Henriksson/ Merton-(H/M) und Treynor/ Mazuy (T/M)-Maße; Positive-Period-Weighting-Measure (PW); Connor/ Korajczyk-Maß (CK); Lower Partial Moment-Maße (LPM); Stochastische Dominanz (SD)	Zufallsportfolios durch Ziehen mit Zurücklegen realer Wertpapiere; Selectivity durch Hinzufügung künstlicher Renditen in 0,5% - Schritten pro Monat; Timingfähigkeiten durch Adjustierung des Portfoliobetas in Abhängigkeit unterschiedlicher Annahmen über die Aggressivität der Manager auf bestimmte Target-Betas Prüfung mit mehreren Indizes und Perioden Berücksichtigung des Kleinfirmen- und Januareffektes	sowohl Untersuchung über die Fähigkeit der Maße zur Identifikation privater Information als auch über ihr Rankingverhalten; klassische Maße durch Timingfähigkeiten verzerrt; Jensen-Maß eher als Gesamtperformancemaß zu interpretieren; klassische Maße mit ähnlichen Ergebnissen; H/M-Alpha als bestes Maß zur Identifikation und zum Ranking von Selektionsfähigkeiten; Timingmaße mit systematisch negativer Verzerrung; signifikante Identifikation erst bei sehr aggressivem Timing möglich; z.T. durch künstliches Timing erklärbar; statistische Abhängigkeiten zw. Timing- und Selektions-Maßen bei H/M und T/M; bei Timing grundsätzlich positive, aber nicht signifikante Werte der Timingkoeffizienten; Gesamtperformancemaße zur Identifikation positiver Performance geeignet mit ähnlichen Ergebnissen; C/K-Maß dabei mit den besten Resultaten; LPM-Maße weisen gegenüber der Verwendung der Sharpe-Ratio selbst bei durch Timing hervorgerufenen ausgeprägten Schiefen keine Vorteile auf; SD 1. Grades untauglich; Portfoliogruppen mit simulierter Selektions- und Timingperformance werden mit SD 2. Grades korrekt der Gruppe der effizienten Portfolios zugeordnet; Notwendigkeit eines Signifikanztests auch bei SD Ranking unabhängig vom eingesetzten Index; Gewichtung des Index entscheidend für Identifizierbarkeit von Managerfähigkeiten

Tab. 1: **Untersuchungen zur Robustheit verschiedener Performancemaße**

Insgesamt zeigen die Ergebnisse der verschiedenen Studien, daß die Gesamtheit der Maße eine nur geringe Macht bei der Identifikation superiorer Performance aufweist, sofern diese relativ moderat ausfällt. Der Nachweis einer statistischen Signifikanz gelingt erst bei simulierten Renditen, deren Höhe in der Praxis kaum realistisch sein dürfte. Bezüglich des Rankings der Portfolioperformance sind die meisten Maße dagegen kaum zu kritisieren, sowohl was die Wahl des Maßes als auch der Benchmark angeht. Lediglich in einer Untersuchung wird eine Prüfung der Robustheit von Maßen vorgenommen, die auf Portfoliogewichte zurückgreifen.[72] Wie zu erwarten, zeigen die Ergebnisse dieser Studie, daß derartige Maße bei der Identifikation von Managerfähigkeiten im Vergleich zu den lediglich auf Portfoliorenditen basierenden Verfahren vorteilhaft sind.

Selectivity-Maße, mit deren Hilfe eine Messung der Performance ohne Berücksichtigung instationärer Betafaktoren erfolgt, sind bei Vorliegen von Timingfähigkeiten verzerrt und fangen auch einen Teil der Timingperformance auf. Es wird darüber hinaus übereinstimmend bestätigt, daß das häufig benutzte Jensen-Alpha stets nach oben verzerrt wird, wenn bestimmte Voraussetzungen gegeben sind, die in der Realität meistens vorliegen. Insofern ergibt sich die wichtige Erkenntnis, daß Manager, die über Timingfähigkeiten verfügen, nicht, wie oft behauptet, durch eine negative Verzerrung dieses Maßes bestraft werden. Dieses Maß ist

---

[72] Vgl. Hwang (1988).

somit entgegen seinem theoretischen Anspruch als Gesamtperformancemaß anzusehen. Das Alpha des Henriksson/ Merton-Ansatzes scheint unter den Selectivity-Maßen sowohl zur Bestimmung des Selektionsbeitrages als auch zum Ranking desselben am besten geeignet zu sein. Dies gilt allerdings nur unter den in den Studien gemachten Annahmen über das Timingverhalten der Manager.

Als generell schwieriger im Vergleich zur Identifikation von Selektionsinformationen erweist sich in allen Untersuchungen der Nachweis von Timingfähigkeiten, welcher signifikant erst bei der Unterstellung eines relativ aggressiven Timings möglich ist.

Verschiedenen Analysen zufolge scheint die Relevanz von Verlustrisikomaßen zur Risikobereinigung nur für stark von einer Normalverteilung abweichende Portfoliorenditen, wie sie beim verstärkten Einsatz von Optionen zu erwarten sind, gegeben zu sein.

11. Schlußbetrachtung

Die Performancemessung und -analyse ist seit nunmehr drei Jahrzehnten Gegenstand der theoretischen und empirischen Forschung. Trotz z.T. kontroverser Auffassungen über den Aussagegehalt bisheriger Untersuchungen sowie bestehender Zweifel über den generellen Sinn der Performancemessung nimmt ihre Bedeutung weiterhin zu. Dies wird sowohl durch den Erfolg von Dienstleistungsunternehmen, die Performanceanalysesysteme anbieten, als auch durch die Erarbeitung von Performance Presentation Standards in verschiedenen Ländern deutlich. Auch in der Forschung beschäftigen sich nach wie vor zahlreiche Untersuchungen mit diesem Thema.

Die Kritik an den klassischen Maßen von TREYNOR, SHARPE und JENSEN[73] sowie den darauf aufbauenden Ansätzen haben zu einer intensiven Suche nach alternativen Ansätzen zur risikoadjustierten Messung der Performance geführt. Die bis heute andauernde wissenschaftliche Diskussion erstreckt sich dabei insbesondere auf die Frage nach einer geeigneten Benchmark, der damit eng in Verbindung stehenden Definition des Risikos sowie der Modellierung privater Informationen als Voraussetzung für eine superiore Performance. Trotz des zunehmend höheren Komplexitätsgrades des verwendeten Meßinstrumentariums bleibt die Abgrenzung der Managerleistung vom Zufall jedoch schwierig. Einzig die Messung der Performance nicht nur auf der Basis von Renditen, sondern mit Hilfe zusätzlicher Daten, scheint geeignet, eine erhöhte Aussagekraft der Meßresultate zu gewährleisten.

Die Schlußfolgerung aus den bisherigen Untersuchungen zur Robustheit von Performancemaßen sollte für die Wissenschaft Anlaß genug sein, sich statt des Einsatzes eines zunehmend praxisferneren statistischen Instrumentariums zur Perfor-

---

[73] Vgl. Treynor (1965), Sharpe (1966) und Jensen (1968) und (1969).

mancemessung auf der Basis von Renditen auf die Entwicklung von Verfahren zu konzentrieren, die mit zusätzlichen Informationen eine aussagekräftigere Beurteilung der Leistungsfähigkeit von Portfoliomanagern erlauben. Die Praxis ist insofern zur Bereitstellung entsprechender Daten aufgefordert!

Literaturverzeichnis

Admati, A. R./ Ross, S.A. (Admati/ Ross, 1985): Measuring Investment Performance in a Rational Expectations Equilibrium Model, in: *Journal of Business*, Vol. 58, 1985, S. 1-26.

Admati, A. R./ Bhattacharya, S./ Pfleiderer, P./ Ross, S. A. (Admati et al., 1986): On Timing and Selectivity, in: *Journal of Finance*, Vol. 41, 1986, S. 715-732.

Association for Investment Management and Research (ed.) (AIMR, 1996): *Performance Presentation Standards*, Handbook 1997, 2nd ed., Charlottesville, Va. 1996.

Alexander, G. J./ Stover, R. D. (Alexander/ Stover, 1980): Consistency of Mutual Fund Performance During Varying Market Conditions, in: *Journal of Economics and Business*, Vol. 32, 1980, S. 219-226.

Arditti, F. D. (Arditti, 1971): Another Look at Mutual Fund Performance, in: *Journal of Financial and Quantitative Analysis*, Vol. 6, 1971, S. 909-912.

Bank Administration Institute (ed.) (BAI, 1968): *Measuring the Investment Performance of Pension Funds*, Park Ridge 1968.

Bauer, C. (Bauer, 1992): *Das Risiko von Aktienanlagen – Die fundamentale Analyse und Schätzung von Aktienrisiken*, Köln 1992.

Bawa, V. S. (Bawa, 1975): Optimal Rules for Ordering Uncertain Prospects, in: *Journal of Financial Economics*, Vol. 2, 1975, S. 95-121.

Bawa, V. S. (Bawa, 1982): Stochastic Dominance: A Research Bibliography, in: *Management Science*, Vol. 28, 1982, S. 698-712.

Bawa, V. S./ Lindenberg, E. B. (Bawa/ Lindenberg, 1977): Capital Market Equilibrium in a Mean-Lower Partial Moment Framework, in: *Journal of Financial Economics*, Vol. 5, 1977, S. 189-200.

Bhattacharya, S./ Pfleiderer, P. (Bhattacharya/ Pfleiderer, 1983): A Note on Performance Evaluation, Technical Report 714, Graduate School of Business, Stanford University, October 1983.

Black, A./ Fraser, P./ Power, D. (Black et al., 1992): UK Unit Trust Performance 1980-1989: A Passive Time-Varying Approach, in: *Journal of Banking and Finance*, Vol. 16, 1992, S. 1015-1033.

Bookstaber, R./ Clarke, R. (Bookstaber/ Clarke, 1981): Options Can Alter Portfolio Return Distributions, in: *Journal of Portfolio Management*, Vol. 7, 1981, S. 63-70.

Bookstaber, R./ Clarke, R. (Bookstaber/ Clarke 1984): Option Portfolio Strategies: Measurement and Evaluation, in: *Journal of Business*, Vol. 57, 1984, S. 469 – 492.

Brinson, G. P./ Hood, R./ Beebower, G. L. (Brinson et al., 1986): Determinants of Portfolio Performance, in: *Financial Analysts Journal*, Vol. 42, 1986, S. 39-44.

Bühler, A. (Bühler, 1993): Performance-Messung: Eine empirische Untersuchung unter Berücksichtigung von Modellen mit variablen Parametern, Arbeitspapier, Schweizerisches Institut für Banken und Finanzen, Hochschule St. Gallen, St. Gallen 1993.

Chang, E. C./ Lewellen, W. G. (Chang/ Lewellen, 1985): An Arbitrage Pricing Approach to Evaluating Mutual Fund Performance, in: *Journal of Financial Research*, Vol. 8., 1985, S. 15-30.

Chen, C. R./ Lee, C. F./ Rahman, S./ Chan, A. (Chen et al. 1992): A Cross-Sectional Analysis of Mutual Funds' Market Timing and Security Selection Skill, in: *Journal of Business, Finance and Accounting*, Vol. 19, 1992, S. 659-675.

Chen, C. R./ Stockum, S. (Chen/ Stockum, 1986): Selectivity, Market Timing, and Random Beta Behavior of Mutual Funds: A Generalized Model, in: *Journal of Financial Research*, Vol. 9, 1986, S. 87-96.

Connor, G./ Korajczyk, R. A. (Connor/ Korajczyk, 1986): Performance Measurement with the Arbitrage Pricing Theory, in: *Journal of Financial Economics*, Vol. 15, 1986, S. 373-394.

Connor, G./ Korajczyk, R. A. (Connor/ Korajczyk, 1991): The Attributes, Behavior, and Performance of U.S. Mutual Funds, in: *Review of Quantitative Finance and Accounting*, Vol. 1, 1991, S. 5-26.

Copeland, T. E./ Mayers, D. (Copeland/ Mayers, 1982): The Value Line Enigma (1965-1978): A Case Study of Performance Evaluation Issues, in: *Journal of Financial Economics*, Vol. 10, 1982, S. 289-321.

Cornell, B. (Cornell 1979): Asymmetric Information and Portfolio Performance Measurement, in: *Journal of Financial Economics*, Vol. 7, 1979, S. 381-390.

Cumby, R. E./ Modest, D. M. (Cumby/ Modest, 1987): Testing for Market Timing Ability, in: *Journal of Financial Economics*, Vol. 19, 1987, S. 169-189.

Dietz, P. O. (Dietz, 1966): *Pension Funds – Measuring Investment Performance*, Toronto/ Ontario 1966.

Dybvig, P. H./ Ross, S. A. (Dybvig/ Ross, 1985): Differential Information and Performance Measurement Using a Security Market Line, in: *Journal of Finance*, Vol. 40, 1985, S. 383-399.

Elton, E. J./ Gruber, M. J. (Elton/ Gruber, 1991): Differential Information and Timing Ability, in: *Journal of Banking and Finance*, Vol. 15, 1991, S. 117-131.

Elton, E. J./ Gruber, M. J./ Das, S./ Hlavka, M. (Elton et al., 1993): Efficiency with Costly Information: A Reinterpretation of Evidence from Managed Portfolios, in: *Review of Financial Studies*, Vol. 6, 1993, S. 1-22.

Fabozzi, F. J./ Francis, J. C. (Fabozzi/ Francis, 1979): Mutual Fund Systematic Risk for Bull and Bear Markets: An Empirical Examination, in: *Journal of Finance*, Vol. 34, 1979, S. 1243-1250.

Fama, E. F. (Fama, 1972): Components of Investment Performance, in: *Journal of Finance*, Vol. 27, 1972, S. 551-567.

Fishburn, P. C. (Fishburn, 1977): Mean-Risk Analysis with Risk Associated with Below-Target Returns, in: *American Economic Review*, Vol. 67, 1977, S. 116-126.

Francis, J. C./ Archer, S. H. (Francis/ Archer, 1979): *Portfolio Analysis*, 2nd ed., Englewood Cliffs 1979.

French, D. W./ Henderson, G. V. (French/ Henderson, 1985): How Well Does Performance Evaluation Perform?, in: *Journal of Portfolio Management*, Vol. 11, 1985, Winter, S. 15-18.

Friend, I./ Blume, M. E. (Friend/ Blume, 1970): Measurement of Portfolio Performance Under Uncertainty, in: *American Economic Review*, Vol. 60, 1970, S. 561-575.

Gaumnitz, J. E. (Gaumnitz, 1970): Appraising Performance of Investment Portfolios, in: *Journal of Finance*, Vol. 25, 1970, S. 555-560.

Good, W. R./ Hermansen, R. W./ Barneby, T. K. (Good et al., 1986): Opportunity: Actively Managed Investment Universes, in: *Financial Analysts Journal*, Vol. 42, 1986, S. 49-57.

Grant, D. (Grant, 1977): Portfolio Performance and the Cost of Timing Decisions, in: *Journal of Finance*, Vol. 32, 1977, S. 837-846.

Grinblatt, M. (Grinblatt, 1987): How to Evaluate a Portfolio Manager, in: *Finanzmarkt und Portfolio Management*, 1. Jg., 1987, S. 9-20.

Grinblatt, M./ Titman, S. (Grinblatt/ Titman, 1989): Portfolio Performance Evaluation: Old Issues and New Insights, in: *Review of Financial Studies*, Vol. 2, 1989, S. 393-421.

Grinblatt, M./ Titman, S. (Grinblatt/ Titman, 1992): Performance Evaluation, Working Paper No. 3-92, John E. Anderson Graduate School of Management, University of California, Los Angeles 1992.

Grinblatt, M./ Titman, S. (Grinblatt/ Titman 1993): Performance Measurement without Benchmarks: An Examination of Mutual Fund Returns, in: *Journal of Business*, Vol. 66, 1993, S. 47-68.

Harlow, W. V. (Harlow, 1991): Allocation in a Downside-Risk Framework, in: *Financial Analysts Journal*, Vol. 47, 1991, S. 28-40.

Henriksson, R. D. (Henriksson, 1984): Market Timing and Mutual Fund Performance: An Empirical Investigation, in: *Journal of Business*, Vol. 57, 1984, S. 73-96.

Henriksson, R. D./ Merton, R. C. (Henriksson/ Merton, 1981): On Market Timing and Investment Performance II. Statistical Procedures for Evaluating Forecasting Skills, in: *Journal of Business*, Vol. 54, 1981, S. 513-533.

Hwang, S.-W. (Hwang, 1988): *Information Quality and Portfolio Performance Measures: The Degree of Robustness and Empirical Evidence*, Diss. Univ. New York, New York 1988.

Ippolito, R. A. (Ippolito, 1989): Efficiency with Costly Information: A Study of Mutual Fund Performance, 1965-1984, in: *Quarterly Journal of Economics*, Vol. 104, 1989, S. 1-23.

Jagannathan, R./ Korajczyk, R. A. (Jagannathan/ Korajczyk, 1986): Assessing the Market Timing Performance of Managed Portfolios, in: *Journal of Business*, Vol. 59, 1986, S. 217-235.

Jensen, M. C. (Jensen, 1968): The Performance of Mutual Funds in the Period 1945-1964, in: *Journal of Finance*, Vol. 23, 1968, S. 389-416.

Jensen, M. C. (Jensen, 1972): Optimal Utilization of Market Forecasts and the Evaluation of Investment Performance, in: Szegö, G./ Shell, K. (eds.), *Mathematical Methods in Investment and Finance*, North Holland 1972, S. 310-335.

Jobson, J. D./ Korkie, B. (Jobson/ Korkie, 1981): Performance Hypothesis Testing with the Sharpe and Treynor Measures, in: *Journal of Finance*, Vol. 36, 1981, S. 889-908.

Kane, A./ Marks, S. G. (Kane/ Marks, 1988): Performance Evaluation of Market Timers: Theory and Evidence, in: *Journal of Financial and Quantitative Analysis*, Vol. 23, 1988, S. 425-435.

Kleeberg, J. M. (Kleeberg, 1995): *Der Anlageerfolg des Minimum-Varianz-Portfolios*, 2. Aufl., Bad Soden/ Taunus 1995.

Kon, S. J./ Jen, F. C. (Kon/ Jen, 1978): Estimation of Time-Varying Systematic Risk and Performance for Mutual Fund Portfolios: An Application of Switching Regression, in: *Journal of Finance*, Vol. 33, 1978, S. 457-475.

Kraus, A./ Litzenberger, R. H. (Kraus/ Litzenberger, 1976): Skewness Preference and the Valuation of Risk Assets, in: *Journal of Finance*, Vol. 31, 1976, S. 1085-1100.

Kritzman, M. (Kritzman, 1987): Incentive Fees: Some Problems and Some Solutions, in: *Financial Analysts Journal*, Vol. 43, 1987, S. 21-26.

Lehmann, B. N./ Modest, D. M. (Lehmann/ Modest, 1987): Mutual Fund Performance Evaluation: A Comparison of Benchmarks and Benchmark Comparisons, in: *Journal of Finance*, Vol. 42, 1987, S. 233-265.

Lockwood, L. J./ Kadiyala, K. R. (Lockwood/ Kadiyala, 1988): Measuring Investment Performance with a Stochastic Parameter Regression Model, in: *Journal of Banking and Finance*, Vol. 12, 1988, S. 457-467.

Markowitz, H. M. (Markowitz, 1959): *Portfolio Selection. Efficient Diversification of Investments*, New York et al. 1959.

Merton, R. C. (Merton, 1981): On Market Timing and Investment Performance. I. An Equilibrium Theory of Value for Market Forecasts, in: *Journal of Business*, Vol. 54, 1981, S. 363-406.

Miller, R. E./ Gehr, A. K. (Miller/ Gehr, 1978): Sample Size Bias and Sharpe's Performance Measure: A Note, in: *Journal of Financial and Quantitative Analysis*, Vol. 13, 1978, S. 943-946.

Murphy, J. M. (Murphy, 1980): Why No One Can Tell Who's Winning, in: *Financial Analysts Journal*, Vol. 36, 1980, S. 49-57.

Nawrocki, D. N. (Nawrocki, 1991): Optimal Algorithms and Lower Partial Moment: Ex Post Results, in: *Applied Economics*, Vol. 23, 1991, S. 465-470.

Nowak, T. (Nowak, 1994): *Faktormodelle in der Kapitalmarkttheorie*, Köln 1994.

Roll, R. (Roll, 1977): A Critique of the Asset Pricing Theory's Tests – Part I: On Past and Potential Testability of the Theory, in: *Journal of Financial Economics*, Vol. 4, 1977, S. 129-176.

Roll, R. (Roll, 1978): Ambiguity When Performance is Measured by the Securities Market Line, in: *Journal of Finance*, Vol. 33, 1978, S. 1051-1070.

Schmidt-von Rhein, A. (Schmidt-von Rhein, 1996): *Die Moderne Portfoliotheorie im praktischen Wertpapiermanagement*, Bad Soden/ Taunus 1996.

Sharpe, W. F. (Sharpe, 1966): Mutual Fund Performance, in: *Journal of Business*, Vol. 39, 1966, S. 119-138.

Sharpe, W. F. (Sharpe, 1988): Determining a Fund´s Effective Asset Mix, in: *Investment Management Review*, Vol. 2, 1988, December, S. 59-69.

Sharpe, W. F. (Sharpe, 1992): Asset Allocation: Management Style and Performance Measurement, in: *Journal of Portfolio Management*, Vol. 18, 1992, Winter, S. 7-19.

Sharpe, W. F./ Alexander, G. (Sharpe/ Alexander, 1990): *Investments*, 4th ed., Englewood Cliffs 1990.

Shukla, R./ Trzcinka, C. (Shukla/ Trzcinka, 1992): Performance Measurement of Managed Portfolios, Financial Markets, Institutions & Instruments, New York University Salomon Center, Vol. 1, No. 4, New York 1992.

Steiner, M./ Bruns, C. (Steiner/ Bruns, 1994): *Wertpapiermanagement*, 3. Aufl., Stuttgart 1994.

Steiner, M./ Nowak, T. (Steiner/ Nowak, 1994): Zur Bestimmung von Risikofaktoren am deutschen Aktienmarkt auf Basis der Arbitrage Pricing Theory, in: *Die Betriebswirtschaft*, 54. Jg., 1994, S. 347-362.

Steiner, M./ Wittrock, C. (Steiner/ Wittrock, 1994): Timingaktivitäten von Aktieninvestmentfonds und ihre Identifikation im Rahmen der externen Performance-Messung – Eine theoretische und empirische Untersuchung der Leistungen von Investmentfonds, in: *Zeitschrift für Betriebswirtschaft*, 64. Jg., 1994, S. 593-618.

Stucki, E. (Stucki, 1988): *Beschreibende Methoden zur Messung der Performance von Aktienportfolios*, Diss. Hochschule St. Gallen, St. Gallen 1988.

Treynor, J. L. (Treynor, 1965): How to Rate Management of Investment Funds, in: *Harvard Business Review*, Vol. 43, 1965, S. 63-75.

Treynor, J. L./ Mazuy, K. K. (Treynor/ Mazuy, 1966): Can Mutual Funds Outguess the Market?, in: *Harvard Business Review*, Vol. 44, 1966, S. 131-136.

Uhlir, H. (Uhlir, 1981): Portefeuillemanagement und Anlageerfolgsbeurteilung – Zum gegenwärtigen Stand der Performancemessung, in: Seicht, G. (Hrsg.), *Management und Kontrolle*, Festschrift für Erich Loitlsberger zum 60. Geburtstag, Berlin 1981, S. 529-569.

Veit, E. T./ Cheney, J. M. (Veit/ Cheney, 1982): Are Mutual Funds Market Timers?, in: *Journal of Portfolio Management*, Vol. 8, 1982, Winter, S. 35-42.

Wittrock, C. (Wittrock, 1995): Der Einsatz von Asset-Allocation-Modellen in der Portfolioanalyse, in: *Finanzmarkt und Portfolio Management*, 9. Jg., Nr. 3, 1995, S. 361-383.

Wittrock, C. (Wittrock, 1996): *Messung und Analyse der Performance von Wertpapierportfolios – Eine theoretische und empirische Untersuchung*, 2. Aufl., Bad Soden/ Taunus 1996.

Wittrock, C./ Steiner, M. (Wittrock/ Steiner 1995): Performance-Messung ohne Rückgriff auf kapitalmarkttheoretische Renditeerwartungsmodelle – Eine Analyse des Anlageerfolges deutscher Aktieninvestmentfonds, in: *Kredit und Kapital*, 28. Jg., 1995, S. 1-45.

Wittrock, C./ Völker, M. (Wittrock/ Völker, 1994): Strukturierte Fondskonzepte, in: *Die Bank*, o. Jg., 1994, H. 11, S. 648-654.

Zimmermann, H. (Zimmermann, 1991): Zeithorizont, Risiko und Performance: Eine Übersicht, in: *Finanzmarkt und Portfolio Management*, 5. Jg., 1991, S. 164-181.

Sachgerechte Attribution der Performance

von Hans G. Pieper

1. Einleitung
2. Anforderungen an die Performanceattribution
3. Attribution der Performance eines Portfolios
4. Berücksichtigung von Währungseinflüssen
5. Probleme und Grenzen der Performanceattribution
6. Resümee

1. Einleitung

Das Ziel einer Performanceanalyse[1], die sowohl verstanden wird als eine objektive Leistungsbeurteilung des Managements als auch als eine Analyse zur Qualifizierung der Erträge,[2] sollte eine detaillierte und genaue Abbildung des Anlageerfolgs sein. Die Performanceanalyse läßt sich grundsätzlich in drei Ebenen einteilen:

- Performancemessung,
- Risikoanalyse[3],
- Performanceattribution.

Ursprünglich diente die Performanceanalyse als Kontrollinstrument und Beurteilungsmaßstab von Managementleistungen bei der Verwaltung von Portfolios. Heutzutage ist die Performanceanalyse ein wichtiger Bestandteil im Regelkreis des Asset-Managements geworden (s. auch Abbildung 2). Grundsätzlich wird zwischen der internen und der externen Performanceanalyse unterschieden.[4] Die interne Performanceanalyse basiert auf dem vollständigen Datenfundus über die Anlageentscheidungen und kann dadurch wesentlich tiefergehende Analysen erstellen; dann stellt sie ein wichtiges Instrument des Controllings des Asset-Management-Prozesses dar. Die externe Performanceanalyse beruht auf den veröffentlichten bzw. für Externe zugänglichen Daten und ist damit auf eine erheblich reduzierte Datenbasis angewiesen.

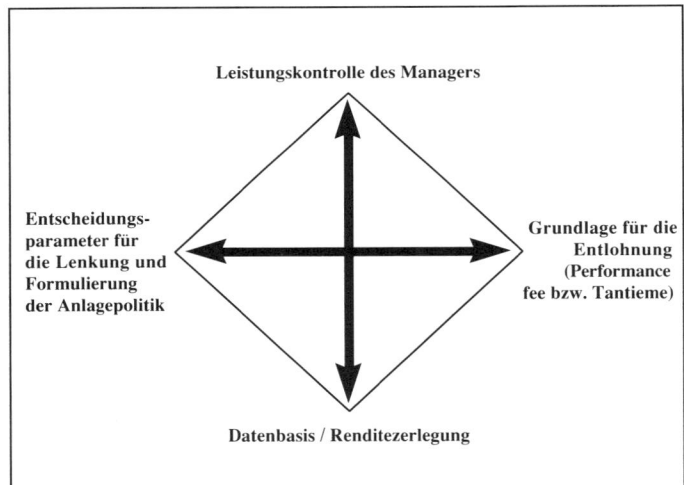

Abb. 1: Inhaltliches Spannungsfeld der Performanceattribution

---

1 Der Begriff „Performanceanalyse" wird in der Literatur nicht eindeutig definiert und auch häufig als Synonym für die Performancemessung verwandt.
2 Vgl. Wertschulte (1995), S. 72.
3 Auf die Risikoanalyse soll in diesem Artikel nicht eingegangen werden. Als Basislektüre zur Notwendigkeit der Einbeziehung des Risikos ist Wittrock (1996), S. 21 ff. zu empfehlen. Als weiterführende Literatur über die verschiedenen Risikodefinitionen sind beispielhaft Fuller/ Wong (1988), v. Siebenthal (1992) und Zimmermann (1994) zu nennen.
4 Vgl. Wittrock (1996), S. 3.

Für die Performancemessung werden in einem ersten Schritt durch einen Buttom-up-Prozeß die notwendigen Daten im Zeitablauf gesammelt und rechnerisch aufbereitet. Das Ergebnis ist ein Zahlenwerk über die Wertentwicklung des betrachteten Portfolios. Der bei der Datenaufbereitung betriebene Aufwand ist von ausschlaggebender Bedeutung für die Qualität und Schärfe der Performancemessung und der gesamten Performanceanalyse, deren Basis sie bildet. Typischerweise stehen für die Performancemessung bei Publikumsfonds nur Anteilswerte zur Verfügung während für Spezialfonds o.ä. Portfolios jeder einzelne Bestand und jede einzelne Transaktion verfügbar sind.

Die in der Performancemessung ermittelten Zahlen sollen in der Performanceattribution auf die zugrundeliegenden Entscheidungsparameter des Asset-Managment-Prozesses zurückgeführt werden (Renditezerlegung).[5] Die Performanceattribution soll damit ein Management-Information-System sein, dessen Nutzen in der Bewertung der Einflußgrößen innerhalb des Entscheidungsprozesses des Asset-Managements liegt.

Der Unterschied läßt sich somit in der differenzierten Fragestellung kurz und prägnant fassen: „Performance measurement is «How well did we do?» and performance attribution is «How did we do well?»".[6]

Damit ergibt sich ein Spannungsfeld für die Performanceattribution, das in Abbildung 1 dargestellt ist. Eine sinnvolle Attribution der Performance sollte sowohl die Verfahren der Performancemessung *als auch* die jeweilige Entscheidungs- und Verantwortungsstruktur des Asset-Management-Prozesses berücksichtigen, um in diesem Spannungsfeld nachvollziehbare und objektivierende Antworten zu generieren.[7] Festzuhalten ist bereits hier die entscheidende Bedeutung des zwingenden Zusammenhangs zwischen Performancemessung und einer sich anschließenden sachgerechten Attribution.

2. Anforderungen an die Performanceattribution

Da die Performanceattribution auf den Ergebnissen der Performancemessung aufbaut, ist es notwendig, die Verfahren für die Performancemessung konsequent mit Blick auf das gesetzte Ziel – die Generierung von entscheidungsrelevanten Informationen über den Asset-Management-Prozeß – anzuwenden. Im folgenden werden nur die wichtigsten Anforderungen an die Performancemessung aufgezeigt.

Den Ausgangspunkt für die Performancemessung bildet die Ermittlung der Rendite über eine bestimmte Periode, die grundsätzlich als prozentualer Gewinn auf ein bestimmtes Anfangskapital des Portfolios definiert ist. Die dazugehörige Bewertungsperiode wird dabei durch den Zeitraum vorgegeben, welcher zwischen zwei

---

[5] Vgl. Brinson et al. (1986), S. 39 sowie Ankrim (1994), S. 29.
[6] Vgl. EFFAS (1996), S. 2.
[7] Vgl. Karnosky / Singer (1994), S. 69 sowie Bagot (1995), S. 95.

Zahlungszeitpunkten liegt.[8] Die Rendite r eines Portfolios P für den Zeitraum t wird berechnet als

(1) $r_{p,t} = \dfrac{P_t}{P_{t-1}} - 1$,

mit: P_t = Wert des Portfolios P am Ende der Bewertungsperiode,
P_{t-1} = Wert des Portfolios P am Anfang der Bewertungsperiode,
$r_{p,t}$ = Rendite des Portfolios P für den Zeitraum t.

Treten während der betrachteten Bewertungsperiode Ein- und Auszahlungen auf, so ergibt sich bei der Renditeberechnung das Problem, daß das Portfoliokapital über die Periode schwankt. Zur Lösung können grundsätzlich die interne Rendite oder der Time-weighted Return zur Ermittlung der Rendite herangezogen werden. Im Sinne einer Leistungsbeurteilung eines Portfoliomanagers, der selber keinen Einfluß auf Ein- oder Auszahlungen in das Portfolio hat, wird der Time-weighted Return zur Ermittlung der Portfolioentwicklung verwendet. Die interne Rendite dokumentiert dagegen die durchschnittliche Wertentwicklung des gesamten im Portfolio investierten Kapitals. Dies kann am Beispiel aus Tabelle 1 erläutert werden. Die Anfangswerte der Portfolios A und B betragen jeweils 800,00 DM. Als Bewertungsperiode wurde ein Kalenderjahr zugrunde gelegt. Zur Jahresmitte wurden dem Portfolio A 300,00 DM zugeführt.

Zeit	Portfolio A			Portfolio B		
	Zuführung [DM]	Marktwert [DM]	Rendite [%]	Zuführung [DM]	Marktwert [DM]	Rendite [%]
01.01.90		800,00			800,00	
30.06.90		1.200,00	+ 50.00		1.200,00	+ 50.00
01.07.90	300,00	1.500,00		0,00	1.200,00	
31.12.90		1.875,00	+ 25.00		1.500,00	+ 25.00

Tab. 1: **Vergleich von interner Rendite und Time-weighted return**

Der Time-weighted Return r^{tw}_A für das Portfolio A ergibt sich aus der multiplikativen Verknüpfung der Rendite aus dem ersten Halbjahr in Höhe von 50 % mit der Rendite aus dem zweiten Halbjahr in Höhe von 25 % zum Time-weighted Return für die Gesamtperiode von 87.5 %. Analog läßt sich der Time-weighted Return r^{tw}_B für das Portfolio B für die Gesamtperiode mit 87.5 % ermitteln.

Die interne Rendite r^i_A für das Portfolio A errechnet sich mittels der Kapitalwertmethode 800,00 * $(1+ r^i_A)$ + 300,00 * $(1+ r^i_A)$ _ = 1.875,00 als r^i_A ª 81.58 %. Die interne Rendite r^i_B für das Portfolio B ergibt sich dann als r^i_B = 87.5 %.[9]

---

[8] Vgl. Uhlir/ Steiner (1986) S. 107 und Elton/ Gruber (1984) S. 564-566.
[9] Die im folgenden Beispielen verwendeten Renditen sind jeweils Time-weighted Returns; die visuelle Trennung zwischen r^{tw} und r wird dabei fallengelassen.

Zu den Grundregeln ordnungsgemäßer Performancemessung gehört die Verwendung von Marktwerten inklusive Stückzinsen und/oder Dividendenforderungen und nicht der Gebrauch von Einstands- oder Niederstwerten.[10] Als Basis für die Leistungsbeurteilung sollten immer die effektiven, jederzeit realisierbaren Werte dienen. Steuergesetzlich determinierte Werte stellen im Sinne einer leistungsorientierten Performancemessung keine ausreichende Grundlage dar. Bei dieser Renditedefinition werden Kurssteigerungen und Kapitaleinkünfte als gleichwertige Renditekomponenten behandelt.

Eine weitere conditio sine qua non ist die Regelmäßigkeit der Renditeberechnungen. Die heute gängigen Verfahren benutzen in der Regel einmonatige Perioden, deren Renditeergebnisse im Zeitablauf multiplikativ verknüpft werden.[11] Neben dieser Regelmäßigkeit sollte sichergestellt sein, daß die gewonnenen Aussagen statistisch signifikant sind. Diese Signifikanz wird durch die Zugrundelegung eines ausreichend langen Erhebungszeitraumes der Basiszahlen gewährleistet.[12]

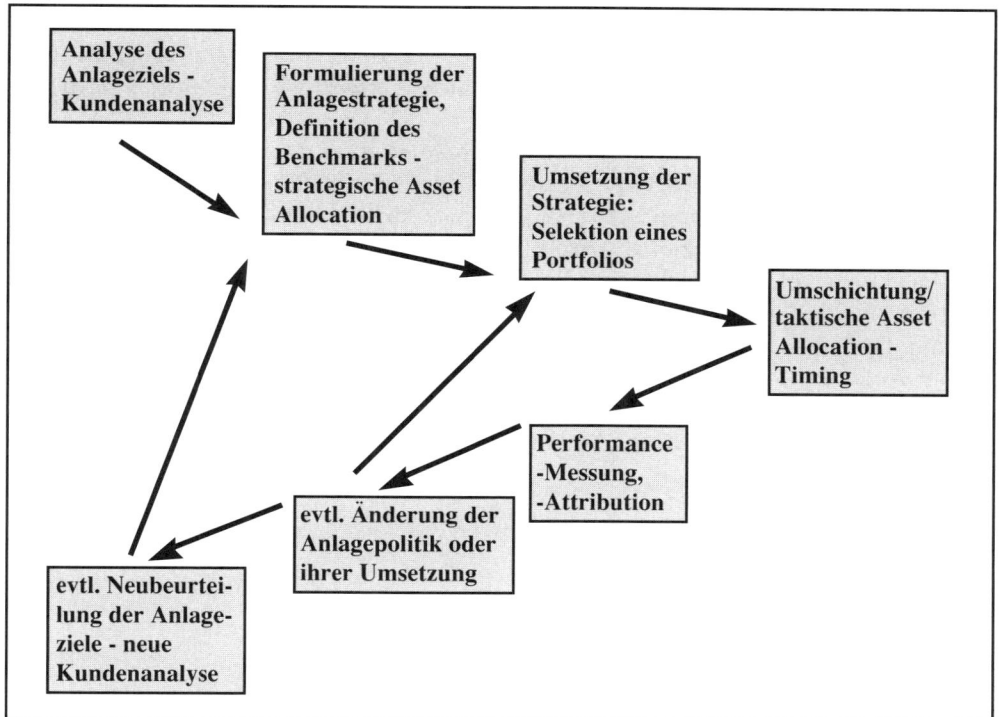

Abb. 2 : Regelkreis des Asset-Management-Prozesses[13]

---

[10] Vgl. AIMR (1997), S. 39 ff.
[11] Vgl. AIMR (1997), S. 12; u.U. wird auch die quartalsweise Berechnung von Renditen zugelassen, siehe dazu Kapital 5.
[12] Vgl. Zimmermann et al. (1996), S. 13 und Wolter (1993) S. 330 ff.
[13] Entnommen aus Zimmermann et al. (1996), S. 6. Vgl. auch Wittrock (1996), S. 12.

Ein wesentlicher Bestandteil bei der Performanceattribution ist die Wahl einer geeigneten Benchmark.[14] Die Konstruktion einer solchen Benchmark sollte in erster Linie eine möglichst adäquate Abbildung der Rendite- und Risikoziele des jeweiligen Anlegers sein. Die Festlegung bedingt oftmals eine intensive Diskussion zwischen Anleger und Manager. Der Nutzen einer Benchmark als Richtschnur für den beauftragten Manager ist allerdings nur dann gegeben, wenn sie *ex ante* festgelegt wurde und bei negativer Marktperformance Geltung hat.

Die Konstruktion einer geeigneten Benchmark stellt einerseits einen notwendigen, andererseits unter Umständen aber auch einen komplexen Schritt in einem effizienten Asset-Management-Prozeß dar,[15] der ein wesentlicher Baustein für den Aufbau des Management-Information-Systems ist. Minimalanforderung an eine Benchmark sind neben der ausreichenden Liquidität der der Benchmark zugrundeliegenden Titel, die Verfügbarkeit von adäquaten Kapitalmarktinstrumenten, also von Optionen und/ oder Futures auf die Benchmark.[16]

Mit der Performanceattribution (Renditezerlegung) wird von der Performancemessung eine Brücke zu den zugrundeliegenden Entscheidungsfindungsprozessen bzw. zum Asset-Management-Prozeß geschlagen. Eine Performanceattribution erfordert damit die Kenntnis und die zielgerichtete Zerlegung der Rendite auf die bestehenden Verantwortungsstrukturen.[17]

Als Führungsinstrument für die effiziente Allokation der Ressourcen im Asset-Management-Prozeß bedingt die Performanceattribuion eine klare Aufgabenstellung für den Investmentmanager. Anderseits kann daraus aber auch eine unter Umständen sehr differenzierte Attribution der verschiedenen Ergebnisse erfolgen. So ist beispielsweise aus Sicht eines Fondsmanagers die Attribution des verwalteten Spezialfonds stringent an der vereinbarten Anlagepolitik und den zugelassenen Investmentinstrumenten auszurichten. Für einen institutionellen Investor, der neben seinen Anlagen in Immobilien, Publikumsfonds und Spezialfonds auch noch eine Eigenanlage verwaltet, kann eine sachgerechte Attribution den Einbezug aller zugrundeliegenden Anlageformen bedeuten.

---

[14] Vgl. den Beitrag von GÜNTHER in diesem Band sowie Luck (1995), S.42 ff. und Halpern (1995), S. 49 ff.
[15] Vgl. Rehkugler et al. (1997), S. 14 ff.
[16] Die Konstruktion einer geeigneten Benchmark ist ein komplexer Themenbereich, der sowohl eine intensive Auseinandersetzung mit den Zielen des Investors als auch mit der aktuellen Struktur seiner Assets erfordert. Die Entwicklungen in der Praxis zeigen, daß die Formulierung und die vollständige inhaltliche Umsetzung von Benchmarks nicht zuletzt den Aufbau einer finanzmarktorientierten Kultur voraussetzt. Allerdings wächst mit der Bedeutung der Kapitalanlagen für die Investoren auch das Bedürfnis nach differenzierten Zielen und damit nach Benchmarkvereinbarungen. Das Thema soll an dieser Stelle nicht weiter vertieft werden; vielmehr soll auf die (wissenschaftliche) Diskussion auch im Hinblick auf das Asset-Liability-Management hingewiesen werden.
[17] Vgl. Stucki (1988), S.145 f.

3. Attribution der Performance eines Portfolios

Ausgangspunkt der heute weit verbreiteten Verfahren zur Attribution der Performance ist der Ansatz von BRINSON, HOOD und BEEBOWER (1986).[18] Danach werden die Ergebnisse einer aktiven Investmentstrategie in Relation zu einer langfristig ausgerichteten passiven Benchmarkstrategie analysiert. Für die verschiedenen Anlagekategorien eines Portfolios werden Benchmarks[19] definiert und die dazu relative Performance beurteilt.

Die aktive Rendite r_a eines Portfolios ergibt sich aus dem Vergleich zwischen der Rendite einer Benchmark und der Rendite eines Portfolios als

(2) aktive Rendite $r_a = r_p - r_b$,

    mit: r_p = Rendite des Portfolios,
            r_b = Rendite der Benchmark.

Die ermittelte aktive Rendite r_a wird auf die Parameter des Asset-Management-Prozesses „Selektion" und „Allokation" bzw. „Timing" verteilt. Grundsätzlich kann der Portfoliomanager entweder in der Gewichtung einzelner Anlagekategorien[20] von der Benchmark abweichen (Allokation bzw. Timing) oder aber von der Benchmark in der Zusammensetzung abweichende Portfolios realisieren (beispielsweise Übergewichtung einer bestimmten Aktie im Vergleich zum Marktindex).

Letzteres wird als Selektion, also als Auswahl verschiedener Wertpapiere einer Anlagekategorie, bezeichnet. Die Selektionsentscheidung hat positiv zur Performance des gesamten Portfolios im Vergleich zur Benchmark beigetragen, wenn die Portfoliorendite für die jeweilige Anlagekategorie größer ist als die jeweilige Benchmarkrendite.

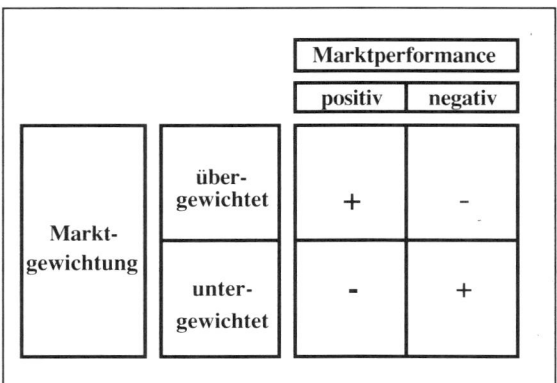

Abb. 3: Allokationsentscheidungen

---
[18] Vgl. Brinson et al. (1986), S. 39 ff.
[19] Eine Benchmark kann auf verschiedenen Ebenen des Portfolios definiert sein. Diese Ebenen werden im folgenden als Anlagekategorien bezeichnet.
[20] Unter einer Anlagekategorie können jegliche Arten von Assets subsumiert werden, d.h. eine Anlagekategorie kann eine einzelne Branche, ein Markt, eine Region o.ä. sein.

Die Entscheidung über die Gewichtung der verschiedenen Anlagekategorien wird als Allokation bezeichnet. Die Übergewichtung einer Anlagekategorie, deren Benchmark im Vergleichszeitraum eine positive Rendite erzielte, hat einen positiven Beitrag zur Performance des gesamten Portfolios erbracht. Dagegen bedeutet die Übergewichtung einer Anlagekategorie, deren Benchmark im Vergleichszeitraum eine negative Performance erzielte, einen negativen Beitrag zur Performance des gesamten Portfolios. Dabei wird von der effektiv in dieser Anlagekategorie erzielten Performance des Portfolios abstrahiert, da diese mit der Selektion beurteilt wird.

Insgesamt lassen sich die in Abbildung 3 dargestellten vier Kombinationen zwischen Gewichtung und Performance der Anlagekategorie unterscheiden, die den jeweiligen Einfluß der Gewichtung einer Anlagekategorie auf die Performance des gesamten Portfolios darstellen. Damit sind die Beitragskomponenten für den Renditevergleich zwischen Benchmark und Portfolio gekennzeichnet (siehe Tabelle 2).

Rendite aus:	Berechnung durch:
aktiver Allokation	$\Sigma (g_{pi} * r_{bi}) - (g_{bi} * r_{bi})$
Titelselektion	$\Sigma (g_{bi} * r_{pi}) - (g_{bi} * r_{bi})$
Residuum	$\Sigma (g_{pi} - g_{bi}) * (r_{pi} - r_{bi})$
aktive Rendite	$\Sigma (g_{pi} * r_{pi}) - (g_{bi} * r_{bi})$ $= r_p - r_b$

Tab. 2: Berechnung der Beitragskomponenten

mit: r_{bi} = Benchmarkrendite für die Anlagekategorie i,
g_{bi} = Benchmarkgewicht für die Anlagekategorie i,
r_{pi} = Portfoliorendite für die Anlagekategorie i,
g_{pi} = Gewicht der Anlagekategorie i am Portfoliovolumen.

Zur Ermittlung der Selektion und Allokation werden sowohl die Renditen des Portfolios und der Benchmark für die einzelnen Anlagekategorien als auch sämtliche Gewichte der einzelnen Anlagekategorien innerhalb des Portfolios und der Benchmark benötigt.

Bei der Rückführung der aktiven Rendite auf Allokation und Selektion entsteht allerdings auch eine Residualgröße.[21] Diese Residualgröße ist ein Kreuzprodukt, daß sich eindeutig weder der Selektions- noch der Allokationskomponente zuordnen läßt.

In Abbildung 4 wird der Zusammenhang für ein Portfolio erläutert, das im Vergleich zur Benchmark eine aktive Übergewichtung vorgenommen hat und zusätzlich mit der Portfolioauswahl eine höhere Rendite erwirtschaftete als die vorgegebene Benchmark.

---

[21] Vgl. Brinson et al. (1991), S. 41.

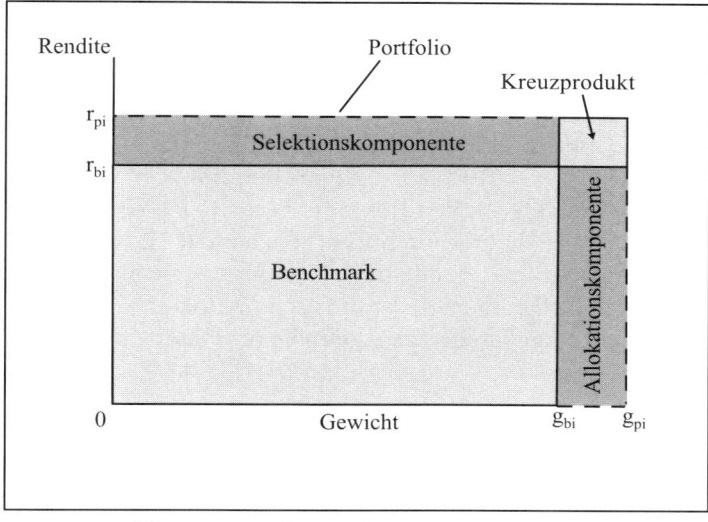

Abb. 4: Entstehung des Kreuzproduktes

In der Praxis ist insbesondere die Frage nach der Größe und damit nach der Bedeutung dieses Kreuzproduktes für die sinnvolle Interpretation der Ergebnisse der Performanceattribution wichtig.

Das Vorgehen soll anhand eines Beispiels demonstriert werden. Es handelt sich dabei um ein gemischtes nationales Portfolio, das im Vergleich zur Benchmark aktiv gemanagt wird. Die Benchmark wurde wie folgt definiert:

| Aktien Deutschland | 50 % DAX 100-Index |
| Renten Deutschland | 50 % REX-Performance-Index. |

Die ermittelten Renditen und die durchschnittlichen Gewichte beziehen sich jeweils auf den Zeitraum eines Monats. Die Ergebnisse der Performanceattribution sind aus Tabelle 3 zu ersehen. Das Investment in der Benchmarkkategorie „Aktien Deutschland" wurde in der betrachteten Periode deutlich zu Lasten der Kategorie „Renten

Markt	Portfolio		Benchmark		Attributionseffekte			Gesamt
	Gewicht	Rendite	Gewicht	Rendite	Allokation	Selektion	Residuum	
Aktien Deutschland	53.29%	0.351%	50.00%	0.316%	0.010%	0.018%	0.00%	0.03%
Renten Deutschland	45.95%	0.749%	50.00%	0.840%	-0.034%	-0.046%	0.00%	-0.08%
Kasse	0.76%	-0.883%	0.00%	0.003%	0.000%	0.000%	0.00%	0.00%
Summe	100.00%	0.525% r_p	100.00%	0.578% r_b	-0.024%	-0.028%	0.00%	-0.052%
		aktive Rendite =	-0.053%					

Tab. 3: Berechnung der Attributionseffekte

Deutschland" übergewichtet. Als Investitionsalternative für die Berechnung der Allokationskomponenten wird für jede Anlagekategorie stets die Nullalternative angenommen. Die aktive Rendite beträgt -0.053% und wird mittels der Performanceattribution sachgerecht zerlegt.

Die Entscheidung, den deutschen Aktienmarkt überzugewichten, hat einen positiven Beitrag in Höhe von 0.010% zur aktiven Rendite von –0.052% geleistet. Die Differenz zwischen den aktiven Renditen im obigen Beispiel von 0.001 %-Punkten (-0,053 % als Ergebnis der Subtraktion im Vergleich zu -0.052% als Ergebnis der Addition der Attributionsparameter) entsteht durch Rundungen.

Die Berechnung der einzelnen Komponenten „Allokation" und „Selektion" ist exemplarisch für die Anlagekategorie „Aktien Deutschland" den Tabelle 4 und 5 zu entnehmen.

Gewicht in Portfolio:	53.29%
Benchmarkgewicht:	50.00%
Benchmarkrendite:	0.316%
Allokationsbeitrag:(53.29 % - 50.00 %) * (0.316 %) = 0.010 %	

Tab. 4: Berechnung des Allokationsbeitrags

Insgesamt hat die Summe der Allokationsbeiträge der einzelnen Anlagekategorien einen Beitrag von -0.024 %-Punkten zur aktiven Rendite beigetragen. Die Untergewichtung der Anlagekategorie „Renten Deutschland" überlagert die Übergewichtung der Anlagekategorie „Aktien Deutschland", obwohl die Gewichtsdifferenz marginal ist, durch die deutlich höhere Rendite des REX-Performanceindex im Vergleich zum DAX100-Index für diesen Zeitraum.

Die Selektion hat zur aktiven Rendite insgesamt -0.028 %-Punkte beigetragen. Dieser negative Beitrag setzt sich aus dem positiven Selektionsbeitrag bei der Portfolioauswahl für die Anlagekategorie „Aktien Deutschland" in Höhe von 0.018 %-Punkten und aus dem negativen Selektionsbeitrag bei der Portfolioauswahl für die Anlagekategorie „Renten Deutschland" in Höhe von -0.046 %-Punkten zusammen. Ausschlaggebend für das Ergebnis ist die deutlich höhere Renditedifferenz für die Anlagekategorie „Renten Deutschland" mit 0.091 %-Punkten zugunsten der Benchmark im Vergleich zur Anlagekategorie „Aktien Deutschland" mit 0.035 %-Punkten zu Lasten der Benchmark.

Erzielte Rendite:	0.351 %
Benchmarkrendite:	0.316 %
Benchmarkgewicht:	50.00 %
Selektionsbeitrag: (0.351 % - 0.316 %) * (50.00 %) = 0.018 %	

Tab. 5: Berechnung des Selektionsbeitrags

Bisher wurde die Allokation ausschließlich auf die Rendite der Benchmark für die jeweilige Anlagekategorie bezogen, ohne daß die Entwicklung der verbleibenden Anlagekategorien von Bedeutung war. Eine Erweiterung zur Berechnung der Allokationseffekte im Rahmen der Performanceattribution wählt zur Bewertung der Investitionsalternative nicht mehr die Nullalternative, sondern die gesamte Benchmarkrendite.

Im obigen Fall bedeutet dies, daß die Aussage zur Allokationsentscheidung für die Anlagekategorie „Aktien Deutschland" nicht mehr nur auf die Rendite des DAX100-Index bezogen wird, sondern auf die Rendite der gesamten Benchmark (50% REX-Performanceindex und 50% DAX100-Index). Während der Gesamtbeitrag der Allokation zur aktiven Rendite unverändert bleibt, kommt es zu einer Verschiebung zwischen den Anlagekategorien.

Markt	Portfolio		Benchmark		Attributionseffekte			Gesamt
	Gewicht	Rendite	Gewicht	Rendite	Allokation	Selektion	Residuum	
Aktien Deutschland	53.29%	0.351%	50.00%	0.316%	-0.009%	0.018%	0.000%	0.009%
Renten Deutschland	45.95%	0.749%	50.00%	0.840%	-0.011%	-0.046%	0.000%	-0.056%
Kasse	0.76%	-0.883%	0.00%	0.003%	-0.004%	0.000%	0.000%	-0.004%
Summe	100.00%	0.525%	100.00%	0.578%	-0.024%	-0.028%	0.000%	-0.052%
		r_p		r_b				
	aktive Rendite =	-0.053%						

Tab. 6: Berechnung der Attributionseffekte II

Die Ergebnisse der Attribution unter Verwendung dieses Vorgehens sind in Tabelle 6 erfaßt. Die im ersten Fall positive Allokationsentscheidung für die Anlagekategorie „Aktien Deutschland" wird im zweiten Fall negativ beurteilt, da die Rendite des DAX100-Index im Vergleich zur Benchmark um 0.262 %-Punkte niedriger ist. Eine Übergewichtung dieser Anlagekategorie hat trotz der grundsätzlich positiven Rendite der Benchmark dieser Anlagekategorie einen negativen Allokationsbeitrag zur Folge. Die Berechnung des Allokationsbeitrags für die Anlagekategorie „Aktien Deutschland" ist in Tabelle 7 dargestellt.

Gewicht in Portfolio:	53.29 %
Benchmarkgewicht:	50.00 %
Benchmarkrendite:	0.316 %
Gesamtbenchmarkrendite:	0.578 %
Allokationsbeitrag: (53.29 % - 55.00 %) * (0.316 % - 0.578 %) = - 0.009 %	

Tab. 7: Berechnung des Allokationsbeitrags

Reflektiert man auf das Ziel der Performanceattribution, so muß man bei obigem Vorgehen kritisch anmerken, daß diese Verfahren ausschließlich die Renditedimension berücksichtigen. Außerdem wird mit diesem Vorgehen implizit unterstellt, daß der Entscheidungsprozeß für dieses Portfolio ausschließlich auf die Ebenen „Allokation" und „Selektion" beschränkt ist.[22]

4. Berücksichtigung von Währungseinflüssen

Im Zuge der Globalisierung der Anlagepolitik und des freien Floatens der wichtigsten Währungen an den internationalen Kapitalmärkten rückte die Berücksichtigung des Währungseinflusses in das Blickfeld der Performanceanalyse und auch der Performanceattribution.[23]

Rendite aus:	Berechnung durch:
aktiver Allokation	$\sum (g_{pi} * r^l_{bi}) - (g_{bi} * r^l_{bi})$
Titelselektion	$\sum (g_{bi} * r^l_{pi}) - (g_{bi} * r^l_{bi})$
Währungseinfluß	$\sum (g_{pi} * (r_{pi} - r^l_{pi})) - (g_{bi} * (r_{bi} - r^l_{bi}))$
Residuum	$\sum (g_{pi} - g_{bi}) * (r^l_{pi} - r^l_{bi})$
aktive Rendite	$\sum (g_{pi} * r_{pi}) - (g_{bi} * r_{bi})$
	$= r_p - r_b$

Tab. 8: Berechnung der Beitragskomponente

mit: r_{bi} = Benchmarkrendite für die Anlagekategorie i in Referenzwährung,
r^l_{bi} = Benchmarkrendite für die Anlagekategorie i in lokaler Währung,
g_{bi} = Benchmarkgewicht für die Anlagekategorie i,
r_{pi} = Rendite der Anlagekategorie i in Referenzwährung,
r^l_{pi} = Rendite der Anlagekategorie i in lokaler Währung,
g_{pi} = Gewicht der Anlagekategorie i am Portfoliovolumen.

Die Beitragskomponenten für die Renditezerlegung der aktiven Rendite mit Währungseinfluß sind in Tabelle 8 dargestellt. Das Vorgehen unter Berücksichtigung der Währungskomponente soll wiederum an einem praktischen Fall erläutert werden. Das Portfolio ist ein reines Aktienportfolio, dem die folgende Benchmark vorgegeben wurde:

---

[22] Vgl. dazu Hensel et al. (1991), S. 65 ff. und Bailey (1995), S. 108 ff.
[23] Vgl. Brinson/ Fachler (1985) S. 73 ff.

Aktien Deutschland   95 % DAX 100-Index
Aktien Schweiz   5 % SPI Swiss-Performance-Index.

Das Portfolio wurde für den einmonatigen Beobachtungszeitraum aktiv gemanagt; sowohl die Anlagekategorie „Aktien Deutschland" als auch „Aktien Schweiz" wurden deutlich untergewichtet. Die Ergebnisse der Performanceattribution sind Tabelle 9 zu entnehmen. Dabei ist es notwendig, die ermittelten Renditen jeweils in lokaler als auch in der Referenzwährung des Portfolios zu ermitteln. Im vorliegenden Fall hat das Portfolio in der Anlagekategorie „Aktien Schweiz" in Schweizer Franken eine Rendite von 8.980% erzielt. Der SPI-Index erzielte in Schweizer Franken eine Rendite von 1.921%. Der Schweizer Franken erbrachte einen Wertzuwachs aus DM-Sicht in Höhe von 1.192%.

Markt	Portfolio		Benchmark		Attributionseffekte				
	Gewicht	Rendite	Gewicht	Rendite	Allokation	Selektion	Währung	Residuum	Gesamt
Aktien Deutschland	91.68%	1.874%	95.00%	1.470%	-0.049%	0.370%	0.000%	0.000%	0.321%
Aktien Schweiz	1.76%	9.622%	5.00%	3.113%	-0.062%	0.124%	-0.048%	-0.002%	0.011%
Kasse	6.57%	0.082%	0.00%	0.337%	0.022%	-0.017%	0.000%	0.000%	0.005%
Summe	100.00%	1.89% r_f	100.00%	1.55% r_b	-0.089%	0.477%	-0.048%	-0.003%	0.338%
	aktive Rendite =	0.340%							

Tab. 9: Berechnung der Attributionseffekte mit Währungseinfluß[24]

Dadurch lassen sich sowohl die Allokations- und die Selektionskomponente als auch die Währungskomponente ermitteln. Die Berechnung der Allokations- und der Selektionskomponente erfolgt nun auf Basis der lokalen Renditen.

Der Allokationsbeitrag für die Anlagekategorie „Aktien Schweiz" ist das Produkt aus der Differenz der Gewichte multipliziert mit der lokalen Rendite der Benchmark. Die Anlagekategorie „Aktien Schweiz" war bei positiver lokaler Rendite um 3.24 %-Punkte untergewichtet. Daraus ergibt sich ein negativer Allokationsbeitrag für diese Anlagekategorie. Der Selektionsbeitrag aus dem Stock-Picking errechnet sich als Produkt aus dem realisierten Gewicht multipliziert mit der Differenz der lokalen Renditen. Der Währungseinfluß für die Anlagekategorie „Aktien Schweiz" läßt sich dann gemäß Tabelle 10 ermitteln.

---

[24] In diesem Beispiel wird wiederum die Nullalternative für die Berechnung der Allokationskomponente herangezogen. Die Differenz zwischen den aktiven Renditen läßt sich ebenfalls auf Rundungen zurückführen.

a.) Währungseinfluß Portfolio
         Gewicht in Portfolio: 1.76%
         lokale Rendite   8.980%
         DEM-Rendite   9.622%
         (9.622 % - 8.980 %) * (1.76 %) = 0.011 %

b.) Währungseinfluß Benchmark
         Benchmarkgewicht   5.00%
         lokale Rendite   1.921%
         DEM-Rendite   3.113%
         (3.113 % - 1.921 %) * (5.00 %) = 0.060 %

c.) Währungseinfluß: (0.011 % - 0.060 %) = -0.048 %

Tab. 10: Berechnung der Währungskomponente

Die Währungskomponente wird aus den jeweiligen Renditedifferenzen zwischen der lokalen Rendite und der DM-Rendite des Portfolios und der Benchmark für jede Anlagekategorie berechnet. Der Beitrag aus dem Währungsmanagement für die Anlagekategorie „Aktien Schweiz" ergibt -0.05%. Bei diesem Vorgehen läßt sich ein Beitrag zur aktiven Rendite auf die Entscheidungsebene des Währungsmanagements zurückführen.

Eine weitergehende Analyse zerlegt die ermittelte Währungsrendite zusätzlich in einen Forward-Premium-Effekt und einen Währungsmanagementeffekt.[25] Die Rendite einer Währungsposition wurde im obigen Beispiel als Quotient aus den Spot Rates zum Anfangszeitpunkt t-1 und zum Endzeitpunkt t der Periode ermittelt. Im Zeitpunkt t-1 ist die Forward-Prämie f für den Zeitpunkt t bekannt. Durch gleichzeitige Subtraktion und Addition kann der Quotient in zwei Komponenten zerlegt werden:

(3) $r_t = f_t + e_t$

wobei: $f_t = (f_t - \text{Spot Rate}_{t-1}) / \text{Spot Rate}_{t-1}$,
$e_t = (\text{Spot Rate}_t - f_t) / \text{Spot Rate}_{t-1}$,

mit: f_t = Forward-Prämie bis zum Zeitpunkt t,
e_t = Rendite des Währungsmanagements im Zeitpunkt t.

---

[25] Vgl. Ankrim/ Hensel (1994), S. 29 ff.

Ausgangspunkt für diese Überlegung ist die Annahme, daß die Forward-Prämie keine eigentliche Managementleistung darstellt, sondern bereits im Vorfeld bekannt ist. Die eigentliche Managementleistung sollte ceteris paribus nur anhand des tatsächlichen Währungsmanagementeffektes gemessen werden. Andernfalls kann es zu einer systematischen Überbewertung von Managementleistungen bei positiven Forward-Prämien kommen und vice versa. Für die Performanceattribution bedeutet dies, daß die Performance der Währungspositionen jeweils in die beiden obigen Renditekomponenten zerlegt wird. Das Währungsmanagement ergibt sich dann insbesondere aus der Komponente e_t.

Grundsätzlich ist zur Performanceattribution mit Währungseinfluß festzuhalten, daß bei der Interpretation der Ergebnisse berücksichtigt werden muß, daß die Währungspositionen in vielen Portfolios nicht als eigenständige Komponente gemanagt werden, so daß unter Umständen ein negatives Ergebnis durch grundsätzliche Entscheidungen zur Asset Allokation überlagert werden kann. Außerdem kann es durch die weitere Zerlegung der Währungsperformance wiederum zu einem Residuum kommen.[26, 27]

5. Probleme und Grenzen der Performanceattribution

Abschließend sollen die Probleme und Grenzen einer Performanceattribution erläutert werden, die bei der Anwendung zu beachten sind.

Eine mögliche erste Restriktion liefern die Renditemethoden der Performancemessung, die bereits bei der Ermittlung der der Performanceattribution zugrundeliegenden Renditen zu einer gewissen Unschärfe bzw. zu einem Rauschen führen können. Bei den Anforderungen der Performanceattribution an die Performancemessung wurde der Time-weighted Return als adäquate Methode zur Ermittlung der Rendite vorgestellt. Je nach Komplexität eines Portfolios ist es erforderlich, für eine Vielzahl von Anlagekategorien die zeitgewichteten Renditen zu ermitteln.[28] Die zeitgewichtete Rendite einer Anlagekategorie für einen Monat wird aus der multiplikativen Verknüpfung[29] der Renditen, die für Perioden ohne Zu- und Ab-

---

[26] Zentraler Punkt der Performanceattribution ist die Zurückführung der relativen Rendite aus dem Vergleich zu einer Benchmark auf die Entscheidungsparameter. Auf die Attribution von Rentenportfolios oder auf die risikoadjustierte Performanceattribution soll an dieser Stelle nicht näher eingegangen werden. Vgl. zur Attribution von Rentenportfolios beispielsweise Kuberek (1995), S. 78, Fabozzi/ Fong (1994), S. 281 ff. sowie Fong et al. (1983), S. 46 ff. und zur risikoadjustierten Performanceattribution Ankrim (1992), S. 75.
[27] Ein weiterer Ansatz zur Attribution globaler Portfolios wählt zur Zerlegung der zukünftigen Rendite die drei Parameter „reale risikofreie Rendite", „Inflationsausgleichsrendite" und „Risikoprämie". Damit resultiert der Unterschied einer zukünftigen Rendite nur noch aus der Risikoprämie. Vgl. Karnosky/ Singer (1994).
[28] Bei international diversifizierten Portfolios sind Benchmarks mit 15 Elementen durchaus keine Seltenheit.
[29] Die mutliplikative Verknüpfung von Renditen setzt die Reinvestition zum aktuellen Marktzins voraus.

flüsse berechnet werden, ermittelt. Will man dieses Verfahren auf jede Anlagekategorie eines Portfolios übertragen, so ist jeweils zum Zeitpunkt eines performancerelevanten Flusses in diese Anlagekategorie eine Bewertung durchzuführen und die Rendite zu ermitteln. In aktiv gemanagten Portfolios sind Zu- und Abflüsse in den Anlagekategorien sehr häufig, so daß täglich Renditen zu erheben wären. Um die dafür notwendige Datenbasis zu erhalten, wäre eine tägliche Bewertung der Portfolios vorzunehmen.[30, 31] Gemäß den AIMR Performance Presentation Standards werden drei Verfahren zur Berechnung der Time-Weighted Rate of Return zugelassen:[32]

- die tägliche Bewertung,
- die Modified-Dietz-Methode,
- die Modified-BAI-Methode.

Oftmals werden statt der ersten Methode Näherungsformeln zur Schätzung der zeitgewichteten Rendite verwendet.[33] Die Qualität der Schätzung kann durch die Berücksichtigung des exakten Zeitanteils der Flüsse verbessert werden.[34] Die Ergebnisse der verschiedenen Renditeberechnungsmethoden sind in Tabelle 11 dargestellt.

Zeit	Portfolio A			Renditen nach	
	Zuführung [DM]	Marktwert [DM]	Rendite [%]	- Time-weighted Methode	**36.89%**
01.01.90		500.00		- Dietz Methode	**34.78%**
10.01.90		700.00	+40.00		
10.01.90	300.00	1.000.00		- Modified Dietz Methode	**37.80%**
20.01.90		800.00	-20.00		
20.01.90	1.000.00	1.800.00		- Modified BAI Methode	**40.62%**
31.01.90		2.200.00	+22.22		

Tab. 11: Renditeberechnungsmethoden

Mit der Time-weighted-Methode ermittelt man eine Rendite von 36.89 %. Die originäre Dietz-Methode unterstellt, daß der Saldo von Zu- und Abflüssen während der Bewertungsperiode jeweils zur Mitte der Bewertungsperiode erfolgte. Damit ergibt sich als Berechnungsformel:

---

[30] Vgl. Mills (1970), S. 1126.
[31] Gemäß § 21 (2) Satz 3 KAGG kann beispielsweise bei Spezialfonds von der börsentäglichen Bewertung abgewichen werden.
[32] Vgl. AIMR (1997), S. 44 ff.
[33] Vgl. Dietz/ Kirschman (1990), S. 12 ff.
[34] Vgl. Lake (1980), S.31 und Fisher (1968), S. 172.

(4) $r^{Dietz}_t = \dfrac{P_t - 0.5\,Z}{P_{t-1} + 0.5\,Z} - 1,$

mit: P_t = Wert des Portfolios P am Ende der Bewertungsperiode
P_{t-1} = Wert des Portfolios P am Anfang der Bewertungsperiode
Z = Saldo von Zu- und Abflüssen während der Bewertungsperiode
r^{Dietz}_t = Rendite des Portfolios P für den Zeitraum t

Die Modified-Dietz-Methode unterscheidet sich von der Dietz-Methode durch die zeitliche Gewichtung der Salden aus Zu- und Abflüssen. Die Berechnungsformel wird wie folgt erweitert:

(5) $r^{MDietz}_t = \dfrac{P_t - P_{t-1} - Z}{P_{t-1} + (TZ)},$

mit: P_t = Wert des Portfolios P am Ende der Bewertungsperiode,
P_{t-1} = Wert des Portfolios P am Anfang der Bewertungsperiode,
Z = Saldo von Zu- und Abflüssen während der Bewertungsperiode,
TZ = Summe der zeitlich gewichteten Zu- und Abflüsse, in denen diese dem Portfolio zur Verfügung standen,
r^{MDietz}_t = Rendite des Portfolios P für den Zeitraum t.

Abschließend soll noch die Modified-BAI-Methode betrachtet werden, die den internen Zinsfuß des Portfolios ermittelt. Insgesamt ist festzustellen, daß die Modified-Dietz-Methode im gewählten Beispiel für die drei vorgestellten Renditeberechnungsmethoden die beste Annäherung an die tatsächliche zeitgewichtete Rendite liefert. Gerade für den Fall großer Transaktionen der analysierten Anlagekategorie (d.h. des gesamten Portfolios oder einzelner Teile) kann es zu Unschärfen bei der Renditeermittlung kommen, die nicht ohne Auswirkung auf die Attribution bleiben.

Die zweite Komponente bei der Renditezerlegung ist das Gewicht der jeweiligen Anlagekategorien. Im Regelfall werden durchschnittliche Gewichte ermittelt. Die Berechnung von durchschnittlichen Gewichten kann ebenfalls über verschiedene Verfahren erfolgen. Neben der exakten Berechnung stehen Näherungsverfahren für die Schätzung zur Verfügung. Bei großen Verschiebungen sind die Ergebnisse einer Performanceattribution, die mit Hilfe der durchschnittlichen Gewichte ermittelt werden, sorgfältig zu interpretieren.

Faßt man die Ergebnisse zu den beiden wesentlichen Parametern zusammen, so bleibt festzuhalten, daß der ideale Datenkranz für die Performancemessung und die Performanceattribution aus analytischer Sicht die tägliche Berechnung der zugrundeliegenden Größen wäre, da dadurch zumindest auf dieser Ebene ein Maximum an Qualität erreicht würde. Intra-Tageseffekte unterliegen den selben Restriktionen wie oben erläutert. Ob eine tägliche Berechnung aus Kosten-Nutzen-Aspekten ratsam ist, soll an dieser Stelle nicht (weiter) analysiert werden.

In den vorgestellten Berechnungen der Attribution wurde bereits das Kreuzprodukt für die jeweilige Anlagekategorie ausgewiesen. Unabhängig vom Berechnungsintervall ist dieses Kreuzprodukt nicht zu eliminieren. Es läßt sich durch eine ausreichende Kürze der Intervalle nur minimieren. Der Umgang mit diesem Kreuzprodukt erfolgt in den verschiedenen Performanceattributionssystemen unterschiedlich. Wichtig ist die Kenntnis des Kreuzproduktes und die Fähigkeit, dieses bei der Interpretation der Ergebnisse ggf. zu berücksichtigen.

Schließlich soll noch auf eine mögliche Differenz hingewiesen werden, die durch die Verknüpfung von Gewichten (additive Ermittlung) und Renditen (mutliplikative Verknüpfung) im Zeitablauf entsteht. Auch diese können weder einzelnen Anlagekategorien noch einzelnen Attributionskomponenten zugeordnet werden.

6. Resümee

Das Ziel einer sachgerechten Attribution der Performance erfordert sowohl die Kenntnis der Performancemessung als auch der bestehenden Verantwortungs- bzw. Entscheidungsstrukturen.

Ausgehend von dem Modell von BRINSON ET AL. wurde das grundlegende Verfahren zur Zerlegung der Rendite in die bestimmenden Komponenten „Selektion" und „Allokation" diskutiert. Das Prinzip der Performanceattribution beruht auf dem Grundsatz, die aktive Rendite eines Portfolios gegenüber einer Benchmark auf ihre Bestandteile zurückzuführen. Die Probleme und Grenzen, die in der Auseinandersetzung mit der Performancemessung und -attribution aufgezeigt wurden, sind bei der praktischen Anwendung mit der notwendigen Seriösität zu behandeln.

Als Beurteilungsmaßstab für die Leistung von Portfoliomanagern sollte bei der Performanceanalyse auf ein Höchstmaß an Korrektheit geachtet werden. Insbesondere die sachgerechte Attibution der erbrachten Leistung muß dabei stets der wahren, klaren und fairen Information über die erbrachte Leistung vor dem Hintergrund des jeweils erteilten Auftrags gerecht werden.

Die Performanceattribution bewegt sich dabei auf einem Schnittpunkt zwischen der täglichen Praxis auf der einen Seite und der möglichen theoretischen Aufspaltung von Renditen in die verschiedensten Parameter auf der anderen Seite. Sinnvoll kann eine Performanceattribution nur dann sein, wenn die die Leistung erbringenden Menschen einen objektiven Nutzen daraus ziehen können. Insofern sollte der Trade-off zwischen dem Einsatz theoretischer Ansätze und dem praktischen Nutzen für die Portfoliomanager stets berücksichtigt werden.

Literaturverzeichnis

AIMR (ed.) (AIMR, 1997): *Performance Presentation Standards Handbook 1997*, Charlottesville 1997.

Ankrim, E. (Ankrim, 1992): Risk-Adjusted Performance-Attribution, in: *Financial Analysts Journal*, Vol. 48, 1992, March-April, S. 75-82.

Ankrim, E./ Hensel, C. (Ankrim/ Hensel, 1994): Multicurrency Performance Attribution, in: *Financial Analysts Journal*, Vol. 50, 1994, March-April, S. 29-35.

Bagot, G. (Bagot, 1995): Problems and Issues in Global Attribution Analysis, in: AIMR (ed.), *Performance Evaluation, Benchmark, and Attribution Analysis*, Charlottesville 1995, S. 91-95.

Bailey, J. (Bailey, 1995): Manager Univeres: The Solution or the Problem?, in: AIMR (ed.), *Performance Evaluation, Benchmark, and Attribution Analysis*, Charlottesville 1995, S. 108-113.

Brinson, G./ Hood, R./ Beebower, G. (Brinson et al., 1986): Determinants of Portfolio Performance, in: *Financial Analysts Journal*, Vol. 42, 1986, July-August, S. 39-44.

Brinson, G./ Singer, B./ Beebower, G. (Brinson et al., 1991): Determinants of Portfolio Performance II: An Update, in: *Financial Analysts Journal*, Vol. 47, 1991, May-June, S. 40-48.

Brinson, G./ Fachler, N. (Brinson/ Fachler, 1985): Measuring Non-U.S. Equity Portfolio Performance, in: *Journal of Portfolio Management*, Vol. 12, 1985, Spring, S.

Dietz, P. O./ Kirschman, J. R. (Dietz/ Kirschman, 1990): Evaluating Portfolio Performance, in: Maginn, J. L./ Tuttle, D. L. (eds.), *Managing Investment Portfolios*, Boston 1990, S.12-18.

EFFAS (EFFAS 1996): Performance Attribution, Subcommittee Interim Working Paper, London 1996.

Elton, E. J./ Gruber, M. J. (Elton/ Gruber, 1984): *Modern Portfolio Theory and Investment Analysis*, 2nd ed., New York 1994.

Fabozzi, F./ Fong, G. (Fabozzi/ Fong, 1994): *Advanced Fixed Income Portfolio Management*, Chicago 1994, S. 281-285.

Fisher, L. (Fisher, 1968): An Empirical Study of the Errors in Estimated Time-Weighted Rates of Return, in: Bank Administration Institute (ed.), *Measuring the Investment Performance of Pension Funds*, Illinois 1986, S. 172.

Fong, G./ Pearson, C./ Vasicek, O. (Fong et al., 1983): Bond Performance Analyzing Sources of Return, in: *Journal of Portfolio Management*, Vol. 10, 1983, Spring, S. 46-50.

Fuller, R./ Wong, G. (Fuller/ Wong, 1988): Traditional versus Theoretical Risk Measures, in: *Financial Analyst Journal*, Vol. 44, 1988, S. 52-57.

Halpern, P. (Halpern, 1995): International Equity benchmarks and Manager Choice, in: AIMR (ed.), *Performance Evaluation, Benchmark, and Attribution Analysis*, Charlottesville 1995, S. 49-53.

Hensel, C./ Ezra, D./ Ilkiw, J. (Hensel et al., 1991): The Importance of the Asset Allocation Decision, in: *Financial Analysts Journal*, Vol. 47, 1991, July-August, S. 65-72.

Karnosky, D./ Singer, B. (Karnosky/ Singer, 1994): *Global Asset Management and Performance Attribution*, Charlottesville 1994.

Kuberek, R. (Kuberek, 1995): Attribution Analysis for Fixed Income, in: AIMR (ed.), *Performance Evaluation, Benchmark, and Attribution Analysis*, Charlottesville 1995, S. 78-83.

Lake, J. (Lake, 1980): On the Use of Approximate Values for Time-weighted Returns, in: *Investment Analyst*, 1980, April, S. 31-32.

Luck, C. (Luck, 1995): Style in Indexes and Benchmarks, in: AIMR (ed.), *Performance Evaluation, Benchmark, and Attribution Analysis*, Charlottesville 1995, S. 42-48.

Mills, H. (Mills, 1970): On the measurement of fund performance, in: *Journal of Finance*, Vol. 25, 1970, S. 1125-1131.

Rehkugler, H./ Schmidt-von Rhein, A./ Roth, H. (Rehkugler et al., 1997): Zweistufige Performancemessung im Portfolio Management – Ein Konzept zur Messung und Attribution von Anleger- und Managementeinflüssen, Freiburger Betriebswirtschaftliche Diskussionsbeiträge Nr. 16/97, Freiburg 1997.

Siebenthal, W. von (v. Siebenthal, 1992): Aus der Praxis: Ist Risikomessung Kunst oder Wissenschaft , in: *Finanzmarkt und Portfolio Management*, 6. Jg., 1992, S. 442-447.

Stucki, E. (Stucki, 1988): *Beschreibende Methoden zur Messung der Performance von Aktienportfolios*, Zürich 1988.

Uhlir, H./ Steiner, P. (Uhlir/ Steiner, 1986): *Wertpapieranalyse*, Heidelberg et al. 1986.

Wertschulte, J. (Wertschulte, 1995): Wertpapiermanagement institutioneller Anleger, in: Cramer J./ Rudolph, B. (Hrsg.), *Handbuch für Anlageberatung und Vermögensverwaltung*, Frankfurt am Main 1995, S. 65-75.

Wittrock, C. (Wittrock, 1996): Messung und Analyse der Performance von Wertpapierportfolios – Eine theoretische und empirische Untersuchung, 2. Aufl., Bad Soden/ Taunus 1996.

Wolter, H.-J. (Wolter, 1993): Shortfall-Risiko und Zeithorizonteffekte, in: *Finanzmarkt und Portfolio Management*, 7. Jg., 1993, S. 330-338.

Zimmermann, H./ Rudolf, M./ Jaeger, S./ Zogg-Wetter, C. (Zimmermann et al., 1996): *Moderne Performance-Messung*, Bern et al. 1996.

Zimmermann, H. (Zimmermann, 1994): Editorial: Reward to Risk, in: *Finanzmarkt und Portfolio Management*, 8. Jg., 1994, S. 1-6.

Angemessene Entlohnung von Portfoliomanagern

von Gitta Raulin

1. Einleitung
2. Leistung und Leistungslohnbestandteile
3. Gehaltsgruppen und -bänder als Möglichkeit zur Bestimmung von Vergütungsrelationen
4. Leistungsabhängige Lohnformdifferenzierung auf Basis der Mitarbeiterleistung in der aktuellen Periode
5. Bemessungsgrundlagen der Gruppenleistung
6. Unternehmungsleistungsbezogene Lohnbestandteile
7. Vergütungsperioden bzw. -frequenzen von leistungsorientierten Entlohnungsfunktionen
8. Zusammenfassung

Deutsche Morgan Grenfell Global Markets – Spezialisten für Spezialisten

Fonds in besten Händen

Fixed Income

- **Susanne Abshagen** (069) 910-37631
- **Frank Huwe** (069) 910-37629
- **Manfred Krebs** (069) 910-34444
- **Bernd Herzberger** (069) 910-37569
- **Birgit Koch** (069) 910-37460
- **Thomas Weinast** (069) 910-37470

Forex

- **Matthias Klein** (069) 910-36947
- **Andreas Hesse** (069) 910-36947
- **Wolfgang Packeisen** (069) 910-36947
- **Guido Graff** (069) 910-36947
- **Michael Kiel** (069) 910-36947

Money Market / Repo

- **Pierre Brinitzer** (069) 910-34929
- **Niels Witte** (069) 910-35938
- **Cornelia Feldmann** (069) 910-36942

OTC / Derivate

- **Marzio Keiling** (069) 910-37251
- **Mark Memmert** (069) 910-38235

Futures & Options

- **Karl Haeling** (069) 910-38478
- **Oliver Boettger** (069) 910-38476
- **Pia Anschperger** (069) 910-38494
- **Guido Hartenberger** (069) 910-38566

Service für Fonds – bei uns sitzen Ihre Betreuer an einem Desk. Spezialisten für Spezialisten.

Deutsche Morgan Grenfell
Global Markets – Institutional Client Group
Taunusanlage 12, 60325 Frankfurt am Main

Deutsche Morgan Grenfell

1. Einleitung

Anleger beauftragen Investmentgesellschaften mit der Verwaltung von Geldern. Innerhalb einer Investmentgesellschaft wiederum wird das Management der Investorengelder an dort beschäftigte Fondsmanager delegiert. Diese sollen durch aktives Management Informationsvorsprünge in Anlageentscheidungen umsetzen und erhalten für ihre Tätigkeit eine Entlohnung, die in der Praxis i.d.R. aus einem fixen Grundlohn und einem leistungsabhängigen Teil besteht. Meist bezieht sich die leistungsabhängige Entlohnung jedoch nur auf Einschätzungen des Leistungsverhaltens bzw. auf die Erzielung einer Überrendite.[1]

Der Wettbewerbsdruck wird nicht zuletzt aufgrund einer zukünftig stärkeren Orientierung der Anleger bei ihren Kaufentscheidungen an den bisherigen Anlageerfolg zunehmen. Daher erscheint es sinnvoll, eine sämtliche Leistungsaspekte umfassende, angemessene interne Entlohnung von Fondsmanagern zu einem entscheidenden Erfolgsfaktor für eine Fondsgesellschaft aufzubauen. Dabei wird bei der vorliegenden Analyse zum einen ein besonderer Fokus auf die Bestimmung der Vergütungsrelationen zwischen einzelnen Lohnbestandteilen gelegt. Zum anderen werden potentielle Bemessungsgrundlagen hinsichtlich ihrer Eignung für eine angemessene, interne Entlohnung überprüft.

2. Leistung und Leistungslohnbestandteile

Unter dem Begriff der Leistung sind sowohl Leistungsergebnisse als auch das Leistungsverhalten zu subsumieren. Das Leistungsergebnis kann in qualitative und quantitative Komponenten unterteilt werden. Das quantitative Leistungsergebnis eines Fondsmanagers entspricht dem meßbaren Anlageerfolg der unter seiner Verwaltung stehenden Fonds im Verhältnis zu einem Vergleichsportfolio (Benchmark), welches die strategische Allokation der Anlagemittel widerspiegelt. Der Anlageerfolg kann entweder auf Selektions- oder Timingfähigkeiten des Fondsmanagers zurückzuführen sein, wobei sich Selektionsfähigkeiten auf die Identifikation von einzelnen unter- bzw. überbewerteten Wertpapieren beziehen, Timingfähigkeiten dagegen auf eine zeitliche Einschätzung der Gesamtmarktentwicklung.[2]

Das Leistungsverhalten des Mitarbeiters wird (zweckmäßigerweise) ebenfalls unter dem Begriff der Leistung subsumiert, da dieses das Ergebnis zwar wesentlich beeinflussen kann, aber dessen Auswirkung auf das Ergebnis nicht immer kurzfristig und eindeutig zuordenbar bestimmt werden kann. Bei einem Fondsmanager ist dabei z.B. an die Präsentationsweise vor einem Anlageausschuß oder das Engagement während fachlicher Gruppenbesprechungen zu denken.

---

[1] Überrendite wird hier definiert als Differenz zwischen der Rendite des zu verwaltenden Portfolios und der Rendite eines Vergleichportfolios (Benchmark).

[2] Vgl. Admati et al. (1986), S. 720 und Sharpe/ Alexander (1990), S. 11.

Bezieht sich die leistungsorientierte Entlohnung auf die individuell-quantitative Leistung, wird eine Prämie gezahlt. Ist die Bezugsbasis einer Leistungsentlohnung das individuell-qualitative Leistungsergebnis oder das Leistungsverhalten, wird von einer Leistungszulage gesprochen. Die Leistung kann sich darüber hinaus auf unterschiedliche Bezugsebenen beziehen. Abbildung 1 zeigt die Leistungslohnbestandteile im Überblick. Neben der individuellen Leistung sind Gruppenleistungen bei von mehreren Managern verwalteten Fonds (z.B. Mischfonds) oder der Unternehmungserfolg denkbar. Sollen die beiden extremen Ausprägungen Individual- und Unternehmungsleistung hinsichtlich ihrer Eignung für eine angemessene Entlohnung von Fondsmanagern beurteilt werden, muß vor allem bedacht werden, daß die Individualleistung in einem hohen Ausmaß vom Fondsmanager selbst bestimmt werden kann und damit als Bemessungsgrundlage direkt leistungsfördernd wirkt, andererseits aber auch eine Überbetonung von Egoismen begünstigen kann. Die Unternehmungsleistung als Bemessungsgrundlage fördert dagegen eher die Bindung an das Unternehmen. Von ihr geht aber meistens keine direkte Leistungsförderung aus.

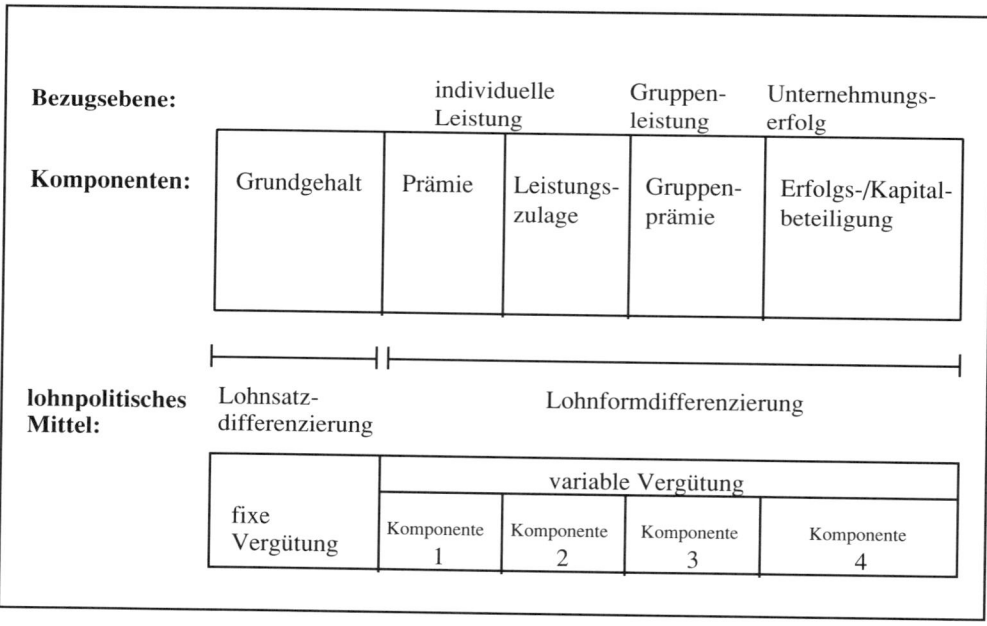

Abb. 1: Komponenten eines leistungsorientierten Entlohnungssystems für Portfoliomanager

Des weiteren kann zwischen einer leistungsgerechten Entlohnung auf Basis der Leistungen in vergangenen Perioden und denen in der aktuellen Periode differenziert werden. Erstere wirken sich bei der Entlohnung in einer Lohnsatzdifferenzierung beim Zeitlohn aus, letztere bilden die Basis für eine Lohnformdifferenzierung.

3. Gehaltsgruppen und -bänder als Möglichkeit zur Bestimmung von Vergütungsrelationen

Bevor die angeführten Lohnbestandteile einzeln untersucht werden, sollen zuvor die Relationen der Bestandteile bestimmt werden. Die Relation von Vergütungen unterschiedlicher Gehaltsbestandteile bei verschiedenen Gehaltsgruppen wird generell durch folgende Parameter gestaltet:

a. die Anzahl der Gehaltsgruppen,[3]
b. die Lohnbandbreite pro Gehaltsgruppe,[4]
c. der Anteil der leistungsabhängigen Entlohnung am Gesamtlohn pro Gehaltsgruppe sowie das Verhältnis zwischen verschiedenen Leistungslohnbestandteilen,
d. die Überlappung der Entlohnung bei verschiedenen Gehaltsgruppen.

Zu a.:
Die Anzahl der Gehaltsgruppen hängt vor allem von der Gliederungstiefe der jeweiligen Investmentgesellschaft ab, die sich in der Organisationsstruktur niederschlägt. Eine von der Gliederungstiefe abhängige Gestaltung der Gehaltsgruppen bedeutet jedoch nicht zwangsläufig, daß für jede Hierarchieebene genau eine Gehaltsgruppe geschaffen werden muß. In größeren Unternehmungen kann es zweckmäßig sein, einer Hierarchieebene mehrere Gehaltsgruppen zuzuweisen, da verschiedene Stellen einer Hierarchieebene eine unterschiedliche Bedeutung für die Unternehmung haben können. Kapitalanlagegesellschaften in Deutschland weisen i.d.R. vier Hierarchieebenen auf.[5] Innerhalb dieser Ebenen sind die Tätigkeiten relativ ähnlich, so daß auf eine weitergehende Differenzierung der Gehaltsgruppen verzichtet werden kann.[6] Diese Regelung bietet sich auch deshalb an, weil eine höhere Anzahl an Gehaltsgruppen kaum Spielräume für Lohnerhöhungen innerhalb der jeweiligen Gehaltsgruppe bietet. Eine geringere Anzahl an Gehaltsgruppen ermöglicht eine Anpassung der Entlohnung, ohne daß die Einstufung in eine Gehaltsgruppe geändert werden muß.[7]

---

[3] Die Anzahl der Gehaltsgruppen kann lediglich im außertariflichen Bereich frei bestimmt werden. Bei tariflichen Mitarbeitern muß eine Einordnung in tarifvertraglich vereinbarte Lohngruppen vorgenommen werden. Für beide Mitarbeitergruppen sind daher grundsätzlich separate Gehaltsgruppen sinnvoll.

[4] Bei tariflichen Mitarbeitern gilt der Tariflohn als Untergrenze der Lohnbandbreite.

[5] Ohne Einbeziehung der Geschäftsführung lassen sich bis zu drei Ebenen unterscheiden. Diese Aussage stützt sich auf eine empirische Untersuchung, in der kleinere bis mittelgroße deutsche Investmentgesellschaften untersucht wurden; vgl. dazu Banking Consult GmbH (1993), S. 13.

[6] Eine Führungskraft im Fonds-/ Portfoliomanagement ist für die Anlagepolitik bzw. deren Umsetzung zuständig. Dieser Position sind Führungskräfte in den Bereichen 'Renten' und 'Aktien' unterstellt, deren Mitarbeiter wiederum als Portfoliomanager tariflich oder außertariflich angestellt sind. Einer empirischen Untersuchung ist zu entnehmen, daß die Stelle des Leiters Fonds-/ Portfoliomanagement nur in 30 % der Fälle eingerichtet wurde. Die Leitungsspanne bei dieser Gruppe beträgt durchschnittlich vier Mitarbeiter, die der Führungskräfte in den Bereichen 'Renten' und 'Aktien' im Durchschnitt zwei Mitarbeiter. Die Stelle des Geschäftsführers umfaßt eine Leitungsspanne von ca. zwölf Mitarbeitern. Vgl. dazu Banking Consult GmbH (1993), S. 16 ff.

[7] Vgl. Stelzer (1990b), S. 886.

Zu b.:

Die Zahl der Gehaltsstufen hat auch Auswirkungen auf die Breite der Gehaltsbänder. Wie Abbildung 2 zu entnehmen ist, sind mit zunehmender Anzahl der Gehaltsgruppen lediglich geringere Bandbreiten möglich.[8]

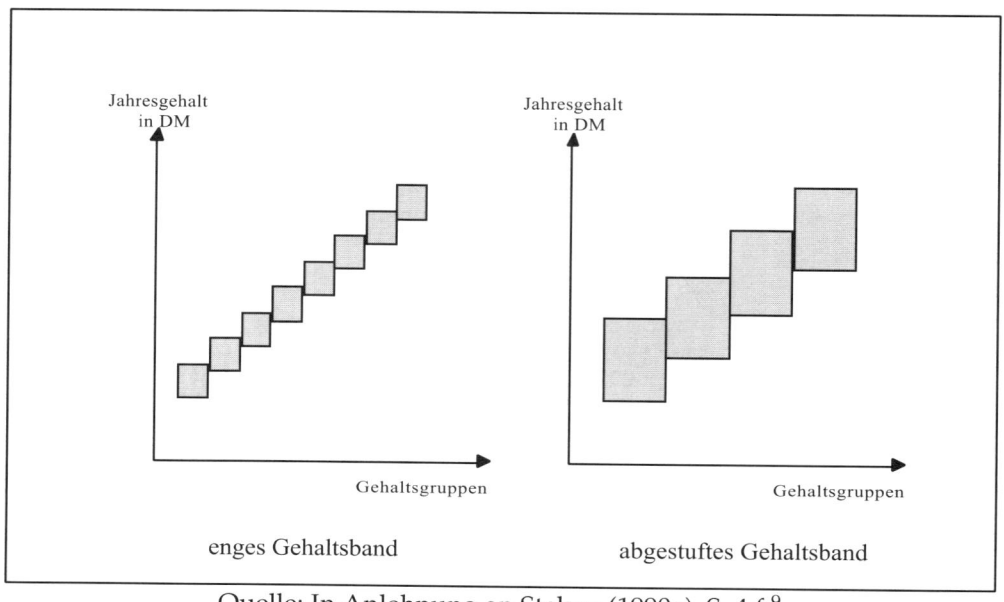

Quelle: In Anlehnung an Stelzer (1990a), S. 4 f.[9]

Abb. 2: Enge und abgestufte Gehaltsbänder

Die tatsächliche Höhe der Lohnbandbreiten für die einzelnen Gruppen muß für jede Investmentgesellschaft aus Marktanalysen und der Personalstrategie abgeleitet werden.[10] *Marktanalysen* sind erforderlich, um Marktdurchschnittswerte für jede Gehaltsgruppe erfassen zu können. Dabei muß eine ausreichend große Anzahl pro Gruppe vorhanden sein, und die Analysen sollten für sämtliche Bestandteile des Lohns durchgeführt werden.[11] Solche Marktstudien können (zweckmäßigerweise)

---

[8] Dabei wird unterstellt, daß jeder Gehaltsgruppe tendenziell eine höhere Entlohnung zugeordnet wird als der direkt unter ihr stehenden.

[9] Bei diesem Beispiel wird angenommen, daß eine Obergrenze der Entlohnung existiert; eine solche Annahme ist jedoch nicht zwingend erforderlich. Häufig wird auch eine mit der Gehaltsstufe zunehmende Lohnbandbreite festgesetzt. Vgl. Kappel/ Uschatz (1992), S. 80 f.

[10] Vgl. Erdmann (1991), S. 189.

[11] Es wird davon ausgegangen, daß mindestens 20 bis 25 Vergütungsnennungen für eine Ermittlung des Marktwertes einer Position erforderlich sind; vgl. Evers (1985), S. 96. Eine tiefergehende Analyse hinsichtlich weiterer Kriterien, wie z.B. der Größe der in die Untersuchung einbezogenen Kapitalanlagegesellschaften und Versicherungsunternehmen, die ebenfalls Portfoliomanager beschäftigen, wäre wünschenswert. Diese Vorgehensweise hat z.B. Banking Consult gewählt; vgl. Banking Consult GmbH (1993), S. 12. Darüber hinaus ist der relevante örtliche Arbeitsmarkt zu bestimmen. Vgl. Greenhill (1990), S. 29 f.

nur durch externe Dienstleistungsunternehmen erbracht werden, da ansonsten eine Datenerhebung aufgrund eines personen- und unternehmungsbezogenen Schutzes nicht möglich sein wird.

Anschließend muß die eigene Positionierung gegenüber dem durchschnittlichen Wert durch die *Personalstrategie*, die auch die Höhe der gesamten Personalkosten berücksichtigt, erfolgen. Eine denkbare Strategie kann beispielsweise darin bestehen, den Gesamtlohn (Grundlohn und durchschnittlicher leistungsabhängiger Lohn) im Vergleich zum Marktdurchschnitt um X % zu erhöhen, wenn sich damit das vorher definierte Ziel der Gewinnung und der Bindung qualifizierter Mitarbeiter erreichen läßt. Um diesen Zielwert herum kann eine die Lohnbandbreite determinierende Schwankungsbreite angegeben werden,[12] so daß unterschiedliche Determinanten, wie z.B. Leistungen in der Vergangenheit, berücksichtigt werden können. Dies gilt insbesondere für Portfoliomanager, da ohne Einbeziehung der Geschäftsführung in der Praxis max. nur zwei bis drei Aufstiegsebenen bestehen. Um solche Mitarbeiter trotzdem nicht nur mittel- bis langfristig an ein Unternehmen zu binden, sondern auch deren Leistungsbereitschaft zu halten, kann es sinnvoll sein, die Lohnbandbreite einer Hierarchieebene nicht zu eng festzusetzen. Durch den eröffnenden Spielraum können innerhalb einer Hierarchieebene unterschiedlich hohe, leistungsabhängige Löhne festgelegt bzw. Sublohnbänder eingerichtet werden. Dadurch ist es möglich, den Mitarbeitern wettbewerbsfähige Gehälter zu zahlen und eine stringente interne Gehaltsstruktur zu erreichen.[13] Beispielhaft sei hier die Variation des Grundlohns aufgrund vergangenheitsbezogener Leistungen angeführt.[14] Abbildung 3 stellt ein Beispiel dieser Unterteilung vor, wobei hier von drei unterschiedlichen Leistungsniveaus und einem Einstiegsniveau für neue Mitarbeiter ausgegangen wird.[15] Insgesamt betrachtet sollte die Schwankungsbreite daher nicht zu niedrig angesetzt werden.[16] Die genannte Strategie kann z.B. aus dem vom Management festgelegten Grundsatz resultieren, möglichst qualifizierte Portfoliomanager beschäftigen zu wollen.

---

[12] Vgl. Erdmann (1991), S. 189 f.
[13] Vgl. Stelzer (1990b), S. 5.
[14] Diese Differenzierung bietet sich auch für Investmentgesellschaften an, da sich in der Praxis die Leistungen und Erfahrungen von Portfoliomanagern der gleichen Hierarchieebene in der Höhe des betreuten Portfoliovolumens und in der Anzahl der unter ihrer Verantwortung stehenden Fonds niederschlagen. Dies kann durch unterschiedlich hohe Grundlöhne innerhalb einer Gehaltsgruppe berücksichtigt werden.
[15] Für Berufseinsteiger ist es sinnvoll, zunächst einen fixen Lohn zu vereinbaren. Nach einer Einarbeitungszeit kann anschließend die Umstellung auf einen Lohn mit variablen Anteilen durchgeführt werden. Vgl. Raulin (1996), S. 184. Eine Abstufung innerhalb eines Gehaltsbandes kann auch aufgrund weiterer Einflußfaktoren, wie z.B. der Erfahrung, vorgenommen werden.
[16] Dabei ist allerdings zu beachten, daß bei tariflichen Mitarbeitern die Untergrenze nicht willkürlich festgesetzt werden kann, sondern tarifvertragliche Vereinbarungen zu berücksichtigen sind.

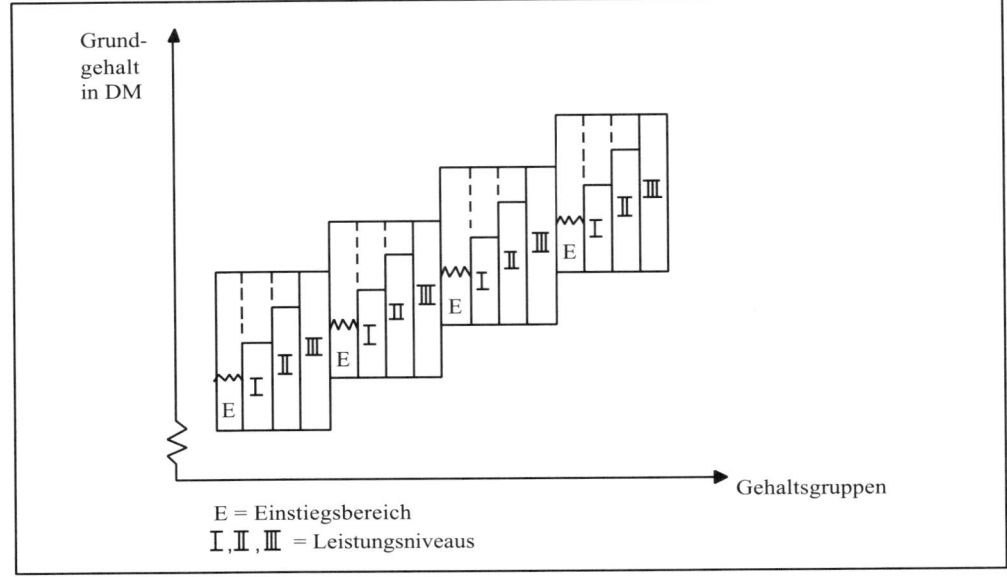

Quelle: In Anlehnung an Kappel/ Uschatz (1992), S. 89.

Abb. 3: Gehaltsbänder mit unterschiedlichen Leistungsniveaus

Zu c.:
Die *Bestimmung des leistungsabhängigen Anteils* der Entlohnung wird ebenfalls von der Personalstrategie determiniert. Dabei sind verschiedene strategische Stoßrichtungen denkbar, von denen zwei extreme Ausprägungen nachfolgend skizziert seien:

- Wird der leistungsabhängige Anteil in einem eher geringen Ausmaß festgelegt, kann dies auf die Management-Vorgabe zurückzuführen sein, verhältnismäßig weniger risikofreudige Mitarbeiter beschäftigen und die Leistungsbereitschaft über eine fixe Vergütung erhalten zu wollen.
- Eine zweite denkbare Strategie besteht darin, den Grundlohn niedriger anzusetzen,[17] dafür aber den Anteil eines von der Leistung in der aktuellen Periode abhängigen Lohnes zu erhöhen,[18] um dadurch leistungsmotivierte und risikobereite Mitarbeiter anzuziehen und an die Investmentgesellschaft zu binden. Diese Strategie kann Ausfluß der Unternehmungspolitik sein, wenn z.B. die Förderung der Leistungs- und Risikobereitschaft betont wird. Aus motivationstheoretischer Sicht ist ein höherer leistungsabhängiger Anteil zu begrüßen, da so eine klare

---

[17] Bei tariflichen Mitarbeitern ist diese Möglichkeit stark eingeschränkt.
[18] Werden dem Portfoliomanager bei der Aushandlung des Arbeitsvertrages mehrere Alternativen angeboten, die sich bezüglich des variablen Anteils unterscheiden, wird dies im Rahmen der Principal-Agency-Theorie als Self Selection bezeichnet; vgl. Arrow (1985), S. 40, Spremann (1987), S. 30 ff. und Laux (1988), S. 589.

und enge Verknüpfung von Leistung und Belohnung hergestellt werden kann. Der optimale Anteil kann jedoch von Mitarbeiter zu Mitarbeiter schwanken, da jeder unterschiedliche Bedürfnisse hat und Belohnungen als unterschiedlich angemessen empfunden werden.[19]

Aus agency-theoretischer Sicht ist bei einer Erhöhung des leistungsabhängigen Anteils zu berücksichtigen, daß ein Portfoliomanager eine Risikoprämie dafür erhalten sollte, daß sein Einkommen leistungsabhängig gestaltet wird. Das führt dazu, daß bei einem höheren relativen Anteil der leistungsabhängigen Entlohnung die absolut erreichbare maximale Lohnzahlung steigen sollte, weil das Risiko für den Portfoliomanager zunimmt.[20] Darüber hinaus bietet es sich an, den Portfoliomanagern zwei bis drei Wahlmöglichkeiten (bspw. zwischen 10 %, 20 % und 30 %) hinsichtlich des leistungsabhängigen Anteils einzuräumen, da in diesem Fall weniger Verwaltungskosten anfallen als bei einer freien Auswahl des leistungsabhängigen Anteils.[21] Ausserdem können bei Portfoliomanagern, die vor einem Vertragsabschluß stehen, Probleme bezüglich unvollständiger, asymmetrischer Informationen (z.B. fehlende Kenntnis über die Leistungsfähigkeit eines Portfoliomanagers auf Seiten der Investmentgesellschaft) durch eine Art der Self Selection gemindert werden.[22] Es wird z.B. kein Portfoliomanager einen höheren leistungsabhängigen Anteil wählen, wenn er seinen eigenen Fähigkeiten nicht vertraut.[23]

Um diese Wahlmöglichkeiten besser erläutern zu können, wird diejenige Summe zugrundegelegt, die bei einer Normal-Leistung des Portfoliomanagers gezahlt wird.[24] Dabei wird davon ausgegangen, daß eine Höchstgrenze beim leistungsabhängigen Lohn besteht. Daran anschließend kann der leistungsabhängige Anteil in Prozent des Normal-Leistungslohnes (Bestandteil A der Abbildung 4) festgelegt werden. Die maximal erreichbare Lohnzahlung bestimmt sich dann durch die Summe aus dem Normal-Leistungslohn zuzüglich eines Vielfachen des absoluten leistungsabhängigen Betrages (Bestandteile NL und VA).[25]

---

[19] Vgl. Lawler (1977), S. 159 ff.
[20] Vgl. Arrow (1985), S. 40 und Ebers/ Gotsch (1993), S. 208 f.
[21] Vgl. Kappel/ Uschatz (1987), S. 66.
[22] Vgl. Arrow (1985), S. 40, Spremann (1987), S. 30 ff. sowie Laux (1988), S. 589. Zur konkreten Vorgehensweise vgl. Raulin (1996), S. 182 ff.
[23] Die Wirkung hängt dabei u.a. von der Höhe des Grundlohns ab, der vereinbart wurde. PANKERT/ ZWECKER schlagen einen max. leistungsabhängigen Anteil in Höhe von 30 % des Grundgehalts vor; vgl. Pankert/ Zwecker (1993), S. 44.
[24] Dabei wird unterstellt, daß die Soll-Leistung kleiner als die Normal-Leistung ist und daß dieser Betrag auch bei Lohnverhandlungen determiniert wird.
[25] In der Literatur wird die Differenz zwischen Normal-Leistungs- und Grundlohn bei dieser Gestaltungsweise als „Below Market Pay at Risk" bezeichnet, da die Höhe des Normal-Leistungslohnes sonst üblicherweise auf dem relevanten Arbeitsmarkt als fixer Lohnbestandteil gezahlt wird. Vgl. Schuler/ Huber (1993), S. 425.

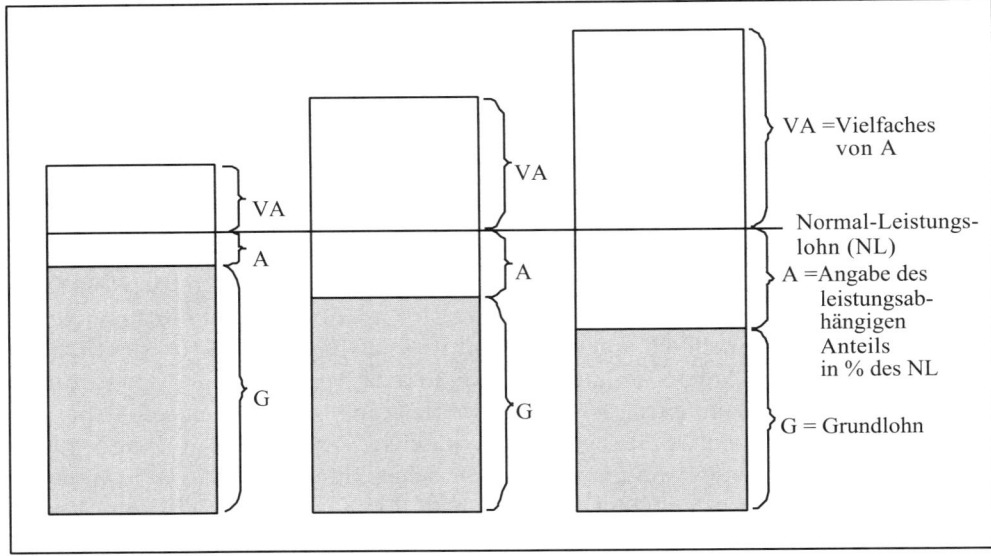

Quelle: In Anlehnung an Kappel/ Uschatz (1992), S. 67.[26]

Abb. 4: Festlegung des leistungsabhängigen Anteils in Abhängigkeit vom Normal-Leistungslohn

Um das *Verhältnis zwischen den einzelnen Lohnbestandteilen* festlegen zu können, müssen unterschiedliche Wirkungsweisen berücksichtigt werden:

- Je kleiner die organisatorische Einheit, für die die Leistung bestimmt wird, desto besser kann der Portfoliomanager die Bemessungsgrundlage beeinflussen. Daher können auf diesem Weg eher leistungsfördernde Wirkungen erreicht werden; darüber hinaus ist eine individuelle (Miß-)Erfolgsursachenanalyse durchführbar.
- Je größer die organisatorische Einheit, für die die Leistung ermittelt wird, desto eher kann die Volatilität der Eigenkapitalrendite reduziert werden und desto eher werden Mitarbeiter- oder Ressortegoismen verhindert.

Die Bestimmung einer konkreten Relation verschiedener Leistungslohnkomponenten sollte aus der personalwirtschaftlichen Strategie abgeleitet werden. Nimmt die individuelle Leistung aus Sicht der Investmentgesellschaft eine herausragende Bedeutung ein, die es besonders zu fördern gilt, ist der Anteil der individualleistungsorientierten Entlohnung stärker zu gewichten. Steht dagegen eine teamübergreifende Leistungserstellung im Mittelpunkt des Interesses und besitzt die Reduzierung der Volatilität der Eigenkapitalrentabilität besondere Relevanz für die Unternehmungspolitik, sollte die Bedeutung der Gruppen- bzw. Unternehmungsleistung

---

[26] Diese Vorgehensweise stößt bei tariflichen Portfoliomanagern jedoch an Grenzen, da der Grundlohn durch den Tarifvertrag nach unten beschränkt ist.

stärker betont werden. Es ist darauf hinzuweisen, daß Mischfonds, bei denen eine Gruppenleistung ermittelt wird, bezüglich ihres Volumens bislang eine eher untergeordnete Bedeutung haben. Daher ist die Gewichtung der Gruppenleistung eher gering zu gestalten.

Zu d.:
Der *Überlappungsbereich der Gehaltsbänder* wird bereits in einem hohen Ausmaß von der Anzahl der Gehaltsgruppen und der Lohnbandbreite der Gruppen determiniert. Um eine möglichst hohe leistungsabhängige Differenzierung in einem Lohnband vornehmen und gleichzeitig noch einen Unterschied zwischen den Lohnbandbreiten benachbarter Gehaltsgruppen erzielen zu können, sollten sich die Gehaltsbänder nicht unwesentlich überlappen und zusätzlich noch einen Abstand zur nächsten Gehaltsgruppe gewährleisten. Dadurch ist es möglich, daß das Grundgehalt auf der Basis von Leistungen in der Vergangenheit variiert werden kann. Werden darüber hinaus Prämien und Leistungszulagen auf der Basis der aktuellen Periode gezahlt, sollte durchaus die Möglichkeit bestehen, daß Mitarbeiter einer Hierarchieebene bei einer sehr guten Leistung einen ähnlichen Gesamtlohn beziehen wie die der nächsthöheren Ebene bei Leistungen, die zu keinerlei Bonus führen.

Sollen dagegen Hierarchieunterschiede betont werden, ist der Überlappungsbereich nicht so ausgeprägt zu gestalten. Letztlich kann der Überlappungsbereich nur unternehmungsspezifisch aus den Vorgaben des Managements unter Berücksichtigung der jeweiligen situativen Gegebenheiten abgeleitet werden.

4. Leistungsabhängige Lohnformdifferenzierung auf Basis der Mitarbeiterleistung in der aktuellen Periode

In diesem Abschnitt werden Gestaltungsmöglichkeiten zur Bestimmung einer Prämie bzw. Leistungszulage auf der Basis des individuellen quantitativen und qualitativen Ergebnisses sowie des Leistungsverhaltens (Komponente 1 und 2 der variablen Entlohnung) aufgezeigt.

Das *individuelle quantitative Leistungsergebnis* (erzielte Überrendite) kann auf Timing- und Selektionsfähigkeiten eines Portfoliomanagers zurückgeführt werden. Für diese Fähigkeiten sind Bemessungsgrundlagen festzulegen, die eine Transformation in eine Lohnfunktion ermöglichen. Der Erfolg, der sich aus der Anlagepolitik ergibt, sollte dagegen bei einer leistungsorientierten Entlohnung von Portfoliomanagern nicht berücksichtigt werden, weil davon keine motivationsfördernde Wirkung ausgehen würde.[27]

---

[27] Vgl. Raulin (1996), S. 108 ff.

Zur Ermittlung des Investmenterfolgs gibt es verschiedene Maßgrößen, die nach mehreren Kriterien systematisiert werden können. So kann danach unterschieden werden, ob

- eine einfache Renditedifferenz zwischen dem Investmentfonds und der Benchmark oder
- Performancemaße, die das Risiko des Fonds bei der Beurteilung des Fonds einbeziehen, zugrundegelegt werden.[28]

Die einfache *Renditedifferenz* resultiert aus der Subtraktion der Benchmark- von der Portfoliorendite. Eine weitere Möglichkeit besteht darin, die Rendite des Investmentfonds und des Vergleichsportfolios auf mehrere Sektoren[29] aufzusplitten und für sämtliche Sektoren die Subtraktion vorzunehmen, so daß die einzelnen Renditeanteile den jeweiligen Sektoren zugeschrieben werden können (*Renditeattribution*).

Performancemaße dagegen beziehen zusätzlich zur Renditedifferenz das eingegangene Risiko mit ein. Diese können weiter danach unterteilt werden, ob sie eine vorab spezifizierte Benchmark bzw. mehrere Indizes zur Bewertung heranziehen oder darauf verzichten und anhand der bestehenden Portfoliozusammensetzung eine implizite Benchmark mit ähnlichen Merkmalen in einer Vergleichsperiode verwenden. Letztere müssen zwingend neben den Portfoliorenditen auch die Gewichte einzelner Wertpapiere im Portfolio erfassen, wogegen es bei ersteren auch Maße gibt, die nur die Portfoliorendite als Informationsgrundlage nutzen.

Performancemaße können des weiteren danach untergliedert werden, welche Bestandteile des Investmenterfolgs erfaßt werden. Auf der einen Seite existieren Performancemaße, die entweder nur Selektions- oder nur Timing-Komponenten herausfiltern. Auf der anderen Seite gibt es Gesamtperformancemaße, die entweder eine Aufsplittung in beide Komponenten ermöglichen oder nur den gesamten Erfolg ohne Aufteilung in Timing- und Selektionsbestandteile ermitteln.

Die auf Renditedifferenzen und risikoadjustierten Performancemaßen aufbauenden Bemessungsgrundlagen können anhand der Kriterien 'Manipulationsmöglichkeiten', 'Leistungsmotivationseffekte' und 'Kostenaspekte' beurteilt werden.[30]

Ausschließliche Renditebemessungen im Vergleich zu einer Benchmark trennen zwar die Leistung des Portfoliomanagers von der strategischen Allokation, weisen aber einige erhebliche Manipulationsmöglichkeiten auf. Insbesondere durch eine Variation des Risikos und durch Hedgemöglichkeiten im persönlichen Portfolio erhöht sich die Wahrscheinlichkeit für einen Portfoliomanager, einen leistungsabhängigen Lohn zu erhalten, ohne daß tatsächlich Timing- oder Selektionsfähigkeiten vorgelegen haben.[31] Dies gilt auch für die Renditeattribution.

---

[28] Vgl. im folgenden Raulin (1996), S. 186 ff.
[29] Sektoren werden in diesem Zusammenhang als nach Branchen, Ländern oder Unternehmungskennzahlen gruppierte Wertpapiersubportfolios verstanden.
[30] Vgl. Raulin (1996), S. 214 ff., S. 260 ff., S. 278 ff. sowie S. 295 ff.
[31] Für eine detaillierte Analyse vgl. Raulin (1996), S. 214 ff.

Risikoadjustierte Performancemaße können zum Teil, aber auch nicht vollständig, diese Manipulationsmöglichkeiten vermeiden. Ein Maß hat sich hierbei als besonders günstig erwiesen.[32] Bei Robustheitsanalysen hat sich allerdings gezeigt, daß insbesondere Timingfähigkeiten von keinem Maß überzeugend erkannt und angezeigt werden.[33]

Insgesamt betrachtet läßt sich feststellen, daß es kein optimales Performancemaß gibt, sondern jedes Maß unterschiedliche Stärken und Schwächen aufweist. Bei der Wahl eines oder mehrerer Performancemaße sollten daher die situativen Gegebenheiten einer KAG berücksichtigt werden.

Qualitative Ergebnisse und das *Leistungsverhalten* werden zusätzlich zur Leistungsbeurteilung herangezogen, da sich diese nicht unmittelbar und kurzfristig in quantitativen Ergebnissen niederschlagen müssen, mittel- bis langfristig jedoch für die Investmentgesellschaft von großer Bedeutung sind. Als Beispiel für ein qualitatives Ergebnis sei die Güte einer Präsentation vor einem Anlageausschuß angeführt. Das Leistungsverhalten läßt anhand folgender Merkmale charakterisieren: Einsatz und Initiative, Selbständigkeit und Entscheidungsfreude, dem Verhältnis von Kosten zu den Leistungen, Kooperationsbereitschaft und Teamgeist, Weitergabe von Informationen, Auftreten, Kommunikationsfähigkeit etc.

Bei der Bewertung der realisierten qualitativen Ergebnisse und dem tatsächlich gezeigten Leistungsverhalten sind verschiedene Verfahren anwendbar, die grundsätzlich danach unterschieden werden können, ob sie die Leistung eines Portfoliomanagers summarisch oder analytisch beurteilen.[34] Analytische Verfahren knüpfen an einzelnen Merkmalen der qualitativen Ergebnisse und des Leistungsverhaltens an, während summarische Verfahren undifferenziert das gesamte qualitative Ergebnis und/oder das Leistungsverhalten bewerten.[35] Summarische Verfahren sind dadurch in erheblichem Maße dem Vorwurf der (vermeidbaren) Subjektivität bzw. Willkür ausgesetzt und werden daher nicht weiter behandelt.

Bei analytischen Verfahren werden zunächst Hauptmerkmale der qualitativen Leistung und des Leistungsverhaltens definiert, die in einem zweiten Schritt in weitere Teilmerkmale zerlegt werden können. Die Beurteilung wird i.d.R. standardisiert und in einem Beurteilungsbogen schriftlich festgehalten. Dabei ist die Problematik der Subjektivität und der mangelnden Überschneidungsfreiheit der Kriterien zu beachten, da solche Aspekte niemals vollständig beseitigt werden können, die Beurteilung aber beeinflussen. Nach differenzierter Beurteilung des qualitativen Leistungsergebnisses und des Leistungsverhaltens müssen die Ausprägungen bei den einzelnen Kriterien durch eine entsprechende Gewichtung zusammengefaßt werden.[36]

---

[32] Vgl. Raulin (1996), S. 280.
[33] Vgl. Wittrock (1995), S. 279 f.
[34] Diese Unterscheidung gilt auch für die Bewertung von quantitativen Ergebnissen. Da die quantitativen Bemessungsgrundlagen aber bereits diskutiert worden sind, wird an dieser Stelle nicht weiter darauf eingegangen.
[35] Vgl. Drumm (1995), S. 80 f.
[36] Vgl. Raulin (1996), S. 321.

5. Bemessungsgrundlagen der Gruppenleistung

Ein Portfoliomanager erbringt eine Gruppenleistung, wenn er gemeinsam mit Kollegen einen Mischfonds managt. Die Zuständigkeit kann z.B. zwischen einem Aktien- und einem Renten-Portfoliomanager aufgeteilt werden. Eine Zusammenarbeit ist erforderlich, um abstimmen zu können, wie stark jeweils der Aktien- bzw. Rentenanteil im Portfolio gewichtet werden soll. Als Leistungsbemessungsgrundlage sollte das quantitative Ergebnis des jeweiligen Mischfonds zugrundegelegt werden. Den Portfoliomanagern kann dann bei einer Mischfondsbetreuung zusätzlich zur individualleistungsbezogenen Entlohnung eine auf einer quantitativen Gruppenleistung basierende Gruppenprämie gezahlt werden.[37]

Bei einer Gruppenprämie auf der Basis des quantitativen Leistungsergebnisses sind zwei Schritte erforderlich:[38]

1. Berechnung der Gruppenprämie,
2. Verteilung der Gruppenprämie auf die Gruppenmitglieder.

Die Gruppenprämie kann nach einem der zuvor beschriebenen Verfahren der Performancemessung berechnet werden und wird daher hier nicht genauer erläutert.[39] Die Verteilung der Gruppenprämie kann mit Hilfe von Umlageschlüsseln erfolgen. Bei leistungsbezogenen Schlüsseln wäre eine Vergabe nach der individuellen Leistung eines Portfoliomanagers anzustreben. Allerdings wird eine Gruppenprämie meistens gerade dann gezahlt, wenn eine individuelle Leistungserfassung nicht möglich ist. Daher werden für eine angemessene Verteilung die folgenden Verteilungsschlüssel vorgeschlagen:[40]

- absolute Gleichverteilung (Kopfzahl)
- relative Gleichverteilung (leistungsbezogene Grundgehälter, Arbeitsplatzwerte, Arbeitszeit, Aktien/ Renten-Verhältnis in der Benchmark).

Eine Verteilung, die sich nach Grundgehältern oder Arbeitsplatzwerten richtet, bezieht sich zum größten Teil auf Leistungen und Werte, die die Tätigkeit für die Einzelfonds betreffen. Ein Leistungsanreiz hinsichtlich des Ergebnisses von Mischfonds wird dadurch nicht erreicht, so daß als denkbare Verteilungsschlüssel von den genannten nur noch die Möglichkeiten 'Kopfzahl', 'Arbeitszeit' und 'Aktien/ Renten-Verhältnis' in der Benchmark verbleiben.[41]

---

[37] In einigen Unternehmungen wird daher von einer Gruppenzusatzprämie gesprochen, vgl. Eyer/ Wolf (1995), S. 872 f.
[38] Vgl. Cremer (1976), S. 217.
[39] Vgl. Raulin (1996), S. 202 ff.
[40] Zur Angemessenheit der Verteilung vgl. Baierl (1974), S. 114. Zu den Schlüsseln bis auf das Aktien/ Renten-Verhältnis in der Benchmark vgl. Cremer (1976), S. 218 ff. sowie Becker et al. (1995), S. 56 ff. Darüber hinaus sind weitere Schlüssel, wie z.B. soziale Faktoren, denkbar. Vgl. dazu Schnellinger (1968), S. 224 ff.
[41] Vgl. auch Raulin (1996), S. 311 f.

Generell tritt bei allen Schlüsseln die Frage auf, ob sie eine angemessene, verursachungsgerechte Verteilung leistungsabhängiger Komponenten ermöglichen. Die Kopfzahl kann als Verteilungsschlüssel herangezogen werden, wenn für jeden der beteiligten Portfoliomanager in etwa der gleiche Arbeitsaufwand anfällt. Ist der Arbeitsaufwand eher ungleichgewichtig auf die Gruppenmitglieder verteilt, kann alternativ die Verteilung auf Basis der durchschnittlich verwendeten Arbeitszeit erfolgen. Von Nachteil ist allerdings, daß ineffiziente Arbeitszeiten ebenfalls belohnt werden und außerdem eine zusätzliche Erfassung der für den Mischfonds verwendeten Arbeitszeit erforderlich wird.

Eine weitere Alternative, die nicht diesem Mangel unterliegt, besteht in der Aufteilung der Gruppenprämie nach dem Anteil der von einem Portfoliomanager betreuten Wertpapierart in der Benchmark. Diese im voraus festgelegte Verteilung belohnt effiziente Arbeitsstile. Allerdings führt diese Form der Verteilung dann zu Anreizproblemen, wenn das angegebene Mischungsverhältnis nicht dem tatsächlich für die Betreuung erforderlichen Arbeitsaufwand entspricht, da sich daraus eine für den einen Portfoliomanager vorteilhafte, für den anderen aber nachteilige Aufteilungsregel ergeben kann, etwa für den Fall, daß für das Management der Aktienpositionen eine höhere Betreuungsintensität notwendig ist als für den Rentenanteil (z.B. bei Aktiennebenwerten und Kommunalobligationen). Wird der Aktienmanager nicht stärker am Erfolg beteiligt als der Rentenmanager, ist für den Aktienmanager eine intensive Betreuung des Mischfonds wenig attraktiv.

Auf Grundlage eines oder der Kombination mehrerer dieser Schlüssel könnte grundsätzlich die Prämienverteilung erfolgen. Allerdings wird hierbei angenommen, daß die Gruppenmitglieder überwiegend in einer Gruppe tätig sind. Bei Portfoliomanagern ist dies jedoch nicht ausschließlich der Fall. Neben der Betreuung von Mischfonds sind sie gleichzeitig für einen oder mehrere Fonds allein verantwortlich. Bei sämtlichen Verteilungsschlüsseln existiert weiterhin das Problem, daß die erfolgreiche Arbeit eines Portfoliomanagers ebenfalls zu einer Belohnung der anderen Portfoliomanager in der Gruppe führt. Daher besteht die Gefahr, daß sich die Portfoliomanager tendenziell eher um die Fonds kümmern, für die sie allein verantwortlich sind, oder von den Leistungen der anderen Kollegen profitieren wollen. Aus diesem Grund muß bei der Konzeptionierung einer leistungsabhängigen Entlohnung für die Mischfondsbetreuung bedacht werden, daß eine Anreizwirkung zur Gruppenarbeit gegeben sein sollte. Um diesen Anreiz herzustellen, bietet es sich an, bei einer Mischfondsbetreuung einen höheren Anteil der erwirtschafteten Überrendite auszuschütten.

6. Unternehmungsleistungsbezogene Lohnbestandteile

Portfoliomanager können auf verschiedene Art und Weise an der Unternehmungsleistung beteiligt werden.[42] Zum einen ist es möglich, einen Portfoliomanager aufgrund des bestehenden Arbeitsverhältnisses über eine *Erfolgsbeteiligung* direkt an der Unternehmungsleistung partizipieren zu lassen. Andererseits können gesellschafts- oder schuldrechtliche Ansprüche aus einer bestehenden Kapitalbeteiligung dazu führen, daß ihm ein Gewinnanteil oder erfolgsunabhängige Erträge zustehen. Drittens ist eine Kombination der beiden ersten Möglichkeiten denkbar, wenn die Erfolgsbeteiligung nicht in bar ausgeschüttet, sondern in eine Kapitalbeteiligung investiert wird.[43] In diesem Fall wird die Beteiligung als laboristische Kapitalbeteiligung bezeichnet.[44] Aus einer empirischen Untersuchung geht hervor, daß eine einbehaltene Erfolgsbeteiligung Motivationseffekte nicht schmälert, sondern vielmehr fördert.[45] Einer *laboristischen Kapitalbeteiligung* wird daher eine höhere Wirksamkeit zugesprochen, so daß die zweite Möglichkeit im folgenden vernachlässigt werden kann.[46]

Erfolgsbeteiligungen werden unter einer Vielzahl von Zielsetzungen eingeführt. Als wichtigste Ziele werden die Erhöhung der Motivation, die Förderung des unternehmerischen Denkens, die Verbesserung der Betriebsverbundenheit, die Reduzierung eines Interessenkonfliktes zwischen Principal und Agent sowie eine Kostenflexibilisierung angeführt.[47] Mit einer Kapitalbeteiligung werden ähnliche Ziele verfolgt; darüber hinaus werden vor allem eine Identifikation der Mitarbeiter mit der Unternehmung sowie Finanzierungsziele angestrebt.[48]

Bei der Festlegung einer Erfolgsbeteiligung muß u.a. die *Mitarbeitergruppe*, die beteiligt werden soll, definiert werden. Um Leistungsmotivationseffekte möglichst bei sämtlichen Mitarbeitern erreichen zu können, bietet es sich an, nicht nur Portfoliomanager mit Führungsverantwortung zu berücksichtigen, sondern auch solche, die keine Führungsaufgaben bewältigen müssen.

In einem weiteren Schritt ist festzulegen, welche *Erfolgsgröße* Verwendung finden soll. Zunächst ist dabei zu bestimmen, ob der Erfolg der Investmentgesellschaft oder der der Gesellschafterbanken herangezogen werden soll. Sind mehrere Gesellschafterbanken vorhanden, gestaltet sich die Definition einer einheitlichen Bemessungsgrundlage überaus problematisch. Allein aus diesem Grunde bietet es sich an, den Erfolg der Investmentgesellschaft als Beteiligungsbasis zu verwenden. Auch wenn nur eine Gesellschafterbank existiert, sollte der Erfolg der Investmentgesellschaft aufgrund motivations- und agencytheoretischer Überlegungen als Bemessungsgrundlage dienen. Dies läßt sich damit begründen, daß die individuelle Beeinfluß-

---

42 Vgl. auch Raulin (1996), S. 312 ff.
43 Vgl. Raulin (1996), S. 44 f.
44 Vgl. Esser/ Faltlhauser (1974), S. 20 sowie Schanz (1985), S. 75.
45 Guski/ Schneider (1983), S. 283 ff., betonen, daß ausgeschüttete Erfolgsbeteiligungen eher wie ein fest eingeplanter Lohnbestandteil gesehen werden.
46 Vgl. Schneider/ Zander (1993), S. 61.
47 Vgl. Berthel/ Becker (1984), S. 387.
48 Vgl. Schneider/ Zander (1993), S. 46 f.

barkeit der Unternehmungsleistung mit wachsender Unternehmungsgröße bzw. größeren Betriebseinheiten abgeschwächt wird.[49] Die Volatilität der Eigenkapitalrentabilität auf der Ebene der Investmentgesellschaft kann dadurch ebenfalls gesenkt werden. Wird die Eigenkapitalrentabilität jedoch auf der Ebene der Gesellschafterbanken bestimmt, kann keine eindeutige Aussage getroffen werden.

Ferner gilt es zu konkretisieren, welche Gewinn- bzw. Ergebnisgröße im einzelnen betrachtet werden soll.[50] Primär kann hier zwischen einem Ergebnis auf der Basis der eigentlichen Betriebstätigkeit vor (Ertrag-) Steuern (Betriebsergebnis) und einem Ergebnis unter Einbeziehung des Finanz- und des neutralen Ergebnisses nach (Ertrag-) Steuern (Jahresüberschuß oder Bilanzgewinn) differenziert werden. Der besondere Vorzug des Betriebsergebnisses liegt darin, daß die Mitarbeiter an einer operativen Ergebnisgröße beteiligt werden, die nicht durch die Verrechnung von solchen Positionen verzerrt wird, welche in keinerlei Weise ihrem Einfluß unterliegen. Neben diesen Ansätzen, die sich i.d.R. auf den Erfolg eines Jahres beziehen, existieren solche, die den Barwert zukünftiger Cash Flows als Erfolgsgröße definieren.[51] Hierbei besteht jedoch insbesondere die Schwierigkeit, zukünftige Zahlungsströme ermitteln zu können. Aus Sicht der Mitarbeiter ist eine derartige Bemessungsgrundlage als stark manipulativ einzuschätzen, so daß eine Anwendung als Bemessungsgrundlage leistungsabhängiger Entlohnungskomponenten zum derzeitigen Zeitpunkt nicht empfohlen werden kann.

Eine Verbesserung der Leistungsmotivation erscheint bei Erfolgsbeteiligungen aus theoretischer Sicht nur begrenzt möglich, da auch bei einer leistungsorientierten Individualquote nur ein loser Zusammenhang zwischen Leistung und Erfolgsbeteiligung gegeben ist. Dies ist darauf zurückzuführen, daß zahlreiche personenexterne Determinanten die Bemessungsgrundlage beeinflussen. Eine motivationale Anreizwirkung ist aber tendenziell um so mehr gegeben,[52]

- je höher der persönliche Erfolgsanteil in Relation zur sonstigen Entlohnung ausfällt,
- je kleiner die Unternehmung, auf die sich die Erfolgsbeteiligung bezieht und
- je kürzer der zeitliche Abstand zwischen Leistung und Belohnung ist.

Ergebnisse aus einer empirischen Untersuchung belegen, daß Erfolgsbeteiligungen insbesondere bei einer Entscheidungspartizipation positive Effekte auslösen.[53]

Hinsichtlich der Gestaltungsmöglichkeit bei laboristischen Kapitalbeteiligungen wird zwischen einer Fremd- und Eigenkapitalbeteiligung sowie Mischformen differenziert. Bei diesen Kapitalbeteiligungsformen setzt sich der entsprechende Lohnanteil der Mitarbeiter zum einen aus der Zuweisung von Kapital, zum anderen aus Erträgen einer bereits bestehenden Kapitalbeteiligung zusammen.

---

[49] Vgl. Schanz (1985), S. 83, Schneider/ Zander (1993), S. 61.
[50] Ertrags- und Leistungsgrößen können hier vernachlässigt werden. Vgl. Raulin (1996), S. 314 f.
[51] Wird diese Erfolgsgröße auf Aktiengesellschaften bezogen und zur Unternehmungssteuerung eingesetzt, wird vom Shareholder Value- oder Management-Wert-Konzept gesprochen. Zur Verknüpfung mit einer leistungsorientierten Entlohnung von Führungskräften vgl. Bühner (1990), S. 128 ff. und Rappaport (1994), S. 179 ff.
[52] Vgl. Schneider/ Zander (1993), S. 62.

Mitarbeiter partizipieren am *Fremdkapital* einer Unternehmung, indem sie als Darlehensgeber oder als Inhaber von Schuldverschreibungen auftreten. Werden vorher feste Zinsen vereinbart, ist ein Zusammenhang von Leistung und Einkünften aus der Kapitalbeteiligung nicht gegeben. Bei partiarischen Darlehen wird dagegen ein gewinnabhängiger Zins vereinbart, so daß hinsichtlich der Einkünfte aus einer bestehenden Kapitalbeteiligung positivere motivationale Effekte zu erwarten sind. Fremdkapitalbeteiligungen bieten für die Unternehmung den Vorteil, daß die Zinsen steuerlich als Betriebsausgaben angesetzt werden können. Des weiteren zählen die Zinsen aus Mitarbeitersicht zu den Einkünften aus Kapitalvermögen, so daß die Beträge nicht sozialversicherungspflichtig sind.[54] Motivationseffekte können lediglich dadurch erzielt werden, daß das Kapital aufgrund einer nach der individuellen Leistung des Mitarbeiters vergebenen Erfolgsbeteiligung zugewiesen wird. Dabei ist zu beachten, daß eine Fremdkapitalbeteiligung kaum zu einer besseren Identifikation und Integration des Mitarbeiters führt, da eine Verlustbeteiligung ausgeschlossen ist und das Kapital zu einem vorher vereinbarten Zeitpunkt zurückgezahlt werden muß. In der Praxis wird diese Form der Beteiligung daher i.d.R. als Vorstufe zu einer Eigenkapitalbeteiligung gesehen.[55]

Sollen Portfoliomanager am *Eigenkapital* einer Investmentgesellschaft nach außen wirksam partizipieren, kommt fast ausschließlich eine Beteiligung als GmbH-Gesellschafter in Betracht, da die Kapitalanlagegesellschaften überwiegend in dieser Rechtsform firmieren. Diese Möglichkeit kann jedoch nicht als sinnvoll angesehen werden, da sich der Gesellschafterkreis und die Einlagenhöhe relativ häufig ändern würden und damit jedes Mal eine notarielle oder gerichtliche Beurkundung sowie eine Eintragung im Handelsregister erforderlich würde.[56]

Weiterhin besteht die Möglichkeit, daß sich die Mitarbeiter als stille Gesellschafter an einer Investmentgesellschaft beteiligen.[57] Die Beteiligung bezieht sich nur auf das Innenverhältnis, im Außenverhältnis treten stille Gesellschafter nicht in Erscheinung. Insbesondere typische stille Beteiligungen kommen für eine Kapitalbeteiligung der Portfoliomanager deshalb in Betracht, weil in diesem Fall keine Mitunternehmerschaft unterstellt wird, so daß sämtliche Lohnbestandteile weiterhin als Betriebsausgaben steuerlich abzugsfähig sind. Die Portfoliomanager haben in diesem Fall allerdings keine Mitsprache- und nur eingeschränkte Kontrollmöglichkeiten.

Genußrechte beteiligen den Kapitalgeber i.d.R. am Gewinn einer Unternehmung. Je nach Ausgestaltung sind diese tendenziell eher als Eigen- oder als Fremdkapital zu charakterisieren.[58] Meistens ist eine Ausstattung mit Entscheidungs- oder Kon-

---

53 Vgl. FitzRoy (1982), S. 256 f.
54 Vgl. Strack (1984), S. 148.
55 Vgl. Schröder (1974), S. 335 und Strack (1984), S. 151.
56 Vgl. Kilian (1978), S. 40 sowie Schanz (1985), S. 91.
57 Bei einer Eigenkapitalbeteiligung existiert zusätzlich die Möglichkeit, daß eine Beteiligungsgesellschaft zwischengeschaltet wird, was dann als indirekte Beteiligung bezeichnet wird. Da sich die Beteiligungsgesellschaft in den erläuterten Formen am Eigenkapital beteiligen kann, wird auf eine ausführlichere Darstellung verzichtet. Zu indirekten Beteiligungen vgl. Kilian (1978), S. 50 f., Mez (1990), S. 43 f. sowie Hentze (1991), S. 138 ff.
58 Dem Eigenkapital sind Genußrechte dann zuzurechnen, wenn eine Beteiligung an Gewinnen, Verlusten und an stillen Reserven festgelegt ist. Vgl. Hornung-Draus (1985), S. 542.

trollrechten nicht vorgesehen. Sie sind hinsichtlich ihrer Ausgestaltung frei und können somit flexibel der jeweiligen Unternehmung angepaßt werden.[59] Als Beteiligungsform kommen sie daher ebenfalls in Betracht.

Bei Eigenkapitalbeteiligungen bzw. eigenkapitalähnlichen Beteiligungen muß geklärt werden, wie und wann der Mitarbeiter über seine Beteiligung verfügen kann. Häufig kann der Mitarbeiter erst nach einer Sperrfrist seine Anteile veräußern bzw. kündigen. Aufgrund der Mitarbeiterfluktuation und dem Wunsch nach Veräußerung kann die Liquidität einer Unternehmung beeinträchtigt werden.[60]

Analog zur Erfolgsbeteiligung ist bei der laboristischen Mitarbeiterkapitalbeteiligung das Erzielen eines Motivationseffektes kritisch zu sehen, da auch bei einer Kapitalbeteiligung kein direkter Zusammenhang zwischen individueller Leistung und Lohn besteht.[61] Dies ist darauf zurückzuführen, daß dem Mitarbeiter nur relativ geringe Möglichkeiten der Einflußnahme auf die Bemessungsgrundlage verbleiben. Aus einer weiteren empirischen Untersuchung geht jedoch hervor, daß eine Kapitalbeteiligung im Vergleich zur Erfolgsbeteiligung oder weiterer Lohnbestandteile als Belohnung für die individuelle Leistung eine relativ geringe Bedeutung zukommt.[62]

Im Gegensatz zur empirisch erhobenen, relativ geringen Motivationswirkung können der Mitarbeiterkapitalbeteiligung allerdings positive Effekte hinsichtlich der Identifikation bzw. Bindung des Mitarbeiters zugeschrieben werden. Insbesondere die Loyalität kann durch eine Eigenkapitalbeteiligung verstärkt werden.[63] Eine Kapitalbeteiligung sollte sich dann in die vorhandene Unternehmungskultur einfügen bzw. durch ein konsistentes Vorgehen in anderen Bereichen neue Werte und Normen schaffen.[64]

Vor diesem Hintergrund können folgende Alternativen der materiellen Mitarbeiterbeteiligung als zweckmäßig eingeschätzt werden:

- Erfolgsbeteiligung:
  Als Bemessungsgrundlage bietet sich der Erfolg der Investmentgesellschaft mit der Ausprägung 'Betriebsergebnis' an.
- Kapitalbeteiligung:
  Fremdkapitalbeteiligungen sind am sinnvollsten, wenn gewinnabhängige Zinsen vereinbart werden und die Kapitalzuweisung nach individualleistungsbezo-

---

[59] Vgl. Schanz (1985), S. 94, Drechsler (1983), S. 98 und Gast/ Wissmann (1987).
[60] Lediglich bei der Ausgabe von Belegschaftsaktien kann die Liquiditätsbeeinträchtigung durch einen einfachen Verkauf der Anteile an Dritte vermieden werden. Vgl. Kilian (1978), S. 42.
[61] Vgl. dazu die Ergebnisse bei Lux (1977), S. 57.
[62] Vgl. Mez (1990), S. 176. FITZROY/ KRAFT stellen zwar bei Unternehmungen mit Kapitalbeteiligungen eine höhere Produktivität fest, kommen aber nicht zu einer eindeutigen Wirkungsrichtung, da die Möglichkeit besteht, daß gerade produktive Unternehmungen Kapitalbeteiligungen einführen. Vgl. FitzRoy/ Kraft (1985), S. 34. Dieses Ergebnis ist jedoch vor dem Hintergrund der untersuchten Ausgestaltungsformen betrieblicher Kapitalbeteiligungen zu interpretieren. Eine Betonung der Mitarbeiterkapitalbeteiligung z.B. durch jährliche „Kontoauszüge" könnte eine höhere Wertschätzung der Mitarbeiter nach sich ziehen.
[63] Dies ist das Ergebnis einer theoretisch abgeleiteten und empirisch überprüften Hypothese. Vgl. dazu Long (1978a), S. 32 ff. sowie Long (1978b), S. 758.
[64] Zur Forderung nach einer Übereinstimmung mit der Unternehmungskultur vgl. Schneider/ Zander (1993), S. 61.

genen Kriterien vergeben wird. Als Eigenkapitalbeteiligungsform bietet sich die typische stille Gesellschaft an, so wie Genußrechte eine weitere Form der flexiblen Beteiligung darstellen.

7. Vergütungsperioden bzw. -frequenzen von leistungsorientierten Entlohnungsfunktionen

Nach Erläuterung der einzelnen Bemessungsgrundlagen muß noch der Zeitraum der Bewertungsperiode und dessen Abstand zum nächsten Vergütungszeitpunkt bestimmt werden. Zunächst einmal wird davon ausgegangen, daß die Leistungsbewertung jährlich stattfindet. Dies läßt sich mit dem für Mitarbeiter erforderlichen regelmäßigen Feedback begründen.[65] Hierbei sind drei Gestaltungsmöglichkeiten zu unterscheiden:[66]

(a) sofortige, periodische Ausschüttung,
(b) langfristig einbehaltene, erst nach mehreren Perioden auszuschüttende Vergütung,
(c) periodische Teilausschüttung und Einbehaltung des restlichen Anteils.

Zu (a):
Die Vergütung wird sofort ausgeschüttet, nachdem die periodisch wiederkehrende Leistungsbewertung abgeschlossen wurde. Diese Alternative bietet den Vorteil der direkten Anreizwirkung und läßt sich insbesondere bei einer Vergütung auf der Basis des Leistungsverhaltens sinnvoll realisieren, da sich das Verhalten während eines einjährigen Bewertungszeitraums beobachten läßt. Da allerdings eine Trennung von Zufall und individuell-quantitativer Leistung des Portfoliomanagers bzw. einer quantitativen Gruppenleistung auch bei einer jährlichen Bewertung nicht immer möglich ist und der Erfolg sich erst mittel- bis langfristig auswirken kann,[67] besteht die Gefahr der Fehleinschätzung der individuell-quantitativen Leistung. Einmal ausgeschüttete Beträge können jedoch nicht zurückgefordert werden.

---

[65] Vgl. Berkel et al. (1991), S. 47 f., die davon ausgehen, daß auch längere Beurteilungszeiträume zweckmäßig sein können, wenn sich die Anforderungen kaum ändern und die Beurteilung seit längerem eingeführt worden ist. Allerdings ist dabei zu bedenken, daß auf der Basis des dort vorgestellten Beurteilungssystems keine Lohnzahlung erfolgt.
[66] Die Differenzierung erfolgt in Anlehnung an Becker (1990), S. 160 f., der die Gestaltungsmöglichkeiten auf die Ausschüttung von Erfolgsbeteiligungen bezieht. Eine Übertragung auf die Bezugsebene der Individualleistung ist jedoch möglich.
[67] Der Investmenterfolg eines superioren Managers enthält trotz seiner Fähigkeiten ein hohes Ausmaß an Unsicherheit. Eine Bewertungsperiode von einem Jahr erscheint für eine statistisch signifikante Identifizierung selten ausreichend; vgl. dazu Bailey (1990), S. 36, Kritzman (1987) S. 23 und Zimmermann (1991), S. 180.

Zu (b):
Die Leistungsbewertung erfolgt weiter jährlich, aber die leistungsabhängige Vergütung wird in einen Pool eingezahlt. Der Bestand des Pools kann aufgrund einer späteren Leistungsbewertung auch nach unten korrigiert werden. Erst nach drei bis fünf Jahren wird eine Ausschüttung des Pools vorgenommen. Insbesondere beim individuell-quantitativen Ergebnis und bei der quantitativen Gruppenleistung kann dadurch die Bewertung des Investmenterfolgs am zutreffendsten sein. Gleichzeitig wird die Anreizwirkung stark eingeschränkt, weil kein kurzfristiger Zusammenhang zwischen Anstrengung und Vergütung besteht. Des weiteren sind Regelungen zu treffen, die bei einer Versetzung oder einem Ausscheiden des Portfoliomanagers den auszuschüttenden Anteil festlegen.

Zu (c):
Eine weitere Möglichkeit besteht darin, die beiden vorgenannten Vorgehensweisen miteinander zu kombinieren: Ein Teil der jährlich ermittelten leistungsabhängigen Vergütung wird ausgeschüttet, der Rest in einen Pool eingezahlt. Dadurch läßt sich eine Kombination der Vorteile beider Gestaltungsvarianten erreichen. Diese Alternative ist insbesondere für die individuell-quantitative Leistung und für eine Gruppenleistung zweckmäßig.

Bei allen Varianten ist es darüber hinaus möglich, den zur Verfügung stehenden Betrag in Höhe der Ausschüttung nicht für eine Barzahlung, sondern für andere Leistungen zu verwenden, wie z.B. als Finanzierung für Cafeteria- bzw. Deferred-Compensation-Modelle.[68]

8. Zusammenfassung

Eine angemessene leistungsorientierte Entlohnung von Portfoliomanagern kann einer Investmentgesellschaft mittelfristig erhebliche Wettbewerbsvorteile bringen. Dazu ist es allerdings erforderlich, eine sämtliche Leistungsaspekte umfassende Entlohnung zu implementieren und die Vergütungsrelationen zwischen fixem und variablem Lohn sowie zwischen den einzelnen Lohnbestandteilen an der jeweiligen Unternehmungsstrategie auszurichten.

Der Anteil der leistungsabhängigen Vergütung sollte ausreichend hoch sein, um überhaupt eine Verknüpfung zwischen Leistung und Belohnung herstellen zu können. Dabei ist zu beachten, daß mit einem zunehmenden leistungsabhängigen Anteil der maximal erreichbare Betrag aufgrund des höheren Risikos für den Portfolio-

---

[68] Bei Cafeteria-Modellen kann der Mitarbeiter zwischen verschiedenen Leistungen wie Dienstwagen, Lebensversicherung etc. wählen. Eine weitere Möglichkeit im Rahmen dieser Wahlmöglichkeiten besteht darin, daß die leistungsabhängige Entlohnung für arbeitnehmerfinanzierte Pensionszusagen (Deferred Compensation) verwendet wird. Zu Cafeteria- und Deferred-Compensation-Modellen vgl. Wagner (1982) und (1986), Wolf (1993), Mölders (1995) sowie Rauser et al. (1995).

manager steigen sollte. Um aber die einseitige Ausrichtung auf eine Leistungsbemessungsgrundlage und die damit verbundenen Nachteile zu vermeiden, sollten sämtliche Bestandteile der Leistung erfaßt werden. Die Vergütungsrelationen zwischen den einzelnen leistungsabhängigen Bestandteilen müssen aus der Unternehmungsstrategie abgeleitet werden. Tendenziell fördert eine Betonung von individuellen Ergebnissen prinzipiell zwar die Leistungsmotivation, zugleich aber auch Egoismen auf Seiten der Portfoliomanager.

Trotzdem sollte die individuell-quantitative Leistung eines Portfoliomanagers natürlich berücksichtigt werden, da sie sich konkret auf den Anlageerfolg auswirkt. Es sollten dabei nicht nur Renditegrößen, sondern auch das Risiko berücksichtigende Performancemaße als Bemessungsgrundlage herangezogen werden, um Manipulationsmöglichkeiten der Portfoliomanager weitgehend auszuschließen. Jedes Performancemaß hat unterschiedliche Stärken und Schwächen, so daß die spezifischen Gegebenheiten der Investmentgesellschaft bei der Auswahl einer Bemessungsgrundlage zu berücksichtigen sind.

Eine ausschließliche Ausrichtung auf das individuell-quantitative Ergebnis kann jedoch zu unerwünschten Effekten in bezug auf das Mitarbeiterverhalten und die Unternehmungskultur führen. Weitere Leistungsbemessungsgrundlagen wie das Leistungsverhalten von Portfoliomanagern sowie quantitative Gruppen- und Unternehmungsleistungen müssen deshalb ebenfalls in die leistungsabhängige Entlohnung Eingang finden. Insbesondere für das individuelle, quantitative Ergebnis bietet es sich an, längere Beurteilungszeiträume zugrundezulegen und die Vergütungsperiode entsprechend anzupassen.

Literaturverzeichnis

Admati, A. R./ Bhattacharya, S./ Pfleiderer, P./ Ross, S. (Admati et al., 1986): On Timing and Selectivity, in: *Journal of Finance*, Vol. 41, 1986, S. 715-730.

Arrow, K. J. (Arrow, 1985): The Economics of Agency, in: Pratt, J. W./ Heckhauser, R. J. (eds.), *Principals and Agents: The Structure of Business*, Boston 1985, S. 37-51.

Baierl, F. (Baierl, 1974): *Lohnanreizsysteme – Mittel zur Produktivitätssteigerung*, 5. Aufl., München 1974.

Bailey, J. V. (Bailey, 1990): Some Thoughts on Performance-Based Fees, in: *Financial Analysts Journal*, Vol. 46, 1990, S. 31-40.

Banking Consult GmbH (Hrsg.) (Banking Consult GmbH, 1993): *Gehaltsstrukturanalyse Kapitalanlagegesellschaften*, Bad Nauheim 1993.

Becker, F. G. (Becker, 1990): *Anreizsysteme für Führungskräfte: Möglichkeiten zur strategisch-orientierten Steuerung des Managements*, Stuttgart 1990.

Becker, K. et al. (Becker et al., 1995): Einführung von Gruppenarbeit. Ein Leitfaden für Führungskräfte, in: IfaA e.V. (Hrsg.), Bachem 1995.

Berkel, K./ Herzog, R./ Schmid, V. (Berkel et al., 1991): *Die Mitarbeiterbeurteilung als Führungsinstrument*, 3. Aufl., Wiesbaden 1991.

Berthel, J./ Becker, F. (Berthel/ Becker, 1984): Erfolgsbeteiligung der Mitarbeiter, in: *Wirtschaftsstudium*, 13. Jg., 1984, S. 386-393.

Bühner, R. (Bühner, 1990): *Das Management-Wert-Konzept*, Stuttgart 1990.

Cremer, M. (Cremer, 1976): *Leistungslohnsysteme im Einzelhandel*, Diss. Univ. Köln, Köln 1976.

Drechsler, W. (Drechsler, 1983): Genußscheine – Kapitalbeteiligung ohne Mitsprache?, in: *Personalwirtschaft*, 10. Jg., 1983, S. 94-100.

Drumm, H.-J. (Drumm, 1995): *Personalwirtschaftslehre*, 3. Aufl., Berlin et al. 1995.

Ebers, M./ Gotsch, W. (Ebers/ Gotsch, 1993): Institutionenökonomische Theorien der Organisation, in: Kieser, A. (Hrsg.), *Organisationstheorien*, Stuttgart 1993, S. 193-243.

Erdmann, U. (Erdmann, 1991): *Die Entlohnung von Führungskräften in Kreditinstituten*, Diss. Univ. Münster, Frankfurt am Main 1991.

Esser, K./ Faltlhauser, K. (Esser/ Faltlhauser, 1974): *Beteiligungsmodelle*, München 1974.

Evers, H. (Evers, 1985): Neuere Tendenzen in der AT-Vergütung, in: *Personalwirtschaft*, 12. Jg., H. 3, 1985, S. 94-98.

Eyer, E./ Wolf, G. (Eyer/ Wolf, 1995): Ganzheitliche Arbeitsorganisation. Gruppenarbeit, Arbeitszeit und Entgelt bei der YMOS AG, in: *Personalführung*, 28. Jg., 1995, S. 866-874.

FitzRoy, F. R. (FitzRoy, 1982): Kooperation statt Konflikt: Zur Ökonomie der Mitarbeiterbeteiligung, in: Nutzinger, H. G. (Hrsg.), *Mitbestimmung und Arbeiterselbstverwaltung – Praxis und Programmatik*, Frankfurt am Main/ New York 1982, S. 249-264.

FitzRoy, F. R./ Kraft, K. (FitzRoy/ Kraft, 1985): Mitarbeiterbeteiligung und Produktivität: Eine ökonometrische Untersuchung, in: *Zeitschrift für Betriebswirtschaft*, 54. Jg., 1985, S. 21-36.

Gast, W./ Wissmann, M. (Gast/ Wissmann, 1987): Mitarbeiterbeteiligung durch Genußrechte auf der Grundlage des Fünften Vermögensbildungsgesetzes, in: *Betriebs-Berater*, 42. Jg., 1987, Beilage 17.

Greenhill, R. T. (Greenhill, 1990): *Performance Related Pay for the 1990s*, 2nd ed., Cambridge 1990.

Guski, H.-G./ Schneider, H. J. (Guski/ Schneider, 1983): *Betriebliche Vermögensbeteiligung in der Bundesrepublik Deutschland, Teil II: Ergebnisse, Erfahrungen und Auswirkungen in der Praxis*, Köln 1983.

Hentze, J. (Hentze, 1991): *Personalwirtschaftslehre*, Bd. 2: Personalerhaltung und Leistungsstimulation, Personalfreistellung und Personalinformationswirtschaft, 5. Aufl., Bern/ Stuttgart 1991.

Hornung-Draus, R. (Hornung-Draus, 1985): Genußrechte – als Finanzierungsinstrument, in: *Der Arbeitgeber*, 37. Jg., 1985, S. 542-545.

Kappel, H./ Uschatz, P. (Kappel/ Uschatz, 1992): *Variable Kaderentlöhnung: Erfolg und Leistung honorieren*, Zürich 1992.

Kilian, H. (Kilian, 1978): Betriebliche Kapitalbeteiligungsmodelle: Verbreitung, Einführungsmotive und Auswirkungen in der Bundesrepublik Deutschland und den Vereinigten Staaten von Amerika, Schriftenreihe des Instituts für Kreditwesen der Westfälischen Wilhelms-Universität Münster, Band 20, Wiesbaden 1978.

Kritzman, M. P. (Kritzman, 1987): Incentive Fees: Some Problems and Some Solutions, in: *Financial Analysts Journal*, Vol. 43, 1987, S. 21-26.

Laux, H. (Laux, 1988): Optimale Prämienfunktionen bei Informationsasymmetrie, in: *Zeitschrift für Betriebswirtschaft*, 58. Jg., 1988, S. 588-612.

Lawler, E. E. (Lawler, 1977): *Motivierung in Organisationen*, Bern/ Stuttgart 1977.

Long, R. J. (Long, 1978a): The Effects of Employee Ownership on Organizational Identification, Employee Job Attitudes, and Organizational Performance: A Tentative Framework and Empirical Findings, in: *Human Relations*, Vol. 31, 1978, S. 29-48.

Long, R. J. (Long, 1978b): The Relative Effects of Share Ownership vs. Control on Job Attitudes in an Employee-Owned Company, in: *Human Relations*, Vol. 31, 1978, S. 753-763.

Lux, E. (Lux, 1977): Organisationsentwicklung und betriebliche Mitarbeiterbeteiligung, in: Schneider, H. J. (Hrsg.), *Handbuch der Mitarbeiter-Kapitalbeteiligung*, Köln 1977, S. 56-70.

Maier, K. (Maier, 1977): Leistungs- und Ertragsbeteiligung als nicht gewinnabhängige Beteiligungsverfahren, in: Schneider, H. J. (Hrsg.), *Handbuch der Mitarbeiter-Kapitalbeteiligung*, Köln 1977, S. 107-122.

Mez, B. (Mez, 1991): Effizienz der Mitarbeiter-Kapitalbeteiligung: eine empirische Untersuchung aus verhaltenstheoretischer Sicht, Diss., Wiesbaden 1991.

Mölders, H.-W. (Mölders, 1995): Deferred Compensation – Ein Ansatz zur Steigerung der Nettovergütung durch aufgeschobene Zahlungen, in: *Zeitschrift für Personalforschung*, 9. Jg., 1995, S. 54-71.

Pankert, E./ Zwecker, F. (Pankert/ Zwecker, 1993): Deutsche Banken als Nachzügler, in: *Bank Magazin*, 8. Jg., 1993, S. 40-45.

Rappaport, A. (Rappaport, 1994): *Shareholder Value: Wertsteigerung als Maßstab für die Unternehmensführung*, Stuttgart 1994.

Raulin, G. (Raulin, 1996): *Leistungsorientierte Entlohnung von Portfoliomanagern*, Diss. Westfälische Wilhelms-Universität Münster, Bad Soden/ Taunus 1996.

Rauser, K.-P./ Wurzberger, R./ deMeo, F. (Rauser et al., 1995): Deferred Compensation, in: *Betriebs-Berater*, 50. Jg., 1995, S. 381-383.

Rust, U. (Rust, 1993): Was Sie künftig verdienen können, in: *Bank Magazin*, 8. Jg., 1993, S. 24-25.

Schanz, G. (Schanz, 1985): *Mitarbeiterbeteiligung: Grundlagen, Befunde, Modell*, München 1985.

Schneider, H. J./ Zander, E. (Schneider/ Zander, 1993): *Erfolgs- und Kapitalbeteiligung der Mitarbeiter in Klein- und Mittelbetrieben*, 4. Aufl., Freiburg im Breisgau 1993.

Schnellinger, F. (Schnellinger, 1968): *Die Leistungsentlohnung als Mittel zur Beeinflussung der Verkäuferleistung im Einzelhandelsbetrieb*, Diss., München 1968.

Schröder, J. (Schröder, 1974): Private Möglichkeiten einer Kapitalbeteiligung der Arbeitnehmer in der deutschen Wirtschaft. Alternativen zu einer kollektiven Zwangsbeteiligung, in: *Die Aktiengesellschaft*, o. Jg., 1974, S. 335.

Sharpe, W. F./ Alexander, G. J. (Sharpe/ Alexander, 1990): *Investments*, 4th ed., Englewood Cliffs 1990.

Spremann, K. (Spremann, 1987): Agent and Principal, in: Bamberg, G./ Spremann, K. (eds.), *Agency Theory, Information and Incentives*, Berlin et al. 1987, S. 3-37.

Stelzer, G. (Stelzer, 1990a): Strukturwandel im Bankgewerbe, in: *Geldinstitute*, o. Jg., H. 4, 1990, S. 4-7.

Stelzer, G. (Stelzer, 1990b): Flexible Vergütungssysteme, in: *Zeitschrift für das gesamte Kreditwesen*, 43. Jg., 1990, S. 886-889.

Strack, H.-C. (Strack, 1984): *Die Beteiligung von Mitarbeitern an Gewinn und Kapital: eine verhaltenstheoretische Analyse unter besonderer Berücksichtigung mittelständischer Betriebe*, Frankfurt am Main et al. 1984.

Wagner, D. (Wagner, 1982): Cafeteria-Systeme in Deutschland, in: *Personal*, 34. Jg., 1982, S. 234-238.

Wittrock, C. (Wittrock, 1995): *Messung und Analyse der Performance von Wertpapierportfolios – Eine theoretische und empirische Untersuchung*, Bad Soden/Taunus 1995.

Wolf, C. (Wolf, 1993): Variable Vergütung in Form eines Cafeteria-Plans, in: *Personal*, 45. Jg., 1993, S. 204-210.

Zimmermann, H. (Zimmermann, 1991): Zeithorizont, Risiko und Performance: Eine Übersicht, in: *Finanzmarkt und Portfoliomanagement*, 5. Jg., 1991, S. 164-181.

Erfolgsfördernde Vergütungsformen bei Portfoliomanagementmandaten

von Peter Reichling

1. Einführung
2. Bonusverträge mit fester Benchmark
3. Bonusverträge mit stochastischer Benchmark
4. Anreizwirkungen von Bonusverträgen
5. Opportunistische Indexierungsstrategien
6. Selbstselektionsverträge
7. Performance Fees
8. Zusammenfassung

1. Einführung

Anleger beauftragen eine Asset Management-Gesellschaft mit der Verwaltung finanzieller Mittel, weil sie davon ausgehen, daß die Asset Manager einen Vorteil besitzen, der auch ihnen zugute kommt. Mögen die Gründe hierfür auch vielfältig sein, treten doch zwei Motive besonders hervor:

1) Ein breit gestreutes Portfolio enthält kaum noch diversifizierbare Risiken, für die der Kapitalmarkt ex ante keine Risikoprämie erwarten läßt. Effiziente Portfolios bestehen in der Kapitalmarkttheorie aus dem Marktportfolio und der risikolosen Anlage. Fixe Transaktionskosten und Mindeststückzahlen sprechen dann dafür, die Beträge vieler Anleger in einem Gesamtportfolio zu bündeln. Investmentfonds ermöglichen solchen Anlegern den Zugang zum Markt für risikobehaftete Finanztitel: ein Motiv für Privatanleger, Anteile an Publikumsfonds zu halten.

2) Vielfach erwarten Anleger vom Asset Manager mehr als nur die Zusammenstellung eines diversifizierten Portfolios, insbesondere wenn sie über die theoretischen Kenntnisse, die nötigen Informationen und die finanziellen Mittel verfügen, ein weitgehend effizientes Portfolio selbst zu bilden. Solche Anleger gehen davon aus, daß der professionelle Asset Manager aufgrund seiner Analyse über die Kursentwicklung einzelner Titel oder des gesamten Marktes besser informiert ist als sie selbst. Die Beziehung zwischen Anleger (Sponsor) und Asset Manager ist dann durch asymmetrische Information geprägt. Die Qualität des Managers besteht in der Fähigkeit, zukünftige Kurse zu prognostizieren. Die Güte der Prognose kann der Anleger aber nicht genau bestimmen, weil eine gute Prognose mit zufälligen Kurseinbrüchen genauso wie eine schlechte Prognose mit glücklichen Kurssteigerungen einhergehen kann.[1]

Die asymmetrische Information verursacht beim Sponsor eine gewisse Unsicherheit hinsichtlich der Seriosität der Asset Management-Gesellschaft. Diese Unsicherheit ist mit dem Kursrisiko verknüpft, so daß der Anleger aus der erreichten Portfoliorendite nicht auf die Analysequalität des Managers schließen kann. Hieraus eröffnet sich dem Manager ein gewisser Handlungsspielraum, den er für seine Interessen nutzen könnte. Der Sponsor kann darauf mit einer *erfolgsabhängigen Vergütung* reagieren. Die erfolgsabhängige Entlohnung soll dem Manager monetäre Anreize setzen, erfolgreiches Investment Research zu betreiben und die Ergebnisse seiner Analyseaktivitäten in die Portfoliopolitik einfließen zu lassen.

Wenn jedoch die Vergütung noch von Größen abhängt, die der Asset Manager auch ohne besondere Kursinformationen beeinflussen kann, eröffnet sich dem Manager die Gelegenheit zu opportunistischen Anlagestrategien. Es besteht die Gefahr, daß der Asset Manager Vertragslücken ausnutzt. Dies trifft insbesondere bei *Bonusverträgen* zu, deren Bewertung zunächst in den Abschnitten 2 und 3 für feste und

---

[1] Der Risiko-Rendite-Tradeoff passiver Strategien, die eine gleichbleibende Aufteilung des Anlagebetrages auf das Indexportfolio und die risikolose Anlage vorsehen, kann dabei als Benchmark zur Beurteilung der Anlagestrategie eines Investmentfonds dienen. Bei längeren Untersuchungszeiträumen erlaubt die statistische Signifikanz der Differenz zwischen Portfolio- und Benchmarkrendite Rückschlüsse auf die Prognosegüte. Vgl. dazu Kritzman (1987) und Reichling (1996).

stochastische Benchmarks erfolgt. Abschnitt 4 behandelt anschließend die Anreizwirkungen von Bonusverträgen. Solche Verträge sind isoliert betrachtet nur bedingt geeignet, die gewünschten Anreize zu setzen, worauf in Abschnitt 5 eingegangen wird. Die Vergütungsstruktur kann deshalb eine Selbstselektionskomponente enthalten, die gut informierte von nicht informierten Asset Managern trennen soll. Abschnitt 6 behandelt solche *Selbstselektionsverträge*. Statt den Erfolg an einem Benchmarkportfolio mit im vorhinein fixierten Anteilen zu messen, kann sich die Erfolgsbeteiligung auf die durchschnittlich verfolgte Anlagestrategie beziehen. Diese Verträge sind resistent gegenüber opportunistischen Portfoliostrategien und setzen dem Manager Anreize, den Informationsvorsprung in die Anlagepolitik einfließen zu lassen. Solche Verträge vergüten einen Anteil an der erzielten *Performance* und werden in Abschnitt 7 betrachtet. Zuvor sollen aber noch kurz die traditionellen Vergütungsformen im Portfoliomanagement vorgestellt werden.

Traditionell erhält der Asset Manager eine Verwaltungsgebühr, deren Höhe fest vorgegeben ist oder vom Portfoliowert am Ende des jeweiligen Betrachtungszeitraums abhängt. Im ersten Fall spricht man von einer *Flat Fee*, im zweiten von einer *Asset-based Fee*. Üblicherweise ist die Gebühr am Periodenende zu zahlen. Die Flat Fee ist unabhängig vom erzielten Wertzuwachs und in jedem Fall zu entrichten. Sie bietet daher keinen direkten Anreiz für den Asset Manager, die übertragenen Gelder aktiv zu verwalten, was für verschiedene Anleger das wesentliche Motiv darstellt. Ohne Erfolgsbeteiligung besteht für den Asset Manager lediglich ein Anreiz, sein Einkommen durch Akquisition neuer Kunden zu erhöhen und bestehende Portfolios durch eine passive Anlagestrategie nicht zu verlieren. Eine passive Strategie kann jedoch für einzelne Anleger durchaus die gewünschte Anlagepolitik darstellen. Der Gegenwartswert einer Flat Fee, die am Periodenende fällig wird, errechnet sich durch Diskontierung mit dem risikolosen Zinssatz.

Die gebräuchlichste Vergütungsform bei Asset Management-Gesellschaften ist die Asset-based Fee. Hierbei wird dem Asset Manager am Ende der Beurteilungsperiode ein fester Prozentsatz des Portfoliowertes vergütet. Die Gebühr bewegt sich im Bereich von Basispunkten. Die erzielte Portfoliorendite wirkt sich nur in geringem Umfang auf die Managervergütung aus, da sie gleichzeitig die relative Erhöhung der Managementgebühr darstellt. Der Analyseaufwand des Asset Managers steht deshalb in einem ungünstigen Verhältnis zum erwarteten Zusatzeinkommen. Daher bestehen bei der Asset-based Fee kaum monetäre Anreize, durch aktive Informationsverarbeitung die Portfoliorendite zu erhöhen.

Der Gegenwartswert einer Asset-based Fee ergibt sich für den Sponsor durch den vereinbarten Prozentsatz vom Anfangswert des Portfolios. Dabei dient die erwartete Rendite des Portfolios zur Diskontierung des erwarteten Portfoliowertes am Periodenende, denn hierzu muß ein risikoangepaßter Zinssatz verwendet werden. Also ergibt sich nach der Diskontierung wieder der Anfangswert. Aufgrund des unterschiedlichen Informationsstandes von Sponsor und Asset Manager kann der Wert der Asset-based Fee für den besser informierten Manager jedoch höher liegen.

2. Bonusverträge mit fester Benchmark

Bonusverträge kombinieren nun aus der Flat Fee und der Asset-based Fee neue Vergütungsformen.[2] Die Standardelemente eines Bonusvertrags sind: 1) die Höhe einer erfolgsunabhängigen Grundgebühr (Basis Fee), die Transaktions- und Verwaltungskosten decken soll, 2) der Vergleichsmaßstab (Benchmark), ab dem eine erfolgsabhängige Vergütung einsetzt, sowie 3) die Beziehung zwischen erzieltem Wertzuwachs und zugehöriger Fee (Partizipationsrate). Die Bestandteile des Bonusvertrags stellt Abbildung 1 dar.

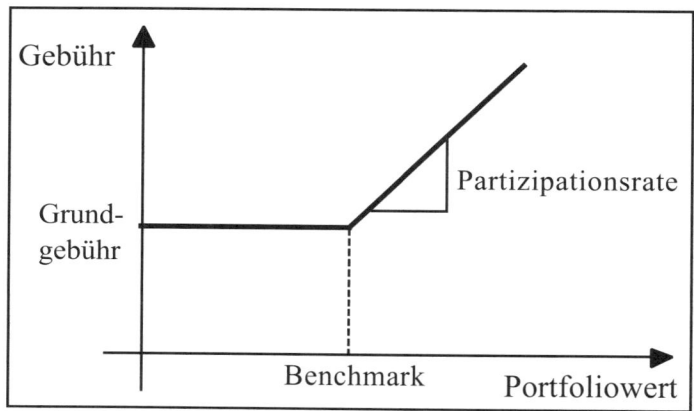

Abb. 1: Einfacher Bonusvertrag

Anreizwirkung und Höhe der Vergütung hängen bei einem Bonusvertrag von der gewählten Benchmark ab. Der Benchmark kommt deshalb sowohl eine Steuerungs- als auch eine Kontrollfunktion zu. Beispielsweise können sichere Anlagen oder ein Marktindex als Benchmark dienen. Liegt eine deterministische Benchmark vor, erwartet der Sponsor für übernommene Risiken eine Prämie. Ist die Benchmark stochastisch, erwartet der Sponsor eine Rendite über der Durchschnittsrendite aller Marktteilnehmer.

Bonusverträge können anhand ihres jeweiligen Zahlungsprofils charakterisiert werden. Um verschiedene Vergütungsformen miteinander zu vergleichen, ist ihr Wert zu bestimmen. Im folgenden werden die Performance Fees deshalb so gestaltet, daß sie den gleichen Wert aufweisen. Zur Bewertung werden Optionspreismodelle herangezogen, da Bonusverträge die gleichen Attribute wie Finanzoptionen besitzen.

Vereinbart der Sponsor mit der Asset Management-Gesellschaft eine *feste Zielrendite*, ab der die Erfolgsbeteiligung einsetzt, kann der Optionsteil des Bonusvertrags mit Hilfe der Black/Scholes-Formel bewertet werden.

---

[2] Vgl. Starks (1987), Grinblatt/ Titman (1987) und (1989), Raulin (1996), S. 202-247 und Zimmermann et al. (1996), S. 131-149.

$$C = S_0 \cdot N(d_1) - K \cdot e^{-r_f \cdot T} \cdot N(d_2)$$

mit: $d_1 = \dfrac{\ln\dfrac{S_0}{K} + \left(r_f + \dfrac{1}{2} \cdot \sigma^2\right) \cdot T}{\sigma \cdot \sqrt{T}}$ und $d_2 = d_1 - \sigma \cdot \sqrt{T}$;

C: Wert der Kaufoption auf das Portfolio;
S_0: gegenwärtiger Kurs des zugrundeliegenden Portfolios;
K: Basispreis der Option (Benchmark);
σ: Volatilität der Portfoliorendite;
r_f: risikoloser (stetiger) Zinssatz;
T: Restlaufzeit;
$N(\cdot)$: Verteilungsfunktion einer standardnormalverteilten Zufallsvariablen.

Tab. 1: Black/ Scholes-Formel

Wir wollen die Bewertung unterschiedlicher Bonusverträge anhand von Beispielen verdeutlichen.[3] Diesen Beispielen liegen die Werte aus Tabelle 2 zugrunde. Um verschiedene Vergütungsformen miteinander zu vergleichen, werden im folgenden der Wert der Managervergütung sowie die Grundgebühr zur Deckung der Verwaltungskosten vorgegeben. Die Zahlungsprofile werden dann durch entsprechende Partizipationsraten angepaßt. Bei gegebenem Wert der Managervergütung ist also immer die Partizipationsrate gesucht. Dies entspricht der Berechnung des Break-even-points.

Anfangswert des Portfolios:	$S_0 = 1$ Mio DM;
risikoloser Zinssatz:	$r_f = 5\%$;
Volatilität der Portfoliorendite:	$\sigma = 15\%$;
Betrachtungszeitraum:	$T = 1$ Jahr;
Wert der Managervergütung:	$F_0 = 10.000$ DM;
Wert der Basis Fee:	$B_0 = 2.500$ DM.

Tab. 2: Standardbeispiel bei fester Benchmark

---

[3] Vgl. Bellarz/ Reichling (1997). Im folgenden bezeichnen 0 bzw. T den Beginn bzw. das Ende des Portfoliomanagementmandats. Die Indizes 1 und 2 werden bei unterschiedlichen Benchmarks verwendet.

Das Profil der Zahlung, die der Asset Manager für seine Leistung erhält, gleicht der Payoff-Struktur einer Kaufoption. Zusätzlich erhält er die vereinbarte Basis Fee. Die Kaufoption bezieht sich auf einen Anteil am Portfolio in Höhe der Partizipationsrate α. Der erfolgsabhängige Teil der Vergütung entspricht dem Anteil am Ausübungswert der Option. Insgesamt liefert der Bonusvertrag folgende Zahlung:

$$F_T = B_T + \alpha \cdot \max\{S_T - K, 0\}.$$

Der Wert der Vergütung aus dem Bonusvertrag ergibt sich wie folgt:

(1) $\quad F_0 = B_0 + \alpha \cdot C.$

In unserem Beispiel soll die erfolgsabhängige Entlohnung einsetzen, wenn die risikolos erzielbare Verzinsung übertroffen wird. Die Benchmark entspricht daher dem aufgezinsten Anfangswert des Portfolios, $K = S_0 \cdot e^{r_f \cdot T}$. Nach der Black/Scholes-Formel erhalten wir mit den Beispieldaten folgenden Wert des Calls:

$$C = 1 \text{ Mio DM} \cdot N(0,075) - 1 \text{ Mio DM} \cdot N(-0,075)$$
$$= 1 \text{ Mio DM} \cdot (0,529893 - 0,470107) = 59.786 \text{ DM}.$$

Formel (1) liefert dazu folgende Partizipationsrate:

$$10.000 \text{ DM} = 2.500 \text{ DM} + \alpha \cdot 59.786 \text{ DM} \Leftrightarrow \alpha = 12,54\%.$$

Sponsor und Asset Management-Gesellschaft sind daher im Vergleich zu einer Flat Fee in Höhe von 10.000 DM gleichgestellt, wenn sie neben eines Basis Fee von 2.500 DM eine Erfolgsbeteiligung von etwa 12,5% vereinbaren. Für den Manager ist der Bonusvertrag günstiger als die Flat Fee, wenn er einen hinreichend hohen Portfoliowert erzielt:

$$F_T = 2.500 \text{ DM} \cdot e^{0,05} + 12,54\% \cdot \left(\overline{S}_T - 1 \text{ Mio DM} \cdot e^{0,05}\right) > 10.000 \text{ DM} \cdot e^{0,05}$$
$$\Leftrightarrow \overline{S}_T > 1.114.146 \text{ DM}.$$

Die Erfolgsbeteiligung wirkt sich in unserem Beispiel vorteilhaft aus, wenn der Asset Manager mindestens die folgende Rendite erwirtschaftet:

$$e^{\bar{r}} = \frac{\overline{S}_T}{S_0} = \frac{1.114.146 \text{ DM}}{1.000.000 \text{ DM}} \Leftrightarrow \bar{r} = 10,81\%.$$

Der Asset Manager kann bei einem Bonusvertrag den Wert der Option durch eine passive Strategie sichern: Er investiert den Anlagebetrag in ein Indexportfolio und verkauft gleichzeitig Calls auf den Index im Umfang der Partizipationsrate mit der vereinbarten Benchmark als Basispreis. Am Periodenende sind nun zwei Fälle möglich: Endet die Option im Geld, wird sie ausgeübt. Den Ausübungswert muß der Asset Manager als Stillhalter zahlen. Er entspricht seiner Erfolgsbeteiligung, so daß für den Manager eine Nettozahlung von null verbleibt. Im anderen Fall verfällt die Option wertlos, und der Manager erhält auch keine erfolgsabhängige Vergütung. Tabelle 3 faßt die Zahlungen aus dieser Hedgestrategie zusammen.

Zeitpunkt:	0	T	
		$S_T < K$	$S_T \geq K$
Verkauf von Calls:	$\alpha \cdot C$	—	$-\alpha \cdot (S_T - K)$
Erfolgsbeteiligung:		—	$\alpha \cdot (S_T - K)$
	$\alpha \cdot C$	0	0

Tab. 3: Hedgestrategie für einfache Bonusverträge

Der Asset Manager kann den Wert des Bonusvertrags durch den Verkauf von Index-Calls realisieren, ohne dabei eine aktive Anlagestrategie zu verfolgen. Insofern gehen von einem Bonusvertrag keine Anreize aus. Wenn jedoch der Asset Manager über bessere Informationen verfügt, ist es für ihn sinnvoller, das Portfolio aktiv zu verwalten und die Erfolgsbeteiligung abzuwarten, anstatt die beschriebene Hedgestrategie zu verfolgen. Der risikoadäquat diskontierte Erwartungswert der Erfolgsbeteiligung ist dann größer als der Marktpreis der Indexoptionen.

Vereinbaren Sponsor und Asset Management-Gesellschaft eine nach Leistungszielen gestaffelte Vergütung, handelt es sich um einen *komplexen Bonusvertrag*. Um seine Struktur zu verdeutlichen, betrachten wir zwei Benchmarks: Wird mindestens die niedrigere Benchmark erreicht, erhält der Manager eine niedrige Erfolgsbeteiligung. Gelingt es sogar, die höhere Benchmark zu übertreffen, wird der Manager mit einer höheren Partizipationsrate an zusätzlichen Wertsteigerungen beteiligt. Abbildung 2 veranschaulicht die Zahlung, deren Profil einem Portfolio aus Calls mit unterschiedlichen Basispreisen entspricht:

$$F_T = B_T + \alpha_1 \cdot \max\{S_T - K_1, 0\} + (\alpha_2 - \alpha_1) \cdot \max\{S_T - K_2, 0\}.$$

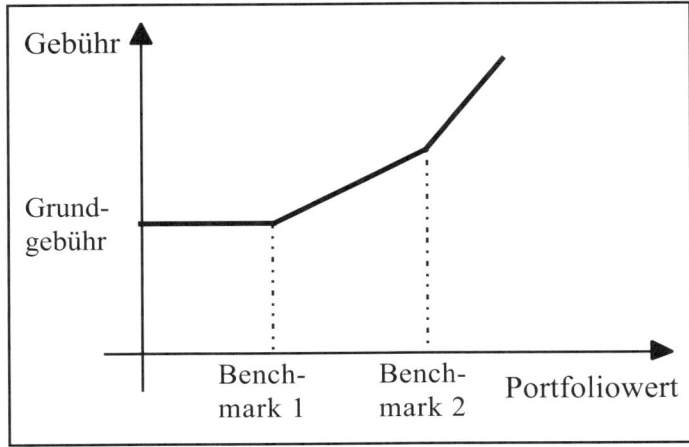

Abb. 2: Komplexer Bonusvertrag

Beispielsweise kann die niedrigere Partizipationsrate vereinbart sein, wenn die risikolos erzielbare Rendite übertroffen wird. Die erste Benchmark entspricht dann dem risikolos aufgezinsten Anfangswert des Portfolios. Wenn die Portfoliorendite sogar die erwartete Marktrendite übersteigt, die hier 12% betragen soll, steigt die Partizipationsrate einmalig. Die zugehörige Benchmark errechnet sich aus dem mit der erwarteten Marktrendite aufgezinsten Portfolioanfangswert. Der Wert dieser Vergütungsstruktur ergibt sich wie folgt:

(2) $\quad F_0 = B_0 + \alpha_1 \cdot C_1 + (\alpha_2 - \alpha_1) \cdot C_2.$

Der Preis des ersten Calls errechnet sich wie im Beispiel zum einfachen Bonusvertrag. Beim zweiten Call liegt ein höherer Basispreis zugrunde:

$$C_2 = 1 \text{ Mio DM} \cdot N(-0{,}425) - 1 \text{ Mio DM} \cdot e^{0{,}125} \cdot e^{-0{,}05} \cdot N(-0{,}575)$$
$$= 30.758 \text{ DM}.$$

Die Partizipationsraten müssen bei einem vorgegebenen Wert der Performance Fee von wiederum 10.000 DM der folgenden Gleichung genügen:

$$10.000 \text{ DM} = 2.500 \text{ DM} + \alpha_1 \cdot 59.786 \text{ DM} + (\alpha_2 - \alpha_1) \cdot 30.758 \text{ DM}.$$

Offenbar kann eine Partizipationsrate frei gewählt werden. Die zweite Rate ergibt sich, indem man die obige Gleichung nach dieser Rate auflöst. Alternativ kann beispielsweise festgelegt werden, daß die Partizipationsrate bei Erreichen des höheren Leistungsziels um 50% über der Partizipationsrate liegt, wenn nur das niedrigere Ziel übertroffen wurde. Für unser Beispiel folgt daraus:

$$\alpha_1 = 9{,}98\% \text{ und } \alpha_2 = 14{,}97\%.$$

Die Beteiligungsraten des komplexen Bonusvertrags sind in unserem Beispiel zunächst niedriger und dann höher als die Rate beim einfachen Bonusvertrag. Für die Chance, an höheren Ergebnissen stärker zu partizipieren, muß der Asset Manager Einbußen bei mäßigen Resultaten hinnehmen.

Mit einem Bonusvertrag besteht aufgrund der Erfolgsbeteiligung für den Asset Manager ein Anreiz, höhere Renditen zu erzielen. Daher erwartet auch der Sponsor eine höhere Portfoliorendite. Bei gestiegenen Renditeerwartungen muß der Sponsor mit höheren Risiken rechnen. Um das Risiko zu begrenzen, kann der Sponsor einen *Cap* als Maximalgebühr vereinbaren. Liegt der Portfoliowert über dem Cap, erhält der Asset Manager keine zusätzliche Vergütung.

Das Zahlungsprofil eines Bonusvertrags mit Cap ist durch drei Bereiche gekennzeichnet, die Abbildung 3 veranschaulicht: 1) Unterhalb der Mindestmarke erhält der Manager nur die Grundgebühr. 2) Liegt der Portfoliowert zwischen Mindest- und Höchstmarke, ist der Manager mit der Partizipationsrate am Erfolg beteiligt. 3) Höhere Werte haben keinen Einfluß auf das Einkommen des Asset Managers; es verharrt auf dem Niveau des Caps. Dieses Zahlungsprofil kann durch den gleichzeitigen Kauf und Verkauf von Calls mit unterschiedlichen Basispreisen (vertikaler Bull Spread) nachgebildet werden:

$$F_T = B_T + \alpha \cdot \left(\max\{S_T - K_1, 0\} - \max\{S_T - K_2, 0\} \right).$$

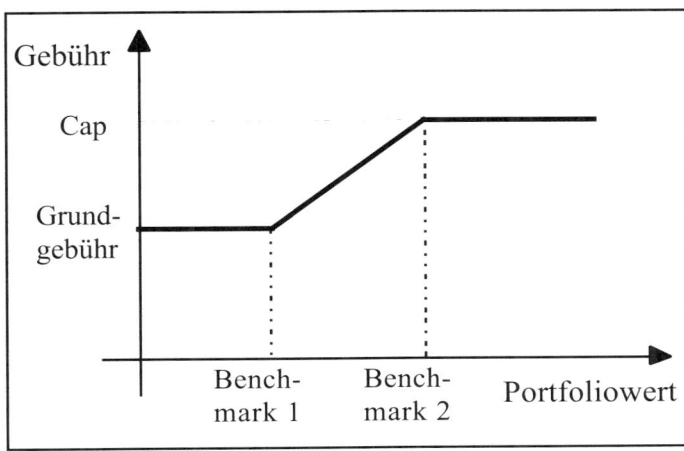

Abb. 3: Bonusvertrag mit Cap

Hieraus ergibt sich folgender Wert der Managervergütung:

(3) $F_0 = B_0 + \alpha \cdot (C_1 - C_2).$

Der Cap wird vereinbart, um keine allzu große Abweichung von der Marktentwicklung zuzulassen. Deshalb verwenden wir im folgenden Beispiel als Referenzrendite eine über der erwarteten Marktrendite liegende Verzinsung von 20%. Ab dieser Benchmarkrendite erzielt der Asset Manager kein zusätzliches Einkommen. Um die Partizipationsrate zu berechnen, muß noch der Wert des verkauften Calls bestimmt werden. Hierfür ergibt sich:

$$C_2 = 1 \text{ Mio DM} \cdot N(-0{,}925) - 1 \text{ Mio DM} \cdot e^{0{,}2} \cdot e^{-0{,}05} \cdot N(-1{,}075)$$
$$= 13.447 \text{ DM}.$$

Für die Partizipationsrate folgt ein Satz von:

$$10.000 \text{ DM} = 2.500 \text{ DM} + \alpha \cdot (59.786 \text{ DM} - 13.447 \text{ DM})$$
$$\Leftrightarrow \alpha = 16{,}19\%.$$

Der Cap begrenzt das potentielle Einkommen des Asset Managers. Deshalb erfolgt ein Ausgleich durch die gegenüber dem einfachen Bonusvertrag höhere Partizipationsrate, wenn der Portfoliowert zwischen den beiden Benchmarks liegt.

Um Portfoliorisiken zu begrenzen, kann mit dem Cap ein Höchstbetrag für die Managementvergütung festgelegt werden. Häufig hat der Sponsor dagegen die Möglichkeit, neben der Gewinn- auch eine *Verlustbeteiligung* zu vereinbaren. Diese Vergütungsstruktur veranschaulicht Abbildung 4. Um das Zahlungsprofil eines Bonusvertrags mit Verlustbeteiligung nachzubilden, wird ein gekaufter Call mit einem verkauften Put kombiniert. Der Basispreis beider Optionen stimmt mit dem Anfangswert des Portfolios überein. Um den dargestellten Knick zu erzeugen, sind unterschiedliche Anteile von Put und Call nötig. Diese Anteile entsprechen den Partizipationsraten. Der Bonusvertrag mit Verlustbeteiligung liefert daher folgendes Zahlungsprofil:

$$F_T = -\alpha_1 \cdot \max\{K - S_T, 0\} + \alpha_2 \cdot \max\{S_T - K, 0\}.$$

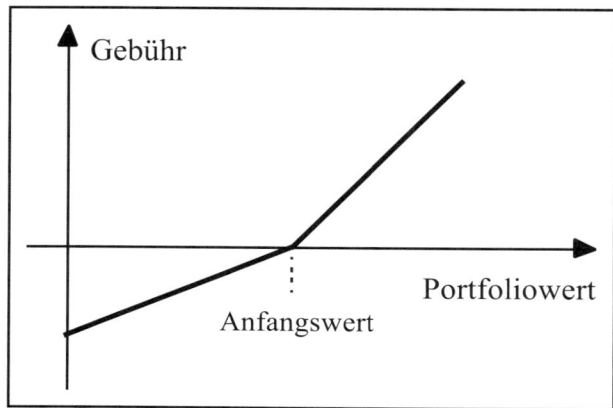

Abb. 4: Bonusvertrag mit Verlustbeteiligung

Wenn wir den Wert des Puts mit P bezeichnen, ergibt sich folgender Wert des Bonusvertrags mit Verlustbeteiligung:

(4) $\quad F_0 = -\alpha_1 \cdot P + \alpha_2 \cdot C.$

Mit den Beispieldaten errechnen sich folgende Optionspreise:

$$C = 1 \text{ Mio DM} \cdot \left(N(0,4083) - e^{-0,05} \cdot N(0,2583)\right) = 85.916 \text{ DM};$$
$$P = 1 \text{ Mio DM} \cdot \left(e^{-0,05} \cdot N(-0,2583) - N(-0,4083)\right) = 37.146 \text{ DM}.$$

Die Gewinnbeteiligung soll nun doppelt so hoch sein wie die Verlustbeteiligung. Wir setzen die berechneten Optionspreise ein und erhalten:

$$10.000 \text{ DM} = -\alpha_1 \cdot 37.146 \text{ DM} + 2 \cdot \alpha_1 \cdot 85.916 \text{ DM}$$
$$\Rightarrow \alpha_1 = 7{,}42\% \text{ und } \alpha_2 = 14{,}84\%.$$

Daher ergibt sich eine Beteiligung am Verlust in Höhe von 7,42% und folglich am Gewinn in Höhe von 14,84%.

3. Bonusverträge mit stochastischer Benchmark

Falls keine feste Benchmark vereinbart wurde, sondern beispielsweise ein Marktindex, kann die Black/Scholes-Formel nicht mehr zur Bewertung der Bonusverträge herangezogen werden. Für eine *stochastische Benchmark* gilt die nachstehende Formel.[4] Sie bewertet Austauschoptionen für zwei risikobehaftete Anlagen und verallgemeinert die Black/Scholes-Formel, indem sie auch stochastische Basispreise zuläßt.

$$A = S_0 \cdot N(d_1) - K_0 \cdot N(d_2)$$

mit: $d_1 = \dfrac{\ln\dfrac{S_0}{K_0} + \dfrac{1}{2} \cdot \sigma^2 \cdot T}{\sigma \cdot \sqrt{T}}$; $d_2 = d_1 - \sigma \cdot \sqrt{T}$; $\sigma^2 = \sigma_S^2 + \sigma_K^2 - 2 \cdot \sigma_S \cdot \sigma_K \cdot \rho$;

A:	Wert der Austauschoption auf das Portfolio;
S_0:	gegenwärtiger Kurs des zugrundeliegenden Portfolios;
K_0:	gegenwärtiger Kurs des stochastischen Basispreises (Benchmark);
σ_S:	Volatilität der Portfoliorendite;
σ_K:	Volatilität der Benchmarkrendite;
ρ:	Korrelationskoeffizient zwischen Portfolio- und Benchmarkrendite;
T:	Restlaufzeit;
$N(\cdot)$:	Verteilungsfunktion einer standardnormalverteilten Zufallsvariablen.

Tab. 4: Margrabe-Formel

Der Wert der Austauschoption hängt von der Volatilität der Differenz zwischen Portfolio- und Benchmarkrendite ab.[5] Um die Bewertung eines Bonusvertrags mit stochastischer Benchmark an einem Beispiel zu demonstrieren, legen wir die Daten aus Tabelle 5 zugrunde.

---

[4] Vgl. Margrabe (1978).
[5] Die bei der Austauschoption relevante Risikogröße bezeichnet man als Tracking Error TE. Sie errechnet sich als Standardabweichung der Renditedifferenz von Portfolio und Benchmark. Der Tracking Error gibt an, wie stark die Portfoliorendite um die Benchmarkrendite streut, und mißt den Grad der Indexierung.

Anfangswert des Portfolios:	$S_0 = 1$ Mio DM;
Anfangswert der Benchmark:	$K_0 = 1$ Mio DM;
Volatilität der Portfoliorendite:	$\sigma_S = 15\%$;
Volatilität der Benchmarkrendite:	$\sigma_K = 20\%$;
Korrelationskoeffizient:	$\rho = 0{,}935$;
Betrachtungszeitraum:	$T = 1$ Jahr;
Wert der Managervergütung:	$F_0 = 10.000$ DM;
Wert der Basis Fee:	$B_0 = 2.500$ DM.

Tab. 5: Beispieldaten bei stochastischer Benchmark

Der Wert der Austauschoption errechnet sich dann wie folgt:

$$\sigma = 8\%;\ d_1 = 0{,}04;\ d_2 = -0{,}04;\ N(d_1) = 0{,}515953;\ N(d_2) = 0{,}484047$$
$$\Rightarrow A = 1 \text{ Mio DM} \cdot (0{,}515953 - 0{,}484047) = 31.906 \text{ DM}.$$

Der Bonusvertrag mit stochastischer Benchmark besitzt daher einen Wert von 10.000 DM, wenn für die Partizipationsrate gilt:

$$10.000 \text{ DM} = 2.500 \text{ DM} + \alpha \cdot 31.906 \text{ DM} \Leftrightarrow \alpha = 23{,}51\%.$$

Sind im Vertrag über die Vergütung mehrere stochastische Benchmarks mit entsprechenden Partizipationsraten vereinbart, ist unsicher, welche Benchmark am Periodenende den höheren Wert aufweist. Zur Bewertung solcher Vergütungsformen können Formeln herangezogen werden, die Optionen auf das Maximum bzw. Minimum mehrerer riskanter Anlagen bewerten.[6]

4. Anreizwirkungen von Bonusverträgen

Bonusverträge sind anfällig für opportunistische, optionswertsteigernde Anlagestrategien des Asset Managers, weil diese Strategien durch den Verkauf von Indexoptionen gestatten, den Optionswert zu realisieren. Dies gilt sowohl für deterministische als auch für stochastische Benchmarks. Zur Verallgemeinerung betrachten wir im folgenden nur noch eine stochastische Benchmark. Dabei soll die Analyse des einfachen Bonusvertrags genügen, um die grundsätzlichen Anreizwirkungen darzustellen.

---

[6] Vgl. Stulz (1982).

Der Wert der Austauschoption richtet sich nun danach, wie stark das Portfolio die Benchmark nachbildet. Der Tracking Error stellt in der Margrabe-Formel die Größe dar, die von der Portfoliozusammenstellung abhängt und deshalb durch den Manager beeinflußbar ist. Je nach verfolgter Anlagestrategie fällt der Tracking Error unterschiedlich aus.

Die passive Strategie muß dabei nicht der perfekten Indexierung entsprechen, die einen minimalen Tracking Error von null liefert. Vielmehr kann es sich um eine beliebige Buy&Hold-Strategie handeln. Daher kann der Asset Manager durch eine passive Anlagepolitik den Wert der Austauschoption steigern, ohne über spezielle Informationen über die Entwicklung der Wertpapierpreise zu verfügen. Mit einem Bonusvertrag gehen deshalb auch Anreize einher, Abweichungen von der Benchmark nur vorzunehmen, um den Optionswert zu steigern, und dabei die Anlegerinteressen zu vernachlässigen.

Mit der Portfoliozusammenstellung beeinflußt der Manager gleichzeitig die Portfoliovolatilität und die Korrelation zur Benchmarkrendite. Trotzdem soll im folgenden die Wirkung von Änderungen beider Größen getrennt betrachtet werden.

Der Einfluß der Portfoliovolatilität auf den Wert der Austauschoption wird quantifiziert durch die Änderung des Optionswertes bei Veränderung des Portfoliorisikos. Dies kommt in der partiellen Ableitung zum Ausdruck:[7]

$$(5) \quad \frac{\delta A}{\delta \sigma_S^2} = S_0 \cdot n(d_1) \cdot \frac{\sqrt{T}}{2 \cdot \sigma} \cdot \underbrace{\left(1 - \rho \cdot \frac{\sigma_S}{\sigma_K}\right)}_{1 - \beta},$$

wobei $n(\cdot)$ die Dichte einer standardnormalverteilten Zufallsvariablen bezeichnet. Die Austauschoption besitzt bei Veränderung der Portfoliovolatilität und sonst gleichen Parametern ihren geringsten Wert, wenn das Portfolio ein Beta von eins aufweist.[8] In diesem Fall liegt der geringste Grad an Abweichungen vor, während sonst die Portfoliorendite über- oder unterreagiert. Dies führt zu steigenden Abweichungen von der Benchmark und damit zu einem höheren Optionswert, wie Abbildung 5 verdeutlicht.[9] Die erwartete Erfolgsbeteiligung steigt mit dem Tracking Error.

---

[7] Vgl. Carr (1988).
[8] Der Betakoeffizient mißt die Sensitivität der Portfoliorendite auf Realisationen der Benchmarkrendite. Bei einem Beta von eins verhält sich die Portfoliorendite bis auf unsystematische Schwankungen wie die Benchmarkrendite.
[9] Vgl. Jaeger/ Staub (1992).

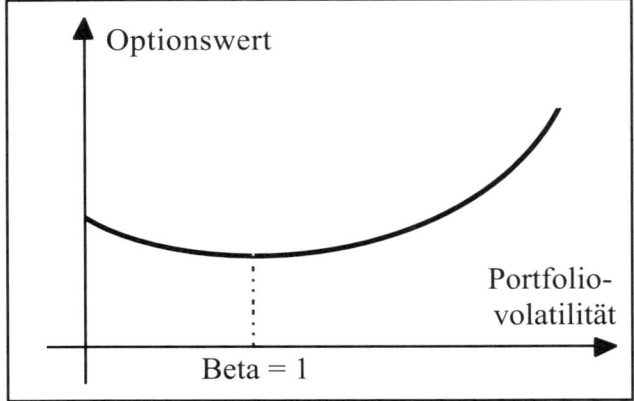

Abb. 5: Portfoliovolatilität und Optionswert

Mit sinkender Korrelation zwischen den Renditen von Portfolio und Benchmark nehmen die Abweichungen von der Benchmark zu und der Tracking Error steigt. Daher ist die partielle Ableitung des Optionswertes nach dem Korrelationskoeffizienten immer negativ:[10]

$$(6) \quad \frac{\delta A}{\delta \rho} = -\frac{S_0}{\sigma} \cdot n(d_1) \cdot \sqrt{T} \cdot \sigma_S \cdot \sigma_K.$$

Sinkende Abweichungen von der Benchmark reduzieren wiederum den Optionswert. Stimmen bei vollständiger Korrelation auch die Volatilitäten von Portfolio- und Benchmarkrendite überein, betragen der Tracking Error und damit der Wert der Austauschoption sogar null. Diesen Fall veranschaulicht Abbildung 6.[11]

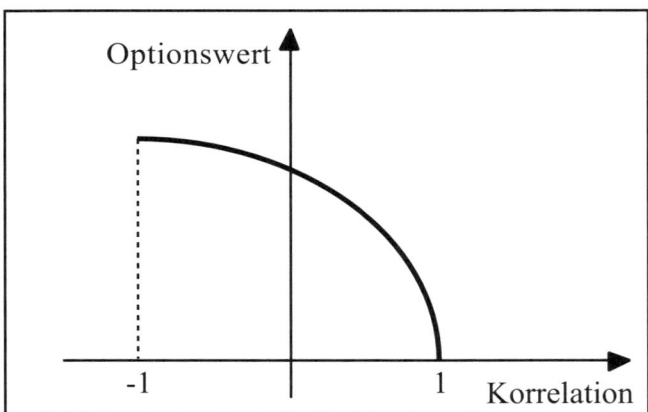

Abb. 6: Korrelation und Optionswert

---

[10] Vgl. Carr (1988).
[11] Vgl. Jaeger/ Staub (1992).

Repliziert der Asset Manager die Benchmark, ist die Austauschoption wertlos. Für ihn erscheint es deshalb günstiger, einen hohen Tracking Error einzugehen. Dies liegt nur dann auch im Interesse des Sponsors, wenn dieser gleichzeitig eine höhere Rendite erwarten kann. Aus welchem Grund der Asset Manager Abweichungen von der Benchmark vornimmt, kann der Sponsor mit einem Bonusvertrag nicht kontrollieren. Ein Cap für die Managervergütung begrenzt in diesem Fall die Gefahr, daß es sich um einen vom Sponsor unerwünschten Tracking Error handelt.

5. Opportunistische Indexierungsstrategien

Unterstellt man für die Portfoliorendite ein Indexmodell, enthält der Tracking Error mit dem Index als Benchmark einen systematischen, benchmarkbezogenen und einen unsystematischen, portfoliospezifischen Risikoteil:

$$\text{TE} = \sqrt{\sigma_S^2 + \sigma_K^2 - 2 \cdot \sigma_S \cdot \sigma_K \cdot \rho} \text{ mit } \sigma_S^2 = \beta^2 \cdot \sigma_K^2 + \sigma^2(\varepsilon_S)$$
$$= \sqrt{(1-\beta)^2 \cdot \sigma_K^2 + \sigma^2(\varepsilon_S)}.$$

Der Manager kann durch die Zusammenstellung des verwalteten Portfolios zwei Größen beeinflussen:

1) Weicht der Betakoeffizient von eins ab, reagiert die Portfoliorendite aggressiv oder defensiv auf die Benchmarkrendite. In beiden Fällen vergrößern sich die Abweichungen von der Benchmark.
2) Je größer das unsystematische Risiko ist, um so höher fällt der Tracking Error aus. Der Wert der Austauschoption steigt, wenn der Asset Manager den Diversifikationsgrad senkt. Hierzu erhöht er den Portfolioanteil einzelner Titel. Diese Strategie läßt für den Fall einer günstigen Kursentwicklung eine hohe Erfolgsbeteiligung erwarten. Deshalb steigt ihr Wert mit dem unsystematischen Risiko.

Wir wollen den Einfluß des *Betakoeffizienten* näher analysieren.[12] Dazu betrachten wir folgende Situation: Der Sponsor beauftragt die Gesellschaft mit dem Asset Management und vereinbart einen Bonusvertrag mit dem Marktindex als Benchmark. Der Manager entscheidet nun lediglich, welchen Anteil er in den Marktindex investiert und legt den verbleibenden Teil risikolos an bzw. finanziert zusätzlich benötigte Mittel fremd. Der Manager verfolgt also eine Indexierungsstrategie.[13]

---

[12] Vgl. Grinblatt/ Titman (1989).
[13] Grundsätzlich ist die Beziehung zwischen Sponsor und Asset Manager wie folgt zu betrachten: Je nach vereinbartem Entlohnungsvertrag wählt der Asset Manager diejenige Portfoliozusammenstellung, die den maximalen Erwartungsnutzen seiner Vergütung abzüglich der Aufwendungen für seine Analyseaktivitäten liefert. Der Sponsor wird daher den Entlohnungsvertrag unter Berücksichtigung der Managerentscheidung so spezifizieren, daß sein Erwartungsnutzen aus dem Portfoliowert

Der Asset Manager kann einen nahezu beliebigen Betakoeffizienten erreichen, da der Anteil der Benchmark am Portfolio dem gewünschten Betakoeffizienten entspricht. Bezeichnen x den Anteil an der Benchmark und R die risikolose Anlage, dann beträgt der Wert des Portfolios am Periodenende:

$$S_T = x \cdot K_T + (1-x) \cdot R_T \Rightarrow \beta = x.$$

Diese Anlagestrategie führt beim einfachen Bonusvertrag zu folgender Zahlung:

(7)
$$\begin{aligned} F_T &= B_T + \alpha \cdot \max\{S_T - K_T, 0\} \\ &= B_T + \alpha \cdot \begin{cases} (x-1) \cdot \max\{K_T - R_T, 0\}; \text{ falls } x \geq 1 \\ (1-x) \cdot \max\{R_T - K_T, 0\}; \text{ falls } x < 1. \end{cases} \end{aligned}$$

Der Bonusvertrag besitzt unterschiedliche Zahlungsprofile, in Abhängigkeit davon, ob der Manager Portfolioanteile risikolos anlegt oder Kredite aufnimmt. Bei Verschuldung resultiert das Zahlungsprofil von Calls auf die Benchmark, während für risikolose Anlagen das Profil von Puts entsteht. Je nach gewähltem Beta erzeugt der Asset Manager unterschiedliche Partizipationsraten, wie die Abbildungen 7 und 8 veranschaulichen:[14]

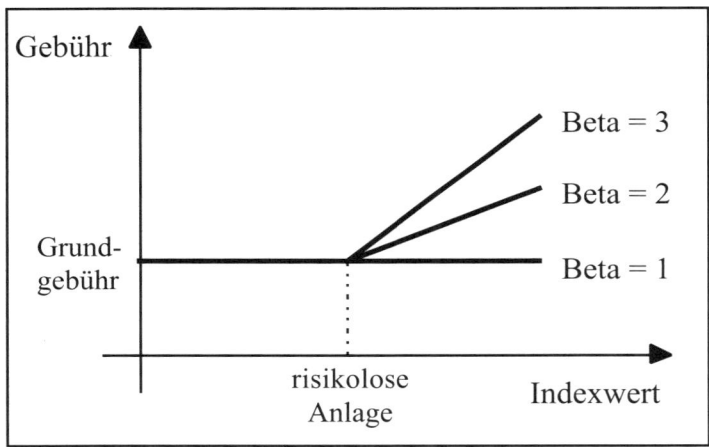

Abb. 7: Leverage-Effekt der Call-Strategie

nach Zahlung der Managervergütung maximal wird. Der Asset Manager wählt sowohl das Niveau seiner Research-Aktivitäten als auch die Portfoliozusammenstellung. Bei Indexierungsstrategien aufgrund von Bonusverträgen erfolgt die Portfolioentscheidung aber unabhängig vom Informationsstand des Managers. Also kann der Sponsor mit einem Bonusvertrag den Asset Manager nicht zu Analyseaktivitäten motivieren. Wenn der Kontraktwert schon zu Beginn des Vertrags realisiert werden kann, ist aber die Maximierung des Kontraktwertes von der Nutzenfunktion des Managers unabhängig. Also liefern hier die Erwartungsnutzenmaximierung und die Optionswertmaximierung das gleiche Resultat. Die betrachteten Indexierungsstrategien liefern nur Beispiele für mögliche Anlagestrategien. Der Optionswert stellt daher eine Untergrenze für den Vertragswert dar.

[14] Vgl. Grinblatt/ Titman (1987).

Bei einer Verschuldungsstrategie wächst die Erfolgsbeteiligung mit dem Anteil aufgenommener Mittel. Bei einem Beta von eins beträgt der Portfolioanteil der Benchmark 100%. Die Benchmark kann dann weder übertroffen noch verfehlt werden, und der Manager erhält nur die fixe Komponente.

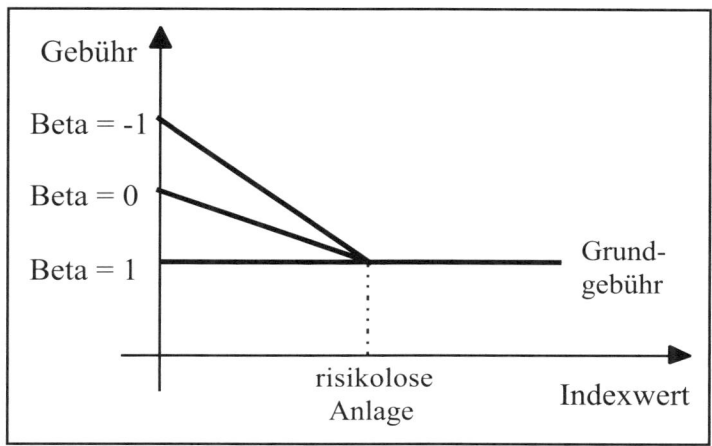

Abb. 8: Leverage-Effekt der Put-Strategie

Legt der Manager dagegen einen Anteil des Portfolios risikolos an, gibt nun der Portfolioanteil der sicheren Position den Faktor an, mit dem er die vereinbarte Partizipationsrate beeinflußt.[15]

Mit diesen Anlagestrategien wandelt der Asset Manager die Austauschoption in eine Option mit festem Basispreis um. Er kann den Optionswert schon zu Periodenbeginn realisieren, wenn als Benchmark ein Index gewählt wird, auf den auch Optionen gehandelt werden. Für den Fall eines verschuldeten Portfolios verkauft der Manager hierzu je nach Partizipationsrate und Verschuldungsgrad Indexoptionen mit einem Basispreis in Höhe des sicheren Investments. Entwickelt sich der Index besser als das sichere Investment, enden die Optionen im Geld und der Asset Manager wird als Stillhalter in Anspruch genommen. Die Zahlungsverpflichtung entspricht dann der vereinbarten Erfolgsbeteiligung. Sinkt der Index hingegen unter das Niveau risikoloser Anlagen, verfallen die Optionen wertlos und der Manager erhält auch keine Erfolgsbeteiligung. In beiden Fällen steht dem Sponsor das aus Index und risikoloser Anlage zusammengestellte Portfolio zu. Die aus dieser Strategie erwachsenden Zahlungen faßt Tabelle 6 zusammen.

---

[15] Bei der Call-Strategie gibt der Anteil x am Benchmarkportfolio an, mit welchem Faktor die Partizipationsrate beeinflußt wird. Bei der Put-Strategie beträgt dieser Faktor (1 - x), entspricht also dem Anteil an der risikolosen Anlage. Eine höhere Partizipationsrate als ursprünglich vereinbart, ergibt sich nur, wenn mehr als 100% risikolos angelegt werden, wie Abbildung 8 zeigt. Zur Finanzierung muß die Benchmarkposition (leer) verkauft werden.

Zeitpunkt:	0	T	
		$K_T < R_T$	$K_T \geq R_T$
Sponsor:	S_0	$-S_T$	$-S_T$
Portfolio:	$-x \cdot K_T - (1-x) \cdot R_T$	$x \cdot K_T + (1-x) \cdot R_T$	$x \cdot K_T + (1-x) \cdot R_T$
Vergütung:	—	—	$\alpha \cdot (S_T - K_T)$
Index-Calls:	$\alpha \cdot (x-1) \cdot C$	—	$-\alpha \cdot (x-1) \cdot (K_T - R_T)$
	$\alpha \cdot (x-1) \cdot C$	0	0
(mit $S_{0;T} = x \cdot K_{0,T} + (1-x) \cdot R_{0;T}$)			

Tab. 6: **Hedgestrategie für Bonusverträge mit stochastischer Benchmark**

Wenn der Asset Manager bei der Indexierungsstrategie risikolose Bestandteile wählt, kann er analog zur beschriebenen Hedgestrategie Puts auf den Index verkaufen und damit den Vertragswert ebenfalls zu Beginn des Investments erzielen. Put- und Call-Strategien sind um so wertvoller, je stärker die Portfoliozusammenstellung von einem reinen Benchmarkinvestment abweicht.

Die beschriebenen opportunistischen Anlagestrategien können vermieden werden, wenn der zwischen Sponsor und Asset Management-Gesellschaft geschlossene Vertrag ausschließt, daß der Manager den Wert der Vergütung durch Transaktionen absichert, die sein persönliches Portfolio betreffen.[16] Solche Transaktionen sind im allgemeinen jedoch schwer zu identifizieren: Betreut der Asset Manager mehrere Anleger, kann er ein Indexportfolio zerlegen und die Teilportfolios einzelnen Anlegern zuordnen. Mit Bonusverträgen erhält der Manager nun Optionen auf die Einzelportfolios, deren addierter Wert den Wert der Option auf das Gesamtportfolio übersteigt. So verfällt die Indexoption bei ungünstiger Marktentwicklung wertlos, während einzelne Optionen durchaus noch im Geld enden können. Dies führt zu einem Diversifikationseffekt für den Asset Manager.

Zwar wirkt die Konkurrenz der Asset Management-Gesellschaften im Wettbewerb um die Sponsoren disziplinierend. So geht von der Reputation einer Gesellschaft ein gewisser Schutz des Sponsors vor opportunistischen Strategien aus. Einen ähnlichen Effekt erzielen langfristige Verträge, weil sie das Vertrauen zwischen Sponsor und Asset Management-Gesellschaft stärken. Trotzdem legt die Wirkung von Bonusverträgen, einerseits mit der Partizipationsrate den Erfolg zu fördern und andererseits opportunistische Anlagestrategien zu unterstützen, nahe, das Vertragsdesign zu überdenken.

---

[16] Vgl. Haugen/ Taylor (1987).

6. Selbstselektionsverträge

Bonusverträge enthalten einen Anreiz für erfolgreiches Portfoliomanagement. Gleichzeitig besteht für den Manager die Möglichkeit, den eingeräumten Handlungsspielraum auszunutzen. Für den Anleger ist es schwer zu unterscheiden, welchem Typ von Asset Manager er gegenübersteht. Entlohnungsstrukturen, die eine *Selbstselektionskomponente* beinhalten, sollen den Informationsstand des Asset Managers *offenbaren*.

Hierzu wird vorgeschlagen, den Manager an seiner Prognosefähigkeit für die Portfolioentwicklung zu messen.[17] Die vom Asset Manager prognostizierte Wertentwicklung, gemessen am Erfolg im Sinne der Differenz von Portfoliowert S_T und Benchmark K_T, geht dann in die Entlohnung ein. Der Manager erhält eine Vergütung F_T, die Abweichungen von seiner Erfolgsvorhersage V mit der Partizipationsrate γ bestraft. Dies führt zu folgender Vergütungsstruktur:

(8) $\quad F_T = B_T - \gamma \cdot (S_T - K_T - V)^2$.

Die erwartete Vergütung wird maximal, wenn der vom Asset Manager angegebene Wert seinem tatsächlich erwarteten Erfolg entspricht:

$$\frac{\delta \operatorname{E}(F_T)}{\delta V} = 0 \Rightarrow V = \operatorname{E}(S_T - K_T).$$

Der Sponsor geht hierbei davon aus, daß die Asset Manager schon bei Vertragsbeginn über die kursrelevanten Informationen verfügen. Er wird deshalb den Vertrag mehreren Managern anbieten und denjenigen mit der Portfolioverwaltung beauftragen, der den höchsten Erfolg prognostiziert. Die Maximierung der erwarteten Vergütung durch den Manager erfolgt dabei unabhängig von der Partizipationsrate, setzt aber Risikoneutralität des Asset Managers voraus.

Jedoch kann die maximale Vergütung auch risikolos erzielt werden, wenn der Manager den Anlagebetrag vollständig in das Benchmarkportfolio investiert und wahrheitsgemäß einen Erfolg von null prognostiziert. Nähert sich der Manager dieser Position, kann der Sponsor mit einer hohen Bestrafungsrate reagieren. Das Ziel der Delegation besteht für den Sponsor jedoch darin, mit Hilfe des Asset Managers Rückflüsse zu erzielen, die eine Buy&Hold-Strategie übertreffen. Letztere kann der Sponsor selbst verfolgen; zudem entfällt die Managementgebühr. Deshalb wird die Vergütungsstruktur (8) um eine lineare Erfolgsbeteiligung erweitert:

(9a) $\quad F_T = B_T + \alpha \cdot (S_T - K_T) - \gamma \cdot (S_T - K_T - V)^2$.

---

[17] Vgl. Grinold/Rudd (1987). Bhattacharya/Pfleiderer (1985) und Stoughton (1994) geben die Portfoliozusammenstellung durch den Sponsor vor. Der Analyst entscheidet nur noch über das Niveau seiner Analyseaktivitäten und kann nicht mehr mit der Portfolioentscheidung gegensteuern, d.h. die erste Entscheidung ausgleichen.

Zumindest für risikoneutrale Asset Manager ist wiederum die Offenbarung ihres Informationsstandes optimal. Die Vorhersage in Höhe des vom Asset Manager erwarteten Erfolgs maximiert die erwartete Vergütung.

Die Annahme eines risikoneutralen Asset Managers ist nicht besonders kritisch. Manager werden in aller Regel viele Anleger betreuen. Das Einkommen aus der Verwaltung eines einzelnen Portfolios macht daher nur einen kleinen Teil des gesamten Vermögens aus. Anders verhält es sich beim Sponsor: Die einem Manager übertragenen Mittel werden einen beachtlichen Teil des Anlegervermögens ausmachen. Im folgenden besitze deshalb der Anleger eine konstante absolute Risikoaversion a, also eine exponentielle Risikonutzenfunktion. Die Erwartungsnutzenmaximierung kann dann über die Maximierung des unten verwendeten Sicherheitsäquivalentes CE erfolgen, wenn die betrachteten Zufallsgrößen normalverteilt sind. Lognormalverteilte Kurse, die die Black/Scholes- bzw. die Margrabe-Formel bei der Bewertung von Bonusverträgen voraussetzen, entsprechen normalverteilten Renditen. Daher wählen wir für die Managervergütung im folgenden die Renditeformulierung. Formel (9a) wird mit der Erfolgsprognose in Höhe des Erwartungswertes zu:

(9b) $\quad R_F = R_B + \alpha \cdot (R_S - R_K) - \gamma \cdot (R_S - R_K - \mathrm{E}(R_S - R_K))^2$.

Die Maximierung des Sicherheitsäquivalentes des Anlegers

$$\mathrm{CE}(R_S - R_F) = \mathrm{E}(R_S - R_F) - \frac{a}{2} \cdot \mathrm{Var}(R_S - R_F)$$

mit : $R_S - R_F = (1-\alpha) \cdot R_S + \alpha \cdot R_K - R_B + \gamma \cdot (R_S - R_K - \mathrm{E}(R_S - R_K))^2$

liefert folgende optimale Partizipationsraten:[18]

(10) $\quad \alpha^* = \underbrace{\frac{\mathrm{Var}(R_S) - \mathrm{Cov}(R_S, R_K)}{\mathrm{Var}(R_K - R_S)}}_{\text{minimales Risiko}} + \underbrace{\frac{1}{a} \cdot \frac{\mathrm{E}(R_K - R_S)}{\mathrm{Var}(R_K - R_S)}}_{\text{optimale Spekulation}}$ und

$\gamma^* = \frac{1}{3 \cdot a} \cdot \frac{1}{\underbrace{\mathrm{Var}(R_K - R_S)}_{\text{Tracking Error}}}$.

Diese Partizipationsraten gestatten folgende Interpretationen:

1) Die optimale Erfolgskomponente α^* entspricht der erwartungsnutzenmaximalen Mischung des Anlegerportfolios mit der Benchmark. Die Summanden dieses Anteils stellen den Benchmarkanteil am Minimumvarianzportfolio sowie eine präferenzabhängige Spekulationsprämie dar. Der Sponsor benutzt also den Asset Manager zur Diversifikation und berücksichtigt dabei den Risiko-Rendite-Tradeoff verschiedener Kombinationen aus Portfolio und Benchmark. Der risiko-

---

[18] Vgl. Reichling (1997).

neutrale Manager trägt damit genau den Teil des Risikos, den der Sponsor abwälzen möchte. Dies eröffnet dem Sponsor eine neue Perspektive: Bei der Benchmark muß es sich nicht um einen handelbaren Finanztitel handeln (z.B. ein internationaler Marktindex). Gelingt es also dem Sponsor, mit dem Manager einen Vertrag der Form (9b) auszuhandeln, der sich auf eine geeignete Benchmark bezieht, resultiert hieraus ein neues Diversifikationspotential für den Sponsor.

2) Die Strafkomponente γ^* hängt vom Tracking Error ab: Je niedriger der Tracking Error, um so leichter ist die Vorhersage des Erfolgs im Sinne der Benchmarküberschreitung. Gleichzeitig wird der Erfolg unwahrscheinlicher. Dies gleicht der Sponsor durch eine höhere Beteiligung des Managers an Abweichungen von seiner Vorhersage aus.

Betreut der Asset Manager viele Mandanten bzw. große Portfolios, werden die verwalteten Gelder häufig ein Mehrfaches seines persönlichen Vermögens betragen. Das Risiko aus der erfolgsabhängigen Vergütung ist dann nicht mehr zu vernachlässigen. Die Risikoaversion des Asset Managers führt zu einem vom Sponsor unerwünscht kleinen Tracking Error, der aber notwendig ist, um die Benchmarkrendite zu übertreffen. Dem kann der Sponsor mit Hilfe der Information Ratio IR begegnen, die die Renditedifferenz von Portfolio und Benchmark zum Tracking Error ins Verhältnis setzt:

$$\text{IR} \equiv \frac{\text{E}(R_S - R_K)}{\text{Std}(R_S - R_K)} = \frac{\text{E}(R_S - R_K)}{\text{TE}}.$$

Verwendet man die Information Ratio, lautet die erwartete Managervergütung nach Formel (9b):[19]

$$\text{E}(R_F) = R_B + \alpha \cdot \text{IR} \cdot \text{TE} - \gamma \cdot \text{TE}^2.$$

Daher gilt für den optimalen Tracking Error bei fester Information Ratio:

$$\alpha \cdot \text{IR} = 2 \cdot \gamma \cdot \text{TE} \Rightarrow \gamma = \frac{\alpha \cdot \text{IR}}{2 \cdot \text{TE}}.$$

Die Vergütungsstruktur vereinfacht sich dadurch auf folgende Form:

(11) $\quad \text{E}(R_F) = R_B + \dfrac{\alpha}{2} \cdot \text{IR} \cdot \text{TE}.$

Gibt der Sponsor neben Grundgebühr und Partizipationsrate auch den Tracking Error vor, hängt die Managervergütung nur noch von der Information Ratio ab. Mit Hilfe dieser Entlohnungsstruktur veranlaßt der Sponsor den Asset Manager zu einem gewissen Tracking Error in der Anlagepolitik und beeinflußt damit die Aggressivität des Portfolios. Weil die Information Ratio aber den Tracking Error schon enthält, läuft dieses Vorgehen auf eine einfache lineare Erfolgsbeteiligung hinaus. Im übrigen wird ein risikoaverser Manager von seiner erwarteten Vergütung noch einen Risikoabschlag vornehmen.

---

[19] Vgl. Grinold/ Rudd (1987). Die Information Ratio entspricht bei Verwendung einer betaadjustierten Benchmark der Appraisal Ratio, einem vielfach einsetzbaren Performancemaß. Vgl. Grinold/ Kahn (1995), S. 87-115 und Reichling (1996).

7. Performance Fees

Im Asset Management ist für die erfolgsabhängige Vergütung die Bezeichnung *Performance Fee* üblich. Diese Bezeichnung haben wir bisher vermieden, weil in der Performancemessung die Portfoliorendite mit einer *adjustierten* passiven Strategie verglichen wird, die das gleiche (systematische) Risiko trägt. Die bisher vorgeschlagenen Entlohnungsverträge korrigieren die Portfoliorendite dagegen nur um die Benchmarkrendite. Letzteres entspricht einer passiven Strategie mit einem Benchmarkanteil von 100%.

Gegen eine lineare Erfolgsbeteiligung mit einem Marktindex als Benchmark spricht, daß risikoaverse Sponsoren die Partizipationsrate auf einen optimalen Diversifikationseffekt mit dem Index ausrichten (vgl. Abschnitt 6). Der Sponsor kann aber auch ohne Unterstützung durch den Manager das Portfolio mit dem Index mischen. Die Delegation stiftet also allein unter dem Diversifikationsaspekt noch keinen Nutzen. Als Erfolgsmaßstab kommt daher eine risikoadjustierte passive Strategie in Betracht. Übertrifft die Portfoliorendite die Rendite dieser Strategie, hat der Manager eine positive Performance erwirtschaftet.

Die Performance Attribution zerlegt die erzielte Portfoliorendite und ordnet einzelne Bestandteile speziellen Managementfähigkeiten zu:[20] Positive Performance kann einerseits durch Erhöhung bzw. Senkung des Portfolioanteils einzelner Titel bei über- bzw. unterdurchschnittlichen Wertpapierrenditen zustande kommen. Der vom Markt nicht erklärte Teil der Portfoliorendite ist dann positiv. Diese Titelauswahl bezeichnet man als *Selektivität*. Beim *Timing* hingegen werden Marktbewegungen antizipiert, und die Portfoliosensitivität wird durch das Portfoliobeta angepaßt. Die Performance Attribution in Timing und Selektivität setzt für die Portfoliorendite ein Indexmodell voraus:

$$R_{St} = r_f + \beta_t \cdot (R_{Kt} - r_f) + \varepsilon_{St}.$$

Der Betakoeffizient stellt dabei eine Entscheidungsvariable des Managers dar. Externen ist aber der jeweilige Betakoeffizient nicht bekannt; für sie handelt es sich um eine Zufallsgröße. Hieraus ergeben sich für die Managerentlohnung folgende Überlegungen:[21]

1) Timing, d.h. die Veränderung des Portfoliobetas ist vom Sponsor erwünscht, wenn eine höhere bzw. niedrigere Portfoliosensitivität mit über- bzw. unterdurchschnittlichen Marktrenditen einhergeht. Ein konstantes Beta soll nicht honoriert werden, weil daraus keine Managementleistung hervorgeht. Insbesondere soll ein extremer Betakoeffizient nicht allein den Vertragswert erhöhen, wie dies bei den Bonusverträgen der Fall war.
2) Abweichungen von der Benchmark durch die Auswahl einzelner Titel mit überdurchschnittlicher Rendite erhöhen die Performance. Dies bewirkt eine positive Selektivität. Die Aufnahme solcher Wertpapiere ins Portfolio soll aber nicht der

---

[20] Vgl. Reichling/ Trautmann (1997).
[21] Vgl. Raulin (1996), S. 248-285.

Erhöhung unsystematischer Risiken dienen, um dadurch den Wert der Vergütung zu steigern.

Daher bietet sich eine Managervergütung an, die die Timing- und Selektivitätsfähigkeiten des Asset Managers entlohnt. Dies ist gleichbedeutend damit, die erzielte Portfoliorendite um die Rendite einer passiven Strategie mit einem Benchmarkanteil in Höhe des durchschnittlichen Betakoeffizienten zu korrigieren. Mißt man nämlich Timing mit der Kovarianz zwischen Portfoliobeta und Indexrendite und Selektivität mit dem unsystematischen Renditebestandteil, folgt aus dem Indexmodell:

$$E(R_S) = r_f + E\big(\beta \cdot (R_K - r_f)\big) + E(\varepsilon_S)$$
$$= \underbrace{r_f + E(\beta) \cdot \big(E(R_K) - r_f\big)}_{\text{passive Strategie}} + \underbrace{\text{Cov}(\beta, R_K - r_f)}_{\text{Timing}} + \underbrace{E(\varepsilon_S)}_{\text{Selektivität}}.$$

Hieraus ergibt sich mit empirischen Größen folgende Ex post-Formulierung:

$$\hat{R}_S - r_f - \hat{\beta} \cdot \big(\hat{R}_K - r_f\big) = \underbrace{\hat{\text{Cov}}(\beta, R_K - r_f) + \hat{\varepsilon}_S}_{\text{Performance}}.$$

Bei der Performance handelt es sich um Abweichungen von der durchschnittlich verfolgten Anlagestrategie. Gleichzeitig wird die erzielte Portfoliorendite auf das eingegangene systematische Risiko adjustiert. Die Performance einer Indexierungsstrategie beträgt null, denn das Portfoliobeta bleibt konstant und durch die Indexierung ist Selektivität ausgeschlossen. Die Managervergütung kann deshalb eine Partizipation an der erzielten Performance vorsehen:[22]

(12) $\quad R_F = R_B + \alpha \cdot \big(R_S - r_f - \hat{\beta} \cdot (R_K - r_f)\big).$

Die Performance Fee birgt folgende Vor- und Nachteile:

1) Der Informationsvorsprung des Managers kann sich auf einzelne Titel oder Bewegungen des gesamten Marktes beziehen. Mit der Performance Fee werden beide Komponenten erfaßt. Managerinformationen über die Kursentwicklung können sich dabei nicht nur auf die betrachtete Gesamtperiode beziehen. Vielmehr entsteht die Managerleistung auch aufgrund geeigneter Portfolioumschichtungen, deren Erfolg durch Timing und Selektivität ebenfalls erfaßt wird.
2) Die Performance Fee setzt Anreize, die erwartete Portfoliorendite nicht unter Mißachtung des Risikos zu erhöhen, sondern Anlageentscheidungen nur dann zu treffen, wenn sie im Vergleich zu einer vom Sponsor selbst verfolgbaren Indexierungsstrategie einen Vorteil erwarten lassen.

---

[22] Verwendet man stetige Renditen, ergibt sich die Rendite für die gesamte betrachtete Periode aus der Summe der Renditen aus den Einzelperioden. Die Gesamtrendite entspricht also dem arithmetischen Mittel der entsprechend periodisierten Einzelrenditen. Für die Performance Fee (11) genügt es daher, die Gesamtrenditen zu verwenden. Lediglich beim Betakoeffizienten muß der Mittelwert berechnet werden.

3) Ein Nachteil der Performance Fee besteht darin, daß die Berechnung der benötigten Durchschnittswerte ein kontinuierliches Monitoring des Asset Managers erforderlich macht. Um die Performance Fee zu bestimmen, reicht es nicht aus, lediglich die Werte von Portfolio und Benchmark am Ende der betrachteten Periode zu vergleichen. Vielmehr muß noch die Entwicklung des Portfoliobetas beobachtet werden. Deshalb sind zusätzlich die Betakoeffizienten der im Portfolio enthaltenen Einzeltitel zu bestimmen, denn hieraus errechnet sich das jeweilige Portfoliobeta als anteilsgewichtete Summe der Einzelbetas.

8. Zusammenfassung

Wir haben verschiedene Formen erfolgsabhängiger Vergütungen im Asset Management betrachtet:

1) Bonusverträge können mit Hilfe der Black/Scholes- bzw. der Margrabe-Formel bewertet werden. Für den Asset Manager besteht beim einfachen Bonusvertrag jedoch die Möglichkeit, den Vertragswert durch eine Indexierungsstrategie beliebig zu steigern. Dem kann der Sponsor durch einen Cap für die Managervergütung begegnen. Den gleichen Effekt erzielt der Sponsor jedoch schon dann, wenn er die Aktivitäten des Asset Managers an einen vorgegebenen Betakoeffizienten bindet.[23]

2) Entlohnungsverträge mit quadratischer Strafkomponente veranlassen den Asset Manager zu Erfolgsprognosen, die seinen Erwartungen entsprechen. Solche Verträge besitzen eine Offenbarungseigenschaft. Die optimalen Partizipationsraten für die Erfolgs- und die Strafkomponenten eines risikoaversen Anlegers führen zu einer höheren Bestrafungrate, je stärker der Manager die Benchmark nachbildet. Gleichzeitig ist der Sponsor bestrebt, den Kontrakt im Hinblick auf optimale Diversifikationseffekte zu spezifizieren.

3) Bei linearen Anreizverträgen streben risikoaverse Anleger über die Partizipationsrate einen optimalen Diversifikationseffekt mit der im Vertrag vereinbarten Benchmark an. Wenn es sich hierbei um einen Marktindex handelt, kann dieser Effekt auch schon durch einen entsprechenden Anteil der auf den Manager übertragenen Mittel herbeigeführt werden. Deshalb erscheint die vom Manager verfolgte durchschnittliche passive Anlagestrategie als Erfolgsmaßstab geeignet. Die Performance Fee belohnt Veränderungen des systematischen und Erhöhungen des unsystematischen Risikos nur dann, wenn damit eine positive Performance erwirtschaftet wird. Sie ist resistent gegenüber opportunistischen Anlagestrategien. Deshalb werden dem Manager Anreize gesetzt, spezielle Informationen über Marktbewegungen oder die Kursentwicklung einzelner Titel in die Anlageentscheidung einfließen zu lassen.

---

[23] Vgl. Reichling (1997).

Literaturverzeichnis

Bellarz, S./ Reichling, P. (Bellarz/ Reichling, 1997): Bewertung von Performance Fees, in: *Die Bank*, 1997, H. 5, S. 306-310.

Bhattacharya, S./ Pfleiderer, P. (Bhattacharya/ Pfleiderer, 1985): Delegated Portfolio Management, in: *Journal of Economic Theory*, Vol. 36, 1985, S. 1-25.

Black, F./ Scholes, M. (Black/ Scholes, 1973): The Pricing of Options and Corporate Liabilities, in: *Journal of Political Economy*, Vol. 81, 1973, S. 637-659.

Carr, P. (Carr, 1988): The Valuation of Sequential Exchange Opportunities, in: *Journal of Finance*, Vol. 43, 1988, S. 1235-1256.

Cohen, S. I./ Starks, L. T. (Cohen/ Starks, 1988): Estimation Risk and Incentive Contracts for Portfolio Managers, in: *Management Science*, Vol. 34, 1988, S. 1067-1079.

Davanzo, L. E./ Nesbitt, S. L. (Davanzo/ Nesbitt, 1987): Performance Fees for Investment Management, in: *Financial Analysts Journal*, Vol. 43, 1987, No. 1, S. 14-20.

Golec, J. H. (Golec, 1992): Empirical Tests of a Principal-Agent Model of the Investor-Investment Advisor Relationship, in: *Journal of Financial and Quantitative Analysis*, Vol. 27, 1992, S. 81-95.

Grinblatt, M./ Titman, S. (Grinblatt/ Titman, 1987): How Clients Can Win the Gaming Game, in: *Journal of Portfolio Management*, Vol. 13, 1987, No. 4, S. 14-20.

Grinblatt, M./ Titman, S. (Grinblatt/ Titman, 1989): Adverse Risk Incentives and the Design of Performance-based Contracts, in: *Management Science*, Vol. 35, 1989, S. 807-822.

Grinold, R. C./ Kahn, R. N. (Grinold/ Kahn, 1995): *Active Portfolio Management*, Chicago et al. 1995.

Grinold, R./ Rudd, A. (Grinold/ Rudd, 1987): Performance Fees: Who Wins? Who Loses?, in: *Financial Analysts Journal*, Vol. 43, 1987, No. 1, S. 27-38.

Haugen, R. A./ Taylor, W. M. (Haugen/ Taylor, 1987): An Optimal-incentive Contract for Managers with Exponential Utility, in: *Managerial and Decision Economics*, Vol. 8, 1987, S. 87-91.

Heinkel, R./ Stoughton, N. M. (Heinkel/ Stoughton, 1994): The Dynamics of Portfolio Management Contracts, in: *Review of Financial Studies*, Vol. 7, 1994, S. 351-387.

Holmstrom, B./ Milgrom, P. (Holmstrom/ Milgrom, 1987): Aggregation and Linearity in the Provision of Intertemporal Incentives, in: *Econometrica*, Vol. 55, 1987, S. 303-328.

Jaeger, S./ Staub, Z. (Jaeger/ Staub, 1992): Erwünschte und weniger erwünschte Effekte von Management Fees, in: *Schweizer Personalvorsorge*, 5. Jg., 1992, S. 317-320.

Kritzman, M. P. (Kritzman, 1987): Incentive Fees: Some Problems and Some Solutions, in: *Financial Analysts Journal*, Vol. 43, 1987, No. 1, S. 21-26.

Margrabe, W. (Margrabe, 1978): The Value of an Option to Exchange One Asset for Another, in: *Journal of Finance*, Vol. 33, 1978, S. 177-186.

Raulin, G. (Raulin, 1996): *Leistungsorientierte Entlohnung von Portfoliomanagern*, Bad Soden/ Taunus 1996.

Record, E. E./ Tynan, M. A. (Record/ Tynan, 1987): Incentive Fees: The Basic Issues, in: *Financial Analysts Journal*, Vol. 43, 1987, No. 1, S. 39-43.

Reichling, P. (Reichling, 1996): Performance: Glück oder Können?, in: *Wirtschaftswissenschaftliches Studium*, 25. Jg., 1996, S. 286-291.

Reichling, P. (Reichling, 1997): Anreizeffekte bei Performance Fees mit stochastischem Benchmark, in: *Zeitschrift für Betriebswirtschaft*, 67. Jg., Ergänzungsheft, Nr. 3, 1997, S. 105-128.

Reichling, P./ Trautmann, S. (Reichling/ Trautmann, 1997): External Performance Attribution with the Exponential Performance Measure, Arbeitspapier, Universität Mainz, Mainz 1997.

Starks, L. T. (Starks, 1987): Performance Incentive Fees: An Agency Theoretic Approach, in: *Journal of Financial and Quantitative Analysis*, Vol. 22, 1987, S. 17-32.

Stoughton, N. M. (Stoughton, 1993): Moral Hazard and the Portfolio Management Problem, in: *Journal of Finance*, Vol. 48, 1993, S. 2009-2028.

Stulz, R. M. (Stulz, 1982): Options on the Minimum or the Maximum of Two Risky Assets, in: *Journal of Financial Economics*, Vol. 10, 1982, S. 161-185.

Zimmermann, H./ Rudolf, M./ Jaeger, S./ Zogg-Wetter, C. (Zimmermann et al., 1996): *Moderne Performance-Messung*, Bern et al. 1996.

Stichwortregister

A

a-t model 603
absolute Optimierung 570, 642
Accounting Betas 275
Agency Trade 899
Aktienbewertung
– rationale
– irrationale 288
Aktienkursprognosen 297
aktive Absicherungsstrategie 475
Aktivierungsfunktion 370
Allokation 979
– aktivitäten 569
Alpha 569
Alpha Eating 579
Alpha-Verzerrung 207
Alphafaktor 439
Alphaprognosen 567, 578
Alphasignale 574
Alphawert 411
Anlageentscheidungen 77
Anlageformen 79
Anlagehorizont 178
Anlageprozeß 82
Anleger
– institutionelle und private 75
Anlegeranalyse 7
Anlegermotive 37
Anlegertypisierung 135, 144
Anlegerziele 37, 133
Anspruchsniveauziel 55
Appraisal Ratio 25, 452
approximatives Tracking 550
Arbitrage Pricing Theory (APT) 269, 397
ARCH-Modell 493, 496, 497
ARMA-Prozeß 257
– autoregressiver (AR)
– moving average- (MA) 257
ARV-Modell 501
Asset Allocation 18
Asset-based Fee 1021
Asset-Liability-Management 239, 772
Asset-Liability-Rendite 244
Asset-Management-Prozeß 977
asymmetrische Absicherungsstrategien 474
Ausfallkosten 249
Ausfallstandardabweichung 594
Ausfallvarianz 58, 591, 593, 594
Ausfallvarianzverständnis 606
Ausfallwahrscheinlichkeit 592
Autokorrelationskoeffizenten 492
Autoregressive random variance-Modelle 501

B

Basis Fee 1022
Basis-Trade 786
Basket Trade 899
Bayes-Prognose 447
bedingtes Prognosemodell 364
Bemessungsgrundlagen der Gruppenleistung 1006
Benchmark 177, 178, 943, 978
Benchmark-Indizes 170
Benchmarkportfolio 166
Bernoulli-Nutzenmaximierung 600
Bernoulli-Prinzip 392
Bestimmtheitsmaß 377, 444
Betafaktor 270, 397, 405, 435
Betakoeffizient 1040

Beta-Verzerrung 207
Betawert 411
Bid/Ask-Spread 895
Black-Delta-Hedging 765
Black-Scholes-Formel 511, 1022, 1023
Bond Call-Strategie 221
Bond Switches 650
Bondertrag 635
Bondportfolios 757
Bondrendite 635
Bonusvertrag mit Cap 1027
Bonusvertrag mit Verlustbeteiligung 1028
Bonusverträge mit fester Benchmark 1022
Bonusverträge mit stochastischer Benchmark 1029
Branchenindizes 915
Branchenportfolios 915
Branchenselektion 919
Bravais-Pearsonscher Korrelationskoeffizient 575
Break-Even-Forward-Rendite 783
Brokergebühren 894
Brutto-Basis BB 787
Buchwert-Marktwert-Verhältnis des Eigenkapitals 282
Butterfly-Faktor 661, 700
BVI-Methode 24

C

Capital Asset Pricing Model (CAPM) 12, 269, 396, 418, 437, 811
Capitalization Method 548
CAPM 194
Cash Flow-Kurs-Verhältnis 282
Cedel 779
Characteristic Line 199, 438
CIR 534
Clearinghäuser 779
Collar 474
conditional beta pricing model 866
Constant Proportion Portfolio Insurance (CPPI) 215, 224
Corresponding Information Ratios 533

Cost of Carry 781
Currency Overlay Management 485
Curvature-Faktor 700
Cut-off-Wert 412

D

data mining 279
Delta-Hedging 759
Delta-Methode 752
Delta-Test 337
Depotmanagement 127
Determinanten privaten Anlageverhaltens
– personenbezogene 86
Deutscher Kassenverein 779
Diagonal Model 394
Dickey-Fuller-Test 369
Dietz-Methode 988
Differential Return 25
differenzenstationärer Prozeß 318
Discount-Bond 632
Discountbroker 894
Diversifikationseffekte 913
Dividend Discount Model 795, 796
Down-Market Size Effect 277
Downside Risk 59, 949
Duration 631, 632, 747, 748
Duration-based Hedge Ratio 758
Duration-based Hedging 757
Durationbasierte Methode 722
Durbin-Watson-Test 377
dynamische ALM-Modelle 249
Dynamische Stop-Loss-Strategie 223
Dynamische Strategie 222

E

effektives Tracking 550
Effizienzkurve 598, 844
Effizienzlinie 225, 599
Effizienzmarkthypothese (EMH) 193
EGARCH-Modell 500
Einfacher Bonusvertrag 1022
Einindexmodell 395

Enhanced Indexing 559
Entlohnung von Portfoliomanagern 993
Entscheidungstheorie 390
Erfolgsbeteiligung 1011
Ertragsreaktionskoeffizientenmethode 301
Erwartungen
– autoregressive
– extrapolative 365
Erwartungswert der Rendite 409
Erwartungswertprinzip 390
Eurobondrisiko 665
Euroclear 779
EV-Effizienzhypothese 544
EV-Effizienzlinie 562
Event Study-Maß 961
Event-Study 300
ex post-CAPM 205
exakte Absicherung 474
exaktes Hedging 474
Excess Return 948
excess return to beta 412
excess return to beta ratio 452
Excess Volatility 196
Explizite Kosten 894
explizite Transaktionskostenbestandteile 895
externe Performanceanalyse 974
externe Performancemessung 934, 948

F

Faktor-Delta 749
Faktor-Gamma 749
faktorbasierte Szenarien 683
Faktorbetas 270
Faktorenanalyse 373
Faktorenmodelle 393
Faktorladungen 683, 748
Faktorprämien 272
Fehlerkorrekturmodell 322
Finanzprognose 520
firm size effect 276
Flat Fee 1021

Flattening 710
Forward-Preis 781
Forward-Rendite 783
Full Replication 547
Fundamental Law of Active Management 198
fundamental law of active management 907
Fundamentaldaten 271
fundamentale Betas 447
fundamentale Marktfaktoren 864
fundamentale Modelle 16
fundamentales Gesetz des aktiven Managements 576
Futures im Bondmanagement 717

G

GARCH-Modell 493, 496, 498
Gaussian white noise 494
gedeckte Zinsparität 476
Gehaltsbänder 997
Gehaltsgruppen 997
Generalized Method of Moments (GMM) 876
Gewinn-Kurs-Verhältnis 280, 282
GKV 280
Granger-Causality 327
Growth 821, 822, 831
Growth-Deskriptor 826, 827
Growth-Faktor 826
Gütekriterien 378

H

Hedge Ratio 483, 721, 724
Hedging 720
Hedging Effectiveness 730
Hedging Efficiency 730
Hedging Performance 730
Hedging-Ansatz 718
Hidden Neuron Merging 375
Hidden Neuron Pruning 375
High-Size-Titel 824
Historische Simulationen 230

I

ICAPM 870
Implizite Kosten 896
Implizite Volatilität 511
Incentive Agency Trade 899
independent white noise 494
Index-Modell 554
Index-Tracking 544
Indexierungsstrategien 1033
Information Coefficient 575
Information Ratio 21, 205, 452, 576, 907, 1039
Informationseffizienz 15, 300
Informationseffizienzhypothese 544
Integration 318
Integrationstest 320
internationale Diversifikation 914
interne Performanceanalyse 974
interne Performancemessung 934, 958
interne Rendite 976
Intervalling-Effekt 440
Intervallziel 55
Investmentcontrolling 205
Investmentprozeß 388
Investmentstil 21, 954
Investoren
– institutionelle 111

J

Jahresabschluß 299
Jahresabschlußdaten 297
Januareffekt 281
Jensen-Alpha 25, 205, 944, 951
Jensen-Maß 25
Johnson-Maß 731
jump-variance-Modell 496

K

Kapitalbeteiligung 1011
Kapitalmarkteffizienz 300
Kapitalmarktgleichgewichtsmodell 12, 194
Kapitalmarktlinie 225
Kapitalmarktmodell 269
Kapitalmarktrisiken 745
kapitalmarkttheoretische Bewertungsmodelle 269
Key-Rate-Deltas 749
Key-Rate-Gammas 749
Key-Rates 748
klassische Entscheidungsprinzipien 390
kleine Stückelung 42
Kleinfirmeneffekt 276, 281
Koausfallvarianz 13, 595
Kointegration 315
komplexer Bonusvertrag 1025
konditioniertes Multifaktoren-Bewertungsmodell 866
Konsummotiv 87
Konversionsfaktormethode 721
Konvexität 631, 634, 747, 748
Korrelationskoeffizienten 643
Kovarianz 394
Kreditrisiko 745
Kullback-Leibler-Distanz 536
Künstliche Neuronale Netze 352
Kurswertmethode 721

L

laboristische Kapitalbeteiligung 1008
Länderindize 915
Länderportfolios 915
Laufzeitoptimierung 687
Lead- und Lag-Beta 443
Leistungslohnbestandteile 995
leistungsorientiertes Entlohnungssystem 996
Level-Faktor 699
Likelihood-Ratio-Test 927
Linear Programming 548
Lineare Investmentregel 223
lineares Regressionsmodell 353
Liquidierbarkeit 7, 41, 46

Liquidierbarkeitsbegriff 141
Liquidierbarkeitsziel 46
Liquidierungskosten 47, 48
Liquidierungszeitraum 47
Liquidität 46
Liquiditätsbegriff 141
Lock in-Strategien 281
Low-Size-Titel 824
Lower Partial Moment-(LPM) Performancemaße 950
Lower Partial Moments 57
Lower Partial Moments (LPM) 592, 949
LPM 59

M

magisches Dreieck 7, 133
magisches Viereck 7, 65
magisches Zieldreieck 36
magisches Zielviereck 63
Managementstil 954
Margrabe-Formel 1029
Market Impact 896
Market Maker 893
Market Timing 940
Market-Switching-Strategie 884
Markov-Mischungsmodell 496, 505
Markowitz-Modell 9, 553
(Markt-)Informationen 74
Marktmodell 394, 438
Marktorganisation 74
Marktprozeß 73
Marktrisiko 745
Marktteilnehmer 74
Marktwert des Eigenkapitals ME 280
Martingal 301
mean reversion 499
Mean Reverting 196
mean reverting-Prozesse 299
Mean Square Error (MSE) 379, 426, 495
Mean-Variance-Ansätze 243
Mehrfaktorenmodell 653, 659, 748
Merton-Ansatz 953
Mindestrendite 61, 606

Mindestrenditeforderungen 62
Minimum Lower Partial Moment Portfolio 599
Minimumausfallvarianzportfolio 599
Minimumvarianzportfolio 845
Minimumvarianzstrategien 843
Mitarbeiterbeteiligung 1011
Mitsprache 43
Mittelwert-Varianz-Prinzip 391
modified Duration 631, 633
Modified-BAI-Methode 989
Modified-Dietz-Methode 989
modifizierte BAI-Methode 938
modifiziertes Dietz-Verfahren 938
Momente 57
Momentum-Kriterium 797
Money Weighted Rate of Return 936
Monte Carlo-Simulationen 232
Multi-Index-Modell 11
Multi-Layer-Perceptron 357
Multifaktorenmodell 863
μ-Kriterium 390

N

Netto-Basis NB 787
Nettoeingangssignal 355
Neuronale Netze 349, 519
Neuronale Netzwerke 336
Noise Trader 196
Nominalwertmethode 721
Nullsummenargument 544
Nutzenfunktion 391

O

Optimierungsziel 55
Optimizing Samplin 548
Optimizing Sampling 547
Optionspreismodell 511
Output-Units 360
Overreaction Hypothese 560
Overreaction-Effekt 280

P

Package Trade 899
Par-Bond 632
Partial Principal Trade 900
Partizipationsrate 1022, 1038
Payout-Ratio 826
Perceptrons 353
Performance Fee 1040, 1041
Performanceanalyse 23, 974
Performanceattribution 24, 958, 959, 975
Performancekennzahlen 615
Performancemaße 965
Performancemessung 24, 933
Pfandbriefrisiko 665
Portfolio Insurance 23, 216, 218
Portfolio Insurance-Strategien 220
Portfolio Selection 9
Portfolio Trade 899
Portfolio-Selection-Algorithmus 412
Portfolioausfallvarianz 594
Portfoliobeta 197, 449, 941
Portfoliokonstruktion 201
Portfoliomonitoring 26
Portfolionutzen 904, 906
Portfoliooptimierung 591
Portfoliorevision 26
Positive Feedback Trader (PFT) 196
Predicted Squared Error 377
Premium-Bond 632
Prestige 43
Principal Component Analyse 750
Principal Trade 899, 900
Principal-Agent-Beziehung 388
Prognosemodell 16
Program Trades 898
Protective Put 474
Protective Put-Strategie 221
Prozeß des Portfoliomanagements 6
prozyklische Relative-Stärke-Strategie 420
Pruning-Methoden 375
Publikumsfonds 185

Pull-to-par-Effekt 632
Punktziel 55

Q

Quadratic Programming 548
quadratische Nutzenfunktion 601
quadratisches Gütekriterium 553
Quartile 522

R

Range Forward 474
rationale Erwartungen 194
Rebalancing 26
Regression Diagnostics 444
Regressionsanalyse 317, 555
relative Entropie 536
relative Optimierung 570, 646
relative Portfoliooptimierung 567
Relative Stärke 420
Renditestrukturkurve 637, 697
Rentabilität 40
Rentenportfolio 629, 653, 743
Repo-Geschäfte 775, 776
Repo-Satz 776
Researchbroker 894
residuale Effizienzgrenze 204
residuale Risikoaversion 204
residualer Ertrag (Alpha) 203
residuales Risiko (Omega) 203
Residualrendite 854
Reward-to-Shortfall-Ratio 24
Reward-to-Variability-Ratio 24, 948
Reward-to-Volatility-Ratio 25, 949
riding down the yield curve 640
Risiko
- aktives 171
- entscheidungslogisches 53
- informationslogisches 53
- systematisches 436
- unsystematisches 436
Risikoaversion
- absolute 98

– relative 98
Risikobegriff 51
– anlegerzielbezogener 52
– bedürfnisbefriedigungsorientierter 51
– ergebnisorientierter 52
– zweidimensionaler 52
Risikobegriffe 140
Risikoeinstellung 97
Risikofaktoren 873
Risikomanagement 216, 743
risikominimales Portfolio 620
Risikooperationalisierung 53
Risikoprämie 569
Risikotypen 54
RiskMetrics 752
RiskMetrics-Key-Rate-Bereiche 753
RiskMetrics-Volatilitäten 753
robuste Regressionsverfahren 444
Rohprognosen 573
Roll-down-Performanc 711
rolling down the yield curve 659
Rootet Mean Square Error (RMSE) 426
Bestandteile 42

S

Sampling 547
Schätzung der Zinsstrukturkurven 669
Scheinkorrelationen 317
schwache Stationarität 368
Security Market Line; SML 437
Sektorrisiko 746
Selbstselektionsverträge 1037
Selectivity 940
Selectivity- Maß 960
Selektion 979
Selektionsaktivitäten 569
Selektionsfähigkeit 940, 941
Selektivität 25, 940, 1040
Sell/Buy-Back-Geschäft 775, 778
semiquadratische Nutzenfunktion 601
Semivarianz 594
Sharpe-Maß 728, 948
Sharpe-Ratio 615

Shift-Faktor 661, 699
shortfall standard deviation 594
shortfall variance 594
Sicherheit 40
Sicherheitsziel 51
Sigmoidfunktionen 356
Single-Index-Modell 11, 394, 403, 405, 439
Single-Layer-Perceptron 355
Size 821, 822, 831
size effect 276
Size-Ansätze 824
Size-Effekt 838
Slope-Faktor 700
Smart Money 196
Sortino-Ratio 24, 615
Spekulation 44
Spekulationsmotiv 87
Spezialfonds 184
Spread 657
– Eurobondspread 657
– Kuponspread 658
– Liquiditätsspread 657
– Pfandbriefspread 657
spurious regressions 317
Standarddepot 144
standardized unexpected earnings (SUE)-effect 308
Standardverschiebungsfaktor 699
Statische Strategie 220
Steepening 710
sten sofortigen Abschlusses 47
Stepwise Regression 549
Stilansätze 823
Stilansätze ('Style' Investing) 822
Stochastische Dominanz 602
stochastische Programmierung 250, 251
Stop-Loss-Strategie 221
Stopped Training 375
Strafkostenfunktion 259
Strafkostenfunktionen
– linearisierte 254
Straight-Indexing 559
Stratifying Sampling 547, 556
Strukturkurvenszenarien 697

Style Management 821
Surplus 244
Swapsatz 475
SwissPACT-Modell 253
symmetrische Absicherungsstrategie 474
Synthetischer Put 223
systematische Marktfaktoren 914
systematisches Portfoliorisiko 408
Szenario-Strategien 673
szenariobasierte Portfoliokonstruktion 675
Szenariobaum 255

T

taktische Asset Allocation 883
Terminzinsen 679
Terminzinskurve 675
Test auf Schiefe 607
TEV-Effizienzlinie 562
Theorie effizienter Märkte 193
Tilting eines Indexportfolios 561
Time Weighted Rate of Return 936
Time-weighted Return 976
Time-weighted-Methode 988
Timing 25, 570, 979, 1040
Timing-Maß 960
Timingfähigkeit 940, 942
Timingprognosen 567, 581
tionalprinzip 41
Tobin-Separationstheorem 599
Tracking Error 173, 206, 398, 646, 850
Tracking-Error-minimale Portfolio 562
Trade to Trade-Verfahren 442
Transaktionskosten 893
Transaktionskostenmanagement 891
Trending 196
trendstationärer Prozeß 318
Treynor-Maß 25, 949
Treynor/Black-Maß 25
Twist-Faktor 661, 699
Typen 77

U

Überschußrendite 412, 569, 941
unbedingtes Prognosemodell 364
ungedeckte Zinsparität 478
Unit 355
unsystematische Renditekomponente 941
unsystematisches Portfoliorisiko 408
unternehmungsleistungsbezogene Lohnbestandteile 1008

V

Value 821, 822, 831
Value at Risk 752
value line enigma 308
Value Ranking 548
Value-Deskriptor 827
Value-Growth-Anomalie 281
VAR-System 870
Varianz 58, 415
Varianzdekomposition 914
Varianzminimierungsansatz 724
Vergütung
– performanceabhängige 211
– volumenabhängige 210
Vergütungssysteme 209
Vermögensverwaltung
– standardisierte 128
Verschuldungsgrad 282
Verwaltbarkeit 8, 41
Verwaltbarkeitskosten 50
Verwaltbarkeitsziel 50
Volatilität 490, 526
Volatilitätsmodelle 492
Volatilitätsrisiko 745
Volatility clustering 491
von Neumann/Morgenstern-Nutzen 392
Vorsorgemotiv 87

W

Währungskorbhedging 474

Währungskorbsicherungsstrategie 474
Währungskorrelationen 473
Währungsmanagementstrategien 473
Währungsrisiko 459, 461
Wald-Test 875
Wechselkursrisiko 461, 746
Wegstrecke 379
wertgewichtete Rendite 937
Wertpapierindizes 177
Wertpapierleihe 775, 778
Wertpapierlinie 269
white noise 494
Window Dressing 281

Y

Yield to Maturity 748
Yield-Beta 723
yield-to-maturity-Preisformel 705

Z

zeitgewichtete Rendite 936, 938
Zeitreihenmodell 16
zeitvariable Betas 446
Ziele
– nicht-konomische 43
Ziele privater Anleger 95
Zielkomplementarität 63
Zielkonkurrenz 63
Zielneutralität 63
Zins-Futures 721
Zinsänderungsrisiko 661
Zinsderivate 765
Zinsdifferential 476, 478
Zinssensitivität von Rentenportfolios 695
Zinssensitivitätsgrafik 703, 709
Zinsstrukturdynamik 676
Zinsstrukturkurve 655, 675, 698
Zinsstrukturmodelle 749

Autorenverzeichnis

Dr. Susanne Baun ist seit 1996 als Partner bei Insiders Teknon Wissensbasierte Systeme GmbH in Mainz verantwortlich für den Geschäftsbereich Neuronale Netze, Strategie und Marketing. Nach absolvierter Banklehre und Studium der Betriebswirtschaftslehre an der Universität Mannheim war sie von 1991 bis 1996 als Projektleiterin im Bereich Neuronale Netze der Siemens Nixdorf Informationssysteme AG tätig. In dieser Zeit hat sie bei Prof. Dr. Wolfgang Gerke promoviert.

Karl Georg Bayer, geboren 1961, studierte Wirtschaftsingenieurwesen an der Technischen Hochschule Darmstadt. Nach einer Tätigkeit als wissenschaftlicher Mitarbeiter am Institut für Systemtechnik und Innovationsforschung der Fraunhofer-Gesellschaft ist er seit 1991 Mitarbeiter der LGT Asset Management GmbH (vormals Bank in Liechtenstein). Er leitet dort das Quantitative Research.

Margrit Bayer, geboren 1963, studierte Mathematik an der Ruhr-Universität Bochum. Seit 1990 ist sie Mitarbeiterin der LGT Asset Management GmbH, wo sie zunächst im Quantitativen Research tätig war. Seit 1993 ist sie Portfoliomanagerin im Bereich Aktien. Ihr Spezialgebiet ist die passive Vermögensverwaltung.

Andreas Bohn, 1967 in Essen geboren, studierte an der Universität Münster und am Juniata College/ PA. Betriebswirtschaftslehre mit den Schwerpunkten Finanzwirtschaft und Statistik. Nach dem Eintritt in die Deutsche Bank AG im Jahre 1993 arbeitete er zunächst im Bereich Quantitatives Research. Ab 1995 baute Herr Bohn den Bereich Relative Value Research des Geschäftsbereichs Deutsche Morgan Grenfell mit auf, bevor er 1997 in den Handel von OTC-Derivaten wechselte.

Prof. G. Geoffrey Booth, **Ph.D.** erhielt 1971 seinen Ph.D. in Finance von der University of Michigan. Er ist Professor of Finance an der Louisiana State University (LSU) und hat die von der Union National Life Insurance Company gestiftete Professur für Versicherungswesen inne. Davor lehrte er an der University of Rhode Island und an der Syracuse University. Seine Forschungsinteressen konzentrieren sich auf Finanzmärkte, Risikomessung und Risikomanagement bei Finanzinstituten. Prof. Dr. Booth veröffentlichte zahlreiche Artikel in wissenschaftlichen Zeitschriften und ist Mitherausgeber der Zeitschrift „Multinational Finance Journal".

Thomas Bossert ist bei der DEVIF Deutsche Gesellschaft für Investment-Fonds GmbH, der Spezialfondsgesellschaft des genossenschaftlichen Sektors, im Fondsmanagement als Spezialist für den Einsatz von Derivaten zuständig. Davor war er im Asset Management der Commerzbank tätig. Er ist gelernter Bankkaufmann, hat europäische Betriebswirtschaft am ESB in Reutlingen und an der Middlesex University in London studiert und referiert im Ausbildungsprogramm „Investmentanalyst/ DVFA" zum Thema „Portfoliomanagement".

Christian Burzin, Diplom-Mathematiker, studierte von 1986 bis 1993 angewandte Mathematik und im Nebenfach Betriebswirtschaft mit dem Schwerpunkt „Moderne Kapitalmarkttheorien" an der Universität Trier. 1994 wurde er Assistent der Geschäftsführung und anschließend Leiter Financial Engineering bei der DEVIF Deutsche Gesellschaft für Investment-Fonds GmbH.

Dr. Thomas Ebertz studierte Volkswirtschaftslehre an der Universität Bonn. Nach Assistenzzeit und Promotion trat er 1991 in das Bankhaus Sal. Oppenheim ein. Seit 1996 leitet er die Portfolioanalyse von Oppenheim Asset Management. Er ist verantwortlich für die methodische Fundierung aktiver Anlageentscheidungen sowie für die Konzeption und das Management regelgebundener Produkte.

Dr. Hans-Jörg Frantzmann ist seit 1.4.1998 Geschäftsführer beim Frankfurt Trust. Vorher war er Geschäftsführer der SMH Investment GmbH und der SMH Capital GmbH. Herr Dr. Frantzmann promovierte am Institut für Entscheidungstheorie und Unternehmensforschung bei Prof. Dr. H. Göppl.

Roland Füss, geboren 1966, Diplom-Betriebswirt (BA), Cand. rer. pol., studierte Betriebswirtschaftslehre an der Berufsakademie Lörrach. Seit Oktober 1993 Studium der Volkswirtschaftslehre an der Universität Freiburg. Von 1994 bis 1996 war er als Hilfskraft am Lehrstuhl für Finanzwirtschaft und Banken bei Prof. Dr. Heinz Rehkugler beschäftigt. Neben der Tätigkeit als Werkstudent beim Schweizerischen Bankverein in Basel im Ressort Asset Management Institutionelle von 1995 bis 1997, absolvierte er im Mai 1996 die DTB-Händlerprüfung in Frankfurt am Main.

Prof. Dr. Wolfgang Gerke, Jahrgang 1944, ist Inhaber des Lehrstuhls für Bank- und Börsenwesen an der Universität Erlangen-Nürnberg und Forschungsprofessor am ZEW Zentrum für europäische Wirtschaftsforschung in Mannheim. Nach seinem Studium in Saarbrücken, Promotion (1972) und Habilitation (1978) an der Universität Frankfurt, war Prof. Dr. Gerke Ordinarius für Bankbetriebslehre und Finanzwirtschaft an den Universitäten Passau (1978-1981) und Mannheim (1981-1992). Seine Forschungs- und Veröffentlichungsschwerpunkte liegen auf den Gebieten des Geld-, Bank- und Börsenwesens, der Entwicklungshilfe und der Mittelstandsforschung.

Dr. Thilo Goodall-Rathert, 1965 in Minden geboren, Diplom-Volkswirt, studierte nach einer Ausbildung zum Bankkaufmann Volkswirtschaftslehre an der Albert-Ludwigs-Universität Freiburg und der University of Wisconsin/Madison. Nach Abschluß seines Studiums war Herr Goodall-Rathert als wissenschaftliche Hilfskraft in der Abteilung für mathematische Ökonomie des Instituts für Allgemeine Wirtschaftsforschung der Albert-Ludwigs-Universität Freiburg tätig. Seit 1994 ist er wissenschaftlicher Angestellter der Abteilung für Statistik und Ökonometrie des Instituts für Allgemeine Wirtschaftsforschung der Universität Freiburg. Seine Hauptforschungsgebiete sind Finanzmarkttheorien, Portfoliomanagement, ökonometrischer Modellbau und Entscheidungstheorie.

Dr. Günter Grimm war nach abgeschlossenem Studium der Volkswirtschaftslehre zunächst ein Jahr wissenschaftlicher Mitarbeiter am Lehrstuhl für Volkswirtschaftslehre von Prof. Dr. Manfred Borchert an der Universität Münster. Daran an schloß sich eine Nebentätigkeit im zentralen Research der Bayerischen Hypotheken- und Wechsel-Bank AG. Parallel hierzu arbeitete er als Doktorand im Zentralbereich F&E der Siemens AG, München - Arbeitsgruppe Neuronale Netze in der Ökonomie - bei Herrn Dr. Hans-Georg Zimmermann über das Thema, „Wechselkursprognose mit Neuronalen Netzen". Derzeit ist Herr Dr. Grimm im Fondsmanagement der allfonds management GmbH in München tätig.

Stefan Günther (CEFA) studierte während seiner Banklehre und der Wehrdienstzeit Wirtschaftswissenschaften an der Fernuniversität Hagen und schloß 1991 sein BWL-Studium an der Universität Münster als Diplom-Kaufmann ab. Nach einem Traineeprogramm bei der Commerzbank in Frankfurt und New York wurde er 1992 Fondsmanager für Spezialfonds bei der Commerzinvest in Frankfurt. Dort betreut er institutionelle Kunden mit dem Schwerpunkt internationale Aktien. Ferner leitet er in der Commerzinvest die Gruppe „Internationale Asset Allocation", die für die Formulierung der internationalen Strategie und die methodische Weiterentwicklung der Investmentgesellschaft verantwortlich ist.

Claus Huber, Jahrgang 1969, Diplom-Volkswirt, war nach Abschluß seines Studiums an der Universität Bamberg von 1994 bis 1996 als Händler für internationale Fixed-Income-Bonds bei einer deutschen Großbank tätig. Seit November 1996 arbeitet er als wissenschaftlicher Mitarbeiter am Lehrstuhl für Finanzwirtschaft der Universität Bremen. Sein Interessenschwerpunkt liegt auf dem praxisorientierten Einsatz der Modernen Portfoliotheorie und der empirischen Kapitalmarktforschung, wobei die Anwendung neuerer quantitativer Verfahren und Künstlicher Intelligenz (z.B. Künstliche Neuronale Netze) zur Modellierung und Prognose von Finanzmärkten im Mittelpunkt steht.

Dirk Jandura, geboren 1970, Diplom-Kaufmann, studierte Betriebswirtschaftslehre an der Otto-Friedrich-Universität in Bamberg, und ist seit Januar 1997 Assistent am Lehrstuhl für Finanzwirtschaft und Banken der Albert-Ludwigs-Universität Freiburg. Seine Forschungsschwerpunkte sind (nichtlineare) Kointegration und Fehlerkorrektur, Neuronale Netzwerke und die Entwicklung von Modellen zur Prognose integrierter Finanzmärkte.

Dr. Matthias Kaltenbacher studierte Volkswirtschaftslehre und Mathematik in Freiburg. Danach war er als wissenschaftlicher Angestellter am Institut für Allgemeine Wirtschaftsforschung, Abteilung für Statistik und Ökonometrie der Albert-Ludwigs-Universität Freiburg tätig. Seit 1994 ist er als Portfoliomanager bei der Allianz Kapitalanlagegesellschaft mbH und anschließend bei der Allianz Versicherungs-AG in München beschäftigt.

Thomas Kieselstein ist seit Oktober 1996 bei der DG Bank/ DG Trust Partner zuständig für die Entwicklung und Umsetzung quantitativ strukturierter Verfahren für Aktienportfolios. Nach seinem Wirtschaftsingenieurstudium an der Universität Karlsruhe (TH) und der Universität Löwen (Belgien) war er seit 1994 im Portfoliomanagement und Portfolio Research Aktien, unter anderem für das Dresdner International Research Institute und die Dresdner Bank Investmentgruppe, tätig. Seit Beginn seiner beruflichen Tätigkeit befaßt er sich intensiv mit strukturierten, fundamental-quantitativen Methoden im Portfoliomanagement.

Dr. Jochen M. Kleeberg ist geschäftsführender Gesellschafter der alpha portfolio advisors GmbH in Bad Soden/Ts. Dort berät er institutionelle Anleger zu konzeptionellen Fragestellungen des Portfoliomanagements und bei der zielgerichteten Vergabe von externen Managementmandaten. Bis Ende 1996 leitete Herr Dr. Kleeberg die deutsche Niederlassung des US-Beratungsunternehmens BARRA International, wo er seit 1991 beschäftigt war. Herr Dr. Kleeberg ist Verfasser zahlreicher Beiträge zu Fragen des professionellen Portfoliomanagements in Büchern und Fachzeitschriften.

Jens Langewand ist Leiter der deutschen Niederlassung des US-Beratungsunternehmens BARRA International. Hier ist er u.a. verantwortlich für die Bereiche Marketing und Kundenunterstützung im deutschsprachigen Raum Europas sowie die Aktualisierung von BARRA's deutschem Aktienmarktmodell. Darüber hinaus beschäftigt sich Herr Langewand mit quantitativen Methoden zur Bewertung und Risikoanalyse von Rentenportfolios. Nach seiner Ausbildung zum Bankkaufmann studierte er an der Universität Münster Betriebswirtschaftslehre mit dem Schwerpunkt betriebliche Finanzwirtschaft und ist seit September 1994 bei BARRA beschäftigt.

Prof. Dr. Otto Loistl, Jahrgang 1939, ist Universitätsprofessor und Vorstand des Institutes für Finanzierung und Finanzmärkte an der Wirtschaftsuniversität Wien. Er ist u.a. wissenschaftlicher Leiter der DVFA-Aus- und Weiterbildung und Mitglied der EFFAS Commission on Training and Qualification/ Accreditation Board. Seine Hauptarbeitsgebiete sind Kapitalmarktkommunikation, Computergestütztes Wertpapiermanagement, Effizienz von Börsenorganisationen und Post-Graduate-Ausbildung im Investmentbanking.

Dr. Peter J. Mathis, geboren am 16.10.1959, Studium der Betriebs- und Volkswirtschaftslehre an der Universität des Saarlandes und der Indiana University (U.S.A.). Promotion mit einer Arbeit aus dem Bereich der Kapitalmarkttheorie. Nach Stationen bei Metzler Investment und Credit Suisse Asset Management seit September 1997 Leiter des quantitativen Fondsmanagement bei Deka Investment Management.

Prof. Dr. Frieder Meyer-Bullerdiek studierte nach Banklehre und Management Trainee Programm in den USA Betriebswirtschaftslehre in Münster und in den USA. Anschließend promovierte er mit einer Arbeit über Hedging-Strategien mit Zins- und Aktienindex-Futures. Von 1994 – 1997 war er bei der Deutschen Bank AG in Frankfurt am Main beschäftigt, wo er im Konsortialgeschäft und im Asset Management tätig war. Seit Oktober 1997 ist er Professor für Betriebswirtschaftslehre, insbesondere Bankbetriebslehre an der Fachhochschule Braunschweig/Wolfenbüttel in Wolfsburg.

Dr. Jürg Nager ist seit 1992 beim Schweizerischen Bankverein (SBV) tätig. Er studierte Physik und Mathematik in Basel und in den USA. In Bern promovierte er mit einer Arbeit in theoretischer Elementarteilchenphysik. Beim SBV arbeitete er zuerst im Bereich des Asset & Liability Managements in der Modellentwicklung und ist heute im Bereich des "Quantitativen Investment Research" tätig.

Frank Nielsen war nach seiner Ausbildung zum Bankkaufmann und dem Studium der Betriebswirtschaftslehre in Hamburg mit den Schwerpunkten Finanzierungstheorie und Marketing von 1993 bis Ende 1995 in der deutschen Niederlassung der Beratungs- und Softwareunternehmnung BARRA International in Frankfurt beschäftigt. Hier war er für die Betreuung und Akquisition von Neukunden im deutschsprachigen Raum Europas zuständig. Seit Ende 1995 ist Herr Nielsen im Hauptsitz von BARRA, Inc. in Berkeley, USA u.a. als verantwortlicher Produktmanager für die Entwicklung eines Modells zur Bewertung und Analyse deutscher Rentenportfolios tätig.

Prof. Dr. Andreas Oehler, Jahrgang 1960, studierte in Mainz und Mannheim Betriebswirtschaftslehre und promovierte 1989 an der Universität Mannheim zum Dr. rer. pol. Im September 1994 wurde er an der Fernuniversität Hagen im Fach Betriebswirtschaftslehre habilitiert. Seit Sommersemester 1994 hat Herr Oehler den Lehrstuhl für Betriebswirtschaftslehre, insbesondere Finanzwirtschaft, an der Universität Bamberg inne. Seine Arbeits- und Interessengebiete sind Finanzwirtschaft, Bankbetriebslehre, Finanzmärkte, empirische Kapitalmarktforschung, experimentelle Wirtschaftsforschung und Risk Management.

Dr. Peter Oertmann, 1965 in Herford/ Westfalen geboren, ist Projektleiter am Schweizerischen Institut für Banken und Finanzen der Universität St. Gallen (HSG) sowie Lehrbeauftragter für Finanzmarkttheorie. Nach einer Bankausbildung absolvierte er ein Studium der Betriebswirtschaftslehre an der Universität Bielefeld und erwarb zusätzlich einen Master´s Degree in Economics an der University of Georgia in den USA. 1997 wurde er an der Universität St. Gallen promoviert. Seine Forschungsinteressen liegen in den Bereichen Internationale Finanzmärkte, Portfolio- und Risikomanagement, Kapitalmarktanomalien, Performancemessung sowie Corporate Governance.

Helmut Paulus ist seit Oktober 1996 bei der DG Bank/ DG Trust Partner als Portfolio Engineer verantwortlich für die Entwicklung und Umsetzung strukturierter Managementansätze für Renten. Nach seinem Abschluß als Diplom-Wirtschaftsingenieur an der Universität Karlsruhe (TH) arbeitete er in der Dresdner Bank Investmentgruppe an der Entwicklung neuer Anlagekonzepte im Portfolio Research. Herr Paulus ist Autor des Buches „Style-Investing auf europäischen Aktienmärkten", welches 1997 mit dem Hochschulpreis des Deutschen Aktieninstitutes ausgezeichnet wurde.

Hans G. Pieper, Diplom-Kaufmann, ist Prokurist der DPG Deutsche Performancemessungs-Gesellschaft für Wertpapierportfolios mbH und zuständig für die Betreuung von institutionellen Kunden. Davor war er bei der Oppenheim Kapitalanlagegesellschaft mbH mit dem Aufbau des Investment Controllings beschäftigt. Weitere Erfahrungen erwarb er durch verschiedene Aufenthalte bei der Commerzbank AG und bei der Deutschen Bank AG.

Prof. Dr. Thorsten Poddig, geboren 1961, studierte in Hamburg und Bremen Wirtschaftswissenschaften und Informatik. Seit dem Studienabschluß 1987 war er an den Universitäten Bremen, Bamberg und Freiburg bei Herrn Prof. Dr. Heinz Rehkugler, Lehrstuhl für Finanzwirtschaft, als Assistent tätig. Die Promotion erfolgte 1991 an der Universität Bamberg, die Habilitation an der Universität Freiburg im Jahre 1996. Seit 1996 ist er Inhaber des Lehrstuhls für Allgemeine Betriebswirtschaftslehre, insbesondere Finanzwirtschaft an der Universität in Bremen. Herr Poddig ist Verfasser zahlreicher Beiträge zu den Bereichen Entscheidungstheorie, Bilanzanalyse.

Dr. Hans-Peter Rathjens war nach seinem Studium der Volkswirtschaftslehre an der Universität Hamburg von 1981 bis 1986 wissenschaftlicher Mitarbeiter am Lehrstuhl für Theoretische Volkswirtschaftslehre von Prof. Dr. Uwe Westphal. 1987 promovierte er zum Dr. rer. pol. und trat in den Bereich Außenwirtschaft der Volkswirtschaftlichen Abteilung der Westdeutschen Landesbank, Düsseldorf ein. 1990 wechselte er zur WestLB Capital Management GmbH in den Bereich Bond Research, deren Leiter er von 1992 bis 1995 war. Seit 1995 ist Herr Dr. Rathjens bei der ADIG Allgemeine Deutsche Investment-Gesellschaft mbH als Leiter „Senior Fondsmanager Renten" tätig und dort für die DM-Rentenportfolios verantwortlich.

Dr. Gitta Raulin, Jahrgang 1965, studierte nach einer Ausbildung zur Bankkauffrau Betriebswirtschaftslehre an der Westfälischen Wilhelms-Universität in Münster. Nach Abschluß des Studiums als Diplom-Kauffrau im September 1992 war sie als wissenschaftliche Mitarbeiterin am Lehrstuhl für Betriebswirtschaftlehre bei Prof. Dr. Helmut Wagner in Münster tätig. Neben der Bearbeitung mehrerer Praxisprojekte im Bereich Personalbeurteilungssysteme und Führungskräftetraining war sie Dozentin für Betriebswirtschaftslehre an der Verwaltungsakademie der IHK Münster. Seit Juli 1996 ist Frau Dr. Raulin Projektreferentin für Finanzen/Controlling bei der Deutsche Bahn AG.

Prof. Dr. Heinz Rehkugler, geboren 1943, war nach dem Studium der Betriebswirtschaftslehre an der Universität München von 1970 bis 1975 wissenschaftlicher Assistent bei Prof. Dr. Dr. h.c. mult. Edmund Heinen. Nach seiner Tätigkeit als Geschäftsführer einer Unternehmensberatungsgesellschaft hatte Herr Prof. Dr. Rehkugler von 1977 bis 1988 den Lehrstuhl für Finanzierung an der Universität Bremen und von 1988 bis 1994 den Lehrstuhl für Finanzwirtschaft an der Universität Bamberg inne. Seit 1994 ist er Inhaber des Lehrstuhls für Finanzwirtschaft und Banken an der Universität Freiburg.

Dr. Peter Reichling, Jahrgang 1962, ist wissenschaftlicher Assistent am Lehrstuhl für Finanzwirtschaft der Johannes Gutenberg-Universität Mainz. Er hat nach einer Banklehre Wirtschaftsmathematik an der Universität Ulm studiert und dort 1991 mit einer Arbeit über Commodity Futures promoviert. Bevorzugte Forschungsgebiete sind die Performancemessung und das Downside-Risk-Portfoliomanagement.

Dr. Herold C. Rohweder ist als Leiter des Portfoliomanagements im Bereich Finanzen/ Wertpapiere für die Allianz Versicherungs-AG tätig. Von 1989 bis 1995 war er als Portfoliomanager bei der Allianz Kapitalanlagegesellschaft mbH beschäftigt. Zuvor hat er an den Universitäten von Nürnberg, Detroit, Tucson und Kiel ein Studium der Volkswirtschaftslehre absolviert.

Dr. Markus Rudolf ist seit 1994 vollamtlicher Dozent für Finanzmarkttheorie an der Universität St. Gallen (HSG). Im Herbst 1994 hat er mit der Dissertation "Algorithms for Portfolio Optimization and Portfolio Insurance" an der Universität St. Gallen promoviert. Nach Forschungsaufenthalten an der University of California at Los Angeles und der University of British Columbia in Vancouver arbeitet er eine Habilitationsschrift zum Thema "Bond Futures Valuation" aus. Als herausgebendes Mitglied der Schweizerischen Gesellschaft für Finanzmarktforschung ist er für die Gestaltung der Zeitschrift „Finanzmarkt und Portfolio Management" mitverantwortlich.

Prof. Dr. Bernd Rudolph ist Universitätsprofessor an der Fakultät für Betriebswirtschaftslehre der Ludwig-Maximilians-Universität München. Er ist Direktor des Instituts für Kapitalmarktforschung/ Center for Financial Studies in Frankfurt am Main, Mitglied des Wissenschaftlichen Beirats des Instituts für bankhistorische Forschung und des Deutschen Aktieninstituts sowie Mitherausgeber der Untersuchungen über das Spar-, Giro- und Kreditwesen und der Zeitschrift „Kredit und Kapital".

Dr. Andreas Sauer leitet seit September 1996 das Portfoliomanagement bei DG Bank/ DG Trust Partner. Zuvor arbeitete er im Research der Dresdner Bank AG und innerhalb der Dresdner Bank Investmentgruppe in leitenden Funktionen an der Entwicklung und Umsetzung quantitativ-strukturierter Portfoliomanagementansätze sowie der Konzeption und Implementierung von Management- und Researchsystemen. Er promovierte mit einer empirischen Arbeit über Faktorbewertungsmodelle am deutschen Aktienmarkt an der Universität Karlsruhe (TH) und hat sich als Autor und Referent mit quantitativen Methoden im Portfoliomanagement beschäftigt.

Dr. Bernhard Scherer schloß das Studium der Volkswirtschaftslehre an der Universität Augsburg ab und wechselte dann als Stipendiat des DAAD an die University of London (Queen Mary College), um dort einen Master of Science in Economics zu erlangen. Im Anschluß an Assistenzzeit und Promotion an der Universität Gießen war er zunächst als Analyst bei Morgan Stanley in London beschäftigt, um dann 1995 in die Produktentwicklung von Oppenheim Asset Management in Köln zu wechseln. Seit April 1998 ist der Portfoliomanager bei J.P. Morgan Investment in Frankfurt.

Dr. Christian Schlenger ist geschäftsführender Gesellschafter der alpha portfolio advisors GmbH in Bad Soden/Ts. Dort berät er institutionelle Anleger zu konzeptionellen Fragestellungen des Portfoliomanagements und bei der zielgerichteten Vergabe von externen Managementmandaten. Seit 1994 war er bei Oppenheim Asset Management in Köln für die Beratung von Spezialfondskunden und die Betreuung institutioneller Mandate verantwortlich. Herr Dr. Schlenger ist Mitglied der AIMR und Autor zahlreicher Buch- und Zeitschriftenbeiträgen zu Themen des Portfoliomanagements.

Dr. Andreas Schmidt-von Rhein studierte Wirtschaftsinformatik an der Universität Bamberg und war von 1992 bis 1996 wissenschaftlicher Assistent am Lehrstuhl für Finanzwirtschaft und Banken bei Prof. Dr. Heinz Rehkugler, Universität Freiburg, wo er auch promovierte. Seit November 1996 arbeitet er bei der Oppenheim Finanzanalyse GmbH in Köln und ist dort für den Bereich strategische Asset Allocation zuständig.

Prof. Dr. Manfred Steiner, 1942 in Augsburg geboren, studierte nach mehrjähriger Tätigkeit im Bankwesen Betriebswirtschaftslehre an der Universität München. Es folgten Promotion und Habilitation an der Universität Augsburg. Nach zahlreichen Berufungen an Universitäten im In- und Ausland und langjähriger Tätigkeit an der Universität Münster ist er seit 1994 Ordinarius für Finanz- und Bankwirtschaft an der Universität Augsburg. Herr Prof. Dr. Steiner ist Verfasser von Lehrbüchern aus dem Bereich der Finanzierung und des Wertpapierwesens sowie zahlreicher Aufsätze aus den Gebieten des Finanz- und Rechnungswesens.

Sven B. Thießen, Diplom-Kaufmann, geboren am 26.8.1967. Von 1989 bis 1997 arbeitete Herr Thießen für die Credit Suisse Asset Management in Frankfurt, wo er zunächst Programme zur Portfolioanalyse entwickelte und später in den Bereich quantitatives Portfoliomanagement wechselte. Seit September 1997 ist er im quantitativen Fondsmanagement bei der Deka Investment Management beschäftigt.

Dr. Niklas F. Wagner studierte Betriebswirtschaftslehre an der Wirtschafts- und Sozialwissenschaftlichen Fakultät der Universität Augsburg und war anschließend externer Doktorand am dort ansässigen Institut für Statistik und mathematische Wirtschaftstheorie. Er ist Mitarbeiter im Geschäftsbereich Treasury der Bayerischen Vereinsbank AG, München.

Dr. Martin Wallmeier, Jahrgang 1966, studierte Betriebswirtschaftslehre an der Universität Münster mit den Schwerpunkten Industriebetriebslehre und Betriebliche Finanzwirtschaft. Im Oktober 1992 schloß er sein Studium als Diplom-Kaufmann ab und wurde anschließend wissenschaftlicher Mitarbeiter von Prof. Dr. Manfred Steiner am Lehrstuhl für Finanzierung an der Universität Münster (November 1992 bis September 1994) sowie am Lehrstuhl für Finanz- und Bankwirtschaft an der Universität Augsburg (seit Oktober 1994). Im Februar 1997 promovierte er zum Dr. rer. pol.

Dr. Bernhard R. Walther ist als Geschäftsführer der DG Trust Partner verantwortlich für das Portfoliomanagement. Nach seinem Einstieg in die Praxis bei Bankers Trust in New York lehrte er zunächst an der Tamkang Universität in Taiwan Internationale Finanzwirtschaft und war Berater der Taiwan Stock Exchange. Über seine Tätigkeit bei Credit Suisse in Zürich kehrte er nach Deutschland zurück und widmete sich als Geschäftsführer von verschiedenen Gesellschaften insbesondere der Implementierung moderner anspruchsvoller Portfoliomanagementmethoden. Zuletzt war er Sprecher der Geschäftsführung der Dresdner International Research GmbH.

Dr. Carsten Wittrock ist Senior Consultant beim ZEB Zentrum für Ertragsorientiertes Bankmanagement Rolfes, Schierenbeck und Partner GmbH in Münster und ist Vorsitzender der DVFA-Kommission für die Entwicklung von Performance Presentation Standards. Er beschäftigt sich seit vielen Jahren wissenschaftlich und praktisch mit Fragen der Performancemessung und ist Verfasser des Werkes „Messung und Analyse der Performance von Wertpapierportfolios". Daneben publizierte er zahlreiche Aufsätze zu kapitalmarkttheoretischen Fragestellungen in Fachzeitschriften und Fachbüchern.

Dr. Rudi Zagst studierte Wirtschaftsmathematik an der Universität Ulm. Nach seiner Promotion im Bereich der stochastischen dynamischen Optimierung ging er zur Bayerischen Hypotheken- und Wechsel-Bank AG. Hier war er als Leiter der Abteilung Produktentwicklung im Institutional Investment Management tätig. Heute ist er Leiter Consulting bei der Allfonds Investment Management GmbH. Seit 1995 ist er Lehrbeauftragter für asymmetrische Information an der Hochschule St. Gallen. Der Schwerpunkt seiner Forschungstätigkeit liegt in den Bereichen Bewertung und Risikomanagement von Aktien- und Zinsderivaten sowie im Bereich Portfoliomanagement mit Optionen.

Prof. Dr. Heinz Zimmermann hat an der Universität Bern Wirtschaftswissenschaften studiert und ist seit 1989 Professor für Volkswirtschaftslehre mit Schwerpunkt Finanzmarkttheorie an der Universität St. Gallen (HSG). Daneben ist er Direktor am Schweizerischen Institut für Banken und Finanzen der HSG und Mitglied verschiedener Verwaltungsräte.

Dr. Peter Zimmermann war von 1992 bis 1997 wissenschaftlicher Mitarbeiter an den Lehrstühlen von Prof. Dr. Bernd Rudolph an den Universitäten Frankfurt am Main und München. Seine Schwerpunkte in der Forschungs- und Lehrtätigkeit sind Portfoliomanagement und empirische Kapitalmarktforschung. Seit April 1997 ist Herr Dr. Zimmermann Referent für Grundsatzfragen/ Strategie im Ressort Wertpapier der DG Bank, Frankfurt.

Das gemeinsame Ziel:

Wir verstehen Ihr fachliches Weiterkommen als unser Ziel und tun alles, um Sie dabei zu unterstützen. Deshalb garantieren wir Ihnen eine kompromißlose Qualität aller unserer Veranstaltungen und Publikationen.

Das Leistungsspektrum:

KURSREIHE „FINANCE FOR PROFESSIONALS":
Praxis-Training im Asset Management.

MASSGESCHNEIDERTE IN-HOUSE-KURSE:
Die individuelle Lösung zu Spezialthemen.

JAHRESTAGUNG PORTFOLIOMANAGEMENT:
Das Branchenereignis des Jahres.

SCHRIFTENREIHE „PORTFOLIOMANAGEMENT":
Neueste Ansätze im Asset Management.

SCHRIFTENREIHE „FINANCIAL RESEARCH":
Kapitalmarktforschung auf höchstem Niveau.

SCHRIFTENREIHE „RISIKOMANAGEMENT UND FINANZCONTROLLING":
Innovative Konzepte für Finanzinstitute

Immer gut informiert:

Gerne halten wir Sie über unsere aktuellen Veranstaltungen und unsere Neuerscheinungen auf dem Laufenden. Bitte senden Sie uns Ihre Visitenkarte oder rufen Sie uns an: +49 (0) 61 96 - 6 51 53-30.

Uhlenbruch Verlag, Finance for Professionals
Villa Epting, Oranienstr. 13, D-65812 Bad Soden /Ts.